U0748984

1. 本书是教育部人文社会科学重点研究基地华中师范大学中国农村研究院 2016 年基地重大项目"作为政策和理论依据的深度中国农村调查与研究"（16JJD810004）的成果之一。

2. 本书是华中师范大学中国农村研究院"2015 版中国农村调查"的成果之一。

国家出版基金项目
NATIONAL PUBLICATION FOUNDATION

天津市重点出版扶持项目

中国农村调查

（总第40卷·家户类第9卷·中等家户第6卷）

徐勇 邓大才 主编

天津出版传媒集团

天津人民出版社

图书在版编目(CIP)数据

中国农村调查. 总第 40 卷, 家户类. 第 9 卷, 中等家户. 第 6 卷 / 徐勇, 邓大才主编. —— 天津：天津人民出版社, 2020.12
ISBN 978-7-201-16654-4

Ⅰ.①中… Ⅱ.①徐… ②邓… Ⅲ.①农村调查–研究报告–中国 Ⅳ.①F32

中国版本图书馆 CIP 数据核字(2020)第 220550 号

中国农村调查(总第 40 卷·家户类第 9 卷·中等家户第 6 卷)

ZHONGGUO NONGCUN DIAOCHA

出　　版　天津人民出版社
出 版 人　刘　庆
地　　址　天津市和平区西康路 35 号康岳大厦
邮政编码　300051
邮购电话　(022)23332469
电子信箱　reader@tjrmcbs.com

策划编辑　王　玹
责任编辑　王　玹
特约编辑　佐　拉
装帧设计　汤　磊

印　　刷　北京虎彩文化传播有限公司
经　　销　新华书店
开　　本　787 毫米×1092 毫米　1/16
印　　张　45.5
插　　页　6
字　　数　1000 千字
版次印次　2020 年 12 月第 1 版　2020 年 12 月第 1 次印刷
定　　价　750.00 元

版权所有　侵权必究
图书如出现印装质量问题,请致电联系调换(022-23332469)

《中国农村调查》编辑委员会

主　编　徐　勇　邓大才

编　委　(以姓氏笔画排序)

丁　文	万婷婷	马　华	王　玮	王　勇
王　静	王义保	邓大才	石　挺	卢福营
冯春凤	朱敏杰	任　路	刘义强	刘金海
刘筱红	汤晋苏	李华胤	李海金	肖盼晴
吴晓燕	何包钢	应小丽	张大维	张向东
张利明	张晶晶	陆汉文	陈军亚	郝亚光
胡平江	姚锐敏	徐　剑	徐　勇	徐小青
徐增阳	黄振华	彭正德	董江爱	詹成付
熊彩云				

本卷编辑整理　黄振华　郭皎皎

总　序

2015 年是华中师范大学中国农村研究院历史上的关键一年。在这一年,本院不仅成为完全独立建制的研究机构,更重要的是进一步明确了目标,特别是进行了学术整合,构建了一个全新的调查研究计划。这一计划的内容包括多个方面,其中,中国农村调查是基础性工程。从 2015 年开始出版的《中国农村调查》便是其主要成果。

学术研究是一个代际接力、不断提升的过程。农村调查是本院的立院之本、兴院之基。本院的农村调查经历了三个阶段。

第一阶段主要是基于项目调查基础上的个案调查(1985—2005 年)。

20 世纪 70 年代末 80 年代初开启的中国改革开放,起始于农村改革。延续二十多年的人民公社体制废除后,农村的生产功能由家庭所承担,社会管理功能则成为一个新的问题。这一问题引起我院学者的关注。1928 年出生的张厚安先生是中国政治学恢复以后较早从事政治学研究的学者之一,他与当时其他政治学学者不同,他比较早地关注农村政治问题,并承担了农村基层政权方面的国家研究课题。与此同时,本校其他学者也承担了有关农村政治研究的课题。1988 年,这些学者建立起以张厚安先生为主任的农村基层政权研究中心,由此形成了一个自由结合的学术共同体。

作为一个学术共同体,农村基层政权研究中心有其独特的研究宗旨和方法。在学术共同体建立之初,张厚安先生就提出了"三个面向,理论务农"的宗旨。"三个面向"是指面向社会、面向基层、面向农村,"理论务农"是指立足于农村改革实践、服务于农村改革实践。这一宗旨对于政治学学者是一个全新的使命。政治学研究政治价值、政治制度与政治行为。传统政治学更多研究的是国家制度和国家统治,以文本为主要研究素材。"三个面向"的宗旨,必然要求方法的改变,这就是进行实地调查。自学术共同体形成开始,实地调查便成为我们的主要研究方法。

自 20 世纪 80 年代中期始,以张厚安先生为领头人的学者就开始进行农村调查。最初是走向农村,进行全国性的广泛调查,主要是面上了解。1995 年,在原农村基层政权研究中心的基础上,成立了农村问题研究中心,由张厚安先生担任主任,由 1955 年出生的中年学者徐勇教授担任常务副主任。新中心的研究重点仍然是基层政权与村民自治,但领域有所扩大,并将研究方法凝练为"实际、实证、实验",更加强调"实"。这种务实的方法引起了学术界的关注,并注入国际学术界的一些研究理念和方法。我们的农村调查由面上的了解走向个案调查。当时,年届七旬的张厚安先生带领队伍参与村庄个案调查,其代表作是《中国农村村级治理——22 个村的调查与比较》。这一项目在全国东、中、西三个地区选择了 6 个重点村和 18 个对照村进行个案调查,参与调查人员数十人,并形成了一个由全国相关人员参与的学术调查研究团队。

第二阶段主要是基于机构调查基础上的全面调查(2005—2015 年)。

1999 年,教育部为推动人文社会科学研究,启动了教育部人文社会科学研究重点基地建设。当年,华中师范大学农村问题研究中心更名为"华中师范大学中国农村问题研究中心",由徐勇教授担任主任。2000 年,中心成为首批教育部人文社会科学重点研究基地。在基地成立之前，以张厚安教授为首的研究人员是一个没有体制性资源保障、纯因个人兴趣而结合的学术共同体，有人坚持下来，也有人离开。成为教育部研究基地以后，中心仍然坚持调查这一基本方法，并试图体制化。其主要进展是在全国选择了二十多家机构作为调研基地，为全国性调查提供相应的保障，并建立相互合作关系。

作为教育部重点基地，中心是一个有一定资源保障的学术共同体，有固定的编制人员，也有固定的项目经费，条件大为改善，但也产生了新的问题。这就是农村调查根据个人承担的研究项目而开展。这不仅会导致研究人员过分关注项目资源分配，更重要的是易造成调查研究的"碎片化"和"片断化"，难以形成整体性和持续性的调查。同时，研究人员也会因为理念和风格的不同而产生分歧，造成体制性的学术共同体动荡。为了改变调查研究项目体制引起的"碎片化"倾向，2005年，徐勇教授重新规划了基地的发展，提出"百村观察计划"，计划在全国选择一百多个村进行为期10年、20年、30年甚至更长时间的调查和跟踪观察。目标是像建立气象观测点一样，能够及时有效地长期观测农村的基本状况及变化走向。这一计划得到时任华中师范大学社会科学研究处处长石挺先生的鼎力支持。2006年，计划得以试行，主要由刘金海副教授具体负责。最初的试点调查村只有6个，后有所扩展。2008年，在试点基础上，由邓大才教授主持，全面落实计划，调查团队通过严格的抽样，确定了二百多个村和三千多个农户的调查样本。

"百村观察"是一项大规模和持续性的调查工程，需要更多人的参与。同时它又是一项公共性的基础工程，人们对其认识有所不同。因为它要求改变项目体制造成的调查"碎片化"和研究"个体化"的工作模式，为此，学术共同体再次出现了有人退出、有人坚持、有人加入的变化。

2009年正式启动的"百村观察计划"，取得了超出预想的成绩：一是从2009年开始，我们每年都要对样本村和户进行调查，调查内容和形式逐步完善，并形成相对稳定的调查体系。除了暑假定点调查以外，还扩展到寒假专题调查。每年参与调查的人员达五百人左右，并出版《中国农村调查》等系列著作。二是因为调查的规模大，可以进行充分的分析，并在此基础上形成调查报告，提供给决策部门，由此也形成了"顶天立地"的理念。"顶天"就是为决策部门服务，"立地"就是立足于实地调查。这一收获，使中心得以在教育部第二次基地评估中成为优秀基地，并于2010年更名为华中师范大学中国农村研究院，由徐勇教授担任院长，邓大才教授担任执行院长。三是形成了一支专门的调查队伍并体制化。起初的调查者有相当一部分是没有受过严格专业训练的志愿者。为了提高调查质量，自2012年起，研究院将原来分别归于导师名下指导的研究生进行整合，举办"重点基地班"。基地班以提高学生的调查研究能力为导向，实行开放式教学、阶梯性培养、自主性管理，形成社会大生产培养模式，改变了过往一个老师带三五个学生的小作坊培养方式。至此，农村调查完全由受到专门调查和学术训练的人员承担，走向了专业化道路。四是资料数据库得以建立并大大扩展。过往的调查因为是项目式调查，所以资料难以统一保管和使用。2006年，我们启动了中国农村数据库建设。随着"百村观察计划"的正式实施，大量数据需要录入，并收集到许多第一手资料，资料数据库得以迅速扩展。

第三阶段主要是基于历史使命基础上的深度调查（2015年至今）。

农村调查的深入和相应工作的扩展，势必与以行政方式组织科研的现行大学体制发生碰撞。但是已经有一个良好开端的调查不可停止。适逢中国的智库建设时机，2015年，华中师范大学中国农村研究院成为完全独立建制的研究机构,由 1970 年出生的邓大才教授担任行政负责人。

中国农村研究院独立建制,并不是简单地成为一个独立的研究机构,而是克服体制障碍,进一步改变学术"碎片化"倾向,加强整合,提升调查和研究水平,目标是在高等学校中建设适应国家需要的智库。实现这一目标有五大支撑点:一是大学术,以政治学为主,多学科参与,协同研究;二是大服务,继续坚持"顶天立地"的宗旨,全面提高服务决策的能力,争取成为有影响力的决策咨询机构;三是大调查,在原有"百村观察计划"的基础上构建内容更加丰富的农村调查体系,争取成为世界农村调查重镇;四是大数据,收集和扩充农村资料和数据,争取拥有最丰富的农村资料数据库;五是大平台,将全校、全省、全国,乃至全球的农村研究学者吸引并参与到农村研究院的工作中来,争取成为世界性的调查研究平台。这显然是一个完全不同于以往的宏大计划,也标志着中国农村研究院的全新起步。

独立建制后的中国农村研究院仍然将农村调查作为自己的基础性工作,且成为体制性保障的工作。除了"百村观察计划"的持续推进以外,我们重新设计了 2015 版的农村调查体系。这一体系包括"一主三辅":"一主"即以长期延续并重新设计的"中国农村调查"为主体;"三辅"包括"满铁农村调查"翻译、"俄国农村调查"翻译和团队到海外农村进行实地调查的"海外农村调查",目的是完善农村调查体系,并为中国农村调查研究提供借鉴。

现代化是一个由传统农业社会向现代工业社会转变的过程,这一转变是从农村开始的。农村和农民成为现代化的起点,并规划着现代化的路径。19 世纪后期,处于历史大转变时期的俄国,数千人参与对俄国农村调查,持续时间长达四十多年。20 世纪上半叶,日本在对华扩张中,以南满洲铁道株式会社为依托开展对中国农村的大规模调查,持续时间长达四十多年,形成著名的"满铁调查"。进入 21 世纪,中国作为一个世界农业文明最为发达的大国,正在以超出想象的速度向现代工业文明迈进。中国需要也应有能够超越前人的大规模农村调查。"2015 版的中国农村调查"正是基于这一历史背景设计的。

"2015 版的中国农村调查"超越了以往的项目或者机构调查体制,而具有更为宏大的历史使命:一是政策目的。智库理所当然要出思想,但"思想"除了源自思考以外,更要源自于可供分析的实地调查。过往的调查虽然也是实地调查,但难以对调查进行系统化的分析,并根据调查提出有预见性的结论。在这方面,19 世纪的俄国农村调查有其长处。"2015 版的中国农村调查"将重视实地调查的可分析性和可预测性,以此提高决策服务的成效。二是学术目的。调查主要在于知道"是什么"或者"发生了什么",是事实的描述。但是这些事实为什么发生? 其中存在什么关联? 这是过往调查关注比较少的,以至于大量的调查难以进行深度的学术开发,学术研究主要依靠的还是规范方法,实地调查难以为学术研究提供必要的基础,由此会大大制约调查的影响力。"2015 版的中国农村调查"特别重视实地调查的深度学术开发性,调查中包含着学术目的,并可以通过调查提炼学术思想,使其作为一种有实地调查支撑的学术思想也可以间接影响决策。为此,"2015 版的中国农村调查"在设计时,除了关注"是什么"以外,也特别重视"为什么",试图对中国农村社会的底色及其变迁进行类似于生物学"基因测序"的调查。三是历史传承目的。在现代化进程中,传统农村正在迅速消逝。"留得住乡愁"需要对"乡愁"予以记录和保存。20 世纪以来,中国农村发生了太多的变化,中国农民经历了太多的起伏,农民的历史构成了国家历史不可或缺的部分。"2015 版的中国农村调查"因此特别关注历史的传承。

基于以上三个目的,"2015版的中国农村调查"由四个部分构成:

其一,口述调查。主要是通过当事人的口述,记录20世纪上半期以来农村的变化及其对当事人命运的影响。其主体是农民个人。在历史上,他们是微不足道的,尽管是历史的创造者,但没有哪部历史记载他们的状况与命运。进入20世纪以后,这些微不足道的人物成为"政治人物",尽管还是"小人物",但他们是大历史的折射。通过他们自己的讲述,我们可以更加充分地了解历史的真实和细节,也可以更好地"以史为鉴"。口述史调查关注的是大历史下的个人行为。

其二,家户调查。主要是以家户为单位的调查,了解中国农村家户制度的基本特性及其变迁。中国在历史上创造了世界上最为灿烂的农业文明,必然有其基本组织制度为支撑。但长期以来,人们只知道世界上有成型的农村庄园制、部落制和村社制,而没有多少人了解研究中国自己的农村基本组织制度。20世纪以来受革命和现代化思维的影响,人们对传统一味否定,更忽视对中国农村传统制度的科学研究,以至于我们在否定自己传统的同时引进和借鉴的体制并不一定更为高明,使得中国农村变迁还得在一定程度上向传统回归。实际上,中国有自己特有的农村基本组织制度,这就是延续上千年的家户制度。家户调查关注的是家户制度的原型及其变迁,目的是了解和寻求影响中国农业社会变迁的基因和特性。

其三,村庄调查。主要是以村庄为单位的调查,了解不同类型的村庄形态及其变迁实态。农村社会是由一个个村庄构成的。与海洋文明、游牧文明相比,农业文明的社会联系更为丰富,"关系"在中国农村社会形成及其演变中居于重要地位。中国在某种意义上说是一个"关系国家",但是作为一个历史悠久、人口众多、地域辽阔、文明多样的大国,关系格局在不同的地方有不同的表现,由此形成不同类型的村庄。国家政策要"因地制宜",必须了解各个"地"的属性和差异。村庄调查以"关系"为核心,注重分区域的类型调查,通过不同区域的村庄形态和变迁的调查,了解和回答在国家"无为而治"的传统条件下,一个超大的农业社会是如何通过自我治理实现持续运转的;了解和回答在国家深度介入的现代条件下,农业社会是如何反应和变化的。

其四,专题调查。主要是以特定的专题为单位的调查,了解选定的专题领域的状况及其变化。如果说前三类调查是基本调查的话,专题调查则是专门性调查,针对某一个专题领域,从不同角度进行广泛深入的调查,以期获得对某一个专门领域的全面认识和把握。

"2015版的中国农村调查"是一项世纪性的大型工程,它是原有基础的延续,也是当下正在从事、未来需要长期接续的事业。这一事业已有数千人参与,特别是有若干人在其中发挥了关键性作用,当下和未来将有更多的人参与。历史将会记录下他们的功绩,他们的名字将与我们的事业同辉!

2016年6月,教育部公布了对人文社会科学重点研究基地的评审结果,我院排名全国第一,并再获优秀。这既是对过往的高度肯定,也是对进一步发展的有力鞭策。为此,本院再次明确自己的目标,这就是建设全球顶级农村调查机构、顶级农村资料数据机构,并在此基础上,形成自己的学术领域和学术风格,而达到这一目标,需要一代又一代人攻坚克难、不懈努力!

徐　勇

2015年7月15日初序

2016年7月15日补记

凡　例

　　作为教育部人文社会科学重点研究基地，华中师范大学中国农村研究院历来重视农村调查与研究，《中国农村调查·家户类》是基地新版"中国农村调查"项目的重要成果，在付梓之际，特作以下说明：

　　1. 根据徐勇教授提出的"中国家户制度学说"，家户制度是中国的本源型传统和基础性制度，并在此基础上形成独特的中国农村发展道路。本项目旨在通过传统时期的家户调查揭示和挖掘这一本源型传统和基础性制度。

　　2. 在家户对象的选取上，本项目以1949年以前的完整家户为调查对象，并根据人口规模进行分类。其中，7口人及以下为小家户，8至13口人为中等家户，14口人及以上为大家户。本项目所调查的家户，分布在全国绝大多数的省份，具有广泛的代表性。每一位调查员在调查之前均受过严格的学术培训，每个家户的调查时间在15天以上。

　　3. 每一篇家户调查报告分为"家户的由来与特性、经济、社会、文化、治理"五章，重点围绕家户的"特性、特色、关系与层次"开展调查和写作。同时，在每篇报告的后面附有调查员的调研小记、日记等，供读者了解整个调查的进展与历程。

　　4. 在报告写作中，"市县名、乡镇名、村庄名、家户名、人物名、部门单位"等均为实名。报告中出现的照片、人名、数据等信息，均得到了访谈对象或数据提供者口头或书面授权。另外，写作中引用的档案材料、政府部门提供的资料、历史材料等均标注出处。

　　5. 本项调查主要通过老人口述获取信息、数据，因而报告中的数据可能不甚精准，其中土地面积、粮食计量单位也实难统一，仅供参考，请各位读者、学者在引用、使用的过程中酌情处理。

　　6. 在考察家户变迁时，调查有时会涉及土地改革、"文化大革命"等内容，但是调查者均怀揣学术研究之心，从家户的变迁与发展的历史视角去调查和写作，力求客观、真实地反映中国家户形态。

　　7. 在出版方面，项目组组建了审稿与编辑小组，严格审查、校审每一篇家户调查报告，并从中遴选出优秀的报告，集结成卷出版。

　　8.《中国农村调查·家户类》的重点在于传统形态的调查，是一项抢救历史的学术工程。由于时间仓促，其中不免有错漏，也希望海内外学术界、读书界提出批评、建议，帮助我们提高这套丛书的质量。

《中国农村调查》编辑组

目 录

18

第一篇

内聚外和:中户家庭的自立延续
——川东龙咀村罗氏家户调查

报告撰写:刘海萍[*]
受访对象:罗本才

---

[*] 刘海萍(1994—),女,四川达州人,华中师范大学人文社科高等研究院 2016 级硕士研究生。

导　语

　　罗家祖籍湖北省麻城孝感插柳村高岗堰,今湖北红安县。因湖广填川[①],迁移至四川,后因人多地少生存困难,罗家祖辈先后辗转于四川省罗江、巴中、虎让乡,最后在高坪乡埂石村落户。到高坪乡罗家第四代四个儿子分家时,因家中土地不足,罗永义、罗永河两兄弟迁入距离高坪乡8.7千米的堡子镇龙咀村,以租田为业。罗家几代人通过租种田地、存钱购田、存粮放高利贷、做衙役等方式,逐渐富裕起来。整体说来罗家经济在村中属于中等水平,家中男子普遍接受过私塾教育。从罗永义这代算起,罗家在村里至今已繁衍至第十代。

　　1949年前,罗家繁衍至罗守义一代,家中10口人,上下三代共同生活。罗家第一代有家长罗守义及其妻子陈文珍。第二代有大儿子罗本洪,大媳妇于1945年因病去世,二儿子罗本发,二媳妇任世秀,三儿子罗本才,四儿子罗本胜,大女儿罗本珍,小女儿罗本慧。第三代有孙子罗本发之子罗华生。大女儿罗本珍1936年出嫁。罗守义四弟罗文义因妻子病逝,儿子当兵未归,孤身一人,1949年前与罗守义一家同吃同住,1949年再婚后与罗家分开居住。

　　罗守义一户,户下最多时有三个小家庭。家中由罗守义当家,统管家庭大小事务,副家长陈文珍主管家庭生活资料和经济开支,家中成员听从家长安排。罗家经济在村庄中属于中等。家中有房屋7间,属于三合院结构。罗家谋生以务农为主,家中农具齐全,有耕牛两头,田地17亩,出租11亩,自己耕种6亩;以饲养业为辅,养有猪两头、鸡鸭约七八只。全家人都需要干活儿,但男女分工不同。罗守义和儿子还要负责倒卖布匹、进城卖粮。家庭的粮食收成和副业收成供全家每位成员享有,如食物、衣物、人情消费等。

　　罗家是传统小农家庭,家庭内部有严格的长幼尊卑秩序,家庭成员遵守乡规民约。家庭事务由家长做主,如子女婚姻、家庭借贷等,家庭成员必须听从家长安排,成员可以委婉提出意见。家长尊重家庭成员的意见和想法,尽量做到公平,因此罗家家庭成员之间嫌隙甚少、关系融洽。1940年后,罗家四个儿子陆续成家,到四儿子结婚后,除了因参加巴中精干团下落不明的大儿子罗本洪,三个儿子全部分家单独立户。四户人继续住在"三合面"[②]院子,不过是分开劳动吃饭。

[①] 湖广填川:是指发生在明末清初的一次大规模的移民。

[②] 三合面:四川话,指由三面房屋围绕着的院子。

第一章　家户的由来与特性

罗家祖籍湖北省麻城孝感,于明末清初湖广填川时移民到四川省。罗家祖辈先后辗转巴中、虎让,最后在高坪乡埂石村落户,罗家在龙咀村已繁衍十代人。在1949年以前,罗家三代同堂,成员以中青年为主。罗家在当地属于中户,在土地、财产等方面基本能自给自足。罗家男子均受过教育,家庭文化程度相对较高。其中,罗守义是罗家的家长,掌管家中一切事务,副家长陈文珍协助罗守义,家中其他成员听从家长安排。

一、家户迁徙与定居

(一)明末清初迁至四川

龙咀村里的大部分村民都是明末清初从湖北省麻城孝感迁徙到此。明末清初,四川遭受了连续不断的战火,导致当地人口急剧下降,农业生产百废待兴。清政府为了鼓励外省农民到四川开荒生产,于是实行湖广填川的政策,不再进行户籍限制,农民可在四川农村占荒地进行耕种,大部分农民是从湖北省、湖南省和广东省迁移至此。

1949年以前,罗家建祠堂、写族谱,口耳相传,全族人深深牢记祖先漫长的迁移史和艰辛的开荒史。每次"清明会"①,罗家长辈都会向后代讲述罗家的迁移历史,因此全族上下对家族历史都有着信仰般的记忆,直到罗家从高坪乡埂石村迁到此居住,已经繁衍有十代人。1949年以前罗家在此已经繁衍至第八代。1949年以前家庭代际数量最多的是三代人,即三世同堂,1949年后家庭代际最多的是四代人。但年轻人尤其孙子辈常年在外面打工,老人与子女和曾孙一同居住。实际上是三代人同吃同住。

(二)落户万岭营

康熙二十九年(1690),清廷规定凡留寓愿垦荒居住者,将其地亩给为永业,后来人们称"插占为业",即垦荒者自己划占一片土地为自己垦殖的田业,按照先占先得的原则,迁户只需插根签子,就默认为这是自己的土地。后迁过来的农户,只能去找没被占领的土地。在其他一些地区,迁户们也会通过给草丛或树木绑一条布带,标志这片土地已经归自己所有。

龙咀村附近居民是从外地刚迁移此处的,只有一户姓陈的父子是属于"古老荒"②,陈氏父子是木匠,此地被敌军攻占时,父子躲在木柜里幸存下来。迁居四川之初,农民选址比较自由,当地有空房子就可以直接居住,若没有空房子,农户可自行搭棚而居。

罗家先辈最早迁居到罗江,由于人地矛盾、气候环境等因素,先后辗转于巴中、虎让,最

---

① 清明会:罗氏家族每年清明节举办祭祀和宴席的聚会。

② 古老荒:土生土长的当地人。

后在高坪乡的埂石村落户。罗家先辈在巴中、虎让租田耕种时，发现当地土壤贫瘠，粮食收成不高，于是经人介绍来到高坪乡。到罗家永字辈时，罗永云、罗永赢、罗永义、罗永河四兄弟分家，家中土地不够分，罗永义和罗永河两兄弟便迁到龙咀村万岭营租田耕种。堡子镇龙咀村距离高坪乡约8.7千米，步行约两个小时。自那以后，高坪乡埂石村、堡子龙咀村均有罗家人。罗家在龙咀村至今已繁衍十代人。最开始迁入至此，罗家人不允许本族人与当地人通婚，至第四代起，罗家允许本族人和当地人通婚，但相同姓氏除外。

(三)大小宗族各管其事

罗家人对家族的清楚记忆始于入川以后。罗家在当地共有两支，高坪埂石有罗氏一脉，另一脉便是龙咀村罗氏。两处均设有公祠、公田，每年定期举办清明会。高坪村罗氏属于大族，龙咀村属于小族。小族凡有重大事情需通报大族。由于距离原因，两脉之间互通不勤，各自举办祭祀活动及清明会。龙咀村罗氏，按字辈"永朝杉以山，字义本儒鑫"[1]给罗家人起名，从永字辈开始。至于罗氏祖上繁衍多少代，并无踪迹可寻。原因有二；一是家谱难寻，由于年代久远，纸质族谱经过数代人的继承保存，已不见踪影。二是宗祠破败，罗家在龙咀村和高坪各设一个祠堂，但随着风吹雨淋，时代变迁，祠堂现已荒芜破败，仅剩断壁残垣。

(四)在村已繁衍十代

罗永义两兄弟在分家时，由于家中并无更多土地，因此举家迁入龙咀村，租佃田地耕种。罗家世代耕种，生活殷实。罗永义勤恳劳作，精打细算，每年攒下的剩余粮食用于发放高利贷，放一斗谷子收两斗。通过收取利息，罗家用攒下的钱买了十几亩田地。第二代罗朝某[2]在县上衙门当衙役挣了钱，又添置了些田地。罗家先辈在龙咀村白手起家，买进了十几亩土地，经济生活越过越好，在村里达到中等富裕家庭水平。到罗守义这一代时，罗家经济已属于中等水平，家中有17亩土地，农具牲口齐全。罗守义上过六年私塾，也在村里做过甲长。

罗家仅罗永义一脉便有一百多口人，如图1-1所示。其他旁支，尚未统计。"永朝杉以山，字义本儒鑫"，罗家现已在村里繁衍至第十代鑫字辈。

---

[1] 源于受访者罗本才对家谱和这几代人字辈的记忆。
[2] 罗朝某，受访者不清楚这代人的名，只记得辈分。

罗家世代谱系图

第一代	第二代	第三代	第四代	第五代	第六代	第七代	第八代	第九代	第十代
罗永义	罗朝X	罗杉刚（张氏、陈氏）	罗以根	罗山章	罗字寿（王氏、陈氏）	罗同义	罗本珍（出嫁）	罗春如	罗鑫天
罗永河			罗以柔	罗山忠	罗字飞	罗天义	罗本洪（温连能）	罗永如	罗鑫元
			罗以禾			罗守义（陈文珍）	罗本发（任世秀）	罗杰如	罗鑫珍
			罗以仁			罗文义	罗本才（杜永连）	罗菊如	罗鑫地
						罗心义	罗本胜（任慧英）	罗蓝如	罗富蓝
							罗本慧		罗娜娜

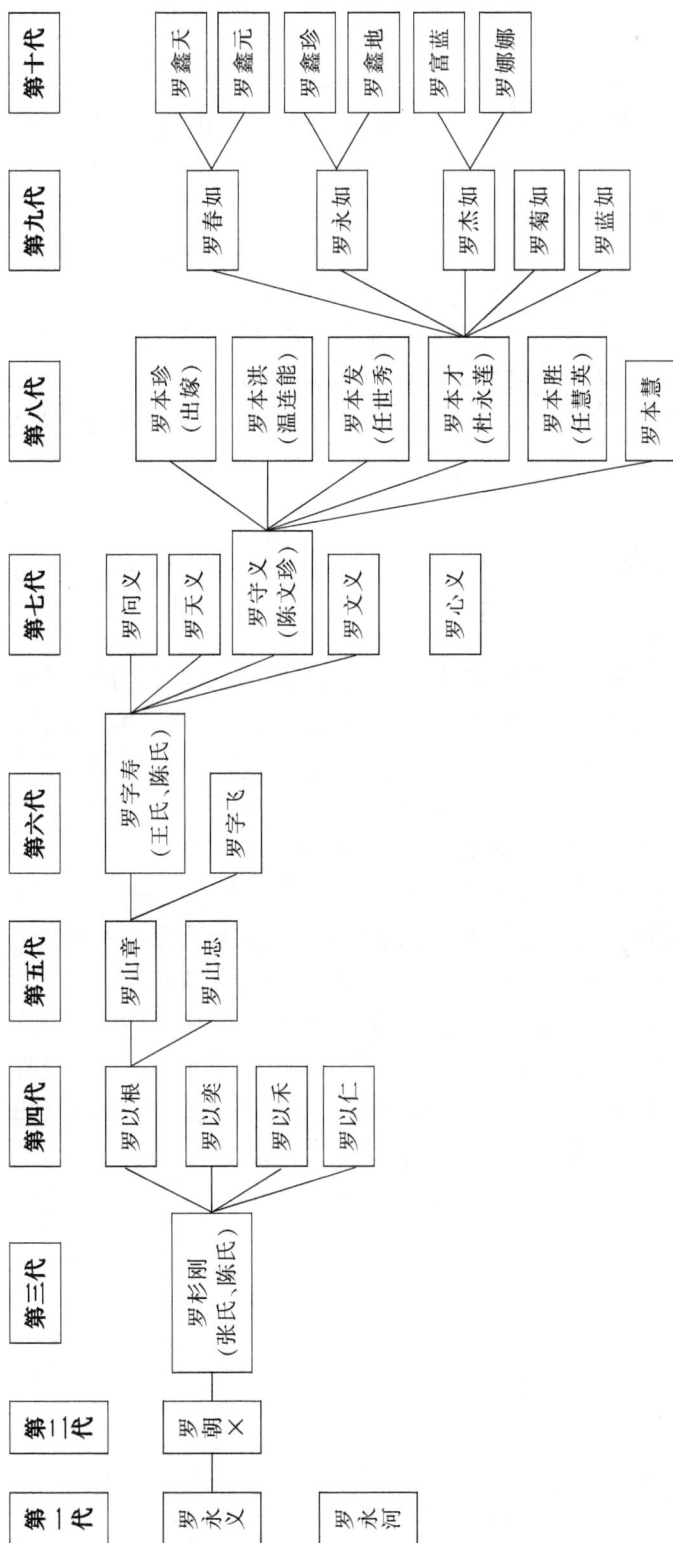

图 1-1　罗家世代谱系图

(五)灾祸致家境衰败

罗家生活不断好转,但到罗守义父亲罗宇寿一代时,由于天灾人祸不断,经济由盛转衰。父亲的几十亩土地锐减至十几亩,罗守义只分到6亩。20世纪30年代,社会动荡,天灾人祸不断。村子里蔓延着一种叫作"寒老二"①的瘟疫,这种瘟疫在当地也叫作"窝儿害"。顾名思义,全家都很容易得这种病,得病的人卧床不起直至死亡,罗守义的父母、大哥、二哥就因病去世,这次瘟疫之后罗家人口锐减。

"寒老二"之后村子又遭土匪。20世纪二三十年代,国家战乱不断,各地土匪横行。土匪经常入村抢夺农户财产,当地人戏称"碰到叫花子,都要他三个涮把"②。罗家出现过被土匪勒索的事情,帮四弟罗文义照顾小孩儿的邻居在路上被"棒老二"③绑去,绑匪写信给四弟要拿赎金才能放人,罗守义父亲典当家中大部分土地,凑足300银元才把人赎回来。因此罗家失去大部分田地,家庭经济开始走向衰落。到罗守义分家时,家中土地已经所剩无几。直到1947年,罗守义通过多年的努力经营,攒钱赎回了典当出去的11亩土地,后来罗家三个儿子分家,家中的土地也越分越少。

二、家户基本情况

(一)三代同堂居住

1949年以前,罗家总人口数为10人,上下三代共同生活,家中有家长罗守义,副家长陈文珍,大儿子罗本洪于1942年结婚,大媳妇温连能结婚三年后生病去世,二儿子罗本发1943年结婚,二媳妇任世秀,三儿子罗本才,四儿子罗本胜,小女儿罗本慧,孙子罗华生,以及四弟罗文义,大女儿罗本珍于1936年出嫁。罗家大家庭中,最多时有大儿子和二儿子两户小家庭。三儿子罗本才于1949年结婚,四儿子于1950年结婚。

罗家十口人中,仅罗守义、四弟罗文义、罗本发三个壮劳力,陈文珍、任世秀、罗本才、罗本胜和罗本慧的劳力均不足。因此罗家在20世纪二三十年代十分缺乏劳动力,家庭生活压力比较重,到1940年以后四个儿子长大成人,家里劳动力逐渐充足后,家庭生活开始好转。

家中男性均上过学,罗守义上过6年私塾,相当于高小④水平。罗本洪读到高中毕业,罗本发读了5年书,罗本才读了3年书,罗本胜读了6年书,罗本慧是1949年后上的学。陈文珍、任世秀没有上过学。按照当地村庄受教育水平来说,罗家整体文化水平相对较高。尤其是罗本洪考上城里高中后,在全族人捐钱、卖公田的大力支持下完成学业。

---

① 寒老二:同"窝儿害",是指伤寒。
② 碰到叫花子,都要他三个涮把:是指土匪连乞丐的东西也抢,形容土匪很凶残。
③ 棒老二:方言,是指土匪、流氓、恶棍。
④ 高小:1949年以前,一至三年级称为初小,四、五年级称为高小。

表 1-1 1949 年罗家家户情况数据表

家庭基本情况	数据
家庭人口数	10
劳动力数	7
男性劳动力	5
家庭代际数	3
家内夫妻数	2
老人数量	0
儿童数量	3
其他非亲属成员数	0

表 1-2 1949 年罗家家庭成员情况表

成员序号	姓名	家庭身份	性别	受教育情况	出生年份	婚姻状况	健康状况
1	罗守义	家长	男	6 年	不详	已婚	良
2	陈文珍	妻子	女	0	不详	已婚	良
3	罗文义	四弟	男	0	不详	丧偶	良
4	罗本洪	长子	男	9 年	1924 年	丧偶	优
5	罗本发	二子	男	5 年	1927 年	已婚	优
6	任世秀	二媳妇	女	0	1927 年	已婚	优
7	罗本才	三子	男	3 年	1930 年	未婚	优
8	罗本胜	四子	男	6 年	1933 年	未婚	优
9	罗本慧	小女儿	女	0	1939 年	未婚	优
10	罗华生	孙子	男	0	1948 年	未婚	优

（二）居住位置优越

罗守义分家时,父亲分给其的土地在杨家甸子,距离龙咀村路途比较远。罗守义不愿意搬到陌生的地方居住,恰巧此时罗守义义父罗志贵愿意以为其养老为条件,将房屋、家具卖给他,罗家便从"四合头"院子迁到对面的"三合面"院子。"三合面"院子附近有罗守义四弟和五弟的 3 亩土地,五弟当兵不在家,四弟和罗守义一家住在一起,所以这 3 亩土地由罗家暂时耕种。另外,罗家卖掉杨家甸子的几亩土地,购买了"三合面"院子附近的 3 亩土地,罗家一共便有了 6 亩土地。

龙咀村万岭营地理位置优越,依山傍水。左边是麒麟岩,右边是狮子岩,山下平坦地带有一条河流经过。山下有"四合头"①"老石坝""嗲哈"三个院子,田地对面有"三合面"院子,河流对面又有许多院子。"三合面"院子位于该村的南面,地势平坦、土壤肥沃,离河流较近,水源

---

① 四合头:方言,意为四合院;老石坝,四川方言,意思为石头做的院子;嗲哈:四川方言,意思为底下、下面,是指位于最下面的院子。

充足,灌溉条件便利。罗家经营的6亩田地在院子附近,平日耕作较便利。

"三合面"院子比起罗守义居住的老宅"四合头"院子来说,劣势是院子离麒麟岩、狮子岩的山林较远,不方便日常砍柴放牛和捡菌菇等采摘活动。并且由于距离原因,与老宅的父亲、叔爸等亲戚走动不便。相对而言,罗家和周围的邻居以及小湾的几户人来往更频繁一些。

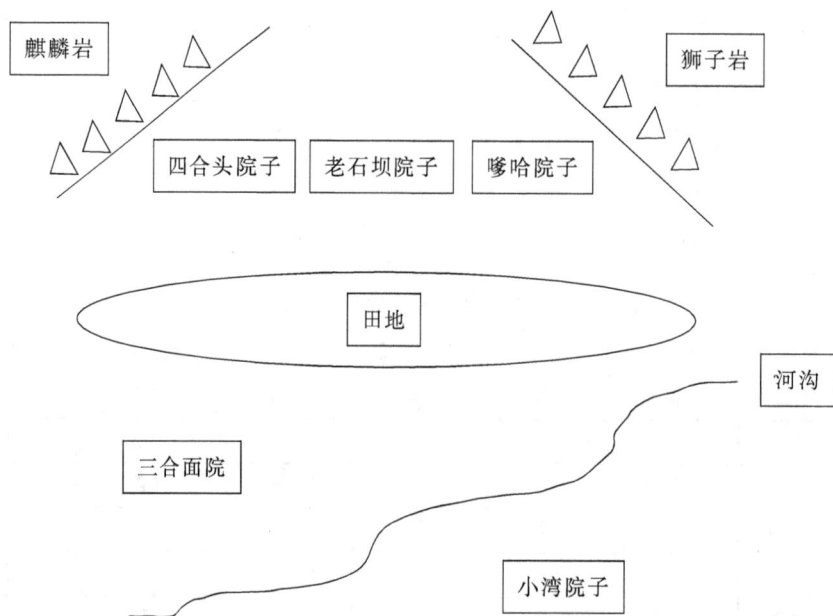

图1-2 龙咀村万岭营地形结构图

罗家居住的"三合面"属于三面环绕的院子,有一个不完全封闭的院坝,扩大了晒场的面积。购买的时候只有5间房,罗守义扩建了两间,院子一共有7间房屋。从大门进来,最好最大的一间房坐北朝南,作为堂屋,用于吃饭和平时招待客人。堂屋左边的房间是家长居住,由于小女儿年幼,因此和家长一起居住。家里储存的粮食放在罗守义和陈文珍的房间。堂屋右边的房间是厨房,厨房西面紧邻猪圈和厕所。厨房的后面有一条小水沟,可以作为平时排生活废水的沟渠,废水直接流入田地或者倒进猪圈下的粪坑。厨房再往西走一段距离有一个鱼池。偏堂的两间房屋分别住着二儿子一家人和四儿子。厅房两间分别住着四弟、三儿子和大儿子。由于大儿子常年在外地读书,大儿子的房间也当作客房,适当堆放一些杂物。罗家"三合面"院子前后有两个门,进出十分方便。家中没有水井,用水时直接到村里现有的水井中挑水,然后倒入家中的水缸中供全家用。

8

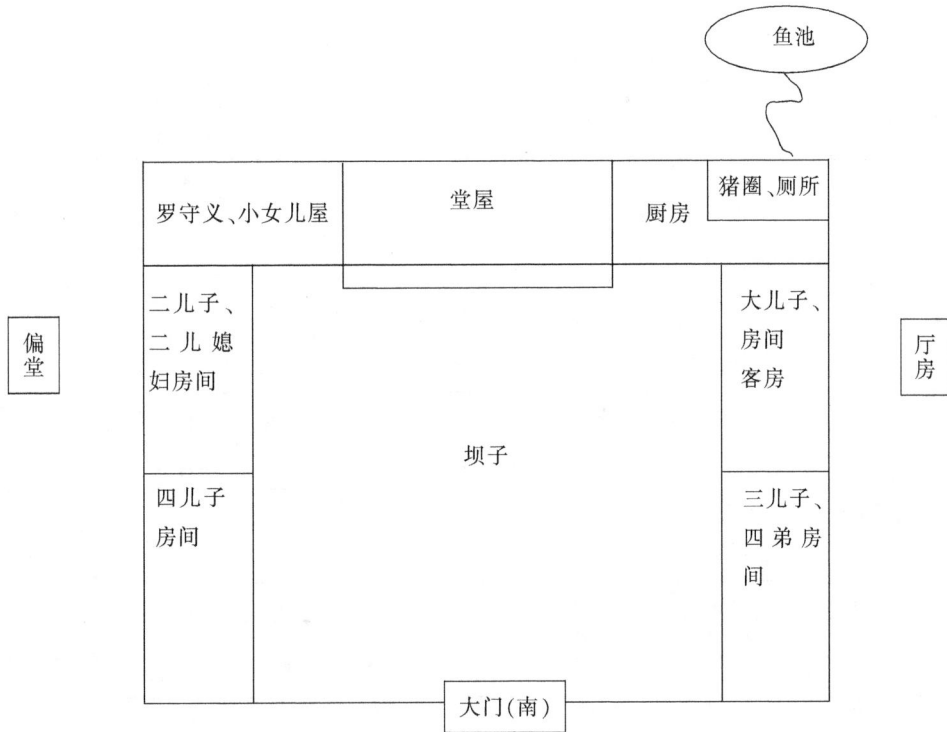

图1-3 罗家"三合面"院子结构图

(三)经济中等

分家后的罗家,经济在村中属于一般水平。由于土匪绑人,家中已典当大部分土地,罗守义在分家时并没有分到很多土地,加上购买的3亩土地,罗家共有6亩土地。其中代耕的3亩土地不用交租,只需帮四弟、五弟交粮食上税即可。1947年时,四个儿子长大成人,家中劳动力增加,经济不断好转,罗守义攒钱赎回早些年父亲典当出去的11亩土地。赎回的土地在檬家山,路途较远耕种不方便,因此罗家将土地出租给农户耕种,每年和佃户五五分成,即每人得一半的粮食。

罗家有两头牛,一大一小母子牛。大牛用来耕田犁地,小牛长大后再卖掉大牛。罗家农具齐全,部分是罗守义分家时分到的,其余是罗守义自己购买添置的。家长会根据家里人口的多少置办农具,当儿子媳妇进家中后,罗守义便会多置办锄头和镰刀各一把,基本上保证每个人都有一副,因此罗家很少会借其他农户的农具使用。

作为副业,罗守义的二儿子做过布料生意,从一个集市低价买进布匹,再去另一个集市高价卖掉布匹,赚取中间的差价。卖布的收入可占全家总收入的五分之一,很好地补贴了家用。此外为了卖米能卖得个好价钱,罗守义和二儿子、四弟经常背米到二十几里远的城里去卖,城里的米价比较高,一般都可以多赚上半背篓甚至一背篓的米钱。从龙咀村到县城里的米市要走上大半天,如果背的米数量较大,则需要走上一整天。冬天白天时间短,如果天黑没有走到县城的话,罗守义需要在其他村子里过夜。在城里的时候,罗家人卖完米换了钱后便可以购买一些家中所需的柴米油盐等生活必需品。

表 1-3　1949 年罗家家计状况表

土地占有与经营情况	土地自有面积	17 亩		租入土地面积	0 亩
	土地耕作面积	6 亩		租出土地面积	11 亩
生产资料情况	大型农具	犁铧、耙纤、石磨、风车			
	牲畜情况	耕牛 2 头			
雇工情况	雇工类型	长工		短工	其他
	雇工人数	0		0	无

收入	农作物收入					其他收入	
	农作物名称	耕作面积(亩)	产量	单价	收入金额(折算)	收入来源	收入金额
	水稻	6	200 斤/亩	0.1 元	不详	租金	不详
	麦子	3	200 斤/亩	—	—	—	—
	红薯	1	500 斤/亩	—	—	收入共计	
	蔬菜	1	300 斤/亩	—	—		
	油菜	2	500 斤/亩	—	—	—	
	豆子	1	300 斤/亩	—	—		

支出	食物消费	衣服鞋帽	燃料	肥料	租金		
	—	—	0	0	无		
	赋税	雇工支出	医疗	其他	支出共计		
	600 斤谷子	0	—	人情消费等	—		

结余情况	结余　不详　元		资金借贷	借入金额	—
				借出金额	—

注:本表的数据为折算数据,而非现金数据,因此需对未变现的收支项目按照市场价格状况加以估算。

(四)家长当过甲长和族长

在 20 世纪 20 至 30 年代之间,罗守义一直在村里做甲长。因为罗守义上过 6 年私塾,在当地算比较有文化,大家都推举他当甲长。而且罗守义的叔叔是乡里的乡长,叔叔也极力推荐罗守义做甲长。因为为人老实,一心一意为村里的村民干事情,罗守义做甲长时,在村里的口碑声望都不错。

但是罗守义作为甲长,会经常和村里乡里的保甲长打交道,他们鼓励其打牌赌博。曾有一段时间,罗守义因为赌博输了不少钱。作为一个老实的乡下人,罗守义十分心疼自己辛苦耕地赚来的钱财,便狠心辞去甲长的职位,不与这些喜爱赌博的保甲长往来。于是村里的保长将罗守义绑起来关进小黑屋,逼迫他继续做甲长,但罗守义仍然坚持不去。最后他们看他实在不想当甲长也只能作罢了。从此罗守义也一心务农,在家辛勤劳作,经营自己的 6 亩土地。

1949 年以前,罗守义当过龙咀村罗氏家族的族长,罗守义为人忠厚老实,且有一定文化,在族人中的威望比较高,族人们都推荐罗守义当族长。罗氏大族在高坪乡埂石村,龙咀村万岭营的罗氏家族只是其中一个分支。大族小族之间平时分开管理,罗守义主要管理龙咀村的三十多户姓罗的族人。族里没有什么严格的族规族法,只是族人间发生了较大的争端,才会请罗守义进行调解。因为罗守义是族长,所以村民们对罗家人都比较尊敬。

(五)家户基本特点与特性

1.正副家长分工合作

1949年以前，罗家一共有三代人。罗守义是家长、外当家，妻子陈文珍是副家长。罗守义主要负责与外面打交道，包括外面的人情往来和家里物件的置办以及每天生产劳动的安排。陈文珍保管家里的钱财，负责家庭生活方面的安排。陈文珍每天安排家庭吃什么菜，然后让儿媳妇温连能或者任世秀做，并安排儿媳妇洗衣、打扫卫生等。

家里有任何所需的柴米油盐和需要置办的生产工具，陈文珍会及时告诉外当家罗守义，罗守义会出门置办。罗守义出去卖米和二儿子卖布挣的钱全部要上交陈文珍，副家长统管全家的经济，儿媳不能管钱。家庭成员需要花钱时，陈文珍要提前告知罗守义，征得罗守义的同意后才能使用。在罗守义的三个儿子分家之前，家里当家的一直都是罗守义，子女必须听从罗守义的安排。罗守义四弟罗文义住在罗家，和罗家同吃同住，四弟有事情也会和罗守义商量，但不用服从罗守义的安排。

2.中户家庭自给自足

龙咀村是一个不大的村庄，除姓陈的一户是原住农户外，其余农户均是从外地迁入。罗家家中有10口人，在村庄中属于中等规模。在村庄中，家庭人口多少和家户在村里的地位没有直接的联系。家户规模取决于副家长的能力，有的家庭虽然贫穷，但副家长管理有方，家庭治理良好，家中虽然有几十口人仍然没有分家。有的家庭虽然很富裕，但副家长不善管理，家庭矛盾比较多，故家庭分家较早。如果副家长比较能干，那她在村里会获得不错的声誉，受到周围村民的夸赞。

罗守义当家长期间，罗家有6亩土地，有两头耕牛，有风车、石磨、犁耙等大型农具和锄头、镰刀等小型农具。家里10口人，三个主要劳动力。总的来说，罗家自给自足，经济在村庄中属于中等水平，收支相抵，大致够用。家长当过甲长，并且作为龙咀村罗氏家族的族长，为人忠厚老实有文化，村民都比较敬重罗守义，罗家在村里的口碑和声誉都十分不错。

3.村庄老户

罗家先辈迁到龙咀村已经很长时间了，暂且不算高坪埂石的罗氏一族，仅仅从罗永义、罗永河迁到龙咀村到现在，已经在村子里繁衍到第十代人了。且龙咀村的农户基本是明末清初时从外面迁移而来，本地农户仅存一户。所以龙咀村整体是一个由外来农户组成的村子，而罗家是很早便迁入万岭营，龙咀村大多数村民都是罗氏族人，因此罗家属于村庄的老户，在龙咀村有较深的根基。

第二章　家户经济制度

罗家前后拥有 17 亩土地,主要通过购买、代耕和赎回三种方式而来,土地属于罗家共有。罗家生产资料基本能够自给自足,由家长罗守义安排家庭成员进行生产活动,男女有一定分工。家庭的生活资料和生产资料由罗守义和陈文珍进行合理分配,罗家的消费主要是粮食和食物,其次才是衣服和人情往来的开支。罗家偶尔也会借钱借粮,由家长罗守义代表罗家出去借贷,并且是借贷的第一负责人。在家户交换方面,主要由罗守义和二儿子罗本发去城乡集市上卖米和卖布。

一、家户产权

(一)家户土地产权

1.土地产权多样

20 世纪 30 年代,罗家仅有 6 亩土地,罗家人一直是自家人耕种,没有雇工帮忙,家中的田地质量一般。家中因为孩子年纪尚小,土地主要由罗守义和陈文珍耕种。50 年代开始,二儿子罗本发、三儿子罗本才也可以帮忙耕种。"天干饿不死勤快人"[①],罗家人认为不论田地好坏,只要勤加耕种,收成都会不错。自家有一份田产就很心满意足,所以罗家人也不愿意出去租种大户人家的田地。罗家的土地就在"三合面"院子附近,土地灌溉便利。龙咀村两边是山,山间有一条水沟自上而下流经村庄,水流途径罗家的田地,水源充沛,土地灌溉便利。

到 1947 年时,罗守义的四个儿子都已经长大成人,家庭劳动力充足,罗家经济条件好转,于是罗守义将之前由其父亲典当出去的 11 亩祖产赎回。但赎回的 11 亩土地在檬家山,土地质量不高,且距离龙咀村万岭营比较远。因此罗家将土地出租给佃户,每年收获的粮食和佃户五五分成,即罗家得一半粮食,佃户得一半粮食。罗家认为五五分在当地算是比较轻的地租,因为当地地租多是三七分、四六分。

除前两者之外,在万岭营罗氏家族的罗氏族人有一份公田,公田的产权属于全体族人。因此罗家有公田的部分产权,但是族人只能享有田地的收成,没有权进行买卖、租佃。族人将公田出租给农户耕种,收取的部分地租用以举办清明会的祭祀仪式和宴席,罗家的家长罗守义代表全家参加。剩余的地租用于接济族中生活困难的家庭,资助聪慧的学生上学,或是用于修桥修路等。

---

① 天干饿不死勤快人:当地俗语,意思是只要人勤快,即便是旱灾,也不会饿死。

2.土地来源广

（1）自家购买

罗家在分家时,排行老三的罗守义分到的几亩土地在杨家甸子,路途十分远,罗守义不愿意去陌生的地方。刚好罗守义的义父罗志贵是孤寡老人,唯一的儿子在监狱坐牢,没有人为罗志贵养老送终。故罗志贵用为其养老送终为条件,愿意把房产和家具等家业一起卖给罗守义。罗志贵居住的"三合面"院子在"四合头"院子的对面,离罗家老宅不远。于是罗守义卖掉杨家甸子的土地,举家搬到对面的"三合面"院子,并在附近另外购买了3亩土地。

（2）叔爸①代耕

罗守义一家还有3亩土地是罗守义的四弟罗文义和五弟罗心义的。罗心义征兵外出后杳无音信,土地没人照看。四弟罗文义的妻子去世,儿子当兵后孤身一人,便和罗守义一家同吃同住。罗守义一家代耕的这3亩土地不用交租,只需每年定期帮罗文义和罗心义缴纳土地税收。1949年后,罗文义再次成家,罗守义便将其名下的两亩土地归还给他。

（3）赎回祖业

在1930年以前,父亲罗字寿当家长时,帮罗文义照顾小孩儿的邻居在路上被绑匪劫去,绑匪写信给罗文义,要其拿赎金才能放人。父亲典当了大部分土地,凑足300银元才将人赎回来。1947年,罗守义的几个儿子都长大成人,家里劳动力充足,家庭经济条件逐渐好转,罗守义便攒钱将之前父亲典当的土地赎回,赎回的土地在檬家山,共计11亩土地。檬家山离龙咀村路途比较远,罗守义一家不方便去耕种,罗家便将土地出租给当地的农户直到土地改革运动,罗家总共收了3年地租。

3.土地全家共有

（1）全家拥有

1949年前,罗家认为土地属于全家人的,包括自家的6亩土地和租出去的11亩土地,家庭的每个成员有土地所有权。家长罗守义有权典当和买卖家里的土地,但是罗家人都不愿意卖土地,"但存方寸地,留于子孙耕"②,罗家人认为卖掉土地是丢祖宗脸面的行为。土地是先辈留给后辈的财产,如果卖掉土地,死后到了阴间便无法向列祖列宗交代。但是对于族里的公田,罗家人只有享有权,没有权利买卖。

罗家人没有私房地, 只是罗心义出去当兵没有音讯, 所以土地已经默认由罗家代耕。四弟因为和罗家同吃同住,大家会一起耕种田地,田地的收成也是大家一起享用。罗文义很愿意和罗家一起生活,因为吃住都在罗家,干活回来后可以直接吃上饭,不用每天单独生火做饭。

（2）儿子继承

在罗家三个儿子未分家之前,罗家的土地属于全家所有,土地所收获的粮食每个人都有份,罗守义、陈文珍、四弟、儿子、儿媳都有资格享受。"媳妇是老女"③,罗家人认为嫁到罗家的儿媳妇有权利享有土地的收成,即土地所收获的一切粮食供全家人享有。但是从家里嫁出去

---

① 叔爸:达州方言,意为叔伯,是子女对父亲兄弟的称谓。

② 但存方寸地,留于子孙耕:当地俗语,意为土地是传给子孙的财富,不能卖给外人。

③ 媳妇是老女:当地俗语,意思是儿媳妇像是自家的女儿一样。

的女儿没有土地,"男得土地,女得浮财"①,村上的风俗是女儿出嫁只能得父亲给的一点财产和陪嫁。大女儿罗本珍出嫁时,没有分到家中的土地。罗守义只给大女儿置办了一个箱子、一个柜子。小女儿没出嫁之前可以吃家里的粮食,但是没有土地的所有权。按照村里的乡规民约,罗守义的女儿也默认土地以后会分给儿子,不会分给女儿。

罗家的土地继承权只有儿子享有。"一子一分,十子均分"②,罗家的土地只按儿子个人数进行分配,不按小家庭的人口数。分家之后,罗守义耕种自己的一份养老地。按当地习俗,在罗守义年迈耕种不了的时候,便将土地租给三个儿子耕作,儿子向罗守义缴纳粮食作为养老费。儿子们交的粮食必须够罗守义生活,总的来说,儿子再穷也不让大人吃亏,老人的生活要比年轻人过得富裕。当罗守义去世后,儿子有资格继承罗守义的养老地。

(3)统一利于和谐

罗家的家长罗守义在土地经营、买卖、分配上具有最大的权力,家庭成员一般听从家长的安排。罗家人都清楚土地是属于全家人拥有的,罗家人认为,土地属于全家人时大家才会齐心协力,家人会为了家庭过上更好的生活而认真干活儿。像二儿子罗本发和任世秀虽然成了家,但是小家庭没有自己的土地,还是和大家庭一起同吃同住。因为小家庭如果有了自己的土地,必然会偏心自己的家庭,只想让自己的家庭的土地耕得越来越好,这样不利于小家庭和其他家庭成员之间的和谐相处。因此,罗家的土地一直到四个儿子都结婚成家后才进行分配。

4.土地边界明细

(1)地契明确

罗家的土地和别人的土地之间有边界区分。村里区分土地是根据土地里的作物,每块田地因为作物不同而取不同的名字,比如叫作"冬水田"③、胡豆田、高粱地、玉米地、花生地等,两块相邻的田地由中间的田埂区别开来。四川的地形多山地和丘陵,很多田地是呈阶梯分布,即田地之间是高低错落分布。龙咀村当地按照"崖高一丈,一个五尺"④的原则,上下的田地就根据崖面,两户人各拥有一半的崖面,即便是长在田埂和崖面上的树也属于两户人共有。农户如果在土地边界进行生产,则是侵占别人的土地。因为农户买卖田地时,地契上把田地的界线写得十分清楚,包括土地边界,农户也只能买卖属于自己的这一半。为了防止日后的田地纠纷,地契上对于边界的规定十分清楚。

(2)土地不允侵占干涉

罗家十分认同自己的土地只有自己家人耕作和使用。外人只能经过家长同意才能耕作使用土地,一般是农忙的时候,罗家请别人换工干活儿,别人才能耕作罗家的土地。同样,罗家也不能随便去耕种别人家的土地,只有对方邀请自己家人帮忙,才能够去耕种别人的土地。例如罗家嫁出去的大女儿罗本珍,大女儿结婚不久,家里只有罗本珍和其丈夫

---

① 浮财:指除了土地房屋这些固定资产外的物品,比如柜子、衣服等。

② 一子一分,十子均分:当地俗语,形容将财产平均分给儿子。

③ 冬水田:是陕南浅山丘陵地带特有的一种稻田,因受环境和气候的限制,田地一般是因地制宜而不规则,它全靠冬季贮水而不灌田,一年只种一季稻,故名冬水田,又称一季田。

④ 崖高一丈,一个五尺:当地俗语,指作为土地分界处的崖面,农户一人一半。

两个劳动力。农忙的时候，罗本珍家里劳动力不够，作为大女儿的娘家人，罗家人会主动去给她帮忙。

家人都十分清楚哪些是家里的土地，家人不允许别人侵占，包括娶进家门的两个儿媳妇，家长会领她们认识自家的土地。罗本发和任世秀结婚的时候，第一天成亲办喜酒，第二天任世秀回门看亲人，第三天陈文珍便领着任世秀去认家里的土地，让二儿媳不要把自家和别人家的土地混淆了。罗家全体家庭成员都要经管家中的土地，谁在地里干活儿时发现有什么问题都要回来报告家长。

罗家的土地生产由家长进行安排，外人不能干涉。关于田地里种植什么作物，都是罗守义根据季节进行安排，如冬天种小麦，夏天种水稻。罗守义决定种植后，便安排家庭成员去耕种，家庭成员都要干力所能及的活儿，一般田里的重活儿由罗守义、罗文义和罗本发干，陈文珍、任世秀和罗本才可以帮忙干比较轻松的活儿。家庭外的成员没有权利干涉罗家的生产安排。每年粮食收获后，罗守义会根据家里的情况，合理地进行分配。家中的粮食是供全家人食用的，陈文珍会计划着安排，计划每顿的粮食数量，不然到年底家里的粮食便不足。家中的生产安排、粮食分配一般由罗守义说了算，但是其他家庭成员可以向罗守义建议，而家庭外部的成员不能干涉罗家土地的经营权和收益权。罗文义作为罗守义的弟弟住在罗家，一般不会过问收成的分配，罗文义知道罗守义不会亏待自己，只是常常会和罗守义商量土地生产方面的事情，给罗守义提一些建议。

5. 家长支配土地所有权

（1）家长是土地的实际支配者

在1949年之前，家里是罗守义当家，家里关于土地的买卖、典当、置换等事情均由罗守义说了算。如果罗守义不在家，陈文珍及其他家人不能擅自做主，必须经过罗守义同意，家庭外的人不能干涉罗家的土地产权。罗文义和罗家虽同吃同住，但罗文义的土地由罗文义自己处置，罗守义没有权力买卖罗文义的土地。如果不和罗家一起生活的话，罗文义可以卖掉自己的田地。罗家在买卖土地等大事上，罗守义会和家人商量，家人可以向罗守义建议。儿子不好意思向父亲建议的话，可以让副家长陈文珍劝说罗守义，比如晚上睡觉前，陈文珍就把儿子的想法告诉罗守义，轻言细语地给丈夫讲道理，把家长的"耳朵吹耙"[①]，但最终决定权在罗守义手上。

（2）家长做主土地买卖

罗家在搬到"三合面"院子的时候买卖过土地。罗守义卖掉分家时分到的杨家甸子的七八亩土地，买了"三合面"院子附近的3亩土地。罗守义会根据家里的实际情况决定是否买卖土地，罗守义一般会和全家人一起商量。但罗守义作为年轻家长缺乏经验，在买卖土地、修建房屋等大事上拿不定主意时，会去请教自己的父亲和叔爸，听取长辈们的意见和建议，看买卖的对象是否老实可靠，买卖的价格是否合适。但由于罗守义已经分家立户，所以最终还是罗守义自己决定。在买卖土地这种大事情上，陈文珍不会过问，陈文珍认为作为妇道人家不懂买卖土地的事情，由丈夫出去交涉，罗守义回家后会告诉陈文珍买卖的经过。

农户在买卖土地时，主要看对方人品和与自己家关系远近。俗话说"田不卖仇人，女不嫁

---

① 耳朵吹耙：意为吹枕边风，劝说某人，将耳根子吹软。

奸夫"①,土地一般卖给与自家关系好的农户,以后即便从对方门口路过,也会受到对方的热情款待。此外,农户的人品十分重要,罗家人认为如果农户人品不好也不值得将自家田地卖给对方,免得日后起冲突。

土地进行买卖后,买土地的人要办一桌酒席招待周围邻居和中人。土地买卖时,要请"中人"进行介绍,称为"请中"②。土地买卖双方、中人和周围邻居,都要一起去田里"脚踏手指"③,划清土地的边界,称为"上界"。双方拟定地契时,需要请保甲长作证,保甲长只是帮忙作证,无权对买卖进行干涉。待以后村上发生土地纠纷,例如谁砍了谁的树,谁越过边界,当事人如果不清楚情况,中人有义务出来作证,讲清楚这个土地的所属者是谁。邻居、"中人"要在买卖土地的契约上"画字"④,日后为土地边界作证,买主要给其"画字"的钱。

(3)土地租给老实人

罗家有出租土地的情况。1947 年,罗守义将檬家山的 11 亩土地出租给当地的农户李信义。李信义的堂兄是罗守义的干儿子,因此也算是罗家的远亲。李信义租罗家土地,是他自己带些鸡蛋上门问的罗守义,告诉罗守义自己家的实际情况,然后问是否可以把土地租给他两三年。罗守义从干儿子口中知道李信义为人老实可靠,便把土地出租给了他。土地一般租佃给有耕牛农具、有劳力的老实人。不勤奋的人会把土地越耕越差,粮食的收成便会下降。土地租佃的事情由罗家的家长做主,不需要通知保甲长。租土地需要写租子,"写庄耕栽"⑤,需要租佃双方写约画押,写租约的时候双方都要请证人作证,租约上清楚写明租地的日期和租约。罗守义和对方约定的是收成五五分。

罗家在出租土地时,家人都听从罗守义安排。罗守义在吃饭的时候会告知儿子们土地租佃的事情,让儿子们知道秋收的时候需要去檬家山收地租。儿子们听到这个消息都很开心,认为自家的家庭生活越来越好。罗家儿子认为父亲年长,比自己有经验,考虑事情更加全面,罗守义在儿子心中比较有威望,因此租佃田地的事情都听从家长的安排。妻子陈文珍同样听从丈夫的安排,丈夫负责在外打交道,比较了解外面的行情。但是作为副家长,陈文珍会和周围的邻居聊天,打听土地租佃的一些消息,回家后告诉家长,作为建议和参考。罗守义只能出租自己的 14 亩田地,罗文义的田地由其自己管理。

罗家没有和别人置换过土地耕种,罗家人认为置换土地难免产生纠纷,自家土地即使再远,也不愿意和别人置换。因为置换土地过程麻烦,双方土地必须大小、质量相近才能置换,如果对方没能好好耕种,将来反悔想换回来的话,则还给自己的土地便是坏地和差地。

(4)土地典当有钱人

典当土地的时候,农户会主动当给与自己关系好点的有钱人,典当土地也需要找证人,一般会找口才比较好的人,可以帮忙在中间调和讲价。村庄中如果家长不在家时,能干的儿子可以出面,副家长不能作为全家的代表出面,只能在男性背后给家长建议。

---

① 田不卖仇人,女不嫁奸夫:当地俗语,意思是田地和女儿一样,都是给德行好的人。

② 中人:中间人,"请中"即为请中间人作证。

③ 脚踏手指:在买卖土地时,要去田地里指明土地的边界。上界:买卖双方和中间人明确土地的边界。

④ 画字:证人在契约上写上自己的名字或者是画押。

⑤ 写庄耕栽:当地俗语,写好庄子,进行耕种。庄子是指租约。

罗家典当过土地两次，第一次是在1930年以前，当时罗家的家长是罗字寿，他为了从绑匪手里赎回帮罗文义带孩子的邻居，典当了家中大部分土地，凑足了300银元赎人。罗字寿作为家长，让作为乡长的罗守义的叔叔作为证人，找镇上有钱人家典当土地，通过商量议价，十几亩土地典当了300元银元，并和对方写好典当契约，注明未来只要罗家拿钱便能赎回典当的土地。因为罗家人认为，买卖罗家的祖产是不光荣的行为，所以只能被迫短暂地典当出去，日后有钱一定赎回来。

第二次典当土地是因为政府派款，政府给罗家派了两条枪支的钱，共计一千多块。家里没有这么多钱，作为家长的罗守义找冯保长借钱，但给了冯保长五个田作为抵押。双方写了典当契约，等罗守义有钱的时候便能够把田地赎回。借的钱每年需要还利息，按照当地的规矩，借半年钱一般是15%的利息，借一年是50%的利息，利息是由借贷双方进行协商。罗家典当的土地是在两三年后赎回的，因为罗守义和冯保长关系好，所以一年给的利息是15%。罗家典当土地是由罗守义做主，罗守义是为了解决全家人的困难，陈文珍和儿子们不清楚如何典当土地，只是听从家长罗守义的安排。

6.家人可对土地产权提出建议

罗家进行土地买卖、典当、租佃的时候，罗守义作为家长，起着主要支配作用。但罗守义作为家长，一直认为家庭需要有商有量，家长做到公平才能使全家和和睦睦，这样家人之间才没有猜忌和争吵。因此在罗守义决定卖土地和租佃土地等大事情之前，会在吃饭的时候和全家一起商量。家人可以根据自己的想法给罗守义提意见。一般儿媳妇不会发表意见，都是罗文义、陈文珍和儿子们发表意见，但最后作决定的还是罗守义。其中，陈文珍的话语分量最重，罗守义很多时候会听取陈文珍的意见。罗守义在买卖、典当土地之前，陈文珍也会请教周围卖过土地的邻居朋友，打探市场行情以及对方的情况，为丈夫提供参考意见。当罗守义在出租土地的时候，罗家四个儿子已经长大，关于将土地出租给哪个农户以及如何拟定地租，儿子们会根据自己的了解给罗守义一些建议。

7.家户土地产权的侵占

罗家没有被别人侵占过土地，只是存在轻微侵犯或者无意识侵犯的行为。比如，有时候自家的牛不小心吃了别人家的草，或是割猪草的时候割到别人的地里。这些小摩擦没有什么大的影响，邻里之间道个歉就能和解。如果矛盾比较小，则是陈文珍出面代表家里道歉，如果摩擦太大，妇女不能够解决，就会让家长罗守义出面解决。

罗家人也不允许别人侵占自家土地，如果侵占的话，全家人乃至全族人都会据理抗争。在1940年以前的时候，过路的流氓抢了罗家一根锄头，大女儿罗本珍跑上前追着打流氓，流氓看罗本珍不怕他，丢下锄头就跑掉了。罗守义表扬女儿能干，能够守住家里的财产。罗家人认为对付侵犯自家土地和财产的土匪流氓，一定要反抗，不然他们只会欺软怕硬。

在龙咀村，当地的人不敢侵占别人的土地。因为政府是有法律规定的，如果遇到谁侵占土地的话，可以直接告官使其坐牢。在土匪横行的时候，土匪也只能通过绑票，让农户自己典当土地换钱去取人，土匪不敢直接侵占土地。村上的大户人家、恶霸也不能直接侵占土地，只能通过其他方法逼迫农民，比如让乡长多派款，或是借高利贷给农民，逼得农户只能卖掉自家的田地，从而使大户人家和恶霸拿到土地。由此可以看出，只有农户有权力买卖和使用自己的土地，外人不能直接侵占。

8.认可保护土地产权

(1)其他村民的认可与保护

全村的人,尤其是附近的村民,对罗家拥有土地的位置、块数、大小都比较清楚,不会轻易地去侵占和破坏罗家的土地,农户之间还是比较尊重。因为只有尊重保护别人家的土地,别人也才会尊重保护自己家的土地。因此,村民之间和谐友好相处,是保护别人也是保护自己的最好方法。罗家人如果在地里干活儿的时候发现谁家的树被砍了,谁家的菜地被牛踩了,一般都会主动告诉农户家来减少主人家的损失。同样,其他村民发现罗家的田地有什么问题,也会主动告诉罗家人。

村里的人,包括保甲长,没有权力对罗家的土地进行买卖、租用或者是置换,只有家长才对自家的土地有买卖、租用、置换的权力。农户如果想要买卖或租佃罗家的土地,就必须与罗家的家长商量,如果罗守义不同意,便不能进行买卖、租用或置换等活动。罗守义不在家的时候,陈文珍也没有权力代替丈夫作决定,一定要等到罗守义回家后自己作决定。

(2)家族的认可和保护

罗家在村子里属于大姓,村上设有公祠,每年举办清明会进行祭祀和聚会。罗守义当过万岭营的罗氏家族的族长,因此在村子里威望较高。家族认可族人们对土地的所有权,如果有谁的土地遭到侵犯,全族的人都会为其出头,保护族人的土地不受侵犯。而罗家作为族长之家,如果土地受到侵犯,在村里必然得到全族人的支持与帮助。但是龙咀村的族人都比较尊重和认可彼此的土地,几乎没有发生过侵占土地的事情。

(3)村庄的认可与保护

村庄对自家土地都是尊重保护的。村里的保甲长对罗家现有的土地都是登记在册的。村庄承认罗家土地的所有权、耕种权和收益权,他们不能随意侵占,罗家的土地也没有被村庄侵占过。村里如果要进行一些买卖、租佃活动,保甲长需要和家长罗守义商量,要得到家长的允许才能进行此类活动,不能进行强制买卖、租佃或者是置换。如果谁的土地被外人侵占,亲朋四邻都会给其建议,给予帮助支持。村里的保甲长和在村里说得上话的长辈,也会出头帮忙说话。

(4)政府的认可与保护

1949年以前,政府不会随意占农户的土地,也没有征用过农户的土地。农户所拥有的土地有土地契约,土地契约在县上政府已经进行登记盖章。政府承认农户的土地所有权、耕作权、收益权。如果县乡政府要买卖、租用或者是置换,要与农户商量,特别是要与这个家庭的家长商量,如果家长不同意,县乡政府不能强行买卖、租用或置换。如果自己家的土地被外人侵占,政府会进行保护,政府的保护力度很强,如果有土地被侵犯的情况,受害者告到县政府,侵犯者会被收监,会被判坐几年的监牢。

(二)家户房屋产权

1.分家立户

罗家居住的房子是一个五间房的三合院,后来扩建了两间,每间大约有15平方米,房屋加上院子里的坝子一共有200平方米的面积。院坝可以用于晾晒收割的谷子、玉米等粮食。从大门进来最好最大的一间房是堂屋,用于平时吃饭和招待客人。堂屋左边的房间是家长居住,年幼的小女儿和家长一起居住,家里储存的粮食也放在罗守义和陈文珍的房间。堂屋右边的房间是厨房,厨房西面紧邻猪圈和厕所,厨房再往西走一段距离有一个鱼池。厨房后有一条小水沟用作平时排水,废水直接流入田地或者倒进猪圈下的粪坑。偏堂的两间房屋分别住着四儿子和二儿子、二儿媳,厅房的西间房屋分别住着三儿子、四弟和大儿子。由于大儿子常年在外地读书,大儿子的房间也当做客房,并堆放一些杂物。罗家"三合面"院子前后都有门,进出十分方便。

罗家的房子在村里面属于一般水平。1949年以前,村里的房屋多是木房和瓦房,只有供奉神灵的庙宇是砖房。罗家的房屋是木房,随着家里人口增多,罗家扩建了两间房。原本的房屋是购买而来,新修的房间是在原有房间的基础上修建的,所以关于房屋的朝向、位置,罗家没有过多的讲究。在房间分配上由罗守义做主,副家长陈文珍会提意见。因为陈文珍作为副家长,平时更多关注家庭内部事务,对于房子的居住使用,考虑得比家长更加周到。陈文珍会根据家庭成员的实际需要,尽量做到公平分配。但由于罗家房屋差距不大,在房屋使用上讲究不多,只是儿子在结婚时会挑选相对好一点的房间。

2.买义父家产

罗家的房屋是购买而来。罗守义在分家时,分到的土地在杨家甸子,距离龙咀村万岭营比较远,家里没有多余的房间可以居住,而义父罗志贵是孤家寡人,老人年老体弱,儿子因为犯事在监狱终身监禁。罗志贵希望义子罗守义能够替自己养老送终,便答应将自家的房子和家具卖给罗守义。

罗家卖掉分家时分在杨家甸子的七八亩土地,将卖地得来的钱买了义父的房子和房子周围的3亩土地。根据买卖房屋的规定,罗守义和义父立下了新的房契,房契上将房屋和房屋周围的阶梯石坝、房檐屋脚都标注得清清楚楚。买卖双方需要在房契上签字画押,并找村子里德高望重的长辈或者村保甲长作为见证人。罗守义分家后,便从"四合头"院子搬到了"三合面"院子,从此罗守义夫妇和义父住在一起,罗家尽心尽力赡养罗志贵,直到罗志贵老人去世。至于买房时具体花费多少,以及扩建两间房屋的费用,只有家长罗守义和陈文珍清楚,家里的儿女并不知道具体费用。

3.房屋全家共住

(1)房屋为家户所有

在罗家的家庭成员看来,未分家之前,房屋是全家人的,不是属于某一个家庭成员的。房屋属于公共财产,在分家之前,小家庭居住的房屋也不是属于小家庭的,如二儿子罗本发和任世秀的房间。娶进家门的儿媳妇同样有权享有房屋的居住权,在分家之后,小家庭有权处置分给自己的那间房屋。罗家的房屋没有和别人共有的情况。罗文义住在罗家和罗家人同吃同住,有享用房间的权力,但没有房屋的所有权。

在房屋使用上,主要由副家长陈文珍筹划,经过罗守义同意后便可以做主。陈文珍直接告诉儿子们住哪间房,然后替儿子们铺好床。在分房间的时候,三儿子罗本才还闹别扭,三儿子想和二儿子一起睡,不想和叔爸罗文义一起睡,母亲便训斥了三儿子不懂事。陈文珍把最好的一个房间留作客房,其余房间的大小、好坏差不多。大儿子、二儿子婚后住的房子没有特别讲究,家中没有特别指定专属于小家庭的房间,只是陈文珍会把新房打扫得特别干净,再简单地布置一下。儿子要结婚的时候,会挑除了客房外相对好一些的房子作为新房,但已经结婚的小家庭的房间不会变动。家长在安排房间时,都是经过思考商量的,一般不会轻易调换居住。而且罗家的房屋条件都差不多,也没有必要换来换去地居住。另外,罗守义给四弟安排住的房间也相对比较好,不然外人会说罗守义亏待自己兄弟。

(2)家中部分成员拥有所有权

在罗家分家之前,家里房屋的使用权属于全体家庭成员,全家人都有权居住,包括家长、儿子们和四弟。因为小女儿年幼,所以和罗守义、陈文珍住在一个房间里面,四弟和三儿子住在一个房间里。大女儿嫁出去后,就没有房屋的使用权。罗家房屋与土地一样,只有儿子具有继承权。女儿在未出嫁之前,可以住在家中,但结婚后便不再享有居住的权力,四弟同样也只是具有房屋的使用权,没有房屋的所有权。罗家和村上其他农户一样,默认家中的房间在分家时会分给四个儿子,女儿没有资格分享。家中如果有入赘的女婿也会被看作家庭成员,有房屋的所有权,罗家没有女婿入赘的情况。

(3)房屋由全家人共同使用

罗家的家人认为在分家之前,房子应该属于全家人共同使用,这样有利于家庭成员积极维护家庭整体利益,有利于家庭的团结和睦。如果提前分给小家庭的子女,可能导致个人私心过重,仅维护自己小家庭的利益。同村中便发生过这样的事情,村上一位老人把房子分给两兄弟,其中一个兄弟把房子卖给另外一个兄弟,儿媳妇就认为房子是自己出钱买的,便不让老人居住。老人最后孤苦伶仃,吃穿也不够,住在一间破烂的房子里。分家的时候,罗家人认为,房子应该公平分给每个儿子,有利于父子感情和睦。罗家在分家时,平均搭配好土地和房屋,让儿子们抽签决定。这样的话儿子之间就没有任何纠纷,罗守义也能够让儿子尊敬自己。

4.互不侵犯房屋

(1)过道墙壁为界

一般房间与房间之间是以屋檐为界。罗家的房子是一个三合院,所以和周围邻居的房子不共墙,主要是根据房子与房子周围的过道为界线。过道用于平时邻里过路,过道的宽度可以商量,修房子时不能多占过道,过道狭窄使他人走路不便会引发邻里之间的矛盾。

房屋之间也有边界,房屋买卖契约上已经注明情况,房屋正对出来的梯子和院坝都是自家的。周围的邻居不能越过房屋边界修房子,不然在道理上和法律上都是讲不通的,也会受到其他村民的指责和保甲长的处罚。而罗家内部,每个房间之间是以墙作为边界,在房墙里面,是属于家庭成员自己的空间,在房墙外边,是整个家庭的公共空间。

(2)关系有边界

家里人不仅每家知道自己同别人家的房屋边界,也知道自家房间与房间之间的界线。一般自己的房间和别人的房间是以墙作为界线,进别人房间之前要敲门。但同时房间与房间之间也有社会边界,例如儿子可以随意进父母房间,弟弟可以进嫂子房间,因为中国传统的长嫂如母的观念,认为嫂子就像是自己的母亲。但公公不能进儿媳妇的房间,大伯子不能进弟媳的房间。如果进了不该进的房间,则会引起其他人的猜疑。村子里面就发生过这样的事情,公公走到了自己儿媳妇的房间强奸了儿媳妇,所以一般公公和大伯子都不会随意地进出儿媳和弟媳的房间,免得引起村上人的闲言闲语和猜忌。

（3）内外有界限

罗家人对自家拥有的房屋有清楚认同,知道房子是全家人共同所有的。房子是全家人使用,外人不经同意不能使用,分家后地人也无法享有。家庭成员不允许外人侵占自己家的房屋。罗家的亲戚朋友来家里居住,也只是短暂地借住,不拥有对房屋的所有权。村上其他人要进罗家房屋之前,需要在院外喊罗家人,确定家里有人,外人才能进屋,不然会被别人认为是做偷鸡摸狗的行为。同样,罗家人去其他人家里时,也需要确定对方家里有人才会进去。

（4）共同经营房屋

罗家在买卖、拆除、修建房屋时,由家长罗守义做主,家长可以同家人商量,但外人、族人、村庄和分家后的家人都无法干涉。在修房子时,家长要给保甲长汇报,在明确土地界限、并经保甲长同意后,保甲长将申请书拿到县上盖章。只有县上盖章之后,罗守义才能在自家宅基地基础上兴建房屋,不能越界修房屋,否则会惹官司上身。罗家扩建两间房屋时,提前给保甲长说过,以免自己的房屋侵犯到别人的土地,即便房屋修建起来也肯定会被拆掉。

家里的房屋主要由全家人一起经营,全家都有义务保护家里的房屋不被损坏。罗家在修房屋之前,罗守义会出面请木匠、石匠和周围邻居来吃饭,好让大家在修建房屋的过程中尽心尽力。家里的男性包括儿子和四弟也会一起劳动修建,妇女包括妻子、儿媳和女儿主要负责给大家做饭。罗家决定要修建房屋之后,全家人会提前一年做好准备,这一年需要节衣缩食,并在山上砍些树木,准备锯子、斧头等东西,以备好下一年建房屋所需的所有材料。罗家人认为建房屋是全家人的事情,每个人都会积极地参与进来。罗家儿子们年龄比较小,也会帮着父亲搬东西。

5.家长支配房屋所有权

（1）家长是实际的支配者

家长在房屋所有权中具有支配地位。罗家在房屋买卖、拆除、修建房屋时,主要由家长做主,家人可以提意见。在家庭中凡事都要听从家长的安排,兴修两间房子是罗守义和妻子的想法。因为罗守义考虑家里几个孩子越来越大,需要更多的房间供日后儿子娶媳妇用。罗守义做任何决定都是替家人考虑,所以家人都愿意听从罗守义的安排。罗守义会提前一年告诉家人,家里明年要多修两间房屋,所以今年就需要节约生活,多存点粮食和腊肉,供来年请工人吃饭。今年全家需要多去山上砍树,如果家人有私房钱的话,愿意拿出来也可以。

对于小家庭的房间,家长同样具有支配房屋的权力。当家庭人员出现变动时,家长如果要更改、调换房间,可以和儿子媳妇商量。罗家的房屋也曾经出现过变动,当儿子越来越大的时候,就需要有独立的房间,所以罗守义就新修了两间。而当大儿子罗本洪要娶媳妇的时候,罗守义就把家里最好的那间房子给了儿子娶妻用,当二儿子罗本发要结婚的时候,就把另外一间比较好的房间留给二儿子,三儿子罗本才便和四儿子罗本胜住在一起。家里的房间可以因为人员的变动而稍有变化,罗守义也会给大家讲清楚房屋的使用情况,家人都比较赞同罗守义的做法。

（2）家长决定房屋买卖

罗家的祖屋是四合面的院子,分家的时候已经分给罗守义的其他兄弟。罗家购买过房屋,罗守义买的"三合面"院子。买卖房屋时,罗守义请了保甲长作证,请中人讲价约约。写契约十分讲究,要把房屋的所有范围都写进去,避免日后产生纠纷。"上有钉角瓦片,下有地脚

21

连山,门楼面壁"①,是指房屋上面的瓦片以及房屋所占的土地、小山坡,以及院子里面的门楼墙壁全都是归属于自己所有,所有属于自家的东西全部都要写进契约。事成之后,罗守义宴请了保甲长、中人和卖家以示感谢。一般买卖房屋和买卖土地,购买的一方都需要请另一方和中间人吃饭,以作为对他们的感谢,以及日后如果出现问题,他们可以帮忙作证。

罗家出租过房屋,罗守义把檬家山 11 亩土地租给佃农时,就顺带把一间土地附近的庄房租给他。庄房是指田地周围用来看守田地的简陋房子,佃户住在庄房,方便平时经管田地,从而保障庄稼的收成。罗守义把这间房屋和土地一起租给佃户,庄房不用双方写契约,只要家长同意就可以。

6.家庭成员听从家长安排

罗家其他家庭成员对房屋所有权的支配能力不强,不能擅自做决定,必须是家长做主。家长是罗守义,罗守义很爱护自己的家庭,做的决定是为全家人利益考虑。全家人都爱护尊重家长,在房屋买卖、修建等活动中,家庭成员一般听从家长的安排。家长比较开明,在修房子之前会和家人一起商量,关于请谁帮忙、哪里的匠人比较专业等问题,家人都可以发言建议。如果家人的建议比较正确,还会获得罗守义的表扬和称赞。在房屋买卖这种大事情上,家人一般没有经验,主要听从家长的安排。由于罗守义是一个比较开明的人,所以全家人在家庭事情上都比较积极地去参与发言,但是其他家庭成员对于房屋的所有权,只能站在为全家人的利益考虑的基础之上去发言,如果是为了自己的私心,则会被家长批评不懂事。

7.相互尊重房屋产权

罗家人认为自家的房屋归家庭成员所有,同时别人的房屋也归其他家庭所有。罗家与周围邻里关系良好,很少与周围邻居发生冲突。罗家与邻居互相尊重彼此的房屋产权,在房屋产权上互不干扰、互不侵犯。村民、村庄、家族都承认尊重罗家对房屋的所有、买卖、租用、置换的权力。房屋是农户生活的基础,如果村庄中有农户的房屋受到侵犯,全家人都会奋力反抗,并求助周围邻居、村庄保甲长、族人帮忙。当地保甲长都会保护村民的房屋,只有保护村民的保甲长才能得到村民的尊重与支持。

村庄、县政府也没有买卖、租用、置换、侵占村民房屋的行为。如果两户人家要进行房屋产权的买卖、租用,必须由家长来决定,要和家长进行商量,经过家长同意之后才行。因为村民的房屋都有房契,房契上盖了政府的印章,县乡政府会进行保护,房契具有较强的法律约束力。龙咀村的村民也有因为房屋纠纷而闹上县政府的,比如说村民占用邻居的地方,而邻居的房契中关于界线没有明确说明。政府针对这种纠纷都会秉公办理,只要农户有房契就会得到政府的保护,因此罗家人不会担心自家房屋被侵占的问题。

(三)生产资料产权
1.家庭农具齐全

罗家最初只有 6 亩土地,种地是罗家主要的生产方式。罗家生产资料齐全,大型农具有风车、碾子、石磨、犁耙,小型农具有锄头、镰刀等。作为自给自足的农户,只要家里有一点钱,罗家就会添置生产需要的农具,因为家里农具不齐全,经常去借别人的农具,会被周围村民认为家长不能干。

---

① 上有钉角瓦片,下有地脚连山,门楼面壁:当地俗语,常用于房契,表示购买房屋全部的所有权。

风车、锄头、犁耙是罗守义分家时分到的。家里的农具坏了，罗守义就会添置新的农具。家里如果添人口了，罗守义也需为其置办一点农具，平均下来家中每个人都有一把锄头、一把镰刀。如果家里需要做一台新的风车，就需要自己砍树，做成木板，请匠人打风车。一般打风车需要三天时间，便给匠人三天工钱。家里的锄头、镰刀生锈出问题，家长会自己维修。自己修不好的农具会找铁匠打。家里一年打一次铁，一般打七八把锄头。铁匠的工钱是算天数，一天能够打七八件锄头、镰刀。铁匠一天的工钱是两三升米钱。请铁匠来打农具，主人家会提前买铁、刀、炭。铁匠只提供炉子和劳动。1949年以前，钢铁的市场价是几角钱一斤。

置办新农具的钱是罗家靠卖粮食得来的。农闲时，罗守义、罗文义和二儿子罗本发就把家里的米背到城里去卖，城里的米价更高，来回一趟可以多卖一些钱。罗家几乎没借过生产工具，农忙时请人帮忙耕地干活儿的时候，农具都是客人自己带来。罗守义提前和陈文珍商量好找谁来帮忙，然后亲自上门和对方说好时间，并让对方带好农具。

2.饲养家禽

罗家常年养有两头牛、两头猪，家里最初拥有的一头牛是从牛贩子手里买的小黄牛。当小黄牛长大了，罗守义卖了黄牛买了一头水牛，因为水牛更擅长耕田犁地。水牛生了小牛后，家里将小牛养大后，就把老了的大牛卖掉。村子里有牛贩子，如果农户需要买卖牛，就直接给牛贩子说。交易成功后，农户需要给牛贩子"中人钱"①。

罗家每年养两头猪，等到过年时，罗家会把其中一头猪杀了自家留着，一头猪用来卖钱。自家吃的猪肉除了过年的是新鲜肉以外，其余的是用燃烧松柏枝丫熏制的腊肉。除开人情往来需要送的腊肉，剩下的腊猪肉要供全家吃上一整年，罗家很少去集市买肉吃。人情往来包括三个方面，一个是过年去给长辈拜年，要提一点腊肉作为年节礼物；二是村上谁家子女结婚办酒席，也需要送点腊肉；三是嫁出去的大女儿罗本珍回娘家看望家长，罗本珍走的时候，陈文珍会给她拿一点腊肉。家里儿媳妇任世秀回娘家看望父母，家长也会让她带点腊肉作为礼物。到新的一年，罗家又会买上两头小猪进行饲养。家中主要是陈文珍和任世秀喂养猪和牛，平时需要上坡割草喂牛、给猪煮猪食等。

3.生产资料为全家所有

(1)生产资料家户所有

罗家人认为生产资料属于全家人共同所有。罗守义置办的耕牛农具，家庭所有成员都有使用权。家庭中的生产资料没有和别人家共有的情况，自家用自家的，家庭内部成员共同享有。家里人口增加，家长会多添置农具，多买一副锄头、镰刀。家庭的农具由家长进行添置，家中没有私人的生产资料，罗守义有权处置生产资料。

一般家里有几个人就会有几副农具，罗家主要是罗守义、陈文珍、罗文义、罗本发、罗本才有农具，四儿子罗本胜和小女儿罗本慧因为年幼没有置办农具。农具是全家人所有，大的农具放在院坝旁的屋檐下，全家人都要经管农具不被弄坏，但小一点的农具，如锄头、镰刀可以自己保管，方便每天上坡干活儿。每天早上任世秀把早饭做好，全家吃了早饭后就拿着自己的锄头、镰刀上坡干活儿，傍晚下坡回家，把农具放在自己房间即可。

如果家人的农具用坏了，会告知陈文珍或是罗守义，罗守义便去集市上置办新的。如果

---

① 中人钱：给中间人的佣金。

家人经常用坏农具,家长会委婉批评,让其爱惜家里的农具。家人需要保管好自己的农具,如果将农具弄丢了,家长会严厉批评,认为他没有出息,把农具都能弄丢。罗家的人都比较爱惜自己的生产资料,儿子们从小就听陈文珍说这些东西置办不容易,所以家人们都比较爱惜自己的农具。

（2）男女农具不同

罗家人认为在没有分家之前,家里的成员都拥有生产资料的所有权,因为家里的成员都为全家的劳动做了贡献。但是在大型农具上,包括犁头、犁耙、风车和磨子,往往是男性使用比较多,妇女主要使用锄头、镰刀等小型农具。因此家人会默认男性对大型农具的所有权,女性对小型农具的所有权。小家庭没有自己私有的生产资料,所有工具都是全家共有。只是家里的儿媳妇有时候会有私心,想把好的农具留给自己使用,把不好用的农具留给别人。三儿子罗本才因为这个事情还和二儿媳任世秀吵过架,任世秀觉得自己的锄头不好用,就拿了罗本才的锄头,让罗本才用自己的锄头。三儿子不高兴任世秀的做法,就把这件事告诉副家长陈文珍,陈文珍把两个人都批评了一顿,说当嫂嫂的不知道爱护叔叔,当叔叔的不知道爱护嫂嫂,然后让家长罗守义把锄头磨了磨,不好用的那把锄头也变得很好用了。陈文珍告诉家人有困难就给家长说,一家人不能吵架斗气,影响家里的团结。

在分家时,罗家会把生产资料和房屋、土地一起分给几个儿子,家里的女儿一般不会分得生产资料,只能分到衣服、鞋子、柜子等嫁妆。但是村里的大户人家的家庭经济条件比较好,家长会把牛、羊、锄头、镰刀等生产资料作为嫁妆送给女儿。

（3）生产资料应属全家人所有

罗家人认为生产资料全家人共同所有比较好。因为如果部分农具属于私人拥有的话,大家都更加爱惜自己的生产资料,从而不爱惜共同的或是别人的生产资料,势必引起不必要的纠纷和麻烦。而生产资料属于全家人共有,全家人共同经营,农具可以共同使用,这样能将农具有效利用起来,并有助于家人之间团结和睦。在生产资料上,罗守义和陈文珍比其他家庭成员具有更大的权力,因为置办、维修生产资料需要家长做主并出钱,家长有权力安排农具的使用。邻居亲戚需要借罗家农具耕牛的话,都必须经过家长的同意,家人不能擅自做主。

4.家长支配生产资料所有权

（1）家长是生产资料的实际支配者

家长在家庭生产资料的所有权中起着支配作用。罗守义作为家长,统管全家所有事情。陈文珍作为副家长,管理生活上的事情。家里的全部钱财掌握在陈文珍手里,小家庭的儿媳妇没有掌管钱财,陈文珍将钱保管在自己房间的柜子里,家里用钱需要经过罗守义同意才能使用。生产资料属于家庭生活的范畴,包括全家生产资料的购买、维修、代耕等情况,罗守义一般和陈文珍商量,做好决定后,陈文珍会将所需的钱给罗守义。像家庭的吃穿用度,一般陈文珍就能做主,主要包括家里的柴米油盐酱醋等开销打杂,而像购置农具、买田地等大笔的开支消费,只有家长罗守义才能做主,陈文珍不能做主。

（2）家长安排购买生产资料

罗家购买生产资料,是由家长说了算。家长根据家庭需要添置生产资料,不需要和保甲长、邻居说。一般罗守义会去集市上直接购买农具、耕牛,或者请铁匠打农具。如果罗守义决定家里要买大型农具的话,会提前告知子女,让大家生活需要"拿紧"①一点,大家一起节约生活,家里的伙食就会开得差一些。

一般家里都是罗守义外出购买。罗家买过耕牛,罗守义提前和作为中人的牛贩子说,告诉他自家需要一头什么样的牛,打算出多少钱。牛贩子就去其他村子问哪家农户卖牛,一般愿意卖牛的农户会主动告诉牛贩子,告诉他自家打算卖什么价钱。农户买卖牛,成交之后买主需要给牛贩子"中人钱",一般卖一万元要收一千元。后来罗守义认为水牛犁地更方便,于是和陈文珍商量后,卖掉了家中的黄牛,从牛贩子手里买进一头水牛。

当四个儿子长大成人,到了十八九岁时,陈文珍便会安排儿子跟着父亲出去赶集市,去见世面,也叫"讨见"②。儿子跟着罗守义出去两三次后便可以代替罗守义去集市上买一些小型的生产资料,大型的生产资料还是由家长自己把关。三儿子罗本才就代替罗守义去集市上买了一个装猪草的背篓。罗守义提前告诉罗本才背篓大概的价格,罗本才在市场上对比了几家,最后选择价格较低、质量较好的一个背篓。由于罗本才买得比较实惠,还被家长表扬了,其他几个儿子看到罗本才被表扬了,也想去集市帮家里购买生产资料,好在家长面前表现自己。四弟罗文义一般不出去买生产资料,直接用罗家的农具。罗文义因为住在自己哥哥的家里,所以对于生产资料格外地爱护,生怕弄坏了让罗守义花钱再置办。

(3)家长进行生产资料维修

农民家里的农具,一般坏掉后不会立即重新买,而是自己反复维修,大部分男性农民都会自己修理农具,修理农具的技术是从自己父亲那里学会的。罗守义会简单维修农具,比如家里锄头、镰刀不锋利,就放在磨刀石上磨一下。锄头的接头处松了的话,就在接头处缠钢条进行加固,或是家里镰刀生锈了,会拿铁皮刮一下。四弟罗文义也是老实的庄稼人,会帮着维修罗家的生产资料。随着四个儿子长大,除了一直上学的大儿子罗本洪外,罗守义和罗文义会把维修农具的技术教给家里的孩子们。

很多时候家里生产资料损坏罗守义并不能注意到,陈文珍会及时将家里的情况告诉罗守义。罗守义自己维修不了的农具,赶集的时候会拿到集市上让铁匠维修。维修的钱是从全家共用的钱里出。家里的生产资料需要进行维修的话,罗守义自己做决定,不需要告诉其他人。农具实在维修不了,罗守义就从陈文珍手里拿钱,去集市置办家庭所需生产资料。

(4)家长决定生产资料借用

罗家的农具、耕牛一直都比较齐全,很少有找别人家借农具的情况。家里如果需要借大型农具的话,需要家长亲自出面,如果不是罗守义出面,对方不会把东西借给他,因为借贷遵守"谁借谁还"③的原则,谁来借的,谁就有义务完好无损地归还回去。如果是家人出去借生产资料没有经过家长的同意,家长可以不承认他的行为。但是一般借小型农具,如锄头、镰刀的话,因为都是周围邻居,大家都清楚谁是谁家的孩子,便可以将东西借给他。

同样,别人借自己家东西时,如果是家里大型的生产资料,比如石磨、碾子、风车、犁耙,即便罗守义出去干活儿,也必须经过罗守义同意后,家人才可以借给周围邻居。如果只是借

---

① 拿紧:生活节约一点。

② 讨见:出去见了世面。

③ 谁借谁还:当地的俗语,指借贷遵守谁来借,谁就还的原则。

用小东西的话,罗守义出门不在身边,家长允许在对方要求合理、家人熟悉对方的情况下,家人可以事先自己做主,事后告诉家长。三儿子罗本才小时候就给邻居的婶婶借过镰刀,罗守义不在家,陈文珍上坡割猪草去了。罗本才认识这个隔壁院子的婶婶,便把镰刀借给了她。婶婶还镰刀时,还向陈文珍夸奖罗本才是一个小大人,可以自己当家做主。四弟罗文义虽然住在哥哥家,但是一般不会借农具给其他人,会让邻居等到自家哥哥嫂嫂回家后再说,自己没有权力借给他。

5.其他家庭成员没有生产资料支配权

罗家的其他家庭成员对生产资料只有使用的权力,没有做决定的权力。家人可以代替家长行使部分购买权和借用权。罗守义在置办大型生产资料时,一般会同家人商量,听取家人的意见,大部分时候只是同陈文珍商量,但最终决定权在罗守义手上。家人可以代替罗守义行使部分购买权,主要是家中的男性,包括四弟、儿子。当罗家的儿子十八九岁时,跟着罗守义见过世面、赶过集市之后,如果罗守义有更重要的农活需要做,就让儿子代替自己去集市上买生产资料回家。家人可以代替罗守义行使部分借用权。家长允许自己的家人借给周围的邻居小型的生产资料。比如家长出门,在家人认识对方的情况下,家人可以事先自己做主,等家长回家后再告知家长。

6.外界认可保护罗家的生产资料

农户的生产资料都归农户自家所有,不属于这个家庭的人员不能随意拿走、侵占别人的生产资料。如果需要买卖、借用农户的生产资料,必须自己或者请中间人向家长说明情况,与家长协商,只有得到了家长的同意才能够使用其生产资料。村民、家族、政府都承认罗家对自家生产资料的产权,一旦发生侵占别人的生产资料的情况,主人家可以向官府告状。村庄、县乡政府同样不会随意侵占农户的生产资料,需要用农户的生产资料时都会征得农户的同意,对农户的生产资料比较尊重。

村庄中只有个别农户贪图小便宜,借了其他农户的小型农具,比如耕地的锄头、洗衣服用的棒槌等,事后却不承认,赖皮不归还。比较大度的农户就吃亏算了,性格刚硬的农户就会据理力争,农户之间就会产生纠纷,纠纷闹大了之后,保甲长或是族长就会出面解决。农村的闲话传播的速度最快,像这种贪图小便宜的农户,很快大家都知道他的品行,以后也不会有人愿意借生产资料给他。

政府强行征用农户的生产资料的情况很少,在村里只发生过一次。堡子乡镇组织大家一起修路的时候,住在镇上的居民没有农业工具,乡政府就划下指标,每个村庄都需要交一些农具上来,并派民兵到村里农户家强行借走锄头背篓,也不管农户同不同意。民兵来罗家时,直接给罗守义说是上面征调农具,便拿走了家里的锄头,罗守义看对方是当兵的也不敢抵抗阻拦。不过在修完路后,这些农具都拿来归还给农户了,虽然有些农具已经用得十分破旧了。

(四)生活资料产权

1.生活资料满足需求

1949 年以前,罗家有自己家独立的晒坝。晒坝是自己家的院子前面的坝子,一共有四十几平方米。如果一个院子住着几户人,就会共用一个晒坝。罗家没有水井,每次用水都是去村里公用的水井挑。村上一共有三口井,水井是村民自己找人打的,也允许其他村民去水井挑水吃。

罗家有磨子、碾子,都是购买房屋的时候,从义父罗志贵手里一起买过来的。家里的家具如桌椅板凳、床铺柜子也是买房子的时候,从义父手里购买过来的,农具和家具的价格都是按照市面上的价格给的,也叫作"土风实价"①。其中一部分用具,如板凳、背篓、瓢等,是罗守义分家立户时,请周围的邻居亲戚来家里吃饭,他们给罗守义送的礼物。因为年轻夫妻开始自己经营生活,在生活资料上都比较欠缺,所以村上的风俗是,当某家儿子分家立户时,周围的邻居或亲戚都会送点生活上需要的东西。

2.自制和购买生活资料

罗家吃饭食用的油主要是菜籽油和猪油,猪油是用过年自家留的一头猪的肥肉提炼而成,菜籽油是从自家种植的油菜中榨取出来的。1949年以前村庄已经开始种油菜,因此菜籽油比较普遍,罗家没有花钱在外面买过油。盐、酱、醋属于家庭生活的必需品,罗家基本一个月去集市上购买一次,每次都是罗守义或者二儿子罗本发出去卖米的时候顺便带回来。而过年要置办的白糖、海带等稀罕物镇上集市没有,罗守义会去县城里卖米的时候,顺便购买,城里的米价比镇上的高,而生活用品的价格比镇上低。

3.生活资料为家户所有

(1)生活资料为全家所有

罗家人认为家里的生活资料是属于大家一起拥有的,包括罗守义、陈文珍、儿子媳妇、四弟。四弟什么生活资料都没有,和罗家一起吃住,一起干活儿,但也有生活资料的所有权。因为全家人同劳动,所以粮食全家人一起吃,碗筷厨具都是全家人一起用,家里没有单独属于某一个小家庭的生活资料。家里也没有和别人一起共有的生活资料。不居住在家中的人就没有对生活资料的所有权,如嫁出去的大女儿罗本珍。

罗家的经济条件不是很好,收的粮食往往不够全家人吃一年。陈文珍和媳妇做饭的时候,就会在米饭里夹杂红薯、南瓜等粗粮。罗家副家长认为,即便是家庭生活再困难,也必须让大家都吃饱,这样才有力气去干活儿。所以副家长在家庭生活中尤其重要,需要合理安排家庭的饮食生活。"说当家来就当家,当起家来乱如麻,清早起来七件事,柴米油盐酱醋茶。"②

(2)生活资料应该全家人共有

罗家认为家里的生活资料应该属于全家人共有,家里的每个成员都有份。生活资料全家人共有,更加有利于家庭的团结友爱。全家人共有生活资料的时候,大家都会爱惜,都会节约。如果生活资料私有,难免引起小家庭和大家庭之间的利益冲突。尤其是家中的小媳妇,更愿意把好的布料、好的食物分到自己的小家庭中。特别是在过年做衣服的时候,二媳妇任世秀想给自己家的孩子用好一些的布料。不过好在罗华生是全家最小的孩子,大家都爱护他,所以每年副家长陈文珍给孙子的衣料自然比大家好一些。总的说来,在全家生活资料共有的情况下,小家庭的利益更多让位于大家庭的利益,使得全家人都为全家的生活而共同奋斗。

4.副家长主导生活资料所有权

家庭生活方面,陈文珍比罗守义更加精通,一般是陈文珍管理家庭的生活资料。陈文珍

---

① 土风实价:当地俗语,即物品在当地的价格。

② 当地顺口溜,形容当家不容易,取自对受访者罗本才的采访。

掌握着全家人的吃饭问题，需要合理安排粮食、谷物、柴米油盐，才能够使全家吃饱吃好。家里的粮食、钱财，陈文珍都需要有计划地用，才能够应付日常的人情开支和意外情况。在家庭生活资料的购买上，陈文珍发现家里缺什么东西，征得罗守义同意后，让罗守义或是家人去集市购买。家里出去赶集市、买东西都是罗守义和儿子去，陈文珍和任世秀很少去集市。有的时候家里缺少什么，陈文珍没注意的话，任世秀可以提醒婆婆。

在生活资料的借用上，借大的物件比如碾子、石磨等，需要家长同意才行；借一些小的东西，家里人有权借给别人或者找别人借。罗家偶尔会有粮食短缺的情况，家里的米不够就让家里小孩子去邻居家借半升、一升，等自家碾米之后再还。一般借生活资料，罗家会找和自家关系好的农户借，不会收取利息。罗本发和罗本才帮陈文珍去邻居家借过米，儿子们要尊称对方一句婶娘或叔叔，告诉对方母亲让自己来借米，农户一般都很热情，把米借给孩子的时候，还会顺带给孩子两个鸡蛋或者一些瓜果。

在生活资料的维修活动中，家中的人都可以进行维修，但是大型的生活资料要家长安排维修，家中的其他人不能乱动。农户中的男性和女性会向上一辈学习维修技能，生活资料破损了，农户很少会直接扔掉，而是会不断维修，一般是家里的男性更加擅长修理。家里的女性劳力不足，一般擅长做家务，例如缝补家中的衣服，"新三年、旧三年，缝缝补补又三年"。而家里的其他生活资料，如灶台裂缝，罗守义会调制泥浆将其补上；家里的石磨卡顿，罗守义和罗文义会清理中间的灰尘，等等。在生活资料的维修中，罗家基本没有花费什么费用，都是靠自家人维修，如果石磨修不好的话，就会直接找石匠再打一台新的。

5.其他家庭成员听从家长安排

罗家在生活资料的购买、维修和借用方面，家长处于支配地位，副家长陈文珍起着主导作用，而其他家庭成员均享有对生活资料的使用权和享用权。家里的儿子、女儿年龄较小，缺乏社会经验，四弟罗文义不好意思干预，大家都听从家长的安排。家庭成员在家长同意下，可以进行生活资料的购买、维修及借用。在购买生活资料时，家长可以和家人商量沟通，家人可以提出自己的意见、建议。和生产资料相反，在生活资料方面，家中的女性如陈文珍和任世秀对生活资料更加熟悉，因为她们天天跟家务活和柴米油盐打交道，有比较丰富的使用经验，因此也更能较好地使用这些生活资料。任世秀听从副家长的安排，陈文珍会安排每天家里的饭菜，告诉儿媳任世秀每天煮多少饭，吃什么菜，任世秀就根据陈文珍的指示做每天的饭菜。

6.生活资料被侵占

龙咀村的村民们彼此尊重，村庄中很少会出现侵占农户生活资料的情况。罗家只发生过一次生活资料被侵占的情况。1940年以前的时候，政府派当兵的来乡下拉兵，罗守义听到消息就跑到附近山上躲藏起来。家里的儿子还很小，当兵的来家里没有看到罗守义，看到院子里有一个很精致的竹背篓。当兵的很喜欢这个竹背篓，便抢了竹背篓要走，陈文珍很生气地拿着根棍子一路追着当兵的打，当兵的只能丢了背篓跑了。罗家的家庭成员不允许别人侵占自己的生活资料，因为生活资料对于农民家庭来说很珍贵。如果发生这样的事情，全家人即便是女性也会奋起反抗，罗家的孩子从小知道要保护自己家的东西。

7.外界认可并保护生活资料

（1）其他村民对家户生活资料的认可与保护

村民之间互相承认自家对自家生活资料的所有权，只有尊重别人的财产，别人才会尊重你的财产。如果需要买卖、借用谁家的生活资料,必须和家长商量,经过家长的同意才行。如果谁家的生活资料受到侵犯,全村庄的人都会保护。村里偶尔有下乡找饭菜吃的兵,这些兵是偷跑出来,保甲长没有办法进行干涉。村民们只有敢于反抗,当兵的人才不敢侵占家里的财产。家里劳动力比较少的家庭,如有寡妇、老婆婆的家庭,如果有当兵的去她家里抢东西,一个院子的人会团结壮胆保护她。周围的邻居、附近的村民都会帮忙保护村子里的人。

（2）其他群体对家户生活资料的认可与保护

家族、村庄、政府都承认罗家生活资料的所有权。如果需要买卖、借用谁家的生活资料,农户或政府都必须和家长商量,经过家长的同意才行。如果家族中的人权益受到侵犯,可以找家族寻求保护,家族的人会为其出头。龙咀村有很多罗家的人,如果族人之间发生纠纷,族长罗守义会出面调解纠纷。村庄和县乡政府只会向农户派款派粮,不会强行征用或借用农户的生活资料。农户的生活资料如果受到侵犯,政府有义务保护农民的正当权利。

二、家户经营

（一）生产资料

1.劳动力基本够用

（1）劳动力逐年增加

在1940年以前,罗家的劳动力主要是罗守义、陈文珍,大儿子罗本洪一直在学校读书,没有时间参与家里的劳动。家里的其他孩子比较小,劳动力不足。罗守义主要负责田里的活,包括种稻谷、麦子,陈文珍主要负责地里的蔬菜瓜果和家里的家务活儿。家里的三个儿子要跟着罗守义在田里帮忙,帮罗守义递东西、放牛、割草等。家里的女儿跟着陈文珍学缝衣服、做饭、洗碗、洗衣服。家里的小孩儿虽然不干很重的农活儿,但是能够干的活儿都会帮家里干,穷人的孩子早当家。

1940年后,家里的四个儿子都长大成人,罗本洪、罗本发陆续娶了媳妇,罗文义也和罗家住在一起,所以家里除了四儿子罗本胜和小女儿罗本慧外,其余人都可以参加劳动。二儿子罗本发和三儿子罗本才就和罗守义、罗文义上坡干活儿,儿媳妇任世秀主要听从陈文珍的安排,负责做饭、洗衣等家务活儿,因此罗家劳动力十分充足,家庭经济生活也不断好转。1949年,大儿子考上巴山精干团,跟着工作队去巴中催农民交公粮,从此杳无音信。

家庭以外的成员不会主动参加到别家人的生产活动中。只有主人家请对方帮忙,或是亲戚来家里探望,在罗家住上一段时间,才会主动帮主人家劳动。如果只是探望一两天的话,则不会参加劳动。像大女儿罗本珍每次回家探望父母,陈文珍便不会让女儿做家务,对待大女儿和女婿像对待客人,提前会准备一桌好菜,饭后和女儿聊聊家常,问女儿在婆家过得好不好,有没有受委屈之类的。

（2）农忙换工干活

罗家会换工干活儿,家里由罗守义组织换工。每年的农忙时节,家里的劳动力不足,罗家会和周围的邻居或是村上的亲戚换工,通常是找和自己关系较好的农户。家户换工不需要告知保甲长、家族。罗守义和陈文珍商量找哪些人帮忙,然后自己上门去邀请对方。家长去和对方说家里打算后天收割谷子,问其是否有空。如果对方有空就会答应,没空的话就委婉拒绝,并称下次再帮忙。

村上的村民们都很喜欢换工，换工是为了图个热闹。大家一起干活儿，边说话边干活儿，农户之间开玩笑聊天，感觉时间过得特别快。农户换工不需要支付报酬，只是主人家要请帮忙的人吃中午和晚上两顿饭，一般早饭是在自己家里吃。换工时的伙食比平时的伙食好，如果伙食不好，会被别人认为小气或家庭经济不好，主人家自己也没有面子。所以主人家如果计划要换工会提前告知家里人，全家会节衣缩食，这样到换工的时候家里才能拿出米面、馍馍、糍粑、凉粉、酒、肉等好食物招待帮忙的人。

罗家一般就和周围的几户人换工，换工干活儿比较方便。到农忙时节，罗守义帮别人干几天活儿，别人再帮罗家干几天活儿。换工一般是家庭的家长相互换工，罗守义、四弟罗文义带着男性农户在外面干活儿时，陈文珍和任世秀就在家里做饭。等到中午饭做好了，陈文珍就叫小儿子罗本胜或者小女儿罗本慧上坡去喊干活儿的人回来吃饭。吃饭的时候，只有罗守义、罗文义和帮忙干活儿的男性上桌子吃饭，陈文珍、任世秀、儿子女儿们都不会上桌子吃饭，大家就在厨房里站着吃或是端到院子里吃。

2.卖布补贴生活

罗家不愿意租佃其他农户的田地，一直种的是自己家的土地。随着家里罗本洪、罗本发两个儿子长大，罗文义来到罗家帮忙，罗家劳动力比较充足，家里的6亩土地的收成也不够全家人食用。家里人口越来越多，大儿子在城里面读书也需要很多钱，为了补贴家庭的开支用度，二儿子罗本发在农闲的时候干起买卖布匹的生意。比如在虎让乡低价进一批布，然后拿去其他乡的集市上高价卖出，一尺布赚十来块钱。卖布的钱大概占家庭总收入的五分之一，是一笔比较可观的收入。罗本发在外面卖布的钱，拿回家是直接交付副家长陈文珍保管，不能交给自己媳妇保管，家里所有的收入都是供整个家庭成员的吃穿用度，所以温连能和任世秀都没有掌管过钱。

3.土地租给佃户

因为土地在檬家山，距离龙咀村比较远，所以罗守义把土地租给了李信义。李信义也算是罗家的远亲，因为李信义的堂兄是罗守义的干儿子。李信义租罗家土地，是李信义自己带些鸡蛋上门问的罗守义，告诉罗守义自己家的情况，然后问是否可以把土地租给他。上门拜访主人家的时候需要带点见面礼，比如一只鸡公或者一筐鸡蛋。罗守义认识李信义，也从干儿子的口中知道李信义是一个比较可靠踏实的人，应该不会把自家的土地种坏，所以也就答应把土地给他种，土地的收成是五五分，即每年收的谷子一半归李信义所有，一半归罗家人所有。

罗守义和李信义立了约子，租田双方需要立下租地契约，同时需要请中人作证，中人是村庄中比较有文化的人，中人写一张契约，双方签字盖章即可，由租户自己保管契约。契约中需要写明土地的边界，租佃的日期和租金。租田不需要告知保甲长和族人，租佃双方同意即可。作为租户，如果到租的田地附近落户，则需给保甲长通告一声，也需要给周围的邻居说一下，不然大家也不清楚情况。李信义在檬家山上落户的时候，给周围的邻居都通报了，请他们吃了一顿饭，因为跟周围邻居把关系处好，有利于以后农活儿时互相帮忙。

租种田地也有一些规矩，在契约规定日期未到之前，租户不能轻易退租。退佃需要理由，必须在道理上把对方说服。比如佃户把土地越耕越差，土地没有肥力，或是佃户不善经营，收的粮食老是低于村庄其他农户的收成。出现这些情况，租佃双方可以协商，佃户给主人商量,给主人家说一些好话,让他多做一年,以便有时间去租佃其他土地。罗家没有出现过退佃的情况,到1949年之后,罗家出租的土地就被国家收回去了,所以罗家总共只收过三年的租金。

4.牲口农具能够自给

罗家的牲口、农具基本上能够自给自足。罗家有两头牛,一头大牛一头小牛,牛是罗守义从牛贩子手里买来的。平时耕种主要依靠大牛,小牛养大后,卖掉大牛再买头小牛喂养。罗家只有6亩土地,所以家里的牛足够满足家庭耕作需要。罗家主要是罗守义、罗文义、罗本发用牛耕地,陈文珍、任世秀一般负责喂养。三儿子罗本才和四儿子罗本胜年纪比较小,平时负责把牛牵到山坡上吃草,在山坡上放牛的时候,看着牛不去踩踏别人的田地即可,放牛是一个比较轻松的活儿。罗本才12岁的时候,罗守义和罗本发去田里干活儿,罗守义安排罗本才在坡上放牛,罗本才觉得自己一个人放牛太冷清,十分不高兴,不愿意放牛,情愿和罗守义、罗本发一起干重活儿。如果遇到天气不好,刮风下大雨,罗家人就不会去坡上放牛,任世秀会到坡上割一背篓草回家喂牛。

罗家的牲畜够用,没有和其他人家伙养或者是搭套。周围邻居经常会找罗家借牛。特别是农忙的时候,周围家里没有牛的人会来罗家借牛。牛在农村是一笔巨大的财富,农民都十分宝贝稀罕自家的牛,所以借牛是一件大事,要先跟家长商量,经过家长同意后才能借给他。每次周围有人来借牛,副家长陈文珍都不能做主,要给自家丈夫说,罗守义同意之后,才能把牛借给对方。如果对方信誉不好或者和自己关系不好,罗家一般不会把牛借给他。罗家借牛给别人耕地,不会向对方索要报酬。只是其他农户在还牛的时候,都会说一些感谢的话,并割一背篓草送给罗家,算是用了牛的补贴。割一背篓草是村里的传统,一般还牛的时候农户都会割草作为报答。

罗家的农具基本齐全,像大型农具碾子、磨子、风车这些都有,都是罗守义分家的时候分来的,或者是义父罗志贵卖给罗守义的,所以罗家大型农具基本上能自足。罗家的小型农具也很齐全,一般一人配备一套农具,这样大家上坡干活儿才够用。农具都是罗家自己在集市上买铁,找镇上的铁匠打的。找铁匠打农具,打一天给铁匠一天的工钱。罗守义每年都会让铁匠添置一些新的农具,所以小型农具如锄头、镰刀等自家够用,家里很少会找邻居借。农忙的时候请别人帮忙,也是让农户自己带来的。罗家人与周围人相处和善友好,邻居农具不够用的时候,会找罗家借农具,借农具不需要钱,只是说几句感谢的话就可以。借大型农具的话,陈文珍和家里的儿媳妇任世秀不能够做主,需要家长罗守义同意,才能借给对方。一般其他家庭的家长会直接找家长罗守义商量,知道只有罗守义说的话才有分量。而平时借像锄头、镰刀这些小的农具,其他家庭的妇女可以出来借,或者让家里的小孩子出去借,家里陈文珍、任世秀、罗本发、罗本才都可以做主借出去,只有四弟罗文义不能够做主,也不方便替哥哥嫂嫂做主。

(二)生产过程

1.依据季节合理安排

（1）男女分工干活儿

农村女性因为缠脚,所以走路干活时不方便。罗家陈文珍和大儿媳温连能、二儿媳任世秀都缠过脚,所以一般家里需要下田干的重活儿,包括栽秧、耙地、犁地、挑粪等是家里的男性干,地里的活儿都是家里女性在干,"男生的田头,女生的地头,男生的秧田,女生的菜园"①,而其余农活儿如灌溉、除草、施肥、种麦、收麦、种秋、收秋、看青、平整晒场等农活儿男女都可以干。龙咀村当地割稻谷比较讲究,"乱栽不乱割"②,所以割稻草的时候,罗家所有人都会比较注意方法。

村上在干农活儿的时候有风俗,男女不能在一起干活儿,从而避免肢体上的接触,所以罗家的儿媳妇任世秀去地里干活儿的时候都是跟着陈文珍一起,没有跟着家长罗守义一起去干过活儿,而儿子也是只能跟着罗守义一起干活儿,没有跟着陈文珍和任世秀一起干活儿。在地里干活的时候也有讲究,男女之间不能过多交流,不能够嘻嘻哈哈、打打笑笑,不然会被村里人认为是举止不够端庄,家庭也会因此招来很多非议。

(2)家长安排生产活动

罗家生产上要听从家长的安排,家庭成员能做什么家长就安排他什么。罗守义和四弟罗文义、两个儿子一般干重活儿,如挖田犁地。早上上坡的时候,罗守义就会分配儿子每人一块儿土地,告诉他们这是今天要干的活儿,谁先干完就帮剩下的人干。陈文珍和两个儿媳妇干轻活儿,主要是栽秧和割草。村里的年轻媳妇不能单独上坡割草,需要和婆婆一起。上坡后,陈文珍会给自己的两个儿媳妇安排活儿干。罗家大媳妇温连能和二媳妇任世秀因为割草的事情还起过一点纠纷。任世秀才开始干农活儿,割草割得比较慢,怕婆婆看见自己割得慢责骂自己,就让温连能等等她,温连能不同意,表示等自己这块地先割完,再来帮她割。任世秀就认为温连能比较好胜,想在婆婆面前表现自己。两个儿媳妇因为这样事情吵了几句嘴,不过不敢让陈文珍知道她们吵嘴。儿媳妇都想在婆婆面前好好的表现自己,让婆婆夸奖自己,如果因为懒惰被婆婆批评,自己就觉得很没有面子。村上的人们面子思想特别重,也特别听家里大人的话,很少有儿媳妇儿忤逆婆婆,不听婆婆的话。

一般早上天亮了之后,儿媳妇就要起床做全家人的早饭。吃完早饭后,罗守义、罗文义和儿子们就去坡上干活儿,家中妇女也要上坡经管自己的菜园子。作为婆婆的陈文珍一般在家做家务,很少上坡干活儿,因此陈文珍在家里做中饭,做好饭后,就让小女儿罗本慧去叫坡上的人回来吃饭。一般煮饭的人不叫吃饭,坡上的人不能提前回来,不然会被家人嘲笑说好吃。如果儿媳妇要做家务的话,就可以不上坡干活儿。但是家里人没有不干活儿的,即便儿媳妇不去上坡干活儿,也要在家里干家务活儿,每天全家人都有很多活儿需要干。而晚上的饭,一般是儿媳妇煮,陈文珍只煮中午的一顿,家里洗碗一直都是儿媳妇的活,婆婆不会洗碗。

家庭的耕作都是罗守义安排,不需告知四邻和保甲长。罗家种了 2 亩小麦、4 亩稻谷,根据时令种的豌豆、胡豆、油菜的地一共有 1 亩多。家里的生产安排是根据季节而决定的。一般秋后全家人就要收谷子,收谷子场面比较热闹,需要一个人在上面抓住,一个人在下面割。谷子收完之后要种油菜,油菜的种子是前一年自己留下的。到了冬天,田里种小麦,地里种胡豆。冬天农活比较少,主要是去坡上看看麦子的长势。冬天罗守义需要带着二儿子罗本发、三儿子罗本才到上山去砍柴,供生火取暖之需。到了春天,万物复苏、冰雪融化,家人就要开始除草、施肥、犁地。夏天是农忙的季节,农活比较多,需要收割小麦、胡豆、油菜,然后拦住途径

---

① 当地俗语,表示男女分工干活儿,男生干田里的活儿,女生干地里的活儿。

② 乱栽不乱割:当地生产上的禁忌,表明割稻谷的时候需要讲究方法,不然影响来年的收成。

田地旁边的河流里的水,抢水耕田栽秧,及时种上稻谷。因此一年四季罗家都有干不完的活儿,罗守义根据每个季节的需要,和家人一起分工干活儿。

罗家没有专门请人看青,只有村里大户人家土地比较多,才会专门请人来看青。罗家都是自家人看青,因为家人几乎每天都会上坡干活儿。一旦有什么情况,如果罗守义不知道,家人会回来给他说。看管土地是全家人的责任。罗守义和陈文珍会告诉自家儿子和媳妇,一定要经管好自家的土地,不然来年收成不好的话,全家的生活就不好。所以罗家人很爱惜自家的土地,没事就会到地里转悠,看看自家庄稼的生长情况。

2.家畜有卖有吃

1949年以前,罗家常年饲养两头猪、两头牛。家畜饲养工作属于妇女,一般由陈文珍和儿媳妇去地里或者山坡上割猪草。背回家切好猪草,小女儿罗本慧帮忙生火,然后和米糠混合在一起,煮一锅猪食喂猪。喂牛的话,一般是谁上坡干活儿,就把牛牵到坡上吃草。像二儿子罗本发、三儿子罗本才有十几岁的时候,陈文珍就会让他们上坡放牛。在坡上干活儿的人需要负责牛的管理问题,需要把牛经管好,不让牛去践踏别人的田地,不然会引起邻里之间很严重的纠纷。

罗家养两头猪,过年的时候卖一头猪换钱补贴家庭开支,杀一头猪供全家人一年的猪肉开销。卖猪一般是家长罗守义出面,罗守义直接把猪赶到集市上卖给屠夫,按照市场价进行交易。罗守义回家要把卖猪的钱交给陈文珍保管,家里所有的钱全部由副家长陈文珍保管。牛是农村所有牲口中最值钱的,罗家在小牛养大后,就把老牛卖给了牛贩子。牛贩子会下乡来收牛,家长罗守义联系牛贩子,告诉他自己这头牛想卖个什么价位,牛贩子便在各个村里晃荡,替罗守义和其他卖家寻找买家。卖牛一般按牛的重量算,一斤多少钱。同样卖完牛后,罗守义要把卖牛钱交给陈文珍保管。

罗家的牛只是用来耕地,没有用于货物运输。村庄的人没有说过生病的牛不能吃,村民觉得病死的牛只需要把血放了就可以食用,所以村上的牛不管是病死、老死或者跌死都是可以卖钱的。如果谁家里面有死掉的牛,家长会告知周围的邻居和村上的村民,招呼他们来自己家买牛肉吃,或者拜托他们介绍别人来买。一般病死的牛要便宜一点,七八角一斤,老死、跌死的牛一块钱一斤。罗家买卖猪牛,都是由家长罗守义说了算,和妻子陈文珍或者四弟罗文义商量一下,家庭之外的人不能进行干涉,猪牛的买卖活动不需要告知或者请示族长、保甲长等,家里的儿子、儿媳妇、小女儿一般不会过问这些事情。只是在吃饭的时候,罗守义会给大家说一下明天要卖猪,让儿子罗本发、罗本才早点起来,帮忙把猪赶到集市上去,儿子们都听从家长的安排。

罗家除了猪和牛,家里还养了两三只鸡,一两只鸭子。如果母鸡生了一窝小鸡后,家里最多养过七八只鸡,养了鸡鸭家里每天就有鸡鸭蛋。一般鸡鸭就在院子附近放养,平时陈文珍、任世秀会给鸡鸭喂点包谷、谷子、高粱等粮食。家里养的鸡鸭一般自家人不会吃,只有当客人来家里的时候,陈文珍才会杀个鸡做点好菜招待客人,顺便改善全家的伙食。家里的鸡鸭除了招待客人以外,主要是用于农村平时人情往来,一是谁家娶了媳妇嫁了女儿,或者是亲戚怀有身孕,都需要提点腊肉或者是送只鸡作为礼物;二是老一辈的老人生病卧床不起,也需要提只鸡让其补补身体,所以罗家的鸡鸭很少是自己家吃的。同样,家里鸡鸭产的蛋除了送情以外,攒到一定数量,陈文珍也会拿到集市上去卖钱,然后换点家里需要的油盐酱醋。

3.卖米卖布当副业

罗守义是老实本分的庄稼人,辞掉甲长职位之后专心在家里搞生产,所以没有搞过什么副业。只是秋收农闲后,罗守义会带着四弟罗文义或者儿子罗本发背米去城里卖,因为城里的米价比较高,一般一趟下来可以多赚半背篓或者是一背篓的米钱,然后在城里买点家里需要的油盐酱醋。龙咀村距离县城一百多里路,进一趟城需要大半天或者是一天才能走到。平时家里米少的话,就在集市上卖,如果米多的话,罗守义就安排和家人一起进城卖米。如果罗守义第二天要进城卖米的话,陈文珍和儿媳妇任世秀会在前一个晚上就煮些米饭,包成饭团,装点咸菜,让他们在路上饿了吃。家长出门后,罗家的妇女和往常一样干自己的农活儿和家务活儿。

1940年后,二儿子罗本发长大后,开始倒腾布匹补贴家里的开支。一般是等秋天割了谷子,家里没有什么农活儿,罗本发就在集市上买卖布匹,比如从一个乡进一些布,然后拿去其他乡高价卖出。卖布的收入占罗家全部收入的五分之一。二儿子出去卖布是经过家长罗守义的同意,家人如果要进行副业活动,必须家长同意,不需要告知四邻、家族或者保甲长。罗本发出去卖布挣的钱,回来要交给副家长陈文珍,不能由自己的妻子保管。因为未分家之前,全家人的生活开支在一起,由副家长陈文珍统一安排。

(三)生产结果

1.农业收成不够全家需求

罗家种植的农作物有麦子、谷子、油菜、豆子、红薯等。家里的6亩土地用来种植两季,小春收麦子、胡豆、豌豆,大春收谷子、油菜。田里面种谷子,地里面种豆子、花生、红薯。罗家平均每年能收2000斤谷子、300斤麦子、200斤油菜、300斤杂粮,谷子的亩产是300斤。收粮食的时候,是所有家庭成员一起帮忙收,谷子和麦子还需要在地坝里晒几天。收回来的粮食统一放在罗守义的房间里保管。每天陈文珍安排吃多少粮食,任世秀就到家长房间里去拿多少,家人不能私自拿粮食出来吃。

罗家土地的收成变化不大,亩产比较稳定。但如风灾、雪灾、天旱、洪涝等极端天气,会使得收成变差。罗家人一般通过当年的天气,预知今年收成如何。1933年,罗家的收成最差,这一年便是饿死了很多人的丙子丁丑年。前半年雨水充沛、土壤松软肥沃,作物很好栽种,连干旱的土地都能栽满作物。村子里的农民都十分欢喜,谁知道到了下半年却一直干旱,导致田地里的作物全部都干死了。一亩地原本收成300斤粮食,结果只收得到十几斤粮食。罗家在1933年只有罗守义和陈文珍两个大人,几个孩子都比较小,家里全靠吃树皮、米糊糊度过的。只有在1949年以前的两年,即1947年和1948年,雨水充沛、阳光充足,罗家的土地收成最好,每亩土地可以收到四百多斤谷子,一年下来家里粮食还有剩余。

罗家一家人都关心家里的收成情况,大人们包括罗文义和任世秀都关心收成,小儿子罗本胜和小女儿罗本慧年龄小懂得不多,但是"民以食为天",全家人都知道家里收成好,家里的伙食才会好。所以小孩子们也会很在意庄稼的收成,会积极地帮家长罗守义的忙。罗守义在田地里干活儿,小孩儿就帮忙拿锄头,罗守义挑水,小孩儿就帮忙拿水瓢。平常小孩子看到自己田地有什么问题,都会及时回家告诉罗守义。罗本洪、罗本发小时候会帮罗守义一起做稻草人,把稻草人立在田里面用来驱赶吃粮食的麻雀和小鸟。

1949 年以前,因为家里人口多,土地面积小,所以罗家的粮食收成基本不够全家人吃。副家长陈文珍会在米饭里掺杂粗粮,红薯、洋芋等,这样家里干活儿的人就能够吃饱饭,也可以节约粮食,让家里的粮食吃得久一点。另外罗守义和儿子们会走一百多里地进城卖米,卖一个好价钱,赚取的差价来补贴家里开支。二儿子罗本发也通过倒腾布匹来补贴家里的生活。在外面卖米和卖布赚的钱,罗守义和二儿子罗本发回家后都会交给陈文珍保管,由陈文珍统一计划安排。

2.饲养家畜补贴开支

罗家和大部分普通农户家庭一样,饲养的家禽一般会先满足家里的经济开支和人情往来,家人很少自己享用。家里的鸡蛋和鸡鸭都是先满足招待客人、送情拿礼的需要,即便有剩余的鸡蛋,也要卖掉换钱来买盐。家畜饲养的收益基本可以用来补贴家庭的生活开支。罗家的儿子和女儿一般只有在家里有客人和过年过节的时候能吃到一点肉或者鸡蛋。

罗家每年养两头猪,过年的时候会卖一头猪,卖猪的钱用来补贴家里开支,特别是过年花钱的地方很多,需要给全家人置办衣服,还要置办过年的糖、瓜子、海带等年货。家里有两头牛,后来小牛长大了便卖掉老牛,再买头小牛,老牛是罗守义找牛贩子卖出去。把牛养大需要很久的时间,所以罗家只卖过两次牛,卖牛的钱也是用来补贴生活。罗家有一个自己的鱼塘,鱼塘里有一些野生的鱼。每年大概有十来条,罗守义有时会让陈文珍烧条鱼改善家里的伙食,或者拿到集市上去卖来补贴生活。

家里一般只喂养两三只鸡鸭,多的时候有七八只鸡鸭。养多少鸡鸭一般是陈文珍安排,主要是看去年别人给自己家送了多少礼,欠了多少人情。如果欠的人情多,那新的一年家里就多养几只鸡鸭,多养鸡鸭就得多花粮食。鸡鸭主要是用来招待客人和送情还礼,比如谁家办酒请客,邻里生孩子、走亲戚等,都需要送鸡鸭当作礼物。家里的鸡鸭蛋也是攒来卖钱,然后买点家里需要的油盐酱醋。

3.副业收入可观

罗家副业主要通过在市场上买卖赚取差价, 包括买卖粮食和布匹, 收入形式是粮食换钱,布匹换钱。罗守义会带着儿子背米进城去卖,卖掉一背篓米,可以赚两三升米钱,运气好的话,可以赚到一背篓米的钱。卖米换来的钱,家长就买盐、醋等家庭所需用品。罗本发在集市上卖布,从一个集市低价买进,再到另外一个集市上去高价卖出,一尺布赚得到十来块,副业收入占家庭总收入的五分之一。罗家的副业收入全部交给陈文珍,陈文珍统管全家经济,但是由家长罗守义来决定钱的用途。陈文珍每次用钱之前,要问家长罗守义的意见,只有罗守义同意使用,陈文珍才能把钱拿出来。

副业赚的钱是属于全家人的,不属于家里单独的小家庭。二儿子罗本发挣来的钱,也不能交给自己媳妇,要交给陈文珍统一安排。但是作为一个在外面经常活动的成年人,陈文珍允许儿子给自己上交卖布赚的钱的时候,留有一点钱作为下次出去走动的活动资金。因为罗本发在外面如果饿了想买个馒头,或是遇到家里需要的物品,或者碰到熟人想请对方吃个早饭等都是需要花钱的。但是因为罗家并不富裕,家人们不会随意乱花自己的私房钱。罗家的儿子和儿媳妇都会把钱用来买家里需要的物品。在家里经济紧张需要钱的时候,比如置办大的农具的时候,家人们包括儿媳妇也会把自己身上的钱拿出来供全家的开支。

三、家户分配

(一)家长分配为主

1.家庭成员享有分配

罗家在分配家里的生产资料和生活资料时,主要是家长罗守义和副家长陈文珍做主,分配活动是以罗家的家庭为主,与宗族和村庄无关,家庭外的成员不能对罗家的分配活动进行干涉。分配的对象是住在罗家的全部成员,分配的单位是每个人,不单独考虑家中的小家庭,嫁出去的大女儿罗本珍就没有资格参与分配。

在进行家庭分配时,是由家长罗守义做主。罗守义有权决定将家庭财产按照怎样的比例分配给家庭成员。陈文珍在征得罗守义同意的情况下,可以代表罗守义进行分配,尤其是在家庭生活资料方面,陈文珍比罗守义更加熟悉和善于管理,比如过年买布给全家人做衣服,请裁缝给每个人缝制一套,陈文珍可以决定给谁缝好一点。考虑到小孩子比较小,陈文珍会给孙子置办好一点的布料。大人要上坡干活儿,衣服结实耐用就可以。

罗家分配的对象是本家庭的成员,仅限于同吃同住的人,前期包括义父罗志贵、家里的六个子女,到了后期就包括四弟罗文义和嫁进来的大媳妇温连能、二媳妇任世秀,出嫁的大女儿没有办法分享。罗守义和陈文珍的父母没有办法进行分享,与家庭关系好的朋友、周围的邻居、村民也没有享受权,家里的生活资料和生产资料只有为这个家庭共同生活付出了劳动力的家庭成员们才享有分配权,是必须在一起同吃、同住、同劳动的人。罗家进行分配的物资来自家庭的农业收入、副业收入和别人送的礼物,家户之外没有其他收入。罗家的家长、四个儿子、一个女儿、两个儿媳妇、一个孙子、四弟、义父罗志贵都享有罗家的分配权,从罗家嫁出去的大女儿则不享有家庭的分配权。

2.家人可提意见

在罗守义和陈文珍进行分配时,所有家庭成员都可以提意见,大家可以一起商量。罗家的家长比较公平,不会只按照自己的意愿分配,会考虑大家的建议和实际需求。比如家里的伙食是由陈文珍安排,儿子如果觉得伙食开得比较差,可以告知陈文珍或者罗守义,陈文珍会告诉家人家里的难处,说等过段时间家里要来客,大家就可以改善生活。而且家长在进行分配时,会把好一点的食物和物品优先分给家人。罗本洪和罗本发的小家庭在没有分家之前没有作为单独的分配单元,罗家的家庭物资都是根据家庭人口直接分配到人头上的,不会按小家庭来进行分配。

(二)家庭收入的分配

1.先交税后吃饱

罗家每年的农业收成包括自家 6 亩地的各种农作物的收入,后期还包括租佃出去的 11 亩土地的地租。罗家每年能收 2000 斤谷子、300 斤麦子、200 斤油菜、300 斤杂粮。收回来的粮食统一放在罗守义和陈文珍居住的房间里保管,农业收成供罗家所有人吃,在家里的成员都能吃到粮食。收获的粮食要吃上一年,所以陈文珍会计划每天的伙食,再安排儿媳妇去家长的房间里拿粮食。

罗家每年的农业收入中,有一部分粮食是用来交税的,罗家每年需要交两担谷子的税钱。交税的形式是钱,所以每年秋收后,罗守义会将谷子拿去集市上卖了换钱。然后家长带着钱去交给乡镇上的保甲长。粮食的税收必须按时交纳,不按时交的话保甲长来催收,农户还要交追收费,并且请追收的人吃顿饭。如果交不上税,保甲长会来家里抓走家长,家长是整个家庭的第一负责人,所以农户即使借粮都会按时交上税,不敢不交。

罗家家里的粮食一般先满足交税,剩下的粮食才用来维持自己家庭的生活。遇到灾荒年间村庄收成不好,乡上保甲长给县政府写报告。县政府派人考察当地情况,就减免了龙咀村当地的税收。罗家人认为政府还是比较爱护农民,饥荒的时候,政府用积谷仓的粮食救济村里的灾民。村里有些农户实在交不上粮食,如果是因灾荒原因,政府会减免或者不收粮食税。

罗家交纳税收是罗守义安排,交税是由家庭内部的家长决定、安排,不用请示邻居或保甲长。一般在秋收之后,罗守义就安排出去卖粮的事情,提前一天告诉罗文义或者罗本发、罗本才,带着他们去乡上集市卖粮换钱,如果想价钱卖高点,就会把米背去县里的米市卖。罗守义会把卖米的钱拿回来交给副家长陈文珍,等要交税的时候,保甲长就挨家挨户地通知交钱。陈文珍再把钱给罗守义,罗守义就拿到专门交钱的地方或者是直接交给保甲长。

2.卖米要找"打行人"①

罗家的家庭副业主要是卖布和卖米。罗守义把自家的米背到城里专门设的米市去卖,由买卖双方自己议价。一般一背篓米可以赚半背篓米的钱或者一背篓米钱。在米市上设有"打行人",打行人有称重的工具,一个大斗有 50 斤、一个小斗 15 斤,一个升子有 5 斤。买卖双方在"打行人"过秤,打行人 50 斤抽 5 斤的手续费。交易完成后,卖主要把米送到买主家里,好心的买主会留卖主吃早饭。另外二儿子农闲的时候也倒腾布匹,从一个集市上低价买进一匹布,再去另外一个集市上高价卖出去,一尺布能赚十来块。罗家全家的副业收入主要就靠这两样。

四弟罗文义和二儿子罗本发、三儿子罗本才,经过罗守义同意后都可以出去卖米和卖布,在外面赚的钱要交给陈文珍保管,陈文珍把钱用作全家人的生活开支。儿子不能把钱交给自己的媳妇,回来后要把钱交给副家长陈文珍,陈文珍也会让罗本发、罗本才适当留点钱,作为下次外出的活动资金,比如下次出门儿子在集市上想买点东西,身上有钱便可以买。陈文珍知道家里的儿女很懂事,一般不会乱用钱。

3.私房钱不"私房"

家长不会给家人零花钱,因为农村家庭的钱币本来就不多,所以不会给子女钱。陈文珍很清楚家里每个人身上大概有多少私房钱。罗家每个人最多只有一块多的私房钱,家里人不会乱花私房钱。罗本慧和罗本胜是小孩子,身上的私房钱一般是过年时长辈给的红包。二儿媳任世秀的私房钱是过年过节回娘家,娘家父母或者亲戚给的。儿子身上的私房钱是出去做生意赚的钱交给陈文珍时,稍微留一点儿作为下次的活动资金。比如罗本发、罗本才外出时遇到家里所需的物资,可以买点针线醋盐等;或是人情往来,在集市上碰到亲朋好友请吃个早饭。如果罗家经济紧张钱不够,家里需要买大型农具或是学生需要交学费,罗守义和陈文珍也可以劝说家里人把私房钱拿出来供全家使用。家里的成员都很听家长的话,也愿意把钱拿出来供全家人用。但是罗守义不会要四弟罗文义的私房钱,因为四弟还有自己的人情往来需要送礼,而且"长嫂如母",陈文珍要负责四弟罗文义再娶媳妇的事情,所以让四弟把自己

---

① 打行人:市场上专门为买卖双方称物品重量服务的人,会收取一定报酬。

的钱留着娶媳妇用。

4.过年每人一件新衣

根据龙咀村农村过年的习俗,过年必须要穿一身新衣服,然后穿着新衣服出去走亲戚。副家长陈文珍每年会给家里所有人都置办一套衣服,包括家中的年迈老人罗志贵和刚出生的婴儿罗华生。在过年之前的十几二十天,陈文珍就会给罗守义说要置办新衣服的事情,罗守义便会去集市买几匹布,再到染坊把白布染成青布①或毛蓝布,毛蓝布比青布更便宜,染一匹只要几角钱。把布染好后,罗守义便把裁缝请到家里缝制衣服,裁缝自己带了尺子给每个人量尺寸,一个裁缝一天可缝一件衣服。

裁缝的报酬是按天数算,干一天工给一天工钱,工钱只有几角钱。裁缝到家里缝制衣服的那几天,罗家是会管他一天两顿饭,陈文珍和儿媳妇们负责张罗做饭,饭菜比平时吃的好,一般会有鸡鸭肉,有客人在的时候,家里的小孩子便不能上席吃饭。罗家置办衣服的钱,是从全家的收入中支出的,家里每个人都有权享有,没有成员不置办衣服。家里义父罗志贵、四弟罗文义、儿子、儿媳妇、女儿都能在过年的时候穿上新衣服出门。

(三)家长做主进行分配

家长在家庭衣服、钱财、粮食等方面的分配上处于支配地位。陈文珍掌握家中的经济大权,罗守义掌握决策权力。家长统筹着全家人的吃穿用度,家人不能随意反对罗守义和陈文珍的安排。家中的成员都十分尊敬家长,不敢反对家长。家长实在有分配不合理的情况,家人可以委婉地提出意见,不能顶撞家长罗守义,更不能和罗守义吵架斗嘴。

在添置衣服方面,陈文珍会主动安排给全家人缝衣服,每个人都能穿上新衣服。如果家中经济不好,作为家长便会委屈自己,只给家人添置新衣服,优先满足家里的老人和小孩儿。如果家中衣服穿破了,陈文珍和任世秀会缝衣服。家庭成员如果衣服穿破了,家长不会责骂,因为农民只有一身衣服,从年初穿到年末,所以很容易穿破。任世秀在给全家洗衣服的时候就洗破过衣服,但是陈文珍也没有责骂她,只是劝告她以后洗衣服的时候轻一点,并教给她一些洗衣服的技巧,比如先把皂荚抹一点在衣领和袖口比较脏的地方,泡个十来分钟再用刷子去刷,衣服就很好刷干净。罗家一家人在相处上还是比较和谐,所以很少会出现吵架与责骂的情况。

在食物方面也是副家长陈文珍安排。平时家里的粮食安排是陈文珍说了算,陈文珍要把家里的粮食精打细算,这样才能够全家一整年的开销。如果家里有客人来,陈文珍便安排今天家里吃腊肉或者杀只鸡或烧条鱼,陈文珍安排后,任世秀才能去取腊肉或者杀鸡、捞鱼。家人不能私下随意拿家里的食物,不然陈文珍会严厉批评。家里的食物都是陈文珍安排,家中全体成员都可以享用,没有差别对待。只是在吃的时候,家人会考虑老人牙口不好,盛饭的时候多给义父罗志贵盛点白米饭,家里的小孩儿正是长身体,桌上的肉也会多夹给小孩子吃。

在零花钱方面,家庭成员无零花钱。家里的钱全由罗守义决定安排使用。家庭成员如果需要钱,可以和罗守义说明原因,经过罗守义同意后,陈文珍才把钱拿出来。比如二儿子罗本发要陪任世秀回娘家探亲,就要找罗守义要点路费和打杂钱。家庭外的成员不享用家里的钱,即便是嫁出去的大女儿罗本珍找罗守义要钱,也只能算作借钱。但是罗家人因为自己家

---

① 青布:青色或黑色的布。毛蓝布:棉纱织布,用天然染料靛蓝染色,一般适合做外衣,遍销城乡各地。

经济条件也不宽裕,所以也没有怎么资助过自己嫁出去的大女儿,但是罗家的几个儿子会主动去帮大女儿罗本珍种地干活儿,在农忙的时候去她家里帮她耕田犁地或是收割谷子。

总的说来,罗家的家庭成员在家里财产分配中享有使用权,在衣服、粮食、钱财等财产中没有支配权,但是家里的成员如果有什么想法,可以向罗守义和陈文珍建议。尤其是和家长作为同辈的罗文义,经常会和罗守义商量家中的大小事情,给家长提出一些实用的建议。

(四)分配需要顾全大局

1.收入平均分配

在罗家对家里生产资料、生活资料、家庭收入的分配活动中,家长是以全家需要为前提,会照顾到全家所有人。家长不会偏心,如果偏心的话,其他兄弟会提意见的。罗家在二儿子罗本发娶媳妇的时候,家庭生活比前几年好转,所以给儿媳妇任世秀下聘礼的时候,比大媳妇温连能结婚时多缝制了两套衣服。温连能心里就不舒服,觉得家长亏待了自己。作为家长,如果让家人之间产生隔阂,不利于全家人齐心协力地搞好家庭生活。罗守义作为家长,在开家庭会议的时候,就需要安抚家人的情绪,自己不方便同儿媳妇讲的,就让陈文珍向大儿子罗本洪、大媳妇温连能说清楚原因,告诉他们是因为经济条件有所不同,村上的婚嫁风俗也不同,所以聘礼要求越来越高。陈文珍作为副家长,要给温连能做好思想工作,这样温连能才不觉得自己比任世秀的待遇差。罗家很注重家庭分配的平均,这样才能够使整个家庭和睦相处。

2.缴纳赋税和人情开支

罗家在分配自家产品的时候,先要满足交赋税和人情往来,之后才会考虑自己家庭吃饭。如果赋税缴纳不齐,保甲长会把家长抓走。村子里有农户因为欠交赋税而被抓走,家人没有办法只好借粮赎人。罗家人认为家庭中家人的安全是最重要的,所以宁愿自己少吃一点,也要把税收交够,免得自己家人经受牢狱之灾。此外,农村尤其看重人情往来,罗家同样认为人情是自家的脸面,如果别人办酒席或者其他事情需要送礼时,自家拿不出像样的人情,整个家庭都感觉在村上抬不起头,没有面子。所以在分配产品的时候,罗家即便生活很拮据也会留一部分产品应付平时的人情开支。

3.家长公平分配

家庭在进行分配时,首先是解决全家人吃饭问题,家里还有剩余的钱,才会考虑置办衣服、留点私房钱等。如果全家连吃饭都成问题,自然也不会有钱置办衣物等。在数量的分配中,家长首先是平均分配,要照顾到全家人,如果儿媳妇忙着煮猪食或者干其他农活儿没有上桌吃饭,陈文珍还要挑一碗菜留给她,不能因为媳妇没上桌吃饭就亏待儿媳妇。如果把儿媳妇饿瘦了,全家也就少了一个劳动力。在公平的基础上,家里的孕妇和小孩儿有一定的优待。全家人都喜欢小孩子,小孩子成长需要营养,作为爷爷的罗守义会把自己的一份肉留给孙子罗华生吃。家里的孕妇是全家保护的对象,作为婆婆的陈文珍会专门煮鸡蛋、熬鸡汤、鱼汤给孕妇吃。农村的孕妇不娇贵,即便是在怀孕期间也必须干活儿,能做什么活儿就做什么活儿,只是在怀孕和坐月子期间在食物方面会比其他人稍微多一点儿营养。

罗守义在分配上具有支配权,但家长要做到公平,家人才会拥护家长,家庭成员才能和睦相处。家长的待遇和大家一样,很多时候家长还会吃亏让步。家里的烟叶和酒没有限制,家庭成员谁能喝酒谁就喝,谁能抽烟谁就抽,不会对家人进行数量上的限制。烟叶是罗守义自己在地里种的,酒是陈文珍和任世秀酿的。女性在娘家就要学会煮酒的技术,这是出嫁前必须学会的技术,不然嫁到婆家就会被批评没出息。如果遇到年景不好,家里粮食不够,罗家会优先照顾家里的老人和小孩,会把好一点的食物留给他们,年轻人身体好就吃差一点。

(五)家户分配较合理

罗家一年总的收入,包括粮食收成和副业收入,有10%的收入用来交纳税收,大概200斤粮食,有20%的收入用于置办衣服,有10%的收入用于家庭的人情开支,剩下60%的收入全都用于全家人吃饭。所以从整体上看来,罗家的收入主要是用于生存消费。

对于家长的分配结果,家人一般没有意见,因为家长对收入是合理地进行了分配。但是如果生活太过拮据、伙食太差,或是陈文珍和儿媳妇把饭煮得太晚,在坡上干活儿的人就会生气,家人会给陈文珍提意见。一般儿媳妇不敢提意见,只能让儿子说。罗家发生过这样的事情,有一天陈文珍洗衣服洗太久,结果做饭做晚了,三儿子罗本才饿着肚子从坡上干活儿回来,看到家里还是"冷锅冷灶"①就很生气,就让副家长陈文珍以后别做饭了。罗守义听到儿子这样说陈文珍,十分生气,拿起锄头去打自己的儿子。但是除了这种小事情以外,罗家没有因为分配的结果发生什么大的纠纷,全家人都比较和睦。家里每年的分配会有所调整,如果家里这年卖了牛或猪,便有钱置办新衣服,就可以不用卖粮食。全家这年开的伙食会好一些,饭里的杂粮少一点,米会多一点。

四、家户消费

(一)收入基本满足消费

1.食物消费为主

罗家的消费情况,在1949年以前全家一年花销2000斤谷子,谷子的价格是1角钱1斤,粮食花销有200块钱。罗家的经济在村里属于中等收入。家庭收入勉强够维持家庭的消费。罗家信奉"天干饿不死勤快人",只要全家人都勤快,再差的地也能种出粮食吃上饭。当发生旱灾家里粮食不够时,罗家就在地里多种点蔬菜吃。罗家吃的粮食全部是自家土地产的和收租的2000斤谷子。在谷子青黄不接家里粮食不够的情况下,罗家偶尔也会在镇上买两三升米来吃。

罗家的食物消费占全家消费的60%,食物基本够全家吃。罗家和大部分普通农户一样,平时都吃当季地里产的蔬菜,还有家里妇女自己做的泡菜、胡豆瓣酱,平时鸡鸭鱼肉和蛋吃得比较少,只有来客人和过年过节时才能吃上。全家的生活是陈文珍掌握,家里人口比较多,粮食需要节约着吃,陈文珍会在米饭里兼搭红苕、土豆,这样干活儿的人才能够吃饱饭。

2.人情消费不少

人情方面的开支占罗家全家开支的10%。人情方面的消费主要有以下几个方面:一是村里如果有红白喜事办酒席,罗家就需要送钱或者是送礼物;二是平时逢年过节走亲戚,也需要给对方送点礼物,比如鸡、醪糟、腊肉等;三是周围有亲戚朋友分家立户,罗守义需要给年

---

① 冷锅冷灶:当地俗语,形容厨房没有做饭,一片清冷的样子。

轻家长送把锄头或者一个背篓之类的生产资料。罗家的收入基本能够维持家中的人情消费。在村上，有钱的家户便有许多人情往来，没钱的家户则只有少许的人情往来，因为别人知道你家里穷，有什么事情也不会叫你参加。所以家庭的人情往来一般是在家庭能够承受的范围内进行的。

罗家在1949年以前办过红白喜事。喜事是大女儿罗本珍出嫁，大儿子罗本洪和二儿子罗本发娶媳妇。儿子结婚的花费比较大，嫁女儿花费不多，只需给女儿准备陪嫁物品。大女儿出嫁的时间比较早，家庭缺少劳动力，经济不好，嫁妆就只置办了柜子和箱子。罗家娶儿媳妇的时候花费较大，因为去女方家里抬媳妇，就会有各种名目的钱，比如"扯头钱""抬钱""洗脸水钱"①和发红包等等，花钱的地方比较多。新媳妇儿在出嫁以前，自己的姑姑阿姨给自己梳头，要给她们扯头钱，小朋友帮忙端一盆洗脸水，要给他洗脸水钱，有人帮忙抬嫁妆，要给他抬嫁妆钱，还要给周围邻居一些小红包。所以男方和女方在结婚过程中都会花费比较多的钱。

办酒席的食材全靠自家杀的一头猪，猪肉、猪蹄、猪腰、猪脑、猪花这些全部都可以做成各式各样的菜，比如凉菜、炖菜、烧菜、炒菜等等。除了肉类外，其他需要的食材都是自己家里种的和在集市上买的蔬菜。在办酒席的时候还会有一些平时不会经常吃到的稀罕菜，比如海带、白云豆等等。办酒席需要很大一笔开支，罗家的钱不够，罗守义找亲戚、保长借钱。办酒席收了一些人情钱，再加上卖猪牛的钱就能够还账。

罗家办过的白事是义父罗志贵和大儿媳妇去世。罗守义侍奉义父到去世，罗守义一手操办的葬礼。因为罗志贵不是罗守义的亲生父亲，所以丧事没有大办，只是请周围的邻居来家里吃了个饭。在给大儿媳妇温连能办葬礼的时候，女方娘家的舅舅还过来问话，替自己侄女主持公道，问家长给其医疗过没，罗守义给娘家舅舅看药单、药罐、药渣子，娘家舅舅看过后便没多说，只要求好好安葬侄女，需要罗家给侄女做道场，请法师替侄女念经超度。娘家舅舅过来参加葬礼，罗家人因为不善表达，还专门请会说话的亲戚当陪客，招待大媳妇的娘家人。

总的说来，罗家认为家里每年粮食、食物方面的花销是最大的，其次是衣服、人情和教育，医疗的花销是最少的。罗家人认为衣服、教育是可以舍弃的，但是满足温饱的粮食、食物和关于面子的人情都是必要的开支。

3.其他消费基本满足

每年全家成员每人都会置办一套衣服，占家庭消费的20%。罗家所在的龙咀村没有种植棉花和纺布织布的传统，布料均是罗守义在集市上购买，然后找裁缝加工完成。罗家每年每人置办一套新衣服基本能满足全家的穿衣需求，因为农民一套衣服都是要穿一整年。但是在发生旱灾收成不好的时候，家里连吃饭都比较困难的话，罗家也不会置办新衣服。

罗家的房屋可以满足全家人居住需要。"三合面"院子是一个三合院，一共有7间房。最开始罗家只有五个房间，其中一间是堂屋，一间是厨房，三间房屋也够全家人吃住。但是随着儿子长大娶妻结婚生子，家里的房间就不够，罗守义就在五间房的基础上又新修了两间房，所以罗家的房屋就比较够用。罗家每年在家人看病上花的钱很少，一年只需要两三块钱。1949年以前村子里很少有人会生大病，除了像"窝儿害"这样的瘟疫以外，大多都只是感冒

---

① 扯头钱：给为新娘梳头的人的辛苦钱。抬钱：给抬嫁妆的人的辛苦钱。洗脸水钱：给为新娘端洗脸水的人的辛苦钱。

发烧。家人有人生病的话，罗守义会根据上一辈传下来的土方法治疗，比如用泡了草药的酒擦身体，或者是在神龛子前拜一拜，祈求家神保佑健康。

上学的学费不算很贵，但1940年之前，罗家缺乏劳动力，家庭经济条件不好，家里孩子又多，所以供应不起这么多孩子读书。家长会主动和孩子说家里紧张，供不起上学。孩子一般听从家长安排，但是如果孩子是特别爱读书的话，家长还是会尊重孩子，借钱也要让孩子读书。家中四儿子和小女儿因为年纪小没有读书，全家只有大儿子读书。大儿子罗本洪成绩一直很好，所以就一直在读书。二儿子罗本发是因为怕当兵的去学校抓壮丁，便待在家里干活儿不回去读书，三儿子罗本才是因为知道大儿媳妇温连能去世后，家里缺少劳动力干活儿，所以就主动提出不读书回家帮忙。后来罗本洪考上了城里的高中，城里的学费很贵，罗家不能够负担这笔费用。罗氏家族认为族里的人考上高中是属于全族人的骄傲和荣誉，所以族里的人都很愿意帮忙，每户都捐助了一点钱，族上还卖了部分公田资助罗本洪读书。

（二）消费自家负担

罗家的家庭消费包括食物、衣服、住房、人情、办酒、医疗，都是罗家自家承担，宗族不会负担。只有像大儿子罗本洪这样能考取功名的学生，族里才会担负学费。只是在红白喜事上，罗家需要办酒的时候，周围的亲戚邻居都会帮忙，比如给罗家送点粮食、酒、腊肉，或者是借几个板凳、几副碗筷等，喜事的花费比较大。

罗家关于粮食、衣服、住房、人情等消费，都是家长罗守义和副家长陈文珍决定。罗家在食物和衣服的消费上，家长都是秉持公平的原则，家里所有人都可以享有。在医疗方面，家里谁生病，家长就会为其花钱看病。在教育问题上，罗守义也会询问孩子的意见。罗家认为家里谁读书成绩好，谁就可以读，罗家大媳妇去世后，家里办葬礼花了钱，经济比较紧张，同时家里没有足够的劳动力，罗守义就问三儿子罗本才的意愿，问他还愿不愿意读书。罗本才其实心里十分愿意读书，但是考虑到家里需要劳动力，就很懂事地告诉罗守义自己不愿意读书。

家里的其他成员可以向家长提意见，但最终要听从罗守义安排。家庭成员总体上是为家庭考虑的，在消费方面也是比较为家庭着想，不会只考虑到自己。家里的消费主要是罗守义在安排，一般子女都会听从罗守义的安排。家长罗守义在安排的时候，也是优先考虑家里的四弟罗文义、子女，最后才考虑自己。在1933年发生旱灾的时候，家里经济特别不好，但是罗守义和陈文珍商量后还是为家里的孩子们做了新衣服，因为觉得小孩能够穿上新衣服，过年会比较开心，但是家长自己就没有做新衣服。在平常吃饭的时候，罗守义也会把桌上的好吃的都留给孩子，自己就吃差一点的。这也是为什么家里的成员都比较相信罗守义，因为家长是为家人好的。

五、家户借贷

（一）家长代表家庭借钱

1949年以前罗家和别人借过钱。借钱的原因之一是因为政府派款，给罗家派了两条枪支的钱，两条枪共计一千多块。家里没有这么多钱，罗守义就找冯保长借钱，但抵押了五个田在他手里。一般只会找别人借钱，不会借粮食，因为借粮食的话，还要自己去集市卖成钱。过了两三年，罗守义把钱攒齐后才把田取回来。延迟一年归还，就多算一年利息。借钱的原因之二是罗家办红白喜事,家里找别人借。另外罗家在天旱的时候也借过米,借的是陈文珍母亲的米,所以没有算利息,罗家等来年谷子出来后再还。一般借的钱金额比较小,是用于补贴生活、学生读书等正当行为,家长便比较容易借到钱。如果借的金额比较大,是用于赌博等不正当行为,家长就不容易借到钱。

罗家借钱是以家庭为单位借钱。未分家之前,除罗守义以外的家庭成员不能单独出去借钱,陈文珍和四个儿子也不敢出去借,因为"谁借谁还"。包括家里的小家庭,也不能出去借钱,如果小家庭借钱,只能以自己的名义借钱,不能以家庭的名义。罗家找别人借过几次钱,是出于交纳税款、办酒席、补贴生活等原因。罗守义借钱是找村子里面和自己关系比较好、自己信得过的富裕家庭。罗守义是以整个家庭的名义在外面借钱,罗守义在借钱之前会和陈文珍商量,最后由罗守义出去借,不需要告知邻里、族人、保甲长等。

(二)家长借贷与责任

罗家在整个借贷过程中,家长罗守义是实际支配者。家长根据自身家庭情况决定是否需要借贷以及找谁借贷等问题。罗家没有出现个人借贷的情况,也不允许这种情况出现。只有家长有资格代表家庭去借钱,而家长借的钱,也是出于对整个家庭利益的考虑。

罗家在借贷中,一直是罗守义负责找外面的农户借钱。因为罗守义经常出去赶集,与村里和街道上的人打交道,所以在乡镇上有自己的熟人,而陈文珍不怎么外出,则只是找附近的农户借粮。罗家没有出现过家长委托家庭成员借钱的事情。因为借钱是大事情,对方只认可家长借贷行为的有效性,认为家庭成员并不能做主。但是陈文珍委托过自己的儿子女儿找附近邻居借几升米。而儿子出去借米的活动,也必须经过罗守义和陈文珍同意。

在借贷过程中,家庭成员几乎没有参与,是家长决定。家庭成员不清楚家里的财政情况,只有家里的正家长和副家长知道。在罗家没有成立小家庭之前,罗守义和陈文珍一般不会告诉家庭成员家里的欠债情况。家庭借贷之后,家长是第一负责人,如果出了问题,首先找罗守义。家长在外面借了债,其他家庭成员也有义务还债,为家庭的债务而操心。家族没有责任帮助族人还贷,因为二儿子结婚罗守义借了钱,家人们会考虑大家庭的利益拿出自己的私房钱交给陈文珍,并且更加辛苦劳作赚钱,帮助全家渡过难关。家里的大媳妇也会把自己的钱交给陈文珍,让陈文珍交给罗守义出去还钱。四弟也把自己的钱拿出给嫂嫂,但是陈文珍觉得四弟的钱是留着日后娶媳妇的,所以不会要四弟的钱。

(三)借贷与还贷

借贷的时候需要写一张借条交给债主保管。罗家为了借到两支枪支费,把自家的几块田地给冯保长作抵押。在借条上双方写清楚归还日期、每年利息,以及债务归还不上的话,田地最终属于债主。双方需要在借条上写名字、盖个私章或者手印。

借贷的时候不需要请证人,也不需要摆酒席。如果是找亲戚借钱的话,则不需要利息,而找村保甲长、邻居借钱的话则需要利息。按照借款的规矩,半年之内,一般是15%的利息,借一年是50%的利息。利息是灵活的,取决于双方如何商量。罗家典当的土地,是两三年后赎回的,因为罗家罗守义和保长关系好,所以利息一年才给的15%。

还款的期限到了的时候,一般是借钱的农户自己主动上门归还。上门还钱的时候,还需要带点礼物表示感谢,比如带点鸡鸭或者鸡蛋。还钱的时间一般定在秋收割谷子后,家里卖了谷子才有钱归还。如果找对方借的是钱,就给对方还钱,借的粮就给对方还粮。根据"谁借谁还"的原则,如果是罗守义借贷的,就罗守义还,是陈文珍借贷的就陈文珍还。罗家没有出现借钱还不上的情况,今年还不上就缓一年再还,只是要多给点利息。村里也出现过实在还不上的情况,只能卖掉自己的土地还账。罗家人都是听从罗守义的安排,没有出现过父债子偿的情况。

六、家户交换

(一)家长做主家庭交换

罗家出去进行经济交换的活动由罗守义决定。罗家最多的时候,大家庭下面有两个小家庭,小家庭不能私自拿家里的东西进行买卖,否则称之为偷。罗家成员没有出现过偷拿家中粮食的情况。家庭内的小家庭和个人不能单独进行经济交换活动。家庭要进行买卖,要罗守义决定才行,不需要通知保甲长和族人。

家里的所有成员中往往只有男性外出进行交换活动。妇女一般在家做家务,很少有机会出去赶集。妇女需要什么针线是从下乡的卖货郎手里购买。陈文珍偶尔也去镇上赶集,去卖点蔬菜和鸡蛋。陈文珍在集市上卖蔬菜的时候,直接把蔬菜放在背篓里面卖,有人买的话就会过来问陈文珍价格,陈文珍就说出自己想卖的价格,双方可以商量,卖完之后陈文珍就可以拿着钱买一点家里需要的东西,然后给家里的小孩儿买点包子、麻花、糖等小吃食。这些吃食十分稀罕,每次陈文珍买回家中,小孩子们都十分欢喜。

家里的经济活动由家长安排,家长可以委托家人进行交换。家中的儿子要年满十八后开始知世。家中就会安排儿子跟罗守义出去赶集,出去"讨见"。赶过两三次集市之后,儿子能够独立赶集,罗守义便安排儿子背米去集市上卖,或者陈文珍给点钱让儿子买家庭所需用品,比如买醋、盐、点心等,点心一般是买来送情还礼的。家长会先测试儿子的能力,让他先买小东西,如果十分能干的话,才会逐步委托买大件物品。儿子赶完集市后,可以逛下集市看看热闹再回家。

家庭成员卖粮食的钱和二儿子罗本发卖布挣的钱,回来全部都要交给陈文珍统管。家中的成员出去进行交换活动,需要找陈文珍给予经费。家庭中除家长外的其他成员都要听从家长安排。因为家中的儿子媳妇涉世未深,进行经济交换活动时需要罗守义指导。罗家的子女在进行经济活动之前,都会跟随罗守义去集市交换几次,见见世面,然后才能独自得去集市进行交换。关于交换活动,罗守义会把自己知道的所有的经验全部传授给自己的子女。比如镇上哪家的布卖得便宜,哪家的粮食收的价钱比较高,哪家的醋比较好,这些罗守义都会告诉自己的子女。而子女觉得罗守义的生活经验比较丰富,通常也会听从罗守义的建议和安排。

(二)集市是主要交换场地

1.县乡集市进行买卖

罗家主要在乡上的集市和城里的米市进行经济交换活动。家长罗守义不爱赶集,喜欢在家耕耘土地,家中陈文珍和儿子们可以代替家长赶集。家里的儿子满了18岁,罗守义逐渐让儿子们出去进行交换活动。家中如果需要卖的粮食不多,同时需要置办小东西,则在镇上集市进行买卖即可。如果卖的粮食比较多,就把粮食背到城里卖。因为城里的米价比镇上高,但城里的盐、醋、酱的价格却比镇上低,所以罗守义和儿子秋收后会背米进城里卖,一趟能够赚半背篓或者一背篓的米钱。赚的钱再在城里买家里所需的生活资料。

进县城有一百多里路，从龙咀村走到达县大西街的集市上。有时候冬天白天比较短，天黑的时候到不了县城，罗守义就在附近的黄柳亚村或者邱家店村休息一晚再出发。店里卖给客人的饭菜叫作"帽儿托"①，是将一碗饭倒扣在盘子上，在盘子里再舀点豆香、青菜汤或者萝卜白菜汤。店家说饭菜是多少钱便是多少钱，农民出门在外不好意思讲价。但为留住客源，店家一般不会乱要价。晚上就在店里歇息，住房间要"写号"②。店主比较热情，夏天5点一过天就亮了，店家会点好灯给客人开门，提醒客人出发。

乡上也有粮食市场，卖米的农户聚集在一起，由农户自己规定价格。购买者一般为乡镇上没有种地的居民。农户价格主要是依据当天集市上卖粮农户人数多少而定。卖粮食的人多，则粮食价格低；卖粮食的人少，则粮食的价格比较高。县城里设有几个米市，同样也是农户自己定价格，买卖双方可以讨价还价。罗家负责出去卖米的主要是罗守义、四弟和二儿子。

2.流动商贩和"人市"

村里面有流动商贩，是下乡的卖货郎，主要卖妇女用的针头线脑、小孩子爱吃的馍馍饼饼。一般家里用的针线这些比较便宜，直接在卖货郎手里买就可以，家里用的布匹这些则需要在乡镇上购买更实惠。罗家的家庭成员在罗守义的同意下，都可以代表家庭和卖货郎打交道。家里的儿媳妇任世秀想要买针线，则可以给陈文珍说，陈文珍同意后将钱交给任世秀，由任世秀买来就可以。卖货郎在自家门口兜售，任世秀买完东西不能逗留，不能和卖货郎随意说笑。遇到卖馍馍饼饼的商贩，小孩子告诉陈文珍自己想吃，陈文珍便把钱给小孩儿，小孩子可以自己把食物买回来。但是陈文珍也不会经常给孩子买吃食，因为怕周围的邻居说闲话。经常买的话，别人会说罗家的副家长不会持家、乱花钱，或者是说这家人八百年没吃过，是"好吃鬼"③。

罗家所在村庄没有"人市"，附近的双庙有"人市"。龙咀村谷子还没黄的时候，双庙的谷子黄了，龙咀村家里有富余劳力的家庭就结伴，一般5人以上去别人家里割谷子。工钱一般是按一挑谷子来算，挑一挑谷子，价格为几角钱。每挑一次，主人家发一个工牌，最后按工牌来计算工资。罗家没有人出去割过谷子，要出去的话需要家长同意才行。

(三)买卖市场有规矩

1.货比三家不吃亏

家长罗守义和儿子赶集买东西的时候，都会货比三家，价格大概心里都清楚，然后和店家讨价还价。如果不清楚价格的话，在去买东西的路上，罗家人会问买过的人的价格，多问几个人就大概知道哪里的价格比较便宜。农村的人十分和善，很热心帮忙，陌生人之间也能聊上几句。

罗守义经常安排家里的儿子出去进行交换。有一次罗守义让三儿子罗本才去集市上买布，罗本才不清楚布的价格，在路上就问了三个人，分别是一块一一尺、一块二一尺、一块钱

---

① 帽儿托：把饭装在碗里，扣在盘子上，像一个帽子一样。

② 写号：1949年以前把住宿叫作写号。

③ 好吃鬼：贬义，形容一个人很贪吃。

一尺。罗本才知道一尺布的价格在一元左右,和店家讨价换价的时候便十分有底气。在市场上买东西,罗家人不分熟人和陌生人,谁的价格优惠就在谁家买。罗家人认为人情是人情,但生意归生意。当然如果熟人的价格合适,罗家人还是会优先买熟人的东西。

2.卖牛卖米找中人

村里负责交易的经纪主要是牛贩子。牛贩子主要负责搜集邻近几个村庄的买卖牛的消息和价格。罗家是家长做主,一般是罗守义和经纪进行交易。农户如果需要买卖牛,则要通过经纪才能快速地找到卖主或买主。罗守义买过牛,买牛之前告诉牛贩子自己要买一头什么样的牛,大概在什么价位,牛贩子就会帮罗家寻找合适的牛,并和卖主商定价格。罗家在牛贩子手里买过一头黄牛,后来卖掉黄牛,又买进一头水牛。在交易完成后,罗家会给牛贩子一些钱作为酬劳。

1949年以前,乡镇上的集市上有"打行人"。打行处设有公平秤,是用木头做的斗子和升子。一个大斗有50斤,一个小斗15斤,一个升子有5斤。买卖双方商量好价格后,在打行处过秤,秤50斤粮食,打行人就要抽走5斤粮食的手续费。如果农户和当行人的关系比较好,打行人则会少收取一些粮食。交易完成后,卖主要把米送到买主家里。"打行人"作为中间人起公平的作用,没有出现缺斤少两的情况。

3.偶有赊账

罗家在买卖时赊过账。一般只有认识罗守义的店家才会愿意赊账给罗守义。家里的成员也可以赊账,店家知道是谁的儿子,记账就记罗守义的名字。三儿子罗本才有一次赶集买东西,身上的钱不够买下需要的物品,店家认识罗本才,知道是罗守义家的三儿子,便说没关系下次赶集带来就行。罗本才回家后给家长说自己今天在哪个店赊了账,罗守义第二场就会去还,还会给店家说些感谢的话。家里的成员不经罗守义同意也能够赊账,但是是在金额比较小的情况下。这是因为既然这名家庭成员能够出去进行买卖,说明罗守义相信这位家庭成员,认可他的能力。罗家的几个儿子都十分听父亲的话,除非遇到意外情况,否则不会随意赊账。因为在农村看来,如果店老板赊账给你,就相当于欠了他一个人情,以后还需要还人情。

第三章　家户社会制度

罗家子女的婚姻主要由家长罗守义和副家长陈文珍做主,家长找媒婆上门说亲。罗家人认为多子多福,生育是为了家庭延续香火。家中的儿子能够分得土地和房屋等生产生活资料,家中的女儿只能分得一些嫁妆。在家户过继方面,罗家三儿子罗本才过继给了大哥。罗家在分家时,罗守义给自己留了一份房产和土地作为日后养老所用。整体上来说,罗家的家庭成员相处和谐,与周围邻居相处友好,没有发生过大的纠纷争执。

一、家户婚配

(一)小家庭数量增多

家里的儿女到了合适的年纪就要结婚。罗家子女结婚的事情是由家长罗守义和陈文珍商量,婚姻的事情一般是家长提,再请周围的亲戚邻居帮忙留意适合的姑娘,再让媒人前去说媒。罗家的大女儿罗本珍和三个儿子基本都是十八九岁结的婚。大女儿罗本珍于1936年出嫁,大儿子罗本洪于1942年结婚,二儿子于1943年结婚,三儿子于1949年结婚,四儿子于1950年结婚。大儿子结婚三年后,大媳妇温连能便因为难产去世了。罗守义四弟的媳妇在1939年生病去世,四弟从1940年便跟着罗家居住。所以在1949年以前罗家最多有两个小家庭,在土地改革以前,罗家最多有三个小家庭。

大媳妇温连能和二媳妇任世秀不是龙咀村本地的,是罗家大族居住的高坪乡的人,高坪乡与龙咀村相隔二十九里路。因为罗家在高坪乡的罗氏大族有很多族人,和当地许多村民也算是远亲。儿子们的亲事是族人介绍的,族人介绍给罗家的人都是比较能干的适婚女子。但本地人不允许同姓之间结婚,认为同姓之间结婚不吉利。

在婚姻中十分讲究门当户对。媒人也只会介绍门户相当、家庭条件相同的人家,不然说媒不会成功。村上一般是有钱家庭与有钱家庭结婚,穷人家庭和穷人家庭结婚。但是即便是家里再穷,农民嫁女儿也不能开口问对方要钱,"田不问价,女不问卖"①。在龙咀村,家庭人口数和家庭代际数对婚姻没有影响,只是讲求门当户对,男性能干会做农活儿,女性贤惠会做家务。

(二)婚姻父母定

1.父母之命

家中的儿子满了18岁,女子满16岁,罗守义和陈文珍就会开始考虑子女的婚事。一般罗守义考虑儿子的婚事,陈文珍考虑女儿的婚事。"父教儿,娘教女,一视同仁。"陈文珍作为

---

① 田不问价,女不问卖:指嫁女儿的时候女方家长不能主动开口问男方要钱。

女性心思比较细腻,一般陈文珍会告诉罗守义自己的想法。罗守义就会把自己和陈文珍的想法告知亲戚朋友,让大家帮忙留意合适的人选。

1949年以前村子里也流行定亲,子女的婚姻完全由家长包办,不管子女同不同意。"说亲全靠媒人一张嘴,说成瞎子便是瞎子,说成瘸子便是瘸子。"[1]男方派媒人说亲,只要女方同意,男方得来女方的生辰八字"开庚"[2]"落拜"[3]的时候,男女双方都要告知自家亲戚朋友,自家和谁成了亲家,男方还要在女方家门口放火炮。换完庚帖、放完火炮,亲事就算定下来了。定亲后男女双方不能见面。如果女方家比较近,女方家长过生日,女婿可以去祝生,带点鸡、腊肉等贺礼。两家人可以自由走动,但未来女婿来家里拜访时,姑娘要躲在自己的房间里。

结婚的时间由双方家长决定。男女双方会提前告知亲戚自家有喜事,男方亲戚会为男方送钱或结婚所需物品,女方亲戚会提前为女方缝新衣、做新鞋,送点陪嫁物品。女方父亲可以以女儿年龄较小,身体不够强壮,家务还未精通需要调教为由,延迟一两年结婚。男方同意的话就等上一两年,男方不同意的话,这门亲事就取消。如果女方置办不起嫁妆,男方可以补贴一点钱。

2.定亲看名声和性格

罗家婆亲对女方没有多大要求,家长对长相、年龄没有要求。不看女方家里条件如何,只要女方母亲能干,教出来的女儿肯定也能干。"买牛要买打嗝股,看亲家要看老丈母。"丈母娘能干的话,女儿就能干,男方就愿意和她结亲。1949年以前,女儿在定亲之后,在出嫁前的一年里,娘家母亲会教会女儿所有家务,这样到婆家才不会受气,也不会说女方母亲不能干。女孩儿在出嫁之前,母亲专门买平时不常吃的腰花、肚花,教会女儿怎么炒,还包括推豆腐、做米豆腐等,以应付日后婆家办酒席的需要。罗家大女儿罗本珍在出嫁之前,陈文珍也是同样要教会女儿各项家务活儿。

女方看男方不看其他条件,主要是看男方家庭在当地的口碑,家长是否踏实可靠,男方母亲性格是否温和、不欺负人。男方家庭名声越好的,定亲要求就高一些。对于罗家,在嫁大女儿的时候,罗家对男方没什么要求,基本条件是门户相当、家庭条件差不多,对方是个忠厚老实的庄稼户就行。

3.结婚为传宗接代

罗家认为结婚最主要的目的是生儿育女、传宗接代。村里有说法,结婚三年内,媳妇必须生个孩子。儿媳妇生不出孩子的话,女方就要还男方饭食钱。由此可以看出,传宗接代是整个家庭的重大责任。儿子结婚是为了扩大自己的家庭,是自身的义务。所以家里的孩子长大后,罗守义就有责任帮助他们组织家庭。

1949年以前社会不允许自由恋爱。1940年以前村里成立学校,社会上便开始有自由恋爱的现象。一般家长认为儿子在学堂认识的女生比较懒惰,不爱做农活儿。家长不允许的话,就给儿子与别人定亲事,儿子没有办法。儿子实在喜欢女孩儿的话,可以告诉自己父亲,这个

---

① 当地俗语,形容媒人的重要性。
② 开庚:庚是指生辰八字,开庚是指找人来算一下两人生辰八字是否匹配。
③ 落拜:是男女双方生辰八字符合,彼此交换庚帖,将亲事定下来。

女孩儿有什么优点,有什么长处,对方父亲如何,女孩儿不靠劳动也可以挣钱,比如以后当老师等。类似这种情况,在家庭内部可以商量,开明的家长也会同意。罗家儿子的婚姻都是父母定的,包括在学堂读书的大儿子。大儿子在县城里读高中的时候就结了婚,大媳妇温连能是没有上过学的农村姑娘。陈文珍认为好媳妇的标准是可以干农活儿,在家里可以帮上忙。

4.兄弟依次结婚

罗家的兄弟都是按长幼顺序依次结婚。大儿子罗本洪和二儿子罗本发是1949年以前结的婚,三儿子罗本才和四儿子罗本胜是1949年和1950年结的婚。结婚给女方的聘礼数量,主要取决于男方的家庭条件。聘礼主要有半边猪肉、新衣服、新鞋子。男方将聘礼抬到女方家后,女方也会回装点陪嫁衣服、鞋子、枕头,抬回男方家中。家里大女儿罗本珍最早结婚,家里很穷,罗守义给女儿置办的陪嫁只有一个柜子和一个箱子。到罗本发、罗本才结婚的时候,给女方的聘礼越来越好。因为家里的儿子都长大了,家里劳动力充足,生活条件就比前几年好。罗守义在罗本才结婚的时候,会在吃饭的时候开家庭会议,给之前结婚的罗本洪、罗本发做思想工作,说清楚情况,这样家人便没有异议。

(三)"知客士"招呼酒席

在罗家,儿子结婚的方案是由罗守义制定,媒人也是罗守义找的。办喜酒之前,罗守义要给亲戚朋友送帖子。帖子上写男方家长的名字,内容为:"我儿子与某人结婚,于哪天在哪里开席,请您前来参加。"年轻人不懂结婚的规则和流程,结婚的事情都是家长和副家长操办,四弟协助家长一起操办酒席。罗守义会去找周围的邻居和亲戚帮忙办酒席,找人借抬聘礼用的盒子和木棍。结婚前一天晚上,男方就开始办酒席,新郎官要主动去请男方亲戚、邻居吃饭。结婚当天,新郎官才去女方家把新娘接过来。女方的亲戚可以说些玩笑话逗一逗新郎。女方姨娘、婶婶作为送亲人员,到了男方家就把新郎叫"罗大哥",会说一些交代的话,如"姑娘还小,不懂事,在你们家做得不好,你们要耐心,帮她一下"。新郎就会说:"大人请放心,我家大人孝贤,没有私心,望安。"在正午开席之前要举办结婚仪式,新郎和新娘要拜天地,给父母亲敬茶。如果陈文珍父母来坐席,新郎新娘还要给外公外婆敬茶。

在办酒席招呼客人时,主人家也是闲职。罗守义请来男女两个"知客士"①招呼客人,知客士一般是熟悉结婚礼仪、熟悉双方亲戚,并且具备一定口才的人。知客士通常是新郎的舅舅、舅母或者叔爸表婶等。知客士招待来的客人入座,并代表家长说几句感谢到场亲朋好友的话,然后宣布酒席开始。

在婚礼过程中,家长掌握决策的权力。而家长以外的成员,发挥参与、帮忙的作用。家庭成员要听从家长的安排。家里要办酒席,全家人都会帮忙。家中的妇女帮忙照看厨房,帮忙上菜,男性帮忙招呼客人,帮忙抬东西干体力活。

(四)酒席花费大

罗守义的几个兄弟是按照长者先结婚、幼者后结婚的原则。罗家的几个儿子也是一样,家里年长的孩子先结婚,年幼的孩子后结婚。因为俗话说:"大儿子结不了,莫把二儿子害了。"如果大儿子结不了婚,别人会认为大儿子没出息,同理会认为弟弟也不能干。所以大儿子如果结不了,二儿子也会很难结婚。罗家是按照年龄顺序,先是家中大女儿结婚,再是大儿子结婚。

---

① 知客士:酒席的主持人。

家里办喜酒的花费比较大，主要是聘礼、迎亲花费，例如扯发钱、抬钱、洗脸水钱、红包、请帮工钱、食材钱、衣服钱等。家里办喜事，全家每人会置办一套新衣服。因为罗家是四个兄弟结婚后才分的家，所以罗家办酒席的钱是由全家一起负担。家里如果要计划娶媳妇，全家人就会开始一起挣钱、存粮。如果钱不够的话，罗守义会找亲戚、保长借钱。办酒收的人情钱和卖猪牛的钱就用来还账。

在罗家，结婚用的花费由全家共同承担。然而由于家庭条件越来越好，每个儿子结婚的花费都不一样。随着时间的推移，社会风气也发生变化，越往后结婚，酒席办得越好，花费自然也就越多。罗守义会给之前结婚的儿子和儿媳妇做思想工作，尤其是给儿媳妇做思想工作，免得儿媳妇有想法。家长说清楚后，家人们便没有异议。

（五）其他婚配形式

1.童养媳

罗家没有养童养媳，但是其他家庭有童养媳，罗家的叔叔家就有童养媳，童养媳在当地也叫作小媳妇儿。罗家叔叔因为家里有几个儿子，但是没有女儿，所以想养一个女儿，刚好村上有户人家里面女儿比较多，但是家庭比较穷，所以想把女儿卖给罗家叔叔家当作童养媳。一般养童养媳的家庭条件都比较好，但是卖女儿的家庭的条件都比较差，如果不是经济迫不得已都不会让自己的女儿出去做童养媳。罗家叔叔的童养媳在6岁的时候就被卖到叔叔家里面，所以年龄比较小。

一般在12岁以下都能当作童养媳，买卖童养媳的话必须要双方家长都同意，只要双方家长做主商议就可以，不需要请保甲长或者族长。叔叔家的童养媳，是与对方商量好并签订了契约。养童养媳要写文书，文书的话就要写买卖契约。一般情况双方会找村上比较有文化的人来写，双方需要签字，如果不会写字就画押，每个人都会保存一份。而且村上有文化的人来帮忙写契约，同时作为中间人和见证人。契约的内容是谁家将女儿卖给谁家作为童养媳，女儿姓名是什么，父亲姓名是什么，卖成多少钱，不可以反悔，等等。

娶童养媳的话，不需要给粮食，只需要给对方钱，一般的话要给对方十几二十块钱。女方家长不需要告诉别人，只需要自己同意就可以了。娶童养媳的话，如果家庭条件比较好，就可以办一下宴席，但是如果家庭条件一般的就不会大摆宴席。娶童养媳的花费是由全家来承担，由家长支出。童养媳在男方家里的地位待遇如何，要看对方家长的人品。如果对方家长比较善良，则对童养媳比较好，会把她当作自己的亲生女儿对待。如果对方家长人品不好，那么童养媳在家里的地位特别低下，从小就会当作丫鬟一样做很多苦力，到了适当的年龄再嫁给自己的儿子。不同条件的家庭养童养媳所需的花费，以及是否会摆酒席等都有所区别。

2.改嫁

改嫁，在当地也叫"出门"，罗家没有改嫁的人，但是罗家罗本才的表姐改嫁过，改嫁的时候年纪有三十多岁。村上如果妇女年纪太大，那就不容易改嫁，因为没有人家会要她。因为改嫁的妇女也有义务为再改嫁的家庭生儿育女，传宗接代，如果妇女年纪太大，就不能承担这项责任，所以也没有家庭愿意娶这样的妇女。

罗家表姐改嫁，是因为她的丈夫在种地的时候不小心跌倒在田里去世了。罗家表姐的丈夫家庭条件一般，是当地普通的农户，经济条件在村上属于中等。当表姐丈夫去世以后，表姐就回到自己娘家居住，改嫁以前表姐也在自己的娘家居住了。为罗家表姐提出改嫁的是她的母亲,然后父亲做主,父亲找罗守义商量,不需要请示外边的任何人。改嫁也是需要找媒人。一般改嫁到对方家,双方都是结过一次婚的,都不是头婚。表姐改嫁,是陈文珍找的一个媒人悄悄给男方说了一下,双方同意之后,就决定嫁过去。

改嫁的话也需要写婚书。婚书就由两边家长找人来写就可以了,需要写上双方家长的名字和结婚男女双方的名字。必须要写上双方的名字,不署名的婚书不算数。婚书一共要写两份,由双方家长自己保存。一般是找村上有文化的人来写这些契约。改嫁的话没有什么花费,但是家庭条件好一点的男方,还是会给女方一点点聘礼,比如说给点粮食,或者是置办一件新衣服之类的。但是表姐改嫁的时候没有任何东西,因为在村里面第二婚悄悄进行就可以了,不会像头婚一样大摆宴席告知周围的人。而且男方不会在白天抬轿子过来接女方,女方要悄悄地连夜接到男方家里面,当地叫作"过婚嫂,连夜讨"①。改嫁和结婚一样,都需要交换双方的生辰八字,看双方八字是否相合,只有八字相合才能在一起结婚居住。

对于改嫁,不同的家庭有不一样的理由,改嫁一般还是由女方自己的家长做主。一般自己还不能给自己的婚姻做主,如果家里没有家长的话,那就由自己的叔叔、嫂嫂帮忙做主。而且如果村上寡妇想要改嫁的话,那么就必须先回自己的娘家,不能在婆家居住。

3.入赘

村上只有家里面男孩子比较多,而且父亲又没有能力为儿子娶媳妇的农户会入赘,因为娶媳妇需要有房间、土地和聘礼。因此父亲就会让儿子结婚后留在女方家里面生活,儿子就会离开自己的家庭。一般女方家里面条件过得去,但不能因为入赘而认为女方家庭条件好。主要是因为女方家里女孩子比较多,如果所有女孩儿都嫁出去,家里便没有人为父母养老送终,所以就需要家里面有男孩儿。女方父母的年龄一般也是在三四十岁左右,女方家里面没有儿子只有女儿,或是儿子意外去世。

女方的家庭一般更希望是过继,而不是入赘,因为过继的话也算是自己家的孩子,但是入赘的话,男方还有自己的父母需要赡养,终究是外人。但是实际情况是一般入赘的比较多,因为过继的情况还是比较少。男方一般也不愿意入赘,但是因为家里条件太差,没有能力为女方置办一间房屋和足够的土地,所以在女方的条件相对比男方更好的情况下,男方也就愿意留在女方家里,承担儿子的责任。

如果男方入赘到女方家里,男孩子的能力足够好的话,能把家庭经济越搞越好,也不会被同村的人看不起,反而大家会羡慕女方的父亲,认为他有福气,有眼光。但是如果男孩子自己也不积极的话,那就很容易被同村的人瞧不上,认为是靠女方生活。入赘对男方的要求很低,一般只要是到了适婚的年龄,男孩子自己老实可靠就可以了,当然也要求他的父亲在当地的口碑比较好,不是在外面喜欢打架斗殴,或者有其他坏习惯的家庭。对于入赘的男生,女方没有要求必须是本村,但知根知底最好。当然对于入赘的男方来说,儿子肯定是更愿意入赘到本村的女方家,这样也方便回家照顾自己的老人。

入赘的话,只要是双方家长同意,自己的孩子没有意见就可以了,当然需要男方给儿子做思想工作,说清楚家里面的情况,女方也需要给自己的女儿说清楚,因为家里面没有男孩子,所以就要招一个男孩子上门。当然一般的女方家里的女儿是十分高兴的,因为可以不用

---

① 过婚嫂,连夜讨:当地俗语,形容二婚要低调进行。

51

离开自己的父母,不用去孝敬服侍丈夫的爸妈。入赘的话也是需要写契约,契约由双方家长找人来写,双方家长署名也要包括双方儿女的名字,一共写两份,分别存在双方家长处就可以了。入赘的婚礼和一般的婚礼不同,入赘的婚礼主要是由女方大办宴席,招待宾客。而男方不怎么摆宴席,男方只要告诉周围的亲戚邻里就可以了,因为入赘对于男方来说,也不是什么光荣的事情,不需要太多人知道。入赘前女方也不需要男方给任何聘礼。不同条件的家庭在入赘上面所要求不一样,当然女方家庭条件越好,对男方的要求也就越高。

4.娃娃亲

1949 年以前农村十分流行娃娃亲,因为村里农户订婚的时间比较早,大概在孩子七八岁或是十一二岁的时候就会定亲,所以也算是娃娃亲。一般定娃娃亲的双方是关系比较好的两家农户。如果家庭的经济条件不能为儿子定亲的话,家长会把儿子过继给其他人抚养,这个时候孩子也比较小,对方也愿意接纳。罗守义的大叔是过继给其他人抚养的。定娃娃亲的双方不需要写任何协议,只是双方口头承认即可。定娃娃亲的孩子,小时候可以一起玩耍,待到适婚年龄,成婚前的两三年,男孩儿和女孩儿便不能见面。而结婚的仪式和正常的婚姻仪式是一样的,没有什么区别。

二、家户生育

(一)人口数量居中

罗守义的父亲只有两兄弟,罗守义的二叔还未成年就生病去世了。罗守义这一代一共有五个兄弟、一个妹妹。1940 年以前全家害"窝儿害",罗守义的父母亲和大哥、二哥都害瘟疫去世,家里只剩罗守义和三弟、四弟、妹妹。三弟被国民政府拉兵,从此杳无音信。而四弟,由于自己的儿子被拉兵,媳妇病死后孤身一人,便和罗家一起居住。罗守义有四个儿子、两个女儿、一个孙子。小女儿罗本慧十几岁的时候去世。罗家人口最多的时候有 10 口人,少的时候只有五六口人,总的说来,罗家的人口数量不算多也不算少,在村里属于中等水平。

(二)多子多福

罗家人认为,生育是为了传宗接代,如果妻子不能生育,丈夫有权休妻再娶。生育的作用是为了家庭的延续。如果家庭里只有女儿,没有儿子的话,家长可以招上门女婿。当地村民都倾向于先生男孩儿,再生女孩儿。男孩儿先长大,家里就会多一个劳动力,可以帮忙照顾弟妹。"男子十八长父志,女子十八把家兴。"男子长大后,可以出去帮罗守义办事;女孩长大后,嫁出去可以帮助别人振兴家庭。

罗家没有未婚先孕的情况,家长对女儿管束比较严格,女儿一直都是待在陈文珍身边。农村如果出现未婚先孕的情况,全村都认为这是一件全家蒙羞的事情,村里的人都会对那家人指指点点。所以一旦村里发生这种情况,女性都会悄悄打掉孩子,或是到别的地方生下孩子,不让村上其他人发现,不然自己和家庭的名声都不好。

罗家的子女都是到了十八九岁才结婚。儿子结婚后一两年,儿媳妇便会生育,这个年龄在村子里不算是早婚早育,二媳妇也是到罗家一年后便怀孕。家里的人都愿意多生,但凡有生育能力,就会一直生小孩。农村也没有避孕措施,妇女很容易就会怀孕。一般一个小家庭都会生七八个小孩,家里有两三个男孩儿,有一两个女孩儿,家长就会感到满意。农村有"多子多福"的说法,虽然小时候孩子比较多,养起来很辛苦,但是孩子养大可以干活儿挣钱,会孝顺大人,老人的晚年就过得比较好。

罗家人认为儿子比较多的家庭,不一定受村里的人尊敬。主要是看儿子长大有没有出息。有出息的标准一般是读书出来当官,或者庄稼做得好,或者能靠手艺挣钱,如铁匠、裁缝、医生等,并且对村上的人都和善友好,家长和整个家庭才会受人尊重。家庭儿子多的不一定家境好,主要是看儿子能不能干、孝不孝敬父亲。罗家的四个儿子都听家长罗守义的话。

(三)孕妇干轻活儿

1.怀孕期间仍要干活儿

罗守义和陈文珍双方都想生孩子,认为多子多福。罗家有四个男孩儿,两个女孩儿。生多少孩子是夫妻自己的事情,长辈不会干涉。家里儿媳妇想要生多少个孩子,家长罗守义都不能干涉。但是如果儿媳妇生的孩子比较少,当家长的可以委婉地给他们提出自己的想法,告诉他们一些道理,比如家里孩子多的话,以后自己也会享福之类的言语,让他们能够改变自己的观点。

怀孕的媳妇不会干重活儿,但可以给家里帮忙。二儿媳妇任世秀怀孕的时候,前期和往常一样干活,5个月之后肚子比较大了,任世秀便不能干重活儿,但还是要帮家里煮饭、缝衣服。儿媳妇怀孕期间,婆婆会特殊照顾她。孕妇要比家里其他成员吃得好一些,会吃面条、鸡汤、鸡蛋等。在怀孕前几个月,为了减少夫妻之间的接触,儿媳妇会回娘家缝制小孩子的衣服,做小孩子的鞋子。儿媳妇在娘家养胎有利于胎儿的稳定。娘家的母亲也会尽心尽力地照顾自己的女儿,认为自家女儿马上能够当母亲是一件非常光荣的事情。

2.婆婆照顾儿媳妇

儿媳妇任世秀分娩的时候,全靠婆婆陈文珍接生。陈文珍生过很多次孩子,经验比较丰富。例如儿媳妇肚子开始痛,羊水破了就知道要生了。一般的农村家庭不请接生婆,婆婆直接帮助儿媳接生。在孩子快要临盆的时候,家里就烧好热水,准备好盆子、剪刀、帕子等。只有像大户人家才请得起接生婆。如果家中儿媳妇难产,家中就要请药婆,药婆是村上懂点医术的妇女或接生婆,把肚子里的孩子取出来;或是请庄公施法,给媳妇画个催生符。罗家在生育方面没有花钱,但如果要花钱,费用也是全家人共同承担。其他家庭请接生婆的话,需要花几角钱。

儿媳妇在产后需要坐月子,大概需要一个月。坐月子的忌讳比较多,比如不能洗头,不能碰凉水。坐满一个月后,给孩子洗了澡,儿媳妇还要再坐三天。这段时间由婆婆照顾好儿媳妇,免得媳妇以后落下病根,这也是作为婆婆的任务和职责。对于刚出生的孩子,婆婆会用鸡蛋给孩子揉眼睛明目。小孩头部不圆润的话,婆婆要给他按摩头。这段时间如果婆婆能把自己的儿媳妇照顾得特别好,那么村民都会夸奖这样的婆婆,说她十分能干,所以关于如何坐月子,如何照顾产后的媳妇,陈文珍都需要掌握丰富的经验,不清楚的还需要去讨教其他人。

有钱的家庭和普通家庭略有不同,有钱的家里有"伙老大"①,请年轻妇女做饭和干家务,替代婆婆需要做的事情。在有钱的家庭中,怀孕期间和坐月子期间,孕妇吃得比较好。村里有钱家庭的妇女生了小孩儿,尤其是生了男孩儿的话,自己的地位也会提高,待遇十分好。家庭对男孩儿看得比较重要,如果头一胎生了女孩儿的话,那儿媳妇的家庭地位反而降低。

---

① 伙老大:有钱人家请来做饭的妇女。

(四)生育仪式

1.送鸡公鸡蛋

村上的村民家庭条件都一般,村民除了红白喜事外,很少会办酒。农村不流行办满月酒,除了特别富有的家庭要办满月酒以外。罗家添丁没有什么仪式,只是男方给女方家里报喜的方式不同。如果媳妇生了男孩儿,姑爷必须给媳妇娘家捉个鸡公,如果生了女孩儿,姑爷就给娘家提篮鸡蛋去。娘家也要给自家女儿送贺礼,表示自家女儿在婆家有孩子要开始享福了。一般娘家给女儿送鸡、鸡蛋、醪糟,或者缝几件小孩子的衣服。

2.父亲按字辈起名字

家里孩子的名字由孩子的父亲起。当媳妇在怀孕的时候,名字就已经想好了。二儿子孩子的名字是二儿子自己起的,字是按照家谱上的字辈来起,起的名要有好寓意,这也是孩子上学的学名。孩子也有小名,小名一般是猫儿、狗子。农村有说法,名字越贱越好养活。如果你想让这个小孩儿以后长得比较漂亮,你就要叫他丑丑、丑蛋,孩子的名字反着叫,孩子反而长得越来越好。

罗家家庭成员名字如图1-4,字按字辈起,名没有多少实际意义。名多带有吉祥的寓意,比如才代表才能,发代表发财,慧代表聪慧。有钱家庭取名更加讲究,会找当地有文化的秀才、官员帮忙起名。有钱人家的名字就更多地是出自于书籍、古典文献,名字更有文化的底蕴。

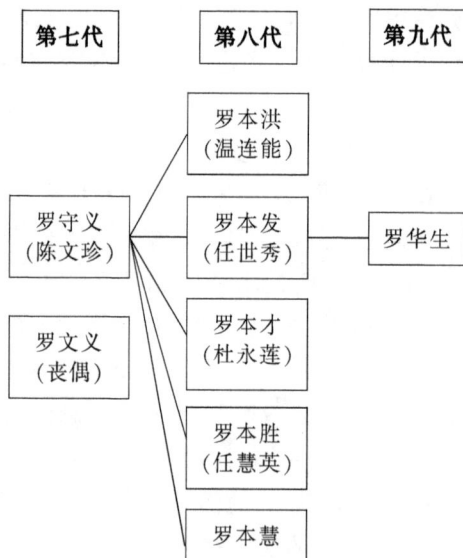

图1-4 罗家近三代人姓名图

三、家户分家与继承

(一)分家立户

1.儿子全部结婚才分家

在1950年土地改革之前,四儿子罗本胜结婚后,罗家所有的儿子便都已成婚。大家庭下面,已经有三个小家庭。罗家分家是儿子提出来的,儿媳不会提分家。儿媳妇只能给儿子说自己的想法,儿媳妇自己提的话,表示对家长不满以及不尊敬家长。

罗家分家的原因主要有两个:一是因为作息不同。家里人口越来越多,家里的小孩儿、老人和儿子的生活习惯不一样。家长不干活儿,起床的时间要比年轻人晚一点。年轻人要上坡干活儿起得比较早,吃饭时间上比较难协调。老人干活儿少,做饭就少,年轻人干活儿多吃不够。老人牙口不好吃软饭,年轻人吃不惯。正是这些原因,年轻人便想分家出去自立门户。

二是按照当地的看法,结婚后儿子如果不能分家,便被认为没出息、依赖罗守义。另外儿子成家以后,家中人口不断增加,出现土地不够种、房间不够住等问题,必然也面临着需要分家。家长分配家产时,要和全家人商量,只有合理分配后家庭成员才能互相理解,以后相处才能和和气气。比如四儿子罗本胜刚成家,家里什么家业也没有,罗守义就劝说其他儿子多分点农具给四儿子。罗守义作为家长要耐心劝说其他儿子、媳妇。如果分得不公平,家庭成员之间心生嫌隙,不利于家庭和谐。

家庭外部成员对罗家分家没有影响。分家是家庭内部的事情。如果儿子自立门户,儿子需要请周围亲戚邻居吃饭,告知他们自己已经是独立的一户。如果年轻人愿意分家,村里面的人就支持他分家。因为能够脱离家长罗守义的庇护,自己经营家庭,说明这个人比较能干,可以自己"为人"[1]了。刚分家的时候,一般的家庭物资欠缺,周围的邻居、亲戚会送点家业作为礼物,比如猪食桶、矮板凳、碗筷等。

2.长辈见证分家

罗家只有儿子可以分得家产,家庭外部成员无资格分得家产。未成家的儿子,等结婚后分家时同样也会分得家产。罗家是三兄弟一起分的家,大女儿和小女儿没有资格分得家产,女儿只能分得浮财做陪嫁。"男得土地,女得浮财。"

分家需要见证人,一般是自家的两个长辈,由罗守义上门去邀请。不能安排家庭外部成员作证人,分家是家庭内部的事情。有钱的家庭就请更有地位的乡长等来见证,一般的农户家都是自家的长辈。见证人主要负责监督文约的明确,避免日后纠纷。"一人说话,千人相同"[2],如果发生纠纷找证人,证人也需要佐证分家时的情况。见证人去世了,也就没有责任了。一般分家两三年后,家人也没有理由再闹纠纷。

3.家长做主进行抓阄

(1)"一指一分,十指均分。"分家的时候,罗家只有罗守义和儿子才有土地所有权。无论小家庭的劳动力情况和子女数量如何,在分家时家中有几个儿子就分几份财产。罗守义把土地和房间搭配好,然后在字条上写"天字号""中字号""地字号",再将字条揉成团,然后让儿子们抓阄,抓到哪份财产就得到哪份财产。"由于土地不能完全分均匀,抽签就成了不公平的公平。"[3]在给三兄弟分土地的时候,罗守义也会自己留一份养老地继续耕作,并且依旧居住在之前的房间里。

(2)分家是罗守义说了算。罗守义决定如何搭配好财产,哪块土地和哪间房屋搭配在一起。作为副家长的陈文珍可以建议,儿子们必须服从家长的安排。而且通过抓阄决定,即便是

---

① 为人:表示儿子成家立业,可以作为大人进行社会活动。

② 一人说话,千人相同:当地俗语,表示中间人能够证实某一件事情。

③ 受访者罗本才的原话。

财产没有绝对平均,也是公平的选择。罗守义把"天""中""地"纸团放在罐子里摇,然后儿子们拿筷子夹,或者罗守义夹出来,依次给大儿子、二儿子、四儿子。儿子就根据自己抽到的签,拿到签上所规定的土地和房间。因为是通过抽签抓取出来的,所以儿子们也没有任何的异议。

(3)家长自己留一份。在儿子分家以后,罗守义作为独立的一户,还需要进行正常的人际交往以及人情往来。家长常年住的房间和耕种的土地、使用的碗筷家业等,家长会保留给自己,以便夫妻独自生活,然后将其余财产划分给儿子。从分家之后罗家便不在一起吃饭,小家庭分开做饭。

4.分家立契约

分家的时候需要分家单,叫分管文约,一般由姑爷或族人长辈写。内容是儿子统管的财产明细。文约上将交给儿子统管的财产、土地写得很明确,例如房子还需"立界"①,门归谁管,写约的时候会写清楚门锁在谁的那边,门便是谁的。分完家后,见证人有证明的责任。写分管文约时,需要把财产分得很清楚。分家单需要罗守义、儿子、见证人一起署名,不会写字的人就按手印。分管文约只需要写一份,儿子保管就可以。罗守义和证人不需要文约,只要清楚内容就可以。

整个家族的人会认可罗家的分家。来见证分家的亲戚长辈,回去之后就会告知族人分家的情况,族人们相互传达,便都知晓情况。罗家分家没有写上家谱。因为家谱是隔几代人才会编撰一次。村庄对罗家分家也是认可的。分家后,儿子的门牌上要写儿子自己的名字。儿子要告知保甲长,村庄的缴纳税款、派劳役也会按分家后的户数来计算。保甲长定期将新的农户名册报给县乡政府,政府对分家也是认可的,户主就写分家后儿子的名字。

(二)儿子享有继承权

继承的资格和分家的资格相同。罗家只有儿子可以继承家产。家庭外部成员无资格继承家产。"男得土地、房子,女得陪嫁。"罗家有资格继承家产的也只有四个儿子,大女儿和小女儿没有资格继承家里的家产,但是女儿在没有出嫁时可以享有家里面的财产的使用权。对家产的继承主要包括土地、房子等固定资产,而生产资料、生活资料这些都是可以给女儿作为陪嫁用品的。而家庭外部的人没有资格继承家庭的财产。但是如果村上有的农户家里面没有儿子,他的侄子或者是其他抚养赡养老人的人,那么这个人同样也具有继承的资格,继承主要表现在对老人赡养上,只有赡养老人才具有继承的资格。

继承和分家唯一不同的是,继承还包括对老人去世后留下财产的分配。家里只有儿子能继承家产,女儿不能继承家产。罗家三个儿子都要照顾家长到去世,家长快要去世前,会把自己名下的一点土地分给三兄弟。儿子要给家长生养死葬,只有为家长养老送终后才有继承权。家长去世的时候家里没有什么财产,罗守义把房子分给几个儿子,自己一直住在三儿子罗本才的房间。如果有不孝顺父母的儿子,会被族人惩罚,族长有权力不给其遗产并撵出族门。家庭外部的成员没有继承权,除非老人没有孩子,全靠外部成员赡养。

罗守义的族长身份、甲长身份都不能继承。这些全看儿子自己的能力。只有能干的人,才会被推举当有身份地位的人。身份地位,只有靠自己考取功名而取得,不能够继承。所以罗氏家族就希望罗家大儿子能够考取功名,这样罗家在政府里面就有一个可以说得上话的人了。当然除

---

① 立界:当地方言,意思为立下界线。

了一些有钱的人可以为自己的子女买到一些职位,一般的农户家庭都是做不到的。

四、一子占两房①

罗家出过出继和回继的情况。罗家三儿子罗本才就出继给罗守义的二哥。是因为罗本才小的时候身体不好,按照当地的说法,孩子在自己家中养不活的话,需要出继给其他家庭养着。罗守义就把三儿子给二哥抚养,这样的孩子才能够在新的环境里健康地成长起来。出继的话是由罗守义决定,只和妻子陈文珍商量就可以了。因为孩子还小,所以不需要过问孩子的意见,罗守义需要和自己的兄弟商量,如果双方统一意见的话,那这就可以了。但是罗家出继的话,不是完全过去,只是出继一半,在当地也称作"一子占两房",即罗本才同时是两个家庭的孩子,要称自己的亲生父母和二叔二婶为爹娘,需要尊敬两家的家长。因为这两个家长也是兄弟关系,所以也不存在任何纠纷和冲突的情况。

因为罗守义跟二哥是兄弟关系,所以反而是罗守义为了感谢哥哥照顾自己的孩子,还会给他一些粮食和钱财。但是一般村上过继的话,就需要入继的家庭给出继的家庭准备一些钱财,表示亲生父亲之前为孩子所支付的饭食钱。出继入继是要写契约的,当地称作"抱子文约"。入继的家庭还需要请周围的人吃饭,契约上写双方家长的名字,不署名这份契约就不能够生效。契约要写两份,由双方家长自己保管。但是罗守义跟自己的哥哥就没有写契约,因为他只是把孩子放在哥哥家抚养,两家人都会照顾这个孩子,所以就没有写契约。

而村上如果有过继的情况,是要请中间人来介绍的,一般都要找中间人,不会自己出面去说,因为自己出面不太好,如果没有成功的话,会影响两家人的关系,中间人去说的话,还有一个回旋的余地。中人和证人都需要证实他们过继的这一个过程,双方都需要给中人一定的钱财作为报酬。过继的孩子在年龄比较小的时候才能够出继,所以也不会存在说要本人同意的情况。

罗家出现过回继的情况,是等罗本才身体长好了就又回到了自己的家中,跟罗守义住在一起。因为罗守义和哥哥关系比较好,所以也就不存在纠纷问题,只是哥哥帮自己带了一段时间孩子,罗守义肯定是会十分感谢哥哥,还会请哥哥吃饭,等等。但是一般的家庭也有出现回继的情况,如果父亲后悔了或者是家里有钱的话,可以去找对方家长商量把孩子要回来,但是如果双方写了契约,而且对方家长不同意的话,把孩子要回来的机会是很小的。契约是会受到村民和外界的认可与保护的,所以农户不能轻易地过继和回继,以免日后发生纠纷,政府会根据契约上所写的内容来处理的。

五、家户赡养

(一)为义父养老送终

罗家在 1949 年之前,罗守义父母因为"窝儿害"去世了,家里没有老人。只是 1940 年以前,罗守义买了义父罗志贵的房子和家具后,答应赡养义父。赡养老人是家庭内部的事情,外人一般不进行干涉。但是罗守义不孝顺的话,外人可以对儿子进行劝说,家族、村庄、政府一般不干预家户的赡养问题,村民最多也只是站在道义上说几句。而罗守义对待罗志贵就像亲

---

① 一子占两房:孩子过继一半,两家人同养一个孩子。

父亲一样,村上的人都夸奖罗守义心肠好,为人厚道。

在罗守义迁居到"三合面"院子的时候,罗志贵已经年迈没有劳动能力。陈文珍每天做好饭后叫罗志贵上桌子吃饭,到罗志贵病重的时候,陈文珍就把饭端到床边,给罗志贵喂饭吃。陈文珍过年为全家人置办衣服时,也要给义父罗志贵置办。而且为了表达对老人的孝敬,陈文珍每次都把好一点的布料留给义父。罗守义和陈文珍一直侍奉罗志贵,直到几年后罗志贵因病去世。

(二)养老地和养老粮

义父罗志贵没有自己的养老田和养老地,罗守义买下罗志贵的房产和家具时,给了义父一笔钱。罗志贵把这笔钱作为自己的养老钱,用于平常的看病和人情往来,以及为自己身后事准备的棺材本。而罗守义在1950年土地改革前分家的时候,给自己留了一份养老地。这份土地归罗守义拥有,当罗守义老了干不动活儿的时候,便把土地分给三个儿子,儿子每年给罗守义交粮食,每个儿子交两三百斤粮食,一年就有1000斤左右,用于自己的日常开支。

农村的人都很孝顺,越有钱的家庭就越孝敬自己的老人。就连讨饭的叫花子自己吃不上饭,也要把讨来的饭留给自己父母吃。家里关于赡养老人的问题,是由儿子决定,即由小家庭的家长决定,其他家庭成员如妻子和子女没有权力过问,但可以提建议。

(三)治病与送终

1.义子照顾义父

老人如果生病了,儿子是治病照顾老人的实际承担者。罗家和其他家庭不同的是,罗守义照顾的是自己的义父。罗志贵生病之后,是罗守义和陈文珍在负责照顾。罗志贵的儿子因为犯了事被判了终身监禁。罗志贵自己也是一个客气的老人,不愿意给干儿子添麻烦,所以每次坚持把看病的钱给罗守义,罗守义都不肯收,罗志贵看病的钱基本都是罗守义出的。义父生病后,罗守义就去镇上请来医生给义父看病,医生给义父开了几副草药。陈文珍每天就负责把草药熬好,端到义父床前喂药。罗守义每天就用热水给义父擦身子。在罗志贵生病快去世的几年里,罗家的几个孩子还比较小,不能帮上什么忙。

2.共同承担丧葬费用

罗志贵去世的丧葬费用,一部分是老人生前攒下的,一部分是罗守义出的。罗志贵知道自己指望不上儿子,所以用卖房产的钱给自己置办了一口棺材。罗志贵要去世的时候,把自己的钱交给罗守义,感谢自己干儿子这几年来的照顾,表示丧葬费用实在不好意思再花他的钱,让罗守义把自己家庭经营好。

罗志贵死后,罗守义替义父设灵堂,请道士做法,并找附近关系比较好的几户人一起把义父抬上坡埋葬。因为罗志贵不是罗守义的亲生父亲,所以罗守义不能大办酒席,怕村上的人说他靠义父办酒席收钱,过于贪财。罗守义只是请罗志贵的几个亲戚和周围的邻居吃了顿饭。因为罗守义对待自己义父十分孝敬,村民们都认为罗守义为人厚道,是一个孝顺有诚信的人。

六、家户内部交往

(一)父子关系

1.父子互爱

父子关系是家庭中比较重大的关系。儿子对于家庭十分重要。罗守义要为儿子承担责任,包括将儿子养育成人,教会生存技能、礼貌规矩,娶媳妇,留家业,等等。罗守义需要给儿子修一间房子,留点土地,以方便儿子日后可以成家立业。没有能力给儿子娶媳妇的罗守义,就把儿子给别人养,让儿子过上好一点的生活。因为男女很小就会订婚,罗守义如果家庭条件太差,就不容易给儿子订婚,只能忍痛将儿子送给其他家庭抚养。

作为一家之主,罗守义可以随意使唤儿子,让儿子跑腿拿下农具或者其他物品。家长不能随意打骂孩子,打骂也需要有条有理,不能将孩子打伤打死,只能打痛,比如打屁股。只要儿子不做伤天害理的事情,就不会被逐出家门或随意卖掉。罗守义的话儿子一般要服从。罗守义如果说的不对,儿子只能轻言细语地问一下,不能得罪大人。罗守义做错事,儿子不能批评家长、顶撞家长,自古以来,没有儿子批评父亲的。

好父亲的标准是:父亲爱护孩子,不随意打骂孩子,尊重孩子的想法。好儿子的标准是:儿子听父亲的话,性格温柔孝顺,在外做事讲理,不和家人争吵。这样便能做到全家和睦。周围邻居都会称赞这是好父亲和好儿子。

2.父子交往亲密

罗守义是一个温和的人。家长平时对待儿子十分温和,不会态度恶劣。因此罗家的父子关系比一般家庭的父子关系更加亲密。儿子可以向父亲撒娇,比如摸父亲脸和拥抱父亲。但儿子不能和大人开玩笑,只有同辈人之间才能开玩笑。在一桌吃饭的时候,父子可以一起喝酒聊天。儿子不害怕罗守义,很依赖自己的父亲。儿子有什么心里话会给罗守义说,罗守义会劝解儿子。比如儿子在外面受了委屈,罗守义就会说社会是这样的。一般大事情就和父亲罗守义说,小事情就和母亲陈文珍讲。1949年以前罗家的儿子经常代替罗守义去开会,回来和罗守义讲国家政策,比如家里这次需要出多少劳力。在儿子看来罗守义比较好接近好相处。罗守义常和儿子聊过去的事情,"老年人常谈过去,年轻人常谈将来"。

3.父子间冲突少

一般是家庭中有的人为人不正气,爱占便宜搬弄是非,家庭内部才会有纠纷。罗家父子间很少发生冲突。一般因为小事情,儿子话说的不合适,罗守义就教育他几句。儿子想不通不高兴,就闹别扭。一般的家庭冲突,很快就能和解。上午发生冲突,下午就和好。"三十打老子,初一拜年。理是理,法是法。"[①]

罗家发生过一次冲突,陈文珍做饭做晚了,上坡回来后儿子就抱怨:"这么晚还没做饭,以后不要你做饭了。"罗守义听了不高兴,去拿锄头打儿子,儿子怕了赶紧跑出去了。等到罗守义气消了,儿子才敢回来。发生冲突,双方一说话就和好了。比如要做饭的时候就要问罗守义煮多少米,双方一开口说话,就算是和好了。家里发生冲突,家庭成员就来劝解,不会站在哪一边帮谁说话。家庭内部的冲突在家内部解决,外人没有权力干涉。而且家庭发生纠纷,还不能让外人知道,家丑不可外扬。

(二)婆媳关系

1.婆媳互敬

陈文珍是罗家的副家长。1949年以前,家里的儿媳妇是大媳妇和二媳妇。婆婆平时主要承担安排儿媳妇的生产活动、和儿媳妇一起煮饭、做鞋子等家务活动,以及照顾儿媳妇的生

---

① 当地俗语,表示即便父子吵架,过年时都不能翻脸。

育、坐月子的事情。陈文珍不能很好地指导、照顾儿媳妇的话，别人会认为婆婆不能干，不如儿媳妇。

婆婆可以随意使唤儿媳妇做事。农村家庭每天都有很多活儿需要干。如果婆婆安排儿媳妇做家务，儿媳妇就不用上坡干活儿。婆婆不能随便打骂儿媳妇，如果儿媳妇做的不对，一般要好言教育。婆婆说的话，儿媳妇要无条件服从。如果婆婆说的不对，儿媳妇可以小心提醒，但不能顶撞大人，不能批评大人。

好婆婆的标准是不苛刻儿媳妇，不随便和邻居讲儿媳妇坏话的婆婆便是好婆婆。好儿媳妇的标准是孝敬婆婆，勤奋肯干家务，尊敬婆婆的儿媳妇是好儿媳妇。大户有钱家庭，家里请了年轻的妇女干家务，俗称"伙老大"，照顾全家一天三顿饭。儿媳妇不用做饭，儿媳妇坐绣楼。坐绣楼的儿媳妇有自己一套针线活儿，每天也需要干女红。

2.婆媳关系友好

罗家的婆媳关系比较友好。大媳妇、二媳妇尊敬陈文珍。但婆媳之间不会开玩笑，因为婆婆是长辈。婆婆会和儿媳妇一起做家务，一起栽秧、煮饭、洗衣服。婆媳之间也会一起聊天，聊聊家常。儿媳妇内心敬畏婆婆，凡事都要听从婆婆安排。如果儿媳做的不好，婆婆会批评儿媳，儿媳不能还口。罗家的儿媳妇觉得婆婆还是很好相处，只要听婆婆的话就不会被批评。

罗家的婆媳之间几乎没有发生过冲突。一般是儿媳家务没做好，陈文珍批评几句，儿媳妇也就吸取教训下次改正即可。如果儿媳态度恶劣，不尊敬长辈，婆婆有权打她。婆媳发生冲突时，儿媳就听从婆婆的话，改正错误。家庭外的其他人没有权力干涉。儿子作为丈夫，可以私下劝解自己的妻子，不要和陈文珍置气，要听陈文珍的话。

（三）夫妻关系融洽

1949 年前罗家有三对夫妻，家长罗守义和陈文珍，大儿子罗本洪和大媳妇温连能，二儿子罗本发和二媳妇任世秀。丈夫对妻子的责任是不欺负妻子，要给妻子看病，要好好照顾妻子。丈夫不能随意使唤妻子，不能随便打骂，打骂必须有理由，但打骂也不能过分。妻子的职责是要听丈夫的话，如果丈夫说的不对，可以建议；如果丈夫做错事，比如买贵东西等，只能轻言细语劝告，不能恶狠狠地说。关于好妻子、好丈夫的标准，村里流行唱《夫妻歌》："月老子把婚姻定，夫妻鸳鸯知古文。夫也端来妻也正，和气一团过光阴。为夫不可常变性，为妻不可吵夫君。男儿处处要谨慎，念妻是个女彩信，邻里妇人处得拢，外面事事都顺心。"[①]

罗家的夫妻关系都比较融洽。儿子和儿媳可以在自己房间里随意开玩笑、嬉戏，但出了房门是宾客，夫妻在外人和家长面前就要相敬如宾，不能嘻嘻哈哈。夫妻经常在房间里面聊家常，妻子不怕丈夫，双方是你敬我爱、互相尊重的态度。妻子所有的心事都可以和丈夫说。在妻子看来，丈夫很好接近，很好相处。但是妻子不能在丈夫面前说家长的坏话，不然丈夫会认为妻子不是个好妻子。

陈文珍和罗守义的夫妻关系融洽，只是偶尔有冲突，但冲突次数不多，一般是吵嘴，不会打架。例如在孩子教育问题上。陈文珍打了女儿，罗守义不同意，就骂妻子。两人吵架后，过一会儿说几句话就和好了。夫妻吵架还不能让别人知道，但凡有亲戚来，夫妻二人还要装作恩爱，不能被发现。夫妻发生冲突，也尽量不让家中的长辈知道，家长和其他人也不能介入夫

---

① 四川民间顺口溜。

妻的争吵。

（四）兄弟关系和睦

罗家的兄弟关系有罗守义和罗文义，以及罗本洪、罗本发、罗本才三兄弟。兄长的责任就要保护弟弟不受欺负，"上阵离不得父子兵，打架离不得亲弟兄"。哥哥不可以随便使唤、打骂弟弟，只有弟弟犯错才可以教育，但不能打伤，只能打痛。弟弟的职责是必须听哥哥的话。哥哥做错事，弟弟可以批评、建议哥哥，兄弟互相纠正。好哥哥的标准是不能苛刻弟弟，爱护哥哥的也便是好弟弟。

罗家兄弟关系比较融洽，兄弟之间可以开玩笑，兄弟经常一起喝酒聊天。罗守义和罗文义之间无话不说，罗文义尊敬哥哥罗守义，经常在农活儿生产上给哥哥说自己的想法。三个儿子的关系也比较好，尤其是大儿子罗本洪和三儿子罗本才，罗本洪每次从学校回来，都会给罗本才讲学校发生的事情。罗本才每个月会去学校给罗本洪送生活费，罗本洪还会请罗本才吃一顿饭。罗本才不怕哥哥，什么事都可以和哥哥聊，罗本才认为哥哥比较好相处。

但兄弟之间难免发生过冲突。例如二儿子罗本发和三儿子罗本才有时会打架，但次数不多，主要是吵架。罗本发和罗本才两兄弟一起干活儿，罗本才说歇一下，便把簸箕放了，罗本发没听到，使劲一扯就滚到地上。罗本发生气地追着打罗本才。罗文义在旁边看见了过程，就帮罗本才说话。家里兄弟吵架打架，大多数时候是陈文珍出来说几句就算了，在家内解决。如果兄弟在坡上吵嘴，有时候周围亲戚邻居看到，也会帮忙劝说。

（五）妯娌关系和谐

罗家在1949年以前，有两个儿媳妇。嫂子对弟媳多爱护的，大家共同做家务，嫂子帮弟媳减轻负担。嫂子不能随意使唤弟媳，不可以打骂。弟媳也不会无条件听从嫂嫂，嫂嫂的意见正确才听，但弟媳要尊敬嫂嫂。嫂嫂做错事，弟媳可以建议。好嫂嫂是不和弟媳吵架，不在家长面前说弟媳坏话，听婆婆的安排。好的弟媳是听嫂嫂的话，爱护嫂嫂，和嫂嫂多沟通多聊天。儿媳不能把家里的话拿出去说，也不把外面的话拿回来说。"家有丑陋事，不与外人知。"

罗家的妯娌之间关系融洽，除了四儿子的媳妇。1950年四儿子结婚，家里便有了四儿媳，她最开始对家里人好，后来总是贪图小便宜，和家庭关系就一般了。妯娌之间可以开玩笑、聊天，玩笑只能私底下悄悄说，不能在大人、众人面前说。罗家的嫂嫂平时还要求弟媳教，因为弟媳针线比她好。弟媳心里不怕嫂嫂，心里话都可以给嫂嫂说，一般说家里的事。弟媳觉得嫂嫂好接近、好相处。

妯娌之间还是发生过冲突，因为小事情争吵几句。一般是因为干活儿意见不同，例如嫂嫂除草比较快，弟媳除草慢，一块硬地不好除，弟媳就让嫂嫂帮忙，一起把这块地除了。嫂嫂说不着急，我先把我的这块干完，你没干完我再来帮你。弟媳就觉得嫂嫂好强，怕婆婆陈文珍看到自己慢说自己。两人争吵几句就算了，中午媳妇们煮饭，一说上话又和好了。妯娌之间不需要外人干涉，陈文珍可以从中劝解。

（六）叔嫂关系不错

罗家的儿媳性格大多比较好，温连能、任世秀同三儿子罗本才的关系好，只有与四儿子的媳妇关系不好。大儿子读高中的时候便结婚，大媳妇没读过书。大儿子罗本洪对新婚妻子不满意，罗本洪会给罗本才讲一些自己夫妻之间的事情。罗本才当时年纪还比较小，会跟着温连能一起去坡上割草，罗本才给温连能说罗本发对她的看法，温连能表示不知道该怎么处理和罗本洪的关系，罗本洪不和她说话，不关心爱护她。罗本才就给大儿媳妇温连能一些建议，例如让她多关心罗本洪，多和他讲话，早晚给他端洗脚水，罗本洪因为还在上学，在家的时候喜欢看书，天气冷了可以给他端火炉。经过罗本才的建议，大儿子和大儿媳妇的关系慢慢就有了好转，温连能十分感谢罗本才给予自己的建议和关心。

（七）小叔子与弟媳关系不好

罗本才和四儿子的媳妇关系不好。因为四儿媳妇人品不好，喜欢占别人小便宜，还有小偷小摸的行为。有一次，四儿媳妇偷罗本才房间里的东西，她把罗本才的内裤拆了，给自己做鞋垫，被罗本才发现了，她不承认，坚持说是她自己在地上捡来的，罗本才就打她教育她。第二次打她，是因为她偷了二儿媳妇任世秀 5 双鞋和隔壁院子一位农户的衣服，还偷了罗本才家里5 个银元。四儿子罗本胜发现后告诉罗本才，四儿媳妇还是不承认，家人一起把四儿媳妇绑起来吊打了一顿，她才交待偷的过程。全家人教育她，劝解她，不准她下次再做这样的事情。

七、家户外部交往

（一）与外界和睦相处

1.与村民邻里相处和睦

龙咀村的村民之间相处和睦，住在一个村子的人都会互相帮助。邻里之间没有必须履行的义务，帮忙只是算作积攒人情。你这次帮我，我下次帮你，什么忙都可以帮。一般办酒席就会请妇女去帮忙，干农活儿就请男性去换工。邻里乡亲有时间都会互相来帮忙，没时间就下次再帮忙。

2.与亲戚族人相处融洽

罗家与亲戚、族人关系都比较融洽，大家关系平等，互相尊敬。罗家住在三面院，经常与自家的亲戚来往，罗家没有和亲戚吵过架、红过脸。家长罗守义负责与亲戚和族人的交往，罗守义作为族长，会帮忙处理族里的纠纷事件。比如族里的叔爸去世，留下很小的孩子，罗守义做主将四儿子托付给其叔叔，让叔叔将其养大成人。村上大户人家和小户人家区别不大，只是大家庭的亲戚朋友、人情往来多一些。

3.与佃户之间相处友好

罗家存在租佃关系。1947 年，罗守义将檬家山的 11 亩土地出租给当地的农户李信义，李信义的堂兄是罗守义的干儿子，因此也算是罗家的远亲。李信义为人老实可靠，将罗家的田地耕种得很好。罗家人和李信义之间相处友好，互相尊重对方，罗守义比较相信李信义，在收租的时候也是由李信义自己装好粮食，罗家人不会进行干涉，儿子们直接把装好的粮食抬回家。李信义在过年的时候会来罗家拜年，给罗家送一些腊肉作为礼物。

（二）家长出面处理纠纷

如果家人与其他人发生冲突纠纷，处理冲突的是家长罗守义。与周围邻里发生小的冲突，陈文珍也可以代表家庭解决，外面交往大事需要罗守义出面。其他成员一般不能处理对外冲突。如果事情扩大到两个家庭的冲突，如打伤人需要住医院等，那么村上的甲长会出面解决。罗家与邻里、亲戚、朋友等等，都只是发生过小冲突，比如自己家的牛不小心把别人家的菜踩了，自家的孩子和别人家的孩子打架之类的，罗家没有与人发生过大的纠纷。如果双方有问题就私下解决，罗家如果不小心得罪了对方，家长就和对方家长好好谈心，说几句好话赔个罪,问题就化解了。如果扩大到两个家庭的冲突,两个家庭自己不能解决时,村上的甲长会出面干涉调解。

家庭所有的成员都是把整个家庭的利益看得比自己的利益更高。只是小家庭的媳妇会想让自己小家庭多一点布、针线这些,才考虑自己家的利益。在大方向上,大家都是为全家利益考虑,家人的想法心思是一致的。

第四章　家户文化制度

罗家整体受教育程度较高,家中男性都上过小学或者中学,家中的女性没有读过书。罗家人认为同姓之间便是自家人,有困难自家人会帮忙。罗家人认为家庭很重要,家人会保护家人和全家的利益。罗家的习俗活动由家长罗守义组织,家长会教家庭成员相应的规矩和礼节。在信仰方面,罗家供奉家神、敬仰祖先,由家长组织家庭成员进行祭祀活动。在农闲的时候,罗家的主要娱乐活动是串门聊天,家长罗守义偶尔会和邻居打牌。

一、家户教育

(一)罗家教育水平较高

1949 年以前,罗家一共 10 口人。家长罗守义读过 6 年私塾,相当于高小水平。大儿子罗本洪只读了高中,考大学的时候差几分没考上。二儿子罗本发读了 5 年书,三儿子罗本才读了 7 册书,共计三年半,四儿子罗本胜、小女儿罗本慧是 1949 年后读书。陈文珍、大女儿罗本珍没有读过书。19 世纪 40 年代国家刚刚办公立学校,学校派老师下来招生,有的学生不知道学校是什么,都不敢去,有些孩子还跑出去躲藏起来。当大家了解学校后,孩子都愿意去学校上学,小孩"发毛"①后,家长便会把孩子送到学校上学。

罗家大儿子罗本洪成绩很好,一直是年级第一名,因此考上高中后就一直在读。罗本洪在县城读高中时,正值抗日战争,飞机到处轰炸,学校还一度从县城迁到了邱家店。罗本洪差几分没考上大学,便跟着巴山精干团出去催粮了。二儿子罗本发因为怕在学校读书的时候被拉兵,便停止学业回家躲藏。拉兵的原则是"三丁抽一,五丁抽二"②。三儿子罗本才因为大媳妇温连能去世后,家里劳动力不够,家中需要劳动力割猪牛草,罗本才虽然很想读书,但仍然主动回家帮忙干活儿。

罗家送孩子读书的原因很简单,家长认为孩子读书可以识字,让人变聪明一些,不容易上当受骗。如果一个家能抚养一个读书人考上功名,这个家庭就不会被别人欺负,家里的名誉就让考上功名的儿子撑起来了。从 1930 年开始,女生就可以上学校读书。只要家里经济能够负担,家长也会送女生上学。村上冯保长的女儿就进了学堂读书。

(二)家中男性上私塾

罗家除了家长罗守义以外,只有罗本洪读过私塾,罗本发、罗本才都是上的学校。私塾是私人专门请老师来给学生上课,私塾先生是当地比较有文化的人。私塾先生熟读《中庸》《大

---

① 发毛:指孩子头发已经长齐,大概是在 12 岁左右。

② 三丁抽一,五丁抽二:当地征兵的原则是,家里有 3 个儿子便征 1 个,家里有 5 个儿子征 2 个。

学》等古书,能把书上的知识讲出来。孩子经过家长同意才可以上私塾,家长需要承担孩子的学费。村上有几个人年龄相仿的孩子,罗守义和其他家长在檬子树找了几间房子,房子离家庭住处都不远。家长们一起请一个私塾先生讲课,几家人一起承担学费,一个学生一季度需要交纳一斗米。学生越多,私塾老师收到的粮食也就越多。

女孩不能去私塾学堂,除了有钱人家专门请私塾先生上门单独授课。私塾先生一般教学生《三字经》《大学》《中庸》《百家姓》等古书,教女孩一些类似于《小姑娘》《女儿经》的书籍。过年时,如果学生和老师住得近,学生和家长就要去给老师拜年。如果住得远,就不用去拜年。但家长想要先生把孩子教好,也会专程去拜年,拜年的时候给先生送鸡鸭或鸡蛋,先生通常会接受礼品。平常有些家长也会请老师吃饭,询问一下孩子的学习情况。罗家从未请过私塾先生吃饭,因为大儿子的成绩一直很好。在私塾学习的时间没有限制,如果家里有钱,学生就一直读到当官戴上翎子。没钱的家庭,就让学生能基本识字后,回家和家长一起干农活儿。

(三)儿子上学堂

罗家的三个儿子都在学校读过书。1930年后,国家就设立了学校,小学设在乡里,初中、高中设在县城里。孩子上学需要学费,学费是由整个家庭承担。罗家的孩子都愿意去读书,孩子知道上课可以认字,并且学校老师对他们很友好。刚开始去上学,因为不熟悉学校环境,孩子们会害怕。读了几周后,孩子就很愿意去上学。学校每天设有早会、息会。早晚聚集起来,校长会说几句话,然后领着大家唱歌。

罗守义最初让孩子读书,是认为读书可以让孩子聪明一些。孩子学了知识,也便是见过世面。孩子们最初愿意读书,认为读书很有意思。到了读初、高中,学生能够继续读下去,便有了考试为官、光耀门楣的使命。

小时候孩子的教育来自家庭。"爹娘灯下把儿陪",晚上罗守义会让儿子读今天学的内容,因为第二天孩子需要到老师跟前背书,一个字背不到的话,老师就打一个手板。在家庭内部,罗守义需要教子女干活儿,干活儿有分工,罗守义教儿子干坡上的活儿,陈文珍教女儿做家里的活儿。家长还会教子女一些为人处世的道理。周围大一些的学生,也会教自家小孩一些知识。小孩子到了十七八岁就算是长大了。如果儿子可以代表家长出门进行经济交换活动,就会被家长认为是知事、懂事了。

(四)家庭重视孩子学习

家长的性格和为人处世对家里孩子的成长有重要影响。比如孩子正在写作业,家长却使唤他干活儿,既然家长自己不重视读书,孩子便也不会重视读书,这样对孩子学业便产生了影响。罗守义很重视大儿子的学业,每次儿子从学校回来后,在自己房间里看书学习,罗守义从不会去吵闹他,也不让他做农活儿。

家庭氛围对孩子性格也有影响。和谐的家庭氛围对孩子性格有好的影响,孩子的性格就会温和外向。经常吵闹的家庭会对孩子性格有不好的影响,孩子要么脾气不好,要么性格内向。罗家的家庭氛围一直比较温馨和睦,孩子犯什么错误,罗守义都会轻言细语地教育孩子,不会训斥孩子。因此家里的几个儿子性格都温和,和邻里们能够友好相处。

罗家小孩做人做事的道理是从家长的行为中学习到的。小孩平时看家长怎么与亲朋好友交往,孩子就会学习家长的样子。例如罗守义经常行善施舍叫花子,孩子们从而也很愿意帮助穷人和有需要的人。如果孩子犯错的话,罗守义会及时教育,给孩子讲道理,以免小孩下次再犯同样的错误。

罗家的风俗习惯是从家中长辈处习得,是一辈辈人的前传后教。过年过节时,小孩儿看大人怎么举办仪式,大人也会给小孩儿讲这些节日背后的故事。在观念上,罗家一直相信"勤劳致富""家和万事兴"的类似观点,比如"懒惰懒惰,就挨冻受饿"。因此罗守义在三个儿子分家前,家庭的成员没有遇到比较大的困难,罗守义对家人给予的帮助最多。但不管家庭成员如何恋家,到了适当年纪,该分家就要分家。如果儿子不分家自立门户,会被村上的人认为依靠父亲生活,自己没有赚钱养家的能力。

(五)劳动技能代代传

家长会教小孩儿学习劳动技能。女儿罗本慧随时跟在陈文珍身边,学母亲怎么做家务。儿子随着罗守义上坡学干农活儿。农民以劳动技能为生,儿女必须学习这些生存技能。孩子们如果不学习,罗守义会批评。劳动技能代代相传,罗守义的劳动技能也是父亲传授的。

家长从小就要教孩子劳动,孩子刚可以走路,就会使唤他拿东西,再大一点,就帮家长生火、喂鸡鸭。孩子能够做什么,大人就教他做什么。比如他已经可以生火,大人就会教他生火技巧,例如生火时要把中间留出来,火才能生起来。女儿们在家跟着陈文珍学习家务劳动。"三岁耳朵,七岁脚"①,是指女孩子3岁开始打耳洞,7岁开始缠脚,女孩子8岁时便可以开始劳动。大女儿需要在家帮助陈文珍带弟弟妹妹,学习打扫卫生、洗衣做饭,女孩儿只有学会做家务长大后才能够找到婆家。女儿在出嫁前要学会所有的家务,做饭、洗衣服、针线活等,不然嫁入夫家不能干活儿,女孩的母亲就会被人说不能干,从而整个家庭都感到没有面子。

家里的小孩儿如果不好好学习劳动技能,会被长辈批评、笑话。罗家的孩子一般比较积极,愿意跟着家长学习。尤其是孩子们想在家长面前表现自己,例如二儿子罗本发干活儿被罗守义夸奖,其他儿子也愿意争着去干。另外儿子们比较依赖家长,例如三儿子看着罗守义和罗本发上坡割草,自己一人放牛,放牛虽然很轻松,但他还是哭闹不愿意,情愿和他们一起干重活儿。

二、家户意识

(一)同姓是自家人

罗家人认为族里的人、家庭的亲戚、村子上同姓氏的人都算是自家人。自家人之间能够互相帮忙,比如你拴牛的绳子松了,村上的人都会提醒你。罗家认为除了自己家的成员外,叔叔、伯伯、姑姑和距离自己家庭较远的亲戚也算是自家人。即使住得近、走动多的邻居,只要是其他姓氏,也只是另外一户人。

外姓的人便是外人,女婿、邻居是外人。家人有什么事情都是找自家人商量,外人有自己的家务事,"一房有一房的事"。外人不能介入罗家的家事,但当周围的长辈劝解时,罗家会虚心接受批评。罗守义作为族长,在村里的威望比较高,当族人主动请罗守义调解纠纷或者帮忙时,罗家才能介入别人的家事。

罗家与自家人交往和与外人交往是一样的,都遵循人情往来、你敬我爱。但是"家有丑陋事,不与外人知",罗家对外人不讲家里的丑事。在称呼上,自家人和外人没有什么不同,都是

---

① 三岁耳朵,七岁脚:当地顺口溜。女生三岁打耳洞、七岁缠脚。

按照辈分称呼大叔小伯。在待客的礼节上，自家人和外人是一样的，罗家都会十分热情地招待。在打交道、借钱、互助时，自家人比外人更加方便，但也只限于部分关系好、走动多的亲戚。

（二）家庭成员共同努力

罗家在分家前，几个儿子会在生产上互相帮忙，妯娌之间也会互相帮忙。全家人共同劳动共同吃饭。偷懒不帮家里干活儿的话，罗守义就会批评。如果家庭的成员被欺负了，整个家庭都会感觉被欺负。家人会联合帮助被欺负的人讨回公道。家长会批评做错的对方，说他不该这么讲话，让他给自己家人道歉。罗家没有发生过被欺负的情况，只是有一次家里的三儿子罗本才被其他小孩子打了，家里的二儿子罗本发就去帮自己弟弟出头。

分家的时候，家长不会看小家庭的人数和生活条件，只按照儿子个数来分家。分完家，如果还有点剩余就给四儿子罗本胜。家长会给家人解释，罗本胜刚成家，家里的东西不多。家人明白事理，理解家长的做法。儿子分家后，儿子之间是否会互相帮助，要看自己的意愿。罗家分家之后，三个儿子的经济状况差不多。

家庭共同的目标是将家庭经营好，全家人都想要"发家致富"。家里每个人都会努力让家庭生活更好。一个家庭如果发达了，家里每个人都会跟着沾光，家庭富裕是每个人的愿望。但是罗家人认为家庭经济是命运决定的，因为只要家里有人患严重的大病，这个家庭的劳动力便不足，家庭很难富裕起来。

同样，"光耀门楣"是罗家的愿望。罗家大儿子读高中是为了能当官、光耀门楣。家长平时很少会给儿子讲这种思想，因为1949年以前很少有农村孩子能读出书当上官。罗家共同的目标是家庭和睦，生活越来越好。村里每家每户都有一个神龛子，供奉着财神菩萨、观音菩萨等。过年过节时，全家都必须拜神上香，要说些祈福的话，比如求菩萨保佑家庭成员平安健康、财源广进，"日纳千金，月纳万两"。

（三）家庭利益是首位

罗家人认为，遇到事情家人都会先考虑家庭，再考虑个人。罗家认可"没有家就没有个人"的观点。家庭比个人重要，考虑事情都是先家庭再个人。比如儿子拿钱去集市买东西，都会先把家里需要的买好，有剩余的钱才考虑自己。

一般在家庭利益面前，个人会选择牺牲自己的利益，如果先考虑自己的利益，比如把钱拿去买吃食，家长会批评他不对，会责罚他。家长和成员都要考虑整个家庭的利益。因为如果家庭不富裕，整个家庭的伙食都不好。

关于休学方面，罗家的孩子懂事，知道家里劳动力不够，经济条件不好，自愿放弃读书。罗家儿子罗本才、罗本发的成绩没有大儿子罗本洪好，罗守义就希望罗本才、罗本发回家帮忙劳动，但也要问儿子自己的意见。三儿子罗本才是因为大儿媳去世后家里劳动力不够，家庭经济条件也不好，而且想让罗本洪继续读大学，所以自己便没读书，回来帮助家庭劳动，罗本才是心甘情愿放弃读书的机会。

罗家儿子的婚姻都是罗守义安排。如果儿子确实不同意，罗守义也就不会为难儿子。但是罗家的儿子都听罗守义的安排，没有反抗父亲的行为。儿子如果有喜欢的女生，必须要自己家长认为对方姑娘能干才行。如果儿子和儿媳关系不好，家长一般不会让儿子离婚，村上很少有家庭会离婚。

（四）家庭帮助穷人

罗家的家长会行善积德造福子孙,如果有人上门讨饭,家长都会给叫花子一碗米。叫花子上门把主人叫的是"发财婆婆、发财爷爷"。如果不给他一点米,会让别人觉得自己家很穷。家人相信善有善报、恶有恶报。罗家认为自己做的好事对自己和家庭子孙都好。在家族事务方面,因为罗守义是族长,所以会更积极地参加家族的事情。罗守义不是爱管闲事的人,认为该帮忙的时候才帮忙。

罗家认为家里升官发财、学有所成等,跟祖上行善积德关系不大,反而与祖坟的埋葬地点有关。"不怕阳间的人会挣,要阴间的人会困。"①如果祖坟藏不好,后人就容易跌倒、生病等。罗家人认为"老人积德,福泽子孙""老人缺德,一家遭殃"的观点没有错,但现实也没有完全实现。村子里有的好人却遭受许多磨难。罗守义和陈文珍对家庭内品德不好的人会批评、责罚,哪里做的不对,就重点批评。

三、家户习俗

（一）节庆习俗

1.春节习俗

（1）贴春联,上祖坟

春节的时间从腊月三十到正月十五。腊月二十后,陈文珍就要把年货置办齐全。一般在正月十五前,家人都不会出去买东西,街上的商铺也会关门歇业。年货一般有瓜子、花生、糖、衣服、腊肉。腊月三十,罗守义就带着家人一起贴对子,做大扫除,"三十要一早,打扫堂前贴对子"。贴春联是看家庭的喜好,愿意贴的话家长就买点红字来贴。过春节的单位是一家人,家庭外的成员不会无缘无故来家里过年。所以罗家过春节都是自己家里人一起过,没有邀请过外人。

过年的时候需要祭拜祖先。"初一不出门,初二上祖坟。"大年初二,家长罗守义需要把猪肉、白酒摆在祖坟前,全家按辈分依次磕三个头,说一些祖先保佑家人的话。罗家是罗守义、四弟罗文义、四个儿子一起去上坟,家长罗守义主持祭拜活动。儿媳妇任世秀也可以跟着去祭拜,因为以后要把这些规矩教给自己的小孩儿,儿媳妇如果不愿意去的话就留在家里做家务。如果祖先牌位是放在祠公里,家长需要去祠公里插香烧纸,没有其他的仪式。

（2）正月里来走亲戚,年夜饭里把户立

关于走亲戚,罗家儿子结婚以后可以和妻子单独回娘家走亲戚。儿子未长大成人,就和罗守义走外公外婆家拜年,再去叔叔伯伯家。走亲戚是依照辈分来走。如果亲戚来过自己家,那就不用再去对方家里了。走亲戚的时候需要带点礼物,比如腊肉、鸡鸭等等。

过年吃年夜饭时,一般只和自己家里人一起吃。每人都有一个家,都在自己家过年。如果儿子条件不好,自己过不起年,就会在父母家过年。这样的人会被村里人瞧不起,认为他没有志向,没能把自家户口立起来。吃年夜饭也是家户的标志。子女能很好经营自己的家庭,过年的时候井井有条,如果邻居孩子来玩儿,还需要拿点糖果给小孩儿,这样会被人认为有志气,

---

① 不怕阳间的人会挣,要阴间的人会困;当地俗语,困是指睡,这句话是说祖坟的风水位置会影响后代的健康财富。

有能力把家庭经营起来。

春节拜年是在大年初二这一天。全家先去上坟烧香，然后在本村去拜年，一般只给长辈拜年，只是图个热闹。要是路上碰到保甲长、土地老板，才会给他们拜年，一般不会单独去给他们拜年。过年的时候，乡上街道组织了舞狮子、舞龙的节目，也会下乡来在有钱人家门口表演，大家都可以去看。

2.其他节日习俗

龙咀村过端午节一般吃粽子和麻花。罗家在端午节之前，陈文珍会去集市上买糯米回来包粽子给家人们吃。如果家里钱比较富裕的话，陈文珍还会买点麻花。罗守义便在地里割点艾蒿挂在门前，熏走蚊虫。这个季节很多挑货郎会卖雄黄，罗守义也会买雄黄撒在家里的角角落落，驱走蛇虫鼠蚁。罗守义会告诉家里的小孩子，不要去碰雄黄，更不能吃进嘴里。

中秋节是一家团圆的时候，陈文珍和任世秀会准备一桌比平时丰盛的菜，全家坐在一起吃饭。陈文珍还会在集市上买月饼让家人尝一尝。月饼是稀罕物，每年也只有在中秋节的时候大家能吃到。家里的小孩子比较喜欢吃月饼，罗守义会把自己的一份让给孩子和孙子吃。村上也有清明会，在清明节的时候，族长把公田收来的粮食，请来厨子办几桌宴席，罗家人都可以去吃一顿，一般都是罗守义代表全家去参加。

罗家在庆祝过年过节的活动当中，家长一直处于支配地位。过春节的时候，罗守义安排全家置办的物品，全家祭拜祖先上坟的活动。元宵节之前，正月间家中的妇女可以回娘家拜年。但正月十五元宵节这天，妇女们都必须要回家，在家长的组织下过大年。清明节的时候，家长代表整个家庭，去参加族里的清明会，祭拜宗祠里的祖先。七月半的时候，家人可以不去上坟，就在家里给祖先烧纸烧香，在纸上写上亡者的姓名、子女的姓名，请亡魂回家。烧纸钱的时候，需要把正伏子①和客伏子，即婆家的伏子和娘家的伏子分开烧。

3.红白喜事

罗家娶媳妇遵循村上的风俗。娶媳妇的话，男方要给女方聘礼，办酒席招待亲朋好友。聘礼为猪肉、衣服等。女儿出嫁的时候，男方会抬着轿子来迎亲，父母会给女儿置办点嫁妆。主人家不善言辞，就会请知客士在酒席上招待客人，代表主人家来感谢亲朋好友的到来。村庄里不流行哭嫁，其他乡有流行哭嫁的，女孩子结婚前二十几天就不能下楼，周围的年轻姑娘就在家里陪她玩耍，练习哭嫁。举行婚礼的时候，新郎新娘要拜天地，给公公婆婆磕头倒茶。

婚礼第一天新媳妇坐在那里不说话。有客人来，新媳妇和新郎要一起给客人敬酒。第二天，新媳妇不需要在厨房做饭。第二天一早，新媳妇要跪在铺盖上给公婆、叔伯、哥嫂等长辈请安跪拜。如果丈夫的外公或爷爷还在世，要请其"开拜"②，受拜的对方要拿点喜钱。如果小姑子、叔叔在，新媳妇要打招呼。行完礼吃完饭，基本就到中午了，新郎便带着新媳妇匆匆回门。有钱的人就坐滑竿，没钱的人就走路。

家里的老人去世时，要敲锣打鼓送上坡下葬。如果是女性去世，娘家可以送点礼，抬盒上有猪肉，草纸放在糍粑上，在抬盒上绑只鸡。主人家办丧事，就要杀猪、酿酒招待客人。娘家的亲戚如果在祭拜的时候带了九龙灯，参灵的娘家人就要哭灵。九龙灯是一个架子上插九支蜡

---

① 伏子：阳间的人给阴间的人烧纸钱时，写好双方的姓名和烧的纸钱数额的纸。

② 开拜：拜的第一个人，一般是地位比较高的人。

烛,一般有七八盏,去就挂在道场两边。如果只带鸡鸭酒肉的,娘家亲戚就不哭,只是在棺材前磕头,说几句悼念死者的话。孝子要双手交叠,将头埋在地上还礼,直到参灵的人把孝子拉起来,说"可以,不用还礼了"。

如果家人是非正常死亡的话,在办葬礼的仪式上没有任何区别,只是摔死、淹死、吊死的意外死亡,死者不能进屋,只能在院子里装棺。如果是16岁以下的孩子死亡,家长需要请法师给他开路。佛教道师用五个牌位开五方的路,用锤子在地上敲两下,给他指路,不然他走不出去,就一直在村里转。家庭条件好点的,就请法师做个转业道场,给他超度。葬礼的仪式根据家庭的经济情况而定。在上坡下葬的仪式上,没有什么区别。

(二)过节以家庭为单元

罗家在过节时是以家庭为基本单元。在没分家之前,整个大家庭的家人一起过,由家长罗守义安排过节的一切事宜。陈文珍、儿媳妇一起做一顿好的饭菜,全家人一起吃。分家之后,三个儿子就在自己小家庭里过。分家后,三个儿子在一个院子里居住。如果兄弟请罗守义在自己家过节,也可以请其他兄弟来自己家一起过。因为罗守义一直和三儿子住在一起,所以罗守义一直和三儿子在一起过年,偶尔也去其他儿子家里过年。

过年过节时一般都是在自己家过。嫁出去的女儿一般不回娘家过年,但是端午节、清明节、中秋节等,女儿在征得公婆同意后,可以回娘家看望父母。公婆还会准备一点礼物。没有家人的寡人,如果邻居、亲戚邀请他一起过节,他也可以去别人家吃饭。

过年过节的时候,是全家人聚在一起吃团圆饭。即便是出去干活儿到很晚也要回家。大家庭在没有分家前,过年过节全家人要聚在一起吃饭,包括小家庭的成员。分家之后,虽然大家住在同一个院落,也是自家在自家人屋里吃饭。过年的那天,任何人不能在别人家吃饭。正月里的几天,罗家三个儿子会轮流请罗守义和其他两个家庭来吃饭。如果其他兄弟媳妇的娘家人来拜年,会顺带把兄弟媳妇的娘家亲戚招待了。因为一般夫家的亲戚都住得比较近,通常拜年的话,都是娘家的亲戚走动较多。

四、家户信仰

(一)家神信仰及祭祀活动

1949年以前,罗家供奉了许多家神,比如门神、财神、灶神、牛猪菩萨、观音等,家神都供奉在神龛上。神龛是放在堂屋,面对大门的墙壁上。过年过节时,全家都要拜家神,上香磕头。家里所有家庭成员,包括儿子、媳妇、小孩、老人都可以祭拜家神。

平时拜神和过年拜神稍微有点区别。一般而言,家里比较信神的人,每个月的初一、十五都要烧香拜神。普通的农户就只是过年过节烧香,过年比平时烧的香更多。平时拜家神只需要上香,称作烧素香。过年的时候,家人需要在神龛上给家神摆上贡品,贡品一般是用盘子装的柑子、梨子和豆腐。供奉这些家神是为了保全家人的平安和家庭财运兴旺。门神、财神、灶神、牛猪菩萨、观音,顾名思义,保佑全家的安全、财运、粮食、牲口等不同方面。罗本才认为其实没有任何实际的用途,没有任何科学的道理,只是农民自身的心理安慰。

家里一般初一、十五拜家神,初一、十五这两天,早上、晚上各需要烧一炷香,各拜一次神龛,磕三个头。当农户遇到困难的事情,也可以拜一下家神。过年的时候,祭拜的人更多,仪式也更隆重一些。家长带领全家人一起拜家神,为新的一年图一个好兆头。拜家神的时候,通常是在家长的主持下。一般小孩儿两岁后就会跟着罗守义学规矩。只要小孩儿可以开始跪地，就跟着罗守义开始学磕头。男孩子女孩子都要学习拜家神和拜年等规矩。

(二)家庭祭拜祖先

罗家是在湖广填川时，从湖北的麻城迁移过来。关于罗家的祖先是谁，怎么定居高坪埝石和龙咀村，都是罗家人代代相传而知。罗本才只知道从高坪埝石迁到龙咀村后的这十代人。罗家分两支，高坪埝石是罗家大族，龙咀村是小族。两边都设祠堂，在埝石有一个祠堂，龙咀村的村头有一个祠堂，祠堂是祖辈修建的。清明节的时候，族长会组织大家上香祭拜祖先。族人只有在清明节的时候会去祠公里祭拜祖先。家里堂屋的神龛上摆有去世的老人的牌位、遗像，罗家放有罗本才爷爷、奶奶的牌位。

罗家有祖坟，祖坟就在村里自家的田地里。坟的样式规模随着社会风气的变化而变。只是不同代际的人，讲究坟位置的高低。长辈坟的位置要比晚辈的坟高一点，后辈的坟不能超过前辈的坟。罗家的族谱、家谱，在破"四旧"的时候全部被烧毁，现已无迹可寻。在家谱上，女性的名字写在丈夫的旁边。一般隔几代人才会重新编纂一次家谱。族里所有人集资，请族里有文化的人来编写。

罗家很重视孝道，家人必须孝顺父母、尊敬长辈。如果儿女不听罗守义的话，对罗守义态度恶劣，儿女便是不孝顺。对于"不孝顺"的行为，家长会严厉批评。罗家会把孝顺祖先和孝顺在世老人结合在一起，认为只有罗守义对祖先表示尊敬，子女才会践行孝道，孝敬父辈。"一辈不孝，十辈不照"，是说只要其中一辈对父亲不孝顺，后面的子孙就有样学样，同样不孝顺自己的父亲。

家长在祭拜祖先的时候，一是为了让祖先保佑全家平安，二是通过怀念祖先，纪念祖先的恩德，让全家学会尊敬长辈，有前传后教的意义。一般在清明节、过年的时候，全家人会祭拜祖先。大年初一，全家人烧香上坟磕头，说些保佑家人平安的话。一般保佑老人身体健康，保佑中年人财源广进，保佑小孩健康成长。七月半的时候不需要上坟，只需要给祖先烧纸钱，让亡魂回家看望。

在祭拜祖先的活动中，家长占支配地位，组织家人一起祭拜。家中的女性也可以祭拜祖先，家中的女儿、媳妇都可以在家拜祖先牌位、上祖坟磕头。家中小孩子在祭拜祖先时，需要跟着大人一起行礼学习。只有七月半的时候，全家需要给祖先烧纸钱，好让家人在阴间有钱用。家中的小孩子如果不愿意祭拜的话，大人会批评他，说他不孝顺。家里的孩子都十分听罗守义的话。

(三)庙宇信仰及祭祀活动

罗家所在的龙咀村没有修建庙宇，乡镇上设有两所庙，分别是宇桓公和文昌公的庙。修建这些庙是为了保乡民的平安，罗家人没有去庙里祭拜过，一般都是在自家神龛前进行祭拜。后期因为庙宇年久失修，文昌公的庙便成为米市，农户会在这里进行粮食买卖，罗家的家长罗守义与儿子都在此进行过交易。

家人只要愿意去庙里拜神的，在家长同意后，都可以去庙里拜神，向菩萨求平安，或是许愿。如果向菩萨许的愿灵验后，农户需要去庙里还愿。通常是家里的女家长去庙里拜神，儿媳妇只能跟着婆婆去。去庙里祭祀拜神时，妇女需要带猪肉、白酒和香蜡纸烛。镇上有专门卖香蜡纸烛的店铺。如果向菩萨许了猪头愿的，还愿时村民就要带猪头去祭拜。如果向菩萨许了雄鸡愿的,还愿的时候村民就要带鸡公去。

五、家户娱乐

(一)家人都可以结交朋友

家庭里的每个成员都有自己的朋友。交朋友没有什么标准,一般农民的朋友都是自家亲戚、常打交道的熟人、邻居,读书人的朋友则是读书人。女性的朋友是住一个院子的其他女性。罗家的朋友主要是在外读书的大儿子的朋友,家庭其他成员读书比较少,长期在家干农活儿,平时接触的都是邻居、熟人、亲戚。

家庭成员交朋友不需要得到家长同意,若是要结拜,则要征得家长同意。交朋友没有什么仪式,只要双方合得来就可以。家人的朋友会来家里串门。大儿子偶尔会带自己读书的朋友来家里做客,罗家会热情地招待这些读书人,陈文珍、媳妇们会做一桌子好菜宴请他们。罗家人认为读书人来农民家里做客是一件很荣耀的事情。家里有红白喜事,家庭成员可以邀请自己的朋友来帮忙或是参加酒席。送礼的话,主要看当地风俗和个人经济情况。罗家交的朋友主要是农民,和自己一样的职业。朋友家的经济条件和自己家条件差不多,都是在村里务农。如果谁家里有困难,朋友之间是会互相帮忙的。

(二)打牌输赢都有吃

"打牌"在龙咀村当地也可称作"赌钱",打牌的人称为"赌儿"①。罗家的男性都会打牌,女性不会打牌。打牌的时候辈分没有讲究,家人可以和村里的老辈子和平辈、晚辈一起打牌,大家都喜欢和耿直守信用的人打牌,愿赌服输。一般和邻居打牌的时间比较多,大家经济条件差不多。

家长罗守义比较喜欢打牌,陈文珍不会有意见,因为一般只有农闲的时候,才有时间打牌。如果是下雨天干不了农活儿的话,上午就开始打牌,中午一起吃饭。如果是晴天的话,就在下午干完农活儿没事的时候打牌,然后一起吃晚饭。

龙咀村打牌流行"输赢得吃",即不管谁输谁赢,都能吃上一顿饭。几名男性规定今天拿几角钱出来打,赢的农户就把赢的钱拿出来,让其中一户用这些钱做一顿有酒有肉的饭菜,相当于输了的人请吃饭,赢的人不用掏钱。做饭菜的这户人,因为妇女出了力,家人也可以跟着一起吃饭,改善一下伙食。罗守义愿意和邻居打牌,陈文珍不会劝说什么,因为"输赢得吃"的原则,首先是输赢不大,只有几角钱,其次是大家都可以吃上一顿,欢欢喜喜,不会引起农户之间的矛盾。

(三)串门聊天

1949 年以前,罗家的家人平时也会出去串门。家中的妇女只能在自己院子里的几户人家里串门聊天。家里的男性没有拘束,可以随便去谁家的院子串门,不过一般没事的话也不会随便串,有事才会去串门。一般串门都是在空闲的时候,或是干活儿顺道经过别人家门口。一般上别人家里串门,别人会热情留吃饭,自己可以选择要不要吃。串门没有什么规矩,别人来家里串门,女客找陈文珍聊天,男客找罗守义聊天。

家人都很热情欢迎串门的客人,陈文珍会好吃好喝招待,"上门就是客人"。家长出去串

---

① 赌儿:对赌徒的贬义称谓。

72

门,家人就在家里做自己该做的家务。男女分工比较明确,"男人的秧田,女人的菜园","男生的田边,女生的床边"。男女串门不会产生矛盾,妇女一般不出去串门。串门聊天就随便聊家长里短,比如问候几句,然后说清楚这次上门需要对方帮忙的事情。

除了串门聊天,家长罗守义小时候逛过庙会,到儿子们这一辈便没有庙会。1930 年以前村子里还设有庙会,逢年过节庙会上有唱戏的人表演,有许多卖小玩意儿的小贩聚集。1940年以前,由于天气原因,打雷下雨,暴雨冲垮了庙宇,随后便没有了庙会,庙会变成了米市。

第五章　家户治理制度

在1949年以前,罗守义是当家,陈文珍是副家长。罗家的财产管理、土地产权、制衣权和对外交往等方面,都是家长罗守义做主。在家规家法方面,罗守义是家规的执行者,教育和监督家庭成员遵守家规,并对家庭成员的行为进行奖惩,以引导家庭成员的行为。罗家积极参与家族和公共事务,为保障家庭成员安全,每次都积极缴纳税收和参与修路、修桥等活动。总体而言,罗家以家长治理为主,成员听从家长安排。

一、家长当家

(一)年长男性当家

罗家的家长是罗守义,陈文珍是副家长。罗守义是凭借他的资历、经验成为家长。因为罗家几个孩子都还小,心智、能力各方面都不成熟,罗家靠罗守义、陈文珍两人劳动养家。待家中儿子长大结婚娶妻后,罗家大家庭下便有两个小家庭。小家庭的成员刚成家不久,劳动力和经验都很欠缺,所以小家庭也是依赖大家庭的家长作为家长。

家长在罗家没有特别称谓。管理家庭具体生活事情的人是陈文珍,叫作副家长。家长和具体管事的人不是一个人。在整个家庭的大事上,管事的是罗守义,陈文珍掌管生活方面的事情。副家长在当地没有名字,一般称呼姓氏,陈文珍是罗陈氏。罗家的孩子把家长就称为爸妈,家庭外的人称呼家长为罗守义,称呼这个家庭为罗守义家。女性很少当家,除了村上有寡妇一人生活,或者丈夫去世后,孩子没长大的情况下,女性才能当家。如果家中无儿子只有女儿,家长可以招上门女婿来当家。

罗家的家人对家长很信任,家庭成员也都会尊重家长。罗守义十分爱护家人,把家里最好的食物、衣服等都留给子女,孩子们对罗守义当家很满意,认为父亲很爱自己。陈文珍也对丈夫很满意,认为自己丈夫老实可靠,不在外面乱来。而且除了他,家里也没有其他人有能力当家。罗守义主张家庭和睦,这样家庭才能够越来越好,"妻贤夫祸少,子孝父心宽"[①]。1949年以前,每户人家门口都有门牌,门牌上会写有家长的名字。罗家的门牌上便写的是家长罗守义的名字,是罗守义最初分家立户,甲长来登记的时候写的。门牌作为家户的象征,也是政府清查户口、派收税款的基本单元。

(二)成员赋予家长权力

1.家长权力来自家人

罗守义是一家之主,他的权力是家庭成员给予的。罗家人认为家长的权力需要被家庭成

---

① 当地俗语,意为夫妻和睦、子女孝顺,家庭才会越来越好。

员承认，这样才会听从家长和副家长的安排。如果家长没有能力当好一家之长，家中其他能干的人会承担这个责任。但是在农村，只要父亲或者爷爷不是特别好吃懒做、胡作非为，便不会动摇他的家长地位。罗家的四个儿子和两个女儿都认可罗守义的家长地位。

罗守义管理的范围是整个家庭，管理的成员是整个家庭成员，包括陈文珍、四个儿子、两个女儿、孙子、义父，罗守义最远能管到孙子辈罗华生。但是大女儿罗本珍出嫁后，罗守义便管不了。家庭之外的事情家长就管不了，村上的事情有保甲长管理，社会上的事情有政府会管理，比如组织团练，上面政策下来，保甲长就会组织民兵。家长作为族长，也不能随意管理族人的事情，只有当族人主动请求帮助时，才能插手别人家里的事情。

罗家如果遇到大事，罗守义在吃饭的时候会开家庭会议，比如家里大女儿罗本珍出嫁、罗本洪、罗本发结婚，全家就一起商量缝几套衣服，置办哪些聘礼。家长会给前面已经结婚的大儿子说，社会的形势不同，家庭经济不同，给大儿媳温连能置办了8套衣服，但是要给二儿媳任世秀置办10套衣服。家长需要给家庭成员讲清楚情况，大家清楚情况就不会有意见，不然私下会抱怨议论，这样只会影响家庭的团结。在土地买卖、房屋建设等大事上，罗守义一般只和陈文珍、四弟商量，或者找自己父亲、叔爸等经验丰富的人商量，他们会给出比较实用的建议。罗守义在扩建房屋的时候，就去"四合头"院子找过父亲，问了父亲关于修房子的建议，走的时候父亲还给罗守义装了两袋米，怕罗守义家里孩子多，家里粮食不够吃。

2.家长掌财产管理权

罗家的家庭收入主要是务农，副业收入包括进城卖粮食、二儿子倒卖布匹。家庭的财产是全家人共同享有的，家长罗守义有管理全家财产的权力，可以对家庭财产全权进行分配。罗家家庭成员出去挣钱后，不讲究先给家长交钱还是先回自己屋，最终都要把挣的钱交给陈文珍。上交给陈文珍的金额只要合理即可，如果二儿子罗本发、三儿子罗本才在买卖中多赚了一点钱，陈文珍认为这是他们能干，可以不用上交。陈文珍也知道儿子留了钱，这些钱是作为下次出门买卖的活动资金，也不会过多追究。家庭成员可以有自己的私房钱，比如过年长辈给自己的压岁钱，儿媳妇娘家父母给的贴身钱。家庭成员的私房钱可以不用交给家长，作为自己平常的活动资金。农村的钱很珍贵，家长也知道家庭成员不会乱花钱。

家庭里的贵重物品如房契、地契、现金等，都由陈文珍掌管。陈文珍放在柜子里，一般情况下不上锁，家人都比较可靠。罗家经济条件一般，家长不会给孩子零花钱。子女结婚时需要出多少聘礼、彩礼，都是罗守义和陈文珍决定。儿媳妇带进来的嫁妆是属于她自己的，以后分家也不会拿出来分。陈文珍的嫁妆，如家具等，也不会拿出来分给子女。因为分家后，罗守义自己还有人情往来，需要家具、厨具招待客人。只有等到罗守义、陈文珍都过世了，遗留下来的陈文珍的嫁妆、养老地等，几个儿子才可以继承，至于如何继承，家长罗守义生前便会决定好。

在土地买卖、租佃等大事上是由家长罗守义决定，罗守义一般和妻子商量。等到儿子们娶媳妇后，罗守义会在吃饭的时候征求大家的意见，家人们包括女性都可以提意见。比如说1947年罗守义把典当出去的檬家山11亩土地赎回后，关于这些土地是自家耕种还是租佃出去，罗守义询问过二儿子和三儿子的想法。

家里的粮食是供全家人一起吃，由副家长陈文珍安排每天吃什么，陈文珍管理粮食的分配。粮食是陈文珍在管理，前期是因为家里的孩子们都还小，后面家里虽然有了小家庭，但是没有分家之前，也是陈文珍在管理。家里的粮食都放在家长的房间里，每天陈文珍安排好煮多少米,煮什么菜,儿媳妇就按照婆婆说的做饭。家里有客人来的时候,陈文珍安排煮一块腊肉或者杀只鸡,儿媳妇才能够去煮肉,儿媳妇不敢私下煮肉吃。

家庭成员出去卖粮食要经过家长罗守义安排,不能私下偷卖,罗家没有出现过偷卖的情况。在土地房屋买卖、租佃或典当的过程中,单子的落款人只能写家长的名字,只有罗守义才能签订,其他人没有资格代表整个家庭。

3.裁缝制衣服

罗家安排给家人添置的新衣服,是找镇上的裁缝做的。龙咀村历来没有种过棉花,村里的妇女也不会纺织。每到过年,罗守义便会主动安排给家人缝衣服。家里每个成员过年都会置办一套新衣服,义父、四弟、孙子罗华生也有新衣服穿。过年农村讲究穿新衣去走亲戚朋友家拜年。一般腊月初十之后,罗守义就会去镇上的店铺买好布,买来的布是白布,需要拿到染坊染成青布或毛蓝布,毛蓝布的价格比青布便宜一点。然后请裁缝来家里做衣服,裁缝拿尺子量每个人的尺寸,然后在布上做好标记。裁缝一天可缝一件衣服,干一天给一天的工钱,还要负责裁缝一天的伙食。

罗家置办衣服的钱是从全家的收入里面而来,家长负责衣服的分配,全家成员都有权分配到衣服,不看小家庭的人口数量多少。只是收成不好的时候,家庭经济紧张,作为家长的罗守义还会委屈自己,只给家里面的老人、儿子、女儿置办新衣服,自己就不添置新衣服。

4.家长安排劳动

罗家的生产活动是按照季节变化而不同。家长罗守义统一安排全家人的劳动生产,根据家人的劳力情况分配任务,一般是能够做什么活儿就做什么活儿,家人必须听家长的安排。比如地里麦子成熟了,全家人都会去割麦子。家里男性主要负责犁地、栽秧等重活儿。农忙的时候,妇女也会帮忙割麦子、栽秧。平时,陈文珍和儿媳妇主要负责上坡割草喂牛喂猪,牛吃饱后才能耕地。菜园也是妇女经管,家里吃的各种蔬菜杂粮,如白菜、茄子、番茄、四季豆、胡豆等等,都是罗家妇女根据时令而种的。罗家女性还要从事手工针线、打扫卫生、做饭、洗衣服等家务活动。

罗家会让小孩儿劳动,孩子小的时候,罗守义和陈文珍会安排孩子跑腿拿东西或者做一些家务活来锻炼孩子,比如罗守义干活儿回家,就会让家里的孩子帮忙拿拖鞋、烟斗,陈文珍会让女儿帮忙切菜、生火。家里的小孩儿也愿意跑腿,觉得能够给大人帮忙很有成就感。家里的二儿子、三儿子长到十二三岁就开始跟着罗守义下地干活儿,罗守义就会教儿子一些生产技能。家里的大女儿长到十来岁,就跟着母亲学习做家务活儿。

家里年纪比较大的只有义父罗志贵,罗志贵把土地、房屋都卖给了罗守义,罗守义负责义父的饮食起居。罗志贵在还能干活儿的时候,会去田里、地里帮助罗守义干活儿,帮忙种点土豆、割点猪草等。等到义父七十多岁身体不好,干不动活儿的时候,便只是留在家中帮忙看家,做一点喂鸡、生火等轻松活儿。陈文珍负责每天煮好饭之后,叫义父上桌吃饭。

5.家长安排婚丧嫁娶

罗家在娶媳妇、嫁女方面,儿女要听从罗守义的安排。女儿和儿子的婚书上要写罗守义的名字。家里大女儿罗本珍结婚,是父亲托媒人介绍的。大女儿到了该结婚的年纪,陈文珍就同罗守义商量,罗守义就让亲戚朋友帮忙留意合适的人家,只要门当户对,男方父母脾气不差,为人老实就可以。罗本珍结婚的时候,罗家家庭经济条件不好,嫁妆置办得很简单。等到罗本洪、罗本发结婚时，家里经济条件逐渐好转，置办的聘礼也越来越好。罗本洪、罗本发的婚事也是罗守义决定，罗守义看儿子到了合适的年纪，便让媒人帮忙介绍。"傍着大树好乘荫，傍着父母好说亲"，罗家子女的婚姻大事都是罗守义决定，子女听从家长的安排。

罗家没有出现离婚的情况，1949年以前村庄里很少有离婚的现象，因为离婚需要退钱，"男退三千，女退八百"①，农民家里也没有钱退婚。同时，离婚也是需要理由的，"男犯三条，女犯七出"②，比如女性嫁到婆家三年内不能生育，就犯了第二条，夫家有权力休妻，并让女方还男方三年的饭食钱。离婚需要经过双方父母同意。男方如果想退婚，女婿自己去和岳父岳母说。如果家长不同意，夫妻双方不能离婚。

如果家长不满意儿媳妇，认为儿媳妇比较懒惰或是不讲理、不能生育等，有的儿子会听从父亲的话，与自己妻子离婚。如果儿子不愿意听从父亲的话，就自己分家出去过，不和父亲住在一起。罗家的家长比较满意自己家的大媳妇和二媳妇，两个儿媳妇都孝敬公婆、勤俭持家，没有出现闹离婚休妻的事情。

家庭的丧葬祭祀活动，由家长罗守义主持。家长罗守义带领全家上坟，进行烧香磕头祭拜，或者是在家带着家人祭拜家神。罗守义和陈文珍会教孩子关于祭拜的礼节。村上比较大型的祭祀活动是一年一度的清明会祭祀，是全族人一起举行，一般是每家每户的家长参加。由大族的族长组织在宗祠里祭拜祖先牌位，然后用公田收的粮食做一顿宴席，全族的人都可以去吃。

农村的老人不会留下遗嘱，一般老人过世前，会把该交代的事情都交代给子女。老人过世后，由儿子负责操办老人葬礼，给老人出殡和下葬。不为老人操办葬礼的子女，会被村庄的人说闲话，认为他不孝顺。

6.家长进行对外交往

在对外关系中，罗守义可以代表整个家庭。家长可以用家庭的名义向外人借债。一是因为罗守义掌管全家的经济大权，二是因为罗守义借来的钱，是供全家人使用，是为了补贴全家的开支用度。罗家被摊派过两条枪支的钱，但家庭没有这么多钱。为了交上税款，罗家找冯保长借过钱，用几块土地进行了抵押。罗守义在两三年后还上钱，才把土地赎回来，晚一年还钱，便多一年的利息。罗守义借的钱，是出于整个家庭的用途，而不是私人的利益，所以可以代表全家人出去借款。而家庭内部的其他人，不能代表家庭出去借钱，在没有分家自立门户以前，外人也知道家庭其他成员没有掌握经济大权，也不会把钱贸然借给家庭成员。只有家长有资格代表全家，如果还不上钱，家长也是第一负责人。

村里开会或者是进行投票等村庄公共事情，是罗守义代表家庭参加。如果家长不去，可以派家里知事的人去。罗守义有时会让自己的二儿子罗本发去参加会议。大儿子罗本洪常年在外读书，二儿子罗本发长到十八九岁时，就可以帮罗守义分担很多责任。有一次村上临时通知要选新的甲长，罗守义要去城里卖粮食，连米都已经装在背篓里了，于是罗守义就问罗本发敢不敢去帮自己开会，罗本发说"我都已经是大人了，我敢去"。罗守义便提醒罗本发在开会的时候不要乱发言，听别人说就可以了，于是让罗本发跟着周围的邻居一起去开会了。

---

① 当地俗语，三千和八百只是代指很多钱，形容退婚需要给很多钱。

② 三条是出轨、打架、贪邪，七出是不顺父母、无子、淫、妒、有恶疾、口多言、窃盗。

家长是家户的代表,是交粮纳税的主要责任人。保甲长一般通知罗守义交税,如果家庭交不上税款,家长作为负责人,会被保甲长抓走关押起来,直到家人凑钱凑粮交上税款后,保甲长才会放人。罗家怕家长罗守义被抓,一般都是先把收的粮食交上去,剩下的才用来家里吃。1949年以前,罗家没有人打工,子女成家前一般不会离开父亲身边。农村户籍制度严格,不能随意去其他地方落户居住,只有当长工的人才会出去,但凡有一点土地的农民都不会选择外出。龙咀村的农民普遍在耕种土地,没有外出经商打工。只是罗家二儿子为了补贴家里的开支,会在一个集市上低价买进布匹,然后到另外一个集市高价卖出去,算是做了一点生意。卖布挣的钱相当于罗家整个家庭收入的五分之一。

7.男性能者当家

村里有的家户中家长能力不足,有吃喝嫖赌等坏习惯,家人也没有办法。作为副家长的女性,只能劝告家长,但不能代替家长行使家长的权力。除非家中的儿子已经长大,在家里可以说得上话,便可以通过家庭商量,罢免家长的权力,由儿子作为该家庭新的家长。

罗家除了妻子陈文珍以外,家里只有几个年幼的孩子和年迈的义父,所以也只有罗守义当家。罗家的家长罗守义是一个受家人敬爱和受村民尊敬的好家长。家长一直在家耕种土地,全心全意经营家庭生活,对家庭成员也比较公平,不会随意打骂家庭成员,家人对家长的权力十分认可,没有进行过约束。

罗守义上过几年私塾,有一定文化,在村上算比较能干的人。罗守义年轻时当过甲长,偶尔会被乡上保甲长拉起一起打牌,罗守义打牌输了许多钱后就收心了,再也不去镇上赶场,也不当甲长,老老实实在家里务农。罗守义也当过龙咀村的罗氏家族的族长,管理万岭营的三十几户罗家。罗守义有文化,为人忠厚诚实,在村民面前说得上话,所以罗守义经常帮助别人解决问题。族里有纠纷的时候会找族长解决。一般族里的小事情,农户自己就能够解决,碰到大的纠纷,就找族长评理。而且历代下来,罗家的家庭经济、口碑声望在村里都算不错的。

罗家在1950年分家后,三个儿子都另外成家,罗守义和陈文珍是单独的一户。但是因为罗家是一个三合院的院子,虽然三个儿子分开居住,分开吃饭,但都在一个院子里,平时走动频繁。

(三)家长责任重大

作为家长,罗守义必须统管家中的所有事。如果家里没粮食、衣服、农具等物资,都是罗守义出去购买添置。如果家庭需要借粮借款,也是罗守义上门去借。家长的责任是要经营好家庭,不管是经济生活还是感情生活。罗守义统管所有大事情,陈文珍具体管生活方面的事务。在吃穿住行方面,陈文珍要精打细算、合理计划,才能保证家庭收支平衡,尽量不出去借钱借粮。副家长陈文珍主要协助罗守义把整个家庭经营好,随时告诉罗守义家里的一些具体的情况。

罗守义在处理事情时,要做到公平公正,才能保证家庭和睦相处,避免矛盾,维护整个家庭的和睦也是家长的责任。尤其是在罗本洪和罗本发娶了媳妇以后,比如家里的食物,全家都是平均分配,不会谁多谁少,也不会给小家庭多分,都是按家里人口数量来计划。如果罗家成员犯了错,家长不能偏袒,是谁的错,家长就批评谁。如果罗家的小孩儿犯错误,比如把别人孩子打了,陈文珍或者罗守义就把自己孩子带过去,给别人说好话道歉,该赔偿医药费就要赔偿医药费。小家庭的孩子由小家庭的父母管教,孙子罗华生由二儿子罗本发教育,罗守义一般不会干预,但是儿子如果把孙子打痛了,罗守义就会责备儿子。

村民认为好家长的标准是,在家庭内孝顺父母,教育好子女,儿女有教养有礼貌,能够将家庭管理得井井有条;在家庭外,为人处世比较好,不占便宜,不与邻人争吵。这样的家长,邻里会称赞其为好家长。家长无论做错什么事情,他都是家长。一般只有当家长老了或是没有能力当家长了,就由自己的儿子当家长。罗家有两个家长,罗守义是正家长,陈文珍是副家长,副家长需要及时向正家长反映家庭的情况,但最终要听从正家长的决定。家里的其他成员,比如说四弟罗文义和儿子罗本洪、罗本发也可以向罗守义提建议。

(四)家长的更替

罗家的家长更替是由于分家而形成的自然更替,1950年,最小的四儿子结婚后,三个儿子便分家各自立户,三个儿子便是各自小家庭的家长。分家的时候,罗守义把家里的土地和财产分成三份,在纸上写上"天字号""地字号""中字号",把纸团放在一个罐子里,让儿子们拿筷子去夹纸团抓阄,夹到什么字号就分到对应的财产。分家单独立户时,儿子会请周围邻居吃饭,也要通知保甲长,从而告知别人自己已经自立门户了。保甲长来登记的时候,会清算每个儿子名下有多少土地、家里的人口数,并在门牌上写下儿子自己的名字。

1949年后,四弟罗文义再婚,也从罗家搬出去居住了,属于他的土地也归还给他。罗家三个儿子和罗守义虽然还生活在原来的院子里,不过已经算是四户人。平时生产劳动、饮食吃饭、置办物品等都是分开的。参与村庄的公共事务、派粮派款都是按照小家庭来征收。罗守义和陈文珍两个人还是原来的一户,不过村庄花名册上的名字就只有他们两个人。

二、家长决定大事

罗家家庭的事情基本上都是家长说了算。罗守义如果出去办事,小事情上陈文珍可以做主,但大事情上必须等罗守义回来定夺。家长做的任何决定,家人要服从。如果家人认为家长的决定不正确,家人有更好的办法,可以给家长提意见,如果意见提的好,家长还会进行表扬。如果家人说的不对,家长可以批评,纠正他的思想。比如缝衣服的时候,二儿子罗本发的布料稍微差一点,二儿子有点意见,罗守义就会批评他不懂事,责备他身为二哥不知道谦让。

罗家在大事情上,由罗守义做主安排。比如土地房屋牲口买卖、红白喜事上,必须由家长做主,要罗守义决定买卖牲口和办酒席后,全家才开始参与进来帮忙。家里要办酒席时,请哪些人吃酒,或者农忙的时候,请哪些人来帮忙,罗守义一般就和妻子陈文珍商量,家里的孩子比较小,也不知道怎么建议。但是涉及生活上的事情,比如改善伙食等,罗守义会与家人商量,一般是在吃饭的时候与大家讨论。询问家人最近有什么想吃的饭菜,然后嘱咐陈文珍进行安排。

罗家的小事情,陈文珍和家人都可以自己做主,比如出去借米、借农具等。炒菜的时候,儿媳妇发现家里盐不够了,可以去找邻居借一点,等陈文珍回来再告诉陈文珍这件事。陈文珍知道后,会告诉罗守义,让罗守义下次赶集市的时候,买一点盐回家。有一次,周围邻居来家里借锄头,家里的大人都在坡上干活儿,三儿子罗本才知道这是附近的邻居,罗本才平常称呼她为婶娘,便代替家长把锄头借出去。等罗守义和陈文珍回来后,罗本才把事情给家长说了。等邻居来还锄头的时候,还夸罗本才懂事,已经可以自己当家为人了。

三、家户保护

（一）家庭的庇护功能

如果罗家人在生产上和别人发生矛盾，比如不小心割了别人的草，或者牛踏到别人的地，这种小事都是作为副家长的陈文珍出面调解，该赔礼道歉就赔礼道歉。家庭成员每次有困难，都是找家人帮忙。如果陈文珍解决不了纠纷，对方继续闹的话，罗守义会出面和对方家长打交道，大家好言好语说几句就算了。

一般情况下，罗家如果有家人和别人发生矛盾，要分情况进行处理。如果是自家人对的话，就支持自家人，为家人讨回一个公道。如果自家人不对的话，家人犯的错误也算是家长的错，家长要就出面向对方道歉。如果自家小孩儿犯错，一般是陈文珍带着孩子出面道歉，比如孩子之间打架，是自己孩子的错，陈文珍就买点炒米、瓜子、糖等吃食去看望对方小孩儿，小孩子看着吃食就开心，陈文珍再给对方说点好话，在别人面前批评自家孩子几句，让自己孩子去道歉，这样纠纷基本上就能和解了。

如果罗家人犯错，一般陈文珍会惩罚家人。比如小孩儿打了别人家孩子，陈文珍就会批评他，打他几下，教育他不能随便乱打人。家里的四弟只能帮忙调解，不能代替家长处罚孩子。如果自家人被欺负了，全家人肯定觉得整个罗家都被欺负了。家长会为他讨回公道，家长会和对方家长说理。罗家很少发生被欺负的情况，一般是小孩子之间争吵打架。

如果家人犯错，家人不会帮忙隐瞒。比如四儿媳妇偷了别人家东西，家长罗守义要让她给别人送回去，家人还把四儿媳妇打了一顿。罗家人认为做错事，该批评就批评，家人不会帮忙隐瞒。因为如果包容家人的坏习惯的话，以后会犯更大的错误。而且日久见人心，整个家庭和周围人的关系也搞不好。

罗家人认为"家丑不可外扬"是对的，家里面有不好的事情，不能出去乱说。农村很喜欢说闲话，如果别人议论自己家的丑事，自己家庭就没有面子，周围的人就看不起自己家庭，认为家长不会经营家庭。家里有好事情可以出去说，面子和声望对于家庭很重要，名声好的家庭别人才会称赞，大家都愿意给这样的家庭帮忙打交道。比如说家里弟兄打架这种事情，就不能说出去。说出去别人就会认为家庭成员心不齐，家庭名声就不好。罗家的兄弟之间因为小事情打过架，比如罗本发和罗本才在割谷子的时候，罗本才在上面扯谷子，罗本发在下面割谷子。罗本才说累了不扯了，罗本发没有听到，结果就翻了个跟头跌倒在地。罗本发很生气地去打罗本才，把他追得满院子跑。

（二）家庭能够提供情感支持

罗家人在外面受了委屈，可以回家给罗守义或者陈文珍说，家长会安慰家人，告诉家人外面的社会是这样，吃亏是福。罗家四个兄弟、两个女儿对家庭感情很深厚，家庭成员能在家庭找到情感的归宿。出嫁的大女儿在婆家受了一些委屈，回娘家的时候就会和陈文珍诉苦，陈文珍会告诉罗守义，罗守义会给对方家长、女婿提意见，为女儿说话，但一般不会主动退婚。女性退婚的话，回到娘家后，在当地的名声就不好，也很难再嫁出去。

家庭里的成员很少有长期在外面的，像大儿子在外面读书久了会想家。不开心和遇到挫折的时候，就更容易想家。大儿子罗本洪有时候回家会和三儿子罗本才聊天，讲讲学校的事情，说说心里话。大女儿嫁到婆家时间长了，或者在婆家受了点委屈，也会想娘家人。一般过年、清明、家长生日、中秋端午等节日,大女儿可以回娘家看望父亲,和母亲聊聊自己的心里话。罗家的大儿媳妇、二儿媳妇过节的时候也会回娘家去看望娘家的父母,和父母、兄弟姐妹聊聊家常。儿媳妇回娘家之前要给家长说一声,要委婉询问罗守义或者陈文珍的意见,一般是挑农闲的时候回娘家,如果农忙的时候儿媳妇回娘家,家长会认为儿媳妇是想偷懒,认为儿媳妇不能干。家长罗守义同意儿媳妇和儿子回娘家后,还会让陈文珍给他们准备点礼物带回家,一般是腊肉、鸡蛋这些。

罗家对儿子的期望不一,对其他三个儿子的期望主要是做一个出色的庄稼人,娶个好媳妇,把自己的小家庭经营好。罗家对大儿子的期望比较高,因为大儿子读书成绩好,每年都考年级第一,家人、族人对他的期望就高,希望他能取得一官半职,日后不用以种地为生。如果他能够当官,整个罗氏家族就在"朝中有人撑腰",不会被别人欺负。如果家中的孩子在外面混不下去,也可以回家种地。罗家人认为家庭很温暖,在家庭里有被保护的感觉。在家庭里,有家人会关心自己。罗家人认为亲情是血浓于水,是与生俱来割不断的。即便是拉兵的时期,大家躲藏逃跑到外地,等风声过后还是会回到自己家中。俗话说"金窝银窝,不如自己的狗窝",罗家人认为一家人能够在一起生活是最重要的。

(三)共同抵御旱灾

罗家所在的村庄只出现过一次严重的旱灾,水灾和蝗灾没有发生过。1933年,即丙子丁丑年,村庄的土地原本一亩地可以收两三百斤粮食,结果那年一亩地只收获二三十斤粮食。罗家生活最艰难的时候,全家人吃过树皮草根。家庭在自家存粮吃完的情况下,靠借的粮食度过灾荒。罗家小孩多,粮食不够吃,在陈文珍的母亲家借了一斗三升米,借母亲的粮食没有收利息。发生灾荒时,全家更齐心团结一起克服困难。而且在发生灾荒时,一个家庭只会顾及自己家庭的成员,不会顾及其他家庭的人。

在发生灾荒初期,罗家人有一点存粮应对灾荒。在有粮食的情况下,全家人都会吃到粮食。上坡干活儿的壮劳力罗守义多吃一点儿,家里的妇女陈文珍就少吃一点儿。当灾荒后期,家里粮食不够的时候,家长会先让家里正在长身体的几个孩子吃粮食,大人就吃点菜叶子、泥巴、树皮草根。

村上发生过旱灾,全村进行过祈求下雨的活动,保甲长带头组织祈雨。夏天顶着很大的太阳,天气十分炎热,村民们抬着菩萨、设好礼坛,保甲长请来远处山上庙里的和尚来打"瘟教"①,打瘟教便是打妖怪。和尚在礼坛前念念有词,念一串咒语。和尚作法求的符让村民挂在田里,说是可以驱走田里的妖怪。并用两个羊角算卦,扔在地上,看两个羊角的正反面,从而推算下雨的日子。

发生旱灾闹饥荒的时候,国家会进行救济,每个乡上都有一个积谷仓,政府打开积谷仓,按村里的人口分发救济粮。一般一个人只分得到一两升粮食,粮食根本不够吃。管仓的人会按照花名册进行分配。发生灾荒的时候,家人要听家长的安排,只有全家齐心协力才有饭吃。"天干饿不死勤快人",罗家的田已经干掉,家长罗守义就尽量开荒,在阴沟泥地里多种蔬菜来果腹。

在灾荒年的时候,罗家人会一起节衣缩食,家里有什么就吃什么。谷子不能吃谷壳,需要

---

① 瘟教:妖魔鬼怪。

81

去皮才能吃。但小麦可以不用去皮，罗家把小麦连皮一起磨了煮糊糊吃，当地人把这叫作"连根捣"。在发生旱灾的时候，地里的麦子全都干死了，只有尖上结出麦穗，罗家的几个孩子只能拿剪刀去把麦穗剪下来吃。在这段非常时期，罗家的家里因为没有老人，家长会先保护小孩子，尽量让他们吃好一点，大人就吃差一点。

（四）家人拿钱赎人

1930年以前，龙咀村遭遇过土匪，土匪有一千多人。这些土匪是从外地而来，土匪手里有枪支，他们途径堡子镇，便在乡上居住停留一段时间。土匪一般只抢劫有钱的家庭，抢家里的钱财、粮食、牲口，甚至让农户直接把粮食背到乡上来给他们。土匪只抢钱，一般不会绑人。村子上有钱的家庭最容易被抢，正所谓"贫穷自在，富贵多忧"。

罗家被土匪绑过人，绑的是帮罗文义四弟带孩子的人，他走在路上就被土匪掳去了。绑匪给四弟送信，要四弟拿钱赎人，罗守义父亲没办法，只能当卖了十几亩土地，花了300块银元赎回人，从此家庭经济就慢慢衰落。四弟家出事的时候，找过罗守义商量如何解决。一般罗家几个兄弟有困难，都会和其他几个兄弟一起商量。

如果农户在家里发现小偷，农户把小偷抓起来打一顿就放了。龙咀村也发生过偷窃事件，村民发现小偷后，把小偷打了一顿撵出去，要是被村上保甲长发现，只会被打得更惨。但是土匪不同，因为土匪手里有枪，遇到土匪抢劫，农户一般只能拿点钱财、粮食给土匪，报官也没有用。土匪没有抢过罗家，因为其中一个土匪是罗守义三弟的一个女婿，他住在罗家，所以没让土匪抢罗家。"燕子不叼窝下食"，他不抢罗家的财产，他让土匪去找别人家的钱财。所以但凡土匪里有个熟人，也相当于有人保护。

罗家房屋没有防卫措施。19世纪30年代，村上有钱人在山上修了寨子，山路险峻，只有两条路上山，寨门上有大炮，土匪来了就用大炮打。一般村子有土匪来的时候，与有钱人家关系好的农户可以上去躲藏，主人专门安排人手守夜。而罗家作为普通的农户，一般听说有土匪来，为了防止被绑票，家人就躲藏到远处的亲戚家里或附近的山上，等过段时间土匪走后再回到家中。

（五）村民操练防战乱

龙咀村没有发生过任何重大战役。在抗战的特殊时期，罗家有一杆火药枪，是国民政府发给罗守义的。因为村上组织了团练，如果战争需要，就可能会调一个村的团去打仗。龙咀村家家户户的家长都要出去操练。每天清晨5点起来，操练团一起唱国歌，国歌是关于三民主义的，然后农民跑操、教练教枪法。训练大概在两个小时左右，训练结束后，农户就回家吃早饭，然后上坡干自己家的活儿。

村上拉义勇军的时候，罗家的男性主要是拉罗守义，因为家里的儿子都还比较小。罗守义跑到附近山上藏起来，所以没有出去打过仗。二儿子罗本发有一次被拉兵，最后还是大儿子罗本洪学校的童教官帮忙拦下来，罗本发才有机会跑回家的。在出现匪盗、拉兵的时候，罗家一般都是躲藏，没有采取抵抗的行为。村里一般不会组织巡视，只是村民们遇见陌生人就比较警惕，发现不对劲就会赶紧通知大家。罗本才在坡上干活儿时，看到有陌生人过路，就盘问过路的人，询问过路的人是什么人，从哪儿来，到哪儿去。如果村庄不安全发生任何动乱，甲长会通知乡上的团练来保卫村庄的稳定与安全。乡政府组织了团练，团练是由两名乡警和十几个正规兵组成，正规兵配备步枪。有一次土匪袭击村庄，罗家人在家里都能听见士兵在打土匪和土匪惨叫的声音,村民们一般不敢武力抵抗土匪。

(六)家庭行善积德

罗家在村里属于一般水平。发生灾荒的时候,家里一天有五六个乞丐来乞讨。乞丐上门乞讨时会说"发财公公、发财婆婆,给我们一点吃食嘛"。陈文珍会给上门乞讨的乞丐一碗米,一碗米差不多有一斤。有时候会招待路过的乞丐吃饭,还会给他说哪个村子比较富裕,给乞丐指路。一是看他可怜,出于善心帮助他;二是出于家庭的面子和名声。如果不给乞丐粮食,乞丐会说"这家人也没有,算了我们走",被乞丐说穷对于主人的名声不好。

罗守义会给村上的穷人借粮。如果穷人还不起的话,就第二年粮食出来了再还。一般罗家的熟人借粮食的话,就不会算利息。罗家人很善良,基本没有收过别人利息。罗家人会主动帮助穷人,因为罗家经济也不富裕,所以一般是在劳力上帮助穷人,比如帮忙背东西、挑水、借东西。帮助他们,是出于家人心地善良,与人为善,友好相处。你帮助别人,别人日后也会帮助你。

四、家法家规

(一)默认的家规

1.做饭及吃饭规矩

(1)婆婆安排,儿媳做饭

罗家平时都是全家人一起吃饭。因为作为婆婆的陈文珍很少上坡干活儿,陈文珍便安排儿媳妇任世秀上坡干活儿前做好早饭,下午干活儿回来做晚饭,陈文珍就替大家做中午饭,一般做饭都是按照这个顺序。煮饭的人需要做包括烧火、切菜、炒菜等一系列活儿,做饭基本是一个人独立完成。家里的小孩子可以帮忙生火烧锅,"三岁耳朵,七岁脚",家里的女儿8岁就开始帮忙做家务。家长罗守义不会过问做饭的事情,由陈文珍统筹全家的伙食。

全家每顿吃什么饭菜由陈文珍决定,家里每顿吃的菜都是自家地里种出来的。家人如果这顿想吃好一点菜,可以给陈文珍提意见。家里的四弟罗文义、儿媳任世秀一般不提,如果他们说出来,家长会对他们有看法,认为他们好吃。一般自己儿子提出来的话效果比较好。陈文珍可以听家人的意见,或者劝说家人,因为过几天有客人来,等过几天家里就加餐。陈文珍安慰家人后,大家就不会有意见。

(2)上桌吃饭,座位有规矩

罗家在吃饭的时候,全家人都可以上桌子吃饭。家里儿媳任世秀有时候忙着做饭、添饭,就不会上桌吃饭。但是作为一家之长,罗守义、陈文珍会照顾自己的儿媳妇,每样菜都给任世秀留一点,不会亏待自己的儿媳妇。吃饭的时候,座位有讲究。家长必须坐在上席,上席一般是对着门口,靠近神龛的一边。家里其他人可以随便坐,除了儿媳妇不能和公公坐在一边,或是相对而坐,儿媳妇只能坐在公公的两侧。家里其他人可以随便坐,儿子女儿们可以和罗守义坐在一起,小姑子可以和嫂嫂坐在一起。在冬天围着火盆烤火的时候,罗守义就坐在靠墙壁的里面,儿媳妇坐外面。因为儿媳妇坐在过道的这边,方便来回走动干活,也不让家长让来让去。

(3)多煮米饭,珍惜粮食

一般家人比较珍惜粮食,会把饭菜吃完。罗家人在做饭的时候会多做一点饭菜,罗家人认为"宁可剩一点饭,不可欠一点饭"。如果饭不够的话,最后吃饭的儿媳妇就吃不饱饭。如果儿媳妇吃不饱饭,没有力气干活儿,全家就少一个劳动力。罗守义和陈文珍会教子女吃饭规矩,比如家里来客人的话,小孩子要先把碗筷摆上桌,先给大人添饭,再给自己添。家里大人动筷子了,全家才能开饭,才能夹菜吃,不然会被认为很没有礼貌。全家人都把粮食看得比较珍贵。因为家里的粮食一般不够全年吃,陈文珍会兼搭粗粮来煮饭。

（4）吃多吃少,自己决定

罗家人不讲究吃饭的绝对公平,因为家里的成员的饭量不一样,家人能吃多少吃多少。家人要吃饱,才有力气干活儿。一般来说罗守义、四弟和二儿子饭量比较大,陈文珍和儿媳妇的饭量比较小。家里的小孩、孕妇、病人,伙食要好一点,因为小孩、孕妇和病人都需要补充营养。家里大儿媳妇和二儿媳妇怀孕的时候,家里大人会把桌上的肉、蛋多分一点给她们吃。孕妇、病人还能吃到家人吃不到的炖鸡汤等补品。农忙的时候,家里的伙食比平时开得好一点,因为农忙的时候需要换工,请别人帮忙,招待客人的伙食就要好些,而且主人家每天干活儿的劳动量也比平时大。农户每年都会储备一定的腊肉、炒米、白酒等应付农忙时的消费。家里下地干活儿的成员和不下地在家做饭的成员吃的饭菜是一样的。

如果没有客人的话,罗家盛饭没有讲究,都是自己盛自己的饭,吃多少盛多少。因为家里是粗粮饭,家人不喜欢吃杂粮和红薯的,就少添点杂粮,但不能完全只添白米饭,罗守义会批评其不懂事。罗守义和陈文珍吃完饭,儿媳妇要主动给大人添饭。如果儿媳妇在喂孩子吃饭,陈文珍也可以自己去添饭。家里炒的菜要摆在桌上吃,如果家庭成员挑肥拣瘦,只吃肉、鸡蛋,不吃蔬菜的话,大人也会批评他,说他这么没吃过。但早晚饭比较简单,只是干饭配点泡菜、胡豆瓣或者剩菜,家人们一般就不用上桌子吃饭,可以端着饭在地坝里蹲着吃或坐在门槛上吃,这样吃饭比较快,方便上坡干活儿,或是晚上在地坝里乘凉聊天。

（5）请客吃饭,客坐上席

平时自己家人吃饭,家长先动筷子。来客人的话,只是大人上桌吃饭,小孩儿不上席,副家长陈文珍可以上席。不让小孩儿上席的原因是小孩儿看到桌上好吃的,就自己把好吃的吃完,就照顾不到客人。家里来客人的话,辈分高的客人就坐上席,比罗守义年长的也要坐上席。罗守义作为主人家要先"请菜"[①],招呼大家挑菜吃,主人家请了,大家就开始动筷子夹菜。如果来的客人比较尊贵,主人要"奉菜"[②],要夹菜到客人碗里。一般是客人先动筷子,罗家人才能动筷子。主人还要"醒酒",主动给客人倒酒,招呼在座的男客人喝酒。过年的时候,吃饭规矩和平时有所不同,饭菜比平常好一些,并且要等所有菜都上桌了,等儿媳妇忙完了,全家人坐在桌上一起吃。农忙的时候,陈文珍、任世秀在家做好饭,才叫坡上干活儿的人回来吃。罗家自己耕种的土地离家里比较近,所以妇女一般没有上坡送过饭,都是男性回家吃饭。

（6）儿媳洗碗,饭菜有数

在罗家,陈文珍一般不会洗碗,都是家里儿媳妇洗碗。如果儿媳妇在带孩子,陈文珍便帮着儿媳妇带孩子,儿媳妇就抽身去洗碗。如果儿媳妇确实比较忙或是生病不舒服,陈文珍可以体谅自己的儿媳妇,帮着儿媳妇洗碗。罗家吃饭有不成文的规定,比如桌上有 10 个人,盘

---

① 请菜:在饭桌上主人请大家动筷子夹菜。
② 奉菜:在饭桌上主人给尊贵的客人夹菜。

子里只有十个酥肉,那么一人只能夹一筷子。因为菜只有这么多,所以大家心里有数。如果有人多夹了,其他人心里就会有想法,私下罗守义就会批评他。下次吃饭前,陈文珍就要提醒他不能再犯。

2.座位规矩多

罗家在 1949 年以前没有八仙桌,只有寻常普通的四方桌。平时不讲究上席、下席,家长坐在里边,儿媳妇坐靠近过道的一边,方便干活儿。同样需要忌讳的是儿媳妇不和公公一起坐。家里如果宴请客人,就在堂屋里。辈分高的客人坐上席。比罗守义年长的客人,也要坐上席。上席就在墙壁靠近神龛,对着门的这边。辈分低的客人就坐在两侧。如果家里是长桌子的话,宽的一边则是上席。

客人是罗家亲戚的话,是按照辈分来坐的。如果家里奶奶、妈妈的娘家、女儿的婆家都来,辈分一样的话,首推夫家的亲戚坐上席,一般推女婿、姑爷家的人坐上席,是为了通过尊敬他,对他好,让其日后在家照顾自家女儿。当客人是邻居的话,则辈分高的坐上席。当村上保甲长、绅士等都来家中做客时,则长辈和官位大的客人,都坐在上席的位置。

罗家在办结婚酒席时,主桌是媒人和送亲客的一桌。"结婚不忘媒人恩",媒人和女方娘家人是坐在主桌的。陈文珍的娘家人坐的一桌也算是主桌,比如外爷外婆、舅婆舅爷等。这两桌会比其他桌上多几个菜。罗家人会邀请自己的亲戚、朋友、邻居等来吃自家办的酒,也会邀请村上、乡上的保甲长。保甲长之间会互相推荐谁坐上席,一般是官大的、有钱的人坐上席,"坐席分贵贱,穷人靠一边"。座位的顺序不用刻意安排,知客士说一声开席,大家就开始入席,一桌人之间互相推荐,不用主人家安排。罗家三儿子结婚的时候,村上的甲长给罗守义当的知客士,他代表主人家去招呼客人,在亲戚朋友面前说些客套词。主人家不用招呼客人,罗守义和陈文珍只需要陪主桌的客人吃饭。

罗家办丧事时,如果家里去世的是女性,如大媳妇生病去世的时候,要等大媳妇娘家的亲戚到了,娘家亲戚为其说几句话主持公道,要看罗家是否为大媳妇进行医治。罗守义给大媳妇的舅舅看过大夫开的药方、装满药渣子的药罐,娘家舅舅便不再说什么。随后才能开席,大媳妇的娘家人坐在主桌,是酒席上最重要的客人。

罗家在原来五间房子的基础上,修过两间房子。修房子的时候,罗家办过"招工酒",是指在工程开始之前,罗家请匠人们吃饭,顺便请帮忙的邻居吃饭。吃饭的时候,主人会拜托匠人把工程做好,会和匠人讲好工钱,会感谢周围邻居帮忙。房子建好后,主人给匠人们工钱,还要办"散工酒",请他们和邻居吃饭。工人都是有技术的,这些工人部分是从远处请来的。吃酒席的时候,匠人们坐在一桌,大家会推举"掌篾士"①坐上席,他是匠人们的师父,辈分最高,掌握核心技术的人。邻居们坐在一桌,邻居之间会相互推荐谁坐上席。

罗家修房子的时候,只能占自家的土地,事先家长罗守义就要向村上保甲长打报告了解清楚,不能越过土地界线,不然房子修起来也会被拆。而且如果抬木料经过别人家的地坝、田埂,要提前给对方说。如果双方关系不好,别人有权不同意过路。

3.请示有规矩

家里对土地的经营管理,都是家里的家长罗守义说了算。家里的生产活动是按照季节而

---

① 掌篾士:在修房子、修路等工程中,起技术核心和指挥作用的人。

变化。全年农业生产与种植计划都是根据气候时节而定,家里关于耕地、犁地、播种、除草、看护、收割、打场等各项农业生产环节如何分工,也是家长安排。但家长不会随意安排,也会根据家人的能力布置合适的农活儿。家人的生产活动需要向罗守义请示,不能自己擅做决定。

家里的生活安排,是陈文珍掌管。家里每顿饭怎么安排,儿媳妇需要请示陈文珍,主要由陈文珍决定,罗守义基本不过问家庭饮食的事情。家里需要什么日用品,什么时候缝制衣服、孩子的上学问题等,陈文珍会告诉罗守义并与罗守义一起商量,最后由罗守义决定。家里置办田产、购买黄牛牲口、办红白喜事、分家等重大事情,家长会开家庭会议进行商量,大家一起讨论怎么集资,怎么花销才合理,但最后由罗守义定夺。家里的三个儿子在分家之后,小家庭的事情就不需要再请示罗守义。

家庭成员如果需要外出活动, 比如赶集或者是回娘家看望父亲, 都需要经过罗守义同意。罗家一般是由罗守义安排家庭成员出去进行经济交换的活动。比如儿媳妇去娘家陪父亲过生日,要提前给家长说,家长好准备礼物。家庭成员只需要简单口头汇报给家长,征求家长的同意,然后家长便会进行安排。家庭成员在外面交朋友,不需要报告罗守义,但是如果和别人拜把子成为结拜兄弟的话,则需要经过罗守义的同意。罗守义也和别人结拜过,罗守义在二三十年代参加了袍哥①,认当地的保甲长当大哥,这样乡上就没有人会欺负罗守义。因为罗守义是一家之长,所以参加袍哥不需要请示别人。

4.请客有规矩

农村很少会大摆酒席请客吃饭,但小型的请客酒还是有讲究的。家里如果有买土地的情况,买土地的农户则需要请客,请土地的卖主、中人、土地附近的农户吃饭,首先是感谢中人的介绍,其次是告知周围的邻居这块土地已经是自己家的。罗家买过"三合面"附近的6亩土地,罗守义也宴请过周围的邻居。平日借别人家的生产工具、牲口等,不需要请客,只需要口头感谢一下对方就行。家里修房子的话,需要请客,请客的对象是所有匠人和附近帮忙的邻居。家长如果要宴请对方的话,需要提前一晚,亲自上门去邀请。

生活中的请客要看家庭条件,家庭条件好的,就会多办酒席多请客。罗家家庭条件一般,只有红白喜事会办比较大的酒席。家里生孩子、孩子满月、罗守义过生日等,不会办酒席,只是自家人在一起做一桌好菜。学生在学校读书期间,家长可以请老师吃饭。罗家的家长请过大儿子罗本洪的私塾先生吃饭,没有请过在学校的老师,因为老师住在乡镇和县城,一般不会来农村。村上如果村民之间发生矛盾不能调解,请长辈来做主,最后理亏的一方要请对方和调解人吃饭。

在办酒席时,主人会邀请周围的邻居、亲戚朋友,都是与自己有人情往来的人。一般只有结婚的时候,主人才会给客人发帖子,帖子上注明结婚双方家长的名字、时间地点。罗守义提前把帖子送给对方,对方就会打听主人家的消息,看家里需要什么样的贺礼。周围要来参加酒席的亲戚邻居就会一起商量,谁送衣服、谁送鞋子等,这样就不会送重复。罗家在举办

---

① 袍哥:在四川的哥老会的成员被称为袍哥。有两种解释:一说是取《诗经·无衣》"与子同袍"之意,表示是同一袍色之哥弟;另一说是袍与胞谐音,表示有如同胞之哥弟。两种解释大致相同。袍哥会是清末至民国时期四川(包括现在的重庆)、云南盛行的一种民间帮会组织,在其他地区被称为哥老会。袍哥会发源于清朝初期,盛行于民国时期,与青帮、洪门共为三大民间帮会组织。

红白喜事的酒席时，会邀请保甲长、乡贤绅士，平常修房子、买地这种小酒席，只会宴请周围的邻里。

在酒席上，主桌要稍微多几个菜。主桌是娘家亲戚和媒人、送亲客人。一般每桌酒席上的菜都是10个相同的菜。不同类型的酒席有特定的菜，比如办喜酒，桌上就有喜沙肉。办生日的酒席，桌上就有印有寿字的寿包。主人家专门请厨师来办席，场地就在自己院子里面。菜碗是厨子自己带，饭碗是主人家提供，自家饭碗不够就提前找邻居借。酒席上大家要喝酒，喝酒没有什么规矩，能喝多少喝多少。村上吃酒席比较快，因为桌子、餐具不够，吃完几桌再上几桌。第一轮吃完，第二轮再开席。第一轮客人在吃的时候，第二轮客人就在院子旁边或者堂屋里面等着下一轮开席。知客士会招呼他们吃烟、吃瓜子。如果庭院里设有8桌酒席，就会安排8个妇女在旁边添饭。办席的家庭成员和厨师会等最后所有客人吃完才吃饭。

主人办酒席，不用自己亲自陪客，主人家专门请了知客士来招呼客人、陪客。知客士都是能说会道的，认识家里亲戚的人。男知客士招呼男客人，女知客士招呼女客人。知客士给客人拿烟，引客人入席桌。吃酒的时候客人很多，大家不会介意坐哪张桌子。男主人不需要出面说话，只是在里屋陪主桌最亲的亲戚们吃饭。女主人就在厨房里看有什么需要帮忙的。

知客士说一声开席了，大家陆续坐到桌上，一个桌子坐满10个人才上菜。坐在一桌的人会自动推荐一人坐上席，这个人便是席长。席长开始"请菜"，他说开动、动筷子，大家才开始动筷子。主客吃完后离席，其他人可以继续吃。吃完饭离席的客人，知客士会招呼他，请他"宽坐"，到房间里去吃烟。

当地的"贵客"是指的女婿、姑爷。一般女婿来家里做客，罗守义或是小舅子就会在一旁陪客。家里做的饭菜会比平时好，有鸡鸭，或者有鱼。村上的保甲长不能算贵客，只能算是当地的管事人，是当地当官的头目。保甲长一般不会来农户家，如果保甲长来农户家，农户会好吃好喝招待，以得到保甲长日后的庇护。

5.进出居室规矩

罗家居住在"三合面"的院子里，一共有7间房屋。最好的一间房是堂屋，坐北朝南是用来招待客人的客厅，结婚时儿媳妇作揖、供奉神龛都在这个屋。卧室是用于家人居住，厨房用来生活做饭，猪圈作为养猪，猪圈下的粪坑也是罗家的厕所。一般罗家罗守义安排好房间后，不会轻易变动，全家的房间够住。大儿子罗本洪、三儿子罗本发小家庭的房间也是罗守义安排的，家人不会轮流居住。家里有院子，房子背后有一山坡的树。"三合面"的院子没有门楼。

罗家在睡觉的时候有规矩，全家一般日出而作，日落而息，早上六七点起床，儿媳妇任世秀起得最早，儿媳妇要给全家人做饭。如果家长已经起床，儿媳妇还没起床，家长会认为儿媳妇很懒惰。晚上八九点钟睡觉时，睡觉的顺序比较有讲究，家长先去睡，儿媳妇最晚睡。晚上儿媳妇需要洗衣服、做针线，关全家的门，所以睡得最晚。如果大儿媳妇、二儿媳妇比自己的公婆先进房间休息，会被认为是不孝顺的表现。

罗家人认为卧室以外的地方属于公共空间，在公共空间里大家可以随意走动，但要注意言谈举止，不能轻浮嬉戏。卧室以内的地方属于私人空间，在自己的私人空间里，可以随便嬉戏打闹。家人未经允许，不能随便进私人空间，有事进去需要敲门。家里居住忌讳是叔叔不能进弟妹房间，公公不进儿媳妇房间。儿媳妇可以进公婆房间，进小姑子房间，不能进叔叔房间。陈文珍、小姑子可以进儿媳的房间。弟弟可以进嫂嫂房间，"长嫂如母"。在弟媳没有在房间的情况下,叔叔可以和兄弟一起进房间耍。如果叔叔进弟妹的房间,公公进儿媳妇的房间,被别人看到的话,会被村上的人说闲话,村民会认为其行为不端庄。

"三合面"的房子最开始修建时找风水先生看过,不过罗家是直接从义父手里把房子买过来的。农村修房子的时候通常会找先生看风水,需要支付风水先生一些钱。先生用罗盘看风水,村上的人认为房屋风水好的话,家里才会财气旺、出人才。罗家如果家庭有事情商量的话,一般在堂屋,不会在某个家庭成员的房间里。因为堂屋里设有饭桌、凳子,罗家基本上会在吃饭的时候讨论大的事情。家里比较小的事情,随意在院子里或者厨房里说一下,大家讨论几句就决定了。

6.制衣洗衣的规矩

罗家的衣服不是自己家做的,是家长买好布、染好布,找裁缝做的。每年过年前,家长会给全家每个成员置办一套新衣服。家里的所有衣服,包括男女的贴身衣服都是家里的儿媳妇任世秀洗。如果衣服比较多的话,陈文珍也可以帮忙洗,但是儿媳丈夫的衣服必须她自己洗。

罗家洗衣服,是自己挑井水在家里地坝里洗,衣服放在洗脚的大盆(铁盆、木盆)里洗。一般在姑娘出嫁前,娘家会给女儿置办一个搓衣板,用搓衣板搓洗衣服。洗衣服是用皂角洗,用皂角在有汗渍的地方刷一下就能洗干净。洗完衣服的水直接倒在厨房背后的水沟里流走。洗衣服有一点讲究,男性穿在上半身的衣服,包括帽子、头巾,不能和女性的下半身衣服泡在一起洗。如果任世秀不小心把男性的上衣和女性的下衣混在一起洗的话,会被副家长陈文珍批评,认为她不守规矩,会被村民批评说女性爬到男性的头上去了。

罗家晾衣服就在自家阳台上搭根竹竿,农村没有衣架,衣服就直接搭在竹竿上。为了防止衣服被风吹走,也可以把衣服穿在竹竿里,这样衣服既整齐不会皱,也干得比较快。罗家晾衣服有讲究,男性的衣服要晾在女性前面,不能挂在后面。女性的贴身衣服不能挂在外面显眼的地方,要挂在房间里面不被别人看见。家里的衣服是统一晾统一收,不能只收自己的衣服。关于洗衣服、晾衣服的这些规矩,娘家的母亲平时要教女儿,女儿到婆家以后才不会犯错误被批评。

如果任世秀把衣服洗破了也没事,缝一缝继续穿,陈文珍不会责骂。因为农民的衣服只有一两件,一件衣服要穿一年四季,缝缝补补很正常。但是如果是因为任世秀的力气太大经常洗破衣服的话,陈文珍会温和地提醒她,让她轻点洗衣服,缝件衣服不容易。陈文珍说了以后,任世秀会听陈文珍的意见。

(二)家规前传后教

罗家的家规是从上一辈人传下来的,都是一代教一代,在龙咀村已经延续有六七代人了。罗家的家人都会遵守家里的这些家法家规。罗家因为是不成文的家规,所以部分家规的内容,会根据社会风气、乡规民约的变化,稍微改变。家规的变化不用和家人商量,根据社会风气自然就会发生改变。比如在三儿子娶亲时,罗守义提前就给亲家说,新社会不用给媳妇缠脚了,三媳妇因此没有裹小脚。随着社会的变化,在结婚之前男女双方可以见面,四儿子和四儿媳妇在结婚之前就见过一面。

家长是家规家法的执行者。罗家平时就要按照家规办事,罗守义要起表率作用。发现家人违反,就会及时提醒他。家长也遵守家规,不违反家法。家庭成员不能惩罚违反家规的人,只有家长可以惩罚。家庭成员也要遵守家法办事,否则就会被家长批评、挨打。因为遵守家法,是为家人好,不遵守的话,就不符合社会的规则,其他人会说闲话,影响自己的名声。比如姑娘和男孩子就不能一起玩耍嬉戏,不然会被认为行为不端庄;姑娘如果不学做家务,母亲就会告诫她以后去男方家里会受气,等等。罗家的女儿都比较听话,每年过年舞狮子的队伍到村里来表演,村民们都去围观。陈文珍就会提前给大女儿说,看舞狮子的人多,不要在人群里看,摩摩擦擦对姑娘家名誉不好。大女儿就会跟着陈文珍站得远远地看。

(三)家法家规潜移默化

罗家的家庭成员通过罗守义和陈文珍日常的教导和行为表现,学习家规家法。家里的小孩子,由自己小家庭的父亲教,不由当家的家长教。罗守义的孙子罗华生是由二儿子、二儿媳教育,如果孩子没有礼貌,家长还会批评二儿子不会教育孩子。家长罗守义要求家庭成员要遵循家规,处世为人之道是家庭成员必须遵守的。家庭成员不遵守会被罗守义批评,其行为也会招致别人说闲话。罗家人认为家规家法是好的行为准则,能够使一家人互敬互爱、邻里团结。一般罗守义和陈文珍会提前给小孩子说什么能做什么不能做。如果儿子、女儿犯错,家长会批评以免下次再犯。比如在桌上,孙子罗华生把肉都夹走了,结果罗守义和陈文珍没吃到。二儿子就会给他讲道理,不允许下次再犯。罗家儿子、女儿、孙子便是通过家长的言传身教,逐渐习得罗家的家法家规。

(四)家庭禁忌不能触碰

在农业生产方面,罗家没有什么忌讳,生产活动主要是顺应时节,干好每个季节应该干的农活儿。当地有相关的顺口溜,如十二个月季节歌,"正月就把龙灯耍,二月就把风筝扎,三月清明把坟挂,四月新秧遍地插,五月端阳龙船响,六月扇子手中拿,七月亡魂回家乡,八月中秋看月华,九月菊花黄满坝,十月霜雪遍地白,冬月大雪飘飘下,腊月才把年猪杀"。每个月都有每个月的节气和对应的农活儿,罗家人遵照自然规律进行农业生产,故在农业生产上没有特别的忌讳。

龙咀村在结婚习俗上有一定的忌讳。如果家里办喜事,只有新媳妇可以从头到脚穿全新的衣服,其他人不能穿全新的,身上必须有一件旧衣服。结婚的当晚,新娘要睡在床里面,新娘不能从新郎身上跨过去,如果新娘跨过去,会认为妇女骑在男人头上,但新郎可以从新娘身上跨过。罗家大儿子和二儿子在娶媳妇的时候,罗家副家长陈文珍只是穿了一件新衣服待客,裤子和鞋子都是穿的旧的。

在儿媳妇怀孕期间,罗家也有一定忌讳。儿媳妇要回娘家住一段时间,在娘家养胎,顺便做一些鞋垫和小孩子将来要穿的衣服。目的是为了减少夫妻见面,从而减少胎动。一般村民可以从肚子的形状来判断孩子的性别,如果肚子比较尖的是男孩儿,圆的则是女孩儿。儿媳妇生了男孩儿的话,罗家儿子会给娘家送鸡公报喜,生女孩儿送点鸡蛋去报喜。娘家也会准备点醪糟、腊肉给女婿作为回礼。

在生活饮食上,罗家人和村上其他农户一样没有什么讲究。每个季节吃每个季节收获的食物,只是在四五月份,在地里干活儿的人要吃蒜,为了杀毒消菌,这样蚊虫才不往口鼻里飞,才能减少感染生病。在丧葬方面,家里老人去世的一百天里,儿子不能剃头、夫妻不能同房,家人不能和邻居朋友说笑、高谈阔论。儿子要表现出心思忧愁、思念大人。如果不遵守这样的规矩,别人就会认为他不孝顺。罗家的老人只有义父罗志贵,在罗志贵去世的时候,罗守义和家人遵守这样的规矩,罗守义和陈文珍也告诉家里的儿子、女儿在这一百天里不能在公共场合嬉戏打闹,说话声音要小一点。

逢年过节的时候,村里也有一些忌讳。比如说初一不煮饭,煮饭的话一整年家里的蚊子都多,所以陈文珍和儿媳妇在除夕当天做的饭菜基本能够吃到初三初四。初一不能倒垃圾,不把洗脚水倒出去,这样新的一年才能守住钱财。初一不扎鞋子,不能用针、剪刀等利器,不然下地干活儿时,蚂蟥就往腿里钻。初一不出门,初二上祖坟,初三就可以出去走亲戚。大年三十的晚上,全家人都要洗脚,这样第二年走别人家里串门都会有好吃好喝招待。

这些忌讳都是罗守义告诉家人的,也是上一代人告诉罗守义的。罗家人都要遵守这些忌讳。罗守义提前就会给家人打好招呼,所以罗家人一般都不触犯忌讳。家人犯错的话,罗守义会严厉批评,而且来年家里有什么不顺,家人都会归咎于他没有遵守这些忌讳。

(五)不成文的族规族法

罗家祖籍湖北省麻城孝感插柳村高岗堰,今湖北红安县。因湖广填川,迁移到四川,因人多地少生存困难,罗家祖辈先后辗转于四川省罗江、巴中、虎让乡,后在高坪乡埝石村落户。到高坪乡罗家第四代四个儿子分家时,因家中土地不足,罗永义、罗永河两兄弟迁入距离高坪乡8.7千米的堡子镇龙咀村。

罗家是属于龙咀村的罗氏家族,高坪乡埝石村的罗氏家族是大族,龙咀村是小族。由于大族和小族相距8.7千米,族内事务往来较少,只是发生重要的事情小族必须通知大族。族长"内管族,外管牌",族长负责举办每年的清明会,大小族的清明会分开举行。罗守义因为上过私塾,做过龙咀村这边的族长。罗守义主要管理龙咀村的三十多户农户。族里没有什么严格的族规族法,主要体现在全族人取名字都要按照族谱上的"字辈"。族里如果发生了较大的争端,才会请族长来调解。族长一般按照乡规民约来判断谁对谁错,对于错误的一方可以提出批评和惩罚。一般小事情都是家庭内部解决,不会惊动族长。罗守义作为族长,在村子里比较有威信,每次族人有解决不了的纠纷,比如打架斗殴、土地越界等等,就会请罗守义前去调解,罗守义帮助村里面解决过多起纠纷事件。

五、家长引导行为

家庭成员如果表现比较好,罗守义和陈文珍一般会口头表扬,不会奖励物质。比如二儿子罗本发去集市卖米卖了好价钱、儿媳妇任世秀做饭菜做得好吃等等,家长会对其进行表扬。家长可以私底下表扬,也可以当着全家人或是邻居的面表扬。儿子、儿媳如果获得自己家长的肯定会十分高兴,下一次做事情就更加积极。其他家人看到家长表扬他,也会跟着效仿他的行为以获得家长的表扬。家长的奖励对于家庭成员的行为是正面积极的引导。

关于惩罚,家里面的家长和长辈都有惩罚别人的权力。父亲可以惩罚儿女,丈夫可以惩罚妻子,婆婆可以惩罚儿媳妇。罗守义一般只是口头批评教育,很少对家人进行打骂。罗守义如果不在家,大儿子可以代替他惩罚小儿子。家庭外的成员一般不干涉家庭的事务,罗守义如果惩罚儿子过于严厉,周围的邻居、熟人看见了,可以进行劝解。儿媳妇犯错,一般是作为婆婆的陈文珍批评她,劝导她以后不要这样,公公一般不会说什么。如果罗华生做错事,二儿子会批评他,二儿子会代替孙子给别人道歉,罗守义不会进行干涉。

家里的家长和长辈只能惩罚家里人,没有资格惩罚家庭外的成员。外人如果做错事,有他的家长或是村上的人管理。家里人一般都害怕被罗守义惩罚,罗家人敬畏罗守义,对家长的惩罚比较服气。对子女的教育是让子女听从父亲和母亲的话,特别是对于大女儿犯错,陈文珍宁愿自己多打几下,让大女儿吸取教训遵守规矩,也不想日后被婆家的丈夫、公婆责骂。比如冬天特别冷,大女儿有时候想偷懒多睡一会儿,就谎称自己身体不舒服,陈文珍知道大女儿是装的,便会批评她,责备其身为大姐不好好带头,弟弟妹妹就会跟着她学偷懒。大女儿知道错了以后就默默地起来去干活儿了。

家长罗守义一般是训斥批评儿子、女儿,儿女实在不听话,也会打骂他们。有一次农忙的时候,二儿子罗本发在家帮忙做饭,三儿子罗本才负责生火,罗本发嫌弟弟把火生小了,弟弟不服气顶了句嘴,罗本发就来打弟弟,结果火钳掉到地上,陈文珍以为罗本发拿火钳打罗本才,就狠狠地打了罗本发一顿。二儿子不服气,就跑出去发脾气。陈文珍了解自己儿子的脾气,没有管他,等罗本发自己气消了便回到家。之后陈文珍知道自己错怪了罗本发,就给罗本发说了几句好话,但也批评他跑出家的行为。

六、家族同舟共济

(一)家长当族长

罗氏家族分两支,高坪乡埂石村是罗氏大族,龙咀村万岭营是小族,两支家族都设有祠堂。两族各自管理族里的事务,但如果族里发生大事,需要通知大族的人。族里曾发生过一起处理族人死刑的事件。1940年以前,龙咀村有户人家,侄儿在给婶娘点鸦片的时候强奸了婶娘,家长回来发现后报告给族长。龙咀村族里的人认为这个行为是违反伦理纲常的,族人便组织起来打死了侄子。后来侄子的家人报了官,衙门的人将参与活动的人押到县城审问,族里花了钱才把人放出来。其实按照罗氏族里的规矩可以打死他,但由于小族没有通知大族,这不合规矩,所以只能算作私人打死的。

家长罗守义当过龙咀村万岭营罗氏家族的族长。1930年以前,罗守义因为上过几年私塾,在村民当中算比较有文化,加上罗守义为人正直老实,在村里的罗氏族人中有较高的威信,所以族人都推举罗守义当族长。罗守义虽然当上族长,但是不能轻易干涉族人的家事,只有当族人主动请罗守义帮忙调解时,罗守义才能出面帮忙。村中有大到不能调解的纠纷,比如子女不孝顺、邻里打架等事情,族人便会去找罗守义帮忙。作为族长,罗守义会对其进行批评教育。

(二)家长参加清明会

罗氏族里每年有一次公共活动,活动是清明节举办清明会。罗氏大族和小族之间来往不多,清明会是各自举办。清明会这个活动是罗家祖父们购买公田成立的。每年清明节,龙咀村每家每户的家长都要去祠公里上香。村里用于安放牌位的祠公是祖上曹字辈修建的,祠公已经有很多年的历史。清明会里有一份公田,公田是租给别人耕种,每年收来的谷子,就用来在清明会上办一场酒席。清明会办酒席的地方是在罗守义二叔的"四合头"院子里。酒席的饭菜一般很好,所有罗家的人都可以来吃一顿,但一般只有家长去参加。罗家是家长罗守义代表全家去清明会,妻子陈文珍和孩子们不会去。罗守义会悄悄把自己的一份酥肉和馍馍揣回家中给孩子们吃。

(三)族里供学生读书

罗氏家族很支持族里的人读书当官。罗氏族人资助过罗家学生读书。罗家大儿子罗本洪考上县里的高中,但罗家经济紧张供不起。族里的人知道情况后每户都给罗家捐了一点钱,有铜板和纸币。另外,族里还把清明会上的几块公田卖了,给大儿子当学费。罗家愿意接受族人的帮助,家人希望大儿子以后考上功名吃公家饭,这样整个家庭都会跟着荣耀起来,家人也不会被人欺负。家族的人也认为族里出个上高中的读书人,这个人以后肯定有出息,会在朝为官。族里罗守义的表哥考上朝廷的建绅,算是戴上翎子做了官。表哥回到家乡后便办酒席宴请了族里所有人吃饭,感谢过去族人对他的资助,族人也会给他送礼物。表哥当上官以后,族人都想和他把关系搞好,盼望以后得到他的帮助。

清明会上的公田收了粮食,除了举办酒席开支以外,剩下的粮食罗氏家族的人可以商量使用,比如会给老弱寡妇家庭和收成不好的家庭一点救济粮,或者是卖掉部分粮食用来村庄修路或者打井。粮食只能用于公共开支,族长或者私人不能享有这些粮食。

七、家长参与公共事务

(一)家长参与村庄会议

1.村庄各项会议

村上组织村民开会,一般是罗守义去参加。如果罗守义不在家,就让大儿子罗本洪或者二儿子罗本发去参加会议。家庭的家长如果不在家,家里比较知事有能力的儿子可以代表家里开会,陈文珍一般不去参会,村里女性的地位较低,不能和男性坐在一起参加会议。家长可以代表家庭针对村庄事务提建议。罗守义参加会议时一般不发言,只是听保甲长讲政策。如果村民有疑问可以向保甲长提问,不过村民们文化程度比较低,也不会怎么提问题。

村上开征收税费的会议,保甲长会通知罗家的家长罗守义去参加。只要家里有土地或租土地的农户都要参加,在大户人家干活儿没有土地的长工不用参加。1949 年之前政府也是实行保护穷人的政策,如果家里实在没有钱,保甲长也知道村民家的情况,不会给没钱的家庭划款。大户人家很爱护穷人,首先是希望穷人卖力给他干活儿,其次是大户人家害怕穷人会偷窃、报复自己。每年到"春作"①时,大户人家便会"请春客",请村上的农户来家里吃一顿饭。大户人家要和村民们处好关系,才能保护自己的家庭不被偷窃侵犯。

村庄的事情,罗家还是比较关心,因为罗守义当过甲长。罗守义不会主动提观点,一般村上保甲长通知干什么事情,罗守义就干什么事情。一般开会的时候会讲一下国家现在的政策,然后需要大家出多少钱或者多少劳力,或者是投票选一下村庄的干部。罗守义开完会回家会主动和家人们说开会的内容,家人会和罗守义悄悄讨论村庄事务。比如罗本洪去城里上高中之后,便知道国家的相关政策,有时候便会讲给罗守义听,然后罗守义告诉儿子罗本洪关于村子里政策实施的情况,父子两人便会就村庄事务有所讨论。关于村庄的事务和政策,村民一般没有提反对意见的,农村的人很听话,政策下来大家都照做,也不会去质疑反抗。

2.劳役摊派

村庄没有自行组织过修桥、修路、修庙,龙咀村没有这个经济能力。一般修路、修桥的工

---

① 春作:指土地上的积雪融化,农民开始上坡劳动。

程都是达县政府安排的。县政府出一部分钱,政府再找村上有钱的家庭出钱,承诺会在桥上、道路上立碑留下捐钱的人的名字。政府请来石匠、木匠修桥修路,匠人师傅的工钱是按天数算的,比如县上调20个石匠,几个乡就一共出20个石匠去做工。石匠一般是师父带徒弟,集中居住在某个村。而修桥、修路时,需要劳动力搬石头、沙子、木材,就从每个乡派劳力,比如一个村需要安排10个人去,就轮流派村里的劳力去干活儿。这种抽派的劳役没有工钱,是属于当地村民的义务。匠人和摊派劳役的农户待遇不同,不仅有工资,每天政府还提供三顿饭,而普通农户需要自己带饭去吃。每次罗守义早上5点一过要去远处修路修桥时,陈文珍前一天晚上就会把饭蒸好,然后捏成饭团,再装一点豆瓣酱、酸萝卜等,让罗守义带着第二天中午吃。

罗家一般是家长罗守义出去服劳役,当二儿子罗本发长大有力气干活儿后,有时候罗守义要干地里比较紧急的农活儿时,也会让罗本发代替自己去服劳役。罗守义认为出去修路比较辛苦,所以一般都是在罗守义农忙或者不在家的时候,才会让二儿子出去修路。罗本发去之前,罗守义还会叮嘱他在外面干活儿的时候要听话,不要和别人吵架斗殴。家里如果没有壮劳力,甲长便不会派这个家庭的劳役。村庄的女性不参加修桥修路的劳役摊派。1949年以前,村庄没有人组织打井,村庄的三口井都是个别农户自己打的,但是他们也允许村民们去挑水。罗家用的水是从村上的井里挑回家存储在水缸里,每次做饭就从水缸里舀水用。

3.舞狮队下乡表演

龙咀村没有组织过集体活动,只有乡上组织过集体活动。正月间,乡上组织了一支狮子队,去有钱富裕点的家庭门前舞狮子,舞狮队会提前告知村民游行路线,说哪天舞狮队会经过这里。到了当天,村上的村民尤其是小孩子从早上就开始等,舞狮队前面有人打着灯笼、舞着锣鼓,村民簇拥前行,场面十分热闹壮观。舞狮的人会边舞边说一些顺口溜,如"狮子狮子,口含金子。跳进龙门,早生贵子"等。舞狮队说一些吉利话讨主人家开心,主人家就会给舞狮队"利是"(红包)。舞狮队也来过罗家门前舞狮,罗守义也给过红包。当队伍来到罗家门口时,罗家人十分高兴。因为舞狮队能来自己家门口表演,其他村民会跟过来观看,村民认为这是比较有面子的事情。舞狮队在游行的时候,全村的人包括女性、小孩儿都可以观看。没结婚的姑娘可以和自己父母一起去看,但是不能站在人群中和其他人发生肢体接触,姑娘只能在远处观看。罗家大女儿罗本珍只能跟在母亲身边,在远处看舞狮队的人舞狮子。当舞狮队到自己家的时候,罗本珍就要回自己房间去,不能出来抛头露面让其他人看到。

4.村庄征收费用

村庄的费用是由保甲长征收,征收费用必须找一家之长。因为家长掌管经济权,只有家长才能做主。罗家的钱虽然是陈文珍保管,但陈文珍也必须经过罗守义同意后才能把钱交给保甲长。村费征收是甲长挨家挨户收,只要摊派到农户家,农户如果没钱交村费,不管是砸锅卖铁,还是卖衣服、借钱都要把钱交上,不然保甲长会把家长绑到村上去关押起来,等到亲人把钱凑够,拿钱去村上赎人。如果农户迟交了村费,村民还要交滞纳金和催收干部的人力费,所以大部分村民会按时交纳村费。如果罗守义出远门,陈文珍要等罗守义回来,罗守义同意后才能交钱,陈文珍不能擅自做主。如果保甲长催得比较急,陈文珍就让二儿子或者三儿子去田地里把罗守义叫回来。每次保甲长来家里征收费用,如果赶上吃饭的时间,罗守义会好酒好菜地招待他们,如果不是饭点,罗守义就会把家里自己种的烟草拿出来招待他们,请他们吃烟。

5.村庄治理灾害

村庄发生干旱时,主要是农户自行救济。1933年即丙子丁丑年,村庄的土地原本一亩地从可以收两三百斤粮食,结果一亩地只收获二三十斤粮食。罗家家里生活最艰难的时候,全家人吃过树皮草根。家庭在自家存粮吃完的情况下,靠借的粮食度过灾荒。罗家小孩多,粮食不够吃,从陈文珍的母亲家借了一斗三升米,借母亲的粮食没有收利息。

在发生旱灾时,保甲长会带领村民们进行祈雨活动,此外,保甲长会向县政府反映灾情,县政府会根据灾情适当减免税收。国家也会进行救济,每个乡上都有一个积谷仓,政府打开积谷仓,按村里的人口分发救济粮。管仓的人会按照花名册进行分配,一般一个人只分得到一两升粮食,发下来的粮食只够吃一两顿,所以罗家并没有因为救济粮而缓解家里的困难。

(二)村庄筹资情况

村庄需要修桥、修路时,保甲长就报到县上,县上组织修建。如果政府经费不够就找村里有钱的家庭出钱,普通农民只被摊派劳役。村庄没有修过庙,乡上修庙,关于修庙大家多少都会捐点钱,因为这是孝敬菩萨的,再穷的家庭都会捐一点钱,这样庙前的万名山上会有捐赠者的名字。村里组织修桥、修路、修庙,是村上轮流安排劳力,一般一家人出一个劳动力,罗家儿子可以代替罗守义去干活儿。1949年以前村里没有兴修水利。村上在崖边上有寨墙、炮楼,是村庄有钱人自己请人修来应付匪乱时期的土匪抢劫,罗守义年纪较小,没参与修建炮楼。

村庄发生灾害时,村庄没有产生治理灾害的公共费用,因为天气干旱政府没有采取治理措施。保甲长带着村民组织过祈求下雨活动,请庙里的和尚祈雨的花费是保甲长发动村庄里有钱人家出的钱,算是他们积德行善、做善事,同时也是收买人心,防止灾民因为饥荒去抢有钱人家里的粮食。政府在发生旱灾的时候,只是减免了村民的粮食税收,有时候还会发放积谷仓的粮食救济灾民。

罗家倒是被摊派过一些名目的筹资费用,在罗守义交给保甲长之前,罗守义需要给家人说清楚花钱的用途。一般只给家庭内结了婚的小家庭,如大儿子二儿子、儿媳妇们知道就行。没结婚的家庭成员一般听从家长的安排,但小家庭的成员有权力知道家庭的经济情况。如果家庭交不起这笔钱,罗家卖粮食换钱也要交上。因为不交钱,保甲长会抓家长罗守义。如果筹资的时候,罗守义不在家,陈文珍要征得罗守义的同意后,才能把钱交给保甲长。

村庄没有组织过看青,看青是指看青苗的长成情况。要交粮食税的时候,县上和乡上会派人下来看青,村上的保甲长会宴请他,让他回去说好话,帮助村庄减免点税收。罗家平时的看青是家庭每个成员的责任。罗家的房子离土地比较近,家人每天都会上坡干活儿,所以家人都会经管田地。比如儿子上坡发现地里的蔬菜被别人家的牛踩烂,就要马上回来报告家长。罗家一个大家庭下有两个小家庭,没分家的时候,还是只算一户人,不算小家庭摊派劳力的时候,因为家庭劳动力多,有时候会出两个劳动力。但是在乡上摊派款项的时候,罗家只算一户,摊派一份钱。当罗家被摊派到劳动力时,家里谁有空谁去,这个没有必须的规定,罗守义没空的话儿子们可以代替罗守义去干活儿。

八、国家事务

（一）按土地面积纳税

村庄交税是以家庭为单位进行交税,税收是按照家庭所拥有的土地面积征收,一般按照"八字井田法",田地一共分九格,其中一格的收成就算作税收。农户每年交一次税,是在秋收粮食出来后才要交税。交税是缴纳现金不要粮食。每年是保甲长挨家挨户通知农户要交税,告诉农户缴纳的数量。保甲长一般通知到家长,因为只有家长是全家的代表,掌管着全家的经济。农户自己把粮食背到集市上去卖,换的钱来交税钱。一般罗家是罗守义和二儿子背粮食到乡上的集市或者城里面去卖。罗家一年要交两担谷子的粮食税。

收到纳税通知后,罗家每年都是按时交税,因为不按时交钱,还要征收延迟金,罗家人认为这样不划算。交不起粮食的农户,借粮食也要交齐,不然保甲长会抓人。农户如果暂时交不起税费,可以给保甲长说好话,然后找亲戚朋友借粮借钱,晚几天缴纳税收。保甲长作为这个地方的保甲长,还是希望得到农户的支持,所以会根据实际情况,对农户进行关照通融。

	税	

图 1-5 "八字井田法"

（二）二儿子被征兵

1940 年以前的时候,罗家的二儿子罗本发在路上被人抓去当兵。当地征兵的人只要看到壮劳力就抓,壮劳力要求在年龄十八到三十多岁,身高一米六五以上。罗本发被当兵的绑走准备押往前线,罗家人想尽办法将他弄了回来。

罗本发被抓后,罗守义让三儿子罗本才去找王乡长,王乡长写了一封信便让三儿子去押兵的地方领人,结果拉兵的队伍还没到,三儿子手里的信没有起作用。第二日,押壮丁的队伍经过,壮丁们都被绑了手,看押壮丁的士兵对他们态度恶劣。队伍路过的时候,大儿子罗本洪找老师童教官去帮忙说话,童教官告诉士兵不能绑罗本发,罗本发转身就跑回家,拉兵的人没追上只能作罢。二儿子回来后,罗守义还请当地乡警吃饭,这样才保证不会被当地警察抓。二儿子逃回来之后,村里的人会保护他,不会检举他,村民认为他能够逃回来是他自己的本事,还是希望自己村里多点人,不想让壮劳力都被拉走了。一般当兵的来抓壮丁的时候,村民一听说消息,家里的壮劳力就跑到附近的山上藏起来,晚上就在山上过夜,或是去远处亲戚家睡觉。抓壮丁的士兵来家里拉不到年轻人,对陈文珍发了一通脾气后走了就算了。

罗家的人参加了社会组织,罗守义参加了袍哥,认当地的保甲长当大哥。袍哥一般是镇上的乡长或是辈分高的人当大爷。农民走到乡镇上要"拜码头"①,这样在方圆十里,有大哥保

---

① 戏曲班社拜望演出地点的大户人家、豪绅、军政要员及帮会头目叫作"拜码头"。其目的是求得他们的支持,盼个演出顺利,唯恐稍有不到之处致使大祸临头,起码是难以立足。这里是农民希望得到乡里干部的庇护。

护就不会被欺负。罗守义请幺哥①通传见大哥，大哥见了罗守义之后，同意收罗守义当小弟。大哥如果不愿意见访客的话，就会给访客打发路费钱让他回去。一般"拜码头"见大哥，农户需要带个鸡、腊肉，腊肉一般是猪蹄和猪屁股，并宴请大哥吃一顿饭。此外，罗家大儿子应该是秘密参加了共产党的，因为儿子的老师童教官也是共产党。大儿子每次读书回来都悄悄给老三罗本才讲共产党的故事。但大儿子差几分没有考上大学，1949年大儿子跟着巴山精干团出去催收粮食，从此杳无音信，所以大儿子是否是共产党便无从考证。

(三)劳役税费名目多

村庄摊派劳力是按家庭人口来算，一般是按照"三丁出一，五丁出二"的原则，家里儿子五个及以上的家庭就要出两个人，三个儿子及以下的家庭就出一个劳动力。村庄需要修桥、修路、修庙时，罗家也出过劳力，摊派的劳役是属于必须参加的义务劳动，没有任何工钱。只有政府请来的匠人师傅每天有工钱，政府提供三顿饭。做义务劳力的农户要自己带饭。罗守义每次出去之前，陈文珍都会提前一晚做好饭，捏成几个饭团，装点泡菜、胡豆瓣让罗守义带去中午吃。

保甲长根据村上需要出多少劳动力，轮流划分到每家。保甲长通知家长出劳力，罗守义可以安排儿子去。一般家长会安排家里年龄大的儿子去，但是罗家大儿子罗本洪在县城读书，就只有罗守义和二儿子罗本发去干活儿。家长是爱护自己的儿子的，一般罗守义不在家或者有更重要的活儿，或是因为年纪大、生病等情况，才会安排儿子去，一般罗守义不会让自己儿子吃亏。儿子要听罗守义的安排，不听罗守义的话，罗守义有权打他。罗守义一般都会合理安排的，不让儿子感到委屈或是抱怨。儿子出去干活儿，要服从工地的安排，罗守义也会提前交代儿子出门不要与别人打架吵嘴。

一般县上派一笔款到村上，保甲长会按照家庭情况来定每户交多少钱，然后按名单通知家里的家长，挨家挨户去收款子。保甲长了解村上村民的情况，一般家里太穷的农户，不会摊派到他家。家里很有钱的人都当保甲长，这类人也不交款子。最穷的人和最富裕的人都不用交钱，倒是不富不穷的农户交钱最多。罗守义家庭作为村上中等富裕的家庭，每年缴纳的款子特别多。农村派款的名目很多，比如"乡警费"，是交给乡上警察维护乡、保甲治安的酬劳。"剃头费"，一个男子一年必须剃一次头，剃一次需要交三升谷子的钱。"力金"，农户过年杀一头猪就需要交十几二十块的杀猪钱。"枪支费"，打仗期间，农民帮军队购买枪支的钱，罗家曾被派了两条枪支费，因为交不起枪支费，罗守义还抵押了家里的几块土地给冯保长，借的钱交了枪支费。罗家每年都会交很多名目的费用，有些款项罗守义不知道缘由，但也不敢不交。每次保甲长通知到罗守义后，罗守义就让陈文珍把粮食拿出来一些，自己或者是罗文义、罗本发他们把粮食背到集市上去卖了换成钱来缴纳派款。

(四)男性参加选举

在1949年以前，村上的保甲长是由村民推荐产生，村民一般会选积极的、有文化的、会说话的人当保甲长，因为这样的人才能够处理好村庄的事务。而一般有文化的人家里都比较有钱，大多是大户的富裕家庭。富裕家庭的家长才有钱财支付私塾老师的学费。村里开会选保甲长的时候，村上会通知每户的家长去参加会议，罗家是家长罗守义代表全家参加。选举

---

① 排行最小的哥。

的时候,一个家庭只有一票。大家认为谁有这个能力就把手里的胡豆、豌豆或者是花生放在谁的碗里。如果家里只有寡妇作为女家长,要上了岁数的话才可以参加会议,年轻寡妇不能参加会议,更不能和男性坐在一起。

罗守义在选举保甲长之前,不需要和家人商量选谁,罗守义自己可以做主。开会的时候,大家听候选的几位农户怎么讲,看他们的口才和平时在村里的口碑如何。罗守义开完会回来会和家里人说一下开会情况和开会的经过,比如大家觉得谁不行,所以这次选的不是他,是选的另外一个人。罗守义可以作为代表去参与保甲长选举,但陈文珍是妇女,不能代表家长参加会议。随着罗家的儿子罗本发、罗本才长大成人,有时候罗守义去城里卖米或者其他外出,儿子也可以代表罗家去参加村庄的选举会议,回来之后再把会议内容告诉罗守义。

(五)家户与政府来往不多

罗家归堡子乡龙咀村万岭营管辖,万岭营便是一个甲,甲是根据地域划分而来的。堡子镇叫作堡子乡,龙咀村是堡子乡下的一个保。乡下面有许多个保,保下面又有许多个甲,甲是最小的行政单位。

如果村民家里发生大的纠纷,比如打伤人、子女不赡养老人等情况,需要请保甲长来主持公道,但村民更愿意请本族的族长来主持公道。因为村民认为请保甲长的话就算是和官府扯上关系,算是打官司。而请族人心中威望最高的族长的话,只是评理解决纠纷。罗守义当过罗家的族长。村民请罗守义调解纠纷时,罗守义会训斥不对的一方,并有权惩罚不对的一方。一般小的纠纷,家庭内部自己解决。

罗家很少因为家里的纠纷找过保甲长。罗家在买卖土地、扩建房屋、分家等事情上,需要报告保甲长。罗家在买义父罗志贵的房屋和土地时,给保甲长说了一下情况,保甲长就会把罗守义买房子和土地时立的地契、房契拿到县上盖官印,同时登记在册。在扩建两间新房的时候,罗守义给保甲长说了情况,保甲长要确认罗守义新修的房子是否越界,如果房子越界,即便已经修好都会被拆掉。在罗家三个儿子分家的时候,罗守义给本地保甲长报告,自己家里的三个儿子已经分家立户,保甲长就去儿子家里登记家庭人口数、土地亩数、房产等等,在儿子门口写上儿子自己的名字,并在村庄花名册上重新登记。

罗家除了常规登记备案的事情,一般不会主动找乡保甲长办事。但因为罗家二儿子罗本发被拉兵,罗守义找过王乡长一次。罗本发被拉兵后,罗守义让三儿子罗本才找王乡长帮忙。因为罗守义加入了袍哥,所以乡长算是罗守义的大哥。王乡长给罗本才写了一封信让他拿给押送士兵的人,这样对方就会放人。但因为拉兵的队伍还没到指定的地点,三儿子送的信便没有起作用。罗守义让大儿子罗本洪去找自己的老师童教官帮忙,童教官便和罗本洪追上押送士兵的队伍。在童教官的帮助下,二儿子罗本发跑回了家。村上的村民和保甲长都知道罗守义的二儿子跑回来了,但大家都不会去告发,大家认为他能跑回来是自己有本事,村里也多一个壮劳力。

龙咀村的村民一般不会主动联系保甲长,很少因为怀疑陌生人而向保甲长打报告。农户亲戚往来比较少,大家都忙于干自己家的农活儿。一般邻居家都是逢年过节才会有亲戚朋友登门,农民也没有见过陌生人。偶尔有陌生人进出邻居家,罗家人一般也不会报告保甲长,不想被村上的人认为是多管闲事、惹事生非之人。

同时,乡长、乡警很少来保里和甲里,一般乡长有什么事情,直接通知保长完成即可,比如县上摊派款子，乡长通知到每个保长，保长再挨家挨户收钱。只有在每年秋收之前，乡上会派人下来看作物的生产情况，通过看今年是丰收年还是歉收年，来决定是增加粮食税还是减少粮食税。乡长即便到各个村子里走访，也是在保甲长家里接待，普通的老百姓根本没有机会接触。乡警也很少来村庄，只有村庄发生大的纠纷事件或是动乱情况，村上保甲长才会通知乡警来村里维持秩序。村民们每年还要交乡警费，乡警路过农户家时，农户还要好吃好喝招待，才能得到乡警的保护。每次乡警路过罗守义家，陈文珍和儿媳妇都在厨房做一些好酒好菜招待他们。陈文珍还让儿媳妇躲在厨房里不要出来，怕万一乡警不守规矩对儿媳妇乱来。

附 录

达州方言对照表

方言	含义	方言	含义
大爷	对男性老人的尊称	婆婆	对女性老人的尊称
娘娘	对父辈女性的称呼	幺儿(女)	对子女的爱称
摆龙门阵	漫无边际地闲谈	冲壳子	吹牛皮,说大话
没来头	没有关系	扯筋(皮)	吵架或闹纠纷
打锤	打架	打滥仗	不务正业或无法按常规办事
鼓到	强迫别人做不愿意的事情	萨过	结束
背时	倒霉	哈数	有把握
经事	一个事物比较耐用	一哈	一会儿,一起
棒二儿子	旧社会的土匪、强盗	剪脑壳	理发
卡卡角角	角落,旮旯	惊爪爪	大呼小叫,不沉稳
二回	下一次	先人板板	把别人的老祖宗搬出来骂
几爷子些	同伙,几个大男人	等于零	白搭,白做,白费
包谷	玉米	二天	下一次
告花子	乞丐	红苕	红薯
九不干	还有很多水分拧不出来	水凼凼	浅浅的水洼
万后天	大后天	弯酸	讽刺,挖苦,打击
幺不倒台	了不起、自以为是,贬义	阴到	背地里,暗地里
做活路	工作,做事	相因	便宜
不得	不会,不可能	不得了	了不得,很厉害了,受不了

调查小记

　　本次家户调查报告所调查的是四川省达州市达川区堡子镇龙咀村的罗家。我主要和罗本才老人访谈了关于1949年前罗家发生的大小事情。通过对罗家家庭具体事情的调查，考察罗家内在的家庭治理体制。在罗家罗本才老人的生动描述下，我仿佛穿越回60年前的罗家，身临其境地感受发生的一切，深刻地感受到1949年之前在川东北地区的一个村庄的农户家庭里发生的故事。

　　在本次调查中，前期最难的部分便是寻找合适的老人。在发动叔叔阿姨、哥哥姐姐的关系下，我陆续与13位80岁以上的老人邂逅，这13位老人身体都十分健朗，记忆十分清晰，但可惜的是均不符合1949年前三代同堂的要求。经过一周的寻找，我仍未找到合适的老人，心情沉重而沮丧，一度准备先回到城里再做打算。但就在此时，哥哥帮我找到他朋友的父亲罗本才老人。在试访谈阶段，我惊喜地发现罗本才老人十分符合调研要求。在接下来的一周时间里，我每天早上8点、下午3点准时到老人家访谈，每天访谈接近6个小时左右。老人十分理解我的调研工作，主动地调整自己的作息时间，没有外出散步和耕种。在这次调查的过程中，罗本才老人和罗家人都十分支持和配合。在室外温度接近40摄氏度的高温酷暑之下，老人扇着扇子耐心地解答着我的疑问，生动形象地描述过去发生的故事。罗家的叔叔阿姨也热情地为我准备饭菜和解暑的西瓜和牛奶。

　　本篇报告写作部分最难的地方便是凸显罗家的家族特色。由于在自己家乡调研，身临其中而难自知，对于四川地区的风土人情，我认为十分正常和普通，很难从罗家的家庭发现突出特色，认为四川家户大抵如此。本篇报告的最终问世主要是在于中农院的老师们和审核小组的耐心指导，在四次文稿的不断修订和更改下，在老师们的不断鼓励下，在家户理论的不断丰实下，在同学的不断打气中，本篇报告终于符合出版标准。

　　此次参与家户制度调研收获颇多。首先从家户制度研究方面，我对川东北当地1949年前的家户制度有了更深一步的研究和认识。在此之前，我对1949年前的四川家庭的印象主要来源于影视作品。通过对罗家家户的访谈，我深刻理解到1949年前的大家庭的管理体系和内在的家长权威。追寻老人的历史记忆，得来的史料是可靠且珍贵的。调研也是从另外一个层面介入历史，书写历史。其次是从个人的角度，通过和川东北龙咀村罗家老人和村上其他老人的访谈，我对自家的家庭历史有了全新的认识。原来我的亲祖父和他的几个兄弟都是乡镇上富甲一方的大地主，我的外祖父是翻雪山过草地的红军。通过参加这次家户制度调研，我对自己家庭的家族史也有了认识，知道了原来自己的家庭曾经也辉煌过。在这之前我都不清楚家庭的历史。

　　总体说来，本次家户制度调查收获颇多，受益匪浅。感谢中国农村研究院，通过学院提供的平台,我才有机会参与这次调研。感谢中国农村研究院的老师们,感谢老师们对学理知识的教授,这是本篇报告写作的基础。感谢学院审核小组的全体成员,是审核小组耐心细致一遍遍审核和建议,才让报告的质量越来越高。最后感谢在本篇报告中帮助过我的室友,是她们和我并肩作战,一起陪伴彼此完成家户制度调查报告。

第二篇

女性当家：副业辅农的贫户生存
——豫北花园庄村王氏家户调查

报告撰写：王玉莹[*]
受访对象：王进礼

———————————

* 王玉莹(1995—   )，女，河南安阳人，华中师范大学中国农村研究院 2017 级硕士研究生。

导　语

　　河南省安阳市殷都区花园庄村地处中原,在 1950 年之前,该村庄规模较小、贫穷家户数量较多,但村庄整体关系较为和谐。因为当地位于殷商遗址之上,当地的农户在生存发展过程中所从事的生产活动存在着某种特殊性。1950 年王家在分家之前共有 11 人,三代同堂。第一代只有张继忠一人,其丈夫王文学于 1945 年因病不幸去世,张继忠作为家中唯一的长者,管理着家中的大小事务。第二代有七人,分别是王连生、王进仁、王进义、王进礼、卢云地、李凤云以及一位未出嫁的王春香。第三代有三人,即王浩仁、王浩义和王浩礼。王家成员在教育水平上存在男女差异,家中的女性成员并未有过受教育的经历,而家中的男性成员却都有着初小①的水平。王连生因为具有这段教育经历所增长的学识,在 1945 年的一段时间里在乡中担任过一段铁道部的警长。王进仁在 1949 年被国民党抓过壮丁,当兵一年。此外,家中具有劳动能力的成员都是农民。

　　王家的房屋居于村庄的正南方向,与周围邻里呈现相互聚居的状态。王家的住房,由于经济条件的限制,与村中一般情况相比较差。王家的房屋在空间布局上,呈现出建筑少、院落大的格局;在房屋自身构造上,主要是由一种土坯木来搭建的简陋住房,但是房屋在搭建过程中却是讲究“东西配房”以及置办齐全房屋内相应的配套设置等。

　　王家在 1950 年之前没有属于自家的田地,生存来源是以租种村内大户的 20 亩田地为主,在农闲的时候,王家家庭成员也会进行多种灵活的副业来补贴家用。因此,王家的整体经济状况虽然在村中属于贫穷水平,但却也是能够勉强维持温饱。王家在从事农业生产时,由于张继忠是女性,因此在有关农业生产时的粮食种类的选择、耕种过程中的农活分配事宜等,主要是由王连生在向张继忠报备之后来进行具体的事项安排。此外,王家成员在种地之余还从事有多种副业,其中“淘古”这一副业又独具特殊性。由于花园庄村地处于殷商遗址,在 1950 年以前,国家对于文物保护的忽视以及市场对于文物的追捧,使得王家成员有机会从事一段时间的“淘古”副业,并也从中获得可观的收益,但是由于家中成员并不懂得从事“淘古”行业的专业知识,因此未能由此发家致富。

　　王家一家生活一直平稳安定,后来随着家中当家人年岁的增大,张继忠难以继续管理家中事务,加之大家庭中小家庭成员生育的子女数量的逐渐增多,使得家庭内部的事务开始变得难以协调,再有 1949 年新中国成立的影响,王家的大家户在 1950 年进行了分家,由此大家庭最终解体。

第一章 家户的由来与特性

关于花园庄村的由来,村中多以史书记录的山西洪洞"大槐树"的迁移为依据。而王家作为村庄的老户,世代"扎根"于此,由于并未有书面记录,所以多以家中长辈传说为主。王家历代清贫,世为小农,家户成员勤勤恳恳,以种地为生。由于王家成员文化水平的限制,关于王家族谱的撰写未有重视,但家户却有祖坟,家庭成员也会根据当地习俗来对先人进行吊唁。在 1950 年之前,王家虽然家中贫穷,但是与村庄中其他家户家庭成员数量相比,王家家庭人数众多,可以称的上是村庄中的"贫户大家"。具体来说,王家一共有着 11 口人,上下三代,家庭成员大多身体健壮,家庭劳力充足,此外成家的成员婚姻也比较幸福。王家院落居于村南,与邻里相聚。家中由于经济条件的限制,房屋空间结构呈现出房屋占地少,院落空间大,房屋结构简陋,配套设置齐全的特点。王家生存方式主要依靠租种他人田地为主,多种副业灵活补贴为辅,家中因为王连生曾有任职而小有声望。

一、家户的迁徙与定居

(一)史载洪洞"大槐树"

关于花园庄村的由来,安阳市各地不少的大户人家中的家谱、碑文中曾有记录,花园庄创建于明朝初期,大致在 1370 年。明官府初期由于频繁的战乱导致广大中原地区人数骤降,为了巩固王朝统治,恢复民生和农业生产,明政府决定将人口兴盛的山西向中原移民,前后组织了 18 次大的迁移,将近百万人迁往了河南、山东、安徽等地,历史称为"山西洪洞大槐树的迁徙",这也是河南省安阳市的人员进行过大的调整的历史记载。由于王家一直以来都是花园庄村的"老户",但是因为家庭贫穷,没有知识文化,所以对于祖上迁徙的传说大都是是以村里的其他大户以及老辈们所说到的历史上的这次"山西洪洞大槐树移民"为依据。

(二)未著族谱有祖坟

王家后人并不清楚自己祖上繁衍有多少代,主要是因为王家历代都是贫穷的平凡家庭,对于家谱族谱、祠堂的设置并无讲究。此外,由于每代家庭人口数繁多且分家后散居各地,王家对于家户世系繁衍的管理也就没有重视。在 1950 年以前,王家姓氏的远房本家在村中有好几户,但也存在外出生活和发展的情况。随着王家一代代的分家和立户,王家在村中所占比重增多并且分布复杂,后代的分布也呈现出一种王家男丁在村中逐渐增多,王家女儿分居于各地的情况。

王姓在家族管理上较为薄弱,家族中未有宗谱或者祠堂,但是王家后人从老辈的亲人那里听说过家户是有祖坟。王家的祖坟大致位于现今河南省安阳市南岗地区,而且花园庄的其他姓氏的祖坟大都也在那边。因为王家常年经济贫穷,所受教育水平有限,王家成员一般只是在重大的节日时依照当地习俗去祖坟进行祭拜,祭拜的形式也极为简单,对于家户祖坟的具体位置划分以及祭祀活动的具体流程并未有严格的讲究。

(三)世代皆贫为小农

王家世代都是一个贫穷的家庭,家庭成员主要以种地为生,鲜有很高的知识文化水平。家庭成员虽然有时会从事一些副业,但是因为家庭的贫穷,以及农民的保守思想限制,使得家中并未有过多的资金来投资副业,或者出现家庭成员在手艺、读书做官甚至经商方面有突出表现的情况。总的来说,王家祖上在很长的一段时间内并未发生有什么重大的变故,同样,王家祖上在长时期内也并未曾听说有十分兴盛发达的时期。

二、家户基本情况

王家位于河南省安阳市殷都区花园庄村,该村毗邻殷墟古城,与小屯、王峪口、小庄相邻,村庄人口多以种地为生,但也有不少村民在耕种的同时依靠在周边地区挖掘古玩发家致富。1950 年,王家在村庄内属于经济水平范畴上的贫穷家户,家庭成员数量上的人口大户。由于王家在村庄居住时间长久,并且家中的王连生在 1950 年前后曾有过一段时间的任职,使得王家在村庄内中的贫穷家户之中具备有一定的社会影响力。

(一)家中成员变动大

在 1945 年以前,王家的代际关系是三代,其中男性长辈王文学作为当家人,家中的孩子还未分家,人口数共有 16 口人。在 1945 年到 1950 年期间,因为家庭的变故以及成年姑娘的出嫁等情况,家中成员曾有较大变动。例如,王家男性当家人王文学的去世,当家人自然转移到张继忠身上等。王家大家庭直到 1950 年时,由于家庭内部以及外部环境原因开始进行了一次部分规模的分家,涉及的是家中已婚娶并有小家庭的两个儿子——王连生、王进仁从大家庭里分离出去。分家之前,王家大家中并不存在过继、收养的情况。此外,由于王家人员众多,但是家中却不富足,因此家里并未有常年住家的非亲属人员。王家 1950 年的家庭基本情况描述具体如下表:

表 2-1　1950 年王家家庭基本情况

家庭基本情况	数据
家庭人口数	11
劳动力数	8
男性劳动力数	4
家庭际代数	3
家内夫妻数	2
老人数量	1
儿童数量	3
其他非亲属人员数	0

1.三代共存人数多

在 1945 年前后的一段时间内,家庭成员变动很大,例如当家人的变动,姑娘的出嫁等情况,这对于王家在分家之前的管理有着一定的影响。在 1945 年前期,家中的当家人一直都是由第一代男性成员——王文学来担任，王文学于 1891 年生，1945 年由于身体染病逝世，之后家中的当家身份转移到第一代女性成员——张继忠身上。张继忠生于 1892 年，在丈夫死后自然成为当家人，操持着整个家庭的事务，包括第二代的婚嫁以及分家事宜。家中第二代长子王孬子，因为他在年幼的时候不幸因病早逝，故出生年月和死亡时间不详；次子王呢子出生年月和死亡时间不详，他死亡的原因是早前跟随村中村民在挖掘古物过程中，与同行人产生了一些争端，最后导致人为的伤害致死。由于王家对于孩子的去世十分忌讳，因此家中对于在 1950 年之前还未成家便已经过世的两个孩子很少提及。

由此，王家实际意义上的长子变成了王连生，他在 1950 年时已有 34 岁，妻子卢云地年龄与之相仿，生有两个男孩，其中大儿子王浩仁 10 岁，二儿子王浩义 4 岁；王进仁 1950 年 28 岁，妻子李凤云年岁与之相仿，生有一子王浩礼时年 4 岁；老三王进义 1950 年时年岁为 22 岁，并未娶妻；三姑娘王春香，1950 年时 19 岁但还未嫁，仍然是家中的成员；老四王进礼，1950 年时是 16 岁，未成年也未成家。此外由于 1950 年时家中的王大妮和王二妮都已出嫁，便不再作为家庭成员具体统计，在 1950 年这个时间节点，家庭成员人数为 11 口人。

2.成员身体状况

王家的家庭成员身体情况整体良好，但也存在几个特例。具体情况介绍如下：首先是因病逝世的情况，第一个是 1945 年前家中的男性当家王文学，在 1945 年不幸身染疾病，并且又因为自身年岁过大，最后不治去世；第二个是年幼早逝的王孬子，因为生病未能及时就医死亡。其次是意外身亡的情况，家中的王呢子，由于外出挖掘古物过程中人际关系处理不当，加之社会环境的混乱与动荡，被人为伤害意外身亡。最后身体状况由好转差是家中的王进仁，由于他在 1949 年间被国民党抓到过壮丁，并且在当兵的一年时间里又受到过共产党的改编，跟随着共产党参加过抗美援朝战争，并在 1950 年不幸负伤残疾归家，之后王进仁的身体状况由好转差。

3.一夫一妻有婚育

在王家第一代中，王文学只有一个妻子张继忠，生有孩子九人，1950 年除去家中死亡的成员和外嫁的姑娘，家中第二代只剩有男丁四人与其两位嫁进来的媳妇及未出嫁的一个姑娘，第三代有男丁三人。第二代中，家中男丁四人已婚配的只有王连生和王进仁两人，王进义与王进礼因为年幼并未婚娶。在 1950 年，第三代包括有王连生的两个孩子王浩仁和王浩义，以及王进仁的一个孩子王浩礼。

4.女无学识男初小

由于王家常年以种地为生，家庭的经济状况长久以来都比较差，所以家庭成员中很少有人懂得教育的重要性，由此家中也甚少有成员能够接受过长时间、专门化的教育，以王家第一代的王文学和张继忠来说，夫妻二人都没有读过书。不过对于下一代的教育，在王文学在世时期，他还是有一定程度的重视，因此奠定了王家第二代的男性成员在 1950 年会接受一段时间私塾教育的基础。在 1950 年，王家没有女性读过书。从整个村庄中来看，也是很少会有女性去读书学习，除非是家中经济条件特别富裕，并且家长思想较开明。在村中也大都是家里面的男的才能去读书，而且一般也都还是有钱的家户。不过，王家受早期王文学的思想引导，以及后期张继忠遵从王文学在世时候对孩子的教育，家中的第二代男丁在教育上还是有一定的要求。即使家里整体的经济状况不是很好，不过在家里稍宽裕的时候也是会选择送适龄的男性小辈跟着村里的其他孩子们一块去读书。

　　整体来看,受普遍的"重男轻女"思想的影响,王家的女性成员包括早前王家生养的三个姑娘以及已经嫁过来的两个媳妇,她们也都是从未受到过文化教育,不过家中的第二代男丁却是都有上学读书的经历。但是受家庭经济因素的影响,四兄弟所接受过的教育教学程度也是较为初级, 且上学的时间断断续续。王家第二代兄弟四人虽都是接受的四年制的初小教育,但是王连生和王进仁的文化程度较其他兄弟有着较为明显的差异,因为由于王进义和王进礼年岁的原因,在1950年王进义较前两人所上时间较长,而王进礼因为社会的发展还有一段上公立小学的经历。在接受过断断续续的教育之后,王连生和王进仁在成年期间也并没有就此放弃学习,有时会在日常的闲暇之余自学一些必要的知识,因此整的来说王连生和王进仁的文化程度在兄弟四人之中也是较为突出。此外家庭中的第三代小辈因为年龄原因,也正值上学季,虽然有过一小段读初小的经历,但是后期随着社会和国家教育的发展,也是一直持续到当地所称之为的高小毕业。

5.信仰"家神"

　　1950年社会正处于刚刚解放的初期,在农村地区由于人们的受教育水平有限。在1950年,王家全部家庭成员都对"家神"有着一定程度的信仰。所谓"敬家神",1950年以前,王家院房的墙上挖凿并供奉着几个如同"老奶奶像"的像,当地称之为"家神",亦可称"全神"。在当地,如果家中发生"死亡"或者"添丁"时,或者是逢年过节,家家户户都会在"全神像"之前设台上香,叩拜供奉。在1950年,虽然王家第二代男丁已有初级程度的文化水平,但是由于他们的宗教信仰呈现的是一种迫于家中的习俗以及长辈的从小教导的情况,从而他们对于虚无的神仙也都怀有一定程度的敬畏之心。王家在1950年的家庭成员基本信息情况如下表所示:

表2-2　1950年王家家庭成员基本信息表

成员序号	姓名	家庭身份	性别	年龄	婚姻状况	职业	身体状况
1	张继忠	当家人	女	约58岁	丧偶	农民	良好
2	王连生	长子	男	约34岁	已婚	农民[①]	良好
3	卢云地	长媳	女	约34岁	已婚	农民	良好
4	王进仁	次子	男	约28岁	已婚	当兵	差
5	李凤云	次媳	女	约28岁	已婚	农民	良好
6	王进义	三子	男	约22岁	未婚	农民	良好
7	王春香	三姑娘	女	19岁	未婚	农民	良好
8	王进礼	四子	男	16岁	未婚	学徒	良好
9	王浩仁	长孙	男	约10岁	未婚	无	良好
10	王浩义	次孙	男	约4岁	未婚	无	良好
11	王浩礼	三孙	男	约4岁	未婚	无	良好

---

① 1945年期间,王连生曾任警长。

108

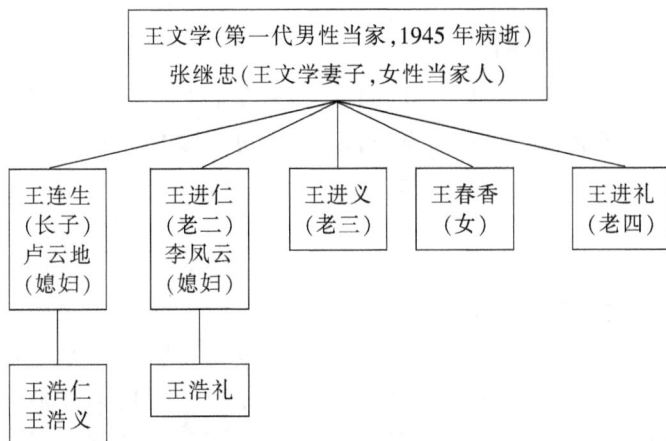

图 2-1　1950 年之前王家成员示意图

(二)房屋简易配置全

1.家居村中正南

　　1950 年以前,王家位于花园庄村落的正南方向,与村庄其他家户相邻,王家房屋边界向南与花园庄村的耕地相连。在空间布局上,王家位于中原地区的平原,北面隔一个小胡同是邻居何家的住宅;南面是一条较大的道路,路对面是村庄的耕种田地;西面是共墙而居的另一王家住宅;东面隔一个小的胡同土路是村中邻居赵氏的住宅地。邻里的房屋结构与王家房屋结构一样,都是当地常见的土坯木结构。王家的房子是 1950 年前从本村的一个季姓大户那里购置得来。该季姓大户由于家中有钱要搬到城里住,所以王家与村里几家平常和季姓大户居住、来往较近的邻里互相进行商量,并决定平均摊钱合伙将季姓大户的房屋买来,然后分配。

　　关于王家邻里之间的布局,具体描述如下:

　　向西方向的是王家远房本家[1],由于王家的家宅曾经是由王家先辈以及其他兄弟共同置办,所以邻居家中的北屋是与王家北屋房间共墙修葺有四间土屋,该家户东面与王家修建的三间西屋相互照应, 修建有三间东屋。此外邻居家房屋前有一个广大的院子中设有简易厨房、厕所、牲口棚等,并无其他设施建筑。

　　向北方向的是何家, 该家户的房屋布局与王家家宅以及邻居远房本家家宅北边的房屋是互相照应,修葺有七间房屋,房屋前方拥有广大的西后院。由于何家在花园庄村里属于有钱的大户,所以家庭房屋建筑的设置比较齐全,由于王家成员与该家户交往很少,该家户房屋布局的空间设置布局,王家成员不甚清晰。

　　向东方向的邻居是一户赵姓大户,王家与其互为街门邻里,所以串门较为频繁。赵家房屋的建筑分布如图所示图 2-3,房屋在南北东以及中间方向共有二十九间房,房屋大致以三间为一整体设置为一个"外间"两个"里间"的形式,拥有东西两院以及北边的后院,西边设有一个正式的大门,东边和两院连接处又设两个小门,在西院西南角落设有大的牲口棚喂养

---

　　① 远房本家:指同一个姓氏,不过关系不太亲密。

有很多牲口,牲口旁边便是厕所,在大门前有一个很大的碾盘,王家在收上来粮食之后经常来邻居家趁着邻居家碾盘空闲的时候将粮食进行碾磨。

王家房屋周边和邻里之间有一个小的间隔,都是泥土踏实形成的土胡同,家户向西不远处有一个很大的水坑,花园庄村中间是有一条东西横向的村中大道,大道向西通过花园庄的田地并且与西边方向的王裕口村向通。此外,在花园庄村东北方向也有一个较大的水坑,村子北边方向有一条较为宽阔的官道,将花园庄村与邻村小屯村相分离,官道也是东西走向,向西与邻村四盘磨村和小庄村相连,向东道路逐渐沙化成为洹水河的河堤道。花园庄村东边与田地之间还有一条较为宽阔的大道,主要是为方便庄稼种收时,村民农户牲口以及大车的通行。王家所处的村子周边并不存在严格意义上的寨河与寨墙等设施,不过北边有一条由东西走向又转变为南北走向的一条河流,称为洹水河。该河流在 1950 年前后对于村庄农田的灌溉,村民生活的取水有着重要的地位与作用。对于花园庄村的田地分布,主要是以洹水河、四盘磨村、小庄村、王裕口村和向南的一个官道为边界,其中包括田地中间的小屯村和花园庄村的所有土地,在这些田地之中,花园庄村所拥有的田地面积较大。

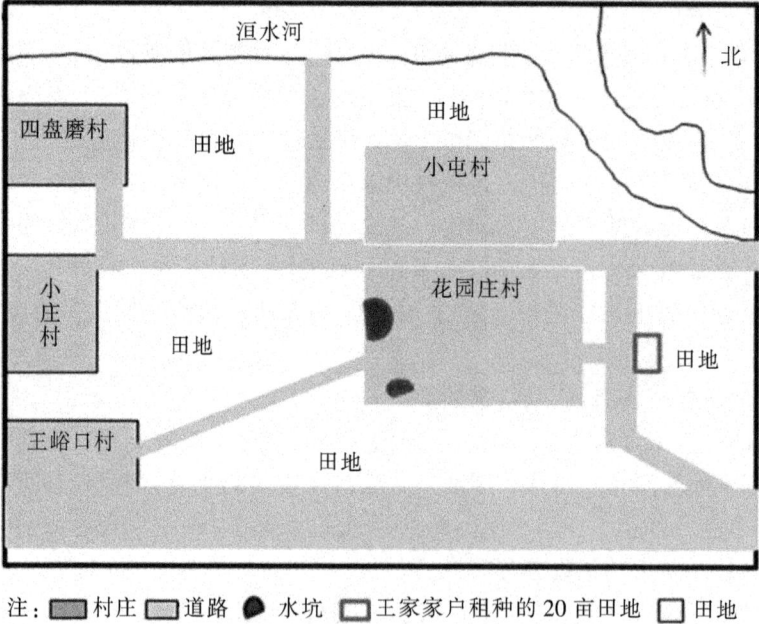

注:▮村庄 ▭道路 ●水坑 ▯王家家户租种的 20 亩田地 ▯田地

图 2-2　1950 年之前花园庄村布局图

110

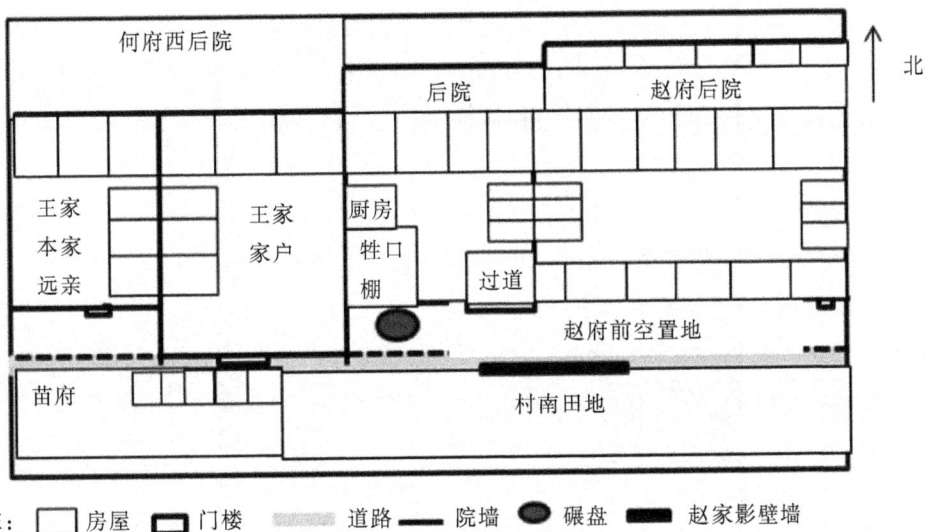

注： ☐ 房屋　▯ 门楼　░░░ 道路　━ 院墙　⬤ 碾盘　▬ 赵家影壁墙

图 2-3　1950 年之前王家邻里空间布局图

2.家中两院七屋

1950 年时,王家共有七间房屋,前后两院。根据房屋的新旧程度又可分为北边四间老房子与西边三间新房子。对于已经建造的七间房屋,其结构全部都是较为简易的土坯木结构。北边四间房自左向右每两间为一整体,每个整体都是一样的布局,即东边是有屋门的房子,称为"外间",设有桌子、椅子等,主要用作吃饭会客;紧邻向西的房子是由东边西墙方向建有的屋门进去称之为"里间",设有土炕、梳妆镜柜等,主要为睡觉梳洗使用,"里间"向南方向有一扇窗户以便屋内的人员可以看到后院的情况。西边的三间房正中间的房屋设有屋门为"外间",屋内南北方向设有屋门作为两个"里间",屋里摆设与北边房屋大致一样,甚至更为简陋,两边的"里间"向东方向各开有一扇窗户。房屋居住的人员分配则为:北边由四间房屋组成的两个整体,自东向西分别是王连生及其妻子孩子和王进仁及其妻子孩子的住处,西边的三间房屋则是还未婚配的王进义、王春香、王进礼以及张继忠的住处。

北边房屋和西边房屋之间存在一个较大的空间,王家便是在这个空间搭棚起灶作为厨房,厨房后不远处有一颗百十年的大槐树,夏季家里一般在吃饭的时候会蹲坐在那里吃饭乘凉,西边三间房屋向南还有大片的院落称为"前院",家里前后院之间向东还有一颗大槐树。家庭的厕所设置在前院西南方向的角落里,向北紧挨厕所的地方搭建有一个牲口棚,是1950 年之前买过一头黄牛喂养的地方,不远处还有搭建一个不大的鸡窝,散养着三五只鸡。家中的排水道、小管道散杂,不过最东边挖有较大的排水沟防止水涝。家户周围除了房屋是以墙为边界,四周都是由泥土茸成较为低矮的院墙,南边正中间修葺有前门楼。王家的房屋及其他设施在建造以及修葺的时候,一方面是遵照原先房屋的布局,另一方面是遵照家庭成员的方便程度,但是并无什么风水、方位之类的讲究。

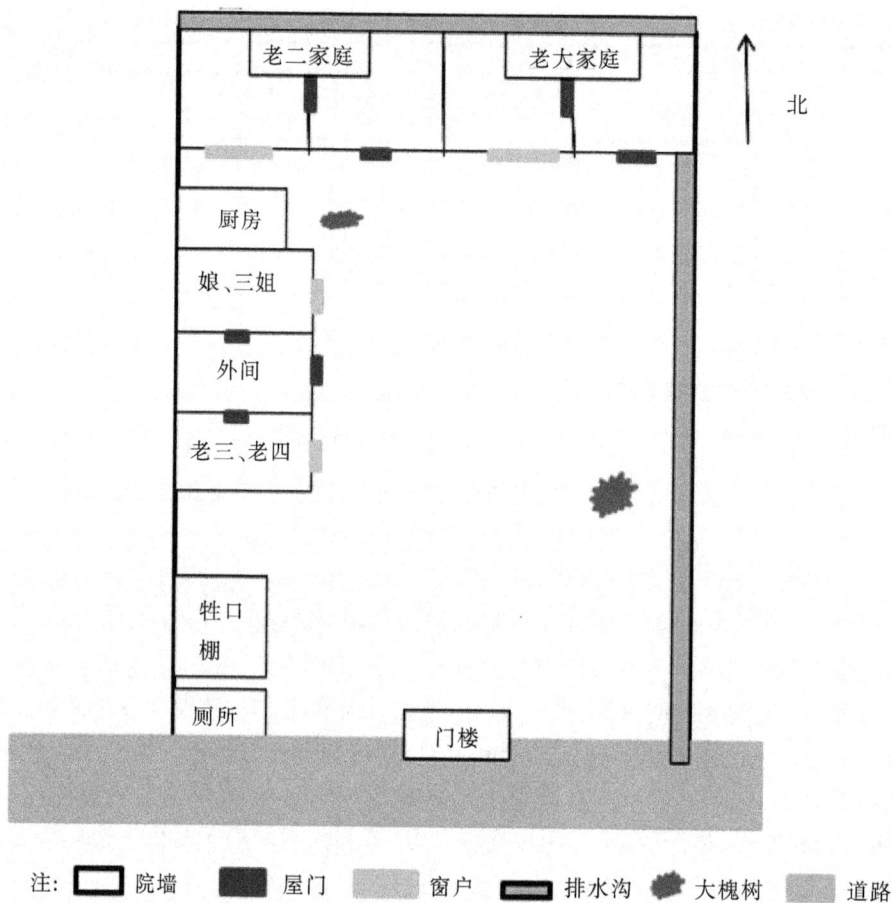

注: ▢ 院墙　■ 屋门　▬ 窗户　▭ 排水沟　✿ 大槐树　▨ 道路

图 2-4　1950 年之前王家房屋空间布局图

(三)租田加副业

1950 年以前王家并没有属于自家的田地,王家的家庭成员都是依靠租佃村中大户人家的田地为生。此外,在农闲时候男性劳动力有时外出,做点小生意贴补家用,例如,王连生曾经担任过干部也曾下南方卖过布匹,王进仁和王进义曾在村头卖过面条,王进礼有时也会伙同村中的村民一起也在村中田头卖烧饼与油条。女性劳动力除了帮忙种地和在家做些家务,有时也会帮村中富裕家户采摘谷子糊口挣钱, 例如卢云地和李凤云以及王春香在日常的闲暇时间,曾给村中大户何家采摘谷子。这些方式与种地相比较赚钱更快,但是不好的地方是挣的钱并不固定,且社会动乱时期金钱的贬值速度过快。在 1950 年,王家的劳动力数量为 8 人,其中男性劳动力为 4 人,女性劳动力为 4 人。在男性劳动力中,正值壮年的有 3 人,较为年幼的有 1 人,女性劳动力中,身体健壮的有 3 人,年岁偏老的有 1 人。

王家曾有一头黄牛作为牲口,不过存在时间较短。家庭每年收入金钱数额较少,具体数额都是由张继忠根据具体需求来进行分配。

表 2-3　1950 年以前王家家计状况统计

土地占有与经营情况		土地自有面积	0 亩	租入土地面积	20 亩
		土地耕种面积	20 亩	租出土地面积	0 亩
生产资料情况		大型农具	无		
		牲畜情况	间歇性的置办有一头黄牛		
家庭副业情况		工作类型	做小生意买卖		短工
		工作人数	4 人		3 人
收入	农作物收入				其他收入
	农作物名称	耕作面积	总产	金额	收入来源	收入金额
	小麦	17 亩	约 2125 斤	—	贩卖小生意(面条、烧饼)	—
	棉花	2 亩	约 100 斤	—		—
	谷子	5 亩	约 625 斤	—	挖掘古物贩卖	
	高粱	10 亩	约 1975 斤	—		
	杂粮	1 亩	不固定	—	妇女短工	2 元
	共计		约 4825 斤		总计	约 30 元
支出	食物消费	衣服鞋帽	燃料肥料	租金		
	自给自足	自给自足	自给自足	地租打粮对半		
	杂税	医疗	其他			总计
	交粮,不固定	较少	—			—
结余情况	少有结余		资金借贷		借入金额	0 元
					借出金额	0 元

(四)成员曾有任职

在 1950 年以前,王家整个家庭成员中曾担任过民间或官方职务的只有王连生,时间主要集中在 1945 年前即日军占领安阳的时候。王连生因为自身有较高的文化知识水平,所以在安阳周围的铁路部门担任过一个警长的职务。由于王连生所担任的官职在村中的小户人家眼中还算是个较大的官职,因此王家在村里可以说是小有声望。在 1950 年,王家的王进礼和幼小的第三代男丁一起在村中走动时,村里的人有的时候还会给孩子们一些糖或者吃食。王家在当地和村中的家庭情况相当的家户相比可以说是稍有地位,但是严格来说,家户在与官府交道中并无什么特殊关系。

(五)家户基本特点与特性

1.当家人的权力与变动

在 1950 年以前,王家有三代人,其中张继忠是当家人,是实际意义上管理家户事务的人。不过家中涉及一些需要男性来出面处理的情况,张继忠会让王连生处理相关事务,除此之外家户当中不再有别的管理决定家户事务的人,在 1950 年之前,王家也并未存在管家来管理王家事务的情况。关于王家当家人变动,1950 年之前只出现过一次,发生的原因是原当家人王文学去世,当家人的位置发生空缺,自然转接到张继忠身上,王家当家人在发生变动时也没有什么严格的流程以及讲究。村庄各家户之间也并不需要告知,因为家中的当家人去世后,会在村中举行葬礼,村中各家户也自然会知道该家户家中当家人变更的事情。

2.家户评级看财富

关于村中家户的水平标准,在 1950 年之前,人口的多少不会对家户在村中的地位产生什么较大影响,家户资产殷实的大户人口众多依旧是大户,贫穷家户人口众多便将会愈发贫穷而已。在村民眼里,凡是有超过百亩农田,家财殷实,有很多的大型农具以及众多牲口的就算是村中的大户;中户的区别应相当于 1950 年之后低于非常富裕家庭地位的一般水准,地虽没有大户多但是也有不少,同样也有大型农具和牲口,家境也是稍显富裕;小户便像普通王家一样,地很少或者甚至没有,需要依靠租佃大户人家的田地种田为生,家里拮据,没有大的农具甚至牲口。大户、中户、小户的区别主要在于家户所拥有的田地以及资产和生产资料,至于是否当官以及在村中的声望则不是首要的评判标准,也不是家户大小的评判标准,严格来说,这些也都是以家庭的经济条件为基础。

在 1950 年的花园庄村中,有一个名为崔金堂的村民,他的家户便可以说是当之无愧的村中大户。虽然他们家中人口并不是很多并且也没有听说有家庭成员担任有官职,但是他们家中尤为富裕,家中有耕地百十亩,也会因为其他副业赚取额外钱财,从家中的房屋建造来看,该家户有十几间由砖瓦建造的房子,甚至还有二层的楼房。

在 1950 年以前的花园庄村,虽然王家的人口很多,但是就土地和财产拥有情况来讲,王家在村里又是占有量极少,甚至在村中排倒数,是真正意义上的财富小户。因为王连生曾有过任职,因此王家在花园庄村中的贫穷小户里算是有些影响,但是这种影响并不大,王家与其他农户之间互相往来密切、相处和睦,并不存在什么压榨。总的来看,王家在村里处于小户的水平,没有田地、人员众多,家庭生活极为拮据。此外,王家成员并没有听说过村中家户在保甲制或登记保甲册时被分有什么等级。

3.“老花园庄人”

王家一直以来都是“老花园庄人”,花园庄村便是王家家户的“根据地”,虽本家之中有不少分支会因为外嫁或者外出而迁出花园庄,落户到其他地方,但是按照当地的说法,“本家”在花园庄村还是“有根的”,并且在村庄之中王家本姓成员也占村庄的很大部分,虽在宗族、祭祀礼仪上没有明确的讲究,但是村中的亲缘关系在日常生活和交往中也是时常体现。

此外,花园庄村自从创立以来,由于并未有突出的资源和商业,所以很少有外来的家户迁入,村庄的发展也都是由村中的老户一代代的繁衍而发展壮大,所以并没有什么新户和老户的区分。

第二章　家户经济制度

在 1950 年之前,由于王家成员众多,又没有属于自家的田地,家中虽有租田,但收获的劳作成果需要交纳半数作为"租金",因此家中经济状况拮据。不过因为家中成员勤劳,在主要依靠租种农田的基础上,又充分利用农闲的时间来灵活发展副业补贴家用,这也使得王家能够维持温饱。王家的产权主要包括租种土地的使用权,房屋、生产资料以及生活资料的所有权。在经济生活上,主要包括有家户的生产经营、家户的分配消费、家户的借贷交换等活动。在这些活动进行过程中,张继忠一直起着决定作用。由于王家是一个文化水平不高、等级制不明显的家庭,在家中事务上主要以长辈的决定为主,因此王家主由女性张继忠为当家人,不过在做决定的过程中,其他家庭成员,尤其是家中成年的男性成员也可以发表自己的意见。

一、家户产权

(一)土地产权涉及租种

1950 年以前,王家家境整体贫穷,家中并没有多余的资产来购买属于自己家户的田地。不过由于地域、经济水平以及社会大环境的限制,不得不依靠种田为生,加之王家拥有较为充足的劳动力,王家主要依靠租种大户人家的田地为主要生活来源。对于王家来说,家户的生存与发展主要靠的是租佃村中大户人家的 20 亩田地来支持。由于田地是租佃而来,因此关于田地的归属、支配、置换与典当便不再是王家能够考虑的问题。但是,在田地耕种与打理上,王家具有一定的自主权。

1.租种农田良好

在 1950 年,王家自有的土地亩数为零,但是拥有租佃土地 20 亩。王家租种的是完整的一大块田地,这片田地与花园庄村整体的土地类型一样,都是地处中原地区的水浇平地,地质总体来说较为肥沃。这片土地全部分布于花园庄村东面的大田地之中,具体来说王家田地靠近村庄。因为在花园庄东头的田地前有一口早前由一户富贵人家所开凿的能够同时悬挂四个"碌碡"[①]的大井,而王家田地就在大井附近,所以田地灌溉条件较为良好。而对于花园庄村的田地来说,除了这口大井外,在田间还有众多由村民自家开凿的小井[②],村庄田地整体的灌溉条件也还可以。王家田地附近没有大型正规的沟渠,有的只是每家户在田地旁自己开掘的可供灌溉的小渠子,不过花园庄村附近有一条较大的河流——洹水河可用于灌溉,由于河

---

① 碌碡:从井里打水所设置的装备。
② 小井:规模较小,仅能够悬挂一个"碌碡"。

流与田地之间还是有一定距离，所以一般都是大户人家驾着自家的大车去打水然后再把水运送到田里灌溉农作物。

王家租佃的田地在亩数上有过增减，在 1945 年前后，由于家中劳动力还算较多，家里都是租种村中一位大户人家的 20 亩田地，不过到临近 1951 年，由于王文学的去世，家中姑娘的出嫁以及王家嫁入的妇女看孩子的需要等一些事情叠加在一起，家里租种的田地开始慢慢变少，减少的田地亩数是按照不同时期家中劳力的具体情况来变化。

在 1950 年以前，花园庄村中各家的土地并不存在村庄或者宗族定期收回后重新分配的情况，田地的变更都是各家户之间通过钱财的交易进行买卖，买卖得来的田地全部归属于家户私有。

2.佃权继承看家户

王家所种的这 20 亩田地都是从曾居住于花园庄村的一个大户人家中租佃而来，最开始是由家中原当家人王文学来出面租借。之所以要租借这户人家的田地，主要是由于村中大部分的多田大户在很早之前都有商量好的佃农来耕种自家田地，而这家大户由于家庭富裕准备搬迁到城里居住，便恰好将他们原先自家耕种的 20 亩田地租给了王家。在此之后，王家也如同村中租种他人田地的农户一样，成为固定租种该大户农田的农民。

在 1945 年王文学生病逝世到 1950 年的这段时间里，由于王家仍是一个大家庭，因此家中的租佃权并未发生实质的转变。对租种田地的亩数进行决策的还是家中的当家人，只不过限于张继忠的女性身份，一般会指派王连生作为家中的代表来与佃主进行联系。而等到 1950 年王家进行第一次分家之后，土地改革的开展使得王家不再考虑租佃权的继承问题，家户成员开始拥有由国家分配的、属于自己的田地。

3.多方涉及土地所有边界

(1)"革岭"一条线，田地分两家

王家所租佃的 20 亩土地与周边邻近的田地之间存在边界，这些边界一般都是在土地买卖之后，人为的在边界的土地之下用石灰洒下一条分界线，当地称为"灰界"①。在土地耕种过程中，由于"灰界"有时候会被泥土掩埋，因此当地的村民还会在"灰界"的上面用泥土堆出一条较高的"革岭"②，一方面来区分田地的归属，另一方面在浇水灌溉田地的情况下又可以保证浇灌田地的水可以聚集不向外界其他人的田地上流去。由于这种土地边界划分的方式是在 1950 年之前，甚至更早时期便一直存在，村庄村民也以此为准则，因此在土地的归属问题上村民之间很少会有矛盾，同样也不存在四邻会越过边界到不属于自己家田地的范围内从事农业生产活动的现象。

(2)田地耕种自家做主

在王家所租佃的这 20 亩田地中，王家所有的成员都可以耕种使用，不过张继忠作为家中的当家人，对于家中事务的管理有着统筹的地位。在家中成员的具体安排上，张继忠只是在家中做做饭或者带带孩子，轻易不会下地耕种，而家中的其他女性成员也只是在农忙时期下地干活，其余时间主要料理家中的家务，例如做饭、纺纱织布等农活，土地的耕种大多时候

---

① 灰界：用石灰画出的边界，一般用来区分两户人家的土地归属问题。

② 革岭：与"灰界"性质一样用来划分两户人家土地归属问题。

是由家中的男性劳动力来进行。每个家户对于不论是自己租佃的还是自家拥有的土地都有着明确的认识，外人不能够轻易去耕种使用不属于自己的土地，除非与土地所有者做好约定，不然所种的粮食也不会归属自己，出力不讨好的行为没有人会做。由于王家在1950年之前从未置买过田地，租佃的土地自家也没有所有权，因此并不存在土地继承的现象。

（3）土地自家心有数

关于对田地耕种边界的心理认知上，村中家户大都只是清楚地了解自己家中所属的田地或者自己家中所租佃的田地，对于自家以外的田地是归属谁家，有些临近本家庭田地的土地还是稍稍了解，之外的也就都不再操心。由于王家是租佃他人的田地，所以田地的所有权不在王家，因此王家对于田地的所有意识不是很强烈，家庭中重视的只是田中农作物的产量问题。而对于村中其他拥有土地的农户来说，他们对于土地的所有权问题都有着一定的自我归属意识。此外，就花园庄村而言，村里虽有富裕的大户，但是大家相互之间还都讲道理，各家户之间在田地的划分问题上算是较为和谐，村中并不存在无故的互相侵占田地的情况。

（4）收粮缴租归自家

关于王家租佃的这20亩田地的经营权，一般是由王家而非田地实际所有者说了算，田地主要种植什么农作物也都是由张继忠与王连生一起商量。因为张继忠作为王家家庭事务的主要管理者，对于家庭中需要的粮食和棉花持有数量有着较为清晰的认识，而王连生作为带领家庭男性成员种植粮食的"当家人"，对于粮食的收成也要有着清晰地把握，因此关于田地的种植类型和亩数，一般都是两人商定好再进行农业生产。在粮食的经营问题上，由于是自家的事情，因此不需要同别人商量，而家中女性成员由于很少参与农业生产，而其余从事劳动生产的男性小辈们都听王连生的安排，所以也没有进行其他的商量。

关于田地的产出问题，由于耕种的是大户人家的田地，所以在粮食成熟之后还要留出来一半的粮食用来缴纳地租。在收割安排上，一般都是由王连生来组织安排。由于收割时正值农业生产最繁忙的时候，因此家中所有的劳动力都要参与粮食收割，家中只留有张继忠来给家人做饭以及照看还处于幼年的孩子。关于收割，外人即使是土地所有者也不能加以干涉，不过到粮食快成熟的时候，佃主是会派一些人来看管王家成员收割粮食，以防止王家成员偷粮食以少交租粮。就村里的整体情况来说，租种他人田地的家户成员也都是在田地所有者委派人来看的时候才会开始收割，不然如果由此产生纠纷，租主就极可能会因为不信任而不将田地再租种给该农户。在收割时候，租主委派来看的人不会帮忙收割，但是会带着"斗"将把家户成员收割下来的粮食进行对半分，这是收租粮的一种形式。在收粮食的过程中，除了"收粮"的人和租种的农户自家外，没有什么宗族或者村庄的人再来加以干涉。

4.家户土地争端少

在1950年之前由于花园庄村的邻里之间相处较为和谐，贫苦家庭之间大多都为自家的生计问题忙碌奔波，对于别人家中有多少田地，种植什么粮食作物操心较少，但是对于自家所有或者租佃的田地，要耕种的粮食和产生的收益家户成员都十分明确并且有较大的自主权，村中的其他村民从未有干涉甚至侵占的现象。

由于王家并未有自己的土地，所以并不存在家户中土地的买卖、租用和置换问题。而在花园庄村中，大户人家的田地存在变更的现象，关于田地的变更一般也都是两家之间进行金钱与田地的交易,只要双方商量好了走一下程序,就交换地契便可。

此外关于土地的产权问题中所涉及的家族和村庄以及政府角色,对家户自身影响很小。田地的所属主要是家户,村中没有什么较为有声望或者影响力的家族,村庄中的保长也不会管这些日常的事情,保长一般都只是在需要村中农户缴纳税钱的时候才会出现。关于田地的买卖与置换,由于王家的土地不属于自己,所以并不存在这样的情况,而对于村中拥有田地的农户来说,家里所拥有的田地应该都是会有由所在地官府颁发的凭证,但具体是什么样子的凭证,王家成员并未见过。

(二)房屋产权归自家

当谈及王家所拥有的房屋产权问题时,王家的房屋数量曾经有过变化,在 1950 年较早以前王家曾经只有四间房屋,这还是祖上从一户季姓人家买来的土坯房子。后来由王文学兄弟两个因为分家进行分割,再后来由于王家需要为成年的王连生和王进仁结婚准备新房,前当家人王文学便将家中所剩有的钱财置办了三间西屋,这便成为了后来的七间房屋。

1.房屋简陋却自足

王家位于花园庄村的南头方向,王家宅基地的面积大约有 448.5 平方米,房屋建造的数量为七间,房屋建筑的面积相加大约有 88 平方米,空余出大片的空地形成家中的前后两个院落。王家房屋的建筑材料是贫穷家庭修建房屋很常见的土坯木结构,建筑布局是一种不完整的四合院形式。

由于王家的经济情况限制以及家庭成员数量适宜,在 1950 年,已有的这七间房子刚好分配,所以王家并没有再建造房屋。不过在建造房子的时候,王家还是按照四合院的形式建造,只不过空出了东边和南边房屋的占地,到 1950 年后的一段时间里,王家因为结婚生子,增添了更多的家庭成员以及后来四兄弟的分家,家中的经济条件逐渐变好,王家后辈们便将东边和南边的房屋也盖了起来。

王家的房屋形式在村里还算是一般的情况,往上有大户人家修建的更好的砖瓦结构的楼房,往下还有像村子西北方向的人家有的住的都是茅草房。过去的房屋大致就是三种类型的结构:富人家的砖瓦楼房四合院,一般贫穷人家的土坯东西配房以及更贫穷人家的茅草独房。

2.房屋来源两种方式

王家房屋的来源存在两种形式,继承和修建。王文学两兄弟在分家时,从上辈继承有四间房子,兄弟二人平分了这四间房子,但是因为王文宣家中只生育有两个姑娘且都出嫁到外村,而王文宣在名义上过继了王文学的一个孩子王进义,当王文宣夫妇去世以后,家中的主要房屋财产便由王进义继承,而又因为王进义年岁小且实质还是王家成员,因此王文宣的房屋之后便归到了王家家户手中,这便有了后来王家最初拥有的四间老房子。而西面的三间房屋则是在 1945 年前王文学在世时修建而成,这是由于王连生和王进仁都已经到了适婚的年龄,当地结婚的习俗是要有一套婚房作为娶媳妇的前提,因此为给兄弟二人空出来两套房屋作为婚房也就是北边的四间房屋。

3.房屋家产只传男丁

在王家成员看来,在未分家之前,不论现下房屋里住的是谁房屋都是属于整个大家庭,不过由于张继忠是家中的当家人,在房屋的分配上还是由张继忠说了算,一定程度上讲,也可以说是由当家人所持有。

在1950年以前，由于王连生和王进仁都已婚配并且生育有下一代，所以北边的四间房屋可以一定程度上看成是他们潜在的产权。但是在未分家之前，张继忠作为当家人还未明说房屋归属权问题，所以这些房屋整的来说都还是属于王家这个大家庭。从上文可以看出，虽然王家拥有七间房屋但是作为一个11口的大家在房屋的分配上还是十分紧张，除了北边四间房子暂时由王连生和王进仁家庭居住外，西边三间屋子便是由张继忠、王进义、王春香和王进礼暂时共同居住。对于房屋的分配，王家严格来说都是暂时居住，并不能说是严格意义上的专属，所有的房屋不论是谁在居住全家都可以使用和居住，只不过分配好了便没有出现再次变动的情况。在1950年，王家的房子很是紧张，甚至在1950年王进义结婚的时候，由于家中还没有经济条件给其建造婚房，婚礼还是在张继忠的提议下，在王连生的两间房子中进行。这也是说明了在未分家之前，王家房屋的决定权还是由大家庭也可以说是由当家人说了算。

虽然在未分家之前家中的房屋属于王家全体家庭成员，但是从王家家庭成员的心理认知上讲，家产的归属只是包括家中的兄弟四人，而非全体。而其他的家庭成员，不论是嫁进王家的卢云地、李凤云还是待字闺中的王春香，甚至是已经出嫁的王大妮和王二妮都没有资格成为房屋的所有者。在1949年前的花园庄村中，女的都是不能当人看，更不要说分家产。

此外，在花园庄村中，涉及房屋所有问题的其他情况时，如果家中有外出打工的成员，只要是个男的都是要算一份，招进来的上门女婿作为家里的"半子"也是可以分得房屋的所有权，未成年的男孩只要不是隔代，或者是家中下辈儿子死亡但是留有孙辈的也是要有，其他情况，只要不是家中血缘亲属的男丁都不能享有家中房屋的所有权。

房屋的所有权分配在分家之前每个人在态度和认知上是处于较为薄弱的层面，除了当家人在房屋的暂时分配与居住上需要操心之外，很少有家庭成员关注，只有当大的家户要分家的时候，这种有关房屋的归属和认知才会被家中的男性子辈关注。

4."灰界"和"水檐"

在1950年的时候，花园庄村之间家户与四邻的房屋有边界划分，早前的边界划分是一般都是一早就有，邻里双方也就是很久之前的长辈们商量着划分边界并以此为标准，这种标准当地称之为"灰界"，即在两家中间用白石灰划出一条边界然后用土稍稍掩埋。邻里双方对于双方家户的边界有个大致的认知，一旦邻里之间觉得对方因为建房或者修建墙院越过了边界可以挖开土地以"灰界"来说道，四邻未经对方允许不可以侵占别家的房屋范围。此外，邻里双方之间边界的划分还存在共墙的房屋以及如果邻里双方是在以房屋为边界的情况下会稍留有些空隙作为"水檐"的地方作为划分边界的形式。

王家与四邻的房屋之间划分的边界有三种形式，首先王家与东西两边的邻居之间划分的边界除北房屋是祖上与东边邻居一起从姓季的大户手中买过来的一排房子是共墙的形式，以墙为边界外，其他东西边界便是以"灰界"为划分标准各自在"灰界"中间留有一个极小的缝隙分别修建有自家的院墙。与东边赵家划分院墙范围是在早期买房子的时候就已经商量好边界的划分与院墙的修建，而与西边远房本家是在祖上王姓分家之后才开始划分的边界和修建的院墙。王家与北边何家的边界划分便也是以"水檐"为边界，防止王家北屋的房子在下雨天向北边也就是何家所处的地方流雨水而发生冲突。

王家所拥有的房屋归本家庭的家庭成员所拥有使用,在1950年之前并没有存在外人未经同意就使用的情况。在1950年,由于村中大多都是贫苦人家,每家户所拥有的家庭成员几乎成饱和状态,光是本家户自己的家庭成员居住都还互相嫌弃拥挤得慌,因此不会出现外来人口无端来到王家这样的小家户中来居住。如果说出现打仗的军队士兵来到本地,那也大都是到村里的大户人家那里去要求居住,因为村庄中的大户,家中的房子都是多的都住不完,有空余的房屋向军队提供。关于房屋的继承权便是涉及分家时候的问题,这时候能够享有权利的只能是家庭成员中的四兄弟,其余他人不再享有。

由于王家属于生活水平较低的贫穷小家户,所以家庭成员中对于自家所拥有的房屋以及周边的边界心理认知比较强烈,一般是不会允许他人无故侵占本家地方,也没有出现过争端。除此之外,在关于别家的房屋产权问题上,因为与王家自家的利益关系不大且家庭还得为生计劳心,也就不怎么管别家有关房屋产权的问题。

5.家长当家支配房屋

王家房屋没有经历过拆除,不过存在购买、修缮、建造的情况,在房屋所有权的支配地位上,家户的当家人拥有着实际支配的权力,当家人一般都是家户中最年长的人员,有时在决定房屋的购买或者建造等活动中,长辈夫妻双方会有沟通,不过还是要由男性当家人来做最终的决定和安排。像王家,1945年之前房子的购买与修建便是由王文学来决定,在王文学染病去世后,张继忠成为当家人,此后有关家庭房屋的修建和继承也是由张继忠来进行管理。由于女性当家人身份所限,张继忠会安排兄弟来进行劳力上的修缮,也可以对所在家户的房屋进行重新调配。由于张继忠也算是明事理、会生活的当家人,因此在实际情况中王家房屋的分配和使用在家庭成员中很少有争议,由此也没有进行过大的变动,并且在之后王家进行分家,关于房屋分配问题,也由张继忠和兄弟四人商量过后最终做决断。

由于王家家庭经济条件差,人口较多但所拥有的房屋数量很少,所以在1950年以前没有对房屋进行过出卖、出租或者典当的活动。不过如果出现这样的情况,那么王家也将会是家中的当家人也就是张继忠来做决定,外人一般不可以干涉,宗族或者村庄也是不能干涉。

6.其他家庭成员的影响作用

其他家庭成员在房屋的所有权支配过程中虽不起决定性的作用,但是还是有一定的影响作用。在1950年,王家作为小家户,相关的礼数是没有大家户那么严格苛刻,一般家里做出什么样的大决定都是会告知已经长大成人有一定理性思维的男性家庭成员。在关于房屋实际支配过程中,张继忠作为当家人,由于所受世面和教育水平的限制,在一些重大问题上还是会和家中的成年儿子主要是王连生和王进仁商量决定。除此之外,其他的为未成年的王进义和王进礼以及婚嫁过来的卢云地、李凤云以及王春香,在此过程中发挥的作用鲜少。

7.村民之间未有霸占房产

在1950年以前,由于花园庄村村民之间相处较为和谐,虽然生活条件存在差异,但是村民之间都讲道理,所以并不存在强取豪夺这般无理的情况出现。王家也是如此,房屋的归属都是在王家家庭成员内部之间进行,外部并未出现其他家户或者恶霸侵占的情况。

8.房产自家做主

对于自家房屋的所有、买卖、租用以及置换的活动,其他村民除非双方是利益的直接涉及者,不然很少有人来专门在意不相关家户的交易活动。相反,如果双方是利益的直接涉及者,双方则会十分在乎本家的家户利益,一般不会出现外人随意侵占他人房屋的现象,花园庄村中也鲜少听说有强行逼迫他人家户进行房屋买卖、租用、置换的现象。不过倒是听说过外村出现过军队强行驻扎在农户家的情况。

至于村庄以及县政府对于家户房屋产权的认可都是依靠家户手中实际拥有的地契作为官方的凭证,家户之间的买卖、租用和置换也是通过字据来拥有效力,不过在实际情况中,村庄、县政府对于家户之间房屋产权的交易采取的都是放任态度,除非是交易双方之间出现矛盾争端需要官方出面评判,其他情况家户在房屋产权的实际权力上有着很多大的自主性。

(三)自家持有生产资料

王家由于经济水平较低,家庭劳动力数量丰富,所以在生产资料的配置上基本采取的是"有钱便置办牲口、农具,无钱靠人力"的方式。在牲口方面,王家并没有长期养过牲口,只是在农忙之前买过一头黄牛,养了不足半年又进行了变卖。在农具方面,王家并无像犁、耙、耧这样的大型农具,但是"小家伙"像锄头、镰刀、木锹,兄弟四人还都是人手一份,这些小农具也都是在庙会或者集市上购买一个铁质的"头",然后回到村中自己找合适的树枝进行修理制成"把"。王家的这些生产资料,不论在干活时是归谁使用,在未分家以前都是归王家这个大家庭所有,生产资料的使用和分配一般也是由当家人来决定,只不过由于张继忠一般不会去从事农业生产,因此这些事务的管理便由王连生来进行支配。

1.家长决定牲口处置

（1）农忙添置农闲卖

1950 年以前,王家的经济情况决定了这个家庭无力长期承受另一张"张口吃粮"的牲口,按照当地的说法:"家中连人都吃不饱,家里种的高粱和麦子磨下来的糠①还有野菜树叶子都是不怎么够吃,有的时候还需要家中小孩子出去要饭呢。"所以在进行农业耕种时,王家主要便是靠"人力"来进行农业生产,"要是到种地的时候,人家有牲口的是牵着牲口来犁地,像小户家中没有牲口的就是让人站到两头牲口的位置来拉着犁来犁地。"

不过王家也并非一直处于食不果腹的艰苦状态,有的时候也会因为家中耕种的粮食大丰收,或者王家男性家庭成员因为外出所干的副业挣到钱②等情况,也会在农忙的时候添置黄牛来减轻家中劳动力的负担。在 1950 年之前,王家曾经有过一段添置一头黄牛的经历,并且是在快要种植小麦的农忙时期去集市上买来,一般都是王连生去购买,购买时所采用的是金钱加粮食的形式。

王家除了有时会饲养头牲口外,还会在院子里养四五只母鸡以供家中的营养补给。由于王家还是一个大的家庭,所以这些母鸡以及母鸡所产的鸡蛋是归全家所有,一般都是张继忠进行分配,分配的原则也是优先病人、优先孕妇、优先小孩以及优先长辈。如果母鸡在生长中途病死或者老死,家庭便将母鸡煮着吃,有时逢年过节也会提前宰杀年老的母鸡,然后全家人分食。家中母鸡所产的鸡蛋以及母鸡本身全部都是供王家成员自家需求,并未出去进行贩卖。

---

① 糠:原本是牲口的饲料。

② 例如在挖掘出古物之后通过贩卖得到好的价钱,或者做些零工挣到钱。

（2）全家所有

王家所存在过的不论是短时期的黄牛还是家中饲养的家禽，只要是还未分家就是归王家全部的家庭成员所拥有，不论年长年幼，包括张继忠，王家四兄弟，已经嫁进来的卢云地、李凤云和未出嫁的王春香，还处于幼年的王浩仁、王浩义和王浩礼，但是家庭成员不再包括还未婚嫁而死去的成员以及已经出嫁的姑娘。

虽然牲畜在所有权上是属于全体成员，但是在实际支配上主要是由当家人也就是张继忠来决定由谁来使用、如何使用牲口黄牛以及如何分配食用家中母鸡所产的鸡蛋和鸡肉，其他家庭成员也会因为当家人身为年长者这样的辈分，一般都会遵从，不会提出什么异议而引发冲突，有时候如果需要使用家中的牲畜或者食用，和张继忠说明情况，张继忠一般也会明事理做出相应的决定。

不过就实际情况而言，家中牲畜的支配权实际的归属存在差异，尤其是家中的牲口也就是耕地用的黄牛，它在早期置办、使用、更换以及最后的出卖这些过程中，是主要由王连生作为王家的外当家伙同王进仁一同来参与。这主要是因为作为当家人的张继忠身为女性在很多方面是不便于也没有能力去置办以及管理牲口，这便需要家中的王连生作为王家的外当家人来管理牲口的使用，以便于更好地使牲口来促进家庭的农业生产。此外在农忙时节家中牲口的"搭伙"以及借用，这也都是王连生作为外当家可以决定的，不过需要事先和张继忠进行报备，除此之外，家庭中的其他成员将对于牲畜的支配不具有直接的决定作用。由于王家饲养的牲口存在周期较短，因此也从未出现过家中牲畜被他人霸占的情况。

2.自有农具买卖借用

（1）"大"的没有，"小"的够

在村庄之中像王家这样的小户家庭并不在少数，他们家中的农具拥有概况和王家相当，总结出来的一句话就是："大"的没有，"小"的够。也就是所谓的像犁、耧、耙这样的农具，对农民来说算得上是"奢侈品"、需要花费大价钱置办的大型农具，王家家里买不起；不过作为依靠土地为生的小农像锄头、镰刀、木锹、水桶这样的农民"必需品"，在农业生产过程中不能缺少、家中必须要置办的都是按照劳动力人手一份。

家里的这些小农具一般都是放在院子的牲畜棚子旁边的地方，一方面可以避免雨水的淋湿腐坏，另一方面便于家庭成员在下地之前的使用。这些东西也同样是归属于全体家庭成员，在干农活的时候都可以使用，不过当出现农具借用情况的时候，决定权是属于当家人。由于王家所拥有的农具较为平常普遍，因此并没有出现被强占的情况，大家之间都是在商量过后相互借用、互相帮助，没有那种直接强占他人农具这种不讲理的现象。

（2）集市买"铁头"，家中装"木柄"

王家不像是一般的大户或者中户家庭，在农具的购买上都是完整的一套购买下来，他们的购买方式是只买农具那种专门的铁质的"头"，至于农具木质的把柄是回到家中以后自己找到合适的枝干来进行拼装。而一般这些农具的"头"是已经成年的王连生或者王进仁在张继忠的授权下来到集市或者庙会进行购买，由于王家经济状况的低下，这样的购买方式会使得家中省下一些开支以供其他需要的地方。不过像用于给农田浇园的木桶，因为制作过程较为复杂并且是要靠专门的木匠来进行制作，所以是需要去集市或者庙会上直接购买得来。

家户中这些小型农具的拼装过程大致一样，以锄头为例，锄头作为锄地松土的工具，在农民家庭中必不可少，王家的成年男性便会在张继忠的授权下来到集市或者庙会上和买卖农具的铁匠来进行讨价还价，添购一些数量的"铁农具头"，回到家中王连生和王进仁便会尺量农具"头"与"柄"相连接处的直径大小，去村头或者河堤边的树林中寻找尺寸相当的树干，如果树干较细小插入连接处会较松，便会找几块木块用锤子锤击进去以做固定，如果树干较粗壮插不进去，便会用斧子进行裁劈，然后用锤子锤击进去，形成完好的农具。此外，除了小型农具自制以外，从井中打水所用的麻绳也是自家制作，当地打水挂在木桶上的绳子一般都是麻绳，那种麻绳都是家里自己做，一般都是在农闲的时候去村子或者河堤边上拔"毛"①，然后将这些"毛"分成好几股，按照一定的顺序一股一股的搓在一起，这样就会越来越粗，一股一股重叠在一起变得越来越长，由此形成麻绳来供家中的使用。如果在使用过程中农具发生了损坏，可以根据损坏的部位以及程度由张继忠来决定是通过自家动手更换"木柄"，还是"铁头"朽坏需要王连生或王进仁去集市再次购买置办。

（3）邻里互相借，无偿好商量

在1950年以前，村庄中像王家这样的小家庭在农具不够用，或者是需要使用大型农具的时候，都是会向村里的相处得很好的拥有这些农具的家庭去借用。一般情况下，只要别人家的农具闲置着，借用双方农户相处很好，持有农具的家户都是会借出，也不会说借农具再收点什么报酬，都是直接无偿的使用。

王家虽然说家中的小型农具是齐全，但是在播种前期的农忙时节也是需要经常去借用像犁、耧这样的大型农具。由于这些事情属于田地里的农活事宜，因此出面去借农具的一般都是家中的王连生，借用的对象也多是东边的邻居——赵家大户，因为王家邻里的关系和睦，并且在耕种时王家一般都会比赵家慢上一段时间，因此邻居大多时候可以闲置出大型农具来方便王家的借用。

王家也存在别人借用自家农具的情况。在王家自家的农具借用问题上能做决定的主要是张继忠以及王连生。如果村民来到家里借用农具，是由张继忠来做决定，而如果在农田地头有人来借稍稍闲置的农具，便由王连生决定，借用的农具一般也都是在晚上便会归还。农具的借用一般都是看借用双方之间的关系亲密度，一般较亲近的才会来借，农具持有者也会给借，而关系疏远的人家也就不会来找关系不好或者一般的家户来借用。

在借用过程中，一般都会正常使用不会恶意损坏，如果不慎发生损坏，借用的一方也是会主动将农具进行维修，过于严重的也会进行赔偿。因此大家在农具的借用上都是呈现出："邻里互相借，好说好商量，不慎损坏生，维修加赔偿"的现象。关于借用的时间长短，一般借农具的农户都是在对方已经将农具闲置下来之后借用，借用的时间也只是农忙时候的那一两天，很少有超过三天的情况，所以总体来说，农具借用周期都比较短。

（四）生活资料置办较全

王家的生活资料总体来说还是比较齐全，按照当地的说法："都是成人家过时光，那家里一般需要的物品，像那锅碗瓢盆，桌椅板凳，那一般家里不论好赖就都应该具有的。"具体来说，包括锅碗瓢盆、桌椅板凳、油盐酱醋、土炕木柜、床衣被垫以及家中零零散散的木箱、扫帚等用具。除此之外，王家院子里还有一口水井，田头也有非严格意义上的"晒场"。这些生活资

---

① 拔"毛"：就是有一种树木，在秋天干枯后会翘起一圈干枯的纤维，这种纤维较为结实不易断。

料在未分家之前原则上是都归属于全家人所有,实际的支配权是在张继忠的手上,不过卢云地、李凤云婚嫁过来的嫁妆,使用和支配权将默认都归属于每个小家庭。

1.生活资料原则共有

在王家,吃饭需要的油盐酱醋,锅碗瓢盆,桌椅板凳,睡觉需要的床衣被垫,梳妆柜等一些必需的生活资料还是较为齐全,此外家中还有其他的生活用品,这些东西在没有分家之前都是归属于王家整体,即家中的所有成员。不过,这些物品在原则上是由张继忠来进行分配和管理。

考虑到王连生和王进仁都已成家并且也已经有了下一代,因此像他们两家结婚时候置办的用品,诸如衣服、被面以及梳妆柜,木箱甚至小家庭房屋里放置的桌子、椅子等这样的物品,虽然在原则上还是属于全家,但是默认归属于小家庭。不过在一些特殊的场合,例如,家中接待的客人较多等情况下,便还是由张继忠做主将房屋中的桌椅搬出来使用,不过使用完之后还是会"物归原地"。例如,在1950年时,王进义因为结婚的需要,家中由于桌椅的有限,但是按照习俗还需要摆桌宴请亲朋好友,家中桌椅不够用,张继忠便会要求王连生、王进仁将他们居住的屋子里的桌椅摆出来,甚至还会支使王连生出面去相处得好的邻居赵家大户那里借些桌子来摆宴席。在1950年前,村中贫穷的小家户家中出现需要摆宴席的时候,用的碗筷以及桌椅一般也都是邻居间互相借用。

2.地头设置简易"晒场"

由于王家地处中部平原地区,田地大都平整,所以王家如同村里其他有地的小家户一般,为充分利用土地资源、节约时间,便会将晒场设置在所种田地的地头。王家是在自家地头平整出一块差不多两亩的地方作为晒场用于粮食的曝晒。这种"晒场"就是一种临时性的地方。晒场一般是这样形成:村中的农户在种植粮食的时候,在地头位置先种上大麦[①],等大麦先成熟收割之后,再将地头的田地用耧和耙来进行平整,这样一个临时的简易的"晒场"便形成了。村民们便可以将收割上来的麦子放置到晒场上进行作业。为防止自家粮食的丢失,农户一般都是白天出来晾晒,晚上便会装回家中,第二天再出来晾晒,一直持续到麦子曝晒完成,进行装袋。之后便可以将"晒场"用犁松后种植下一季的玉米,这样便可以实现田地使用的最大效益。

王家在地头设置有大约两亩的晒场,其他家户会以自家田地打粮的实际情况来设置晒场的面积。晒场因为都是在自家的田地头设置,是一种临时性的地方,因此村中并不存在晒场的租借或者买卖的情况,也不需要村庄或者县政府的专门的文书,这都是种田的田地,没有什么"晒场"的文书。此外,晒场的设置一般都是自己家或者租种田地的地方,一般是不允许他人越界占用自家的地方来作晒场,一般他人也不会无故占用他人田地作晒场,不然双方之间便会产生争端。

3.大户"种树",小户"乘凉"

王家没有磨、碾、碌这样的生产资料,但大户人家有,而且一般会在自家门前设置,村民在打下来粮食之后和人家说一声便可使用。王家借用的便是东边邻居赵家大户门前的碾盘来碾磨粮食。这样的借用在村中大多也都是无偿,因为村中大户人家的这些碾盘成年闲着也

---

① 因为大麦与小麦相比熟的较早,收割也早,这样便腾出来地方来方便小麦的收割和晾晒。

是闲着,所以不用的时候便就会让村里需要的人用用,加上大户人家也都有钱,也不图小户家中的那点钱,因此借用不需要交什么费用。在使用人家碾盘的时候,有时候小家户家里有牲口的便可以让牲口来拉拉,要是没有牲口的可以让人推,也可以借用人家有牲口的来进行农业生产,不过如果要使用别人家的牲口,牲口使了力气,村民也会将碾磨粮食剩下来的"糠"喂给借用的牲口当饲料。这些碾磨因为是石头制成的所以一般不会轻易损坏,要是损坏了你就需要通知人家碾磨的所有者然后商量一下赔偿的问题。

王家所使用的水井分有两种情况,一种情况是自家所有,也就是在王家院子里开凿的小的水井,这个水井是自家成员用工具自己开凿,因此并未产生什么大的花销,至于水井开凿后建的"碌碌"这些东西花销不大,由整个家庭来承担。第二种情况便是在田地头建造的那口可以支撑四个"碌碌"同时打水的水井,这是村中很早之前的一家大户所建造,临近大井周边的村民都是可以随意使用打水,不需要专门去询问打井的所有者[①],打水所使用的都是自家的水桶和"碌碌",谁家坏了那就是谁家去修,也就不存在赔偿的问题。

总的来说,有关磨、碾、碌以及大的水井的使用,因为当地民风淳朴,村民之间作为生活在一起很长时间的"伙伴",遇事都是互相帮助,大家都是通情达理,大户慷慨大方,小户"树下乘凉"。

二、家户经营

(一)生产资料简易较全

在 1950 年之前,王家几乎所有能够称得上劳动力的人在农忙时期都要去田地从事农业生产,而其他时间里,家中的女性劳动力也去给大户人家充当临时小工挣些零钱,家中的男性劳动力也会干一些贩卖烧饼或者油条、面条这样的副业挣钱。此外,花园庄村位于殷商古都的遗址,在花园庄村的土地下会有一些古器,由于当时国家对于文物的重视度不高以及大户人家对古玩的高价悬赏,使得村庄内外挖掘古器挣钱的形式成为当地成年男性帮助家庭"发家致富"的又一大副业。

1.成员各自有分配

在 1950 年,王家拥有的劳动力数量为 8 人,包括张继忠、王连生、卢云地、王进仁、李凤云、王进义、王春香以及王进礼。而王浩仁年仅 10 岁,王浩义和王浩礼年仅 4 岁,不具备从事劳动的资格。

在一般情况下从事农业生产的是男性,也就是王连生、王进仁、王进义和王进礼四兄弟,干的都是苦力活。有时候在下种子之前的犁地和耧地因为需要通过牲口和他人搭伙干活,需要一定的技术,所以这时候干活的大多是已经成家的王连生和王进义。除此之外,农田里的锄地、播种、浇园、收割这样技术性不强、需要出力的农活,就是四兄弟一起干活。家中的女性也是需要干农活,不过因为女性的劳力限制以及家中琐事的桎梏,她们不会像男人一样常年在田间地头,一般只是在耕地、摘苗以及收割这样农忙的时节会去田地和男人一起干活,其余时间便是在家里做饭、看孩子、打理家务等。未成年的小孩子[①],因为他们还不懂事,更不懂

---

① 当地村子的这口大井据说也是很早之前的大户建造的,村中的人也都不知道这口大井的所有者是谁。

得干活,因此便不会让小孩子下地干农活。①

　　在农忙时节,家庭成员劳动力便都需要下地干活,不存在不干活的情况,除非是大户人家的小姐只是待在绣楼里从不下地干农活,像一般家庭的农户是不论男女老少,只要会干活都需要下地干活,这是家庭的大事,要是家里有人不干活也没有人说,花园庄村的家庭都是自己的家庭事务自己家庭内部处理,外人是没有什么资格去当面评论人家家庭内事务的。

2.劳力富足成员多

　　王家的家庭成员数量在村中也可称得上是人口的大户,可是由于经济水平处于低等水平,没有资金置办属于自己的田地,使得充足的劳动力成为王家家庭日常生活的"短板"。此外,家中的劳动力因为大小家庭之间牵绊,家中并不存在成员出远门打工或者给他人当长工的情况,不过在农忙过后的一段时间内,家中农活不忙的时候有出去给大户人家打短工的现象,这种短工一般都是家中的年轻女性,如卢云地、李凤云和王春香,她们有时会应村中大户的告知去帮人家摘谷子,然后挣一些零钱以供家用。

　　由于王家没有属于自己的田地,都是按照家庭情况租种的村中大户人家的田地,加之家里的生活情况仅仅养活起自家人,因此王家在1950年之前并不存在请工、帮工、雇工的情况。不过在农忙时节有过互相换工的现象,不过双方之间并不会称为换工,而是叫帮忙,一般帮忙的双方都是存在血缘亲属关系,自己农忙时人手不够的时候亲戚来帮忙,他们人手不够时再帮回去,这种帮忙没有什么严格的对等交换,而且也不需要支付什么酬劳,就如同家庭内部的家人互相帮忙一样。

3.家中无地靠租佃

　　1950年以前,王家从未拥有过属于自家的田地,家户之中充足的劳动力使得王家主要依靠租佃大户人家的田地为生。王家租佃的是村中一家大户的20亩田地,位置坐落于村中东面田地的西边。由于家中租佃的这20亩田地时间较长,是在王文学在世的时候就已经商量好,具体的一些流程和村中农户田地的租佃大致一样。土地的租佃流程大致如下:村中农户如果想租佃大户人家田地,一般都会是家中的当家人去大户人家家里找到当家人事先敲定田地的地亩数以及位置②,然后等到商量好位置之后再确定一下种田所要缴纳的"地租"③,这样就算说好。田地租佃的双方没有讲究要写契约,一方面因为农村村民有文化的不多,契约写起来过于麻烦;另一方面村中大家都是比较讲究"信用",口头说好就算是生效。土地租佃的过程只是涉及租出和租入双方家户,只要双方家庭的当家人决定便可,并不需要告知或请示四邻、家族或者保甲长。土地的租佃一般都是按照农户来说的先后顺序,优先租给先来租佃的农户以及一直租佃的农户,租佃的双方一般都是一个村里的村民,除此之外很少再有其他的特殊关系。至于地租的缴纳,一般也都是在村里开始收粮食的时候,租出去田地的大户人家就会派家中的一些人来村里的田地头看着租地的村民们打粮食,然后顺便拿着大斗,等到粮食都收上来之后就开始称量收租,当地称之为"来收粮了"。因此,地租的缴纳其实并不需要自己去租种的大户人家家里去交粮。并且租地的农户在粮食熟了的时候必须去大户

---

① 小孩子:当地称小孩子一般是11岁以下的。

② 由于大户人家的田地百十亩,租佃出去的田地是要听田地所有者的。

③ 由于村中租田统一都是按照打下来粮食的一半交租的规矩,所以不需要商量只需要确定。

人家家里叫人来,看着收粮,这是为了避免出租的大户人家觉得自己家偷偷打粮而少交粮食租,这也同样是租田种地的农户打粮食的规矩,一般不能破坏,要是不按照要求让人看着打粮食,下一回大户人家就会以这家农户会少交"地租"的缘由不再租借给这家农户继续种粮食。

王家的田地租入是在1945年王文学在世时,都是由王文学作为家中当家人去大户人家中进行交际,而在王文学去世以后,种地这方面的事宜便是由王连生在张继忠的授权下去交际。因为王家常年租种这户人家的田地,因此并不需要每次都从土地租佃流程的起始做起,只需要在每年的年头一段时间内去这户人家中和当家人报备一下来年租种田地的时间和地亩数便可。在本村中,大户人家的田地因为大家都是村民的关系,相对而言还是比较好租,而且田地的租佃也都是以村为单位,鲜少有听说外村的人来本村种田。此外村中田地的数量有限,也有没有租到田地的农户,例如村中西头的不少农户就没有田地,但是他们也会找一些副业来维持生计。在租佃期间,租借双方只是在粮食收割的时候才会有交集,因为村中大户常年居住在城里,因此除收粮外,双方其他时候很少走动。王家在过年期间并不会专程去给佃主拜年,也不存在时常去给佃主送礼或者无偿帮忙的现象。佃户一般也是可以随着自家劳动力的增减来与佃主商量增减甚至退租的事宜,不过一般都是在年头双方交接的时候提出,这些一般情况下都会被佃主允许,佃主会根据实际情况再次租借其他人或者减少租借。

在1945年期间由于家中劳动力丰富所以家中一直都是租佃的20亩田地,后来在1950年近两年,由于家中王进仁被抓当壮丁,王连生在外奔波,家中的劳动力数量减少且时间分配不均,田地的租佃地亩数便有所减少,不过在此期间,除了收粮交租外,王家并未与佃主有过其他过深的交往。

4.牲口"搭伙"互相借

王家家庭拮据,并未有充足的资金来长期购买拥有和喂养牲口,因此王家牲口的拥有具有短暂性和阶段性。王家牲口的喂养一般要看当年家中的整体条件以及家庭劳动力的调动情况。在1950年之前,家中阶段性存在的便是一头品种固定的黄牛,但是家中牲口犁地、耕地一般都是需要至少有两头黄牛搭伙去拉犁车或者耧车,因此在农忙需要使用两头牛犁地或者耧地时,王家一般会去借用村中其他有牲口并且与自己家相处较好的农户。不过这种牲口借用方式不是一般意义上的物品的借出,而是当地人称的"搭伙",即村中两家农户各有一头牲口,并且相处较好,可以在农业劳作时互相商量好,让这两头牲口搭伙成一组,先后为两家农户的田地进行犁地或者耧地。因为两家的牲口是互为两家来使用,使用完毕之后牲口的归属还是"各回各家",至于双方家庭所耕种的田地有差异之类的矛盾,一般双方都是关系很近不在乎这些或者在"搭伙"时便已考虑找双方田地差不多的,因此两家双方在"搭伙"使用完牲口之后,也不需要互相支付双方什么报酬。

王家一般是和村中相处得来的农户一起"搭伙",一般"搭伙"有两头黄牛便已足够,与自家"搭伙"的农户也并非一直固定不变,不过大致上都是本村的甚至和自己亲戚本家有牲口的"搭伙"比较常见。因为花园庄村村子不大,因此搭伙的农户距离王家也不远,农田一般也是相隔较近。在一般情况下,两家商量好"搭伙"是因为两家田地粮食的种植在时间节点上存在先后,这样可以错开时间方便两家不会耽误农业劳作。"搭伙"一般都是会由家中的当家人来决定然后找农户去谈,王家一般都是王连生去找对方的当家人去商量,"搭伙"的时候没有特别要求期限,使用的时间不会太长,一般都是农忙的一天或者两天,早上拉到田地里去使用,晚上再拉回来。

5.农具自制与借用

王家所使用的农具大多都是"半成品",小农具的使用基本上可以实现完全自给,但也存在特殊时期的捉襟见肘,这时也需要靠和村中农户相互间的调剂来缓和。大农具的自给程度严重匮乏,一般情况下主要是靠家中的人力来替代牲口和农具的使用,不过在村中农户方便的情况下也可以通过借用大型农具的方式来提高农耕效率。

具体来说,王家的小型农具,例如锄、镰刀、木锹等都是购买的铁质的"头",家中自制"木柄";家中的木桶需要购买,而麻绳、靠井打水的装置"碌碡"大部分都是家中自制。现有的这些农具在一般情况下刚刚能够满足自家生产的需要,只不过小型农具与之对应的消耗的人体劳力很大,因此在农忙之前家中王连生也是会去村中拥有大型农具的大户人家中去借用农具,以期在农忙时节可以提高农耕效率同时减少家庭劳力的消耗。

这些大型农具不是家家都有,只有家中富裕的大户人家才有经济实力来购买。王家无力购买,不过东邻的大家户赵家,他家中大小型农具配置相当齐全,因为王家与其互为邻里,关系较好,因此王家经常向赵家借用犁、耧这样的大型农具。借来的大型农具因为一般需要两头牲口"搭伙"使用,因此在犁地、耧地的时候是和"搭伙"牲口的那户人家也就是两户人家一同使用。一般在借用这些农具的时候,都是需要找农具所有者闲置农具的时候来借,因此可以说在农具的使用权上是优先农具所有者,在借用的时候都是家中的当家人来找农具所有者农户的当家人来商量,在农具的借用上也只有当家人具有决定权。借的时候是需要说明归还的期限,期限一般都不会超过三天,如若超出归还期限,如果农具所有者不着急使用也就算了,但是如果还有其他要紧事使用农具,下次农具所有者将很有可能不再向这户人家借出农具。归还一般都是在傍晚下了农田回家时候,一般农具的借用都是双方关系亲近并且友好,因此不需要再支付酬劳,不过农具如果在借的过程中有损坏则需要农具借用者来进行维修。相对而言,王家在借用东邻赵家的农具时是较为容易,因为两家相处较好且王家对于农具的使用较为小心没有出现农具的损害而发生争端的现象,因此只要是在对方农具闲置的情况下都是可以借到大型农具;但是也会存在不凑巧的情况,这时王家也可以考虑向其他人家借用,若是借不到就全家齐上阵,依靠人力来进行农业耕作。

(二)生产过程有分工

王家在1950年之前尽管主要依靠租佃的20亩田地进行辛苦耕作,家中饲养有一些家禽,但是生产规模不大并且主要是作为家中营养的补充来饲养。此外,因为技术以及粪肥的限制,再加上租佃田地需要支付较高"地租",王家仅依靠种田很难正常生活下去,王家在农闲时节,家中的劳动力有时还会打一些短工或者从事一些零售的副业补贴家用。不过因为花园庄村村庄地理位置的特殊性——地处殷商遗址,由于国家对文物保护力度较为薄弱,加之国内外富有者对文玩古器的追捧,使得古器售价高涨,村中由此存在不少"淘古"者依靠在花园庄村挖掘古器发家致富,"挖掘古器"由此也成为了村庄甚至村庄周围地区家户赚钱的一大"副业"。王家的成年男性有时也会参与进来,和村中人结队进行古器的勘探、挖掘、售卖来赚取较多的钱财。

在不同的生产环节中王家存在分工,一般是根据家庭中男女的性别以及成员年长程度来分,男性主要承担的家庭生产责任是田地生产的农活以及外出副业的补贴;女性主要承担的家庭生产责任是家庭琐事的处理,像缝衣做饭、饲养家禽以及空闲时间去大户人家打零工;老人一般很少承担家庭责任,长辈在家庭主要是以当家人的身份来管理全家的事务。

1.农业耕作分工有序

（1）生产分工有安排

在不同的生产环节上,王家的分工不是很讲究,不过也会因为家庭中女性由于家务杂事的操劳以及劳力限制,会产生男女性别上的分工安排以及家庭责任承担方面的差异。

在王家,由于犁地和耙地因为大多依靠牲口和大型农具的辅助,因此在该环节上主要是由家庭中成年男性来劳作,也就是王连生和王进仁来使用牲口进行劳作;而在种麦、锄草、灌溉、收麦、种秋、收秋、看青环节上,像种植以及收割的环节上,因为耕种收割的时间限制因此大多都是全家男女老少齐上阵,在分工上便没有什么不同,尽管女性劳力的效率较之男性劳力低,但是也会促进家中生产效率;像锄草、浇园以及看青环节上,因为是农业生产过程中劳作较轻松但却不缺少的环节,因此一般都较为灵活,即家中成员谁有空闲时间都可以去进行这些劳作;在平整晒场环节中一般都是家庭中男性成员来进行,而收集粪便作为田地肥料的都是由家中小孩子来操作。由于在大路上拾捡牲口粪便在其他人看来是一种比较丢脸面的事情,但是贫穷家庭为了提高田地的粮食产量不得不捡拾,所以贫穷的家中大人一般便会叫小孩子背个竹篓去拾牲口粪便。在王家,王进礼和王浩仁便被家中安排去收集过粪便。生产环节的大致安排便是如上所示,这种家庭成员的不同分工与安排都是家庭内部自行进行,是家庭内部的私事,不需要告知或请示其他人员或者机构,村庄和家族一般也不会干涉。

（2）耕种遵循时节

王家一年的农业耕作安排一般都是遵循春夏时节的交替,按照历代农民总结出来的经验并且依靠家庭所需的实际情况,科学的进行种类的选取。一般家中进行农业安排的是家中成年男子的王连生和王进仁在和张继忠商量之后再决定,一般家中常见种植的是过冬的小麦、主食的谷子和高粱,也会按照家中衣物的需要种植少量的棉花,此外还会种一些豆子、芝麻之类的用以家庭榨油。从时节上来讲,一般豫北地区的田地种植以两季种植较为常见,此外由于能够过冬的粮食种类并不多,而且北方地区以种植冬小麦最为常见,因此小麦在第一季的种植时节以及亩数十分固定,王家也不例外,在第一季的耕种上选取的是冬小麦的种植,不过会因为收割小麦后设置"晒场"的缘故,在田地头会空余出几亩田地种植大麦,家中也会常年余留两三亩田地到春季种植棉花。而在小麦收割后的第二季的种植上,可选取的种类便较多,对于王家来说,由于家中依靠种地为生,因此在第二季的种植上依旧以粮食产量丰富的粮食种类为主,不同种类的种植面积会随着具体的年份中的家庭状况发生变化。王家大致的粮食种类和种植亩数如下:在第一季的小麦种植上,冬小麦一般会有 16 亩,剩有 2 亩种植大麦,到春季时节剩有的 2 亩地种植棉花;在第二季麦子收割以后,会种植约 10 亩的高粱,5 亩的谷子,剩余的田地会在原有的棉花地上种植芝麻以及大豆。

这些种植安排同样也都是小家户的家内事务,只要不是侵占别人的田地种植,都是不需要告知或者请示四邻、家族以及保甲长。因为根深蒂固的当家人思想,在农业安排上外当家王连生在和内当家的张继忠商量之后便不会有人在提出异议,家庭中成员都是通情达理之人,也不存在谁不服从安排的情况。

（3）耕种过程靠老话

作为小农家庭，在农业的耕种过程中因为有着无数先辈们根据不同的实际情况总结出来的经验，王家也是依靠着这些从前流传下来的老话和经验，进行着年复一年的农业耕作。在农业耕作过程中所涉及的每一个生产环节都不可忽视并且有着很多讲究，这样环环相扣下来直到最终粮食的收割。

王家具体的农业耕种过程如下：

在犁地环节，这一环节是粮食耕种的首要基础，所谓"犁地深了土地松，苗儿长的肥又青"，可见犁地是幼苗成长肥沃的摇篮。王家一般是依靠牲口拉犁车来进行犁地，由于这样的环节需要技术性强的成年男性成员，因此在这个环节上一般都是由王连生和王进仁一起驾车耕作。但是由于家中能够同时拥有牲口和犁存在不固定性，所以在家中无力购买牲口或者未借到犁车的情况下，王家全体成员便需要集体出动，背起锄头来对田地进行松土，虽没有使用大型农具犁的效率高、松土效果好，但是在粮食种植上也是不可缺少的环节。

在耙地环节上，由于犁地或者锄地，田地呈现出一种松散状态，为了将田地恢复平整便需要耙地这样的环节，一般大户家庭依旧会使用牲口和耙车来将田地耙平，王家也会去借用耙车，但是多数情况下也是由家庭全体成员来进行田地的平整。

由于王家地处豫北平原，耕地多为水浇旱地，因此不存在插秧以及割稻等水稻种植环节，因此接下来便是种麦环节，麦子的种子一般都是家中前季收割的预留种，在种植上一般使用的是由一头牲口拉着一辆"浆地"的耧车进行播种，耧车就是一种上下装置，上面装置一个大的木箱用来装麦籽，下面与木箱底相连有三个呈倒立三棱角的铁质锥体深埋到田地中以便麦籽流出到田地实现播种。王家同样也是借用的耧车，在没有置办牲口的情况下，拉耧车的便要靠人力，一般是由王连生或者王进仁来拉，以掌握行进速度和种子种植方向。

在锄草环节上，当麦苗长起来随之而来的也会有杂草，为了保证麦苗的成长和营养的供给，就需要对杂草进行清理也就是锄草环节。由于锄草这一环节所需要的劳力较少，因此一般都是由家中干农活的男性成员进行，不过有时男性成员如果在外干其他副业的话，也会由卢云地和李凤云或者王春香来进行锄草的活动。

在灌溉环节上，村庄一般称之为"浇园"，在这一环节上尤其是在小麦的灌溉过程上，由于春季雨水的稀少与不固定，所以需要在不同时期对麦子进行浇水，当地称之为"种麦浇五水"：一水是踏麦根水，也就是在麦子刚种上后浇水，使麦籽在土壤中有水的滋润成长为麦苗根；二水是返青水，也就是第二年春天时节麦苗返青浇水灌溉；三水是拔节水，也就是在清明时节给麦子浇水使麦子再次拔节生长；四水是灌浆水，也就是在麦子已经开始"拱仁"①的时候，浇水灌溉使麦子成熟有充足的水分；五水是小满水，也就是在小满时节麦子也渐进成熟，在麦子收割前浇的最后一次水。"五水"浇过半月后便会迎来麦子的丰收。而到第二季高粱、谷子的种植便没有太过讲究，有句老话说："谷子高粱全看天"，也就是说在夏秋季节雨水多的情况下就不用频繁灌溉，除非遇到旱季才需要人力浇园。由于农业生产技术的落后，灌溉的方式采取的是落后的水垄沟漫灌的方式，王家由于田地前有一口可以供四个"碌碡"同

---

① 拱仁：麦穗在时节和浇灌下长麦子的过程。

时使用的大井,因此在灌溉上一般只需要家中的男性成员来进行便可,王家四兄弟有两人在井边打水,一般都是劳力较为强壮的王连生和王进仁,剩余的王进义和王进礼在田间照看田地灌溉的情况。

在收麦环节上,在麦子成熟后最重要的就是进行麦子的收割,由于王家的田地是租佃而来,因此在收割之前王家需要通知田地的所有者让他们派人来监督麦子的收割以防有"私占粮食"的嫌疑。由于麦子成熟后需要及时的收割,因此在该环节上王家是全家劳力齐上阵,就连身为长辈的张继忠也是需要下地参与收割,只不过在收割过程中会提前"早退",来照看家中幼小的王浩仁、王浩义和王浩礼,还包括为家庭做饭。收割麦子所使用的农具是镰刀,收割好后便将麦子都集中到较小麦而言成熟期较早的大麦的所在地,当地俗语说道"光棍背锄,大麦先熟"便是这个道理,先收割好的大麦所在地便成了家户的晒场,收割的小麦便在那里堆成了一垛垛。

在平整晒场同样连带的晒麦环节上,上文所述由于村庄地处平原,田地平整,因此为充分利用土地资源,晒场的设置一般都是在田间地头耕种较小麦先熟的大麦,在大麦成熟将大麦收割后便要进行晒场的平整以及晒麦环节,晒场的平整一般包括将大麦的麦秆进行清除然后将麦场进行踏平,由于当地村民并未有较为现代的环保意识,因此一般的麦秆清除就是靠一把大火进行焚烧,之后再由家中老大去东邻大户赵家借耙,套用牲口将田地耙平。然后小麦在收割之后会在这个简易的晒场上进行曝晒,使麦秆变得干脆,然后再由家中的王连生去东邻大户赵家借来碌碡来进行对麦子的碾碡,这种借用不需要支付报酬。在碾碡后,再用叉子进行"扬风留种",在晒麦全部过程进行之后,便需要通知田地所有家户,让人家派人带着量斗来进行"地租"的收取,剩余的麦子便成为家庭所有,家庭会留一部分作为来年的预留种,剩余的便会磨面成为家中食粮。

在第二季的耕种环节上,一般种的主要是高粱和谷子,耕种的环节和之前种麦大致一样,都需要进行犁地、耙地、种植、锄草、浇园和施肥,不过在此之前还需要进行的便是对残留麦秆的清理,方式也与之前一样大部分都是进行焚烧或者是使用锄头来将麦渣进行清除。在这些环节中种植谷子和高粱还存在的一个差异便是,在种植方式上谷子是用耧来"浆",而高粱是要使用木锹进行"点",即用锹挖个坑放入种子后在埋上。

在看青环节上,王家在该环节上表示家中并不需要时常看青,因为家中的成员都没有那么多的时间以及精力,一般都是家中如果谁在空闲时候都可以去田地照看,不分男女老少。此外王家也和其他村中家户一样在田地中会扎有稻草人来驱赶麻雀。照当地村民们的说法,一般看看便可,虽然麻雀很多,但是村庄的田地也是很多,大家的粮食都是一样,就算麻雀吃也不会都吃完自家种植的粮食,除非遇到蝗虫过境这样的大型灾害。

在收集粪便的环节上,王家经济水平低下,家中只有一头牲口,为保证粮食的产量需要施粪肥。但是家中自产的粪肥供给不足,这便需要家庭成员背个竹篓去道路上拾捡大户人家驱赶牲口在道路上留下的牲口粪便。由于在当地这种事情也算是比较不好意思的事情,因此王家一般会让还处于小孩子阶段的王进礼和王浩仁去"拾粪"。由于王家收集的粪肥总量不多,因此在将粪便收集起来以后,王家还会去村间地头拔一些杂草进行混合来"沤粪"作为最终的粪肥。

131

2.家畜数量灵活主靠散养

(1)牲口饲养:闲时杂草忙时粮

牲口作为农户家中农业生产的一大支柱,按理说每家都应该置办,但是由于1950年之前家户的经济水平,牲口的置办和喂养便成为了农户家中的一大"奢侈品"。王家作为当地较为贫穷的小户家庭,在牲口置办上也是需要看家庭的生活状况。在1950年前后,王家的牲口存续一般都是较为固定的一头黄牛,这头黄牛并不是常年圈养在家,而是阶段性的在家圈养。黄牛的置办一般都是在家中农忙前期,根据家庭的经济程度由王连生在张继忠的授意下去集市中购买一头黄牛,然后在农忙过后便再将黄牛贩卖出去。

在黄牛圈养在家的这段时间内,黄牛一直喂养在王家前院已经搭设好的牛棚之中,黄牛的喂养一般都是家庭女性成员来打理,喂养的饲料会随着黄牛的干活程度来改变。在黄牛还未下地干活之前,喂养的都是由家中的小孩子到洹水河河堤割的杂草,再由家庭中的成年女性成员在闲暇时用铡刀将杂草切碎来喂养黄牛;在黄牛开始下地干活的期间,喂养的饲料将会变成之前碾磨高粱所剩余的"糠"(也相当于家中的食粮)混合杂草来喂养,也是由家中做饭的女性成员来进行置办。

关于牲口喂养饲料的变化,王家也是按照农耕的时节来对牲口喂食进行调节,形象的说,就是在对待牲口时,也就相当于对待家中的成员一样,一般情况下家中的粮食都是不够吃的,所以大多在不干活的时候稍微给点杂草吃,能顶饿就行,到开始种收粮食、干活这样要使力气的情况下,对待牲口就得让它吃点"硬粮"来出大力气给家里干活。牲口由于在家饲养时间短,因此除了种地并未用作其他用途,牲口也并未存在老死或者病死的情况。

(2)家禽饲养

王家在未分家之前一直都有散养四五只鸡作为家中的家禽,鸡本身及其下的鸡蛋并未作为商品进行贩卖或者交换,而是作为整个家庭成员的营养补给。这些家禽是由最先开始买来的母鸡和公鸡一代一代孵化出来的小鸡而产生,因此家禽的数量并不固定,但是每季最少可以保持有三到四只。家禽的喂养不同于干农活的牲口,一般都是闲散养着,也就是让家禽自己去院子或者到村子里找虫子吃,很少专门喂它们饲料,因此家中的家禽有时也会被村中的偷去或者到冬季会被黄鼠狼给叼去,不过这种情况很少遇见,但是家中还是会由家庭中的女性成员负责家禽的照看。母鸡生产出来的鸡蛋如果不是孵养小鸡的话,就归属于王家所有,用于家庭成员的营养供给,一般会在家人生病或者女性坐月子时候食用,再有就是逢年过节的时候供全家食用。如果遇到母鸡病死或者在母鸡孵化出小鸡①之后,王家虽然不会将鸡肉贩卖,但是会在自家中自行宰杀,以供家庭的食用,有时也会因为家中成员生病或者生产而专门宰杀健康的鸡子补充营养。

虽然王家并没有出现贩卖过病死的牲口或者家禽的情况,但是村中的一些大户存在这种情况。由于当地并未有专门的监管,病死的这些牲畜是可以进行贩卖,只不过他们贩卖的这些相较于一般健康宰杀的肉类便宜。王家有时也会买一些这样便宜的肉类来犒劳家庭成员或者为家庭成员补充营养。这些肉类在买卖过程之中是不需要告知或者请示四邻、家族以及保甲长,并且因为买卖之后便是家庭所有,村中并未听说有哪个家户因食用病死的牲口而

---

① 一般这个时候的母鸡开始衰老不再产蛋,再没有什么多余的价值。

生病从而闹得沸沸扬扬的情况,至少在王家没有出现过这样的情况。

3.女摘谷子男零售

王家除了主要依靠耕地维持生活之外,在农闲的时候还会干一些副业补贴一下家用。家户之中家庭成员从事副业是不需要告知或者请示四邻、家族以及保甲长,只需要在家庭内部和当家人商量同意或者直接由当家人进行安排、决定便可。

因为受当家人在家庭中占有决定地位思想的影响,此外张继忠也是较为通情达理,因此家庭成员内部并未在副业的分工或者安排上产生冲突,只不过在副业的种类上,男女会因性别的不同而产生差异。

一般情况下,王家的女性成员很少参与其他副业,主要负责家庭内部事务的处理,例如做饭、洗衣、缝补、照看小孩。但是由于家庭条件拮据,为了家庭能多一些经济来源,一般在大户人家谷子成熟之际,会以短工或者说是零工的身份去为人家摘谷子,这也就相当于一种兼职的形式,在告知张继忠之后就可以去。

而王家的男性成员一般以家中田地的农活为主,不过在农闲时节也会从事一些小商品的贩卖作为一种副业。王连生和王进仁曾经在城里批发再下到村里卖过面条、挂面;在1950年的之前几年,王连生甚至还南下售卖过一段时间的布匹;而王进义和王进礼也曾跟村中的其他同龄的孩子一起售卖过烧饼和油条。这种副业一般赚取的是商品本身的差价,因为王家本身不会生产这些商品同时也不具有额外的粮食。王进礼也有从事零售副业的经历,在1950年前后,他售卖的是烧饼、油条,因为那些一般都是需要本人挎着竹篮到"关里"①卖烧饼、油条的店铺中去购买,然后再回到村子里去适当加价售卖。王进礼一般都是去到大户人家门口叫卖或者田间地头找那些"挖古"的团队,在他们周围售卖。因为他们都有钱,所以在售卖这些零食的时候,一天多少也能赚点。因为在购买烧饼、油条时需要成本,所以同样需要告知家中张继忠并征得其许可。

4.特殊副业:淘古

王家所在的花园庄村以及邻近的村庄都位于古代殷商遗址之上,在这片土地之下埋藏有不少那个年代的古老器具,由此,村庄农户在种田之余发展的另一大独具特色的副业就是在属于自己的这片区域下寻找祖先留下的"宝藏"。由于在1950年之前,国家对于文物的保护意识较为缺失,而对于国内外的大户人家来说,他们对于"文玩古器"有着热衷的研究与追求,不惜为此花费重金。因此这片区域的不少大户便是依靠着这些挖掘出来的古器进行贩卖而发家致富,当然这种副业具有很大的不固定性,因为这片遗址的知名性,不少外来人口也会带着专业的设备进行挖掘,使得本地农户从古器的勘探到挖掘出土再到售卖这一系列过程中并非顺顺利利。总体来说,这种副业所依靠的运气性很大,尽管有不少农户会因此发家致富,但是也不可忽视更多的农户也同样在浪费了时间与精力之后一无所获。

王家的男性成员在农闲之余也会和村庄的村民一起组成团队来进行古物的勘探与挖掘。不过王家所从事的这种副业较为具有间断性以及随意性,并未像村中大户或者外来人口一样专门以此为一项长期的职业。在王家早前时候,家中因为这项副业也曾有过几次大的收获,王家最初有能力从村中这位姓季的手中购买房屋就是由于王家祖上曾通过"淘古"挖掘

---

① 关里:方言,指市区即现今高楼庄地区。

到一鼎铜器,价值斐然使得家中顿时富有,由此便置办了属于王家的房屋。此外王家西边的四间屋子的建造费用也是由于这项副业所赚取的钱财,这是1945年之前,王文学还在世时所发生的事情,是因为家中早逝的王呢子和其他人一起挖掘出古器而获取的财富,不过后来也是由于挖掘古器而导致的团队争端,也导致了王呢子被人为恶意伤害死亡的悲剧。

从事该项副业的具体情况,王家四兄弟在年轻时也曾有过亲身经历,一般在"淘古"过程中,首先是勘探环节,挖掘古器并非只是盲目的挖掘而是要进行先期的勘探,这个阶段是最关键也是耗时最漫长,并不是村庄所有的地下都会有古器,因此需要分区域的使用专门的铲锹去勘探,当地人把这种工具称为"洛阳铲"①。一般没有埋藏着古器的土地在打洞之后呈现的是正常的黄色土质,并且泥土的疏松度如同平常见到的土质一般;而在埋藏有古器的地方,由于当地挖掘出来的文物大多都是殷商时期的古器,所以在勘探出的泥土会呈现出一种类似于墨绿色的铜绿色,并且泥土的疏松度与一般土地的地质不同,大致讲来就是会因为早前埋葬古器而有一定的讲究。勘探阶段结束后,接下来的阶段便会分为没有勘探出古器和探到古器两种情况。要是没有找到,"淘古"的人就要继续去寻找下一片区域;要是运气好勘探出古器,那就需要在所勘探到的地方进行挖掘。因为"淘古"的人们一般勘探的地方是在花园庄村农户的田地之上,而挖掘需要毁坏田地上种植的庄稼,所以在挖掘前,"淘古"的团队都会去找这片田地所有农户的当家人商量挖掘田地的"地租"费用。一般都是确定了这里有古器之后才会进行古器的挖掘,所以土地所有者要"地租"的费用是随着挖掘出来的古器的价值而定,一般都是"对半"②。挖掘出古器之后就是古器的售卖,这一环节较为省事,因为本地村庄常年都会有很多的挖掘小组,因此村庄也会时常有市场来收购挖掘出来的古器,当面验货付钱,至此挖掘古器的流程大致完成。虽然王家男性成员在从事该项副业的时候并未有很大的收获,但是也挖掘出来一些"小玩意",赚取了一些零钱以补贴家用。

这种行业的从事者一般都是需要出力气的男性,因此王家也只是男性从事该项职业,在干活之前是需要给家中的当家人报备一下并获取许可,但是不需要告知或者请示四邻、家族以及保甲长。此外,这种副业虽然在当地属于较为常见的现象,但是家户成员参与时还是以保持隐秘为主,一方面是为了防止风声外露遭遇偷盗情况,另一方面还是为了防止家族或村庄来收取额外的花费。

5.家长安排外出

在1950年之前王家的家庭成员存在外出的情况,其中为时较长的便是王连生曾经因为从事布匹买卖的副业离家进行过南下。王连生外出时因为外出打拼挣取费用的不确定性以及家庭内部的完整性,所以在外出时并未携带家中妻儿。王连生决定外出时虽然并不需要告知或者请示四邻、族长以及保甲长,但是确实需要和家中的当家人进行请示以及商量,并且需要获得当家人的许可才可以,不然在村中将会被认为是不孝的表现。

此外,王进礼在17岁时候也有过外出的情况,是张继忠因为远方亲戚的拜托以及为了赚钱的需要而将王进礼送出去当学徒。在王进礼当学徒的三年时间里,他也是独自一人在外

---

① 洛阳铲:就是一种柄很长而头犹如卷筒状的铁制品,方便对泥土进行打洞,以便探测到古物的存在。因为大多是从洛阳置办的,因此称之为"洛阳铲"。

② 即古器挖掘出来售卖一半的费用归田地所有者,剩余的钱财由挖掘的小队进行划分。

打拼,并未携带妻儿,因为当地的学徒要求是不需要外带其他人员。这种情况是直接由当家人来安排,虽然王进礼会有一些想家不愿意离开的意味,但是当家人已经决定,便只能服从安排。

(三)粮食稀疏管饱

1.一年两季稀疏平常

和整个豫北地区一样,王家在粮食的种植上也是采取普遍的两季种植,不同的农作物每季的收成都不一样,当然也会由于每年不同的气候环境,农作物的产量也会发生变化,不过就一般而言,不同农作物每季粮食的产量情况大致如下:小麦一季的产量一般情况下可以达到每亩收五斗①;棉花一季的种植每亩可收到 50 斤;谷子和麦子产量相当,每亩可收五斗或者说是三担,老话也曾将谷子的种植和产量称之为"老三担";高粱的产量较之其他会显高些,每亩可收到 7 斗;除此之外,田地的"革岭"或者其他较小的空闲地区也会种植一些豆类、芝麻以及红薯之类的粮食,因为种植面积小,收上来的粮食不多,具体的产量难以统计。

在粮食种植的过程中,能够影响农作物收成的因素主要有土地的松软程度、气候的干旱和温度的高低,其中最主要的便是气候的干旱程度。一年之中,在农作物成长期间可以根据这段时期天气雨水的情况来判断收成的好坏。王家田地农作物的收成并未有极大程度上的变动,不过根据每年气候的变化,也会存在因为降雨频繁而导致较高的收成以及气候干旱导致收成大减的情况,因为每年的变动差异不大,因此并未因为某年大丰收或者某年大减产而有深刻印象。

在王家,虽然在粮食的种植过程中,男性成员尤其是王连生和王进仁耗费的心力最多,但是在粮食的收成问题上,大家还是一致认为收成是全部归属于整个大家庭,收上来的粮食主要由张继忠来进行统一的管理以及支配,粮食的使用要照顾到家中的男女老少。对于家中田地粮食收成,除却家中年幼的孩子不懂世事外,家中每一个成员都十分关心,因为这关乎家中在之后一段时间内的温饱程度。

在 1950 年之前王家的收成虽稀稀疏疏,但还是可以满足整个家庭的吃喝,虽然不能说每顿都吃的很饱,更不提说荤素搭配,营养均衡,但是也是一日三餐,每顿不落。要是详细描述的话,王家成员每天吃的都是高粱稀饭,就是那种多放了水和野菜的高粱面糊糊,不管怎样,也都是要保证全家人的吃食,家庭的人就是多喝些稀饭也是可以吃到饱,只不过会时常在饭后饿的比较快而已。一般小孩子在饭后饿的撑不住的时候,也会时常去外面要饭,要些吃食。由于耕种的粮食要对半缴纳"地租",因此很少会出现多余的粮食收成,不过若有剩余也是全家共同所有,由张继忠统一进行支配和管理。

2.家禽饲养主供自需

在 1950 年的时候,王家一般会饲养的牲畜常见的会是三到五只鸡以及一头较为壮实的黄牛,每年饲养的数量大致固定,不过不排除家中母鸡孵养的小鸡数量增多或者鸡子病死所导致的家鸡数量的减少,牲口黄牛也会根据家中的经济状况保持在一头或者没有的状态。王家在一般情况下,饲养家禽的产量也都是较为固定,也就是仅仅可数的几只,没有什么很具体的某个时期说家里的家禽饲养数量最多或者最少。

---

① 斗:计量单位,一斗大约 25 斤。

家中的这些家禽主要是为了满足家庭内部的需要,即使这样还是不够,因此家中在一般的情况下很少食用鸡蛋或者鸡肉,只是在逢年过节或者家中成员生病以及女性怀孕时期,为了给家庭成员补充营养才食用。家中的家禽不够家中的需求,因此在很多时候家中也会去"关里"花钱割一些肉来满足家庭中的需求。而像黄牛这样的牲口,在家庭难以自足的情况下便会在张继忠的考虑和决定下,由王连生将其售卖,售卖所得的金钱来补贴家用,金钱归属是为张继忠所有,并由其进行统一的管理和支配。

3.副业收益变动大

在王家成员从事副业上,由于成员所干职业的间断性和随意性,因此收入很难具体的说出一个固定数目。加之国家的货币会时常发生变更,使得家庭中的副业所获的收益更加难以用金钱来表述。不过在王家家庭成员所从事的各项副业中,收入的形式主要是以金钱为主。影响副业收入的因素会因为家庭成员所从事副业的种类而有所不同,具体表述如下:关于家庭女性成员给大户人家摘谷子的副业,有关这种零工收入的影响因素主要是所征收女性劳力的大户人家的经济情况以及粮食的产量,一般都是大户经济实力越富足零工工钱越高;关于家庭男性成员所从事的小商品的售卖副业,这种副业收入的影响因素主要是小商品本身的成本价以及每天的售卖成果,一般都是卖得多挣得多;关于男性成员特殊的副业——"淘古器",这种副业收入的影响因素主要是挖掘出古器的数量以及古器本身的价值,一般这种副业收入是最高但概率最小,收益为空的情况时常出现。

在王文学以及王呢子在世的那段时间内,王家中副业的收入最多,因为家中的这两位成员对于古器勘探有着一定的研究,通过"淘古器"曾有过很大的收益。这些副业所赚取的金钱属于全家成员所共有,例如王呢子所赚取的较大的钱财被用于家中房屋的建造,建造好之后是属于全家人所共同居住。家庭成员所赚取的金钱由于是归属于全家,因此需要上交到张继忠手中,由其进行统一的管理和支配。

三、家户分配

(一)以家户为单位,家长做主

王家在分配时主要是以家户分配为单位进行,宗族以及村庄很少会参与家户内部的分配活动。在1950年之前王家并未存在宗族或者村庄为主体的分配活动。

一般情况下,以家户为基本单位进行分配时,并非是所有的家人都会享受家户所分配的成果,在分配活动上存在一定的范围。具体来说,一个家户之中,虽然是一家人如果是已经分过家的兄弟、单独吃住的父母以及已经出嫁的姑娘,都将不再享有家户的分配成果,如果是大户人家有其他非家庭成员,例如管家、保姆、长工、丫鬟,因为都不是本家户的成员,因此他们也将排除在家户分配范围之外。王家在家庭进行分配的时候,像王文学的兄弟——王文宣一家,由于之前早已分家便不再参与家户内部的分配,而像已经出嫁的王大妮、王二妮,也将不再视为"王家内部的成员",不再参与家户分配。

在进行分配过程中,大多都是由家庭中的家长也就是张继忠来主导,所涉及的事务可以说是方方面面,大事小事都需要报备当家人,由当家人决定好标准之后便可以稍微灵活的进行调整。王家每天的吃穿用买,都需要告知张继忠,在张继忠的授意下由家庭成员进行购买、使用以及分配。总的来说,王家的分配不论是什么都应当首先由张继忠进行决定,王家当家人也并非独断专行的人,在很多时候张继忠都会清楚自身身为女性的限制,在分配问题上也时常会与家中的王连生进行商量,由此所做的决定一般都是照顾到全家的利益,很少有不被许可的情况,如果因为一些小事而存在不被许可的情况,不论谁对谁错,都应以当家人的意志为准。

王家除了家长在分配时具备的决定地位之外,家庭的其他成员在分配过程中也占有一定的参与作用。一般家中分配过程张继忠是会和家中的家庭成员商量着进行,家庭成员可以适当的提出自己的建议,如果要求合理适当的话也是会被张继忠所采纳,但是其他家庭成员并不能对家庭中的分配擅自做出决定。此外,王家在未分家之前都是以一个大家庭为单位进行分配,家中的小家庭内部将不会进行再分配。家户的分配也是一个家户内部的事务,因此并不需要告知或者请示四邻、家族或者保甲长,同样也不存在他们对于这样的小事进行干预的情况。

(二)自家分配都有份

王家在分配时,对分配的对象有着清晰的划分,全体成员都是在本家户内甚至仅限于在同一口锅里吃饭的人,除此之外,像与家户关系亲密的亲戚、朋友、邻居都没有份额,因为他们都不是"自家人"。另外,王家分配物的来源全部都是家庭成员的劳动所得,包括农业生产、副业生产所得,除此之外,很少出现家户之外的收入来源。凡是属于王家内的"自家人"都能够享受分配权,包括家中的老年人、中年人、成家的和未成家的儿子、儿童以及妇女,具体来说就是有张继忠、王家四兄弟、卢云地、李凤云、一个未出嫁的姑娘王春香以及王浩仁、王浩义和王浩礼。

(三)分配类型多元

1.农业分配,半半分配

由于各种条件的限制,王家的农业收成比较单一,就只有农业生产所获得的粮食收成。此外由于王家是租佃的田地,由此还需要在这之中除去一部分作为地租的缴纳。缴纳地租的形式是分成租,占收成比重的百分之五十。对于王家自家的经济状况来说,这样的地租较为沉重,但是又是由于这种地租缴纳在整个花园庄村甚至整个地区都是一个标准,王家成员也只能服从,不然就没有田地耕种来养活家庭。在田地地租缴纳上,由于是分成租的形式,所以并不存在灾荒年景还需要缴纳高额地租的情况,一般都是"一半一半",粮食收成少了地租交的也会少,粮食收成多了地租相应也会多,要是实在粮食少得可怜,佃主也会在农户的求情下进行适当的减少。地租是按照粮食的收割来缴纳,因此一年需要交纳两次。地租的交纳是等不到佃户自己去缴纳,佃主家就会派人拿着量斗来征收。在当地时常会出现这样的情况,一等到村中粮食成熟快要收割的时候,租田的大户都不用叫,佃主就会派家中小工拿着大斗来收地租。

地租的收取不会优先满足家庭需要,之后剩余的才用来交纳地租,而是应该先把地租交足,因为佃主是按照收成派人来主动收粮,因此很少会有农户不交地租,而且如果农户不按时上交地租的话,在来年佃主将不会再考虑继续将田地租给这家农户。

王家在农业收成中,有部分也需要纳税,税款的征收一般都是由在村中担任保甲长的来挨家挨户征收,关于纳税的金额主要是由张继忠来和保甲长进行商议,有时张继忠不在家或者不方便时,也会让王连生代为进行,除此之外其他家庭成员不再参与家户的税费的缴纳。

关于纳税额的缴纳方式,王家表示自家主要包括两种,即交钱或者交粮,两种选择都是按照农户自家的情况进行选取,税额的缴纳一年也会按照收成的频率分两次上交,如果遇到灾荒年景税收是会有适当减免,而且在税收征收过程中,如果家中实在拮据无法缴纳,要不就是适当表示一下或者通过"以工代税"的方式抵消。

王家在缴纳赋税、租金时,一般做决定的都是家中的当家人,不过有时张继忠也会因为女性身份的限制,让家中王连生出面来处理相关事宜,除此之外并不需要告知或者请示四邻、家族或者保甲长。

2.家长分配副业收入

王家所从事的副业种类较为繁杂并且时间也不固定,具体来讲都包括女性成员做的零工以及男性成员做的售卖和淘古。每年这些副业的收入是家中除了农业劳作收上来的粮食之外的又一大收入来源,一般来讲这些副业的收入并不需要交一部分给外人,因为副业的直接联系便是劳资双方,并未存在什么介绍生意的中间人,也不需要向当地的保甲长额外交钱。

王家成员从事副业所赚取的金钱需要在挣得工钱之后统一上交给张继忠,这是由于王家还处在未分家的时期,因此工钱需要全部上交给当家人来管理不得余留,即使王家在未分家的时候,家中还存在两户小的家庭。如果家庭成员有额外用钱的地方,则需要告知张继忠,张继忠也会根据具体情况进行再分配。对于家庭成员从事副业所赚取的工钱,家庭成员不能够进行私藏,同时王家的成员也都懂事理,不会私藏钱财。副业的收入不可以不交,因为在未分家的情况下家中的所有分配都是以全体家庭成员为单位,因此需要家庭成员同样将所获得的钱粮上交家庭,这也是家户多年来的惯例,因此王家从未在这部分收入上产生大的矛盾。

王家的副业收入在分配过程中同样也是由张继忠来决定,家庭成员可以提出一些意见或建议参与分配,在合理的情况下也是会被采纳。家户的分配不需要请示或者告知四邻、家族以及保甲长,家户内部自己协调就好。一般在分配的时候,范围是要惠及王家内部的几乎全体家庭成员,当家人作为家户的一家之主,都是会为全部家庭成员着想,尤其是像王家这样的贫穷小家户,男女全部都为了家庭而努力,因此家庭中每个成员都是相对处于平等地位。

3.收入分配三类型

在家中收入分配类型上,王家的分配主要包括粮食分配、衣物分配、零用钱分配三大部分,这些分配都是由张继忠来决定,不过基本上也是按照全家所有,稍有侧重的原则进行。

首先在粮食分配上,王家所食用的粮食几乎全部都是田地种植所获得收成,优先除去地租以及赋税之外再进行家庭内部的分配。王家的粮食并非是精准严格的按照粮食收上来的数量进行分配,因为家户处于还未分家状态,由此粮食一般在家中房屋的一处放着,到做饭食用的时候统一在一口锅里做饭,全家人共同食用。不可避免,在灾荒年景之下家中的粮食不够家中食用,家中如果资金有剩余也会去购买一些米面以供家庭自需,不过多数情况下,家中在粮食不多的情况下会在做饭的时候尽量的多加水和野菜来充饥,如果还是出现饭不够的情况,家中虽未有明确规定,但是家中妇女都是会很明事理的优先照顾家庭中出力气干活的男性成员以及正在长身体的小孩吃食。

其次在衣物分配上,王家人多家贫,并不能够保证家庭成员时时都有崭新的衣服,甚至购买衣物,大多都是自己做衣服,仅此都还不能够满足家中需求。家中为家庭成员购买做衣服所需要的棉花、布匹,大多都是自家田地种植棉花所得,如果不够有时家庭之中的男性成员也会到集市去购买一些棉花以供家庭的需求。在家中的衣物分配上,张继忠首先本着衣服缝补原则,一般衣物出现破损能缝补便缝补,实在不行了才会考虑置办新衣物。此外在置办新衣物的情况下也是先优先经常外出的男性成员,因为他们经常外出办事,在穿着上还是要适当讲究一下体面。此外,在每年的过年期间,由于春节除旧纳新的习俗影响,家中的大人虽没有过多的讲究,但是尽量会让小孩子得到一件家做的崭新的衣服,在家庭经济条件状况较好的情况下也会为大人置办新衣。除此之外,家中剩余的棉花一般不会贩卖而是存着,以备家庭之中哪户小家庭或者其他成员的被褥的缝补与置办。

最后在零用钱的分配上,王家对零用钱的分配上有着很大的讲究,由于家庭经济拮据,一般情况下是很少会给家庭成员用于自己零花的金钱,除非是家庭成员在外出时候需要花费或者其他需要花钱的情况。不过在逢年过节的时候,王家还是比较遵循当地惯例,会给家中给长辈拜年的小辈们一些"压岁钱"作为零花,而对于家中已经成家的男性成员,张继忠也是会给一些私房钱以作过年过节女婿陪伴媳妇回娘家带礼物的花销。

(四)家长当家分配,成员适当参与

王家在私房钱、衣物、食物、零花钱、缴纳赋税以及租金分配的活动中,张继忠是实际支配者的身份,代表王家做出决定。在1950年,很少会出现当家人不在的情况,不过一般关于农业生产活动的相关事宜,如果出现当家人不方便的情况,也会授意家中王连生作为家中的外当家对相关事宜做决定。其他家庭成员在当家人决定分配的过程中可以参与进来就某些方面提出自己的建议,当家人也会按照相应的原则进行最大程度上的公平。王家的分配过程具体体现在以下几个方面:

王家没有私房地的存在,不过家庭内部会进行私房钱的分配。在私房钱的分配上,王家一般都是会给家庭之中存在的小家庭一些私房钱,私房钱分配的多少是由张继忠来决定,其他无关人员不能插手,分配时也讲究从长到幼的顺序。私房钱一般也是在逢年过节家中已成家的王连生、王进仁需要协同卢云地、李凤云回家探望之前进行发放,一般用于给娘家的长辈带些礼品以及走亲戚。未出嫁的王春香以及未成家的王进义、王进礼,张继忠一般是不会分配私房钱,不过他们会被当作家庭中的小孩子,在春节拜年的时候会发放压岁钱用于零花。这种形式的私房钱每年或多或少都是会有分配,不过会根据家庭整体的生活状况进行调整。

在衣物的分配地位上,王家的家长也是处在安排以及决定的地位。一般由于做衣服的棉花在收获上来之后会囤聚到张继忠屋子的一个大木柜里,在家中需要做衣服的时候当家人才会将这些棉花拿出来进行分配和安排。王家一般都是在棉花收上来之后以及每年过年之前的这两段时间里添置衣服,衣服的添置也同样都是由张继忠来安排。因为家中大部分的衣服都是自家成员用棉花来制作,而且一般根据惯例,已成家的衣服是由小家庭的媳妇来做,未成家的是由张继忠或者未出嫁的王春香来做,因此王连生、王进义家的衣服是由卢云地、李凤云来制作,而王进义、王进礼以及张继忠和王春香的衣服是由张继忠和王春香来制作。在做衣服的安排上便是遵循这样的形式,只不过在添置新衣服时张继忠会根据家庭成员的实际情况进行棉花的分配,其他家庭成员也可以根据自己的实际情况来合理要求添置衣服,不过最终还是由张继忠决定。家中也存在去集市购买新衣的情况,而且大多都是为小孩子买新衣为主,去买衣服的不一定必须是当家人,可以向当家人商量之后拿到钱带着孩子去买衣服便可。在王家,家庭成员的衣服破了一般都是会进行"打补丁",而且也是根据惯例由女性来为破损的衣服进行缝补,家中衣服长期穿着,破损是很平常的事情,只需要将破损的地方缝补一下就好,家庭成员并不会因为这种事情而遭到责骂。此外,王家在食物分配、零花钱分配上也是由张继忠来决定,家庭外部成员例如四邻、族长或者保甲长都不能干涉,不过家庭内部的成员可以在日常生活过程中参与进来提一些建议。

(五)分配流程较公正

从王家整个的分配流程来看,不论家中要进行什么形式的分配,作为王家一家之主的张继忠,始终都在尽自己最大的心力进行较为公正的分配,尽可能使得家中存留的不多的物质惠及家中的每一个人。王家的每个成员也都是通情达理,懂得为他人着想,因此对于家长的分配很少有提出不同意见甚至产生冲突导致家庭出现不和睦的现象。

并且王家在分配自家产品的时候存在一定的次序,一般都是"地租赋税、自家消费"。这样的顺序安排主要是为了王家后期能够继续租种田地养活自己,地租必须按时交纳并且有人来监督也逃脱不掉,而自家的消费或多或少是可以进行灵活调节。此外在分配类型的排序上,家庭一般都是按照食物、衣物、私房钱、零花钱的先后进行,如果家中都不够吃喝,便会将其他分配搁置以保证家庭成员的最低的温饱问题。

在分配原则上,王家讲究的都是尽可能的平均分配原则,不过也是在家庭成员各自的实际需求的前提下进行,在一些特殊情况下,家中的特殊成员会在分配过程中受到照顾,例如家中有人生病或者家中妇女怀孕坐月子,在营养的补给上会适量给予侧重,而在一般情况下也会在尊老爱幼的道德引导下,对家中的老人和幼儿给予照顾。在年景不好的时候,家庭将会优先食物的分配,而在食物分配上,也是尽可能都管饱,并没有出现禁止家中谁不能吃饭这样的现象。

(六)分配以公平为标准

在实际分配过程中,王家用于地租赋税所占的比重相当大,因为当地地租的分成形式,几乎占整个家户食物重量的二分之一。而由于私房钱、衣物、零花钱的分配大致相当,可以说王家所有的收成除了交租纳税外几乎全部用于自家消费,家里的分配在一般情况下,虽然过得紧紧张张但是也可以看成是自给自足。

由于王家的当家人是家庭中的长辈张继忠,手心手背都是肉,因此在家中分配上很少出现过于偏颇的现象,家庭成员由于尊敬长辈的思想,很少出现谁因为已做出的分配结果表示不同意见。在分配结束后,如果家庭成员存在一些特殊情况,也是可以向当家人说明,不过仅限于家庭中的儿子辈分的四兄弟,如果意见合理当家人也是会进行调整。

四、家户消费

(一)消费整体自给自足

1.总体紧巴少借粮

王家平常一年的花销主要都是依靠租佃的 20 亩田地所挣得的粮食收成来保证全家的吃喝穿衣需求。如果按照粮食来换算的话,一年的粮食花费大约有 1500 斤,占全家总收入比例的百分之八十到九十,剩下的便是家户的家庭成员通过从事副业所赚取的工钱,这些主要是用于购买家庭中其他的日常生活必需品，例如油盐酱醋等的金钱花费。王家人口数量为11人，劳动力富足并且强壮，由于家中没有属于自己的田地，依靠租佃的田地需要交纳高额的地租，家中常常生活拮据，但是好在家庭的成年劳动力比较吃苦耐劳，在闲时会从事一些副业来赚取资金补贴家用，所以就整个村庄的农户生活水平来说虽然处于下等小户的水平，但也是在贫穷小户中处于中上等。在花园庄村，比王家更加贫穷的也存在不少，主要是位于花园庄村的西北后面，那里有很多孤独老人以及没有租到田地的光棍都不能保障自身的温饱，甚至还需要在村内要饭为生。

王家的收入大致上是可以维持家中消费，只不过常常需要家庭在日常生活中尽可能节省的过活。王家从整体来看，虽然生活拮据但是也可以说是能够满足自家的生活需要，虽然不时会出现缺口，但是漏洞不会很大，一般依靠节衣缩食的方式便可以生活下来，虽然家中有时会因为吃不饱饭导致小孩子出去要饭的现象，但是次数也是很少。此外由于王家从小所受的教导，一般情况下不会轻易去向他人借钱借粮，所以家中更是鲜少会出现需要借钱借粮的现象，也不存在家户集体外出逃荒。不过在1950年前，家中倒是出现过一次借粮的情况，具体年份虽不清楚，不过倒是记得那年村庄遭遇较为严重的蝗虫灾害导致田地庄稼收成大幅减少，家中无力承担便借了东里大户赵家一些粮食，不过由于两家交好，赵家在借粮的时候并未提出额外要求，王家也在来年粮食刚收上来就将所借的粮食还清。

2.粮食消费靠自产

王家的粮食消费几乎全部来自于家中田地种植粮食的收成，占总体消费的百分之八十到九十，家庭的粮食基本自给自足，有时家户也会由于农业歉收，而家庭成员所从事的副业赚取的工钱较多，在粮食不够自给的情况下会采取向外购买来保证家庭温饱，不过这种情况不是常态。如果家中存粮出现缺口的时候，一般都会通过节衣缩食的形式来维持家中正常的生活，鲜少出现向他人借钱借粮的情况，从未存在外出逃荒的经历。家中粮食消费正常情况下都是大致够用，存在大的缺失并非是每年的常态而是特殊情况，出现这种情况最主要的原因便是当年的异常环境所导致的粮食的歉收，王家便无力承担众多家庭成员的温饱，这种情况王家将采取更进一步的节衣缩食甚至采取借粮，但是在王氏后人的印象中只存在过一次这种严重的情况。

3.食物消费靠自种

由于王家的粮食消费和食物消费一样都是用于解决家庭成员的温饱，因此两项总是紧密结合在一起，两项占总体消费的百分之八十至九十，食物消费之中又有百分之八十是出自本家生产，剩余的百分之二十是向外购买所得。食物的消费作为家中营养的补充也可以算作是家中的"福利"，因此只存在次数多少的问题而不能称之为满足家庭消费的需要。在食物消费种类上，蔬菜一般消费的都是自家前院空地上自种的品种或者就是村子河边自长的野菜、槐花；而鸡蛋主要来源于家中散养的母鸡所下的鸡蛋；肉的消费一般来自家中老死或者生病的鸡肉，不过在逢年过节的时候，家庭成员也会到集市购买一些猪肉来食用。王家在食物消费上也是节约着食用，例如在蔬菜消费上一般都是家中有蔬菜时吃蔬菜，家中没有蔬菜时拌野菜，而在肉蛋消费上一般都是在家中成员需要补充营养或者在逢年过节需要包饺子吃肉时消费，此时一般先优先家户自身消费，如果没有便会外出购买。

4.衣物主由女缝制

王家的衣物消费是除家庭粮食、食物消费之外又一重大消费，不过相较之所占比重较小。在衣物消费这一方面上，王家的消费形式依旧是以优先并且主要依靠自家生产消费为主，向外购买所占的比例几乎很少，并且主要以儿童衣物为主。家庭中的衣服主要是依靠家中种植的棉花来缝制，一般棉花的种植面积是按照家庭中所需衣物的需求来布置，因此在一般情况下衣物是可以满足王家的需求。如果棉花收成减少的话，家中添置的衣物也会适当减少，但是尽量不会影响家庭成员的冬衣置办，只不过会存在衣物进行缝补所导致的新旧问题。家中的衣物消费很少有向外购买的情况，不过如果当年王家在副业收入上有着明显的余额，在新年置办年货期间，当家人也会适当的给出一些资金用于小孩子们新衣的购买。

5.院落房屋供自需

王家早前在王连生和王进仁结婚时期，曾经添置过三间房屋使得王家房屋的数量从四间变成了七间，但是在此期间王家的家庭成员数量也由于时间的推移从而不断增加。在1950年，王家11口家庭成员分住在这七间房屋之中，虽不能说居住尤为拥挤但也是满满当当，刚好可以满足全家人的居住需要。因此家庭成员并未因为家中房屋而去借住或者租住别人的房间，同样家中也没有多余的房屋空余出来用于租借给外人。在王家或者说是花园庄村的其他家户中，一般情况下大家都是会在自己家里居住，除非是给大户人家做长工或者丫鬟的人，而像村中一般的小户人家成员，不论多么满当也是要住下，实在不行了就攒钱盖房子，当地并没有听说过谁家屋子里借住外人的情况。

6.生病主靠"老方"

在当地，看病请郎中都是有钱的大户人家才能够享有的待遇，像王家这样贫穷的小家户在医疗方面所占的消费几乎为零。在1950年之前，王家是从来没有请过专门的医生来对家中的病人进行诊断，生病了也是很少买药材，一般都是根据村里流传下来的"老药方"[①]以及多一些营养的补给来休养。例如家庭成员常会患有的感冒发烧，家中都会喂其"小汤"，即小锅熬制的放有姜末、葱末以及醋的汤水，然后盖着被子休息几天。在家庭女性成员怀孕生孩子的时候也都没有去请过郎中，而是直接叫村中有着生产经验的产婆[②]来帮助孩子的生产，在生罢孩子以后便只是进行营养的补给并不再有其他的观察与照顾。而当家庭成员真正患病的时候，还是会根据病症的严重程度来进行照顾甚至去请村中的"神婆"而不是医生。

在王家，王进礼在年幼种地过程中曾扭伤过腰，张继忠也就只是让其卧床休息并未过于重视，导致其成人后腰病缠身不能干很重的力气活；而王文学过世的原因也是由于在身患疾病之后并没有意识去请专门的医生看病，导致最终久病去世的结果。王家在医疗消费方面除去生病所花费的营养外几乎为零，家中男女老少对医疗的重视程度都是较为薄弱，有病养养就好，如果严重的便只能听天由命。

7.人情往来划亲疏

在1950年之前，王家自身条件虽不富裕但是该有的人情消费或多或少还是会进行表示。在那段时期，王家所需要进行的人情消费存在亲疏划分，因此每年人情往来的次数较少，

---

① 老药方：村中人生病都吃的食材，一般都是村中常见的食材。

② 产婆：当地村中常说到的管接生的女性婆子，并不清楚是否具有过硬的技术。

此外当地民风淳朴，主要讲究家户的心意，因此这类消费仅占总体的消费比重的很少一部分。村中的人情消费主要是亲朋好友之间的往来，一般包括走亲戚以及随礼两种形式。王家家庭成员对待这种消费都是按照一般的要求，一般家庭收入是可以维持此类消费，不过要是家中很穷，也是可以不进行这样的人情往来，简单来说就是不去人家"吃席"就行。

关于不同类型的人情往来，消费的形式也是存在差异。一般而言，就简单的走亲戚来说，当地讲究"带礼"，就是在去看望亲戚的时候是需要挎着篮子"带着礼品"过去，一般篮子里装的是二十根油条和二十个烧饼，俗称"二十麻烫，四十窟窿"，在数量上讲求成双成对，寓意好的意思；就参加他人的婚礼来说，一般大户人家会给添置金钱或者成匹的被面，而小户人家比较贫穷的也会给人家添置自家做的新衣或者是由几户人家一起添置的被面或者被芯；就参加丧葬来说，讲究给人家家户添"贡"，家中较为富裕的会添置"五小碗"(即青菜、蛋清、蛋黄、麻叶、十五个馒头)，不富裕的一般会以馒头打底形成"五小碗"，这种由村中不同家户添置的"五小碗"被称之为"百家饭"，有希望逝者一路好走之意。

8.红白喜事遵惯例

王家的家庭成员在 1950 年之前曾有过较大的变动，因此在自家红白喜事的消费上花费不少，所幸的是在自家举办红白喜事的时候，王家家庭的生活水平就一般时候较为富裕，因此在自家红白喜事的消费上还是能够自家承担。此外，在当地，无论家庭情况贫穷富有，在红白喜事的操办上该有的环节都是需要按照规矩进行，只不过会根据自家的经济情况在规模上进行调整。王家的家庭成员尤其是长辈相较于红事更加看重白事的操办，因为他们都认为白事主要讲求的是对逝者的敬重，希望家中长辈入土为安；但是在红事上该有的嫁娶聘礼以及设宴摆席也同样是不可缺少。

在 1945 年，王家当家人王文学染病逝世，之后便由家中新的当家人张继忠带领家中全体成员操办其的丧葬仪式。当地白事的操办按照惯例是不能够由自家的成员亲自来主持，因为家人需要在灵前进行守孝，因此相关事宜是需要由村里小型的红白理事会来管理。具体来说就是需要王家当家人在之前与红白理事会的相关人员进行商量有关白事举行的规模及花费，然后由其与村中交好的伙计一同帮忙进行白事的操办。

在红事上的操办，王家主要是家中四个兄弟以及三个姐妹的婚嫁操办，由于王家子女七人数量较多并且家中整体经济状况不是很富裕，因此在婚嫁操办上一般都是以王连生为标准进行较为公平的操办。具体表现为：在婚嫁过程中，家中都会为儿子或者姑娘雇请娶女婆、送女婆作为伴嫁，并且也会置办轿子和大马来去嫁娶；此外在儿子娶媳妇时都会保证一套婚房，适量的新衣和被面以及公平的两斗粮的聘礼，而姑娘嫁人时也同样会保证二斗粮的嫁妆，适量的新衣和被面。在宴席的排场上，由于家中成员年龄差距较大，就会以家庭经济情况进行摆桌数量上的增减。

9.教育投资主交粮

王家的男性成员在少时都是进行过基础教育，因此在 1950 年之前每年的教育消费在总体消费中占有一定的比重。家庭成员所进行的教育花费其实最主要的就是学费的缴纳，缴纳的形式主要是交粮食，由于王家有一门远方亲戚正在做私塾里的先生，因此缴纳的粮食只是很少一部分，只不过有时会请先生吃顿饭来表示一下感谢。王家家庭成员对于男性接受教育所耗的消费并无表现出意见，因为在他们看来男性读过书、上过学对以后的发展是会有好处

143

的。由于王家所挣的收入的局限,在教育花费上并不是说优先谁上或者让谁辍学,而是较为公正平等的让家庭每一位男性成员都可以完成最基础的初小教育。

10.消费次序有先后

在 1950 年之前,王家的消费主要包括以上的几种类型,并且由于王家还处在生活水平的低层地位,因此每年在这几种类型的花费上以粮食、食物以及衣物的花销为最先考虑的事项。当然这些花销也是必须,虽然自家红白喜事花费占比较少并且主要以家庭具体情况为准,但是一旦存在也是需要必须花费。除此之外,王家的人情消费在以上所有消费中是处于灵活变动状态,如果家中生活拮据,这种消费便可以根据情况舍弃。王家在参与村中人情往来时,一般都是会以与本家中的亲疏远近关系来选择去与不去,并且王家还讲究一定的习俗,就是老话所说的"结婚下帖才去,白事亲戚才去"的原则。

(二)消费家户为单元

一般来说,家户的消费主要是以家户自身为主体,包含家户粮食、食物、衣物、医疗、教育、人情消费的方方面面。因为家庭的消费也是包含在家庭内部事宜当中,因此在多数情况下家户的消费主要也是以每个家户自身为主体与单元。

村庄在家户消费方面虽然不是占主体地位,但是在某些消费上还是起到了一定的帮衬作用,例如在红白喜事消费方面,按照惯例当一个家户中有人逝世需要举办丧葬,一般家中成员是需要全部到逝者灵前当孝子守孝,而不能够对村中来进行吊孝的亲朋好友准备宴席以及其他丧葬活动,由此家户便需要提前与村庄中的红白理事会进行联系,由他们连同自家亲戚一起组织该家户的宴席餐食问题。当然,在有家户需要进行婚礼设宴时,如果家户自身无法承担基本的消费环节,红白理事会也是会组织村民对该家户进行一定的帮助。至于宗族所起的作用,由于王家所处的位置是豫北地区,在这片区域各村户的宗族意识并不是很强烈,因此宗族并未在家户消费中负担有什么责任或者事务。

(三)家长决定消费

王家的相关消费也是以王家家庭本身作为主体和单位,在这一主体之中不同的家庭成员所占的地位以及起到的作用都是会有差异。总的来说,在消费过程中家户家长占主导,家庭成员主参与。在具体的消费活动中,主要表现为:

粮食消费上,王家一般将耕种田地打下来的粮食囤聚到家中一处由张继忠来进行管理和消费。但是家中琐事繁杂,当家人不可能在每顿饭的时候进行安排、决定粮食的花销。因此,王家在粮食消费上一般都是由张继忠来安排家中已嫁娶过来的卢云地和李凤云做饭的轮流次数以及家中粮食花销的大致标准,然后她们两位可以根据这个标准在做饭的时候进行适量的变化。

食物消费上,由于食物的消费主要是对家中不常吃的肉蛋菜进行的消费,因此这类消费主要还是由当家人来安排决定。例如病人生病的严重程度以及孕妇营养补给时间的长短,其他家庭成员在这种消费过程中进行参与,例如提提意见或者想法,如果合理的话,当家人也是会采纳。

衣物消费上,由于家中种植收上来的棉花也是在当家人那里囤积,当家人对于家中衣物的消费也是起到决定作用。一般王家对于衣物的消费是比较公平公正,家中各成员置办衣物的时间大致一样,就是张继忠将进行分配以后各个小家庭之内进行冬衣的置办消费。当然在某些特殊时候,如果个别家庭成员的衣物已经十分破损,当家人也会在家庭成员的反映下额外分配棉花或者金钱给其添置衣物。

人情消费上,因为村庄面积不大,村民之间相处和睦,因此村庄的人情消费也是一项必要的开支。关于家户的人情消费活动,一般情况下也是由张继忠来做决定,不过由于张继忠身为农村妇女的局限性,在一些随礼的场合是由家中王连生在张继忠的授意下代表王家进行上礼消费。

五、家户借贷

在1950年之前的花园庄村之中,不同经济水平的家户所进行的借贷情况会有不同。如果是具有一定资本的大户或者中户的家庭,由于其自身拥有着一定的资产,并且相处的社会圈子中大多都是具有一定经济实力的家庭,并且借贷大多都是用于自家生产建设的扩大,因此这时候的借贷双方是在一种平等地位下进行协商,借贷所产生的"利息"是在正常范围之内;而如果是小户人家,他们一般进行借贷大都是因为处在灾荒年景粮食歉收的环境下,因为难以保证自家户的生存发展,不得已才进行的借贷,而所处的社会圈子中大家都在这一时期艰难为生,少有可以互相帮助的情况,而大户人家也会考虑小户人家偿还能力无法保证而不会进行借贷,不得已下进行的借贷都是有不良居心的大户在不平等的地位上进行的"高额利息"的借贷,也就是当地所称的"高利贷"。

家户的借贷大多都是以家庭为主要单位,很少是个人进行借贷,主要是因为一旦借贷生效,偿还贷款的将不仅仅是借贷的这个人而是会连带上进行借贷的整个家户,也就是古话常说的"夫债妻偿,父债子偿"。由此,借贷的主体也将会是一个家户的当家人去向有资产家户的当家人进行借贷,双方在发生借贷行为时,如果所涉及的金额巨大或者借期较长,是会在这一过程中找一个中间人进行见证并且签订契约,拿一些资产进行抵押,不过如果双方关系交好,互相彼此信任的话,借贷流程可以根据双方之间的意思仅作口头约定或者打借条也是可以。在借贷发生过程中,是不需要告知或者请示四邻、族长或者保甲长,不过如果出现未按时还贷的情况时,是会要请保甲长出面来主持公道。还贷一般都是按照借贷的约定提前或者按时进行,没有什么特殊的要求,只要按时还清便可,如果未能够及时还清贷款,资产方将有资格对借贷方进行"催贷",方式可以是将其抵押资产侵占、占有其家庭所有物或者"以工偿贷"。

在1950年之前,王家虽日子过得很是清贫,但是在家庭全体成员的节衣缩食之下还是可以维持自家生存,并且王家主要靠耕种的粮食自给自足为生,从未有过额外的生产建设投资,以及家庭成员长期受到长辈告知的"不轻易去借钱借粮,更不碰高利贷"的教导综合作用下,王家并没有发生有借贷的情况。

六、家户交换

王家作为一个小户人家,在1950年之前虽然大致上都是依靠自家所耕种的粮食、棉花以及喂养的牲畜自给自足,但是在日常中为了更好地生活不可避免的需要和不同的对象进行经济上的往来与交换。在对外进行交换时,王家一般都是以家庭为单位进行,宗族、村庄很少进行干预。家庭之中进行经济交换的主体又以家中当家人为代表进行,不过在一些情况下当家人会对其他人进行委托，甚至在一些琐事上家庭成员可以根据家庭情况灵活进行调整；经济交换的客体也是较为广泛，主要包括与集市、流动商贩、"经纪"打交道。

（一）交换家户为主体

王家在进行交换活动中主要是以家户为单位进行，因此交换活动过程中所涉及的主体主要是张继忠，不过由于当家人身为女性的限制以及家庭琐事繁杂，不可能所有的交换活动都能够由当家人决定，在一些情况下，当家人也会对交换活动的决定权进行委托以及在一些小事上也可以由家中的家庭成员做交换的决定。

1.当家人主导交换

在进行交换活动时，大多情况下王家都是由家中的当家人作为交换活动的实际支配者，来进行交换的相关事宜。例如，在1950年之前曾有一年家中的棉花种植较多有过剩余，但是家中食用的粮食每年都是紧紧张张很难温饱，张继忠便和东邻的赵家大户进行了协商交换，将家中多余的棉花换成了赵家已经磨好的高粱面。当然在某些交换活动中，如果当家人不在或者不方便的情况下，家中的其他家庭成员也可以在当家人的委托或者根据家庭的情况对于琐碎的交换活动进行自主决定。

2.当家人委托交换

在开展各项经济交换活动中，王家也曾在一些情况下出现由家中当家人委托家庭成员进行交换的事情，这种委托算是一种当家人权力的移交，一般委托的都是家中已经成年的儿子，其中以王连生为甚，这种委托就如同家长安排孩子办事一般，这种交换所产生的花费，家长一般会事先有一个估计，因此费用一般很少会出现不够或者剩余的现象。例如，每年农忙前期，王家需要在集市置办牲口时，一般张继忠是会委托王连生到集市上去对牲口的价钱有一个清楚地掌握，然后将置办牲口所需的粮食或者金钱交给王连生，再由其去集市进行经济交换，将置办好的牲口牵回家中。

3.其他家庭成员偶有交换

在王家，一般涉及较大金额或者粮食交换的活动是必须告知或者请示家中当家人，并且由当家人进行决定是以直接或者委托的形式进行交换活动。但是，在日常生活中，还会出现很多琐碎的交换活动，这些交换如果涉及的粮食或者金额不大，或者说是家中经常出现的交换活动，便不再需要事事告知当家人由其费心力来决定，其他家庭成员是可以在合理的标准下进行交换。以做饭所需的食用油为例，王家做饭所需要的油大多都是进行交换得来，这种交换一般可以由主管家中饭食的卢云地和李凤云进行决定，一般村中会有卖油的流动商贩，在家中少油或者缺油的情况下，负责做饭的卢云地和李凤云就可以将家中种植收上来的芝麻或者花籽拿出来去和商贩换油。

（二）交换多方客体

王家在每年当中都会在租佃的这二十亩田地中根据自家的需求种植不同种类的农作物，虽然每年收成需要上交一半作为地租，但是若是在年景好的情况粮食丰收，家中的粮食也是会有剩余，此外家庭成员所从事的副业上有时候也会赚取很多工钱，由此，在1950年之前王家家庭生活水平也会在稍显提高的情况下进行购置物品、置办牲口等的交换活动，并在此过程中需要与不同的交换客体打交道。

1.集市庙会

王家一般都是在"赶会"的时候才有选择性的购置物品,因为"会"的主要举办形式是以村庄的"庙会"为主,而王家的张继忠对神灵尤为信拜,在拜完神佛之后逛庙会过程中,张继忠作为王家的当家人有时会根据家庭的经济情况进行衣物的置办。此外由于不同村庄的庙会每年只举行一次,因此在当地售卖的物品一般较之一般集市便宜,王家同样也本着节约的思想,进行物品的购置一般都是在"赶会"的过程中进行。

因为在花园庄的周围有不少村庄举办庙会,所以置办物品还是比较方便。进行物品置办的一般都是张继忠,主要置办的大多是家庭成员的衣物及其他生活用品,不过在张继忠不方便去赶庙会时也会委托家中男性成员去置办,他们一般置办的都是家庭农作所需的小型农具。去哪个庙会是由去"赶会"的家庭成员来决定,一般都是就近原则,距离村庄不会太远脚程,也就几个钟头,如果是为了"赶庙会"顺便置办物品的话,家里成员一般都是早上去晌午回,如果主要是为了置办物品的话花费时间便不会太多,就只是去买物品,买完之后就回。

在庙会上购置物品的时候,王家当家人是会要与商贩进行讨价还价,并且还会尽量优惠的购置物品。此外一般庙会的举办时间都是一天,因此如果是购置物品,王家家庭成员一般会选择在傍晚庙会快结束的时间去,这个时候商贩一般为了早些将物品卖出去,售卖的价钱会有一定的优惠。一般在庙会购置物品都是需要由当家人决定或者当家人授权,因为这种情况下资金才会在手中,因此家庭成员很少能单独去和庙会的商贩打交道。

2.村中"挑货郎"

在花园庄村之内不时也会有一些商贩用担子挑着物品游走在胡同小道进行叫卖,他们一般售卖的都是家中比较琐碎的日常用品,例如盐、油、针线等,当地一般称之为"挑货郎"。王家除了购置牲口以及一些农具需要去集会上置办以外,大多时候都是跟这些"挑货郎"打交道。

一般家中缺油少盐或者少针线,家庭成员都是可以比较自由的去和"挑货郎"进行物品的置换,并不需要事事向家中当家人报备,在成员性别身份上也没有什么严格的讲究,不过一般情况下这种交换都是发生在家门口的事情,因此主要是家中的女性成员来出面参与。

王家与流动商贩进行交换的物品主要是家庭做饭所用的盐油,以食用油的交换为例,一般家中会在田地之间的"革岭"上种植一些芝麻或者家中院子里种植一些花籽来用于家中食用油的交换,在卖油的挑货郎在村子里叫卖时,王家主管做饭的女性家庭成员一般就会根据家中食用油的剩余量以及芝麻花籽的剩余拿出一部分去和挑货郎进行置换。这种置换一般是不需要进行讨价还价,因为多少芝麻花籽换多少食用油都是有着一个统一的标准,将家中的芝麻拿过去人家一测量就会给打出相应量的食用油。

3.牲口"经纪"

在置办大型农具或者牲口的时候,家户一般很少是和售卖商家直接面对面的商量甚至讨价还价,在这一经济交换过程中往往需要有一个第三人也可以说是中间人来充当双方买卖价钱的协调方,以便能够更好地促使双方交易的完成,当地将这种人称之为"经纪"。

在王家,一般需要和"经纪"打交道的主要是在家中生活情况稍显宽裕,为了提高生产效率从而需要置办牲口的情况,或者家中不再需要牲口需要将牲口贩卖出去的情况下才会发生。由于农村女性主要是在家中干家务活或者去田地干农活,很少情况下会经常逛集市来进行农业物品的置办与讨价还价,因此王家一般和"经纪"进行交流的不是张继忠而是由她委托的王连生。"经纪"一般是不需要自己费心去找,一般在集市上都会有很多,在你看好牲口需要谈价钱的时候他们便会过来进行中间调解,一般在价钱商定上,售卖方同样作为农户是希望自己的牲口能够卖的价钱越高越好,而买方则希望自己花费越少的钱越好,而"经纪"作为第三方,一般都是会在询问好双方心里的理想价钱以及最低底线之后,从中间进行协调,使得买卖方可以在双方的底线范围内寻找到一个中间值从而促进交易的完成,交易完成之后并不需要给"经纪"什么报酬,因为买卖双方之间的价钱交易也不是当面进行,而是买方商定好的粮食或者钱给了"经纪",再由"经纪"交给卖方,在这中间"经纪"会抽取一定范围的差价。

4.交换市场的监管

村庄的集市或者庙会一般情况下是会有政府或者专门的部门来进行整体的统筹管辖,但是因为集市或者庙会举办的比较固定并且频繁,售卖农户在对于摊位设置以及其他规则上都有一定的认知,因此很少会出现大的冲突以及矛盾,此外由于当地对集会环境重视程度的薄弱,集会的监管随着时间的推移作用只会越来越不明显,除了一些在集会上产生的较大范围的冲突从而导致集会不能正常运行不得不需要市场监管部门出面的情况下,在集会上出现的一些小的冲突将都是以集会农户自行调节为主,市场监管将不会干涉。

(三)交换过程灵活

1.粮食交换先熟人

王家所进行经济交换活动主要包括两种形式,一种是家户之间的交换,一种便是和售卖商贩进行的交换。由于当地和王家相处较好的大多是和王家生活方式大致一样的农户,主要依靠种地自给自足,王家并没有听说哪家在集市上有做买卖的情况,加之王家很少会去集会上进行衣物的置办,因此在集市上和售卖商贩所进行的交易一般都是正常进行,并没有说一定去熟人那里买卖的讲究,不过在一般各家户之间粮食的交换上,大多还是以熟人甚至是相处亲密的农户之间进行交换。

王家在进行的粮食交换活动中,主要的交易对象是东边的邻居赵家,因为双方之间互为邻居相处较为亲密友好,并且赵家家庭实力较为雄厚,粮食的囤积常有剩余,王家一般会在家中粮食不够吃但是棉花有剩余的情况下,将家中的棉花与赵家囤积的高粱进行交换。之所以选择赵家不是因为双方互为熟人而在交换时占到便宜,而是因为双方之间关系友好粮食的交换一般都会比较公平,不会轻易吃亏。

2.集会交易比三家

在集会上进行的交易,王家虽然说并没有熟人在集会上从事买卖从而会使得自己的交易得到大的实惠,不过也还是会本着最实惠的原则将想要置办的物品货比三家之后再决定进行买卖。货比三家并不是真的去问三家店铺的价钱,而是一种会在交易过程中进行比较的说法,王家最为明显的例子便是在置办物品时候通常会选择在"赶会"的时候去置买,因为这会比集市上的相对便宜一些,在"赶会"期间一般会选择到下午或者傍晚散会之前去购买,因为这是"庙会"上商品价格大幅下调的最佳时期。进行货比三家式的物品置办一般都是由张继忠进行,不过在农具和牲口的置办上一般都是由家中的王连生在张继忠的授权下进行。

148

3.公平交易过斗秤

一般在进行经济交易的过程中涉及粮食的置换，为保证粮食的质量都会进行过斗、过秤，王家一般都是在粮食交易以及有时进行的牲口交易活动中会进行过斗、过秤。在进行的粮食交易上，一般都是东邻赵家出具测量粮食的工具，一般包括有大斗（25斤粮食）和小斗（10斤粮食），然后在两家户的当家人面前进行粮食的称量和交换，由于民风淳朴，并且两家交好，一般情况下很少会出现缺斤短两的现象，有时对方还会稍微照顾一些。需要过斗、过秤进行的经济交换一般都是涉及比较大的交换情况，这就需要当家人来出面或者当家人授意家庭成员来进行。

4.王家不许买卖赊账

在当地，有些店铺为了吸引客户以及拉拢回头客，是可以允许客户进行赊账，一般可以赊账的都是茶馆、店铺等。一般客户都是经常在店铺消费的常客，有时会因为身上没有带钱或者暂时支付不起的时候赊账。店铺的经营者也会依据客户个人的经济状况来进行赊账，一般像大户或者中户人家忘了带钱的以及有着固定收入的小户暂时支付不起的都是可以赊账，像那些一看就是穷苦要饭的、经常没有钱的人一般不会进店，进店人家也不会同意赊账，赊账一般都是口头，不过店铺都会做有记录，到下次客户再来时便会尝试要账。能够赊账的一般也都会是家中的当家人，具有一定的经济支配权，而其他家庭成员一般都是不会被店铺同意赊账。王家在交易过程中从来没有赊账的现象，一方面是由于家庭经济比较拮据并且都是自给自足，很少经常固定的在店铺消费，另一方面，受到家庭长辈的教导，王家一般都会在自己的经济范围之内进行消费，从来不会有提前消费的思想。

第三章 家户社会制度

　　每个人都不能脱离于社会独自存在,家户也是一样。王家在 1950 年之前也是生活在社会大环境之中,并在此之中进行着家户的婚配、生育、分家与继承、过继与抱养、家户赡养等活动,这些活动虽大多都是根据当地的习俗,但有时也会根据家户中的特殊情况进行灵活的变动,以使家户更好的存延。正是因为这些活动,王家才能够一步步的成长和发展。在 1950 年的王家,家户中成员众多且关系复杂,与社会之间的交往也呈现出多样的状况。在家户内部的交往中,存在父子、婆媳、夫妻、兄弟、妯娌、兄妹、叔嫂等的多样关系,而不同关系之间的成员们生活与交往也呈现有不同的情况;在家户外部的交往中,存在与街坊邻里、农田地邻、家户亲戚以及租田佃主间的交往,虽然相互之间整体和睦,但也会发生有一些争端与冲突需要协调。

一、家户婚配

　　父母之命、媒妁之言,男女不论家庭贫穷或者富有,到了一定的年龄便会在家长以及媒人的牵引下完成一生之中一大重要的事情:婚嫁。王家也是这样,在 1950 年之前,王家四兄弟中已经结婚的有王连生和王进仁,而王进义、王进礼以及王春香还处于未婚状态,家中并无光棍成员。在婚配上,王家也都按照门当户对的思想由家中当家人和媒人来进行决定,婚嫁的流程也都是按照当地的习俗进行,包括婚前媒人的介绍和长辈之间的商定,结婚聘礼与嫁妆的置办,以及婚礼过程中迎娶的规模和流程,酒席的置办与婚后的跪拜与回门。由于王家只是一个普通的小户人家,因此都是一夫一妻制,在婚配的状态中,张继忠是丧偶状态,且之后并未改嫁。在花园庄村中,不同家户在婚配形式上存在多样性。

(一)家户成员部分婚配

1.婚配姓氏范围少有讲究

　　在 1950 年之前的花园庄村,农户的婚姻状况多种多样,不过也都是按照当地流传下来的习俗来进行,男女双方婚嫁主要是由家长以及媒人来决定,大都讲求门当户对,不过有些大户人家在纳妾的时候,会存在特殊性。村中成员结婚时,在姓氏和范围上并没有什么严苛的讲究,同一姓氏之间只要不存在血缘亲属关系都可以婚配,村中也不会因为姓氏的相同而传什么流言。在王家,王二妮在婚嫁时就是嫁给了外村的一户王氏,这并没有不妥的地方,除此之外王家的其他成员在婚嫁时男女姓氏都不一样。

　　在婚配时,男女双方的婚嫁范围一般距离较近,除了大户人家在纳妾的时候有时会选择从外地逃荒到本村的女子,一般正常家庭的婚配都是市内范围下的"三里五村",甚至是同村。王家并没有同村婚配的情况,不过村庄有一户赵家存在这种情况,他们家的姑娘便是嫁给了同村门户相当的何家,大家都称之为"老姑娘",即该女子从小到大都是生活在一个村子里。

王家成员的婚配范围分别是:王连生迎娶的卢云地是市内豆腐营那边,王进仁迎娶的李凤云是市内头道街那边,王大妮嫁到了邻村刘家庄那边,王二妮也嫁到了邻村。花园庄村婚配的姓氏以及范围都是由当家人在媒婆或者婚配双方亲戚的介绍下来决定,花园庄村与其他村庄之间并未出现过因产生矛盾而导致出现在某一范围内禁止两村相互通婚的现象。

2.婚配成员讲求门当户对

在王家的家庭成员之中,1950年之前已经完成婚嫁的包括王连生、王进仁、王大妮、王二妮;还未婚嫁的有王进义、王进礼、王春香。完成婚嫁的家庭成员都是于1945年之前,在王文学以及张继忠的商量和决定下进行。王家两大家长一般也都是在孩子们已经到婚嫁年龄的时候便开始筹划孩子的婚配事宜,他们都是按照当地的流程,在孩子们到了已经可以进行婚嫁年龄的时候,在以门当户对,距离适当的情况下通过媒人或者婚配双方亲戚的介绍下与合适家庭进行婚姻的配对。

由于王家家境虽是清贫但是还算在贫穷小户之中属于中上等水平,因此在为家庭成员挑选婚配对象的时候,家长还是会对进行婚配的另一方有一定的选择和要求。在门户要求上,家长很清楚自家生活水平,因此为孩子选择婚配对象时,会选择和自家的门户与实力相当的家庭,即会倾向于选择同样出自贫苦小户的人家,但是需要对方的身家品行必须清白。

在婚配年龄上,王家的儿子一般都是在18岁左右开始进行婚配,女儿一般都是在16岁左右进行婚配,有时会晚上一两年,但大致都是在适龄的情况下就结婚,因此所挑选的婚配对象在年龄的选择上也都相当。王连生和王进仁都是在18岁左右结的婚并且妻子与自己年龄相当,家中两位出嫁的姑娘是在16岁完成婚配。当然王家也有特殊情况,王进义在18岁那年,由于王文学病逝需要守孝三年,因此婚配进行了延期,而王春香由于面部有胎记影响了其适龄结婚,这也导致了自身婚期的延后。

3.不当门户通婚定有原由

虽然在当地,男女婚嫁过程中家户大多讲求的是门当户对,但是这并不表示大户只能和大户通婚,小户只能跟小户结合,大户与小户之间也是存在通婚情况,不过出现这样的婚配情况一般都会有着一定的特殊原因。一般来讲,如果出现大户人家娶小户人家的姑娘,大多是由于这家大户的男性成员身体患有残疾很难与门当户对的家户进行婚配或者就是大户人家想着纳小户人家中的漂亮姑娘为妾;而一般大户人家的姑娘想要嫁到小户人家来,大多是由于大户人家的姑娘身体患有残疾或者就是已经结过婚又被休回家。在这些情况下,一般的大户人家将不会和门当户对的家户进行姻亲,大户便只能退其次的寻找小户。

王家在婚配中并不存在这种情况,不过在花园庄村倒是会出现这种现象,例如村中有一男方家庭,他就是娶了城中一个大户人家的姑娘,在结婚过程中,婚配的这家姑娘的娘家还带有三间房子和较为丰富的嫁妆。之所以女方大户会看上该男子这样的贫穷小户人家,主要是因为这家的姑娘在上海曾经结过婚,后来因为一些事情被男方休回了家,之后当地的大户人家便对其大都较为看不起,所以她只得下嫁到像该男子这样的小户人家。

(二)婚前准备有讲究

1.父母之命

1950年之前,王家成员在结婚之前都是两代同堂,王文学的父亲在很早的时候便已过世,因此在1945年之前,王连生和王进仁两兄弟以及王大妮和王二妮在结婚的准备上都是由王文学主要进行操持,而在1945年之后王进义和王进礼两兄弟的结婚准备则是在张继忠的决定下进行。在1945年前,王家在关于适龄的儿子或者姑娘所要进行的结婚对象的选取上,一般都是由王文学和张继忠在邻村四盘磨的一位姓张的媒婆的介绍下,互相商量着做主,而之后孩子的结婚便是由张继忠一个人在媒婆和相关亲戚的介绍下做主。在当地,家户婚配对象的选取都是要在媒婆的介绍和指引下进行。媒婆在当地很是常见,以花园庄村经常促成婚事的邻村张氏媒婆来讲,她在做媒婆期间还会在村中叫卖鸡蛋,所以家中如果有适龄的孩子需要找婚配对象,只需要在她在村子的时候将其喊到家里来,将自家孩子的姓名、性别、生辰八字给她做一下备注便可,如果有合适的对象,她便会来家里进行介绍。

由于当地的婚配,都是讲求"父母之命、媒妁之言",双方家长在媒婆的促成下相互满意,婚配便可完成,孩子不能够表达自己的不满意,只能够听话服从。这种婚配的安排和决定,也只是婚配双方两个家户之间的事情,并不需要告知或者请示四邻、家族或者保甲长。

2.婚配选择有标准

由于王连生、王进仁的婚配都是在1945年之前进行,受当地思想的影响,家中长辈在对女方的要求上也是相当老旧。在讲到家长选媳妇的标准时,当地有句俗语为"不看身材,不看脸,就要三寸小金莲"。在王家,婚嫁过来的卢云地和李凤云两位媳妇就都是小脚,而且详细来讲,卢云地相较于李凤云,脚的尺寸真的都相当于"三寸金莲"。此外,王家在为家中男丁选择婚配女方的标准除了看脚,对其他的方面也是会有一定的要求,一般还包括年龄和长相。在年龄上,女方一般都必须在十五六岁,最多不能超过18岁;而长相方面,女方虽不要求长的多么漂亮但起码应该看得过去,此外女方在名声德行上清白并且会操持家务也是王家在挑选媳妇上比较看重的方面。

而王家在出嫁姑娘、选择女婿方面,同样也会依据一定标准。由于当地家长普遍认为"嫁出去的姑娘是泼出去的水",出嫁之后姑娘由于不再是家中成员,因此对男方所做的要求并不会太为苛刻,但也有要求,王家在选择女婿上的标准,一般是需要男方身强体壮不是身有残疾,名声德行清白,并且肯吃苦耐劳,不是"流氓""二杆子"[①],便会在媒婆的介绍下同意与之进行婚配。

3.婚姻主要靠包办

在王家看来,结婚最重要的目的便是为了生儿育女、传宗接代,从而使得自己的家族能够不断的延续下去,不仅家长长辈是这样认为,作为婚嫁的子女同样也是这样认为。在家长看来,为子女"包办"的婚姻也是为了子女好,选择一户"门当户对"的好人家,在一起过日子,生活久了自然就会产生感情,而对于大户人家来说,这样的婚配也可以扩大家族势力,达到共赢的效果。

1950年之前的婚姻大多都是由家长"包办",孩子是不能自由恋爱,去追求所谓的爱情

---

① 二杆子:一般指男性不务正业,好喝酒嫖赌、吸大烟。

或者幸福,如果不按照家长的意思来进行婚嫁则会被认为是不孝,女性甚至会被议论为不知检点的人。王家成员中并没有出现自由恋爱的情况,在花园庄村中倒是听说过有男女双方自由恋爱的现象,不过最后还是由家长出面将其拆散。

4.聘礼嫁妆有标准

王家作为一个生活水平较低的家庭,在对子女的嫁妆或者聘礼的准备上,一般都是本着公平分配的原则进行,儿子结婚的聘礼一般都是二斗粮食,而姑娘的嫁妆也都是四身自家做的新衣裳,这样子准备一方面是为了体现王家家长对儿子和姑娘不偏不倚的爱,另一方面也可以减少家庭成员因为聘礼或嫁妆的不平等而引发的矛盾。

由于家户自身经济实力的悬殊,大户人家和小户人家在聘礼的置办上也会有明显的不同。一般小户人家便如同王家一般,在聘礼或嫁妆的置办上只是象征性的准备几斗粮食、一些衣服甚至是新的被面就可以了;而对于大户人家,他们在聘礼或者嫁妆的置办上便会讲究送"粮食山"、"衣服山"、柜子、抽屉、桌子、镜架子等凑满"六大件",并在下聘或者送嫁妆过程中进行盘点,俗称"过礼"。

5.订婚之后常走动

在1950年之前,小户人家由于家庭生活水平以及文化教育的限制,在安排、决定男女结婚之前不怎么讲究订婚,一般都是由媒婆给双方家庭互相介绍,双方家庭表示同意后便开始商议结婚事宜,双方家长在结婚之前会进行一定的往来,这种往来都是双方家长之间的交往,也不需要再讲究送礼,主要是为了商量结婚的日期以及其他事宜。而婚嫁的男女在结婚之前不会让双方见面交往,男女双方之间都是在结婚之后才会有交集,结婚前互不认识是常有的事情。

王家在婚嫁过程中并没有出现过悔婚的情况,但在当地,这种现象也允许发生。如果婚嫁之前男女有一方因为某些原因,例如姑娘婚嫁前行为不检点、男性家庭忽发大的变故等,也是可以进行悔婚,不过会受到村中他人一定的流言。而在婚嫁之后如果男女双方不愿意而分离,便不再称之为悔婚而是称之为女方"被休"。不过,受当地思想的影响,除非女方出现很是重大的不好的行为,不然结婚之后的男女双方一般是不会轻易分离。

(三)婚配前后有流程

1.家长商定结婚方案

在婚配过程中,如果男女双方家长都同意进行结亲,那么接下来便到了结婚方案的准备制定阶段。关于结婚方案的安排,例如如何进行结亲,由谁来迎亲,需要哪些亲属陪同,在婚嫁时需要进行什么流程,需要由谁来主持,置办酒席需要多大的规模等,都是由家中的长辈来进行商议决定。

在王家儿子的迎亲中,王连生、王进仁在结婚时候的各项安排主要都是由家中王文学根据本地区一直以来流传下来的习俗来进行安排决定,并且与自己的兄弟王文宣以及村庄中其他相处友好的亲戚和朋友一起来操办,而有些结婚上的细小事情便是由张继忠来打理。

2.口头邀请亲朋好友

男女婚配一旦确定之后,按照习俗,接下来便需要进行婚配的家户在男女结婚之前提前邀请并告知亲朋好友时间地点参加婚礼的宴席。在邀请方式上大户和小户之间会有不同,一般大户人家在进行结婚邀请上是讲究发放婚帖,当地俗称"下帖子",一般只有收到请帖的家户才能去参加婚礼;而对于小户来讲,因为小户人家有很多都是目不识丁的农民,大家也就不再讲究婚帖的书写与发放,不过结婚的家庭也还是会进行口头式的邀请,能够进行邀请的一般都是家户的家长。

王家在王连生、王进仁结婚的时候,邀请的方式也是口头邀请,为了节省时间和提高效率,王文学一般会在干农活或者串门的时候跟自家亲戚口头发出邀请,有一些亲戚如果是不常碰到,但是有很深感情的也会专门前去邀请。由于王家经济条件不好,请不起太多的亲朋好友来参加宴席,因此主要是由王文学来决定邀请谁,并且在邀请时候按照惯例都会告知一下是家中的谁要结婚,是什么时候在哪里举办宴席,希望邀请者能够来观礼。

3.迎亲时兴坐轿骑马

在1950年之前,王家是按照惯例,男方去迎娶女方时一般都是需要骑马抬轿,前面还需要号角队在队伍前吹吹打打,并且男方家中也需要一些"娶女婆"和"伴客们"跟随着新郎去迎娶,在迎娶回来的时候女方家陪同新娘的还有"送女婆"和"送客们"。在迎娶规模上,大户和小户之间也是有差别,大户人家在迎娶上的规模阵仗很大,一般都会配备"六顶大轿,八队子马"(六顶轿,十六匹马),并且随行的有大阵仗的号角队和"娶女婆"和"伴客",随带着的还有"六大件";小户人家因为经济条件在规模上会明显小于大户,不过按照惯例还是至少需要"两顶轿子,一队子马"以及少量的礼品,此外也是需要有号角队和"娶女婆""伴客"。

4.好友帮忙置办酒席

在男女结婚过程中,最热闹的时候便是亲朋好友聚集在自家院子里祝福新人,吃喝宴席。村中不论大户小户在结婚时都是需要宴请好友,一般置办酒席的都是自己家庭成员以及村中来帮忙亲朋好友以及红白理事会。大户和小户在酒席的排场上也是存在不同,不过参加酒席的人员一般都是以家中的血缘近亲为先,然后便是家庭的邻里、亲朋好友,然后也有前来帮忙的人。

在酒席的座次上,由于王家是小户人家,所以在男女排序上并没有太多要求,不过宴请的人一般都是以家庭单位来进行落座。按照当地习俗来讲,结婚家户的堂屋里需要摆几桌宴席专门宴请前来陪嫁的"送女婆"和"送客",在堂屋前落座的都是自家成员以及亲戚,越往外围关系相较越疏远。

王家由于家庭条件不好,在王连生、王进仁结婚的时候并没有请太多的人来吃宴席,家中就只是简单摆有四五桌宴席,一桌请的是新娘家的"送女婆"和"送客",剩下的请的都是自家亲戚。

(四)婚配鲜有明文规则

1.结婚并无次序讲究

在王家,不论是王文学、王文宣还是王连生等四兄弟,相互间长幼年龄相差较大,王文学与弟弟王文宣之间相隔约5岁,而王连生四兄弟相互间隔6岁,因此虽在结婚次序上并没有什么过多的讲究,大家大多都是在适龄的情况下进行婚配,由此所呈现出来的结婚次序也是由长及幼。

此外在1950年之前,就花园庄村整体情况而言,在结婚次序上并无讲究长者先结婚,幼者后结婚,如果长者没有找到媳妇,幼者将不能娶亲的婚配原则。不过在婚配原则上倒是讲究在给适龄孩子寻找媳妇时,一般都是先向媒婆报备长兄,然后再报备幼者,不过若是长兄因为某些原因而并无人家看上的话,也不能由此不让适龄的幼者结婚。

2.婚礼花费较多

婚嫁作为一个人一生的一个重大转折,在整个结婚的花费上也将较为巨大,并且涉及多个方面,包括衣物财粮,很难用粮食来进行换算。在王家儿子的结婚过程上,结婚前是需要给要成家的孩子置办一套婚房,还需要置办一些必要的家具,在结婚过程中需要租借号角队和轿子马匹、置办宴席,并且还需要准备两斗粮食作为聘礼;而王家姑娘的出嫁相比简单一些,大致只是需要置办四身新衣作为嫁妆和摆几桌宴席请一些亲戚即可。

这些婚嫁的花费在未分家之前都是由王家这一个大家庭来负担,不过在后期1950年时王家曾有过一次小规模的分家,主要是成婚的王连生、王进仁家与王家进行分离,在第一次小规模的分家上,因为家中的王进义和王进礼都还未进行婚配,也并未独立,还需要王家大家庭进行照顾,因此分配上较之王连生、王进仁会多分一些,用来以后婚配的彩礼准备,而这之后,王进义和王进礼两兄弟的婚嫁花费将不再由王连生、王进仁进一步的负担。王连生、王进仁在1950年之前结婚的花费上大致都是一样,因此王连生、王进仁两兄弟并未在家中对于孩子结婚的花费上有过不满的意见。

(五)其他婚配形式

1."娶小老婆"

在1950年前,花园庄村中将纳妾的现象称之为"娶小老婆",或者叫"再娶",一般能够"娶小老婆"的都是有钱的大户,小户人家很少出现。王家的所有家庭成员包括家中王文学、王文宣以及王连生四兄弟都没有过纳妾,也一直遵循着"一夫一妻"的制度,不过在花园庄村中,大户人家纳妾的情况较为常见。

村中的大户人家纳妾也是需要家中家长做主,不过这个时候,家中纳妾的男性成员也可以发表一下自己的意见,纳妾在当地也是不需要告知或者请示四邻、家族以及保甲长。对于花园庄村有过纳妾现象的大户人家来说,进行纳妾的原因有很多,不过主要以家中的妻子生不出男孩子为先,另外有些大户人家的男性成员如果看中小户人家的姑娘长得漂亮了也会将其纳到家中。花园庄村在1950年之前,不断有外来的逃荒者,很多逃荒的姑娘为了能够让自己生存下来也会主动到村中一些大户人家养着当妾,而大户人家由于家境殷实,不差养活这一口人,一般也会欣然接纳。

由于村中大户的纳妾也算是一种家庭内部的私事,外来人员只是在前来观礼和吃宴席的时候了解一个大概,对于纳妾是否需要书写契约,契约上一般写什么内容以及由谁来署名都是不甚了解。不过在纳妾的安排上,村中大户因为家境殷实一般都还是会按照婚礼的流程举行典礼,纳妾的时候也是会给一些粮食作为聘礼,不过,由于娶妾一般对应的是小家小户所以相较于娶妻会在总量上有所减少,有时大户人家也会根据自己意愿再给一些钱,不过没有严苛的讲究。纳妾典礼的举办流程与娶妻的流程一样,只不过会在规模、排场上有所减小,纳妾一般找的也是黄花姑娘,很少有人家会"纳"结过婚的女性为妾。纳妾过程中所有的花销大部分都由男方大户家庭承担,女性小户家庭适当的准备一些嫁妆便可。

2.小媳"囤到那儿"

童养媳一般指的是小户家庭由于家庭贫穷,不再有能力养活家中的幼女而将其在幼年时送到大户人家之中给人家当小媳妇的情况,这一方面可以保证自家姑娘可以下来,另一方面也可以从大户人家手中再换一些粮食；而大户人家一般都是由于在家里的子辈存在身体不健全或者常年生病，可以预见在适龄阶段不太好找婚配对象的；此外还有就是大户人家的家长年纪偏大为了在生前能够提前为孩子处理好婚嫁问题，都是会提前找好童养媳"囤到"家里。当地一般将这种童养媳说成大户人家先将小媳妇"囤到那儿"。一般小户家庭会将女孩送去当童养媳的都是因为家中子女很多无力抚养，并且家中至少会有一子，不然家中不论多困难也是会守着一个孩子不论男女。

王家在1950年之前，虽然家中子女众多生活紧凑，但是家长并未安排、决定将家中的姑娘送去到大户人家当童养媳。不过王家的一个邻村梅园庄的远房亲戚的姑娘倒是经历过这种情况，那个姑娘年龄在将近十岁的时候，由于家中贫穷已负担不起她的生存生活，所幸长的较为水灵能干，于是她家的当家人便带着她到自家村子一家大户中给人家商量，让她去这家当童养媳，对方经过商量同意后，给了她家一些粮食。据说只是双方家长在一起进行商量、决定，并没有请示或者告知四邻、家族以及保甲长。这位姑娘给了大户人家当童养媳之后，也并未办什么典礼或者酒席，就只是直接住到人家家里。

在大户人家当童养媳的那段时间内，女方的生活和地位婚前和婚后都是有着很大差别，据王家远亲的那个姑娘叙述，在她还小的时候在大户人家中就如同丫鬟一般，家中的很多活都是需要她来做，都没有清闲的时候，并且大户人家说什么就得做什么，是不能够有意见或者怨言；但到了十六七岁以后，在家中内部举办了一个较为简单的典礼，根据惯例也宴请了一些娘家的人，之后她便成为了那家真正的媳妇，虽然还是需要做很多家务活，但是也是家中几个妯娌轮流做，也可以在某些方面说说话。

3."重新嫁走一回"

改嫁在当地一般都是说成"重新嫁走一回"，王家也没有出现过改嫁的情况，不过村中在1950年之前，也是出现过几例这样的情况。改嫁时对男女双方年龄没有什么一般的限定，有的是因为女方被男方休掉之后改嫁，也有因为家中死了老伴当了寡妇之后又找了一个老伴改嫁，不过由于当地对女性的节操很为看重，改嫁这样的情况很少出现。改嫁的男女双方一般都是都丧偶了，很少是一方没有结过婚，丧偶后改嫁，找老伴的男女双方一般年纪都比较大，而被休女方改嫁的男女双方的年龄不固定，家庭条件大多以一般为主，也有例外。丧偶改嫁的女方可以是以前丈夫的家里，也可以是娘家而被休的，改嫁女方大多都是住在娘家，这主要是根据每户人家的实际情况来决定。改嫁时由于女子已经嫁过一回，因此女方家的地位不再那么重要，一般都是男方家庭的当家人同意了便可进行，这也不需要去请示或者告知四邻、家族以及保甲长。

张继忠虽说在1945年时便丧偶，但是由于子女众多并且还有一些都已经成年成家，此外作为女性对于自身节操的看重，并未进行过改嫁。不过在花园庄村中有一男子，他在婚配时便是娶的"改嫁女"。据说女方家是邻村的一家大户人家，女方曾经嫁到上海后因一些原因被休回家，女方家长为使姑娘能够有一个好的归宿便托媒人再找一家小户人家，并且以三间房子作为婚嫁的嫁妆，男方家的家长便是看中女方大户人家丰厚的嫁妆同意了这门亲事。女方这次改嫁到男方家的流程与第一次婚嫁流程一样，只不过男方家户小，典礼的规模稍小而女方家庭因为脸面问题并未宴请太多女方亲戚，花费的安排、决定是由双方家长进行商量决定。

4."上门女婿"

在 1950 年之前,由于传宗接代以及养儿防老的思想,不论是大户人家还是小户人家在对待下代性别上都存在着普遍的"重男轻女",但是在下代实际的生育上,并不是所有家户都能"喜得一子"。对于家庭富实的大户人家,家长还是可以进行纳妾生养更多子女,或者实在是没有孩子的情况下也会去选择过继近亲的侄子来继承家产、赡养家长,但是对于不能纳妾或者难以支撑众多子女的小户人家,在家中只生育有一个姑娘或者多个姑娘的情况下,为了自身的养老和家产的流传,便会决定将自家的一个姑娘留在身边,找一个"上门女婿"来入赘到自家中相当于成为家中的"半子",操持整个家户、照顾家长养老。

王家在 1950 年之前有兄弟四个,因此并不存在招"上门女婿"的情况,不过村中有一些家户存在招"上门女婿"的情况。在村中招赘的家户中,一般都是家中只有一个姑娘或者在有几个姑娘的情况下,家长会安排、决定由哪个姑娘来招"上门女婿"。家户家长一般决定要招赘的都是在夫妻双方年纪都有五六十岁,不再存在生育可能的情况下决定。男方一般都是在家庭男性兄弟众多但家境贫穷,或者直接就是从外地逃荒来到花园庄并且希望定居下来的情况下,会同意入赘到女方家。入赘与一般常态的婚嫁有所不同,在村中会引起村民一定的注意,但是这都是他人家户的特殊事情,并不会遭到同村人的耻笑与看不起。

花园庄村子的刘家门户便是这样的一个例子,当地的刘家只生育有刘金花一个姑娘,在适龄婚嫁的时候,家长便安排、决定招了一个"上门女婿"。对上门女婿的选取并没有什么严苛的要求,不过一般也是需要男方身体健全且能够吃苦耐劳,名声德行良好,入赘之后便不能轻易再与原来的家庭有联系,所生的孩子需要同女方家的姓氏,但是会作为女方家的"半子"继承女方家中的财产。刘金花家所选的这个女婿叫苗红军,身体强壮并且吃苦耐劳,不过因为曾经结过一次婚后来媳妇跑了,年纪又有些偏大,有二十七八岁,因此男方家中也同意让他去当"上门女婿"。

"上门女婿"的婚嫁安排和决定一般都是由女方家庭的家长来做决定,不需要请示或者告知四邻、家族或者保甲长,在婚嫁时会举行婚礼,不过不需要进行迎亲,只需要男方带着号角队骑着马吹吹打打到女方家然后举行结婚典礼、置办酒席便可。

(六)婚配终止两形式

1.休妻

在 1950 年之前,家户在婚配过后很少会有休妻现象发生,这一般会让女方以及其家庭认为是一件很羞耻的事情。不过因为某些原因媳妇被休的现象,在该地区也是存在个例。当地人将他人家户发生的休妻称为"休了老婆子",而作为休妻的男方家将不会说媳妇被休而是称"死了"。休妻的原因也会有很多种,例如家中的媳妇不生育或者生不出男孩,作风不检点或者不孝顺公婆,经常惹公婆生气。休妻一般也都是由家中的当家人或者家中长辈来提出,是要写休书并且把妻子再送回娘家,休妻一般都是由于妻子做错了事情,不过在遣返时根据当家人的意愿也是会适当给予一些赔偿。

王家也没有出现过休妻的现象,此外由于休妻并不是一件好事情,王家成员也很少在本村中听过这样的事情。不过有听说一例,在花园庄村中有一男子娶的便是已经结过婚的大户姑娘,这也就表示这位大户的姑娘是被休了之后再嫁,具体原因女方家中并未详细告知,不过应该需要让男方家庭了解一个大概,由此一般只有自家亲戚知道一些内幕。

2.守寡

王家在1950年的时候只存在一位丧夫的人,那便是张继忠。在1945年王文学生病逝世后,张继忠便开始守寡。主要是因为家中已有孩子并且生有兄弟四人,王连生、王进仁也都已成家,并且家中她是当家人,婆婆也很早便已去世。她虽然身为女性便已是当家人,但是在村庄中这样的现象不在少数,村民相互之间和睦融洽,并未经常的受到欺负,如果和外人产生冲突,家中的家庭成员也将会以成年的王连生和王进仁为代表进行自家权益的维护。

村中的媳妇丧夫之后,在夫家的去留一般都以媳妇自己的意愿为主,不需要告知或者请示四邻、家族以及保甲长。一般情况下新媳妇在男方家庭还未生子也未分家的时候丧夫,大多不再拥有瓜分男方家产的权利,因此回娘家再嫁的情况偏多;而媳妇在男方家庭已经生活了很长一段时间,并且生有孩子的情况下,丧夫不论是分家还是未分家都会在分家的时候因为子孙会享有自家丈夫如果在世时所应得到的一定的家产。有了后代牵挂的媳妇这时候大多将不再回娘家,并且还会按照孝道依旧照看夫家的老人,在媳妇死亡后也会按照当地礼制与丈夫并排埋到祖坟中。不论媳妇在丧夫之后是否有孩子,一旦改嫁将不会埋到原来丈夫的祖坟中,而是埋到新嫁丈夫的祖坟中。

张继忠在丈夫死后顺延成为家中的当家人,由于自身年纪也已经偏大,此外为了操持王家这一大家户便没有选择回娘家,而是在已分家的王家的家庭中也可以说是"自家"的家庭中生活。一直到1950年之后,甚至是到所有孩子都已成家都没有考虑自身再嫁问题,在1966年突发脑溢血死亡后,埋入了王家祖坟与先逝世的老伴王文学并排长眠。

二、家户生育

在1950年之前,王家的家庭成员相较于村中一般生活水平的小户家庭中而言,可以称得上是人口大户。王家第一代共生有六个男丁三个姐妹,虽后因家庭变故剩余四兄弟两姐妹,但是在当地那个普遍是小家小户的村庄中,也算得上有很大"排场",因此村庄的村民因为王家这样众多的人口数量,也都称王家是贫穷家户的"头头"。在当地的生育观念中,家中子孙兴旺是值得令旁人艳羡的事情,王家的生育都是在夫妻双方自然的生活状态过程中进行,并未有过刻意的安排或者限制,孩子的姓名由于在之前未受过教育便都以小名称呼,后来在王连生受过教育之后便开始请先生为家中孩子取名排辈,王家也会在孩子出生后进行"过九"庆祝。

(一)王家生育有男女

1.家中成员数量多

王家在王文学那一辈分生育数量较少,只有两男两女,王文学在家中排行老大,王文宣排次,此外有两个姑娘①。王文宣家生养有姊妹两人,没有男丁,而王文学家一开始有兄妹九个,六个男丁三个女丁,后因一些变故剩余兄妹六个,四个男丁两个女丁。

在花园庄村中,王家的家庭成员数量算的上是一家人口大户,很少有像王家这样的小户家庭能生养有这么多数量的子辈后代。王家在生育过程中并不存在子女刚出生便夭折的情况,也没有对家中孩子进行丢弃或者溺婴甚至是买卖。不过家中孩子存在不幸身亡的情况,

---

① 时间久远且与王家少有联系,故姓名不详。

158

第一个孩子王孬子是在幼时不幸患有疾病不治身亡，第二个孩子王呢子则是在成年时因为淘古器的团队纷争被人为伤害，而其中王大妮是在婚嫁过后生病死亡。此外,王家的家庭成员都是在家庭清贫,但管温饱的环境中健康的长大成人并孕育后代。

2."带了孩子门前站,要的孩子分一半"

王家不论是王文宣、王文学辈分还是王连生四兄弟辈分,在结婚生育问题上都是按照惯例本分的进行着婚嫁和生子,并未出现过没有结婚就生育的情况。并且在 1950 年之前,受到当地伦理道德的影响,女性如果在还未结婚的情况下便怀有身孕则会被当地认为不检点,在名声和德行上会遭人非议,此外孩子一般也是不允许生下来,因为这会是一种耻辱的象征,一般还未结婚的女子如果已经怀孕并且把孩子生下来,大多都是会将其抛弃,因为就算嫁到男方家里,不是本家庭男方孕育出来的孩子是不能够享受甚至分割家中财产。当地便也有俗语来描述这样的情况:"带了孩子门前站,要的孩子分一半"。

(二)生育重在家户存衍

1.重男轻女

在当地，不论是大户还是小户生育孩子主要的目的都是为了传宗接代，正所谓延续香火,开枝散叶。此外,在对待孩子的性别上大多都是"重男轻女",在数量上也是倾向于越多越好。对于小户家庭来说有的时候孩子多了会很是有负担,但是对于大户家庭来说孩子越多越好,这一方面显现的是大家户旺盛的香火,一方面在当地也是一种家族排场的显现。古话有云:"不孝有三,无后为大",在当地,如果夫妻双方没有孩子会被看成是家中不孝的体现,因此不论是大家庭还是小家户如果媳妇生不出孩子来或者生的孩子都是姑娘的话，一般都会遭到被休或者纳妾的境遇,直到能生育出男孩为止。

在生育问题上也可能存在一些家户的男性成员因为生理原因而无法生育有自己的孩子的情况,这种家中不论采取什么样的方法都是无法生育孩子或者生育的都是女孩情况,为了保证本家财产的延续以及自身养老问题，家中没有孩子的一般都会采取过继兄弟家的儿子作为继子,或者便是决定家中的一位姑娘出嫁留家招赘"上门女婿"。王文宣家中便是只生育有两个姑娘,但是在两个姑娘都已出嫁之后又出现了家中财产无人继承以及无人养老的困境，于是王文宣便同王文学进行商量过继了家中的王进义为名义上的继子来保证自家财产的继承以及自身的养老。

2.一般提倡早婚早育

王家家庭成员的婚嫁一般都是在适龄的阶段进行,一般男性都是在 18 岁时结婚,女性都是在 16 岁时出嫁。由于当地教导成家男女"早婚早育",因此成家男女一般也都是在婚嫁的这一年便开始孕育新生命,男女双方进行婚嫁的目的便是为了传宗接代。"早婚早育"有助于成家男女更快的增进感情,并且尽可能的生育更多的后代来延续香火,不过男女双方的生育一般也都是按照自己的生理需求和意愿,家庭中的长辈很少会进行干涉。

3.大户倾向多生多育

王家对待家庭成员的生育问题上一般都保持顺其自然的目的和态度,主张有男丁便可,多少都行,家庭会竭尽所能来供养,即使是村中的一般小户人家也是本着大致一样的态度和看法。但是相较于大户人家来说,由于家庭经济实力丰厚,家大业大,他们一般则是倾向于多生多育,家中至少都是要有八九个孩子才能够称之为美满幸福,之所以要生育很多孩子,是因为子女的多少能够体现该家户的面子和地位。村庄里，家中男孩子数量多的一般都为家境好，不过这也将会导致村庄男女严重不均衡。

当地在对于生育的目的和看法上，不论大户还是小户一般并无差异，不过大户人家因为经济雄厚会对生育方面极为讲究，例如在生育上讲究"早生早育"，如果结婚很久都没有孩子便会进行休妻或者纳妾，在生育性别上严重倾向于男孩，并且孩子只能是越多越好，此外对于未婚生育的女子就是在纳妾上也不会考虑；而对于小户家庭，因为家庭生活水平较差，家庭难以支撑较多的孩子，一般在生育有男孩之后便开始不再生育孩子，有时也会因为家中孩子太多无力承受而选择对孩子进行出卖或者遗弃。对于非婚生育的女子，如果家庭男性成员因为家境贫穷或者自身有残缺的话，有时也是可以接受这种女人作为自己的婚嫁对象。

（三）生育过程：以孕妇为中心，多方照顾

在王家，孩子的生育问题一般都是由成家男女双方根据意愿进行生育，家长并未在这一方面多加干涉和要求。生孩子的数量一般也是要看自家整体的生活水平，家境清贫的一般都不会多生。王家家庭之中如果有人怀孕，一般是会受到全家人的照顾，不过一般也都是到快临产的前一两个月才会卧床待产，其他时候还是会在家庭之中做一些家务活，不过相较未怀孕的时候所做的农活较轻。孕妇在怀孕时候卧床待产一般和张继忠说一声便可，张继忠也都是会通情达理的同意并将原本孕妇的农活另作分配。在这段时间内也都是会有人时常照顾，一般都是家中的家长张继忠以及孕妇的丈夫，不过在快临产的时候娘家那里也会来人照看，在饮食上面也是会比一般家庭成员营养更为丰富一些，例如会在平常的时候给孕妇煮一些熟鸡蛋，在吃食上额外加些蔬菜，煮一些鸡肉汤等。

在1950年之前，像王家这样的小家户的孕妇在生孩子时一般都是在家中而非在医院的产房，并且也都是在家中孕妇快要生了的时候，也就是已经有阵痛反应的时候才会去找村中时常帮人家接生的产婆来帮忙接生。找产婆来帮忙给家中孕妇接生的人员身份并没有严格的讲究，一般都是会选择家中腿脚较快、说话办事麻利的男性成员。帮忙接生的产婆都是本村的村民，一般在接生之后，生育家庭都是要给产婆两块大洋作为报酬或者有时请产婆吃一顿饭也可以。生育所产生的这些费用如果是在未分家时，便都是由大家庭来承担，如果已经分了家便只由生育的这个小家庭来承担。

孕妇在生产之后都是会静养一个月，当地俗称"坐月子"。坐月子期间主要是由张继忠以及孕妇的丈夫来照顾，在饮食上也和八九月份待产所享受的待遇大致相同。不过由于王家家庭清贫，生活条件有所限制，在孕妇坐月子的时候家中对其的照顾将会随着时间慢慢减少，而产妇在慢慢恢复劳力之后便也渐渐开始做之前的家务、农活。

（四）第一个孩子要"做九"

家户在生育有孩子之后一般都是会摆酒席来庆祝，一般在庆祝上也有不同的讲究，例如，在生育孩子之后的第九天会摆宴席"做九儿"，在孩子生育之后第一个月会设酒席"做满月"等。这些庆祝都是很早就有，其目的一方面是为了庆祝孕妇渡过难关孩子获得新生，另一方面也会为了期盼新生儿能够健康成长。在花园庄村地区，家户给生育的孩子"做九儿"的比较常见。大家户一般会给每个生下来的孩子设宴庆祝，但是对于经济有限的小家户而言，他们一般只给每对夫妻的第一个孩子"做九儿"，也不讲究第一个生育的孩子男女的性别，仪式上男女也没有差别。

对于王家这样的小家户而言，生孩子庆祝"九儿"的流程大致也就是摆几桌酒席让亲朋好友前来看看孩子，再顺便吃吃喝喝热闹一下便可。宴请的大多是家庭中的亲朋好友，例如孕妇娘家那边的亲戚，王家家庭的亲戚以及与生育夫妻交好的亲朋好友等，这种宴席不是一定要请村长、族长。因为王家还未进行分家，所以宴请酒席所有的花费都是由大家庭来负担。在亲朋好友接到邀请前来祝贺时，一般都是要带有礼物，并且所带礼物也是有所讲究。王家在"做九儿"收到的礼品一般都是"三尺布""五尺布""红鸡蛋"挂面或者直接就是份子钱，这些都是给生育家庭，因此便属于小家庭的私有财产。

大家户在生育仪式上与小家户相比在规模和流程上是有很大的差异，不像小家户那般简易，大家户在"做九儿"的时候，一般还会包括很多流程，包括"抓周"之类。此外在给孕妇送的礼物上也会比小家户丰厚一些，亲朋好友一般都会送来整篮子的红鸡蛋，做好的小衣服小鞋子之类，大多是给孩子的物件。而娘家那边来人前来庆贺也会置办丰厚的礼品，当地有句俗语："大户娘家给夫家，斗米斗面大小鞋，被面黑糖和白糖"，便生动地再现了大户人家对孕妇的祝福。

（五）幼称小名大排辈

当孩子出生之后，小户人家根据以往的惯例，一般都是先给孩子起一个比较好叫却很俗气的小名，因为当地有说法说越俗气的名字越好成活，例如叫顺儿、孬儿之类。王家也是先给孩子起好小名，给孩子起小名的一般都是家中的当家人，例如家庭中先前的孩子都是没有学名，就叫王孬子、王呢子或者王大妮、王二妮等。但是孩子在长大之后便需要有正式的学名，由于家中家长的文化水平有限，在对待孩子正式的学名上，一般都是等到孩子们长大上了学堂之后，请教书的先生按照家中的辈分给孩子起学名。

王家的四兄弟的小名就是由王文学来起，不过学名是由上私塾的教书先生按照家中的辈分进行起名，不过王连生除外。王连生的名字是王连生自己在长大读书的时候自己起的，王家并未有重视家中的排辈，不过除此之外家庭成员的学名是有排辈。以王文学辈分的两兄弟为例，他们排辈为"文"字辈，因此他们起名为王文学和王文宣；而之后王家除老大的三兄弟应排"进"字辈，先生在起名时又以"仁义礼智信"为名进行顺延，于是便有了三兄弟的学名：王进仁、王进义和王进礼；再之后王家孙辈该排"浩"字辈，由于之前王家兄弟辈的名的好寓意以及为了方便着想，在1950年之前，孙子辈的学名在当家人的决定下在"浩"字排辈下，也以兄弟依照的"仁义礼智信"进行起名：王浩仁、王浩义、王浩礼。

对于大户而言，由于他们的知识文化水平很高并且更加信奉伦理道德，因此家中男丁的学名一般都是在孩子还未出生之前就已请好专门起名的先生在当家人的意愿下拟定出来。并且由于大户人家都有祠堂和排位，因此在学名的设置上相较于小户有很大的讲究。

三、家户分家与继承

（一）分家只涉及家中男丁

王家的四兄弟在1950年之前并未分家，不过在1950年之后，由于大家庭中镶嵌有小家庭，在某些方面存在局限性，因此王家在张继忠的带领下开始进行分家。在1950年时，王家的分家主要涉及的是已成家的两兄弟从王家大家庭中分出去，而家中的未婚孩子王进义、王进礼和张继忠并未分离仍在一起居住。王家的分家主要是在张继忠因为年岁的增大而愈发无力操持这个家庭以及家庭成员逐渐扩大的家户情况下进行，是在一种自然而然的状态下分离。在分家的时候也是在张继忠主持下，本着一定的公平原则，在家中四兄弟在场的情况下进行的分家，并未有什么公开的流程，也没有什么书面凭证，都是口头进行分家，分配较为公平合理，四兄弟并未因为分家产生过大冲突。

1.部分成员分家立户

王家的四兄弟在1950年之后曾经分过两次家，第一次是1950年的时候，已成家的王连生和王进仁所属的两个小家庭从王家大家庭中分离出来，而其他家庭成员仍居住在一起。王家在1950年时，随着王连生、王进仁所属的小家庭因为生育不断增添新的家庭成员，王家的规模愈发变大。作为当家人的张继忠，因为年岁逐渐增大而愈发无力支撑和管理这么大的家户，并且家庭之间因为人多家贫产生的冲突愈发频繁，同样也由于在1949年新中国成立之后，一些对于贫苦农民的优惠政策是按照家户开始进行分配的社会环境，王家的分家便自然而然的在张继忠的提出和主持下进行。

2.分家由家长提出

花园庄村子里所有家户的分家都大致如此，一般分家不论是谁刚开始有的意愿或者苗头，都需要告知家中的当家人由当家人进行安排、决定分家事宜，其他家庭成员不能随意决定分家。不过大多的情况都是由当家人提出并且在具有分家资格成员都在场的情况下主持分家事宜。拥有分家资格的成员只是涉及家中同一辈分的男丁，女儿不论是否出嫁都不再享有大家庭分家的财产，但是如果在同一辈分上儿子已经死亡但是媳妇生有本家户的孙子，那么孙子也将会替代死亡的儿子分得一份家中财产，此外家户中不论是过继过来的儿子还是妾生的儿子都是作为家中传宗接代的一分子，会在分家中有资格享有家产，但是在村中认的干儿子或者改嫁过来带来的非本家户的儿子将不再享有分得家产的资格，俗语曾讲："带了孩子①门前站，要的孩子②分一半"，便也体现了家户成员分家资格的范围。

王家进行分家的时候，是由张继忠提出，并且是让家中的四兄弟聚在一起，由张继忠进行主持和商定分家事宜。因为在分家过程中，家中的男丁并未有结婚生子后死亡的情况，也不存在过继或者购买其他男丁的现象，所以在分家上具有分家的资格只是王家的四兄弟。除此之外，王家其他的家庭成员将没有资格享有或者参与王家分家的家产，例如，家中的卢云地、李凤云、已经出嫁的王大妮、王二妮和王春香以及家中的小孩子王浩仁等。

3.家长主持不偏不向

王家在分家的过程中并没有请什么见证人，两次分家都只是在张继忠的主持下本着对每个儿子公平的原则进行。在分家过程中，参与的只有张继忠和王家四兄弟，此外并无其他人参与见证。分家事宜是每户家庭中的私事，有些家户会请一些家中的亲戚长辈或者有学识的人来做见证，但一般也并不需要告知或者请示四邻、家族或者保甲长。王家一共进行了两次分家，因为调查的时间限制，对王家的分家叙述主要以1950年王家的第一次分家为主。

在1950年王家分家时，王家所有的姑娘都已出嫁，家中只剩有王连生、王进仁两个小家庭和王进义、王进礼两个还未成家的男丁。由于王连生、王进仁各自的小家庭中生育有很多

---

① 指的是改嫁的妇女怀着孕或者生有小孩来到第二个家庭里。

② 指的是家户中存在过继或者买的，非直系血亲的孩子。

孩子,而张继忠年岁偏大,在家户管理上愈发吃力,于是便将四兄弟叫到一起商议分家事宜。在此过程中,还考虑到家中王进义、王进礼还未成家,分家之后诸多事宜不便处理,所以王家的第一次分家只是将王连生、王进义这两个在王家的小家庭分离出去。这样王家的第一次分家也可以说是将家产进行三份分配,此外考虑到王连生、王进仁成家后也有固定的劳力和收入,而王进义、王进礼还未成家,大家庭中也还没对其婚嫁事宜进行操办,由此在分配上,张继忠在向四兄弟说明原因以后,稍微偏向未分家的两个儿子。分家时因为主要是由当家人进行做主,并且理由合理,所以四兄弟并未提出异议。

王家在第一次分家时的家产分配大致如下:在家庭房屋的分配上,按照先前家户中家庭成员居住的房屋进行分配没有较大变动;在家庭物品的分配上,原先在谁房屋里的东西也大致归属于谁家,而家中做饭的碗具是要按照人数进行分配,锅具归属王进义、王进礼家;在牲口的分配上,由于在1950年家中稍显富裕,购置有一头骡子,这头骡子归属王进义、王进礼家;在农具的分配上,家中的小型农具都是一人一份,因此分家时按照原先的归属进行分配,家中添置有一个棉花车子归属王进义、王进礼家;在粮食的分配上,按照家庭成员的人数进行分配,王连生、王进仁家人口数较多也就分配的多;在家中"浮产"[①]的分配上,按照人口数将属于王连生、王进仁家庭的金钱分配出去,剩余的仍归属张继忠管理;在田地的分配上,因为王家在1950年之前就从未拥有过自家的田地,在新中国成立之后由于国家按照人口进行田地分配,家户中的家庭成员有了自己的田地便不再租种别人的田地,在分家后自己的田地归自己打理,粮食也是归属自己小家,等等。这样一系列家庭财产分配之后王家的第一次分家便已完成。第一次分家后大家只是不在一口锅里吃饭,各家的事情各家处理,但是因为分家并未使四兄弟在距离上或者心理上远离,分家之后的疏远感并不是那么强烈。

(二)继承流程有规矩

1.家产只有儿子继承

王家的继承从某种程度上来讲就是王家家庭成员在分家过程中所进行财产分配的所有权归属的表现。简单来讲,在分家过程中,分配给王家四兄弟的所有的资产,都是四兄弟通过继承的方式得到。在王家有资格继承财产的同有资格进行分家的人员一样,都是家中同一兄弟辈分四口男丁。在家产的继承问题上,也只是这四个家庭内部成员具有资格,其他的家庭成员例如已婚或者未婚的姑娘,嫁进来的妇女或者小家庭生育的小孩子都没有资格,家庭外部的其他成员更加没有资格来分得王家的家产。

不过在不同的家户情况中,家产的继承也会存在差异。例如在花园庄村中,有些家户中只有姑娘,那么在家产的继承中,入赘家户中的女婿将享有该家户家产的继承权;再如有些家户长辈没有孩子或者都是姑娘但未有入赘的女婿,但是家中有抱养或者过继而来的男丁,那么家中抱养或者过继而来的男丁将继承该家户的家产;还有一些家户纳有一些妾,妾生有男孩的也都将会有家产的继承权。总之,在一个家户中只要是受家户承认的子辈男丁,不论是成年或者未成年,不论是存活或者死亡[②]都将拥有家产的继承权,不过家户不承认的逐出家门的儿子以及改嫁带来的孩子将不会享有家产的继承权。

---

① 浮产:方言,指金钱。

② 指娶有媳妇并生有男性下代的情况。

在一般情况下，男丁不论年长年幼、妻生妾生，继承权都是平等的，但是也是会按照当家人所分配的继承权为主，例如有些家户因为常年未有子嗣，在过继了一个儿子之后又生育有一个儿子，按照常理孩子都应该享有平等的继承权，其中出于血缘亲情考虑，当家人在家产的继承分配上将会偏向亲生孩子。当然也还存在家中有子辈数个，家长在继承权的分配上额外照顾某一个的现象。

不同的继承人在继承权上存在先后顺序，一般都是家中有儿子的儿子继承，没有儿子的过继兄弟家中的侄辈继承或者家中姑娘婚嫁后由入赘女婿继承。若家中没有儿女也未过继或抱养儿子，家产在当事人死后将归属当事人的兄弟，除此之外家庭外部成员一般没有继承资格，当地并未听说过家长会将家产指定给除家庭成员之外的成员的情况。

2.继承按照惯例

家户中的继承权按照惯例一般都是家户中具有分家资格的儿子，也没有其他限定条件，与儿子孝不孝顺、养不养老人关系不大，只不过当家人在家产分配继承上可以以此作为偏倚的参考。在继承权的决定条件上，一般都是按照惯例来进行，鲜有当家人会对此进行修改，但是也存在例外，例如，如果家中儿子不孝或者因为其他原因被当家人逐出家门后将不再具有该家户家产的继承权。除了当家人之外，其他家庭成员将不能够决定家产的继承条件，不过可以在继承之前的分配过程中提出自己的意见。家户家产的继承权作为家户中的私有事宜，外部成员一般无法对其进行影响，族长或者保甲长一般情况下也是不会进行介入。

3.继承全部资产

当地的家户继承一般都是在家户分家的过程中进行，因此继承的一般将会是整个大的家户之中所有的物资家产，主要包括：房产、田地、生活资料、物资、"浮产"等。除了属于自家家户的物资家产之外，当家人个人曾经担任的官职将不可以继承，有关宗族中的一些身份地位，由于花园庄村中的宗族势力比较薄弱，在继承上也不需要考虑这些不存在的问题。

在王家的继承中，王家四兄弟所享有的继承权全部都是关于自家家产和物资的继承上，此外由于家中长辈在之前也未曾担任过什么官职或者宗族的身份，因此王家四兄弟在继承权上并没有再包括其他的方面。

4."抓蛋儿"[①]定家产

王家不论是在分家还是在继承权上大致都是按照平均、公平的原则进行，因为如果过于偏倚将会产生家庭矛盾，使得家户成员之间互相疏远。上文曾提到过，王家在分家时是由张继忠叫齐兄弟四人，在四人全部在场的情况下对于家中的家产进行较为公平的分配。在家产分配平均之后，接下来进行的每份归属问题上，王家四兄弟所采取的是"抓蛋儿"的形式，谁抽中哪个就将那份家产分配给谁，但是在抓阄过后，四兄弟也会依照流传下来的规矩对分配好的家产进行适当的调整。以家户的房屋分配为主，在房屋的分配上也是按照抓阄的形式，不过之后依照"头门不离主"的讲究，即一个家庭之中正门所朝向的正屋一般都是家中的长子所居住的地方，将家户正门所朝向的北屋调换成王连生的家产。

王家四兄弟抓完阄，又进行了一些调整之后，便算是将家产的继承权确定下来，大家此时一般也都不会再有什么意见。四兄弟对家产的继承权采取的是默认确定的形式，并没有立

---

① 抓蛋儿：方言，也称"抓阄"。

相关的字据或者其他。家中由于是四兄弟在张继忠的主持下互相商量着进行,因此也未再对此有过什么纠纷与冲突。

四、家户过继与抱养

王家在 1950 年之前家户人丁兴旺,生活自给自足,因此家庭中未曾出现过抱养或者是买卖孩子的情况。不过,由于王家本家王文宣家的特殊原因,家中老三王进义曾经被过继,后随着王文宣的去世又回到家中。村中一些家户或因人丁不足,或因生活条件拮据,对自家的孩子也有过过继、抱养、买卖等相关的处理。

(一)过继优先血亲

1.亲子出继"摔老盆"

在 1950 年之前,花园庄村中过继男丁的现象较为常见,一般都是一个家户没有生育孩子或者生育的孩子都是姑娘,为了保证自家财产的继承以及老人的养老,便会选择过继一个男孩子。一般都是家中没有男孩子才会选择过继,生了男孩之后便不会过继,但是如果在过继之后又生育有自家的男孩子,过继的孩子一般也不能退回,分家时也应当同家中生育的男孩子一起再平分自家财产。此外,在过继孩子上,一般都是选择自家兄弟的子嗣来进行,也可以是堂兄弟之间来过继,这种过继一般是符合常理:"自家的财产还是由自家继承了",但这也是需要出继家庭的当家人同意才行。

在 1950 年之前由于王家王文学的兄弟王文宣一家只生育有两个姑娘没有男丁,并且两位姑娘都已正常出嫁并未招赘"上门女婿",王文宣为了自己年老后有人能够继承自家家产以及能够给自己"摔老盆",便同王文学进行商议将王家四兄弟中的一个过继给他,一为继承叔叔家的家产,二为能够赡养老人王文宣使其安度晚年。出于兄弟亲情以及道义,王文学便同意将家中老三王进义过继到王文宣家中赡养老人。

2.过继讲究"不搬顶"

在选择过继家庭中,一般都会优先考虑过继自己亲兄弟的儿子,这样才能够保证家产延续的"自家性",但是也是在自家亲兄弟家男丁至少有两个的情况下才能进行商议,不然家中有独子,家长大多都是需要其继承自家家产和赡养亲生父母。此外在过继亲兄弟家中的男丁时,在孩子的选择上都是要讲求"过继不搬顶"的原则,即在过继孩子时候是不能够选择家中的长子,因为在老人死后的丧葬仪式上是需要家中长子带头"摔老盆"并且在其他方面也是需要家中的长子出面来处理,由此在过继过程中孩子的选择上一般都讲究,除长子之外家中其他孩子的选择由双方家长在互相商量的情况下进行决定。

在王家,王文宣在和王文学商议过继的男丁时,在不选择王连生的情况下,按理应当是在顺延的情况下选择王进仁,但是王文宣考虑到王进仁已经成家结婚,有小家庭需要操心,对于老人的照顾可能会不太上心,于是便和王文学商量过继还未成家的老三王进义,最后由王家当家人王文学进行决定将家中老三王进义过继到王文宣家中来操持管理老人的养老事宜。

3.名义过继

在双方具体的过继过程之中,对于出继家庭的家长来说,一方面虽说是亲兄弟但在面对孩子的割舍上还是有一定的不舍,另一方面自家兄弟又面临年老无人赡养的困境,在这样的情况下村中也有不少农户在过继上会表现出两种不同的过继形式:完全过继和名义过继。

以王家与王文宣之间的过继来讲,在商议家中男丁的过继时是由当家人王文学决定,出继者本人是不能够发表什么意见,还需要和家庭成员商量,主要是王文学需要和妻子张继忠进行商量决定孩子是否出继。过继只需要当家人王文学和王文宣两家进行协商同意便可,不需要请示家族族长或者村庄的保甲长,一般他们也不能进行干涉。

王文学和王文宣商议好的过继对象是家中老三王进义,由于手心手背都是肉,王家两位家长不愿意将孩子完全过继给王文宣家中,但是根据习俗,王文宣又必须需要一个男丁来管理自己年老的赡养,更重要的是死后丧葬的"摔老盆",于是经过兄弟两方的商议,最终决定在过继的具体形式上只是名义上的过继。在过继时只是双方当家人即王文学和王文宣口头进行了决定并未书写有契约,也没有什么见证,并且因为只是名义上的过继,所以两家之间也没有进行什么给钱、给物的经济往来。

具体来讲,由于双方在分家之后仍是在一个院子里居住,只不过北屋四间中东屋两间住的是王文宣一家,所以王文宣的赡养实际上是由他自家所剩有的财产以及王家所有成员适当的照看,王进义一般也都是在吃饭的时候去王文宣的屋里吃饭,其他饮食起居也是两家互相照看并未划分太清,然后在王文宣死后,由王进义作为王文宣名义上的继子来引领丧葬排序和"摔老盆"等环节,之后王文宣东边两间屋子以及剩余家产便都归王进义所有。不过在王文宣死后王进义年龄尚小且仍未结婚,而在过继时王进义也只是名义上的过继,因此王文宣家中的财产实际上便由王家"赌"①了,这便形成了之后王家房屋家产所拥有的北方四间房屋的情况。

(二)抱养瞒孩子

在1950年之前的花园庄村中,王家所生育的子女相较其他小户来说可谓子孙满堂,因此除了上述将家中的王进义过继给王文宣之外,并未存在孩子抱养或者买卖的情况。不过对于村庄中没有子嗣的家户来说,如果在过继过程中出现瓶颈,那么孩子的抱养也是家户的一种选择。

一般村庄中出现抱养情况的家户都是家中无法生育有子嗣,或者亲兄弟之间在过继中存在不同意的情况下,家户才会考虑抱养一个男婴作为家中的继承者来承担家中老人的赡养。在抱养的时候,如果是小家户中一个子女都没有的话,他们一般在选择抱养儿子或者女儿上没有什么要求,不过根据当地思想以男孩为先,但是也有家户中有姑娘的在抱养的时候便会选择男丁。在抱养上,双方家户之间的关系并不是说要多亲密,有时还是很忌讳抱养的孩子是同村认识的人家,担心将孩子养大之后孩子会抛弃养父母而去赡养亲生父母。小家户之间的抱养相较于过继,抱养孩子的主要目的是为了赡养老人。

相较于抱养者的家庭,被抱养者的家庭一般都是因为自己家庭条件很是贫穷,无法再承担起一个子女的生存,便会抱着孩子到邻村甚至更远的村庄中找家庭条件相对较好的家户商量将自家孩子交由他养活。两家在进行抱养的时候,一般也都不会签订什么契约和寻找见证人,只是双方家户的当家人商议决定之后,将孩子交由抱养家庭便可。一般抱养是为了保证抱养孩子的生存,但是抱养者在抱养人家孩子之后也会根据家庭情况适当给予一些钱粮

---

① 赌:方言,指"占有"。

作为感谢。

对于小家户而言,抱养的孩子一般都是将其当成自家的孩子一样抚养,并且家中的所有的财产也都会由他继承,抚养老人的义务由他承担;但对于中户、大户人家抱养过来的孩子而言,抱养的孩子很少会成为自家的家庭成员,并且拥有家户的继承权,相反成为家户中的长工或者下人的比较常见,他们将会作为家户中的外来人员,家户可以保证他们的存活但是他们无法享受家户中家庭成员能够享受的权益。

(三)买卖孩子很隐秘

花园庄村中有关孩子的交换形式上,除了上述的过继、抱养外,还有一种较为普遍的形式便是孩子的买卖。不过在当地,这种孩子的交换方式大多也都是不法行为需要避开公众场合,因此相较于上述两种形式,这种方式显得更为私密一些。在孩子的买卖情况上,一般都是大户或者中户人家因为家中一直没有儿子并且又不想让村中的村民知道从而对自家门户产生不好的议论,大多都会采取偷偷地方式去外地买过来一个男婴。不过,也存在一些大家户为了自家生产也会买一些男婴或者女婴作为属于自家户的外在人员来充当家中的佣人和下人,这样相较于雇佣村中的长工来说会比较划算。还有村中的一些小家户,也会由于家中无法生育孩子,但是老人需要有人来赡养,因此也会选择买一个价钱相较于男婴来说便宜很多的女婴。

一般村中卖孩子的都是家中孩子多又希望通过卖孩子挣一些钱来补贴家用,不过这种现象比较少见,因为将自家的孩子当作物品进行买卖在原则上是违背伦理道义,一般都是那些"流氓""二杆子"因为赌博欠债而出现卖妻卖女的情况。不过村中不论大户、小户倒是较为常见买孩子的情况,一般小户人家没有孩子,都会去上海那些地区的公立的福利院去买孩子,据说那里的弃婴很多,在孩子的买卖价钱上是会比较便宜的并且男女价钱都是一样,不过在那里买孩子都需要进行排队,排队的序号所决定的男婴还是女婴都将无法改变。

孩子的买卖一般都是在孩子还是婴幼儿时进行,这时候的孩子都还不记事,这也将会避免孩子长大后会抛弃养父母寻找亲生父母的概率,由此孩子的买卖一般也将由孩子的所有者来进行决定,不需要征求孩子的意见。并且由于孩子的买卖过程是需要买孩子一方支付一定数量的金钱或者粮食,由此不少投机取巧者也会偷拐他人家的孩子作为买卖对象,因为其中情况很是复杂,因此孩子的买卖过程多数情况下是在私下双方商议后进行,不需要书写契约或者请中间见证人,也不会对家户旁的四邻、族长、保甲长进行告知或者请示。

五、家户赡养

王家的老人赡养问题在1950年之前并不存在,直到1950年甚至是1958年后,王家四兄弟完全分家之后,之前的张继忠便成为家户中的老人,由家中已成家的孩子对其进行养老。兄弟四口采取的养老方式主要是居住在家中公共区域:前院西边建造的一间牲口棚中,吃饭进行"轮流"养老,此外,老人在生病、送终时也由家中四兄弟共同承担。

(一)赡养事务以小家为单位

王家在分家之后,老人的赡养将成为王家四兄弟各自小家庭的内部事务,除此之外,家户之外的人一般都不会干涉。由于王家属于小家户,家长因病逝世较为常见,因此对于王家来讲,需要赡养的对象只有一个便是之前一直掌管王家大家事务的当家人:张继忠。对于张继忠的赡养主要是由四兄弟来承担，但是在 1950 年之后，家庭家户观念也逐渐发生变化，三姑娘王春香因为婆家条件较为富裕，有时也会对张继忠尽些赡养的孝道，例如买个新衣、置个棉被等，在某种程度上也算是承担了一些赡养责任。四兄弟在赡养张继忠上承担的是主要责任。在具体的分配上，主要是为了更好的照顾她的饮食起居，于是便商量决定按照每个家户照顾一周的周期进行轮流交替赡养。

一般而言，家户成员中必须要承担赡养责任的都是老人所属的下一代儿子们来承担，每一代都像这样并向下进行延续，再具体一点便是承担赡养义务的一般都是具有分家资格和继承资格的儿子们连同儿子成家之后建立的所在家户，除此之外，例如之前家户中已出嫁或者未婚的姑娘将不再承担赡养家长的责任，不过在出嫁后将承担赡养丈夫家家长的责任。

（二）多子轮流赡养

王家在当地是一个多子的家庭，因此在老人张继忠的赡养上是由家中的四兄弟负责赡养。王家是存在关于赡养的分配安排，主要是在 1958 年王家第二次大分家的时候，由张继忠主持，王连生主导来进行赡养职责的分配。在第二次分家之后，王家四兄弟全部分配完家中的七间房屋，由于四兄弟都是已经成家甚至有的家户已生育有孩子，房源的紧张导致张继忠不能再占有一间房子来居住，王家不再喂养牲口，因此张继忠便提议居住在牲口棚下的这一片地方，后来由于王进礼常年外出当学徒不在家，王进礼便主动将张继忠接到自家居住的房屋里与妻子赵有英同住一直到老人逝世。老人的居住问题不需要四兄弟来操心之外，剩下的便主要是老人的吃食、治病以及送终问题。在王连生的提议下，吃食上，由四兄弟以一周的时间为周期来进行轮流为老人做饭食以及其他赡养照顾，于是四兄弟便按照轮流赡养的方式来照顾；在治病和赡养上，所有对老人进行的花费都由四兄弟进行平摊。

（三）分家未要养老钱

由于王家在分家的时候涉及张继忠养老的方方面面，因此并未在分家时拨出一部分资产作为老人的养老粮或者养老钱。此外，由于老人在吃食上时刻都由四个儿子进行照养，在住的地方上也有固定的地方，老人一般也非时时需要新衣、新家具，偶尔出嫁的姑娘回娘家会添补几件，因此家中成员在分家后也并未对老人按月或者按季度的缴纳养老粮。在老人养老的过程中需要置办一些个人用品上，如果花费不大便直接由这一时期负责赡养老人的儿子进行承担，如果花费较大，兄弟四人也会聚到一起商量讨论是否要进行花费，如果决定花费便由四兄弟进行平摊。

（四）均摊老人养老花费

王家的老人张继忠由于一生勤恳持家，辛勤劳作，身体总体来说较为健朗，因此在分家之后也是鲜少生病。不过张继忠有时身体不注意所患的头疼脑热一般也不去医院诊治和抓药疗养，而是时常依靠 1950 年之前的家庭治病用"小汤"来进行疗养，除此之外，老人并未患有过什么重大疾病入院治疗。不过由于年老时常眼睛会出现看不清或者疼痛的症状，有时会由已经出嫁的王春香回娘家时带她去市里看病，看病的花费是由姑娘支付，不过之后的医药费有时王春香没有支付的便由家中四兄弟进行均摊。张继忠在生前唯一一次患重大疾病是在 1966 年突发脑溢血，不到半天的时间便夺走了老人的生命，因此这次疾病并未来得及对老人进行花费治疗。

老人在去世之后，王家也是按照当地丧葬习俗，所有的花费都是由家中的男丁进行承担。在丧葬花费上,如果有儿子不出钱,那么将会被村里的人当成不孝,将会遭人议论和耻笑,因此当地有句老话便说道:"桌子底下的茶脚,有几条腿就分几个人",便是说的老人丧葬的花费分配问题。这种分配上各个儿子之间大致是没有区别,不过一般都是由家中长子进行主持,在花费上长子较其他儿子会花费较多但是差异不大。

在老人去世之后的丧葬仪式上,按照习俗,长子与其他儿子的职责是会有不同,出嫁的女儿在参加老人的葬礼上也会扮演一定的角色来为老人送终。具体来讲就是,在丧葬仪式上长子一般是在出殡排队次序上占首位,并且手抱"老盆",之后的儿子们按照长幼次序依次排列,而不论分家与否,之前家户中的女性成员也将在灵前按照嫁进家门的妇女然后是家中姑娘的次序进行排列来扮演孝子在出殡那天进行哭灵。这种职责与顺序都是千年流传下来的流程,不需要家户成员再进行商量和决定。

六、家户内部交往

在1950年的花园庄村中,各家户之间尤其是村中多数小家户之间,由于当地的社会环境以及自家经济水平限制,在交往上一般都只关注自家内部的生计和往来。王家也是如此,王家内部之间的交往也主要包括父母与孩子、婆媳、夫妻、兄弟、妯娌,这五类主要关系。

(一)父严子敬

虽然王家的原当家人王文学在1945年时不幸染病逝世,不过在其在世期间对于家中孩子的抚养与教导还较为全面。王文学一方面作为家中长辈,另一方面作为一家之主,对于孩子尤其是王连生还有王进仁的抚养、教育、婚配方面也算是尽心尽力。由于王文学作为当家人的权威,以及伦理道德的影响,父子之间很少发生冲突。

1.父亲具有绝对权威

在王家,王文学在全体家庭成员上具有绝对的权威,同样对于自家的孩子也将承担同等的责任,一般包括子女的抚养责任、婚嫁责任。对于儿子来说,有时还包括儿子的教育责任、教会儿子谋生的责任以及给成家的儿子置办家业的责任。作为家户中的男性当家人,这些责任一般都是需要承担,但是也是会根据自家家户的经济状况有选择的进行承担,首要承担的便是抚养责任。但是在对孩子进行责任承担时,不论是承担哪些责任,一般情况下是需要对家中生育有的所有男丁进行平等的对待。

在当地,家户的家长权威在村中每一个成员中都有着很深的影响,王家也是一样,因此,虽王文学作为一家之主并未出现过无理的对孩子进行随意役使、打骂或者逐出家门、将儿子卖掉的现象,但是原则上父亲是有这些权力。换句话讲,在当地,但凡家中父亲所出说话来,不论对是错,孩子都需要无条件服从,不然父亲将会对其进行批评甚至打骂。但是孩子却是不能够批评父亲,不然将会被视为"以下犯上"的不孝行为。

在1950年之前,父亲便是家户的天,家庭成员都不能议论甚至批评父亲,因此对于好父亲没有什么所谓的标准,不过在当地,只要家中的父亲不是"流氓""二杆子",不会因为赌博而卖妻卖女并且能够抚养家户子女健康长大,都会被视为一个好的父亲;而相较于儿子来说,服从家长安排、能够勤奋吃苦、不会反抗家中长辈的才会被视为是一个好儿子。

2.日常交往讲究尊卑有礼

在王家,家庭中的王连生四兄弟对王文学始终存在一种尊敬与敬畏之心,在平常生活中也鲜少有家中兄弟同王文学开玩笑的情况,主要是由于双方身处不同辈分,加之家庭以及学校的相关教育,使得四兄弟一般都不会去轻易冒犯长辈。儿子对父亲长期以来的这种敬畏也导致了王家四兄弟在某种程度上对王文学的害怕,因为父亲的权威使得其可以随意打骂孩子,对于孩子具有一定的震慑性。因此儿子在有心事的时候一般都偏向于向做长辈的张继忠倾诉,除非是闯了祸,需要当家人出面解决时,也是先向张继忠诉说,再由张继忠告知王文学这样的方式进行。这种相处方式在当地也算得上是家户父子之间的正常交往,因此总的来说王家父子之间的关系还算是较为融洽。

王家四兄弟自从出生懂事起,便鲜少出现与王文学发生冲突的情况,主要因为王文学作为长辈,是家中的一家之主,不论他说的对与错,孩子都只能无条件服从,不然招致打骂也是常理之中,不能进行还手,否则将视为不孝。因此,家中王连生四兄弟一般在有不同意见时,不会直接的向王文学提出而是会采取一种迂回、温和的方式使得王文学倾听家中成员的意见。

(二)婆媳相处良好

在1950年之前的王家,婆媳之间的关系涉及的是家中张继忠与已经嫁入家中的卢云地以及李凤云之间的关系。但是在1950年王家当家人王文学逝世后,婆婆张继忠又承担有家中当家人的身份,由此对于家中媳妇的管理更是存在较多的权利和责任。正所谓"多年的媳妇熬成婆",在婆媳关系上,婆婆作为家中长者,一般对于媳妇在家务事的分配上有很大的支配权。

1.家务主由婆婆分配

婆婆作为家户中的另一位长者,一般拥有家庭中当家的权利与义务,简单来说就是家庭内部事务的处理,而媳妇作为嫁入家庭内部的女性成员,一般都要听从婆婆的教导与安排。按照当地习俗来讲,婆婆作为家中长辈对家中小辈的媳妇是可以进行役使和打骂甚至是赶出家门,而家中的媳妇也需要对婆婆的安排无条件服从,不得反抗批评。

在王家的婆媳关系中,由于婆婆张继忠是一位地地道道的农村妇女,一切都是为了王家的生存与延续,因此在家庭很多事情上都是通情达理,并未对家中媳妇有什么过于苛刻的要求甚至打骂。婆婆张继忠对媳妇行使的权利一般都是家户做饭的轮流安排以及其他家务杂事的分配,对媳妇承担的责任包括,在媳妇怀孕期间对媳妇进行营养的补充和照看,在家中媳妇外出劳作时对未成年的幼子进行照看等。

由于大家户与小家户之间在诸多方面存在差异,因此在1950年之前,对于好婆婆与好媳妇的划分一般是没有什么明确的标准。例如,对于大户人家来说,婆婆与媳妇都是裹着小脚,不下绣楼,不抛头露面,知书达理,精通女红的才算是好的标准;而对于农村小户来讲,婆婆和媳妇都是能够下地干活、操持家务、做饭缝补的才算是好的标准。

2.婆媳关系友好

与村庄中大户家庭之间的婆媳关系不同,王家是个小家户,因此对一些礼仪没那么多讲究,平时婆媳之间的关系相处还是较为融洽,不过长幼有序,虽然婆媳之间经常会在庭院中缝缝补补,偶尔唠唠家常,但是婆媳之间一般不会乱开玩笑。

媳妇对于婆婆称不上惧怕但还是有一定程度的尊重,媳妇由于受到当地传统思想的影响,一般都是会被视为家户之中的"外人",有心事时也都是会首先和自己的丈夫进行商量,其次便是妯娌平辈之间会唠唠心事,一般很少会跟婆婆进行交谈。一般涉及大家户的事情,媳妇是会和婆婆进行商讨;涉及自家小家庭的事情,便主要是和丈夫进行商讨解决。对于王家的媳妇来说,婆婆是一个比较明事理的人,所以在交往上还算是比较好相处、好接近。

婆媳之间在分家之前是很少会有冲突,在1945年之后婆婆成为家中的当家人之后,对于家户家务事情的分配也是按照习俗对两个媳妇进行公平分配,并无对媳妇有过什么刁难。不过有时在对大家户之中的小家户进行一些分配的时候会产生一些不满意见,不过婆媳之间也并未直面产生冲突,而是由家中的儿子作为中间人在之间调和。

(三)夫妻和睦相处

王家在1950年之前一共有三对夫妻,分别是家户大家长王文学和张继忠,王连生和卢云地,王进仁和李凤云。由于王家是一个农村小家户,因此夫妻之间的阶层关系并不明显,不同夫妻之间的关系多少会有一些差异。

以家长王文学和张继忠来讲,双方之间受当地传统思想的教化很深,由此夫妻关系一般都是王文学说的算,张继忠都会服从,很少会提意见;但是以王连生和卢云地的夫妻关系来说,由于卢云地的性格较为急躁而王连生脾气温和,所以在双方夫妻关系上,卢云地有时会和王连生提意见;对于王进仁和李凤云之间的夫妻关系,由于李凤云脾气好,所以双方之间也是以丈夫为主,李凤云听从,很少会提意见。

1.夫主外妻主内

三对夫妻关系虽有差异但是整体上遵照"男主外,女主内"的生活方式进行。在王家,一般外出干农活、外出做副业、挣钱养家的都是男性成员;而在家处理家务事宜,例如做饭、缝衣、看孩子的都是家中媳妇。丈夫对妻子也承担有一定的责任,主要包括妻子生病时需要丈夫的照顾、妻子怀孕和坐月子时也需要丈夫的照顾;而妻子对于丈夫的责任则包括做饭、缝衣、照顾其饮食起居的多个方面。但是对于王家来说,夫妻之间的关系较为平等,丈夫一般都不会随意役使甚至是打骂妻子,不过如果出现这种现象也是平常,没有人会议论。此外关于对好丈夫和好妻子的标准认定,一般都认为夫妻之间很少吵架,相处和谐的便是一个好家庭中的好丈夫与好妻子。

2.关系融洽

在王家,每对夫妻关系的相处都是很是融洽,夫妻之间在自家里也是可以开玩笑、打闹,当然在丈夫结束一天的农作回到家中后,双方之间也会常常唠一些家常。妻子不需要惧怕丈夫,一般夫妻之间可以就家庭中的事务进行讨论,妻子嫁入男方家户中,关系最为亲密的便是自己的丈夫,所以妻子一般心中有心事时首先是会和丈夫说,让丈夫为自己排忧解难。

夫妻双方在日常生活中虽说相处和谐,但是难免也还是会出现磕磕绊绊的情况,如果再遇上很大的冲突无法解决时,夫妻双方便只能解除婚姻关系。在王家,夫妻之间也是会有矛盾冲突,所幸矛盾不大,一般都是会在家户内部的婆婆张继忠以及其他家庭成员的调解下恢复正常,外人一般很少会参与进去,这种情况也就是当地所说的"夫妻间吵架,一般都是床头打床尾和"。

(四)兄弟之间平等交往

在1950年,花园庄村中的家户之间,兄弟在相处过程中很少是会有明确的权利义务划分。不过如果出现家户中有长辈当家人去世早的情况下,那么依照"长兄如父"的惯例,家中长兄将会代替父亲的一部分职责会与家中的女性长辈一同承担起本应该由父亲对家中孩子所需履行的职责以及在处理家户与外部之间的交往上,也是由家中长兄来出面。

在王家的兄弟关系上,便大致是上述这种情况。具体来说,王家所存在的兄弟关系主要是第二代男丁们之间的关系,也就是以王连生为首的四兄弟之间的关系。在王家的兄弟关系中,由于王文学在1945年的时候便已去世,但是在家中还有两个还未成家的男丁,因此在后期对于剩余两个男丁的婚嫁和家具置办上,王连生作为长兄会和张继忠一同准备。王连生虽然在兄弟中居于大哥的身份,但是因为平辈分的关系,是不能够对弟弟进行随意役使或者打骂,也不能对弟弟做出逐出家门或者卖掉的打算。兄弟之间一般都是在商量的情况下进行事务分配及劳作,不过出于对兄长的尊重,弟弟一般在很多事宜上听从长兄的安排,兄弟之间相处友好便都是好的兄弟的标准。

在日常交往中,王家四兄弟之间的相处十分融洽,兄弟之间都是很懂事理的人,长兄爱护弟弟,弟弟尊重兄长,兄弟之间有时也会开开玩笑,唠唠家常,一起喝酒聊天等。一般兄弟之间的关系都是"肩么头扛旗",一个杆子上的关系。弟弟对于兄长也不会有惧怕之情,弟兄之间也会在喝酒聊天的时候说说心事,互相慰藉一下。

兄弟之间在年长之后便很少会冲突甚至打架,不过也有矛盾的时候。其中,兄弟之间曾在分家过程中有产生很大的矛盾,因为王连生、王进仁在结婚时都置办有房子,但是王进义、王进礼在分家时房子的分配上会显得有些不公平,虽在另外的一些方面家中张继忠在尽力的去弥补,但是不可能做到完全的公平公正,于是兄弟间便产生了矛盾,一般这种情况都是由家长张继忠在中间进行调节,家长一般站在公正的一方进行协调,除此之外,家庭外部人员很少会介入。

(五)妯娌之间互相帮持

在1950年之前,王家之间的妯娌关系主要是嫁进王家的卢云地和李凤云之间的关系。在王家,妯娌之间并未有什么明确的权利义务关系,嫂子一般也是不能够对弟媳进行役使、打骂,不过嫂子作为先入家户的人,弟媳在日常生活中也是需要对其进行一定的尊重。嫂嫂和弟媳都作为嫁进家户的人,一般相处都是较为友好,双方在家务事情的管理上有时也会互相提提意见或者互相帮持一下。在当地,嫂嫂和弟媳之间是能够和谐相处,将家庭内部事务打理的井井有条的都可以称得上是好嫂嫂和好弟媳。

在日常交往中,妯娌相较于婆媳之间的关系会较为亲密一些,妯娌之间在一同操持家务活是也会常常互相开玩笑,聊天说闲话,在交谈范围上并没有什么限制。在李凤云看来,嫂嫂卢云地虽脾气急躁但是性子直爽,也算是很好相处了;而卢云地也会因为弟媳李凤云性格温和,鲜少会发生有冲突。

妯娌之间由于经常在家干家务,有时也会在一些家庭琐事上而产生矛盾,王家的两妯娌之间发生矛盾时一般不会进行吵架而是互相不理的"冷战",而身为长辈的张继忠作为一家之长是会进行协调,但是协调结果还是需要两妯娌之间互相协调,家庭的外部人员不会介入他人家中妯娌间的冲突。

(六)其他关系

王家由于在1950年之前生育有六子三女,所以家庭成员之间的内部关系除了上述的主要关系外,还包括家中姊妹、兄妹、叔嫂之间的关系等。王家家庭成员之间的关系,除了上述几种关系部分具有权利义务联系外,双方之间都是处于一种平等的关系进行交往。不过一般年幼的家庭成员都会对年长的家庭成员表现出一种尊重，即一般情况下都会听从长者的安排，不会与之发生冲突。双方之间因为都是平辈，在生活交流中接触较多，因此互相之间也是可以相互聊聊家常闲事或者开开玩笑，不过在兄妹或者是叔嫂之间，由于男女限制，在开玩笑时需要把握一定的限度。在处理家庭事务时，双方也是可以互相交流意见。

王家的家庭成员一般情况下是没有发生过很大冲突，一般都是会在一些事情产生不同意见后发生矛盾。这时候大多也都是由张继忠在了解事情发生的前因后果后站在公正的一方进行评判和调和，其他家庭的外部人员不会介入。

七、家户外部交往

在 1950 年之前，王家以家户为单位进行对外的接触、交流的对象主要包括：街坊邻里之间、农田地邻之间、家户亲戚以及租佃田地的佃主，四类交往对象。在与这四类对象进行交往中，王家与前三类交往较为密切，且双方之间和睦相处是种常态，但是在某些特殊情况下也会产生冲突；与佃主之间的交往较少，一般只是在商议田地租佃时才会打交道。

（一）街坊邻里相处和睦

在花园庄村中，王家与邻里之间的交往一般都是十分和睦。邻里之间虽然并没有什么明确的、强制的责任与义务，但是出于同一个村子相互生活的邻里街坊，按照道义，如果需要王家出面帮忙，王家也会在自己的能力范围内尽最大的能力去帮助。例如，在 1950 年之前，村里街坊邻居中有发生白喜事，但凡是和王家关系相处很好地，一般都不用专程来请，王家的四兄弟也都会主动去进行帮忙。在红事上，按照惯例需要家户来人邀请，但凡王家受到邀请，家中也会在准备礼物的同时对该家户进行帮助。由于王连生和王进仁在做大锅饭上较为拿手，因此他们二人在邻里街坊红白喜事上经常主动帮忙宴席的做菜。在帮忙之后也不会去主动要求什么报酬，最多也就是和一起帮忙的村民在一起吃一桌宴席便可。

街坊邻里之间的关系总的来说是比较融洽，在花园庄村中并不存在家户之间谁惧怕谁，或者说是谁压制谁的现象。邻里双方都只是相处的来和相处不来的情况：相处的来就相处，相处不来就不经常联系便可。在花园庄村中，王家与周边街坊邻居的交往算是比较和谐，双方之间并无出现谁压制谁的现象，不过也是存在一定的亲疏远近。王家的东邻赵家，虽然在当地也算是村中大户，但是并未对村民有看不起或者压制的现象，反而有时会对有苦难的小户邻里进行无偿帮助，由此王家与东邻之间的关系相处很好，东邻赵家对王家的帮助很多，所以在逢年过节的时候，王家的家长也会让家中小辈去给东邻的长辈拜年。但是，王家与西邻的关系便是有些冷淡，双方在房屋地界归属问题上产生有较大的矛盾无法协调，由此双方家户一般不怎么往来。

在与街坊邻里之间的交往上，每个家户都会因为一些问题而引发矛盾与冲突，王家也不例外。其中，王家与西邻之间，关于房屋边界的问题发生的矛盾较为突出。在 1950 年之前，王家的西边是一家远方的王姓小户，双方之间产生矛盾的主要原因是由于两家互为邻里，为充分占有家户中的土地资源，双方在以"灰界"划分的地方相邻建造院落，后来西邻在建造东边新房时，为节省家户花费便依靠着王家西边的三间房的西墙进行建造，但是这样在某种程度上是侵犯了王家的利益，由此邻里双方便经常会在此事上产生冲突。这种冲突是以家户为单位的冲突，双方家户成员都会为了各家的利益进行争执，但是双方各执一词讲不通道理，便需要村中的其他村民进行调节,虽然他们并没有什么实际的责罚权力,但是会有村中舆论的导向,西边邻居最后也是相应的给了一些好处,之后双方之间便很少进行往来,但是再遇到矛盾时还会进一步诱发这次冲突。

（二）地邻互帮互助

像花园庄村这样的农业村庄,除了房屋地域间的街坊邻里的交往,便是农田地域间的邻里交往。地邻之间也是没有什么明确的责任义务,在村中家户事宜上也很少去请地邻们进行帮忙。地邻之间的交往一般都是在农间田地干活时候互相借用一下农具、共同搭伙一套牲口等一些农业劳动活动间的互相帮助。在 1950 年之前,王家在耕种租佃的二十亩田地过程中,有时家中置办有一头黄牛,在进行农业劳作搭伙时,便会和北边地邻那家也有一头黄牛的家户进行搭伙,一般都是王家用完之后就直接将两头牛搭着犁耙一起牵到人家地里,换给人家使用,到了中午或者是傍晚回家时,再去黄牛所在的田地里将自家的牛拉回来便可。

一般村中农户的地邻之间也是相处融洽,不过一般都是在干农活时在田地上的往来较多,在日常生活上,地邻之间在村庄居住地较远,因此都是各家顾各家。地邻之间在地位上也都是平等,不存在谁家惧怕谁家,导致自家田地耕种粮食被侵占等无理的现象,不过有时也会在田地之间用做分界的"革岭"上的土地归属问题产生冲突。在王家,由于在农田劳作的大多是家户中的男性家庭成员,因此在与地邻之间的交往上主要是以王连生代替张继忠作为家中代表与对方进行交往,包括在田地劳作时地邻来借用农具的同意权,进行搭伙时对地邻之间选择与否的决定权等。

地邻之间会在田地分界线上的土地归属问题上产生一定程度的矛盾,也存会在其他方面产生一些矛盾与冲突。这样的冲突也都是以家庭为单位,在冲突处理上一般也是由当家人双方来进行理论,并在村中村民的介入下进行调解。在 1950 年之前,王家与地邻之间也会因为划分边界的"革岭"上粮食的种植产生矛盾,主要是因为"革岭"作为两家田地的分界其实是属于公共区域,一般是不会在此种植粮食,但是有时候对方为了充分利用土地资源,多种些粮食,便会充分利用这一片极小的区域,这将会被认为是侵犯了王家自家的利益,从而双方之间会产生冲突。对于这样的冲突,双方家户也无法说的清楚,于是大多以村中村民的意见作为协调的标准来进行调和。

（三）亲戚往来密切

对于村庄的家户而言,外部的交往包括家户外地域的交往,也包括家户家庭成员所涉及的血缘亲戚的交往。家户与亲戚之间的交往,形象一点来描述,便是比家户与邻里之间的交往再近一些,比家户之间内部家庭成员之间的交往再远一些。亲戚之间从道义上来讲,需要承担有一定的责任与义务,一般越是亲近的亲戚家户之间的红白喜事,作为亲人都是必须要进行帮忙,并且在帮忙上也是要按照当地习俗的安排来进行;除此之外,家户之中如果要建造新房子,亲戚家户中的男丁也会前来帮忙。在 1950 年之前的王家,由于王连生、王进仁两个孩子的婚事需要新建造西边三间房子,在建房子的时候除了家中王文学和家中的四兄弟来进行新房建造外,王文宜和其他张继忠娘家的男性亲戚也会来帮忙,在房子建造好之后并不会索要什么报酬,而只是在家里一起吃个饭便可。

王家与亲戚之间,因为有"自家人"的意识,所以之间在交往中相处是很是融洽。亲戚之间的关系主要是长辈与小辈之间的相处关系,小辈一般需要对作为长辈的亲戚表示尊重与服从。亲戚之间的往来，一般也是在逢年过节以及家中红白喜事时进行走访，在"串亲戚"的时候，一般都是小辈去拜访长辈，并且需要带些礼品作为拜访的礼节。例如逢年过节时，给亲戚带些由烧饼、油条装的礼盒便可；在亲戚的红白喜事上，便需要按照习俗带相应的新衣服、被面或者贡品来表示。

王家与亲戚之间很少会产生矛盾与冲突，不过也会在一些小事上发生一些口角，不过那都将看作是家户成员个人之间所发生的磕磕绊绊，是不会上升到以家庭为单位的两个大家庭之间的矛盾。在矛盾的调解上，一般是由家中的长者在了解事情前因后果后，站在公平正义的一方对双方进行调解，这时候家户之外的人员一般不能进行介入或者干涉。

(四)主佃较少往来

在 1950 年之前，由于王家并没有属于自家耕种的田地，家中成员需要靠租佃主的田地为生，因此家户的外部交往还包括与佃主之间的交往。王家与租佃田地的佃主之间交往并不是十分紧密，双方之间只是一种简单的租佃关系，王家不需要对佃主的日常生活有什么额外的责任与义务，唯一需要承担的只有需要按时期进行地租的缴纳便可。如果佃主在其他方面需要帮忙，王家会根据自家的具体情况来提供帮助，不过这过程，佃主需要支付报酬，例如在农忙时节，王家的女性成员帮富裕家庭耥谷子。除此之外，王家与租佃田地的佃主之间交往较少，此外佃主一般也都居住在城里，家中成员便也不会与其产生矛盾与冲突。

第四章　家户文化制度

对于 1950 年之前的农村小户来说,家户之中并不会有十分丰富的文化生活,王家也一样。不过由于王家家长对于子辈教育的重视程度,家中的适龄男丁还都是有过一段基础性的教育经历,随着 1950 年的社会发展,家长张继忠还让部分成员接受过公立学校的教育。除此之外,王家对于家庭成员的家户意识是以血缘亲疏来界定。但是王家对于这些文化习俗,家长并未对家庭成员有过专门的教导,只是在日常生活中以行为来进行潜移默化的教化。对于其他的文化生活,王家主要是在当地习俗的影响下,根据家户实际的生活状况下来灵活进行组织,其中包括对于家户习俗、家户信仰的举办和祭拜。此外,王家成员在闲暇时的娱乐生活,也主要是为了放松,所以并未有什么严苛的流程讲究。

一、家户教育

在 1950 年之前,王家对孩子的教育较为重视,只不过由于家庭"重男轻女"思想以及较低的经济水平限制,王家家长只允许家中的男丁去远方亲戚家的先生那里上私塾读书,并且为了每个孩子的公平对待,一律只接受基础的教育,目的是为了使家中男丁懂得基本的伦理道德和常识技能,而家中的姑娘在当地"女子无才便是德"的思想下,全部不考虑让其读书。

(一)男丁教育总体偏低

由于王家常年以来都是贫穷的小农,家中主要靠以体力和劳力为主的农业生产为重,加上家中也没有额外的费用和精力来支持孩子读书,所以在 1945 年之前王家的家庭成员的教育水平几乎空白,上至家中去世的长辈,再到王文学、张继忠。不过在王文学成家立业,生育孩子之后,远房亲戚中有人是教书的先生,为了使家中孩子能够受到一些基础的教育,王文学便决定让家中子辈的四兄弟去那里上学读书。虽然王家四兄弟年龄间隔相差很大,但是王文学和张继忠也都让其进行私塾教育,而且都是在适龄阶段,也就是七八岁左右的时候。这种私塾教育周期一般都是两三年,学完之后家中便因为经济生活水平限制以及需要这个年龄阶段的男性成员参与家户劳作,不再供应其继续学习。在花园庄村子中,男孩子十一二岁的时候便都可以看作是家中劳动力,需要下地进行农业劳作。

王家的孩子上学与否以及上多长时间,全部是由家长来决定,其他家庭成员在这个问题上并没有发言权。在整个花园庄村中,家长对于孩子上学读书大多也是表示愿意,不过学费的承担会使不少家户望而却步。因此如果村中有家户孩子成员多,但是家中经济不允许,却又希望孩子可以上学读书有文化,一般会将家中最受偏爱的男孩送去读书。王家虽经济条件不是太好,但是孩子们年龄间隔大使得家中供孩子上学所缴纳的学费具有较长时间的缓冲期,因此家长便决定供给所有男孩子上学读书。与大户家庭家长让孩子读书受教育,以便能够凭借学识有所成就、光宗耀祖的目的不同，像王家这样的小户家庭让孩子上学读书、接受教育的目的是不想自家孩子在村中大多孩子都受有教育状况下低人一等，并且也希望孩子能够学到一些之后在以后能够懂得是非曲直、人情世故，并且能够靠学到的东西养活自己。

在花园庄村中，除了一些较为开明的大户人家会让女孩子接受教育，其他的家户几乎是不会送女孩子去读书，一方面是因为姑娘家身为女性，普遍被认为应该常年深居闺阁，无才便是德；另一方面，家户道德观念一直认为姑娘迟早是要出嫁，出嫁之后便不再是自家的成员，就不需要对其额外花费太多。

（二）私塾教育

王家在 1950 年之前送孩子去读书的地方就都是远房亲戚也就是先生家的私塾，由于家中四兄弟相隔年岁较大，所以四兄弟在受教育的时限与具体情况都会略有不同，不过整体来看，四兄弟所受教育的情况是大致一样，文中便主要以王进礼在 1950 年所受的私塾教育的情况来进行阐述。

在王进礼被送去私塾读书的时候，是由张继忠同意并且带领着他过去，王进礼所上的私塾是由王家的一个远房亲戚来当教书先生，所以在各种花费上有一定的节省。因为和教书先生有亲戚关系，所以在私塾上学的学费上，王家并没有按照一般的学费交，而是由张继忠适当的带了一些粮食，一为看望亲戚，一为折抵学费。粮食是由王家大家庭全部承担，除了这些，王进礼在上学期间便很少再有其他花销。

王进礼所上的那所私塾是在附近的王裕口村，离家不算太远，一般的上学、放学王进礼并不需要家长引领，都是同村中几个去上学的孩子一起。王家生活拮据，除了让孩子去私塾上学以外，并未再请过先生或者老师来家里为孩子上课。当地上私塾所学习的内容都是古典的史书传记，例如《百家姓》《三字经》《上论语》《下论语》之类，在课堂上，王进礼没有学习算数，主要学习的就是将这些古典背诵和默写。在男丁上私塾的时候，一般先生只是教这些书目是怎么读，形式就是早晨先生在上面领着读一遍，学生们在后面跟着读一遍，然后先生再说一下这句话是什么意思，之后便开始让学生们自己读、背，到放学的时候会布置作业就是背诵或者默写这些东西。如果学生在第二天早晨上课时没有背诵出来，先生就会拿出三尺的戒尺来打未完成作业的学生的手掌；如果在放学时并没有将需要书写的篇章默写下来，就会一直拖到学生默写下来为止。当地对私塾教育还有俗语，即"私学出来会写帖，背不出来拿尺戒"。

过年的时候，王家跟私塾先生是亲戚关系所以会去拜年，一般都是张继忠带着孩子一起去拜年，拜年的时候一般会按照礼节带一些礼物，一般也就都是烧饼、油条之类，先生也是会接受，但是相应的也会给家户的小辈们发些糖果或者压岁钱。除此以外，王家也不会有什么缘由再请私塾老师吃饭。在私塾学习的周期一般都是两三年，因此王家的四兄弟所受的私塾教育也是不间断的两三年，学习是每天都会进行，一般包括晌午和下午两个时间段。

（三）男女均可上公立学校

王家在 1950 年之前，都是供孩子在规模很小的私塾里上学读书，并没有供孩子去正规的学校去上过学。不过到 1949 年之后的几年里，由于邻村的王裕口村新建了一所公立学校，这所学校是上级政府资助办的学校，招收的学生也是农村家户中的大部分人，并且随着小型的私塾教育和教书先生渐渐减少甚至消失，村中的适龄孩子都开始进入学校学习。在王家，接受过学校教育的有还处于上学年龄的王进礼，他是在私塾两年学成后又进行了三年的初小教育，此外还包括家中已经达到上学年龄的王浩仁。学校的教育内容与私塾教授的内容不太一样，公立的学校开始将课程进行划分，主要包括文化课和算术课，上的课程大致就是学算盘、珠盘、描红模子①。

王进礼在去学校上学时，也是由张继忠领着去学校报道、上学。由于当地新建的公立学校是为了提高广大农民孩子的文化水平，所以学费花费相对而言很少。王家所有的适龄男孩子都有去学校上学，也就是王进礼、王浩仁，都是家中男丁，没有女性。王家的姑娘在 1950 年之前便都已经成家出嫁，卢云地和李凤云也都由于年纪比较大，就没有再去接受教育。至于上学时需要交纳的学费，由于王家在 1950 年曾有过一次小分家，而第三代男丁们的上学是在之后进行，所以对于王进礼的学费是由张继忠作为分家后的家长来承担，但是第三代的王浩仁上学与学费的缴纳便由小家庭的当家人王连生进行决定与缴纳。

在 1950 年之前，家长送孩子去学校上学的目的与之前让孩子去私塾上学的目的并没有较大的差别，主要还是为了孩子本身知识文化水平的提高以及在他将来的生活中不至于因为文化水平不高而困境重重。

(四)棍棒教育塑造人格

在 1950 年之前的花园庄村中，孩子小时候的教育除了男孩子有一部分是在先生的教导下学习文化知识之外，全部都是由家庭中家长的耳提面命和言行举止来影响孩子。王家对孩子的教育主要来自于王文学和张继忠，其中以张继忠为甚，在王家王文学的长辈去世都较早，所以爷爷辈分的家长并未对孩子有过什么教育。王家家长在对家中孩子的教育并没有什么分工，不过会有侧重：一般王文学对家中男孩子的教育较为严厉一些，并且会专门教授男孩子农活方面的一些技能知识；而家中的女孩子一般由张继忠教育，一般需要教女孩子女红以及做饭的技能。除此之外，家长作为长辈可以对孩子的日常生活和言行举止中不当的地方提出批评和教育。在当地，一般孩子们到了 11 岁以上便会认为是家中的“小大人”，需要对家庭生活负责，主动帮忙家中农活或者家务则会被认为是孩子十分懂事的表现。

因为孩子年幼时在家庭中的生活时间占很大一部分，因此家户中的家庭成员尤其是家中的长辈对孩子的思维方式、生活习性以及性格的形成有着很大的影响。家庭成员之间的相处模式和氛围对孩子性格会产生一定的影响，家庭成员尤其是长辈在日常生活中的行为处事对孩子之后的做事风格也有着很大的关系，包括一些为人处世的道理，风俗习惯的形成以及是非曲直的判断。王家成员在遇到困难时，最先想要依靠的无疑便是家人。在王家，王文学和张继忠之间相处较为融洽，并且对待家中事情也是会适当听取家人意见，明白事理，因此家中孩子们性格的培养都是较为健全外向。在孩子们小的时候有时会出现捣乱闯祸的情况，家长对孩子进行教育手段一般都是以打骂来进行教育警戒，家中还流传着一句话，便是：“孩子成长就好像小树一样，不捆不长”，所以孩子们一般在武力的教育下比较安分。王家世代都是勤勤恳恳的庄稼人，因此对待孩子的教育上也时常教导其“勤奋致富”不可投机取巧；“家和万事兴”，做人需懂礼相让。家中也会有许多风俗习惯，但都不是王家一家独有，都是这个地区流传下来的习俗。对于当地习俗，家长很少会对家中成员进行专门的教导，都是小孩子

---

① 描红模子：教学的一门课程，也就是现在说的练毛笔字。

根据家长们的言行来习得，例如，过年给长辈兴磕头拜年，除夕需要进行守岁等。王家的孩子们在遇到困难的时候，张继忠给予的帮助最多，给予的关怀最全面，甚至有些事情都是张继忠来进行解决并且给予关爱。王进礼在年轻时外出学徒打工期间，有时遇到挫折心情沮丧时，也是会经常想起家，想起张继忠的关怀。

（五）男女有别的家庭教育

王家作为一个靠农业生产、种植粮食为生的小家户，在孩子可以开始干活的时候便开始逐渐教授孩子一些劳动技能。对于不同性别的家庭成员，教授的劳动技能都不一样。家中成员都需要掌握这些劳动技能，这是男生劳作或者女生出嫁必须要会的技能。一般来讲，男孩子要学习的劳动技能便是如何从事农业劳作，如：锄地、拔草、施肥等，而对于女孩子来讲则需要学习针线活、做饭等家务活。

这些劳动技能并不需要专门花费时间严肃的进行教授，而是在日常生活中，大家在一起时互相交流着学习。不过也存在男女差别，一般男性学习农业生产技术都是在田地里，一般都是家中的男性长辈或者平辈的兄弟之间互相教导，而女性在学习家务活时，一般都是在家庭里女性长辈、平辈的姐妹或者妯娌之间相互之间进行交流学习。

在王家，男孩子一般在上完私塾，大概也就是十一二岁的时候便会跟着王文学、王连生一起下田地干农活，在劳作的过程中，一般都是学着大家一起干活。王家虽然家庭贫穷，但是孩子十分懂事理，所以便会早早的跟着长辈下地干农活，不存在不去的现象，如果不愿意是要受到家长的打骂。而家中的女孩子，一般在闺中只会进行一些女红的学习，经常帮家里人缝补衣服，而做饭、刷碗这样的家务活一般都是出嫁以后才需要做，不过出嫁后如果不会缝补、做饭是要被婆家嫌弃，因此姑娘在出嫁前虽然不会承担家中的家务，但是会和张继忠来学习家务。

虽然男女所必须掌握的劳动技能存在差异，但是这并不表示这些劳动技能在性别上会有明显的划分，像王家这样的小家户，家庭成员之间都是以互相帮助，共同撑起整个家为目标，因此有时候女性也要做一些本由男性来做的农活，而男性也会做一些女性所掌握的技能。例如，在农忙的时候，王家全体劳动力都是会下地种植或者收割，不分男女；而王家的男性成员在做饭上也有着一定的造诣，有时候村里红白喜事还是由王连生、王进仁来掌勺。

（六）三年"学技儿匠"

在王家家庭成员的教育中，还有一项特殊的教育类型，便是王家老四王进礼在 17 岁时曾有过三年的学徒教育。决定让王进礼外出学徒的是家长张继忠，她在听说村中有一家熟识的邻里街坊在城里①开了家纺织的小厂，正在招收学徒，为了使最小的孩子能够有一技傍身，更加便于成家以及之后能够依靠这项技能养活自己，便决定将王进礼送到那里当学徒，也就是当地所称的"学技儿匠"。王进礼在开始学徒经历时，是由张继忠领着王进礼到城里的厂子里去报名当学徒，因为是要免费给人家当三年学徒，也相当于一种变相的免费劳动力，所以王家并不需要为此缴纳学费。此外受社会保守思想的影响，在厂子中当学徒的都是男性，三年时间需要长期吃住在厂子里，期间只有逢年过节的时候，学徒才可以告知老板回家意愿并且得到同意后才可以回家，因此王进礼在学徒期间是不再需要干家中的农活。三年的学徒，

---

① 城里：指的是在村庄附近的玉路街周边的地方。

包吃包住但是不会发工钱,只有三年期满继续干活才会有工资,在这三年期间,先开始的一段时间老板是不会教授你纺织的技能,一般都是从做饭、挑水这样的杂事做起。

村子中也有其他村民和王进礼一起来当学徒,可是期间由于三年漫长的周期大多都中途放弃,而王进礼坚持到了最后。在经历了三年的学徒教育后,王进礼便自然发展成为了纺织厂子的员工,每季度都会有一定的工钱,发放的工资因为还未与王进义进行分家,所以还是归由张继忠所支配。之后随着国家"公私合营"的高潮,纺织厂被合并成了一家大的国有厂子,王进礼便随之成为了正式的工人,有着更高的待遇,并迎娶有自己的新娘,在1958年与王进义进行分家以后,所发放的工资能够养活自己的小家庭并时常盈余,这样的情景一方面也是张继忠最初决定他当学徒的最终梦想成功实现的一种表现。

二、家户意识

在1950年之前的王家,虽然家户与邻里之间的关系友好,但是在多数情况下王家还是在社会和心理分界上有着很强的家户意识。一般能够让王家当作"自家人",只能是家户中的家庭成员,而与家户成员有着三代之内血缘关系的虽不算是"自家人"但是也会视为亲戚,在家户内部交往中发生冲突时,只能由"自家人"或者相关的亲戚来协调,外人将不能介入。王家在未分家前一直都是一个很团结的大家庭,家庭成员之间全部勤勤恳恳、吃苦耐劳,相互之间也是以理解为先,因此家户之间相处和睦。

(一)自家人意识

对于王家来说,在自己这个大家庭中的家庭成员都是"自家人",即使在1950年之后王家大家户自然分家以后,对于王家四兄弟来说也都还是自家人,只不过对于下辈分的侄子侄女来说"自家人"的意识便不如四兄弟之间那么深厚。而不在王家的曾经的家庭成员以及于家户家庭成员有着三代之内血缘关系的人来说,虽然不能将其亲密的划分为"自家人"的范围,但是实在"家人"范围内的亲戚,这种关系可以形容为比"自家人"稍远一些,但是比外人近一些,包括:以前的王文宣一家,已经从王家出嫁的三姐妹,张继忠的娘家亲人以及四兄弟媳妇的娘家亲人。至于其他的村庄街坊邻里、三代以外的远房亲戚便是在外人的划分范围里。

一般家庭内部的一些家事或者成员之间发生的矛盾冲突,首先都是由"自家人"的家长张继忠来进行评判协调,有时家户中的亲戚也会来参与协调,但是外人一般是不会也没有资格来介入、干涉,如果外人来进行评判,则会被王家家庭成员无视,更为严重点便会警告甚至上升为家户之间的矛盾。王家一般只是关注自己家庭内部的事宜,很少对自家亲戚之间的家事进行干涉,不过如果发生一些特殊的情况,例如亲戚家中的红白喜事上也会给予一些帮助和意见,除此之外对于外人的家事从未进行过介入。

"自家人"的划分范围主要是以血缘的亲疏远近来划分,与其他一些因素并没有太大关系,即使在王进义被抓壮丁当兵的时候有一年多未归家,王进礼曾外出学徒三年也都还是王家的"自家人"。王家在对于自家人、亲戚或者是外人按照辈分礼节在称呼上并无太大差异,不过一般在称呼自家长辈时都直呼辈分,而在称呼疏远的亲戚或外人则会在辈分之前加上名字。在平时打交道或者是借钱时一般都是会首先考虑自家亲戚。

对于村庄中其他有娶妾的或者家中招赘有"上门女婿"的家户来说,娶的小妾及其生的孩子也都是算家户中的"自家人",而姑娘招赘的"上门女婿"以及所生的孩子也同样是"自家人",只不过不是一般意义上的"自家人",但是在家户成员心里是当作"自家人"。

(二)家户全部成员一体

在王家还未分家之前,家户中的所有家庭成员都是为了家中的生存与发展,互相帮助,和谐相处。家中如果有家庭成员与村中外人之间发生冲突或者被欺负,如果双方不能够进行很好地协调,事情很容易发生成为两个家户之间的矛盾,一家人是会要联合起来讨一个公道。此外在分家上,兄弟之间也会对某些家庭成员适当的进行一些照顾。例如在1950年时的分家,由于家中的王进义、王进礼还处于未婚状态,所以在分家时家庭成员将西边的三间新房分配给他们,并且将家中的骡子和棉花车子也都分配给他们。在分家之后,如果有兄弟谁的家庭生活较为困难,其他条件好的兄弟也会对其进行一些照顾,如在之后王连生的孩子要结婚时,王连生给孩子建造新房的花费太多,家中有些拮据,已有固定工资的王进礼也会将自己的一部分工资拿出来用以帮助王连生家婚房的建造;还有对于老人张继忠的养老理应由王家四兄弟来承担,但是王家已出嫁的姑娘王春香在婚嫁后丈夫家庭条件较为富裕,因此经常时不时带老人去自家居住或者看病买衣。

王家作为一个世代为农的小型家户,家中的家长不会无理的要求家庭成员在"一夜之间发家致富",或者对一些投机取巧的不法事情抱有不切实际的幻想,家中长辈会在日常生活中教导家中小辈遵循老实善良、勤恳持家的家户目标。王家家长对于孩子的教育也是较为保守,一般不会严格要求其"光耀门楣"而揠苗助长,但是也是会教导孩子勤勤恳恳,努力奋进,要逐渐凭自己的力量来养家糊口,如果能够有更大的成就也是很好。王家生活的共同目标较为平凡,只是希望家庭的全部成员可以平平安安,家庭可以和睦相处,家庭子孙可以常绕膝下便足矣,所以王家家长张继忠会经常去赶庙会进行叩拜,以期这些平凡的愿望能够成为现实。

(三)家户利益至上

常言道:"先有国后有家,有了家才有人。"这也是对1950年之前,王家或者说是花园庄村中的大多家户中家庭与家庭成员之间关系的真实写照。在当地,家户相较于个人占有重要地位,家庭成员必须要在家户发展的前提下进行活动,当家庭利益与个人利益发生冲突的时候,家庭成员必须要以家庭利益为先,不然将会受到家中当家人的批评教育,之后当家人也会依照家庭利益做决定,家庭成员无法干预。例如在读书机会上,由于王家经济水平的限制,虽然王家四兄弟同村庄大多孩子一样对读书有着很大的憧憬与渴求,但是还是需要以家庭的整体经济利益为先,在上完基本的教育课程之后便需要放弃读书跟着家中长辈一起下地从事农业生产;在工作机会上也是以家户的整体利益为先,主要由于王家家庭成员人口数很多,需要男性劳动力从事农业生产才可以养家糊口,所以即使是成年的王连生、王进仁,家长张继忠也不允许他们为了工作出走外地,要是家中老人去世了,也需要马上停下手头工作回家奔丧;在家庭成员的婚姻上,婚配的对象都是要服从家中当家人的选择,家庭成员不允许自己寻找婚配对象,此外当家人在寻找儿媳妇时一般都是找能够吃苦耐劳、能够为家户做贡献的勤奋的姑娘,在某种程度上也是站在家户的整体利益上考虑。

(四)积德行善

由于王家的张继忠对于神灵有着极强的信奉,并觉得"人在做,天在看",因此在日常生活中时时教导孩子并且自己也是经常以善良大度的心来为人处世，以期整个家户的家庭成员能够在神灵的庇护下平平安安、健康成长。王家长辈良好的教导，使得王家并未出现无德的人。张继忠对于行善积德的信奉还有一个十分明显的表现，便是时常去"赶"村庄周围所举办的庙会，并且还会烧香叩拜，甚至是在张继忠年老时，也会经常去寺庙祭拜，乞求全家安好。王家一般做的善事都是力所能及的一些小事，因为家中经济条件有限，所以并没有过多参与或者组织村庄内的公共事务，当地的大户家族势力并不明显，所以也没有参与或组织过家族公共事务。王家虽然信奉神灵但是家庭成员并非"爱管闲事"之人，除非事情发生在自己家户或者与自己相关时才会行善积德、讲求真理，否则并不会去主动招惹是非。

三、家户习俗

1950年之前，花园庄村周边地区的家户逢年过节也会根据当地的习俗进行以家户为单位的庆祝活动。一般当地重大的节日主要包括：春节、元宵节、清明节、端午节、过半年、中秋节以及冬至的"数九"节日。不同的节日有着不同的习俗，不同的家户也有着不同的过法。此外，村庄家户的习俗除了过节外还包括重要的一部分，那就是家户家庭成员的红白喜事，这一部分按照习俗也有着很大的讲究。

（一）重大节日有流程

1.春节准备隆重

在一年当中的节日里最为重大，家家户户都尤为重视的便是春节，当地也称之为"过年"，因为春节作为大年初一的第一个节日，度过这个节日便是意味着家庭成员辞旧迎新、又进入了一个新的阶段，寓意了一年之中最初的美好，因此当地无论大家小户对此都相当重视。

在春节的准备时间上，不同家户存在不同。一般大户人家由于家庭成员数量多、经济和时间也都是相对充裕，所以准备的时间较早，一般在腊月十五便陆续的开始蒸糕、置办年货一直持续到春节前夕，置办的年货也是"鸡鸭鱼肉一样不少，糕点新衣样样齐全"。在大扫除上，大户人少房子多，所以需要在腊月二十九之前空余几天的时间专门进行打扫，然后在腊月二十九的时候贴春联。而小家户由于人少、家小，所以准备较大户人家会晚一些，王家一般都是在腊月二十五六的时候才开始蒸糕、置办年货，家中置办的年货也是比较简单，按照习俗所必须要有的上贡的各类糕点和吃食，需要包括五个馒头、两只刺猬、四条鱼，在当地，馒头寓意着家中的粮食丰收，刺猬寓意给家户"驮"元宝使家户有钱，而鱼则寓意家户能够年年有余。除此以外，家中还要购买的一些猪肉[1]、贡顶、香、蜡烛、鞭炮以便过年祭拜祖先和神灵。而房屋的打扫以及对联的粘贴都是在腊月二十九这一天的时间里由全家人员分工进行，一般都是男性成员负责在家中房屋两侧贴春联以及在院子和房屋的门上贴门神而女性成员大扫除，而春联的购置王家都是自己购置红纸然后让四兄弟用毛笔写上祝福语。在过年期间一般家家户户都是要贴红色的喜庆的春联，不过也有特殊情况，一般家户中在之前有白事发生的春节贴的春联有颜色的讲究，家中老人去世时"头年不贴守'孝福'、二年贴蓝、三年贴黄"，并且三年穿白鞋，这一家户在春节时，村民之间将会相互避让，以免沾染晦气而不再去该家户拜年。

---

[1] 按照当地习俗，买一些肉食，以便在除夕时吃上肉馅的饺子。

在过年期间按照习俗也是需要祭祖,对于当地的花园庄村户以及王家来说,祭祖不是在祖坟上祭祖而是从祖坟上"请祖先"来到家里过年。按照习俗,王家一般都是家长张继忠或者王连生、王进仁在大年三十的时候去祖坟上"请祖宗",一般在坟上进行烧纸叩头后将祖坟上的黄土装进事先从家中带来的专门用于祭奉祖宗的罐子中,再带回家便是 "将祖宗请回来了"。请回来的祖宗都是要放在张继忠房屋的角落里,在之后的每顿饭开饭之前都需要先将饭食用小碗盛一些上贡给祖宗,然后再开饭。上贡祖宗时家中成员都可以去,并无太多的讲究,也不需要专门的人来主持,便是在开饭前上贡的人将饭食端到祖宗前,稍稍拜一下,家中便可以开饭。然后祖宗将会在家中"待"到大年初五,然后再将其送回,习俗称之为"送祖宗"。家中过年吃饭和平常一样并不需要在家中桌子上吃饭,也没有置办很大很好的桌子,因此家庭成员在吃饭时都是聚在院子或者门前和其他村民一起聊天吃饭。

在春节的那一天是不讲究"走"远房亲戚,一般都是在早晨五更天起来先祭拜神灵并且在院子中间燃烧柏树枝和放鞭炮以保佑家庭成员新的一年不再生病, 俗语上说:"大年初一起五更,放鞭炮,烤百病"。之后便要先给自家的长辈拜年,在1950年之前王家的小辈们一般需要首先给家长王文学和张继忠磕头拜年,然后在去邻家给叔叔王文宣夫妇拜年,再之后便是同村中的街坊邻里串门拜年。串门拜年一般都不怎么需要带东西,只需要进门说一些祝福的话语,然后家中来人拜年的需要送上过年的果子糖点便可,不过如果是自家人的小辈给长辈拜年是需要磕头祝福,而长辈则需要给小辈"压岁钱"。在新年的第二天,家庭的成员才会去"走亲戚",并且需要带着相应的带一些礼品,一般媳妇初二是要带着女婿和孩子才去娘家拜年,带的礼物一般是"四个盒"[①];而初三的时候顺延去娘家或者自家稍微远一些的亲戚那里拜年,带些烧饼或者油条便可。初二之后的拜年并没有什么讲究,不过一般亲戚来自家给长辈拜年,自家的小辈按照礼节也需要去对方家给长辈拜年,不过需要注意的是拜年需要隔过去初五不"走"亲戚,按照习俗要"送祖宗"。春节期间拜年时,王家并没有给自家的佃主、保甲长、绅士拜过年,因为双方之间并未是血缘亲属关系,而且一般也并无往来,不过有时王家家长张继忠会去向私塾先生拜年,一方面是远房亲戚,按照礼节理应祝福,另一方面家中孩子受其教育,同样也需要感谢师恩。

王家在过年的时候吃年夜饭的都是王家自家的家庭成员,并没有外人参加,也没有邀请过外人参加。年夜饭按照习俗都是要吃肉馅的饺子,吃饭的时候,家中的饺子对家庭成员是管饱,因为有着一定的寓意:年夜饭吃的饺子要多做,一方面表示家户在新的一年已经将"穷坑"填满了,饭食"留生的,留熟的"都有。

春节期间也有许多不能做的"忌讳",一般家庭成员都是在年前洗澡或者剪发,于是辞旧迎新,到了年初便不可以做这些了;在大年初一之后的几天也是忌讳在家向外扫地,为了避免将家中的财气扫出去,直到初四、初五送穷的时候才将家中的垃圾代表"贫穷"送出家门,然后在垃圾前点香放炮,家庭成员在扔完垃圾之后直接不回头的回家,忌讳回头怕"穷"会跟着再回到家中。

2."小年"兴吃汤圆

当地正月十五、十六会过元宵节,当地也称"过小年",这个节日预示着春节的结尾,在晚

---

① 四个盒:当地走亲戚的习俗、礼节,四个盒子中分别装有:烧饼、油条、山药、粉条。

上家户一般都会再煮一顿肉饺子或者在村里买一些"汤圆"煮着吃,汤圆寓意全家团团圆圆。对于元宵节的庆祝活动,邻村有的富裕村庄会举办灯会,但是花园庄村庄的规模较小、整体经济状况较差并且公共活动的组织和参与度较低,因此并没有组织什么村庄的灯会。不过村子中家户吃罢晚饭后成年的家庭成员会拜拜神灵,而小孩子一般也都会出门打着灯笼串门,以此来庆祝节日。

对于元宵节打灯笼这一行为的讲究,当地有"头年方、二年圆、三年过来转"的说法,这表现的是家户发展的好转,先开始孩子们打的灯笼还是那种"拾粪灯笼"就是那种最简易,用四个树枝支撑然用纸糊成四面的灯笼,一般也会在纸上画上一些简单的画或字;然后便是发展成为比"拾粪灯笼"高级的圆灯笼,再后来便是讲究由姥姥家送孩子更为高级的"转灯笼",一般是利用灯笼的热气流转使灯笼转起来。

3.清明上坟追悼亲人

在四月五日的时候,当地也会依照习俗,各家户成员都会去自家的祖坟祭拜逝者亲人。王家对于清明上坟并不是十分正式,因为家中男性家庭成员为了养家糊口会有很多劳作,因此一般都是家户中的四兄弟谁有时间带上纸钱和贡品便可去上坟,不需要全家集体动员。

在清明时节上坟时,天气一般都是阴雨绵绵,这时常会增添家户生者对逝者的追思从而使家庭成员心中更添沉重。在王家四兄弟还年轻的时候,有时会跟着长辈在清明的时候去上坟。王家四兄弟还记得,在祭拜的时节一般会遇到下着小雨的情况偏多,路上冷冷清清,到了坟地祭拜逝世的亲人时,都会不由想起他生前对这个大家的操持与照顾,心里就很不好受。在 1950 年时,王氏四兄弟上坟都是按照习俗,给亲人上贡、烧香,就是希望他在地下能够享到福、好好的。

4."五月当儿"

当地在 1950 年之前也是会过端午节,在当地,小户人家由于文化学识的限制,一般会根据时间将端午节称之为"五月当儿"节。对于王家成员来说,过端午节的目的也就大致知道是用来纪念古代的大人物屈原,不过究其深层原因,大多小户只是将其当成一个节庆日子,只是在吃食上稍微有点讲究来表明是在过一个节日,除此以外王家并未有组织其他特殊的庆祝活动。

端午节的过法在当地大小户之间存在差异。一般大家户在端午节时会专门在门前插艾草,家中在中午也是要"炸菜角""炸糖糕"来吃;而王家作为一个小户,便只是简单的在家中烙饼,然后再"奢侈"一点炒一小盘鸡蛋,在饭前需要在堂屋供奉一下,然后便可以开饭。

5.过半年

因为阴历六月十五是一年当中的正中时节,当地各家户一般会在这个日子庆祝"半年",过半年的习俗较之过年会稍微简单一些,不过也是需要家户进行蒸糕和准备上贡。王家在"过半年"的时候也是会稍微准备一些糕点和贡顶,然后一般都是由家长张继忠来给家中的西房堂屋正墙贴着的全神进行祭拜,一方面感谢神仙保佑全家平安过了半年,另一方面也再次许愿家中成员可以在之后的日子里平安健全。

6.中秋节

在阴历八月十五的时候,当地根据习俗也是要过中秋节。根据流传下来的说法,八月十五的时候月亮最圆,象征着团圆,因此这个时候每户人家都要团聚在一起,赏月祭拜,以期望家中全体成员的健全。并且,在中秋节的当天晚上,按照习俗全家人都坐在一起赏月和祭拜时,是要吃圆的食物,即月饼或者甜的烧饼。

在八月十五的时候,王家的家庭成员晚上也是会聚在院子里吃饭,不过在饭前张继忠会将屋子中的小桌子搬到院子里,正对着月亮,然后在桌子上摆上一些吃食,由于家中买不起月饼,所以一般都是一小碗甜的烧饼和一小盘的水果,然后朝着月亮跪拜上香。跪拜完之后,全家便可以开饭,吃的也是象征"团圆"的烧饼和额外准备的稀饭。家中跪拜完的水果,一般也都是优先家中的小孩子吃。

7.冬至吃饺子

当地在冬至的时候按照习俗,各家户一般都是要煮一锅饺子来吃,之后便要开始"数九过冬",迎来一年当中最寒冷的时期。在冬至的时候吃饺子是有着一些象征意义,一方面,饺子形状像耳朵,按照当地的说法,这个时候吃了像耳朵的饺子便就不会再"冻掉耳朵"了;另一方面,饺子一般是在冬至也就是阴历年前的十六吃,这时候也都是当地大户以及高利贷要账的时候,如果家中能挺过这一段时间便也就是保留下来过新的一年的命了,当地由此便有"年头十六吃饺子,吃的都是保命的饺子"的说法。

王家在这一天的时候,张继忠是会支使男性成年去城里买一些猪肉回来,然后由家中的媳妇将饺子包好煮上。因为冬至时期是临近年关的时期,王家在这时期的剩余粮食较为富余,并且又是需要按照当地习俗来庆祝,所以家里一般在冬至时候包的饺子都是管够,这也代表了王家在冬至期望家庭成员能够平安过年关的期许。

(二)红白喜事有讲究

1.红喜事

由于王家的子辈成员众多,所以在1950年之前王家所举办的婚嫁喜事就有四次,包括家中两个儿子王连生、王进义的迎娶和两个姑娘王大妮、王二妮的出嫁。王家家庭的婚嫁习俗主要是依照当地流传下来的习俗进行,并没有什么特殊之处,不过在家庭娶媳妇、嫁姑娘上有着一些差异之处。

王家在娶媳妇上,也是根据新郎骑马、媳妇坐轿的习俗。由于王家家户小,所以只是置办了一匹马和两顶轿子和一辆马车来迎娶媳妇。在从家里出发去新娘家的时候,两顶轿子里也是要坐人,坐的是一般是为两人牵线的媒婆和家中充当"娶女婆"女性亲戚,然后马车上随行的有"伴客"。在娶亲队伍之前也是有打着八杆红旗的亲戚和"吹响子的"来吹吹打打告知村中自家有喜事发生。到了新娘家后,"娶女婆"便不可以坐轿子,而是要让新娘坐轿,然后和新娘家充当"送女婆"和"送客"的亲戚一同与"伴客"坐着马车再回来。到了家中,新郎和新娘会在村中事先找好的主持的引导下,拜天地、拜父母、对拜、最后礼成回房。然后由家中家长和新郎在酒席中进行敬酒,席罢婚礼便完成。而在嫁女儿上,流程大致一样只不过王家是站在了姑娘出嫁的立场,当新郎来迎娶自家姑娘时,家中的家长和姐妹会有哭嫁,然后等姑娘被接走后,王家只是摆了一两桌席请了请家中亲近的亲戚。在婚嫁过程中也是有一些忌讳,一般在"娶女婆""送女婆"的选择上是不会选择姑姑或者怀孕的当娘的女性成员,因为有"姑姑不娶,娘不送,要不送的都会长黄病"的不吉说法。

在婚礼之后的第二天,按照习俗新媳妇和丈夫需要早起给家中的长辈请安,由于王家家户小,所以请安就只是新媳妇和儿子跟家中的家长王文学和张继忠磕个头然后家长会给新人发压岁钱,再给家中第二代辈分的兄嫂磕个头,给家中的小叔子、小姑子打个招呼便可以。新媳妇在婚礼后的第二天一般是不需要到厨房做饭,在早上请过安之后,新媳妇和丈夫便要"归宁"回娘家。新媳妇和女婿回娘家是需要带上礼品,一般小家户讲究"四个盒",即烧饼、油条、山药、粉条各装在一个红盒里给娘家人带过去。到了娘家之后,也是新媳妇和女婿需要给娘家的长辈和亲戚进行磕头、打招呼,然后家长也需要给新人发放压岁钱。在归宁这一天一般讲究当天去当天回,"不能看到娘家的灯儿"。回到婆家后新人在家住七天之后,娘家人又会来接新媳妇回娘家住八天,这也是当地的习俗,称之为"住七叫八",再之后媳妇便正式成为婆婆家的家庭成员,一般只在逢年过节的时候回娘家看看。不过在媳妇生了孩子之后也讲究在娘家住一段时间,一般都是"小子三天,姑娘五天"。

2.埋葬讲究哥东弟西

在1950年之前,家户中如果有老人逝世举办的丧礼,在当地也称为一种"白喜事"。王家举行过一次亲人的丧葬,便是家户中王文学在1945年逝世时的丧葬,当地对于丧葬仪式也是有着一系列的风俗活动。在老人的"白喜事"上,是需要家中的成员与亲戚披麻戴孝的在棺木前哭灵,并且一哭便是几天,守着逝者让村中的亲戚、邻里前来吊唁。王家还请有一些道士来到家中院子中办了几场法事,以期使逝者得到安息,然后在出殡的前一天晚上,王家家庭成员按照习俗给逝者准备七顿不重样的饭食,以期逝者在地下不再挨饿。出殡那一天,村中会有专门的红白理事会来组织抬棺木,而身穿孝服的孝子在出殡时的排序,也是按照习俗,棺前是王家的女性成员,张继忠居首位,然后是嫁到王家的卢云地、李凤云按照入门的先后排序进行排列,再然后是未出嫁的王春香,已出嫁的王大妮、王二妮这样的顺序排列;棺后是王家的男性成员,王连生手捧"老盆"居于首位,然后便是三兄弟按长幼排队,后面随行的是家中村里的一些亲近的人,等来到坟上,由王连生将"老盆"摔碎然后进行安葬。安葬逝者之后的第三天,王家自家的家庭成员会披麻戴孝的再次来到坟前将坟地规整一下,然后在当地所称的"头七""三七""七七""百日"的日子里进行上坟祭拜。根据当地的习俗,家户中家人逝世需要守孝三年,并且按照"一周年""二周年""三周年"的间隔去坟前祭拜,期间家中不得举办一切庆祝活动,包括在过年时也与一般家户有所不同。

家中家庭成员逝世后在家中祖坟埋葬的顺序和方位也有所讲究,一般能够入祖坟的都是家户中的男丁及其妻子,而出家的女儿将不会在自家祖坟中而是要入夫家祖坟,此外在入祖坟的埋葬顺序上,如果家中男丁先死便先入祖坟然后等妻子死后由家人起开丈夫的坟地在并排放置,王家第一代的王文学和张继忠的埋葬顺序便是如此;而如果家中媳妇先死,则需要将女性先埋到一旁,等到男性成员死后再将两人进行合葬。在祖坟埋葬的方位上,一般同辈分的是在一个水平面按照哥东弟西的顺序进行排列,而下一辈的则以家父的棺木正下方进行排列,当地也称"埋在老子的脚底下"。

对于家庭成员中十六岁以下的小孩子或者是还未成家、没有孩子的家庭成员的死亡,当地将这些人称之为"没有成人",出现这样情况的孩子,家户一般是不会为其举行葬礼并且埋葬到祖坟,甚至也不会为其置办棺木,只是简简单单的用张草席将其包裹了埋葬。王家1950年之前,早逝的老大王孬子和王呢子便是这个样子处理。而对于有些家户来说,家中有更为幼小的婴儿或者小孩,在小的时候夭折,一般连草席都不裹,也不将其埋葬,而是偷偷地将其丢到水沟里,最后只能落到让狗吃了的下场。

(三)习俗单元

花园庄村子里的家户逢年过节都是以家庭为单元,像王家,在 1950 年之前王家大家户虽有小家庭但并未分家,家中都是全部家庭成员一起过节的;在 1950 年之后,王连生、王进仁分出去后,过节他们一般都是在小家庭过,而未分家的王进义、王进礼和张继忠一起过,不过大家都在一个院子里互相之间也是会相互问候一下。过年过节的时候嫁出去的姑娘也是可以回娘家过年,不过一般都是要按照当地的风俗日期来进行。除此之外,王家在逢年过节的时候很少会有亲戚甚至村中外人来在家过年,一般大家都是在自己的家户内进行过年过节,吃团圆饭。家户内部的自家人在过年时节一般都是要赶回家与家人团圆,在当地并未有亲戚之间互相吃轮流饭的习俗。

四、家户信仰

王家在家户信仰方面并未信仰过什么宗教,但是在 1950 年之前,王家和当地大多的家户一样,对于家神的信奉较为根深蒂固,在家户房屋、院子的不同地方都供奉有"门神""全神""灶家爷""财神""仙家""老天爷"和"仓神"等不同的神灵。此外王家对祖先的信奉也是极为正式,在不同的时节也会对祖先进行祭拜。对于庙宇的信奉,王家主要是以家长张继忠为首,通过祭拜不同庙宇里供奉的祖先,以期望自家的家庭成员可以一生平安健康。

(一)家户主以家神为信仰

1.众多神灵保家人

在 1950 年之前,王家对家神的信仰十分重视,所信奉的神灵众多,并且不同神灵摆放的位置也是各不相同,所以在供奉神灵时,王家一般都是将"神灵"①贴在相应的位置上,然后在进行上香叩拜。王家供奉的神灵及其粘贴的位置详细叙述如下:

"门神"作为保护整个家庭平安安全的神仙,一般都是讲究"门君街门放",也就是将"门神"的画像贴在自家街门口的门楼上,以期神仙能够在家门口"看家"保佑全家的安全。"全神"作为"七十二神"的综合画像,一般都是和"老奶奶"像一起贴在西屋也就是家长所居住的房屋的堂屋正面墙上,"全神"相当于所有神仙的综合,放在家中最正式的地方,在祭拜时也是十分正式,以期使得所有神灵能够各显神通来庇佑整个家户日常工作生活的方方面面,当地便有"一年四季香火不断,四季一年保平安"的说法。"财神"与"灶家爷"一般是贴在王家厨房棚子的墙上,两者贴的位子是南面财神、北边灶神,在祭拜时,一般期许"财神"能够保佑家中财源滚滚,祭拜"灶家爷"时,有"二十三日去,正月五更来"的说法,所以一般都是在腊月二十三的时候家中用糖稀将其的嘴"封住",以期在"天上"只说甜话使得上天保佑家中来年丰衣足食。"仙家"一般都贴在家长里屋的上门角或者是院子里栽种的槐树的树枝上,是有"出入人不见,来往一阵风"的说法,"仙家"大多都是视为"仙女",所以一般都是放置高位以便其"上天"方便自由。"老天爷"一般都是在王家三家西屋南面放置鸡笼的北墙上,在当地以北为尊为上,而家中的家禽有翅膀可以将家庭成员的愿望"送上天"。"仓神"顾名思义便是保佑家中粮食,所以一般都是贴在家中米缸或者米袋子上,大户人家有粮仓的会贴在粮仓的门上,期许的是家中的粮食年年富足。

---

① 神灵:用纸张画的神仙的像。

187

2.祭拜供奉

王家对于祭拜神灵的家庭成员并没有什么讲究,家里的老人、当家人、成家和未成家的男性成员、家中的媳妇和未出嫁的姑娘都是可拜神仙。不过由于家户男性成员事务较多,一般都是家中的家长张继忠带领着家中的小孩子或者是家中主要承担做饭的卢云地、李凤云祭拜神灵的次数较多。平时拜神一般都只是上上香、磕磕头便可以,要是过年祭拜神灵时便较之平时更为正式,一般需要上贡、放炮,再上香磕头。

在过年期间对"家神"的祭拜是需要上香、烧纸、放鞭炮等各种环节,一般这时候来祭拜的大多都是家长张继忠,这时候需要给"家神"烧的"纸钱"是专门用银箔制成的"元宝"代表着金钱财富;祭上贡品的也是有着讲究,当地都是供奉"五个碗"即鸡蛋清、鸡蛋黄、油条、粉条、贡顶①。当地有传说神仙都是"得道升仙",因此一般供奉的贡品是忌讳摆放肉食。

王家对于神灵的祭拜并无什么系列的仪式,主要讲求的心诚则灵。一般逢年过节家户会祭拜神灵,但是家中如果家庭成员发生红白喜事,也是会祭拜神灵。在未分家之前,大家庭是以一个单元来进行神灵的祭拜,但是分家以后便是小家庭自主的祭拜。神灵的祭拜和信奉,家中家长并未对孩子有很是正式的教授,不过家中小孩有时在家庭中会跟随家长进行祭拜,随着时间和环境的影响,孩子们在成长之后也对神灵的祭拜和讲究有着一定的了解。

(二)祖先祭祀按礼制

1.按礼制祭拜

王家家庭成员因早前空白的知识文化水平,所以家户并没有进行专门的家谱、族谱的记录,而长辈对小辈的讲授也只是闲余时的聊天,导致王家家庭成员对于自己的祖先、来源等一些详细的内容只是知道一些笼统的大概。但是,王家家长对于老思想的信奉和道德伦理的遵循,又使得家庭成员对祖宗的祭拜仪式确是按照当地礼俗,正式的祭拜。

由于王家世代为贫苦小农,并且对于家族的礼制并未有系统的了解与认知,所以王家传承几代都未建成有专门供奉家户祖宗的家庙或者祠堂,在家户房屋的堂屋中也并未摆放有家中老人的牌位。

虽然王家家庭成员对于祖先以及家户传承不是太了解,但是在王家是拥有一块专门的祖坟。王家早前的祖坟是和花园庄村中的大多家户一同在当地的南岗周边划分,后来随着家户家庭成员的一代代扩大与分流,再考虑到南岗地区与花园庄村距离很远,所以王家在王文学一代便迁至邻村王裕口附近的农田地上进行了新建祖坟。祖坟的占地面积并未当场划清,而是王家与农田地所有者双方商议,会在后期祖坟面积不断扩大时额外支付费用。由于王家经济条件低下,所以并未大规模的建制祖坟,甚至并未专门占用一块空地,而是在一片农田中进行掩埋之后堆一个"坟头"来标记。对于祖坟的维护也只是在祭奠的时节来坟头进行拔草、平整而已。对于祖坟下葬的顺序,王家是依照当地的埋葬习俗来进行,一般便是同际代水平下葬,"哥东弟西";不同际代按照小辈在长辈的垂直方向下葬,然后兄弟之间也是依照"哥东弟西"。当家户下代家庭男丁过多时,下辈兄弟之间将进行协商,以便找到合适的下葬安排。

---

① 页顶:祭拜的一种讲究,小家户因为穷一般都会在下面用白菜、红萝卜来打底。

2.忌讳姑娘上坟

王家在祭拜祖先的时候,不同的时节有着不一样的心意,一般在过年时节祭拜祖宗都是为了祈祷祖宗可以保佑整个家庭活着的人能够平平安安、健康成长;而在清明时节上坟祭拜时,主要是表达自己对家中逝者的追忆与怀念。

在祭拜家中祖先或者上坟时,一般都是需要烧纸的①,然后再由祭拜的人进行上香、叩头。这种祭拜仪式较为简单,都是家庭成员按照理解顺序一步一步进行,并不需要专门去请或者由当家人来充当祭祀活动的主持人。

在家中进行祖宗的上香祭拜大多对家庭成员性别或者婚嫁的要求并不严格,女性也是可以对祖先进行上香祭拜,小孩子也是可以在家长的带领下进行祭拜,如果是过于幼小的孩子,还不懂人事,也不要求其必须参加这样的活动。不过在去家户的祖坟上祭拜时,当地大多忌讳让家中已经出嫁或者还未出嫁的姑娘去祭拜,当地有"姑娘上坟,娘家没人"的说法,会对家户的其他家庭成员有不好的影响。

(三)庙宇祭祀靠女性

1.关爷庙

在1950年之前,花园庄村的西头有一间小的"关爷庙",庙宇的建筑面积在不到一般房屋的半间,庙宇正中间是"关公"的神像,而在南面还有一个小的"土地爷"像。村中的这座小庙很早之前便有,没有听说是哪家哪户建造,算是村庄中公共的庙宇。这座庙宇距离王家大约有十几分钟脚程,并不太远,王家所有的家庭成员都可以去庙里拜神,不过家长张继忠去庙里拜神的次数最多。家中去庙里拜神一般都是在过年的时候,拜拜"关爷"以保佑家户平安,拜拜"土地爷"以保佑自家粮食种植的丰收。

如果村中家户有人逝世,在出殡之前也是要到这座庙宇去祭拜,当地称之为"压魂",然后在吊孝的那几日还需要家庭成员一日三次去庙宇里去"践汤"上贡祭拜,直到出殡的那一天家庭成员再次来到庙宇前"取魂",使逝者"入土为安"。庙宇的建造时间虽久远,但是在修葺方面便主要是由前来祭拜的村民们互相"传"的香火钱。

2.赶"庙会"

在当地,几乎每个村庄都会建有村庄中的庙宇,并且在经济水平较高、公共组织较强的村庄,每年也会在一个固定的时期举办庙会。花园庄村庄规模小、社会组织存在较弱所以并没有组织庙会,不过附近每年会有很多庙会。按照时间排序为:正月十六的安阳桥盛大庙会、二月初五的五龙庙会、三月三的北关庙会、三月十八的大司庙会、三月二十一的刘家庄庙会等。王家在去赶"庙会"祭拜神仙时,一般都是家中家长张继忠去,有时也会带着家中的媳妇和孩子,在拜完神仙后去置办一些家中需要的物品。

家长去庙宇祭拜时一般都是以家户为单位,祈祷家庭成员平安、家户粮食种植丰收、家户成员的求子等。王家一般都是自己或者是家庭成员结伴去庙宇,很少会与村中其他村民一起结伴祭拜,并且在祭拜时会带着一些贡品或者香火钱,一般也是以家户为单位自家交自家的香火钱。村中寺庙供奉的神仙大致都是"关爷"或者"土地爷",所以在祭拜不同庙宇时,上贡的贡品大致都是一样。

---

① 烧的"纸"的形式便是之前提到过的银箔制成的"元宝"。

五、家户娱乐

王家在 1950 年之前,由于家庭经济条件的限制,家庭成员是鲜少会有空闲时间来进行娱乐活动,不过一般会在年少上学时、农业劳作时、从事副业时结交一些好友;在每年过年的那段时间里,王家之间也会进行一些娱乐活动来增添节日气氛;在每天晚上吃饭前后的一段时间内,家庭成员会跟村中的邻里进行一会儿串门聊天;在家中需要置办农具或者其他物品时,有时也会去逛一下庙会。

(一)点头之交

王家家庭成员中一般都是男性成员会结交朋友,因为他们经常外出处事,但是王家男性成员所结交的朋友都是一些"点头之交"的朋友,并没有进行正式"拜把"行为,可以进行生死依托的好友。而王家男性成员所结交的朋友范围也是较为有限,一般都是自己村子里的同龄人或者就是自家亲戚的堂兄弟。一般朋友的结交情况大致也就分为三种:一种便是在年少时,家长送孩子去私塾读书时,在私塾里结交的同村的同龄人,在成年之后有时还会时常联系的朋友;一种便是在农田劳作的空闲时,田间地头互相说的来的地邻之间会发展成为朋友;一种便是在从事一些副业时和村中的村民一起,相处的来之后自然而然发展成为的朋友。

王家家庭成员在结交朋友时并无什么限制,谁都是可以交朋友,只不过男性称之为"交朋友",女性之间称之为"认姐妹"。在 1950 年之前,男女之间不允许交朋友。结交一般的"点头之交"的朋友是不需要和家长报备,也并没有什么正式的流程,只不过是比和村中一般人的相处经常一些,在家户有红白喜事时是会前来帮忙,逢年过节也会前来拜访。王家家庭成员结交的朋友的家庭水平都是和王家家庭水平大致相同,只有这样双方之间才会有更多的共同语言。

(二)"当牌"

花园庄村子里并没有设置什么大型的娱乐场所,例如赌坊、棋牌室之类,不过各家农户之间的家庭成员在空闲时间也是会在一个固定的地方进行打牌,当地俗称"当牌"的娱乐活动。当地可供娱乐的牌类分为两种形式,一种俗称"当骨牌",也称"推牌九",是一种黑色的牌面上面镶嵌不同数量的红点;一种俗称"当纸牌",与现今的麻将有着相似之处,只不过是纸的一种形式。

王家的家庭成员也是会进行"当牌",但是大多都是在过年期间,家庭成员较为清闲的时候。一般都是会按照年龄阶段划分,大人和大人玩,小孩和小孩玩。王家家庭成员大多都是和自家人和亲戚进行这样的娱乐活动,一般都是在自家房屋的"外间"或者院子里玩,不过有时也会和村里的街坊邻居玩,一般也是在一个"牌友"的家中,等到了饭点要吃饭的时候便散场,各自回家吃饭。

除了过年期间,王家家庭成员便很少参与打牌这样的娱乐活动,家中也并没有哪个成员很是沉溺于此。打牌主要是以娱乐为目的,但是会设有一些金钱作为赌注,王家家庭成员一般都会在玩牌上有一定的限度,所以很少会因为打牌输钱而引发家庭矛盾。王家虽并没有在防止家人打牌赌博上设有家规,但是家长一般会对这种行为进行监督与规制。

(三)串门聊天

花园庄村中的家户之间是会经常串门聊天，说些闲话，一般都是在每天下工的晚饭时候，一般都是家庭成员在家中端着晚饭到家门口或者邻家门口，各自聚一堆，边吃边聊天。王家的男性家庭成员也是经常这样做，一般在晚上从农田回来以后，把晚饭盛到碗里，然后就端着碗到街门口。王家与东邻赵家关系较为和睦友好，所以王家四兄弟一般都是到东邻家的门口附近和东邻家的一些说的上话的邻居，以及其他村民聚到一起边吃饭边聊天。而家中的女性成员一般在家中家务活较少，有一些闲余时进行串门聊天，一般都是去村中的街坊邻里家里串门聊天。聊天的内容，男性一般会谈论一些农事或者闲事，而女性会谈论一些家务事和闲事。王家家庭内外事务繁忙，一般很少串门聊天，不过在过年期间各家户之间便会根据习俗进行串门，互相送祝福。在过年期间的串门对某些家户是有忌讳，一般是不会去家中在三年守孝期的家户里串门。

(四)逛庙会

在 1950 年之前花园庄没有庙会，不过附近的一些村庄是会在每年的一个日子里举办庙会。王家对于外村的庙会一般是会根据距离的远近以及家庭内部的需要进行有选择的"赶庙会"。

王家时常"赶庙会"的主要是家长张继忠和家庭中的男性成员，"赶庙会"一般也都是有着一定的目的和任务。王家家长张继忠"赶庙会"主要是为了去该村的庙宇中进行上贡祭拜，保佑家中全体家庭成员的平安健康；而王家男性成员"赶庙会"一般都是家中需要购置小型农具或者牲口的时候。因此王家"赶庙会"不会花费很长时间，一般都是完成目的之后便会回家。周边的庙会一般距离村子不会太遥远，一般近的会有十几分钟的脚程，远的最多不会超过一个钟头的脚程。庙会对于家庭的男性成员来说不是每年都去，一般都是需要给家中置办物品的时候会去。

庙会之中会有组织一些看戏的活动，不过王家家庭成员在 1950 年之前很少参与，而女性成员除了家长张继忠，其他女性成员很少去"赶庙会"。庙会和集市对于王家的作用大致是一样，都是需要购置物品了才会去，只不过庙会一年只有一次而集是天天都有。有时候，王家也会去集上购置牲口以及物品。

第五章　家户治理制度

家不可一日无主,王家在治理过程中也是一样。在 1950 年之前,王家由家中长辈当家治理家户的内外事宜,王家并未出现家长不当家的情况。关于王家的治理内容,主要包括:家户决策、家户保护以及家规家法的制定与实行。此外,关于王家与村庄甚至国家的互动上,由于自给自足的小农思想,家户整体呈现出"随大流"的情况,即跟随村中多数农户的做法,并按照家户自身的情况进行反应。

一、女性当家

王家在 1950 年是一户 11 口大家,为了家中的生存与发展,家中需要有一个主心骨来支撑。王家当家人的选择是也根据当地习俗,由家中的男性长辈当家。在 1945 年之前一直都是由王文学作为家长,后来王文学逝世后便通过自然交替传承到家中唯一的长辈张继忠肩上,由此一直持续到王家的分家。

(一)家中一般长辈当家

在 1950 年之前,王家的家长经历过一次变更,便是在 1945 年的时候。在 1945 年之前,王家的家长是由王文学来担任, 他在王家是最为年长的男性长辈, 所以根据长幼尊卑的习俗,家庭成员自动将其视为"当家的"。在王文学作为家长期间,家中的具体管事便是由他全权负责或者委托家中成员负责。但是,在 1945 年王文学生病逝世后,家长的身份便自然转到家中的另一个女性长辈——张继忠身上。在当地,家中如果出现过丈夫去世,家中的家长由家中女性长辈担任是比较平常的现象。张继忠作为王家的家长一直持续到王家的分家,在此期间,王家的一切大小事宜主要由其进行决断,不过因为其女性身份的限制,有时候张继忠会将一部分与外界其他门户进行交涉的决定权委托给家中的长子王连生。

王家家长的形成是在伦理道德下自然形成,家中的家庭成员将会对其无条件的信任,并不会对此存在异议。此外,家庭成员对于家长的安排与决定也都是服从,因为其不仅是家中长辈,还是家中家长,所做的决定也都是站在家庭整个的发展基础上。一个家庭的家长更换并不需要进行什么标示,村中的家长确定都是这样,所以当地村民对于该家户的家长都有比较清楚地认知。

(二)家长权力至高无上

王家家长的权力和当地其他家庭家长的权力一样,都是在家户长幼思想下,从上辈或者说上上辈这样一代代传承下来,并且还要这样一代代传承下去。家庭成员对于家长的权力需要无条件的服从,家长所管理的范围涉及整个家户的方方面面,所管理的对象包含未分家时家户所有的成员。

王家作为一个农村小户,对于家长的权力上虽有遵从,但是在家户中出现大事时,家长也是较为民主的听取家庭成员的一些意见作为参考,主要是当家人和四兄弟之间的商量,很少涉及女性成员。

王家家长的权力主要涉及以下几方面:

在财产管理方面,王家的收入在未分家前全部是交由家中当家人手中,为全家所共有,包括种地所收上来的粮食,打零工所挣的工钱以及淘古器的所得。家庭成员一般挣了钱都会主动交由当家人,由于家庭整体经济水平差,家庭成员都是懂得事理的人,因此并未出现过私藏钱财的现象。王家的贵重物品也都是由家长来保管、存放,家长屋子里有一个属于自己的柜子专门存放这些东西,柜子一般是由当家人来支配。在逢年过节或者家中经济状况明显好转的情况下,当家人是会给家庭成员一些零花钱,不过都是按照成员们的实际需要较为公平的分配。在聘礼、彩礼的决定上也都是当家人说了算,不过儿媳妇进家门所带的嫁妆将归属于小家庭,当家人在需要时是要与其商量,但是分家时嫁妆将不视为全家共有的财产。在1945年之前,王家土地租佃的事宜主要是当家人王文学和家中已成年的王连生、王进仁进行商议决定,其他成员并未参与。种地所收上来的粮食归全家所有,大家同灶共食,由家中媳妇决定饭食,没有出现过家中粮食被成员私藏或偷卖的现象。

在制衣分配方面,王家在收上来棉花之后,会按照家庭成员的实际情况进行棉花的分配,大致上都是公平分配,然后剩余的棉花一般会收藏起来以供不时之需,分配给小家庭的棉花一般都正好,并不会出现以个人名义将棉花进行出售卖钱的现象。家长的衣服一般都是由长辈张继忠来做,而王连生、王进仁这样拥有小家庭成员的衣服则有小家庭中的媳妇做,而未婚的王进义、王进礼和王春香的衣服一般都是由未出嫁的姑娘王春香来做,有时张继忠也会过来帮忙。

在劳动分配方面,在一般情况下,男性成员主管农田事宜而女性成员主管家庭内部事宜的分工,但是家中并未有明确的说明,家庭成员之间在劳动分配上讲求的是共同劳作,互帮互助。不过有时在安排王家两媳妇做饭轮换的问题上,还是需要当家人出面决定。

在婚丧嫁娶管理方面,王家家庭成员的婚嫁也都是顺应当地的习俗,由媒婆和双方家长之间进行商定,并未有出现家庭成员自主恋爱的情况,家庭成员对于这样的结婚安排也都是顺从。王家家长对于家庭成员的婚嫁十分负责,因此也没有出现家庭成员离婚,或者家长对媳妇不满意的情况。此外,王家作为一个小家户,家长并未对孩子有过多要求,也未在过世前写遗嘱。

在对外交往方面,一般都是由王家家长来代表王家与外来家户进行交往,有时张继忠会因为女性身份的限制委托家中王连生出面。不过,王家在1950年之前在村庄事务的参与上并不积极,外来的交往以街坊邻居、地邻的相处较为常见。

在家长权力的约束方面,王家家庭成员对家长并未有过约束,不过在一些事务的决定上有过影响。当地的家长都是按照习俗来担任,不是因为能力,所以家庭成员不能对家长进行选择。整体来说,王家家长对于王家的管理和发展是尽心尽责,并未有过损害家户利益的自私行为,反而都是为了自己家庭的孩子着想劳心劳力,所以家庭成员一般对于家长的决定表示听从。

（三）家长身份自然更替

王家的家长更替最主要的原因便是 1945 年原王家家长王文学因为生病去世后,家中没有当家人,所以根据当地惯例,王家自然顺延至女性长辈张继忠来担任家长。但是这种顺延是自然更替,并没有在老当家人的葬礼上有什么特殊的流程来告知街坊四邻家中的新的当家人是谁。在当地,一般家长的更替都是在原家长去世后才进行替换,如果出现其他特殊原因家长无力管理家庭事务可以让家庭其他成员负责,但并未说更换家长。不过在大家庭分家之后所形成的每户小家庭之间是需要产生新的当家人,当家人的选取也是按照惯例选择小家庭中的长辈男性为先。

当家人更替的顺序通常是按照长幼的顺序,具有特殊情况的家户会存在不同的情况。在王家还未分家之前,王家的家长首先便是由男性长辈王文学担任,随后王文学病逝之后由家中女性长辈张继忠来承担。在张继忠在世的时候,王家经历了分家,分家之后张继忠便成为家中需要赡养的老人,而不再承担家中的家长,而王家分家之后的每个小家户的家中又分别由家中的男性长辈也就是王家四兄弟来担任新的家长。一般情况下四个小家庭之间都是各过各的,但是在需要王家这一整体来出面时,便主要由老大王连生作为代表来领导。

当家人的更替在村中家户中很为常见,一般都是由家中原先的老家长把掌管的家庭物资转移到现在的家长手上便可,家长的权力便也是自然转移,并不需要进行特殊的仪式或者流程。当家人替换后,外人对家长的称呼也并未有什么较大改变。

二、家户决策

在王家,家里的大小事务都是由家长张继忠来决定,家庭成员在家长做决定的过程中可以提出一些建议来影响张继忠的决定,一般家中王连生和王进仁对张继忠的影响较大,而家庭其他人或因年幼,或因是嫁进来的女性,对于张继忠所起的作用很小。除此,家户以外的人员将不能够参与甚至决定王家之中的相关事务。在王家,张继忠说话决定的权力很高,一般她决定的事情,家庭其他成员都不会再有怨言,而是要选择听从。此外,对于王家的四个兄弟而言,在兄弟之间商量事宜的时候,一般王连生的权力很大,长兄在四兄弟之间做的决定,一般也都是听取弟兄们的意见后进行综合考虑进行裁决,有关家中的一些事宜,如果张继忠不方便出面,便是由王连生出面来进行主持和决定。

在王家,张继忠所做的决定家庭成员是需要服从的,如果家庭成员出现不听从的情况,张继忠将会动用家法来对其进行打骂教育使其听从。加之张继忠在家户中是家中的长辈,所经历的比小辈们多,懂得的也多,所以对于很多事务的处理会更有经验一些,因此,身为小辈的其他家庭成员是不可以顶撞张继忠,即使是在产生不同意见时,小辈们可以适当提出自己的见解,但是最终还是以张继忠的决定为主。

王家在一般事情上都是由张继忠做好决定,然后家庭成员履行便可。不过在某些涉及以后家产、分家的大事上,例如建房子、租佃田地问题上,张继忠一般是会和家中的男性成员,也就是王家四兄弟进行商议,这时候四兄弟可以根据自己的想法给出一些意见和看法,但是这种商量家中的女性成员并不被视为家中的"继承者",所以也就不允许参与到这些事情的决策之中。

关于家户中进行决策的事务的种类,并不是家中大小事宜都必须张继忠亲力亲为进行决策，一般家庭内部的相关事务，家户对外交往上，如果涉及家庭重大利益和相关大型家产分配，像家中房子的建盖、修葺，村中甲长上门收粮税等，是必须要告知张继忠，让家长进行决策。除此之外，像家中的日常琐事、农活地间的小事，像家中每日的三餐安排、与村中小贩进行的盐油置换、农活地间互相借用小型农具等，一般在第一次向张继忠报备过并得到指示后便可以由相关的家庭成员自行做主。

三、家户保护

在 1950 年之前，王家并未出现过以家庭为单位的生死存亡的时刻，不过家庭在对外的交往、生活过程中也遇到过一些困难时期。在对外交往过程中家人会遇到一些矛盾；在从事农业生产时农田也遭遇了蝗灾；在日常生活中家中也出现过被盗；在 1945 年期间村中也经历过兵乱。虽然村中对于家户的安保较为薄弱，但却也有着一定的保护。

（一）家长出面处理争端

在花园庄村中，如果家庭成员与其他家户产生有矛盾冲突，一般出面调解的都是双方家户中的当家人。双方当家人会根据事情发生的具体情况进行协商，如果是一方的过错，这家户的家长将需要带着有过错的家庭成员前来道歉。这样的情况通常是以两家小孩子之间产生矛盾冲突的情况最为常见，一般都是孩子的家长带着孩子来进行赔礼道歉。在家长带领小孩子赔礼道歉之后，如果孩子所犯的过错很严重，家中的家长是要进行一定的处罚。

在家户之间的矛盾中，也有很多是双方家户都觉得自己没有过错，错在对方的情况，这个时候双方家户所产生的矛盾不可调和，一般都会由村中的街坊邻居来进行公证和协调。王家曾经在农田的"革岭"上种植粮食的问题上，存在与地邻之间产生冲突的情况，不过这时候其他村民会前来进行调和，双方家户家长在村民们的协调之下也会适当的进行退让。

王家对于"家丑"的态度也是持有不可外扬的态度，一般家中的矛盾冲突都是由王家内部协调解决，一般都是家长张继忠来出面处理。在王家，家庭成员之间即使产生再大的争端也不会闹到家户之外。

（二）心理归属

王家的所有家庭成员在未分家之前都是"一家人"，因此当家庭成员在外受到委屈或者被欺负时，首先想到的便是回家诉说，家中的亲人也是会给予一定的安慰。而在外打拼的家庭成员，在外待得时间愈长愈是想家，尤其在受到挫折时，对家庭的温暖将会愈发怀念。在王家，王进礼曾有过外出学工经历，在三年的外出学徒期间，由于是初入的学徒，所以师傅经常会将厂子里的一些脏活、累活扔给他干，但是不会教给他纺织的技术。王进礼在外曾有过身心俱疲、过得很是委屈与不开心经历，在那段时间里，王进礼就会十分想念家庭，十分想念家里人。在节假时申请回家后，王进礼便和张继忠诉说委屈，作为长辈的张继忠也给予了他很多的安慰，使得王进礼在休假后又有动力继续外出学习。

王家对待子辈并未有很高的期待，只是期望孩子们在成年之后能在养活的了自己家庭的基础生活水平上过得越来越好。当然外出打工、学徒的孩子如果并未挣得大钱，家庭也是孩子最后的心灵港湾。

（三）共同度过蝗灾

在 1950 年之前，花园庄村周边曾出现过一次波及范围较广的蝗灾，王家在那次灾难中同村中靠种地为生的农户一样,粮食遭受到了大量的减产。一般蝗虫过境之后,粮食产量剧减但好在还有些收成,而城中租佃土地的佃主因为地中粮食不多而决定不再收缴地租,使得王家的日子不至到更为艰难的地步。不过家中的粮食是远远不够,但是王家全家人同舟共济,在吃粮食上仍是一起,并没有差别对待谁先吃谁后吃,而家中做饭的女性成员也充分利用一切可以食用的野菜、树皮来尽量让家人吃饱。在十分困难的时候,小孩子甚至饥饿到去城里要饭来填饱肚子。

在发生灾难时,张继忠有时也是会去庙里拜神祈祷,不过因为家中粮食紧缺,主要是以叩头祷告为主。家中在粮食的分配与未来生活的走向上都是由家长来做主,家庭成员需要服从家长的安排。因此,王家在困难时虽主要依靠节衣缩食来生存,但是由于家长对"根"的信仰,所以并没有出现过全家集体外出逃荒的情况。在困难时期,虽然家中成员一同进退,但是成年的家庭成员还是会很明事理的以家中老人和幼儿的保护为先。

(四)防盗设施薄弱

在 1950 年之前,花园庄村中并未听说遭遇过大规模的强盗或者土匪,也很少听说村中有抢劫、绑架事件的发生。不过,村中的小偷偷盗较为常见,王家便经历过一次。王家曾遭到过小偷入室偷盗,小偷主要是进入到王家院子中,通过棍棒将王连生里屋家的被褥从窗户的空隙中捞了出来偷走。由于当地比较动荡、混乱,王家也未抓住小偷,最终便也不了了之,只不过在之后,王家将家中房屋窗户的缝隙进行了进一步的加固。

村子中曾出现过小偷偷盗被抓住的情况,一般被盗家户都是会将小偷进行殴打,然后在交至村中保甲长或者官府来处理。至于严重的杀人、放火的犯罪行为,并未在村中听说过。

村中的小户人家并没有为了防止土匪或者强盗而设置什么防护措施,不过村中大户却为防止家中被盗而设置相应的设施,例如王家东邻赵家大户便设置有高院墙和加固的门楼。

(五)躲避战乱

在 1945 年之前,花园庄村经历过战乱,不时会出现不同阵营的军兵在打仗。在花园庄村中,大户人家孙家和许家有时候是会产生一些矛盾而在村子中派小兵打仗。在遇到战乱的时候,王家作为贫穷的家户对于打仗所能采取的措施只能是躲避到家中角落,或者躲到王连生任职的地方,那里也有一定的军队在保护,不过家中成员并不经常去,只去过一两次。对于王家的家庭成员来说,家在一定程度上会起到保护的作用,而军队在打仗的时候一般是不会随便乱闯入百姓家中,王家在家中并未经历过军队闯入的情况。

而对于村庄中的大户人家来说,因为家中富足,所以他们都会配置有枪支来保护自己的财产,像村中的赵全家。此外,大户人家在防备战乱时虽没有专门修葺炮楼,但是他们会建造厚厚的院墙以及大门来保护自家安全,然后会再雇几个小兵佩戴着枪来保护家中安全。

在打仗或者战乱期间,村中并未听说有家户大规模外出躲避的情况,一方面是对"根"的依赖思想,另一方面村中的多数家户都有田地和房屋,使得家户舍不得抛弃自家的固定资产出逃。由于花园庄村的村庄治理薄弱,以及村中家户多以自身利益为主,所以在战乱期间村庄中也并未听说有"挖地道"的情况。

(六)偶尔会帮助弱者

在 1950 年之前,王家在花园庄村中算是低下偏上的一种水平,对于村中其他的贫穷农户生活水平不算是太差的那一种。王家在村中会时常遇到外地逃荒来到村庄中乞丐,虽然家中常有教导要热心助人,但是家庭整体还是处于贫穷的状况,所以当家中遇到逃荒的乞丐,一般会看家中现有的情况来给予一些帮助。一般家中剩余有余粮的话,张继忠也会多少给乞丐一些,要是家中正值艰难期,为了自家的存活也会如实相告,无能为力。而逃荒来的乞丐一般都是明白,他们大多是会去村中的大户家中乞求一些吃食或者去大户家中当小工或者小妾,实在走投无路了便会挨家挨户进行乞讨,如果家户中没有就去下一家,没有听说乞丐因为没有得到粮食而做出出格的事情的情况。

逃荒到花园庄村中的乞丐,一般都是乞讨为生,很少有写借据来借钱借粮食,王家并没有遇到乞丐向王家借粮食写借据的情况,对于来乞讨的乞丐,张继忠给予粮食也大多出于"好人好报"的善心,也不会要求这些乞丐来还。而对于村子中的其他穷人来借粮食的情况,王家也没有遇上。一般这些村子中借粮的穷人都是会向自家亲戚或者大户家借粮食,亲戚之间互相借的粮食,主要是以帮助为主,如果实在还不上自家人也就不会再强硬的去要,还粮食的事情就只是靠借粮食的这家穷人的自觉性。如果是向大户人家借的粮食,一般是要写契约,到时间大户人家会派小工来收粮食,如果没有的话,便会让家户其他的物品或者劳力进行补偿。

在 1950 年之前,村子中并不存在保安团,村子中的安保很弱,大户人家都会在自己家中组一队小兵来保护自家安全,而贫穷人家因为家中并无什么有价值的东西,也就不太在意安全意识。王家在村中也是贫穷的低水平家户,所以家户中并没有什么需要家户以让利的方式来保护自己的家庭,家庭成员只要在任何突发情况来临下保护好自身的生命安全便是最重要的。

王家在村中本身经济水平就不高,所以家户最重要的便是照顾好自家成员的温饱,对于村子中的其他贫穷人家或者孤寡老人,王家一般很少主动去给予救济,不过如果有实在生活困难的穷人来门前乞讨,王家也会根据家中现实状况给予适当的帮助,这种帮助王家更多的是出自于同样身为穷人能体会到生存不易的一种善心以及安慰。

四、家规家法

(一)未撰成文家规

由于王家门庭小,长辈们的文化水平低,所以王家并没有撰写有成文的家规、家训,家户成员所遵循的规矩都是当地道德下的一种约定俗成的规矩。例如王家的规矩一般都是出自家中家长的教导和决定,服从当家人的安排便是王家所有规矩的基础,包括服从家长对家庭成员劳作的安排,物资的分配,等等。此外,按照当地的道德约束,家庭内部应当和睦共处,家庭成员应当勤劳忠实,家户不做违法乱纪的事情,也都是王家的规矩。

(二)默认家规要求多

王家虽未有成文家规,但是在家户的规矩上也是有着一定的要求,也就是家户存在默认家规。王家这些默认的家规大多都是根据当地道德约束下自然而然形成,不过有些涉及家户具体的规矩,便主要是由家中长辈来告知。正所谓"没有规矩不成方圆",家中规矩是每一个家庭成员必须遵守,除非是有特殊情况需要告知家长并获取同意后,可以进行适当的调整。王家的默认规矩主要包括以下几方面:

1.媳妇负责做饭

在王家,平时的饭食都是由家中的媳妇,也就是由卢云地和李凤云轮流负责。轮流的周期和次序是由张继忠进行分配,然后她们两个便根据安排进行做饭及饭后洗涮等一系列的家务活。至于每天做什么,在媳妇刚进家门的一段时间里是由张继忠来进行决定和掌控,不过到后来便是由媳妇根据家中剩余的粮食来进行较为自主灵活的安排。

王家生活水平不高,所以全部家庭成员在一般情况下吃的饭食都是一样,并未有对家长或者其他家庭成员有特殊的对待,不过在家庭媳妇怀孕以及坐月子期间,家中会在饭食上对其有一定的照顾。王家做饭所需要的粮食和蔬菜大多都是自家种植,很少有购买的情况,不过家中是在逢年过节的时候,有时会去买一些肉菜,一般都是由家长张继忠来决定,然后将钱交给家中的儿子去买,肉菜是全家共食,并不需要记账。

王家在吃饭上并没有较为严苛的规矩,家庭成员除了在逢年过节以及家中发生红白喜事的时候会一起在饭桌上吃饭外,平时很少会讲究在饭桌或者其他地方一起吃饭。大多时候都是家庭成员将饭食盛到碗里之后自己寻找一片地方端着吃饭,一般王家四兄弟会将碗端到家户门前和村里的邻里聚在一起聊天吃饭,而家中女性成员和孩子一般都会在院子的槐树下一起吃饭。王家的饭食在大多时候是不够吃,因此很少会出现剩饭的情况,即使是剩下的也都是在锅里剩余,剩下的饭食将会是下一顿的饭食。家庭成员吃饭一般都是自己盛自己的吃食,没有什么严格的先后讲究,大家都是要吃多少盛多少。一般王家的饭食都是稀饭糠菜,不过在逢年过节时家户也会做一些好饭菜来庆祝节日、犒劳家人。在农忙的时候,王家的男性成员一般在农田干活没有时间回家吃饭,这便需要家人来送饭。一般都是由在家中做饭的儿媳妇在饭做好之后挑着担子来给田地干活的家庭成员送饭,若是需要加餐便由张继忠说了算。

2.座位平常随意

王家在平常的生活中对家中座位制度的安排并没有什么讲究,一方面是在 1950 年之前王家并没有能够容的下全家人的八仙桌,另一方面王家一些家庭成员在吃饭时有出去唠闲话的习惯,很少全家有正式坐在一起吃饭的情况。不过在逢年过节的时候,王家的家庭成员还是会按照习俗聚在一起庆祝节日,这时虽也没有明确的座次安排,不过还是会以北为上,让当家人坐在主位上。

王家因为家户小、水平低,几乎没有留过客人在家中吃饭,不过家中举行红白喜事时还是会按照当地习俗宴请亲朋好友。在宴席的座次排序上,王家是讲究亲疏主次。一般在举办宴席时,与自家家庭成员有着直系亲属关系的坐在宴席的主桌,然后按照长辈坐主位的规矩来进行,然后依次按照与自家关系的亲疏由主桌为中心向外扩散,坐在最外面的一般都是村子中的邻居以及给王家帮忙的村中的村民。

3.遇事请示家长

在王家的请示规矩上,一般都是按照"大事家长做主,小事家人灵活变通"的规则。具体来讲,一般在家中进行农业生产时需要置办大型的牲口,这种涉及家中很大财务支出的情况便需要请示家长由其进行安排和决定。或者在家中发生一些不太常见的事情,而家人并不能对此有明确判断时也需要家长进行决定,像家中家庭成员需要进行外出从事较长一段时间的副业时,需要告知和请示家长。而像家中做饭时每餐需要做什么吃什么,在新媳妇初到家户时是需要在家长的指导下进行,到后期家庭成员对于自家情况有一个清晰地把握时,媳妇便可以在做饭时不需要顿顿请示家长,而可以自行灵活做主,此外像家中盐油的置换,这些家庭琐事也是可以由家庭成员在自家的实际情况下灵活做主。

在王家的请示规矩上都是以口头请示为主,一般只需要告知当家人同意便可,不过如果涉及到家中全部家庭成员利益时,像家中建造新房所要进行的花费开支问题上,王家则会将家中男丁即王家四兄弟叫到一起和家长一同进行协商。请示是需要得到当家人同意,如果当家人不允许,家庭成员则需要遵循当家人的命令。

4.请客规矩

王家的家庭成员一般很少会邀请外人来家中做客吃饭,不过在一些情况下,按照礼节也是需要请一些帮助过自家的人吃一顿饭来进行酬谢。例如,在王家早前为王连生、王进仁建造新房时,房子建好后是需要请前来自家帮忙的亲朋好友吃饭的;在王家家庭成员适龄婚嫁时,村中媒人前来牵线搭桥,在事成之后也是需要请媒婆吃饭的;在家中孕妇生孩子时,前来帮助接生的产婆在孩子顺利出生后,对产婆也是要请吃饭以表达感谢。这些请客一般都是在事成的当天进行,不需要邀请就直接请人留下来吃顿饭便可。除了这些小规模的请客外,对于家户来讲规模较大也较为平常的请客便是在家户有红白喜事的时候,包括家中结婚、孩子满月和老人逝世。

在举行较大规模的红白喜事时,邀请的方式讲求"白事来,红事请"也就是说,家中发生白事时都是与逝者关系好的人来吊唁,不讲究去请人;而家中发生红事时都是需要家户去请与自己关系亲密的人来参加喜事。在家中有喜事请人时,一般都是会邀请张继忠的娘家、卢云地和李凤云的娘家、王大妮、王二妮以及她们的婆家和亲戚,王家没有邀请过村中的佃主、保甲长或者其他与自家亲戚关系不紧密的官场人员。

在请客的宴席上,桌子和座次有一定亲疏讲究,但是在饭菜的数量与质量上并没有差别,不过在办红事和办白事上的饭菜是有差别,即当地俗语所讲的"红事海碗菜,白事吃干干①"。在饭菜掌勺的人员安排上,王家在红事上大多都是由家中做饭技术很好地王连生和王进仁来掌勺,而在王家举办白事时,由于家中成员都是作为孝子需要守孝的习俗,这时都是由村中的红白理事会安排村民来进行做饭。家中红白喜事的宴席一般都是在王家自家的院子里举行,桌子和碗筷的布置一般都是家户邻里之间互相借借,借用都是因为家中有事,所以借用不需要支付什么酬劳。

在宴席举办过程中,白事一般都是在出殡之后回到家户中便可以开饭,而对于家中的红事来说,一般都是在迎娶到新媳妇放完鞭炮后便可以开席。在吃饭过程中,一般都是由家中的家长和男性家庭成员对客人进行敬酒,然后每桌相互寒暄几句便可,一般主要是图一个喜庆。当地的大户人家有时会讲究"贵客"的来临与讲究,但对于当地像王家这样的小户来说,并没有什么"贵客"的概念。

5.房屋进出有规矩

王家的房屋建造一般讲求的都是坐北朝南、坐西朝东的规矩,这是主要是为了满足家户

---

① 当地俗语,指的是用高粱米蒸出来的饭。

的向阳需求。房屋方位的设置是北边四间、西边三间,北边房屋与窗户的朝向都是向南,而西边三间的房屋与窗户都是朝东,主要是为了满足家户朝阳而设置。王家院子中种植树木的品种在当地具有讲究,当地就有"前不栽桑,后不栽柳,家院子不栽鬼拍手①"的说法,加上王家信奉"槐树上面住仙家"的说法,所以王家院子中栽植的是槐树。王家院子前也是有门楼,门楼朝南设置因为村中邻里东西分布,南面有道路。

王家在睡觉上并没有明确的规矩,不过家户成员大多需要下地干农活,所以一般在起床、睡觉上有一定的规律。一般在早上公鸡打鸣后家中成员便陆续起床去农田干活,而在晚上吃罢饭后,出于对家中烛火的节省以及明天早起的需要,便在天黑后不久早早的睡觉。

家中房屋的建造只能是在自家院子中,范围的限制使得王家很少会讲究风水,只会注重家中房屋的朝阳以及整体的布局。在1950年之前,新人结婚时家中是有为其准备了新房,并没有存在房屋紧张而轮住的现象,不过在1950年的一段时间里,由于王进义被抓去当兵以及王进礼三年的外出学徒,使得他们曾有过较长时间在外居住的经历,不过家中还是空有他们的地方以便他们回家之后就会有地方居住。

王家在居住时并没有什么严苛的禁忌和规矩,不过家中叔嫂之间、兄妹之间也会因为男女避嫌,在进出对方的房屋时一般是需要先打招呼,在房屋中人应答、许可之后才能够进入。家中在商议大事需要家中兄弟聚在一起时,一般都是在当家人居住的西屋"外间"进行商议。

6.女性负责制衣

王家的衣服几乎全部都是王家女性的家庭成员来制作,一般女性家庭成员制作衣服的对象也是有划分范围,家中进门的媳妇是要管自家小家庭中的成员的衣物,包括丈夫和自己的孩子;而张继忠在未分家前主要管自己的衣服,而未出嫁的王春香主要管自己以及还未成家的王进义、王进礼的衣物制作。洗衣服也是按照制作衣服的安排来划分,不过有时家中有特殊情况时,自家妯娌、姐妹之间也不会划分的过于清,相互之间也是会帮忙。

王家在洗衣服时一般都是在自家院子里,打院子中的井水来清洗衣服,不过如果家中要洗的衣服和被褥很多,便也会到村东边的洇水河河堤边洗衣服。王家洗衣服都是用的当地较为常见的"黑肥皂"(据说是从石油里提炼出来的一种物质),并且用棒槌来进行敲打。"皂角"作为当地的一种"稀罕物品",村中只有赵家大户种植有,一般只供自家使用。洗衣服的物件一般都是在村中跟"挑货郎"那里购买。村中在河堤进行洗衣服时,很少有用盆子,一般都是挎着一个竹篮装有衣服,洗完衣服后在将湿衣服装进竹篮里再挎回家。

洗完衣服一般都是在自家院子里进行晾晒,晾晒一般也都是谁洗的衣服谁来进行晾晒,家院子有专门的撑杆与绳子来进行衣服的晾晒,晒衣服时并没有什么讲究,就是将洗的衣服全部晾晒出去等干了再收回来就行。家中儿媳妇都是会干家务活的农家妇女,所以很少有谁把衣服洗坏,若是衣服已经破损洗坏,一般家长不会批评,家中的妇女将坏衣服补补便可。

五、奖励惩罚

(一)口头夸奖

在1950年之前,王家对于家庭成员在生产生活或者学习上表现很好,值得家庭成员学

①指的是杨树,因其在有风的时候树叶碰撞产生声音,在夜晚会响像"鬼拍手"一样,因此得名。

习的情况下，家长张继忠也是会当面对其进行口头的夸奖，不过这种奖励大多是一种精神层次的肯定，家中经济条件有限家长一般不会给予什么实质的奖励。不过，如果王连生在外有任职，或者家中成员因为副业或者农活使得家中赚取比平日多的金钱时，张继忠也是会告知家中做饭的两位媳妇做一些好吃的，甚至会买些肉来犒劳家中全体成员，并在吃饭时向全体成员对贡献较大的家庭成员进行夸奖。

王家夸奖的范围主要是王家的家庭成员，别人家的孩子所取得的成就对于王家相关利益影响不大，所以也并不关心。对于家中表现很好的家庭成员，如果为家中所赚取的利益很多，张继忠在私下也是会给一些零花钱，不过由于家中勤俭节约的家风，零花钱的奖励也不会很多。此外对于王连生、王进仁两个有小家的兄弟，也未有因为表现很好而进行奖励的情况。

在王家，家庭成员也都是很懂事理，对于张继忠也是十分尊敬、孝顺，在村子中，家户中的成员也都大多孝敬自家的老人，此外村庄中各家户大多更关心的是自家的生活，很少操心其他人，所以村中很少有听说对家中年轻人孝顺老人而进行称赞甚至奖励。

(二)棍棒打骂

在1950年之前，受伦理道德思想以及王家潜移默化的家风教育下，王家成员认为一般只有王家的当家人拥有惩罚人的权力，尤其是在家中王文学在世时，男性当家人的权力很大并且不能质疑。张继忠成为当家人以后，虽然也是拥有惩罚家庭成员的权力，不过其身为家庭成员的女性长辈，在多数时候性情较为温和，多数惩罚都是口头说骂，如果家庭成员极其不听话，张继忠也是会使用暴力来进行教育。王家的打骂惩罚很不常见，一般也都是发生于父亲惩罚儿女、母亲惩罚儿女这样的情况，家中并未出现过丈夫惩罚妻子、婆婆惩罚媳妇、兄长惩罚弟弟的情况。不过在花园庄村中的一些家户中是有存在，并且在1950年之前，这种情况在村子中的人们认为是平常并且符合法理的事情。

一般家庭内部在惩罚孩子的时候，外部的家庭成员一般是不会介入其中，不过如果这种惩罚"闹得很大"①，亲戚、邻居以及熟人也是会登门来进行调解，以免家长惩罚的不知轻重导致更为严重的后果。一般家中的儿子都是在学堂嬉戏打闹、不好好学习，或者未经家长允许进行外出打工，甚至是偷家中的钱财而受到家长的惩罚。在发生这种情况下，张继忠一般都会根据事情所发生的严重程度来对儿子进行呵斥、警告甚至打骂，不过王家的儿子们从小就大多明白事理，所犯的错误严重程度不是很大，所以并没有使张继忠特别生气而将孩子们逐出家门的情况。而家中的媳妇如果在生活上犯了错误，一般是做饭过度花销、当面冲撞婆婆，这种情况下张继忠一般也是会口头说一下，不过如果媳妇态度仍旧不好的话，张继忠也是会选择告知媳妇的丈夫，让其进行教育。除此之外，家庭成员们并没有出现偷别人的钱财甚至更严重的情况，所以王家对家庭成员的惩罚都是以张继忠的惩罚为主。

王家的惩罚只是针对家庭成员，并没有对家庭外的人进行过惩罚。此外，由于县乡也有相应的官府，如果外人侵犯到了自家的利益，事件很小的一般会选择两家协商处理，如果事情闹得较大，便会上报官府来出面对外人进行惩罚。例如王家早逝的王呢子因为争端意外致死，便是王家上报官府来使官府对相关人员进行惩罚。

---

① 闹得很大：家庭内部在对孩子惩罚过程中，孩子的哭喊过于惊动村中邻里或者快要把孩子打死了的情况。

六、村庄公共事务

(一)鲜少参加村务会议

花园庄村在 1950 年之前是会组织一些村务会议,不过主要是村中的大户或者有着官职的人员进行参与,王家作为一个经济条件低下的小户一般是很少会进行参与。不过有时涉及到村中筹资时,便需要村中家户进行参与,这时候一般都是当家人王文学去开会,到后来家中男性当家人逝世后便由王连生去,然后将村里开会的内容告知张继忠由她进行决断。张继忠并不去参加开会是因为在当地,家中的女性去参与村中会议是一种不被允许的事情。

(二)挨家挨户征税

村中在进行家户筹资时一般是需要在之前召开会议,虽然会议的召开不要求每户家户强制参与,但是在征税时,村中的保甲长便会挨家挨户进行。在征税过程中,每个家户不论家中是贫是富,是否拥有土地都是需要缴税,在纳税的种类中有土地税、人口税、征兵税等不同类型的税种。不过,在对家户进行收税的具体过程中是会有差别对待,一般家中富有的可以多交一些,而家中贫穷的可以少交一些,家中实在拮据的也可以通过"以工代酬"的方式。王家一般在遇到征税时,多数情况下都是缴纳适量的粮食。

(三)修路修庙主要靠"传钱"

村中在修路上一般都是靠村中的有钱大户进行很大部分的支持,而村中的小家户所做的贡献也如同村中征税的流程一样,讲究"有钱出钱,有粮出粮,无钱无粮就出力"的规则。

而村中除了之前的小庙之外,并未修建过新的庙宇,而对于这座小庙的修缮,村中一般都是由相关的人员将村中村民前来祭拜所添的香火钱积攒下来,作为修缮小庙的资金,当地便有修缮小庙主要靠"传钱"的说法。

七、国家事务

在 1950 年之前,王家与村庄甚至国家公共事务的联系并不紧密,多数情况下都是被动进行,大多都是以村中的保甲长或者其他官职人员来强制家户参与到国家公共事务中去。在当地,王家也是经历过国家通过村庄进行的征税、国民党在战乱时期的抓壮丁以及共产党在抗美援朝时在村庄进行的征兵,而在选举问题上,王家王连生在乡镇的任职,在 1950 年之后参与的比较多。

(一)征税种类多

花园庄村在进行交税时都是以家户为单位,并且是由村中的保甲长挨家挨户的来征收。在当地,社会较为动荡,税的征收有时会根据具体的情况进行,并且征收的税种繁多,一般固定的有土地税和人口税。王家因为田地是租种他人,因此不需要缴纳土地税,但需要缴纳人口税,加上社会的变动,当地还存在不固定的缴纳为军队征兵征粮的税。收税的时间和标准都比较模糊,在征收时标准变动也大,所以王家在纳税时一般都是以保甲长上门征收时,就听从安排适当给些粮食。

收税时一般都是保甲长上门收取,家中交税的一般都是张继忠或者家中的王连生,其他家庭成员一般不能做主进行交税。王家的家长会根据家中的情况进行交税,一般也都是交粮食,多少交一些便可以,村中并没有进行强硬的征税行为,也没有出现村中家户交不起税逃

202

跑的情况。

（二）征兵有福利

在1950年前后，王家的家庭成员因为早前王进仁曾有被抓去壮丁历时很长时间才回家的经历，家中对于征兵心存忧虑，因此家庭成员并未参与过共产党的征兵，不过花园庄村中的其他村民是有参加过共产党为抗美援朝在当地的征兵。

共产党的征兵是本着自愿的原则，因为是共产党执政，所以在征兵时共产党还提出当兵的可观报酬以及之后对自家家户的一系列照顾，所以村中很多男性村民都是踊跃参与。村中报名的人数很多，为了村民家户以及军队着想，在征兵时还进行了"验兵"，一般要求家中只有一个男丁的不许参军，年龄偏大的不许参军，参军的人员在体力和健康上应该呈现良好状态。村中有家户家庭成员被征兵后，该家户在当地会受到很大的照顾，村中都会对其进行一系列的照顾和补贴，在逢年过节时还会给该家户送肉和粮食。

除此之外，花园庄村中并未有其他的征兵活动。王家生活贫穷，更没有买兵的经历，村中大户也未有听说。在1950年之前社会动荡，村中几乎没有正规流程下的征兵活动，大多都是武力的抓壮丁，所以村中家户都会进行经常性的躲兵。若是躲过去便家户相安无事，若是没有躲过去便会被抓去当壮丁。

（三）武力抓取壮丁

王家经历过一次国民党抓壮丁，被抓的是王进仁。在当地，兵队对于要抓壮丁的对象没有什么严格要求。由于时局动荡，当地村民对于当兵持有的恐惧心态，加之军队兵力紧张，军队是会时不时的进行武力抓壮丁，也就是说抓到谁就是谁。王进仁便是被国民党四十军抓去当小兵进行打仗，直到1950年后入共产党负伤回归。

当地为避免被抓到壮丁一般都是会进行躲藏，由于村中消息流通限制，还是会有很多男性成员来不及躲藏。被抓去当壮丁的村民很少有逃回来，如果是家户富裕或者在军中有亲属的一般也会通过打点偷跑出来，但是大多被抓壮丁都是会随着军队进行打仗，至于什么时候回家，能够安全归来都只能听天由命。

（四）上级任命保甲长

在1950年之前，村庄并未有关于村长的选举活动，村长以及村副、保甲长都是村中的特别有钱的家户或者在官场中有关系的家户的成员才能够当上。村中对于村长、村副、保甲长的选择，一般都是听从上面相关官员的安排。这一方面是村中大多家户经济水平低下，对于这样的任命并没有什么可以发表自己意见的权力；另一方面，村中的大多贫穷农户，常年都需要忙于家中农活副业来维持生计，也不会有很多时间来关注这样的事务。

在村中，王家知道最多并且打交道最多的是村中的保甲长，主要是村中在收税的时候，他都会挨家挨户的来收税，除此之外，王家与村长、保甲长等并未有过交道。村中的保甲长在1949年之前一直都是村中的一个大户当着，之后随着新中国的成立，在上面下派来的工作员的安排下，王家贫穷，王连生表现优异被任命为村中干部，之后，王家因为王连生的任职也开始渐渐主动参与村中的相关选举活动。

调查小记

在我的认知里,政治、历史大多都是以国家、省市等这样的一个整体来叙述的,之间也会对某些特殊的事件、涉及特殊的英雄式的人物进行一些刻画。而今年暑期,学院布置的家户制度的调研,让我从一个新的视角认识到了中国的农村政治原来也可以细化到每一个普通的农民身上,而每一个普通的农户在生活中的方方面面也会受到社会政治制度的影响。在经过与年过八旬老人长达半个月的交流,使我仿若置身于1949年之前的那个农村社会的家户中,认识到1949年前平凡农民的生活。

一、前期铺垫,熟读问卷

俗话说"万事开头难",手捧着从培训会带回的厚厚的家户制度调研问卷,看着书中密密麻麻的百页问题,说实话自己真的不知道该如何完成这项"艰巨"的任务。不过,既然是需要和老人在提纲的基础上进行访谈,那么对问卷提纲的掌握便是圆满完成任务的坚实地基。

在从培训会回来之后,我便开始了对中国农村家户制度调研问卷进行了细致的阅读和思考,在开始的几天我首先通读了问卷的目录,通过目录了解到此次调研主要针对一个农村家户的由来与特性、经济、社会、文化、家户治理五大方面来考察的,涉及范围较广。在通过问卷目录了解到调研的大方向之后,我便开始分章节对问题进行研读,了解问卷对农户家户更为细节化的考察,在此过程中我又进一步深化了对调研的理解,此次调研主要调查的是农户所处的家户在1949年之前的生活状况,并且还需进一步考察家户在未分家时的情况以及进一步细化大家庭与小家庭之间的生活情况,以及不同家庭成员的生活状况等。

二、中期寻访,近水楼台

在寻访的前期,因为受到培训会上师兄师姐的指导,了解到暑期百村调研的考察点将会是家户制度寻找访谈对象的"沃土",而自己在调研时正好被安排到当地镇的养老院,不由心中窃喜,真的是占尽天时地利人和。于是便在百村调研的空闲,寻找到养老院中一位年满八十岁的老爷爷,进行调研。但是当自己满怀热情开始访问时,瓶颈戛然而至,虽然浚县与自己家乡相距不远但是当地方言甚有差异,而普通话对于当地的老人来讲也是难以交流,首战告负,语言的障碍使得自己在浚县的家户制度调研草草结束。

回到家之后,因为凭借自己的力量来寻找当地八十岁以上的男性老人有些困难,我便发动了自己家人帮忙寻找,妈妈娘家有一位九十二岁的中农老人符合条件,但是由于老人年岁大听力有些退化,此外受访者家庭距自家遥远,天气炎热等客观原因使得访谈再一次的被"扼杀在摇篮"里。在一次拜访爷爷奶奶家时,看到自己年岁虽大但是身体健朗的爷爷,忽然有种豁然开朗之感,这不就是最佳的访谈对象吗,虽是贫穷家户但是家户成员人口多也可谓一个特殊调研对象,此外亲属之间的访谈更有利于使受访者不会忌讳很多而将具体的情况更加真实地讲述。于是在试着访问了一段时间后,发现调研可以顺利进行,并且因为距离很近所以使得访问的进程相对顺利。

关于家户制度访谈对象的选取,我也可谓历经百般选择,遭遇多种挫折,最终却应了一句老话:"踏破铁鞋无觅处,得来全不费工夫"。在寻找了不同地方的不同老人之后,最后还是由自家爷爷作为访谈对象,对自己家在1949年时的家户制度做了一系列的了解。

三、后期访谈,循序渐进

在确定爷爷作为访谈对象之后,接下来的便是商议访谈的时间,要知道家户的问卷提纲不可能短期一蹴而就,需要长期的访问以及细致的叙述。而爷爷由于身体健朗,所以每天的事务安排满满当当,每天早晨外出锻炼身体,中午买菜做饭,下午办理家中杂事,只有晚上会空余一些时间看电视。此外爷爷因为性格有些内向,不擅长过长时间的访问,在某些情况需要进行一定的引导。因此,在和爷爷的商量下,决定家户制度访谈放在晚上进行,由父亲和奶奶在旁边进行一定程度的引导。

访谈持续了长达半个月,期间也遇到过很多挫折,也有过很多的不耐烦,因为亲属之间的关系同样使得爷爷的脾气有些无所忌惮。但是,对待这样的情况,不能让自己情绪化,不然访谈便会更加难以进行,唯一能做的只能是对情绪化的老人进行循序渐进的引导或者是进行暂时的中断。所幸,虽有磕磕绊绊,最终还是将访谈做了一个圆满的结束,调研也随之走到了最后一步,这也是最为艰难的一步,便是将录音转化为一部家户制度的史传。

四、文字升华,万字家传

问题是零碎的,提纲是大致的,但是如何根据大纲和问卷录音转化为一部真正可以拿出手的长达12万字的报告,将老人最真实的所见所闻转化为属于他们的家户史传,便是最后也最考验自身的写作能力的时候了。

作为初入华师中农院的2017级的我们,在没有相关指导下,对于报告的书写和逻辑几乎为空白,但是这并不代表我们面对这样艰难的任务束手无策,我们可以选择优秀师兄、师姐的成稿作为自己报告的示范。

在书写过程中,我主要参考了师兄和师姐们的家户制度报告,发现双方各有特色。我也在他们的文章中汲取了一些经验,对自己访问的家户制度在标题和特色上进行了一些描述,虽然受访家户都是以农为主,但是身份层次的不同,此外加上自己受访农户所处的地域特色衍发而来的特色副业,贫穷家户中家庭成员的学徒经历,相信自己的报告也会具有特色。

最后一步花费有月余时间,在每一天自己与录音、问卷提纲的相处中,将一句句话语用一个个文字呈现,最终汇总出来的,希望不仅仅只是一份冰冷的作业,还希望可以成为能够使受访老人珍藏的家户传记。

第三篇

中户自强:书香之户的兴衰传承
——豫西官峪村陈氏家户调查

报告撰写:陈　慧[*]
受访对象:陈万卷

---

* 陈慧(1994—　　),女,河南荥阳人,华中师范大学中国农村研究院 2017 级硕士研究生。

导 语

　　官峪村隶属河南省荥阳市,地处华北一带的平原地区。官峪村在 1949 年以前,有四百多户农户,将近两千人。官峪村各家户之间人口数量分布不一,且位于山区,因此村内的田地多分布在山上,且多以山地为主,平地较少。官峪村中主要有陈氏一个大姓氏,村里属于陈氏的庞大家族,都是明朝时期从山西省洪洞县大槐树下迁往河南省荥阳市北邙的陈铺头村的。不过陈氏家族在陈铺头村繁衍了 7 代人以后,因为陈铺头村田地紧张,水源紧缺,家族繁衍人口众多无地方居住等其他不易后代更好生存的因素, 陈氏大家族的一支分支又继而迁徙至离陈铺头村不远的北边山上,定居在北邙附近位于邙山上的官峪村。

　　官峪村陈氏家族中,家户规模以小户、中户居多,不过其中也有较为富足的大户人家。村中最大的大户有上百亩地,普通人家却只有几亩地,贫富差距略大。而以陈树旗为当家人的陈家,是官峪村中为数不多的富足之家。陈树旗家在 1949 年以前,三世同堂,共 10 口人。当家人陈树旗有 2 个儿子 1 个女儿,分别是大儿子陈元英、二儿子陈元明、小女儿陈元荣。随着时间的流逝,三个子女相继成婚,其中大儿子陈元英育有 2 男 2 女,即陈万卷、陈万录、陈荣花和陈婷妮。不过由于陈元英在 1940 年不幸感染肺结核而去世,陈婷妮则在 1943 年因患黑热病而夭折。

　　总的来说,1949 年以前,陈家整体的经济状况在村庄中属于上等家户,以耕田种地维系生计。陈家大家庭在分家后,陈家小家庭的家长也依然由陈树旗担任。陈树旗用大家庭分家所得的 32 亩田地和 3 间窑洞,来带领自己的小家庭生活,并推动陈家再次复兴。在当家人陈树旗以及内当家陈张氏的操持下, 陈家在 1949 年以前自给自足, 生活较为富足, 即使在 1942 年遍及整个河南地区的灾荒爆发时,陈家依然依靠往年的余粮和积累的财富在家中熬过了灾荒。

　　在 1949 年以前,陈家一直都是陈树旗当家,陈树旗掌管着陈家的粮食、房屋、财产以及祖辈传承下来的物品,在这些物品的支配方面,陈树旗发挥着主导权。不过, 在棉花、衣物以及做饭的顺序上,则主要由内当家陈张氏负责。但陈氏大家族如果有公共事务需要商议,通常都是陈树旗代表陈家参与。除此之外,官峪村内如果有公共事务需要参与时,比如村里修路、挖井筹资等事务,官峪村的保长也会通知陈树旗。陈树旗也会代表陈家积极参与,为官峪村的建设出力、出资。

第一章 家户的由来与特性

官峪村的陈氏家族基本上都是在元末明初时，由于明朝的移民以及开发中原地区的政策而从山西省洪洞县大槐树下迁至北邙的。后来由于北邙地少人多，为了寻求更好的生存发展空间，陈氏的先祖第九世陈新彩就带领自己这一支的子孙，来到相隔北邙不远的位于邙山上的官峪村①定居。自从搬到官峪村以来，迄今为止陈氏家族在这里生活了将近十代人。陈树旗一家的迁徙定居，则作为陈氏家族中诸多家庭的一个缩影。

一、家户迁徙与定居

（一）祖居山西

元末明初，因明朝的移民以及平衡人口政策，陈氏家族从祖居的山西省洪洞县迁往北邙。由于明朝建都以前，中原地区战争频仍，受战乱波及，河北、山东、河南这三省人口的伤亡较重。等到战乱平息之后，三省剩余的人口才百余万。但山西省因挨着太行山，在战争动荡的年代反而比较安全，人口比较多。因此明朝政府建都以后，为了稳固全国形势，需要平衡人口。明初，山西省的人口已达到三百多万，比河北、山东、河南这三省的总人口还多，于是明朝政府致力将山西省的部分人口往这三省迁移。在五十多年里明朝政府从山西省迁移人口达18次之多。而在山西省洪洞县的大槐树下聚集生活的人口众多，因此明朝政府号召当地民众举家迁移的次数也更多。

明朝政府官员询问，有愿意迁移出去的出来，不愿意迁移出去的则留在大槐树下。结果明朝政府让官兵将大槐树下留下的人口层层包围起来，告知大槐树下留下的人一律走，而且规定4口人可以留1口人，6口人可以留2口人，8口人可以留3口人。并且明朝政府还规定同姓和一家的不能迁移到同一个地方，官兵用绳子拴着迁移的人口，民众就如同绑在一根绳上的蚂蚱一样，被集体押送到迁移的地区。

明朝民间还留有"大锅牛"的说法，这个说法是在迁移的时候，弟兄几个被押送着去往不同的地区，他们就用树疙瘩把锅打碎成几片，以后弟兄相见就以对上锅片为证，能对上锅片的祖上是一家人。

---

① 官峪村：官峪村由来的历史，要从明朝建都以后说起，明朝皇帝分封诸子，朱元璋的第三代孙朱子坦被分封为河阴王。黄河周围有滩地，滩地的税收也都归河阴王，而替河阴王收税收的人就住在这个村。因为有个官在这里住，所以就取名官庄峪，1949年后这个名字得到延续。但在20世纪60年代，由于官峪村南面有个村叫官庄，两个村名相似，容易出错混淆。为了有所区别，上级政府将村名改为官峪。

图 3-1　山西省洪洞县大槐树下现貌

（二）迁入北邙

而在这场迁移潮流中，陈氏家族也不能幸免，陈氏祖辈最开始是从山西省洪洞县大槐树下迁移到北邙的陈铺头村，后因陈铺头村村里剩余的部分田地无法很好的养活一大家族的人，因此到了第七代，陈氏祖辈就开始寻求更有利于陈氏家族繁衍生息的地点。陈氏祖辈通过观察和熟悉周围的地形和人口情况，发现位于北邙附近山区的官峪村人少地多，且临近黄河，水源充足。陈氏的第七代曾祖在发现官峪村适宜定居后，就着手从陈铺头村搬到官峪村。等到了陈树旗这一代，陈氏大家族已经在官峪村繁衍了近十代人。

陈家祖辈带领家庭成员首次迁徙是因为政府实行的移民政策，陈氏祖辈带领家族成员从山西迁往陈铺头村，并在北邙的陈铺头村安定下来，并在那里生活了上百年。但在陈氏家族的第七代，由于陈铺头村人多地少，长此以往生存艰难，陈氏家族中的一个分支又进行了再次小距离的迁徙。陈氏祖辈再次迁徙的重要原因是由于看到陈铺头村面积较小，田地资源有限，大家族生活富足不起来，陈氏家族又因为定居在陈铺头村以来，繁衍人口较多，再加上陈家祖辈了解到位于北邙附近山区的官峪村地处广武大地，地势雄伟，且官峪村面积比较大，并且在此居住的人还较为稀少，临近黄河，水源较为丰富，易于生活。于是陈氏家族中的一个太祖陈新彩就带领家庭成员迁到位于山上的官峪村，直到如今，陈氏后代也就在此居住。追根溯源，陈氏这个大家族在北邙地区已经生活了近十七代人。

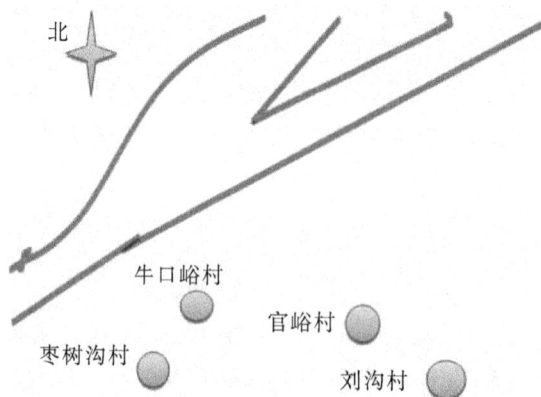

图 3-2　官峪村的大致方位及附近地形地貌

(三)家户世系繁衍

官峪村陈氏家族居住共有八片地方,即大虎头峪、小虎头峪、西沟、东沟、南沟、北沟、秦家顶、段套、张套,住的比较分散。陈家祖辈从陈铺头村搬到官峪村定居下来以后,已经繁衍了近十代人。1949 年以前,陈家家里共有三代人。

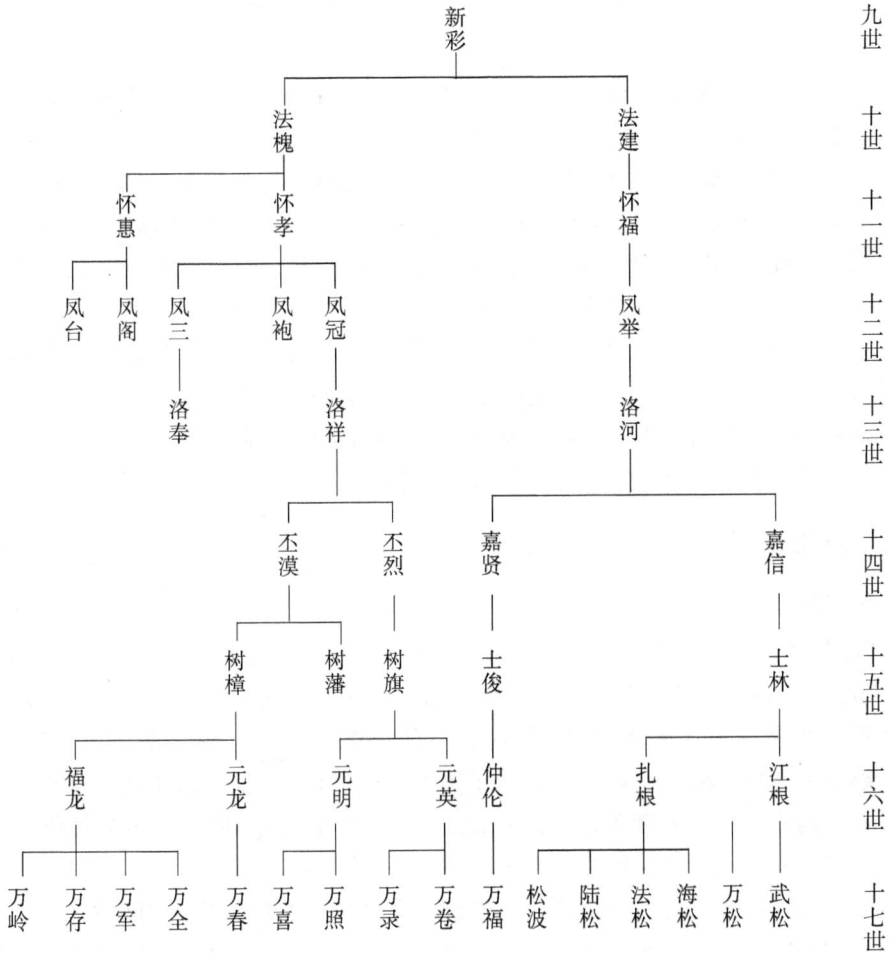

图 3-3　陈氏宗谱中陈树旗家所属世系

(四)家户定居落户

陈家祖辈最初定居在荥阳市北邙的陈铺头村后,由于生存压力以及其他限制因素,陈树旗的太祖辈又举家从陈铺头村迁到官峪村,并最终在官峪村安定了下来。官峪村地处广武大地,由于位于山区,交通相对不便,人烟较为稀少,因此山上原住居民很少,陈家太祖辈迁到官峪村时也没有和当地农户打招呼,在决定迁移后,就带着家庭成员搬迁过来。官峪村由于地处山上,地势高低不平,农户都在山沟窑洞居住,将山上的平地作为庄稼地,来开展农业生产。陈家祖辈定居在官峪村后,住的地方基本上都是依据山势打窑洞,居住并不十分密集。后来随着后代子孙愈来愈多,陈氏家族大多是成片分布在山坡上。

自从陈氏家族在位于北邙的官峪村落户以来,后世繁衍的人口状况,在现有保存的《陈氏家谱》上都有详细的记载,但现陈氏宗堂却只保留在陈氏家族最先安家落户的陈铺头村。

据陈氏家谱记载,陈氏家族从山西洪洞县大槐树下迁往北邙的陈铺头村已逾260年之久。期间祖上陈新彩带领全家人又迁往北邙的官峪村,最先定居在官峪村的山沟里。祖上陈新彩有4个孩子,这4个孩子在此安家落户,不断分支繁衍,后代发展壮大为现在官峪村的陈氏家族。因为官峪村环境好,山上有丰富的土木资源。除此之外,官峪村又临近黄河,水资源较为丰富,利于挖井取水。因此,陈家祖辈最终选择在官峪村定居,目前,陈家在官峪村已经繁衍生息了近十代人。

陈家在1949年以前,家里的经济条件在官峪村都算数得着的,陈家在当地可以说是较为兴盛的农户。陈树旗也是家族的创业和保业者,是当家和领活的。陈家大家族未分家时,陈树旗和他的二弟、四弟一起耕种土地,再加上两个长工的帮忙,虽然陈树旗和兄弟们觉得农业劳作较为辛苦,但每到收成季节,陈家的粮食丰收时,陈家人就会感到很欣慰。最初陈家家里田地亩数不多,陈家家庭成员就想尽办法开垦黄河滩地来种,尽量不闲置劳力,后期陈家家里土地不断增多,自家劳动力不够使用时,还雇佣了两三个长工来耕种土地。陈家在以农业为基业的同时,以种植粮食作物和卖棉花作为主要的经济来源,在陈家家庭成员的艰辛劳作下,陈家累积了可观的积蓄。陈家大家庭的家长手里头有点东西①的时候,就继续扩大耕种滩地的规模,想持续壮大基业。陈家大家庭未分家时,田地最多的时候有几百亩,牲口有8头到10头左右,宅基地有瓦房11间,草房3间,土洞,即窑洞4间。

二、家户基本情况

(一)三代同堂

1949年以前,陈家总人口是10人,其中有5个劳动力,三代同堂。陈家家里有陈树旗,陈树旗的女儿陈元荣和陈树旗的孙女陈荣花都已结婚,还有陈树旗的大儿子陈元英及配偶刘玉琴,孙子陈万卷及孙媳杜梅香,陈万录,还有小孙女陈婷妮,后不幸染病夭折,二儿子陈元明及配偶黄凤荣。1949年以前,陈元明的儿子陈万照已经出生。陈家家里还有常年住家的其他非亲属成员,雇佣了一个长工陈江根。除此之外,陈树旗家没有收养和过继过孩子。

陈万卷1949年也已经结婚,陈树旗的儿媳刘玉琴、黄凤荣以及孙媳杜梅香都是刘沟村的。刘沟村距离官峪村2里地,陈树旗的孙女陈荣花也出嫁到了刘沟村。官峪村和刘沟村相离较近,走路去半刻钟就到了,所以两村的人日常来往也比较密切,再加上也"兴"②介绍,所谓"父母之命,媒妁之言"。而离官峪村最近的刘沟村,从刘沟村嫁过来的闺女也很多,而且在官峪村及方圆的村嫁娶最主要讲究的是知根知底,觉得这样对孩子的将来以及他们过得情况才比较放心。因此,两村之间的男女适龄青年成为夫妻的比较多。

表3-1　家庭基本情况数据表

家庭基本情况	数据
家庭人口数	10
劳动力数	5
男性劳动力	2

① 东西:这里指钱财。
② 兴:官峪土话流行的意思。

家庭基本情况	数据
家庭代际数	3
家内夫妻数	3
老人数量	2
儿童数量	1
其他非亲属成员数	1

(二)家户成员,男劳力较少

1949 年之前,陈树旗、陈张氏都已经接近六十岁,不过他们的身体状况都比较良好,甚至可以说还是陈家的主劳力。除此之外,陈家有三对夫妻,其中包括两对中年夫妻和一对青年夫妻,另外还有 1 个小孩子。在 1949 年之前,陈树旗家也发生着大大小小的意外和灾难。在 1940 年底,正值壮年的陈树旗的大儿子陈元英,因不幸感染肺结核而不治离世。之后陈树旗的大儿媳刘玉琴并没有因此而改嫁,而是自己带着陈万卷、陈万录以及两个女儿生活,一直守寡直至离世。大概在陈元英去世三年后,也就是 1943 年,陈元英的小女儿陈婷妮也因感染黑热病不治身亡。后来陈树旗和二儿子陈元明,将陈元英这个小女儿包了包埋在了山上。官峪村的习俗,未成年的孩子过世要包起来埋在山上。

陈树旗的二儿子陈元明比大儿子陈元英小挺多岁数,由于陈元英的去世再加上 1942 年的大饥荒以及陈婷妮的夭折,陈元明的婚事也一拖再拖,因此陈元明结婚较晚,直到 1945 年陈元明才经人介绍和黄凤荣结婚。后来在 1948 年左右,陈树旗的大孙女陈荣花在陈树旗及陈张氏的安排下出嫁刘沟村。

因为陈家家里有两对结婚不久的夫妻,所以陈家家长陈树旗没有在亲戚或者外人那里收养过小孩儿。陈家家中男劳力较少,加上陈家拥有三十几亩的田地,因此陈家有其他的非亲属的人员,雇佣了一个长工,以解决家中男性劳动力不足的问题。陈家是自给自足的小农经济,家长陈树旗比较能干,管使牲口,并且对此比较擅长。由于官峪村的土地大部分都在山上,陈元明和长工陈江根就作为主要男劳力担担挑挑。而刘玉琴、陈荣花、陈张氏是辅助劳力。不过在平常的农业生产过程中,陈家家长陈树旗也依靠家庭成员的共同出力来完成农业耕作,陈家的家庭成员全部参与农业劳动,他们也尽量减轻家中沉重的耕种负担。

表 3-2　1949 年以前的家庭成员情况表

成员序号	家庭关系	姓名	性别	出生年份	年龄	婚姻状况	健康状况	受教育情况
1	家长	陈树旗	男	1889	60	已婚	健康	5
2	妻子	陈张氏	女	1894	55	已婚	健康	0
3	大儿媳	刘玉琴	女	1909	40	已婚	健康	0
4	大孙女	陈荣花	女	1932	17	已婚	健康	0
5	大孙子	陈万卷	男	1934	15	已婚	健康	7
6	小孙子	陈万录	男	1937	12	未婚	健康	6
7	小孙女	陈婷妮	女	1940	6	未婚	不健康	0

成员序号	家庭关系	姓名	性别	出生年份	年龄	婚姻状况	健康状况	受教育情况
8	二儿子	陈元明	男	1914	35	已婚	健康	5
9	二儿媳	黄凤荣	女	1913	34	已婚	健康	0
10	孙媳妇	杜梅香	女	1932	17	已婚	健康	0

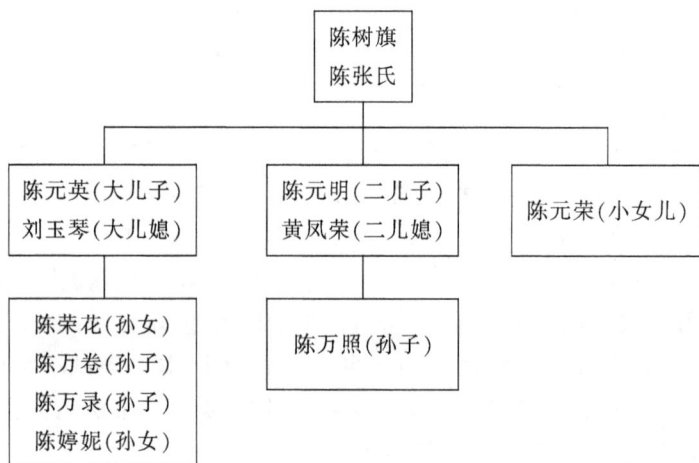

图 3-4　1949 年以前陈家的家户结构图

(三)居于山沟窑洞

陈家住在官峪村的山沟里,窑洞位于山沟里面偏西北的区域。山沟里地势比较低,夏天下暴雨的时候容易受淹,且砖石较贵,一般农户难以承担,因此官峪村里盖房子的农户极少。此外由于窑洞冬暖夏凉,建造成本低,直接在山上寻找地质较坚固的地方打洞就行,所以在1949 年以前,官峪村绝大多数的村民都住在窑洞里。陈家也不例外,祖辈以来就居住在官峪村靠南山沟的窑洞里,在陈家窑洞的周围有南北邻居,窑洞出来院子里的空地前面有一条路沟,陈家的南面是段玉修家,家的北面是陈树信家。村里的人都住在山沟的窑洞里,而窑洞一般都是坐东向西。陈家建窑洞的时候,陈家祖辈也没有特意找风水先生来看宅子,而是看着山势打了几条窑洞,建了院子,陈家自家院子与周围农户家的院子都是以土墙为界。

1949 年以前,陈家宅基地占地 1 亩左右,有三个窑洞,分别为北洞,主洞和南洞。其中北洞主要住着大媳刘玉琴及其子女,主洞是陈树旗和妻子陈张氏住,也被当作堂屋,有客人来了就在主洞招待。主洞是放家中的贵重东西的,如钱财、房契、地契等。陈家的南洞里主要住着两头小毛驴和长工。

除此之外,陈家还有草房三间,其中的两间是陈元明和黄凤荣住。后来陈万卷在 1949 年结婚的时候,家长陈树旗就将之前当厨房的草房,重新修葺改造后,用来作为陈万卷和杜梅香的新房。之后陈树旗在院子的东面砌了一个大的灶台,搭了一个简易的小棚作为厨房,使做饭的地方能够稍稍遮风避雨。陈家家里的厕所在院子的西南角,这个厕所的方位是有讲究的,农户人修建房屋和院子不是随便就建的,而是很讲究风水,特别注重院中布局对家人及后代的影响。官峪村的农户修建厕所的时候都会从风水考虑,厕所一般修建在坎位。官峪村俗语："坎水为财,财气不纯,且易为钱财之事招是非"。所以为了家中吉利,和气生财,官峪村的村民基本上都将厕所建在西南方向。

虽然住在窑洞里,但陈家修的还有院子,不过没有排水沟,而是让水随便在院子里流,时间久了,水能够根据地势汇聚,并且陈家还在大门的旁边修了一个水道眼,让水在那里汇聚流出去。陈家没有砖结构的墙,院墙都是土打的墙,还有木棒做的方框,组合到一起四面都可以取出来,再用湿土装到里面,用榔头打一打,再装土到里面不断地敲打,打成两米高或者一米多高就可以作为院墙使用。

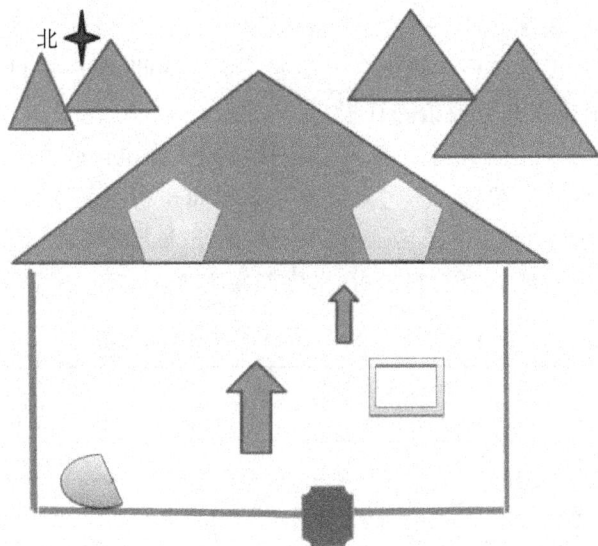

图 3-5　1949 年以前陈家的宅基地建筑局图

(四)开垦田地滩地

虽然陈家滩地以及耕地较多,但生活依然不是特别富足,家庭每年的收入基本上是收支平衡,粮食略有结余。陈万卷初中外出上学时还要背一袋子的馒头去,不愿在学校食堂花钱买饭。

1949 年以前,陈家大概有 32 亩田地,每年地里都会种将近十亩左右的棉花。不过因为没有使用一点化肥,地里依靠家里的两个牲口积攒一点农家肥,来当作上地的肥料,陈家地里的庄稼产量都低的可怜,所以棉花的产量并不高。1949 年以前,棉花可以加工,轧一轧可以卖钱,轧出来的棉籽可以换油,在高村乡也专门有人收棉花,可以直接去卖了换点钱。陈家里的零用钱都依靠这点棉花,因为棉花可以换成钱,所以陈家种的棉花亩数较多。

陈树旗家里还种了有将近三四亩的红薯,因为红薯的产量较高,所以陈家地里的红薯能产将近两千斤,虽然产量较多,但陈家家里人口也较多,红薯都用来吃了。陈家地里还种了小麦、玉米和杂粮,每年陈家都会种将近 15 亩左右的小麦,小麦一年的产量大概 100 多斤。陈家种了四五亩玉米,由于没有优良品种和良好的灌溉条件,玉米的产量也特别低,一亩地能产 200 斤就不错了。除此之外,陈家家里也种了一些绿豆、黄豆等,不过种的特别少。虽然陈树旗家里种的粮食种类较多,亩数也不少,但由于自然条件所限,产量较低,加上家里人口较多,所以陈家从来没有卖过粮食,一直都是自给自足。

1949年以前,陈家家里基本上也没有什么支出,粮食自给自足,衣服是用棉花纺线自己做的,家里平时的燃料柴火,也基本上不买煤,除非过年那几天为了提升生活买一点来烧,所以平时也不花什么钱。

1949年以前,陈家还雇了一个长工,不过陈家家长陈树旗给长工陈江根的工资不是给钱而是用实物替代,每年粮食丰收后,家长陈树旗都会将地里的收成按比例分给陈江根。平常长工陈江根吃住都在陈家,每年陈家收麦子后,麦子在麦场上扬完蜕皮后,过一下斗。陈树旗将所有麦子过完斗后,就会统计一下所打斗数,陈家家里和长工陈江根是二八分成,家里八分成,陈江根两分成。陈家家里一年大概打小麦两千多斤、六十斗左右,因此当家人陈树旗每年都按照比例分给长工陈江根大概十二三斗的粮食。除此之外,家里所有的收成,包括棉花、玉米、红薯、豆类都按二八分成给陈江根。

陈家家长陈树旗为人处世都比较好,在官峪村里的人缘也比较好,村里也有人因为家里一时过不去,来陈家借钱、借粮食。不过陈家家长陈树旗也曾出去卖过东西,在1942年陈家大家族分家时,正值闹大饥荒,分家后,陈家小家庭的当家人陈树旗就和本家弟兄陈士俊带点衣物、布匹,出去到山西那边卖衣服卖布,卖完回来买点杂面、小米先顾着全家人的吃喝。

表3-3　1949年以前陈家家计状况统计表

土地占有与经营情况	土地自有面积	32亩	租入土地面积	0
	土地耕作面积	32亩	租出土地面积	0
生产资料情况	大型农具	铁瓦车,碾子,磨		
	牲畜情况	驴2头		
雇工情况	雇工类型	长工	短工	其他
	雇工人数	1	0	0
农作物种植情况	农作物名称	耕种面积	亩产量	单价
	棉花	12	150	—
	红薯	4	500	—
	小麦	15	200	—
	玉米	3	300	—
	绿豆、黄豆	0.5	50	—
	谷子	0.5	50	—

(五)村庄教育的奠基人

陈家在1949年以前,家里的祖辈及家庭成员没有出现过担任保甲长、乡长、会首等这些大职务的人,不过陈树旗在官峪村的学校内担任职务。官峪学校有个委员会,陈树旗是官峪学校的董事会成员之一。陈树旗主要主管筹资事宜,说就是在学校平时开学的时候,陈树旗会将教师的要求及想要的报酬及形式告知官峪村的各位农户,然后集体筹资。陈树旗的大儿子陈元英在年轻的时候曾经上过河南警官学校,出来后陈元英做了区员,实际上是秘书一类,属于文职人员。后来,陈元英还在洛阳和济源的政府机关工作过一段时间。之后陈元英回到高村乡又担任了老师,高村小学即是陈元英联合高村村附近的有识之士一起创立的。可以说陈树旗家对官峪村乃至高村乡教育的发展以及知识的传播,都做出了不可磨灭的贡献。因此陈家在村里有特别高的声望,陈树旗也在村里的社会地位较高。

（六）家户基本特点与特性

1.陈树旗当家,陈张氏辅助

1949年以前,陈树旗家中有三代人,家里陈树旗是外当家,妻子陈张氏是内当家。除此之外,没有别的当家人,陈树旗家的家庭人口不多,也不需要特别设管家来管理家中事务。但因家中男劳力较少,而家里田地居多,所以陈家雇佣了一个长工。1949年以前,陈家的家长一直是陈树旗。

2.书香之家

在1949年前,官峪村当地也有大户、中户、小户的说法。在陈家人看来,人口田地多的家户才算是大户。在官峪村,家里人口一般有十五口以上的,有一定家底,有田产,并且在村里声望较高的,才是俗称的"大户人家"。而中户的情况,家里大概有8到15口人,且有几亩的土地,能自给自足,在村里还有一定社会地位的家户。小户家里人口很少,8口人以下,有几分地甚至没有地,要靠租种别人土地,或给别人做工为生,小户家里一般较为贫穷,甚至难以顾及温饱,平常在村里的社会地位也是相对较低的。

在1949年以前,陈树旗家的家庭总人口数在官峪村仅属中等水平,陈家共有10口人,这在官峪村来说并不算人口较多的家户,因此陈树旗家在人口上属于中户规模。人口多少对家户在村中的地位还是有挺大影响的,俗话说"人多势众",如果谁家家里人口多,尤其是"男丁"多,是会受到他人高看的,这家人在外边也是不容易受到欺负的。在官峪村,那些家里人口多的,感觉出来说话、办事都是有底气的,别人也会让你三分,不敢轻易招惹。但如果家里人口少,自家条件又不好的农户,出来说话、办事就很有可能会被人小看,认为你家里没人,没啥依靠,比较好欺负。陈家在人口上虽然算是中户,但是在土地和财产上可以说算是大户,因为家里人口少但是田地较多,还雇佣了长工来耕种家里土地。在官峪村,家里能够雇佣起长工、短工的可是没几户人家。土地和财产在农村社会,对于家户在村里的地位还是有决定性影响的。以前农村男女结婚时讲究的"门当户对",很大程度上是从一个家户所拥有的土地和财产上看的。

总体来看,陈家在村里处中上等水平,属于村里较有影响的家户之一。这主要是因为陈家家中土地较多,且雇佣长工,再加上陈家读过书的人较多,都比较有知识,也都能写会算,在外人看来,陈家算是属于书香门户。也正因为陈树旗以及其子辈、孙辈都读过书,所以有时候村里有家户婚丧嫁娶都需要陈家的帮助,比如客人来上礼的时候作个礼桌登记,又或者在婚礼上给他们当个司仪,这些都是陈家可以帮上忙的。因此,陈树旗家普遍受到村里农户的尊重,在官峪村村民中的声望也较高。

3.身处有利地势,躲避战乱

陈家迁居到官峪村已有较长时间,从年份上看,陈家已经属于官峪村的老户,陈家从第七代就迁居到官峪,到现在为止已经有十代人了。官峪村原住居民比较少,地势高且地形复杂,再加上山上道路交通不便,不利于运输和物资补给。但这些不利条件在1949年以前那个战火纷飞的年代,反而成为有利条件。日本的军队就驻扎在离官峪村十几千米之外的广武地带以及几千米处的高村,但官峪村因为在山上,村里人也较少,生活的较为穷苦,再加上住的也不集中,日军过来也没啥抢的和拿的,同时他们也不熟悉山上的地形,所以就上来巡查过两次。

日军来巡查的这两次也早在进村时,就被村民发现,并及时通报给其他农户,大家也都早早离开家,藏到山里的窑洞。日本人来了两次,发现找不到人,也没啥东西值得他们拿的,之后就没有再来过官峪村,也因此使官峪村相对比较安全,除了被逼迫去给日军修碉堡之外,受到"老日"①侵扰的次数相对平地较少。所以在抗日战争时期,官峪村不断有很多居住在平地的居民因不堪日军"侵扰",而上山来村中躲避战乱。

---

① 老日:官峪当地对日本人的蔑称。

第二章　家户经济制度

陈家的土地来源于祖辈继承,兄弟辈分家之后陈树旗所得的32亩田地中,包括山地、滩地以及一小部分的平地。陈家的田地属于内部家庭成员所有,家庭成员对土地都有清晰的认同边界。此外当家人陈树旗不仅对陈家的土地支配具有主导权,对陈家的房屋、生产资料、生活资料也同样具有较大的分配权。在1949年之前,陈家的土地、房屋、生产资料、生活资料都没有遭受过外界的侵犯。

在经营生产的过程中,由于陈家只有2个男劳力,所以经营祖辈传承下来的32亩土地显然是力不从心的,因此家长陈树旗雇佣了长工陈江根来帮助自己和儿子陈元明。陈家一年的收成也基本上都是陈树旗掌管的,因此在分配家中一年的收成时,是由家长陈树旗主导,陈家内部各个家庭成员及长工陈江根参与分配的。不过除了棉花,下面的小家庭也不会再特别分配其他粮食作物,家里的收成都是全家人一起共有的,是人人有份的。1949年之前,陈家的消费基本上粮食勉强满足,在食物上自给自足。不过如果遇灾荒年份,在粮食的需求上也有较为紧张的时候。

一、家户产权

(一)家户土地产权

1.固有田地,开荒滩地

由于官峪村的地形因素,官峪村农户们的田地很大一部分都在山上分布。陈家在1949年以前的田地亩数是32亩,陈家家庭中主要有三种类型的土地,有山地、平地、以及在黄河滩开垦的滩地。陈家土地分布在本村山上的村西和山沟下面的黄河滩,除了位于山上的土地之外,位于黄河滩成片的土地,滩里的地也比较集中。由于官峪村的地形原因,田地没有能够灌溉的条件,可以说是"望天收"的。只有滩地的土地较为肥沃,因为临近黄河,所以滩地的土壤含的水分比较充足,利于作物生长,但不利的是一旦黄河汛期来临,河水上涨,滩地容易塌陷,那么一年的心血就付之东流。

除了在1942年陈树旗兄弟辈分过家后,陈家家中的土地数量就没有减少。陈家家中拥有的32亩土地数量,一直延续到1949年之前也没有出现变更。在此期间,陈家的土地也没有出现过被村庄和宗族定期收回再统一分配的情况。

2.土地来源,祖辈继承

1949年以前,陈家的32亩田地都是从陈家祖辈继承来的,没有买卖和赠与过来的。陈树旗在1942年陈家大家庭分家时,分到这32亩土地。大家庭分家以后,陈树旗就带领着大儿子陈元英、二儿子陈元明的小家庭以及女儿陈元荣一起生活。因此在1949年以前,陈家人也都是靠从祖辈继承而来的这三十几亩地来养活自身。

3.陈家土地,家庭成员共同所有

(1)土地为家户所有

陈家家庭成员认为土地是属于全家人的,不应该属于某个个人,抑或家长的,而是应该全家人都有份的。陈家的土地没有和别人共有的情况,也没有属于个人的土地产权,没有私房地、贴己地或养老地。但如果家里面临经济困难或其他原因,家长是可以占有和支配家里土地的。

(2)土地非全体家人有份

陈家的土地也并非全体家人都有份,而是部分家人有份。对于已经出嫁的女儿,或者入赘到女方家的儿子,这些家庭成员对陈家原有家庭的土地都是没有继承权的。俗话说:"嫁出去的女泼出去的水",在官峪村,女儿一旦出嫁,就属于男方家的人,她对男方家的土地财产可以享有继承权,但对于娘家的土地和财产则会失去继承的资格。此外,男方"入赘"到女方家,也就相当于女方家里的人,可以承管女方家的财产、土地,但对于原来家庭的土地财产,就没有权利再去继承。

不过如果是没有出嫁的女儿,对家里的土地、财产还是有份的。未成年的儿童,嫁进来的媳妇以及入赘的女婿对家里的土地、财产也都是可以继承的。但是如果是一家人早已分家的,那么已经分过家的兄弟对家庭的土地、财产则是没有份的。其中对于家中土地财产不拥有所有权的家户成员还包括:已经分家而且与父母单独吃住的家庭成员;还有常住在家里的其他非家庭成员①。所以陈家的长工陈江根,对陈树旗家的土地和财产完全不拥有继承权。

(3)家户成员对土地家户的认知和态度

陈家家庭成员也认为相对于个人,土地应该属于全家人共有。全家人共有土地,会增强集体意识,更有利于家庭内部的团结和睦。与此同时,他们认为将土地分配到每个人是有好处的,这样大家会为了自己的小家,下力气干活儿。

如果一个大家族中每个人都各有所思,心不齐,一起去耕种土地的时候都想着自己怎样偷懒,那对这个家族的长远发展是不利的。陈树旗兄弟辈分家,因为陈家大家族为了各自的利益以及出力多少而争论不休,后来闹到分家的地步。那次的大分家虽然让陈家大家族由此分裂,但陈树旗也注意到分家之后,各个小家庭都为了各自家庭的生活而忙碌,这反而使各个小家庭之间矛盾缓和,并得以发展。

除此之外,陈家家庭成员也认为家长比其他家庭成员在家庭大事上更有权威与决定权,在土地产权上也更有权力,家长可以主张甚至决定一个家庭土地产权的划分。在陈树旗看来,一个家庭需要一个主心骨和主事人,一个家过得怎么样,跟这个当家人密切相关。

4.土地边界,历史形成

(1)历史和地形形成

陈家的土地与地邻家的土地是有边界的,有些边界是历史形成,而有些是地形形成。比如陈家家里的地就在山嘴上,上边是陈家家里的地,山下则是官峪村其他农户的地。陈家与地邻家的土地和村庄里的大家的土地,在边界上没有太多的标记来划分。因为陈树旗家的地

---

① 其他非家庭成员:指管家、保姆、长工、丫鬟等。

大多都在山上或沟边上,所以往往没有别人的地挨着,都是以山边为界来划分。除此之外,陈家还有很少的地在平地与别人家的地挨着,但这些土地的边界在祖辈就已订好,大家心里都清楚明白,只要稍作界标就可以。

由于官峪村的地大多都在山上,所以土地用界标的也不多,但平地则用界标划分的比较多。陈家与其他农户土地的边界上就种有桑树,陈树旗与那家的当家人商量给土地整个界限,以便后代牢记。在两家家长商量后,陈树旗就在山沟边栽一棵桑树,以后陈家与那个农户家就以桑树为界。官峪村里的村民大多数时候在土地边界上也没有太大的矛盾,一般种地都不动两家地的边界。陈家家里也没有发生过其他农户来侵占自己土地的情况,因为界限都是"老边"①,村里人都知道,也不会无理取闹再去侵占自家土地。不过如果别的农户装作不知道,不明白事理,有意来侵占自家土地时,陈家人也是不能容忍的。

(2)赠与土地

陈家的土地陈家的家庭成员都可以耕种,不过外人不经当家人同意不能耕作使用。1949年以前,陈家家里也存在赠与别的农户土地的情况,家里的长工陈江根家弟兄比较多,家庭条件又艰难。因为陈江根父亲辈留下的地也比较少,所以他们弟兄几个都缺地来种。陈家祖上跟长工陈江根家有亲戚关系,陈树旗也见不得他们太困难,陈家家里正好在山脚边的 2 亩薄地,陈树旗嫌那点地地势高不平坦,所以空着没种啥东西。在得知陈江根家的艰难处境后,陈树旗就把那 2 亩地赠给长工陈江根家种了。此外,陈树旗也没有给长工陈江根家划边界,就让他们锄锄犁犁,随便种,收成陈家家里也不要,都算他们自己受益。

(3)心理认同

陈家的家庭成员对自家所拥有的土地都有清晰的心理认同, 也都知道土地归全家共同所有。对于自家和别家的土地,除了不到年龄不怎么出去跑的小孩子外,陈家家庭成员基本上都能分的清楚。1949 年以前,陈树旗和陈元英是家里的主要劳力,他们去地干活儿来回住的地方都需要走很长的山路。陈树旗、陈元英趁着天亮为了多干一些,和长工陈江根中午一般不回来吃饭,让家人去送饭。因为去地里送饭的时候要带的饭和水比较多,尤其是夏天的时候,去给他们送饭的时候还会带两壶水,这些东西一个人拿不太好拿,所以陈树旗大儿媳刘玉琴通常都会带着她的几个孩子去送饭。陈万卷自己以及陈荣花、陈万录小的时候都没少跟着刘玉琴去地里送饭、送水,所以他们几个对于自家地的位置以及和其他农户地的边界都分的比较清楚。

(4)自家经营

陈家的土地经营权归当家人陈树旗所有,陈树旗在农业方面挺有自己的计划,也有领导才能。每季家里的土地上种什么、怎么种,以及什么时候收割、如何收割、收割之后如何分配也都是陈树旗决定的,所以陈家的农业安排其他人都没操过什么心。不过有时陈树旗也会和家里其他成员商量一下,问一下他们的想法和建议。

陈家的土地的产出也归陈家家庭成员所有,外人不能干涉,陈氏宗族、官峪村的保甲长也同样没有权利干涉。对于土地的经营权、收益权,分家后的父母兄弟等也不会过多干涉。陈树旗辈的大分家后,陈树旗的几个兄弟大家都是各过各的,一般不会干涉其他家的事,官峪

---

① 老边:指边界。

村俗话说的"自己招呼自己家的摊子"。

5.陈家土地,家长支配

（1）土地家长实际支配

陈家在土地买卖、租佃、置换以及典当等活动中,当家人陈树旗一直是实际支配者。陈家在1942年大分家之前,陈树旗也是陈家大家庭的家长,家中的土地财产由陈树旗说了算。

1941年,陈家大家庭分家,大家庭一分为四,陈树旗的几个兄弟各自当家。陈树旗的四弟陈树樟和二弟陈树藩在分家后,各自带着自己的小家庭,日子也过得不错。但三弟陈树屏则因不善于统筹家业,缺乏对农业及粮食收成的有效安排和管理,在1942年大饥荒的时候,因家中粮食剩余少之又少,为顾及妻儿生活,自己长期食用野菜、树皮而疲病交加,饿死过世。陈树旗三弟家里的几个孩子年龄较小,不能领事,并且三弟媳之后没有再改嫁。所以之后三弟媳开始领家,对家里的土地具有支配权,土地和财产均归三弟媳管理和支配,她也成为他们家土地的真正支配者和耕种者。

而分家之后陈家小家庭的家长还是陈树旗,陈家家庭成员有妻子陈张氏、大儿子陈元英、大儿媳刘玉琴、二儿子陈元明、二儿媳黄凤荣,以及孙子陈万卷及陈万录、孙女陈荣花及陈婷妮,家中的土地还由陈树旗说了算。陈家家中的男性劳动力就主要是陈树旗、陈元明、陈元英,陈张氏和刘玉琴主要是忙家内的事情,土地也都归陈树旗管理,陈树旗具有实际支配权,不过家里做大的决定的时候,也会和家庭成员商量。

（2）土地买卖家长做主,但会与其他人商议

在土地买卖的过程中,陈家是由家长全权做主的,由家长安排和决定,不过家长也会询问其他家庭成员的意见和建议。陈家在1942年大家庭未分家之前,陈家大家庭发生了一次绑架事件,大家庭的一个侄子被官峪村一带的土匪绑走,并索要高额赎金。为了保住这个侄子的性命,不让他有任何闪失,身为陈家大家庭当家人的陈树旗在和其他几个兄弟商量之后,决定不报官,拿现金去赎。但陈家的大家庭一时拿不出那么多现金,也没有那么多钱,所以陈树旗就决定卖地来解决燃眉之急。

由于土匪开出的赎金很高,需要买卖的田地亩数也很多,且事关重大,所以陈树旗将这个决定告知了他的几个弟兄,不过都得到了他们的理解和支持。因此陈树旗后来就卖了陈家大家庭位于黄河的八十亩滩地,由于陈家滩地卖的很急,且需要现洋。所以买卖时也没有明确的优先次序,也不是紧着自家人或附近人考虑,而是谁出价高就卖给谁,陈家大家庭的这八十亩滩地据说后来卖给了一个河北的大户。

6.买卖土地,其他家庭成员有建议权

在1949年以前,陈家的家庭中没有发生过土地租佃、置换和典当等活动,不过在陈家大家庭成员受到绑架时,只进行过土地买卖的活动。在土地买卖过程中,除了当家人陈树旗之外,陈家的其他的家庭成员并没有发挥支配作用,他们只是从爷爷那里了解了土地买卖的情况,提了意见但并没有做主。除此之外,陈家家中男性可以对家中的土地规划提意见,而女性一般不参与。1949年以前,陈家家长陈树旗在家庭管理中占据主导地位。但陈树旗在家庭管理中还是比较民主的,家中如果有大事,都会和家里的其他成员商量,听一下他们对事情的想法和见解。所以陈家在1942年大家庭分家之前,陈树旗领家时,陈家其他家庭成员对于土地买卖等大事,也可以提供建议和意见。

7.陈家土地产权，未有侵占

（1）其他村民的认可与尊重

陈树旗家一直与人为善，与乡里乡亲的关系也一直维系的比较好。在1949年以前，没有出现过其他村民侵占和霸占陈家土地财产的情况。对于陈家对自家土地的所有、耕作以及收益的权利，官峪村的其他村民对此都认可和尊重，没有人有啥异议。大家乡里乡亲已经几代人，各家的土地也大都是从祖辈继承而来的，土地的边界以及归属，在祖辈就已经定下来。因此村里的其他农户对于陈家所拥有的土地，也都清楚和了解，在日常的耕作和劳作中，他们都不会随意侵犯和占有陈家的土地。

（2）家族的认可与保护

1949年以前，陈家所在的陈氏家族，也都认同陈树旗家对自家土地的所有、收益以及耕作的权利，家族也都知道陈家的土地分布在哪里、有多少亩数，陈氏家族成员也没有出现过侵占陈树旗家田地的情况。除此之外，家族的其他成员也没有资格买卖、租用以及置换陈树旗家的土地。如果他们想要买卖、租用以及置换陈树旗家的田地时，就必须要跟陈家的当家人陈树旗商量，当家人不同意，其他家族成员就不能强行买卖、租用、置换陈家的土地。不过如果陈家土地被外人侵占，陈家家族其他成员也会为此扶弱抑强，甚至帮助解决、出面维护。毕竟家族内部还属于自己人，如果内部成员受到外人欺负，家族还是会团结起来一致对外。

（3）村庄的认可与保护

在1949年以前，官峪村以及官峪村的保甲长都是承认陈树旗家对自己土地的所有、耕作以及收益的权利，他们也都知道陈家有多少土地。不过他们不会随意侵占陈家的土地，也没有权利买卖、租用和置换陈家土地。但是如果村里农户的土地被外人侵占时，村里还是会为这家农户打抱不平，甚至出面提供保护。

（4）政府的认可与保护

国民政府执政时期，也会时不时让保甲长统计一下所管理村庄的土地拥有状况，会将情况记录在册，以供上级政府对村庄的概况有个大致了解。县乡政府没有出现过随意侵犯以及买卖、租用、置换陈家土地的状况。1949年以前，官峪村所属的县以及乡的政府都是承认陈家对自家土地的所有、耕作以及收益的权利，他们也都知道陈家所拥有土地的情况。如果自己家的土地出现被别人侵占的情况，官府基本上是会不管不顾的。国民政府也只顾着让老百姓交税，搜刮民脂，然后跟共产党打仗，下面百姓的事，也早已顾不上。国民政府都不"执事"[1]，当官的也都想着"捞一笔"战争财，对下面老百姓的死活都是不闻不问。

（二）家户房屋产权

1.家户房屋，面积充足

陈家家庭成员认为，宅基地包括房屋所在地的面积和场院的面积。1949年以前，陈树旗家宅基地的面积有一亩，窑洞以及草房的建筑面积则有60平方米。在陈家大家庭分家之前，陈树旗辈有三个兄弟，陈树旗和自己的两个兄弟在1942年初分家的时候，不仅按各家人口比例分了田地，还以抓阄的形式平分了祖屋，而陈树旗抓阄的时候"抓"到了陈家小家庭现在住的这副庄子。分家的时候，陈树旗是当家人，跟陈树旗一家的家庭成员对分家的情况不太

---

[1] 不执事：官峪村的方言指政府不管事、无能的意思。

过问,陈树旗分到哪儿,小家庭的家庭成员就跟着去哪儿。

2.房屋祖辈继承,分家所得

陈家从陈树旗开始当家时,家庭成员就一起居住在祖辈所建的房子里,在陈家大家庭正式分家时,陈树旗和他的几个兄弟就来"抓阄"决定分哪间房子。1949 年以前,分家有分家单,家里有弟兄几个,都分在哪里"分单"上面都有记载。比如陈树旗分在北院,里面有草屋三间,土洞三间。陈树旗的三弟陈树屏占老宅子,瓦房 11 间,三间土洞,这些分单上都写得清清楚楚的。除此之外,分家还有说和人,家都分完后,还需要签名画押,弟兄几个谁参加分家,把名字签过来,而且这个分家单需要存好,过后分完家后,弟兄几个如果有争执,可以把分单拿出来看看,分单的内容凭据。

陈树旗家在陈家大分家的时候,分到了 3 间窑洞和两间草房,陈树旗家分到的房屋在官峪村虽算不上最好的,但也已经算相当不错的。在 1949 年以前,官峪村基本上所有的农户都居住在山上窑洞里,因为窑洞好开凿也省力,最主要的是省建筑的成本花销,其次又冬暖夏凉,所以基本上全村的农户都住在窑洞,向陈元明家这样有两间草房的家户在官峪村都比较少见。

3.陈家祖屋,家庭成员共有

(1)房屋家户所有

陈家家里人认为,陈家的房屋产权是全家人共有。陈家的所有家庭成员都有份额,而非属于某个个人。在 1949 年以前,陈家的窑洞和草房从来没有出现和其他人共有的情况。不同的房屋空间在使用的权利和次序上是有所不同的,对于专属于小家庭的房屋,家长以及其他家庭成员是不能随意进入和使用。不过在家里房屋需要翻修的时候,家长会询问一下其他家庭成员的意见,看看家里的房屋该怎么翻修,大家商讨定下来以后,才会施工。

(2)拥有所有权的家户成员范围

1949 年以前,陈家家庭成员认为家里的房屋是全体家庭成员都有份,不过不包括已经出嫁的女儿以及已经分家的兄弟。但对于陈家家中未成年的儿童、嫁进来的媳妇以及入赘的女婿,陈家的房屋产权他们也有份。除此之外,对于常住在陈家家里的非亲属人员,比如管家、保姆、长工、丫鬟等,对陈家家中房屋没有所有权,只有借住权。陈家家里的长工陈江根,就只是暂时住在陈家的房子里,对陈家的房屋完全没有所有权。

(3)对房屋家户所有的态度与认知

在陈家,家中的房屋是属于全家人所有,不过在平常的生活中,当家人陈树旗比其他家庭成员在家中房屋的产权上更有权力。除此之外,陈家家庭成员也认为生活资料属于全家人共有是很好的事情,这样有利于家庭的团结和睦,所谓"家和才能万事兴"。

4.房屋以界墙边界

在陈家大家庭还未分家之前,陈家的房屋与村内其他农户家的房屋还是有界限来区分的,会以界墙为界,而这些界墙大部分都是祖辈时期就留下来的。陈家的院墙都是用土打的墙作界,所以常年刮风下雨,界墙会出现裂纹或坍塌的情况,这时候当家人陈树旗就会号召家里的男性家庭成员去重修界墙。

陈家的房屋一直都是归陈家家庭成员自己使用,外人不经同意不能使用。家里房屋的继承权也是属于家庭成员共同享有。但如果是分过家后的兄弟对家中的房屋就没有使用和继承权。所以在陈家大家庭分家后,陈树旗的四弟陈树樟,三弟陈树屏就对陈树旗分到的房屋没有使用和继承权。除此之外,陈家的家庭成员,对自家所拥有的房屋一直以来都是有清晰的心理认同,对于自家和村里其他农户家的房屋产权,家庭成员还是分的很清楚,也不能容忍被他人侵占。

5.陈家房屋,家长支配

在1949年之前,陈家的房屋没有买卖、典当、建造和出租过。只是在家中雇佣长工陈江根的时候,家长陈树旗安排了长工的住处,让陈江根居住在家里的一间窑洞里。对于专属于小家庭的房屋,陈树旗一般是不会多管,不过如果家庭成员出现变动,陈树旗也会对家中房屋空间的使用进行重新分配。在陈万卷结婚的时候,陈树旗就安排陈万卷一家住在家里三间草房的其中一间,因为陈元明和黄凤荣刚添了孩子,所以陈树旗就把三间草房中的其中两间,安排留给陈元明和黄凤荣他们居住。

6.其他家庭成员可参与安排

1949年以前,在陈家房屋的买卖、典当、修建以及临时借用等活动中,除了家长之外,其他家庭成员不能擅自做出决定。不过在处理房屋的过程中,他们也是能够发挥一定的支配作用,并提出自己的意见。陈家在雇佣长工陈江根及给陈江根安排住处时,陈树旗也询问了陈家其他家庭成员的意见,之后才最终决定让陈江根住在偏东的那个窑洞里。

7.陈家房屋,未有侵占

1949年之前,陈家的房屋也没有出现过被本村人以及外村人侵占的情况。不过如果谁家的房屋产权被外界侵占,那么这家人基本上是不会容忍,而会据理力争,甚至会和侵占自己房屋的人拼命。在官峪村,房屋对农民的重要性是不言而喻的,有些农户辛苦劳碌一辈子想有个好的房子住,官峪村农户时常挂在嘴边的是"房子是他们的命"。所以一般情况下,其他农户也不会无缘无故去侵占别人家的房屋。

8.房屋产权,外界认可保护

（1）村庄其他农户

一般情况下,官峪村里的其他农户都会承认自家对自己房屋的所有、买卖、租用以及置换的权利,他们也不会随意侵占别的农户的房屋。大家都在村里住了好几辈了,谁家的房屋在哪儿,有多大地方,都很清楚。所以其他农户都知道房屋也是人家家里的一块土地,如果要买卖、租用、置换,要首先与那家的当家人商量。如果当家人不愿意,他们是不能强买强卖,强行把人家的房屋据为己有。

（2）家族与宗族

陈家所在的家族也一直承认陈家对自家房屋的所有、买卖以及租用等权利。他们也不会随意侵占,或者不经同意就买卖、租用、置换自家的房屋。

（3）村庄及政府

1949年以前,官峪村的保甲长以及政府,对于陈树旗家对自家房屋的所有权也承认,不存在侵占自家房屋的情况。

(三)生产资料产权

1.牲口、农具基本自给

1949年之前,陈树旗家里有两头小毛驴,这两头毛驴就够用了,基本可以满足家里的耕作需要,因为套犁只能套两头毛驴。但套犁只在耕地的时候使用,平常又使用不到,如果家里多喂养两头毛驴,就会有闲置的情况。因此,为了避免牲口闲置,陈家只喂养了一头毛驴。所以在陈家家长陈树旗需要农业耕作的时候,陈树旗就要与别家合用,用两头毛驴来拉耙和犁。在牲口使用上,陈家家里没有出去借过别人,也没有跟其他农户合养过牲口,有时候其他农户还来陈家家里借过毛驴。

在1949年以前,官峪村里有些木匠手很巧,如果家里有铁的犁、耙面,还有合适的材料,如枣木,这些木匠就能做。陈家家里的农具有些找木匠做的,比如犁、耙这些简易的农具,就不用陈树旗再去集市上买。对于官峪村的农户来说,只要有犁和耙,家里就不需要其他大型农具。但除此之外,陈家家里也会出钱购买一些农具,这些农具高村集市上也有卖。比如农具中的楼就需要买,这个楼不好做,集市上也有卖犁和耙,扎好的耙板和耙齿,还没有钉,如果农户相中,买回来钉一下,家里就可以使用。

2.生产资料,陈家家庭成员共有

陈树旗家里的农具、牲畜等都属于全家人,这些生产资料陈家全家人都有份,不仅仅是属于家长一人所有。不过陈家嫁出去的女儿以及已经分家的兄弟,对家里的生产资料都是没有份的。

3.陈家生产资料,家长做主

1949年以前,在陈家家里需要购买农具以及牲口时,都是家长陈树旗决定和安排的。如果家里哪些农具坏了需要修,陈树旗都会找人来修或者去集市上再买一个回来,这些事陈树旗自己做主,也不需要去给家族、四邻以及保甲长请示。

(四)生活资料产权

1.有晒场,有基本家具

陈家在1949年以前,有专门晒粮食的晒场。官峪村里每家每户无论怎么样都要有一个场,种一亩麦子,也要有个场,因为麦子丰收后每家每户都需要碾和晒。陈家家长陈树旗把麦子摊在场里面,晒焦以后,下来就套住碌碡碾麦子。各家各户都要在家门口或者找一个地方建一个场,因为窑洞里面比较潮,麦子收完之后,伏里天需要至少晒一回,如果不晒,直接在窑洞里一入仓,还会坏,所以官峪村基本上每家都有晒麦场,不过晒场的大小有区别。

1949年以前,陈树旗家的晒场面积有三分地那么大,晒场就在家门外边,陈家家里院子没有那么大,不过院子外有相当大的地方可以作为晒场。陈家家里也有石磨,这个石磨是家里祖上传下来的。陈家也有桌椅板凳,桌椅板凳是从祖上继承的,这些基本家具陈家都有。

不过陈家家里有些家具也是媳妇嫁进来,娘家陪送的,会陪送箱子、桌子、椅子。陈家媳妇在家庭中不占主导地位,对陈家家里的东西也没有继承所有权,但娘家陪送的箱子什么的,一般在自己屋里放着,这算她们私有的东西,不属于家庭共有的。陈家家里的桌子、椅子比较少,不够全家人同时坐。所以吃饭的时候家里的老人可以坐在大的桌子和椅子上吃,其余的家庭成员自己找地方吃。

2.基本满足,家庭共用

1949年以前,陈树旗家盐、油、醋都有,官峪村这边盛产柿子,所以家里一般都是吃柿子醋。但是由于经济条件限制,农户家里酱油等其他的调料一般都不吃。家里的油盐醋吃完就买,也没有确定的次数。

3.生活资料，家长支配

（1）家长在生产资料购买中的地位和作用

陈家在生活资料的购买、维修、借用等活动中，当家人陈树旗都是家里的实际支配者。比如家中缺东少西，陈树旗都会注意到，有时候家里人也会向家长陈树旗提，陈树旗考虑好之后就会自己去集市上添置。这些都是陈树旗自己安排和决定的，最多会和家庭成员商量一下，不过不用向四邻、家族以及保甲长商量或告知，添置东西都是自己家的事，也不需要向外人请示。

1949年以前，牲口是官峪村村民们种地很重要的依靠，畜力总是大于人力，使用畜力的效率比人力要高。其中牲口主要包括牛、马、驴、骡子等。农民家庭选择的牲口一般跟自己的家庭条件有关，经济条件富裕的家庭，并且家里在黄河岸边有大量滩地的，首选马匹和耕牛。陈家大家庭中常年使用的是牛、马，是从很早就买的。官峪村里有条件的家庭都会买一个牲口，方便运送粮食和物品。

在陈家大家庭分家之前，家中买大型农具同样也是陈树旗做主，如四轮马车之类的大农具，不是一年都能够样样买得起，而是一年添置一样大农具。陈家家里的农具也靠家长陈树旗去买或者去找木匠订做，陈家家里的农具实际上大部分都是做的。有木匠来官峪村里的时候，农户会请木匠来家里给他们做农具，陈树旗也会趁机请木匠来家里做，让木匠给陈家添置几件农具。但制作农具的时候，陈树旗需要给木匠备料，比如准备做农具用的木材，木匠就当帮忙，也不算工钱，不过陈家家里会管木匠的饭。

（2）家长在生产资料维修中的地位和作用

在1949年以前的官峪村，维修旧农具对农民来说很常见。而且维修农具的费用也是家户中的家长做主，其他家庭成员一般都不怎么操心。不过在维修的时候，其他家庭成员也可以提出一些意见或建议，比如家里的耙齿不能用，需要打个耙，孩子们就会给家长提议，商议之后家长一般都会接受他们的意见。并且一般农家的男人都会自己维修农具，农具也不轻易坏，都很耐用，所以农户也不经常修农具。

如果家里边的农具坏了，需要维修，家长陈树旗自己就做主修善。农具这些家里经常用的东西，都放在明面上，陈树旗及陈家家庭成员都会注意到。当家人陈树旗也是一个细心的人，家里啥东西坏了，需要找人来修，陈树旗基本上都是最先留意到。

（3）家长在生活资料借用中的地位和作用

在1949年之前的官峪村，村民家里普遍缺乏农业生产以及运输的工具，所以往往几家农户合用大型农具，或者去家里条件好的农户家借农具。陈家虽已经算官峪村里条件较好的农户，但居家过日子，不可能面面俱到，有些东西家里一时没有，也是需要去别的农户家里借。陈家去向其他农户家借用东西时，一般是陈树旗去借，因为陈树旗是陈家的当家人，家里事都是他做主，所以借东西，也是家长陈树旗出面借的比较多。

陈家在1942年大家庭未分家之前，陈家因为土地较多，驴和基本农具都齐全，犁耙等一些小型农具也都有，所以陈家很少从别人家借过农具。陈家借农具一开始是要家长陈树旗出面，这个借用需要陈树旗费点心，陈家的子辈也还没有执事，就跟着陈树旗干活儿，他们也不操这个心。在官峪村里像这种农具的借还，一开始借时都是需要家长出面的，只有家长出面才能代表这个家庭，也能让借东西的人家相信。不过之后两家如果熟悉了，再加上有时家长比较忙,孩子们也都在这个村里生活这么长时间,他们也对这个村里的农户比较熟悉,后来慢慢孩子们就出去借农具了,也不需要每次借农具家长都出去借。

分家之后,陈树旗家虽然借别人家的农具,和周围邻居都是互通有无。不过陈家家庭成员觉得如果自己有能力尽量自己做农具或者买农具,经常去别人家借农具,别人也会烦气甚至小看家里。有一年村里来了一个会卖耧的,村里有几家都买了耧,陈树旗思量再三,也买了耧,以备陈家的不时之需。陈树旗觉得自己家买,用起来会比较方便。

1949年以前,官峪村农户家里的小型农具一般不会借,小型农具基本上都是村里每个家户必备的,农民都是要跟土地打交道,没有一点农具是不行的。别人家来借农具的人也是当家人,只有当家人才能代表整个家庭跟别人家借东西,小孩儿和妇女都很难借,因为觉得没有权威和能力,一般也不会借。

除此之外,在陈家房屋的买卖、拆除、修缮、重建或向长工陈江根提供暂时居住房屋等一系列事情上,也是由当家人陈树旗安排,并和整个家庭成员共同商量后自行决定的。这期间也不需要跟邻居、家族、村庄汇报,因为这都是自己家的事情,别人都管不了,也都无法干涉。1949年以前,陈家家里的房屋从没有买卖、典当、出租过。陈家的房屋除了在雇佣长工时,提供给长工陈江根居住过一间窑洞之外,一直以来都是自家人在居住。

4.农业生产生活,分工合作

(1)其他家庭成员在生产资料所有权中的支配作用

在1942年陈家大家庭未分家之前,陈树旗的三弟陈树屏主要是负责使牲口的人,牲口虽然说属于全家人,但是全家人只有陈树屏会使而且使得比较好。因此在家里只要需要用到牲口的事情,家庭成员都会给陈树屏说一声,让陈树屏帮他们去做,时间长了,陈树屏也就自然而然支配着家里有关牲口的事。之后大家庭分家后,陈树旗在家庭成员中牲口使得比较好,所以家里使牲口的事情基本上是他去做。

在1949年以前的官峪村,家中长辈在家里的地位还是举足轻重的,他们往往掌控着家里的每个成员,同时他们也掌控着家里大大小小事情的决定权,尤其在家里的重要事情上往往说一不二。

(2)其他家庭成员在生产资料借用中的地位和作用

家里其他家庭成员也出去借过农具,有时候镢头、菜耙、箩头不够用,陈树旗的二子陈元明也会听陈树旗的吩咐,去借村里其他农户的。陈树旗的二子陈元明和孙子陈万卷去别人家借的时候,不用拿礼物,给人家说一声就行了,比如“今天我的耙坏了,让我家使一下你的耙去耙块地吧”,“中,你使吧,你拿去耙吧”,这样说说就拿去使了。去借农具的时候,需要去问别人家里比较有权威的人去借,当家的他的活有自己的计划和安排,如果你问家里不执事的人借出来,当家的回来耽误人家的活就不好了,所以去借的时候一般不会问小孩子借。

官峪村农户借农具的时候也不用特意向别人家里说明归还期限,农户家里使完就还给人家,不只是陈树旗家,官峪村当地也没有借农具说明归还期限的习俗。不过借农具的时候需要检查一下农具是否完好,免得到时候还给人家的时候不好说。如果借别人的农具使用时发生损坏是要维修的,有一年家里搭了个新的架子车棚,槐木改造的,搭好后,家里没怎么使,这时候村里陈小成过来借用,结果他回去用的时候,车上的东西放多了,车杆栽到地上折了,陈小成过来说明情况,正好陈家家里有铁板,用铁板和螺丝可以固定断了的车杆,于是陈小成把铁板拿回去又把架子车修了修,才还回来。

在陈家家里,当家人陈树旗还是比较民主的,在决定家庭重大事情之前会先询问一下其他家庭成员,如妻子陈张氏,儿子陈元英、陈元明,听听他们在这些事情上有没有其他的意见和建议,然后看看全家人的意见再做出决定。

5.陈家生产资料,未受侵占

1949 年以前,官峪村里大多数村民都尊重各家各户的生活资料,村里弱势群体如寡妇家的生产资料被侵犯的情况是不多的。1949 年以前,官峪村整体都是比较和谐的,再加上村里基本上没有外姓, 姓陈的居多, 村里有姓段和姓张的这两家还是姓陈家的外甥搬迁过来的。官峪村里的大部分村民多少都有些沾亲带故,所以谁也不会不顾情面去侵占别人家的生活资料。

6.生产资料产权,外界认可保护

陈树旗家在周围邻居的心目中一直是比较善良、平和的一户人家,基本上很少和街坊四邻发生冲突。所以村民对陈树旗家也一直都尊重和认可,对于陈树旗家的生产资料产权,官峪村的村民也都承认和保护,也没有随意侵占过陈家的生产资料。

二、家户经营

(一)生产资料

1.家户劳动力不足,雇佣长工

(1)自家劳动力的构成

在 1949 年以前,陈家有 2 个男劳力,4 个女劳力。男劳力是陈树旗、陈元明,陈元英未去世之前也是家中的劳力,不过后来陈元英去世,家里男劳力只剩陈树旗和陈元明,女劳力都有陈张氏、刘玉琴、黄凤荣、陈荣花。后来孙媳杜梅香 1949 年嫁进来时已经十五六岁,嫁过来后也成为陈家家中的劳力之一。陈万卷结婚时只有十二三岁,杜梅香虽比陈万卷大三岁,但也算不上劳力。此外陈万录年纪更小,只有十岁左右,也帮不上什么忙。陈家家里的 6 个劳动力都需要参与农业生产,都要干活儿,家里人口和劳力都不多,全依靠这几个劳力维持生活,一般他们也都很自觉地干活儿。

1949 年以前,陈家地较多,劳力不够,但有雇佣长工过来帮忙干活儿,因此陈家家里未成年的儿童可以不参加家庭生产。自 1943 年秋,陈家家里就雇用长工陈江根,一直到 1949 年之前,陈江根都在陈家家里帮忙。陈家家里的地离住的地方较远,麦子还需要担回家,因此陈元明和长工陈江根天天要担麦子回家,一天都要担回来四五挑,家里住在沟下面,庄子外边有晒麦场,先垛在那里,以后逐渐摊开占一个晒场,这个过程很费劲。加上农活比较重,完全依靠男的担担挑挑的,一个麦季打麦,肩膀都会磨烂,扁担一直压着磨着,肩膀都受不了,后来陈家家里给他们做个肩垫,圆圈用棉花套套,他们带上系上好一点。

(2)家户劳动力的自给程度与雇佣长工

陈家家里请长工是家长陈树旗安排的,不用跟谁商量,也不用告知或请示四邻、家族、保甲长。家长陈树旗请长工的时候优先考虑了自己家族的人,之所以优先考虑,是因为这样比较知根知底,来到家里,陈树旗以及家里面的其他家庭成员也比较放心。在以前陈树旗的四个弟兄没分家时,家里就雇有长工,其中一个是秦家店秦军杰的父亲秦小本,秦小本是陈家的外孙，就紧着他来，因为亲戚关系靠得住，感情比较亲近。以后过完灾荒，就让自己家东沟的陈江根来，陈江根给陈树旗喊叔，给陈张氏喊婶。陈树旗家里对陈江根一点都不"外气"①，有时候人来客去，拿点比较稀罕的东西，家里也给他留一份，当家里的一口人，从来没有歧视过人家，都是同样看待。

家里给长工陈江根的报酬主要是粮食，比如棉花、"玉子"②、豆类、小麦等，家里生产出来的食物都要过过秤，过过斗，按二八分成给长工。1949 年之前，陈家家里没有再换过长工，一直都是陈江根这个长工。

2.家户土地，自给自足

1949 年前，家里的耕地是 32 亩，家里的土地足够种，虽雇有长工，但家里的劳动力还很紧张，费力。如果家里没有长工，紧靠一家人耕作的土地就很难说了，家里当家人陈树旗是使牲口的，犁、耙地，这都是陈树旗的事情。长工陈江根跟陈元明是干担担挑挑的活，陈江根跟陈元明一起轧草，给牲口垫圈，除粪，管喂，陈树旗管使。陈家家长陈树旗对于超过家里耕种能力的土地，也没有出租。

3.家户农具调剂

陈家家中因为土地较多，种地是陈家主要的收入来源，也可以说是唯一的收入来源。尤其是在陈家分家之前，陈树旗的几个弟兄在一块的时候，家族比较兴旺，陈家家里的滩地也多，在农具的准备上也相对齐全。比如像犁、锄头、耙等这些耕作农具，除此之外还有镰刀、石磨、石碾子等这些收割粮食、碾压麦子的农具。陈家大家庭未分家之前，因为田地众多，粮食收割之后不好运输，陈家就备有大竹筐、柳条篮子这些来装拾麦粒、花生以及豆类等。除此之外，陈家还有大件的运输农具比如人力独轮车以及畜力木轮车这些平常人家少见的农具。陈家家里的大型农具有一辆马车和一辆四轮车，四轮车虽套牲口比较多，但运送庄稼粮食什么的特别方便。

不过分家之前陈氏大家庭已经败落，主要是黄河南侵，滩地大面积塌陷，没有那么多滩地了，又因为山上的薄地，道路比较狭窄和难走，牛车和马车都用不上了，所以后来陆续都卖或者处理了。不过家庭的主要农具犁、耙、菜耙、箩头，还有牲口，有这些之后家里的生产工具基本就全了。

4.家户牲口概况

陈家在陈树旗辈未分家时，家里最多时候曾养了七八头牲口，这七八头牲口主要是牛和马。陈家家里收割、运送东西都需要牲口。这些牲口的日常喂料③以及照看都由陈树屏负责，陈树屏因为勤劳细心，在喂牲口上颇有能力，勤于喂草、喂水，陈家大家庭的牲口在陈树屏的悉心喂养下都长得膘肥体壮。1949 年以前，"马饼"④里面含有棉花少量的油分，牛马吃这些利于长膘，因此陈家家长陈树旗主要用"马饼"来喂牛喂马。

---

① 外气：官峪当地的方言客气的意思。

② 玉子：官峪当地对玉米的别称。

③ 喂料：喂草。

④ 马饼：主要是通过轧棉花机把从地里摘来的棉花去籽，用棉花籽剩下的渣滓，然后将这些渣滓压成饼状，供牛和马等牲口食用，因此官峪村的农户将它俗称为马饼。

不过后来大家庭败落后,这七八头大牲口都卖了。陈家也没有留这些大牲口,由于滩地塌陷,比如牛在山上也不能用,养了还需要喂它们,对家里来说也是负担,所以都卖了。分家后,陈树旗喂了两头小毛驴,小毛驴能犁地也能耙地,能够帮助耕种,在山上的地里用着相对便利。陈家在牲口使用上"不紧张"①,有时官峪村里的其他农户在农忙时节牲口不够用时,还来陈家借用过牲口。

(二)生产过程

1.农业耕作

1949年之前,陈家家里一直从事农业耕作,从陈铺头迁过来,到陈树旗这一代,已有十代。村里祖祖辈辈都是从事农耕,没有官宦的,也没有从事手工业的。陈家家里养的有家畜,养了十只或八只鸡,用来吃鸡蛋和送礼。

家里男女分工、长幼分工,是根据家庭成员的年龄和能耐。陈树旗是文化人,高小毕业,说起来算是文人,陈树旗头脑清醒管用,陈树旗的父亲陈丕烈老了之后,弟兄四个都是陈树旗领家。陈树旗的妻子陈张氏是个贤内助,因此陈树旗主外,陈张氏主内,家里"领的"②还不错,人丁兴旺,家里还有滩地,收入比较大,财富比较旺。陈树旗的其他三个弟兄作为大家庭的主要劳力,根据个人对农业活儿的技巧程度,能领起来农活儿,是某些方面的行家能手。陈树旗的二弟陈树藩在农业上样样精通,大家庭都是他领农业生产,领着男女劳力和长工。四弟陈树樟有一点懒,有点"光棍"③,大家庭干农活儿的时候他干的比较少点。三弟陈树屏有点憨厚,他管着喂家里的牲口。大家庭每个人都有分工,而且还比较明确。家里根据家庭成员的才能、年龄分工。小孩子上学,妇女作为辅助劳力摘棉花、豆、玉子等都是妇女干的活儿。

1942年大家庭分家后,陈树旗继续领着小家,领着家里的农业生产。家里犁地、耙地一般都是男劳力,陈元明和长工陈江根。陈家家里男的管种庄稼,女的管收,女劳力都是管收,秋收麦,玉子女的掰,谷子也是她们手掐起来,男的运送,麦子女的割,男的往家担。平时地里种庄稼、除草,都是男的去,女的只是辅助劳力,平时不太去地。大家庭分家后,人口少了,地也不太多了,一直是陈树旗安排着农业生产,此时陈元明年纪还小,才二十多岁,还不太"领事",所以陈树旗既管家又领着干活儿,家里其他家庭成员也没有不服从安排的。实际上农活儿安排每家都差不多,也可以看其他农户的农业安排来安排自己家的,官峪村的俗语"庄稼活不用学,人家干啥咱干啥"。

农业上种庄稼一般是个循环式,冬天的时候地里面墒④比较大,要多种麦,春天过来芒种就要收了,秋天种麦,会比较旱,遇旱可能会半收或者绝收,所以麦子冬天尽量多种,一年可以种两季。棉花一年种一季,在三月份谷雨的时候种棉花。家里的32亩地,一般种十几亩棉花,十几亩麦子,剩下的种红薯、豆类、谷子。

1949年以前,官峪当地农民种地也奉行"二十四节气歌",通过"二十四节气歌"来安排农业计划。即春雨惊春清谷天,夏满芒夏暑相连。秋处露秋寒霜降,冬雪雪冬小大寒。每月两

---

① 不紧张:官峪村土话即不紧缺的意思。

② 领的:官峪当地方言指当家的意思。

③ 光棍:官峪当地的方言言行出格、逾规矩的意思。

④ 墒:土壤的肥沃程度。

节日期定,最多相差一两天。前半年来六二一,后半年是八二三。人人牢记节气歌,按时播种庆丰年。农业生产季节性很强,不违农时,适时播种,是获得丰收的前提,官峪村流传的许多谚语都是农户对生产经验的总结,对农业生产极具指导意义,现详细记录如下:

1.清明蜀黍①谷雨花②,立夏过后种芝麻。

2.大麦不过小满(成熟),小麦(成熟)不过芒种。

3.棉花除七遍,结的桃像鸡蛋。

4.小麦除三遍,平斗麦,尖头面③。

5.头伏萝卜④,末伏芥。

6.秋分早,霜降迟,寒露种麦正逢时。

7.小雪不分股,大雪不出土。

8.麦收八、十、三,三场雨。意思是种麦只要八月、十月、三月,三次好雨,麦子基本可以丰收。

9.麦收胎里富。种麦要施足底肥,种子优质、饱满,土壤深耕。

10.细耙,水分充足,苗齐苗壮,安全越冬,来年丰收有保证。

11.秋分石榴,白露梨。

12.麦盖三床被,来年枕着馒头睡。瑞雪兆丰年。

13.谷雨前后,点瓜种豆。

虽说小麦可以种两季,但春小麦收了以后,有时候就不能种秋小麦,山梗薄地,种了麦也不长,不耐旱,这些地可以闲置,让地里长一番草,但不让草结子,伏里天天正热的时候,把草犁一遍,在翻到地里面,让它成为来年的肥料,或者在这些地上种上绿豆,绿豆生长期短,如果天旱,还可以收一点,收上来以后不让再结了,把豆秧铩一铩,往地里一埋,增加土地肥力。不过可以也挑一些稍耐旱,土地肥厚的种秋。棉花收完就赶不上再种小麦了,所以种棉花的地在冬天会空着,其他的地用来种冬小麦。红薯分春薯和夏薯,春薯是五一前后,夏薯在麦地种红薯,种完麦以后如果有墒,就赶紧把麦地一犁种红薯。

陈家家里种的基本上是春红薯,春红薯生长时间比较长,一般产量较高一点。玉米是在麦后,如果有墒就赶紧种,玉米也分春玉米、夏玉米。春玉米在麦地套种,等麦收以后,玉米就长起来了,夏玉米需要良好的水利条件,麦子收完后,需要赶紧种上,延长其生长期,不能种的太晚,如果太晚,天冷玉米不怎么长,还没结好籽,收上来就会成瘪子。

陈家大家庭分完家后,犁地主要是陈树旗、陈元明、长工陈江根去。陈树旗指挥着,陈元明和长工陈江根配合着,犁地一般都需要两个人,一个人能犁的很少,好地一个人犁着才可以,陈家有一两块田地旁边没有沟,犁着很顺,一个人拿鞭赶着牲口犁就行。不过陈家家里的

---

① 蜀黍:指高粱。

② 花:指棉花。

③ 尖头面:指出粉率高的面粉。

④ 萝卜:指红萝卜。

地基本上都是山梗薄地,一般都需要两个人搭把手,有些牲口怕沟,一到沟边它就不往沟边去,任凭人再鞭打吆喝,都不往沟边犁,这时候靠近沟边的那片地就犁不到,这时候还需要一个人把犁不到的地镢一镢,不过耙的时候好一点,但是也有耙不到边、耙不透的地方,还需要一个人用菜耙搂搂。

2.饲养家畜

（1）养鸡

1949 年之前,陈家家里养了十几只鸡,一般喂鸡这种事情是妇女们干的事情,陈树旗的妻子陈张氏、儿媳刘玉琴、黄凤荣喂得居多。因为鸡蛋比较难买,有时候家里有"门事"①需要给人家拿,家里如果鸡下的不够,还需要去其他农户家借。此外买卖鸡蛋的很少,甚至没有买卖。因此官峪村的农户鸡蛋不够都是出去借,到了孵小鸡时,几家在一起商量商量,搁一块孵鸡仔。

（2）养驴

陈家的驴是长工陈江根喂的,1942 年大家庭未分家前,陈家家里最多时有三个长工,分别是秦小本、秦小田、陈江根。长工秦小本专门喂牲口,秦小田帮陈树屏的忙管使牲口,有时候赶车需要技术,还要指挥着牲口,而且让牲口听从是不容易的。1949 年以前,长工陈江根就主要帮忙锄地除草等农业生产的活儿。1942 年分家以后,陈树旗就养了两头小毛驴,不过小毛驴都是长工陈江根一个人喂的,陈树旗管使牲口。

陈家大家族分家后,以陈树旗为当家人的陈家家里就剩一头驴了,因为地少陈家家里也喂不住了,"合"②别人搁着使牲口,陈树旗和陈元明连喂带使。后来到土地改革运动的时候,陈树旗家别的也没什么问题,没有放高利贷和放债,也没有租地,都是自己耕种,也没有什么大的问题。但是土地改革运动实行耕者有其田,"中间不动两头平",哪头高,需要朝低的地方移一点,所以要划成分,把成分高的地平均一些,然后给无地或少地的农民,因此家里地多的,土地改革运动的时候村里也想让你把地拿出来一点。

(三)生产结果

1.农业生产自给自足

农业上能收获两季粮食,不过种棉花就一季,农作物不同,收成也不同,麦子亩产不超过200 斤,谷子产量更低一点,种谷子是为了吃小米,谷子一般种 2 亩左右,主要是家里吃的。玉米一亩地产量多一点,打三百斤左右,家里每年种 5 亩左右。在官峪村,主要是没有良好的水利条件,从而影响农作物的收成,在山上,没有一点水利条件,完全是望天收,也没有一点化肥,都是很少的农家肥和牲口圈肥,所以土壤肥力很差,农作物产量很低。

在一年之中,如果能及时种农作物,比如阴历五月当午收完麦,能够下场雨,那就好,就能扎住苗,苗出来那个秋内的生长期就长,天不冷就可以结籽,就能收点豆什么的。一年之中知道这收成好坏的,一般都是老庄稼人、长辈预知,比如"人活一百,知谷早麦"。麦子要尽量早点种,冬小麦在冬天有冬墒,雪盖住,可以不受冻,之后天热雪一化,作为水分又吸收了。根据庄稼成长期的天气状况,可以稍微预知一下这一年收成的好坏。如果庄稼种的不错,但到

---

① 门事:官峪当地农户对红白喜事的俗称。
② 合:有和、一起之意。

伏里天,"五天一小旱,十天一大旱",很久也不下雨,高村的鱼塘都已经旱干,庄稼叶子都旱成白的,手一摇就呼啦呼啦掉完,这时候庄稼就会减产甚至绝收。比如红薯有时候种的时候栽的苗不晚,但遇到伏里天旱,它就不结薯块。

在不同的年份,庄稼地里的收成变化很大。比如在民国 31 年,也就是 1942 年,河南靠近黄河流域爆发了大灾荒,从 1941 年秋就开始了蝗灾、旱灾。蝗灾爆发的主要原因是黄河滩地的荒芜,在日本人控制黄河滩地以前,黄河滩地上每年都会有农户去开荒种植庄稼,杂草、灌木丛的面积较少,因此蝗虫繁衍空间有限,也形不成大的气候。但自从日本侵略中国以后,黄河北边是日本占据,黄河南边是国民党,船只很少,基本上都是木船,日本兵也从北边过不来,黄河面积很大,黄河边的滩地也很多,从河北那边到黄河有十几里的滩地,由于日本占据,农业生产停滞,河北面的人种不了滩地,这边河南面的人也过不去黄河,也种不了这些地。

从 1937 年七七事变开始,黄河北边就逐渐被日本人占据,下面上百里甚至延长至山东的黄河滩地整年都荒芜了,荒的一年比一年多,滩地的草长得很茂盛,四五年间滋生了大量的蝗虫,又加上缺少天敌,蝗虫越来越多。后来蝗虫都成虫了,都飞的远了,都飞过黄河飞到河南这边了。那蝗虫飞过来之后,那谷子、麦子都吃成光杆了,叶子全部吃完了,又吃红薯叶。后来庄稼吃完了,蝗虫没啥吃了,都落在树上,树上落得跟火鞭一样,树枝都压断了。官峪村的农户有的跪着祷告,有的烟熏,有的用衣服拿竿挑着驱逐,都无济于事,蝗虫都一个劲地吃。主要蝗虫又大又多,人都降伏不了它了。蝗虫把官峪当地的作物、植物吃完了后就又往下面飞了,不过蝗虫走后又留下很多卵,这些卵会很快繁衍成小蚂蚱,满地乱蹦。后来政府没办法,号召群众在路边挖沟,驱赶,蚂蚱蹦到坑里就上不来了,然后用锨装一口袋一口袋,挖个大坑埋进去。蝗灾之后,饥荒就来了,官峪当地的农户一季的粮食都颗粒无收,紧接着是旱灾,农户彻底没啥吃的了。

在 1941 年的秋天,陈万卷和他的小伙伴在黄河边玩的时候,突然看到西北那里,灰蒙蒙的,一会儿过来就遮着太阳,接下来遮天蔽日的蝗虫就飞过来。地里的庄稼都绝收了,那一年村里人都被迫无奈背井离乡,出去要饭,出外逃荒的很多。

陈家每年在粮食丰收后,收成基本上都是放在陈树旗和陈张氏住的窑洞里,供家长陈树旗以及内当家陈张氏支配。陈家每次做饭的时候,都是由陈张氏安排媳妇刘玉琴、黄凤荣或者杜梅香做,陈家家庭成员在一块吃饭。除了小孩子外,陈家一家的主要家庭成员都关心收成,包括妇女,其中家长陈树旗尤其关心,他担负的生活压力很大,粮食下来的时候,陈树旗都要看看今年收成如何,如果不够家里怎么渡过难关。

陈家家里所种植的农作物基本勉强可以满足家庭的需要,但是没有结余。陈家劳动力少,能养活这么多人口也不容易,家庭成员虽然吃得不是太好,但是都能吃饱。每年棉花长成的时候,陈树旗会拿点剩余的棉花去高村集市卖,换到的钱也归陈家整个家庭所有,不过陈树旗会代为保管,由当家人陈树旗来决定如何花这笔钱。

2.家禽勉强满足需要

陈家家里在 1949 年以前养了十几只鸡,不过每年的数量也有变化,比如有时候有鸡瘟①

---

① 鸡瘟:禽流感。

传"鸡子"①,鸡都死了,等于说"连窝端"了,官峪村里被"连窝端"的农户还不少。后来鸡瘟再来的时候,农户为了避免自己家的鸡被传染,就赶紧把鸡子隔离起来,把鸡放到红薯窖里,因为没有到红薯成熟的季节,红薯窖里还比较空旷,农户就将未得病的鸡先养在红薯窖里,平常人下到窖里给鸡送点吃的和水,等鸡瘟过了,再把鸡放上来。这个做法家里的鸡或许能逃过一劫,不过也有可能不幸再次被"连窝端"。

如果家里没鸡要买鸡子,河南固始县的鸡子比较好一点,到了麦前,他们那里有人担着挑子,来村里卖小鸡仔,趁着机会,家里会买十只或二十只慢慢养。不过对于倾向于买母鸡或公鸡,陈万卷表示家里想要母鸡居多,想让多下蛋,但买鸡子的时候,鸡太小也看不出来,有时候家里买的十几只大部分都是母鸡,也有时候大部分是公鸡。官峪村的农户因此笑称:"就跟隔着布袋买猫一样,看不清随便摸的,摸到哪个是哪个吧。"

1949年以前,鸡蛋是稀罕物,不是常吃的,家庭成员吃的也很少,家中就算养鸡也不能满足需要。哪家农户家里养鸡,只是说家里有这个鸡蛋,人来客去的,接待招待客人时,炒几个鸡蛋,或者炖个鸡,可以提升一下伙食。陈家家里也没有本钱养那么多只鸡,人还没粮食吃呢,也没啥东西喂鸡,俗语"鸡子下蛋粮食换",如果家里没粮食喂,鸡也不会下蛋,所以能喂起鸡的家户,都属于家里条件较好的人家。

陈家家里的鸡下鸡蛋,都是收起来储备起来,以备不时之需,用来招待客人,而不是下几个吃几个,有时候陈家家里来客了,家里没有鸡蛋或鸡蛋不够,还要出去借其他农户的。1949年以前,逢年过节,陈家家里也会杀几只鸡,改善一下生活。1949年之前陈家家里养的十几只鸡,从来没有卖过,官峪村来收②鸡的人也不多,大多数家庭都是养几只鸡自己吃的,很少有人专门拿出去卖的。

三、家户分配

(一)分配主体、对象

1.家长主导,家庭成员及长工参与分配

陈家在分配家中一年的收成时,不是以宗族和村庄作为分配主体的,而是以家户作为自己的分配主体。陈家的宗族以及村庄不参与小家庭分配,家户分配宗族、村庄都是不插手的,他们也没有权力干涉的。陈家家庭成员分配时都是以所在家户为基本分配单位。但是分过家的兄弟以及单独吃住的父母一般就不会再参与家户的内部分配了。不过,常住陈家的其他家庭成员,比如长工陈江根也可以参与陈家粮食收成的分配。

在对一年的收成进行分配的时候,都是陈家当家人陈树旗主导的。陈家一年的收成基本上是陈树旗掌管的,除了棉花,下面的小家庭不会再特别分配其他,但家里的收成都是全家人共有的。陈树旗一家和陈元明一家,以及刘玉琴、陈万录的吃穿用都是在一起的,家里的粮食也是大家一起享有。不过每年家里的粮食丰收后,陈树旗都会和长工陈江根分配。

1949年以前,尤其是国民政府后期,国家经济政策变化很快,货币更新换代速度惊人,各种钞票流通市面,且贬值迅速。所以在农村别人给自己家做活儿,给报酬都很少用钱算,大

---

① 鸡子:官峪村对鸡仔的俗称。

② 收:指收购。

家都知道货币不靠谱，今天用能买，明天用就有可能买不到了。相比之下，还是粮食是最急需且稳当的，因此大多数人家都是用粮食作为报酬，当钱使的。陈家也不例外，每年的粮食，陈树旗都会按照二八分，分给长工陈江根，来作为他一年在陈家做活儿的报酬。

2.其他家庭成员，听从家长分配

平时家里需要用什么、买什么也都是当家人陈树旗安排以及决定，有时也会和家里其他家庭成员商量，其中陈树旗和妻子陈张氏以及二子陈元明商量的事情最多。除了陈家的当家人陈树旗之外，其他家庭成员在家户分配时也适时提一些意见和建议，供陈树旗参考。

3.家户内部分配，外界未介入

陈家家户内部进行分配时，不用告知四邻、家族和保甲长，四邻、家族和保甲长在一般情况下，也不会介入家户内部的分配，这都属于每个家户的内政，外人不得干预，国家也不会介入。不过在官峪村也存在这种特殊情况，比如在保甲长收税或收粮食的时候，有农户实在交不上税或粮，但上面政府又催的急。有时保甲长被迫无奈会自己先垫出来，不过等到下季粮食丰收的时候，这家农户就要从收成中分出一份来还给保甲长。

(二)分配类型：农业收入分配

陈家的农业收成主要包含以下几个部分，第一是秋粮，秋粮的粮食作物主要包括"玉子"、豆类、谷子这三类，还有经济作物棉花，第二个是夏粮，夏粮主要包括小麦。其中秋粮还有高粱，不过高粱家里只种一点，是作为牲口饲料的。牲口多，家里出于为牲口的饲料做准备，也会种点大麦、豌豆，豌豆一般是喂快牲口，如骡子、马。牲口光吃草是不行的，牲口干活儿会没有力，不上膘，所以还是要上料，喂一些作物，如果上"大料"[①]，牲口会很有精神，很有力气。草对牲口来说是粗饲料，牛一般吃麸子这类的粗饲料。

1949年以前，农业收成中是需要拿出一部分纳税的，纳税一般都是交的粮食，不交钱。国民党统治后期，货币混乱，金融体系几近崩溃，好多货币一夜之间如同废纸。1949年以前，纳税一般都是村里的保甲长来收，陈树旗去交的，保甲长收完后再交到保公所，税额一年交收多次，有秋粮税、麦税、豆税，等等。国民党时期苛捐杂税很多，不知道什么时候就弄个名堂出来让交税，农民都不堪重负。家里交不上税款，家里人也会被押起来，而家长第一责任人，所以如果交完税，老百姓的心情很愉悦的，官峪村流传这个俗语"老农民交了粮，自在王"。

(三)家长在分配中的地位

1.私房物品分配

陈家祖上没有私房地，家里的小家庭也没有私房钱。不过陈家的媳妇嫁过来会带些嫁妆，这些嫁妆在结婚后还是属于自己所有。陈树旗的大媳刘玉琴嫁过来的时候，带的嫁妆有一个大箱子，里面有布料、衣物以及首饰什么的，这个箱子也一直跟随着刘玉琴好多年，也算是刘玉琴的私有财产。后来陈荣花出门嫁人，刘玉琴还把自己的嫁妆用来给陈荣花置办出门的东西。

2.家户衣物分配

陈家在衣物分配中，一般都是陈树旗安排和决定的，不过有时候陈树旗也会和陈张氏商

---

① 大料：这里指的是喂牲口多一点儿农作物。

量,陈张氏也会给陈树旗提醒或给出建议。不过家户衣物分配的时候,是不必要告知或请示四邻、家族以及保甲长的,这属于家户内部事务,一般外人也不会插手。

(1)棉花分配

以前从来没有去集市上买过衣服,也很少有卖,基本上大家都是自给自足,农村的妇女要学的织布纺线,如果衣服破了,由自己家的媳妇来缝补,媳妇不会因此受到责骂,因为衣服总会坏,并不是表示媳妇的衣服做得不好。

陈家每年陈张氏都会在年前分棉花来让媳妇做衣裳,陈家家里种的棉花比较多,收成也较好。但是家里的棉花不是随便使用,都是按人口分棉花。陈张氏管家管的很严,杜梅香刚来陈家的时候,就不得不遵循这个规定。陈张氏将棉花分为两部分,刘玉琴、黄凤荣以及杜梅香都领走了自家的棉花,各自为自己的小家庭使用。不过因为陈元明是家里的男劳力,穿衣服会费一点,所以黄凤荣分到的棉花会多一点儿,而刘玉琴和杜梅香分到的棉花会少一点儿。

陈张氏分棉花的时候是分好棉花和坏棉花,好棉花是让纺线用的,坏棉花是让套在棉衣服中用的,陈张氏还会用秤分别秤好给。陈家家里在官峪村虽算中户人家,而且有棉花,但是陈张氏为了尽量节省家里开销,分棉花依然分的很严。

陈家分的是人口棉,但杜梅香和刘玉琴已经不便再把棉花放一起了,媳妇和婆婆的棉花都要分开,她们一块会去弹棉花,搓搓吧,纺成棉线,最后纺布的时候,大家在一块纺。因为纺布特别麻烦,需要好多人一起协调操作织布机,棉线搁一块,干活儿的时候集体干活儿,最后在布上打上记号,用颜色抹上分界线,最后按分界线来断布。陈家家里有小孩子,就会分一份,算一口人,不过跟大人分的量不一样多,分量比较少。1949年以前,陈家的棉花分皮棉[①]和籽棉[②],而陈家家里分给家庭成员的棉花都是籽棉。

(2)衣服分配

1949年以前,过年过节,陈家家庭成员也很少有添衣服。在陈家家庭成员眼中添衣服是自己去买的情况,平常家里用棉花纺线织布做出的衣服都是自己做的衣服,不算"添"。陈张氏冬天分配给几个媳妇的棉花,就包括做单衣和棉衣了,因为棉花纺线做的衣服也不好,容易掉色,黑色往往会掉成土灰色,因此陈万卷戏称"衣服颜色掉的跟灰毛老鼠一样"。

除非儿子结婚或闺女出嫁的时候,家里孩子办大事,家长为孩子添几件衣服,不过有时候结婚也未必添,陈万卷结婚的时候就由于比较仓促,家庭条件困难,身上穿的结婚的衣服都是借人家的。陈家家庭成员添衣服的时候,会去集市上买,也不一定非要家长陈树旗去买,陈树旗有时也会给孩子一些钱让他们单独去买。

3.食物分配

陈家的粮食,麦子、玉米、红薯什么的都是放在一起,家庭共同食用。陈万卷家这个大家庭下面有两个小家庭,在大家庭分配之余,除了棉花小家庭也有自己的分配权外,其余的分配也是由家长陈树旗安排和决定。

4.家庭基本无零花钱分配

1949年以前,官峪村农户的生活条件普遍都不太好,陈家家里也不怎么买东西,连菜也

---

① 皮棉:皮棉是去掉棉籽的棉絮。

② 籽棉:籽棉是带棉籽的棉花。

不怎么买,陈树旗在地里种点豆角、南瓜来应付家里的菜食。陈家家里的棉花轧好都是放在陈树旗和陈张氏所住的窑洞里,如果家庭成员实在需要花钱买什么,陈树旗会给几斤轧的棉花,让他拿到街上去卖,卖棉花的钱用来买东西。总之,陈家的人全部由当家的陈树旗以及内当家的陈张氏来管理和分配。

陈家家里属于中等家户,家庭成员只希望有饭吃就行了,平常生活上基本没有零花钱。陈家家里其他成员也没有收入来源,一年的收成是地的粮食和棉花,陈树旗管家,粮食、棉花的收益都是陈树旗和陈张氏主管,下面的家庭成员手里都"不经手"①钱,就更别提有私房钱了。

不只是陈树旗家,其他农户家也基本没有什么零花钱,不过在冬天农闲的时候,官峪村的几个有胆量的农户有出去逮狐赚一点收入,官峪村本地狐狸不多,不过山西那边有,有人就在农闲时候想办法给家庭赚点收入,狐狸的毛皮可以卖钱,而且市面价格还比较贵,官峪村的人们主要是靠投药捕狐。除此之外,也有人出去打兔子,拿把枪,弄点火药、子弹,打来兔子吃肉,或者是卖兔的毛皮,以此来换些收入,为家里的支出消费。

(四)其他家庭成员在分配中的地位

1.衣物分配

1949 年以前,陈家家庭其他成员在日常的衣物分配以及制作过程中,可以向家长陈树旗及内当家陈张氏提建议。杜梅香刚嫁到家里时,陈张氏就把陈万卷的棉衣制备都交给了杜梅香,而对 17 岁的杜梅香来说,做棉衣不是件容易的事。因为棉衣做着很麻烦,全靠人工,程序繁杂,还要纺线,用竹黑买来染布,一个人是很难应付的住并做好的。陈张氏为了全家的生计,棉花都是多留少给,家人穿的还是很紧张的。再加上陈万卷和杜梅香刚刚结婚,也没有孩子,所以陈张氏给杜梅香分的棉花相对少一些,说实话,对于陈万卷和杜梅香来说,棉花是很紧凑的,甚至不是特别够用。

杜梅香娘家有个姨,自己一个人在家,家里也有棉花。因此这个娘家姨可以给杜梅香一些棉花让她用,再加上杜梅香对做男式的棉衣还不太上手,所以杜梅香就向陈张氏请示,自己能否去和娘家的那个姨合伙做衣服。陈张氏也考虑到杜梅香的难处,也就欣然同意。所以每年到做棉衣的时候,杜梅香往往去找她那个老姨一块搭手做棉衣。

2.做饭次序分配

在陈家日常的食物分配中,其他家庭成员也是可以适当提出意见,甚至做主的。陈家家里饭都是媳妇们轮着做,媳妇刘玉琴、黄凤荣、后来孙媳杜梅香到家也是轮着,都是 10 天一轮。比如说挨到孙媳杜梅香了,杜梅香就要考虑怎样安排生活,今天吃哪些菜,做啥饭,这些都是她自己可以做出决定的。由于家里人相对较多,一个人做饭忙不过来,所以一般是两个人搭伙做饭。当轮到杜梅香做饭时,黄凤荣一般贴厨,辅助她做饭,杜梅香管做饭、刷锅,这些主要活计。而黄凤荣通常帮助她烧火,饭前去捡点柴火,做这些辅助的活儿。

陈家的饭是轮着做,主要是为了加强家庭成员的责任心,减轻成员对大家庭的依赖。刘玉琴在孙媳杜梅香到家后,就"下饭轮",不再做饭。官峪村这边有媳妇嫁进家门后,婆婆不再做大家庭的饭的习俗。

---

① 不经手:官峪当地的土话,没拿过的意思。

(五)分配统筹

1.综合考虑,收支平衡

陈树旗家在进行分配时,陈树旗和陈张氏通常是以陈家家庭成员的需求为依据的。他们会尽量照顾到家里所有人的需要,但有时也会偏重家里的其他成员,不过这些其他人也是没有意见,毕竟是有情可原的。比如在分配棉花的时候,陈张氏往往会给二媳黄凤荣多分一些棉花。

因为陈元明是家里的主要劳力,平时下地干活儿,肩挑背土的,衣服自然磨破的也比较快。所以陈元明平时穿衣服比较费,干活儿比较辛苦,而且陈元明和妻子黄凤荣在1949年以前已经有孩子了,再加上给小孩子的棉花分量,陈元明一年分到的棉花会稍微比陈万卷多一点儿。陈张氏考虑到这些因素,所以通常给陈元明家分配的棉花比给其他家庭成员多,这样让儿媳黄凤荣多做些衣服给儿子。这个分配情况其他家庭成员也都理解,家里人也都没啥异议。

在1949年以前,陈树旗和陈张氏也还年轻,还能干,他们的衣服也是自己做,自己计划穿戴。陈家家庭成员如果衣服破了,丈夫的由媳妇修补,子辈由母亲修补。陈家家里棉花分配给每个人的分量变化不大,基本都是那么多,不是说今年冻着衣服不够穿,再一年又多到穿不完,除非是在大灾荒的年份。比如在1942年,陈家地里的粮食棉花都绝收了,陈树旗和陈张氏为了节省家里开支,那一年陈家家里都没有再做衣服,家庭成员穿的也都是以前的旧衣服。

2.分配原则

(1)年景不好年份

在遇到灾荒年份,家里面的粮食也是不够吃的。在1942年大饥荒时,因为庄稼都绝收了,地里也没活儿,官峪村里好多人都出去逃荒,陈荣花、陈元明、刘玉琴天天也没有事可干,就去拾柴火,挖野菜。

陈家家里吃饭的时候做一锅野菜汤,往里面下一点儿米,一勺都没有。此外,锅里下的野菜也很难吃,野菜是苦的,汤也是苦的,野菜下到锅里看着就跟"青黄水"①一样。因此陈万录天天吃野菜吃的害怕,还没到吃饭的时间就哼哼"我不吃野菜,我不喝稀汤。"陈万录就这样喊着,喉咙都喊哑了。陈荣花大一点,她就和母亲刘玉琴自己吃掉一碗菜汤,把碗底仅剩的一口米还要倒给陈万卷及陈万录。

1942年大饥荒的时候,陈家的食物都紧着小孩子吃了,因为家长觉得小孩子个头小,身子弱,害怕挨不住饿,所以家里仅剩的粮食一般都是小孩子优先吃的,大人为了保住家里的小孩不那么挨饿,自己是很受苦的。

(2)特殊人群分配

1949年以前,孕妇伙食上会吃的好一点,在棉花分配上跟其他人一样,除非是已经生过孩子了,会给孩子多分一份。妇女怀孕也没有什么特殊待遇,看个人家庭情况,有些脏活儿累活儿还是要干的。杜梅香怀第一个孩子的时候,都快生了,还要手惦着一个大篮子去磨面。但杜梅香只要轮着饭轮,就算不是轮到自己做饭,也要给黄凤荣帮忙,家庭人口也多,做饭一个

---

① 青黄水:官峪村当地农户对草药压出的汁的俗称。

人也忙不过来,所以烧火、磨面都要帮着黄凤荣做。陈家家里有石磨,如果不出去磨面,就要自己收拾着磨面。

孕妇怀孕也需要干活儿,不过家里会考虑到孕妇的身体状况,不让去远地干活儿,但家里的一些活儿,就算妇女怀着孕还是要帮着做。所以在家庭的劳作上,孕妇可以稍微少做一点,但在日常的家户分配过程中,她们也不占优势,基本上不享受特权。

四、家户消费

(一)家户消费及自给程度

1.家户总体消费概况

1949 年以前,陈树旗家里的土地共有 32 亩,人口 10 人。陈家劳动力少并且男性少,不过家里雇的还有一个长工。在官峪村能够雇佣起长工的家户,还是比较少见。因此陈家的经济水平在村里还算是中等偏上,家里的收成在正常年份,基本上也是能够维持一家人吃穿用度和消费。

不过如果遇到灾荒年份,陈家的生活也很困难。如果在陈家一年的收成维持不了家庭生活时,家里成员就会节衣缩食。不过陈树旗家没有外出逃荒过,也没有借过别人家的衣服穿过。陈家家里一年下来也不花啥钱,陈家家里的油是自产的,棉花籽留着不卖去油坊榨油,基本也不花什么钱买油来吃。至于盐什么的都是当家人陈树旗去买,其他家庭成员手里没有钱。

2.食物自给自足

1949 年以前,陈家在食物的供给上,通常都是自给自足,吃喝也基本上都依赖于每年地里种的粮食。在日常生活中,陈家家庭成员吃麦子、玉米、红薯多一些。除此之外,食材上还有磨的玉米面、杂面,等到谁上饭轮了,做饭的时候跟陈张氏商量一下,就用这些食材做饭。陈家没有买过粮食,在粮食供应上基本上都是自给自足。

陈家家庭成员在生活中所吃的菜,基本上都是自己地里种的,很少花钱去买。陈家家里菜没了也很少买,将就一下,比如没菜,红薯叶出来,就去摘红薯叶下饭吃,或者去摘野菜,钩点榆树叶,这在当时都是常吃的菜。因为集市离家远,也没钱,陈家家里也是将就着吃菜的,秋天时候有南瓜、豆角、菜瓜什么的"对应"①下菜。陈家过年小孩子也没有压岁钱,家里客观条件也不允许。

(二)家户消费类型

1.住房消费,基本满足

1949 年以前,陈家的房屋基本上可以满足全家人的居住需要,陈树旗辈大家庭没有分家的时候,家里有 11 间瓦房,三条洞,兄弟及下一代都有地方住。后来大家庭分完家后,陈树旗领的小家庭,家里的三间草房和三间窑洞也够家庭成员自己住,除了让家里雇佣的长工陈江根暂时居住在自家窑洞之外,陈树旗家的房屋没有租给别人居住过。

2.医疗消费,花费不多

1941 年底,陈元英因为肺结核去世,不过直到陈元英临终,陈家家里也没有花什么钱。

---

① 对应:官峪村土话有正好的意思。

在生病期间,陈树旗就让陈元英喝煤油,这是民间流传能够治疗肺结核的"土办法"。在生命垂危的时候,陈元英同村的一个好朋友,陈自立他爸,听说大烟里含有吗啡,可以止疼。因此得空的时候,他就拿着大烟来到陈家家里,他吸一口大烟喷给陈元英,用于提神,所以直到去世,陈元英也没有花家里太多钱。

后来陈婷妮得了黑热病,黑热病的症状脾脏肿大,陈婷妮也没吃过什么药,不过陈家家里听说吃蛇肉可以治疗这个病,所以陈家家里人或村里谁去地里逮到蛇了,送来给陈婷妮吃,但最后陈婷妮还是不治身亡。虽然陈元英、陈婷妮都得了重病,但花的医药费却谈不上。虽然陈元英、陈婷妮去世都没有花费陈家家里太多家底,但如果需要花费,家长陈树旗也会不遗余力。比如陈元英的病,村里有人说可以用一种西药治疗,但官峪村方圆几里都没卖这种药的,陈树旗"愣是"①跑遍了周围的几个县,才买回了几盒药,据说价格还不菲。但陈元英已病入膏肓,陈树旗买的药没用完,就去世了。

1949 年以前,受到医疗条件以及经济水平的限制,在官峪村,农户生病时基本上都不吃啥药,"小病熬一熬就了,大病就算吃药已经不管用了"。平时就算谁生病了,只要是轻微的病,农户就用些偏方或者去找村里的"土医生"②,让他们看看,严重再开点药。所以 1949 年以前,陈家的医疗消费,基本上也没啥花费。

3.人情消费,类型多样

官峪村农户在小孩子出生或者做满月,或者亲戚结婚,都是要去给人家上礼的。1949 年以前,官峪村农户去其他农户家做客,上的礼有粮食也有钱,不过礼金很低。在 1949 年以前官峪村的农户结婚,好多人上礼就上 5 角钱,上"五千元"。不过这"五千元"面值的纸币就相当于现在的 5 角钱,"一万元"面值的纸币就相当于一块钱,国民党统治后期,钱的面额比较大,都是几百、几千、几万,当时的几百,就相当于现在的几分钱。

村里农户给小孩子做满月,都是挎一篮麦,或者送米面,上面再放 10 个鸡蛋,家里经济条件好,再放三尺布,这都是"常礼"③。后来陈元英去世的时候,村里其他农户,尤其是陈家处的关系比较好的几家农户,家长都过来随了点礼。不管家里多穷,遇见红白事,都要多多少少给人家上点礼的,这也是官峪村村里的礼数。

4.红白事消费,稍有不同

1949 年以前,陈家在办红白喜事的时候,都是自己家庭负担的,这个宗族是不管的。在陈元英去世的时候,陈万卷才 7 岁,对事情还不是很懂,记忆中家里来的人也不多,一人殓人就抬走了,丧葬上没有大办。之后陈婷妮去世的时候,由于年龄较小,家里人不哼不哈用铺盖把陈婷妮卷了埋山上,根本就没有办丧礼。不过家里有喜事,办的会稍微隆重一点,陈家陈元荣、陈荣花出嫁,陈家家里把事都办得比较大。

官峪村村民办喜事,花费比丧礼会稍微多一点,因为喜事是需要带乡亲的,只要来上礼的,都是要管饭的。不过管的饭不是跟现在一样,大鱼大肉的,那时管的饭都是稠捞饭。别说上的菜里看见肉了,能看见烧豆腐都不错了,一般农户家办酒席上的菜都是白豆腐,红萝卜

---

① 愣是:官峪村的土话有硬是的意思。

② 土医生:官峪村当地指稍微懂些医术的农户。

③ 常礼:指比较普遍的礼。

疙瘩,冬瓜这些菜,最后再上一个丸子,有"菜上完了"的意思。一个桌上有八个人,上八个丸子,一个人一个,丸子上是要论数的,而不是上很多,随便吃的。人们生活苦,也没啥经济来源,所以待客的时候,也没太多菜样来上,谁家里办事的时候如果能上丸子,那这个招待客人已经算很不错的。

5.教育消费,家庭支持

1949年以前,家里陈万卷和陈万录都在上学,不过陈万卷和陈万录上学不用请老师吃饭,学费也很低。在陈万卷上高中的时候,学费才两块,书钱也不超过两块,书本费是很便宜的。而且家长陈树旗也没有因为陈家家里经济情况转差,而让陈万卷及其陈万录辍学。后来陈万录去广武上学都是走读生,走读生可以不搭伙①,不在学校吃饭,自己拿馍的。陈万卷和陈万录星期回来,家里蒸一大锅馍,都有一大篮,他俩背去,往宿舍一挂,冬天的时候,馍多也不会放坏。等到吃饭的时候,陈万卷和陈万录去茶炉房,拿个茶缸,用热水泡着馍,吃着都很舒服,也没有菜,填饱肚子就行了。陈万卷自己写的打油诗是"家里贫穷背馍上学,喝丸子老板怕我"。

学校的走读生也不是"光"②陈万卷和陈万录,方圆几十里地的农民子弟好多都搭不起伙。开饭时候去茶炉房里用热水泡馍吃的学生很多,都成群结队。街上卖的丸子1分钱一个,一般一顿吃5个都是很多的了,如果吃的太少了,老板就不卖给你了,说你吃的太少搁不住,都没利润了。陈万卷去吃丸子都是把自己的冷馍泡到丸子汤里面,吃完丸子了,再泡点馍去老板那里添汤,很多学生都想到了这个方法,去吃丸子的人很多,吃完都是去添汤的,有时候需要去添两三回汤,老板都怕了,无奈地说:"你们都不是来吃丸子的,都是来喝我的汤呢"。

1949年之前,家里的生活消费比较大,医疗消费、教育消费都是有限的,花费不是很多,陈万卷和陈万录小学是在村里小学上的,更不花什么钱,陈树旗是官峪小学的董事,教师的工资是董事会定的,村里集体兑粮食给教师,小孩子上学不用掏学费。

对于教育的消费,陈家当家人陈树旗一直以来还算比较支持的,再加上陈万卷和陈万录天资聪颖、勤奋好学,兄弟俩在学校时成绩一直名列前茅。因此家长陈树旗也感到很欣慰,举全家之力来培养陈万卷弟兄。

(三)家族可负担一些消费

1949年之前,陈家有家族会,还有一些家族先祖留下来的地。这些地耕种的方式是今年谁种地,谁祭祖,祭完祖后,还剩的有麦子。家族留下的公共地种粮食每年会有些结余,家族会剩余的麦子数量还不太小。

陈树旗家的长工陈江根新中国成立后才结婚,结婚的时候年龄都很大了。如果男方年龄大,只要有女方找,家里下血本,也要给孩子订婚。陈江根家很穷,所以陈江根的父亲把家族会剩余的麦都用来娶媳妇了。陈江根娶媳妇后,家族的人都知道他把"公物私用"了,但都没有深究,也没有说他爸把大家族的共有财产花费了,家族里的人也都知道给孩子娶亲是大事和正事,所以都原谅他爸了。这也算陈氏家族负担了陈江根结婚用的部分费用,如果当事人家实在太过困难,家族会也会提供力所能及的帮助。小家庭里面办红白喜事的时候,大家庭

---

① 不搭伙:不在食堂吃饭的意思。

② 光:官峪土话有"只"的意思。

的人也会来议事。

（四）家户消费，家长主导

1949年以前，陈家家长陈树旗在陈家的日常消费中，是占有绝对领导地位的。陈家的每一笔消费，大到家里的粮食、衣物、人情、教育以及红白喜事消费，小到柴米油盐和日常花销，家长陈树旗都会一一过目，做到心中有数的。陈家的每笔消费都要经陈树旗的手，让陈树旗过目应允后才能进行。因此陈家家里面的粮食消费、食物消费、衣物消费、住房消费、人情消费、教育消费、医疗消费以及红白喜事的消费都是陈家的家长陈树旗决定和安排。

（五）红白喜事，家长出面

1949年以前，陈家家庭内部办事，是不需要告知四邻、家族、保甲长，这些外人一般也不会管。不过在家里办红白喜事的时候，家户可以和家族人商量，而且附近很早之前就把消息传开了，家里谁谁的孩子要结婚了，几月几日办事的，大家都知道了，如果亲戚远，家里人还会提前跑去和人家说，让人家知道这个事，等到办事的时候，可以早些过来。

陈家家里办红白喜事的时候，家里会有"穿帮头"，这个"穿帮头"也就是在家里领事的人。这个领事的不一定是本家的人，村里一般自己家办事家里的人是不出头的。家户会找一些在村里比较有威信，会办事的人作为领班，让他们来帮忙家里办事，并且提供一些建议。

（六）家庭成员在消费中的地位

家长在家庭中消费的地位相对其他家庭成员是较高，陈家的当家人陈树旗在年老的时候，陈家家里对他都比较照顾。陈树旗牙口不好，家里就专门给他做些好下咽的饭菜，比如其他家庭成员都是吃馍馍，会给陈树旗专门再蒸些用白面做的小馒头，此外其他家庭成员都吃野菜，就会给他炒点熟菜。别人都是自己吃自己盛，陈树旗是其他家庭成员给他盛饭，坐在招待客人那个桌上吃饭。

陈家在医疗消费上，家里对待男女是没有区别的，如果有病，都是全力救治的。在教育消费上，家里对待男女区别也不太明显，这个以前普遍"重男轻女"的农村社会是特别难得的。陈树旗是官峪当地为数不多的受过几年教育的人，他对陈家后代的教育还是比较重视的。对于家里的孩子，陈树旗基本一视同仁，有条件的，男孩儿女孩儿都会让受教育，陈树旗觉得学点知识，将来说不定啥时候就会使上。正因为陈树旗比较开明，陈树旗的孙女陈荣花在小时候才有机会受过教育。1949年以前，陈家家里还办过一个私塾班，陈荣花还因此上了好几年学，这几年学习的日子，在之后让陈荣花一辈子都在受用。

陈家当家人陈树旗还会根据情况的发展，你能受教育就接着上学，上学不行，你就辍学。陈元明在高村上完高小，后来等到陈元英生病不在高村教学后，陈元明就停学回家帮衬陈树旗。后来陈元英逝世，因陈家家里极度缺乏男劳力，再加上陈元明本身对学习也不太感兴趣，陈树旗看到二子也没啥继续读书的意愿，也就默许陈元明退学，从此陈元明也就不再去上学，回家参加农业劳动。陈家家里也是根据家庭条件，家长陈树旗允许，家庭成员就可以继续上学，当家人陈树旗不允许，家庭成员就要回家帮衬家里。

五、家户借贷

1949年以前，陈树旗家基本上没有对外借过债，就算有时候日子艰难，也是自己家的人"紧一紧"，节衣缩食，尽量不去别的农户家借债。陈家在1949年以前，没有向其他农户借过钱。不过官峪村里也存在家庭条件不好的农户,日子过得紧的时候,向附近条件好的农户借钱的情况。

(一)借贷情况

1.粮食借贷较多

官峪村的土地没有灌溉条件,再加上河南区域往往十年九旱,尤其在灾荒年份,粮食不够吃可以说是常态。说:"哪敢放开肚皮可劲吃啊,这一季打的粮食,是要顶全家人一年口粮的,当家的都会提前计划好,这一月大概全家吃多少粮食,是有些数的,可不让随便吃的,上季打的粮食是要能吃到接住下季的新粮食才行。"陈家在村里已经算条件还可以的农户,但在粮食储备方面依然算不上充足。

(1)灾荒年份里

灾荒年份,如果粮食不够吃,出去向其他农户借钱或粮食,还是稍微好借一些的。因为农户们都明白,谁家都会有难处的时候,如果真的没到过不去的时候,一般也是不会出来借的。官峪村里住在这的农户已经有几代人,谁家要是粮食吃不上,来到家里借了,大家也都愿意帮一把,有余粮也都愿意拿出来一些,让人家先把日子过下去,不至于饿出事。

(2)红白喜事上

1949年以前,办红白喜事也是一个家的大事,不过也是一笔大的花销。尤其是办喜事的时候,花费是必不可少的。如果家里条件本来就不好,再给女方的聘礼少,就很有可能会娶不到媳妇的。1949年以前,官峪村里就有几个这样的,男方人才挺好,也老实,家里穷,张罗不起来,就错过了最佳的结婚年龄。后来年纪一大,媳妇更难说,就这样耗着,打了一辈子的光棍。不过大多数父母都很注重孩子们的婚事,砸锅卖铁,出门借贷,也要尽力给孩子们说门亲。村里的其他农户也都明白为人父母的良苦用心。所以如果谁家家里因办喜事、给孩子说媒事出来借贷的,农户们如果家里有的,多少都会借他们些。不过以前家里有钱款在手的农户也不多,所以借粮食的比较多,因为粮食是稀缺的,也能拿粮食去换钱或买东西,因此农户之间借还粮食的情况比较多。

2.不轻易借贷

在1949年以前的官峪村,如果谁家是因为赌博输钱而出来借贷的,就不太会在村里农户家借到钱了。因为村民都知道,这钱借出去,再要回来的可能性就比较小了。官峪村的农户认为,谁家把粮食和钱借给赌博的人,说的不好听一点"肉包子打狗,一去不回",他们自己都顾不住自己,更别提会还借外人的那部分。官峪村里有几个爱出去赌博的,每次输光了回来,就去找村里其他农户借钱,刚开始还有农户借。后来周围都知道他们天天出去赌,家里的东西都倒卖干净了,就再也没人借过他们钱了。农户向外借钱或借粮食的时候也会看人的,如果来借贷的人品行不好,没啥信用,借来的粮食和钱也没有用在正地方上,一般农户是不会轻易借贷给他的。

(二)借贷主体

1949年之前,在官峪村里其他农户借贷的过程中,一般都是当家人做主,其他家庭成员不能擅自决定或以家庭名义出去借贷。家庭其他成员出去借贷时,如果当家人没有提前告知或者向其他农户打招呼,委托家里谁去代借,一般农户是不会轻易借给他们的。陈家本家有一个农户的一个儿子因为想买一辆架子车,但没有经过这个当家人的同意,一气之下,这家的儿子就自己出去借贷，结果去借的那家农户就没有借给他，说让他家当家的来才借。农户也害怕是他未经当家人同意，自己出来借贷，到时候当家人不认可或者不赞同，自己就比较麻烦。

在借贷时，家长才是实际的支配者。家长往往可以代表家族出去借贷，在这个借贷中，虽然全家人都要还贷，但其中家长是承担最主要责任的。所以一般农户向外借贷，都是借给这家的当家人，并让他签个借条，署个名，作为以后还贷的凭据。借钱或借粮食，如果是农户之间，关系比较近，不要利息也是可以的。不过有时候借贷也会有利息，甚至利息较高，1949年以前，官峪村也有农户家"放高利贷"，让之前借贷的农户来还款或粮食的时候加算利息。

（三）还贷情况

家户借贷后，等到还款或粮食的时候，是要送到对方家里，而不能让对方上门催的。官峪村里，上门催的不叫"还账"，而叫"要账"，谁家要是被借贷方上门来要账，说出去是很难听的。以前只有村里不务正业，出去吃喝嫖赌，才让人家上门来要账，这是很丢人的事情。这种情况要是让村里其他农户见到了，都会在背后议论，"你看谁家那个当家的又不正干，出去欠了一屁股的债，还要让人家上门来要"。至于还款或还粮食的时间，都是借贷双方早已讲好，一般官峪村当地人都是在麦收或秋收后还款，因为这时候一季粮食下来了，可以用粮食来还款。

当家人在外边欠了账，全家人也是要帮忙还的，因为当家人就代表整个家庭。儿子、妻子对于当家人的债务，都是有责任和义务来还的。官峪村就有这种情况，当家的在外边胡混、不正干，欠了外边好多债。他平时又不回家，债主找不到人，但俗话说"跑得了和尚，跑不了庙"。这些债主就找到了他家里，家里的妻子和孩子虽然对此不知情，但也要承担这笔债务，眼睁睁看着自家的东西、粮食被拿去抵押还债。即使当家人去世了，这个债务整个家庭还是要承担的，他的后代及亲人都要帮忙还清。

六、家户交换

（一）以家庭为交换单位

1949年以前，陈树旗家也和其他农户家进行过经济交换，这一般都是双方当家人安排决定的，不用告知或请示四邻、家族、保甲长。交换以物易物，就比如说1949年以前，麦子快成熟的时候，农户之间会看谁的麦子大，麦子长得整齐，可能产量比较高。

麦子还没熟，其他农户就会和那个人商量，"明年你的麦种让我使点，麦子打下来给我留点种子"，那个农户也回复："要多少，给你30斤吧"。然后其他农户就会把自己的30斤麦子给那个农户用来换种子，在农户之间交换种子也是很普遍的现象，也不需要一方给另一方支付费用。

（二）交换主体

在家里对外的交换活动中，陈家的家长陈树旗也是实际支配者，当家人陈树旗不在家，陈家家里其他家庭成员一般不能做主。

（三）交换客体

1.赶集市

陈树旗家需要购置物品时，一般都去集上，当家人陈树旗也是经常跟集市打交道。高村有集有会,是单日集,比如初一、初三、初五、初七这样的日子都有集,都是隔一天一集,时常有集的,集上的市场还是可以的。家长陈树旗去赶集,小孩子没怎么跟着去过,集离家里也远,陈树旗害怕小孩子跟着自己去,身体吃不消,所以平常都是自己去。高村的集市离家有15里左右,也没啥交通工具,有时候陈树旗走路去赶集,走去都需要3个小时左右。

当家人陈树旗去赶集的时候经常会牵着家里的毛驴去,官峪村的山沟里不好走车,架子车都上不去,所以陈树旗赶集都是走路赶着毛驴去,有时候走累了也会骑着。毛驴就作为运输的小型工具,去会上买点东西,回来的时候,让毛驴驮着。1949年以前,官峪村周围也有太多的集,陈树旗之所以经常去高村的集,主要是高村离家里路比较顺,集市也大,附近油坊村也有集,不过那里的集比较小,商户也比较少,规模不大,货物也不是很全。

1949年以前,陈树旗去赶集,一赶集就是一天,主要是路程太远,早上七八点从家里出发,下午四五点才会回来。冬天一般陈树旗去赶集的时间多一点,夏天去的次数少一点,主要是夏天伏里天天太热,出去一天,很晒的慌,冬天比较好,虽然天有点冷,但不会像夏天热着。家长陈树旗去买东西或卖东西,都会货比三家,看看行情,添置东西,去集市都是陈树旗一手包办,连儿子陈元明、儿媳妇刘玉琴、黄凤荣都很少去,直到陈树旗病了后,陈元明才开始去集市上给家里添置东西。一般去集市办事都是陈家当家的,陈家家里其他的家庭成员都很少去。

2.粮食行

官峪当地是有粮行的,粮食行,都是在高村集上,只要牵扯粮食有关的事情,都是去粮行的,粮行主要是粮食交易的地方,就相当于经纪人一样。比如说有农户现在家里没钱了,想卖点麦子换钱,粮行外边有大筐箩,农户把麦子倒进去,有人过来想买麦子,就会问:"这是谁的麦子?"然后两人就说说价,其中粮行的人会给买卖双方搭个桥,说定个价位,如果双方都同意,粮行的人会量斗①,然后算一斗多少钱,从中收个手续费,也叫经费。粮食买卖也有私下交易的,不过好像去粮行买卖粮食,老百姓都形成习惯了,所以去粮行买卖粮食的人很多。

1949年底到1951年期间,陈万卷去陈元荣家住过一段时间,陈元荣家在高村,陈元荣的丈夫就在高村粮行工作,所以陈万卷还跟着姑父去粮行了几次,对粮行的情况还是多少有点了解的。粮行是需要经过当地政府同意才能开办的,如果有时候有农户的粮食急着卖,但是没人要,粮行就会先把这些粮食收购了,囤积起来。农户急着卖粮食,但卖不出去,粮行商人就会从中取利,稍微压一下粮食的价位,收购起来,之后再出售,赚这个差价。

去买卖粮食,农户家也没有车,有毛驴,就让毛驴驮着,连毛驴都没有,人背着或者肩挑着,直到60年代,官峪当地才开始有架子车了。去粮行也不需要啥手续,直接人背着自己的粮食去就行了。家里粮食交换,会优先考虑跟熟人交换,因为熟人比较知根知底,大家彼此都比较相信,不会弄虚作假,价位和粮食上也不会有大的问题。

3.流动商贩

1949年以前,官峪当地也有流动商贩,官峪当地把流动商贩称作"经货挑",他们摇个拨浪鼓,挑点针线,妇女用的东西,比如融绳,什锦毛线,有红色、黄色、蓝色等,主要是闺女们扎辫子用的。陈家家里也经常跟流动商贩打交道,像买针线什么的,都是妇女去买就行了,

---

① 量斗:就相当于过秤,官峪村人们经常都是用斗称粮食的,而不是用秤。

不需要通过家长。家里在流动商贩那里买的东西除了针线、扎头绳外,还有袜子、帽子这些小东西。

在官峪村,平时来村里的商贩也不多,好长时间也没见到一个。以前流动商贩都是走乡串户的,官峪村在山上,道路交通不便,山路崎岖,平时上来卖东西的商贩会更少一点。通常过好长一段时间,才很不容易的遇到一个上来的商贩,如果这个商贩卖的东西和价位都差不多,村里想买的农户都会买一点。不过有时也会出现商贩提供的食物交换价位偏高的情况,官峪村里也流传这样的俗语"小颗糖豆五分钱三,小孩拿馍也能换"。小孩子没啥零食吃,糖豆在农村还比较盛行,这种糖豆是无色的,价位很便宜,不过在以前馍就比较贵了,因为粮食紧缺。

高村有个老人,经常背个纤袋子,里面装点针,大针小针都有,针用处很大,用的地方也比较多,比如"纳鞋底""引被子"、做衣服等都需要用针,所以农户家都离不开针,使用针的时候也稍微费一点。流动商贩来村里卖东西的时候,村民可以跟他们讨价还价,除了用钱买,还可以用食物交换,比如说用一个鸡蛋换几个针。妇女跟流动商贩打交道,不需要得到当家人的授权就能跟商贩打交道,她们单独就可以去流动商贩那里买东西,官峪村当地对妇女的管制没有那么严,不是说只能待在家里,无论什么时候都不许出去抛头露面的。

(四)交换过程

陈家在对外进行交换时,一般家长陈树旗都会货比三家,尽量买到物美价廉的物品。陈树旗出去赶集为家里添置东西,宁愿去离家较远的高村赶集也不太想赶离家近的油坊集。其中最主要的原因,除了油坊的集市比较小,东西不全之外,还有卖东西的人也比较少。有时候看重一样东西,想跟他们压一下价,但因为整个集市卖这件东西的人不多甚至只有这一家,这时候往往不太好降价。因此陈树旗平时去货物比较多、卖东西人也比较多的高村赶集,这样他就可以多比较几家,买到比较心仪的物品。

1.熟人交换

官峪村里在高村乡集里做买卖的农户不多,偶尔有几家在集市上卖些东西。不过家长陈树旗买东西的时候也不太会去熟人那里,因为熟人也不太方便说价。都是一个村的,不说价,害怕价位买高了,但说价,关系又比较近,也不太好意思开口。因此陈树旗去赶集时,一般不会特意去村里熟人那里买东西。

2.坐柜先生

官峪当地有"柜先"①,也叫坐柜先生。比如村里二队满良他爸,会打算盘,曾经在油坊的粮所给人家做会计。此外也在粮行给人家当过"柜先",干些坐柜、管账的活计。

3.经纪

1949 年以前,官峪当地也有经纪人,农户双方买卖地,大家族里面有什么事情,都是需要经纪人出面协调的。比如说种家族里面的地,说有 3 亩,但谁能证明 3 亩地,会不会有多的或少的亩数,这时候经纪人就会亲自到场,测量、计算,看看真正有多少亩地。1949 年以前,说媒的媒人也属于经纪人的一种,也是需要从中说和的。陈家家长陈树旗找经纪人,也不是同族同村的优先,找经纪人最主要是有经验。

---

① 柜先:当地对坐柜先生的简称。

村里也有买卖牲口的经纪人,买卖牲口找的经纪人就需要对牲口买卖比较懂哩,还需要家里人给经纪人一点入手费,让他帮家里说话。如果看中哪个牲口,可以让经纪人去帮自己说和说和,自己买人家牲口想掏哪个价的,经济人也会问买主想要给的价位,不过大多不会明说,而是"摸码",就是用衣服或手巾盖着,用特殊的代表数字的手势致意,然后让经纪人在中间说和。一般都是谁是买方,谁找经纪人,如果经纪人向着你,会尽量满足你的要求。

4.交易要过斗

1949 年以前,在高村集市的粮行里,交易不过秤,是过斗的,还有专门量斗的人,这些人声音洪亮,还需要嗓子好,过斗还要唱着说,"一斗哩,二斗哩,三斗哩……",他们量着还会唱着,声音很大,好远都能听到。粮行那里过斗过得都是卖方的粮食,粮行的斗,一小斗是 12斤,一大斗是 30 斤。过斗一般也不会缺斤短两,不过粮行里面过斗也是有窍门的,比如过斗的人挖起来一斗粮食,是要用"过斗棒"的,因为挖起来的一斗粮食上面不会那么平,高一点,就会用过斗棒刷一遍,斗里的粮食就平了,不过过斗的人也可以往下顿一顿或拍一拍,斗里的粮食就下去了,斗里装得粮食就很密实。粮行里面过斗的叫作量斗员,专门干过斗这个活儿的。

5.熟人赊账

官峪村农户跟买卖人熟悉,也可以赊账,比如是自家人就会说:"现在手头没钱啊?"卖东西的人跟自己家熟悉就会说:"没事,先拿走吧。"最重要的是买卖双方比较熟,如果熟,不仅商铺能赊账,摆摊的也能赊,但要是两方不熟,别说摆摊的赊不了,商铺的也难赊。官峪村的农户一般不会光口头赊账,基本上都要记账的,也会记上日期,什么时候收账,等还上后,才会把赊账的记录消除。

1949 年以前,官峪村有些农户当家人出去或者跟人家交易的时候也赊过账,不过只有当家人才有资格赊账,只有家长赊账店家才会承认,家里其他成员去赊账,店家是不会让赊的。但是如果真的未经家长同意,其他家庭成员单独去赊账了,但办事要正当,那家家长也要认账,将来也要去还。

第三章　家户社会制度

　　1949 年之前,陈家后代的婚姻情况,总体来说是父母之命,媒妁之言。陈家的当家人陈树旗以及陈张氏对子以及孙子、孙女的婚姻有主导权。陈树旗家没有纳妾、童养媳、入赘、休妻和改嫁情况,不过这些情况在陈家大家庭和官峪村还是存在的。陈家有守寡的情况,但没有非婚生子的状况,陈家家长对后代的多生多育也没有太多要求,顺其自然,但是在坐满月、举行满月仪式和给后代取名字上,陈家还是较为重视的。

　　在 1942 年,陈家大家庭就因为大饥荒和内部矛盾重重而分过一次家。陈家家庭成员在内部交往中,除了婆媳之间的关系稍有摩擦外,父子、兄弟、妯娌、夫妻关系都较为和谐,冲突较少。在陈家和外部交往的过程中,一直都和其他农户互帮互助,所以陈家和官峪村里的其他农户关系都较好,也没有发生什么大的冲突。

一、家户婚配

(一)家户婚姻情况

　　陈家在 1949 年之前,家里一共有四对已婚的夫妇,分别为陈树旗、陈张氏;陈元英、刘玉琴;陈元明、黄凤荣;陈万卷、杜梅香。其中陈荣花也是在 1948 年底出嫁的,陈家家里陈万录年纪还小一点,未结婚。家里没有离婚的,也没有光棍,不过有守寡的,陈元英去世的时候才 35 岁左右,之后刘玉琴就一直守寡,直到 1982 年去世。

　　1949 年以前,通婚的范围都是在本地方圆十里地左右,其中跟邻村刘沟村嫁娶的最多了,陈张氏、刘玉琴、黄凤荣的娘家都是刘沟村的,陈荣花的婆家都是找的刘沟村的,等到刘沟村会[①]的时候,家里面在那里都有四五家亲戚,杜梅香也是临近村牛口峪的。嫁娶是需要媒人从中说和的,男女双方直接见面的不多,形容男女婚嫁的俗语"隔着布袋买猫,买到啥是啥"。因此,成亲前都是男女家长去了解,男女双方极少直接见面了解,或者男女双方通过自己的家长去了解对方情况,比如说对方家是哪里的,家里的情况怎么样。

　　陈万卷和杜梅香结婚之前就没有见过面,中间完全靠父母了解和媒人说和。陈家家里说只要女方愿意结婚,两家看好了就可以订着,实际陈万卷跟杜梅香还差几岁,陈万卷 15 岁,而杜梅香已经 17 岁。之前陈元明和黄凤荣结婚的时候,两个人也没有见过面,1949 年以前,官峪村的农户结婚前,基本上是不允许男女直接见面,都是父母之命,媒妁之言。

　　1949 年以前,官峪村的媒人一般也会先从附近村里适龄的男女中选择"说媒",村里嫁

---

① 村会:农村一年一度的集。

过来的媳妇,也会帮忙介绍自己娘家附近的未婚女子给村里的未婚男子"说好"①。而且男女想私下直接见面,相互之间了解也没啥机会,平时男性都是跟着家长去地里干活,女性大部分时间在家收拾家务,只有收秋或农忙的时候才会跟家长出去,去地里帮忙。村里也允许同姓结婚,对男女双方同一姓氏也没有很避讳,此外村里也允许同村结婚,结婚的范围也通常在方圆十里以内。

1949 年以前,适龄男女结婚,还是要讲究男女双方的家庭是门当户对的。大家户一般不会跟小家户通婚的,这也是忌讳,觉得不是门当户对,因此官峪村就有"官找官,民找民,庄稼汉还找那种地人"这种追求门当户对的说法,读书多的一般也不会找读书少的,在官峪村农户眼中,书香门第跟小家小户还是不相配的。新中国成立后,尤其是土地改革运动之后男女结婚,还会特别注意土地改革运动时划分的家庭成分,因此家庭成分高的家庭,比如地主、富农他们的后代都是很难订婚的。自己家里如果成分太高,贫下中农都不愿意找"地富"②做亲家,他们会嫌弃地主富农家的阶级成分太高,而更倾向于找跟自己家阶级成分相同或者相似的。

除此之外,家里的人口规模对婚姻也有一定的影响,比如说家里人多弟兄多,家里条件还不好,住的庄子③少,结婚后有可能是没地方住的,所以一般家庭都不希望女孩儿嫁到穷并且兄弟多的家里。1949 年以前,官峪村也有如同买卖一样的婚姻,对于家里条件不好的男方来说,如果有女方可以嫁过来,就算家里借外债,也在所不惜。男方家父母给女方家可观的聘礼,想要先把婚定下来,给孩子一个着落。陈家的长工陈江根订婚的时候,陈江根的父亲东借西借,甚至挪用家族会的余粮,才好不容易凑够了 18 担麦子给女方家送去,把陈江根的婚才定下来。家里三世同堂或四世同堂的大家户,还主要看家里的经济情况,如果经济情况好,后代结婚才比较讲究。

(二)婚前准备

1.父母做主

1949 年之前,家里适龄儿子娶媳妇一般是长辈比较关心,很少家里孩子会向父母主动要求娶亲的,因为父母早都开始给他们做打算,给自己的孩子做安排了。孩子的婚事都是当家的做主的,陈万卷的婚事陈树旗和陈张氏做主的,不过也会和刘玉琴商量,孩子婚事商量的时候不会告知四邻、家族和保甲长。如果家长愿意孩子不愿意,家长会尽量做孩子的工作,商量之后孩子如果还不同意,家长甚至会强迫,给孩子压力。陈家邻居的孩子不想成亲,家里面的长辈就向那个孩子说:"你还想找个啥哩,人家闺女不错呐,嫁到一块啊,你不要'捏'④了,再捏你尾巴就要翘起来了。"孩子的婚姻,不管孩子同意不同意,家长都要包办的,也会强迫进行。

家长等到孩子的婚事商量好了,才会告知四邻、家族和保甲长,而且这个好消息也会很自然地散播出去的,家长都会很高兴地对四邻说:"孩子订了,盼上好了⑤",而且会约定一个好日期,通知亲戚朋友说:"俺的孩子啥时候办事,你们都要来啊"。

---

① 说好:也就是"说媒",这是官峪当地对"说媒"的另一种叫法。
② 地富:官峪村当地对地主、富农的简称。
③ 庄子:房子。
④ 捏:官峪当地挑剔的意思。
⑤ 盼上好了:当地话订好婚的意思。

2.对女方有要求

1949年以前,陈家给男孩子订婚的时候,对女方是有要求的,比如长相、年龄、脾气品行、家庭条件方面都有要求。这些对女方的要求一般都由当家的或者父母提出来,有时候家里对女方的长相也会很挑剔。比如说,女方长得不太顺看,眼睛有点小,或者皮肤有点黑等,这些都会成为陈家长辈在意的方面。陈家的长辈在男女方订婚前,是要见女方一面的,陈家家里还是倾向于找那种落落大方的女孩子。至于年龄,一般男女是要相配的,不过要求不是特别多,比如男的比女的大七八岁也是很常见的,农村有"男的大十岁八岁,跟女方算是同年同岁",在官峪村农户人眼中,男的比女的岁数大点是不算大的。但女方不能比男方大的太多,顶多四五岁都算大的了。

陈家家里对女方的德行名声以及持家做家务等,还是有要求的,不过这些要求的高低和程度,还是需要看男方家里的具体情况,如果说男方年纪大了,家里经济条件又不行,不好找媳妇,那女方什么样的情况都可以,男方家也会迫于形势对女方没太多的要求,地方的俗话会说:"咱摘一朵花,对花根上的部分就不管了"。

陈家在1949年以前,家里子孙婚配时候对女方的要求还是有的,比如说相貌,杜梅香年轻的时候"人才"①挺好的,瓜子脸,个子也不低,还很白,还有年轻时候的黄凤荣是很能耐的,很会做活儿。不过陈家对女方的家庭条件没啥要求,杜梅香家是贫农,不过杜梅香的姥爷和陈树旗都是村里的文人,互相间也比较了解,杜梅香家里虽然贫穷,但陈家家长陈树旗说:"咱不管人家家的条件,只要人家闺女可以就行",陈家对门当户对看的不是特别重。

3.对男方也有要求

陈荣花出嫁时,陈家家长给找婆家的时候对男方也有要求。比如男方要是实在人,老实一点,不过陈家家里对男方的长相、年龄、家庭条件要求不多。陈荣花比她的丈夫张百作大四岁,张百作家里条件相对一般,在官峪村算中等的条件。如果要对比,陈家的家庭条件还要稍好于张家,但陈家家长陈树旗和妻子陈张氏觉得张百作看起来是老实人,也勤劳能干,能做事,和自己的孙女陈荣花也相配,所以陈树旗就同意了这门亲事。陈家家里对男方家里的条件也没有特别挑剔,而是比较注重男方的个人品德、为人处世,对门当户对这些世俗条件也不是特别看重。总的来说,陈家对自己家子女的择偶标准要求比较宽松,婚配标准也不太高。

4.婚姻目的,生儿育女

官峪村的农户结婚最重要的目的,是生儿育女和传宗接代,官峪村绝大部分包括陈家在内,都觉得孩子结婚给家里"添添口",让家里人丁兴旺。陈万卷之所以结婚较早,也比较仓促,因为陈家家里想着趁着新中国即将成立,还没划分土地和家庭成分,让媳妇早点过门,会多有一个人口地,所以陈万卷结婚,为了大家庭的成分居多。

5.自由恋爱极少

在1949年以前,陈万卷的同辈里面,还没有听说有自由恋爱和私奔的,在传统的社会中,父母包办婚姻,不允许男女之间自由恋爱。无论大户小户,都排斥自由恋爱,在农村社会是不允许的,如果自由恋爱了,家里会说你败坏门风。

---

① 人才:当地对人相貌的别称。

6.聘礼、陪嫁

1949 年以前,官峪村不同农户的孩子结婚给对方的聘礼也有可能是不同的,这主要看对方"张多大的口",对方要的多,就会多给点,要的少,有可能就少给点。陈万卷结婚的时候,由于陈家家里对杜梅香娘家比较熟悉,加上婚结的也比较仓促,所以陈家给杜梅香的聘礼不太多,也可以说是很少的。

不过陈荣花结婚的时候,陈家家里送的是有陪嫁的,女方结婚,陪嫁与否,陪嫁东西有多少,要看女方家的条件。所以陈荣花结婚的时候,陈家家里陪嫁的东西比较重,因为家里有陈万卷、陈万录,陈荣花是孙辈中的老大,也是仅剩的一个女娃,再加上刘玉琴有点积蓄,有"压箱底"的东西,"打发"①陈荣花就拿出来了一部分,也有那个实力去"打发"。黄凤荣嫁到陈家时,带的嫁妆就很重,有两个大箱子,里面装着很多衣服、布料。因为黄凤荣娘家有三个弟弟,就她一个闺女,所以女方家里比较重视,陪送的东西也就比较多。

7.订婚

1949 年以前,男女双方结婚之前都是要先订婚的,也签订婚契约,叫转契,男方会请媒人和家里的人定好契约,然后送到女方那里,女方只要接到契约,两家就算已经定亲。陈万卷和杜梅香订婚的时候,也向杜梅香送过转契,杜梅香收到后,还回赠陈万卷一个袜袋,这个袜子都是长筒袜,不过也有用布条撕的那种腰带。

这个袜子和腰带相当于男女之间的信物,不过男方除了转契之外,也会给女方送东西,比如送给女方一个银木梳,是银制得那种,这样女方用起来比较富贵,有"穿金戴银"之说。订婚后,男方和女方家虽然也有来往,但不像现在这么频繁,实际上男方和女方家长也是不经常见面的,主要是靠媒人说和,媒人就相当于男女方之间的"联络员",负责交流两方的感情。

订完婚后,男方会通过媒人向女方传达可以"看好"②,结婚的时候是要择个吉日良辰去"送好"③,"送好"不能隔夜,隔夜比较忌讳,觉得会对新人不好,所以一般都是早上写好,用一个信封装着,上午就要送,写"送好"内容要用一张长方形的红纸,里面平均折成 4 份,把内容写在上面,写完之后再重新叠起来。

"送好"第一份纸上的内容是:"谨择良辰,定于某年某月某日,'这里阳历和阴历都要写上',遣小迎亲",第一份纸上的内容写到这里停止。之后接着写到第二份纸的上面,"高门或者贵府",这两个字都要写到第二份纸的上面位置,而不能是纸的下端位置,说明把亲家看的很重,"世俗忌详列以后"。第三份纸上会写具体忌讳的事宜:"比如第一上车要面向正东方,迎喜人之大吉。第二是下车面向哪儿,迎贵人之大吉。第三送亲之人,忌哪三个属相,但内亲不计。"婚车主要是牛车和马车,媒人会根据新人的属相、生辰看上车下车面朝的吉利方向,不同年月的人,面向的方向是不同的。以前送亲跟新人忌讳的属相是不能去送的,不过内亲,比如亲弟弟、妹妹是可以忽略忌讳属相的。第四份上写:"大德望④什么翁,老亲家台下,姻眷⑤携小脱帽鞠躬。"背面还会写上祝福话,比如天长地久、天赐良缘这些对新人的祝福。

---

① 打发:官峪当地送闺女出门的意思。
② 看好:寻个好日期结婚的意思。
③ 送好:也相当于婚书。
④ 大德望:指有德行和声望的人,这里是对亲家的尊称。
⑤ 姻眷:指写婚书的人。

8.悔婚

1949 年之前,村里其他人家也出现过悔婚的情况,官峪村的俗语:"谁家的亲事又黄了[1]"。悔婚一般发生在订婚以后,指在男女双方还没结婚的时候,一方或者双方已经不同意继续婚约。悔婚又叫"毁约",悔婚是不追责的,男方或女方都可以提出来,如果女方在未结婚之前了解到男方家里或者自身有什么问题,是可以不愿意的。

(三)婚配过程

陈万卷结婚时的方案是陈家家长陈树旗制定,媒人也是陈树旗去安排的,婚帖署名也是署的陈树旗的名字。陈万卷结婚,刘玉琴没有怎么费心,陈家家里陈树旗当家,陈张氏也比较执事,也不怎么征求刘玉琴的意见。官峪村农户结婚宴请客人,也叫"动客、待客",指出桌招待客人,这里的客人指凡是上礼的、道贺的人,陈家办喜事时,请来帮忙的主要是乡亲邻居。

(四)婚配原则

1.无明显长幼顺序

1949 年以前,陈家一般遵循家里长者先结婚,幼者后结婚这个准则,不过具体情况再具体说。陈家大家族中也出现过大的儿子订不了婚,但同时小儿子的年龄也到了,并且小儿子的相貌、才能等条件都比较好,正好也有闺女愿意自家的小子。那陈家大家庭家里也不会管太多了,长辈也不会太注重长幼顺序,只求先定下一个孩子的婚约。人还说:"根据作物生长都是大麦先熟,小麦后熟,大麦不过小满,小满不过芒种。"如果哪个家里弟弟先结婚了,村里人都会笑说:"他们家小麦先熟了,小麦熟到大麦前面了。"那时陈家也没有如果长者没有找到媳妇,幼者就不能娶亲或者哥哥没有娶亲,妹妹就不能嫁人这样的禁锢。

2.婚礼主要花费

陈家婚礼花费主要在待客吃饭上,一般从年前就开始准备粮食,比如谷子、麦子等,婚礼花费的钱当家的负担,当家的作难,这也是由于孩子也没啥收入,没有经济来源,家里的财产都在当家那里,所以自然而然的婚礼的花费都是当家出的,陈万卷结婚时所花的费用当家人陈树旗出的。

(五)其他婚配形式

1.纳妾

陈树旗以及子辈孙辈都没有纳过妾,都只是娶了一房太太。不过在陈树旗辈的大家庭中,曾出现过纳妾的情况。陈树旗的二爷,娶的大房[2]之后,生了两个女儿。但因为大老婆没有生出儿子,二爷又急于求子,因此就又纳了一个小妾,想让这个小妾再给自己生个儿子,不过这个小妾到了陈之后,就好吃懒做,也无所出[3]。后来赶上 1942 年的大灾荒,二爷出去逃荒了,跟纳的这个妾也不欢而散。在官峪当地,纳妾的情况虽然不是很普遍,不过在陈树旗辈也不是很罕见的事情。

1949 年以前,农户纳妾一般是男方提出来的,并且得到家里的同意,纳妾花费甚微,因为一般娶的都不是之前未嫁过的闺女,除非是特别富裕的大户家庭,不然未出嫁过的闺女

---

① 黄了:分手的意思。

② 大房:大老婆,正妻的意思。

③ 所出:指生育孩子。

家里是不会让嫁过来为妾的,所以那些过来为妾的往往是之前已经嫁过人的,也因此男方给女方家的粮食和礼就比较少。纳妾也不用"动客",一般都是晚上娶,女方一到家,男方家里一放火鞭,就入洞房了。

2."小应媳妇"

1949年以前,官峪当地也有养童养媳的,或者家里的女儿去人家家里做童养媳的,当地对童养媳也有特别的叫法,叫"小应媳妇",意思很小就答应当人家的媳妇了,不过没有举办婚礼,家里还是当闺女待得。童养媳一般都是七八岁,或者十几岁没到结婚年龄,就来男方家。男方父母考虑到将来孩子不好订婚,就提前安排好,做童养媳的女方家大多都是家里比较贫穷,一般家里条件差不多的农户也不愿女儿在别人家做童养媳。这个童养媳也算有点买卖性质,跟抱养似的,男方家一般给女方家的报酬比较多,女方家里比较贫穷就会同意。特别是在1942年大饥荒的时候,村里好多人携家带口出去要饭,因为没吃的,有些家里有女儿的在逃荒的路上,遇到合适的人家,都给人家做童养媳了,为了多获得点吃的或者粮食。闺女只要有人收留,就让她们"逃个活命",主要是跟着父母自己也不知道会是死是活,家里已经无力抚养了,都出来逃荒了,所以村里出去逃荒的农户好多闺女都卖到陕西那边。

不过1949年之后,也有好多闺女又回来了,这些闺女之所以回来,是因为她们被卖到那里,给人家做童养媳,好多都受尽折磨,被人家百般虐待,有些回来头发都是不完整的,这都是被打和撕拽的。童养媳都是寄人篱下,没有一点家庭地位。这也跟男方家人的心地是否善良有关,有些是把女方当闺女和媳妇养的,真心待她们的,但有些男方家对童养媳要求很苛刻,看人很不顺眼,觉得女方"立的不正,坐的歪",很挑女方的毛病,甚至一言不合就拳打脚踢。

3.改嫁

改嫁在官峪当地也叫"又走了",改嫁一般都是妇女因为亡夫而再嫁,但其中因为被休掉而改嫁的妇女则不多。1949年以前,由于医疗条件限制,男性配偶去世的情况较多,所以女方再找再嫁的概率就比较大。

在陈家大家族里就有女方带着原配偶的孩子,再改嫁到另一个男方家的情况。女方再次改嫁后,也有依然过的不如意的情况,比如再嫁的男方在之后又去世,也说这个女方嫁的两任丈夫都去世了。在陈家大家庭里,也有女方又从改嫁家里带着前一任丈夫的孩子,再次回到原配偶家的情况。陈树旗的二姑刘陈氏再嫁后带着孩子又回到第一任丈夫家,刘陈氏第一任丈夫的父母念及旧情以及家中香火传承,且在知道刘陈氏第二任丈夫家中对此也没有怨言时,就重新接纳刘陈氏回到家中。

1949年以前,改嫁也是需要媒人的,男方或女方是需要向媒人透露个意思的,媒人了解到一方的愿望或者想法之后,去给另一方游说、牵线。女性再改嫁,男方家里不用写契约,因为不是初婚,不用写转契什么的。也不用举行典礼,因为在官峪村的农户看来改嫁也不是很光彩的事情。

4.入赘

1949年以前,陈家家里也有入赘的情况,陈树旗的一个本家二叔只有两个女儿,在大女儿出嫁后,家里只剩下小女儿,而这时陈树旗的二叔二婶年纪也慢慢大了,如果小女儿再嫁出去,他们两个就无依无靠了,所以陈树旗的二叔二婶就招了一个入赘的女婿。男方入赘,也不会特别被同村人看不起,这主要还看男方在女方当地怎么混了,看男方会不会为人处世以及有没有才能,有些入赘过来的男方在女方当地的人缘还挺好的,办事说话都可以,那女方同村的人还是很看得起的。

招入赘一般是父母决定,不过也要和女儿商量,征得同意。入赘的婚礼和正常婚配一样,家里都会大操大办的。不过结婚之前女方要去男方家住一段时间,然后男方来女方家住,等结婚的时候,男方从女方家出发,在去自己家把女方接过来,不过婚礼的花费是女方负担。一般入赘的男方家里都是兄弟姐妹较多,家庭条件不太富裕,男方亲事不好定的情况下,男方才倾向于入赘。

(六)婚配终止

1.休妻

陈家没有过休妻的情况,不过在官峪村里,有农户休妻的情况。休妻基本上有几个主要的缘由,一种是不生男孩儿,或者不能生育的情况。在以往农村,人们通常说的"不孝有三,无后为大",所以如果娶进来的媳妇,生不出男孩儿或者不会生育的,男方家是可以理直气壮地休妻或者纳妾的。官峪村就有一个农户,因为媳妇连续生了三胎都是女儿,而男方父母又求孙心切,所以婆媳矛盾也愈来愈大,后来男方也挨不住压力,就把女方休了。

如果不孝顺公婆或者和公婆相处不融洽,尤其是婆媳之间无法好好相处,女方也是会极易被休的。当家人一般都是男方父母,一旦女方嫁进家门,言行举止问题颇多且不被男方父母喜欢,那日子是很难过的。平时受到男方父母的言语呵斥倒是其次,如果言行略微顶撞或冲撞到长辈,男方父母会向其儿子反映,让儿子对媳妇多加管教,更有甚的,直接劝其休掉。挨着陈家的一个农户,新嫁去的媳妇,有次忙着做饭就一时疏忽,忘扎了"裤脚"①就去给公公端饭了。结果这个公公看见媳妇没扎裤脚,当即就变了脸色,认为这是媳妇对自己不敬,于是就愤愤回屋,连饭都没吃。后来儿子去地回来后,这个公公就立马把儿子叫到自己屋里,让他回去好好教育自己的媳妇,别让她出去丢家里的人。

除此之外,如果女方嫁为人妇之后行为放荡、不守妇道或者行事泼辣,这些都会成为女方被休的首要缘由。农村对女方的名节看的很重要,如果女方已为人妻,还在外边跟其他人不清不楚,这是绝对不允许的,认为这会败坏家庭甚至家族名声。休妻,可以是公婆提出,也有丈夫自己提出的。不过当家人比男方的父母权利更大一些,对于自己儿子是否休妻是完全可以做主的。

2.守寡

陈家家里有守寡和丧夫的, 陈树旗的儿媳刘玉琴和三弟媳都是中途丧夫, 之后守寡终身。陈树旗的儿媳刘玉琴是1943年守寡的,陈树旗的儿子陈元英因患肺结核去世。陈元英去世的时候,留下了两个儿子和两个女儿,即陈荣花、陈万录、陈婷妮以及陈万卷。陈树旗的三弟陈树屏是1942年大饥荒饿死的,陈树屏去世的时候,家里有两个儿子,陈连科和陈连臻,以及一个女儿陈清莲。陈树屏逝世后,三弟媳家里也没有婆婆和公公,也没有长辈,后来都是陈树旗的三弟媳自己当家,三弟媳因没有了丈夫,再加上本身性格也较为强势,雷厉风行,在家里的日常对外交往中也能独当一面,所以当家期间也没有受到过村里其他农户的欺负。

---

① 裤脚:1949 年之前,官峪当地的习俗,女方平日在外必须要扎裤脚。

不过刘玉琴在家里就没有什么地位，陈张氏是典型的封建宗法制的家长，直到1949年杜梅香进门后，杜梅香跟刘玉琴都是一块在家忍辱负重，甚至受气挨骂。陈万卷及其陈万录之所以初中背馍上学，陈张氏在心底里不是特别愿意陈万卷及其陈万录继续学业。杜梅香蒸馍，陈万卷和陈万录赶紧把馍背走，还没走出家门，陈张氏就骂起来了，说："净吃才，吃她孩子①胳膊上的血呢"，这是奶奶陈张氏为二儿子陈元明申诉，主要陈家的当家人陈树旗也病了，家里主要男劳力就二儿子陈元明一个人了，说实话过得也挺艰难。不过陈家家里也有很多杂活儿，比如收秋，收拾家务，都是刘玉琴和杜梅香在忙活着，也是没有在家闲着，同样很累的。

从陈家的情况来看，媳妇在家的地位还是比较低的，尤其是在丈夫去世后，守寡的媳妇在家的日子就更难熬。在陈婷妮因病去世后，刘玉琴带着陈荣花也回过娘家一段时间，由于陈元英是前两年刚去世，所以一连串的打击下，刘玉琴回娘家住了一段时间，去缓和缓和了心情。陈万卷和陈万录留在家里让陈张氏照看，陈万卷说也挺凑巧的，几个月都没见母亲了，陈万卷和陈万录怎么会不想，陈万录都上二三年级了，已经会写字了，陈万卷就给陈万录商量，咱给咱妈写封信吧，写的是："想你了，妈，你回来吧！"刚写完，刘玉琴就从娘家回来了，说到这里，陈万卷不禁热泪盈眶，虽然往事已多年，但现在提起，陈万卷依然难以忘怀。

刘玉琴回娘家是征得陈树旗和陈张氏同意的，他们也看到陈元英走了，陈婷妮也走了，刘玉琴心里难受，也允许刘玉琴回娘家住一段时间。如果陈元英去世，身边没有孩子，妇女往往会改嫁，旁人也会奉劝："你熬啥呢，都没盼头了！"相对于人口众多的大家族来说，小家小户守寡是更难得，因为家里没什么长辈、兄弟姐妹，或者妯娌，妇女就很容易带着孩子改嫁。

妇女改嫁的时候，往往本人做主，娘家也比较支持，改嫁后的妇女也是可以进祖坟的，甚至改嫁后又回来进原配家的祖坟的，这家里一般也不反对，觉得如果这样，也是对之前去世的人的一个遗憾和缺陷。

1949年以前，官峪当地还有"配鬼妻"的习俗，家里如果有已成年但未结婚的孩子去世，家里还倾向于在给他或她找一个同样这个年纪去世的作伴，两家家长商量，如果两家家长都同意，男方家长就会过来把女方的坟启走，和家里的男孩子葬在一起，让他们做个伴儿。如果实在找不到，父母为了表达自己的心意，甚至会扎一个草人，放在棺材里，陪着自己的孩子。

二、家户生育

（一）生育基本情况

1.生育概况

陈树旗辈的3个兄弟的生育情况分别是：陈树屏两男一女，陈树旗两男一女，陈树樟两男一女，陈树藩两个女儿。陈元明有两男一女。陈万卷有两男三女，陈万录有两男两女。在村里陈家算是中等农户的人口量，在生育的子女中陈婷妮夭折，还有陈万卷的第一个孩子也夭折了，不过陈家的孩子没有被丢弃、买卖，以及溺婴的情况。

---

① 孩子：这里指陈元明。

2.非婚子

陈树旗家没有出现未结婚就怀孕的情况，陈家家长陈树旗以及陈家长辈对家里女孩子的管教较为严格，认为女孩子应恪守礼义廉耻，不能做出私定终身这种有辱家族名声的事情，更不允许她们私自在外与男子非婚生子，败坏家族门风。

不过村里出现过未婚先孕的情况，女方生下孩子后，家里人把孩子扔到井里面了，结果那口井都不能用了。女方是跟有妇之夫有私情，后来怀上孩子，但男方没能力再娶二房，所以女方家里无奈就把孩子扔在井里面溺了。

（二）生育的目的与态度

陈家家庭成员认为生育最重要的目的是延续生命，即传宗接代，传承香火。1949年以前，官峪村如果谁家里没有孩子或没有男孩儿会很绝望的。陈家本家有个亲戚叫陈作肃，生了两个女儿，比较想要儿子，但是一直没有，之后就做了一首打油诗来调侃自己，打油诗的内容如下：恼恨苍天不睁眼，您咋不管人间暖与寒。俺二人若把良心坏，您早该让五雷把俺来轰。俺二人都没把良心坏，您咋不给俺送条后代根。为人无后最不孝，难对列祖和列宗。陈作肃花甲无依靠，门前护苗度残生。年复一年人弥老，贫病交加难活成。之后陈作肃还给自己和妻子写了首打油诗，内容如下：夫妻二人站门前，照常每日看田园。如若不把田园看，鸡把田苗都毁完。我不说你不会生，你也别说我不中。陈作肃除了通过时不时做打油诗来寄托自己对男孩儿的渴望之外，甚至还和妻子商量要纳个二房来给自己生子。陈作肃的妻子由于长期遭受公婆白眼，有苦难说，再加上丈夫也时时提起生子的事，所以她也无能为力，只能同意。不过因为家里经济条件限制，陈作肃这才作罢，放弃了纳妾的念头。

陈家陈作肃的所作所为以及这两首打油诗都形象地反映了农村人对男孩儿的渴求。所以在子女生育上，村民是更倾向于生男孩子的，生育在家庭再生产上发挥着家族延续的功能。女的有三从四德，其中一个不德是无后为大，官峪村的农户之所以都倾向于生男孩儿，是因为农户们觉得女孩儿都是要嫁给人家的，不是一直属于自己家的，闺女都是人家的人。而男孩子是给家族开枝散叶，延续香火的。所以有时候有些农户家生的男孩儿不太精细，但女孩儿反而长得很伶俐。村里人就会说："你看，好树栽到别人家了"。

1949年以前，官峪村也普遍盛行养儿防老这样的习俗，觉得有男孩子了，将来就有指望和依靠了，等自己年老的时候，儿子就算再不济，他们也会迫于人伦道德的压力，照顾自己的生活起居。

1.非早婚早育

1949年以前，陈家的孩子一般20岁左右结婚，陈万卷15岁结的婚，在家里面都算早婚的，陈元明是20岁结婚，陈荣花18岁结婚，之后陈元明的妻子黄凤荣是23岁左右才生育，陈荣花也是到20岁才生孩子的。所以，从陈树旗家的家庭成员的婚育情况来看，陈家不属于"早婚早育"的家庭，从官峪村内来说，陈家后辈的婚龄甚至有些推迟。

2.生育顺其自然

陈家觉得孩子"有，就行了"，对多生多育未有太大要求，认为孩子太多未必好养活，所以黄凤荣在生完两个孩子后，就没有再生过，陈张氏也没有狠催陈元明他们，就顺其自然。1949年以前，官峪村农户对男女性别的孩子的评判标准是五男二女，觉得五个男孩儿，两个女孩儿这就算儿女双全，最好的了，这样才觉得比较幸福和满意。

(三)生育过程

1.早婚早育,多子多福

人们之所以愿意生那么多孩子,主要是因为人们觉得这样人丁兴旺,孩子多比较受人尊敬,在外边说话也比较有分量。子女多的家庭和子女少的家庭在村里的地位还是有所不同的,一般家里孩子多的家庭出来说话都比较霸气,口气也比较高傲。如果家里没有儿子,家人会从心里觉得不如别人。村里有两个挨着的邻居,一家有孩子,一家没有生孩子。有孩子这一家就给没孩子这一家说:"扇扇不如自来风,养不如自己生"。

除此之外,村里还有这种情况,村民陈作法的父亲因病早年逝世,而陈作法年纪尚小,和母亲相依为命,还无力照顾爷爷奶奶,所以陈作法的爷爷奶奶两个人住在一个窑洞里,圆圈放着柴火,铺了一个很简陋的地铺,门前只有七八分地,秋麦两季就依靠这点地生活的,虽然山上也有点地,但是陈作法的爷爷奶奶因为年老而无力耕种。因此他们只能种门前这片地来维持生活,因为没有足够的经济来源和粮食储存,陈作法的爷爷和奶奶整日缺衣少食,逢人都说:"新年新春新节气,旧鞋旧袜旧衣裳","啥都争但不蒸馍",因为没有多余的麦子可以用来蒸馍,村里人看了都觉得比较可怜。

可见在传统的农村社会,没有孩子是要面对很大的生活压力和精神压力的。生孩子是不以人的意志为转移的,不是说你想生就生,不想生就不生。也有贫穷人家反而子多,大户人家反而女多的情况,这个孩子多少,男女多少,不同的家庭是不好说的。

对于早婚早育,农村社会还是很提倡的,有闺女"早生早得福"以及"男大当婚,女大当嫁"的俗语,而且更倾向于男女早点结婚,如果孩子到了适婚年龄还没有结婚,家长自然而然就该着急了。

2.妇女孕期

陈家在 1949 年以前,媳妇们就算怀孕,也是需要干活儿,平时也没有人专门照顾,饮食上对孕妇也没什么特别照顾,因为家庭条件也不允许,吃的都是家常便饭。

3.产婆接生

1949 年以前,官峪村妇女生孩子都是农村土法接生,直接就在家里生孩子,农村有未经培养的"野接生员",她们往往没有啥专业的医疗知识,比如说剪脐带,她们不是说用那种经过消毒的剪子,而是直接拿家用的剪子就剪了,因此刚生出来的小孩子很容易得"脐带风"。陈万卷的第一个孩子就不幸得了"脐带风",因为产婆剪脐带用的剪子不卫生就感染了,在一星期内就夭折了,还是个男孩儿。

朱子格言上曾说:"三姑六婆实盗淫之媒",农村社会的"三姑六婆"实际是对妇女的贬称,三姑六婆都包括:尼姑、道姑、卦姑(算卦)、牙婆(介绍买卖人口)、媒婆、师婆(女巫)、虔婆(鸨母)、药婆(给人治病)、稳婆(接生婆)。因为"三姑六婆"往往借助自己的身份办坏事,所以农村社会往往把"三姑六婆"比喻为不务正业的妇女。这里的"稳婆"主要指那些不懂装懂,给妇女乱接生,只为拿妇女家里给的好处,引发事故也不负责的那部分产婆。

家里去请产婆,一般都是在妇女临产前去,妇女都有反应了,比如说肚子阵痛,羊水破裂这种情况。请产婆一般是丈夫去,不过婆婆也可以去,但因为刘玉琴是小脚,跑不快,而陈万卷年轻体壮跑的比较快,所以杜梅香生孩子的时候,就是陈万卷去请产婆的。1949 年以前,农户给产婆生育的报酬是叫"谢产婆",也没啥东西,农村家里也都没啥钱,就给产婆蒸一篮馒头送去,不过生育所需的花销是当家人承担的,小孩子满月是母亲主持,蒸一篮馒头去看看产婆。

4.坐月子

官峪当地的风俗是妇女生产完要坐月子,因此官峪村里的农户无论家庭好坏,家里都会对自己家坐月子的妇女多加照顾。杜梅香坐月子期间,陈家家里就专门给她做甜面叶和咸面叶,还有鸡蛋等好一点的饮食。陈家家里一般都是婆婆照顾、伺候媳妇月子的,杜梅香生产完后,是刘玉琴一直伺候着饮食起居。不过官峪村里如果家里没有婆婆的农户,一般是丈夫伺候妻子坐月子的。通常坐月子的妇女夜里是要加餐的,一般都是丈夫起来做。1949年以前,官峪村农户家里最好的营养品是鸡蛋,不过限于家庭条件,有些家里条件不好的农户,妇女坐月子期间也吃不上几个鸡蛋。

1949年以前,在官峪村鸡蛋还很缺,市面上也没有卖的,村里有一家是抱养的孩子,后来抱养的孩子长大娶了媳妇,生了孩子,婆婆照顾媳妇坐月子时,家里仅有的鸡蛋都让媳妇吃了。婆婆后来出来说,自己一辈子没生过孩子,也没人"瞧"①,所以现在也不知道鸡蛋是啥味。周围乡亲会来"瞧"生完孩子的妇女,她们过来会拿几斤豆腐,家里有鸡蛋,甚至还会拿几个鸡蛋。

(四)生育仪式

孩子生完后,家里会做满月,生男孩儿和生女孩儿在举办生育仪式的规模上还是有所差别的,生男孩儿一般做满月会大操大办,而女孩就会平常办甚至不办。尤其是老来得子的家庭,会特别隆重地举办男孩子的满月,陈家的下面住了一户,前面生了四个女儿,到五十多岁了,得了一个男孩儿,全家都喜出望外,家里给男孩子办满月的时候,就杀了头大肥猪,全村乡亲都去祝贺,那一家大宴宾客。

宴请宾客的数量也能看出来这家的为人情况,去的宾客都是和家里关系比较好的。除此之外,家族里面的人,以及家里的远亲和近亲,也是需要请的,需要通知到的,家族基本上是全族出动。农户被请去做客的人去主人家是要带礼物的,不能"两个肩膀抬个嘴就去了",去人家家吃满月酒,宾客一般拿一米布,用来给小孩子做一身衣服,满月酒在官峪当地是比较重要的仪式,宾客上礼都会稍微厚重一些。

主人家举办满月仪式是要蒸一天馍的,客来了请客吃,客走了也需要回礼。官峪村农户把回给客人的馍叫"小喜糕",这是因为馍蒸的时候切得比较小,就像饺子那么大一样,而且还会用红颜色的颜料,用筷子蘸着在馍上面点几个小红点,所以这个馍叫"小喜糕",一般都是要回八个这样的馍,而且馍的数量要成对不能是单数,寓意"成双成对"。生育过后举办满月仪式的目的主要是生孩子对家里来说是喜事,家里想跟亲人四邻分享,亲戚朋友、街坊邻居也期望向家里表示一下祝贺,庆祝孩子的到来,祝愿新生的健康成长。

陈家举办生育时的费用是由家庭负担的,办满月宾客拿来的份子钱都交给新生的母亲,不过基本上也收不到多少份子钱,宾客来主要是拿粮食或布料。做满月的举办仪式重大与否与家里的经济基础,以及出生孩子的性别有关,家里如果生了子一般会做一下满月,不过如果家里生的女儿还有些农户不大操大办甚至不办的。陈万卷的女儿出生时就没有做满月,也

---

① 瞧:来看望的意思。

就家里的几个贴己的亲戚和直系亲戚,比如杜梅香的娘家来"瞧一下",陈万卷也没有通知所有的亲戚。杜梅香的娘家人来陈家家里时,陈万卷就做了一锅素菜来招呼,不过事后陈万卷及其杜梅香觉得有些内疚和遗憾,没有好好招待来家里的亲人,没有买肉款待,有些亲人是走了十几里山路才过来的,就为了到陈家看看孩子,吃了碗素菜就走了。

(五)孩子起名

1.二十四孝中得灵感

陈万卷孩子的名字都是陈万卷自己起的,不过也会征求家里长辈,即陈树旗和陈张氏的意见。陈万卷给大儿子起名子谦,之所以取子谦这个名字,也是有缘故的。陈万卷看二十四孝的时候,其中有一个是孔子的得意门生叫闵子谦,幼年丧母,父亲又娶了一个后母,生了两个孩子,后母偏心,给自己的亲生子做货真价实的棉衣,给子谦做的是装有芦花的棉衣,子谦穿着这样的棉衣四肢冻得僵硬,抓不紧马绳。父亲怒,用鞭子抽打子谦,结果棉衣抽破,有芦花飞出,父亲才恍然大悟,孩子受了委屈,于是震怒,回去要休了后母,子谦反而苦苦哀求父亲不要这么做,并说:"母在,一子寒,母去,三子单",后感动后母,待子谦如亲生。

这个小故事给陈万卷以极大地震动,陈万卷也被闵子谦的事迹所感动,认为他极孝顺,宽容善良,又有奉献大爱的精神,陈万卷也希望自己的儿子将来也能具备这样的品质,所以想给儿子起名子谦。陈万卷征求陈树旗的意见,陈树旗也很赞许,说:"好,子谦是大孝子啊!"

2.避讳歧义

官峪村里有个老中医先生,名字叫秦启义,因为这个名字的读音与"秦起义"相同而招来麻烦。1949年新中国成立前夕,官峪驻村工作队的成员听到这个名字,就对他说:"你这名字真有意思,秦起义,你这是要推翻共产党,从新起义吗?我们看你野心不小!",秦启义被无辜训斥一顿后,为人处世更加谨慎。陈万卷的二儿子出生后,一次偶然机会,秦启义问起陈万卷要给儿子起什么名字,陈万卷脱口而出,陈震宇,秦启义一听,就紧张了,说:"你给孩子起这个名字啥意思,还想让孩子干点啥事震动宇宙啊!"陈万卷回家后内心不安,就询问了家族中老一辈的意见,长辈们也说,你起得这个名字太大,不太好,不如就守着这个谦吧。所以为避免歧义,招致麻烦,以及保持低调的处世作风,陈万卷的二子就最终起名为守谦。

陈家是孩子出生后再起名字,户口不像现在上的这么急,所以,都是生完后才开始想。起名字是倾向于按辈分的,大家庭尤其如此,官峪村这里一般都是这一辈子的名字第二个字是早都确定好的,这一般是祖上传下来的,起名字时候只起后一个字就行,比如陈万卷爷爷辈的名字分别为:树屏、树旗、树樟、树潘,名字的中间一个字都是"树"字,即称树字辈。陈万卷的叔叔和父亲的名字为:元英、元明,名字的中间一个字都是"元"字,即称元字辈。即到陈万卷这一辈,名字分别为:万喜、万照、万录、万卷,名字的中间一个字都是"万"字,即称万字辈。不过这种起名的传统在陈万卷这一辈之后,就很少有人再遵循。

3.祈求好养

1949年以前,在官峪村农户也是热衷于给孩子起小名,即乳名。而且有"越贱越好"的说法,所以孩子的乳名通常有:小狗、孬蛋、老鳖、蛤蟆、粪堆等,以前人们觉得孩子的小名起的越低贱,孩子越好养活。陈家也给孩子起的有乳名,比如叔叔的小名叫挖斗,邻居家的孩子小名叫狗嘿。

三、家户分家与继承

(一)分家

1.分家的缘由

在陈家大家族未分家之前,陈树旗的父亲陈丕烈是当家人,后来父亲陈丕烈年老之后,自1940年起,陈树旗则是陈家大家庭主要的当家人。陈树旗也算是陈家家里面能独当一面的人,父亲陈丕烈也指着他带领陈家大家庭成员壮大祖辈基业。之后由于1939年黄河洪水泛滥,滩地大面积塌陷,陈家依靠黄河滩地为生的状况彻底被打破,由此也是陈家由鼎盛开始走向衰落的开端。而后加上1941年底河南黄河沿岸的蝗灾导致大范围的饥荒,黄河的滩地再也无法支撑庞大家族的日常生活,而这也成为陈家大家族走向分家的关键自然原因。

由于这一自然原因,导致了陈家滩地粮食产量大幅度锐减,造成陈家大家族上上下下人心惶惶。与此同时,随之而来父亲陈丕烈的去世,使家族失去最大的主心骨,人心已经涣散,各自都已经有分开过的主意,陈家大家族已经不向昔日那样可以很好的领起来了。

陈家大家庭在1942年分家的时候,是陈树屏和陈树樟及陈树藩一块同意通过的。分家时正值1942年大灾荒,地里粮食一季都没有收成了,家里的粮食也早已吃的没剩多少了,陈家大家族内部也因为陈丕烈的去世和家产享用的不同而早已有了隔阂,每个小家庭也都有自己的小心思,想着为自己的家庭多整些好处,顾着一家人的生计。用陈树旗的话说,"这家已经领不下去了,人心散了",再加上陈树樟的孩子,陈福龙和陈元龙年龄都大了,也该成家了。陈树樟就首先和陈树旗商量和提议,这家需要分开了,要不这庄子都没办法整治,也不知道都属于谁的,这样下去,会让家庭成员没有责任心的。

后来陈树藩也来向陈树旗诉说,担忧陈家家里人多,粮食也没啥了,灾荒年份,再不分开,就要等着一大家子人挨饿了。因此形势所迫,陈树旗思前想后就给陈家大家庭家庭成员说道:"灾荒年份,家里也没啥东西,大家要不分开吧,个人想自己的办法顾着家里的老小,个人整治个人地方,你们的孩子也都大了。"然后告知了各个兄弟,兄弟几个也觉得分开较好,于是陈家大家庭就分家了。在陈树旗舅舅的见证下,陈家的兄弟几个就把陈家大家庭的老庄子分成了几份,兄弟几个分开后也就开始建造和改造自己分到的窑洞、屋子,忙活自己小家庭的事。

陈树旗觉得家庭外部成员也会对家庭分家有一定影响,1942年灾荒时,村里好几个大家族都分家了,陈树藩和陈树樟私下里也来来回回听村里人或家族人不少意见,也都为陈家的将来做打算。陈家大家庭分家的主要原因是因为1942年的大饥荒激化了家庭内部的矛盾。除此之外,为了下一代子女婚事的长远考虑,家里的老庄子也需要分开,如果不分开,陈树旗也害怕兄弟几个将来涉及的纠纷会更多。

饥荒年份,官峪村里的人大多觉得还是兄弟几个分开比较好,分开后,家庭成员都为自己的小家庭开始奔波。从分家的次数上看,官峪村的大家庭更容易因为家里矛盾、利益纷争等原因而分家,相反小家庭因为人口较少,矛盾较少,家庭的向心力较大,反而不容易分家。

2.分家的资格

在1942年陈家大家庭分家的时候,家庭内部成员中除了嫁出去的女儿之外,都有资格分家产,不过主要还是以陈树旗、陈树藩、陈树樟、陈树屏几个人为主。陈家家里请的是本家舅舅来分家的，舅舅把陈家大家里的窑洞和房屋分为四部分，分别为陈家主宅子分为两半，陈家南面的一处庄子，还有陈家北面的几间屋子。

官峪村大家庭分家的时候，家里面也普遍采用抓阄的办法来划分家产，人们觉得这样对家里的兄弟姐妹比较公平。分家是要请见证人的，见证人起一个作证的作用。陈家兄弟几个也是用抓阄的方法来分家产。陈树旗抓住了南面陈家的一处庄子，这处庄子里面有三间窑洞和三间草房。可以说陈家的庄子是较多的，本家舅舅就说和陈树旗几个弟兄说，咱们现在主要就分庄子，现在在谁屋里的家具就先是谁的东西，至于牲口大家具财产等，具体情况咱们再具体说，不过基本上所有物件都折合分为四份。

对此陈树旗的几个弟兄也没有异议，兄弟几个的屋子里大多都有两三张床，其余是石磨、桌子什么的，也没有啥大的物件。在陈家庄子分过后，陈家粮食剩的也不多了，钱祖辈倒是留了些，也拿出来兄弟几个平分了。分家不是按人的，是按份的，按有几个弟兄，平均分配家产，不是看哪个弟兄家里孩子媳妇多而多分的。

3.见证人

分家需要请见证人，见证人往往是自己家族里面辈长一点的，分家的当事方决定去请谁过来帮忙主持，一般分家是需要舅舅来的，觉得舅舅是"厉害人"，是娘家人，能压住场。

分家时见证人主要是发挥见证、说和的作用，等当事人抓完阄，也叫"捏袋"，确定好所分的家产后，还需要写"分单"，即分产书，是需要将分家的情况写成文字的，分产书里面的内容主要是：谁谁家里弟兄几个，经说和人说和，现将庄子、家产等财产分成几份，个人所得，已全部划分完毕，且都无意见，特立此据为凭。这个分单书还需要当事人以及见证人，包括主要家庭成员的签字，有时候分单书上还会写上这样："兴衰在己，不得反悔。"

4.做主

与此同时，在1942年陈家大家庭分家的时候，陈家的家产划分也是由家族中的长辈做主的，实际是陈家家中长辈和本家的舅舅做主，陈张氏以及陈家其他家庭成员也只是旁听的，听舅舅来分家，看舅舅提什么分家的方案。根据家里弟兄们的意见，如果有争议的地方，比如哪块地，贫了瘦了，哪部分家产多了少了等问题，主持分家的人会不断改动方案，直到这几个弟兄都没意见为止。然后组袋、捏袋，弟兄几个捏袋后，就开始写分产书。

5.分家契约

1949年以前，官峪当地分家要写分家单，分家契约在当地也叫"分单""分产书"，"分单"有些人会写，有些人还不会写，所以当场还需要一个会写"分单"的人来写，在场的人中需要具有书写能力的人。陈家1942年分家的时候除了陈树旗的舅舅之外没有叫太多外部的家庭成员，只有陈家大家庭的主要成员即男性成员在场。陈家的分家单是需要署名的，在场的主要当事人都需要署一下名字，他们也都算证人。这个署名是必须要签的，如果当事人不签，分家单就失去效用了。分家时陈树旗和几个兄弟对家产都没有啥大的争执，所以分家单的内容很快就确定和被署名了。陈家的"分家单"上只签了陈树旗舅舅、陈树旗以及陈树旗几个兄弟的姓名。

1949年以前，分家的分产书是需要双方有备份的，陈家的分产书陈树旗和几个兄弟各有一份保存，不过陈树旗的舅舅不用持有，他主持分完家就没啥事了。如果以后陈家兄弟之间对分家有异议，就要拿出分单书来比对，会说："分家的时候有异议你咋不说，你有意见不吭,你自己捏的袋,签的名,你现在还有什么好说的!"

在分家契约上,不同类型的家庭也是有些差异的,不过分家单无论大户小户都会有的,只是大户的分家契约一般比较详细,小户的分家契约上内容较少,因为小户往往没啥重要的东西和家产需要分。比如大户的田地一般都比较多,分的时候还要根据地的肥瘦,还要考虑怎样搭配,对弟兄几个比较公平。

6.家户分家,外界不干涉

家族、政府以及村庄对陈家的分家是认可的,分家一般是一个大家庭的内部事务,外人不会过多干涉。

(二)继承

1.继承的资格

1949年以前,一般是儿子继承家产,女儿未出嫁时可以享有家产,但有使用权,没有继承权,等女儿出嫁后,家里的财产就跟她没有关系了,女儿是丈夫家的人。家庭外部成员也可以有继承资格,不过这种情况很少见,也必须经过家庭内部成员以及家族亲戚的同意。

2.遗嘱

在1949年以前,陈家家族里面也有为确认家中财产的继承情况而立遗嘱的。陈家本家的老二叔,因为没有孩子而抱养了一个孙子,而且这个孙子不是特别"精细"①,所以为了防止自己去世后有家产纷争,所以陈树旗的老二叔写了一个遗嘱,遗嘱内容大体如下:后辈无子,但有养孙,吾之后家业尽归孙之有,闲言碎语,勿妄自议论。后有争"血产"②者,以此遗嘱为据。不过,陈家在继承权的问题上,兄弟之间未发生大的纠纷,分家的时候都是平稳过渡,家里兄弟之间未发生大的纠葛。

四、家户过继与抱养

(一)过继

1.过继的原因和目的

1949年以前,过继在官峪当地是一种普遍现象,陈家大家族里也有过继的情况,陈树旗本家的老二叔也过继过兄弟的一个孩子。老二叔也有孩子,只不过是两个女孩儿,所以陈树旗的二叔就希望过继过来一个男孩子,来照顾自己这一门。正好弟弟家有三个男孩儿,二叔跟弟弟商量后,弟弟就把自己的一个男孩儿过继给了哥哥,过继的时候这个男孩子已经接近成年了。不过事与愿违的是,弟弟家过继过来的这个孩子跟老二爷脾性不合,加上又是过继过来的,两人过不到一起,在一次和老二爷激烈的争吵中,过继过来的这个孩子喝药自杀,因此后来老二爷身边还是没有男孩子在家照应,就这样过完了不太如意的一生。

除了陈家家里有过继的情况外,官峪村当地也有其他家户过继的情况,过继的原因大多是自己家里没孩子或者是没有男孩子,而家中长辈又希望可以有一个男孩子来照应家里这一支,继承家业,为自己养老送终。有些家户在比较早的时候就为自己家的将来作了安排,所以过继的想法产生的比较早,过继过来的孩子年龄比较小,这样家里把这个孩子从小养大,

---

① 精细:官峪当地脑子有一点问题的。
② 血产:意思是家里的财产是自己的血汗。

孩子跟这边的关系比较亲近,孩子和养父母虽不是亲生但胜似亲生,这也是最理想的一种过继结果。

2.过继的次序

陈家家庭成员对过继也是比较支持的,认为可以帮助家族传承血脉、开枝散叶。陈家家里在过继的时候一般都是优先过继自己亲兄弟的儿子,如果不行,会再考虑过继本家或近亲家的孩子。

陈家大家族在过继的时候,也没有太过遵循过幼不过长的次序和规则,陈树旗的老二叔就把弟弟的大子过继在了自己这一支下面。农村里过继有的需要写过继单,有的不写,不过陈家有写"继承书①"。继承书的大概内容是:谁谁乏子无后,经族人说和,决定让我弟子谁,继承吾业。契约写完后是需要签名的,需要双方家长以及见证人、说和人的共同署名。一般也是写两份,家长分别保存,由当场有书写能力的人书写。

陈树旗的老二叔想要弟弟家的大子并与弟弟家协商,弟弟也同意了,陈家家庭成员对过继的事也没有其他异议,因此陈家家庭成员很快在协商后就同意了老二叔这个想法。陈家一家人就坐在一块商讨一下具体过继的事宜,等商讨好后,陈家家里也同时请了见证人来见证过继的过程。陈家就请了家族的族长,来做个证明,并且还举办了一个仪式,来告知大家族的成员和长辈。1949 年以前,过继的时候必须征得出继人的意愿,家长不在家的情况下,其他家庭成员不能决定出继,过继孩子不是一件小事。

3.家户过继,外界见证

只要小家庭协商和同意后,大家族对家庭的过继是认可的,只做个见证,双方家庭完成过继后,到一定时间,村里会专门续家谱,过继的情况就会在家谱上得到呈现,会把过继过来的儿子写在过继方的名下,以后这个儿子的后代也都在过继方的名下。

过继的孩子在本村内部,不会被差别对待,也不会被瞧不起,或者自己觉得矮人一等。不过过继方家的态度对过继的孩子有很大影响,如果过继方对孩子比较热情,真心对待和关心孩子以及这个孩子的后代,这个过继的孩子内心就比较满足,不会有太大落差。如果过继方对孩子缺乏关爱,态度淡薄,或者言语之间有冲突,那么这个孩子就会觉得自己在过继家受到歧视,周围人也小看他,久而久之,双方矛盾会越来越大,甚至造成回继或极端事件。

4.出继

出继的家庭选择过继的原因大多有两个,一是家里男孩子比较多,自己本身的家产已经有人继承,未来也有人照应;二是经不住他人的苦苦哀求,也为了了却他们的心愿,传承家族香火。过继的时候不仅只有在兄弟之间才过继,堂兄弟甚至祖孙之间也可以过继,比如陈家大家庭就有这样的情况,把弟弟的孙子过继给哥哥家。除此之外,在官峪村,本家或近门之间也都可以过继。官峪村在过继的时候一般都是完全过继,有些已经成家的孩子过继给别人的时候,都是携家带口的过继,跟过继方一起生活。

5.回继

在官峪村里,也出现过回继的情况,回继是过继的孩子因为种种原因,与过继家不和,在过继家生活不下去,以致双方最终决裂,撕毁过继契约,之后又回到自己父母家里生活的情

---

① 继承书:过继的契约。

况。回继的时候就不需要其他人再安排和见证了,孩子自己就回来了,可以说是无声无息的不欢而散,回继说出来也是有些丢人的事。

(二)抱养

陈树旗家没有抱养孩子的情况,不过在官峪村内,有抱养孩子的情况。一般抱养过来的男孩儿居多,不过也有女孩儿,抱养的家庭通常都是没有孩子的家庭。家户抱养孩子的目的主要是继承家业、延续香火以及在自己年老后有人赡养。

1.抱养概况

抱养孩子也是需要人介绍的,一般抱养自己家远方亲戚或亲戚当地的居多。1949年以前,官峪村的农户在生育上没有什么节制,一个家庭往往生育的孩子比较多,但对于家庭条件本来就不太好的农户来说,孩子多也未必是好事。因为养孩子也是需要一定家底,得有粮食。而有些农户本来家里就够艰难的,上面有老的,下面再一堆小孩儿,家里没多少家底,土地又很少。这种家庭情况孩子多,说实话他们是很有压力,有些养活不住的。尤其是家里生子比较多的农户,如果日子艰难,他们还是很忧心将来孩子的花销,比如办婚事,虽然结婚的花费不算太多,但要是三四个儿子的婚事下来,那可不是开玩笑的。

这时候如果有家庭条件好的,但家里儿子比较少的人家,想要过来抱养,父母也会考虑考虑,有时他们为了孩子跟着自己不受苦,少挨饿,也愿意把孩子托付给别人养活。如果双方家庭之前就认识,或者有点沾亲带故,抱养起来会更加容易一些,因为被抱养孩子的父母也觉得彼此都知根知底,抱养家庭的状况以及家里人的品行,也都能打听得到,也比较了解,这样他们心里的担忧就少些。自己的孩子如果将来被抱养,他们也比较放心。

1949年以前,虽然官峪村重男轻女的现象比较严重,一般家庭都比较期望有儿子,尤其是大家庭。这些村里的大家庭往往经济条件较好,家底丰厚,土地也比较多,所以他们都很看重"人丁兴旺""富贵绵延",而这里的"人丁"往往指的是男孩儿。而"绵延"是希望后代男性居多,可继承祖辈基业。如果家庭缺少男孩儿,当家人是会很着急的,甚至随着年龄渐高,家里依然没有儿子他们很可能就会考虑去抱养。

总的来说,官峪村里抱养男孩子的家户居多,但也有农户去抱养女孩儿。有些农户家男孩子生的比较多,但女孩儿很少,甚至没有,都说"女孩儿是父母的小棉袄",家里都是男孩子,如果家庭条件允许,也有不少农户有想要抱养个女孩儿的想法。所以如果附近或者表亲里有合适的女孩儿,且对方愿意让其他人来抱养,那这些想要女孩儿的家户也会很积极地去和那家人商量抱养事宜。1949年以前,官峪村里被抱养过来的孩子,一般年龄都较小,大多是在这些小孩儿的婴儿时期就被抱养过来。在其成年后,这些被抱养的小孩儿融入抱养方家庭并成为这个家庭的成员,那么这个孩子对抱养方的家产也通常具有继承权。

2.家户抱养,一视同仁

官峪村里被抱养过来的孩子,在村里也没有被差别对待,或者招人看不起。村里的其他农户对这些抱养过来的小孩还是比较一视同仁的,因为他们从小都在村里长大,那就算本村的人了,村里的人也不会把他当外人看,更不会专门去欺负他们。被抱养过来的这些孩子,抱养的农户家庭一般都会好好对待他们,把他当作家里的一口人来对待,不会瞧不起或者亏待他们,有些家庭真的是当亲生的孩子在养活。

陈树藩的隔壁就住着一对老夫妻,由于女方不能生育,年近半百了两人还没有孩子,后

265

来就从女方娘家那里抱养了一个男孩儿过来。这对老夫妻真的把这个抱养过来的孩子当作自己的孩子在对待,在男孩儿长大后,老夫妻就张罗着给孩子说亲、娶媳妇,让这个孩子继承家业。后来家谱修改时,老夫妻就把这个孩子的名字列在家谱上,夫妻俩对他可以说,"虽不是亲生,但却胜似亲生"。

(三)买卖孩子

1.买卖孩子概况

1949年以前,陈家家里没有买卖孩子的情况。但在官峪村当地,尤其是1942年大饥荒的时候,官峪村很多农户外出逃荒,由于在外缺吃少穿,有一些农户就把自己的孩子卖给逃荒到的地方,为家庭换些口粮,比如米面等粮食,也为了孩子跟着自己不再受罪。官峪村出去逃荒的农户卖出去的女孩儿居多,因为官峪村的农户都觉得男孩儿是家里的根,无论如何,不能让断了,所以男孩儿被买卖的很少。

1942年饥荒的时候,家里为了让孩子"逃活命",不至于跟着自己被活活饿死,或者不让家族里面长辈被饿死,不得已在逃荒的路上把孩子卖出去。孩子通常都是不愿意去人家家里生活的,所以就算孩子不同意家长也是不得不这么做的,如果孩子小,家长会连骗带哄,就对孩子说,让他在人家家住一段时间,之后家里去接之类。但如果孩子大了,家长就会跟孩子说实话,就说家里实在太艰难,养活不了他了,这样做也是为了让他能活命,不至于跟着自己受罪挨饿,风餐露宿,甚至被饿死。

2.买卖孩子,外界同情

买卖孩子的家庭在家族里不会被看不起,相反,家族里面的人还很同情他们,因为大家都清楚,如果不是1942年闹饥荒,家里艰难的实在过不下去,被逼的没办法了,谁都不会把自己的亲生孩子卖出去。1949年以前,政府对买卖孩子是不加限制的,可以说是允许的,是可以自由交易的。

五、家户赡养

(一)赡养单位

陈家家庭成员认为,赡养老人是家户的内部事务,家户之外的人一般是不会公开干涉的。在陈家赡养老人的责任主要是儿子、媳妇承担,不过因为陈张氏的身体状况一直较为良好,陈树旗在1949年之前的身体也还可以,陈树旗还管家,正是执事的时候,所以也不需要陈元明、黄凤荣以及刘玉琴他们过多赡养。不过对于孙辈以及还未出嫁的女儿来说,家里的老人他们也有赡养的责任和义务,在需要的时候还是要承担一部分。

在官峪村,如果谁家家里对老人不好或者不赡养,是会受到村里其他家户的道德谴责的,不过其他农户通常都是在背后谴责和议论,一般不会公开指正,除非事态严重。

(二)赡养主体

如果陈家家里有上一辈过世,那么赡养老人的义务就需要后辈承担起来。所以即使陈元英早年过世,陈万卷还是有赡养陈树旗和陈张氏的责任。不过陈元明领家,陈元明为陈万卷想的也比较周到,就对陈万卷说:"我妈我管着就行了,我家里孩子少,能顾过来,你年纪轻,还有5个孩子,你就把你那一家照顾好就中了。"因此,1949年以前,可以说是陈元明担起了赡养老人的主要责任。

陈家家里的后辈对于赡养老人都有职责,女儿未出嫁时,也有赡养的职责,不过等闺女出嫁后,如果父母身体状况良好,头脑清晰,女儿的赡养义务就会小很多,基本上家里的儿子就担起了主要的赡养责任。

(三)治病与送终

1.治病

陈家老人如果生病了,是家里出钱治病的,而陈家主要家庭成员,尤其是儿子,则作为为老人治病以及照顾老人的实际承担者。陈家小家庭分家后,由于陈张氏分给了二儿子陈元明,所以陈元明就全面扛起照顾母亲陈张氏的责任,陈元明也是个大孝子,无微不至地伺候着母亲陈张氏直至去世。

1949年以前,陈树旗生病的时候是陈张氏自己照顾的,陈树旗生病是在1951年,他62岁,妻子陈张氏64岁,陈张氏的身体很好,完全可以自己照顾陈树旗,所以家里后辈承担的赡养老人的压力较小。陈张氏身体硬朗,伺候陈树旗也伺候的很周到,陈树旗后来得了瘫痪以及脑细血管方面的病,但依然活了四五年,这与陈张氏照顾周到,对丈夫陈树旗关心备至分不开。

2.送终

陈家家庭成员及老人的丧葬花费都是家里出,在陈家未分家前,家里是"一本账",需要花钱的地方都是家里当家出,因为家里所有的财产都在当家的那里,这些财产也是全家人的劳动成果。在陈元英去世的时候,丧葬的费用是陈树旗这个当家人代表陈家出,陈家的家庭成员也没有什么意见,陈树旗的二弟三弟还出了不少的力气,他们来帮陈树旗好好办了陈元英的丧事。

后来在陈树旗生病后,陈元明开始当家,陈树旗去世时候,虽然家里办的葬礼比较简单,但也需要花一些钱,因此陈树旗的丧葬费,都是陈元明代表家里出。

(四)外界对家户赡养的舆论监督

官峪村的村民世世代代还是很崇尚孝道的,认为孝敬父母、赡养老人是子女后代理所应当做的事情。如果出现谁家的子女不养父母,不好好赡养老人的情况,虽然面上外人也不好说什么,不过村民会在背后戳他"脊梁骨",骂他不孝,是个"白眼狼"。这样的子女以后在村里也是很难立足的,街坊邻居都不愿与其交谈过多,也从心里瞧不起他们,认为连自己父母都不好好赡养的人,他们说话办事更是靠不住。

六、家户内部交往

(一)父子关系

1.父严子贤

1949年以前,给儿子娶媳妇,是父亲一生的大事,也是理所当然要承担的责任,如果一个父亲一辈子没有给孩子娶上媳妇,那他心里会很愧疚难安。在官峪村农户眼中,儿子是整个家庭的希望,每个家庭也都期盼"多子多福"。官峪村里的俗语是:"宁让儿子把自己气死,也不要想儿子想死。"由此可见,一个家庭对儿子的重视,而作为家庭当家人的父亲,对儿子承担的责任更不必多说。父亲在忙于管理家庭事务的同时,也要抽出时间来抚育和培养自己的儿子。俗话说:"子不教,父之过",如果想培养一个优秀的儿子,对父亲来说可是一个艰巨的工程,父亲不仅要教给儿子谋生之道、做人的道理,还要好好管理家业,待儿子成年后,可以给他留一份丰厚的家底。

父亲在看重培养儿子的同时,也是对儿子具有绝对权威的。如果儿子言行有偏差,父亲可以打骂或随意役使。与此同时在儿子出现做错事、忤逆父亲意愿的情况下,父亲是可以将他赶出家门,甚至断绝父子关系的。官峪村东头就有户人家,儿子在外沾染不良习惯,沉迷赌博,当家人父亲看在眼里,急在心上。于是这个父亲苦口婆心劝子摒弃这些恶习,谁知儿子不听,反而变本加厉。儿子在外欠了好多债,债主都堵上门来要。这个父亲大怒,一气之下,将他的儿子赶出了家门,并对外宣称和他断绝父子关系,儿子欠的债让他自己还,自己家里不再承担。后来被赶出家的儿子不得已只有做苦工去还债,这时才幡然醒悟、痛改前非,去祈求老父亲的原谅。这个父亲看他吃到了苦头,欠的债已还清,并且品行也收敛许多,这才让他又回到家里。

父亲,儿子也是要无条件服从的。1949年以前,《朱子家训》即是对陈树旗与陈元英之间状态的真实写照,比如"父命不能违,父叫随身听,父责多顺承"。除此之外,儿子对父亲也有义务,这些义务包括对父亲的平日照顾、养老、送终等。父亲在家里还是有绝对威严的,可以随意呵斥批评儿子,如果儿子执意不听从父亲,父亲也可以将其逐出家。

2.日常交往关系融洽

陈元英在世时,陈万卷和父亲陈元英之间的关系很融洽,不过因为陈元英早年在外边上学,后又在外任教,不经常在家,加上陈万卷还比较小,所以对父亲陈元英的印象不是特别深,不过即使是这样,陈万卷还是记得跟父亲陈元英相处的几件趣事。

电灯是很稀罕的东西,陈元英在外回家就给陈万卷买了个电灯,陈万卷就时常用来玩耍和照明,陈万卷自己上面有几个姐姐,不过有夭折的,他是父亲的第一个孩子,所以陈元英还是很宠爱他的。陈元英患病后就回家了,病情不重的时候,还在官峪村的学校做董事,官峪学校有电话,陈万卷很想玩儿,陈元英去学校的时候就把陈万卷带去,让他在那里玩儿,晚上再把他带回来。

陈家是比较开放和平等的家庭,所以相对来说,陈家父子之间的关系是较为对等和亲近的,父子之间没有太大隔阂。因此在平常的生活中陈万卷并不怕父亲,陈元英在家的时候,陈万卷也会跑和父亲说话聊天。因此陈万卷也认为父亲是很好亲近和相处的人。

3.基本上冲突较少

不过陈家家里在日常生产生活中父子之间也会产生小冲突,比如陈树旗也会训斥二子陈元明做活要"麻利点"。在官峪村内,父子之间发生大的冲突的家户也有,主要原因包括,儿子不孝,或媳妇泼辣,儿子又比较听媳妇,父母看不惯这些情况,因此造成父子关系紧张甚至水火不容。父子之间关系紧张,先家庭内部解决,如果内部解决不了,才会找族人帮忙调解。

(二)婆媳关系

1949年以前,婆婆是需要负责给媳妇坐月子的,这样可以指望将来孙辈对自己好。同时婆婆也需要指导媳妇做家务,在官峪村,农户都认为媳妇也算家里的劳力,有时候还需要去地里干活儿,所以如果婆婆身体硬朗,眼睛不花,也会帮媳妇给全家做衣服,帮忙照看孙辈,给孙辈缝缝补补,来分担媳妇的负担。不过也有些家户,婆婆对媳妇随意役使、打骂,但这样也会造成婆媳关系敌对,影响家庭和睦。

在陈家,陈张氏的意见媳妇是需要无条件服从的。就算陈张氏做了错事,媳妇也不能批评,因为老的①说跟圣旨一样。因此陈张氏用自己的威严把两个媳妇都降吓了,因此刘玉琴和黄凤荣都很怕陈张氏,在陈张氏的威势下,都"屈服称臣"了。杜梅香嫁进陈家后也不例外,虽然杜梅香时常反抗,但还是时不时受到陈张氏的呵斥。

1949年以前,官峪村不同农户在婆媳关系上还是有所差异的。总的来说,大家庭的婆婆会更加"有恃无恐",觉得家里有资产,媳妇如果不听话,就让儿子休了再娶。而穷苦人家说个媳妇不容易,也有婆婆为了让媳妇满意和家庭和睦,把媳妇当作闺女来待得。

刘玉琴和儿媳杜梅香之间的关系还是很融洽的,平常也会一起做家务和聊家常。因为刘玉琴早年丧夫,又守寡几十年,所以在媳妇杜梅香面前也不耍婆子的"威风",在杜梅香看来,婆婆刘玉琴还是很好相处和接近的。再加上杜梅香和刘玉琴同处于陈张氏的"压迫"下,这更拉近了杜梅香与刘玉琴的关系。但如果陈张氏与杜梅香之间有矛盾,陈万卷也会从中做工作。

(三)孙媳关系

有一年黄河涨河,下面好多滩地上的别人家种的豆都没来得及收,陈万卷、陈万录、杜梅香和刘玉琴、黄凤荣,正好在滩里,眼看着旁边种的豆再不抢收就都塌到黄河里了,就可惜了,于是他们一群人不顾危险去地里把豆抢收了一小部分,拿回家里。杜梅香和刘玉琴、黄凤荣几个人抢收到的豆还不少,于是她们几个分了一下,黄凤荣和刘玉琴还有杜梅香就商量分别拿回娘家一部分,也征得了已经代理陈树旗当家的陈元明同意,所以几个媳妇都拿了一升豆给娘家。不过陈张氏正好去陈元荣那里不在家,之后等陈张氏从陈元荣家里回来,听说了这件事,立刻火冒三丈,觉得这几个媳妇私自做主,随便拿粮食回娘家,是犯了她的"王法"。

但陈张氏也看几个媳妇娘家的势力,还有她们在娘家的地位来分别对待,于是陈张氏就说黄凤荣家拿回去那一升就不要了,但刘玉琴和杜梅香拿回的两升豆要再去拿回来。因为刘玉琴和杜梅香这个豆已经拿回娘家一段时间,也没法再去要回来,杜梅香还是具有反抗精神的,就说:"我摘得豆,我看不拿回来她能把我怎么样",而且黄凤荣和刘玉琴都是被陈张氏"降吓"②的人,因此黄凤荣和刘玉琴都很害怕陈张氏,都很逆来顺受。杜梅香虽然家里成分低,但觉得陈家家里成分高也不能欺负我,不能欺负贫农,因此有时不向陈张氏的"恶势力"低头,陈张氏心里不服,但确实也不能把这个孙媳妇怎么样,所以陈张氏总是说:"两个大媳妇我都降吓了,只有这个小媳妇我没给她拍星里。"

之后陈张氏和孙媳妇杜梅香之间还有一场大的纷争,陈张氏说杜梅香去她的窑洞里偷她的棉花了,还说是杜梅香把棉花偷到万民家,万民家是陈家的左房邻居。陈张氏振振有词,说家里的"泥头花③"丢了。陈家的邻居听了也很生气,就说:"大嫂,那下雨咋就你家有泥头花,而我家没有?"陈万卷也坐不住了,对陈张氏说:"奶奶,哪有自己家的人偷自己的东西送到别人家,天底下哪有这么傻的孩子!"这么一说,陈张氏自觉没理,就开始耍泼,要给陈万卷下跪,并且口里面还喊"我错了,我错了,我给你跪下吧!"陈万卷见状,就先出去了,这场闹剧

---

① 老的:指陈张氏。

② 降吓:官峪当地土话害怕,不敢忤逆的意思。

③ 泥头花:"泥头花"指下雨地上的泥溅到棉花上,棉花就不是那么白,而是带点泥的那种棉花。

以奶奶的耍泼而结束。从这两个生活中的事件可以看出,刘玉琴以及杜梅香,在陈张氏封建大家庭的威视下,是经常受气的,而且不是小气。

因为陈万卷及其陈万录在外边上学,所以刘玉琴和杜梅香在家就更任劳任怨,忍辱负重了。但即使这样陈张氏还是看不惯,经常对刘玉琴和杜梅香破口大骂,陈张氏不知道孙媳妇杜梅香父亲的名字,但知道孙媳妇祖父的名字,所以天天提着杜梅香祖父的名字,指名道姓地骂。

(四)夫妻关系

1.陈树旗和陈张氏

陈树旗作为陈家的家长,陈家大大小小的事务都需要陈树旗操心,陈张氏体恤陈树旗的劳累,于是主动将家庭内务担起来。在对于一日三餐的安排,家务的整理,棉衣的缝制以及媳妇的管教上,陈树旗基本上没费过心。陈树旗和陈张氏自成亲以来,就彼此尊敬,相互扶持。在陈树旗年轻时候,官峪村里有些家底的农户都盛行娶"小老婆",即二房。但陈树旗从来没有动过这些心思,也从未在外胡混,自始至终都只有陈张氏陪伴在身边。

除此之外,陈树旗对陈张氏也是极为信任和倚重的,1942年灾荒期间,陈家家中粮食紧缺,已经不够一家人的饱腹。陈树旗无奈就决定和本家的陈士俊去山西卖衣物来换取钱和粮食,贴补家用。因陈元明年纪尚轻,不足以领事,于是陈树旗临走前,就将家里余粮和仅剩的钱财交给陈张氏,让她尽量顾着一家人的吃喝,不要出现极端的情况。陈张氏临危受命,虽然是个妇道人家,但也颇有魄力,在家里粮食所剩无几,陈树旗又未赶回来时,内心镇定,不慌不乱,安排陈元明、刘玉琴和自己一起去挖野菜,并让陈元明去高村的集市当了自己陪嫁的首饰,以此来买米,让一家人存活。就这样,陈张氏带领整个陈家硬是挨到了陈树旗从山西回来。当陈树旗进门的时候,看到身体瘦削大半的陈张氏时,忍不住对陈张氏说:"家里你受苦了!"

2.陈元明和黄凤荣

陈元明和黄凤荣结婚时年纪已经较大,因此结婚后在和小几岁的黄凤荣相处时,陈元明对黄凤荣很体贴关心,遇到啥事也很爱护和谦让黄凤荣。陈元明和黄凤荣1945年成亲,黄凤荣在嫁给陈元明后,肚子一直没"动静"[①],连陈张氏都忍不住私下悄悄问陈元明有关黄凤荣的情况,陈元明就向陈张氏表示自己顺其自然,不苛求太多,还告知陈张氏不要询问和为难黄凤荣。

后来黄凤荣终于在1948年怀孕,陈元明一时喜出望外,自己平时没事就帮着黄凤荣打扫家务,生怕黄凤荣累着。陈张氏看到后,不免心生不快,就对陈元明说:"她这日子[②]还浅呢,你一个大男人天天帮着媳妇围着锅台转,像啥话啊,别(给她)惯坏了!"陈元明听到陈张氏这样说,就回到:"凤荣身子弱,这两年在家里脏活儿累活儿也没少干,我就闲了帮她干干,妈就别管了吧!"陈元明言语之间都是处处维护黄凤荣,陈张氏也只好作罢。

3.陈万卷和杜梅香

陈万卷和杜梅香自从结为夫妻以来,一直都是互相帮持,一同管理好自己小家庭的琐事。陈万卷对妻子也很尊重,从不随意打骂杜梅香,遇事两人都会心平气和好好商量解决。在

---

① 动静:这里指怀孕。
② 日子:指怀孕的月份还少。

平常的生活中,两人也是相敬如宾,互相照顾。当杜梅香生病的时候,陈万卷也会尽心尽力给妻子治病。1949年6月,杜梅香得了一场大病,期间陈万卷四处求医,辗转为杜梅香看病。后来经过几个月的治疗,妻子终于康复,可陈万卷"几乎已经累倒了"。

虽然在官峪村里,大多数家庭的丈夫还是很知道疼惜和照顾妻子的。但村里也有丈夫对妻子随意役使,甚至拳打脚踢的。官峪村的其他农户会说,"如果你找个二杆,就成'锤布石'①了"。陈万卷和杜梅香的关系一直以来都是挺融洽的,陈万卷为人很大气,不爱斤斤计较,也不记什么事情。不过杜梅香是一个特别有心的人,如果有时陈万卷做事没有顾忌到她,杜梅香就会生气,陈万卷还需要向杜梅香赔礼道歉。所以在生活中,杜梅香实际并不怕丈夫,丈夫陈万卷也是比较平等的对待妻子的。

不过陈万卷夫妻之间不会经常开玩笑,杜梅香是一个不爱开玩笑,中规中矩的人,性情也较强势。杜梅香性格也比较直爽,不喜撒娇。但杜梅香足智多谋,考虑问题周到,任劳任怨的帮衬着陈万卷。尤其是1949年前后,陈万卷在外攻读学业,家里的事情可以说是基本上不怎么顾及的,去地干活儿,秋收这些活妻子杜梅香都干过。除此之外,杜梅香还要照顾陈家家里,做家务、帮衬农活儿、抚养孩子等这些大大小小的琐事,都需要杜梅香一人扛起来,自己小家庭的重担就落在了杜梅香的身上。

(五)兄弟关系

1949年以前,如果父母不在了,兄长是要承担起责任的,比如陈万卷也需要张罗着给陈万录办终身大事娶媳妇等。如果父母双亡,或父亲去世,作为哥哥,是需要照顾弟弟,抚养弟弟长大的,俗话说"长兄如父"。兄长说,弟弟也是要服从的,即使兄长有时做了错事,弟弟也是不能当面随意批评和议论的。

陈万卷和陈万录的关系很好,因为从小陈万卷和陈万录没有父亲,所以两个人相依为命,心里有啥不痛快的事也都会向对方倾诉。平时陈万卷和陈万录一起上学,家里条件也不是很好,陈树旗给陈万卷和陈万录买根铅笔,两人都是让着使,从不争抢。陈万卷、陈万录出门都没有分开走过,都是互相扒着彼此的肩膀走的,一路说着笑着走到学校的。在学校的时候,陈万卷、陈万录也是互相鼓励,争着学习,彼此也都以对方为榜样,所以两人的学习成绩一直很好,在班级里都是名列前茅。平时两人的关系也很融洽,对方心里有啥事也不会藏着掖着,都会对彼此说说。陈万卷和陈万录也经常在一起聊天,两人除了聊生活、学习,也会谈古论今,聊聊彼此将来的打算。1949年以前,在日常生活中,陈万卷和陈万录基本上都没有发生过大的冲突。

不过在官峪村里也有兄弟之间发生冲突的情况,为了争父亲去世后留下的家产,两个兄弟互相当面指责,甚至大打出手,闹得不可开交。最后自己家族的亲戚以及旁边的邻居都看不了,纷纷出来调和,后来双方各让一步,将父亲的家产一分为二,各自领着自己的小家庭生活,这样兄弟俩的隔阂才慢慢平息了。这是官峪村里兄弟之间闹得比较大的,都已经不管不顾,闹到明面上。不过大多数家庭一般兄弟俩就算有些矛盾、冲突,在外人面前也是不会轻易

---

① 锤布石:在1949年以前,衣服仅靠清水不好洗,官峪村的妇女为图省力,一般都是把衣服放在石头上,用锤子敲打,让衣服平展去灰,村里农户俗称锤布石。这里"锤布石"是用来比喻如果找个二百五的丈夫,女的就很可能时不时遭到打骂。

展露的,官峪村的俗话说:"就算窝里斗,但丢人不能丢在外边"。

(六)妯娌关系

陈家家里妯娌之间大都互相帮助,关系较为和谐,相处的也比较融洽。妯娌几个之间没啥大的矛盾,平时都处的挺好的。黄凤荣和刘玉琴,因同处于一个屋檐下,都受陈张氏"威势"的压迫,两人"同病相怜",更加互相照顾彼此,也因此黄凤荣和刘玉琴"亲如姊妹"。家里面轮"饭轮"的时候,黄凤荣和刘玉琴都是主动给对方帮忙的,知道家里一个人做饭招呼不过来,如果有农活儿什么的,两人也是商量着一块去做。

在村里的其他家户中,尤其是大家户,也存在妯娌之间有冲突的情况,但往往不会让外人看笑话,俗语"家丑不可外扬"。可有时候妯娌之间的矛盾已经显现出来,积重难返了,大家相互之间猜忌、嫉妒和不信任彼此,那么大家庭之间很可能因此闹的不可开交,甚至走到分家的地步。

妯娌之间相处的如何,跟整个家庭的和睦有很大的关系,这个绝对是不能忽视的,俗话说:"三个女人一台戏"。如果一个大家庭里面,妯娌之间处不下去,互相明争暗斗,各怀心思,她们再各自回去给自己的丈夫"吹枕边风",互相埋怨彼此,甚至让丈夫替自己出头,讨回公道。久而久之,这也会连带着兄弟几个生出嫌隙,导致家族内部分裂,到这个时候大家庭可以说基本上离分家就不远了。陈家陈树旗兄弟辈的大分家,就跟几个妯娌之间矛盾众多,不可调和有很大的关系。

(七)爷孙关系

陈元英去世较早,所以陈元英对陈万卷、陈万录的影响较小,而陈树旗对陈万卷、陈万录的影响则较大。陈树旗与陈万卷、陈万录平时相处也较为融洽,陈树旗还是较为开明的,对陈万卷及陈万录的日常生活及学业情况关心备至。陈树旗读过几年私塾,也算旧社会的文人,这也使陈万卷、陈万录从小养成了爱读书和学习知识的良好习惯。除此之外,陈树旗对陈万卷及陈万录的管教也比较严格。在陈树旗的影响下,陈万卷、陈万录为人处世中规中矩,不敢胡来。如果陈万卷、陈万录做错什么事,家长陈树旗都会及时教育。

陈万卷、陈万录从小所了解到的风俗习惯也是从家中习得,每次过年过节也会听陈树旗讲一些祖辈的事,会看着陈树旗进行一些特殊的仪式,比如过年的时候会给去世的人上供,大年二十九或三十会去坟上祭拜祖先,会去"叫"祖先的英灵回家过年。陈家也一直信奉"勤俭持家"和"家和万事兴",因此陈家当家人陈树旗也一直教导陈万卷、陈万录不要随意浪费粮食,平时生活用度要一切从俭。在陈万卷、陈万录遇到困难或者事情的时候,还是陈树旗提供的帮助及鼓励最多,因此,在陈万卷、陈万录心里,还是很感激和敬重陈树旗的。

(八)叔嫂关系

陈元英英年早逝,且去世时留下四个孩子,陈万卷、陈万录、陈荣花和陈婷妮年纪尚小,亦不能帮衬刘玉琴。因此,在陈元英去世后,陈元明对刘玉琴及孩子的吃穿住行等事宜都颇为照顾。在冬天刘玉琴和陈张氏忙于缝制棉衣,而陈万卷、陈万录因年纪尚小不懂事去捣乱时,陈元明看见后,都会将陈万卷、陈万录叫出来,带着他俩出去玩耍,以免他们扰乱刘玉琴纺线和做衣服。

陈元明除了帮忙招呼刘玉琴的几个孩子外,每当这几个孩子遇到事情,陈元明也会义不容辞地帮助。1943年,陈婷妮不幸感染黑热病,病情加重时,陈婷妮高烧不退,官峪附近的医生也无能为力,刘玉琴望着年幼的女儿,不知怎么办,急的失声痛哭。陈元明看到刘玉琴的难处,就一面安慰刘玉琴,让她用热毛巾敷着陈婷妮的额头,一边自己出去打听治此病的"土方法"①。那时陈元明听官峪村的一个老中医说,吃蛇肉能缓解病症,陈元明就翻遍几座山沟去给陈婷妮抓蛇。后来这些土办法也没有起到较大的效用,陈婷妮还是不治夭折。刘玉琴目睹女儿受尽折磨离世,再加上一时接受不了近几年的连环变故,就大喊着"老天爷",之后就瘫在床上,昏死过去。

陈元明就和家长陈树旗商量,觉得应将陈婷妮尽早安葬,一来免得刘玉琴醒来看到再次伤心,二来让陈婷妮早日投胎。家长陈树旗也正有这个意思,于是两个人就趁着夜里将陈婷妮包了包埋在了离陈家东面较远的山坡上。之后刘玉琴醒来发现女儿已被埋葬,一时接受不了,就朝着陈元明大喊大叫,甚至给陈元明下跪,让陈元明再将孩子抱回来,这时陈元明顶着刘玉琴的喊叫,还在安慰刘玉琴,让她收收心想开点。虽然刘玉琴在最初的几天有些埋怨陈元明,但刘玉琴也深知,陈元明这样是为自己着想,如果自己醒来再次看到已经去世的陈婷妮,估计精神会失控。陈元明对自己的恩德和照顾,刘玉琴也都记在心里。在陈婷妮的事情刘玉琴缓过来后,刘玉琴就开始给陈元明打听娘家附近合适的女孩儿,张罗给陈元明说门亲事。后来黄凤荣进门的时候,刘玉琴还将自己嫁妆中的一对银镯送给她,作为给黄凤荣的见面礼,也是对陈元明的报答。

七、家户外部交往

(一)邻里关系

1949年以前,在官峪村,都是乡里乡亲的,邻里之间谁家有个啥事,需要帮忙,陈家也是很乐意出一份力的。办个事情,比如红白喜事,这都需要人手,一家人是办不起来的,这时候往往就需要其他农户的帮忙。比如需要待客做饭的时候,十里八乡谁有烹调技术,这家家长就将他们召集在一块,来给自己"打下手"②。有时家里客人多了,都需要七八个人过来帮忙做饭、带客人。

1949年以前,陈家周围的街坊四邻有事情,陈树旗也会积极参与并尽自己的一份力。因为陈家家庭成员读书的人较多,官峪村的农户有时谁家需要办个事情都会想到找陈家家庭成员来帮忙,通常这个时候都是家长陈树旗代表陈家去。遇到谁家有喜事哀事,陈树旗去帮忙的时候就主要负责给人家坐礼桌,主要负责记载来往宾客的上礼情况。

陈家家庭成员跟官峪村内乡亲们的日常来往挺密切,陈家家庭成员认为和其他家庭成员是一个村,也都住在这一片,天天低头不见抬头见,自然就需要多打招呼,和周围熟络一些。陈家平时待人热心,谁家需要帮忙都会主动,再加上陈树旗参加的红白事比较多,经常有乡里乡亲请他去坐礼桌,所以陈家在官峪村的人缘还是很好的,大家都愿意与陈家往来。在日常生活中,陈家对外也都是谨言慎行,不与人斤斤计较,所以也没和村里其他农户发生过大的矛盾和冲突。

---

① 土方法:土药方的意思,指治疗病症民间所流传的方法。
② 打下手:官峪村的土话帮忙的意思。

（二）亲戚关系

1949 年以前，陈家与本家以及自家亲戚的相处来往总的来说还是较为融洽密切的。每当陈家有重要的事情，陈家的亲戚都会来帮忙。比如在 1942 年陈元英去世，陈树旗的几个弟兄都来帮陈树旗办理丧事，支撑陈家。后来陈婷妮夭折，陈树旗的几个兄弟媳妇也把刘玉琴喊到自己家，轮流让刘玉琴去家里坐坐，转移刘玉琴的丧女之痛，帮陈张氏劝说让刘玉琴想开点。1945 年陈元明结婚，陈家终于迎来了几年来少有的喜事，陈家的亲戚也基本上全员出动，来给陈树旗及陈家道贺。

在 1949 年以前，刘玉琴与娘家的关系则较为冷淡，有时过年过节需要回娘家串个门的时候，也大多是去走走过场。刘玉琴在陈家也存在着不公正的待遇，不过刘玉琴的娘家没有帮忙讨过公道，刘玉琴的父亲、弟弟甚至在陈元英去世后，就没有再来过陈家家里，也没有专门来看望过刘玉琴。刘玉琴的父亲及弟弟也都认为嫁出去的女儿泼出去的水，活着是人家的人，死了是人家的鬼。所以他们从没有来过陈家看过刘玉琴，更不要提会给刘玉琴经济援助。

刘玉琴的娘家实际在刘沟村还属于大户，比陈家的日子过得还好，不过因为刘玉琴的母亲去世的早，母亲去世时刘玉琴还比较小，后来刘玉琴的父亲又再娶了一个，后娶的这个又给刘家家里生了四个儿子，三个闺女，所以刘玉琴的父亲对原配生的这几个孩子一直以来都关心甚少，甚至可以说是漠不关心。

（三）主雇关系

1949 年以前，陈家雇用了一个长工陈江根，陈江根在 1944 年来陈家做长工后，就一直恪守本分、兢兢业业，帮助陈家家长陈树旗及陈元明分担农活儿。陈江根的父亲与陈树旗是本家，因此陈江根与陈家是有一点亲戚关系的，因此陈树旗在日常生活上也颇为照顾陈江根，陈江根在陈家是被当作一口人看待的，陈家家庭成员也不拿陈江根当外人。有时候人来客往，有稀罕的东西，陈家的家庭成员也会给陈江根留一份。后来在 1949 年 7 月陈江根结婚的时候，陈树旗还专门去给陈江根坐礼桌，帮陈江根招呼客人，陈家还上了较重的礼，来回报陈江根多年来对陈家的付出。

第四章 家户文化制度

陈家一直都重视教育,陈家在官峪村及周边属于远近闻名的书香门第。除此之外,陈树旗也重视对家庭成员尤其是下一代的家教及人格教育,在陈树旗的家规家法影响下,陈家家庭成员都有很强的自家人意识、团结观念以及积德意识。

1949年之前,官峪村节庆习俗较多,且有较多讲究和禁忌。春节期间,官峪村当地的风俗,家家户户在过年的时候都会有所准备,也会走村串户去临近农户家拜年,还会在春节期间祭拜祖先,来保佑来年风调雨顺,家人平安。也没有太多的日常娱乐方式,陈家家庭成员在白天干完农活儿后,晚上也会去临近农户家聊天,还会在村里会或有集的时候,去赶庙会。

一、家户教育

(一)家庭教育

1.各家庭成员的教育情况

1949年前后,陈家的教育水平分别是:陈张氏、刘玉琴、黄凤荣及杜梅香都是文盲,都没有上过学;当家人陈树旗是高小毕业;陈元英是初中毕业,开封明诚中学毕业;陈元明是高小毕业。陈万卷最终的教育水平为高中;陈荣花也上过学,是在家里办的私塾里面读书的,陈荣花比较聪明,虽然读书时间不长,但收获不小;陈万录新中国成立前的教育水平为初小,之后陈万录最终的教育水平为高中;家里的长工陈江根也上过几天学,上过小学。

2.中途休学

在1942年大灾荒过后,官峪村里开始办学,陈万卷也是从这个时候真正开始上学。上学时陈万卷已经9岁,在陈万卷这一辈人中,都是从大灾荒过后开始上学。上完小学后,陈万卷停学三年,之后又开始上学。陈万卷中间停学的主要原因,并不是陈家家里不供应,家长陈树旗还是挺支持后辈上学的,之所以停学是由于陈万卷成亲的缘故。

因和陈万卷同村同级的几个孩子去高村上了完小[①],而陈树旗让陈万卷单独去广武上完小。陈万卷在广武人地两生,也受人欺负,因此内心煎熬。在陈万卷去广武上了两星期学之后,陈元明恰好去集市就顺道去看望陈万卷。于是陈万卷就死缠着陈元明要回来,不在那里上学,家里没办法就让陈万卷回来了。而陈万卷之所以中间休学,也主要是自己放弃了学习的机会。1947到1950年,由于正处于新中国成立前夕,时局动荡,很多小学初中都已停课,陈万卷也就在家,没有去上学。

---

① 完小:五年级和六年级。

3.重新上学的缘由

陈万卷从广武回来后,就在家里参加了两三年的劳动。陈万卷虽然早上来不及去地,但是陈树旗、陈元明、长工陈江根去地里干活儿的时候,陈万卷还是会去给他们送饭,十几岁的陈万卷担上两罐水,一篮馍就送到地里。陈家的地都分布的在山上,离家很远,都有四五里地,而且山路崎岖,很难走。有一次陈万卷没担好,压着肩膀疼,在去的路上摔倒了。1949年以前,陈家家里给地里劳作的人送饭是将饭装在陶瓷罐子里,装好之后用绳子捆好,挂在扁担上。结果陈万卷一摔倒把饭罐也打碎了,饭撒了一地,还要回去,让家里重做,再给他们送去,这样来来回回折腾,陈万卷觉得送饭也是相当辛苦的活计。

有时候陈万卷也去地里帮忙干活儿,去帮着陈元明、长工陈江根锄地,由于对农活儿不太精通,所以陈万卷去锄地的时候,叔叔和长工往往让他锄中间的地,这样陈万卷锄多锄少,陈元明、长工陈江根都会帮助他,还不会让陈万卷把地锄弯。去山上种地,中午是不回来吃饭的,都是早上从家里提一大罐凉水,多拿点馍。等到中午了,就在地里树荫下面,喝着凉水,吃着凉馍,就算吃午饭了,等到下午再干到日落回来。所以陈万卷感觉在家劳作还是很辛苦的,就又燃起了上学的念头,因此陈万卷和陈万录又去高村上完小,去陈元荣家住宿和吃饭。

4.舆论压力

陈家对孩子上学总体还是比较支持的,不过也有一部分是迫于舆论压力,陈万卷和陈万录从小学到初中都是班里的尖子生,一直学习都特别好。家族里面的人也都对陈树旗和陈元明说,这两个孩子天资比较聪颖,如果不让他们上学,就可惜了。再加上陈万卷和陈万录是幼年丧父,陈树旗也说,如果孙子们有上学这个才能,哪怕家里苦一点,也让他们上学。

在陈元明代理陈树旗当家期间,陈万卷也遇到过他的"难题"。1948年上完完小后,由于正值新中国成立前夕,国家的形势动乱,好多学校因此停课或停办,所以陈万卷在家停学了三年。在这期间,陈万卷也听从家里安排结婚并成立了自己的小家庭。后来,国家形势安定,停学三年的陈万卷又重新步入初中校园,在初中毕业后,虽然陈万卷已有家庭,然而出于对学习的热爱和继续攻读学业的渴望,陈万卷向叔叔提出继续上高中的要求。

但满心期望陈万卷初中毕业后,能够回家帮衬自己的陈元明,对陈万卷的提议表示不赞成,两人一度陷入争执。陈元明更是一气之下对陈万卷说:"你想上学也可以,但咱俩各做各的。"但是对陈万卷来说,通过"自个作难"上高中基本上是不可能的,高中的学费虽然不多,但加上生活费以及陈万录上学的花费,对于土地改革运动后已没有大部分土地的陈家来说也是一笔很大的开销。所以无奈之下,陈万卷找到陈树旗表明自己的心意,虽说陈树旗已经把家交给陈元明打理了,但作为家中长辈和老家长,陈树旗在家里面说话还是很有权威的。不过这时陈树旗也对陈万卷说了自己对后事的安排,希望陈万卷不要去上高中了,在家干,等过两年,慢慢对家里事务熟悉了,让陈万卷领着家。

陈元明只比陈万卷大9岁,两人年纪相差不大,但陈万卷读书多,且脑子灵活,为人处世很有自己的想法。因此陈树旗觉得陈万卷较陈元明更有才能,也对陈万卷的将来抱有很高的期望,想让陈万卷慢慢领着家,之后从陈元明那里接过来当家。但陈万卷一心想继续上学,就恳请陈树旗让自己考考试试,考上了就上,如果考不上了就回家帮衬陈元明。结果陈万卷考上了高中,陈树旗也遵从了他的想法,劝陈元明继续供应,陈元明迫于形势以及考学的不易,最终同意陈万卷继续求学。

5.教育目的,光耀门楣

1949年以前,陈家家长陈树旗送孩子接受教育的目的,主要是期望孩子能够学有所成,将来光宗耀祖。除此之外,陈家祖上也普遍有让孩子受教育的传统,陈家祖辈认为后代多学点知识,可以让孩子将来有个手艺能养活自己。1949年以前,有文化会识字,就能给人家写写算算,当个柜先,或是算账的,出去可以寻个差事做做。而且陈树旗家也算书香门第,有让孩子多读书的意识,认为家里小孩受教育会给家里带来好处和荣光,就算平时在日常生活中,也还是能写会算比较好,不至于出门是瞪眼瞎①。

1949年以前,陈家也算村里读书人比较多的农户,官峪村里家庭条件稍好一点的农户,也会让女孩儿接受教育,陈荣花就上过学,陈家对男女孩儿受教育没有太大的区别对待。但是在农村社会,家里对男女之间受教育的重视程度还是有差别的,一般男孩儿家里都会好好供应,尽量让他多上点学,女孩儿,除非家里有这个条件,女孩儿自己也有上学读书的要求,不然读书的机会相对于男孩儿还是很少的。

(二)私塾教育

1949年以前,陈家有家庭成员去私塾读书,陈荣花也去私塾读的书。陈家家庭成员去私塾读书是需要经过当家人陈树旗的同意才可以去。陈家开过私塾,陈家专门聘请了一个教师过来教授知识。官峪村很多农户家的孩子都在陈家开的这个私塾里读书,其中有陈元英、陈元明、陈荣花、陈树藩、陈树屏,还有附近其他家户的小孩子过来。陈树旗告知来陈家私塾读书的孩子的家长,去私塾上学的学费是谁家的孩子谁自己负担,但教师的待遇是大家共同负担,陈家的成员上学的花费都是家里全权承担。陈家私塾的花费也主要是在教师待遇上,其他的也没啥花费了,其他的书本费都是各人负担,也没有统一的课本去学,都是老先生看着哪些内容或课本学着不错,就用它们来教学。

私塾就在陈树旗自己家的窑洞里面,是老师来自己家里上课,不用出家门。去请老师这个事情,就看这个私塾是谁家承办的,谁就要负责去请,甚至还要管老师吃饭,其他家户的孩子如果想来私塾里上课,就需要负担一下教师的待遇。陈家办的私塾,是家长陈树旗去请老师,陈树旗都是尽量找了解的、学问高的、脾气秉性,以及年龄都会考虑,一般都是找德高望重的知识分子。

私塾的学习内容主要有:诸子之家格言、弟子规、三字经、算术等这些内容,私塾都教授过。在放假以后,家里会开一个小的座谈会,做几个菜,给老师送行。

(三)学校教育

1949年以前,陈万卷、陈万录都去学校读过书。陈万卷、陈万录是在官峪村上的初小,之后去高村上的完小,初中是去广武的初中上的,高中是去荥阳市的荥阳高中上学。上学的时候陈万卷、陈万录也没让家长送自己去报名,初小陈万卷、陈万录是在村里上的,也不需要家长陈树旗送。之后的完小、初中、高中都是需要陈万卷、陈万录自己去考试的,只有被录取了才能继续去上学。而且陈万卷去上学,会和同村同级几个同学一起,加上陈万卷也已经十几岁了,可以自己去上学了。因此开学的时候,陈万卷都是自己扛着行李,拿着书本,带着通知

---

① 瞪眼瞎:官峪村农户对大字不识一个的人的蔑称。

书去报道的。

陈万卷离家上高中也经历了千辛万苦,高中在荥阳市里,来回还没有车,牛车、架子车也很少,所以每星期放学后,陈万卷和几个家在附近的同学都是走路回来,一路小跑,回到家往往都已经是晚上了。但回到家后,陈万卷也没有休息,为了尽其所能减轻家里负担,从学校回来一天的休息时间陈万卷也用来帮家里干农活儿,等一天休息完,第二天天不亮,陈万卷就又从家里出发走到学校,几十里的路,陈万卷就这样来来回回走了三年。

陈万卷及陈万录的学费是由陈家整个家庭来承担,不过学费也比较低,高中的学费只有两元。官峪村也有孩子不愿上学,家长逼着去读书的,有些甚至家长会跟孩子去陪读。陈万卷决定继续读书,主要是为了自己的将来,为了多识字,多学知识,跳出农门,成为社会的有用之才。

(四)教育的家户单位

陈家家庭成员认为小时候孩子的主要教育来自家庭,平时陈树旗对陈万卷教育的比较多,相对来说其他家庭成员给予陈万卷的教育比较少,陈张氏、刘玉琴是文盲,陈元明读的书也不多,所以在陈万卷上学的时候如果有不会的题目,都是陈树旗给陈万卷解答。人们对男孩儿和女孩儿的教育重视程度还是不一样,女孩儿上学很难,读过书的女孩儿很少。陈万卷觉得同龄人对自己的影响还是挺大的,陈万卷和陈万录在学校学习有压倒别人的气概,两个人都是相互学习,以彼此为榜样,两个人的学习也是一直名列前茅。

(五)家教与人格形成

1949年以前,陈家家庭成员尤其是父母双亲的德行品质、为人处世以及性格,对陈家后代成员的人格形成都起着关键的作用。如果家庭氛围比较轻松,当家人比较开明,家庭成员之间关系也比较融洽,那家里小孩子的性格往往较为外向开朗,因为受到的束缚不多,能够自由地成长。如陈万卷的开朗性格,良好德行,以及好学的品质,都与陈树旗的言传身教不无关系。但如果家庭氛围较为压抑,家庭成员之间各怀鬼胎、明争暗斗,或者有离异情况,很有可能这个家庭出生的孩子也会因为家庭成员的相处方式以及日常的为人处世而变得较为敏感内向,甚至出现偏激或者德行有亏的情况。

(六)家教与劳动技能

陈家家里面的长辈也会教小孩子一些劳动技能,基本上都是跟着家长去干活儿,从大人的言传身教中习得劳动技能。比如棉花怎么种,玉米怎么管理,这些基本的农耕知识对于农村的小孩子来说,都是必须要有所了解的。陈家,一般是陈树旗教男孩子,而家里的女孩子一般都是陈张氏以及刘玉琴管的比较多。1949年以前,在陈家,男孩子一般是十二三岁跟着陈树旗和陈元明到田里参加劳动生产,在跟着陈树旗和陈元明劳作的过程中,他们会让陈万卷和陈万录跟自己学习如何锄地、剃苗等基本农活。

1949年以前,未出嫁的女孩子一般在家里待的时间比较多,她们不像男孩子那样,跟着长辈经常去地或走街串门,可以随时出去跑一跑。对女孩子的要求还是比较严的,一般都要在家里学习家务活动。陈荣花就经常在家帮助刘玉琴、黄凤荣分担家里的家务活儿,在做家务的时候,陈张氏、黄凤荣以及刘玉琴都会教陈荣花该怎么做活儿。由于家里有陈万卷、陈万录和陈婷妮,加上陈元英又去世的较早,所以陈荣花在五六岁的时候,就渐渐开始帮助刘玉琴照看弟弟妹妹,分担刘玉琴的家务。在陈荣花未出嫁之前,平时陈万卷及陈万录的衣服都是陈荣花给他们洗的,等到做棉衣的时候,也是陈荣花帮助刘玉琴一起给他们兄弟俩做棉衣。

女孩子在出嫁前是要学会很多技能的,比如炒菜做饭、织布纺线以及缝补棉衣这些都是基本必备的技艺。如果哪户人家娶了一个媳什么都不会做,女方在婆家会很受人小看,会被人瞧不起。而且在女孩子结婚后,婆婆一般都把丈夫交给她了,让她照顾自己丈夫的生活起居和吃穿住行,如果丈夫被照顾不好,被外人看来是很丢人的。也有些男方家在娶媳妇时,会先打听女方在娘家的情况,尤其会注意打听女方针线活的熟练程度。除此之外,如果女孩子不会做这些家务活儿,嫁入夫家后是会被人看不起的,大家还会议论女方家的父母不会教孩子,女方的娘家也会因此而丢脸。

二、家户意识

(一)自家人意识

陈家家庭成员认为自家人涵盖三代,即从陈树旗到陈元明再到陈万卷,这都是一家人。不过在陈家大家族分开以后,另立灶台的就算自己小家之外的人。但出嫁的女孩儿就不算自家的人,而算男方家的人。长工也不算自家人,不过算家里的一个成员。至于上门女婿,以及过继收养的孩子这些成员也都算自己家的,招过门的女婿是要当一口人待得,就算一家人了。陈家大家族如果有男的娶妾,妾以及妾生的孩子,在陈家家庭成员看来也属于一家人的范畴。

陈家当家人陈树旗掌管着陈家大大小小事务,陈树旗对农活儿以及日常起居的安排,陈家家庭成员都要遵从。不过在遇到订婚、结婚以及丧葬等重大事情时,陈树旗在拿不定主意时,有时也会将家庭成员召集在一起,听听他们的意见。1949年以前,外人基本上没有介入过陈家的家事。就算家里出现一些矛盾,最多是家里的亲戚、邻居会帮忙管管,外人一般是不会插手的。陈家家庭成员认为与自家人交往和跟外人交往还是会有所不同,自家人都是比较亲的人,都是一支一脉,大家在一起可以有啥说啥,也不会有太多顾忌。但跟外人交往就不一样了,凡事还是要留三分的,自家发生的事尽量不向外人说,因为害怕万一被有心人听去,引起不必要的纷争和议论。

(二)家户一体意识

在分家的时候,如果几个兄弟之间哪个兄弟的条件不好,分家的时候也会对这个小家格外照顾的。比如在陈树旗兄弟辈大分家中,陈树屏由于智力有点问题,而且膝下三个孩子较小,所以分家的时候把厢房,这个好宅子分给了陈树屏,而且分家后其他几个弟兄平时也会去陈树屏家照看照看,帮衬一下。后来在陈家小家庭还没有分家的时候,兄弟、妯娌之间在生产生活上都是相互帮助的,没啥大的冲突,后来陈万卷和陈元明分家也是陈元明的孩子成年,需要另立门户的客观形势决定的,而不是因为矛盾冲突而决裂分家的。

陈家家庭成员认为家里如果想"发家致富",家庭成员首先要团结,兄弟、妯娌之间不能有太多的冲突和猜忌,这样家里每个人才能为了家庭的发家致富而努力。官峪村比较注重教育,小孩子在学业上有成就,家里会觉得比较"光耀门楣",在陈元英考上开封明诚中学时,村里的保甲长来家里道贺,就向陈树旗说:"老兄,你家儿子真给你争气,光耀门楣啊!"陈树旗听到这些话虽然谦虚的回道:"哪里哪里,您抬举他了。"但在村里的保甲长走后,陈树旗看着身旁的陈万卷,内心欣喜地跟他说:"你父亲可是考上中学了,你将来要像他学习,争取考个更好的让爷爷看看。"

1949年以前,要是谁家发达了,那全家人都会跟着沾光的,俗话说:"一人得道,鸡犬升天。"陈元英考上开封明诚中学时,录取消息传来,全村都很兴奋,来给爷爷道喜。在一九三几年的农村,考个中学可是相当的不容易,人们都穷,哪有钱供孩子上学。尤其是农村,很多家庭连饭都吃不上,更别说供应孩子去读书了,所以官峪村里大部分人都没上过学,上个小学就已经了不得了,更别说是考上中学了。陈元英可以说是十里八乡第一个上中学的人,在官峪村算是开了先河,所以在陈元英考上中学后,整个官峪村都对陈家高看了几分,连村长、保甲长都来家里向陈树旗道喜。

(三)家户至上意识

陈家家庭成员一致赞同"没有家就没有自身"这句话的深意,认为离家在外的人就如"丧家之犬",不过也有古话"亡国奴不如丧家犬",认为家族以及家庭比一己之身、一人私利更为重要,国家比小家更加重要。如果家族以及家庭的利益与个人的利益发生冲突时,是需要为了家庭利益而放弃个人利益,如果陈家家里人在考虑事情时,首先想到的是自身的利益,陈家当家人陈树旗是会劝说甚至当面批评。

(四)家户积德意识

陈树旗和妻子陈张氏一直都有行善积德造福子孙的意识,平日里,也都乐于帮助村里条件较差的农户。比如粮食丰收的时候,让他们来家里帮点小忙,等他们走的时候,陈张氏都会给他们一些小麦或红薯作为回报。陈树旗教导家人,"见富贵而生谄容者最可耻,遇贫穷而作骄态者贱莫甚",陈树旗也一直告诫家人不要去巴结和曲意逢迎那些大户人家,遇到家里条件没有自己好的农户也不要觉得自己高人一等,俗话说:"三十年河东,三十年河西",谁也不敢说谁家会一辈子都富裕,都比别人过得好。

此外陈树旗还告诉家人"遇肩挑贸业,勿占便宜",因为这些人挑着沉重的货物,翻山越岭走山路来村里挨家挨户卖东西,他们一路上过来不容易,家人去买东西时候,就不要把价给人家压的太低,让人家也赚一点利,有个收入。出来逃荒要饭的乞丐比较多,如果他们讨要到陈家家门时,家里人都不会冷言冷语,恶语相向,或者赶其出去。陈张氏或刘玉琴通常都是至少给他们一口水喝,或者一个馍吃,觉得这些都是可怜人,自己能帮一点是一点。

陈树旗和妻子陈张氏也一直都相信善有善报、恶有恶报,他们也觉得自己做的好事以后都会回报到自己女以及后辈身上。对于那些无德、缺德,人心次的人,陈树旗家也是深恶痛绝的,这种人陈家也从来不会和他们有过多交往。

三、家户习俗

(一)节庆习俗

1.春节准备

在官峪村,春节一般是从"腊八"开始算起,俗语有"腊八,祭灶,年下来到"。春节之前,陈家家里是会做些准备,主要是物资方面的准备。一般农历二十四,家里会大扫除,俗语"二十四扫房子"。一般农历二十六家里就开始置办年货了,家里过年白菜、萝卜是必买的,肉是各家根据自己的情况购买。1949年以前,陈家家庭情况在村里算比较好的,过年的时候,家里会买点肉,不过很少,人们成年都不吃肉,也很"见"①,陈张氏会把肉切成几片,放在很多菜里炖,然后数着片数,均分给家里的每个成员。陈家过年的菜也不会买太多,顶多再买个莲菜。

1949年以前,春联是农户去置办年货赶集的时候,会买点红纸,回来自己写或找人代写。官峪村农户家里就算再穷,都是要贴春联的,因为不贴春联是最倒霉的事,只有家里有人去世的时候,才会三年不贴春联,为父母守孝。长工陈江根过年的时候也在陈家过,因为长工陈江根家离陈树旗家很近,而且陈江根还跟陈家有亲戚关系,所以跟陈家的关系很亲近,就像陈家的一口人一样。

2.走亲戚

陈家过年需要走亲戚,要到亲戚家里去拜年。过年的时候陈家家庭成员先走媳妇娘家、本家、嫡亲,再走表亲,去串亲戚。1949年以前,官峪村上的媳妇过年会先去娘家,大年初二去娘家串门,这时候丈夫也会跟着去。走亲戚不一定非要家长去,如果家长身体不硬朗,或者有事情的时候,子辈也可以去走父辈或母辈的亲戚,陈万卷还记得过年的时候,自己曾代表刘玉琴去舅舅家串门。

如果亲戚来了自己家,自己是要再去亲戚家一趟的,这也是礼尚往来,是应备的礼数。所以有时候家里自大年初二开始,一天走一家亲戚,有时候走到初六都走不完。1949年以前,农户去串亲戚,也没啥拿的,就会掂点馍,后来这些馍被来回掂,有些馍因为来回掂来掂去,上面都有裂纹,被风吹干,吃的时候很硬,不好咀嚼。官峪村俗语"二十九蒸馒头",有时候有些农户家需要蒸一天。陈家过年的年夜饭除了家庭成员之外,长工陈江根也会参与。1949年以前,陈树旗限于家里条件,也不怎么经常请其他人来陈家吃饭。

3.春节拜年

在1949年以前,陈家家里过年的时候,陈树旗都会让二子陈元明领着陈万卷、陈万录,初一都出去去村里各家各户拜一天的年。有时候去到的农户家里,农户和陈元明一辈,陈元明就会说:"我不给你拜年,让孩子们给你拜个年吧",听到陈元明指示,陈万卷和陈万录就赶忙跪下给人家磕个头。去村里农户家拜年的时候,空手去就行了,不用带礼物,就过年去给人家祝贺一下。到人家农户家,先去中屋,放祖先牌位的桌子前,先给人家祖宗拜个年,之后农户出屋迎接,再给农户拜年。

有时候去几家农户拜年,什么都没见,那家家里也没有任何招待,不过有些家里条件好的农户,家里会准备一些柿饼、花生这些吃的,有小孩子过来拜年了,给人家抓几个。有一次有人带着孩子来家里拜年,拜完年后,陈张氏给那个孩子抓了几把花生,孩子很高兴,叫喊道:"可磕到家了",意思是可算找到有人家招待给吃的了。

1949年以前,过年官峪村里面也会举办一些活动,会有玩狮子的,打武术的,玩"旱船"的。官峪村的农户会用竹竿和布扎个驴或者动物的模样,下面用布围着,远看好像人坐在上面,实际人的腿是在下面走着的像船一样的模型。除此之外,过年的时候,官峪村里还有唱正板戏的。

4.春节祭祖

春节祭祖的时候,陈家大家庭一般都是一家一户去祭祖,不过陈树旗有时候也会跟兄弟

---

① 很"见":当地土话不经常见的意思。

商量着一块去。兄弟几个商定个时辰,然后一起去祖坟上,给自己的祖辈、父辈多少送点"钱"①花。陈树旗和弟兄几个给祖辈"送钱"或者烧纸的时候,是从高到低,从上一代往下一代烧。

每当到过年的时候,陈家家长陈树旗就会去祖坟上祭拜,不过一般都是陈家的男性家庭成员陈元明或者陈万卷和陈树旗一起去,女性家庭成员去的比较少。陈树旗去坟上祭祖的时候,一般都是在地上铺张黄纸,然后将拿的馍或者菜,就地往坟上一放,以敬祖辈。陈家在大年三十这一天,吃晚饭之前,陈树旗都会在家里的祖先牌位处,给祖宗上供。除此之外,陈树旗也会代表陈家给天地全神上供,以此保佑家人平安健康。

(二)红白喜事习俗

1.红事习俗

陈家娶媳妇的时候还是有一些习俗的,比如黄凤荣在1945年嫁到陈家时,黄凤荣坐着花轿到陈家家门的时候,花轿先不落地,陈家家长陈树旗把犁的前头放在火盆里烧红,然后把水或者醋浇到犁上,绕着花轿走一周。然后陈树旗再用谷子秆或者艾草绑着鞭炮在花轿周围放一圈,这是图吉利和驱邪的,为了防止沿途遇到妖魔鬼怪,对新人黄凤荣陈元明以及陈家家庭成员不利。除此之外,在黄凤荣嫁到陈家的前一天,陈树旗在陈家家门口还放了马鞍和纺布用的枰,俗语"骑鞍过枰",也是图吉利的作法。

根据习俗,黄凤荣在进家门前脚不能沾土,而那时陈家一时也没啥往地上放,陈树旗于是就给陈张氏说,让陈张氏和刘玉琴将家里装棉花的布袋放在地上,等黄凤荣下来轿门走过之后,刘玉琴就把布袋往前传,就这样一直传到拜堂的主窑洞里。在黄凤荣在主洞拜完堂进了婚房,草房屋里的桌上还放了一斗麦子,麦子里面陈树旗插上了一杆秤和一个织布用的柱,这也是给陈家家里图吉利和丰收用的。

官峪当地结婚也有哭嫁的情况,也叫"哭圣"②。这个"哭嫁",全凭个人感受,不是强迫的。不过在黄凤荣从刘沟村嫁到陈家的时候,黄凤荣本来也是没有特意要哭的,但想到以后自己是家里泼出去的水了,再回娘家已是不容易,看到父母亲依依不舍将自己送上花轿的场景,黄凤荣在起轿的时候还是留下了眼泪。

2.白事习俗

(1)长子

陈元英去世的时候,陈万卷才7岁,陈万卷披麻戴孝掌着灯,走在最前面,走了几步,陈万卷就觉得腿软走不动了,后面的人一群哭声,陈荣花就在陈万卷的身后放声痛哭。这时候陈万卷就觉得恐惧、害怕还有难过一下涌上心头,走路就开始腿脚不听使唤,走不稳了。陈树樟正好在陈万卷旁边,见状就抱着陈万卷继续走,陈万卷掌香,一大撮香也拿不好,都快烧到手了,陈树樟看了,就索性从陈万卷手中接过香,帮陈万卷拿着,就这样走到了祖坟地。

在农村中,长子还是有着特殊地位,无论年龄大小,都必须要出席父亲的葬礼,还需要摔"老盆"。这个老盆是父亲入殓时,棺材搁到中屋,前面会有个陶盆,这个陶盆装的是来吊唁的人们烧的纸,参加葬礼的人来了都要烧纸,就直接把纸烧在前面这个陶盆里,所以这个陶盆

---

① 钱:指纸钱。

② 哭圣:是在闺女离开娘家出嫁到男方家的时候,想到今后要离开父母,去别人家生活,控制不住内心情感,泪流满面的情况。

是用来烧香、烧纸的瓦盆。之后起灵的时候，孩子们和媳妇以及亲戚都会在下面跪着，中年男子都抬棺材，准备出门的时候，长子就要面向前面方向，先把"老盆"摔了，还要一次摔烂，如果摔不烂，再摔一次就不好了，所以地上提前会放一块砖头，摔"老盆"的时候往砖头上摔，这样确保一次就摔碎了。摔"老盆"的寓意是最后一次孝顺父母，为父母尽孝。

（2）二儿子

出殡的时候需要老人的长子带重孝掌香，二儿子打幡，即在柳棍上面挂些白纸。这些白纸铺开的内容，幡上写的内容是："宝幡接引陈大公（名讳），之灵魂超升仙界"，然后需要子背着幡，把父亲埋了后插在坟上的，这个是在父亲的棺材下葬之后，埋得土跟地面持平，再把戴着幡的柳棍插在坟上，最后封上土，这样柳棍就会活了。所以看到谁家的坟上有柳树，是因为戴着幡的柳枝埋了之后成活成树了，根据柳树的习性，柳枝是比较好活的。官峪地有"插柳即活"的说法，所以埋在坟上的柳枝成活概率很大。不过由于陈元英去世的时候陈万录才5岁，不懂事，所以打幡这件事就让家中长辈代做了。

（3）已出嫁的女儿

官峪村在举行老年人葬礼的时候，是有"哭灵"[①]的。当父亲或母亲去世后，已出嫁的女儿会携家带口回来参加父母的葬礼，有些还会给父母"大馍全供"，大馍是一个箅子只蒸一个馍。馍蒸出来特别大，就跟一个小吃饭锅那么大，呈半圆形，这样的大馍是要摆好几张桌子的。

（4）幼童夭折

1949年以前，在官峪村如果是16岁以下的小孩子夭折，父母是很痛心的，绝不对外声张，而是不声不响地把孩子埋了，如果孩子稍微大一点会做个棺材，如果孩子小，就会用铺盖什么卷起来，埋到山上。在1943年时，陈元英的小女陈婷妮，因感染黑热病不治身亡。后来陈树旗和二儿子陈元明，就将陈元英这个小女包了包埋在了山上，此事并没有大肆宣扬，陈家也没有为陈婷妮举办丧事，因陈婷妮年龄较小，属于夭折，官峪村的习俗，幼童夭折，不宜举丧，而应让其早日安息"投"[②]往下家。

（三）过节以家庭为单元

陈家在过年过节的时候是以家庭为单元的，大家庭未分家前的时候，是几个小家庭在一起过年过节，但自从陈家大家庭分家以后，陈树旗就没有再和几个兄弟合起来一起过节了。因此陈家在过年过节的时候，都是自家过自己的，陈家家庭成员没有出现去其他家过节的情况。

每到过年过节的时候，陈树旗都会招呼陈家的家庭成员聚在一起吃个团圆饭，这是陈家的一个习俗，不过陈家嫁出去的女儿可以在婆家过节再回到陈家过节。不过在过年的那几天，陈家的女儿回娘家或者有亲戚来陈家串门，陈家家长陈树旗也会盛情招待，让他们吃完饭再走，有时候冬天下雪，天气不好的时候，陈树旗也会让亲戚在家里住一晚上再启程回去。

（四）多种节庆仪式

1.元宵节

在每年元宵节的时候，陈家家长陈树旗都会给陈万卷、陈万录、陈荣花一点零花钱，让他

---

① 哭灵：孩子面对长辈去世，内心难过，在长辈的棺材旁边，泪流不止的情况。

② 投：这里指轮回投胎。

们几个去买花灯。不过有时冬天农闲多了的时候，陈树旗也会和陈张氏一起用油纸给陈万卷、陈万录、陈荣花糊灯笼。陈树旗和陈张氏在糊好灯笼后，等到正月十五的晚上，就将这些灯笼发给陈万卷、陈万录、陈荣花，让他们点着灯笼出去照。有时陈树旗还会在灯笼上题字或者诗词，以作为对来年的美好祝愿。在陈万卷的灯笼上，陈树旗就题过"月色婵娟，灯火辉煌"。

陈家除了在元宵节有晚辈打灯笼的习俗之外，还有吃"汤元"的习惯。"汤元"又名汤圆，每到正月十三或者十四的时候，陈树旗就会去高村的集市上买汤圆，到了正月十五的晚上，陈家就会煮一些汤圆来吃，寓意来年和和美美、团团圆圆。

2.清明节

陈家家长陈树旗每年在清明节的时候，都会带着陈元明去给陈家祖辈扫墓。在1942年陈元英去世后，每年清明节的时候，陈树旗还会带着陈万卷、陈万录去给陈元英上坟，以慰陈元英在天之灵。除此之外，在去祖坟祭奠祖先的时候，陈树旗还会专门折几条柳枝，等到了坟上，拜祭完祖辈后，陈树旗就会将这些柳枝埋在坟墓的旁边，以寄托陈家家庭成员对逝去先人的哀思。

3.端午节

陈家在端午节有吃粽子的习俗，每年在端午节来临之前，陈张氏和刘玉琴都会提前准备好竹叶、花生、红枣这些食材，然后将这些食材以及米淘洗干净放在盆中。之后陈张氏和刘玉琴就将米放在竹叶里，在往里添加少许花生和红枣，再用棉绳包一下，放在蒸馍的箅子上蒸。刘玉琴算好熟的时间，等出锅后，就会将粽子拾出来放在一个竹盆里。等到端午节这天刘玉琴就会将提前蒸好的粽子放在饭桌上，再准备些白糖，陈家家庭成员吃，把粽子拨开后撒些白糖就可以吃了。

除此之外，在陈万卷、陈万录及陈荣花小的时候，刘玉琴和陈张氏也会准备些五彩绳，然后撺成一股，给陈万卷、陈万录及陈荣花的脚脖和手腕上都带上，小孩子带着这些五彩绳有驱邪之意。

4.中秋节

陈家在中秋节的时候，陈家家长陈树旗就会提前去高村的集市上买些月饼和麻饼带回来，分给陈万卷、陈万录及陈荣花吃。在中秋节这一天，陈张氏也会让刘玉琴或黄凤荣改善一下伙食，给家里人做些好吃的。在吃完饭后，如果月色好的时候，陈家家长陈树旗还会让陈家家庭成员搬个凳子在院子里赏月，然后一家人坐在一块聊聊天，说说最近村里和家里发生的事。

四、家户信仰

（一）家神信仰及祭祀

1.家里信奉的神明

官峪村的农户自古以来还是信奉家庙和家神的，1949年陈家家里信奉很多神明，包括财神、神农氏、门神、土地爷、钟馗、灶爷。其中财神一般摆在中屋的桌上，神农氏、门神、土地爷都是在大门口列个排位，摆在门口。还有灶爷实际是厨房的守护神，保佑家人做饭时少发生火灾等灾祸，陈家的灶爷牌位一般放在厨房。每年腊月二十三祭灶的时候，陈家家长陈树旗就会让陈张氏将祭灶糖用个盘子装着,供奉在灶爷牌位旁边,让灶爷上天言好事的同时,保佑厨房安全,佑护陈家家庭成员平安。

1949年以前,拜神是有讲究的,陈家一般是男性成员去参拜神像。陈家家里平时拜神和过年拜神还是不太一样的,过年拜神会比较正式和隆重。通常在大年三十,吃年夜饭之前,用碗装几个饺子去拜家神,同时还会给家神烧点元宝、黄锡纸,还会上香,放鞭炮。一般这些事情都是当家或家里男性成员去做的,陈家家里是陈树旗或陈元明去上香,放鞭炮。陈树旗去上香的时候还会给家神上些贡品,比如蒸的馍,炒的几个菜,通常陈家上供的菜有粉条、白菜、烧豆腐、还会炒几片肉等,大概会凑八个菜。贡品一般都是家长陈树旗上供,陈树旗同时也是祭拜仪式的组织者。

2.信奉神明的目的

如果有风调雨顺、庄稼丰收的年份,家人也比较平安,家里的事情也顺心,人们就会觉得这是神明在庇佑,祭祀家神是有作用的,家神在保佑家里安康。陈家家里遇到特殊的事情也会拜神,比如孩子成亲的前一天,家长陈树旗是要去上坟的,告知一下家里过世的长辈,让他们保佑结婚当天顺顺利利,保佑新人婚后幸福。在结婚的那一天早上当家的要早点起来,祭拜一下家里的神灵。

(二)祖先信仰及祭祀

1.祖先祭祀

官峪村当地的俗语"祖先虽远,但祭祀不可不诚","视死者如视生"。因此每年在特定的清明节陈家都要祭祀祖先, 如果不祭祀则是对祖先的不孝, 陈家在陈铺头和官峪村都有家庙,家族后人众多,早已形成一个大家族。陈家家庙里面有墓碑,上面有鎏金大字"陈氏师祖之位"。陈家家庙的规模还是算比较大的,有一个院子那么大,这个家庙,也是陈家祠堂,是陈家老辈人建造的。这个陈家祠堂已经建造很久了,对于陈家的家庭成员来说,祠堂是神圣不可侵犯的,不能随意损毁和破坏。

1949年以前,在陈家的堂屋里,还会放一个大桌子,用来摆放陈家过世家庭成员的牌位。官峪村附近有些能工巧匠,他们会做"神住楼","神住楼"是一个小阁楼的模型,能把祖先牌位放进去,上面的小门还能开的楼的模型。不过陈家家里没有摆放过已去世家庭成员的遗像,因为1949年以前,照相技术限制,再加上官峪村属于比较闭塞的地区,在很长一段时间高村乡里都没有照相馆,所以陈家家里也没有留下陈元英和陈树旗的遗像。

2.祖坟地

陈家有一块坟地,祖辈去世了都会埋在那里,坟地就在本村。陈家祖坟的面积有八分地左右,周边也是土地,用来种植农作物,祖坟所在的耕地不能出租。老人过世,一般条件的人家和普通人家都没有立碑, 所需的花费也是由家里的儿子共同承担,碑上不能写媳妇的名字,可以写未出嫁的女儿的名字。祖坟是神圣之地,不可被侵犯,一般也没有谁会去侵犯墓碑,如果坟墓的土掉下来了,会重新修缮、堆土。陈树旗一年上几次坟,时间也不固定,什么时候去上坟看到坟该重新打理了,陈树旗就会叫上陈元明去修坟。

陈家的祖坟,陈树旗时不时就会带儿子陈元明去维护和修缮。一般在清明节上坟的时候,都是需要去给祖宗的坟上"填填土"的,后辈家庭成员把坟上的土再堆堆,以免坟被平没了,或者在坟下面埋一块砖头或石碑头,写上名字,为长辈的坟的方位做个标记。有些条件好的家户,还会再去立个碑,这样能把坟的方位固定好。埋葬不同代际的人时,有很严格的埋葬顺序,分为五代依次排列,分别为:高祖、曾祖、祖辈、父辈、自辈,谁的孩子埋葬在谁的坟下面。除此之外,中间相隔的距离还是很有讲究的,会找"阴阳仙"看一看,"阴阳仙"会拿着罗盘,测一下在哪个方向埋葬,对后代比较有利,还会定四个方位,按照这个方位挖墓穴。

3.有家谱

陈家是有家谱的,最新的版本是2002年编制的,编制是陈铺头的人编纂的,然后让官峪村这几支陈氏子孙也添加上,现在家谱村里只保留了3本原件,分别在村里德高望重的老人手中。编制家谱的时候,受篇幅限制,有些重男轻女,不过有些农户后代没有男孩儿,也会把女孩儿写上去。后来续家谱的时候,是来农户家里统计的,上家谱是需要给钱的,这也是制作家谱的成本,一家是10元钱,也有极个别农户因为不想掏这个钱或者觉得没啥必要,而没上家谱的。

4.祭拜祖先,保佑后代

陈家的女性家庭成员也可以祭拜家里的祖先,女、媳妇可以去祖坟祭拜,小孩子去祭拜祖先的时候,一般长辈都会让他给祖先磕头,以示问候。陈家祭拜祖先主要是为了祈求过世的祖先保佑家里还健在的人们平安顺利,表达家里对逝去人的怀念,此外也会祈求家里五谷丰登,人丁兴旺。

(三)庙宇信仰及祭祀

1949年以前,官峪村有江河大王庙和家庙。大王庙,主要保佑黄河滩地以及黄河边农户的,在方圆几里地,都是盖得最好的,大王庙后面有大殿,前面有卷棚,周围有院墙,里面有神像。据官峪村的村民传闻,村里的大王庙还曾"显过灵"。有一年官峪附近好多天都没有下过雨,眼看着到了小麦该要结麦穗的时候,地里旱的都快裂缝了,农户们一个个都急坏了,害怕一季的辛苦耕耘都付之东流。于是村民好多都去祖坟或陈家家庙祭祀,祈求苍天降雨,不过天还是没有下雨。后来有个农户就提议去大王庙拜拜,于是有几个农户就一起带了些馒头去大王庙祭拜。说来也巧,在他们几个去的那天,天就阴着,后来祭拜完出来,没过一会,在回来的路上,天就下起了蒙蒙的小雨而且还越来越大。这几个农户见状,赶紧跪在地上,朝着大王庙的位置磕头,还纷纷说道,"祖宗保佑,大王庙显灵了,给我们降雨了"。从此以后,大王庙"显灵"的事,就在十里八乡传开了,官峪村邻村的村民在遇到烦心事或者家庭重大变故,也都会去大王庙拜拜,祈求家人安康。

不过在新中国成立前夕,国民党的部队在黄河边驻扎,部队没有东西烧火,他们就把大王庙的庙宇破坏了,用建设庙宇的柱子和木材烧火。这些"国军"①官峪村的村民都不敢招惹,因为他们办事情也不考虑其他的,管你这是什么庙,只要对他们有用,他们就拆毁强用,官峪村的百姓都敢怒不敢言,连村里的保甲长也不敢前去说词。

官峪村的陈氏宗族也有家庙,这个家庙距陈家不到一百米,离的很近。陈家也经常去庙里祭拜,不过一般都是陈树旗和陈元明去,陈家的媳妇和未成年的孩子不经常去。

---

① 国军:当地对国民党军队的简称。

五、家户娱乐

（一）结交朋友

陈家家庭成员也没有怎么在外边结交朋友，平时交往最多的是家里的乡亲们。陈家的家庭成员基本上天天都在家务农，加上陈家家里也没太大的经济基础，又不是官宦家庭，说实话陈家家庭成员也没有那样的条件和资本出去闯荡，同时也没有太多机会去结交外边的朋友。不过陈元英算是陈家家里外边朋友最多的人，由于在外上学的时间较长，陈元英在就读开封明城中学的时候曾结交过几个志同道合的朋友，还曾带着这几个朋友来陈家家里玩过一次。后来在陈元英去世后，这几个朋友还来陈家吊唁了，不过随着陈元英的离开，陈元英的这几个朋友也在后来慢慢和陈家失去了联系。

1949 年以前，陈家的女性家庭成员也是可以结交朋友的，不过她们交好的朋友也一般在家附近。比如刘玉琴和黄凤荣交好的是官峪村乡亲或陈家家族里的几个妯娌跟那些脾气比较合得来的媳妇，就会时常走动走动，这也算朋友吧。不过在陈家的妇女是绝对不能和外边的男性交往的，所以陈家媳妇交朋友还是很受家长陈树旗限制的，一般陈家媳妇们只能和附近的女性交朋友。陈家小孩子交朋友也不需要大人的同意，只要不是和朋友出去"鬼混"就行，家长陈树旗对孩子的交际不会多加干涉。

（二）打牌

1949 年以前，官峪村里也有人打牌，打牌并不是一件好的事情，老人都说这是"不务正业"。陈树旗的家人没有出去打牌的，不过村里有人打，有些还会去高村打牌，实际是赌牌。官峪村里有几个农户家里有钱，有些当家人就经不住诱惑带着钱去赌牌，官峪村里面还没有什么牌场，而在高村，一些粮店、杂货铺、饭店都会聚集一些周围村庄的人在打牌。有些还会在牌场一待待好多天，拿的钱都在那里吃吃喝喝花完了，甚至还会在那欠一屁股账。在赌坊欠赌账是要还钱或者拿家里的东西抵押的，有些丧心病狂的父亲还会拿着闺女作抵押，因为赌牌已经赌的家里没东西可还了。

村里几个大的家族分完家后，有些子辈分到了地和家产，就去赌牌，到后来把家产都败光了，将父辈的心血毁于一旦。这个家里面一般也管不住，制止不来，一般都是当家的出去赌的，家里的媳妇、孩子根本都管不了，家族里面的人最多劝说一下，具体也不好采取什么措施去制止。

（三）串门聊天

1949 年以前，陈家家庭成员与村里农户相互之间是有交往的，陈家人也会和乡里乡亲多走动走动，趁闲暇时间去对方家里坐坐，讨论琐事来打发时间。陈家家里男的女的都能去串门，都是闲的时候找能跟自己聊的来，说话比较投机的家户，去人家那里聊聊天。陈家家长陈树旗去别人家里串门的时候，一般都是和老辈坐在一起谈古论今，或者聊些其他事。

不过过年过节陈家家庭成员去官峪村其他农户家时，陈家家长陈树旗还是要求家人要有些讲究。比如人家家里结婚或者刚结过婚，是不能穿白衣服去的，这样不吉利，对新人也不好。此外，如果生完孩子在家坐月子的媳妇，是不能外出，去别人家串门的，这是忌讳，对人家家不好。所以做月子媳妇们一般是在自己家里待着，基本不出去，只有出了月子，才会去别人家串门。

如果陈家家里成员去串门，家长陈树旗还会留一个人看门。尤其是快到年关的时候，整个世道不好，也有点乱，盗贼多一点，所以家里得至少留一个人来招呼着。一般陈家都是老人或者年轻的媳妇在家看门，媳妇是不能过于"抛头露面"，要不然会引起外人议论。

（四）逛庙会

1949 年以前，官峪村里是有庙会的，在春季和秋季都有，陈家也会去逛庙会，陈张氏领着陈荣花、陈万卷和陈万录去看戏、逛庙会。不过庙会离陈家家里还是很远的，有七八里地，走至少需要一个钟头的路。官峪村的庙会最先只有春季的庙会，是在 3 月 17、18、19 号这几天，之后官峪村的村民为了增添一年中的热闹，又在秋季时节，即 9 月的 17、18、19 号这几天也设为庙会。不过官峪村的大部分村民，还是更倾向和习惯于逛"古庙会"，还是喜欢去春天那个庙会。此外，官峪村的邻村陈沟还有个九龙爷庙会，这个庙会是在 3 月 15 日举行，每年举行的时候，官峪村的好多村民也会携家带口去那里逛逛。

1949 年以前，庙会举行的时候，也会有戏班子来，官峪村里面的农户全家人一块都会出来看戏，女性在征得当家的同意后也可以去。庙会的时候也有卖东西的，庙会上卖的东西也很多，可以说日用百货一应俱全，村里也有好多人去庙会上是专门为了赶集，为了给家里人买点东西。

（五）其他娱乐活动

官峪村里在过年过节的时候，也会公开举行一些娱乐活动，比如玩狮子、划旱船、耍武术、唱戏等娱乐活动。有时候玩狮子的还去各家各户转一圈，在过年的时候，村民们都比较高兴，有些会在门口摆一张桌子，一般放两盒点心，一些糖果，还会整一锅米汤，炒两个菜。玩狮子的来到家里的时候，给他们敬个茶，舞过狮子后，让他们在门口的桌子上吃点东西。

在 1949 年以前，官峪村里还有几个社会组织，有戏班、耍狮子班、打鼓班。比如戏班里有老旦、花旦、青衣、武生、小生等，陈万卷就加过这个戏班，还去唱过戏和拉过弦，这都是跟戏团里的师傅学的。陈家家庭成员参加这些组织，陈树旗是不干涉的，村里还有耍狮子的团，陈万卷还去看过，陈家家族的人还是这两个社会组织的骨干，都爱参加这类组织，这些社会组织在村里还是很吸引人的。

第五章　家户治理制度

在 1949 年以前,陈家一直都是陈树旗当家,陈树旗掌管着陈家的粮食、财产、房屋以及祖辈传承下来的物品,在这些物品的支配方面,陈树旗拥有主导权。此外,陈家有家规家训,也有家庭禁忌。如果陈家大家族有公共事务需要商议,一般都是陈树旗代表陈家参与。在遇到官峪村公共事务需要参与时,比如村里修路、挖井筹资等事务,家长陈树旗一般都会积极参与,为官峪村的建设出力、出资。

一、家长当家

(一)家长的选择

陈家的家长是陈树旗担任,陈树旗也会自动成为陈家当家人。因为无论从年龄辈分以及能力经验上,陈家的当家都非陈树旗莫属。陈树旗的年龄辈分不仅是家里成员中最高的,除此之外,陈树旗还受过教育,能写会算,恩威并济,有管家才能。再加上之前陈家大家庭未分家时陈树旗就为家长,管理陈家二三十口人,陈树旗在管家方面也很有经验。所以陈家小家庭的当家人,毋庸置疑,陈树旗是最好的人选。

当陈树旗得病后,二子陈元明就从父亲手中接过家庭重担,成为陈家新的当家人。不过陈张氏依然是"垂帘听政"的,所以当家里遇到大事时,陈元明自己不能做主都会与陈张氏商量,不会擅作主张。

1949 年以前,如果父亲去世或者生病,一般会由长子继承家业。但也有其他情况,比如在丈夫去世后女儿尚小,公公婆婆又不在,女性自己就会不得已成为当家人,扛起自己家庭的重任。在女性迫于形势而成为当家人的时候,村里的邻居乡亲也不会看不起女性的当家人,因为这也算人家家里的内政,谁当家外人不能干预,也不能妄加议论。只要这个当家人有能耐,能办事处世,外人还是会比较认可。

官峪村每家门上面都有个门牌,当一个人确定为家庭的家长之后,家里人也会在家里的门牌户主一栏上写这个人的名字,让别人一看就知道这个人是家中的家长。

(二)家长的权力

1.祖赋父权

陈家家庭成员认为家长的权力是一代一代传下来,是祖辈就赋予的,同时也被一家人和整个家族成员所承认。家长管理着整个家庭方方面面的事务,整个家庭的成员也都要服从家长的管教。陈家的当家人陈树旗还是较为民主的,在家里遇到一些大事的时候,也会和陈张氏、陈元明等家庭其他成员商量,问问他们的意见。就比如在陈万卷结婚的事情上,陈树旗也让陈张氏和刘玉琴多操点心,多找些自己娘家认识的熟人,让帮忙介绍介绍。后来选定杜梅香进门,也是陈树旗、陈张氏以及刘玉琴共同的决定。除此之外,陈家有时也会开家庭会议,家里有大事跟其他家庭成员也都议议,让大家都了解一下。比如哪年家里收成不好,陈树旗就会把家庭成员都召集一下,告诉大家收成不好,今年日子要"仔细点"①过。

2.财产管理权

1949年以前,陈家的经济来源主要是棉花,这也是家庭收入的主要来源,不过家里在丰收年份也卖过一些粮食,这个卖棉花和粮食所得的收入是全家人共有的财产,归一家人所有。

陈家的贵重物品都是陈树旗掌管,比如地契、分家单和现金等贵重物品都是放在陈树旗那里,放在陈树旗和陈张氏住的窑洞里。一般家里的衣服都是各人放各人的,家庭不会一块掌管。陈树旗也没怎么给过家庭成员零花钱,陈家家庭成员平时也没有什么额外的花销。子辈或孙辈结婚时候的聘礼是由当家人来决定的,媳妇进家门后所带的嫁妆,一般还归媳妇所有,由媳妇支配,嫁妆也可以由媳妇的孩子继承,这些当家人不会干涉。

陈家的粮食都是统一起来供全家人一起吃的,由黄凤荣和刘玉琴,后来是杜梅香安排每天吃什么饭。陈家的粮食都放在窑洞里面,用"圈子"圈住,"圈子"是用高粱秆编制而成的,专门用来圈粮食,陈家没有设置粮食看管人。因为家里成员不多,而且也没有人去偷拿粮食,家里的粮食都在陈树旗和陈张氏住的窑洞里放着也没有丢过。但在官峪村一些大户,家里人口较多,地也很多,一季打的粮食需要专门找个屋子或窑洞放着,为防止粮食被家庭内部成员偷走拿去卖,家里都会专门找个看粮食的。

3.制衣分配权

陈家一般是陈张氏安排制作家里的新衣,年年家里都会拿出一部分棉花来做衣裳。陈张氏已经安排好几年了,也都了解大家的需求,下面小家一年用多少棉花,她心里都是有数的。不过为了照顾陈元明这个家庭主要男劳力,陈张氏每次都会给陈元明家适当多分一些,让儿媳黄凤荣给儿子多做几件衣服。陈家当家人陈树旗的衣服都是陈张氏做的,陈张氏的身体一直很硬朗,所以陈树旗的生活起居,吃穿用度也一直都是陈张氏管的,没让下边的媳妇们插过手。不过下面小家庭男性的衣服,都是由妻子做的,小孩子的衣服是谁的孩子谁管,他们母亲自己做就行了。

4.劳动分配权

陈家男女之间就有明确的分工,男性家庭成员就锄地、用牲口、耕种、把粮食担回来。女性家庭成员就收秋、看秋、照顾家里事务,等农闲的时候,女性会在家里做衣服,衣服都是自己做的,所以有空的时候就要投身纺线做衣服了。

陈家家里老人只要身体健康还是会做些农活儿的,陈家家里也从来没有闲人,有劳动能力的都需要做活儿的。陈家小孩子参加劳动生产的时间是比较晚的,一般会让他们在家上学,在十岁左右才让他们在空闲的时候来地里"学活"②,然后做些力所能及的农活儿。比如陈荣花在十几岁的时候,会跟着陈树旗、陈元明、刘玉琴去地里摘棉花,摘棉花这个农活儿比较简单,十几岁的孩子交代一下完全做得来。

---

① 仔细点:当地土话节约点的意思。
② 学活:长辈教孩子怎么做农活儿。

5.婚丧嫁娶管理权

陈树旗家在娶媳妇、嫁女这方面，孩子们都要听从当家人的安排。结婚时如果是陈树旗当家，那孙子辈结婚在婚契上就会把家长陈树旗的名字写上去，因为陈树旗是当家人，在外就代表全体家庭成员。

除此之外，陈家家庭的祭祀活动，也是由当家人陈树旗做代表进行祭祀。陈家没有家庭成员离婚的情况，不过村里其他家有这种情况，1949年以前男女之间离婚不是叫"离婚"，而是说女方被男方休掉。如果男方家里的当家人以及主要家庭成员都同意丈夫休掉妻子，就不需要再征得女方娘家人的同意，而是直接休掉女方，让女方回娘家。

6.对外交往权

在对外关系中，家长可以代表整个家族，家长也可以以家庭名义向外人借债。如果村里需要开会、投票等事宜，都由当家人代表家庭去参与。在平常如果和家族人之间交往，或者亲戚之间需要帮忙，也都由家里的当家人出面。

7.家长权力的约束

1949年以前，如果家长能力不强，而且又有同辈的比较有能力的兄弟，家庭成员也会考虑重新选一个能力较强的人来当家。如果家长私自跟外界借债长期不还，那当家人的负债会由家庭成员共同承担，村里也有"父债子还"的情况。1949年以前，陈家家里没有吃喝嫖赌的人。

（三）家长的责任

1.家长的作为

在陈家，作为一家之长，是要有所作为的，他必须管理家中各种繁杂的事情。比如家长陈树旗要负责一大家子的粮食问题，衣服需求，确保家人穿暖。有时遇到饥荒年份，万一家中余粮不足，维持不了生活，还需要当家人代表家庭去别人家借粮借款，以此维持家庭成员的开销和温饱。

陈家的家长陈树旗除了要管理家里人的吃穿住行之外，还需要保持家庭收支平衡，维持好家庭成员的和睦。陈家大家庭弟兄辈还没分家时，家里面小家庭多，人口数量也大，尤其是在家里的孩子们都长大成人建立家庭以后，各种婆媳争端、弟兄纷争以及妯娌间的明争暗斗此起彼伏。这时候陈家家长陈树旗就要拿出点能耐以及魄力，来把家庭成员彼此之间的争端事宜降低到最小化，以此保证陈家大家庭的和睦。

如果自家的小孩子犯错误了，是要由当家人代表本家庭去给别人家认错的，很多时候小孩子在外边跟别人打架，惹着事了，都是家长去帮忙处理、和解的。不过也有些家长比较糊涂，溺爱自己家的孩子，无理取闹，本来是小孩子之间的事情，结果后来闹成大人甚至两个家庭之间的事情。

2.家长的好与差

1949年以前，做个好家长是不容易的，要在动乱年代保证一家人的安全，还要把一大家子人都安排好，与此同时又要保持和谐，还需兼顾生产，这是很不容易的，也是需要一些管理才能的。陈家家庭成员陈树旗，是一个当家当的比较好的家长。自从1942年成为陈家家长以来，陈树旗一直都把陈家管理的井井有条，一家人和和气气，对儿女后代们又照顾有加，还供他们上学学习知识，这个眼光和能力很难能可贵。

1949 年以前,如果当家男的不正干,那这个家基本上就完了。男性在家里的地位还是很高,可以说是男权社会,一般男的当家,啥都是男的说了算。就算当家人丈夫做错事情,比如出去吃喝嫖赌,败坏门风,挥霍家产等,是对家长继续管理家庭没有影响的,他还是会继续担任自己家的家长,媳妇和孩子是拿他没办法的。而出去赌博或做坏事的家长,往往在家里有绝对权威,官峪村有一家农户,当家的男方比较沉迷美色,在外边有外遇长达四五年,后来直接抛弃结发妻子以及孩子去外边鬼混了,之后就一直没再回来过,直到自己年纪衰老的时候才回到原配和自己的孩子身边,即使这样,回到家后男方在家里说话还是很有权威,他也不觉得自己当年所做的事情是不对的。

1949 年以前,在官峪村,一般只有在家长年纪大了,身体状况已经不允许,也没有体力和精力再管理整个家庭的情况下,老辈才会把家长的位置让给子辈来继承。否则,一个家的家长不会轻易变动,一般都会一直担任。

(四)家长的更替

在 1942 年大饥荒的时候,陈树旗为了让家里有粮食吃,就和自己的舅舅拿了一些家里的衣服、布料、家产去山西那边卖,陈树旗一去去了两三个月,这期间都是陈张氏领家的,虽然陈张氏在对待媳妇上有些严格甚至刁钻,而且说话很不好听,爱训斥人。不过在领家方面,陈家家庭成员不得不承认陈张氏还是很有领家和治家的才能的,在陈树旗外出期间,陈张氏把家里安排的很好也照顾的很好,在没有东西吃的艰苦日子里,陈张氏和媳妇一起想办法,去弄吃的,挖野菜、摘榆树叶子、吃草根,尽量填饱家人的肚子,等到了陈树旗出去把家里的东西换成粮食带回来。所以在 1942 年大饥荒的时候,陈家没有饿死人,这跟陈张氏对家庭成员的安排照顾分不开。在官峪村女性成为代理当家人也是有的,但陈家小家庭未出现过这种情况。

后来陈树旗因病卧床不起,陈家家里开始由 26 岁陈元明当家。对于陈元明当家,陈家家里人是没有异议的,陈元明的辈分最大,理应他从家长陈树旗身上接过担子领家。官峪村的农户基本上都是男的当家,并且一代一代往下传给长子,不过也存在男的在家地位稍低,不执事的时候,女的"垂帘听政"。

1949 年以前,当老当家人过世后,新的当家人也不需要特别在老当家人的葬礼上做一些事情,而是自然而然地从老当家那里接过管家的重任。在一个大家庭里,如果要更替当家人,老当家人会首先从子辈当中选择接替,让有能力的孩子领家,然后一辈一辈往下轮。如果家里没有儿子,只有为女儿招上门女婿,那么老当家人也是会让上门女婿来当家的。当家里的当家人换了的时候,家里的钥匙、地契、房契也会交给新的当家人保管。

二、家户决策

1949 年以前,陈家大小的事情都是陈树旗说了算,家庭内部的琐事,一般陈张氏管的比较多一些。不过除此之外,陈元明在家里也有说话的权力,他说的话家庭成员也会听。如果当家人出远门,家里的事情是陈张氏说了算。

只要是在事情形成决议以前,家长都会适当听取其他家庭成员的建议,这件事情都是可商议的。家长陈树旗也不是专制和一意孤行的,做什么大的决定,都会和家庭成员商量,然后形成最好的解决方案,所以陈树旗决定的事情,全家都会服从,还没有出现过哪个家庭成员不服从的情况。

三、家户保护

(一)社会庇护

陈树旗当家时,陈家家里人如果在生产生活上与其他农户发生矛盾或纠纷,一般都是陈树旗代表家庭出面调解的。尤其是在自家小孩子和别人家孩子"隔气"①时,也都是当家人陈树旗去协调。比如小孩子之间玩耍的时候,这个挖那个一下,那个挠这个一下,结果后来两人玩恼了,脸上脖子上都挖和挠成印了,这时候对方家里父母有时候可能就会找上门了。当家人陈树旗遇到这种事的时候,一般都是以和为贵,大事化小,小事化了。陈家家里不护短,陈树旗通常都会首先安慰并向对方家长道歉,尽量不给别人家产生大的矛盾。家长陈树旗一般会对别人家说:"你别跟孩子一样啊,回去我打他。"

如果家人在外边被人欺负,也相当于整个家庭受了侮辱,感觉一家人都受到了欺负,当家人或者其他家庭主要成员也会帮助其讨回公道。在陈家如果家里孩子犯了很大的错,家里人是不会帮助其隐瞒的,在农村社会有些事情也是瞒不住的,终究"纸里包不住火",所以陈家会主动向外坦承,和孩子共同承担做错事的后果。

陈家庭家庭成员认为在农村社会,面子和声望对一个家庭来说也是很重要的,家里不好的事情也都不想往外传,害怕不利于自己在村里的声望和地位,所谓"家丑不可外扬"。

(二)情感支持

如果陈家家里人在外边受了什么委屈,或者被别人为难对待,是会告知陈家家长陈树旗的,有时也会向自己的父母亲和兄弟姐妹诉说的。家庭成员诉说后,陈家家里人都会尽可能想法子解决和抚慰的,如果出嫁的女儿在婆家受到委屈或者不公正的待遇,娘家人是会去接回女儿,并且会替这个女儿"出气"。

陈荣花在嫁到刘沟之后,在婆家被婆婆频繁刁难,不仅如此陈荣花在日常生活中也一直被欺压,忍辱负重多年,陈万卷及陈家家族几个兄弟再也看不下去了,去替陈荣花"出气"。陈家家里兄弟和表兄弟一共五个人,曾一块去给陈荣花出过气,陈万卷戏称为"五兄弟为姐出气,母老虎威风扫地"。陈万卷兄弟几个去陈荣花家给她的婆婆对质,诉说多年来陈荣花在他们家遭受的不公正待遇,还让陈荣花在旁边作证,向婆婆"诉苦",说自己在家一直勤勤恳恳,孝敬公婆,照顾丈夫,管教女儿,还承包了家里基本上所有的家务活儿,而即便自己已经做到了这个分上,婆婆依然处处对她不满,横加指责。陈荣花的婆婆终于挨不住强大的娘家人气势和自己不占理的弱势,败下阵来,不在和他们对质,恼羞成怒,愤愤地骂骂咧咧回屋了。五兄弟又在姐姐婆婆的屋外边"诉说"到天黑才走,走之前,陈万卷专门提高嗓门大声说:"以为娘家没人啦!想欺负我姐姐,不行。"五兄弟一块去给陈荣花出气,虽然过程艰难,不过之后收到的效果也很显著,自此以后,陈荣花的婆婆都不敢再故意刁难她。

(三)防备天灾

在 1942 年,官峪村发生了大的灾荒,旱灾加上蝗灾,村里饥荒最严重的时候曾饿死过人。1942 年饥荒的时候,陈家是同舟共济,全家人团结起来一起渡过难关。

---

① 隔气:官峪当地对打架的俗称。

1942年的时候,由于黄河沿岸爆发的大面积蝗灾,又加上当年的旱灾,地里三季都没有任何收成。陈家还积攒的有一些余粮,但也很快吃的所剩无几了,在入冬的时候,陈元明、陈荣花、刘玉琴都出去挖野菜、拾柴火。因为正值灾荒年份,官峪村山上的野菜都被农户挖的所剩无几,陈元明、陈荣花、刘玉琴就地里找上一季残留的红薯秧和芝麻叶,然后把已经干了的红薯秧拿回家在石磨上磨一磨,磨成粉状然后当成面粉吃。

灾荒时候陈家家里还有剩余的带棉籽的棉花,刘玉琴就把棉籽炒一炒,给家人吃下充饥。不过这些棉籽刚开始吃着还比较香,但是吃多了对身体是不好的,因为棉籽里的棉絮和棉壳人吃下去容易便秘。1942年,如果谁家家里有牲口套,人们都把牲口套上的皮子割下来,煮了又煮,用来挡饿。因为牲口套上是皮子,吃那个皮子,就跟红军长征吃皮鞋、皮带一样。陈家家里十口人都是喝野菜汤,里面才下一勺米,野菜实际有些是草一样的植物,下在锅里很苦,都难以下咽,陈万卷和陈万录都喝的很害怕。每次吃饭陈万卷和陈万录都会扒在灶台上,一看又是野菜汤,就会哭着喊道:"我不吃菜,我不喝稀汤",陈荣花和刘玉琴都把碗底剩下的一口米,舍不得自己吃,都倒给陈万卷和陈万录,所以陈家家里的大人饿着肚子,粮食还是"紧"①着小孩子吃的。

后来终于熬过了这三季没有粮食的日子,人们终于盼到了种下的麦子有籽了,好多人都等不到麦子熟,就去地里剥还没成熟的麦子回来吃,结果因为吃的太急太多,加上人们长期吃不饱,肠胃都萎缩了,而麦子下肚消化的时候是会膨胀的,这一膨胀又撑死了好多人。所以1942年大灾荒,很多人出门赶集,就饿死在半路上了;或者有些出去拾柴火,摔倒了就饿死在外边了;有些是在家里几天没见,就饿死在屋子里面了。

刘玉琴、陈张氏的娘家以及陈家家里都算是附近的大户人家,所以家里有一些衣服、布料,还有压箱底的东西,陈树旗就在1942年的腊月,去山西卖这些东西,换成钱,买了点小米、面、大米拿回家了。在大年三十晚上,陈家家里滚了一点儿面条,又下了一点儿小米,陈树旗还把拿回来的一点儿香菜放到锅里,陈万卷觉得那顿饭是最好吃的,因为好几个月都没吃过面条了。

在1942年由蝗灾发生饥荒时,村里也进行过求神、拜神的活动,村里有家户去家庙里面对祖先"愿意"②,祈求灾荒赶紧。在遭受旱灾的时候,村里也有人去江河大王庙祈雨。有时候农历的初一、十五还有人去大王庙烧香,去祈求风调雨顺。

1942年灾荒发生的时候政府也有救济,比如"舍饭",不过这都是国民党的"表面文章"。当官的把粮食磨成面都拿去吃了,然后把剩下的麸子、麦什和极少的面拿来给老百姓做饭。刘沟村有一个"舍饭点",附近村庄的几个保甲长在那支③一个大锅,用柴火烧着,然后把麸子和麦什倒锅里,做成糊糊。陈万卷和表妹还去领过"舍饭",那时陈万卷去的时候还提个罐子,拿着碗,想着多给家人带点回来,陈万卷戏称"跟要饭一样"。

结果陈万卷和表妹到刘沟村一看,锅旁边人头攒动,都是去领"舍饭"的,大家都在那里挤着去领饭,陈万卷最后就领到小半碗底的饭。然后陈万卷就和表妹将好不容易领到的"舍

---

① 紧:官峪村的土话,倚重优先的意思。

② 愿意:当地土话指拜神时内心想要对神灵诉说。

③ 支:放的意思。

饭"喝完,在回来的途上,两个人就饿的走不动了。1949 年以前,陈家在山沟里住,从陈家家里到刘沟村有五里路程,一路都是山路,加上那里站着,挤着去领饭,早都没劲儿了。国民政府发放"舍饭"是在春天,陈万卷和表妹回来到了半路,看到路边有"大刀花"①。于是陈万卷和表妹就上前摘大刀花来吃,他们俩把路边的大刀花吃的差不多没了,肚子里才感觉有点东西,这才收拾罐子和碗继续赶路回家。

(四)防备土匪

1949 年以前,官峪村有土匪,大概有一百多人的规模。在 1943 年的春天,土匪就来过官峪村一次。除此之外,官峪村还有小偷,也算"惯偷"②,有些还发展的有一帮子"弟兄们",经常出来偷盗。在 1949 年以前,来官峪村的土匪过来也不杀也不烧,只是抢东西,还牵牲口、拿衣服。来官峪村的土匪虽然人数不多,但配有枪支,因此人们都害怕他们绑架人质,以此要挟要钱,所以在土匪到家里之前,村里的农户都逃了,这些土匪来到家里如入无人之境,农户家里的东西都被随便拿。不过后来村民联合起来反击,人多势众,也有枪支,结果把土匪打的不行,有几个土匪就被村民俘虏的,村民为了报复和威慑土匪头子,就把抓住的几个土匪活埋或者扔到井里了。

土匪过来抢劫官峪村的时候,也没有发过帖子,都是直接过来抢。对于村里时常遭到土匪侵扰的情况,村里的农户也会报官,向上面反映。官峪村的保甲长去区里开会的时候,就向上级提过河北的土匪一直过来抢劫,上级就指示村里组织反击、自卫。官峪村没有形成专门和规模比较大的自卫和反击组织,所以受土匪的侵扰比较多,但这些土匪越过官峪村去陈铺头村抢劫的时候,由于村民居住比较集中,也有反击组织,所以他们寡不敌众,就狼狈地撤回河北。

陈家也遭受过土匪的抢劫,被抢过衣服、粮食,不过陈家家人都是顾命的,都逃出去了,害怕人再被土匪绑走,倾家荡产。逃走的时候会拿点贵重东西,以免家里财产损失更为惨重。之后村里为防范土匪,又修高了寨墙,安排村民守夜。

(五)绑票

在陈树旗的兄弟辈,陈家大家庭曾有人被绑过票,被绑的是陈家的重外孙。1941 年之前,陈树旗统领着陈家的大家族,是大家长,所以家里的重外孙被绑架后,都是陈树旗出面处理和解决的。陈家家里的经济条件还比较好,田地和粮食也比较多,陈树旗和几个兄弟商量怎样保住人质的命。为了保住陈家的重外孙生命不受到威胁,也为了避免"夜长梦多",陈树旗就私下和土匪商议送钱解决,陈家并没有选择报官。陈家没有选择报官的原因主要是民国时期官僚机构办事效率低下,并不能尽快采取实质性的行动,反而弄巧成拙,甚至打草惊蛇。

陈树旗不得已卖了家里的 80 亩地和一季的棉花,凑了不小的一笔钱财,村里有人是土匪的"底线"和"线人"③,让他帮忙去联系一下土匪头子。由于这个人可以从中获利,所以他很乐意这么干,去联系土匪头子,帮助陈家去送钱,把人给赎回来。后来陈家为了防止再次被土

---

① 大刀花:大刀花官峪当地的一种野花,未开花时如大刀形状,黄色有些像迎春花,勉强可以食用,无苦味。

② 惯偷:官峪村农户对经常来偷东西的盗贼的蔑称。

③ 线人:官峪当地对黑白两道通吃的人的叫法。

匪绑票,就加固了大门和院墙,家长陈树旗还请了守卫人,专门在陈家守夜,家长陈树旗请的守卫人基本上都是陈家比较亲近的人,让他们住在陈家的饲养室里,除此之外陈家还买了一些枪支和土炮用来突发情况下自卫。

(六)防备战乱

官峪村因为地处邙山岭上,地势险峻,交通不便,人口相对稀少,物资也较为缺乏,所以村里在抗日战争和解放战争时未发生大的战役和战乱,不过在解放战争期间,国民党的一小支部队曾驻扎在黄河边上。官峪村是"比较平稳"地度过了这两个时期,因此也没有人逃出村躲避战乱,顶多有时候日本兵上来巡逻,村里人在山里找个隐蔽的地方躲上半天,官峪村也没有农户为此挖过地道。

在特殊时期,陈家在经历"绑票"之后,家里就备有枪支了,对院子进行了重新修缮,加厚了院墙和大门。陈家家里备的是里面装有黑色火药的土炮,除此之外陈家还有一支枪。1949年以前,陈家家里的土炮和枪支都是私下交易买来的,有人专门做这些武器。在战乱和盗贼多发的时候,官峪村里也组织过农户轮流打更和巡夜。

(七)防备"地头蛇"

在官峪村也有横行乡里的人,俗称"地头蛇"。1949年以前,官峪村东沟八队有个叫黄同泰的,尤其是在1942年官峪村过了大灾荒后,他无恶不作、称霸乡里,他还担任高村区区小队的队长。黄同泰回官峪村的时候,都是带两个护卫兵,掂着枪,耀武扬威地挨家挨户转悠。与此同时黄同泰还放出豪言,要把官峪村的"明面人"干掉,还做的有"黑名单",在他的黑名单上,听说至少有八个人,这几个人都是官峪村附近德高望重的人,其中就包括陈树旗、陈树藩。黄同泰之所以这么做,是有其野心的,他想称霸官峪,不过他料想到这些在官峪村里有威望、德行高的农户会阻止甚至声讨他的恶行,所以他就想提前除去这些阻碍自己称霸的人,以便自己更好地"统治"官峪。

后来黄同泰的行事作风连自家的亲人都看不下去,高村乡的乡长叫黄新泰,和黄同泰是一个本家的,他们是同宗同祖的,黄同泰还是黄新泰的哥。有一次黄新泰就带了两个护兵来,将黄同泰绑了,黄同泰奋起反抗,恼羞成怒,和黄新泰争执起来,还掂着枪准备开枪。这时候黄新泰的妻子也在旁边,看到事情紧急,态势不妙,知道黄同泰也比较鲁莽,害怕他真的开枪危及自己的丈夫。于是就赶紧拔腿去找官峪九队的秦起义。秦起义教过黄同泰,是黄同泰的老师,到了秦起义家,黄新泰的妻子就立马下跪,声泪俱下,让秦起义赶紧帮帮她,去救人,要不然自己当家的①就没了。

秦起义是一个不爱管事也不想惹事的人,但他看到这个事态严重,就看情况。秦起义还是一个挺仗义的人,等他赶到现场的时候,黄同泰已经被黄新泰押送走了,不过听见到的人说两人还是边走边争执,秦起义放心不下,恐生事端,就一路跑着撵。后来在半路赶上了他们,就让他们停下,对着黄同泰喊着:"同泰同泰,别急,都是同胞的哥呢,何必动刀弄枪的啊!"黄同泰眼睛一抬,看到是自己的老师,于是就把心里的怒火压了一些,对着黄新泰说道:"今天看在老师的面子上,我饶了你的命,但以后你不要再招惹我。"

---

① 当家的:指黄新泰。

不久,黄同泰被押满释放回来后,但继续为非作歹,无故开枪打死了人,这引起了官峪村其他农户包括陈家家长陈树旗的极大愤怒,但碍于黄同泰有枪,在官府还有职位,大家都是敢怒不敢言,只能在背后替那个无辜被打死的人叹息。但时间长了,村民到了忍无可忍的地步,就有人不管不顾,受了欺辱后拼了命也要反抗,俗话说:"兔子逼急了,也要咬人",结果那倒是要了黄同泰的命。那次黄同泰半夜去对门邻居家偷东西,结果被邻居发现,邻居制止黄同泰,但他不听,反而拿出枪来威吓。这个邻居慌忙下就穿了一只鞋,从自己家里跑出来,喊救命。这时候正好有个人看到,就高声回了一句:"大半夜,这是出啥事了",黄同泰这时也正好出来,见到事情败露,情急之下就开了枪,结果把那个回复的人打死了。

这个被黄同泰用枪打死的人是附近几个村有名的文人,还在县政府当差,家里也是附近的大家族。这下了不得了,这个文人的家族咽不下这口气,非要黄同泰以命抵命,即使散尽家财也要上告惩办黄同泰,而且这时候官峪村的村民也不畏报复,都联名写信向县里陈述黄同泰在村里的恶行,由于陈树旗的文笔和文采都比较好,也不怕黄同泰暗地报仇,所以就由陈树旗执笔书写信件交于县政府,并一直向县政府递交信件,揭示黄同泰近几年来在官峪村所做诸多胡作非为的事情。县里的人听说官峪这里出了几场命案,还引起了大的纷争,于是上级派人来了解情况,后来在了解情况后就把黄同泰押走枪毙了。后来消息传回村里,村里农户都奔走相告,直呼大快人心,还来向陈树旗道辛苦,说幸亏了他的书写功劳和去县政府的来回奔波才为村里农户解决了心头大患。

(八)其他保护

陈家的经济条件在官峪村里算中等以上的水平,如果乞丐来家里乞讨,家里是一定会给予一些东西的,陈家见到这些人都觉得很可怜,会给他们吃的。有时候遇到村里比较贫困的农户来家里借钱借粮食,家里也会提供力所能及的帮助,即使知道他们有些借了不一定能还的上,但是陈家还是会借一些东西给他们,比如家里红薯稍微多点、够吃,就会借给他们红薯,这借给他们都不让还了。

1949年以前,官峪村还有个风俗,打完场该串亲①,即在麦罢②的时候农户应串门串亲。陈家年年红薯种的比较多,所以给亲戚家都会送点。有一年春天气温比较高,陈家储存的红薯在窖里都发酵,放坏了,也不好往外边运送和放着了。家长陈树旗就跟乡里乡亲说:"你们谁吃红薯,就到窖里扒吧,不吃完都坏了"。因为陈家比较乐善好施,所以在村里陈家很有威望。

四、家规家法

(一)成文家规及主要内容

1949年以前,陈家家庭成员需要遵循家规家训,家长陈树旗很注重陈万卷、陈万录学习和尊崇朱子治家格言。陈家的当家人陈树旗从朱子治家格言里面挑了六条内容,专门书写下来,挂在主窑洞上。如"一粥一饭当思来之不易,半丝半缕恒念物力维艰;见富贵而生谄容者

---

① 串亲:指去亲邻朋友那里串门。
② 麦罢:指麦子打完入仓之后。

最可耻,遇贫穷而作娇态者贱莫甚;施惠勿念,爱恩莫忘;读书志在圣贤,非徒科第;家门和顺虽饔飧不继亦有余欢;兄弟叔侄须分多润寡,长幼内外宜法肃辞严"等内容。这几句内容,陈家的家庭成员是都了解和知道的,有时候陈树旗会专门给陈万卷和陈万录讲这几句的含义,有时候如果黄凤荣和杜梅香在场的时候,她们也会跟着听一听。

陈家的家庭成员在日常生活中都需要遵循家规,如果有人违反家规、家训,当家人陈树旗会对他进行批评教育,这些家规、家训在家庭生活中主要发挥一个约束的作用。陈家的家规、家训对女性也有约束,陈家女性做任何事情都需要与家长陈树旗及丈夫商量,在日常生活中不能与陈树旗和陈张氏顶嘴,也不能不听陈张氏的安排,随意回娘家。女性也不能与其他男性随意交往或随便串门。除此之外,家规、家训对陈家的小孩子也有约束,比如小孩子不能顶撞长辈,不听长辈的安排,随便做决定。陈家的家规家训,对整个家庭的成员都是有约束力的。

(二)默认家规及主要内容

1.做饭及吃饭规矩

(1)做饭的规矩和要求

陈家的家规是家里的长辈及家长陈树旗告诉家庭成员的,也是需要家庭成员自觉遵守的。陈家做饭都是轮流的,媳妇们十天一轮,都是婆婆来安排的,家里吃什么饭是谁做饭谁决定,不过有时候媳妇们也会和婆婆商量,其他家庭成员想吃什么饭菜也可以提出来。不过也有一定的规则,比如尽量不要天天重样,冬天的时候,天短,中午可以不做饭,就蒸一锅红薯吃就行,平常家里吃小米捞吃的比较多。

1949年以前,陈家自己家会种些菜,农村白菜和萝卜这些菜都不会少种,因此一年下来,陈家也很少买菜。红萝卜和白萝卜都算家常菜,它们可以炒成菜,也可以切成丝腌着吃。家里很少买菜,只有在冬天的时候会去买两颗白菜,人来客去,加个菜,不至于天天吃萝卜,买菜都是陈树旗去赶集的时候捎回来点。

(2)吃饭规矩

1949年以前,陈家家里条件简陋,也没有完整的桌椅,家庭成员吃饭都是自便,想去哪吃去哪里吃。陈家在灾荒的几年,条件艰苦,吃饭菜都很少剩下,饭也基本上都吃完了,媳妇们做饭也做出来经验,一般做的都是刚好够吃的,家庭成员也不怎么剩饭。陈家当家人陈树旗也教育孙子陈万卷他们要爱惜粮食,尽量不要剩饭,吃多少自己舀多少,实在吃不完就放在碗里,不允许随便倒掉。陈家每个家庭成员吃的饭也都一样,除非媳妇做满月,或者陈树旗生病的时候,家里对他们的饮食有过多加照顾之外。

陈家吃饭的规矩家里长辈也会教小孩子,比如"长者先,幼者后",一般都是先给家里长辈盛饭吃,后来才是家里晚辈吃。此外在吃饭的时候,尤其是出去做桌①。陈家家长陈树旗还是要求家庭成员有一些规矩的,比如吃饭不能声音太大,正常吃饭的情况下不能狼吞虎咽,免得引起同座人的反感、不快以及小看。

在陈树旗和陈张氏身体硬朗的时候,他们没有让家里的其他人帮忙盛过饭,都是自己盛的。陈家的小孩子是谁的孩子谁照应,一般家里成员不会让小孩子自己去盛饭,害怕他们年

---

① 做桌:指去别人家做客吃饭的意思。

纪小端不好饭碗,再烧着自己了,都是大人帮忙盛的。妻子需要给丈夫盛饭,不过这并不是不能变通的规矩,如果丈夫有空,而妻子又忙着照顾孩子,丈夫就会自己去盛,不一定非要等到妻子来给自己盛。在吃饭的时候也是谁做饭谁负责刷锅洗碗,这也是跟做饭一块轮流的。

(3)送饭要求

农忙的时候是需要去送饭的,一般都是杜梅香和黄凤荣去,在夏天和秋天农活儿比较多的时候,为保证男劳力有力气,会鼓励他们多吃点,家里做饭也会比较多,送饭的次数也较多。家里做饭都是一日三餐,即使农忙时节也没有加过餐,不过家里的馍会多蒸点,如果饿,可以吃馍,馍是不定量的。家里雇的长工是跟家庭成员一块吃饭的,并且吃的饭菜都一样,陈家对待长工陈江根就当家里的一口人一样,没有区别对待过。农忙的时候陈家也雇过短工,短工都是长工陈江根的家属,陈江根的兄弟也来陈家帮过忙,通常都是在陈家摘棉花和掰玉米缺人手①的时候过来帮忙。来家里的短工和长工都吃的一样,都是和陈万卷的家人一块吃饭。

2.座位规矩

当自家举行大型宴请活动,如结婚办喜酒等红白喜事时,除了自家亲戚之外,也会请村长或保甲长等干部,或者乡贤绅士。一般按辈分坐座位,辈分高的坐在主桌。陪宾客的不一定是自家的亲戚,也可以是朋友或在村里关系亲近的人,陈万卷结婚的时候是让自己的老师来陪宾客。

3.请示规矩

(1)生产生活中的请示

对于土地的经营管理,全年农业生产与种植计划,陈家家里都是由陈树旗做主。包括耕地、犁地、播种、除草、看护、收割、打场各项农业生产环节中的分工,生产工具的使用和借用、换用,牲畜的喂养和使用,经营模式与是否需要雇工等经济生活中的事务,也都需要由家长陈树旗来做主。

(2)家庭生活中的请示

陈家每餐做什么吃什么,何时做衣服、谁来做都需要请示陈张氏。平时购买生活必需品等日用物资以及家中小孩儿上学都需要请示当家人陈树旗。

(3)外界交往中的请示

家庭成员外出活动,如上街赶集、到庙宇烧香是需要请示当家人的,需要和陈树旗和陈张氏说一下,一般男性家庭成员给陈树旗请示,女性家庭成员给陈张氏请示。走亲戚、宴请来客、借粮借款这个都是需要请示陈树旗的。

(4)请示的形式

在陈家向陈树旗和陈张氏请示就简单的口头请示一下就行了,不需要召开家庭会议和其他家庭成员讨论。当陈树旗和陈张氏不同意自己请求,陈家的其他家庭成员可以进一步和他们商量商量。当家中的老当家人陈树旗去世后,陈张氏的身体还很硬朗,头脑管用,在家里还很有权威,家中的晚辈尤其是陈元明管家遇到问题,都会向陈张氏请示或讨论。陈元明当家后,陈张氏还一直在"垂帘听政",家里好多事情还是陈张氏在背后定夺。

---

① 缺人手:官峪村土话缺人帮忙的意思。

4.请客规矩

(1)生产活动中的请客类型

陈家的长工陈江根在过年的时候,家里会留下他吃饭,因为陈江根也算陈家的侄子,在陈家忙活了一年,而且陈江根家住的离陈家也不远,所以陈树旗总会给他说甚至要请求他,让他跟陈家一块过年吃年夜饭。大年初一的时候家里还会专门做几个菜,家庭成员和长工陈江根在一块吃一下。等到大年初二的时候,长工会回家串亲戚,歇几天,一直到正月十几才回到陈家。不过在二月二,民间俗称龙抬头的时候,或者中秋节这几个重要的节日里,陈家也会为家人和长工改善生活,比如陈张氏会和媳妇们一块给家人炸油条、包饺子,家庭成员坐到一块吃个馍菜。

(2)生活中的请客类型

家中晚辈结婚、孩子满月、老人丧葬都是需要宴请宾客的,陈家也给老人祝过寿,不过祝寿的时候就姑姑家和姐姐家过来,自己家的人在一起给老人祝个寿。陈家家里有私塾的时候,家长陈树旗还是要请私塾老师吃饭的,之后官峪村兴办小学,家长不用请老师吃饭,学校的董事在开学和放假的时候都会请老师吃饭。

(3)宴请规矩

在宴请活动中,同一次宴席宴请不同的群体,饭菜的数量和质量不会有所差别,主桌和其他桌的饭菜都是一样的。宴请农户家也推崇"八大碗"。1949年以前,官峪村宴请宾客的八碗菜有白菜、豆腐、红萝卜疙瘩、焖子、丸子、白萝卜丝、粉条、杂菜汤。不过官峪村只有很少一部分经济条件较好的家庭可以摆的起"八大碗",桌上只要有一碗肉菜,都觉得了不得了,说是有"头碗"。宴请活动中也是需要饮酒的,席间饮酒也有一定的规矩和讲究,没有祝酒词,但会有酒令,会有划拳。

(4)陪客规矩

宴请的时候,陈家家里会找自己的朋友或亲戚来安排客人,一般这些被请来的陪客都需要能说会道,可以热情待客,还能喝酒,陪客有时也需要给客人夹菜倒酒,端茶倒水。家里有时也会找女主人来陪客,也希望能尽可能把来的客人陪好。

(5)开席和散席

家户的家长宴请的时候,说大家可以动筷子了,这就算开席。等主客吃好放下碗筷后,同桌的其他人和其他桌的宾客还可以继续吃。

5.房屋及进出居室的规矩

1949年以前,官峪村的村民都是住在南北沟,陈家的房屋是坐东向西,这是很有讲究的。东边的大门和院子不能直开,走西面是不好的。然后人们就会从家里距离有一半的位置,向东再开一个偏门,出来有个通道,通到外边。陈家有三间窑洞,三间草房。陈家的房屋有院子和土墙,家里也有桌子和椅子,院子里栽种了几棵树苗。

陈家的房子刚好够一家人居住,陈树旗和陈张氏住的窑洞全家人都可以进去,但陈元明和黄凤荣住的屋子,一般其他人进去之前是需要给人家打声招呼的,如果陈元明和黄凤荣不在家,陈万卷及其杜梅香不经同意就进他们居住的屋子,是犯忌讳的,很可能会引起陈元明和黄凤荣误会。但是陈树旗和陈张氏能随便进媳妇和孩子们的房间,一般陈家商量事情都是在陈树旗和陈张氏住的窑洞里面商量的。天亮就起来去地,天黑人们就出去串会儿门然后就睡觉了,煤油灯都很少,家里也用不起太多的煤油,所以一般没啥事情,家里也不会怎么点灯。

以前房屋的修建和布局是需要看风水的,人们比较迷信,在农村尤其如此,觉得风水关系家人的时运、安康、吉利,甚至后代子孙的福康,所以人们都很信奉这个,也希望能看个好风水,家里有个好兆头。风水先生在当地叫"阴阳仙",或"地狱先生",看风水的人一般都是当家的去请,如果风水不对,也会对布局进行调整的。等风水先生看完,并指出补救措施或布局建议,家里是会给他们"封包"的,用纸包点钱给人家。

6.制衣洗衣的规矩

陈家的衣服都是各做各的, 主要是家里的妇女做的。已婚男子的衣服通常都是妻子做的,未婚男子的衣服一般是母亲做的。未出嫁女儿的衣服,在她不能自己做的时候是母亲帮忙做的。但在女儿自己能够做衣服的时候,母亲就不会再给她做了,而是让她自己学着做。陈树旗和陈张氏的衣服,都是陈张氏自己做的。1949 年以前,陈张氏身体很好,眼神也很好,针线活儿也不需要媳妇们帮忙,所以也没让孩子们帮自己做过。

除此之外,陈家当家人陈树旗的衣服也是陈张氏自己洗的。而陈家未成家的儿子,比如陈万录的衣服,是刘玉琴或陈荣花洗。陈家成了家的儿子的衣服,通常都是妻子洗。陈荣花在未出阁时,她的衣服都是自己洗,刘玉琴也没帮过她洗过。陈家家里长工陈江根的衣服,则是他自己洗。官峪村洗衣服是在自己家里,去水井里挑水回家洗,陈家家里有几个水缸,媳妇们都是把担回来的水放在水缸里。洗衣服也没什么用的,妇女们就会用草木灰[①]来洗衣服,用水在盆里滤一滤,因为草木灰含碱性,用它洗衣服容易去灰。此外还会用棒槌来敲打衣服,让衣服去灰、平展。家里洗衣服的盆子也没啥讲究,洗脸盆也用来洗衣服,没啥讲究。洗完衣服后,媳妇们会把水倒在牲口棚里,用来沤粪。或者把水倒在院子里栽的几棵树的树坑里,一般不用再专门端出去把洗衣水倒了。

在家里都是谁洗衣服谁就去晾衣服,家里也有专门晾衣服的地方,陈家院子里种了几棵枣树,枣树中间挂的有铁丝,晾衣服都是搭在铁丝上晾。一般来说是谁的衣服谁收,但如果其他人都出去了,又遇到下雨天气,陈家家庭成员谁在家谁就把衣服全收回来,以免在外边搭着都淋湿了。如果媳妇洗衣服把衣服洗破了,家里也不会追究的,知道她也不是故意的,而且时间长了,衣服破了也挺正常的。

(三)家规家法的执行者

陈家的家规家法准确地说,是从陈树旗的兄弟辈开始传承的。家长陈树旗在平时的日常生活中都按照家规家法办事,如果发现家人有违反的情况也会及时提醒的,家长陈树旗也是以身作则,并且监督陈家家庭成员是否违反家规家法。陈家其他的家庭成员也尽量会按照家规办事,如果家庭成员没有遵循家规,也会受到当家人陈树旗训斥。

1949 年以前,陈家家长陈树旗一直强调勤俭节约,在陈树旗到高村赶集的时候,由于陈家家里到高村,走路去路程还是较为遥远的。陈树旗基本上每次去赶集都是早上出发,直到天黑的时候才回来,所以中午都是在集上过得,但为了省钱,不花费太多,每次陈树旗去的时候都提前备好干馍和水作为午饭,从没有在集上的摊位上买过吃的东西。后来有次陈树旗身体不适,就让二子陈元明代替自己去集上买东西,陈元明去的时候也没准备啥吃的东西,到

---

① 草木灰:指烧完柴火留下的灰烬。

了中午,就在集上吃了个凉粉和菜饼,后来回来的时候,陈树旗因为这个还训斥了陈元明,让他下次出门记得带点干粮,外边东西贵,搁不住吃,还让他要学会勤俭节约,出门尽量少花费。

(四)家规家法的影响力

家庭成员是从陈树旗那里习得家规家法的,陈树旗在日常生活中也会经常提醒家庭成员恪守家规家法,小孩子在很小的时候也耳濡目染知道家里的规则。陈家的小孩子一般是陈树旗来教家规的,如果小孩子违反家规家法,陈树旗或陈家长辈会给孩子纠错并给他警示。陈树旗尤其强调陈家子孙出门在外要讲究诚信,不可欺辱他人。

除此之外,陈树旗也很忌讳陈家家庭成员攀附权贵,轻视弱者。灾荒年份,曾有逃荒到官峪村的外来人口,因为家里穷得没啥吃,不得不出来"要饭的"。有个人就"要"到了陈家的门口,正赶上陈元明在院子里,陈元明看到这个人浑身脏兮兮的,又背着一个破棉被,不免脸上有些不悦,就冷冰冰地给了这个人馒头打发着让他赶紧走。这时候陈树旗听到声音就从屋里出来,拉着这个"要饭的"坐下,让陈元明去倒水,让这个人洗了一把脸。之后陈树旗还倒了碗热水放在桌子上,让他喝完了才走。等这个人走之后,陈树旗就狠狠地训斥了陈元明,还高声对陈元明说道:"谁都有过不下去的时候,人家走了一路,到咱家要饭要到门上,也是被逼的没办法。咱有啥了给人家一些,好好地招待,你那样对人,让人多寒心啊。"

(五)家庭禁忌

(1)生产上的禁忌

陈家在农业生产上也是有许多忌讳和老辈传下来的顺口溜的,比如在陈家快到开始种植庄稼的时候,陈树旗常常放到嘴边的一句话是"清明蜀黍①谷雨花,一过立夏不种芝麻"。这是说清明时节是种高粱的季节,而谷雨时节是种棉花的时间,立夏时节一过,就跟不上去种芝麻了,官峪当地也把高粱叫作红蜀黍。所以陈家当家人陈树旗在农业生产上,也基本上遵循二十四节气来安排自家的农作物种植。

1949年以前,陈树旗规定陈家较好的地都用来种棉花,因为棉花是陈家主要的经济来源,所以棉花地要保证是好地。官峪这里地里没有水灌溉,天也比较旱,加上玉米、谷子较为耐旱,收成较其他农作物会稍微好一些,因此为保证粮食收成,陈树旗在种植农作物的时候,也会号召家庭成员较多的种植玉米和谷子。

(2)婚姻忌讳

在官峪当地结婚后第二天,新媳妇是不需要去厨房做饭的,不过在早上起床后,新媳妇还是需要问候一下公公婆婆这些长辈的,一般是要给婆婆公公端个茶敬个水的。

除此之外,新媳妇还需要出去去本家亲戚家"躲瞌睡"。"躲瞌睡"是官峪村当地的一个习俗,因为长辈觉得自己家的媳妇结婚当天累坏了,因为结婚当天晚上兴"闹房"②,一般都要闹到很晚。因此结婚后第二天家里长辈害怕新媳妇之前的一天晚上没有睡好觉,也害怕这一天太多人再来拜访,扰了媳妇的清净,所以早上提前让本家亲戚来喊新媳妇,让新媳妇去他们屋里歇息一会儿,养养神,也顺便躲一躲来拜访的人,也有给新婚夫妇图吉利的寓意。

---

① 蜀黍:当地对高粱的叫法。
② 闹房:闹新人的意思。

官峪当地俗语新娘子"三天回门",等新媳妇第三天回娘家后,婆婆一般会给新媳妇做个下厨裤,媳妇才开始做饭,进"饭轮"。新媳妇婚后第三天下厨,也叫"使刀口","使刀口"也是男方家看新媳妇会做饭不会,也是男方家里第一次看媳妇刀工的情况。陈家新媳妇第一次做饭的时候,婆婆一般会在厨房帮忙,看看媳妇拿刀切菜还有和面的架势,如果都很熟练,婆婆就会放心地出厨房。

婆婆等到新媳妇做好饭后,还会指导媳妇将饭菜给长辈们盛好,放到该放的位置上,让她"认认位",比如当家人一般坐在哪里,家里其他成员怎么坐,自己的位子在哪边,这都是要心里记清楚的。除此之外,新媳妇还要知道哪里是主位,哪里是次位,尤其是家里条件好的农户,一大家子在桌子上吃饭时,家庭成员的座位基本上是固定的,不能乱坐。

除此之外,官峪还有新媳妇进门第一年的正月十五是要回娘家的,不能在婆家"躲灯",意思是躲正月十五的灯笼,这也是当地为新人及家人图安康的习俗。关于正月十五"躲灯",官峪当地有这样的俗语"正月十五不躲灯,先死家里老公公"的说法。

(3)生育禁忌

陈家媳妇在生育前是忌讳吃兔肉的,老辈都说吃兔肉对孩子不好,生出来的孩子容易有缺陷,所以陈张氏在刘玉琴和黄凤荣怀孕期间,都会再三告知她们要忌口,不要吃兔肉。除此之外陈张氏也会再三强调孕妇不要随意拿剪子,说是对孩子不吉利。1949年以前,官峪村的农户在生完孩子后,生女孩儿和男孩儿家里面的表现是不一样的,家里添小孩子会在门前用红布做个小旗,以告知外人自己家有喜事添了后代。家户生男孩儿和女孩儿,旗子放的方位是有讲究的,一般都是"男左女右",这样外人一看,就知道家里添的是男孩儿还是女孩儿。

在1949年以前,妇女生完孩子的头一个月,是需要在家卧床休养的,俗称"坐月子",在"坐月子"期间,妇女是禁止外出的,尤其忌讳去别人家串门。因为妇女生产有大量血气凝结,如果在"月子"期间去别人家串门,是会给人家带来"血光之灾",不吉利,所以官峪村里的农户一般也不会招待"月子婆娘"①进自己的家门。

(4)过节禁忌

1949年以前,逢年过节陈家家里也是有很多忌讳的,比如初一到初五,不能往外倒垃圾和扫地,这有"扫财"和"倒财"的说法,据说对家里一年的财运影响不好。因此在大年三十之前,陈荣花就会帮着刘玉琴把家里的东西都收拾干净,捯饬好,还会交代陈万卷和陈万录不要在地上乱扔东西,保持家里干净。除此之外,过年的时候陈家当家人陈树旗都会在大门前放个棍子挡在那里,在三十晚上放个棍子拦在家门口,有挡着家里财气不让散出去的含义。等到大年初一,如果村里谁家的大门没挡,外人看到就会说:"这家的财气要跑出来了。"

陈家长辈及家长要求家庭成员在正月里不动剪刀,说是动剪刀对家里人及后代不吉利。1949年以前,官峪村如果家里条件好的农户,还会在过年的时候,点两个灯笼在门口,有照子孙、人丁兴旺的美好寓意。

(六)族规族法

陈树旗家是属于陈氏家族的,在官峪村的陈氏家族里,也是有一些族规的,陈家的家庭成员是需要遵守这些祖辈留下的准则。此外,陈家的家长陈树旗也会时不时的给陈家后代讲

---

① 月子婆娘:官峪村对坐月子妇女的俗称。

述家族的族规,并且还会监督家庭成员的行为处事是否符合家族规章,如果陈家家庭成员有违背家族族规的情况,陈家的当家人陈树旗也会受到陈家家族长辈责备。

在1949年之前,陈氏家族的族规总结起来主要有四条,第一条是饿死不当贼,第二条是屈死不告状,第三条是不自创组织,第四条是不加入宗教及党派纷争。陈家家族这几条族规的制定都是有缘由的。首先饿死不当贼这条,算是陈氏族规最重要的一条,陈家祖上几代人都信奉仁义道德,讲究品性德行,所以偷盗这种丧失品德,玩弄聪明,盗取别人劳动成果的行径也是陈氏家族成员所最为不齿的。就算遇到灾荒年份,陈氏家族也要求族内成员不能因为自家挨饿而去偷盗别人的粮食和物品,陈家的家庭成员也大都遵守这一祖训。

至于第二条屈死不告状这条祖训,主要是在清末民国时期陈家遵循的,陈家祖辈对国家官府的无所作为、官官相护以及贪污腐败极为痛心和失望,也意识到和他人尤其是达官显贵有纷争时,"上告"是无用的,官府也是根本不管的,反而给自己招来更大的祸害,所以陈氏祖辈们愤而定下了这个族规。因而这条族规也是陈家在遭遇家庭成员"绑票"后,选择自己私自接洽解决而非告知官府的缘由。不过,陈氏祖先定下这条族规也有另外的用意,陈家家族向来主张"大事化小,小事化了""退一步海阔天空"。在陈氏家族的成员与其他家族的人发生矛盾和争执时,陈家首先主张的是内部解决,而不是把事情闹大,告知官府。但也有例外,比如在1949年以前,官峪村的村民集体向上级申诉恶霸黄同泰的恶行时,陈氏家族长辈也考虑到一方的安定,认同陈树旗代表村民上报政府的做法。后来随着社会的进步,这条族规早已被打破,尤其是1949年之后,陈氏家族这条族规基本上就弃用了。

陈氏宗族族训的第三条第四条基本上传达的意思是一致的,不自创组织,不加入党派纷争。这两条主要规定了陈氏家族成员在参与国家政治时的定位,也是陈氏先祖在清末民国时期提出的,社会时局动荡,各种党派组织层出不穷,党派争斗异常频繁,动不动就惨遭别派的暗杀及报复,加入党派组织的人也极易成为争斗的棋子,沦为政治牺牲品。陈家祖辈害怕家族成员自创或参与组织、党派之后,在这些党派纷争时给自己和家族带来杀身之祸,所以制定族规来警告族人要谨言慎行,不要盲目参与组织、党派,给家庭和家族招致祸害。

除此之外,陈氏家族的族训还有关于信教的问题,陈家家族不主张家庭成员信教,认为宗教中迷信居多,会迷惑心智。在1949年之前,官峪村附近也有很多教派,比如"清官道""大红学""小红学"等教派。这些教派的入教人员还会挨家挨户鼓动农户参与,而且这些教派大多是有一个"头领",自创一派,成为体系,然后教会成员拉人入教。这些入教成员还会定期聚会,有空就聚在一起"消神除鬼""诵经",还会让入教成员花钱买或用粮食换"符",用来消灾治病或给家庭成员祈求平安顺利。农村医生比较少,农户有病,都是找点草药、偏方或是中药来治疗或调理的。因此官峪村有些农户一听说哪个教能治病除病,就想要加入,官峪村里还是有一部分农户入过这几个教派。

1949年以前,教派成员也有来家里劝说陈树旗及家庭成员入教的,但被家长陈树旗婉言谢绝了。实践证明,陈氏宗族这个不加入宗教的规定还是较为明智的,这些"清官道""大红学""小红学"等教派,在1949年以后,被政府禁止成立和开展活动。

陈氏家族的族规族法,虽然是陈家大家族各个小家庭在日常生活中需要遵循的,但小家庭内部的事情一般还是由家长自己做主的,比如招上门女婿、买卖土地等家庭重要事情都是由各家当家人自己主管的。陈家宗族对陈家小家庭内部事务的处理干预较少,奉行"自家事自家管",一般情况下不会插手小家庭的事务。

五、奖励惩罚

(一)对家庭成员的奖励

1.家长奖励

陈家家庭成员在生产生活或者学习上表现较好时，陈家家长陈树旗是可以代表陈家对其给予相应奖励的。陈万卷在 1947 年考上初中时，陈树旗喜出望外，专门去高村集市上买了一支钢笔，作为对陈万卷认真学习的奖励。陈树旗在给陈万卷钢笔的时候，就对陈万录说道："录啊，你也好好学，给我考个初中看看，到时候钢笔也少不了你的!"这句话也极大激发了陈万录的学习热情，陈万录就以陈万卷为目标，在第二年的夏天一举考上初中，并得到了陈树旗的奖励。

2.物质奖励为主

陈树旗在对陈万卷、陈万录奖励的时候，主要是物质奖励为主。因为家里条件的限制，除了过年过节，陈树旗很少给陈万卷、陈万录零花钱。因此每当陈万卷、陈万录在学习上表现好的时候，比如考第一名时，陈树旗就会给他们零花钱让他们用来买想要的东西。陈万卷、陈万录在得到陈树旗的零花钱奖励时，一般也不乱花，而是用来买学习用具，笔、本子以及书这些东西。

(二)对家庭成员的惩罚

1.家长惩罚

1949 年以前，在陈家只有家长陈树旗才有惩罚陈家其他家庭成员的权利。不过如果陈家的媳妇们犯错的时候，陈张氏也是有权惩罚和处置的。陈家家庭内部在惩罚小孩儿或者媳妇的时候，陈树旗及陈张氏是不允许陈家的亲戚、邻居这些外人随便参与和介入的，陈树旗认为管教和惩罚孩子是陈家的私事，外人不能插手。

2.以训斥为主

陈家家庭里的惩罚只针对陈家家庭成员，对于陈家家庭之外的人，即使外人做错事情，陈树旗也不会随意责罚，而是会将外人的错事告知其家长，让其家长责罚。陈家家庭成员总的来说还是惧怕陈树旗的，尤其是陈家的媳妇，特别害怕自己的言行惹怒陈张氏而招致训斥。不过陈家家长陈树旗以及内当家陈张氏对家庭成员的责罚主要以训斥为主，很少出现打骂陈家家庭成员的情况。如果男性家庭成员不是犯特别重大的错，如吸大烟、赌博、偷盗等，而女性家庭成员没有与男子不检点这些事之外，陈树旗和陈张氏也不会擅自动用棍棒，将犯错家庭成员逐出家门。

有时候如果家庭成员从家长那里拿的钱，出去花钱花的对不住①，还会受到家长陈树旗的训斥。有一次陈树旗因身体不适，不想去集上了，就让陈万卷拿着钱去买些东西。回来后陈万卷就把剩下的钱交给陈树旗了，没想到这时陈树旗突然询问买的每样东西的价钱，这钱都花到哪里去了。陈万卷一时忘记，买的东西没有全部算上，所以有一笔钱怎么都对不上。陈树旗就以为他在外边乱花钱，甚至私自留下了剩余的钱，为此生了很大的气，还对陈万卷进行

---

① 对不住:这里指实际花销和所说花销的数目不一致。

呵斥,让他以后出去买东西花的钱都记下来,不要忘记。陈万卷受到陈树旗呵斥后,一时都被吓坏了,但又不知道哪里出了问题。但是他越急越想不到,后来都急哭了,陈树旗见状也不忍再说下去,就让陈万卷回屋反省。

陈万卷回屋后,渐渐静下心来,回想了一下自己出去买东西的经历,这才忽然想到自己买的一个日记本没有算上,后来赶忙拿着本子去给陈树旗解释。陈树旗知道事情原委后,就语重心长地对陈万卷讲,虽然对不上的那笔钱是个小的数目,但之所以自己这么看重,并不是稀罕那点钱,而是害怕陈万卷的品行出现问题。其实陈树旗也担心孙子陈万卷在外边上学花销养成坏的习惯,害怕他学会谎报花销,向家里要钱。

六、村庄公共事务

(一)参与活动事项

1.村务会议

官峪村组织召开村务会议时,通常都是男性当家人去开会。如果有农户人家是女性当家,这个女性当家人一般是不能去参加村庄会议的。1949年以前,官峪村内农户对村里的为数不多的几个女性当家人虽然都较为尊重和宽容。但官峪村里的男性当家人还是大多认为,女的终归上不了台面,商量啥事还是要大老爷们儿出面才行。因此村里开会的时候一般也不会通知这几个女的当家人去,这几个女的当家人也迫于世俗压力,避免闲话和是非,也不会再去争取自己的参会资格。村里有啥事需要开会,一般都是本家的男性当家人作为代表,或者邻近的男性当家人开完村庄会议回来后代为传话,将开会的主要事情告知她们。

如果村里保甲长通知有事情说需要每家每户去开会时,通常情况下都是陈家家长陈树旗去开会。如果有时候保甲长去陈家通知当家人开会的时候,陈树旗恰巧不在,那么陈元明就会代表家长陈树旗去开会。不过陈元明开完会回来都会向陈树旗传达一下会议的主要内容,有没有与陈家有关的事情什么的,都会给陈树旗提一下。家长陈树旗他们去参加村里会议的时候,更多是听的比较多,基本上在会议上没提过啥意见。这些村里会议往往也是流于形式,给上头①做做面子,就算农户在会上提意见也没啥用,基本上也不会被采纳。而且村庄会议讨论出来的结果,也往往是村里的保甲长按"上头"要求提前订好了,每家每户的当家人是需要代表全家接受的,不能提出啥反对意见和异议的。如若不然,轻则这些提出反对意见的农户会受到保甲长的呵斥,重则会被"上头"教育,甚至收押枪毙。

不过,有时候村庄会议也会广泛听取参会农户的意见和报告②。在1949年之前,官峪村保甲长通知的开会,基本上都和共产党有关,比如会让各位当家人透漏一下最近村里哪家有没有来了可疑的人员,或者哪家人有没有哪些可疑的行踪,甚至有没有和哪些外来的人接触过。保甲长明面上说的是向各位当家人询问一下情况,实际也是强制参会的家长发言,让他们报告邻家或者那一片农户的生活生产上的异常情况,不得向他们隐瞒。

实际在1949年以前,官峪村里有会议的时候,村里的保甲长一般是要求每家每户都要出代表参加的,不过有些农户对村里开的会无所谓,也有意在躲,害怕招惹是非。保甲长去家

---

① 上头:指上一级国民政府,这里通常指的是乡政府。
② 报告:打小报告的意思,报告可疑人员的行踪。

里通知了,这些农户就在保甲长到家里之前,提前溜出去,等保甲长来家通知了,就让家里媳妇说去地干活儿了或者身体不舒服出不了门,保甲长有时候急着去下家通知,也就顾不上再去找或者叫当家人,因此村里开会的时候,有些农户能不去就不去,能躲一次是一次。官峪村的农户私下都笑言:"去开老蒋①的会,一点用都没有,还不如去锄地呢"。所以陈树旗去参加村里会议时,往往到场的农户也不是很多,各家各户的家长到的也不是很全。

2.修庙、修路

1949年以前,官峪村村里需要修路、修庙的时候,保甲长都会先去告知各家家长,让各家家长以家庭为单位提供人力。不过各家各户出多少人力,实际是按工程大小、所需时间长短来看。

村里的陈氏宗庙大概是在1940年左右修建的,修宗庙是陈氏大家族的几个有威望的当家人提议,陈氏家族的每个小家庭一同出资修建的。这几个有威望的当家人提议修家族宗庙的时候,各个陈氏小家庭的当家人都很同意,也很欣喜,觉得这是敬仰祖先、延续宗族、保佑后代的大好事。每个陈家的小家庭除了出资之外,也都很自觉地出力帮忙,和建造宗庙的伙计一起做活儿,使得陈氏宗庙用很短的时间就建造好了。陈氏宗庙建成以后,陈氏的各代祖宗牌位就摆放在宗庙里,以供后代陈氏子孙瞻仰祭拜。后来在1946年,官峪下过一场暴风雨,这场暴风雨过后,陈家家庙上的几个砖瓦被掀翻掉落下来。陈树旗去家庙祭拜的时候看到了,就提议临近的几家陈氏当家人一块去整修家庙,之后陈氏家庙又焕然一新,一直到1949年之前,都没有再出过问题。

1949年以前,官峪村村里共同组织的修路,村里的农户都会参与,大家都会为村庄建设出一份力。1949年以前,官峪村基本上都是土路,还以山路为主,有时候天下暴雨,山上的路就容易被雨冲毁或冲塌陷。这时候就需要每家每户出人,背着铣、装土篮子去平路或者填路上被雨冲出来的窟窿。这时候村里的农户基本上都很自觉,不用保甲长多说,三五成群一块就去填路了。官峪村的村民都知道山路是需要赶紧填好平好的,要不来往过人过架子车很危险,很容易出事。

但如果官峪村里某些农户家里没有壮实的男劳力,比如丧夫守寡的家庭,家里只有妇女和未成年的孩子,实在找不到可以派出的劳力。这种情况,官峪村里的保甲长也是知晓她们家的具体情况的,通常也是理解,不会强制让这些家庭出劳力,为难她们做活儿。

3.打井

1949年以前,官峪村村里农户一起出力挖出的水井,也自然是属于全村人的,全村人都有使用权。1949年以前,官峪村进行过集体打井的活动,村庄打井是需要全村人一起去的,打井时也是以一个家庭出一个劳动力为标准的,一般村里的男性劳动力都可以去,但不会让女性去参加,因为老辈觉得打井妇女在场是很不吉利的事情。

官峪村农户对水井方位的选择,通常以地势和便利为主,不过也会注重风水。打井前,官峪村的农户通常会先选择好地理位置,然后村里德高望重的几个大当家人,这当中就包括陈家的家长陈树旗,陈树旗和村里的其他几个当家人以及官峪村的保甲长,一块去请一个"阴

<hr />

① 老蒋:指蒋介石。

阳仙"①来看看,看看选取水井的方位是否合适,会不会冲撞到祖先或者村里的神灵。水井的方位选取对于官峪村村民来说是尤其重要的, 因为官峪村的农户认为水井是住宅用水的来源,关系到一家一村的吉凶,如果打井打不好,是会给自己家甚至村庄带来祸害和凶煞的。因此"阴阳仙"来看来选取水井周围的风水时,通常时候村里各家各户的男性当家人也都会看看,听一下"阴阳仙"对打井位置的看法,以免有不利于自家人的地方。

不过官峪村的农户也并不是每次都能打到"好井","好井"是指风水佳,出水快,周围土质较好,水源充足的井。官峪村的村民也有打了好长时间的井,但井里出不来水或者出水很少。因此这些井打到后期不得不舍弃,村民只能继续寻找有利方位,再打一口井,来满足用水需求。而这些被"遗弃"的井,后来都成为枯井,在官峪村土匪猖獗的时期,官峪村的村民曾抓到过几个土匪,扔到这几个枯井里。

4.村费征收

1949 年以前,官峪村也进行过村费征收,保甲长来收村费的时候是必须要找家长的。陈家一般都是当家人陈树旗去交的,其他家庭成员也不知道家里的钱放在哪里。村费征收的时候也收过粮食,有时候虽然陈树旗不在家,陈家家庭成员知道粮食在哪里放着,但在家长陈树旗未在家或没经过他同意的情况下,他们也不能擅自动用交由保甲长。

5.维护村庄治安

官峪村发生战乱的时候,村里的保甲长会号召村民一起维护村庄治安。日本兵来村里巡逻的时候,官峪村的保甲长组织大家逃到山上。1949 年以前,官峪村还是有土匪出没的,一到晚上,村民就人心惶惶,害怕土匪趁夜晚突袭。陈家以及官峪村的其他几家农户就曾在晚上发生过绑票及偷窃事件,因此官峪村的保甲长觉得村里不安排人打更不行。

官峪村里安排人每天出去打更和巡视,村里各家各户轮流派家里的青壮年男性去,陈家往往是派陈元明出去打更和巡视。因为官峪村的人都住在山沟里,且住的比较分散,所以当打更人或巡视人发现有危险的时候,会赶紧通知离自己最近的农户,然后让这个农户的家人赶紧去通知其他农户,这样一家一家的人出去互相传播,消息知道的快一些。

(二)筹资

1949 年以前,官峪村在修路、修庙的时候,筹资基本上是村里人公摊的,但如果出钱多的大户,在村里组织的修桥、修路中,家里就可以少出劳动力,甚至不出劳动力,就算这样村里其他农户也没啥意见。其他农户也会觉得自己没出多少钱,多出些力也是理所应当的。村里也进行过其他管理水利设施的事务,如暴雨时,为防田地坍塌,修建堤坝,家里都会积极响应村里号召,出动家中劳力。甚至有时候还有这种情况,村里的几家农户为护自家的祖坟,免被暴雨冲刷,就几家自己兑钱,出劳力,修护坟的堤坝。

(三)筹劳

官峪村有寨墙也有炮楼,陈家也参与过寨墙和炮楼的维修。官峪村也举行过集体的"护秋"②和"看青"③,不过官峪村也有些农户尤其是大户人家,会雇佣固定的人去看青,然后那些

---

① 阴阳仙:官峪当地土话分水师的意思。
② 护秋:庄稼,特指秋天庄稼准备成熟的时期。
③ 看青:指看庄稼,特指春天庄稼开始成长的时期。

大户一般会用粮食来支付看青人的报酬。陈家也和周围几家一块合着雇人护过秋,农户找的护秋人,一般都是官峪村里那些有能耐的,手脚麻利,又不怕得罪人的农户来护秋,这样如果有人来偷庄稼,护秋人可以不护短,及时阻止和告知庄稼主。护过秋后,陈家和周围几家的当家人就会一起给护秋人粮食作为报酬。

1949 年以前,在村里庄稼都成熟的时候,官峪村的农户也会每家每户派出人来轮流"看青"或"护秋",他们晚上提着煤油灯轮流去看集体的庄稼,以防外村有人过来偷成熟的麦子、玉子、棉花、红薯等作物。不过有时候,官峪村里的农户也会固定几个人去"看青"或"护秋",其他农户就集体兑粮食给那几个人作为报酬。"看青""护秋"是很有必要的,官峪村的农户就遇到过"惯偷",每到粮食成熟的季节,总有外村那几个人来村里偷粮食,有时一个人,有时还会几个人一起,还被村里的农户联手抓住过,但官峪村的农户念及都是在方圆几里住的,有时候低头不见抬头见的,就让他们把偷的粮食放下,责备呵斥他们一顿,让他们回去了。

七、国家事务

(一)纳税

官峪当地是以家户为单位去纳税,主要是人口税。每年在麦后、秋后粮食成熟的时候开始收税,一般都是交粮食。陈家家里交过田税和人头税,每年收税的时候,都是保甲长直接通知家长陈树旗去交的。在收到纳税通知后,陈家家里是需要按时纳税的,家长陈树旗也会尽快去交税,因此陈家没有出现不纳税或是延迟纳税的情况。

不过村里有纳不起税的穷苦农户,大多时候交不起税费,如果交税的期限没有上交粮食,保甲长可以去家里抓人。不过对于官峪村有些农户家来说,把他们家的当家人抓起来,他们也交不起粮食。遇到这种情况,一般是保甲长把粮食先垫出来,等来季农户家的粮食收了再给他。

(二)征兵

1.国民党征兵

1949 年以前,政府征兵一般都是去给老蒋打仗的,官峪村的农户都不愿意让自己家的儿子去给国民党当兵打仗。但官峪村里适龄男性的名单,保甲长那里是有的。官峪村的保甲长也没办法,只好把这些名单早早排好顺序,编好号,依次往下推。这样村里每家都有轮到的时候,都要去,村民虽然都不想去但也只好按着这个名单来。如果谁家家里被村里确定派兵,保甲长会首先告知这一家的当家人,还会告知家里被选中要去当兵的那个人,还会确定期限说几日之内交兵。被派兵的人不能有意见,有意见也不能提,因为这是强制性的要求。

2.家户"买兵"

1949 年以前,在官峪村如果谁家有人不愿意当兵,且家里有条件,那家的家长也会考虑向别人家买兵。他们一般都会找家里贫穷或者无业游民的人买兵,之所以找这些人买兵是因为这些人往往缺钱和粮食,为了维持生活,获得那几斗粮食,这些人往往会不顾一切。那个时期去代替别人当兵的人获得的粮食还是很多的,首先官峪村里会给十斗粮食作为给当兵家里的补偿,然后当兵的家户还会再多给十斗粮食给代替自己去当兵的人,这样下来,这个人就可以获得二十斗粮食,这是一笔不小的财富。

所以在 1949 年以前,官峪村家里贫穷,或游手好闲想发一笔财的年轻人,都很乐意代替其他农户去当兵,后来官峪村甚至出现职业干这个的。这些代替其他农户去当兵的人,一般胆子都很大,有些甚至来回被"买"了好几次。他们代替其他农户去了之后,会让村里给他们报个假名,由于新去当兵的很多,而且因没有准确的户口在册登记,这些人就会报个假地址。等到队伍转移的离市里远了或者出省了,他们就会瞅准机会,再逃跑回来。由于忙于战事,逃兵的现象在军队实际还是很普遍的,部队最多派人在附近找一找,如果找不到一般都不会再继续寻找,而是继续上级下发的作战任务。

不过这些能从部队里再逃回来的人毕竟只占一部分,从军队里逃跑还是要承担很大风险的,一旦被队伍中的人员发现,轻则被长官拳打脚踢,重则直接枪毙。因此,官峪村去代替别人当兵的人中,也有一部分人则"有去无回"。这些不幸没有回来的人,有些是逃跑时被发现了,直接被上级处决了;有些是发现军队里看管太严,没有胆量逃跑,之后跟随着军队战死,再也没给家里有信的。

陈树旗自己本家有个哥的小儿子叫陈小武,天天吃喝玩乐,还爱出去赌。一次手头又没钱花了,知道自己回家家长也不会再给他,而且陈小武正和他父亲闹着矛盾。这时候正好官峪村新一轮的参军名单下来了,有些不想去让自己孩子参军的农户都在寻找可以替代的人选,这个陈小武一时经不住诱惑和别人的怂恿,为了想要别人家的粮食,就没告知家里偷偷和村里的其他几个人一起去替人家当兵走了。后来陈小武到了部队后,就后悔了,想赶紧逃回家里,但所在的部队纪律严明,而且刚出过"逃兵"事件,所以上头长官查岗查的很勤,跟他同去的村里的这几个人都不敢轻举妄动。后来部队已经辗转到了长江边准备渡江,这时候官峪村里有一个同去的人看再不走就没机会了,于是就和陈小武商量逃回来,但这时候陈小武早已被之前部队里因逃走被发现而遭上头枪毙的事,吓破了胆,不敢轻易再动逃跑的想法了。同去的这个人本来和陈小武商量的夜里三更他们一起逃走,但他在那里等了一会儿,陈小武战战兢兢地过来说让他先走,自己过两天再找机会逃回去。结果后来这个同去的人逃回官峪村后,陈小武也没回来,后来就再没了音信。

3.抓壮丁

1949 年以前,官峪村里有其他农户家里被抓过壮丁,不过陈家没有被抓过。抓壮丁的对象也是有标准的,一般都是四肢健全、适龄的青壮年男性。村里也有农户为了避免自己家被抓壮丁,而采取一些措施,甚至不惜自残孩子,有些父母甚至把刚出生的男孩的手指弄断,是为了他以后不去当兵。政府征兵十指是要健全的,这样可以拿枪。村里还流传的有俗语:"好男不当兵,好铁不打钉"。

(三)摊派劳役

官峪村摊派劳役是按家户人口来算,而不是按照家户土地面积。不过有时官峪村也按照家庭富裕程度摊派劳役,交税的时候村里有几个家里贫穷的农户交不上税,那他们在村里需要摊派劳役的时候,就多承担一些劳役。而这些交不上税的缺口,村里家庭条件好的农户可以帮着他们多出一些,不过也是需要出钱的,一般都是村里的富裕户多出些钱,也叫出捐饷。这样等到出劳役的时候,这些"出捐饷"的大户家里就可以少出甚至不需要再出劳力了。

官峪当地对出劳力还有其他叫法,叫派伕。陈家没有出过劳力,不过村里其他农户出过,他们是要去黄河桥做工,被逼无奈,去给日本人建造碉堡。村民出劳力,一日三餐是那边①管

---

① 那边:指日本军队方面。

的,是统一管饭的,不过会定量,所以这些出劳力的很有可能会吃不饱,而且有些村民吃不习惯日本人提供的饭菜,也会自己带点干粮,比如馒头、咸菜啥的,等饿的时候垫垫肚子。村民给日本人出劳力是被胁迫的,也是没有工钱的,所以也没出现拖欠工资的情况。

给日本人出劳力的时候,村民也不好好干活儿,都是去"磨洋工",干活儿干的特别慢。后来到那里几天熟悉情况后,他们甚至开始偷懒、休息、在他们背后"骂娘"。日本人把去的村民分成五六个人一组,分别安排他们做不同的事。去出劳力的村民回来说,"老日"把他们六个人分为一组,让去刷墙壁,害怕他们溜出去或者刺探"情报",都把屋子的门上着锁,让他们在里面干活儿。不过"老日"的军官会不定期巡查,后来村民发现偷懒的窍门,就让一个人放着风①,等军官过来巡查的时候,他们就装出一副很认真干活儿的样子,但等"老日"走远,他们就开始休息,聊天。就这样六个人刷一间屋子的墙,村民硬生生拖着给日军刷了一个多星期,完成的时候日本的一个长官还夸他们干的好。

出劳力的村民在日军那里待了几天后,发现很多日本官兵都听不懂中国话。有一次他们几个人在背后对日军"骂娘",结果几个人一时说的太兴奋,一个日本军官已经走到他们身边巡查了,他们还不知道。那几个村民都吓坏了,但没想到那个日本军官竟然没听懂,以为他们在"唠家常",还笑着用手势比划,让他们好好干。发现这个"隐情"后,村民逐渐大胆起来,后来几次日本军官再来审查,他们就装出一副毕恭毕敬的姿势,笑着对这个日本军官回骂,目送他离开,那个军官还很高兴,以为他们是在给自己说再见,每次走的时候还很开心地跟他们摆手。不过这个招数还是有很大风险的,搞不好是要"露馅"的,甚至招来祸的。那一天来巡视的日本军官换人了,村民以为那个日本人也听不懂话,就依然回复了骂人。结果那个日本人竟然懂些中国的语言,听懂了,当即变了脸色,大怒的骂道:"八嘎……",说着就要拿出佩刀,准备砍人,这时候周围的几个日本军官听到骂声都赶了过来。官峪的几个村民都吓傻了,连忙跪地求情,万幸的是,过来的这几个军官好像劝了一下这个军官,后来只是把他们几个打了一顿,就一块气愤地走了。经过这个"事件"后,去出劳力的这些村民们在"老日"面前,都长了个心眼②,在日本人面前适当"谨言慎行",不落下把柄在他们手中,保护好自己,不给日本人找到迫害他们的借口。

村里需要派遣劳役时,保甲长会首先找当家人,由当家人再安排其他人去出工,一般都是找家里的青壮年去。家长派遣孩子们出劳力的时候,也会考虑一些因素,比如适应能力强,身体健壮,头脑灵活的子很容易被派去当劳力,因为家长觉得他们去能够适应高强度的工作,也容易接受陌生的环境,这样家里操的心就小一些。不过有时候为了公平起见,家长也会让每个儿子轮流去。

除了劳力之外,村里也让家里面摊派过其他费用,比如保甲费和壮丁费,这些也是以户为单位,一般都是村里的保甲长告知当家人,当家人去上交这个摊派费。

(四)村长、保甲长抓阄儿选出

1949年以前,官峪村的村长和保甲长不是选举出来的,而是抓阄"抓"出来的。官峪村里村长、保甲长的候选是需要有一定条件的,一般都是以村里条件比较好的农户为备选对象,

---

① 放着风:指把着门,留意的意思。

② 心眼:指多个心思的意思。

而且又有人识字识文，有文化的家户作为候选。这样村里有时候需要统计人名，或者交税登记一下，会写会算才行的，因此村长和保甲长识字是必不可少的。

除此之外，保甲长的候选人也要在村里有一定的威望，会"办事"，有眼力劲，能跟村民和上面做好沟通协调。如果村里发生个啥事，保甲长也要会处理，比如谁家因家里穷交不上保甲费的时候，保甲长要知道怎么应付，如何跟上级说明情况；或者村里两户人家因琐事有矛盾闹起来的时候，保甲长该如何协调，这都是需要他们考虑和把握的。有时候上面政府让收税，要的急，还要求要达到税收的标准，但村里有几家困难的农户平常吃饭都成问题，更别说交税，没办法有时候保甲长甚至只有自掏腰包，先垫出来，先凑够交给上面再说。但往往垫出来的这部分税，保甲长也很难再收回来，因为那几家农户家里一贫如洗，连可以拿来抵押的东西都没有，只有让他们在村里出壮丁或村庄修路或打井中多出"人头"和劳力了。

在官峪村最后两任村长、保甲长的选举中，上级政府可以说是强制从官峪村几个大家族中选出几个合适人选，让他们必须参与竞选的。但那几个被选出来的人都不想竞选，大家都清楚这个收税、出壮丁是要得罪人的。而且说实话，老百姓对国民政府已经失望了，常年的苛捐杂税，早已民怨沸腾。官峪村的农户也都不想当这个差事，互相推辞，生怕这个职位落到自己身上。后来上面的乡政府没办法直接来人放出狠话，让官峪村这几个候选人抓阄决定，抓住谁是谁，不能推脱，否则后果自负。

后来抓住这个"阄"的候选人甚至不惜放出话，谁来替自己当这个保甲长，他给谁十斗粮食，但是即使这样村里还是没人愿意替他接这个差事。官峪村里压根没人想当这个村长、保甲长的差，都认为这是个"烫手山芋"，谁接着谁就没清闲的日子过，也没好日子过。官峪村的农户都认为，村长、保甲长可不是啥清闲活，整不好就里外不是人了，甚至会得罪乡亲，遭到周围记恨。

在新中国成立前夕，官峪村"反匪反霸"期间，之前担任过保甲长的就有被村民评为"恶霸"的。实际官峪村的明白人都知道，曾经当过保甲长的这个农户也很不容易，平时为人也是很老实和正派。但上级让村里交税，他如果交不上那么多，上头就会拿他说事，他也没办法，只能去交不上的农户家催，让农户用粮食做抵押，这样一来就得罪了一部分村民。因此在村里"反匪反霸"期间，他这些为国民政府收税的往事都被揭了出来，成为把柄和罪证，被村民一举评成"恶霸"。所以在 1949 年以前，官峪村的村长、保甲长可是一个不好干的职务。

调查小记

在访问该家户时，我访问的是陈树旗的大孙子陈万卷。陈万卷，1934年出生，现年83岁。陈万卷头脑清晰、身体较好，一生波荡起伏，经历丰富，并且学识渊博，文化修养以及知识水平较高。陈万卷老人一生从事乡村教育事业，教书育人，为官峪村以及北邙乡教育事业的发展做出了突出的贡献。我也有幸在2017年的夏天访问了这位老人，通过陈万卷老人对自己家族历史的讲述，深入了解了1949年以前陈家及陈氏家族的发展状况。

每年的七八月份，正是一年中的最热时刻，即使如此陈万卷老人也不顾天气炎热，不辞辛苦，每天都从自己的时间中抽出两个小时，来和我细聊新中国成立前自己家族的兴衰荣辱与跌落复兴，这让我内心很是感动。

通过陈万卷老人的讲述，我了解到，1949年以前，陈家虽贵为官峪村的富足之家，但父亲的早逝以及家庭男性劳动力的缺失，也使得陈万卷的自身求学之路遭遇艰辛。当家人陈树旗让其早点归家来管家的厚望，奶奶陈张氏想让其早点承担家庭重担的要求，以及叔叔陈元明内心的不悦，这多多少少都成为陈万卷继续学业的小小障碍。不过，即使在这样的环境下，陈万卷依然没有放弃继续求学的愿望，而是努力争取自己的学习机会，最终以优异的学习成绩成功说服陈家的家庭成员来继续供应其学业。而这样的坚持也最终使陈万卷一生收益，成为了一名人人称赞的人民教师。

与此同时，在了解以陈树旗为家长的陈家小家庭兴衰发展的过程中，我也对整个陈氏家族的发展脉络有了基本的认识。定居在官峪村的陈家家庭条件较好，但是1942年遍及河南的大灾荒，使陈家大家族因生计而分家，大家庭也随之走向没落。不过以陈树旗为家长的陈家小家庭在灾荒后又迎来了新的复兴，家长陈树旗雇佣长工，带领全家人勤勤恳恳地从事着农业生产，耕耘着从祖辈继承来的32亩土地，最大限度地养育着陈家小家庭的各个成员，保障着陈家家庭成员的日常生活。

在陈万卷老人讲述的过程中，我尤其对1942年遍及河南的大灾荒印象深刻。大灾荒时官峪村里好多人家都不得已而外出逃荒，虽然陈家家里还有余粮，没有沦落至出去逃荒。但陈家的日子也不好过，当余粮吃完后，家人只能出去挖野菜，甚至吃草根，野菜和草根煮的汤味苦干涩，难以下咽，陈万卷和弟弟陈万录都喝怕了，之后有段时间他们一听到吃饭就哭着不去厨房，而这样艰苦的日子持续了三个月之久，即使现在提到，陈万卷依然感叹那段日子的难熬。

在陈万卷七八岁的时候，陈元英因不幸染上肺结核病而逝世，在第二年，陈万卷的一个妹妹又沾染黑热病而夭折，刘玉琴一时心理承受不了，就回到娘家休养。而家里只剩陈万卷和陈万录在家，刘玉琴一下在娘家待了两个月才回到陈家。这时陈万卷和陈万录因思念母亲

313

过度,竟然在家里叠纸飞机,把想对母亲说的言语写在纸飞机上,在院子里往外仍,希望上天能把哥俩的思念寄托给母亲。陈万卷老人在给我讲述这段往事的时候,说道心酸处,不禁清然泪下,因为往事让他想起了已经去世多年的母亲。看到陈万卷老人抹泪,感叹母亲一生所受苦楚的样子,一时间我的内心也五味杂陈,这让我想起了那句话"子欲养而亲不待"。在访谈陈万卷老人的过程中,我除了了解到1949年以前陈家的艰难生活之外,也被陈家人尤其是陈万卷老人那种自强不息、不怕困难、勇于拼搏的精神所打动。

在1949年之前,在官峪村恶劣的自然环境面前,陈家家族成员并未屈服,而是拼尽全力地活着;在动荡纷争的年代,他们思虑周全,为自己的家族保留香火;在日新月异的当代,他们又穷尽毕生所学,延绵传承。那个年代人们身上的那股精神,是我们当代年轻人需要学习的,那个年代每个家户所经历的历史,也是需要当代的青年人所铭记的。

在访谈陈万卷老人的过程中,我也被老人的认真和真诚所触动,由于所问之事,距今久远,所以难免有记忆缺失的情况。有几次,老人都是在我下一次去询问他时,给我补充讲述之前没有讲述或漏掉的内容,有时我可能自己都忽略了这些细节,而陈万卷老人在我每次走后,还专门再回想之前我询问他的问题,生怕有记忆欠缺的地方。有时老人还会给我讲一些民间的俗语或者官峪当地的方言,害怕我听不懂他说话的意思,还会专门去屋里拿支笔给我写到纸上,让我更加清楚和明白他说的意思,从这些小的细节,我感受到了陈万卷老人待人的真诚,这也尤其令我记忆深刻。

即使在结束对陈万卷老人的访谈后,陈万卷老人对我的关怀和鼓励也一直没有停歇。在今年九月份开学后,陈万卷老人得知我已到华师求学,还专门从家里打来电话,在电话那头,老人抑制不住内心的兴奋,让我好好学习,趁着年轻多去见识更大的世界,还说现在国家的未来属于我们这些朝气蓬勃的年轻人,而自己也会向年轻人学习,虽然如今自己的年龄大了,但还要有一个向上的心态,虽然人老但心态不老,架子不倒。这也让我内心颇为感慨,感慨老人的年轻心态以及对如我这样年青一代的期许,不知不觉间更觉自己身上责任重大。这里我也想郑重地向老人表达我的谢意,谢谢陈万卷老人自访谈开始,一路以来给予我的支持和鼓励,谢谢老人在访谈过程中对我的知无不言和言无不尽的真诚,更感谢时至今日老人对我的关心和期许。

我觉得开展家户调查的意义,不仅在于使我们如今的年青一代能够有机会去了解过往中国传统家户的历史,让家户发展的轨迹载入史册。与此同时也在于让后代更多的人看到新中国成立前后农村社会政治状况的演变,更深层次地去了解那个时代农民家庭的生活状况与遭遇,更好地去了解近代以来中国农村社会的变迁。

第四篇

中户自营:耕读传家的家户
——川北马灯村杨氏家户调查

报告撰写:田僚泰 *
受访对象:杨兴禄

---

* 田僚泰(1994—　),男,四川剑阁人,华中师范大学中国农村研究院 2017 级硕士研究生。

导 语

四川省剑阁县马灯村位于四川北部，生活在马灯村的杨氏家族在此已经繁衍生息三百多年，杨家为杨氏家族中的一个普通家庭。1949 年时，杨家共有 8 口人，四世同堂，共同居住在小院子当中，各项家庭事务被当家人杨代发及其妻子打理得井井有条，家庭成员之间比较和睦。同时，由于没有战乱的侵扰，1949 年以前整个家庭历经几十年均保持平稳的状态，没有重大变动。

杨氏家族是马灯村中人数最多的家族，家族有一些自有的水库、堰塘等公共财产，由杨氏家族共同维护；杨氏家族留有许多珍贵的文化遗产，如杨氏家族族规、织布的手艺、协作的精神等，这些以无形的纽带串联起杨氏家族的各个家庭。在后世，杨家各代人也会根据时代和环境的变化，对族规等做出相应的调整。自始自终杨氏家族都以土地为纽带，将杨家各户紧密地联系在一起。

在 1949 年以前，杨家依靠自有 6.5 亩土地和租种的 1.5 亩土地勉强能够过活，整个家庭的经济水平在杨氏家族中只属于中等水平。即使家庭条件并不富裕，杨代发还是送儿子杨兴禄和杨兴福去学堂接受文化教育。杨家的生产资料产权、房屋产权等都保持比较明晰的状况，这得益于家族的规范保护，以及其家庭不容侵犯的决心。整个家庭的分配、消费、奖罚等决策权均掌握在当家人杨代发及其妻子手中，杨代发在家中有着较高的威信，部分家庭成员拥有一定的建议权。在与外部交往中，存在不平等的情况，这是由其社会地位决定，即使杨代发一直秉承着平等的对外交往理念，有时也还是会受到土地主的欺压。总体而言，杨家是典型的以土地为生的农户家庭，在杨代发的治家理念下，家庭保持着和谐的氛围。

第一章　家户的由来与特性

在当地,杨氏家族迁徙至马灯村有两种说法,一为"湖广填川说",二为"张献忠所召入川"。杨家位于川北地区的剑阁县马灯村,是以"小家小业""以地为生"为特点的家户,1949年以前在此地耕作、生息,在当地的杨氏家族中,杨家属于中等水平,全家人靠从事土地耕作基本能够维持家庭的生活。

一、家户迁徙与定居

在马灯村内居住的杨氏家族源于杨可义一脉, 论其祖籍为陕西省富平县桐子湾①。杨可义的重孙有四房人,杨兴禄为二房的子孙。杨氏在此地已经生活了两三百年,历经十几代人。

(一)两种迁徙说法

杨可义是最早搬迁至马灯村的杨氏家族人,在《杨家义谱》是如此记载。再往前追溯,杨可义的祖先主要居住在距此处不远的正兴乡紫荆院,这是此地的杨姓人家所公认的,但是不知此地的具体地址。

但是可以确信的是,杨氏家族是从陕西省富平县桐子湾迁过来。首先,陕西省富平县桐子湾确有此地,并且马灯乡还有其他姓氏也是从那里搬迁过来的;其次,在杨氏家族中稍微有点了解家族起源的人都知晓这一点,是祖先传下来的历史。所以杨氏家族到底是在什么时候,因何种原因迁到此地?

一说到古代四川的大规模人口流动,首先都会想到"湖广填川"这一历史事实。明末清初的旷日长久战乱,给四川地区的人民造成毁灭性的打击,人口大量死亡和迁徙出川。因此在清朝建立了自己稳固的政权后,自清初开始推行人口迁移政策,鼓励人们垦荒,形成了入川的移民大潮。这一次的移民大潮涉及数个省份,同样也有大量陕西人口迁移入川。而从杨可义至今已经历经了十四代人,杨可义又为乾隆年间御史,并且杨氏家族有个不成文的规矩,就是无论结婚多早,只能在20岁才能生孩子,因此十四代人也就是经历了280年,加之往前的家族历史,杨氏家族迁入的时间和清朝移民入川大潮的时间相吻合,因此就有当地杨姓人家认为其家族为随"湖广填川"而迁移到此地。

另外,杨氏家族中又流传一种说法,此处的杨氏家族为响应张献忠的"蠲免边境三年租赋"政策而迁徙到此处。张献忠建立大西政权以后的确颁布了免赋税三年的财政政策,川大教授胡昭曦一直对"张献忠屠川"不予以认同,他认为张献忠入川后屠杀掠夺主要针对的是

---

① 桐子湾:桐子湾现位于陕西省富平县和平村。

土财主,而对普通百姓则更多的是保护。同时,在梓潼县七曲山大庙供奉的有张献忠像[1],这尊塑像直到乾隆初年才被官府毁去,距张献忠牺牲之年(1646)年已九十余年之久!这座塑像保留了很长的时间,并没有受到当地居民的破坏,人们历来有到此处烧香礼拜的习俗,并且梓潼七曲山大庙距马灯乡40余千米,侧面反映了张献忠在此地人们心中的地位是比较高的。

杨氏家族的成员大多认同第一种说法,但是也有人是比较认同第二种观点,最有可能揭开这一谜团的宗族碑在后世中也被损毁,无处可查。

(二)分家而至

整个马灯乡被几座山所环绕,中间一条小河贯穿而过,河水最终汇入嘉陵江,正是这条小河造就了谷底肥沃的土地,马灯村位于群山之间,而杨家所在的马灯村正好位于谷底的位置,得天独厚的自然条件养育了杨氏家族。

马灯村此处最先生活着敬家人,所以此地在杨氏家族迁来之前又称为敬家观,而后杨氏家族凭借其殷实的家庭,在此定居下来。杨氏家族远祖杨可义迁到此地主要是分家的原因,其父给几个儿子分家后,杨可义看中了马灯村优越的条件,便在此处买田置地,修建房屋,然后定居下来。当地的山上有杨可义的坟墓[2],其坟墓四周插有椊杆,其原来考取了功名,根据其子杨茂杞墓碑的记载,杨可义在清朝时曾担任过御史一职,这也就解释了杨可义何以有如此的财力在此买田置地安家。

在1949年以前,杨氏家族的田地主要是沿河分部,这些土地主要都是从祖上继承下来,房屋修建在离河几百米处,离房屋相隔不远有两个并排的堰塘,祠堂也在祖屋附近,祠堂与祖屋保持同一朝向。1949年以前,祖屋早已不复存在,取而代之是杨氏家族并排布置的大院儿、中院儿、小院儿,祠堂得以保留,但后来因历史原因而被毁坏。许多记载家族历史的石碑也被毁坏,四房人各存有的"义谱"[3]有三本已经丢失,仅有四房杨彦那一脉的"义谱"保留了下来。

根据仅存的《杨家义谱》以及族人口口相传的历史可知,自杨可义以来,杨氏家族在马灯村共繁衍了十四代人,至今有二百八十多年,如图4-1所示。杨可义之子为杨茂杞,杨茂杞之下有一子但名字不详,此子生有大房杨珠,二房杨全,三房杨彦,四房杨思[4]。现今居住在马灯村的主要是杨珠、杨全、杨彦的后代,杨思的后代则在四川省江油市杨屋坝繁衍生息。杨氏家族的第五代为"廷"字派,在杨珠、杨全、杨彦名下各有"廷"字派子女数人,具体的名字等因为历史久远而无法知晓。"廷"字派之后依次为"登""文""春"字派,都生活在马灯村这个地方。自第九代"万"字派后,按照"万代兴隆盛,国家永安怀"来进行辈分排列,到现在出生的最小字派为"国"字派。杨代发是二房杨全的后代,在他之上也同样经历了"廷""登""文""春"等字派,其父为杨万金,在杨代发之后有两个儿子杨兴福、杨兴禄。

---

① 张献忠像:梓潼县城北三十华里的七曲山(又名九曲山),早就有文昌帝君庙(文昌宫),祭祀的主神为张亚子。大顺元年十月张献忠率军路过梓潼,"仰视文昌庙曰:'此吾祖也,吾祖助我。'乃上张亚子尊号曰始祖高皇帝,不久,把它建为"太庙"(今称大庙),命当地装、贾二姓为"司香户"。后来,当地人民在风洞楼塑起一尊张献忠的像。

② 杨可义的坟墓:其位于马灯村所背靠的山林中,现今很少有人去祭祀,杂草树木丛生,加之因历史原因存在不同程度的损毁,墓碑的详情难以进行考证。

③ 义谱:由杨氏家族请道士所写的,主要用于祭祀或者做道场,在其中有记录祖先的名字、出生和死亡时间等。

④ 杨思:后分家迁至在江油市杨屋坝。

第一代	杨可义

第二代	杨茂杞

第三代	杨氏

第四代	杨珠	杨全	杨彦	杨思

第五代	杨廷×

第六代	杨登×

第七代	杨文×

第八代	杨春×

第九代	杨万金

第十代	杨代发

第十一代	杨兴福	杨兴禄

第十二代	杨隆×

第十三代	杨盛×

第十四代	杨国×

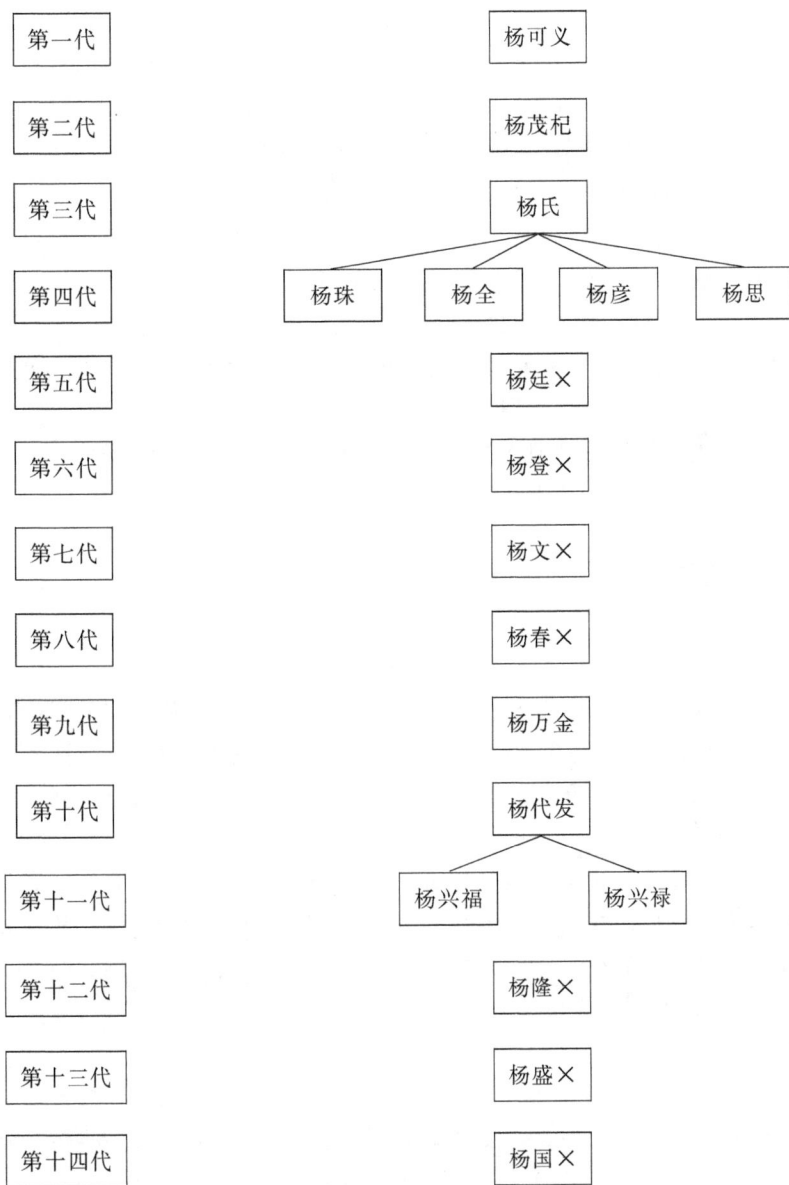

图 4-1　杨家世代字派图

(三)世代以耕作为主

杨家远祖杨可义曾经在乾隆年间担任过御史,因此杨氏家族祖上较为兴盛,但自此之后便开始衰落。自杨可义后,杨氏家族在此地主要以耕作土地为主,在 1949 年以前,凭借此处丰富的水资源与肥沃的土地,靠耕作土地基本上能够养活一家人,也正是因为以农业养家,靠天吃饭极其容易受到天灾的影响。四川盆地及其容易发生旱灾,尤其是在 19 世纪时期,每隔一年就会发生一次严重的旱灾。加之 1949 年以前的生活比较贫困,粮种都是一代传下来,以粪便为土地肥料,沟渠堤坝等设施不够健全,对于洪灾、旱灾、虫害的抵抗能力较低,因此会出现一年丰收下一年收获减半的情况,但从杨氏家族情况来看,杨氏家族各户总体能够养活自家人。在风调雨顺的年份,杨氏家族都能够养活自家人,年景好的话还会有许多余粮,这些余粮会被储藏起来以备后用。所以在灾害频发的年份,储备的粮食可以暂时缓解家庭粮食紧张的情况,有的家庭的余粮可以维持整个家庭一年的开支,但是如果连续几年都遭遇比较大的灾害,则会对大部分的杨氏家族造成致命的打击。

在 1949 年以前,匪盗的情况较少,出现的匪盗也都是富足家庭"狗腿子",部分杨氏家族还面临着富足家庭的压迫以及鸦片烟的困扰。比如向土财主借粮都是需要借一还一,头年还不上第二年则要再翻一倍偿还,地租也是如此,这样利滚利,债务越滚越多,最终导致农户破产,同时还有当地土财主买卖人口的情况。此外在杨氏家族中存在部分人吸食鸦片烟的现象,而这些家庭无一例外都十分贫困,即使是比较富有的家庭也会因为当家人吸食鸦片而一贫如洗。

总体上杨氏族人依靠耕作土地是完全可以养活自家人的,但是其他因素,如天灾、土地主的剥削对杨氏家族的正常生产生活影响重大。

二、家户基本情况

(一)小家户

1.家庭人口较少

杨代发之父为杨万金,娶妻严玉芝。杨万金为第九代杨氏家族人,杨代发有 5 位兄弟姐妹,其中杨代发兄长、杨代发、杨代发的一个妹妹,杨代发还有两个幺[①]妹妹抱养给了他人。杨代发的兄长为杨代兴,娶妻何氏[②];杨代发的大妹妹杨氏于 1949 年去世;杨代发膝下仅有两个儿子,为杨兴禄与杨兴福。

在 1949 年之前,杨家四世同堂共 8 口人,包括:杨代发的母亲,杨万金的妻子王氏;杨代发及其妻子严玉翠;杨代发的长子杨兴福,及其妻子王进珍;次子杨兴禄,及其妻子郭玉珍;杨代发的孙女杨玉芳,为杨兴福之女。在 1949 年之前,长女关女子就因为疾病的原因去世,所以家里在 1949 年时就剩下 8 口人。

2.劳动力较少

在 1949 年时,杨家的 8 口人,除了 12 岁以下的小孩子以外,都是需要参加劳动的,包括年事已高的杨代发的母亲王氏也是需要劳动的,但王氏基本上是参加一些较为轻松的劳动。杨家主要的劳动力为杨代发和其妻严玉芝,杨兴福和妻子王进珍,以及杨兴禄和其妻郭玉珍,共计六人,三位男性三位女性,如表 4-1 所示。

---

① 幺:方言,"最小的"意思。

② 何氏:称何氏、严氏,主要是由于这段历史不太清楚,同时也是由于 1949 年前对于女性名字的不重视,许多女性在出嫁或者成年前都没有正式的名字,平时都是以小名称之。

表 4-1　1949 年时杨家基本情况

家庭基本情况	数据
家庭人口数	8
劳动力数	6
男性劳动力	3
家庭代际数	4
家内夫妇数	3
老人数量	1
儿童数量	1
其他非亲属成员数	0

1949 年,杨家人的身体都十分健康,没有什么大病伤痛,只有两岁的杨玉芳在 1949 年因腿伤落下了残疾。

杨家的成年男性为杨代发、杨兴福、杨兴禄三人,这三人都接受过一定的书本教育,虽然杨代发的受教育程度不祥,但是杨代发的确是接受过教育的,平时的认写汉字都是没有问题的,有时还会在杨兴禄、杨兴福放学后为他们辅导功课,所以其受教育程度属于一般水平。三人的受教育程度以杨兴福为最高,杨兴福在私塾和官学都读过书,一共读了五六年,时间不算多长,但是杨兴福读书很认真,所读的内容都能够背诵出来。而杨兴禄也同样在私塾和官学都读过书,大概也读了四五年,后来因为实在读不了就没有再读了。不仅是杨家,整个杨氏家族对于读书都是十分推崇的,家里有点条件的都会送孩子去读几年书,当地人认为:"书是良田,笔是牛,不耕不耙得自由。"但是送孩子读书的情况也仅限于男性,女性则很少有读过书的,杨代发的妻子、母亲、长女、儿媳们都没有读过书,杨家人认为女性读书基本没有什么用。

正是杨家的男性都受过不同程度教育,所以杨兴禄一家都没有什么宗教信仰,虽然也有过求神拜佛,但不甚虔诚,也就算不上什么宗教信仰。此外,杨家没有参加什么社会组织,杨代发每年都会参加杨氏家族的清明会、团会,不具有社会组织性质,仅仅是家族的例行会议、祭祀形式。

表 4-2　1949 年杨家成员情况表

成员序号	姓名	家庭身份	性别	出生年份	婚姻状况	健康状况
1	杨代发	家长	男	1899 年	已婚	良好
2	严玉芝	妻子	女	1900 年	已婚	良好
3	王氏	母亲	女	不详	丧偶	良好
4	杨兴福	长子	男	1927 年	已婚	良好
5	王进珍	长媳	女	1922 年	已婚	良好
6	杨兴禄	次子	男	1937 年	已婚	良好
7	郭玉珍	次媳	女	1932 年	已婚	良好
8	杨玉芳	孙女	女	1947 年	未婚	良好

（二）剑阁西南谷底院落

1.杨家在马灯村中的方位

杨家所在的马灯村是四川省广元市剑阁县马灯乡下辖的一个村庄，位于剑阁县的西南部，距离剑阁县城约 55 千米，距离梓潼县较近。

1949 年以前，杨家的房屋位于当地叫"老房子[1]"的地方。在 1949 年以前，老房子这个地方分布着杨氏家族的大院子、中院子、小院子，杨氏家族三房人分别生活在大院子、中院子、小院子以及散落分布的房屋中。

有关 1949 年前杨家居住的村落状况：在道路方面，只有一条土路可以通往武连镇和开封镇，同时还有山路可以通往其他各村落，交通不太方便；在用水方面，可以分为饮水和生活用水。在老房子东边有两处堰塘并排而列，是杨氏家族共同挖出来的，水来自山上的溪水，这是生活用水的主要来源，饮水则有一口水井，由杨氏家族共同使用；在周围其他建筑方面，在马灯村的小河西侧沿岸称为"马灯观[2]"，这里有一座庙，同时在 1949 年以前，富足家庭王世清居住在这一区域；在距田地的距离上，田地都是沿河分布的，离杨家的距离不是很远，步行大概需要十几分钟；其他如寨河、胡同、寨墙等，杨氏家族居住的地方都没有。

2.居住在小院子

1949 年以前，杨家和其他族人居住在一起，在当地叫作"老房子"的一处地方，杨氏家族的三房人分别居住在大院子、中院子、小院子中，杨家就居住在小院子中。和杨代发一起住在小院子的还有杨兴培一家，他们同属于二房的后代。

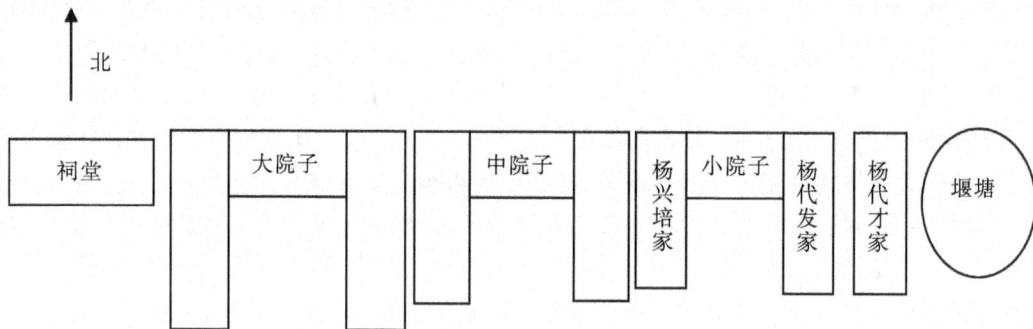

图 4-2　杨氏家族老宅空间区位图

1949 年以前，杨家的房子只是小院子的一半，当地又称为"一杆儿[3]"房子，房屋结构为土木结构，分上下两层，一般二楼是用来堆一些东西，但在家庭成员多的情况下也可以用来住人。杨家的房屋保持了当地房屋修建的风格，有堂屋[4]、耳房、东环房、撒子[5]、扑檐[6]、对厅儿

---

[1] 老房子：这里被当地的人称为老房子是因为此处是 1949 年前杨氏家族老宅所在地。

[2] 马灯观："观"的读音取第四声。

[3] 一杆儿：就是指一排，一杆儿房子就是一排房子，多用作指一个院子的一半。

[4] 堂屋：厅房。

[5] 撒子：是房屋转角，处位于耳房与环房之间，一般是将其隔做两间，其中一间作为厨房，而另外一间则可以住人或者堆放杂物。

[6] 扑檐：是正房的一种附属物，不能高过正房，主要是用作养牲口、堆放杂物等。

种。当地的房屋修建既可以四周以房子环绕，也可三面修房，堂屋正对的那一面不建房屋，杨家属于后者。杨家房屋共占地4分，堂屋坐北朝南，堂屋以东为他家的房屋，以西为杨兴培家，堂屋由于其特殊的作用为两家共用。

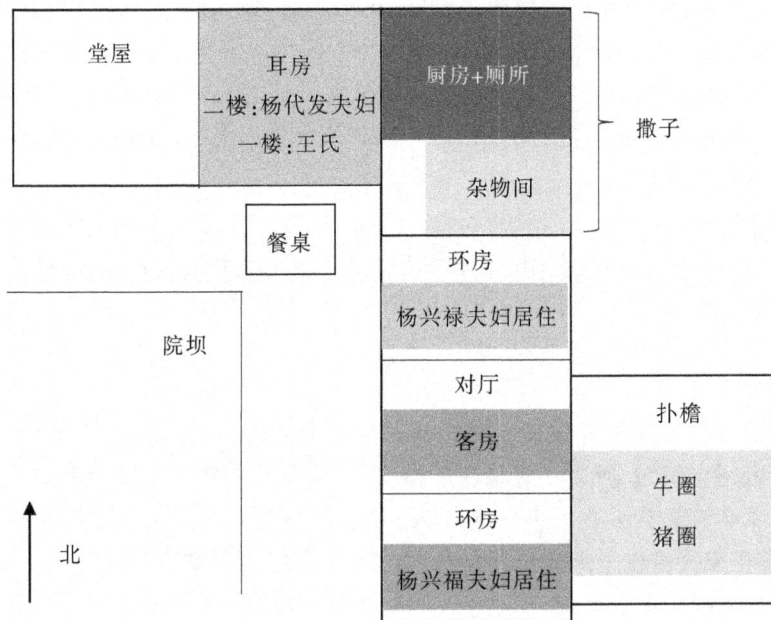

图4-3 杨家房屋基本情况

各个房间的使用情况：一是堂屋，在没有"过事务"①的情况下，在堂屋中主要是堆放棺木或者准备的棺椁，由于在大院子旁不远就是祠堂，所以在杨家堂屋中就没有供奉灵位，如果家中有"过事务"的情况，则将堂屋用于红白事。二是耳房，一般居住的是家中的长辈，杨家的耳房一楼住着杨代发的母亲王氏，二楼住杨代发夫妇。他们的长女关女子在还没有过世前时和父母杨代发夫妇一起居住。同时在耳房前有餐桌和凳子，供招待客人和吃饭用。三是"撒子"，这一间被隔为两间，靠北的一间为厨房，在东北角有厕所一间，靠南的一间就为放杂物的地方。四是靠北的环房，也是上下两层，下层住着杨兴禄夫妇。五是对厅，对厅相对于环房大一点，一个完整的院落是有两个对厅，位置相对，对厅是作为客房使用的，对厅同样有上下两层，但是二楼是没有住人的。六是靠南的环房，此房有上下两层，由杨兴福夫妇及其孩子居住。七是扑檐，主要用于圈养牲口，作为牛圈和猪圈，不能高于正房。八是院坝，院坝位于院落中间，由土夯成，院坝四周与"檐坎子"②交界处有用于排水的浅沟渠。

同时，在整个房屋的周围还有一圈排水沟，以防积水。杨家和杨兴培家是共用院坝和堂屋的，以堂屋为界，分属两边各家。在杨家东侧是杨代才家，西侧以中院子为界，中院子和小院子之间是以房檐下的排水沟为界线的。除此之外，1949年前杨家并没有门楼、院墙

---

① 过事务：指红白事等，一种统称。

② 檐坎子：不同于一般的房檐下的空间，是正房前，房檐下的一段空间，具体位置是正房门到柱子的这段距离，正房前一般都会留出这段空间。

这样的设施。

(三)基本自足

1.生产资料

1949年以前,杨家以耕作土地为生,共耕种8亩土地,其中6.5亩为自有土地,1.5亩为租用土地主张家[①]的土地。耕作的土地以田地居多,都沿河分布以水车取水灌溉,在山上还有少量的旱地,只能担水灌溉。其他农用工具有犁头一把,锄头等若干,和其他人共有水车一部,耕牛两头,其中一头为自养自用,还有其他家"关"[②]了一头牛。从耕作工具来看,杨家的生产需求基本能够得到满足。

2.生产所获

从产出来看,每年会养两头猪,上半年养一头卖掉,下半年再养一头留到过年宰杀自家食用,每年还会养三四只鸡。每年耕作的作物主要有水稻4亩,没有灾害的年份总产量达到1200斤;玉米2.5亩,每年总产量共500斤;豌豆1亩,产量共200斤,除自留少部分,其他全部卖掉;大麦1亩,每年总产量200斤到300斤;还有少量的土地种些平时自家吃的蔬菜。当然,每年耕作的作物会根据需求做出相应的调整,例如需要一些棉花,则会留一些旱地来种植棉花。杨代发还会织布,所以在有棉花的情况下,就会织些布匹上街去卖掉或者自用。除此之外,杨家偶尔会有杨代发在外务工的收入,但是这种收入只能起到补贴家用的作用,所以杨家都是依靠全家人耕作土地来维持生计,在1949年以前杨家一年的收入能够负担家庭消费,偶尔还会有余粮来接济他人。

表4-3 1949年以前杨家的家计状况表

土地占有与经营情况	土地自有面积	6.5亩	租入土地面积	1.5亩
	土地耕作面积	8亩	租出土地面积	0
生产资料情况	大型农具	犁头1把、水车1个		
	牲畜情况	耕牛1.5头、猪2头、鸡4只		
雇工情况	雇工类型	长工	短工	其他( )
	雇工人数	0	0	无

收入	农作物收入					其他收入	
	农作物名称	耕作面积(亩)	产量	单价	收入金额(折算)	收入来源	收入金额
	水稻	4	1200斤	—	—	卖猪	—
	玉米	2.5	500斤	—	—	卖布匹	—
	豌豆	1	200斤	—	—	收入共计	
	大麦	1	200~300斤	—	—		
	蔬菜	—	—	—	—	—	—

注:本表的数据为折算数据,而非现金数据,因此需对未变现的收支项目按照市场价格状况加以估算。

---

① 土地主张家:位于武连镇新桥的土地主,在马灯有一些土地。

② 关:此处为当地人的说法,意为与他家共养共使某物,常常指耕牛。两家"关"一头牛则需要一家一天去放养耕牛,一家一天来使牛。如果是几家"关"一头牛,通常称为一家"几个腿","腿"越多承担看管耕牛的责任越多,同时在使用耕牛上有优先权。

支出		食物消费	衣服鞋帽	燃料	肥料	租金	
		—	—	0	0	3斗谷子	
		赋税	雇工支出	医疗	其他	支出共计	
		2斗米(40斤米)	0	—	人情消费、征费等	—	
结余情况		—	资金借贷		借入金额		0
					借出金额		0

(四)无人担任民间或官方职务

杨家没有成员担任过保甲长,其他民间或官方职务也没有担任过。杨家家庭状况在一甲①之中算是一般的,加之当家人杨代发能够识字且为人较好,所以杨代发在杨氏家族还是有一定影响力的。杨代发所处的这一甲的甲长为杨氏家族的成员,但甲长毕竟还是没有多少权力,平时受到官府和土财主的欺压还是比较多。

(五)马灯中户人家

1.杨代发掌控决定权

1949年之前,杨家是四代人共同生活在一起,一般说来应当是家里的年长者来当家,但是杨代发的母亲年事已高,无法担起当家的重任,所以1949年前杨家的当家人是杨代发。对外是杨代发代表整个家庭,例如参加清明会、团会、租赁土地等必须要杨代发去处理。而在家庭内部,教育媳妇、吃穿住等一些生活琐碎事则主要由严玉芝来处理,其中的婚嫁媒娶等家庭的大事,最终是要当家人杨代发来决定。同时这些大事杨代发也会和家庭成员共同商量,所以准确地说当家应当是杨代发有决定权,其他家庭成员共同起到辅助作用。

在杨代发的父亲杨万金还在世时,他的子女除去女辈和抱养出去的,就只剩杨代兴、杨代发两个儿子,而杨代兴膝下没有子女,所以在杨万金去世后,杨代兴和杨代发分家,杨万金的妻子王氏跟着杨代发生活,此时的当家人发生了转换变为杨代发。除此之外,到1949年止,杨代发当家的情况没有变动过。

2.以土地、耕牛定大中小户

在杨氏家族中存在着大户、中户、小户的区别,以土地和耕牛的多少为标准。大户主要是土地多、耕牛多,自然也就是有钱的,大户的土地至少都是十几亩以上,如杨代全、杨代云两家,杨代云家有4头耕牛,杨代全家有3头耕牛,两家的土地都有十几亩。中户的土地有5到10亩,耕牛也有1到2头,杨家是典型的中户。小户则家庭十分的贫困,家里的生计难以维系,只有二三亩地,且品质不好,牛基本很少有或者没有,需要的时候只能向其他人家借,然后再以人力劳动来还,当地的小户有杨代清家、杨代朝家,他们贫困的原因主要是其人懒。

人口因素在大户、中户、小户的判定中影响很小,甚至有时是家庭贫困的原因。以当地的实际例子来讲,当地的大户杨代云只有一个儿子,而像杨兴才家,由于祖辈的儿子较少,土地一代一代传下来就不会太分散,到他这里就有很多的土地。而大户杨代全家也只有一个儿子,且两家没有女儿。如果家里的儿子过多,首先养活自己的孩子是一个严重的问题,其次儿

---

① 甲:杨兴禄所在"甲"中住的都是杨氏家族。

子养活成家后,分家每个儿子所得土地会变少,这样会一代一代少下去,再多的土地分到最后也没有多少。而像杨兴才家,由于祖辈的儿子较少,土地一代一代传下来就不会太分散,到他这里就有很多的土地。

大户相对于小户在村中是具有一定的社会地位的,但是小户也不至于因此而受到欺负,毕竟都是同根同源的。此外,在杨氏家族中辈分较高的族人也是具有较高的社会地位,例如杨明春,在1949年前他作为杨氏家族中仅存的"春"字派,在族人当中有较高的威望。如果哪个人比较懒,也会被看不起,有时会受到差别对待。

3.马灯村的老户

虽然在杨氏家族搬到马灯村之前,在这里曾居住的都是敬家人,但杨氏家族搬迁到这里并且已经繁衍了十四代人,绵延了几百年,所以也算是老户了。而杨家在整个杨氏家族中,从土地、耕牛、人口方面来看都是属于中等水平,在1949年后的土改运动中也是被评为中农,而1949年以前在登记保甲册时为几等户则不得而知。

4.杨家在村中的地位

在一定的经济基础上,杨代发在为人处世、教育孩子等方面都比较正直,本人也比较强势一点,所以在村里也没有受人欺负过,在杨氏家族的事务中也有一定的影响力。

第二章　家户经济制度

1949年以前,杨家的经济水平在当地属于中等水平,土地的产出基本能够满足整个家庭的需求,在风调雨顺的年份还有余粮,这些余粮多储备用于度过饥荒年份。整个家庭中的土地、生产资料、生活资料等都是全家所有,当家人杨代发掌握着管理权,房屋的产权和管理也掌握在当家人杨代发手中,这是由于其房屋为杨代发自己出资修建,而非继承而来。整个家庭的分配、消费、借贷、交换都由杨代发及其妻子决定,家庭成员享有一定的建议权,但是没有决定权。

一、家户产权

(一)家户土地产权

1.刚够糊口的土地

1949年以前,杨家一共有6.5亩土地,加上租种富足家庭张家的1.5亩土地,常年耕种的土地是8亩。这8亩土地中大部分都是水田,大概有六七亩,水田基本上都是沿河或者堰塘[①]分布,其他的是位于山上的旱地。

从每年的产量来看,杨家水田的产量在当地的土地中属于中上水平,这主要得益于其优越的地理条件和家庭成员的辛勤劳动。首先,沿河、堰塘分布的水田,能够通过水车、沟渠进行灌溉;其次,杨家以人畜的粪便来改善土地的土质,杨兴禄7岁开始就要去捡干粪便。值得一提的是,马灯村的土地灌溉条件都不是很差,在谷底河流旁的土地常年都有河水灌溉,而在山上的土地大多数都有沟渠引山上的堰塘灌溉,在半山腰的两个堰塘比老房子旁的堰塘大许多,其中一个堰塘最大占地达到二十余亩,然后通过沟渠使山上的土地得到灌溉,正是这个大堰塘的存在,使得在山上不全有旱地,还有梯田的存在,杨家也有部分土地能够得到这些堰塘的灌溉,所以优越的种植条件加上杨家的努力,杨家的土地产出基本能够维持全家的生活。

2.继承而来的土地

杨家的土地最主要是继承而来,除分家外,土地的分配状况没有发生过变化,在杨代发当家期间,杨家没有买入或者卖过土地,土地情况维持不变。以杨家的状况,他既没有多余的钱去买土地,也没有闲置的劳动力来耕作大量的土地,因此购置土地对于杨家来说不太现实,卖土地也更不可能,杨家是典型的小农经济,没有其他挣钱的手段,没有给土财主做长工

---

① 堰塘:主要指杨氏家族在"老房子"边上并排而列的两个堰塘并排而列,水都是来自山上渗透流入,在堰塘边上分布着杨家的田地,但面积较小。在1949年后将两个堰塘挖通形成一个大堰塘。

或者短工的经历,只有农闲时外出务工赚点钱贴补家用,对于他们来说,有土地才能不被饿死,丝毫舍不得卖出。此外,杨家的成员没有什么不良嗜好,如吸大烟、赌博,更不会出现败家的情况。

杨家也没有开荒的土地,主要在于马灯村一直都有人耕作,条件好的土地均已开辟,谷底没有多余的地方能来开发,而山上的土地开垦难度极大,灌溉条件有限,没有开荒的价值。

3.土地以家户所有

(1)土地共有

杨家人认为土地是属于全家人的,而不是属于某一个私人的,杨代发在当家后时常这样教育自己的儿女,他这一思想也是来自于父亲的教导。虽然杨家的土地管理权掌握在当家人杨代发的手中,他对土地的买卖、租赁、使用等方面拥有绝对的管理权力,但尽管如此,土地的归属权还是以全家人为单位来拥有。除全家人的土地以外,在杨家是没有任何私房地的,全部的土地都必须要归全家所有。养老地在当地称为"半把田地",是当家的父母分家时,老当家人给自己留的耕种的土地。按照当地养老的习俗,家中有两个以上的儿子,养老的责任是在几个儿子中平分,具体的分配方式则多种多样,一般是不留养老地的。如果分家时,老当家人身体还好还可以耕作土地,老当家人则会留下一部分土地自己耕作,"半把田地"的确定都要看老当家人的意志,老当家人拥有"半把田地"的绝对产权,直到老当家人去世,这一部分土地才会重新分配。在老当家人去世后,"半把土地"的分配一般是按照"谁抬①谁有份"的原则来分配的。杨家因为一直没有分家,不存在"半把田地"。

(2)部分成员有份

家里的土地必须是得到认可的家庭成员才有份,包括抱养的儿子、上门的女婿和未成年的儿童都有份,家中外出打工的儿子也同样拥有土地的产权,但如果这个儿子常年不回家,也不会享有拥有土地的权力,而嫁出去的女儿、没有出嫁的女儿、已经分家的兄弟都不能享有任何土地产权。媳妇也具有土地产权,但媳妇所具有的土地产权是来自丈夫的,与其他儿子有着同等的权力,按照儿子的标准来分财产和土地。

(3)土地统归家庭

杨家人认为土地本应当归属全家人,这是继承下来的传统也是实践的结果。由于土地稀缺,每一个人一点土地十分不利于安排耕种,并且这样的分配方式不利于家庭和睦,不如分家各过各的,家长比其他家庭成员在土地产权上更有权力。

4.土地的边界

(1)多种土地边界

杨家的土地和别人家得土地都存在边界,总结当地关于土地边界有田埂(地埂)、过水渠和"上不亢腰,下不抬头"。首先是田埂(地埂),一整块土地被分为几块小的土地,其中两块土地共用一个田埂(地埂)时,如果田埂(地埂)较窄刚好可以一个人通过,则以田埂为界,田埂发生损毁由两家共同修复;如果田埂较宽,则是以田埂的中线为界。其次为过水渠,在两块土地的埂之间有过水渠的,则是以过水渠为界。最后是"上不亢腰,下不抬头",这一类的边界主要针对的是梯田,在梯田下边的土地到上边的土地之间有一个小坡,以这个坡的高的中线为

---

① 抬:方言,指操办去世的人的丧事,把遗体抬到坟地埋葬的整个过程。

边界,形象的描述为"上不亢腰,下不抬头"。

当地人对于土地边界十分看重,边界的确定不仅事关土地的生产,也是树木和柴分配的依据。如果有谁越界种植,则另一家一般会拔掉作物并打桩拉绳,以此来明确界限。同时,对于边界两侧的树木、柴等也都是分属两家的,不能够私自越界砍柴和砍伐树木。田埂和过水渠是农业生产的基本,在田埂和过水渠修好后,一般按照"谁损毁谁负责,自然损坏两家共同负责"的原则来维护。

（2）家庭所有,儿子继承

杨家的土地是全部家庭成员都可以耕种,这种权力是天然享有的。原来是一家人,但是分家后不能再使用和继承,相互不享有任何支配权力。外人不能随意耕作使用,只有在经过同意后才能使用,这样的情况包括租赁等。

土地的继承只有儿子才能享有,包括抱养的儿子、上门的女婿和未成年的儿子都能继承。家中外出打工的儿子也同样拥有土地的产权,而嫁出去的女儿、没有出嫁的女儿、已经分家的兄弟都没有任何土地继承权。特别值得提到的是,媳妇有时也具有一定继承权,这种权力源自丈夫。当丈夫去世后,媳妇没有改嫁且养育子女的,当家人将其按照儿子一样对待,与其他儿子享有同等的权力,在分家时也是按照儿子的标准来分配财产和土地。

（3）家庭认同:清楚且不容侵犯

杨家的所有成员对自家所拥有土地都有清晰的心理认同,清楚的知道自家的土地的位置,以及与其他家土地的界线。在他人侵犯自家土地时,全家人都会予以强有力地回击,以维护自家土地。

（4）管理的界线

杨家自有土地的经营权都归全家人,其中当家人杨代发占据主导权,其他的家庭成员可以提出合理的建议。每年的土地种什么、怎么种,都是首先由当家人提出来,然后全家人表示赞同就开始耕种土地,这一过程不需要和其他人商量,外人也不能干涉,所有的土地包括租赁来的土地都由杨代发来决定。什么时候收割、如何收割也是由杨代发决定,外人都不得干涉。总之,家庭土地的经营权都掌握在杨代发手中,杨代发可以选择与家庭成员商量,外人不能干涉,无论是宗族,还是村庄,都不能干涉。分家之后的父母兄弟也不能干涉,最多可以提一下意见,比如给当家人说粮食该收割了、作物需要施点肥,等等。

5.土地的支配

（1）家长掌权,多种当家支配情况

在杨家,家庭土地的买卖、租佃、置换、典当,家长具有绝对的支配权。

在当地,土地的买卖、租佃、置换、典当这一类重要事务,都必须要由家长出面或者家长的同意才能达成协议的,否则不会被承认,交易的对方在没有家长出面和同意的情况下,不会和任何其他家庭成员商议。

在当地,当家人出远门一时回不来或者过早离世,又或者能力不够,此时必须在家庭成员中另出一位当家人来领导全家,对土地方面的事务进行决定,其他家庭成员当家支配土地的情况如下:

A:如果家中的男当家人不在家或者去世,妻子尚在,在其子女尚未成年的情况下,是由妻子来当家,妻子能力再低也必须要担起当家人这一重任,妻子的娘家人也会给予一定的帮助,此时妻子当家时能够独自支配土地。

B:如果家中的男当家人不在家或者去世,妻子尚在,其长子已经长大成人,在没有分家的情况下,则一般是由长子来当家,如果长子的能力不行,有重大疾病,则往下顺延,若其他子女都未成年只能是妻子当家。当儿子当家时,儿子在决定与土地相关的重要事项时需要和其母亲商量。此时,也有在男当家人不在家或者去世后,成年的几个儿子分家各自当家,但前提是没有未成年的弟弟、妹妹并且商议好母亲养老的问题,此时他们则可以独自支配其家中的土地,而对其他兄弟的土地没有任何的支配权。

C:如果家中男当家人及其妻子都不在家或者去世,在有长子的情况下,由长子来当家,当然长子必须有一定的行为能力;没有长子的情况下,则是由其长女当家。长女决定土地相关事项时,会有比较多的限制,毕竟如果她还有未成年的弟弟,要考虑以后其弟继承土地的情况,所以长女当家时必须要和父母的兄弟商量。

D:如果家中男当家人及其妻子都不在家或者去世,在子女都不能够当家的情况下,则一般由当家人的兄弟来代理当家,直到子女成年或者当家人回家。在有长女出嫁,余下的孩子都不能当家的情况下,也可以由出嫁的长女来代为当家。此时,当家人或者代理当家人对于土地的支配权较弱,一般不允许对土地进行买卖。

E:父母尚在世,但是年事已高,无力当家,则由儿子当家。在这种情况下,儿子所享有的当家的权力大为受限,在做出买卖土地等重要决定时,必须要征得父母的同意。

F:有时家中的丈夫有一定能力,但是不如其妻子,也有其妻子取而代之的情况,这种取代并不是完全地取代,而是以丈夫对外作为一家之主,而实际当家人为妻子的形式存在的,丈夫凡事都要向其妻汇报,所以家中土地的支配权掌握在妻子手中,由她来做出决定,丈夫只有少部分或者没有建议权。

在实际生活中,诸如长女、次子、妻子当家以及父母兄弟代为当家、出嫁的长女代为当家的情况十分少见,一般在男当家人不在时,都是其妻子或者长子来当家,所以实际中最为常见的妻子、长子当家时,对于土地都有着比较大的支配权。

1949 年以前,当家人杨代发对土地交易拥有绝对的支配权,杨氏家族也都是当家人对土地的交易拥有绝对的支配权,这里有一个实例:在杨氏家族中有几个吸大烟的当家人,因为大烟十分昂贵,所以他们在花光家里所有积蓄后,就开始卖土地,这受到了家人的强烈反对,但是反对无济于事,当家人对于土地拥有绝对的支配权,当家人卖掉了土地,其他家庭成员只能少种点土地,节衣缩食,饱受饥饿也别无他法。甚至当家人在外借钱吸大烟,都需要其他家庭成员来还。

(2)土地买卖,当家决定,保甲长写约

1949 年,杨家没有买卖过土地,在杨氏家族中有人卖过土地,主要是因为贫困、吸食大烟而必须要卖掉土地,土地大部分都是卖给土地主。而买土地的很少,一是有资金买土地的大户人家本来有很多土地,不需要买土地;二是想要买土地的,却没有足够的资金。

1949 年以前,在当地买卖土地,首先是当家人做出要买卖土地的决定,然后买卖的双方进行商议具体价格等事项等,最后双方一致达成交易,这时需要请当地的保甲长上门写约[1],

---

[1] 约:当地称"约",是指买卖土地的一种文书。

甲长上门写约也不能白跑一趟,买卖双方要请保甲长"吃一顿好的",或者给一点钱。保甲长在整个土地买卖过程中,主要是以公证人、写文书的人出现的,对于土地买卖本身他是没有太多的权力反对的,所以土地买卖他很少会反对。在为土地寻找买家或者卖家时,一般是要先问一下兄弟或者堂兄是否要买卖土地,他们没有这个意愿,则再询问其他人,卖土地按照"价高者得"原则卖出,买土地则按照"物美价廉"原则购买。

买卖土地对于普通农户来说是一件大事,因此必须要有当家人才能够达成买卖。如果是男性当家,买卖土地都以他说的为准,他可以选择是否要和家人商量,一般男当家人决定买卖土地,更多的是以通知的形式告知家人,家庭成员至多可以提出建议。如果女性当家,强势一点的女性在土地买卖过程中的地位等同或稍劣于男性当家的地位,而一般女性当家时买卖土地是必须和家庭成员商量的,尤其是公婆和子女。如果是儿子当家,则必须要和家庭成员商量,尤其要和健在的父母商量,不能自己单独决定,尤其是多子女的家庭,私自买卖土地一定会引起家中兄弟的不满,可能引发家庭矛盾。兄弟当家时,则也需要和其他兄弟商量,在兄弟当家时,土地是全家人的这一观念体现的十分深刻,这些土地在分家后会给到几个兄弟手上,因此土地的多少直接关系各兄弟分家后的生计,兄弟对这一方面会十分关注,当家的兄弟也会十分小心地处理与土地相关的事务。代理当家相较于前几种状况,其权力只限于某几项事务,如教育子女、安排生活和耕种等,买卖土地是不被允许的。

(3)土地租佃

土地租佃在当地被称为"当"或者"典写",1949年以前杨家租种了土财主张全德家1.5亩土地,每年的租金为3斗稻谷,大约67.5斤。1949年以前,当地还存在一种特殊的租赁土地的形式——"伙做伙分",即由一家提供土地、种子而另一家来耕种,提供土地的那家不参与耕作,最多在收割的时候派几个人去帮忙。"伙做"的土地五五分成,按亩产300斤来计算,一亩地一年要分给土地所有者150斤,对于耕种者来说,这显然不划算,在当地只有穷得连种子都没有的少地或无地家庭才会选择"伙做伙分"。租赁是不会发生产权转移的,因此这种租赁的优先次序不太重要。

土地的租佃主要看两家人的意愿,两家人谈妥后租赁的关系就可以成立,不需要保甲长来公正写约,也不需要通知给四邻、家族、保甲长,任何人都可以谈论,但都没有反对的权力。杨家租赁的1.5亩土地则是由杨代发一手操办的,他和其他人一起租种土地主张全德的土地,一共租了7亩,杨家耕种其中的1.5亩。

在一个家庭当中,租约是否达成都是由当家人来决定的,当家人不在的话,如果是外出,当家人会交代关于租约的细节,然后由其妻子和儿子代为履行其权力;如果当家人去世,则由继承当家人职位的人来决定,一般是其妻子和长子。

(4)土地置换

在当地,土地置换被称为"兑",杨家在1949年以前没有进行过土地置换。土地的置换可以有时间的限制,也可以为永久性的置换。置换的原因可以是多种多样的,如有家人需要屋基[①]则可以用自己的一块土地来和别人"兑",置换的原则是"等价交换",一块收成不好的土地换不到别人优质的土地。土地的置换必须要请人来公正写约,写文书的人要写的字好还要有一

---

① 屋基:同"宅基地",可能为土地改造的宅基地。

定的社会地位,所以一般是请保甲长来,然后请保甲长"吃顿好的"或者给点酬劳,一般需要保甲长出面的情况都要给一点钱才行。

6.当家人决定土地交易

(1)当家人决定,家人提意见

杨家在土地买卖、租佃、置换、典当等土地交易中,都由家长来发挥支配作用,除家长以外的家庭成员都不能发挥这样的支配作用,但是家庭成员都有一定的建议权,能够对土地交易这一类活动提出自己的看法,但是采不采纳要看当家人的。当家人外出的情况下,且当家人在出门时交代了细节并授权其他人处理,被授权人都可以代为处理,但在处理时需要特别考虑其他家庭成员的意见。而重大的土地交易事项都必须要当家人亲自处理。买卖、租佃、置换、典当等活动很少由代理当家人处理,抑不存在其他家庭成员的意见。

(2)不同家庭成员的意见予以不同的考虑

总的来说,在不同的人当家的情况下,长辈和本家庭内兄弟的意见都十分重要,这是与其家庭地位相关的,不管其意见是否正确,当家人都要予以重视,稍有处理不好就会引发家庭的矛盾。在儿子当家的情况下,父母因其丰富的阅历和曾经当家人的地位,常常会使儿子在决定什么事情时会有所顾忌,而父母由于其长辈和原当家人的身份,会在潜意识里形成"我应当很重要"的看法,这使得儿子在土地交易中会被父母所左右,其他成员的意见相比则不太重要,而母亲当家时因为父母的存在,也会出现同儿子相同的情形。兄弟当家一般是父母亲长辈都没有在,只能长子或者次子当家,在家里还有其他兄弟时,当家的儿子对家中的土地不能构成独占,虽然土地是以全家人所享有,但是日后必定要因分家将土地分给其他兄弟,所以在这种情况下当家的儿子必须要顾忌其他兄弟的感受。

7.不可侵犯的土地产权

杨家的土地没有被侵占过,其原因主要是杨家有一定自我防御的意识,并且土地的边界划分比较明确,也避免了侵占的发生。即使是租种的土地,杨家也没有遭遇过土地产权的侵犯,因为租种的土地的产权是属于土地主张全德的,而土地主在当地有一定的势力,其他人不敢随意侵犯土地主的土地。

如果土地被侵占了,杨家显然是不能容忍的,他们认为这是一件十分耻辱的事情,这关系到一大家人能否继续生活。如果是小的侵犯,比如踩了几根苗,且对方是当地的大户或者土财主,杨家有时会选择容忍。杨氏家族在发现本族人家的土地被侵犯后会选择为其提供帮助,保甲长会从中进行调节,如果对方没有地位且不占理,保甲长会给予一定的惩罚。家中土地被侵占时,当家人杨代发需要承担起对外抗争、夺回土地的责任。

8.外界认可和保护的土地产权

(1)其他村民对家户土地产权认可与尊重

在土地产权明晰的情况下,同村的其他村民都认同杨家对其所有土地的各项权利,其他村民都或多或少知道其土地的大致位置,而土地接壤的几家对界线都十分清楚。在马灯村中,没有出现侵占其他家土地的情况,如果是需要买卖、租用、置换土地,都必须要和杨家商量,必须是和当家人杨代发商量,杨代发不同意的土地交易,则不会再进行下去,其他家也不会强买、强卖、强租、强换。

（2）家族对家户土地产权的认可与保护

杨氏家族一致认为不能够随意侵占其他人的土地，为此在每年的春天，杨氏家族都会在祖坟前举办"团会"①，团会主要是商议修建公共设施，以及明确杨氏家族中耕作土地的一些规矩，如不能越界种植等，如果发生了这一类的事，则罚钱和粮充作"团会"的费用。从这一点可以看出，家族不仅对各家的土地是认可的，还通过立规矩来予以保护。如果外姓人侵占了杨氏家族任何一家的土地，都会遭到杨氏家族的强烈反抗。1949年以前，开封镇②的土地主去世后想葬在杨氏家族的山坡上，而后遭到杨氏家族的反对，他们认为杨氏家族的风水是不许外人来占的，最后开封镇的土财主只好另寻他处，风水尚且这样，土地就更不用说了。

（3）村庄对家户土地产权的认可与保护

村庄对杨家土地的认可主要是保甲长承认杨家对土地的所有权，当地的保甲长也同样为杨氏家族中的一员，对于杨家的土地是比较认可的，保甲长没有权力私自买卖、租用、置换杨家的土地，而村民因为土地而发生矛盾时，保甲长也会从中调解。

（4）政府与家户土地产权

官府是不会记载每户有多少土地的，能够确切的知道每户土地数量的只有保甲长，由于当地交税都是保甲长找两个人背到武连粮站去交，所以基本连交税也只记录了一家整体的土地状况。如果以保甲长对待其土地的态度当作是官府的态度，则官府对其土地是认可的，同时当两家人在土地的归属上有了纷争时，保甲长会按照公平公正的原则来予以解决，对权益的正当申诉方予以保护。

（二）家户房屋产权

1.房屋概况

1949年以前，杨家房子的面积大概有4分地，除堂屋和扑檐外共有10间，建筑面积大概100平方米。杨家的三房人，都住在大中小三个院子中，居住的总体条件大致相同，不同的是房屋间数不同。杨氏家族中最差的只有两间房，好一点的七八间，所以杨家的房子在杨氏家族中算是一般水平。

当地的房屋大多为土木结构，在当地称为"土巴房子"，房屋多为两层，堂屋坐北朝南居于院子正北的中间，院子中间留有一定的空地作为院坝，院子有"三面建房，南面敞开"的形式，也有四面都建房的形式。土木结构最大的好处就是修建的成本低，房子本身经久耐用、冬暖夏凉。当地也有立木结构③的房子，虽然牢固结实，地震中倒塌的可能较小，但是造价高昂。当地的房屋修建既可以四周以房子环绕，也可三面修房，堂屋所对的那一面不修，杨家属于后者。

1949年以前，杨家房屋结构为土木结构，分上下两层，一般二楼用来堆放东西，但在家庭成员多的情况下也可以用来住人。杨家的房屋保持了当地房屋修建的常规规格，房屋建筑

---

① 团会：每年"团会"是一个家庭派一个代表，在商量完事情后就要在山上"摆几桌，吃一顿"，所以"团会"又被称为"吃团"。

② 开封镇：剑阁县下辖的一个乡，距马灯村20分钟车程。

③ 立木结构：是指整个房屋的结构件全部采用木头，墙是以竹条编成网状再砌上泥巴，或者也有墙全部采用木板制成。

有堂屋、耳房、东环房、西环房①、撒子、扑檐、对厅几种,各个房屋的用途及方位在前文中已有说明,此处不再赘述。杨家共占地4分地,堂屋坐北朝南,堂屋以东为自己的房屋,以西为杨兴培家,堂屋由于其特殊的作用为两家共用。杨家的房屋除开堂屋和撒子外,其他的房间都有窗户,窗户都朝向院子内,窗户也十分简单,由木头做框架油纸覆之,同时还会做一些木板,在出门的时候卡在窗户上,起到防盗的作用,有钱的家庭还会在门或者窗户上做一些雕花。

此外,从1937年到1949年,杨家的房屋都没有发生变化,无增无减,他们所住的房屋是杨代发成家后修建的。

2.房屋的由来

杨家的房屋是杨代发修建的,当地通过分家建房、再分家再建房的方式,建起了三个院子,杨家住在小院子的那"一杆儿"房子则为杨代发修建。杨家的房子为新修的,不是祖屋,而杨氏家族是有祖屋的,也就是后来用作祠堂的房子,随着一代一代的繁衍,杨家的人口不断的扩充,于是在祖屋旁修建了大院子,大院子不够用,又随后相继修建中院子和小院子。杨家的房屋并不是祖屋,杨氏家族的祖屋即是祠堂,1949年以前祖屋是不能拆除的②。

3.房屋家户所有的基本特征

(1)房屋为父亲所有

杨家的房屋属于杨代发所有,其他人在分家前都只享有使用权,但杨代发对房屋的权力更大。每一间房屋在杨代发的同意下,是都可以使用的。除杨代发以外其他家庭成员在使用房间上都是平等的,当然杨代发对待其母亲有特别的优待。家中房屋的堂屋因其必须要用于"关火③",堂屋是杨家和杨代清家、杨兴培家共用的,其他的房屋则没有共用的情况。

(2)分家前全家有份,分家时儿子有份

杨家房子的支配权完全掌握在杨代发的手中,在分家前哪间房应当给谁用都要听杨代发的。在家中孩子很小的时候,一般都是和父母一起住的,也就不存在房间的分配使用,当孩子大了以后即需要单独安排一间房间居住,而哪个孩子应当住哪一间完全由当家人决定,如果两个孩子争抢一间房,当家人也会按照抓阄的方式来解决,出嫁的女儿一般在娘家没有房间。分家时的情况和分家前分配居住的情况就大不一样了,这其中涉及的是财产的分配,因此也只有家中的儿子才能继承房子,包括抱养的儿子、上门的女婿都可以分房,而家中已经出嫁的女儿或者未成年的女儿没有继承房子的权力。

(3)应当属于全家使用,但也应听从当家人的安排

在杨家,家中的房屋在使用中应当是属于每个人的,而分家时只能分给儿子。只要是家庭的成员就享有使用家中房屋的权力,而这种权力每个人之间又可能会发生冲突,这时当家人就要发挥其作用,最大限度地照顾到每个人的需求,以维护家中的和睦。

4.杨家合住一院

(1)堂屋、沟渠或者隔墙为界

杨家和杨代清家共用一套院子,两家以堂屋为界,堂屋是三家共用的,其作为共用的房

---

① 西环房:西环房属于杨兴培家。

② 在1949年后祖屋被拆除,一个有钱的外姓人家在杨家祖屋的原址上修建起了房屋,但是自此后这家人开始衰落,杨兴禄说:"占了祠堂的,都没啥好事。"

③ 关火:指停丧用。

屋,很好的充当了界线的作用,院坝也是共用的。杨家东侧和杨代才家接壤,两家以隔墙[①]为界线,这一界线在地上以隔墙为界线,房顶以一根梁为界线。以隔墙为界主要有两种情况:一是两家同时修建房屋,约定好共用一面墙和一根梁;二是其中一家在修建房屋时,环房的屋顶是只有一面的形式,而梁的另一面架设了"除栅"[②],这样可以方便以后修建"扑檐"以及他人挨着修建房屋,如果有人要紧挨着修建房屋,只需要从地上修建隔墙,屋顶拆掉"除栅",以同一根梁架设屋顶。以上两种情况都可能产生两家以隔墙为界的情况,采用共墙为界的优点是能够有效的节约成本。在界线已经确定的情况下,任何人都不允许越界修建房屋,如果越界了是会被人"撬柱头"[③]的。

(2)社会认同:全家使用,儿子继承

杨家的房屋是归全家人使用的,外人未经允许是不能使用的。房屋的继承权只是家中的儿子享有,出嫁的女儿是不具有继承权的,其他外人更不可能享有杨家房屋的继承权,已经分家的兄弟也不能享有。

(3)家庭认同:全家认同,父亲所有

1949年杨家的房子是杨代发所有的,其他家庭成员在分家前时只享有使用权的。家庭成员对自家房屋有着清晰的心理认同,对自家和别家的房屋产权分的十分清楚。对于侵占房屋的情况,都会予以有力的还击,以维护整个家庭现有的居住环境。

(4)管理的界线:当家人管理

杨家的房屋由当家人管理,外人无权干涉。买卖、拆除、修缮都由当家人杨代发决定,修建和重建房屋也只能在自己的土地上修建,他人的土地一分一毫都不能占用。当房屋与另一家有共用时,则必须要两家谈妥共用部分如何处理后,才能买卖或者重建房屋。

5.当家人支配

(1)房屋所有者决定一切

1949年以前,杨家的房屋为杨代发修建,在次子杨兴禄看来,其房子应该是属于当家人杨代发的,所以杨代发对于杨家的房屋有着绝对的控制权。引用杨兴禄的话就是:"这个房子,父亲想怎么分就怎么分,我和哥哥哪个分少了,也就嘴上抱怨几句,最后还不是这样,不够住咋办,只有自己想办法。"可见,在房屋的支配上杨代发拥有至高无上的权力。

(2)房屋无买卖

杨家的房屋在1949年以前没有买卖过,但是村里有其他人买卖过房子。如果要买卖房子,都是由当家人与买卖方商量,当家人可以单独地决定。在卖房的时候有一点特殊,就是卖掉房子后家人住在什么地方,当家人必须要事先安排好,比如家里刚好有3间房刚够住,那要是卖掉一间,就要重新安排房间的居住,或挤着或另想他法,如果卖掉房子弄得家人无处可住,会引发家庭当中的怨言,甲里和杨氏家族也会议论当家人。

(3)房屋无出租、无典当

杨家仅有的几间房是刚够他们住的,也没有多余的出租。同时在1949年以前,杨氏家族

---

① 隔墙:紧挨着的两堵墙,墙之间的间隙很小。

② 除栅:在屋梁的一面之架设了很小的一段距离。

③ 撬柱头:使用铁棍撬动柱头,柱头一动房屋也就会不稳甚至倒塌。

房屋出租的情况很少,几乎没有。杨家没有房屋典当的情况,杨氏家族中也没有典当的情况。

（4）房屋修缮,家长做主

杨家的房屋在1949年以前没有进行过大的维修,但是小的维修则是每年都会有,杨家的房屋是土木结构的,有的时候就会出现墙上的泥土掉落的情况,这个情况下,就是由杨代发采集来原料,然后自行将这面墙补上。

6.成员接受

（1）其他家庭成员无权支配

杨家在维持当前的家庭状况下没有房屋买卖、典当、修建活动。杨氏家族的房屋买卖、典当、修建等活动,都是由当家人来决定是否来进行相应的活动,而其他的家庭成员都不享有这方面的决定权,只是在必要的时候,当家人会主动问他们的意见,或者是家庭成员可以主动提出自己的意见,但是是否采纳也只有当家人才能够决定。

（2）成员支持房屋修缮

杨家翻修房屋时,家庭成员都会根据当家人的安排来进行相应的劳动项目,家庭成员有的时候会主动帮忙做一些力所能及的事,这样做的家庭成员还会受到家庭成员的表扬,但是能做的事都不能超过一定的范围,家庭成员不能在整个事务中发挥决定作用。

7.房屋产权不可侵占

杨家的房屋没有受到过侵占,首先在于杨氏家族都居住在一起外姓侵占的话,杨氏家族都会来帮忙驱逐侵占者;其次,杨氏家族内部在继承分家的时候,将房屋以及屋基都分配的很清楚,也就避免了矛盾的出现。如果发生侵占的话,杨兴培一家势必会顽强抵抗。

8.外界对房屋产权的认可与保护

（1）其他村民对房屋产权的认可与尊重

其他的村民对于杨家的房屋都是认可的,村民对于不同家的房子都能够分清楚。如果想要买卖、租用、置换房屋,必须与这一家的当家人商量,取得当家人的同意才算是达成交易。如果不同意,不能强行买卖、租用、置换。

（2）家族对家户房屋产权的认可与保护

相比起村民而言,家族对每一家的房屋有着更为清晰的认识,熟悉地知道各家房屋所在。同样,家族成员如果想要买卖、租用、置换房屋,必须与这一家的当家人商量,取得当家人的同意才算是达成交易。如果不同意,不能强行买卖、租用、置换。家族对于家族成员房屋的保护也更为积极,杨氏家族都居住在"老房子"这个地方,这个地方也是杨家祖上传下来的,对其中某一家房屋的侵占视同对杨氏家族的侵占,当这种情况发生时,即使被侵占者没有要求家族的帮忙,其他杨氏家族成员也会主动帮忙。

（3）村庄对家户房屋产权的认可与保护

杨家所在的这一甲实际管理者为保甲长,官府只在极少数情况下进行管理,因此村庄的认可与保护等同于保甲长的认可与保护。为了维持良好的秩序,保甲长是不允许有随意侵占他人房屋的情况,允许当家人自由买卖、租用、置换自家的房屋。如果杨家的房屋被他人侵占,保甲长会出面调解,或者直接驱逐并惩罚侵占者。

（4）政府对家户房屋产权的认可与保护

杨家所在的官府一般是承认其对自家房屋的所有、买卖、租用、置换等权利,也不会随意侵占杨家的房屋。但是鉴于曾经发生过土地主强占杨氏家族土地,官府直接判土地主胜诉的情况,官府的这种认可和保护只是存在于没有利益勾连的情况。

(三)生产资料产权

1.生产农具能够满足生产需求

杨家的农具能够满足其生产的需求,在杨氏家族中还是算中上的情况。1949年以前,基本的农具如镰刀、犁头、锄头、耙、背篓等,杨家都制备的有,同时和其他家有共用的水车,牲口有两头牛,其中一头本来是自己家的,后来与另外一家共养共用,牛拉车有一辆。

杨代发说:"要种地,就要把家伙事①弄好。"杨家有完备的农具才能保证其正常的农业生产,在更早以前,杨家也有农具不够的情况,但是要种地,就去像别人借,借的多了自己也不好意思,于是就自己制备了一些。

2.购买或者找人制,基本够用

杨兴禄已经记不起那时家里有哪些生产工具是从爷爷辈或者祖父辈继承下来的,但是确定的是在他小的时候家里有一段时间生产工具不够用过,经常借用其他家的,后来杨代发才置办了许多紧缺的生产工具。特别需要说明的是,杨代发当家时没有制办水车,所以水车是从杨兴禄的祖父那里继承来的,水车是和其他家共用的。

1949年前,杨家的生产工具都为请人来制或者交换,很少有购买的情况。请人来制主要针对的是家中有足够的制造原材料等,主要是指木头、竹子这一类,首先由杨代发和工匠师傅谈好,然后上门对他们提供的原材料加工,一般是以粮食来结算。而在制造的原材料没有的情况下,如铁这一类的,需要到街上或者邻居当中去购买,购买或以钞票结算,或以粮食结算。一般简单的工具,如挑叉等,也可以自制。没有赠予的情况。

3.家户所有,部分有份

(1)家户全家人都享有使用权

杨家的生活资料是全家人所有的,不是属于某一个人的。家里所有人都可以使用这些工具,有时使用某一个工具甚至不用告诉当家的,只要是正当的用途并且能够及时归还,当家人知道也不会说什么。相反,如果使用个镰刀、锄头都跟当家人杨代发说,杨代发还会说:"你这个娃儿才踏戈②,你这么大了用个这个也要问吗?"当然,这只限于家户之中,其他人借用需要先征求当家人同意。

杨家有一头牛是跟杨万后家共用的,在共用之前,这头牛是属于杨家的,而杨万后家是没有牛的,然后杨万后找关系比较好的杨家商量,两家共养共用一头牛,当家人杨代发同意后就共用了,两家在放养、使用等方面进行了权力和义务的划分。两家共有这头牛时,是以家庭来共用。

(2)部分有份

在分家前,家中的生产资料是所有人共有。而分家时只有杨兴禄夫妻和杨兴福夫妻能够继承这些生产资料,从整个杨家来看,则只要是儿子,都有继承权,包括在外打工的儿子、上

---

① 家伙事:方言,指工具等,这里指农具。

② 踏戈:读作 ta guo,四川方言,意为拖沓,啰嗦。

门女婿以及抱养的儿子，而其余家庭成员不享有生产资料的继承权，嫁出去或未嫁出去的女儿是没有份的。未成年的儿童如果为儿子则会预留一部分或与其兄长共有，在其成家时，兄长一般会将本应属于他的资料给他，未成年的女儿则一般跟随兄长生活，是不会分到什么生产资料的。

（3）家户所有，家长支配

杨家人认为应当将家里的生产资料归全家人所有，而不应该归到每个人头上，他认为将生产资料归全家人所有的话，有利于家庭和睦，并且有利于生产的安排。杨代发掌握着全家的生产资料的支配权，如果每个人都享有这种支配权的话那对生产安排十分不利。

4.当家人享有绝对的支配权

（1）当家人为生产资料的实际支配者

杨家的生产资料的购买、维修和借用等，都是由其家长杨代发来决定的，当家人不在的情况下，可以由其母亲代为决定，有时候长子杨兴福也可以决定，但是决定时都必须要同家里人商量。在农具特别需要的情况下，兄弟当家时也可决定农具的购买、维修和借用等，代理当家人在有当家人许可的情况下，也可以代为决定。

（2）当家人决定生产资料的购买

一般说来，首先是由杨代发决定要购买生产资料，然后可以由其儿子或者其妻子去搜集各种信息，对比哪一家的东西更好一点，最后由杨代发来决定是否购买该生产资料，并且可以由其妻子或者儿子代为转达要购买生产资料的意向，或者由其妻子和儿子直接拿着钱去购买。在整个过程中，购买的活动是不需要通知四邻、家族或者保甲长，也不存在不允许的情况，有时甚至当家人可以不用出面，整个过程可以由儿子或者妻子代为实施，由杨代发在背后指挥。

（3）小维修自主决定，大维修由当家人决定

杨家在维修生产资料的过程中，当发现的是小问题的时候，不需要请人维修，自己可以解决的便自行处理，不用通知当家人。而如果问题较大的话，必须要由当家人杨代发来安排。整个维修的过程都不需要通知四邻、家族或者保甲长，也不存在不允许的情况。

（4）借用依情况而定

当借用的对方与自家的关系较好时，可以由其儿子或者妻子去借用，对方也会将这种借用看作是整个杨家的借用，如果归还不回来的话，也会要求他们整个家人来还，而不是要求个人还。而当一些东西很难借用到的时候，则必须要由当家人杨代发出面才能够借的到。借用的决定一般是由杨代发做出的，其家人可以提出意见。整个过程是不需要通知四邻、家族或者保甲长，也不存在不允许的情况。

（5）当家人决定共用

共用的生产资料，一般是针对特别大型的生产资料，如牛和水车等，生产资料直接决定了一家人的农业生产状况，因此针对这种生产资料的共用，必须由当家人决定。

杨家和杨万后家共用一头牛，这头牛原本是属于杨家的，因此在共用的商量过程中，杨家占有主导权，共用是否达成是要看杨代发是否同意，家庭的其他人只能提出建议，而不能做出任何决定，在整个过程中需要通知四邻、家族或者保甲长，也不存在不允许的情况。

5.其他家庭成员辅助，必要时可以自主决定

（1）其他家庭成员对生产资料所有权

杨家在生产资料的购买活动中，当家人杨代发掌握着支配权，其他家庭成员不能擅自做主，只能提出合理建议，家中发表意见者主要是母亲、儿子，很少有女儿提意见的情况。杨家在生产资料的维修、借用的活动中，对于一些小的活动，除当家人以外的部分家庭成员以外享有一定的决定权，比如像借用一些锄头等之类的就可以不用通过当家人。在生产资料的购买过程中，家庭成员可以充当市场信息的收集者、传话者，为当家人提供辅助。

当家人不在时，对于一些小的活动，其他家庭成员可以做主，而牛等大型生产资料只能由当家人回来决定。如果是女性当家，则一般为当家人的妻子，生产资料的购买、借用和维修等活动中，家庭成员可以提出合理的意见。如果是儿子当家，家庭成员同样可以提出合理的意见。兄弟当家或者代理当家时，则必须要和家庭成员商量。

（2）生产资料维修，家庭成员享有部分决定权

维修生产资料的过程中，当发现的是小问题的时候，不需要请人维修，家庭成员可以解决的便自行处理，处理好后再告诉当家人，有时还会得到当家人的赞扬。而遇到一些以自己的能力无法处理的情况时，就必须要通知当家人来处理。

（3）生产资料借用，家庭成员享有部分决定权

当向别人借东西时，借东西的对方跟自己家关系较好时，由家庭成员出面也同样可以借用东西，这种借用的行为视为是整个家庭的借用行为。而当别人家借用自己的东西时，也同样适用以上的情况，不同的是当别人借用自己家的东西时，家庭成员必须要向当家人汇报东西的去向以及何时归还。

6.农具所有权不可侵犯

（1）影响声誉，无人侵占

杨家的生产资料没有出现过被他人侵占的情况。一般在杨氏家族当中，如果有一家人借用其他家的东西没有归还，被借用的那一家或者忍下这一次，或者要求其归还，如果发生这一类似的侵占的情况，会在杨氏家族当中留下不好的印象，以致以后的生产过程中，得不到他人的帮助。

（2）极差的声誉影响

侵占的行为最多的情况是忘记归还，在其他人的提醒下也会及时归还。侵占的行为会极大的影响声誉，对弱势家庭的侵占更是能够引起众怒，其他人家会自发地抵制这一行为。

（3）无法容忍，积极抗争

当其他人家占用杨氏家族的生产资料，这是不被容忍的，如果是恶意的侵占，则会引起杨氏家族的强烈反抗。在借用较不重要的东西而不归还时，杨家有时会选择容忍，以后不再与其打交道，或者以其他方式报复。

7.生产资料外界认可

首先是其他村民对杨家的生产资料的产权都认可，不存在随意侵占生产资料，或者强行买卖、借用和置换生产资料的情况。买卖或者借用生产资料，必须要和杨家商量。其次，家族没有侵占过杨家的生产资料，同时也不会强行买卖、借用杨家的生产资料。当然杨氏家族当

中的某一家,受到他人的侵占时,杨氏家族有时候会抗争或者自觉联合起来抵制。最后,保甲长没有随意侵占过杨氏家族的生产资料,也没有强行买卖、借用杨家的生产资料。对于两家人的买卖,保甲长是不会干涉的,而出现侵占的情况则会出面调停。

(四)生活资料产权

1.自有共用各一半

1949 年前,杨代发自己家所拥有的生活资料都是比较小型、常用的生活资料,大型的生活资料只有杨氏家族共同商议才能置办, 并且这些大型的生活资料在建成后需要杨氏家族世代来对其维护。

杨家自有的生产资料包括:晒场一处,位于家门口前,面积一分地,有时别人家也会晒粮食在这里;石磨一个,置办于 1938 年,花费两斗米;八仙桌一张,板凳数把,太师椅一把;菜油、盐和醋等生活用品,1949 年前没有酱油,生活用品的置办一般为一个月一次;家中有床、棉被等用品若干,棉被都为自己种棉花,后找人来弹制而成;另有锅碗瓢盆若干。

此处杨氏家族共用的生活资料包括:水井一处,位于老房子旁,具体挖井的时间不得而知,是杨氏家族所共用的;共用的堰塘四个,分两处,位于老房子旁的两个堰塘主要用于洗衣服、取水用。

2.多为请人制或购买生活资料

杨家自有的生活资料多为请人来制或者购买,少有自制的生活资料,这也是当地一般的置物方式。杨家自有生活资料中,晒场是自己一点一点平整出来的,看到哪里土凸出来了,便用锄头铲去,哪里有坑就用土填起来;家里的石磨是杨代发请的工匠来制,制一个石磨花费两斗米;桌椅板凳也为杨代发请人来制的,一个板凳一天工,做一个板凳需要花费一升米,一套桌椅板凳下来大概两斗米;家中的食用油为菜油,一般是自家种植的菜籽打出来的,盐、醋是在街上购买;锅碗瓢盆也为购买。杨代发当家时,他很少有继承而来的生活资料,就连他家的房屋都是在他当家之后修建,他只继承了少量钱财。

而杨氏家族共用的生活资料,自杨代发始,多参与生活资料的维护、维修等,杨家没有参与建造过,主要是由于如水井、堰塘这一类的生活资料一旦建成,很少会被毁坏,所以只需要定期进行适当的维护,而杨氏家族共用的水井、堰塘等建成的时间较早,到杨代发这一代之后只需要维护即可。

3.全家享有、共用

(1)全家享有生活资料

杨家的晒场、石磨、桌椅板凳、锅碗瓢盆、油盐醋都为全家人所有,人人都可以使用。水井、堰塘为杨氏家族共有,杨氏家族成员都有使用权,而外姓人家则不能使用。

(2)全家人有份,部分继承

在未分家时,家中的生活资料是全家人都有份的,包括外出打工的人,典型的例子就是外出打工的人回家后,对家中的生产资料都可以无偿使用,并且都是可以长期生活下去的,一般的客人只能待几天。已经出嫁的媳妇回家被视为客人对待,只享有短期的使用权,时间一长会引发夫家或者娘家的抱怨。已经分家的兄弟和父母,也都只享有短期的使用权,长期则不行。杨家认为,对于经常用到的生活资料应当全家人共享共用,这一类小物件斤斤计较起来,只会使得生活更没有安全感,同时不利于家庭和睦。

分家的时候,对于家庭的生活资料,家中的儿子都份,但是一般是不会平分这些东西,或者有些不能平分。如石磨存在分家后几家共用的情况,而像锅碗瓢盆这一类的,几个儿子中比较有能力的会选择自己置办一套,这些东西归属到一个儿子,或者将这些锅碗瓢盆分给一个儿子,其他儿子以其他东西补偿。

4.当家人及其妻子支配

（1）当家人支配

在生活资料的购买、维修、借用等活动中,当家人杨代发拥有绝对支配权,同时其妻子严玉芝在某种程度上拥有同等的支配权,面对支配生活资料这一类琐碎的事务,男当家人更愿意将其交给妻子去处理。

如果是儿子当家时,在处理关于生活资料的活动时,其往往会选择询问父母的意见以及家人的意见,再做处理。兄弟或者代理当家也会询问其他家庭成员的意见。

（2）当家人决定购买、维修和借用

生活资料的购买、维修、借用等活动中,杨代发可以在考虑到实际状况下,单独决定。对于是否需要购买、维修或借用,其他家庭成员相较当家人更能够知道家庭实际需求,但当这种实际需求得到确认后,后续的实际购买、维修和借用都是由当家人杨代发来决定的。在做出购买、维修和借用的决定后,在无需当家人出面的情况下,杨代发有时会派家人去购买生活资料或者请人来制。

5.家庭成员辅助

在杨家,除了当家人杨代发以外,其他人均没有支配权,购买、维修或借用生活资料,家庭成员在整个过程中可以起到辅助的作用,如一些跑腿、收集信息等,都由家庭成员来完成的。

在购买的活动中,因为涉及钱财的使用,家庭成员只能够提出意见,而不能够擅自做主买任何东西。而在维修和借用的活动单中,在一些小的问题上,普通家庭成员也可以有一定的决定权。在使用的过程中,由于家庭成员对生活资料的使用状况更为了解,他们所提出的意见也更有价值,当家人杨代发也会更加注意他们的意见。

6.生活资料私有不可侵犯

1949年之前的杨家,生活资料没有受到过他人的侵占,首先是由于这一部分生活资料一般都是小物件,家庭都具有这些,也就不会存在其他人故意侵占的情况。其次,生活资料与家庭的生活密切相关,发现任何东西丢失的话,家庭成员都会很快发现。

7.外界认可与保护的生活资料

首先,最为明显的是村民对各家的晒场都有清晰的认识,清楚的知道各家的晒场在什么地方即边界的情况。一般的生活资料都放在家庭房屋中,放在房屋中的石磨或其他的生活资料都被视作是他家的东西, 其他人不可以私自挪用。保护则主要是村民可以帮其他人家看家,家中来了陌生人都会及时以各种方式通知。其次,家族不会侵占任何一家的生活资料,也不会在未经同意的情况下,强行买卖或者借用任何一家的生活资料。最后,从保甲长和官府来看,保甲长不能随意侵占任何一家的生活资料,也不会在未经同意的情况下强行买卖或借用任何一家的生活资料,同时当某一家的生活资料受到侵占时,保甲长也会出面调停。出现盗贼的时候,则直接会帮助村民抓住盗贼,保一方平安是保甲长的重要责任。而官府离杨氏家族比较远,不会出现任何的进展情况,而当家庭的生活资料受到侵占时或被盗窃了,当地的官府也会出面来解决。

二、家户经营

(一)生产资料

1.成年劳动力均参加劳动

（1）参与家庭生产的自家劳动力构成

在 1949 年之前,杨家一共有六个劳动力,分别是杨代发、严玉芝、杨兴禄、郭玉珍、杨兴福、王进珍,杨代发的母亲王氏参加劳动较少,只是帮家庭耕种蔬菜地,劳动量较低。家中的主要劳动力为杨代发、杨兴福以及杨兴禄,承担的劳动量都较大,而严玉芝、王进珍和郭玉珍一般从事的是农业活动中比较轻松的活,不会有很大的劳动量,杨家的男性家庭成员不会允许自己家的女性家庭成员承担过多的劳动量。

除非在有事、生病或者坐月子的情况下,所有的劳动力都必须要参与劳动,怀孕的孕妇在可以劳动的时候也必须要劳动。未成年的儿童也要参加家庭劳动,一般是在 12 岁或者 13 岁之前放牛、捡粪,而在 12 岁以后家中的父亲会教儿子、女儿如何进行农业生产,而母亲会教未成年的女儿缝缝补补,大致在 12 到 14 岁的时候,家中的儿子或女儿都必须要会简单的耕种,女儿还要求必须要会缝衣服。外人一般只会在受到邀请的情况下才会参加杨家的生产劳动,在农忙时节,杨氏家族一般都会相互帮助,有时杨家帮其他人家做完"活路"①后,当杨家需要插秧或者收割的时候,其他人家也会主动来帮忙。

（2）劳动力够用有余,不请工

1949 年以前,杨家的劳动力完全够用,并且还有剩余,所以他们才会租种土地主家的土地,杨家应该可以一年种十二三亩地,但是杨家只种了 6.5 亩。杨代发在农闲的时候会出门"背口袋"②,在梁家山到开封镇这段道路上背口袋,赚来的钱添补家用,没有给别人当过长工、短工或者出远门打工。

杨家没有请过工或者雇用工,一般都为帮工或者换工。当地的杨氏家族一般也是这种情况。

A:请工　请工不是一般普通农户可以请得起的,当地人请工的一般都是有钱的土地主,他们才有钱能够支付工资。请工不需要告知和请示四邻、家族或保甲长,也不会有不被允许的情况。一般说来,当地人对本地人比较了解,请工首先是要找本地的人,其次才会找外地的人,支付报酬可以给钱也可以给粮食。家里面要从事重大的劳动生产时才会请工,如插秧或收割的时候,此时当家人一般都会待在家里面,以确保今年有个好收成。

B:雇工　杨氏家族当中没有雇工的情况,雇工一般都需要有雄厚的财力,并且家大业大、事务繁忙才会雇工。

C:换工　当地人从事农业生产,一般在需要人手的时候都会采取换工的形式。各家在安排农业生产的时候,会将时间错开,这样可以让其他家的人来帮忙,换工不限于关系比较好的

---

① 活路:四川方言,指生产劳动。

② 背口袋:一种苦力劳动,相当于挑夫,人力运送货物。

两家,只要声誉在村里面不差,其他家庭都会接受换工的形式。换工一般有两种形式:一种是人力换人力,一种是牛力换人力。人力换人力,就是给别人做一天工,别人还你一天工;而牛力换人力,借用牛干一天工,然后人还三天工,这又再一次凸显了牛在农业生产中的重要作用。

D:帮工　帮工一般为帮别人干活,别人管一顿饭或者两顿饭,而不存在还工或者支付报酬。帮工广泛地存在于农村的各项事务当中,如红白喜事、农忙、寿宴等都会请帮工,有些是关系比较好的亲戚会自觉地来帮忙。在请帮工的顺序上,一般是先请四邻以及关系比较亲的亲戚,其次才是其他人。请帮工可以由当家人杨代发出面请,也可以由其妻子或者儿子去请。请帮工的情况多为家庭中有大事发生,此时当家人必须在家里。如果是女性当家的话,也会出面去请,在儿子已经成年的情况下,也可以由其儿子请。兄弟或者儿子当家,都必须亲自去请,家中有成年男性也可以由他去请。

2.当家人决定自家耕作

1949 年以前,杨家一共有土地 6.5 亩,另有租种土地主张全德家的土地 1.5 亩,所以一共耕种 8 亩的土地,这些土地对杨家来说,是完全足够耕种的,杨家人认为,如果杨家一年只从事农业生产则至多可以耕种十二三亩的土地,再往上就会感觉到比较乏力,因为土地的耕种是没有农药等一些现代的科技,如除草之类的都必须要自己去一遍一遍地割野草。

杨家长期租种土地主张全德家的 1.5 亩土地,首先是由杨代发去找土地主张全德,表达希望租种土地的意愿,张全德觉得他那块地土质不好,本来就想租出去,于是两家便开始正式地商量租种的细节,最后达成协议时是由保甲长来当公正人和写文书,文书当中注明了交易的双方以及每年的租金是多少,租种土地没有出现过不被保甲长允许的情况,只要是有能力种和有能力交租金,都可以租种其他家的土地。租种土地的决定,一般是由当家人做出,其他人不能擅自做主。在每年年末的时候,张全德会骑着一头毛驴来收租,1.5 亩的土地一年租金 3 斗稻谷,租金都是每年租种土地而来。

在当地租种土地应该算是比较好租的,首先是土地主有多余的土地,而且租金的话也比较便宜。如果是租佃土地则是没有先后顺序的,只要有能力谁都可以租。而如果是普通的农户将自家的土地出租给别人,则一般要先问自家的堂兄弟是否有租种的意愿,如果没有,然后才询问其他外人是否要租种土地。租种土地时不需要给土地主送礼,不需要给土地主无偿干活,只需要每年给够租金即可。如果佃户不想租种土地,也可以直接跟土地主说,退租不会产生其他费用,有时土地主也会好言相劝,劝佃农继续租种下去。土地主同样享有这种随时退租的权利,但土地主如果要收回土地的话,必须要等土地空下来才能收回去。

如果超出了自家的耕种能力,也会有农户将自家的土地出租,而这种出租的一般都是富农家。杨家是没有出租的情况。当地的农户出租有两种形式:一种是"伙做伙分",一种为交租金的形式。"伙做伙分"即是由一家提供土地、种子而另一家来耕种,这块土地的收成由两家人平分,提供土地的那家最多在收割的时候派几个人来帮忙,而耕种的其他环节都不参与,以亩产 300 斤的水平,一亩地一年要分给土地所有者 150 斤,这显然不划算,更多的农户是选择交租金的形式。农户出租土地的流程一般是和杨兴禄租土地主土地的流程大致一样,不同的是农户有时候会自己主动去寻找租户来租土地,而土地主一般不会。出租土地一般是先询问自己家的堂兄弟需不需要,没有需要的再租给其他人。出租土地是不需要请佃户吃饭,也不需要和佃户搞好关系,只需要每年收租金即可。

3.牲口、农具基本自给

1949 年以前,杨家养了两头耕牛,其中一头为与他人共养,另外杨家会每年养两头猪、五只鸡。耕牛基本能够满足耕种的需要。猪上半年养一头,下半年养一头,上半年养的那头猪卖掉换钱,然后用赚来的钱去买布自己缝制衣服,或者贴补家庭的其他用途,下半年养的那头猪一直留到过年杀掉自己家吃。如果今年的收成好,家里会多养几只鸡,收成不好则少养。鸭子比较费粮食,本地的人很少养。

杨家的耕牛基本能够满足农业生产的需求,有一头是和杨万后家共养共用。杨万后是没有牛的,而杨家有两头牛,然后杨万后就找杨代发商量,看是否能够两家共养一头牛,杨代发看杨万后家会养牛,在村里面的名声也还不错,就和他家共养了一头牛。共养公用的话,就是要每家轮换出去放牛,用牛也是两家轮换,牛看病的钱也要两家平摊,基本上要保证公平。

4.农具基本自给

杨家自制的农具很少,都是比较简单的,如挑叉。其他一般会购买或者请他人来制,经过多年的积攒,杨家有了一套完备的农具,包括水车、石磨、镰刀、锄头、连枷、筛子、挑叉、木桶、风斗、牛车等,像水车、石磨、牛车等不是每家都有的。

杨家在生产的时候很少借用农具,在农忙的时候,来帮忙的人有时会自带农具。在 1936年,杨家没有石磨,所以经常借用隔壁杨代喜家的石磨,他们家和杨家的关系还是比较好的,如果他们家也要用,当然他们家是优先使用,去借石磨可以不由当家人杨代发出面,家庭成员去也同样可以借到,石磨是不存在归还期限的,用完打扫干净即可,并且也不需要支付任何报酬。正是因为杨家经常借用杨代喜家的石磨,杨代发才感觉不能再这样一直借下去,所以自己家也制了石磨。

而如果杨家要借用其他家的农具,小型的由普通家庭成员出面就可以借到,而大型的则必须要由当家人杨代发出面才可以借到。在杨氏家族中,借用任何农具如果发生损坏,则需要赔偿损失。

(二)生产过程

1.当家人安排家户耕作

杨家从事农业耕作,并且饲养有家畜,偶尔会织一些布买,杨氏家族中的男性有许多都会织布,在农闲的时候,杨代发会在外面背口袋赚钱。家庭的生产活动以农业生产为重,饲养家畜为次,再次为出门背口袋,最后为织布。

在劳动生产过程中,男性家庭成员负责劳动量比较大的生产劳动。如耕地、耙地、插秧、收割等,而女性成员一般不下地,主要负责做饭、农忙时送饭、拌肥料、捡粪等,或者只从事劳动量比较小的生产劳动,如撒种子等。家中的老人主要是放牛、捡粪等,儿童也同样负责这些活动。

2.家畜饲养

在杨家,杨代发和妻子严玉芝都喂养过猪,如果想把猪养肥一点,会用米糠来喂,而一般的则直接只喂大麦,卖猪都是杨代发和其中的一个儿子去卖,卖完猪后钱都是交给杨代发。

杨家以前种地都是靠牛来耕作,有时候牛也会被套上一个车运输东西,牛老死或者患病死后都不会卖给其他人,肉也不会吃,一般都会把它直接埋掉。

养鸡主要为女性家庭成员的责任,养鸡也相对简单一点。

3.以种植棉花、织布来赚钱

1949年之前,杨代发在种棉花的年份会织一点布,杨家每隔几年都会留一亩地来种一些棉花,棉花一般都为自家制一些棉被,而有多余的棉花就会制成线织成布。因为杨代发不会给布染色,所以成品布都会到街上卖掉,一匹三丈二的布可以换一斗米。

织布只有杨代发会,所以也只能听杨代发安排,家庭成员主要起辅助作用,如在制线的过程中,杨兴禄和杨兴福会帮父亲在院子中牵线。杨代发没有将织布的手艺传授给儿子,也不存在手艺的传承。

4.当家人为代表外出

当家人杨代发外出背口袋都不会带家庭成员。家中赶集一般都是只有杨代发去,偶尔会带儿子去。家庭的集体外出则一般为逛庙会、烧香拜佛。

(三)生产结果

1.收成时好时坏

当地两年三熟,大春收稻谷,小春收小麦。主要农作物的产量在前面已有叙述,此处不再赘言,另外还种有蔬菜若干。天干、病虫害、野兔子或者缺少肥料,都是影响农作物收成的重要因素,1939年杨家的收成最好,1941年和1942年两年的收成都不好,都是受到气候的影响。家中的收成归全家人所有,由当家人杨代发和妻子来共同管理和支配。杨代发一家对于收成都十分关心,因为这关乎能不能够填饱肚子,能不能够生活下去。

1949年以前,杨家的收成能够满足家庭的需要,并且有的年份还有剩余,多余的粮食如何处理全听从家长杨代发的安排。有的时候当其他家粮食不够时会接济其他家。如果收成不够吃,家长杨代发会用以往家庭的积蓄去街上购买粮食,或者先向别家借一点粮食,第二年有了收成后再还给别家。

2.家畜无太多收益

杨家一年会养两头猪,四只鸡,每年养的牲畜的数量都是根据前一年的收成来决定的,所以每年饲养的牲畜数量和品种都一样,养多了没有多余的大麦和米糠来喂。在1948年的时候,杨家养的家畜最多,那一年上半年一共养了两头猪,下半年又养了一头猪过年吃,养得多的时候是因为前一年的收成比较好。

每年养的猪都是按照上半年卖下半年自己吃这样安排的,而鸡则基本上是自己吃,鸡很少拿到街上去卖,街坊四邻如果有需要会卖给他们一只鸡。

3.手工业收入基本没有

有些年份家里有多余的棉花,杨代发会织一些布拿到街上卖,收入有时候是以粮食结算,有时候以钱币结算,一匹布一般可以卖一万元,或者五个银元,或者一斗米。但是由于家里种棉花的年份比较少,所以常年是没有卖布的收入。

三、家户分配

(一)分配主体

1.家户内部进行分配

杨氏家族没有按照家族或者村庄为分配主体的情况,都是以家户为分配的主体。在每年的清明会、团会①的时候,杨氏家族的每个家庭都会交一些钱或者粮食作为清明会和团会的支出。

杨家的家庭成员在分配中以所在家户为基本分配单位,在家内展开分配活动,虽然是一家人,但分家的兄弟及单独吃住的父母不参加本家户的分配。除了家庭成员,杨家没有其他的常住人员。

2.当家人决定分配

杨家在分配时都是由当家人杨代发来决定的,家里的吃穿住等都要听从当家人的安排,在个别问题上需要征求家庭成员的意见,比如关于两个儿子分别住哪个房间,杨代发征求过儿子们的意见,最后是通过抓阄的方式决定房间的分配的。

如果当家人杨代发不在时,是由其妻子严玉芝来决定分配,女性当家则也是由其母亲决定。在儿子当家的情况下,则要征求父母或者其他兄弟的意见。兄弟当家和代理当家,都必须要征求其他家庭成员的意见。而其他家庭成员在整个家户的分配中并不是没有任何的发言权,在一定的情况下,可以根据特定的情况提出合理的意见,但是他们都不具有决定权。杨家在进行家户内部的分配时,完全没有必要告知四邻、家族、保甲长,村内从来没有这样的事,四邻、家族、保甲长也不会主动介入家户内部的分配。

(二)分配对象

1.分配对象仅限于家庭内部成员

家户的内部成员都为被分配的对象,亲戚、邻居、朋友都不被纳入分配对象中,在亲戚朋友红白事时所送的粮食,都算作是家庭的开支,而不是分配。杨家的成员都可以享受分配权,家里的收入在全家范围内进行分配。

2.分配物来源:本家户收入

杨家的分配物的来源是家里的农业、养猪、外出做工所得,家户之外即借来的粮食、财物也可以进行分配。杨家的成员都可以享受分配权,家里的收入在全家范围内进行分配。

(三)分配的类型

1.农业收入支配

杨家的农业收入包括稻谷、大麦、豌豆、玉米、蔬菜等收入,在每年的农业收入中,需要交3斗稻谷的地租,地租是每年年末的时候一次交够今年的地租,每年的地租相对于收成来说是比较低的。如果遇到灾荒年景,地租都不能减免,可以在灾荒的当年不交,而第二年将第一年的地租翻倍交给土地主。在每年年末的时候,张全德会骑着一头毛驴来收租。从杨家来看,杨家是选择以交租为先,先交土地主的租赁钱然后再满足家庭的需求。

杨家每年都需要纳税两斗米,同时每年还要交五六次费用,这些费用都是国民政府和保甲长来收相比其他地方的税费,杨氏家族的税费支出并不高,所以一般的家庭也都交得起这些税费,杨家每年是以税费为优先缴纳,然后才保证家庭的使用。每年纳税都是由保甲长,在整个甲中收够每一家的粮食,然后找两个人直接背到武连粮站。

2.副业收入作为补充

杨家的手工业收入主要为卖布的收入,但卖布的收入很少,一匹布只能卖四五个银元,

---

① 团会:每年农历二月初,杨氏家族都会在祖坟地开团会,主要商议农业生产的事项。

收入都交给家长杨代发管理,都是作为补贴家用。

杨家的副业收入主要为其当家人杨代发卖布和背口袋的收入,因此都是交由杨代发管理,这些副业的收入作为农业生产的补充,在农业收入不足的情况下,能够有效地补助家庭的收入。这些副业的收入都不会经过生意的中间人,也就不需要给生意的中间人任何费用,也不需要交给当地的集主、寨主或者保甲长。

杨家的副业收入主要为当家人杨代发所赚,理所应当归当家人管理。而两个儿子有时在外面也会以各种形式赚取一些收入,这些收入都是家长杨代发和其妻子严玉芝不知道的,所以两个儿子会瞒下来当作自己的私房钱,而不交给父亲,杨兴禄藏私房钱的事根本不敢告诉杨代发。

3.收入分配类型

杨家的收入分配主要包括租金、税费、食物等方面的分配,私房钱一般都是藏起来的不参与分配,当家人杨代发给儿子的零花钱很少,只会在偶尔赶庙会的时候给一点钱,儿子们拿着这些钱也不敢乱花,而给其妻子的零花钱则不得而知。

(四)家长在分配中的地位

1.当家人为家户分配的实际支配者

杨家在衣物、食物、税费、零花钱、租金的分配活动中,都是以当家人杨代发为实际支配者。如果当家人不在,对必须支出的费用,则可以由其妻子严玉芝代为执行。儿子当家时则必须要询问父母亲或者其他兄弟的意见,其他兄弟当家或者代理当家也都必须要询问意见。在整个家庭当中的分配,当家人力求公平。

杨家都是由当家人杨代发来掌管钱财,所以零用钱也都是杨代发给,平时生活是没有零花钱的,只有在逛庙会的时候才会给一点零花钱,每次给的也很少,而每年逛庙会也就一次。零花钱交给儿子们后,他们都可以独立来处理这笔钱,杨兴禄选择将这些钱存起来。

2.家长基本不知私房钱的存在

在杨家,杨代发不允许家庭中有私房钱的存在,但是实际状况并非如此。儿子长大以后,基本上都会存一些私房钱,杨兴禄就通过各种方式存有一些,而杨代发基本上没有干涉这种情况的存在。所以私房钱基本上采取的是谁赚谁用了。杨家没有私房地的存在,当地的杨氏家族对于私房地一般是不允许的。

3.当家人在衣服的分配中居于支配地位

杨家的衣物分配,都是由其当家人杨代发和妻子严玉芝来决定,其他家庭成员可以提出意见,有的时候家长也会主动向他们询问,比如说杨兴禄的衣服已经穿得不能再缝了,他会主动给附近提出来说要缝制一件新衣服,一般说来,杨家男性的劳动量是相差无几的,衣服的磨损程度也差不多,所以也都会在同一时段需要缝制新的衣服,一旦当家人决定要缝制衣服,杨代发会从街上买回足够的布,给家里面每个人都制一件衣服,每年最多也就缝制一次新衣服。

布都是由当家人杨代发从集市上购买,然后把布交给妻子和两个儿媳妇,让她们分别为自己和丈夫缝制衣服,而杨代发母亲王氏的衣服是由杨代发妻子严玉芝缝制的。修补的分工同于缝制衣服的分工。

4.杨代发及其妻共同决定食物的分配

由于严玉芝在家中主要掌管每天的做饭等家务，所以在食物的分配上有着和杨代发同样的权力，一般当家人杨代发是不会管家中食物分配,但如果他想要管具有绝对的支配权,所以在食物的分配中,当家人杨代发为隐性的支配者，而严玉芝则为实际的支配者。

在食物的分配过程中，个人可以根据自己的喜好提出合理意见，母亲可以选择是否接受,如果意见十分不合理,则会受到家长的批评。母亲在食物的分配中都是力求公平的,大家都同食一锅饭,最低的要求是要保证每个人都能够吃饱,吃的多的则可以多吃。如果家中是儿子当家,则一般也是由其妻子来决定实际的安排。

(五)家庭成员在分配中的地位

1.家庭成员拥有一定建议权

相比农业生产活动，家庭成员在部分分配活动中拥有比较大的建议权,主要体现在意见被采纳的可能性和涵盖的范围都有所提高,比如杨兴禄觉得哪一种蔬菜吃腻了,就会主动向母亲提出来,母亲会换一种蔬菜,或者衣服烂了没有衣服穿,主动提出来后当家人杨代发也会慎重考虑,但是最后的决定权还是掌握在当家人杨代发和妻子严玉芝的手中,这是无法撼动的。

2.吃穿上建议权较小

杨兴禄和杨兴福都可以就衣服提出意见,而两位儿媳妇在这上面的话语权较弱,杨代发的母亲王氏则因为不常劳动,衣服磨损小,也不会提意见,杨兴福的女儿则一般穿的别人小孩的旧衣服,也不缺衣服。意见提出后,当家人会予以考虑,最后如果说因为家庭经济比较紧张,这能够再凑合穿一段时间,杨兴禄和杨兴福也只能听从安排。

食物分配中,都是由严玉芝来安排,家庭成员不能决定。但是家庭成员可以提出合理意见。杨家缴纳赋税、租金,由当家人杨代发统一安排,其他家庭成员没有权力管这些事。

(六)分配统筹

1.考虑:全家需要,收支平衡

杨家在分配时,会以全家人的需要为前提,将税费、租金也看作是为了满足全家的需要。当家人杨代发对待家庭的每一个人都是公平公正的,这种公平并不是绝对的平分,而是根据不同的需求进行分配,比如杨兴福夫妻分配的房间比杨兴禄多,这是因为他们有女儿的原因。偏心极容易导致家庭的不和睦,在杨家基本没有偏心的情况,杨代发在对待家庭成员方面是比较公平的。

2.次序:赋税优先

杨家的分配,以赋税为先,地租次之,自家消费最后。赋税为先,首先是因为赋税比较少,一般都是给得起的;其次,如果赋税没有给够,则会受到保甲长、官府的处罚。地租为次则是考虑到,如果不交地租会被收回土地,或者第二年加倍征收,这样会加重往后的负担,杨家认为应当当年交上。其余为自己吃。

自己不够吃的情况杨家很少遇到,即使遇到,他们也会选择先交赋税和地租,自用不够多选择向大户人家借一点。私房钱不存在分配,杨家也没有私房地存在。

3.数量:按需分配

杨家没有具体的分配规则,分配都是听从杨代发的安排,在杨代发的日常分配中,渐渐总结出一条原则是"按需分配,公平公正"。

在杨家当中没有分配特权的存在,老人、病人、孕妇、小孩在特定时期有着更为丰富的分配,但这不是某种特权所决定的,而是特定时期的特定需求所决定的,相对于普通人是分配的比较多,而对于老人、病人、孕妇、小孩则只是达到需求而已,所以也算是按需分配。杨兴禄的奶奶王氏在吃穿上与其他人没有差别,孕妇和病人会予以照顾,煮一些适合他们的食物,主要是会有额外的肉类和鸡蛋供食用,小孩则基本吃穿一样,要为其额外买一些书。

当家人在分配中具有支配权,可以很轻松地为自己分配更多,但是杨代发出于当家人的责任,以及家庭和睦着想,同样也公平公正的给自己分配。杨代发有抽水烟的习惯,所以需要额外的买烟钱,但是这些并没有引起家庭的不和睦。

杨家的粮食都基本够吃,没有出现缺衣少食的情况,也就不存在困难时期的分配次序。

(七)分配结果

杨家自家可得大部分农业收入。此外,还有副业收入补贴家用。食物、衣服等都是按需分配,但是家里面一年吃肉很少,衣服则一年至多每人一件,或者没有,新婚三年内,新人也不会添衣服,因为结婚的时候做了衣服,新人都会有衣服穿。家庭成员可以提意见,但是采纳与否全听当家人杨代发的。杨家基本是不会调整分配的结果,在有结婚、生小孩等情况时,当家人都会及时地调整修正。

四、家户消费

(一)家户消费及自足程度

1.家户消费基本自足

1949 年以前,杨家一家的花销在当地属于中等水平,他们一年要吃掉米一千斤,盐 3000 元,衣服十银元,赶礼两三升米,看病 3 万元[①],大概占总收入的 90%,基本能够维持消费,杨家在生活当中比较节俭,遇到缺粮食的情况,全家人会克服一下,没有出现过借钱、借粮或者外出逃荒的现象。

在当地,如果跟普通农户借粮可以采用口头约定的形式,不需要交利息,而如果跟土地主借粮就必须要写约,约上面一般写的一斗还两斗。

2.基本消费自给自足

1949 年以前,杨家每年粮食消费一千斤,占总体消费的 80%~90%。基本上全部都是自家土地中生产的,很少有外购的情况。在年景不好的年份,顶多会一年在外面购入几升米,或者跟其他家庭借粮,同时家庭当中对于粮食的消费也力求节俭。杨家一年食物消费的具体情况不得而知,食物消费当中的菜油、米、蔬菜、蛋类都是依靠自己家生产,年底会杀猪供自家食用。所以每年也就偶尔会在外购买猪肉,以及购买盐、醋等生活资料。

杨家的房屋能够满足现代人居住的需要,不存在家里人挤着住的情况。杨家的媳妇基本上都会缝制衣服,缝制衣服被看作是媳妇必修的功课之一。当家人衣服不能再穿时或者没有衣服穿时,家长杨代发会在外面买几匹布回来自家缝制,缝制衣服一般都是在每年卖猪之后,拿卖猪的钱去买布。而平时如果衣服破了,会由自家的媳妇缝补一下,能穿则继续再穿。

---

① 3 万元:民国时期的货币 3 万元,本文所提到的货币都为民国时期的法币。

一般都要缝补好几次或者十几次,才会缝制新的衣服。

3.医疗消费费用较高

1946年以前,每年的医疗消费大致有1到3万元,每年的消费情况都以当年的家庭成员健康状况为基线。一些小病能够自愈,则不会去看医生,只有大病才会,当地的医生都是本土的赤脚医生,收费还算比较公道。杨兴禄都认为,医药的消费是必须的,如果得了什么绝症则不必再看,这也是由贫困的生活决定的。

4.人情消费及红白消费适中

1949年以前,杨家每次的人情消费都是一升米,一年仅两三次,占总体消费的比重较小,一般人请的消费都是随礼钱。杨家人认为这笔消费是必须的,家里很穷也还是会有人情往来的消费。

1949年以前,杨家的红白喜事主要为两兄弟结婚花销,杨兴禄只记得自己结婚时的花费,给女方家的彩礼包括有半块肉、40斤酒、两匹布、两斗米,而请客则以本家的能力为限,杨兴禄结婚时花费四五万元,酒席的水平不怎么高,肉都很少。

5.教育消费适中

1949年以前,杨兴禄和杨兴福都分别读过私学和官学,都读了三四年。私学每年要给老师拿一斗米,有的时候也会给老师拿几个馒头,农忙时叫老师来吃饭老师一般不会来。而官学则不需要给学校交任何费用。不管是私学还是官学,笔墨纸砚以及书本都需要自己去购买。杨代发认为,读书的支出是必要的,只有读书才能使儿子以后的生活轻松一点,加之读书的费用也并不高,所以收入能够维持教育的消费。

6.其他消费

杨代发偶尔会有烟和酒的消费,但数量都属一般水平。在逢年过节,杨代发也会和邻居、亲戚和朋友打麻将,次数都很少。

(二)家户消费主体与单元

1.家庭为唯一的消费单位

杨家所有的消费,不论是衣食消费,还是医疗人情消费,以及烟酒消费,均由杨家自己负担,没有出现村庄或者家族负担的情况,杨氏家族中也没有村庄和家族负担的传统。从家庭方面来说,杨家选择由自己的家庭来承担自家的消费,不会依靠或者根本无法依靠他人,家族以及村庄也不会介入这种家庭消费中,他们不愿意也没有能力介入其中。

2.借贷为补充手段

当杨家自身无法负担某类消费时,当家人杨代发会出面借钱、借粮、借物,首先是会向比较亲近的人借钱、借粮,比如朋友或者亲戚,之后才是向远方的亲戚借,如果实在不行就只能去土地主家借,但是杨家从来没有向土地主借过钱粮,因为他们知道,如果借了东西就会掉入一个无底洞,最后只会弄得倾家荡产。

(三)家长在消费中的地位

1.基本生活消费由当家人及其妻子决定

杨家的粮食消费,由当家人决定,不需要告知或请示四邻、家族、保甲长。当家人杨代发短时间外出时,在外出前都会安排好家里近期的事情。如果当家人为男性,就会由当家人的妻子来决定这些临时的事项。在消费中,杨代发和妻子严玉芝有一定的分工,当家人杨代发管租金税费,日常食物消费由严玉芝来管理,人情消费由两位共同商议决定,其中只要存在钱财的使用,都是杨代发做主。

由于严玉芝在家中主要掌管每天的做饭等家务, 所以在食物的消费上其有着和杨代发同样的权力,一般当家人杨代发是不会管家中食物消费的,但如果他想要管具有绝对的支配权,所以在食物消费中,当家人杨代发为隐性的支配者,而严玉芝则为实际的支配者。对每天的食物消费都是由严玉芝来决定, 而当家人杨代发主管的是某一段时期家庭的整个食物消费,比如杨代发会决定说,1 到 3 月消费 200 斤粮食,而严玉芝则具体安排粮食的消费。

而其他日常消费还包括:首先是房间,一旦给家庭成员分配好房间,住房的消费就基本稳定,不会存在每年改变的情况。有时候需要对房屋进行修补,这些则都是由杨代发来决定。其次杨家在衣物消费活动中,都由当家人杨代发安排决定,有时会和其他家庭成员商量,但是不需要告知或请示四邻、家族、保甲长。最后是杨家的烟酒、打麻将消费,由当家人杨代发决定,一般不和其他家庭成员商量,也不需要告知或请示四邻、家族、保甲长。

2.人情消费、红白消费、教育消费、医疗消费

杨家的人情消费都是由杨代发来决定,给多少以及给不给都是杨代发来决定。人情消费的数量有时候会受到外在的影响,比如今年开始赶礼都是给一升米,而以往都只是给半升。这时杨代发会考虑是否会改变一下人情消费的数量。杨家的红白喜事,都是由当家人杨代发决定,可以与家内其他家庭或者关系好的四邻、亲戚和朋友商议,所费金钱都有杨家承担。杨家的教育消费都是由当家人杨代发决定, 儿子读不读书以及读几年书, 都是由杨代发来决定。杨家的医疗消费由当家人杨代发决定,可以与家庭其他成员商量,但不需要告知或请示四邻、家族、保甲长。

(四)家庭成员在消费中的地位

1.家庭成员接受安排

杨家在粮食消费方面,都是由当家人杨代发决定,其他家庭成员没有任何决定权,不能擅自决定。如果当家人不在家,则由其妻子严玉芝做主。在实际消费中,粮食的消费没有先后顺序,所有家庭成员同食一锅饭,年景不好的时候就全家节俭一点。

一般在杨家的食物消费中,严玉芝为实际支配者,她决定每天的食物安排。同时家庭成员有时候也可以提出自己合理的意见,比如今天中午想吃什么也可以给母亲说,母亲会予以考虑。如果当家人为男性,这一般由其妻子来决定每天的食物消费,女性当家的则直接由她做主。杨家的烟酒、打麻将消费,由当家人杨代发决定,其他人听从杨代发的决定。杨家的住房消费都是听从当家人的决定。

杨家在衣服消费方面,都是由当家人杨代发决定,其他家庭成员没有任何决定权,买布的决定以及需要的钱都掌握在杨代发的手里。缝制新衣服的时间,可以由家庭成员主动提出来,当家人考虑,或者由当家人直接做出决定。缝制衣服的时间不定,如果从事的劳动量较大,损耗较大,则每个人一年要缝制一件新衣服,劳动量较小的,两三年才会缝制一件衣服。刚结婚的新婚夫妇,在结婚的时候置办了好几套衣服,所以在结婚往后的两年,都很少会缝制新衣服。家中缝补衣服较多,缝补衣服的布料主要来自做新衣服的时候剩余的布料,棉线也多是那个时候留下来的。杨家的住房消费都是听从当家人的决定。

2.人情消费、红白消费、教育消费、医疗消费

杨家的人情消费都是由当家人杨代发决定，其他家庭成员觉得人情消费与自己没有关系，也不会提出意见。给多少钱或者拿多少粮，都是由杨代发或者其妻子严玉芝准备好，具体的执行可以交由家庭成员去完成。红白喜事的消费都是听从家长的决定。相比起食物和粮食的消费，家庭成员在这方面的发言权更少。教育的消费也都听从家长杨代发的决定，杨代发可以任意地决定不让哪一个儿子读书，所以杨兴禄在读书时就想的是，自己能读书一定好好读，不能读，杨代发就不会叫杨兴禄读书。杨家在医疗消费方面，都是由当家人杨代发决定，其他家庭成员没有任何决定权。

五、家户借贷

（一）借贷单位

1.家户借贷情况

1949年以前，杨家每年收支状况基本能够平衡，有时还会有盈余，但是偶尔会出现资金周转不过来的状况，这种状况持续的时间都比较短，不会对家庭造成很大的影响，有时甚至连家中的儿子都不知道家庭经济困难情况，杨代发多会选择和其妻子商量这一类的事情。在家庭经济周转不过来时，杨家都是由杨代发出面去借钱，无论金额的多少，杨代发都首先向亲戚借钱，如父亲的兄弟及其子女等，其次杨代发会向杨氏家族中关系比较好的人借钱。

杨代发一般是选择向关系比较密切的人借钱，对方也会因双方的关系、杨代发本人的人品而选择相信杨代发，所以在借钱时都不会立字据、写借条，双方会约定还款的时间和金额，杨代发借钱都会约定在一年之内还清。

而借粮的情况对杨家来说次数更少，连续几年都不会出现向人借粮的情况，而当地在连续几年遭受灾害后，连杨家这样的中户也会出现粮食短缺的情况，面对这种情况，杨家多节衣缩食共渡难关，同时，杨代发也会防患于未然，在尚有粮食的情况下，向当地的大户借一些粮备用，这主要是杨代发考虑到当地家户的田地都位于同一片区域，发生灾害时遭受的损失也大致相同，所以当地的家庭普遍会陷入缺粮的境况，一旦到了最困难的时候，大家都会向其他人借粮，这时如果再去向大户借粮就困难多了。杨家都是向杨氏家族中关系较好、家庭宽裕的家庭借粮，一般不存在利息，双方一般约定在秋收后将欠粮还清，即使当年的收成不好也会还清。

与此相反，有时也会有其他的家庭来杨家借钱粮，数额一般较小，因为杨家本身也不是宽裕的家庭，这一类的事情也都是由杨代发来决定，收欠款或者粮食时，则可以由其他家庭成员去执行。

2.以家户为借贷单位

杨家借钱粮都是以家庭为单位，虽然出面借钱粮的都是杨代发，但是无论借进方还是借出方都将借贷的行为视作是整个家庭的行为，如果存在欠钱、欠粮不换，债权人都是要求其整个家庭来偿还。

3.家庭借贷，外界不干涉

杨家向外借钱粮都用于自家用，借钱的数额较小，杨代发为了不在家庭中产生大的影响，都是选择和妻子商量后自行决定、执行，而借粮食一般需要同家庭成员商量，如在吃饭的

时候,杨代发可以提出来说家里粮食不够,并提议在外借一点粮食。杨家的借贷关系不需要告知或者请示四邻、家族和保甲长。

4.个人借贷

杨家的两个儿子偶尔会存在个人借贷的情况,都为杨兴福和杨兴禄在外向其他人借钱,或者借给别人钱,这种借贷关系一般只发生在杨兴福或者杨兴禄关系较好的朋友之间,家中的儿子们不会将个人的借贷关系告诉杨代发,因为在杨家私房钱是不允许存在的,杨兴禄、杨兴福的借贷关系中不存在钱款还不上或者收不回来的情况。

(二)借贷主体

1.当家人为主体

杨家在借贷关系中,当家人杨代发为实际支配者,其他人没有权力去借贷。借贷也必须由杨代发亲自出面,不能委托家庭成员出面。借小物件之类的,则可以由家庭成员去借就可以了。

2.其他家庭成员服从

在借贷关系中,只有当家人杨代发有权力决定,其他家庭成员都处于服从的地位,这种服从具有一定条件,即借贷必须具有一定的合理性。当家人杨代发为了全家的发展或者生存而向外借贷,一般都会得到家庭成员的支持,这是因为杨代发的本意是为了整个家庭,而不是为了他自己。而如果当家的借贷理由是为了一己私利,如吸大烟、打牌等,则会招致家庭成员的怨言甚至反对。而杨家的当家人杨代发没有做出过家庭成员反对的借贷决定,也没有因为这种原因而受到家庭成员的反对。

(三)借贷责任

1.当家人为第一责任人

在借贷活动中,当家人杨代发是第一责任人,其他家庭成员有责任还贷,而在个人借贷中,第一责任人为借贷方。当家人不在时,对于一些必须当天做出的借贷或者小的借贷,都可以由妻子或者长子代为履行其借贷的责任,比如当天有人来说借一点钱买个东西,并且杨家的状况较好,对方和自家的关系也比较好,妻子或者长子都可以代为决定。

2.全家承担借贷责任

在没有分家的情况下,由全家人承担借贷责任,当家人还不了时,只能以全家所有的土地等来进行偿还。如果分了家,则还需要将其责任进行划分,是否承担责任以借贷关系发生时,是否属于该家庭成员来判定。

(四)借贷过程

1.简单过程:小数量交易

杨家的借贷主要为借粮或者借钱,一般都为小数量的借贷,所以不需要任何抵押物,也不需要写任何的文书,两家的当家人口头商量就可以决定。

整个借贷的过程十分简单,首先是由借方提出借贷的请求,被借方则选择是否接受,接受则商议借贷的细节,如什么时候还、还多少等问题,最后是将实物交与对方。

2.复杂过程:大数量交易

而如果是大宗的借贷,有时候需要有担保人,这个担保人一般都为中间搭线的人,并且要请公证人写一下文书,文书上要写明借贷的数量、还款的日期以及没有按时还款情况下的处罚等。更为复杂一点的是,会在文书当中写明借贷的利息,或者借贷分为两个阶段,在第一阶段由借方还了利息之后,才会发放剩余的钱粮。

(五)还贷情况

1.还贷情况

杨家和关系比较好的家庭发生借贷关系时,一般都口头约定借贷的详细信息,由于关系较好,也不会约定利息或者无法还贷下的惩罚措施,只会约定还贷的时间,相互间也会按照还贷的时间来偿还债务。

还款的具体细节在借款文书当中一般都有约定,所以如何还款都可以按照文书上的约定来执行,一般说来还贷可以由家长去,也可以由家庭成员去。分批还完必须要与借款方进行商量,对方同意才能够分批还贷,借钱还粮食的情况,也要与借款方进行商量。

当定有借约的钱粮还不上时,首先是会产生更多的利息,第一年还不上,第二年会产生更多利息,如果债权人是当地的土地主,欠钱方则极有可能需要用土地或者房屋来偿还,最坏的是把家中的子女作为抵押,其次因为有担保人的担保,债主有时候会要求担保人来还这笔钱,实在还不上担保人也会遭殃。

2.债务的继承与分割

当家人在外的借贷都会被看作是整个家庭的借贷关系,当家的父亲借债,在其去世后,需要由儿子来偿还,丈夫在外所借的债务,妻子亦需要偿还,这些在当地人看来是天经地义的。

一般在分家后,当家人遗留的债务,按照"父债子偿"的原则,后辈必须偿还。债务的分割基本是继承者都有份,具体有多种形式,这个由继承者的谋生状况以及品行来定,如果家中的儿子在分家时有比较好的谋生手段,并且他品行也比较好,会主动承担较多的债务,债权人也会选择他来作为债务的主要偿还者,相反品行较差的,即使有偿还的能力也会选择各种方式逃避,所以以此来看,这种债务的分割一般会由有偿还能力的继承者承担比较多一点,而每个家庭会因具体的条件不同而不同。

六、家户交换

(一)交换单位

1.家庭为单位交换

杨家在进行经济交换时,都是以整个家庭为单位来进行交易,交换关系可能为邻里间、与集市上的商贩间、流动商贩间、与工匠间等,交易的内容十分广泛,主要为杨家从外购入布、盐、醋等必需品,卖出的情况很少,主要为卖猪、卖布这两项。家中的钱财都掌握在当家人杨代发手中,一般是由杨代发掌握交换的决定权,他可以根据家庭成员的要求来决定是否购入或者卖出某些东西,家庭成员能够反映情况,如可以给杨代发说家中的盐不够吃了,然后由杨代发来决定在什么时候,以何种方式来购买生活必需品,整个过程不需要请示四邻、家族、保甲长,外人不会也不能干涉杨家的事务,也不存在不被允许的情况。

2.交换的次数较少

杨家的小家有时会进行交换,这种情况都是在得到当家人杨代发的允许才能进行,如有时候赶庙会、去集市,当家人杨代发会给成员一点钱,此时他们会进行经济交换,而杨兴禄和杨兴福大多选择将钱存起来,留到以后用。杨兴禄和杨兴福都会存一些钱,主要为平时留下来的钱以及在外偶尔的收入,他们会用这些钱去买一些自用的东西,这些都不会让当家人杨代发知道,否则会受到惩罚。

(二)交换主体

1.当家人为交换主体

当家人杨代发为交换活动的实际支配者,如果当家人不在就由其妻子严玉芝享有部分的决定权。比较大的交换活动,如卖猪等,必须要当家人在家时才能进行,杨代发亲力亲为的处理交换的商议、成交等事项,而家庭中比较小的交换,当家人在家时都会将其委托给其他家庭成员去办。

2.临时性委托交换

委托交换的情况时有发生,但都是数额比较小的交换,并且具有临时性,当家人看到谁有空就会叫谁去直接买回来,不会特别的要求只能由谁去买什么东西,比如当家人杨代发会叫儿子去买一点醋。

(三)交换客体

1.当家人负责赶集

杨家购置物品主要是到集市去,当地较近的集市是开封和武连,从杨家出发都需要走一个多小时,去赶集的时间等都是杨代发决定,赶集的人也主要是杨代发,偶尔会带一个或者两个儿子。杨家去赶集必然是要去购置物品,去赶集的那一天,杨代发会背上一个背篓,用来装买的东西,同时也会带上一些干粮,早上很早就出门,在集市买好东西,办好事情之后,在天黑之前赶回家。有时杨代发会带其中的一个孩子去集市,而家中的成年女性很少去集市,在杨家被带去集市是一种奖励方式,杨代发平时对孩子们说:"你们谁听话,我就带谁去赶场①。"

2.流动商贩作为补充

在当地,集市上能够买到所有需要的东西,但是集市也不是随时能够去,每去一次要一天的时间,尤其是农忙的时候,更没有时间去赶集了,所以流动的商贩很好的满足了这种需求。流动的商贩主要卖的是一些工具等,偶尔会有一些干货,商贩走到某个村落会吆喝,然后需要购买的人拿着钱去购买即可。杨家有时候就会从路过的商贩那里购买一些东西,如簸箕、干货等,购买的次数不多,大部分是杨代发的妻子去,但是做出决定的是杨代发。

(四)交换过程

1.购买时的过程

杨代发去集市购买物品时,论个数卖的东西则直接和商贩讨价还价,然后达成交易。交易中需要称斤两的都会过一下秤,杨家在交易中很少有赊账的情况,除非是和熟人交易,否则普通卖家都不会同意赊账。

2.卖出时的过程

而杨家在卖布时,一般是将布直接卖给布庄,不会特地在集市上摆摊卖,布庄给的价格都是固定的,每几年会变动一下,在整个交易中,杨代发都处于劣势方,布庄有时会挑一些毛病来压低价格,杨代发也只能忍气吞声卖给他,不然他也找不到较好的买家。

---

① 赶场:赶集。

杨家卖猪有两种方式：一种是会有收猪贩上门来收，交易达成后，收猪贩交了钱后把猪牵走；第二种是杨代发自己把猪牵到集市上卖猪肉的地方卖掉，这样价钱会比较高一点，杨代发一般都用这种方式卖猪。两种方式卖猪时都需要将猪过秤，由于猪的体型庞大，都是将活猪五花八绑后由几个人抬着过秤。

第三章　家户社会制度

　　杨家保持着传统的特色,家庭中婚姻仍然保持"父母之命,媒妁之言"的传统,家中的继承、过继、抱养等遵循一定的顺序。同时,家族对家庭的赡养具有一定的影响力,整个家族崇尚以德为善。杨家内部的关系比较和谐,没有发生过大的冲突,而这种家中的和谐得益于当家人杨代发公平公正的治家理念,这种理念往外部延伸,杨家与其他家庭的交往和关系的建立,也都是以公平公正为原则,使杨家在杨氏家族中保有一定的地位。

一、家户婚配

(一)家户婚姻情况

1.家户基本婚姻情况

　　1949 年以前,杨家的男性家庭成员都已经成婚,家中的两个儿子都是在十一二岁结的婚,杨兴福是在 1939 年结婚,杨兴禄是在 1948 年结婚,但是生孩子都是在 19 岁或者 20 岁,杨代发结婚的时间不得而知。当地不允许同姓结婚,不许杨氏家族内部结婚,杨氏家族认为这种行为是自断香火的行为,因此是坚决反对的。

2.婚配标准

　　通婚的范围按照杨兴禄的说法则是山前山后, 可是杨氏家族所住的这个谷地四周的山的范围之内,杨家没有外出打工的情况,也不会结识到外地的女性,所以他们结婚的对象都来自山前山后,比如他们的媳妇严玉芝、郭玉珍、王进珍,他们都是来自当地聚集的郭姓、严姓、王姓,与娘家相距的距离不远。杨氏家族也基本是这样的情况。

　　婚姻的过程中一般是讲求门当户对的,但是也有例外的情况。比如哪一家的儿子或女儿有什么问题,都会自降身段,大户找中户、中户找小户这种情况。当地不允许自由恋爱。但是也有极个别的自由恋爱而结婚的例子,主要是由于当家人心软就会同意他们结婚。家里面有几个儿子,一般是先大儿子、再小儿子结婚,女儿也会按照先大后小的顺序结婚。一般说来,家里缺少劳动力或者有钱都会早一点结婚。

(二)婚前准备

1.当家人决定

　　1949 年以前,杨家的婚嫁都是听当家人杨代发的安排,家里面的儿子到了结婚的年龄,便会由杨代发张罗着办理此事。儿子对于结婚没有什么特别的要求,一般不会不同意,如果说希望晚一点结婚则可以和当家人杨代发提出来。这些都不需要请示四邻、家族或者保甲长。如果要抱养小孩,则一般会先问当家人杨代发的兄弟是否愿意,不行则再询问其他人,在这一过程中,其他兄弟知道了抱养的事。

杨家没有儿子出远门的情况,结婚都是杨代发张罗。杨家是三世同堂,孙子辈杨兴禄、杨兴福结婚,杨代发也要同其母亲王氏讲一下。除此之外,儿女婚事不会告知或请示四邻、家族、保甲长。

2.婚配标准

1949年以前,杨家娶媳妇对女方都有一定的要求,具体的要求都是杨代发在提,而杨兴禄则知道的很少,在当地娶媳妇必须要能够劳动、能够做针线活以及做饭等,这些都是基本的要求。对于年龄的要求则是不能相差太大,女方可以比儿子大也可以比儿子小,杨兴禄的妻子郭玉珍就比杨兴禄大。同时,必须要求名声德行在当地人中要比较好,没有什么污点事件,这些媒人都要交代清楚。当然,最重要的一点是要门当户对,家长杨代发不希望娶小户人家的女儿,也不希望娶大户人家的女儿,只求门当户对就好。杨家没有嫁过女儿,对于男方的要求不太清楚,按照当地的要求,则是要求要身体健康、无不良嗜好、有谋生的手段,大致还会要求其家庭条件稍微好一点。

3.婚姻的目的

男大当婚,女大当嫁,在杨家看来,结婚首先是每一个成年男女必须的事,其次结婚是为了传宗接代,再次结婚可以补充家庭劳动力。在当地人心里,结婚不仅是个人的需要,也是家庭的需要,如果哪家的儿子没有娶媳妇或者女儿没有嫁出去会被别人说三道四,戳脊梁骨,全家人在外面都抬不起头。也有大户人家通过结婚来扩大本家族的势力,少子女的家庭,对子嗣更为看重,传宗接代、开枝散叶的需求也更为迫切。

4.禁止自由恋爱

1949年以前,杨氏家族是不允许自由恋爱的,杨家也是不允许自由恋爱的。在杨代发看来,自古婚嫁娶娶都是父母之命、媒妁之言,没有什么自由恋爱的说法,这个在思想未开化的情况下都根植于传统家庭当中的。为了防止自由恋爱的出现,家长对子女的管教十分严格,对子女的行踪予以严密的掌控,一旦发现有自由恋爱的苗头,就把子女禁闭在家中,不让其出去。

5.聘礼和嫁妆

杨兴禄和杨兴福结婚时,聘礼都是一样的,没有什么差别。聘礼下多少一般由家庭情况决定,杨兴禄结婚时,给女方家的彩礼包括有半块猪肉①、40斤酒、两匹布、两斗米。在结婚之前都是需要订婚的,如果两家和媒人说好了,就可以订婚,订婚也就是两家人和子女坐在一起吃个饭,这也是这对新人的一次见面,女性一般比较害羞,初次见面会躲在家长身后,如果不像这样犹抱琵琶半遮面,则会给男方留下不好的印象。订婚后,两家会有一些走动,主要是商议结婚事宜,或者尝试了解对方的具体情况。杨家没有悔婚的情况,杨氏家族中也没有,对悔婚的后果不得而知,大户、中户和小户在嫁娶上有所区别,大户的彩礼比较多,但是类别都一样,大户人家也没有金银等彩礼,而土地主家一般是会有的,而小户人家则比较少。

(三)婚配过程

1.听从"父母之命"

杨家的婚配都是当家人杨代发决定,同时严玉芝和其母亲王氏都能向杨代发说自己的

---

① 半块猪肉:一只猪的一半。

意见,杨代发也必须要考虑意见。王氏因为其家中最大长辈的身份,以及丰富的处世经历,她在婚配中有一定的分量,杨代发都会听或者会主动商量,而妻子严玉芝则更是会为儿子结婚的事思前想后,两夫妻相处时间长,也有很多机会商议儿子的结婚大事。

2.当事人无发言权

各个家庭有不同的情况,杨家中,王氏和严玉芝都明白事理,人也不愚笨。而如果家中长辈有不明白事理的,当家人自然不会听他的意见,或者长辈也不会关心。父母之命、媒妁之言,晚辈在婚配这一问题上很少有发言权,除非长子当家,不然即使结婚的长子也没有发言权。

(四)婚配的原则

1.先长再幼,男女分列

杨家的叔伯兄弟间,年龄相差几岁,自然是先长再幼,年龄相差不大的一般也是先长再幼,一般的结婚年龄为12—16岁之间,如果老大过了这个时间还没结婚,必定是有原因的,当地人有句谚语"只有剩菜剩饭,没有剩儿剩女",说的是儿子女儿一般都是可以在婚嫁年龄结婚,这时会先考虑先晚辈结婚的情况,儿子和女儿的结婚次序是分开排列的。

2.花费适应家庭状况

婚礼的花销都是适应家庭的状况,这样在不同的时期,家庭的状况有所不同,婚礼的花销也有所不同,儿子一般都明白这些事理,不会斤斤计较。在杨家,杨兴福比杨兴禄大十岁,结婚也只能比他早十年,十年间家庭的状况发生了巨大变化,总体来说是整个家庭变的比原来的状况好一点,所以在杨兴禄结婚的时候,花销比哥哥结婚多一点。

婚礼的花费有许多方面,男方家庭必须要准备彩礼和婚礼,彩礼在前文已有叙述,而婚礼最主要包括请厨子、购买酒席用的食物等。请厨子一般是请他们整个厨师的团队,由他们来操办整个酒席的全过程。而女方家庭则主要是准备酒席和嫁妆,嫁妆也很简单,就是几套新衣服和一个箱子。各家置办婚礼都必须要在自己家庭的承受范围之内。

(五)其他婚配形式

1.纳妾

(1)纳妾的原因和条件

杨家没有纳妾的情况,一般都是大户或者土地主才会纳妾,而像杨代发这样的中户和小户都没有这个财力纳妾。在当地人看来,土地主或者大户纳妾是很正常的事,土财主和大户纳妾的原因很多,主要有两种原因,一种是因为喜好就会选择纳妾,另一种是因为妻子不能生孩子而选择纳妾。在纳妾时,对于女方的要求不高,只要对方的家庭是清清白白的,没有任何负面的消息,不论是否富有都可以纳其家中年轻女性为妾,有的为了生育而纳妾的,会要求女方要身体健康。

(2)纳妾具体过程

纳妾多是当家的男人提出来的,有时会和家中的长辈商量,或者叔伯商量,为了纳妾生子的则整个家族都会在一起商议,因为这关系着家族的香火,商议的结果一般都是同意纳妾,当家人在纳妾时,很少有会顾及妻子意愿的情况,妻子同意与否关系不大。纳妾不需要告知或请示四邻、家族、保甲长。

当地人在纳妾的时候,会写一份正式的纳妾文书,纳妾文书中要写明家庭双方、纳妾的条件以及要求,同时还要写明没有履行合约将会受到何种惩罚或者给予某种补偿,纳妾的文书和娶妻文书没有多少差别,都是通过文字将结合双方的权利和义务确定下来。

当地人纳妾时,首先是需要给女方家庭支付聘礼,聘礼的规格相当于娶妻的规格,但是纳妾的毕竟都是大户或者土财主家庭,所以相对于普通家庭规格会高很多,土财主家庭都会给金银首饰,大户家庭会给更多的肉、酒等。其次是举办婚宴的费用,这一部分也同样等同或略低于娶妻的规格,能够纳妾就已经能够体现出这家人的豪气。

2.童养媳

(1)养童养媳的原因和条件

养童养媳的家庭一般是家里面的儿子少,家里比较有钱,就会选择养童养媳,杨家没有养过童养媳。童养媳本身的家庭条件一般不太好,主要是子女较多,其中女儿比较多,家庭也非常穷。如果这一家没有生儿子,家中的女儿很多而且家庭贫困,有可能会将其中的几个女儿送出去当童养媳,留几个女儿"抱儿子"①,而女儿较少则会选择自己养,长大则选择招上门女婿。

(2)养童养媳具体过程

童养媳一般是三岁就交给其他家庭养,娶童养媳,也都是由当家人决定,当事人没有太多反抗的权利,不需要请示保甲长或者族长。养童养媳不需要写任何的文书,两家口头约定好,如果女童还小,给女方家庭拿一点米酒即可,因为双方都是相互的,女方家庭也是养不起女儿;如果女童大一点,则需要给女方家庭比较多东西,如会给几十斤到一百斤不等的粮食。娶童养媳需要给两三升米,这在当地看来不算是太多的花销,不需要办任何的酒席,也不需要告知或请示四邻、家族、保甲长。

3.改嫁

(1)改嫁的原因和条件

杨家没有改嫁的情况。改嫁的原因有许多:一是媳妇被丈夫休掉;二是媳妇和婆家不和;三是丧夫的媳妇;四是婆家经济状况太差。这其中,丧夫的媳妇如果没有生养,则多半会选择改嫁,如果未生养媳妇选择继续待在婆家,以及有小孩的儿媳妇,婆家的当家人会考虑找一个上门的女婿,在当地也称为抱儿子,形同于亲生女儿抱儿子,但不会举办宴席,这些事都会通知娘家。被丈夫休掉的媳妇则可以直接回到娘家,然后再按照正常的婚嫁过程出嫁,当然在选择上有一定的局限性。而与婆家不和的媳妇,多半会选择逃到土地主家,因为她们即使逃到娘家也会被婆家人找回去,由土地主家来供她们吃穿,这是需要婆家来拿钱赎人,如果婆家拿不出钱,就会被土地主家卖掉以抵扣吃穿等费用,土地主从中也会赚取一笔,逃掉的媳妇虽然知道自己会落到这个下场,但是面对不和的婆家,她别无选择。改嫁的妇女在婚配过程当中都会处于弱势,往往她们的分配都不尽如人意。

(2)改嫁具体过程

被丈夫休掉的妇女,在改嫁的问题上要以休书为前提,而其他的情况则大多以妇女的意志为准。如丧夫继续待在婆家的媳妇,是否需要抱儿子也都是以她为准,婆家的当家人也会

---

① 抱儿子:招上门女婿。

听从她的想法。双方的家庭都会商量。确定需要改嫁，则会找当地的红叶^①，改嫁的事情不需要告知或请示四邻、家族、保甲长。

杨家所在的村庄，妇女改嫁不需要特定的文书，如果说要有文书，那就应该是一份休书和一份新的结婚文书，这两个可以算是一位妇女改嫁后的改嫁文书。因为改嫁在当地不算是特别值得大操大办的事件，所以当地对改嫁会选择低调进行处理，杨家所在的村庄，妇女改嫁的花费很少，双方同意即可，不需要给粮给钱，婚礼一般不会举行，请至亲至交吃顿饭即可。

在改嫁这件事情上，多数家庭会选择低调处理此事，毕竟这并不是特别光彩的事情，在许多人看来，大多数的改嫁其双方多多少少都有一定的苦衷，很少有能够让人觉的完美的结合，所以无论从当事人还是旁观者来选择，都会低调地处理此事。

4.入赘

(1)"抱儿子"

入赘在当地称为"抱儿子"，因为是男方去女方家，并享有同儿子大致的待遇，相当于抱了一个儿子，故此称之为抱儿子。入赘主要有两种原因，一是家庭当中没有儿子，二是家庭不想把自己家的女儿嫁出去，这样的家庭一般都非常有钱。

过继和入赘的不同在于，过继是只有在迫不得已的情况下才会过继儿子，而上门女婿比较好一点，毕竟存在有血缘关系。男方对于入赘和过继一般都是不太愿意的，大都迫于生活的压力；入赘主要为外姓加入本姓，杨氏家族是不允许杨姓人和杨姓人结婚，而过继则可以，一般是先问本房人是否有人愿意过继，没有再找外人。入赘对于男性的要求基本同于正常的结婚要求，不同的是对男性家庭的经济条件要求不高。

(2)"抱儿子"具体过程

杨氏家族抱儿子，家长不需要和家族商量，家族当中也没有任何代表人可以商量，所以对于杨氏家族当中的一些规定，全凭自己自觉遵守。抱儿子会通知给女儿，写文书时一般由保甲长来写，所以保甲长对于一甲之中的抱儿子情况都比较了解。

抱儿子要写报纸文书。文书当中要注明时间、两家人的约定等，文书都为一式两份，由保甲长来写，最后都需要双方的家长写上名字。抱儿子的婚礼比结婚简单一些，没有聘礼和嫁妆一说，婚礼的场面也比较小，抱儿子的费用都由女方家庭承担，包括制衣服和办酒席的费用。根据家庭状况的不同，抱儿子在花销上会有所不同，其他形式则大致一样。

(六)婚配终止

1.休妻

(1)休妻的原因和条件

休妻在当地被叫作"休了"，杨家没有发生过休妻的情况，杨家中的兄长杨兴福，在1949年后同王进珍不和，杨兴福就想把她休掉，但是其父母不同意，也就没有成。休妻的原因多种多样，有的是因为夫妻俩感情不和，有的是因为妻子不生育，有的是因为婆媳矛盾，有的是因为妻子在家里站不住^②。

---

① 红叶：指媒人。
② 站不住：方言，是指与他们整个家庭都不和。

（2）休妻的具体过程

休妻需要丈夫和当家人一致决定，从杨兴福的事例来看，即使丈夫想休掉妻子，当家人不同意，就无法达成。而当家人想要休了媳妇，丈夫不同意也无法达成。在当地没有休书就不会被看作是丈夫把妻子休掉，只有拿到了休书，才能够离开婆家。写休书必须要请证人到场，一般是请保甲长或者可靠的亲戚，如果娘家人比较强势，有时候也会请娘家人来。

男方在休妻的花费方面几乎没有，但是休妻对于整个家庭是一种亏损，婚礼和嫁妆已然花费许多，休妻后又会使整个家庭失去一个劳动力，所以对整个家庭来说会是一种损失。而如果两家的结婚时间较短，并且女方违反了婚约中的条约，男方家庭会要求女方家庭赔彩礼，这时女方家庭就需要偿还部分彩礼，妻子回家时也会将嫁妆一并带回。不到万不得已没有家庭会选择休妻，小户相对于大户、中户来说休妻的很少，几乎没有，因为娶一个妻子不容易，续娶则更难。

2.守寡

守寡的妇女是在丧夫的情况下，已无任何改嫁的可能，就会选择守寡。杨家就只有王氏守寡，此时已经是杨代发当家。

丧夫的妇女一般都会选择留在夫家，几乎没有回到娘家的可能，而丧夫的妇女是否需要改嫁、守寡都由妇女的意志来决定，婆家的当家人也不会有太多的干涉，一般没有生育过的妇女，都会采取抱儿子的形式留在婆家。这些事情都不需要请示四邻、家族或者保甲长。

生过孩子的都需要留在婆家，分家时能够得到一份财产，如果没有孩子也可以留在婆家，婆家多会采取抱儿子的形式让妇女留在婆家。当家人会平等对待寡妇。丧夫的妇女可以选择改嫁，这个需要本人、婆家和娘家三方商量同意，娘家人一般是做不了主。

二、家户生育

（一）生育基本情况

杨代发的爷爷共生育两男三女，有两个女儿抱养给严家人，有一个女儿正常嫁出去了，叔伯杨代清生有六男两女，杨代发生育杨兴禄、杨兴福。从爷爷辈到杨兴禄这一辈，只有杨兴禄的姐姐关女子在儿童时候夭折，没有丢弃、溺婴等情况，更没有买卖儿童的情况。不同的家庭在生育上没有什么多大的区别，大户、中户、小户在生育上没有太大的差别。杨氏家族中没有出现过未婚生子的情况，也就没有非婚子遗弃的情况，未婚生育在杨氏家族是不被允许的。

（二）生育目的与态度

1.生育的目的与态度

杨家人认为生育的目的在于传宗接代，生儿育女对于一个家庭来说，意味着家庭血脉的传递，以及家业得以继承，对于父母来说，生儿育女是生命中最为重要的一件事，是生命价值的体现。如果当家人膝下没有儿女，当家人如果有钱会选择纳妾来生育，而一般家庭的当家人，以及没有生育能力的有钱人家的当家人，则会选择抱养的形式来延续家族的香火，抱养儿子和女儿都可以，一般的家庭都会选择抱养儿子，抱养女儿则只会在迫不得已的情况下才会选择。没有儿子但是有女儿，当家人则会在女儿长大后，选择抱儿子的形式将家族的香火延续。

2.早生、生男为基本原则

在子女的生育观念上，当地人的观念中都是以生男为最优。首先男性是最优的劳动力，耕作的劳动强度较大，只有男性才可以承受；其次，女儿长大后就会嫁出去，农村普遍存在着养儿防老的思想。

杨家都是在十二三岁结婚，二十岁生孩子，属于早婚早育。杨氏家族当中也基本是十二三岁结婚，结婚之后一般不会提早生孩子，因为杨氏家族认为，早生孩子，会产生智障儿，所以一般都是等到二十岁才生孩子。早婚早育都是为了补足家庭的劳动力。

3.非婚生育不被允许

杨氏家族中没有结婚就生孩子是不可容忍的，出生的孩子有时候会被活埋，未婚生育的女子会受人诟病，其父母、兄弟姐妹、亲友都会觉得丢脸，没有结婚就生孩子的女孩，一般都很难再嫁出去或者嫁到很远的地方，她的后半生将会过得很凄惨。

4.对多生多育没有概念

杨兴禄认为生育孩子都是老天安排的，生多生少都是已经决定好了。没有孩子的希望能够生个孩子，已经有孩子不会再奢求多生孩子之事，即使多生孩子家里面养不活也是要不得的。杨氏家族认为家中有儿子的家庭都有一定的地位，儿子多的并且能够养大成人，在村里面都比较强势。儿子养多了，反而会因为土地的不断分割成为下一代贫困的原因，因此生儿子不在多，只求合适。

大户人家因为家里地比较多，需要有足够的劳动力才能够耕种，生的孩子越多，劳动力越多，收获也就越多，才能够使家庭不断的壮大。而小户人家因为没有土地，所以没有更多的谋生手段，而人才是创造价值的根本，所以小户也会选择多生孩子。

(三)生育的过程

1.生育没有计划

整个大家庭当中的生育都是由小家庭决定的，没有什么计划生育的说法，孩子都是怀上就生，而在十二岁到十八九岁这一段时间，会通过各种手段来避免生孩子，之后则是想生就生、怀上就生。

2.本家人照顾孕妇

怀孕了也要干活儿，怀孕的初期和往常一样，再往后减为一些劳动量较小的活，主要是做些家务活，煮饭、扫地、洗衣之类的，一般不会做下地的活儿，直到快要生产的前夕，严玉芝就会发现儿媳不能再干活，就会让她休息养胎，丈夫在家中则由丈夫照顾，丈夫不在则一般是母亲和嫂子或者弟妹照顾，在饮食上会安排好一点。

杨家的孕妇都在家里生产，不会请产婆，都是自己接生。从怀孕到生孩子的费用都是大家庭承担，小家庭没有足够的钱来承担。生育的花销一般是孕妇的饮食以及婴儿的照料等费用，所以大致应该不会花多少钱。

在杨家，产妇在生产后至少也要坐一个月的月子。坐月子期间不能碰生冷的东西，多由母亲严玉芝照顾，嫂子或者弟妹偶尔也会来照顾，产妇的丈夫在家时也会照顾，娘家人也会来人看望和照顾一两天。产妇在坐月子期间，婆家在饮食上都会尽量照顾产妇。

3.生育方面的差异性

大户人家和普通农户人家，在生育方面的差异性主要如下：第一，在饮食上，大户人家的孕妇在生产前和生产后,都比小户人家吃的好,营养更加丰富;第二,大户人家的媳妇也要做家务,但是会更早的停止劳动,安心养胎;第三,大户人家坐月子的时间也比普通农户家庭要长;其他的不同,则是有些大户家庭会请人照顾,有的会请接生婆来接生。

(四)生育仪式

1.三天报喜

当地生育小孩以后要求三天内报喜,有钱人家会摆席宴请近亲,还会请村里有威望的人,如保甲长。来的时候有带礼物,但很少有回礼。在杨氏家族中,生育的仪式都如以上所述,大户人家至多是办酒宴,其他没有更多的仪式。

2.仪式的目的及费用

生育的仪式多是将这一喜讯传递给亲戚、朋友和娘家人,也有的生育仪式的目的是向众人宣告后继有人。杨家生育后只有"三天报喜"这项仪式,花销十分少,都是由大家庭承担。一般其他的家庭生育仪式也都是由大家庭承担。

(五)孩子起名

1.父母、长辈起名

家中的孩子都有一个大名和一个小名,大名只有在成年或者婚嫁的时候才会起,其他时候都是叫小名的。小名是家中成员都可以起的,比较随意,而大名则一般要费一点功夫,首先是全家人都会想,然后还要询问长辈的意见。

2.名字有一定的讲究

杨氏家族的名字都有按照辈分来起名字的规定,如杨兴禄和杨兴福都是兴字辈,所以小孩在出生后,姓和辈分都已经定了,就差最后一个字,读书的人则起大名较早,女性在结婚才起大名。如果家中有人去世,需要请道士做道场,则也需要提前起好大名。

除字派以外,杨家和其他家庭在给小孩起名字时还有其他的讲究,如有的希望自家的孩子能够考取功名,会在自家孩子的名字中加入文雅的字;有的则希望自己的孩子能够平平安安,会加入一些吉祥的字,比如杨兴禄和杨兴福的最后两个字合一起就是"福禄",也就是起福禄之意。大户人家对于给孩子起名字十分谨慎,有时还会去求神拜佛给孩子起名字。

三、家户分家与继承

(一)分家

1.分家的缘由

杨家分家是由杨代发的妻子严玉芝决定,当时老当家人已经去世,儿子已经长大了,母亲年事已高,无法统管整个家庭。杨家是在1962年分家,当时儿子都同意,便分了家。当时杨家分家的原因很简单,就是因为杨代发的父亲已经去世,儿子已经长大了,母亲年事已高,无法统管整个家庭,并且当时已经处于集体生产当中,没有土地归属,家庭的分家过程以及内容十分简单。

在当地,分家时近亲是可以介入的,他们可以提意见怎样分家,或者来主持分家的会议,他们这种介入是主动或者被动的。当时已经是新中国成立后,也就没有保甲长,当时的村庄是不会介入家庭分家的。

村里人认为分家是多子家庭必须经历的,有些只有一个儿子的也会分家,分家是自然而然形成的,子女对于分家一般都不是很排斥。形成这样的原因,主要是由于从小的家庭教育和文化传统的影响。

各家都有自己分家的原因,主要的原因有:第一,老当家人去世,家中没有具有权威的人就会分家;第二,儿子长大了,有了自己的小家,老人也希望能够让儿子去立自己的家;第三,家庭当中有许多不合遂分家。

2.分家资格

(1)家庭内部成员中分家产

分家的时候,只有家庭内部成员能够分杨家的家产,家庭外部成员没有资格分得家产,包括嫁出去的女儿、改嫁的妇女带走的子女以及家中未成年的女儿都不会分到家产。

(2)家中"儿子"才有分家资格

在分家资格上,只有"儿子"享有分家资格。这个"儿子"包括:亲生儿子、抱养的儿子、妾生的儿子、改嫁带来的儿子、不在家的儿子、未改嫁出去媳妇的儿子。而嫁出去了的女儿、未出嫁的女儿以及改嫁出去的媳妇都没有分家的资格。

亲生儿子当中又包括已经成家和没有成家的儿子,没有成家的儿子的那一份家产,就会由父母管理或者由长子管理。未出嫁的女儿一般由父母来养活,或者长子来养,以后操办婚礼也是由父母或者长子操办。还有一点就是,如果不在家的儿子在很远的地方已经成家立业,一般不会给他分家产,杨家有资格分家产的就是杨兴禄和杨兴福。

3.分家见证人

(1)见证人见证

分家需要请见证人,这个见证人必须是杨氏家族中比较有声望的人,1949年以前在当地比较有声望的人就是当地的保甲长,或者这个是家族当中比较年长的人,他们都能够作为见证人来参与某个家庭的分家职务,这个前提就是要受到分家家庭的邀请。杨家分家时是由严玉芝去请的,一般说来,分家都是由老当家人或者其妻子去请,有些情况下还可以由长子去请。

请见证人主要是为了见证整个分家的过程,防止分家后几兄弟扯皮,以保证整个家族的和睦。在分家后,是需要写分家文书,在文书中会讲各种家产是如何分配,在以后如果对于分配的结果有不明的,都可以向见证人来求证。见证人的权利和义务不能继承。大户在村里面也算是比较有威望的人群,所以大户分家相比普通农户会请更加有威望的人。

(2)授权请见证人

在有当家人或者当家人妻子的授权的情况下,其他家庭成员也可以去请见证人,请来的见证人也不是必须要当家人来请。在老当家人去世后,母亲年事已高的情况下,由长子去请见证人是必须的。

外人不会在没有收到邀请的情况下,干涉其他家庭的分家事务。首先,外人是不会随意的干涉别的家庭内部的事务,这种分家的家庭事务也极其容易产生矛盾,外人不会选择干涉分家的事务。其次,家庭成员也是不允许外人来干涉家庭的分家,有外人干涉会被认为是对家庭的侵犯或者对公平公正的破坏,会受到全家人的反抗。

4.做主

（1）当家人及其妻子做主，长子替补做主

在老当家人还在世的情况下，家庭当中分家都是由老当家人来决定，老当家人可以决定分家过程中所有事情，其他成员都必须要服从，如果有异议都可以提出来，必须要有理有据，老当家人有时会采纳，但是很少，最终都是以老当家人决定为准。

老当家人去世后，则是由其妻子继承其分家的权力，这时如何分家都是听老当家人的妻子。在老当家人及其妻子都去世的情况下，老当家人的父母一般是不能决定家庭当中的分家决定人，只能够作为有力意见的提出者。这种情况下，分家的决定者一般为家中的长子，由其去请见证人，公平的决定家产分配。

（2）其他人不能做主

其他家庭成员都不能决定分家，不同家庭成员之间又有着不同的建议权。家中的女儿，不管出嫁或者没有出嫁，都没有任何的发言权，而家中的儿子作为分家的重要当事人，都可以提出合理的建议。

家庭以外的家庭成员有近亲长辈和见证人参与家庭分家的活动，在其中发挥着不同的作用，见证人有着其特殊的作用，而近亲的长辈可以对分家的活动提出建议，但都不能直接决定分家结果。

5.契约

在当地，分家内容如果复杂，则一般都必须写分家文约，文约中要载明时间、对象、分家的具体安排等，尤其是关于家中的钱粮的安排，分配时需要注重公平，同时要照顾到各个小家庭的具体情况，如果家中有比较多的小孩，就有可能需要分配比较多的房屋给这个家庭，这样才能够满足这个家庭的需求。

6.外界对分家的认可和保护

杨氏家族对于家户的分家都是认可的，不会随意的干涉，加之杨氏家族本身凝聚力不强，对于别人的身家情况，顶多会在私下议论几句。村庄对家户分家的认可与保护，体现在家户分家之后的结果，会及时的将几家人登记在村庄的名录上。村庄对家户分家的认可和保护，也体现的是政府对于家户分家的认可和保护。

（二）继承

1.继承资格

（1）家中儿子享有继承权

继承家产是只有家庭内部成员才具有的资格，家庭外的成员没有资格继承。杨家拥有继承权的只有杨兴禄和杨兴福两个儿子。如果老当家人立遗嘱将家产给家庭外的成员，按照道理是可以继承的，但是老当家人的儿子们一般都会反对，所以最终都不能分到家庭以外人员的手里。

（2）继承的资格范围与继承次序

在当地，入赘到别人家的儿子不再具有原来家庭的继承权，抱养给别人家的儿子也不再具有原来家庭的继承权，过继过来的儿子和亲生子一样具有继承权。未成家的儿子和已成婚的儿子都具有继承权。不在家的儿子，具有继承权，但如果在外面以及成家立业则可能考虑

不分家产,尤其是不分土地。女儿一般不具有继承权,在家招上门女婿的女儿或者家中只有独女则具有继承权。

从继承次序上来看,不同的继承人之间继承权是不平等的,有儿子的情况下,女儿无继承权,没有儿子时,优先女儿、侄子继承。私生子没有继承权。

(3)家户之外的继承

一般情况下,家庭外部成员没有继承资格。没有儿女的家庭只能由其侄子承继家产,但也有例外,有的老当家人立遗嘱将家产给家庭外的成员,按照道理是可以继承的,但是老当家人的儿子们一般都会反对,所以最终都不能分到家庭以外人员的手里。

2.继承的条件

(1)儿子继承

在当地,只要是儿子都可以继承,杨兴福由于休妻的事和杨代发夫妻之间吵过很多次,杨兴福在外参加公社的工作,虽然离家不远但是都很少回家,但是在杨代发去世后,其妻严玉芝还是将家产分给了杨兴福,但是杨兴福因为参工作很少回家,所以分的家产如房屋等都是其妻子在享有。

当地没有特别的要求说必须要孝顺才能继承,当地人认为,既然都生的儿子,就肯定是给他们了,但是一旦被逐出家门就无法享有家庭的继承权,不能继承家庭的任何东西。

(2)当家人及其妻子做主

在老当家人还在世的情况下只能由其自己决定继承条件。老当家人去世后,则是由其妻子继承其分家的权力,这时如何分家都是听老当家人的妻子。在老当家人及其妻子都去世的情况下,老当家人的父母一般是不能决定家庭中的继承条件的,只能够作为有力意见的提出者。这种情况下,继承条件的决定者一般为家中的长子,由其去请见证人,公平的决定家产分配。在有儿子在的情况下,外部很难影响继承的条件,如果家中没有儿子,则家庭的外部成员根据其影响力有着不同的影响程度。

3.继承的内容

继承的主要内容包括土地、房屋、农具、财产、粮食、债务等,当地没有继承称号或者职务的情况。杨家此时属于集体生产中,所以能够继承的内容很少,仅包括房屋和一些生活资料。

4.继承权的确立

在儿子出生时,其继承权就天然确立了,后期只存在对继承权的修改。而如果没有儿子只有女儿的情况下,抱儿子是为了对继承权的确立,没有抱儿子而就只能以女儿来确定继承权。在没有儿子和女儿的情况下,此时过继和抱养是对继承权的确立,如果没有过继和抱养,也就是说当家人膝下就是没有任何儿女,此时需要在家庭外部成员中确立继承权。

家庭继承权的确立或者修改都是由当家人所作出的,在老当家人还在世的时候会考虑自己以后家产的继承问题,一般在生前都会处理好这些问题。老当家人突然去世,并且在继承权不十分明晰的情况下,特别容易产生纠纷。也有人因为不服遗嘱的确立而产生纠纷,这种情况下有时会由老当家人的兄弟出面来处理家庭的继承问题,而保甲长基本上是不被邀请就不会出面解决。大户人家由于家大业大,所以有继承权的人为了给自己争夺更多的利益,会产生更多的纠纷。

四、家户过继与抱养

(一)过继

1.过继的原因和目的

（1）无儿子就过继

当地过继儿子分两个阶段，首先是家中没有儿子只有女儿时，家中首先考虑的是抱儿子，没有抱上，也只能选择过继，此时就是过继和抱儿子都可以选择。而如果家中没有儿女，就只能直接在当家人年轻的时候选择过继儿子来养育。

（2）过继的目的

初期的家庭一般是因为家里比较贫困，而家中的儿子又比较多，以目前的家庭状况无法将自己的儿女养活，或者也有堂兄弟之间看见兄弟没有后，出于同根的感情，而将儿子过继给自己的兄弟，过不过继，是要看堂兄弟自己的决定。过继首先也是要找自家本房里有没有儿子可以过继。想要过继儿子的家庭选择过继，主要是出于无奈，为了将自家这一房人立起来的选择。杨家没有过继的情况，其他家过继的行为没有任何的排斥情绪，只认为这是一种延续香火的必须的做法。

2.过继的次序

需要过继都是有顺序的，首先是会找自己的亲兄弟，其次再找本房人，再次再找本族人，最后才是外姓人。这样的顺序是根据血脉相近程度来决定的，毕竟儿子是继承香火的，所以优先会选择血脉相近的。

如果有几个儿子的情况需要出继，出继没有太多的规矩。出继的家庭会选择几个自己不愿意出继出去的孩子，其他的孩子由继承者自己选，在年龄上一般会倾向于选择年龄小一点的，这样能够增加其与过继后的家庭的感情。

3.当家人决定出继

（1）当家人决定出继

出继都是由当家人来决定的，有的人不愿意将自家的后代出继给他人，其他人也不能够强行过继。大家庭的当家人在选择出继时，都会考虑小家庭的具体情况。在举行过继仪式时，当家人也必须要在场，过继事关家族的延续，家长必须在场，不会出现家长外出由他人代为决定的情况。

当地的过继只有一种形式，即完全过继的形式，在过继后出继的家庭不能够再干涉出继的孩子。出继的形式都是由当家人决定。

（2）过继具体过程

当地过继儿子要写抱子文书，1949 年以前一般是由保甲长来写抱子文书，抱子文书当中要注明过继双方以及孩子的名字，同时要约定如果过继的家庭亏待儿子应当怎么办，过继的孩子败家怎么办，虐待父母怎么办，跑回自己原来的家庭怎么办等事项，然后由两家人签字盖拇指印。同时，过继的家庭要给出继家庭一点粮食，但量不多，然后还需要给小孩子缝两套衣服。

如果过继是本房人或者亲兄弟之间，则没有中间人介绍。而如果是其他外姓人，就要有熟人作为中间介绍人，熟人一般都是受到了家长的邀请。证人一般是以写抱子文书的人作为证人,即保甲长来作为证人。熟人介绍必须要确保它所提供的信息可靠,证人主要是作为见证人的存在,以后有不清楚的情况都需要由证人出面。

一般出继者都是小孩子,在他的意识中他还没有出继的概念,他不会考虑愿不愿意的事情。而如果出继者稍微大了一点,他不愿意出继则也无法强求,过继的家庭也不愿意将她带入家中。

4.对家户过继的认可与保护

家族当中对过继没有干涉,也不会不承认过继者的身份,从整个家族来说,对于过继家庭的情况他们都了解,所以也都会理解。在清明会或团会当中。由过继者当家的家庭也是可以参加的, 即使过继者是外姓人过继过来的, 过继者也会被写上家谱或者义谱。无论是在1949 年以前还是 1949 年后,对于过继的行为都是认可和保护的。在 1949 年以前,过继后,家长会及时的将过继者登录到花名册上。1949 年后,生产队也会予以登记。政府对过继都是认可和保护的,同样体现在花名录上等。

(二)抱养[①]

1.抱养的原因和目的

(1)缺少子女而抱养

抱养的原因相比过去的原因则更为多样,家中有男孩、有女孩都有可能会选择抱养,总体来说抱养是因为家里面的子女较少,才会选择抱养。

(2)抱养出去的原因多样

家户将女儿抱养出去的原因有许多, 有的是因为家中子女太多, 所以说将女儿抱养出去,这样才能够养活其他的子女。也有的是因为其他的兄弟没有子女,然后抱养给他们当女儿。还有的则是出于养童养媳的目的,如果家中的儿子看得上抱养过来的女儿,就让他们成婚,儿子看不上就嫁出去。抱养双方的家庭,有认识的情况,也有不认识的情况。子女较少的家庭,一般不会将孩子抱养给他人,除非家庭太贫困实在养不起。杨家没有抱养女儿的情况,抱养女儿相比过继不具备延续香火的作用,当地人对抱养女儿的态度十分模糊。

2.抱养概况

被抱养家庭状况不一,像亲兄弟之间的抱养女儿,被抱养者家庭条件为一般或者更好一点,而家中子女较多的家庭一般为贫困家庭。抱养者的家庭条件相较于被抱养的家庭,一般都好一点,抱养的家庭也不需要十分富有,一般的家庭若有抱养的需求,就会选择抱养。抱养的顺序同于过继的顺序,首先是会找自己的亲兄弟,其次再找本房人,再次找本族人,最后才是外姓人。这样的顺序是根据血脉相近程度来决定的,优先会选择血脉相近的。

3.家长在抱养中处于支配地位。

(1)由家长来决定抱养

抱养时,都是由当家人来决定是否抱养。孩子较小时,没有抱养的概念,则无需尊重他的意见,而如果孩子较大的,必须要尊重他的意见。有的家庭抱养时,需要跟家庭成员商量一下,但是都不需要通知家族的族长或者村庄的管理员,也不会存在不同意抱养的情况。从商议到做出抱养的决定,再到举行相应的仪式,当家人都必须要待在家中,因为抱养对于一个

---

① 抱养:当地抱养中包含过继情况,前文已经论述过继的情况,此处只论及抱养女孩的情况。

家庭来说是十分重要的事情,因此家长必须要在家中。

（2）抱养的具体过程

各家在抱养的细节上会有差别，但是抱养的形式只有一种，也就不存在在形式上的选择。在支出上,抱养的同于过继,是会给被包养者家庭一点粮食的补偿,以及还要给孩子做几套衣服,但是支出都不大,如果是亲兄弟之间的抱养,则支出更少。在文书方面,抱养不同于过继,过继对于抱子文书要求特别严格,而抱养女儿则不太严格,抱养文书不是必须的。

亲兄弟或者本房人之间的抱养,一般不需要中间人介绍。而如果是较远地方的抱养,则必须要有熟人介绍,熟人要像被抱养家庭和抱养家庭提供双方的详细的信息以及要求。抱养没有一定严格的次序,基本同于过继的次序。抱养一般都希望抱养比较年轻一点的女儿,大一点的女儿都不太会被人抱养,而被抱养家庭如果比较喜爱年幼的女儿,则会从年龄处于中间的女儿中选择。如果女儿不愿被抱养,双方家庭会给他做思想工作,如果女儿不愿意被抱养了意志还是特别坚决,则无法强求。一般听得懂一些道理的女儿,都懂得抱养对于双方家庭是一个比较好的选择,所以虽然心里很抵触,但是还是会选择被抱养,不同类型的家庭在抱养上基本一致,只是在补偿等方面会有差异。

4.抱养后的处置

抱养一段时间后，如果抱养孩子的家庭觉得他们受到了欺骗或者女孩不符合他们的心意,是可以反悔的。而反悔的条件则需要双方家庭来商议,具体细节各家庭不同,一般是过错方赔偿一些粮食。反悔抱养是不光彩的事,所以都会私底下低调解决。

（三）买卖孩子

杨氏家族中是不许买卖孩子的,既不允许买其他家的孩子,更不允许把自己家的孩子卖出去。他们认为,卖杨氏家族的孩子是断送香火的行为,所以无法容忍,如果有买孩子的情况,会受到严厉的惩罚。而卖孩子的是一种不道德的行为,也不被允许,如果家中实在缺儿子,可以采用抱儿子或者过继的方式来延续自己家的香火。反正买卖孩子的情况在当地是没有的,具体情况则无法记录。

五、家户赡养

（一）赡养单位

1.以家户为单位赡养

赡养老人都是家庭内部的事务,杨氏家族对于赡养老人的事务可以干涉,并且关于赡养老人,村里面也会有一些流言蜚语。如果家中子女有虐待老人或者不赡养老人的情况,本房人当中的长辈有时候会出面,对这些子女进行教训,有时候是整个杨氏家族出面教训,一般为家族中最高辈分的人出面,如杨明春。对于那种虐待老人使老人致死的人,将会受到杨氏家族最严厉的处罚,如五牛分尸①等。

2.儿子承担赡养责任

当地都为儿子承担赡养老人的责任，此处的儿子是一个比较宽泛的概念，包括亲生儿子、过继的儿子、抱养的儿子,出嫁的女儿和未出嫁的女儿都不承担赡养的责任,未出嫁的女

---

① 五牛分尸:是最为严厉的处罚,主要针对的是虐待老人、小孩,使其致死的人,杨氏家族还没有人受过此处罚。

儿最多会照顾一下家中的老人,出嫁后就连照顾也不需要了,顶多偶尔回来看一下。而如果没有儿子赡养,则赡养的责任落空,而其他人赡养老人的情况则不属于赡养的责任,他们不具有这样的义务。

(二)赡养主体

1.独子家庭则单独赡养

家里只有一个孩子,如果是儿子则由儿子单独赡养,如果是女儿,在嫁出去的情况下,有女儿赡养亲生父母的情况,也有亲兄弟赡养的情况。

2.多子家庭则赡养责任平分

如果家中有多个孩子,就是有几个儿子平分赡养的责任。两个儿子的情况则比较简单,分别由两个儿子来赡养父亲和母亲,如果分家时只剩父亲或者母亲,则由两个儿子共同赡养。在有多个儿子的情况下,如果能够平分赡养的责任,可以采取同等数量的儿子分别赡养父亲或者母亲,不能平分可以采取轮流赡养老人的形式。杨家是两个儿子,但是分家的时候,只剩下其母亲还在世,所以赡养母亲的责任由两个儿子共同承担。

3.无子则由兄弟或者族家伙①赡养

在无子的情况下,只能够依靠女儿、兄弟或者其他人来赡养。如果老人没有儿子,但有一个女儿或者几个女儿,则是由该独女赡养老人或者几个女儿平分赡养的责任,一般赡养老人都不会将其接到自己的家中,而是老人住在原来的房子中,独女或者女儿们给钱粮来养老人,偶尔也会回家来照看一下老人。如果老人没有任何子女,兄弟的家庭条件还可以,则由兄弟来养,同时也有族家伙来养的情况。兄弟赡养的情况并不具有强制性,但是稍微有一点怜悯之心或者亲情在,都会帮自己的亲兄弟一下。

(三)赡养形式

1.共同赡养

杨家在分家的时候只剩严玉芝在世,只需要赡养母亲,杨家中有两个儿子,此时分家就决定由两个儿子共同赡养严玉芝。分家是在1949年后,整个家庭当中的所有土地、农具、粮食都收归集体,也就不存在养老地、养老粮。

2.当家人为赡养形式的实际支配者

在分家的时候只剩严玉芝在世,所以是由严玉芝来做出分家的决定和决定赡养的形式。一般说来都是由当家决定的,当家人决定不需要告知或者请示四邻家族或者保甲长,更没有不被允许的情况。这个只是家庭内部的事务。只有越过一定的界限的时候,其他外部力量才会介入。

其他家庭成员对于赡养的形式,都有一定的了解,他们都不具有决定权,有一定的建议权。但是不能够擅自的决定,同时他们提出的意见要合理。

3.不同类型的家庭在赡养上的差异

不同类型的家庭,在赡养上是有差异的,这种差异分许多种情况,分为大户和小户的差别,同时大户和小户也有多子和少子的差别。基本上来说大户和小户之间的差别在于,大户会有养老地的出现,而多子和少子则基本上可以分为赡养责任平分和轮流赡养的形式,以及

---

① 族(cu)家伙:指家族,本文指杨氏家族。

独立赡养的形式。赡养的形式都是由家庭内部的成员进行商议后决定,各个家庭有不同的观念和现实的情况,因此商议的结果也会有所不同。

(四)养老钱粮

1.平摊养老钱粮

养老钱粮主要是在几个儿子共同赡养老人的情况下才会存在,一般独子赡养或者轮流赡养都不存在养老的钱粮。共同赡养老人的情况下,老人是在还具有行为能力的情况下单独居住,然后由几个儿子按期限给老人钱粮,按照杨兴禄的说法,当地是每一年给一次钱粮,每个儿子给的钱粮都是一样,而不是根据儿子的经济条件来决定的钱粮的多少。

杨家是在新中国成立后分了家,加之杨兴福又常年在外参加工作,家中只有他的妻子王进珍,所以他们的母亲一般都是吃住在杨家,然后每年杨兴福会拿一点钱给他的弟弟杨兴禄,以作为弟弟承担自己那一部分赡养责任的补偿。因此,可以看作是杨兴禄和杨兴福共同赡养他们的母亲,但是他们又都没有给母亲任何钱粮。

2.儿子之间平等商量赡养

其他家庭成员的决定权,分两个阶段,首先是在分家之前,除家长以外,几个儿子之间可以平等的商量养老的钱粮,决定权在当家人手中。在分家后,如果此时,几个儿子要重新修订养老钱粮的分配。他们可以说是享有主体的决定权,父母都听他们的意见,只要能够保证他们的生活。

3.不同类型的家庭在养老钱粮上的差异

与小户相比,大户在养老钱粮上肯定是比较充足的,而且他们对这种钱粮的分配,实际情况下可能是不平均的,如果说哪一个儿子比较富裕,他可能会多给一点,然后也不会在意其他人钱给的少,而小户则更加注重平等供给。

(五)治病与送终

1.儿子承担疾病照顾责任

分家前,由家庭成员承担老当家人治病照顾的责任。分家后,老当家人生病则一般是由具有赡养责任的人来承担治病的费用和照顾的责任,也就是说由几个儿子来承担治病和照顾的责任。如果是由几个儿子共同赡养老人,则是由儿子来平摊治病和照顾的责任,照顾为几个儿子的家庭轮流照顾老人。而如果是父亲和母亲分别由几个儿子赡养,则赡养的儿子来承担老人治病和照顾的责任,照顾一般是由承担治病和照顾责任的儿子来轮流照顾老人。出嫁的女儿一般是不承担老人治病和照顾的责任,但是出嫁的女儿在老人生病的情况下会回来照看一下,时间也就一两天。在杨家,当严玉芝生病的时候,是由杨兴禄和杨兴福共同承担治病的责任,并且由他们的妻子轮流来照顾老人。

2.儿子商量决定治病照顾

分家之前,由老当家人决定自己疾病和照顾的方式和途径。而分家后,老当家人由于年事已高,在家庭中的支配权已经大不如前,在分家后手中也没有掌握任何财产的管理权,所以他们的治疗和照顾都是由几个儿子或者独子来决定。在他们治病和照顾的需求能够得到满足的情况下,他们也很少会提出意见。如果无法得到有效的治疗和照顾,他们则会进行强烈的反抗,家族当中也会有人出面进行处理。

分家前,老当家人作为老人生病时,由老当家人独自决定治疗照顾,其他人没有任何支配权。而分家后,如果老当家人作为老人生病时,则由具有赡养责任的儿子来决定,此时儿子是作为当家人的身份来决定的,他的家庭成员没有任何支配权,只能够提出意见。

3.丧葬由家长承担

未分家之前,当家人去世丧葬的花费是由家庭成员共同承担,不管去世的是否为当家人,所有费用都由家庭成员共同承担。分家之后老人去世,一般由承担赡养责任的儿子来承担所有的丧葬费用,轮流赡养或者共同赡养的形式,则是由几个儿子共同承担。有的家庭当中,老当家人在分家的时候会为自己留养老地或者养老粮,并且在分家的时候与儿子们约定,将来谁来承担丧葬的费用,则由这个儿子来继承他的养老地和养老粮。总体来说,无论是在大家庭还是在小家庭中,都是由家长代表整个家庭作为老人丧葬费用的实际承担者。

另外在当地人的习俗当中。家中有老人去世的,要摆设灵堂。供亲人或者朋友吊唁。如果有其他人,其他亲戚朋友来吊唁的时候,必须要由长子带头排成一列,给前来吊唁的长辈下跪,以表示对长辈能够前来的感谢,整个过程中,一般在长子还没有跪下时,长辈就会将其扶起来,所以不会存在真正的下跪。在整个丧葬的过程中,长子都是作为领导者的身份出现。杨代发是在分家前去世的,所以丧葬费用也是由全家承担。

4.其他家庭成员也需承担丧葬的责任

在丧葬过程中,长子相比其他儿子需要承担更多的职责,首先在于他的年龄较大,社会阅历更多,所以由他来处理十分合适。其次,从当地人的习俗和习惯来看,长子在丧葬当中必须要为先,其他兄弟在其后。出嫁的女儿是要参加葬礼,并且还需要给去世的老人做一套衣服,其他方面则无需多管,这些事情都是由当地的习俗约定而成。不分家的情况下,则是由整个家庭来共同承担,不需要与家族当中的长辈商量。

(六)外界对赡养的认可和保护

1.家族的认可和保护

家族对于家户赡养的形式以及细节是认可和保护的。如果有儿子不承担赡养责任的,但是当中有人会背后议论,如果出现类似的赡养问题,首先是会有本房人出面处置,在本房人无法处置的情况下,会由整个家族出面处置,具体如何处罚,会按清明会当中所约定的处罚方式来处罚,最轻微的是会罚没一些钱粮来作为清明会的费用,最严厉的处罚方式为五牛分尸。

2.村庄、官府的认可和保护

村庄的任何保护主要体现在,如果家庭当中的赡养出现了问题,可以由家庭当中矛盾的双方请保甲长或者家长出面来进行调解。官府认可和保护主要体现在对于这一类赡养官司的处理,但是在旧社会,很少有人会将这一类似的问题闹到官府当中,家丑不外扬的思想扎根在当地人的观念当中。

六、家户内部交往

(一)父子关系

1.权责分明

(1)父亲的责任

父亲对儿子需要承担的责任很多,首先是需要将他养大成人,不仅包括负担他幼年、儿童和青年时期的吃住等费用,还要负担对儿子教育等责任。其次,在成年后要负责为他娶媳妇成家。再次,在农村还要教儿子学会耕作或者其他谋生的手段。最后,父亲还是要为儿子提供成年初期的房屋以及简单的谋生工具,这段时间儿子是没有任何能力能够独自修建新的房屋的。留不留家业是父亲的选择,在外人看来不留家业,会被看作是无能的表现,一般只有懒惰以及吸大烟的人,才会将整个家庭败光,不给儿子留任何家产。

(2)父亲的权利

父亲对儿子可以随意役使,在儿子犯错的情况下,可以对儿子进行批评教育,甚至打骂,打骂的程度是可以由父亲自己决定的,只要不把儿子打死或者打残就可以,如果是儿子致残或者致死,本房人或者整个杨氏家族会出面予以批评教育,以及进行处罚。买卖孩子是不被杨氏家族允许的,在清明会当中清楚地约定了杨氏家族不许虐待或者买卖孩子。可以将孩子逐出家门,但是要保证他不会因此而死亡,杨氏家族中没有将孩子逐出家门的情况。

在杨兴禄看来,杨代发算是比较严厉的父亲,杨氏家族对于他的严厉也是有所了解的,在1949年之前平时的生活中,他的父亲都是不苟言笑特别严肃的。所以在生活中他们都不敢犯任何的错误,一旦犯错都会受到父亲的严厉批评,但是打的情况很少。

(3)儿子服从父亲

在杨兴禄和杨兴福还比较小的时候,他们对父母的话都言听计从,不敢有任何违背。而当他们长大成家之后。他们在对家庭当中某些事务享有一定的建议权,但是都不能够决定事态的发展动向,全部都要听当家人杨代发及其妻子严玉芝的决定。当地教育儿子秉承的一个俗语——"三天不打,上房揭瓦",对儿子的教育历来都是特别严厉的。

(4)品德能力兼优的父亲与儿子

对于一个好父亲的要求是,首先要在道德上要懂得尊老爱幼,能够明辨是非,为人正直公正,不做一些败家的事,这些品德在家庭或者外面都是一个好父亲要具备的。其次,父亲还必须要有一定的能力,能够挣钱养家,能够读书写字更好,要让家人有一定的安全感。只有做到品德能力全优,才能在家庭内和家庭外使人信服。

而对于一个好儿子的要求,则更多的是向父亲的标准靠拢。从小要听父母的话,在外不要惹是生非,到了七八岁的时候,要学会为家庭分担,比如要帮家里放牛,再大一点需要儿子懂事一点,能够主动为家庭着想并且帮助家庭度过一些危机难关,此时正好儿子要开始学习生涯,好好读书认字也是一个好儿子的要求,再大以后就要成家立业,在这之后对一个好儿子的要求是要向好父亲的标准看齐。

2.融洽有序的父子关系

(1)融洽的父子关系

尽管杨代发比较严厉,但这种严厉不是无道理对儿子打骂,而是以道理来使儿子信服,所以他与儿子的关系还是比较融洽的。父子之间平常不会开玩笑。但是会一起喝酒,同时在饭桌上或者私底下会经常聊天,聊天的内容都是关于家庭内部或者外部的事情,在杨兴禄和杨兴福还在读书的时候,父亲在他们放学后还会抽背一些文章,激励他们好好念书,这些是父亲慈爱的表现。

(2)长幼有序的父子关系

正是因为杨代发平时不苟言笑,随时都是一副严肃的样子,加之之前杨兴禄因做错过事情被父亲打过,所以父亲在儿子们心中是威严的形象,父亲平时也教导儿子要以长辈为尊,所以家中事情都是长幼有序的。杨兴禄平时有什么事情都会给父亲说,而杨兴福很少与父亲说话。与父亲有一些距离,在杨兴禄看来,杨代发虽然平时都很严厉,但是从与父亲的交谈来看,父亲又是比较好接近和好相处的。

3.冲突较少

(1)冲突少,激烈程度小

在杨兴禄和杨兴福小时候,从来没有跟父亲发生过冲突。两个儿子成家立业后冲突也少,最严厉的冲突是杨兴福和父亲因为休妻的事情争吵,但是双方都没有动手。发生冲突的原因多为家庭内部的一些琐碎事情,杨家很少因为分配的事情发生冲突,且冲突多为争吵几句,最后都会不了了之,父子间的争吵在杨兴禄和父亲很少发生,而杨兴福与父亲之间则更多一些,所以父子之间的冲突,次数少,激烈程度都较小。

(2)家庭内部解决,外部力量很少介入

家庭的冲突,除部分特别重要事件,一般都以家里解决为主。以杨兴福和父亲因为休妻的事情而争吵为例,在冲突发生后,杨代发的母亲王氏从家庭的和睦出发,往往会以命令的口气,让两父子不要吵架,杨代发的妻子严玉芝劝两父子不要吵架,在这件事情上杨兴福的妻子王进珍因为是事件的当事人,则没有表达过多的意见,家中杨兴福的孩子都不掺言。家庭成员都不会选择站队,而是尽量让冲突平息下来。

而如果家庭当中是因为一些重要的事情发生冲突,如分家等,或者冲突的激烈程度较高,还有可能使人致残或者致死,则街坊四邻以及本房人都会主动介入,首先是让双方给冲突暂时平息下来。然后再让双方坐下来慢慢谈,讲明道理摆事实,最终确定一个解决方案。

(二)婆媳关系

1.婆媳间的权利义务

(1)婆婆的责任

婆婆要对媳妇承担的责任包括:首先,婆婆要承担教育媳妇的责任;其次,偶尔要承担照顾媳妇的责任;最后,是要承担领导和指挥媳妇的责任。

首先,媳妇在嫁过来之前,在其家庭已经接受了女德的教育,并且学习了女工活,如缝制衣服等,这样才能够被夫家所接纳。在嫁过来之后,婆婆要承担教育责任则是一种补充教育,让媳妇快速地融入现在家庭中。其次,媳妇也有生病和坐月子的情况,她们的丈夫都在外务农,所以只有婆婆来照顾媳妇。最后,成年女性家庭成员在家庭当中的作用不同于男性成年家庭成员,他们所承担的主要是洗衣、做饭、缝衣服等家务活动,这些活动都是由母亲来安排完成,母亲在其中承担了领导者的责任。

(2)婆婆的权利

婆婆对媳妇的权利包括:首先,能够随意的役使媳妇干活,但是要力求公平公正;其次,婆婆可以打骂媳妇,但是打骂的情况很少,如果无理由的打骂太多且被娘家人知道了,强势一点的娘家人有可能会找上门,要为自己的女儿讨个说法。

对于婆婆的话,媳妇必须要遵从,如果婆婆有什么说的不对或者做的不对,媳妇当面是不会提出来的,只会按照婆婆的意思办事,再在私底下换个场合再跟婆婆说这些事情,如果处理得当的话,婆婆一般能够接受媳妇的意见。一般说来,如果婆婆做的有什么不对,媳妇告诉其丈夫,再由丈夫去跟婆婆说,是会受到婆婆的排斥,婆婆跟媳妇之间的事情双方解决为最好。

（3）会持家的婆婆和媳妇

婆婆和媳妇的评判标准有一定的共通性，她们都必须要会女红活，要懂得三从四德，家务活动都能够按时按量的完成。相比之下,媳妇还必须要听从婆婆的话,学会和婆婆融洽相处。

2.总体融洽的婆媳关系

总体来说,杨家婆婆和媳妇的关系是比较融洽的,平时在家中婆媳是共同协助完成家务活的。一般由婆婆指挥儿媳妇做事,家中做饭基本上都是媳妇来完成,由王进珍和郭玉珍交替做饭。婆媳之间很少开玩笑,当地流传了一句话"男笑痴,女笑瓜[①]",媳妇整天笑嘻嘻在婆婆看来是要不得的,平时婆媳之间也会聊天,聊天的内容也为家长里短。

家中的晚辈对于长辈多少会有一点忌惮,媳妇也是怕婆婆的,这也正是婆婆所希望的,不然无法领导她们来完成家务活动。在郭玉珍看来,婆婆严玉芝也是比较严肃的,在她们之间还是存在着一点间隙,但是没有出现严重的争吵,总体来说还是比较好相处的。

3.婆媳冲突,不了了之

在严玉芝与儿媳郭玉珍和王进珍时有发生冲突,冲突多为吵架,很少有动手的情况,冲突的原因也多为一些琐碎的事情。当婆媳之间发生冲突时,家庭成员都不会选择站队,都希望双方平息争吵,一旦当家人杨代发发话,婆媳都会很快结束争吵,但是心中会留下怨恨,有的时候会好几天不说话,最后都会不了了之。例如有一次,王进珍在突然下雨的时候没有及时的收衣服,导致衣服掉在泥土里又弄脏了,严玉芝就批评了王进珍几句,王进珍气不过就犟了一句:"我在做饭的嘛,鬼晓得要下雨!"严玉芝一听媳妇竟然敢这样反驳自己,冲上去就要开始骂王进珍,幸亏被杨代发一把拉住,王进珍也被杨兴福拉回自己的房间。之后的几天,两人还是正常的做事,两人也没有说话,最后还是王进珍给严玉芝道歉以后,双方的关系才逐渐的缓和。

婆媳之间的冲突一般都不为家庭中有重要事情,不会影响到家庭的和睦和人生的安全,所以外部力量没有介入的理由。在婆媳冲突中,不同的家户之间没有太大的差异,大户人家中的人际关系更为复杂,也更容易出现婆媳之间的矛盾。

（三）夫妻关系

1.丈夫与妻子的责任和权利

（1）丈夫对妻子的责任

丈夫承担的责任十分广泛,对于整个家庭,他必须要承担起赚钱养家的责任,对待儿子要承担教育的责任,而对待妻子他主要存在以下几个责任:首先,他保证自己妻子以及整个家庭有吃有住;其次,他要承担起维护夫妻双方关系的责任;再次,丈夫还要承担起照顾妻子的责任,这主要针对的是妻子生病或者怀孕时无法自己照顾自己的情况;最后,丈夫要承担起抵御外部侵略的责任,既包括防止强盗的强占,还包括要为受欺负的妻子出头的责任。

---

① 瓜:同"痴",贬义词。

（2）丈夫对妻子的权利

丈夫对于妻子所享有的权利包括：首先，丈夫能够役使妻子，但这种役使不是随意的；其次，在1949年以前的家庭，丈夫有要求妻子生育的权利，如果妻子不能生育，常常会受到丈夫的打骂；最后，丈夫有被妻子照顾的权利。

（3）丈夫妻子相互扶持

丈夫与妻子的关系相比父子和婆媳之间的关系，要稍微平等一点，但是对于丈夫的话，妻子必须要服从，但不是无条件的，对丈夫所决定的事妻子有权利反对并且提出意见，但是最终的决定权掌握在丈夫的手中，丈夫有可能会直接撇开妻子独自决定。

（4）顾家孝顺的丈夫和妻子

好丈夫和好妻子，都必须要能够真正的维护双方的夫妻关系，不在外面沾花惹草，尤其是妻子如果经常串门，跟男人聊天儿等会被说闲话。好的男人必须要顾家，爱护妻子，孝顺父母，有赚钱的能力。好的妻子只要能够孝顺婆婆公公，会洗衣做饭，会缝缝补补，还要会生儿育女。

2.和睦的夫妻关系

平时杨兴禄和郭玉珍之间的关系十分和睦，平时夫妻之间会开玩笑，也会常常聊一些家常，这都是夫妻之间必须的，直到现在，在我看来他们还是恩爱有加。在夫妻关系中，妻子还是有一定的权力，但是这种权力还是在丈夫之下，妻子对丈夫还是属听从的地位，妻子也有更大的建议权。在妻子看来，丈夫杨兴禄是很好接近的，也很好相处，这完全不同于杨代发，所以妻子有什么事情都会和自己的丈夫说。

3.夫妻间小吵小闹

杨兴禄跟郭玉珍之间会有一些冲突，但都是小吵小闹，冲突的次数也很少，原因都是一些琐碎的事情。而杨兴福和王进珍之间，则经常发生冲突，吵架和打架都有存在，基本上为吵架，而发生冲突的原因则各种各样，一般都是为积累起来的矛盾，这也是杨兴福想要休妻的原因。

在吵架后，都是在家庭内部解决，外人很少有可以干涉的权力，冲突发生后，在不影响整个家庭和睦的情况下，当家人最多说两句，"要吵到你们屋头去吵，不要在外面丧德①！"过一段时间想通了，也不再吵了。而杨兴福和王进珍之间的争吵，当家人杨代发有时候也管不了，也只有双方劝一下，杨家的当家人杨代发和严玉芝有时候会说自己儿子的不是，然后劝媳妇消消气。

发生冲突后，当家人会根据冲突的激烈程度，来决定是否介入。外部力量一般不会介入，除非事情闹得比较大，惊动了娘家人或街坊四邻。

（四）兄弟关系
1.兄长对弟弟的责任和权利
（1）兄长对弟弟的责任

兄长对弟弟的话必须要承担教育、保护甚至抚养的责任，如果父母不在，长兄如父，则要负责给弟弟娶媳妇儿，不给弟弟娶媳妇或者不抚养弟弟，会受到父亲兄弟的批评或者本房人

---

① 丧德：当地方言，意为丢人现眼。

377

的批评,除此之外,兄长还要教弟弟谋生之道。在老当家人还在世的时候,都会将自己的家业给几个儿子分配好,去世后,未成年儿子那一部分家业由长子代为掌管,在其成年的时候归还,如果老当地人没有分配家业给未成年儿子,则需要由长子来为弟弟置办家业。

(2)兄长对弟弟的权利

丈夫对于弟弟所享有的权利包括:首先,丈夫能够役使弟弟,但这种役使不是随意的,同时弟弟也可以有选择性的听从。其次,兄长可以适当的教育弟弟,打骂已经算是比较严厉的处罚,一般不会出现,更多的是兄长的耐心劝导。以上均为老当家人还在世的情况,老当家人不在之后,兄长则直接享有当家人的权利。如果父母不在了,兄长不能将弟弟赶出家门,将弟弟卖掉更是不允许。

(3)兄弟间相互督促

对兄长的话,弟弟一般都会选择服从,但服从不是无条件的。自己对于兄长不对的地方也可以提出批评。同时兄长决定什么事情的时候,也可以像弟弟询问意见。

(4)好的兄长与好的弟弟

好的兄长要对父母孝顺,对下要承担起教育弟弟妹妹的责任,还在承担起保护弟弟妹妹的责任。而弟弟首先是要尊重兄长和父母,同时要懂事,能够为家庭分担事情。大户、中户、小户之间的差别很小。

2.兄弟关系融洽

杨兴福和杨兴禄之间的关系还算比较融洽,兄弟之间没有过大的争吵,偶尔因为孩子之间的不和有过争吵,但是都很快平息。兄弟之间偶尔会开玩笑,在一起喝酒,在一起聊天的时间则更多。杨兴禄一点都不怕自己的哥哥,他有什么事情都会跟自己的哥哥商量。总体来说,双方之间保持的是一种平等的关系。

3.兄弟间冲突很少

兄弟之间的关系比较融洽,很少有争吵,打架的情况则更没有,有一次因为两家的孩子有不和,哥哥和弟弟都认为错误在对方,所以吵了几句,但是过了几天又很快和好了。兄弟之间的冲突一般在家庭内部解决,在发生冲突后家长都会选择介入。当家人杨代发一旦介入,则争吵会很快平息。如果冲突较大,杨代发则会动用家法。发生冲突后外部力量很少会介入,除非冲突过大,已经影响到整个家庭的和睦,甚至整个家族的颜面,本房人或杨氏家族会选择介入。

(五)妯娌关系

1.无明确权责

嫂子与弟媳之间不需要承担什么责任,在生活当中,弟媳和嫂子在家中都不具有决定的权力,所以也没有相互之间的服从关系,只是在有些事情上,嫂子可能有一定的经验,所以会在某些事情上有一定的发言权,嫂子可以凭借这一点主动或者被动地教导弟媳,弟媳是否服从,可以由弟媳自己的意志决定。

2.关系融洽

妯娌之间关系比较的融洽,她们两者之间也不存在直接的利益冲突,同时两者都在当家人及其妻子的引导下,关系比较的和睦相处。王进珍和郭玉珍两人都是比较随和的性格,杨家的大小事情都是由当家人杨代发打理,所以在杨家中,这两人都处于被领导的地位,都按照当家人安排做事的情况下,也就没有多少冲突。

(六)婆孙关系

在杨家,最疼爱家中小孩的是奶奶王氏。从小到大,王氏对杨兴禄就疼爱有加,平时只要是杨兴禄的要求,奶奶王氏都可以满足。有的时候他做了错事,不敢跟父亲杨代发交代,就会选择先跟奶奶说,然后奶奶再和杨代发说,杨代发也会念在奶奶的面子上不予以批评,只是让他下次注意就好了。

七、家庭外部交往

(一)对外的权利义务关系

主要的对外关系包括以下几种:一是邻里之间有一定的责任和义务,但这种责任和义务有一定的条件,邻居间提供的帮助,只有当有这种需求,并且自己有能力提供的时候,才会邻里间相互帮助,比如像承办红白喜事时,一般邻里间都会来帮忙。相互挨着的土地之间不能侵占,地邻之间还有相互通知庄稼状况的义务,当发现其他人的庄稼出现问题时,会及时的通知他人,同时还有保证沟渠畅通的义务。二是亲戚之间由于血缘关系的存在,具有相互帮助的义务,在亲戚家有重要的事情发生时,他的亲戚都可以主动或者被邀请去帮助。三是朋友关系作为最为重要的一种社会关系,在相互需要帮助的时候,朋友间都有义务提供帮助。四是土地主对佃户的义务包括,需要向佃户提供土地,保障佃户用地的各项权利。土地主的权利则包括,享有向佃户按时收缴土地租金的权利,享有租种期限到达时收回土地的权利。佃户具有向土地主提供租金的义务,以及按时交还土地的义务。他的权利则是在租种的土地上种植庄稼而不受影响。

(二)对外日常交往关系

1.邻里关系及地邻关系

杨家同其他邻里间关系融洽,在日常生活中多有来往,相互借个农具时有发生,红白喜事也必来帮忙,逢年过节邻居几家人还会聚在一起打牌,双方的家庭成员都来往。

邻居间按辈分有高低之分,但是处理实际事情中,这种差别则淡化了。在几家邻居中,杨代贵家比较占强,有欺负过其他家的邻居,但是没有哪一家是怕谁的,因为都是同属杨氏家族,彼此间有一定约束不担心对方做出出格的事。杨代贵占强并不是因为他是大户有十足的底气,而是因为他的脾气使其他邻居还是比较忌惮的。

地邻间有着相同的土地方位和耕作条件,在土地耕作上也有合作,如淘沟渠、共用水车等,使得他们之间的关系联系比较紧密,杨兴禄同他们的地邻关系还是比较融洽的,帮忙看一下水田的水都是经常的事。

2.亲戚关系及朋友关系

杨家的亲戚多为杨氏家族内部成员,由于住的比较近,来往也比远方的亲戚多一点,平时有什么事都能够及时得到亲戚的帮助。在同亲戚交往时,需要讲辈分关系,所以也存在着不平等,主要体现在礼仪等方面,其他的则比较平等,亲戚间不存在谁惧怕谁,只有长幼之分。

朋友间的关系则比较随意,不存在亲戚关系的血缘捆绑,也不存在邻居、地邻间的地理位置捆绑,只要性格一拍即合就做朋友,不行不来往就是了,所以朋友关系没有融洽、不融洽之分,只有有朋友和没有朋友之分。杨代发在村里还是有几个要好的朋友,尤其是一起去背口袋的人,关系十分要好,来往也很密切。杨代发朋友间的关系都是平等的,不存在谁惧怕谁的情况。

3.主佃关系

主佃间因土地而连接在一起,只要双方的租佃关系不破,关系就能够维持。杨家和土地主只有在年末收租的时候才会见面,在其他时候则不会见面,见面也为家长见面即可。杨代发在年末的时候就会准备好交租的粮食,张全德骑着毛驴来收租的时候,杨代发就把粮食给他,一般张全德不会在杨代发家吃饭,因为张全德还要去收其他家庭的租。土地主和佃户间的关系是不平等的,土地主由于土地的所有权而具有主导地位,佃户则处于弱势,双方的关系由租约来维系。

(三)对外冲突及调适

1.对外冲突的单位

家户对外发生冲突的时候,对外冲突的单位是家户,以当家人杨代发为代表处理对外冲突,家庭成员有部分的处理权,严玉芝可以处理孩子在外所产生的矛盾,杨兴禄曾经和其他家的孩子吵架,对方孩子的家长找上门来,是由严玉芝和对方对峙,并且发生了严重的争吵,最后还闹到了开封的土地主张家那儿①,最终是判对方输,还挨了几板子。

当家人及妻子不在的时候,家庭成员一般不处理对外的冲突。首先,是家庭内部成员无法处理对外的冲突,他们没有这个权限。其次,冲突的对方也不会选择在当家人不在的时候发生冲突,因为这样会被人说欺负别人,并且他们也知道当家人不在的时候是解决不了问题的。

2.处理冲突的边界

(1)心理的边界

家户成员在与外界发生冲突时,会选择家户利益至上,"哪个打你就还回",这就是杨代发经常教导儿子的。杨代发在处理对外冲突时还是比较讲道理,他教育子女的态度是一致的,但是在处理问题时会因为角度不同,而出现对与错的不同,所以公说公有理婆说婆有理,最终都是以个人的利益至上。

当杨兴禄与别家有冲突时,杨家又必须要和他家去合作淘沟渠、淘堰塘等,杨家只能选择与其他家庭共事。

(2)处理的边界

当冲突维持在一定的限度,由家户自己处理,外人不能干涉。但当冲突达到一定的程度,则本房人、本家族的人以及邻居有主动或者被动介入的权利。

3.不同对外冲突过程及家长的地位和作用

(1)邻里冲突及地邻冲突

邻里间的冲突是最为寻常的一种,且都是一些小事,面对这样的事情更多的是严玉芝出面,其实在无法处理的情况下,当家人杨代发才会出面,杨家和邻居还算是比较和睦,没有过大的争吵。

地邻间发生冲突多为田埂、沟渠损毁的责任不清,以及田埂上的树木划分不清,或者有

---

① 1949 年前,当地有土地主来评判民间纠纷的情况。

人砍柴超过了边界,其他不存在越界种植的情况。地邻冲突必须要由当家人出面处理。杨兴禄和地邻间在树木以及边界的划分上十分的清晰,因此不存在大的冲突。

(2)亲戚冲突

远房亲戚由于接触较少,所以也就没有太多利益冲突,而近亲之间则冲突更多。亲兄弟间常常会因为赡养的责任划分而产生冲突。亲家之间也会因为对待媳妇的态度不同而产生冲突。这些冲突必须要两个家庭的当家人出面才能够处置,或者需要两家人的长辈来处理。杨代发和他的兄弟间很少有冲突,他们两家将赡养的责任划分的很清楚,他的哥哥赡养父亲,他自己赡养母亲,在村子当中他们两家都是互帮互助的。

(3)主佃冲突

土地主和佃户间的冲突,主要是由于租金或者土地的使用等所产生冲突,土地主张全德和杨家没有因为土地租赁出现过冲突,一是因为本身该土地的土质不怎么好,想租出去也比较难,张全德比较赞同由杨家来租种这块土地,并且杨家都是按时上交租金的。二是土地租金很低,杨家的负担不重,他们也很乐意租种这块土地。

4.不同冲突过程由个人冲突衍生为家户冲突

邻里之间的冲突都为一些小事,家庭成员有时候可以处理,如果个人之间积怨已深,长此以往会转换为家庭矛盾。亲戚之间的个人冲突会受到两家成员的劝导,但如果分歧实在特别严重,两家会减少往来,但不会因此而断绝关系,家庭成员间因为某些事情还是会有些联络。地邻间的冲突在发生时就以家庭间的冲突而存在。主佃之间的冲突一旦发生,极有可能会导致双方租赁的关系破裂。两家也会从此不相往来。

5.外力对冲突的介入及其限度

外人对冲突的介入是有条件的。邻里冲突后,私下会有很多说闲话的,住的比较近并且为人很热心的人,会在冲突激烈的时候来劝架。地邻发生冲突,在杨氏家族中有关于土地的规定,家族中的长者会出面解决比较大的冲突,在每年的团会上也会处理这种冲突。主佃、亲戚之间发生冲突,外人很少有介入的情况。朋友间的冲突都是由朋友自己来调节,最后大不了分道扬镳。

第四章　家户文化制度

以杨家的状况,能够供两个儿子都去读书实属难得,在物质不丰富的年代,能养家糊口就已然满足,但是从当地对知识文化的推崇来看,这种选择又是合理的。即使不能靠知识文化吃饭,但知识文化已然是人们的一项必备技能。杨家的成员都有着一致的家户至上意识,全家人都会以家庭的利益为上,在婚姻、工作等方面都有所体现,尤其是在家中遇到困难时体现尤为深刻。杨家的习俗文化和中国的习俗文化基本保持一致,同时又体现着川北地区传统的风俗,这在逢年过节时能够充分体现。杨代发本人信仰道家和佛教,但不够虔诚,在影响下其家庭成员也同样如此,只有在有事或者遇到困难时,才会去求神拜佛。家庭成员在外交友被认为是理所应当的,杨家对家庭成员的社会交往处于中立态度,即允许和他人交往,但是仅允许和道德高尚的人交往,同时对家中女性的人际交往还有比较多的限制。

一、家户教育

(一)男性受过四五年教育

1.四五年的受教育水平

杨家在 1949 年以前,除了杨代发、杨兴福和杨兴禄,其他人都没有受过教育。杨兴福受过五年教育,在官学和私塾当中都上过学。杨兴禄也上过四年的官学和私塾。杨代发的受教育水平不得而知,因为杨代发没有说过他受教育的程度,但是杨代发是识字的。在杨兴福和杨兴禄放学回家后,杨代发还给他们辅导过功课,因此杨代发的受教育程度大致跟他的儿子们相同。

杨兴禄和杨兴福读书都是从六七岁开始去读书,最开始在私塾读一年,然后再在官学读3 到 4 年。杨兴禄和杨兴福都是读了四五年书,不到十一二岁就没有再读书了。

2.个人原因及环境所限

杨兴禄上了三四年没有再去读书的原因是,他认为自己在读书方面没有天赋,就没有再去读了,没有因为说家里供不起或者需要劳动力,就没有让他去读书的情况。而杨兴福受教育的时间比较长,加之自己读书也比较勤奋,五年的学习使他基本掌握了书本的知识,再往后他在官学当中学不到任何更高深的知识,也没有其他升学的途径,所以也就没有在读书了,但是凭他读的这五年书以及天赋,使得他在 1949 年后参加了公社的工作,最终还当上了公社书记。

总体看来,杨家对于孩子教育还是比较支持的,没有读书都是因为读不进去或者环境所限,没有出现他们不许儿子读书的情况。关于孩子是否读书都是听杨代发及其妻子严玉芝的。家中只许男儿读书而不许女儿读书,都是受传统的影响并由杨代发决定的。

3.多子贫困家庭选择读书

杨家的儿子只有两个,加之家庭条件不差,所以不存在选择儿子去读书的情况。而在当地的多子且贫困的家庭中,只能够选择一两个孩子去读书,一般都是选择年龄最幼的。而杨氏家族中的大户,要么是没有儿子,要么是只有一个儿子,所以无法考察大户多子家庭的读书情况。但是从当地人对于教育的重视程度来看,一般的大户多子家庭会选择让自己的儿子都去读书,让孩子自己选择是否读书。

4.与家中长辈商量

在 1949 年的当地,如果家中为儿子当家,并且老父亲还健在,则家中小孩子要去读书,儿子都要跟老父亲商量一下,然后再决定是否让孩子去读书。读书对于当地人来说还是比较重要的,所以当老父亲还在世的时候,儿子作为当家人还是要与老父亲商量一下。

5.男孩子应当受教育

当地人有一句话:"书是良田笔是牛,不耕不种得自由。"可以看出当地人对于教育是多么的重视。读书识字是成年男性必须的,不然会受人欺负,所以家里只要条件稍微允许,都会送自己家的孩子去读书。如果孩子愿意读,并且读书也读得好,都会尽量让自己家的孩子多读点书。

家庭不会让女孩子去接受教育,杨家人认为教育对于女性来说没有多大用,他们只要会针线活和家务活即可。

(二)私塾教育

1.一年私塾教育

杨兴禄和杨兴福都有被送去过私塾读书,他们是在六七岁的时候去私塾读书,去读书的决定是由他的父亲做出的。女孩子是不被允许去上私塾的,杨家及亲戚当中没有人开过私塾招收学生。

杨兴福、杨兴禄去读书的时候,他们的爷爷早已去世,所以读书的决定都是由当家人杨代发作出。如果是爷爷当家,则直接由爷爷决定即可。

2.家户承担私塾费用

杨兴福、杨兴禄去上私塾的费用由家庭承担,每年需要给私塾老师一斗多米,学费都是每年由杨代发背过去的。上私塾的主要花费包括给私塾老师的钱、买书、买笔墨本子等。私塾离杨家一里地,前几次去读书都是家长带着去,一般杨代发自己带他去,家中女性很少带孩子去读书。之后去读书都是杨兴禄自己去,中午自己回来吃饭。

杨氏家族当中没有把私塾老师请到自己家中为孩子上课的情况。

3.私塾主要读书识字

在私塾当中主要教学内容为读书识字,书本方面主要学《三字经》,以后到了官学会教他们更多的书。在逢年过节是不需要去给老师拜年的,平时如果家中蒸了馒头会给老师拿一些过去,白面馒头是很少做的。当家中农忙时,当天需要请帮忙的人吃饭,杨代发会叫杨兴禄把老师唐海兰一起叫过来吃饭。一年农忙也就两次,所以请老师吃饭也就两次。当地不会专门请老师吃饭。

在杨家,读书的时候在放假时还需要去放牛,而且没有寒假和暑假,只是隔一段时间放假几天,还有过年时放一个月。杨兴禄在私塾学习的一年时间中,除农历十二月外,其他十一个月都在私塾中学习。

（三）官学教育

1.三四年的官学教育

杨兴禄和杨兴福去官学接受过教育,学校就在马灯观,相距不到500米。对于官学的情况,前几次由杨代发带着他们去学堂,后面则由他们自己去。

杨家男孩儿才能去读书,女孩儿就没有去学堂读书。杨家读书没有什么先后次序,哥哥比弟弟大十岁,所以哥哥先去读书,读完之后弟弟再去读书。这不是因为杨家条件不好,而是因为年龄的差异,而像条件一般的家庭,只会选择让几个年幼的儿子去读书。

2.无需学费

读官学是不需要任何学费的,到了年龄的学生都可以去读,但是像书本、笔墨本子等都需要自购,其他则无更多花费。自购书一共有十本,包括《大学》《中庸》《论语》《数儿》①《良更》②《贤进》③《伟才》④《天时》⑤《百家姓》《三字经》,读书的内容主要为能够背诵和理解这十本书的内容。整个读官学的花费都是由整个家庭来承担,买东西都是杨代发去的,而如果家中是爷爷当家,则是由爷爷承担费用。

3.当家人决定并尊重孩子意愿

当家人叫孩子去读书,孩子一般不会反抗,一是因为他们年龄较小,对于读书没有任何概念;二是他们觉得去读书,可以和其他同学一起,也不会觉得孤单。但是当他们读了几年书以后,有的人会觉得读书索然无味或者读不进去。他会主动给自己的父亲或者当家人说不想读书,父亲或者当家人都会尊重孩子的意见,而如果家中只有一个儿子并且家庭条件也不错,儿子不去读书的要求是不被允许的,最终的决定权还是掌握在当家人手里。

如果是爷爷当家,小孩子接受教育都是由爷爷决定,孩子的父亲只能作为重要意见的提出者,爷爷和父亲关于孩子读书的意见一般不会出现相左的情况,都会让孩子去多读点书。

（四）教育的家户单位

1.家庭教育

除书本教育以外,小时候孩子的主要教育都是来自家庭,家中的长辈会教小孩家规、做人的道理等知识。如果爷爷、父亲比较有文化,则还会教孩子一些文化传统和人生哲理等。农业耕种知识以及传承的手艺,一般由作为父亲的杨代发手把手教给男孩子,男孩子到了十一二岁要接受父亲的农业耕作教育;扎花、做鞋、缝制衣服、做饭、洗衣服等都为母亲或者奶奶传授给女孩子。

在家庭中,父亲、爷爷对男孩子的教育多一点,母亲、奶奶对女孩子的教育比较多一点。不同辈分的人对小孩的教育也不同,父亲和母亲对小孩的教育偏向于实用技能的教育,爷爷和奶奶则什么都教。有的爷爷奶奶对孙儿十分宠爱,让孩子能够感受到家的温暖。比如杨代发就十分宠爱杨兴福的女儿杨玉芳,在分配房屋时因为杨玉芳而给杨兴福多分了一间房。

---

① 读音同"数儿",不知具体为何书。
② 读音同"良更",不知具体为何书。
③ 读音同"贤进",不知具体为何书。
④ 读音同"伟才",不知具体为何书。
⑤ 读音同"天时",不知具体为何书。

一般小孩子长到十四五岁,会被家长认为是长大了,到了十四五岁家中的儿子和女儿应当能以大人的方式来思考和行为,这样会被家长认为懂事了。

2.其他人的教育

其他的亲戚以及邻居有时会教育自家的孩子,教育的内容一般和父母教育重合或者为其补充,不存在相左的情况,大致都是教一些公认的道理,如要听话、懂事,等等。男孩子由于要读书等,会经常与同龄的孩子相接触,所以极大有可能会受到其影响,而女孩子则没有太多外出的理由,对女孩子注重内敛的教育,所以也很少会受到同龄人的影响。同家庭相比,亲戚、邻居对于孩子教育的作用,主要还是依靠家庭教育,同龄人之间有一定的影响力。

(五)家教与人格形成

父母亲以及家人在孩子长大成人的过程中有十分重要的影响,家中的孩子会在模仿父母亲以及其他家人的思维方式或行为中,建立起与之相同的人格。家庭中的相处模式和平时的生活氛围对孩子性格也会产生极大的影响,当时杨代发的家中,家人之间的相处比较和睦,父母做事也都以公平公正为标准,这使得杨兴禄在其所当家的家庭中,也十分注重公平与公正。关于做人做事的道理,都是从父母或者家人那里习得的,当杨兴禄和杨兴福犯错误时,家长都会进行及时的教育,杨玉芳犯错误时杨兴福也会进行及时的教育。风俗习惯也都是从小在平常生活中从父母那里习得,会在过年过节的时候听家人讲一些来历,亲身经历各种特殊仪式活动,然后逐步掌握这些风俗习惯。从杨兴禄的访谈以及平时的行为来看,他一直认为勤劳能致富以及家和万事兴。杨兴禄在遇到困难时,家人会提供很多帮助,同时也会从同龄人那里得到一些帮助。杨兴禄认为他的成长与生活都离不开家庭。

(六)家教与劳动技能

杨家会教孩子一些劳动技能,男孩子要学会耕田耙地、栽秧打谷等农业的劳动技能,女孩子学做饭洗衣、做鞋做衣等家务劳动技能。男孩子学习劳动技能以后才能谋生立家,女儿学习家务劳动技能都是为了能够找到一个好婆家,这些技能都事关孩子们未来的一生。都是他们的长辈教他们这些知识,有一部分是在以往的生产阶段总结出来的。孩子都是由自己的家庭成员来教,有一部分人会为了让孩子学习其他亲戚的手艺,就把孩子送到亲戚家去学手艺,这是为亲戚教。一般说来男孩子都是由父亲教,女孩子由母亲教。

男孩子在七八岁要上山放牛,在十二三岁的时候会跟着父辈到地里参加劳动。劳动的过程中,父辈都是先让儿子在一旁看他们劳作,然后再手把手的教他实际操作。学习干农活是每个家庭的男孩子必须的,学习干农活是为了在以后的生活当中能够谋生立家,同时对父辈的家庭来说也是为了培养劳动力,不学是不行的。

女孩子家务劳动都是在家里学习的。大概是在十四五岁开始学习,主要是母亲教,奶奶和姊姊会进行重复性的教育或者补充教育,如果家里面没有分家,嫂子主要为家务活动的劳动者,家中女孩则能够从嫂子那里学到很多劳动技能。女孩子在十四五岁开始要承担家务活动,要帮助母亲带弟弟妹妹,要自己洗衣和缝补衣服。女孩子不被允许读书,会家务劳动被看作是女德的必须,不会这些家务劳动就不会被婆家看上或者即使被婆家看上,嫁过去后也会受到婆家严厉的教育或批评。

小孩子不学或者不好好学相应的劳动技能,会被长辈严厉的批评,其他外人也会说这家孩子"没教着"[①]。

（七）学手艺

当家人杨代发有织布的手艺,但是杨兴福和杨兴禄都没有学习到织布手艺,主要是因为杨代发没有教自己的孩子,没有教的原因,则无从知晓。

而杨代发及其兄弟都会织布,在杨氏家族当中也有很多男性都会织布,由此可以看出织布这种手艺,是从很多辈以前传下来的,具体传了多少代也不得而知,到杨兴禄这一带很少有人会织布。而杨代发及其兄弟都会织布手艺,说明他们的父亲在选择手艺的接班人时,是将两个儿子都作为了接班人,不存在只教小儿子不教大儿子的情况。手艺的学习相对于劳动技能比较宽松,父亲不教或者儿子不学,都是可以的,只要以后能够通过其他的手段来谋生立家。

二、家户意识

（一）自家人意识

1.比较宽泛的"自家人"

杨家人认为,祖父以下的晚辈都为自家人,母亲娘家那边的父母兄弟姐妹为自家人,除此之外的其他人都算外人。在杨代发看来,自家人和外人有着很大的不同,自家人的血缘关系更加紧密,日常生活中相互帮助也不同于外人,自家人能够说的事情也比和外人说的事情范围更广,除此之外还有许多的不同。

杨家人认为自家人的范围不限于小家庭范围,叔叔伯伯、已经出嫁的姑姑、舅舅、舅妈以及姨姨都算自家人,已经分家的兄弟也算是自家人。以上都可以算作是大范围的自家人,这些人都是不同于外人的。在杨家,杨代发的兄弟杨代兴和三个妹妹都为自家人,母亲娘家那边的父母兄弟姐妹都为自家人。

出去长年打工的人算自家人,过继过来的孩子和收养的孩子都是自家人,上门女婿也是自家人。杨家没有雇用长工,也没有管家和佣人,而他认为长工管家和佣人都不算是自家人。如果一个男人娶了几房妻妾,妾和其所生的孩子,算是自家人,杨氏家族中有一户人家有纳妾,具体的姓名不知,纳妾的原因是妻子生不了孩子,在杨代发看来他们都是一家人。被当家人逐出去的家人,永远回不来就不是自家人。

一个大家庭没有分家,底下有几个小家庭,依然同住在一个院子里,都算是一家人。不住在一个院子里面,但是没有分家,这种情况就是那种土地主的情况,他们依旧都是一家人。

杨家人认为与外人相比,自家人更能够感觉到熟悉和家庭的存在,他们都是杨家最重要的人。在任何的条件下,他都可以向他们请求帮助,并且他们都会很乐意地来帮忙,而外人则不会如此。

2."自家人"之外皆为外人

在杨代发整个小家庭中,被杨代发逐出家门的都不算自家人。而在整个大范围的自家人当中,如果有血缘关系的自家人同自己家发生矛盾,且特别的严重,触及双方家庭的核心利

---

① 没教着:是说孩子不懂事,没受教育一样。

益,伤害了双方家庭的感情,并且双方从此势不两立,这样两家人都不会将对方看作自家人。如前文所述,自家人和外人是有着明确的物理的边界,而心理边界则是一种心理认同,如被逐出家门的人在心理上不被认同为自家人。

街坊四邻算是外人,远房的亲戚也算是外人,乡亲也都是外人,外人有一个物理边界,同时也有心理边界,都与自家人相对。除划归为自家人的亲戚,与其他的亲戚都关系一般。外人是不能够随意地介入自己家的家事,当自己家发生的矛盾较轻微时,外人是不会介入的,如果矛盾已经发展成为可能致人残疾或者死亡时,外人才会介入。杨家没有发生过介入别人家的家事。如果介入情况则同于外人介入他们家的情况,去管别人家的家事的时候,一般都是由当家人或者母亲出面,其他人不会出面。杨代发有时候会介入亲戚家的家事,这种情况主要为他们请求介入或者事情闹的非常大。

与自己家交往心理的间隙很小,而与外人交往则有比较大的心理间隙。与自家人交往时,如果性格比较外向,则可以说是无话不说的,在与大范围的自家人交往时会有所保留。对于自家人和外人在礼节上都必须要遵守一定的规矩,自家人在称呼上要严格遵守的辈分,外人则要有长幼之分。在寻求帮助上,都是先找自家人,在自家人无法提供的情况下才会找其他人。

(二)家户一体意识

1.家人之间相互扶持

杨家在没有分家的时候,两兄弟间会主动地相互帮助,姐妹之间也会互相帮助。杨兴禄和杨兴福出去放牛的时候,杨兴福就会很照顾杨兴禄,经常给弟弟找一些好玩的东西,杨兴禄有时候被其他人欺负,杨兴福也会帮弟弟出头。

如果家中的任何成员被欺负了,事态不太严重则一家人不会感受到受外人欺负,如果十分严重就会认为是对整个家庭的挑衅,一家人会联合起来帮被欺负的人讨回公道。

在分家的时候几兄弟之间如果某个人的条件不好,当家人在分家的时候会对这个小家一定的照顾,这看似是不公平的分配,但是也是力求几兄弟之间保持平衡。感情算好的兄弟对于这种分家方式也会同意。杨家分家时当家人杨代发已经去世,但是在杨代发去世前将分家的事宜都安排好了,家中的房屋杨兴福 3 间,杨兴禄 2 间,杨代发是考虑到杨兴福长女杨玉芳有点残疾,给杨兴福多分了一间房,对于这种分配杨兴禄虽然不太满意,但是也是同意的。而像定期给钱粮接济兄弟是没有的,也是看兄弟吃不起饭的时候帮一把。

在杨代发与杨兴福分家后,杨兴福在外参加工作,他赚的自然多一点,但是他与妻子闹矛盾很少回家,就是偶尔拿粮票回来,所以平时杨家对杨兴福家会有所照顾,但不是钱粮上的救济,只是帮带小孩等。而在杨氏家族中,经济条件很好的小家庭有时候会自愿扶持经济条件较弱的兄弟家庭,这种救济不是长期固定的,只是偶尔的。

2.家户的共同目标

整个家庭中有谁能够发家致富,对于整个家庭来说都是极好的,其他人也都可以沾光,还能够提高家庭在村子当中的地位。男性认为家里的每一个人都应当为了家族发达致富而努力。如果一个家庭发达了,其他家庭成员每个人都会跟着沾光,富裕是每个家里面每个人的愿望。

杨家人认为光耀门楣的事情有很多,当家人从小会给孩子们灌输光耀门楣的思想,教导孩子们要孝顺、好好读书、学会赚钱等,这样才能够出人头地。家中后辈出去从政、挣大钱了,都可以算是光耀门楣。

杨家的共同生活目标就是全家人能够吃饱穿暖,孩子都有出息,家庭和睦,家庭发达了全家人都会沾光。为了达到共同的生活目标,全家人在生产和生活中都比较努力,由于思想还比较迷信,所以他们在求佛拜神的时候,会祈求保佑家里所有成员都能平安健康。

(三)家户至上意识

1.以家为重

杨家人认为,家庭相对个人更加重要,他赞同"没有家就没有个人"的观点。在考虑事情或做事上,都必须要先以家庭为重,然后再想到自己,大小家庭间也要先大家再小家。

2.以家庭利益为重

既然在观念上都是以家庭为重,当个人利益与家庭利益冲突时,个人一般会为了家庭利益而放弃自己的利益。但是也有个别特殊的情况,1949年以前的杨氏家族中,有好几个吸大烟的人,他们都是每个家庭的当家人,他们为了这一陋习而卖掉祖宗留下来的土地,这显然是一种只顾自己的利益,而不顾家庭利益的行为,在杨氏家族中招来了很多的批评。如果家庭中的成员,遇事只想到自己的利益,当家人会批评并予以警告。

当家人杨代发考虑事情都是以整个家庭的利益为先,其他家庭成员亦是如此,其他家庭则会因为各自的情况可能会出现个别例外,但总体上是都以家庭利益为重。

3.为了家庭而放弃读书

在杨氏家族中有因为家庭而放弃读书的情况。为了家庭而读书主要是因为家庭中缺少劳动力,必须要由读书的人回来补充劳动力,其次就是家庭十分贫困,供不起孩子读书。杨家没有因为条件不好,而不让小孩子去读书。但是杨氏家族中的小户都选择让部分孩子放弃读书,有的家中长子看到家庭条件不好,自愿放弃了读书的机会,而选择挣钱维持生活照顾家人。放弃读书的人,虽然说心中有一些遗憾,但是为了家庭,他只能这样做。

4.家庭与婚姻

1949年以前,在婚姻问题上,必须要听当家人的安排,不允许自由恋爱,自由恋爱是不会得到当家人的同意的。

很少有当家人不喜欢儿子的媳妇,而让儿子离婚的情况,在这种情况下当家人都会尊重儿子的意见。相反,儿子不喜欢自己的妻子想要离婚,而当家人不同意的情况有很多。在这种情况下儿子最终是无法决定是否离婚的,都必须要听当家人的话。杨兴福想要和妻子王进珍离婚,不被杨代发所允许,所以没有离婚。

(四)家户积德意识

1.做善事积德

杨家的老人都有行德积善造福子孙的意识,平时遇到需要帮助的都帮一把。有人向杨家借粮食,都会接济一点,做得最多的善事就是接济别人。对于家族内的公共事务杨代发也会比较积极地参加,每年都会参加家族中所举办的清明会和团会。

杨代发在杨家或者其他家看来是不太爱管闲事的,不会为一些不在他的管理范围内的事上心。但是他本人比较正直和讲道理,所以常常有人会找他来为其矛盾评评理,杨代发则是能管就管。

2.烧香拜佛积德

家中的老人都比较相信善有善报、恶有恶报,他们认为自己做的好事都能够获得回报,或者回报到自己儿女或者后辈的身上。而做了坏事对整个家庭都会有不好的影响,比如像新中国成立后,杨家的祠堂被"文化大革命"毁掉,当地的严立武将祠堂地基占掉修了房子,从那以后严家不再兴旺。杨代发说这是他们家自作孽,不应该占祠堂的位置。

家中的老人也不经常去祠堂或者寺庙等祭祀,只有在特定的日子或者有事情的时候才会去祠堂或寺庙等祭祀,来祈求下一代的平安健康以及事情的圆满,杨家人认为德行是靠平时积累起来的。但是即便行善积德或者乐善好施,并不会使自己家庭成员一定能够升官发财、学有所成或者后代很有出息,杨家人认为保持向善的心至少能够求得家庭成员的平平安安。

杨家最看不起的就是人心不好的人,在日常生活当中会尽量避免与这些人接触,如果他们欺负其他人家,杨家十分愿意为被欺负的人家提供帮助。

三、家户习俗

(一)节庆习俗概括
1.春节
(1)办年货,贴春联

春节是大年三十开始算起,持续15天,进了"待行"①才会置办年货,每年进待行的时间不定,一般为腊月十几,而有的年份进"待行"晚,有的人家会提早置办年货。在物质比较匮乏的年代,杨家置办年货,也就是买买一些糖、水果以及菜。杨家在有的年份会自己写一点春联自己贴上,如果那一年收成不好,没有多少闲钱,则会选择布置春联这一类无多大用处的东西。有钱的人家会杀一头猪,有一些人读过书会自己写春联,没有读过书则一般不会贴春联,其他东西为家庭自备。

过年前杀猪的那一天,算是整个家庭当中比较热闹的一天,杨代发会在这天请杀猪匠、亲戚以及左邻右舍来帮忙,杀完猪请他们吃庖汤。烤酒一般都为自家用工具来烤酒,酒曲是从别人家借来的或者在外面买。1949年以前,杨家的每个家庭都会烤酒,那时很少有人在外面买酒。春联则一般在大年三十的下午贴,从外面祭完祖回来就开始忙活家里面的春联和年夜饭。

(2)祭灶神

当地在每年的腊月二十三都会祭灶神,祭灶神也是春节一个必须的仪式,当地人认为灶神需要升天向玉皇大帝汇报这一年人间善恶的相关情况。人们会在腊月二十三祭灶神,祈求未来一年平平安安。祭灶神的时间在腊月二十三的晚上,人们会摆一点供品,然后再插几炷香放在灶台上。腊月二十四的时候,新灶神又要重新下到人间,人们又像那晚那样祭祀以欢迎新灶神。杨家为了祈求来年能够顺顺利利的,也同样按照当地的习俗在灶台上摆一些贡

---

① 读为"待行",意为过了大寒,过了大寒才能上坟、打扫等。

品,然后全家人还要烧香礼拜。

（3）打扫扬尘①

杨家在进了待行以后,要准备开始打扫全屋的卫生,这一次的打扫不同于以往的打扫,而是彻彻底底地将房屋上上下下全部打扫干净,以此来迎接新年。当地有个说法,如果不打扫扬尘,就会把前一年的晦气带入下一年。

（4）上坟、祭祖烧认坟纸

上坟和祭祖都是在腊月当中完成,上坟和祭祖是两个不同的仪式。

上坟在进了"待行"后就可以上坟,直到腊月三十,杨家在上坟的时候,主要是除杂草、给坟上堆土。每年后人都向坟上加一点土,坟就会逐渐饱满起来,饱满的被认为后继有人,上坟之后还需要烧纸上香。到了可以上坟的时候,杨代发及其母亲会带上两个儿子上山,去给自家的祖坟上坟,一路上还会遇到杨氏家族的人一同前往。

祭祖都是在大年三十的白天进行,常言道:过年也要给祖先过年,祖先吃饱了才有我们的。在大年三十这一天,早上杨家人会早早的起来准备斋饭,包括米饭、肉、酒等,装上纸、香就上山去祭祖了,那时的纸钱是大张的,上面没有印钱的图案,所以需要家中男人用大额纸币在纸上挨着按一下,代表了已经将钱按上去了。这些必须要由家中的男性来完成,女性来做被认为没有印上去,祖先会收不到钱。杨氏家族去祭祖烧认坟纸,都是以一房为单位去的,在当天一房人会敲锣打鼓地上山去祭拜祖先,十分的热闹。

（5）团年饭、除夕

在腊月三十这天的晚上,杨家会准备极为丰盛的一顿晚饭,这一天中午可以随便吃一点,但是晚上必须要菜多到吃不完,这样才能有许多剩菜,使之能吃到正月初一,意为年年月月吃不完,剩得越多,来年就多。一起吃团年饭的主要为一家人,很少会有其他家人在自己家吃饭,一年到头人们都希望能够回到自己家。在饭桌上,一般有猪头肉、鱼、骨头汤、腌制的腊肉,鱼头必须要朝向家中的长辈。吃过晚饭后,家家户户都会待在家中,不会随意串门,不然会被说一年到头都在外面逛。虽然各家都是自己在家吃饭,但都会将自家的饭菜端给街坊四邻,让他们尝尝各家的手艺,这样就把各家的菜交换了一下,这也是街坊四邻睦邻友好的表现。除夕夜普遍有三项礼仪:一是守岁,二是给"压岁钱",三是放鞭炮。

（6）挑金银水,去祠堂

正月初一的早上,家中的成年男性要到河里面挑两担水,第一担叫作"金水",第二担叫作"银水",也有的是从外面抱一抱柴回家,意为新的一年能够赚的金银满满。正月初一早上的饭没有特殊的要求,可能家庭会选择在这一天的早上来吃汤圆,意为团团圆圆。

杨氏家族的族人会在大年初一的时候早早起来,到祠堂为祖先上三炷香。这天早上是不用烧纸或者放鞭炮的,只需要给祖先上几炷香即可。每个家庭都会有一个人或者几个去上香,大家都是陆续前往,不是集体前往,一般为家中的男性长辈去上香。

（7）拜年

正月初二到十六都为拜年的时间,到了这个时候,各家都会相互上门拜年,拜年会送一些酒、腊肉和面条等等,每个家庭的七大姑八大姨、干儿子、嫁出去的女儿等都会在正月初二

---

① 打扫扬尘:当地方言,意为打扫整个屋子的卫生。

到十六提着礼物上门拜年,拜年来的人越多,则这个年过得越热闹。拜年的时候,家中的长辈要给晚辈准备压岁钱。

拜年除了在家里面吃一顿饭,聊聊家常,谈一下今年的收成怎么样,明年打算干嘛等,还会有其他的娱乐活动。大人多半会选择坐下来在一起打长牌①,而小孩子则最为开心,可以跟其他家的小伙伴一起玩。

（8）逛庙会、道观

庙会或者马灯观在过年时会十分的热闹,从正月初一到初八,都会有人前来烧香礼拜,许多人选择在初一的早上去给庙子或者道观烧高香。当地十分有名的这一类似的地点有梓潼大庙、马灯观、兴凤安、魏公寺、大寨、金顶观,其中逛这些庙或者道观的时间有一些是固定的,兴凤安是大年初二,魏公寺是大年初三,大寨是正月初四。在马灯观中,有许多舞狮或者舞龙的,马灯观有钱的土地主王世清有时候还会请戏班来搭台唱戏,许多人难得一见都会跑去看。

到正月初五时,有许多人要去上班或者农业生产,商店都是在这个时候开门营业,在外参加娱乐活动的人就会减少,这一天又被称作破五。

（9）过小年

当地是正月十四过小年,杨家也是如此,每家每户都会聚在一起吃团圆饭,这一天一过代表新年过完了。过小年当天,当地有猜灯谜、灯会的活动,许多人会选择在这一天早早地吃过团圆饭,然后去逛灯会。如果没有灯会,则一家人聚在一起吃一顿饭即可,有的家庭会习惯在这一天安排来年需要做的事情,相当于一个家庭会议一样。

2.清明会

在当地清明节的时候会举办清明会,清明会的参加者主要为当家人与其妻子,杨氏家族的男性成员为祭祖的主要成员,而他们的妻子则主要是去做饭,所以杨家主要是杨代发及其妻子去参加。清明会主要的活动有三个:一是祭祖;二是约定家族中抚养老人和孩子的规矩,公布一年的杨氏家族清明会账目,调节处理家族中的赡养等纠纷;三是吃饭。这些都是在祖坟林及其附近进行。在当天杨氏家族会声势浩大地赶往祖坟林,每个人都会背一些东西,有肉、菜等,这些花费一部分是由杨氏家族平摊的,还有的为每年罚没的钱粮,是每年违反规矩的人上缴的。祭祀活动有举行迎神、参神、祭文等繁冗礼仪。在祭拜之后,杨氏家族会公布清明会收支账目,按规矩调节和处理杨氏家族中的纠纷,然后男性进行扫墓和挂清②,这期间女性在不远处的一处平地准备中午的饭桌。

3.端阳节

当地的端午节称作为端阳节,端阳节在当地有"大端阳节"和"小端阳节"。端阳节这天,家家户户都会蒸一些馒头,出嫁的女儿和干儿子要上岳父岳母家送节贺礼,这一天还会把之前酿好的雄黄酒拿出来喝,并且雄黄抹涂于儿童面部和耳朵上,认为这样可以驱邪保平安。在当地,端阳节这天没有吃粽子和赛龙舟的习惯。杨家也会蒸一些馒头,但是没有出嫁的女儿回门探亲。

---

① 长牌:川牌。

② 挂清:就是把清明纸做成"长串钱"挂在祖先的坟墓上。

4.七月半

七月半又称"鬼节",亦称"中元节",即农历七月十五。"七月半"是为了纪念去世的家人的节日,七月半是以家户为单位,在家中祭祖先和鬼神。如果家中有堂屋,则在快要傍晚的时候,全家人会在堂屋为祖先烧纸、烧香,烧纸的时候会在口中叫着祖先的名字,这样祖先才能够收到钱,烧纸的时候要求不能够随意的翻动烧成纸灰烬,这样会把给祖先的钱翻烂。纸钱烧完后还要握香礼拜、下跪磕头,这样才能体现心诚。在给祖先烧完纸后,一般会留一些纸钱烧给孤魂野鬼。如果家中没有堂屋,则在街檐①上烧纸烧香也可以。远离家乡的人,在他乡也会烧纸烧香,随便找一块空地朝着家乡的方向烧即可,同样嘴里要念着祖先的名字。当地流传着这样的传说,在七月半这天的晚上,如果家中的人头顶簸箕,躲在房门后面,这可以通过门缝看到已经逝去的祖先回来。杨家则会在家中的堂屋中烧纸,来祭祀家中逝去祖先。

5.团会

当地会在农历每年春分举办团会,其不属于一种节日,但形式同于清明会,主要为杨氏家族商议农业耕作的会议。团会在每年春耕前举行,与清明会的时间错开,团会的主要活动为祭祖、开会、吃饭,所以叫作"吃团"。举办团会的地点同于清明会,团会的当天首先是上山祭祖,但此次祭祖的规模不大,主要为了祈求今年风调雨顺,团会当天不能用针、用刀。祭祖会就要坐下来商议农业耕作的事情,首先是重申种地的规矩,包括不能越界耕作、不能乱动叶子等,然后处罚上一年违反规定的人,处罚所得作为此次团会的花销。最后就要商议整个杨氏家族农业生产的问题,比如说现在种田水越来越少了,山上的土地没有水灌溉,就会商议重新寻找水源修筑堰塘引水。1949年以前在老坟林前面的堰塘就是团会决定而后修筑的,这个堰塘对当地来说是一项浩大的工程。而后就是参会的人一起吃一顿饭,团会的整个花销除罚没的以外由杨氏家族平摊。

6.中秋节

中秋节是阖家团圆之意,杨家在当天家中会做一些糍粑吃。在杨氏家族中,家中在外务工的人都会选择在这天回来看望一下父母,然后在一起吃个团圆饭,而干儿子和出嫁的女儿在这天是不会来的,有的家庭会给月亮也摆一些贡品。当地很少有人会吃月饼,月饼也是在20世纪八九十年代才兴起来的。有的地方会点橘灯,挂在家门口,来庆祝中秋节。有的地方在当天还会准备其他特殊的美食,如吃麻饼、蜜饼。

7.重阳节

在重阳节这一天,杨家仅仅知道哪一天是重阳节而已,这一天没有其他特定的习俗,人们至多会在家中一起吃团圆饭,家中有一些有文化的人会给自己的小孩子讲重阳节的由来,听了故事的小孩子会表现出对老人的尊敬,这也算是度过重阳节的一种形式。

(二)婚丧习俗概况

1.婚嫁习俗

1949年以前,结婚可以说是一个家庭中最重要的事,所以全家人对结婚的事十分的慎重,也传下来很多习俗。以杨兴禄结婚为例,杨家在结婚之前会托媒人介绍或者熟人介绍,媒人或者熟人作为中间人有一种担保的作用,以后有什么问题都可以找媒人和熟人。在相互介

---

① 街(读 gái)檐:指屋檐下,柱头与房门之间的一段距离。

绍之前,首先要看杨兴禄的生辰八字与其合不合,如果不合就不会介绍。

然后杨代发就会和对方家人坐在一起开始商议,两家谈得来,就会确定结婚的相关事项,比如彩礼等。这种商议一般都是男方父母找上女方家去谈,或者在媒人和熟人的家中谈。之后两家所有人坐在一起吃饭,是为定亲宴。吃饭的地点在杨代发家中,这个时候对方家庭将他的女儿一并带来,这是两位新人第一次见面,见面的时候女孩子不能直接走在父母的前面,而是要在父母的后面躲躲藏藏这样才会被认为是有女德。订亲宴之后,双方开始为婚事做准备。

婚宴是在女方和杨代发家各办一场,费用由男方和女方家庭各自承担,礼金也是两方家庭分别管理。首先是在女方家庭办婚宴,之后由杨代发家抬轿子去女方家接新娘,接过来之后再在杨代发家中办婚宴,女方家庭会有十几或二十几个人的送亲团跟着过来。结婚的前夕,男女双方都会发请帖给各自的家人,家中也开始贴喜联,张灯结彩。婚宴由从外面请来厨子团队办酒席,还要请吹唢呐或者敲锣鼓的人。

女方家庭准备第一天的晚饭和第二天的早饭,然后杨兴禄把新娘接回家,开始第二天中午的正宴。当地没有哭嫁的习俗,直接在主婚人的主持下,拜父母拜客,直到婚宴的结束。接亲的这一天早上,天未亮,母亲就要给新娘梳头,当地俗语称"一梳金,二梳银,三梳四梳,梳个发财人",祈求女儿有一个美好的未来。然后新郎和抬轿的人吹锣打鼓把新娘抬回家,如果新娘体弱多病,会在出门的时候扔一把筷子,然后起轿去新郎家。

到了杨代发家以后,拜堂的时间是由老师①看过的,新郎和新娘必须要在那个时间点赶回来拜堂。拜堂一般是在堂屋中进行,拜过父母之后,就开始去拜客,这个时候在主婚人的主持下喜宴也正式开始。在拜客的时候一般是由新婚夫妇拿着酒,一桌一桌地敬过去,新郎会就此来为给新娘介绍家庭成员,待客的这一天又被当地称为"歇客"。当天的晚上还有闹洞房的仪式。

婚礼过后的这一天早上,新郎新娘不能起得太晚,杨兴禄及其妻子也是睡很晚才起来。有的家庭在这一天早上还需要去祭拜一下祖先,从这一天起往后三天新娘都不可以进厨房,第三天杨兴禄及其妻子就回娘家。回门也是当地习俗之一,新郎和新娘准备礼物到娘家,新郎当天要回来而新娘当天晚上在娘家留宿,第二天早上再由新郎去接新娘回来。杨兴禄及其妻子回门也是这样进行的,至此整个婚礼的过程告一段落。

2.丧葬习俗

一般在家中有人生病,预感到时日不多时,会在家中备上鞭炮,一旦去世就会在院子中放鞭炮,一来是以这样的方式通知村里面的人,村里面的人会主动来帮忙,二为送亲人西去的意思。在将去世的人放进棺椁中后,这时会不急着盖棺,如果去世的为家中年轻的女性,且娘家人不在时,需要先去请娘家人,娘家人来看过之后方能盖棺。

盖棺后的棺椁放在堂屋中,然后家中的男当家人或者长子开始张罗逝亡者的后事。首先是要通知近亲这一不幸的消息,其次会请老师来做道场、为坟选址、下葬时间看期以及其他特殊的要求,根据去世人的不同会有不同的要求。下葬的日期以实际情况定,所以棺椁停②在

---

① 老师:当地将道士称为老师。

② 停:当地方言,专用于丧葬,意为放置。

厅房的天数也不定,一般是停几天即可。杨万金曾经在家停了三年,这个一方面是由老师看期决定的,还有则是由于家里穷,只能先把遗体停在家里,在有钱的时候再抬出去埋葬。在下葬前的这段时间,家人必须要在晚上守灵,堂屋中还要点油灯,家人要随时照看油灯,油灯到下葬那一天都不能灭。有钱的家庭会在下葬前办一场筵席,然后再在第二天下葬。

下葬那一天,要一路撒纸钱,还要以公鸡开道,人们认为只有这样才能把死去的人的魂魄带到坟地。下葬时由老师在坟前做法之后,有钱的家庭会在棺椁里放一些金银,平常人家放一个布袋子里面装一些故去的人生前常用的东西,然后盖棺钉上铁钉,最后家人再烧纸上香,整个下葬的过程算是完成。其后还有烧七和烧周年的习俗。

(三)家户习俗单元

1.过年过节以家庭为单位

杨家在过年过节的时候是以家庭为单位,自己在能回家的情况下都会回家过年过节,实在不能回家就自己在外面的家里过或者和其他朋友过。如果一个大家庭没有分家,则一般会一大家人一起过年,这样才显得更加热闹,只有人丁兴旺的家庭才会这样。如果分家了但是还住在一个院子,则要看两家的关系怎么样,如果是亲兄弟则一般会选择在一起过,比如分家后的杨兴禄和杨兴福家,还是住在一个院子,过年过节都是选择在一起过。两家的关系不好,或者血缘关系也不怎么紧密,选择不在一起过年也是很正常的。

2.自家组织过年过节

过年过节的时候都是选择在自己家过,除非是不能回家。嫁出去的女儿与其丈夫会在端午节的时候回娘家来过节,回家的时候会给娘家带一些礼物,而过年或者其他的节日则是不会回来的。

亲戚如果自己已经成家,并且能够回家的情况下,是不会选择在亲戚家过年过节的,以上两种情况都不满足则有可能会选择在亲戚家过年。双方的亲戚关系应该属于近亲,如父亲的兄弟等。

3.全家团圆

除不太重要的节日以及不需要团圆的节日,如重阳节、七月半等,全家人都会在一起团圆。春节的时候在外的人无论有多忙,都会赶回来全家团圆,而中秋和端阳节等,在外的人如果实在不能回家也就不用回来,家里的人也不会有任何怨言,春节则不一样。

过年时是不会吃轮流饭,关系好的邻居可以选择相互端一些自家做的菜,近亲可以选择一起做饭一起吃,轮流做饭的这种情况很少。

(四)节庆仪式及家长的支配地位

1.春节的仪式

杨家在春节不会有太多的特殊的仪式,除了祭祖以外,全家人都会享受团圆的时刻。只是在正月初一早上,杨氏家族会到祠堂去上香,一般为家庭的当家人代表整个家庭去,上香非集体活动,由每家各自前去。有的家庭选择在过年的时候去烧香拜佛,在给神仙像叩首时都是由当家人或者家中的长辈领头。在春节时,家中并没有什么压岁钱,在杨兴禄和杨兴福小的时候,杨代发会给他们买一些糖,在吃过饭后发给他们,然后会说一些勉励的话,如让他们好好学习之类的,这也算是家中对晚辈的一种祝福或者激励。除此之外,在大年三十这一天最为重要的是一家人围坐在火堆旁聊天或者打牌,这个也不是必须的,想睡觉的人则可以直接睡觉。值得一提的是,打牌应该不是固定的春节仪式,不同于过年必须吃团圆饭,打牌并不是要求在春节时必须进行,并且在一个广范围内并不普及,但是在当地,吃完饭后打牌貌似是一种固定的仪式,在吃过团圆饭之后,绝大多数的家庭会选择打牌,家中成年人多,则自家会组一桌打牌,而更多的则会是几个亲戚或者邻居聚在一起打牌,有时也会有大人或者小孩围坐在一旁观看。

2.清明及七月半的仪式

清明节时会举办清明会。由每家的当家人和男性长辈参加,其妻子帮忙做饭。清明会的各个环节都是由杨氏家族当中的长者来主持。团会的情况同于清明会,由杨氏家族中的长者来主持整个会议。七月半需要在家中桌子上摆上香、酒、肉、斋饭等,插香前要全家礼拜,这个由当家人或者家中长辈领头,晚辈随后,整个过程都是由当家人及其妻子主持安排的。

四、家户信仰

(一)宗教信仰概况

1.信仰佛教、道教

1949年以前,杨家没有特殊的宗教信仰,只是遇事喜欢求神拜佛,在平常的时候不会按时去佛堂或者道观礼拜,当地主要信仰道教,有许多的道观,同时还有供奉古代名人的寺庙,如魏公寺供奉的是魏征,大庙中供奉的张献忠。同时他们信仰的还有佛教,在梓潼七曲山就有观音庙,想要求子的人都会来这里烧香礼拜。

这种信仰是从小到大受到父母亲的影响而形成的。在当地历来就有信仰佛教或者道教的传统。当家庭成员信仰某个教派的时候,必须要得到家长的同意。一般信仰某个宗教,都是全家人信仰,当家人不信仰则家庭成员也不能信仰,所以从当家人就可以看出来整个家庭的宗教信仰情况。杨家信仰佛教和道教,就是因为杨代发信仰。

在整个杨氏家族中,如果有的家庭不信仰道教,也不信仰佛教,或者只信仰其中某一个,都不会受到杨氏家族的干涉。村里和官府都不会干涉宗教信仰的自由。

对于杨家来说,信仰道教或者佛教,能为他家求来财富、健康与和睦。杨家在信仰的过程中,都是严格遵守宗教的习俗,比如去寺庙或者道观,许愿后,如果愿望达成,则必须要去还愿。

2.影响家庭的家长的宗教信仰

家里信仰佛教或者道教不必家长先信,家庭成员在当家人的同意下可以先信教。而如果当家人信仰了某一个宗教,其他家庭成员或多或少都会信仰这个宗教,不会选择不信。而如果当家人不允许信仰某个宗教,则家庭成员谁都不能信仰该宗教。杨家对佛教、道教比较信仰,他们的信仰都是从父母带动起来的。我个人认为他们这种信仰不是特别的虔诚,对于他们来说信教总比不信教的好。

3.家庭成员的宗教信仰

当家人不信教,但是当家人可以同意家庭成员先信仰某个宗教。所以也存在当家人不信教,其他家庭成员信教的情况。一般如果整个家庭信教者都是信仰同一个宗教,不会出现家庭成员与当家人信仰不同宗教的情况,当家人不同意家庭成员信仰的宗教,他们只能放弃该宗教信仰。

(二)家神信仰与祭祀

1.供奉灶神

1949年以前,杨家供奉的神仙有灶神,在过年或者七月半的时候会敬神,其他时间则不会,在灶台上不会摆灶神爷。拜神是全家都可以的,需要上香和供品,供品由家中的成员来上,每人三炷香,由家庭成员分别来上香。七月半和过年的时候拜灶神差别不大,主要差别在于供品会随着时间的不同而不同。

2.目的为祈求平安

首先供奉这些神是受到了当地习俗的影响,各个家庭供奉神都是为了祈求平安和家庭富足。供奉这些神能够给心理以安抚,杨家人认为供奉神能够起到一定的作用,但是他同时又坚信事在人为,求神只是求得天时地利人必须也要努力。

3.家长主持祭拜仪式

杨家的祭拜仪式都是由家长杨代发及其妻子来主持,家中没有特别的要求,除了女性不能主持祭拜。从小孩子开始懂事的时候,会教他们一些祭拜神明的规矩,如何磕头作揖等,祭拜时家中的长辈都可以教他们祭拜的规矩,女孩子也会受到这些规矩的教育。

(三)祖先信仰与祭祀

1.祭祀祖先

祖先在杨氏家族的心中有着十分崇高的地位,正是有祖先留下的土地、房屋等杨氏家族才能够在马灯村生产、繁衍。杨氏家族中的老一辈对于祖先杨可义都有所了解,知道其为清朝乾隆年间的御史,还乡后回到这个地方。1949年以前,杨氏家族中的长辈会特意地为晚辈讲述这段历史,1949年后则主要是后辈自己从碑文中去了解。杨氏家族清楚地知道,正是有了杨可义在马灯村买地安家,才有了他们现在耕种养家的土地,所以在杨家的祖宅改为祠堂供杨氏家族为祖先烧香礼拜,清明会、团会、过年的时候,会举办特殊的仪式来纪念杨氏家族的祖先。可以说,没有了祖先杨可义,也就不会有现在的杨氏家族。

杨家每年都会参加家族的祭拜祖先的活动,或者自己去祠堂烧香礼拜,祖先在杨兴禄的心中有着极为崇高的地位,参加祭拜祖先的活动是每个人必须应尽的义务。在杨家的堂屋中,并不会摆放过世老人的灵位和遗像,过节或者平时都是到祠堂祭拜祖先。杨氏家族的祠堂位于老房子旁不远,原来是祖屋后来改为祠堂,祠堂中供奉的有杨氏家族祖先杨可义、杨茂杞以及四房中的三房杨全、杨珠、杨彦的灵位,供杨氏家族来凭吊。1949年以前,祠堂在杨氏家族的心中有着极为崇高的地位,不敢对祠堂有任何的不敬,否则将会受到严厉的惩罚,外人破坏祠堂会受到杨氏家族的严厉反抗,祠堂是作为平时祭祀祖先用的,大型的祭祀活动都是在祖坟林中进行的。

杨氏家族的祖坟位于其背靠的山上,杨可义的墓地为最高,以此往下为小坟林、大坟林,祭祀祖先的活动都是在杨可义的墓前进行。杨可义的墓地占地几分,而大坟林占地有一亩多,杨可义的墓地相对于其他的墓地更加庄严宏伟,坟前有雕刻精美的石碑,前面两旁分立两根是桅杆,1949年以前,在举办祭祀活动的时候,会对墓地进行相应的维护和修缮,不同代际的人在埋葬上会按辈分从高到低顺序埋葬,晚辈不会高过长辈,祖坟都是逝去者的家庭修筑的,后人只负责修建自家长辈的墓地。

杨氏家族由记载家族历史的一块石碑,且自三房人杨朱、杨全、杨彦后,每一房人都有自家的家谱以及义谱,但是其后人由于各种原因将家谱和义谱都丢失了,整个家族只有杨兴福家剩了一部义谱,还是其父杨代顺在20世纪40年代找老师写的,而石碑则毁于"文化大革命"时期,杨兴福家的义谱保存的比较完好,都不会拿出来给人看,只有在白事时才会将其拿出来给老师做法事用。按照当地人的说法,家中的女性及其夫君和子女需要记载在家谱当中,再往后的后代则不需要记载。

杨家十分重视孝道,首先是孝道的教育历来已久,其次家族当中对于孝道也十分重视,并立下了家族的规矩。家中的儿子不养老人、虐待老人等都会被看作是不孝的表现,不孝的子孙会受到长辈的严厉批评,严重的会受到家族的严厉教育与惩罚。一般情况是罚没子孙的钱粮给老人用或者充作清明会用,重则会五牛分尸。

2.追思祖先,祈求保佑

杨家祭祀祖先主要有两方面的目的:一是为了表达对家庭里逝去的人的怀念;二是为了祈求过世的祖先保佑活着的人平安健康顺利。一年中祭祀祖先的时间为祖先的祭日、七月半以及春节,在其他时间如果有做梦梦见逝去的人,并且梦见他们过得不好时,人们认为是祖先在给自己托梦,有的人家会选择去墓地给祖先烧纸上香。

3.家长决定祭拜祖先

家长在祭祀祖先的活动中处于支配地位,整个祭祀活动的准备与进行都要听从家长的安排,在祭拜的仪式上也是以家长为先,家族的祭祀由家族中的长者来安排和主持祭祀活动。

4.女性、小孩祭拜祖先

1949年以前,女性同样可以祭拜家里的祖先,女儿去祖坟祭拜祖先是被允许的,有的长辈还会专门把女儿带上,让女儿记住哪里是自家的祖坟。家中的媳妇也同样可以祭拜祖先,新婚的夫妇过上夫妻生活的第一天是需要去祭拜家中的祖先的, 之后除开清明会不参加祭拜,其他都会参加。

小孩同样会跟着长辈一起祭拜祖先,小孩子由于太小,家中不会让他们烧纸和压认坟纸[1],而在执香跪拜作揖时,会给小孩三炷香让其跟着父母一起做,久而久之,小孩也会学会做其他的事情。小孩由于没有祭拜的概念,一般不会拒绝,反而小孩如果哭闹,当家人会十分不高兴,这时其母亲会把他带到远一点的地方安抚他,尽量不打扰整个祭祀活动。

(四)村庄信仰情况

1.村庄的道观

1949年以前,马灯村中有个道观叫作马灯观,马灯村是因为马灯观而得名,直到今天马灯观经过重修还保留着原貌。马灯观距离杨氏家族居住的老地方,大概有一千米远,位于河边的一个土包之上,这个庙的用途是人们去祭祀神仙的地方,赶庙会的时候也相当于集市,在每年的三月,当地的土地主王世清会搭台请人来搭台唱戏,连唱七天,这几天成了人们文化娱乐的重要时刻。庙里供奉的有土地神、文昌帝、灵官、牛王以及二郎神。杨家在有事的时候,或者春节和农历六月十九日都会去庙里拜神,六月十九日是马灯观的一个比较大的集会日。

杨家没有去别人家的庙里或者道观祭拜的习惯。但是有去其他地方的道观或者寺庙祭

---

① 压认坟纸:压在坟头上的纸钱,当时是用烧的纸钱裁出来的。

拜,如到七曲山大庙和观音庙祭拜。

2.全家去祭拜

全家人都可以去寺庙或者道观祭拜, 当家人及其妻子以及他们的父母都可以单独去祭拜,家中的儿子可以在征得父亲的允许下单独去祭拜。

祭拜是以家户为单位,家中只有一个人去祭拜时,他也是代表了整个家庭去,他所祈求的事情也是关乎整个家庭。只要当家人同意,家里可以一个人或者几个人一起去寺庙或者道观祭拜。

杨家去拜神时,可以选择和其他人一起去,也可以独自一个人去。结伴而行,一般是找跟自己比较好的朋友或者亲戚去,所需要的费用必须要几家人平摊,祭拜的东西不可以共用,如果共用会被认为是心不诚,所祈求的事情神仙也不会答应。

杨家去祭拜的时候会带一些会带香、纸、腊、炮,去不同的寺庙,所带的东西基本一致,所带这些东西都是由当地习俗决定的。香、纸、腊、炮等都是在集市上购买的。

五、家户娱乐

(一)结交朋友

1.交友规矩

杨家的家庭成员都有自己的好朋友,男性一般都交男性朋友,而女性适合与其他家中的妇女结交,出现媳妇和其他男性交朋友的情况很少,家庭成员结交朋友的标准因人而异,一般为和自己性格合得来的人。杨兴禄及其哥哥结交朋友都十分注重对方的品格,不会与名声较差的人结交朋友,杨兴禄及其哥哥在村子里面由几个玩的好朋友,这些朋友都是在上学、放牛的过程中认识的,都是从小玩到大的好朋友,所以关系比较紧密。家里面的媳妇可以和外面的男性说话, 但不允许和外面的男性有深入的交往。家中的女儿在这方面要求宽松一点,可以交往但是不允许谈恋爱,如果谈恋爱就会被禁锢在自己的家中,不许他们见面。

家庭成员都可以与外面的人交朋友,决定与他人交朋友不需要得到当家人的同意,当双方作为朋友经过一段时间后,当家人就会发现他们交朋友这个事实,如果对方各方面在村里还算比较好的,当家人不会干涉,而如果对方人品不好,当家人会及时出面干涉,给家庭成员讲明利害关系,表明自己不同意的态度。小孩、妻子和儿子交朋友都同于以上情况,妻子交朋友有所不同在于,如果对方人品不好,出面干涉她们交朋友的人为当家人的妻子即婆婆,而非当家人本人。当家人与其他人交朋友不需要和其他人商量。

交朋友不需要有任何仪式,都是在长期的接触过程当中形成了朋友的关系,杨兴禄与其朋友一般都是相互称呼小名,双方的父母也是称呼他们小名。

2.朋友间往来

家庭成员的朋友如果要在家中留宿,必须要跟当家人及其妻子商量。杨兴禄的朋友有一次在家里面留宿,就是征求他的母亲严玉芝同意后,他的朋友才留宿家中。当家人的朋友留宿不需要跟任何人商量,只需要让妻子安排住宿即可。杨家没有朋友在家中常住的情况,如果有朋友需要常住,则必须要由当家人杨代发决定。

如果住得较近,相互串门的情况则比较多,杨兴禄十几岁的时候,他的朋友经常到他家来玩,由于他的朋友同样为杨氏家族,所以朋友家要到杨家借东西,都是由他朋友来,两家人也会因为他们的朋友关系而走的比较近。杨兴禄在结婚的时候,他的朋友都参加了,但是由于杨兴禄的朋友也为杨氏家族,所以邀请朋友的原因可能为亲戚关系也可能为朋友关系。我个人倾向于亲戚关系,因为杨兴禄结婚早,他的朋友与他年龄相仿,没有成为当家人,也就没有家中钱粮的管理权,而结婚必须要给礼金,他的朋友则没有这个财力来参加婚礼,其朋友只能是以亲戚家一员的身份来参加婚礼,礼金也是以他们一家为单位。

而家中的白事,则只会请家里的亲戚以及当家人的好友,家庭成员的好友很少会请。

3.不同的家庭条件

杨兴禄的朋友是从小认识的,不关注对方家庭条件,而家中的杨代发也只关注对方是否人品好,是否勤奋,所以也会出现朋友间门不当户不对的情况。当然这种门不当户不对的情况只限于大户、中户、小户间,普通家庭同有钱家的家庭成员基本不会交朋友,由于双方在成长经历、活动的区域范围上有着极大的不同,双方不可能有任何的交际,也不会有交朋友的情况。

相比起自家条件,杨兴禄的朋友既有大户人家的儿子,也有小户人家的儿子,主要收入来源都为土地,在杨家没有分家前,朋友间不会有钱粮的相互支援,平时需要帮个忙做什么事情,朋友间都会互帮互助,分家后因为掌管了钱粮就可以自己做主。

相互间成为朋友一般是因为有着同样的兴趣爱好或者同样的职业,如当家人杨代发在外面背口袋时,就与其同行的人成为朋友。杨家在交朋友时有个不成文的规定:只交心善的,不交心恶的,这都是从杨代发那里传下来的,到杨兴禄当家时,他也是这样教导他的子孙。

(二)打牌

1.偶尔打牌

当地将打牌就称为打牌,没有其他的叫法,去打牌的称为去"赶场合"①,只有经常打牌的人才会经常"赶场合"。在杨代发看来,打牌是一件不好的事情,既会败光家里面的钱财,又会耽误农业生产。

杨代发偶尔打牌,主要是逢年过节跟街坊邻居打一下牌,儿子没有钱,所以也就不会去打牌,同时杨兴禄没有这方面的爱好,杨兴福成家后也会出去打牌。杨氏家族中很少会有女性在外面打牌,只有土地主家的女性才会打牌,家中的老人有这种爱好也会去打牌。一起打牌的人没有年龄限制,老人跟年轻人同样也可以打。

打牌的街坊四邻的经济条件跟杨家差不多,打牌对于家庭经济条件的要求不高,只要有钱都可以去打牌。杨家比较爱打牌的是杨代发和杨兴福,他们在逢年过节的时候会打牌,平时则不打牌。他们认为逢年过节适当打打牌,放松一下是可以的,同时逢年过节为了喜庆其他家会邀请打牌,对此也不好拒绝,所以其他家庭成员对他们打牌没有任何的意见,如果打的太多了,就会有意见。打牌主要是在逢年过节的时候,地点在街坊四邻的家中或者自己的家中。农忙的时候杨代发和杨兴福都不会出去打牌,农闲的时候一般也不会,杨代发需要出去背口袋,杨兴福也不会随意出去打牌。在当地,在谁的家里打牌,饭菜都由其家庭解决。一般打牌的时间是下午三点到七八点,晚饭就在打牌的那一家当中进行。一般在邀请者的家中

---

① 赶场合:去打麻将。

打牌,他的邀请是已经想好了要解决饭菜的问题,所以邀请者不会不愿意提供饭菜。

2.娱乐为主,纠纷较少

打牌以钱为赌注,杨家打牌以娱乐为主,而不是以赌钱为主。如果当家人打牌输钱太多,同时赚钱少,就引起家庭的矛盾。如果当家人过于强势,当家人在外打牌输钱过多,家庭成员也不能够对他说什么,不能够对他形成压力,更不敢提出分家的要求。那如果当家人性格还比较好,家人就会向他提出来不许打牌的意见,但爱赌博的人一般都会死心不改,家庭成员分家的要求也不会同意。

杨家没有出现过借钱赌博的情况,在杨氏家族中有这样的情况。当其第一次借钱赌博时,大家都会借给他,但时间长了次数多了,也没有人愿意借给他。赌博上瘾的人在借不到钱的情况下,会选择卖掉土地甚至房屋,当家人都是瞒着家庭成员卖土地或者房子,在家庭成员知道后会进行强烈的反抗,尤其是房屋会引起家庭中最大的争吵。而家庭成员去打牌,以前都是从家长那里要来的,或者自己存的私房钱,输钱一两次是不会被当家人骂,如果输的次数多了,数量过于大,当家人就会干涉,让他少出去打牌。如果输钱非常严重,还是经常出去打牌,就会受到惩罚。一般会将赌博上瘾的家庭成员禁锢在家中,并且不给其零花钱,同时还要给同村的说,不许找他们家成员打牌。

有时候会因为打牌赌钱而发生纠纷。纠纷主要是由于打牌的人不配合或者钱没有算对,打牌可以欠账,欠账过多的人就不会让他欠,甚至打牌都不会邀请他。这种欠账不会写字据,也没有任何利息,只是双方口头约定,牌友作为见证人。

(三)串门聊天

1.串门次数适中

1949年以前,杨家平时串门的次数适中,一家之中大人、小孩都能出去串门,男人出去串门的范围比较广,可以去亲戚家或者村里的任何一家,晚上也可以出去串门,而女人则一般只去邻居和亲戚家,而且必须要很快回来,女性晚上不能单独去只有男性家庭成员的家。串门聊天的内容多种多样,聊天内容多为家庭的琐事、村里的事情、种地的事等。去邻居家串门,很少会留在邻居家吃饭,即使会也只有男人才会留在别人家吃饭,而去亲戚家,因路途遥远不能当天返回,则会留在别人家吃饭。农忙时相较于农闲时,出去串门的次数会减少,串门的范围也会有所减少,农忙时去邻居家借个农具会聊会儿天,其他特意跑去串门的情况减少。

串门聊天时,一般都聊双方都知道的话题。在邻居家串门时,聊天的内容一般为家长里短、村里的事等,与亲戚则主要聊家族中的事,涉及的话题比较私密。

2.串门规矩

串门有一些不成文的规矩,串门必须要衣冠规整不能披头散发,串门时要有礼貌,还要注意不要随便进对方家庭的房间,进去前必须要征得主人的同意。对男性有特别的要求,首先是不允许去寡妇家串门,应了那句话"寡妇门前是非多",其次男性去串门必须是要商量事情,如果每天无所事事串门,会被人说闲话。对女性也有特别的要求,去邻居家串门在饭点之前必须要回来,更不能有在邻居家留宿的情况,女性还不被允许去只有男性家庭成员的家庭串门,女性在串门前和串门后必须要保持衣冠的规整。

这些规矩都是从习俗中产生的,是人们在日常生活中交往必须遵守的,不遵守则别人会认为杨家的人都没有家教,不会做人,甚至会影响待出嫁的女性的出嫁。

3.招待串门的人

别人也会来杨家串门,来串门的人一般为亲戚或者邻居、朋友,多为找杨代发和严玉芝,有时也有其他家庭成员的朋友来串门。杨家对来串门的人都十分欢迎,亲戚和杨代发的朋友来,会请他们抽水烟,不抽水烟的人则会给冲杯茶,邻居来串门不会像亲戚来时这样隆重,这里需要注意的一点是,在春节来串门时,当地人会给客人"煮个茶",这里的"茶"就不是一般的茶,而是带汤的荷包蛋,一般放醪糟和糖。留人吃饭也是礼仪的一种,即使邻居串门也必须要留人吃饭,必须要表达邀请之意,至于最终吃不吃由客人决定,邻居一般不会留下吃饭。在杨代发看来,经常走动的邻居就不算是客人,偶尔来一次的亲戚朋友都是客人,对待客人会比较隆重一点。

4.邻居帮忙照看

家里人都出去串门,需要留人在家照看家,可以在给家里的牲口喂饱后,请邻居帮忙照看一下家,如果有长辈行动不便则一般由其留下来看家。有的时候不便于全家出门,则会将女性留在家中照看家,小孩可以带上也可不带,出去串门的安排一般不会引起家庭矛盾。

(四)逛庙会

1.全家人参加庙会

1949年以前,马灯村中有个道观叫作马灯观,马灯村就是因为马灯观而得名,每年这里举办庙会,大致在每年的三月。由于庙会离家不远,举办庙会时家庭成员都会去参加庙会,家庭的成员可以一起去也可以单独去,儿子可以选择和妻子或朋友一起去。

庙会就在离杨家500米远的马灯观中举行,庙会在每年的农历三月举行,一年举行一次,庙会最长会持续七天。杨兴禄去参加庙会一般是去烧香、拜佛、买东西和看戏。土地主王世清会请戏班在马灯观演戏,持续大概7天。全家人都喜欢去看戏,但是也没有上升到特别喜欢的地步。去逛庙会需要给当家人杨代发和严玉芝说一下,如果家中没有事,杨代发和严玉芝都会同意。

2.举办聚会,赶集购物

在举办庙会时,杨家会举办家庭聚会。其他地方的人都会过来赶庙会,其中就有杨家的亲戚和朋友,当他们来赶庙会后,杨家都会邀请他们来家中吃饭,杨家就会招待客人,主要活动内容是吃饭、聊天。

举办庙会时,是最好的购物机会,这几天会有很多的商贩聚集到这里,物品繁多,价格也公道。当家人杨代发和严玉芝会去集市上购置家中需要的物品,当家人偶尔会给杨兴禄和杨兴福一点钱去买自己喜欢的东西,不过给的很少,他们有时也会用自己的私房钱去买一些需要的东西。

第五章　家户治理制度

杨家中治理大权都掌握在杨代发与其妻子严玉芝手中，家庭成员只有在部分情况下可以提出建议，最终都必须要服从。整个家庭既有家规来规范成员的言行，又会在成员遇到困难时或者遭遇灾害时为其提供庇护，这些都很好体现了家户的独立性。杨家在对自身的家庭进行有效治理的基础上，积极的参与家族的例行和非例行的事务。但是，由于社会身份的低微，杨家在村庄和国家的公共事务中参与度较低或者是根本没有参与的权力。

一、家长当家

（一）家长的选择

1.分家后由杨代发当家

杨家的当家人为杨代发，杨代发当家人的地位是从分家后确立，杨代发的父亲杨万金在年老时就让两个儿子杨代兴、杨代发分家，杨代发赡养母亲王氏，而杨代兴赡养杨代金，不过杨代金在1928年就去世了。当地的当家人地位转换一般有三种情况：一是家中老当家人去世；二是老当家人年老，失去了劳动能力；三是分家。而在一个大家庭中，如果老当家人希望将当家人传给儿子来当，必须要具备以下的条件：首先，有一定的能力，能够担起当家的人；其次，需要见多识广，有处理家庭事务的经验；最后，在家庭中需要有一定的威信，这一点可以来源于前两点。但是，一般的家庭都会选择分家，由各自当家，以上继承当家人的条件多见于土地主家庭，所以也会出现家中次子当家的情况。

当家人在当地被称为"当家的"，称呼没有任何特殊性，当地的当家人就为家中管事的人。杨家具体管事的人就为家中杨代发，严玉芝在一些事情有一定管事权，多为家庭内部的事，如管教家中的小孩。

当家中的丈夫去世，公公婆婆也老了或者也已去世，家中的儿子也尚小，这种情况下只有媳妇当家，媳妇当家时她的权力等同于男性。或者也有家中长辈都去世，只剩下几个子女，其中最长的子女为女儿，这时就由该女儿当家。还有一种特殊情况，有些家庭当中的媳妇比较强势，为人做事也比较有能力，在家中她就会成为实际的掌权人，而她的丈夫只是对外为家中当家人。

2.以辈分称呼

在家庭内外，对于家庭成员都是以辈分来称呼，严玉芝是个例外，杨兴禄称呼杨代发为父亲，杨玉芝在外称呼杨代发"当家的"。外人在称呼其他家庭时都会带上当家人的名字，如称呼杨代发他家为"杨代发家"。

3.信任、尊重当家人

1949 年以前由杨代发当家时,整个家庭的事情被安排得井然有序,家中也没有因当家人的失误而出现重大变故,杨代发本人能力较强也没有陋习,所以杨代发是一位称职的当家人。因此家人对于当家人杨代发十分的信任。对于家中的事情,家人都相信当家人能够完美的解决,杨兴禄和杨兴福在日常生活中对于父亲、母亲、奶奶都非常的尊重。除此之外,杨家人认为杨兴福也比较有能力,但是因为他闹离婚的事情留下了不好的印象,所以杨家人认为,在别无选择的情况下由杨兴禄自己来当家比较好。

4.无需挂门牌

杨氏家族甚至村里都知道杨家的当家情况,他们在有事需要同杨家商量时,都会找当家人杨代发,所以也不需要在家里的门牌上写上当家人的名字,或者挂上其他的象征事物。

(二)家长的权力

1.权力天赋

杨家人认为当家人的权力都是天赋的,是自然形成的,更不是一家的家庭成员给予的,家中的权力都集中在当家人的身上,是被整个家庭成员所承认的,村民也承认家长对家庭的权力。

当家人对整个家庭方方面面的事务和整个家庭成员都具有管理权。虽然当家人就有这种管理的权力,但是由于家庭的事务过于琐碎,在有些事情上妻子严玉芝也有和杨代发同样的管理权限,这样的管理权限是由她作为当家人妻子的身份而具有的,如家中的做饭、洗衣、种菜等都是由严玉芝决定。同时,小家庭中的个别事情,杨代发无从知晓,也就无法管理。

当家中发生大事的时候,杨代发都会同家庭的其他成员商量,一般都会在饭桌上提出来,然后大家都可以建言。一般都为家中的儿子、严玉芝以及其母亲王氏提出建议,家中的儿媳很少建言。同时家中有时候也会开家庭会议,专门商议某件事情。

2.当家人管理财产

(1)当家人夫妻管理财产

杨家的财产主要来自继承、农业、外出务工所得,杨家的财产是以当家人的名义全家共有。当家人掌握全家财产的管理权,其妻严玉芝享有部分财产管理权,一个家庭对财产权不会进行分配,都是由当家人来掌握。

家庭成员在外挣的钱回来后都会交给当家人,他们不被允许有私房钱,但是杨兴禄和杨兴福都会偷偷留一点私房钱,这些钱多来于自己在外做事所得,正月拜年亲戚给的压岁钱或者父亲给的零花钱剩下来的。私房钱都不被当家人杨代发所知晓,一旦发现,就会被全部征缴。

杨家的贵重物品如地契、现金、粮食等,都是由杨代发来管理,地契和现金都会放在杨代发夫妻放衣服的箱子里,并且会给箱子上锁,钥匙由杨代发管理。粮食都放在柜子里面,同样上了锁,钥匙由杨代发及其妻子严玉芝管理。衣服是由各家自己管理,放在自家的房屋中。当家人必须要管钱,没有财产的管理权,他这个当家人就名不符实,杨氏家族中很少有管钱和当家人不属于同一种人的情况。杨代发为箱子上锁主要是为了防止外面的小偷,对于家人他是比较信任的。

（2）偶尔的零花钱

杨代发很少会给自己的儿子零花钱，一般只有在逛庙会或者去集镇的时候，才会给儿子一点零花钱，一年也就给一两次。即使儿子成家了，所给的零花钱与之前也大致相同，平时有需要用钱的地方，儿子都会直接问杨代发要钱。

杨代发在处理零花钱的问题上力求公平，每次给钱几个儿子都有份。并且给的钱都是一样的，零花钱都是给到儿子手上，一般不会给儿媳妇。

（3）聘礼和彩礼

聘礼和彩礼都是当家人杨代发以及妻子严玉芝共同决定，儿媳妇在进家门之后所带来的嫁妆都归小家庭所有，1949 年以前当地的嫁妆就是几个箱子、几件衣服，这一类的私人物品应当由媳妇自己来管理。所以在搬家的时候，像这一类的物品则不能进行分配，对它任何的组织都必须由小家庭来做主。而杨氏家族中没有把金银等贵重物品作为嫁妆的情况，对这方面的分配情况则无法考察。

（4）土地的租佃买卖

杨家土地租佃和买卖在次子杨兴禄很小的时候发生过，杨代发选择租赁土地主要是考虑到家中的土地实在是难以养活家里人，同时随着杨兴福的长大，家中的劳动力又多了人，这也为租赁土地进行耕种提供了可能，所以杨代发就和村中的几个好友一同去找土地主张全德租种土地，签订协议后，便正式开始租种土地主张全德的土地。

（5）粮食由严玉芝统一管理

杨家的粮食都是统一供全家人吃，家里面的吃饭都是由母亲统一安排，家里的粮食都是放在厨房旁边的一个储藏室里，全家人都负有看管粮食不被他人偷窃或者盗抢的义务，而放粮食的箱子的钥匙掌握在严玉芝手里。如果当家人杨代发和严玉芝临时出去有事，可能要好几天才回来，这时杨代发就会决定将家中的粮食管理权交给长子杨兴福或者次子杨兴禄。杨家没有家庭成员偷粮食的情况，如果家庭成员偷拿家里的粮食去卖，并且屡教不改，就会被当家人杨代发打出家门，在杨家偷盗粮食是被认为最为道德沦丧的行为，所以惩罚措施也比较严厉。

（6）落款杨代发

在土地房屋的买卖、租佃或典当过程中，各种买卖土地文书、租约等都是落款写杨代发的名字，有时还需要杨代发按大拇指印，家庭其他成员和其签订的单子不能得到别人的承认，只有当家人杨代发签订才可以。

（7）当家人及其妻决定制衣分配

杨家制办衣服都是自己在外买布，然后由各家的媳妇自己做，在分配布匹时都是按照各自的需要来分配，如杨兴福家有他们两夫妻和孩子杨玉芳，他家的布匹自然多一点。各家布匹在制完衣服之后，有剩余的则归各家保管，一般剩余不多，如果当家人及妻子要用剩余的布匹，则直接让其把布匹拿出来用。

杨家中男性的衣服都由其妻子做，未成年小孩子的衣服由其母亲做，杨代发母亲王氏的衣服，由杨代发的妻子严玉芝做，各个媳妇在做衣服时会有相互的交流和帮忙。

3.当家人决定劳动分配、婚丧嫁娶、对外交往

杨家的农业生产有着明确的分工，同时加上成员自觉地进行农业生产，才能保证每年正常的农业产出。在农业生产时,家庭成员进行何种劳动,都要听从家长的安排,不听从则会受到家长严厉的批评与教育,同时在非农忙时期,家庭成员会主动的去田里面看一下秋苗的长势、稻田的水量等情况,所以在农业生产上家庭成员必须要有高度自觉性,才能保证正常产出。

农忙时节,家中男性主要做一些比较重的活儿,如耕地、踩水车泡田、栽秧、收割、修补田埂、除草等,女性做一些劳动量不大的活儿,如撒种子、除草、捡粪做肥料、做饭送饭等。

家中年龄大的老人,如王氏,在身体状况允许的情况下,也会主动参加一些农活,比如会打理家中的菜园子。家中的小男孩和小女孩在 7 岁的时候,会上山放牛,同时还要背个背篓去捡粪做肥料,男孩在十二三岁的时候要跟着当家人杨代发学习基本农业劳动,女儿在十三四岁要跟着母亲学女活。考虑到杨兴禄在 12 岁的时候就已经结婚了,所以他做一些基本的农活也是可以的。

杨家在娶媳妇和嫁女儿方面都必须要听从当家人的安排,也会适当地考虑孩子的意见。家庭成员要离婚,必须要得到当家人的同意,当家人不同意则他也就离不成。离婚是不需要征得女方娘家人的当家人同意,最多会通知他们一下,离婚由男方自己做主即可,不过也有例外情况,如果女方的娘家比较强势,则必须要同他们商量才能离婚。杨兴福和他妻子离婚,就属于儿子想离当家人不许离的情况。

家长对媳妇不同意也会叫儿子跟她离婚,如果儿子对媳妇也不满意,则因会遵守家长的决定,而如果儿子对媳妇相当的满意,儿子可能会进行反抗。如要求当家人分家,然后他们自己单独生活。但一般情况下,如果儿子对媳妇满意,当家人也不会让他们突然就离婚,当家人在这一事件上多少会考虑一下儿子的感受。

家庭的祭祀活动是由当家人作为代表进行祭祀,而家族的清明会则是由家族中的长辈来组织和主持。

当家人在过世之前会把他想做但是生前没有做成功的事情立下遗嘱,杨代发就在他过世前安排了家庭的分家。如果没有重大的变故,后辈人都会遵照老人的遗嘱来办事,如果后辈人不遵照老人的遗嘱办事,则会受到老当家人的妻子及兄弟的干涉,当家人过世后没有权力但有余威。

从只有当家人才能署名落款这一点来看,当家人对外就是代表整个家庭,当家人可以以家庭的名义在外借钱,村庄中很少会有开会和投票等事件,但是清明会都是当家人代表家庭去参加。当家人杨代发还作为整个家庭的代表来缴纳税粮,到了每年交税粮的时候,甲长都是问杨代发要税粮。

杨家没有出去打工的情况,杨代发在农闲的时候会在外"背口袋",但是都是当天去当天回,并且只有杨代发自己去,他作为当家人也不需要其他人同意,这都看他个人的意志。

4.对家长权力的约束

当家人的能力不强,但他对当家不想放弃,他还是具有继续当家的权利,家庭成员不会重新选一个能力较强的人来当家。杨代发在家中一直保持着当家人的威严,而杨氏家族中有当家人因为吸食大烟或者其他不良嗜好,把家里的钱财败光,即使受到过一些威胁,但是其仍然保持着当家人的地位。

当家人的负债是被看作整个家庭的负债,如果分家,这些债务也要进行划分。当家人在外面以整个家庭的名义所借的债务,即使这种债务是瞒着全家人所借的,都必须要整个家庭来承担,借款方认为必须要整个家庭来偿还。这种情况下,当家人或多或少都会受到全家人的质疑,家庭成员会对一次两次数额较小的借款妥协,而如果次数较多数额较大,当家人将会受到家庭成员的强烈反抗,但很少会危及其当家的地位。

杨家没有吸食大烟的情况,但是杨氏家族中有几个吸食大烟的情况,有的还为了吸大烟卖土地的情况,他们都受到家族和亲兄弟的劝阻,但是无法改变这种现状,家庭成员则敢怒不敢言,当家人地位受到的威胁很小。杨家没有沉迷赌博的情况,杨氏家族中也没有沉迷赌博的情况,沉迷赌博会被全杨氏家族看不起,家庭成员和近亲都会劝阻。

杨家没有抛弃过孩子和不合理的买卖土地的情况发生,抛弃孩子会受到杨氏家族的家规处罚,而变卖家中的土地时,家族一般不会出面干涉,如果变卖家中的土地威胁到家中成员的生存,家族就会出面干涉。

当家人做事都是经过深思熟虑的,结合了多方面的情况以及各位家庭成员的意见,那么家庭成员都会承认家长的权力,一旦做出不被大家认可的事情的时候,家庭成员对他会有所怨言以及怀疑,同时也会伴随一些劝阻的行为,但是因为当家人掌握了家里面的财权,当家人的地位很少会发生转换。

5.家长权力的代理

如果一个家庭后辈全是女儿,在当家人还在世的时候,一般会选择抱儿子或者过继一个儿子过来。如果家中长辈全都过世,家中只剩女儿,一般这些女儿都比较年轻,未达到出嫁的年龄,这时候就可以请本家的人来代理,或者本家人主动承担,一般是家长的同辈叔伯来当家长,直到安排好女儿的婚嫁,或者待女儿成年后为其招一个上门女婿。

代理当家人可以处理家中的具体事物,可以连同代理的家庭去参加家族里面的会议。但是他不能变卖家中的土地和房屋等家产,不能够侵占代理家庭的物品。

名义的当家人的情况包括,家中的媳妇比较强势,则丈夫在外作为家庭的名义当家人,而实际的财权和事权都掌握在媳妇手上。而如果家中就剩一对兄弟,兄长头脑不灵活,当家人一般就为其弟,兄长在家中只是年长的存在,既不是实际也不是名义的当家人。家中有一对父子,且家长年纪较大无力管理家庭事务,则他依然是一家之长,具体的当家任务都是让其儿子去做。

(三)家长的责任

1.保持家庭持续性运营

当家人必须要管理好家中大大小小各种事情,要管理好家庭财产的使用,管理好家中农业的生产,管好家中儿女的婚嫁等问题。如果家人没有饭吃、没有衣服穿,他都必须要对此负责,要检讨产生这些的原因,并且还要在外借钱借粮来满足家里的生活需求。家长不仅要管好家里的收入,还要合理地安排好家庭的支出,保持家庭的收支平衡,家长要正确处理好家庭事务和家庭成员间的关系,保持家庭的和睦。家中的孩子犯的错误,由当家人或者其妻子代表本家庭去向别人家认错。在杨兴福小的时候,就曾因为他与别人家的孩子发生矛盾,而被那孩子的家长找上门,要求当家人杨代发说清楚怎么回事,杨代发不在家,就是严玉芝来处理,严玉芝明显认为自家儿子没有错,就和对方吵了起来,最后双方争执不下就闹到了当地的官府,官府最终判严玉芝家胜诉,惩罚了对方家庭。

2.家中唯一的好当家人

一个家庭只能有一个当家人,如果出现两个当家人,就属于分家的情况。在一个家庭中,由家中唯一的当家人来管理家中的大小事务,当家人一般会因为精力不够,而将其部分的权力授权给家中的妻子行使,管理家庭内部的一些事务。

杨家人认为杨代发是位好家长,表现在他经济方面管的好,生活也管的好,同时对整个家庭成员都比较公平,一心为整个家庭着想,整个家庭都保持和睦的状态。在杨代发的管理下,杨家没出现重大变故,对儿子教导有方,家中老人也能得到善终,没有受到过大的外部欺压,整个家庭在家族中保持中等水平。

3.失去当家的能力

当当家人失去当家的能力就不能胜任当家人这一职务,主要包括因为受伤导致智力出现衰退,不能管理家庭的事情;因为年龄过大,无法管理家庭的收入。而像肢体受伤失去了劳动的能力,或者赌博和吸食大烟等,都不会因此而不能胜任家长的职务。

(四)家长的更替

1.当家人的更替

杨代发没有出远门务工和经商,只是在外背过口袋,但是当天去当天回,也就不存在因为这种原因而需要代替当家。1949 年以后,杨代发因病去世。在其生病期间,不能胜任当家人的职务,这时就是由其妻严玉芝代替当家,由其来管理家中的事务。在当家人杨代发过世后,虽然他交代了后事包括分家的事宜,但杨家并没有立即分家,在一段时间后,严玉芝感觉其孙儿也大了,两个家庭在一起生活不好,于是就提出了分家,这时各个小家就产生了新的当家人杨兴禄和杨兴福。在杨代发过世后,到最后分家的这段时间,是由严玉芝来担任当家人的角色,这种转换是自然而然的,两兄弟及其母亲严玉芝在葬礼上并没有进行特别的商议和仪式。

2.更替的顺序

在一个大的家庭中,如果要更替当家人,首先是从同辈当中选择接替者。如果家庭过去的当家人有妻有妾者,当家人过世后就要在妻妾及其儿子中选择接班人,一般是由强势的人来接替当家人的位置,这种强势的地位主要体现在老当家生前和逝去后两方面。首先,强势的老婆在生前会逼迫老当家立下遗嘱,由其或者其儿子来接替当家人的位置,当地的遗嘱主要为一种口头交代,很少有人会留下书面的字据。其次,在老当家人逝去后,强势的老婆会在当家人位置争夺的过程中,占据有利地位。如果妾的儿子比较多,则她在整个家庭中会比较有地位,比较强势一点。

立遗嘱选当家人是在老当家人找不到接班人的情况下的一种选择,这个遗嘱文化会随着情况的不同而发生改变。新当家人,既可以为男性,也可以为女性。如果一个家庭中没有儿子全是女儿。那家当家人会选择过继或者抱儿子,抱儿子会选择由长女来招上门女婿,招上门女婿就是女婿当家。

3.财权、事权移交,当家人更替

家里的当家人更替,家中的财权、事权会同时发生转移,或者说是财权和事权的转移,标志着家庭中当家人的更替。财权的转移主要包括要将家里的钥匙、地契、房契等交由新当家人保管,在老当家人还在世时,家谱会先不传给新的当家人。邻居会随着当家人的更替而发生变化,杨代发去世后由严玉芝当家,邻居就称他们为严玉芝家。而家里人称呼以前的当家人则还是按照辈分称呼,没有大的改变。换了当家人之后不会特意给四邻说,而是会通过人民口口相传使得村里的人都知道。家里的土地仍然在老当家人的名下,在外租种的土地也是如此,需要买卖土地也要和老当家人商量,但是如果老当家人去世,则土地的归属和土地的租种都由新当家人负责。

二、家长不当家

(一)家长不当家:妻子当家

1.妻子当家的条件

在杨氏家族当中是有妻子当家的情况,且此时家中的男性家长也在世,杨代宣的妻子王连芳就比较强势,家中实际的当家人就为王连芳。总体来看有两种情况:一是男性家长的身体不好,则由妻子来当家;二是家里面男性家长的身体都很好,而家中的妻子能力比较强,则有可能会掌握家中的实权,而男性当家人则只是名义上的当家人。

2.妻子当家的权力

杨代宣家以妻子王连芳为家中实际当家人时,杨代宣只为名义上的当家人,因此当遇到家族中的事务,都是由杨代宣出面处理,回来后再告诉家中的实际当家人王连芳。女性当家时,不仅要管理家庭内部的事务,同时要管理家庭外部的事务,一般女性在管理外部事务时会稍弱于男性,但是由于家庭环境所迫,她们也必须要承担起当家的责任。家中如果需要在外面赚钱,如果家中男性家长都已经过世,女性当家人要以家长的名义去借,借款上要写上自己的名字;而如果家中男性家长仍然享有名义家长的身份,则借钱的事情由女性当家人决定数额和借款对象,然后由男性家长签署借款协议。

而当邻居家庭在婚葬嫁娶方面需要请人帮助,她都可以代表整个家庭去帮忙,对于不是女性当家的家庭,由女性代替整个家庭去帮忙也是经常的。

如果家中男当家人要出远门,家中由妻子当家,则关于家中土地、财产的事务以及儿女婚嫁等问题,妻子都不能决定,妻子只能管理好家中的日常生活,安排家中农业耕作。当家人出远门后,妻子做出超越自己权限的事可能性很小,如变卖土地等,这些重大的交易首先会受到家庭余下成员的反抗,其次交易的对方也不会在当家人不在时与其妻子交易,所以其妻子最多是把家里的钱偷偷花掉,如果这些事被回来的当家人知道,当家人轻则会对妻子大骂一番,重则会将妻子休掉。

(二)家长不当家:长子当家

杨家没有家长不当家,而长子当家的情况,杨氏家族中有这样的情况,如大户杨代全家。杨代全家只有一个儿子,杨代全老了之后就是其唯一的儿子杨兴连当家,杨兴连当家时其权力等同或者稍弱于杨代全当家时的权力,家中的财产管理权掌握在杨兴连的手中,有着一定的家庭财产支配权,平常用钱是不用和杨代全商量的,但家中涉及家产的交易杨兴连必须要和杨代全商量,签协议时则由长子来签字。从杨氏家族来看,家里如果晚辈结婚,当地很少有结婚证书,都是口头上通知,一般说成"某某成圆①儿子",这里的某某为结婚当事人的父母,

---

① 成圆:当地方言,意为给儿子娶媳妇。

不管其是否在当家。

三、家户决策

（一）决策的主体

1.当家人决定家庭大小事情

家庭内外的大小事情都由当家人杨代发决定，在家庭内部有些事情可以由严玉芝决定，这主要是由于杨代发将这些权力授权给了严玉芝。兄长在家里面没有决定权，但是他和其他兄弟一样有一定的建议权，同时长兄对其弟负有一定的教育责任。

在杨家，如果当家人出门，家里事情都由严玉芝来决定。而在杨氏家族中，像这种情况一般会将管理家庭的权力委托给妻子，如果妻子能力不够则由长子来代为管理家庭。在委托时会和家里人说一下，具体内容为"我出去一趟，这段时间你们要听某某的话"。

2.服从合理决定

杨代发在家中有十分高的威信，是因为他所做的决定都会综合考虑多方面的情况，家庭成员对他的决定大多都信服。在特定情况，可能有对待家庭成员不公的现象，如有时候去集市就只带杨兴福，这时杨兴禄虽然心里会有所不满，但是考虑到家庭具体情况，他选择了服从。而从整个杨氏家族来看，有家庭就因为分家不公而儿子和老当家人吵起来，所以对于家长决定的服从，家庭成员会依据事情的重要程度、不公正的程度来做出判断。

3.对重大不合理决定的不服从

家庭成员对关系重大的不合理决定会选择不服从，这里的重大主要是指家产的重大变更，比如卖掉耕牛或者土地的，不合理主要是指不公正、不符合家庭状况，如以家庭条件本来可以维持家庭的生计，但是当家人突然提出来要将家中的土地卖掉，这显然是不符合家庭状况的，不公正则主要涉及家庭的分配。当家庭成员认为当家人所做出的决定不合理，就会向当家人提出强烈的反对意见，或者以某种行动来表示反对。

当家人独自对家庭的重大事情做出决策，没有和家庭成员商量，并且决策存在明显的不合理，这必然会引起家庭成员的反对。而如果当家人独自决定家中的小事或者决策正确，则一般不会引起家庭成员的反对，家庭成员至多只会在私下抱怨几句。

4.涉及重大家产必须商量

当决策涉及重大家产，如买卖家中的土地等，当家人必须要和家庭成员商量，如果不商量这一类的决策及其容易引发家庭成员的反对，导致家庭的不和睦。

对于这一类的决策，当家人首先会在饭桌上提出来，与家庭成员共同商议，如果能够商议出结果，则不会再另行开会通知。家中的成年人均可以参与商议并提出意见，家中的女儿以及儿媳妇的建议权较弱，更多是充当旁听者的角色。

（二）决策的事务

杨代发对家中大小的事情都有决定权，但是并不是所有事情他都会主动去管，当家人主要负责安排家庭的农业生产和财产分配与使用，而家务等活动则由其妻子严玉芝来决定。

四、家户保护

(一)社会庇护

1.当家人出面解决矛盾

如果家里人在生产和生活上与别人家发生一些矛盾,一般是由当家人杨代发出面解决,如土地的边界矛盾、农具使用的矛盾都必须要当家人出面才能解决,而像家庭生活中的事务,除了当家人杨代发以外,主要是由严玉芝来处理这一类比较琐碎的事情,如家中未成年的儿子与其他家庭中儿子间的矛盾。如果家中为爷爷当家,其孙儿犯错,一般是由孩子的父母去和别人协调,协调不成才由当家的爷爷出面。而如果发生矛盾的两家已经无法商量解决,就会请保甲长出面来调节两家的矛盾。

在杨家,并不是每次遇到危难或者困难都会去找家长,在成员可以自己解决的情况下,家庭成员会选择自己解决。如果将自己本来可以解决的事情告诉当家人,当家人也不会选择出面,而是让其自己解决,或者让其他家庭提供一下帮忙。而家庭成员实在不能解决的问题,则只要向当家人请求帮助,当家人都会提供帮助,或者当家人在知晓后都会主动提供帮助。

出面解决矛盾可以为当家人出面,或者当家人及其妻子出面,或者当家人和家中的成年男性出面。女性中,当家人的妻子出面的机会较多,其他人出面的情况则较少。在杨家,男性成员对女性成员保护较多一些,父母对孩子的保护多一些。

杨代发自己本身是一个比较正直的人,在对外交往、教育儿子上都是要讲道理,他在处理家庭成员与他人的矛盾时,都是按照谁对谁错来处理,而不会因为是自家人就不看他的对错,自家成员有错就要严厉批评。但是在对与错的问题,每个人看问题的角度不同,最终的判断也会有所不同,绝对的对错是不存在的,所以杨代发在处理这些问题上会有所偏差,尽管杨代发和其家人没有发现,但是都会不自觉地从整个家庭的角度出发想问题。

2.当家人承担责任

在当地,家长出面赔礼道歉被认为是有诚意和有礼数的,这样别人也会真心实意地和自家达成谅解。家中的孩子、媳妇犯错,有时会是当家人的妻子严玉芝上门赔礼道歉,道歉时必须要带上当事人,家长一般会先承认自家成员的错误,然后请求对方的原谅,如果礼数到位,对方自然也不会斤斤计较。

家庭成员犯错时,由家长来进行处罚,或者兄长进行说教教育,家庭外部成员不能对其进行处罚。如果外部人员进行处罚,则会被认为是对家庭的侵犯。

家人被欺负对这个家庭来说,认为是受到了侮辱,全家人都希望能为家人讨回公道,如果对方不是土地主,则全家人会以各种方式为家人讨回公道,而如果对方为土地主,则全家人虽然很愤慨,但是最终会无奈地选择忍气吞声。

3.对家人错误的隐瞒

家庭成员在家庭内部犯错,全家人都会选择不将其透露给外人,认为这是一件很丢脸的事,即使是孩子犯罪,在外人不知道的情况下,家人都会以各种说辞来隐瞒真实情况。家中无论是爷爷还是爸爸当家,小孩子犯了错,爷爷或者爸爸都不会选择和当家人说。比如杨兴禄犯错后,他的奶奶王氏比较宠溺孙儿,就不会选择告诉杨代发。

杨家没有孩子犯罪的情况,但是杨氏家族中有人偷过生产队的抽水机,这发生于1949

年以后,这家有想过通过找关系来解决,但是公社处罚的意志坚决,最终犯罪者选择跑路,逃到其他地方。

杨家比较赞同"家丑不可外扬"的说法,家人犯错的事传出去,会给整个家庭造成不好的影响,影响整个家庭在村子中的声誉,而声誉对于一个家庭是比较重要的。

(二)情感支持

1.家人是最好的依靠

家庭成员在外受了委屈,到家后会选择和家庭成员诉说,一般是向家庭的母亲诉说,诉说后家庭成员会给予其一定的安慰,家庭成员在家庭中都可以找到情感的归宿。出嫁的女儿在婆家受到委屈或者不公正的待遇,强势的娘家人会选择上门找个说法,一般不会直接将女儿接回娘家。如果女儿受到的不公正待遇极其恶劣,则强势一点的娘家人会主动提出解除婚约,而普通的家庭则一般会选择忍气吞声,毕竟解除婚约对于两家人都不是一种最好的选择,休掉的妇女再嫁会比较困难,而男方家也会因此名誉受损,还失去了一位家庭成员。

2.家人是游子的牵挂

1949 年以前,杨家没有家庭成员在外面待过很长的时间。1949 年以后,杨兴福在外面参加工作,对于家人还是比较想念的,但是工作繁忙,很少有时间能够回家,所以特别珍惜中秋和过年团聚的时候。

(三)防备天灾

1.旱涝灾害较频繁

在 1949 年以前,在杨氏家族生活的地方每隔几年就会发生旱灾或者水灾,由于杨氏家族的田地主要集中在小河边,所以发生水灾会直接导致粮食大幅度减产。而旱灾则只会影响少部分灌溉不到的田地,当地的小河很少会有干涸的情况,所以只要靠近河边就不用太担心减产。而山上的土地在面对旱灾和水灾时,都会大幅度减产,甚至颗粒无收。杨家的田地主要集中于小河边,也会受到旱涝灾害的影响,在 1952 年杨家的房屋还遭遇了火灾,由于没有有效的救火措施,所以把两间房屋烧毁,公社给予了一定补助,杨代发自己请人进行修复。

2.同舟共济渡难关

杨代发渡过灾荒主要是依靠家里的余粮和节衣缩食,全家人同舟共济共同渡过难关,全家人在天灾面前更加的团结。

在发生灾害以后,首先会用家里的余粮来缓解粮食紧张的情况,基本上菜园子的蔬菜供应能够保持日常水平,家人也会上山摘一点野菜,家里会多做一些粥,粥里的米相对以前会放的少一点,给家中的男性和小孩会多舀一点米,而媳妇则会少吃一点。如果家中的余粮也不够吃了,就会向杨氏家族中的大户借一点粮食,来渡过难关,杨家没有因为灾害而卖过土地、房屋和牲口。

在每年团会时,杨氏家族就会祈祷今年能够风调雨顺,这是每年关于农业最大的祈祷活动。

在灾害发生期间,全家人都会听从当家人杨代发的安排,不会趁乱自己只顾自己。杨家在灾荒年有一定的保护次序,如对老人和小孩会有着特别照顾,对家中的成年男性也会给予一定照顾。

(四)防备盗匪

1949年以前，在马灯村通往开封镇的路上偶尔会有土匪，专门拦道抢劫过路的人，都是小规模，当地也有家庭被偷的情况。

当地的土匪都是土财主的狗腿子，在他们背后有土财主撑腰，土匪一般会选择在路上抢劫过路的人，去赶集的人一般都会带一些钱在身上，此时土匪能够抢到更多，这些人多为普通的家庭，如果家里人多势众且是个大户，土匪也会有所忌惮，所以遭罪的最终还是穷苦百姓。杨氏家族中每年都会有几家被偷，被偷的东西为钱粮，当地没有牲口被偷的情况。

在家庭中，抓到小偷后，会将其毒打一顿，并且让他老实交代之前还有没有偷过杨氏家族的东西，如果有则要求他把之前偷过的东西还回来。而如果遇到土匪抢劫，则大部分的家庭只能忍气吞声，因为这些土匪都为当地土地主的"狗腿子"，他们的抢劫行为得到了土地主的默许，所以大部分家庭遇到抢劫只能忍下来，也不会报官，因为他们知道当地的土地主和官府是勾结的。

杨家没有遭遇过土匪抢劫，杨氏家族对于土匪也没有寨墙等防范措施，顶多是去赶集时几个人一起去，但是这样也并不能避免被抢。

(五)其他保护

1.面对乞丐的自我保护

杨家的经济条件在村庄里算是中等水平，时而有乞丐来家中乞讨，这些乞丐都是从附近的集市来的或者马灯观来的。当地的乞丐连土地主都不敢惹，他们已经是一无所有，如果一群乞丐集聚起来跑到土地主家讨饭，土地主又不敢打死他们，教训一顿后还是会讨上门，所以土地主对这些乞丐则是能躲就躲。如果乞丐讨到杨家，杨家有余粮就给一把米，没有就不给，大家都吃不上饭就谁也不怕谁。

2.饥荒中的自我保护

当地的穷人会在饥荒的年份来借粮，杨家有粮也会借出去一点，粮食可以来年有了收成还，或者对方以劳力来还，当地借粮都会按时还，如果没有按时还清，即使找上门也还不上，杨家以后就再也不与其打交道，同时其他人家也会从此不与其交往。家里受到土地主欺负也会选择忍气吞声，所以在当地就是乞丐和土地主最不敢惹。当地没有建立保安团，杨家不会主动对村里的一些穷人家进行生产或者生活方面的救济。

五、家规家法

(一)默认家规及主要内容

杨家没有成文的家规，家规一般是祖辈那里传下来的，到每一代人会根据不同环境进行调整，具体是从什么时候传承下来不得而知。每个人都必须要遵守家规，不遵守会受到惩罚。

1.做饭及吃饭的规矩

在杨家，在两个儿子结婚后，平时家里为儿媳王进珍、郭玉珍以及当家人妻子严玉芝做饭，严玉芝做的较少，没有固定的做饭安排，做饭一般为两人一起，一个人做饭一个人烧锅，做饭的人比较辛苦。杨家做饭也不是轮流做，但是具有轮流的性质，儿媳妇做饭的次数总体要保持平均，并且不能连着做几次，如果其中一个儿媳长期不做饭或者连续几次无故不做饭，会受到严玉芝的批评。严玉芝有时也会特别指定谁来做饭，儿媳都会服从。家中洗碗的规矩同于做饭,可能为烧锅的成员洗碗,在农忙时就一起做饭洗碗。

　　家中吃什么饭要根据家庭的实际情况来,同时要听从当家人和其妻严玉芝的安排,一般是严玉芝来管,杨代发偶尔会提出今天想吃什么,然后做饭的人就按杨代发的意思做饭。其他的家庭成员也可以提出自己今天想要吃什么,要求不得超出家庭的承受范围,如不能说想要天天吃肉,这样会受到当家人的批评,具体满不满足要求由严玉芝来决定。

　　蔬菜全是自家种,所以需要买的只有油盐醋以及肉等,油盐醋由杨代发给钱,派一个人去买,在马灯观就有人卖,肉则一般为当家人在集市去买,家里还存有一定的腊肉,为过年期间腌制。

　　杨家是在桌子上吃饭,只要坐得下,家庭成员都可以上桌吃饭,当家里有客人来时,饭桌坐不下那么多人,则家中的女性和小孩就不上桌。平时在家中吃饭没有太多的讲究,杨家有一把太师椅,多由杨代发坐或者其母亲王氏坐,而如果家中来了客人,在座位上就会有所讲究,一般为客人坐太师椅①,坐于八仙位②,杨代发及家中长辈坐两边,晚辈坐八仙桌南边。冬天时,家中火炉回放在桌子下面,都可以用来取暖。杨代发和严玉芝及其母亲王氏有时会端着饭去串门,不过很少,一般为有事情才会去,其他家庭成员都不会去。

　　当天做的饭菜一般需要当天吃完,冬天可以放到第二天热一下,每个人碗里的饭必须要吃完,吃饭时如果家庭成员把饭落在桌子上或者地上,当家人杨代发会说:"你是下巴那里有洞吗? 撒得到处都是,款款③把桌子上的饭捻④起来吃了",可见杨家对粮食十分珍惜,也教导孩子养成珍惜粮食的好习惯。

　　根据每个人饭量的不同,每个人吃饭的饭量也会有所不同,但是要让每个人吃饱,只有在灾荒年份才会减少每个人饭食的配给。病人、坐月子的妇女会给吃好一点,并且他们的饭菜可能单独做,而孕妇则还是和大家庭同吃,会给其多吃一点菜等。杨家在逢年过节时会吃的好一点,会把家里的腊肉多弄一点,农忙时的饭菜也会准备的很丰盛。总体来说,家庭的饭食分配是要照顾每个人需求,家中的妇女饭量本来比较少,饭食也就吃的少一点,家中男性则吃的多一点。

　　杨家由家中的儿媳妇和晚辈盛饭,在孙儿没有长大前,由家中儿媳盛饭,长大后会由晚辈分担一点,杨兴福需要加饭时,由其妻子王进珍去加饭,他们的子女不能自己加饭的,由王进珍去加饭。家中的小孩子由其父母照顾吃饭,家中的成年男性成员不盛饭。

　　在农忙的时候会需要给劳作的人送饭,杨家为家中的儿媳和孙儿辈去送饭,家中成员去做工也是由儿媳和孙儿辈去送饭,加餐由当家人或其妻子决定。

　　杨家吃饭有一些规矩:家中的长辈还没有动筷子前,家中的晚辈不能动筷子;夹菜的时候最好夹自己那一面,不能随意搬动菜;在用勺给人舀饭或者汤时,不能勺心向外给人舀;嘴里有饭时不能说话,更不能拿着筷子在空中挥动;家中的晚辈先吃好饭后,必须要请示家长后方能离桌等。饭桌上的规矩十分多,这里不一一列举。家中的成员违反这些规矩时,家长就

---

① 太师椅:杨家的太师椅并没有摆在堂屋,而是放在饭桌旁供待客和吃饭用。

② 八仙位:上八位,指八仙桌的正北的中间,客人坐北朝南。

③ 款款:当地方言,意为"必须"。

④ 捻:当地方言,意为"捡"。

会予以教育,让其下次注意不要再犯,如果再犯则要给予严厉的批评。

2.座位规矩

（1）日常的座位制度

在杨家,日常的座位安排并没有很多的规矩,杨代发和其母亲王氏经常坐上八位和太师椅,而其他家庭成员一般坐其他三方,儿子和其妻子坐一起或者两个儿子坐一起两个儿媳坐一起。如果家中的长辈因为生病、出门等原因而不上桌吃饭,只有杨兴禄、杨兴福及其妻子和孩子上座吃饭时,家里的座位没有什么特殊的安排,大家可以随意坐。

（2）待客的座位制度

家中来了客人会让客人坐太师椅,年轻的客人也会请他坐太师椅,然后当家人与其聊天,如果对方抽水烟,则会请对方抽水烟,客人来的太多则会给客人中的晚辈坐板凳。

（3）宴请的座位制度

家庭宴请时,在饭桌上会有一定的主次之分,以八仙桌的正北为最尊,其两边次之,正南为最后。当亲戚为本家亲戚时,就会按照辈分来排位置,如果母亲的娘家和姐妹的婆家一起来做客,则是由母亲的娘家坐上八位,而如果自己儿女亲家来做客也同时来做客,则还是以母亲的娘家坐上八位,这些都是按照辈分来排座位。

杨代发的邻居都是杨氏家族,所以他们来做客也是按照辈分来坐座位。这里存在特殊情况,如果邻居辈分较高但实际年龄比杨兴禄小,则杨代发会请他坐上八位,对方都会拒绝,最后就是杨代发坐上八位。杨家没有邀请过土地主、保甲长吃饭,邀请乡贤绅士、保甲长来家里吃饭时,会请他们坐上八位。

杨家在举办大型宴请活动时,一般都会邀请村里的保甲长、乡贤绅士,如果他们接受邀请前来参加宴会,就会和杨家本家亲戚、舅家亲戚一同被邀请坐在主桌,在主桌的座位顺序安排就会根据个人的社会地位安排,根据不同的情况会出现多种的座次安排。

（4）特殊宴请活动座次

当自家新房落成,基本是不会请木匠、泥瓦匠等吃饭,即使请也不会请其坐上座,原因包括:首先,此时安排座次一般是按照年龄来,而能够在外务工的人一般都是中青年,所以自然也是当家人比较年长坐上八位;其次,在外务工的人比较随意,不会在意座次的安排;最后,工匠较多时,谁坐上八位谁不坐是一个问题,加之太师椅占的空间太大,一般会选择将太师椅换做板凳,这样在一定程度上减弱了座位的主次顺序。

3.请示规矩

（1）当家人决定生产活动

在生产活动中,土地的经营管理都是由当家人杨代发决定,其他家庭成员可以提出自己合理的建议,但采纳与否都要听从杨代发决定。全年农业生产与种植计划由杨代发根据节气决定,蔬菜的生产与种植计划由严玉芝或者杨代发决定。耕地、犁地、播种、除草、看护、收割、打场各项农业生产环节中的分工,由杨代发决定,其他家庭成员可以提出意见,最后要听从当家人的安排。生产工具的使用与借用、换用,也是由当家人杨代发和严玉芝商量决定。喂猪是家庭成员都可以按时按量喂,而放牛一般为7岁以上小孩的任务,没有小孩就是家中的媳妇或者杨代发的母亲王氏去放牛。

（2）家庭生活中的请示

在杨家，严玉芝对每餐的吃饭都会有安排，如果家庭成员想要吃什么，需要给当家人或者其妻子请示，一般是向妻子严玉芝请示，如果需要在外面买什么原材料，这就需要和杨代发请示。什么时候需要做衣服，家庭成员需要向当家人杨代发请示；购买生活必须品等日用物资时，需要向杨代发或者其妻严玉芝请示；购田置业等大宗交易必须要向当家人杨代发请示，家中小孩上学也要向当家人请示。

（3）外界交往中的请示

家庭成员要出门去找朋友、去庙宇烧香需要给当家人及其妻子知会一下，如果需要用钱则必须要请示杨代发。除了儿子和儿媳回娘家，其他去走亲戚的情况都是由杨代发及其妻子代表整个家庭前去，一般的出门是否要带其他家庭成员都是由杨代发及其妻子决定，而儿子和儿媳妇回娘家也要请示当家人和其妻子，家中宴请来客都听从杨代发及其妻子的安排。儿子在外结交朋友不需要特别向当家人请示，当家人可以从儿子与其交往的频次判断其关系，并决定是否允许他们交往，而家庭成员加入任何社会组织必须要向当家人请示。

（4）口头请示与驳回请求

在杨家，任何需要请示的项都是口头请示，不存在书面的请示和家庭会议，当家人完全可以处理这一类事务。家中的老人或者当家人不同意家庭成员的请示，则家庭成员可以再详细地予以解释，如果还是不同意则家庭成员只能按照老人和当家人的意思办，如有违背会受到惩罚。

（5）新当家人决定

杨代发的父亲杨万金去世后，他们原来的家就分了家，杨代发的母亲跟着杨代发过，杨代发被确立为新的当家人。杨代发对家庭中的事务有着绝对的决定权，家中晚辈遇到问题都会向新当家人杨代发请示，由杨代发做决定。而如果对当初分家的情况有问题，则必须要问王氏，她在这件事情上比杨代发更有决定权，其他事情都听从杨代发安排，杨代发与其母亲王氏没有意见相左的情况。

4.请客规矩

（1）生产中请客

生产活动中，在农忙时节要请来帮忙的人吃饭，一般只请中午和晚上两顿，帮忙的人都是在家里吃了早饭才来的。在家中发生土地交易时，需要请写约的人即见证人和交易对方吃饭。借用别人家的生产工具或牲畜时，以及家中建房开工与上梁封顶都不需要请客。家中这一类请客吃饭的事宜由当家人杨代发和其妻严玉芝组织，农忙时节的宴请主要由严玉芝组织，因为当家人杨代发一般在地里干活，其他人帮忙。邀请客人都是当天去请，有个别例外，由家庭成员出面去请即可，个别社会地位较高的客人，如见证人（一般为保甲长），都是当家人去请。

（2）生活中请客

生活中，家中定亲、结婚、老人祝寿、白事需要宴请，而孩子满月、生孩子等一般不会宴请。红事邀请的人的范围比较广，白事则主要为家中的至亲，宴请都不会下帖子，都是上面去口头邀请。孩子跟师傅学手艺时，需要请师傅吃饭，而孩子上学不需要请老师吃饭。发生争执矛盾后会请调解人在家中吃饭，理亏一方也不会请客吃饭。

（3）宴请的特殊对象

杨家在生产生活中举行宴请活动时,不会邀请村内的土地主来吃饭,大户和保甲长由于不是杨氏家族本家,所以会邀请他们前来,有时还会请乡贤绅士。宴请都不会下帖子,都是上面去口头邀请。在各种的宴请活动中,只有王氏的娘家比较特殊,如果两家走动比较频繁,则会在各种宴请活动中邀请对方,而如果联系不够紧密,则只会在奶奶和爷爷的白事时才会邀请他们。而母亲的娘家、姐妹的婆家、自己儿女亲家亲戚在任何的宴请活动中都会邀请。当地有贵客的说法,在杨家举办婚宴时,儿子的亲家以及村中地位较高的保甲长为贵客,而平常都很少见面的客人称为"稀客",但不一定是贵客。

（4）宴请的规矩

在宴请活动中,同一宴席宴请不同的群体,在菜品这一方面没有任何差别,即使是主桌也是一样的。当地宴请必须要有"八大碗",包括甜肉、品碗、肘子肉、炖鸡、烧鱼、粉蒸肉、丁鸽子①、烧白,有的家庭情况较好还会准备烧王八。当地的红白喜事都是由专门的厨师团队来承包整个酒席,场地都是在家中院子内,杨家在办红事时有借用杨兴培家的门前空地,其他桌子凳子都是厨师团队提供。

当地一般为十几桌为"一林子"②,"一林子"吃完后待收拾好残羹,就准备开始下一林子,当地人家一般是一餐吃两林子,一餐吃三四林子的人家家里都比较富裕。当地正是开席前需要听主持先生的信号,一般红事会先举办拜堂仪式后方能开席,而白事开席前的仪式相对简单。红事时家中的儿子要带着儿媳挨桌去敬酒,这也是能够一一认识本家亲戚的机会。

（5）陪客规矩

宴请时,除了主桌需要当家人杨代发来安排人坐以外,其他座位都是随便坐,没有特定的安排,自家的宴请活动不需要请人陪客。只是红事时,要由新郎新娘挨着给每个桌子的客人敬酒。

5.房屋进出居室的规矩

（1）就寝及居住的规矩

在杨家,没有特殊的就寝规矩,晚上谁想睡了都可以提早睡,不需要按照辈分来决定谁先睡谁后睡。同时,早上起床也不用晚辈先起床,但是如果晚辈经常睡懒觉,到半晌才起床,长辈会认为是懒的表现,就会严厉批评。

在杨家,不是夫妻的异性不能一起居住,除了小孩子的情况。客人来时,首先要满足客人的居住需求,家庭成员可以几个人一起挤一挤,如果不服从将会受到当家人的严厉批评。结婚后的儿子媳妇不能随便进入公公和婆婆的房间,进去前必须要打招呼,而进小叔子、小姑子的房间则没有这么多的避讳,只要有事情都可以进晚辈的房间。父母作为长辈可以进儿子媳妇的房间,而小姑子和小叔子要进儿子媳妇的房间必须要和其说一下。杨家商议事情都是在饭桌上,或者在冬天围在火堆旁商量。

---

① 丁鸽子:当地方言,一种菜品。

② 一林子:"一波",由于宴请的人比较多,而宴请的人比较多,则需要分几波来举办酒席,先来的就吃第一波,主桌也只在第一波上有,一波酒席吃完的标志是所有桌都吃好了,主桌可以适当延后。

（2）婚嫁新房

婚嫁的新房都是由当家人杨代发决定。在给两兄弟分配房间时考虑到以后结婚生子的事，所以一般都以儿子婚前居住的房屋为婚房。在杨家，没有婚房由兄弟、叔伯轮住的情况。

6.制衣洗衣的规矩

杨家制衣都是杨代发决定，每年给每个人制一件衣服，布料由杨代发去买，衣服由媳妇来做。

杨代发、严玉芝及其母亲王氏的衣服由严玉芝洗，王氏的衣服偶尔会给家中的儿媳妇洗，其他两个小家庭的衣服是由妻子来洗。在杨兴福还小的时候，以及关女子还在世时，他们的衣服一般由母亲严玉芝洗，在杨兴福娶妻王进珍后，王进珍有时候会承担给他们洗衣服的责任，杨兴禄结婚后就再也没有洗过。

杨家洗衣服都是到离家几十米远的堰塘洗，这个堰塘属于全家人所有，洗衣服都是用皂角，洗好的衣服晾在自家的院子内。杨家没有媳妇把衣服洗破的情况，即使洗破也可以自己缝补一下，不能缝补只能是因为衣服劳动磨损严重，这个时候就需要制办新的衣服，当家人或者严玉芝不会因此责骂媳妇。

在晾衣服的时候，女性贴身的衣物要晾在角落不易察觉的地方，衣服干后要及时地收，由于当地的冬天一般都是阴天，所以如果是大晴天一定要及时把家中的脏衣服洗了，并且把被子拿出去晒一晒。

（二）家规家法的制订者与执行者

1.制订者

杨家的家规是不成文的家规，都是从上一辈那里传承下来的，随着时代的不同，家规会有所改变，许多家庭会改变同一部分的家规，所以这种改变更像是习俗的改变。

2.执行者

当家人在日常生活中都按照家规家法办事，发现了任何家庭成员有违反的情况会及时私下提醒，较为严重者就会予以严厉批评，杨代发对家庭成员严格，自己也是以身作则，不然在家中不会让人信服，当家人犯错影响的是整个家庭，出现这种情况当家人会主动承认错误，并且积极的加以弥补。家庭成员需要监督其他家庭成员，使其不能违反家规，违反家规行为的处罚权掌握在当家人杨代发及其妻子严玉芝的手中，他们不在时长子杨兴福享有部分处罚的权力。

（三）家规家法的影响力

1.长辈以身作则

家庭成员都是从当家人的日常教育与耳濡目染中习得家规。孩子从小就要接受家中长辈的教育，能干什么不能干什么都给晚辈界定清楚，同时家中的长辈会以身作则，家中的晚辈会在耳濡目染中学到家规。父母亲以上的长辈都可以教家中小孩子家规，如果其中有哪个长辈自己本身不学好，亲身父母会让孩子不要跟那个人学。

2.规范晚辈的行为

孩子学习家规并且自身表现有规矩有礼貌，这才能受到家中长辈的青睐，在外也会被认为是有家教的表现，长大后也才能在社会上立足。如果说一个孩子的家教教育不够严格，家中的还在外老是惹是生非，外人不仅会找杨代发要求赔礼道歉或者赔偿，还会影响整个家庭的声誉。在当地,过年时有个说法就是给孩子"封个印",意思是好好的教训孩子一顿,过年时本来就是喜庆的氛围,如果给予孩子一顿棍棒教育,就是给孩子长记性的最好时机。

(四)家庭禁忌

1.生产及生活上的禁忌

在杨家,农业生产上有一些禁忌,如春分前不能上山乱砍乱伐,否则一年都没有好收成。杨家在生活上有一些禁忌,如"三喜有三忧,狗喜要挨石头""男笑痴女笑瓜""不能玩火,否则晚上要尿床",等等。

2.红白事的禁忌

新婚夫妇必须讲求八字合,比如新郎八字缺火,新娘就要八字火旺。从结婚当天算起,往后的三天新娘都不能进厨房。女性在坐月子期间,有些人不能进月房,这个的说法就很多,主要是看这个人的八字是否可以。

在丧事上,有孝子一百天不许剃头的说法,同时家人必须要披麻戴孝,有娘家人或者亲戚来祭拜时,长子必须带着晚辈给长辈下跪。参加丧事不能穿白衣服,也不能穿红衣服,但很少有人会做红衣服。

3.节日时的禁忌

杨家或者当地在节日时有一些禁忌,如大年初一不能出门;三十夜当天晚上要守岁;三十夜晚上不能洗脚,洗了脚就会第二天把嘴碰破等等。

4.违背禁忌的后果

如果违背的禁忌只是一种老的说法则只会提醒一下,如不能玩火之类的。而如果违背后影响较大,则会被人说闲话,并且会受到长辈的批评,如去参加丧事穿了白衣服等。

(五)族规族法

杨家属于当地的杨氏家族,整个家族都居住在称为"老房子"的地方。在杨氏家族中有一些族规,家庭成员必须要严格遵守族规,家长在生活中会告知成员族规内容,每年的族规都差不多,所以只需要将变更的内容告知家庭成员即可。

族规的确定与修改都是在团会和清明会中确定,团会主要确定生产的族规,清明会主要确定抚养老人、小孩的族规。生产中的族规包括:一是在春分前不能乱砍乱伐;二是不能在别人的坡上砍柴;三是在田地中,不能越界种植和砍柴等。抚养老人、小孩的族规包括:一是不能虐待小孩、老人;二是同姓男女不能结婚;三是家庭分家要安排好老人赡养的问题,等等。

族规和家规间基本不冲突,家规教导家庭成员要与邻为善,而族规的规定则给出各家间的界线,避免了矛盾。同时,族规内规定抚养老人和小孩的义务,也是家庭和睦的重要条件。某一家招上门女婿、买卖土地、过继等都是依照当家人的意思办。

六、奖励惩罚

(一)对家庭成员的奖励

1.当家人及其妻子奖励

如果家庭成员在生产生活上表现较好,家长可以代表家庭对个人给予相应奖励,奖励一般为生活上照顾,如专门给做个喜欢吃的菜,或者长辈给其做一个喜欢的小玩意儿,如做一个小弹弓等。这些奖励对受奖励的成员会有很大的激励作用,如杨兴福读书读得好,当家人杨代发会给他一些奖励,杨兴福读书愈发的勤奋。而对其他的家庭成员有的时候会有激励的作用,而奖励过高过于频繁会受到家庭成员的嫉妒。

2.言语、物质奖励

能奖励的范围就是整个家庭成员范围,别人家孩子的成就和杨代发没有任何关系,对于表现好的家庭成员,当家人会给予一定的物质和言语奖励。家庭成员干活比较认真,收成也比较好时,当家人会时不时去街上买点肉给全家人加餐。孩子表现好和年轻人孝敬老人都是他们所应该的,所以在杨家一般是不会因此而奖励任何人,只有做出什么成就才会得到奖励,比如当孩子能够被推荐到更高的学府读书,就会受到当家人的奖励。

(二)对家庭成员的惩罚

1.当家人及其妻子决定惩罚

在杨家,是由杨代发及其妻子来决定整个家庭的惩罚,当家人及其妻子不在时,长子杨兴福在整个家庭有一定的惩罚权力。同时杨兴禄和杨兴福拥有对其子女的处罚权力,家中的丈夫可以对其妻子进行言语教育,打妻子会被家人阻止,因为丈夫打妻子会被其他家庭说闲话。

家庭内部在惩罚小孩时,亲戚、朋友、邻居等外部家庭成员不会介入,除非事情闹得很大,家长对小孩的打骂过于严重就会有邻居、亲戚来劝架,有时家族还会出面,因为经常的严重打骂可能会对孩子的身体造成受伤,明显违反了族规。家中的儿子好吃懒做、道德低下、不听家长的话等都会受到家长的惩罚。

家中的媳妇犯错可以由丈夫惩罚,也可由婆婆惩罚,当家人杨代发很少出面。家中的小孩子的父亲不在时,对孩子负责任的人要负责到孩子长大至成家立业,在当地一般到十五六岁。

每个惩罚都有不同的惩罚人,大多数情况下为家中的当家人及妻子,惩罚的形式包括责骂、罚跪、打骂、逐出家门等,采取何种惩罚由惩罚人决定,最终的惩罚形式要根据违反的严重程度。

2.惩罚对象为家庭成员

家庭里面的惩罚对象只针对家庭成员,不会对家庭外的人进行惩罚,除非当家人为外部家庭的代理当家人,同时当自己家庭受到外部的侵犯时,会存在惩罚外人,但这更多类似于家庭的自我防御,如对小偷的惩罚,是要教训到他不敢再偷。

七、家族公共事务

(一)参与主体

杨氏家族每年都会举办团会、清明会、大年三十祭祖等公共活动。团会和清明会时,每个家庭都是当家人参加,当轮到其做饭时会带上妻子,而大年三十祭祖不会在山上吃饭,所以想要去的人都可以去,家中的小孩也可以去。

团会和清明会时,是当家人杨代发代表整个家庭参加,如果当家人有事,并且家中长子已经长大,则当家人也可以委托长子参加,女性参加此类活动的很少,招上门的女婿可以代表家庭去参加团会和清明会。

（二）事务类型

1.清明会

在当地清明节的时候会举办清明会,清明会的参加者主要为当家人与其妻子,杨氏家族的男性成员为祭祖的主要成员,而他们的妻子则主要是去做饭。清明会主要的活动有三个:一是祭祖;二是约定家族中抚养老人和孩子的规矩,公布一年的杨氏家族清明会账目,调节处理家族中的赡养等纠纷;三是吃饭,这些都是在祖坟林及其附近进行。在当天杨氏家族会声势浩大的赶往祖坟林,每个人都会背一些东西,有肉、菜等,这些花费都是一部分由杨氏家族平摊的,还有的为每年罚没的钱粮,是每年违反规矩的人上缴的。祭祀活动有举行迎神、参神、礼乐、晋爵、献馔、祭文、辞神、阖户等繁冗礼仪。在祭拜活动后,杨氏家族会公布清明会收支账目,按规矩调节和处理杨氏家族中的纠纷,然后男性进行扫墓和挂清,这期间女性在不远处的一处平地准备中午的饭桌。

2.团会

当地会在农历每年春分举办团会,其不属于一种节日,但形式同于清明会,主要为杨氏家族商议农业耕作的会议。团会在每年春耕前举行,与清明会的时间错开,团会的主要活动为祭祖、开会、吃饭,所以又叫作"吃团"。举办团会的地点同于清明会,团会的当天首先是上山祭祖,但此次祭祖的规模不大,主要为了祈求今年风调雨顺,团会当天不能用针、用刀。祭祖会要坐下来商议农业耕作的事情,首先是重申种地的规矩,包括不能越界耕作、不能乱动叶子等,其次是处罚上一年违反规定的人,处罚所得作为此次团会的花销,最后要商议整个杨氏家族农业生产的问题,比如说现在种田谁越来越少了,山上的土地没有水灌溉,就会商议重新寻找水源修筑堰塘引水,1949年以前在老坟林前面的堰塘是团会决定而后修筑的,这个堰塘对当地来说是一项浩大的工程。而后是参会的人一起吃一顿饭,团会的整个花销除罚没的外由杨氏家族平摊。

3.筹款及共同出力

团会和清明会的费用除罚没款以外的钱款,由各家出钱筹措,每家给的钱一样,大户有时会多给一点。而其他更多为大家共同出力,如修建堰塘、水渠等都是每家出一个劳动力来修,杨家有时候是杨代发去,有时是杨兴禄或者杨兴福去,这个根据各自时间来安排。同时,家族还会组织女性去送水等,吃饭都是各个家庭自己解决。

杨氏家族中如果需要组织一些公共事务,会在村里召集各家人来进行商议,劳役的摊派主要按照平均的方式,这种平均并不是绝对的平均,而是相对的平均,是在这家的整体能力的基础上进行摊派,不会有超出这家能力范围的摊派,有的家庭人口多就出劳动力,有的家庭人口少,但是家中比较富裕,也可以选择以粮食作为劳力的替代。

八、村庄公共事务

（一）参与主体

1.公共事务会议与村民无关

1949年以前,杨家所在的马灯村没有组织开展过村务会议,或者举行过,但是杨家是不曾知晓,当地不会开展征税会议,每年的税费都是交给保甲长,保甲长派人送到武连粮站。村中的事务都是官府直接下达命令,或者由保甲长直接决定,不会和村民进行商量,这些事务也是非常的少,相反家族所决定的事情则比较多,大到修水库,小到某个家庭的事务,都可以在团会或者清明会中提出来,由家族成员一起商量。杨代发所在的马灯村同时也没有召开过佃农会议、商人会议之类的小会议。当地的保甲长及土地主可以决定乡里和村里的任何事情,根本不需要普通农户参加,农户没有任何的发言权。

2.修桥、修路、修庙、修堰塘

1949年以前,杨代发所在的马灯村没有修桥、修路等公共活动,村中马灯观的维修都是当地土财主来维护,他可以从中获取许多香客钱。道路为土路,杨氏家族是按照各扫门前雪的规矩来维护土路的,如果通往谁家的路受到损坏,依赖于这条路来出行的几家人就会商量修复这条路,而由于杨氏家族居住比较集中,出入村落的路都是由杨氏家族共用,所有对于道路的维护则都是由家族负责。在1949年以前,为了保障山上土地的灌溉,杨氏家族又一起集资修过村中的堰塘,修堰塘没有村里的参与,堰塘在修成后也只能杨氏家族使用,村里其他姓氏的家族都不能使用,保甲长都不能改变这种情况,因为杨家人会直接奋起反抗,堰塘的经营直接决定了杨氏家族的土地收成,关系着杨氏家族的生存。除此之外,村庄的保甲长不会特别干预村中修桥、修路、修庙等。

3.打井淘井

在杨兴禄出生之前杨氏家族就共用一口水井,具体挖水井的时间不得而知,但是打水井一定是全杨氏家族参与,因为杨氏家族都吃这口水井的水,要使用就必须参与打水井,不然不会允许其使用,打水井时是每个家庭出一个劳动力。每隔一段时间,或者山上发洪水后,杨氏家族就会组织淘水井,并不是所有的杨姓成年男性都参加,而是轮流进行,每次几个人淘水井。

4.集体活动

杨氏家族没有举办过集体活动,每年三月在马灯村中的马灯观会举办庙会,这时杨家各家都会去参加,这种参加并不是集体性质,而是各家各自安排前去,女性也可以去参加。在杨家中没有人参加过任何组织。

5.村费征收

保甲长每年都会以各种理由征费,每次征费的费用不高,但是次数达到五六次,一年就要交一斗米。这些村费都是保甲长自己上门收,只要当家人杨代发或者其妻子在,就有权交这个费用,如果他们都出门了,那么由留守家中的临时当家人来交这个费用,杨家一般为杨兴福来交这个费用,当家人杨代发将钱给杨兴福,然后交待他一定要给到保甲长手中,杨兴福每次都负责地完成当家人杨代发交待的事情。

6.治理灾害

在发生灾害的当年都是自家来应对,到第二年团会时家族会商量以后如何应对,就会提出修建沟渠引水或者加固堰塘等。这一类的活动都是按照每个家庭出一个劳力来进行。而村里不会组织治理灾害等活动。

7.维护村庄治安

村中没有发生过战乱,只有偶尔的偷盗行为,连抢劫都很少,所以村中不会组织长期性的安保措施。在盗抢比较猖獗的时候,保甲长会组织一些人轮流在晚上巡夜,同时会要求去赶集的人结伴而行,但是即使这样,因为有些强盗的靠山是当地的土地主,所以这些强盗会直接拦路抢劫,十分猖狂。他们只会抢人钱财而不会害人性命,一旦出了命案,这在当地会造成极其恶劣的影响,官府势必会严惩,即使有土地主作为靠山,这些盗贼也会受到应有的惩罚。对于明目张胆来村中盗抢的人,村民都会抄起家伙把他们驱赶出去,盗贼也知晓这一点,所以他们大多选择拦路抢劫,而保甲长对拦路抢劫也束手无策,没有有效的防范措施,只会劝解村民在盗抢猖獗时期减少出门活动或者结伴而行,身上尽量少带钱财,女性和小孩则最好不要出门。

(二)筹资与筹劳

杨代发所在的马灯村没有修桥、修路等公共活动,而打井、淘井、挖水渠等都是每个家庭出劳力,也就不存在筹资的情况。

1949 年以前,村里没有组织集体的修筑活动,但是杨氏家族有组织过集体的淘井、修建沟渠等活动,这些活动都为杨氏家族共同出劳力,一个家庭出一个劳力。公共事务在当地至多会筹集一些粮食,这些粮食是用来给干活的劳动力做饭的,而这些事务基本无需筹资,这其中有一定的原因:一是这些公共事务没有用到钱的地方,对于修路、修筑沟渠、修水车等,原材料都可以就地取材,工具也都是每家人都有的,这些都无需购买,需要的劳动力则直接在村中抽调即可,马灯村在当地算是比较大的村,村中的劳动力充足,无需从外面请人来修造,如果需要一些匠人①来做专门的环节,一般都是以粮食来支付他们的酬劳,用钱支付的情况比较少见。

九、国家事务

(一)纳税

1.纳税的情况

在当地,是以一甲为基本单位去纳税,纳税是按照土地面积计税,6.5 亩地交税两斗米,整个甲的税也就是两背篓米。每年交税的日期为秋收后,交税时保甲长会通知每个家庭交多少米,然后甲长指派几个人把米背到武连粮站。

2.缴税的主体

收税时保甲长会通知每个家庭的当家人,有时会和某个家庭成员说,让他把话带给当家人,当家人不在也会告知这家人纳税。保甲长就住在大院子,所以在期限内把米拿到保甲长家,然后由保甲长指派几个人把米背到武连粮站,这相比每个家庭自己把税交到粮站更为便利。

3.纳税的过程

在收到纳税通知后,杨家会按时把税交上,不会拖延纳税,拖延纳税或者不缴税会受到政府的处罚。杨家以及整个杨氏家族是以一甲为单位去缴税,就不存在代缴税的情况。如果有家庭缴不起税,他们首先会选择向其他家借粮来缴,借不到就只能受处罚,或者被抓去当兵。杨家历来都是做"良民",在年景较好的年份,会将缴税的粮提前备好,杨代发很怕会因不缴税而受到官府的处罚,一旦没有按时缴税就会被官府的人盯上,有的还会上门敲诈,这

---

① 匠人:是指通晓某种技术的人,如会打石磨的人、会做铁器的人、会修房子的人,相当于现在的技术人才,比较稀缺。

样极其不利于家庭的发展。

(二)征兵

1.征兵

杨家没有被国民党征过兵,共产党在 1952 年在当地征过兵,很多人被征召去参加抗美援朝。

1949 年以前,在当地征兵都是保甲长在操办,当地征兵时,如果有人不愿意去当兵,就会向别人家买兵或者给政府拿军费,这些都需要有强大的财力支撑,所以也就只有土地主才能办到。

2.抓壮丁

杨家没有被抓过壮丁,当地抓壮丁都是抓青壮年,被抓了壮丁就要去做苦力,可能永远都回不来,所以当听到有抓壮丁的风声时,杨氏家族中的男性就会跑到山上躲起来,只留老弱病残在家中,政府的人一问,留守的人就说出门做活去了,那些人也就只好作罢。在当地,如果有家庭被抓了壮丁,则会选择出钱出粮把人买回来,因为壮丁都是一去不回,家人都会十分心疼,而能买回来壮丁的家庭要有一定的财力。

(三)选举

在村中,在一定的时期会进行一次保甲长的选举,也没有人会参加这种活动,因为他们都知道不会改变什么结果,所以基本上等同于当地的保甲长都是由其上级任命,此外,该村没有村长和村副。一旦保甲长确定,只要他没有做出违反上级的事情,那他们会一直任职。当他们因为自己身体或者其他原因而无法继续任职时,他们会向官府提出请求,并且会推荐他的接替者,官府一般会采纳其推荐,因此保甲长会一直掌控在当地部分人手里,他们相互之间勾连,决定了村里保甲长的更替。

调查小记

我马不停蹄地开始了家户的调查，从 8 月 5 日我正式开始了调查。关于老人的人选，我在老家附近找到杨兴禄老人。他平时都住在老家马灯村，今年已经八十岁高龄了，还好老人说话清楚，且思路较为清晰，适合作为调查对象。

在调查之前，我先要理清楚该怎么问老人，如果问的逻辑不对或顺序不对，都会导致老人的不耐烦或是不悦。因此，我做了如下调整，先从简单的开始问，先问第一部分家户的由来与特性，第四部分家户文化制度，从易到难，再问第五部分家户治理制度和第三部分家户社会制度，最后问最难的第二部分家户经济制度。

既然思路理顺了，我就开始找老人调查。关于祖先的来源，迁移以及落户等问题，因为老人也是从他父亲那里听来的，所以老人对这些家族的起源等只能记个大概。接下来是家户基本情况，1949 年前家庭有哪些家庭成员老人都记得一清二楚，包括各个人的姓名。那时老人家的人口、土地亩数、经济情况总体来说算是村里的中等家户。家庭主要收入来源就是土地收入，靠种植水稻，家庭收入中还有一小部分副业收入，织布这门手艺是从祖上传下来的，他的父辈都会，但这部分副业收入只占家庭收入的极小部分，整个家庭主要还是以干农活为主。家中女性家庭成员都是文盲，在当地传统观念中，女性不需要念书，只有在家中的男性才有机会读书，他和他的哥哥杨兴福及其父亲杨代发都读过书，认识一些字。

杨兴禄老人的条件特别适合这一次的调研，使我能够得以顺利地进行调研，在此十分地感谢杨兴禄老人能够将自家的家庭情况告诉我。

第五篇

叔嫂分治:以工辅农的经济大户治理
——山东半岛曹家村曹氏家户调查

报告撰写:王顺平[*]
受访对象:王英庆

* 王顺平(1995—　),男,山东招远人,华中师范大学中国农村研究院 2017 级硕士研究生。

导　语

　　曹家作为曹氏家族的一脉分支,继承祖上的家业,一直居住在曹氏祖先的发家地——曹家村。曹家在祖上传下来的家产的基础上不断壮大,逐渐发展成拥有 12 间房屋的大户,经济条件在曹家村处于上等水平。虽然曹家人口众多,但有相当一部分家人跟随曹洪向去烟台做买卖,常年不回家,因此留在家里的 11 口人以老幼为主。曹家在村里属于经济条件很好的大户人家,虽没有人做官,但曹家人心善,因此在曹家村的声誉很好,社会地位较高。

　　家长曹洪基从祖上继承了 4 分"茔盘地"[①]和两间半茅草房,经过几年的时间,在他和二哥曹洪向的共同努力下,曹家家业不断壮大。曹洪向每年都往家里寄钱,曹洪基除了将收到的钱用于家人生活外,主要用于购买土地和盖新房,因此曹家村村民称曹家为"当辈发"。曹洪基与二嫂曹刘氏分工合作,曹洪基主外而曹刘氏主内,涉及到生活资料购买时,曹刘氏便通知曹洪基去买。曹家经济条件较好,因此很少借钱,反而常借给外人钱粮,由于曹刘氏不经常出门,因此经济交换活动都是曹洪基出面处理。正是曹家人赋予了曹洪基当家的权力,他才能管理整个家庭,尤其是能对农业生产和家庭外部事务做出独立决策,家庭内部事务则由曹刘氏做主。曹家在生活上有着严格的家规,家人也一直遵守,不过曹家除了按时交税外,很少参与村庄和宗族的公共事务。

　　曹家作为一个大户家庭,格外重视婚姻问题,家中子女的婚姻大事全由曹刘氏决定,严格禁止自由恋爱和未婚先育,希望多生子女为曹家传宗接代,重视对长辈的孝道。不仅如此,曹家对外平等待人,热心助人。曹家长辈受教育程度普遍较低,因此曹刘氏为了让孩子受到管教,与外人合资请教书先生给孩子教书。除了重视知识教育外,曹家人还对孩子进行生产、生活技能和为人处世的教育。曹家在过年过节会遵循当地的节日习俗,曹家人从不信奉宗教,只是在过年过节时供奉家神和祭拜祖先。曹家人在农闲时也会去街坊邻居家串门聊天、打牌。由于曹家特殊的家庭环境才产生了叔嫂共治的情况,二嫂曹刘氏与三弟曹洪基共同管理曹家事务,再加上曹洪向在外做买卖,不断往家里寄钱,使得曹家能从名不见经传的小户发展成曹家村的大户人家,将继承的家业扩大了几十倍,真正实现了发家致富。

---

　　① 茔盘地:在坟茔地的犄角旮旯开辟出的土地。

第一章　家户的由来与特性

曹家作为一个延续了近六百年的家族分支,实现了村民所说的"当辈发",将继承的家业不断发展壮大,最多时拥有 38 亩土地和 12 间房屋,一跃成为曹家村的大户人家。曹家人心地善良,经常帮助左邻右舍,在村里享有较高的声誉。曹家的大部分青壮年都在烟台做买卖,留在家里的大多为老幼。也正是在外做买卖的家人为曹家的发家致富做出巨大贡献,靠着烟台的买卖,曹家能获得源源不断的资金并扩大家业。

一、家户迁徙与定居

曹氏家族的祖先最早从四川省迁移到山西省的洪桐县,后来又从洪桐县迁到山东省招远县。明朝洪武二年(1369 年),原山东省招远县因受风沙影响,导致当地人烟稀少,后期又发生大规模的洪涝灾害,使得当地人口几乎灭绝。为此朝廷从外省迁移人口至此,曹氏祖先故定居到曹家村。因为定居的时候,当地荒无人烟,因此曹氏祖先便将定居的地方命名为"曹家村"。曹氏家族自祖先定居于此地,至今已经繁衍了近二十代后人。

曹氏家族自定居于曹家村后,不断发展壮大,曹氏祖先最初定居时仅有几户人家,后发展出近百户曹氏后代。在近六百年的发展历程中,曹氏家族没有发生过特别大的天灾人祸。不过在清朝末年,招远县曾发生过一场规模较大的瘟疫,曹氏后裔也受到波及,部分曹氏后代得瘟疫病亡,至少有五户曹氏人家因瘟疫直接绝口,除此之外,再无其他灾祸发生。

二、家户基本情况

(一)部分家人外出的人口大户

1.人口虽多但劳力不足

1947 年以前[①],曹家人口最多时达到 11 人,除了雇佣的 2 个长工外,只有家长曹洪基能常年下地干活儿。因为曹家大部分青壮年劳动力都没有在家,而是同二哥曹洪向在烟台的鞋店里做买卖。除此之外,每到农忙的时候,曹家还会雇佣数量不等的短工。曹家老人数量为 5 人,包括家长曹洪基夫妇、长兄曹洪进夫妇和二嫂曹刘氏。曹家的家务事主要由曹刘氏和王曹氏处理,农忙时还会去晒场干一些轻便的农活儿,曹李氏和曹金氏较少参与家务劳动,更没有参加过农业生产。

曹家共有三代人,第一代有兄弟 3 人,曹洪向常年在外做买卖,不经常回家,只有曹洪进和曹洪基常年在家。第二代有兄弟 8 人,但他们都跟随曹洪向在外做买卖,也是常年不在家。

---

① 1947 年以前:曹家村所处的招远县在 1947 年就获得解放。

第三代的兄弟人数不详,留在曹家的有 2 人,即曹学才和曹学通,此外还有曹洪向的女儿王曹氏与外孙王英庆常年住在曹家。曹家共有夫妻两对,即曹洪进夫妇与曹洪基夫妇,儿童数量为 3 人,除此之外,还有曹永山、曹永新两位长工常年住在曹家干活儿。

表 5-1　1947 年曹家家庭基本情况数据表

家庭基本情况	数据
家庭人口数	11
劳动力数	5
男性劳动力	3
家庭代际数	3
家内夫妻数	2
老人数量	5
儿童数量	3
其他非亲属成员数	2

2.家人多以老幼为主

曹家共有 11 口人,家长曹洪基,妻子曹金氏,长兄曹洪进,长嫂曹李氏,二嫂曹刘氏,同时也是曹家的内当家,2 个孙子是曹学才与曹学通, 侄女王曹氏与外孙王英庆常年住在曹家,还有 2 个长工曹永山和曹永新。其中有 9 人为曹家自家人,2 个长工常年吃住在曹家。家长曹洪基是曹氏三兄弟中的老三,长兄曹洪进常年抽大烟,不务正业,因此没有当家。二哥曹洪向在烟台做买卖,将曹家的子侄全部带到烟台做买卖,常年不回家。因为王英庆的父亲外出务工不在家,因此带王曹氏常年住在曹家,只有过年时才会到老家短暂居住。曹家人大多身体状况很好,只有曹洪进因为常年抽大烟,身体状况较差。

表 5-2　1947 年曹家家庭成员情况表

成员序号	姓名	家庭身份	性别	年龄	婚姻状况	受教育程度	健康状况
1	曹洪基	家长	男	62	已婚	0	优
2	曹金氏	妻子	女	60	已婚	0	优
3	曹洪进	长兄	男	66	已婚	0	中
4	曹李氏	长嫂	女	66	已婚	0	中
5	曹刘氏	内当家(二嫂)	女	64	已婚	0	优
6	曹学才	长孙	男	16	未婚	3	优
7	曹学通	次孙	男	14	未婚	3	优
8	王曹氏	侄女	女	32	已婚	6	良
9	王英庆	外孙	男	12	未婚	0	优
10	曹永山	长工	男	42	已婚	0	优
11	曹永新	长工	男	39	已婚	0	优

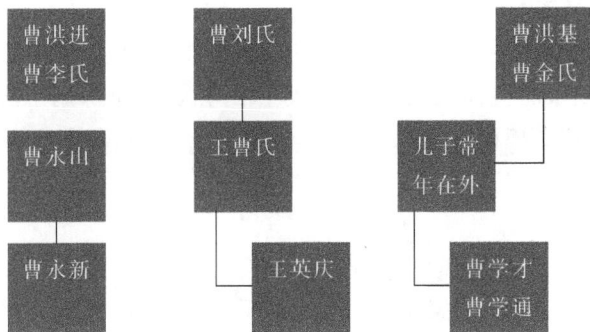

图 5-1　1947 年曹家家庭成员关系图

(二)村庄东北的 12 间房屋

曹家房屋位于曹家村东北角的胡同中部,曹家村地势高低不平,村内沟沟坎坎很多,但周围邻居较多,邻里间联系方便。曹家共有房屋 12 间,是紧靠在一起的东、西两座房屋,这两座房屋中间的院墙上有"过间门"①相通。12 间房屋内共有大小炕 9 座,全部用于曹家 11 口人的居住,其中只有 4 座炕能生火,其他 5 座炕无法生火取暖。曹家的大部分土地都在村外,房屋距土地都很远,因此下地干活儿不是很方便。

除了曹家人居住的北屋外,曹家还在西院盖了一座小厢房,专门用于饲养牲口。在东院盖了一个东厢房和一个南厢房,用于盛放粮食和堆放农具杂物。曹家的两座院子共有大小灶台 4 个,东西两院各有两个灶台。整个院子全部朝向南方,目的是为了采光。除了东西两房的正间用来做饭、吃饭及祭祀之外,其他各个房间的主要功能是睡觉。东房的东间西屋为曹刘氏住的地方,她的房间里还有两把太师椅专门给客人坐。

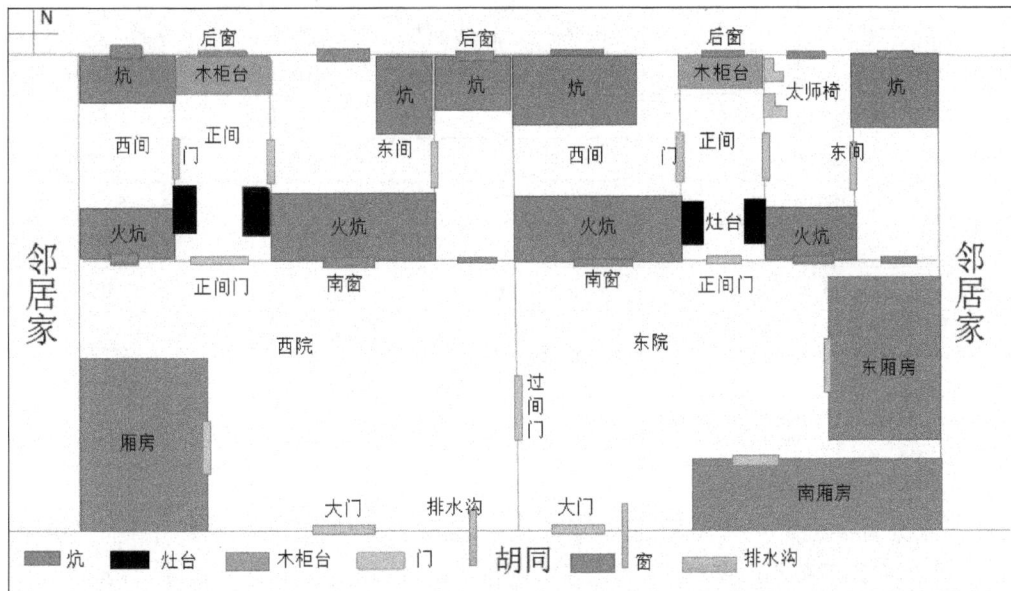

图 5-2　1947 年曹家房屋结构图

---

① 过间门:为了方便在两座房屋间走动,曹家在东、西两座房共享的院墙上开的一扇门。

(三)以工辅农的经济大户

1947 年以前,曹洪向带着曹家的子侄们在烟台开鞋店,生意越做越大,因此每年都会往家寄钱。曹洪基将寄回家的钱,除少数用于家人生活外,其余全部用于购置土地,因此曹家土地最多时达到 38 亩,这个规模在曹家村是数一数二的。虽然曹家人多,但在家的大多是老幼,真正的劳动力只有曹洪基一人,大部分青壮年都在烟台做买卖,除了曹洪基外,其他家人都不能下地干活。

为了不耽误农业生产,曹洪基常年雇佣 2 个长工,还会在农忙的时候雇佣 10 个左右的短工,为了满足农业生产需求,曹家还买了 4 头骡子用于种地。曹家几乎每年都会购置土地,但从未对外出租过土地,农业生产是曹家主要的收入来源。虽然曹洪向每年都会寄大笔钱回家,但寄回家的钱大多用于购地,因为曹家的土地多且内当家曹刘氏非常注重节俭,因此从经济条件来看,曹家在村里属于少有的大户人家。

表 5-3　1947 年曹家家计状况表

土地占有与经营状况		土地自有面积	38 亩	租入土地面积	0
		土地耕作面积	38 亩	租出土地面积	0
生产资料情况		大型农具	犁、铫、耙、杖[①],大车 2 辆;		
		牲畜情况	4 头骡子		
雇工情况		雇工类型	长工		短工
		雇工人数	2		10 个左右

	农作物收入					其他收入	
	农作物名称	耕作面积(亩)	产量(升)	单价	收入金额(折算)	收入来源	收入金额
	小麦	8	24	5 元/升	120 元	烟台鞋店	600 元
	高粱	10	60	3 元/升	180 元	卖猪	120 元
	谷子	12	60	3 元/升	180 元	收入共计	
	玉米	8	40	4 元/升	160 元	1360 元	

支出	食物消费[②]		衣服鞋帽	买地	赋税
	100 元		150 元	300 元	60 元
	雇工		医疗	教育	共计
	120 元		60 元	60 元	850 元

结余情况	结余 530 元	资金借贷	借入金额	0
			借出金额	50 元

*1947 年以前,曹家村的一亩地相当于现在的两亩地;一升=8 斤

(四)村中少有的大户人家

由于长兄曹洪进常年抽大烟,根本不务正业,因此没有让他当家,二哥曹洪向常年在外做买卖,甚至部分年头不回家过年,因此曹洪基作为男性,理所应当成为家长。曹家的大多数

---

① 犁、铫、耙、杖:曹家农业生产所用的农具,均为木质。

② 食物消费:曹家在食物方面部分自产,部分外购,故花费较少。

青壮年都在烟台,跟随曹洪向做买卖,家里从未出现过担任官职的人。虽然是曹洪基当家长,但二嫂曹刘氏是内当家,曹家内部事务几乎全由曹刘氏决定。曹洪基生性老实,而曹刘氏虽为女性,但她处理家庭事务的能力甚至超过男性,因此曹洪基尊重二嫂曹刘氏,很多事情都与她商量,只不过外事由他具体操作。曹洪基是外当家,因为他是曹家除2个长工外,唯一常年下地干活儿的人。

曹家是村里为数不多的大户人家之一,村里比曹家经济条件更好的只有两户刘姓家庭。大多数人家是自给自足的中户,甚至还有部分人家的土地根本不足以养活家人,只能外出租地或打工,这种只能被算作小户人家。在当地,只要是家里土地在20亩左右,甚至更多的,那就算是大户人家。而中户人家的土地则在10亩左右,能有自己的牲口和必备的农具,基本上能够自给自足,而小户人家就是家里土地少,甚至无法养活家人,不得不给外人干活儿的家庭。曹家村也有少数人家,虽然经济上只能算小户,但家里人多,尤其是男劳力多,因此不容易受外人欺负,在村里走路也能昂首挺胸。即便家里经济条件很好,但如果人际关系很差,经常欺负左邻右舍,那也会被同村人唾弃。

在曹家村,曹家的经济条件虽不是第一,但绝对属于大户人家行列,家庭人口也不少,仅仅是常年在家的就有11人。等到过年过节时,在外做买卖的家人回家后,曹家人口最多时会达到28口人。曹氏祖先从明朝初年迁移至曹家村已有近六百年的历史,曹家村正是因为曹氏祖先最先迁移至此得名,因此曹氏家族算得上是曹家村的老户,而该村的刘氏家族则晚于曹氏家族迁移到曹家村,相比之下,只能算新户。

第二章　家户经济制度

最初，曹家的家业只有两间半茅草房和 4 分茔盘地，在曹洪向与曹洪基两兄弟的努力下，曹家最终发展成拥有 12 间房屋和 38 亩土地的大户人家。曹洪基全权负责曹家的农业生产活动，曹刘氏分管生活方面的事务，不过由于曹家财产由曹洪基掌管，因此生产、生活资料的购买由曹洪基出面，就连借给外人钱粮也由他决定。曹洪基十分尊重曹刘氏，每次曹刘氏让他购买生活物品，他都会及时购回，而且绝不干涉家庭内部事务，全听曹刘氏定夺。

一、家户产权

（一）家户土地产权

1.鞋店生意助力土地购买

1947 年以前，曹家的土地面积逐年增加。由于曹洪向在烟台做买卖，他每年往家里寄钱，这笔钱除了供曹家人日常生活消费之外，另一个重要用途是购买土地。曹家的内、外当家人一直都勤俭节约，不舍得让家人吃"细粮"①，将省下来的钱用来购置土地。每年临近年关的时候曹洪基都会买地，因此曹家土地最多时达到 38 亩。曹家村的地理位置较差，村庄周围沟壑纵横，曹家的 38 亩土地被分为四十多个小地块。只有村东北方向山坡上的土地比较完整，达到了 4 亩的规模，剩下的 38 亩土地被划分为四十几块。村东北坡上的土地地质较好，还有两口水井可以灌溉，其他的 38 亩土地不仅地质差，而且没有灌溉水源，只能靠天吃饭。曹家的土地由两部分构成，主要是曹洪基用曹洪向寄回家的钱购买的，还有很小的一部分是曹洪基从祖上继承的"祖业地"②，是一块面积仅有 4 分的茔盘地。曹家正是在 4 分茔盘地的基础上发家致富，最终发展成拥地近四十亩的大户人家。曹家人省吃俭用，将攒下的钱和曹洪向寄回家的钱用来买地，扩大家业。

2.曹家多数人享有土地产权

曹家的土地大部分是用曹洪向寄的钱购买的，但这并不意味着土地只属于曹洪向一人，也并不会因为曹洪基是家长，便拥有土地的专属权。土地属于曹家人，但并不是曹家 11 口人都拥有土地所有权，王曹氏、王英庆，还有曹永山和曹永新都不享有曹家土地所有权。虽然王曹氏是曹洪向的亲女儿，但王曹氏早已嫁为人妇，因此属于王家人而不是曹家人，王英庆只是跟随王曹氏暂住在曹家。曹永山和曹永新虽然常年给曹家干活，但他们也不属于曹家人，只享有土地使用权，而没有所有权，更没有继承权。除了王曹氏、王英庆及曹永山和曹

---

① 细粮：与粗粮相对应，比如小麦磨成的面粉。

② 祖业地：从祖上继承下来的土地。

永新外,曹家剩余的 7 口人都拥有土地所有权。曹洪向虽然远在烟台,常年不回家,但如果没有他在外挣钱,那曹家根本无力购置大量土地,所以曹家的土地有曹洪向的一份。1947年以前,曹洪基兄弟三人没有分家,因此曹家 38 亩土地属于曹家全家人,不会平均分配给每个人。如果将所有土地分配到个人,也会因曹家劳动力少,大多数人没有劳动能力而抛荒。

3.土地多以沟坎为界

除了村东北坡上的土地面积较大之外,其他土地全都零散地分布在村庄四周的沟壑山坡上。土地面积都不足一亩,都是以沟沟坎坎为界,因为每块土地都能占据整整一块田地。虽然曹家的人口较多,但能干活儿的只有曹洪基、曹永山和曹永新。曹洪基虽为家长,但需要常年下地,曹永山、曹永新虽不是曹家人,但享有土地的经营权,外人不可能未经曹家人同意,耕种曹家土地。

由于曹洪基兄弟三人一直没有分家,因此曹家土地的继承权归曹家男性所有。曹洪基的子侄们都在烟台做买卖,他们作为曹家的男性,虽不下地,但仍享有土地继承权。相比之下,曹家的女儿们如王曹氏,虽常年住在曹家,但不享有家产的继承权。王英庆虽是男性,也常年住在曹家,但他不是曹家人,也就无权继承土地。曹家的土地数量多,导致大大小小的地块分布在曹家村的四周,大多数家庭成员不下地干活儿,根本无法记住数量众多的土地具体分布在什么位置,也无法分清哪块土地是曹家的,哪块土地是别人家的。只有曹洪向、曹永山和曹永新常年下地,能弄清土地的具体位置。

根据曹家的家庭事务分工,38 亩土地的管理权掌握在曹洪基一人手中,每块土地种什么作物、什么时候干什么活儿,每种作物耕种的面积等全由曹洪基决定,其他家庭成员无权干涉曹洪基的决定。曹永山和曹永新只会向曹洪基反馈各块土地的作物生长情况,方便曹洪基做出决策。不仅如此,曹家每年收获的粮食如何处置也是曹洪基一人决定,粮食留下多少、卖掉多少全凭他的决断。

4.家长享有土地支配权

自曹洪基当家以来,曹家的土地由 4 分茔盘地发展到近四十亩的规模,全部是买进土地,从未卖出过,也从未对外出租过土地。每次购置土地都是曹洪基一人做主,曹家所有财产都掌握在曹洪基手中,只要他同卖方商量好购地事宜后,就可自行决定购买,不过有时他也会和曹刘氏商量一下。曹洪基将土地购进后,需要带曹永山、曹永新到新买的土地上看一下,确认土地的位置,方便以后干活儿。曹家常年购地的事情被周围村庄广为传播,因此每到年关的时候,本村和周围村庄都会有人到曹家卖地。由于外村人与曹家人不熟悉,通常会找一位本村熟人做中间人来牵线搭桥。

曹家一直从本村及周边村庄的村民手里购买土地,曹洪基会委托亲友打听本村或邻村是否有人愿意出售土地,每年年关将近的时候,部分小户人家出于生活需要,不得不出售土地,会主动去曹家卖地。曹家村有一句俗语即“老婆无姓地无姓”,意思是妇女嫁给谁,就是谁家人,就得跟从丈夫姓。就像曹刘氏一样,娘家姓刘但她无名字,嫁给曹洪向后更名为曹刘氏。同样,土地可以自由买卖,卖给了谁家就是谁家的土地,就得跟着谁家姓。

曹洪向为了让工人过年回家,经常自己一个人在烟台过年,为此曹洪基经常在临近年关的时候,将家人准备的年货送到烟台。如果曹洪基在去烟台的时候,有卖主来曹家商量卖地,一般情况下,其他家庭成员只能让对方晚几天再来。如果是熟人牵线来曹家卖地,那曹刘氏会捎信通知曹洪基,曹洪基大多回复让曹刘氏做主,与对方商量卖地事宜,再去伴匣①里取钱。大多数情况下,还是要等曹洪基回家后再做决定,曹刘氏也很少插手。

5.土地未受到外界侵犯

曹家购置的每一块土地都经过村会记录在案,还要进行"地约"②交接过户,实现土地所有权的顺利移交。村会在此过程中除了登记造册,方便以后收缴赋税,还能起到中间人的证明作用。县乡政府仅需要农民交税,曹家每年按时交税,没有受到任何侵害。曹家村的村民除了曹氏家族的后代,就是刘氏家族的成员,曹、刘两家族是世交,曹家村的村民几乎都是两个家族的后裔,因此其他村民都认可曹家的土地所有权,从未做出过侵犯曹家土地所有权的事情。曹氏家族的成员更是维护曹家的利益,曹氏家族的亲戚知道曹家每年都会购置土地,因此他们在听说本村或邻村有人要卖地时,会积极牵线搭桥,为曹家联系卖地事宜。

(二)家户房屋产权

1.房屋的质与量不断提升

曹家的东、西两院房屋共有 12 间大小,每座房屋都有东、正、西 3 间,其中东间又分为数量若干的小间,房屋南北长约 8 米,东西两屋的宽度总共约 24 米,算上院子在内,其占地面积约为 192 平方米。由于曹家有烟台的生意做支撑,因此在盖房子的时候用最好的石头配小瓦的材料,房屋的院墙全部用石头砌成,房顶采用小黑瓦封顶,是曹家村为数不多的优质房屋。除了东、正、西 3 间外,曹家的西院有 1 个小厢房,东院有东、南厢房各 1 个,3 个厢房的主要用途是盛放粮食、农具和牲口等。相比之下,北边的各间房屋除了两个正间用来生火、做饭外,其他房屋都是曹家人睡觉的地方。曹家村有"以东为尊"的说法,因此曹洪进夫妇、曹洪基夫妇还有曹刘氏住在东院,其他家庭成员住在西院。

为了更好地采光,曹家的房屋略微朝向南面,随着曹洪向在烟台的买卖越做越大,家里的房屋也越盖越多。曹洪基继承的房屋仅有两间半左右,仅仅是在土墙上铺上茅草。最初,曹家房屋与东西邻居的房屋并不接壤,正是因为曹家在将祖上传下来的两间半茅草房拆掉重盖,还不断向东西两边扩展,最终与东西邻居接壤,逐渐发展成 12 间房屋的规模。

2.房屋产权归曹家部分人所有

房屋同土地一样,虽然曹家大部分人享有房屋所有权,但曹家从未将房屋分配给每个人,而是将房屋产权的证明,即"房约"③交由曹洪基掌管,只有曹洪基兄弟三人分家后才能将房屋产权平分。在曹家人看来,未分家之前,曹家人共同享有房屋产权,并且在没有分家的情况下,将房屋产权分配到每个人会造成曹家人心分离,曹家会走上兄弟分家的道路,被外人嘲笑。

3.与左邻右舍"伙山伙墙"

随着曹家家业不断扩大,最终将房屋与东西邻居的房屋连接起来。由于曹家一直与东西邻居的关系非常好,因此在扩建房屋的过程中,曹家并没有单独建院墙,而是在邻居家院墙的基础上用石头加厚。这种邻居间共享一堵墙的情况在当地被称为"伙山伙墙",像曹家这类与邻居关系十分好的情况才能做到"伙山伙墙"。曹家虽然家大业大,但在修建房屋时,仅修

---

① 伴匣:1947 年新中国成立前妇女出嫁后盛放首饰的木头匣子,曹洪基用来盛放钱财。

② 地约:地契,是当地土地买卖、租佃等活动的纸质证明。

③ 房约:房契,是房屋买卖、租赁等活动的纸质证明。

到了邻居家房屋的边缘,没有侵占邻居家的房屋,同样曹家的房屋也未受到侵占。只有一直住在曹家的11口人享有房屋的使用权,春节的时候,部分在外做买卖的家人才回家。除此之外,即便是关系再好的邻居,进曹家门之前也要在门口敲门,经过曹家人同意后才进门。如果不这样做,虽然不至于被认为是侵犯房屋,也是对曹家人的不敬。

曹家人常年住在12间房屋里,即便是在外做买卖的家人回家后,也能认清自家房屋的位置和范围。作为家长,曹洪基在购置土地的同时,会根据家庭财产情况,在适当时候扩建房屋。曹家的家业扩大一直以烟台的买卖为基础,房屋的修缮或重建需要曹洪向往家里寄钱,仅靠农业生产收入根本无法盖新房。随着人口不断增多,曹洪基从购置土地剩余的钱里留出一部分攒起来,攒到足够数目后扩建房屋。虽然曹家的钱财都掌握在曹洪基手中,但他在扩建房屋这种大事上经常与曹刘氏商量。一方面是因为曹家的钱主要是曹洪向寄的,因此曹洪基要特别尊重曹刘氏;另一方面是因为曹刘氏在管理家庭事务方面确实很有能力,甚至超过了曹洪基。除曹刘氏外,其他家庭成员不会干涉房屋修建,就连曹洪向将钱寄回家后也不管不问,放手让曹洪基处理。

4.内外当家共同商议决定

曹家在将两间半祖传茅草房重建后,又扩建了近十间房屋,房屋变动的决定名义上全是曹洪基做出的,但实际上曹洪基在做决定前会与曹刘氏商议,两人达成统一意见后,曹洪基才会具体落实。虽然曹刘氏负责家庭内部事务,但她考虑事情周全,有时曹洪基考虑不到的事情她都能提前想到,包括雇用工人、采购石子、购置土地等。最重要的是将曹家周围的土地所有权买下,只有这样,曹家才能盖新房,县政府才会做主给曹家新盖的房屋开具房约。

曹洪基需要找一位中间人去联系土地的主人,双方商定价格后,找一位执笔人制定房约,房约的内容包括曹家房屋的面积大小、房屋在曹家村的位置以及房屋的"四至",即房屋东西南北四个方向的边界为何,还包括东西南北屋邻居是谁。房约订立后,中间人和执笔人要在房约上署名,曹洪基和土地所有者也要在上面签字,之后拿着房约去县政府盖章才能生效。只有这样,曹家的房屋才会受到政府保护,若曹家房屋被侵占,曹洪基可以拿着房约去县政府打官司,房约就是打官司的重要凭证。虽然曹洪向常年往家寄钱,但他从不过问家里修建房屋的事情,其他家庭成员完全尊重曹洪基的决定,不会提出不同意见。

5.房屋从未受到外界侵犯

房约作为曹家对房屋行使所有权的重要凭证,其作用类似于土地的地约,尤其是在房屋受到侵犯时,房约是曹家对房屋享有权利的一种象征。只要曹家按规定,购买了盖房的土地,通过中间人订立了房约,得到县政府的认可,只要曹家不出售房屋,便一直享有房屋所有权。不论是曹家村的其他村民还是村会,都尊重和认可曹家对房屋享有的所有权。曹氏家族的亲戚在土地、房屋所有权上会支持曹家,维护曹家人的利益,承认曹家通过合法方式取得的房屋所有权。由于房约是县政府盖章后才生效的,因此县政府会对曹家房屋的所有权表示认可与保护。

(三)生产资料所有权

1.农用工具能满足生产需求

曹家在购置房产、土地的同时,还不时添置各类农具,主要是犁、铧、耙、杖和锄、镰、锨、镢,每种农具数量都不止一个,完全能满足曹家的农业生产需求,还有2辆大车用于收获时节往家运粮食,4头骡子用于耕地、运输。虽然曹家在村东北山坡上的4亩土地附近有2口水井,但没有水车,灌溉需要靠水井上的"辘轳"①人力提水才行。

曹家的农具几乎都是曹洪基当家后购买的,虽然祖上传下了一些农具,但大多为木质,常年使用后早已损坏,需要不断更换,因此曹洪基每年都会花钱购买或修理农具。曹家村附近有一个台上村,每月都会有7次集市,集市上有许多木匠出售成品农具,还可以现场修理。曹家村里也经常有流动的木匠摊,由两三个人推着独轮车在村里的大街小巷吆喝修理农具,村里的木匠同样会制作农具。曹家祖上世代务农,但没有传下制作农具的手艺,因此曹家的一切农具都要外购,购买农具所需费用主要是曹洪向寄回家的钱。曹洪基全权决定购买牲口还是修理农具。曹家的农业生产从来没有缺失农具的情况,从来没有借过外人的农具。

2.生产资料归曹家大部分人所有

虽然只有曹洪基、曹永山和曹永新常年从事农业生产,除曹永山、曹永新外,其他家庭成员都享有生产资料所有权。买农具和牲口的钱是曹洪向等人挣的,但他们的主要任务是做买卖,家里的农业生产与他们无关,因此他们不享有生产资料的权利。虽然王曹氏和王英庆不属于曹家人,王曹氏也不是常年下地干活儿,但她会在农忙时帮忙干一些力所能及的农活儿。因此在曹家,生产资料所有权的归属并不像土地、房屋那样划分得十分严格。虽然曹家大部分人都享有生产资料所有权,但实际上经常使用农具的只有曹洪基、曹永山和曹永新,曹永山和曹永新只有生产资料使用权,没有所有权。同土地、房屋一样,只要曹家没有分家,就不会把生产资料分配到每个人,即便平均分配后,因家里大多数人都不下地,会将生产资料闲置,从而造成浪费。

3.家长与长工使用生产资料

由于曹家农业生产的后备资金充足,从未缺少生产资料,也就从未借过别人的生产资料,更多的是对外借出以及生产资料的购买和维修。曹洪基作为外当家,有关生产资料的所有事务由他全权做主,其他家庭成员不会插手。曹家需要购置新农具或增添牲口时,曹洪基就去集市上购买。不过曹洪基通常是在本村木匠那里购买农具,但购买大车时只能去集市才能买到。农具的维修也是曹洪基做主,曹永山、曹永新干活回家后,告知曹洪基哪个农具何处损坏,曹洪基根据农具的损坏程度,决定是维修还是重新购买。如果农具能维修,那他就到村里木匠那里修好。如果碰巧遇到村里有流动的木匠摊,他也会去流动摊那里修理。这类事情都在曹洪基的管理范围内,其他家庭成员从不插手此类事情。曹永山、曹永新常年下地干活儿,但他们不掌管钱财,农具损坏后只需要汇报给曹洪基,由他做主即可。

曹家与本村村民及地邻的人际关系很好,他们知道曹家生产资料齐全,因此经常到曹家借用,曹家人也乐意借出。但向外借农具的权力主要掌握在曹洪基手中,尤其是部分人家来借牲口或大车,必须经过曹洪基同意。相比之下,一些常用的农具如锄头、镰刀等不必非得经过曹洪基同意。曹洪基下地干活儿时,曹刘氏有权力决定对外借出这类农具,但其他家庭成员则没有这个权力,也不会插手这些事情。

4.外界从未侵占过农业生产资料

曹家的生产资料如同土地、房屋一样,都能得到其他人的尊重与认可。虽然曹家在生产

---

① 辘轳:安置在井口用于手摇提水的工具。

资料方面并没有类似房约、地约等契约作为凭证,但曹家对外借出的生产资料没有不归还的情况。其他村民在借用之前,都会与曹洪基商量,得到他的同意后才能使用。考虑到街坊邻里的良好关系,只要不耽误自家使用,曹洪基对于此类事情都会同意。

曹氏家族的成员占据了曹家村一半以上的人口,他们常到曹家借农具、牲口,曹家也会尽其所能,帮助本家族成员,本家族的亲戚借的生产资料用完后,也都会及时归还并表示感谢,曹家不会向对方索要酬劳。村会和当地县乡政府不会插手各家的农业生产,即便曹家的生产资料受到侵占,他们也不会出面处理。一方面是因为没有凭证,另一方面是因为他们不愿意插手这类事情。曹洪基为了保险起见,会将自家新买的农具刻上一个代表曹家的独有记号,以防被误拿或被侵占不还。

(四)生活资料产权

1.日常生活资料一应俱全

为了在农忙时能有一块足够大的地方晾晒粮食,曹洪基便花钱将村东北坡下的空地买下,当作曹家的晾晒场,面积大约有一亩地。粮食收获后运到晒场脱谷、晾晒,曹刘氏、王曹氏也需要到晒场干活儿。曹家虽然家大业大,但没有自家的"吃水井"①,因为曹家村在村庄的东西两头各有一眼直径约为一米的"甜水井"②,足以供全村人生活所用。曹家村中部井里打出的水都无法饮用,因此曹家同其他村民一样,都在村东或村西的水井里挑水饮用。曹家从祖上继承了一个石磨,除此之外,桌椅板凳等日常生活用品都有但数量不足,像王英庆等小孩子,由于没有座位,只能到墙角蹲着吃,或站在灶台旁边吃。

每到过年的时候,曹洪基都会提前用自家产的小米酿黄酒,为的是过年时家人能庆贺一番,就连食用油也是曹家收获花生后,送到村里的炼油房里制成的,只有盐酱醋需要外购。曹家村经常会有摊贩挑着扁担卖香油、酱油、醋或精盐,生活资料的管理全由曹刘氏负责,并不是定期购买,只要家里的盐酱醋用完,曹刘氏就告知曹洪基去买,具体去哪里买,由曹洪基自己决定。

2.内当家负责生活资料管理

曹家的生活资料归全家人所有,曹永山、曹永新虽然常年在曹家干活儿,但他们不是曹家人,不享有生活资料所有权。不过他们常年生活在曹家,有生活资料的使用权。虽然曹家有多个小家庭,但曹刘氏从未将生活资料分配到各个小家庭,因为生活资料大多需要外购,而曹家的钱财由曹洪基一人掌握,因此为了方便全家人生活,维护曹家人团结,全家共同使用生活资料,用完后,曹刘氏告知曹洪基重新购买。

曹家的生活资料归在家的曹家人享有,虽然曹洪向等人都是曹家人,但他们常年不在家,几乎不使用家里的生活资料,因此生活资料并没有他们的份额。在外做买卖的人回家后,曹家人也会分享生活资料。在曹家人看来只有这样才能维持家庭的团结和睦,如果平均分配生活资料,那意味着曹家人关系不和,传出去会被外人嘲笑。

3.二嫂告知家长购买生活资料

在曹家,曹刘氏负责家庭内部事务管理,生活资料的购买需要花钱,而曹家的所有钱财

---

① 吃水井:专门用于村民日常生活饮用的水井。

② 甜水井:打出的水质量好,水质甘甜的水井。

都掌握在曹洪基手中,因此生活资料的购买、维修需要曹刘氏告知曹洪基,具体执行由曹洪基负责。曹洪基很少出远门,除了农忙时下地干活儿,就是农闲时串门聊天,因此经常在家。只要曹刘氏需要他购买东西,他都会去做,从未拒绝过曹刘氏的要求。虽然曹刘氏是一位女性,但她身为内当家,做事向来公正无私,从来不会偏向自己的孩子,对其他人不好。曹家在春节期间改善生活,买鱼给家人吃,曹刘氏经常让王曹氏吃小鱼,将大鱼省给曹洪进和曹洪向夫妇,因此曹家人一直很佩服曹刘氏。对她所做的决定完全听从,曹洪基对于曹刘氏提出的生活资料购买或维修等事宜,从未提出过反对意见,只要自己有时间,就会即刻去办。

4.街坊邻里互借生活资料

曹家的生活资料比较齐全,邻居经常会到曹家借用石磨磨面,只要曹家自己不使用,曹刘氏都会答应,对方为了表达对曹家的谢意,会将磨面剩下的"糟糠"①送给曹家当作牲口饲料。曹刘氏知道邻居生活不易,都会谢绝对方的好意。村民家里有红白喜事,需要在家摆酒席时,曹家会将自家的桌椅板凳、锅碗瓢盆借出去。由于曹家村的其他村民都尊重曹家生活资料所有权,才会按时归还曹家的东西。本家族的亲戚更不会侵占曹家的生活资料,反而会尽力帮助曹家维护其应有权益,村会和县乡政府不会插手曹家生活资料问题。

二、家户经营

(一)生产资料

1.常年雇工满足农业生产需求

曹家有曹永山和曹永新两个长工,常年吃住在曹家,给曹家干活儿,只有过年时才回家。曹洪基带着两位长工下地干活儿,其他家庭成员里,只有曹刘氏和王曹氏在农忙时会去晒场晾晒粮食或掰玉米。曹洪进常年抽大烟,对曹家的任何事情都不关心,曹李氏也是常年闲在家里不干活。王英庆等孩子们由于年纪小,曹洪基没有让他们干活儿,让他们在私塾读书。

农闲的时候,曹家的三个劳动力足够管理38亩土地,只需要锄草、松土即可,但到了农忙时节,不仅家里的妇女要帮忙,还需要雇佣临时劳动力来干活儿。除了曹永山和曹永新两个长工外,曹家每年都会在秋收时节雇佣十个左右的短工。雇佣短工这件事完全由曹洪基做主,因为他常年下地,了解自家农活需要多少人、多长时间干完。雇短工不像雇长工,长工一年一结算工钱,而短工干完活儿就结算工钱,有时候甚至一天一结算,曹洪基掌管钱财,方便给短工们发钱。两个长工都是曹氏家族的亲戚,自家土地不多,因此到曹家打工挣钱。而短工则是曹洪基在邻村台上村的劳动力市场雇佣的,大多来自附近的几个村庄,方便白天干完活儿,晚上回家休息。

2.农业生产资料应有尽有

为了满足38亩土地的耕作需求,曹洪基多次去集市,总共购买了4头骡子,用于耕地、"耧地"②及粮食运输。因为曹家的牲口较多,完全能满足自家的农业生产需求,所以从未与外人合伙使用过牲口。当地人在耕地时,需要用2头牲口拉动耕犁,曹家村的大多数人家只有1头牲口,无法独自耕地,为此都会与外人合伙互借牲口使用。曹家从未借过外人的牲口,却

---

① 糟糠:磨面将细粮过滤后剩下的麸子,无法食用。
② 耧地:在作物播种前,需要用犁具将土地犁出一道沟。

有相当多的街坊邻居去曹家借牲口。只要曹家有空闲的牲口，曹洪基就会答应借给他们，不需要对方给任何酬劳，完全是免费借出。

曹家的农具同牲口一样，全靠外购，凭借着曹家在烟台的买卖做支撑，曹家每年都有足够的资金购置新农具、维修旧农具，从来不缺农具使用，经常有左邻右舍去曹家借农具使用，以借耕犁的最多，并且是与牲口一起借走。因为许多小户人家养不起牲口，也就不需要单独购置耕犁，因此向曹家借牲口的同时，会一起借耕犁。

像铁锨、镰刀这类小农具，即便曹洪基不在家，也可以由曹刘氏做主借出去，对方用完归还即可，不需要商定借用的期限，即便损坏也不需要赔偿，但借出牲口这类事情只有曹洪基一人能决定。在曹家人看来，牲口不同于农具等小型生产资料，牲口是曹家人赖以生存的命根子，只有牲口好，家里才能种地，才有饭吃。因此借牲口这类事情，即便是内当家曹刘氏也不会做主，若曹洪基外出干活儿，对方只能等他回家再来商量，其他家庭成员没有权力做主。外人去曹家借大农具时，大多是对方家长亲自出面，而借小农具时则不需要家长出面。凡是去曹家借农具的都是左邻右舍的人，即便是派孩子去借也是可以的。耕犁类的大农具在归还的时候，需要家长亲自去还，而小农具则派一位家人去还就行，曹家在自家农具够用的情况下才会借给外人，因此从不会催促对方归还。

（二）生产过程
1.家长全权负责农业生产

曹家虽拥地近四十亩，但由于土地质量差、灌溉条件差，导致每年的农业收入不是很高，曹家一直通过在烟台的手工业来辅助农业发展。除此之外，曹家还饲养了鸡、猪等家禽家畜，饲养的数量并不是很多，也不是以自家食用为目的。曹家每年的经济收入中有一半以上来自烟台的买卖，曹洪向需要每年往家寄钱，曹家才能购置土地，扩展家业。曹洪基本着"质量不够、数量来凑"的原则，购买了大量土地，因此每年的粮食产量都比较可观，但出售较少，大多数用于自家食用。

曹家在烟台的买卖主要是曹洪向负责，他最初一个人去烟台做生意，鞋店生意做大后，将子侄们带到烟台安家定居。因此曹家留在家里大多是老幼，造成农业生产缺少劳动力，只能靠雇工来干活儿。妇女只在秋收时才会去晒场干少量农活儿，大多数农活儿由曹洪基带着曹永山和曹永新干。每年开春后，曹家的农业生产便开始，从耧地、耕地、播种、施肥，到锄草、松土，再到收割、晾晒，全是曹洪基带着长工干。由于农业生产全由曹洪基负责，因此每块土地种什么作物、施多少肥料、什么时候耕种、什么时候收割，全凭他一人决断，其他家庭成员不懂农业生产，从不会插手此类事情。只有曹永山和曹永新两位长工会根据生产活动中发现的状况，及时向曹洪基汇报，向他提出一些建议，曹洪基根据实际情况考虑是否听取采纳。一旦曹洪基决定了土地的种植结构和生产安排后，曹永山和曹永新便按照曹洪基的安排去做，不会提出任何反对意见。

曹家每年的农业生产活动是从农历三月开始，直到农历十月左右才结束，除此之外便是农闲。冬天不用下地干活儿，曹洪基便给曹永山和曹永新结算工钱，让他们回家准备过年。曹洪基对农业生产的安排并不是一成不变的，尤其到了农忙时，曹家需要雇佣数量不等的短工，每年的短工数量都会在十个左右，每个雇工干的活儿都不一样，曹洪基会随机安排雇工去从事某项农业生产。农业生产的具体分工也是由曹洪基负责，被安排干活儿的人完全按照他的吩咐去做,因为干的农活儿难易程度不同,工钱也不一样,雇工们不会有任何抱怨。

2.饲养少量家禽家畜作为副业

曹家为了方便农业生产,购买了 4 头骡子,全部在西院的小厢房里饲养,这 4 头牲口不需要曹家人亲自喂养,小厢房靠近西院西间的长工屋子,因此牲口的喂养全部交给曹永山和曹永新负责。他们干完农活儿后经常在地里割草,带回家给牲口吃,秋天草木枯黄后,便将玉米秸秆用"铡刀"①切碎,用来喂牲口。

除此之外,曹家还饲养了十只左右的母鸡用于下蛋,鸡蛋并不是为了给曹家人食用,而是为了亲朋好友家里有喜事的时候,当作礼物送给对方。还有 3 只公猪和 2 只母猪,养公猪一方面是为了养肥后卖掉其中的 2 头能挣钱,另一方面也是为了曹家人过年时将剩下的那只杀掉,自家人吃肉。养母猪是为了能产小猪,将生下来的小猪留在家里,养肥后继续卖钱,也可以把小猪直接卖掉换成钱。饲养家畜的任务就由曹刘氏和王曹氏完成,她们需要每天给猪拌饲料吃。但母鸡不需要曹家人喂养,直接将家门打开,让母鸡去大街上啄食虫子即可。

随着 4 头骡子的年纪逐渐增大,无法继续干活儿,曹洪基便将年老的骡子带到集市上的牲口市,把它便宜卖掉,用卖掉的钱再加上自己带的钱买 1 头新骡子。这样能保证曹家的牲口数量维持在 4 头,农业生产不受影响。出售老骡子这类事情只能曹洪基亲自处理,由他决定将骡子卖给谁,去哪里买新骡子。实际上,曹洪基对牲口买卖并不是很懂,需要到集市上找一位"懂行"②的人帮助,通过中间人与卖方讲价来购买骡子。

3.鞋店生意推动曹家扩大家业

曹家除了从事农业生产外,在烟台还有鞋店的买卖,作为曹家经济收入的重要组成部分,手工业是曹家农业发展的重要支撑。没有曹洪向等人在烟台的发展,曹家就不能在短短几年内迅速扩大家业。曹洪向一人仅带着 8 斤高粱饼子去烟台学做工,学会制鞋的手艺后自己开鞋店。后期因为做生意诚实守信,生意规模不断扩大,将子侄甚至家族成员都带到烟台做工挣钱,只留下一些老幼在家留守。

(三)生产结果

1.粮食收成满足曹家生活需求

曹家种植的农作物每年都只能收获一季,由于种植时节的不同,每年的农历五、六月份和农历九、十月份都是作物收获的季节,五、六月份需要收割小麦、高粱和谷子,九、十月份需要收割玉米和花生。由于地质较差,加上大多数土地都得不到水源灌溉,因此亩产都较低。小麦亩产只有 120 斤,高粱和谷子的亩产最高只有 200 斤,玉米的亩产最高仅为 100 斤。曹家种植花生的年份较少,产量很低,主要是为了自家榨油食用,亩产仅有 80 斤左右。

曹家作为长期务农的大户人家,深知每年的气候变化,尤其是降水与气温变化会严重影响作物生长。肥料的多少也直接影响到作物的收成,由于没有其他肥料可用,曹家每年只能把人畜粪便运到土地里施肥。灌溉水源的不足使得曹家只能多种植高粱、谷子等耐旱高产作

---

① 铡刀:专门用于切割草料的刀具,一把大刀连接在木质底座上。

② 懂行:懂得行业规矩和内幕。

物。伏季①收获的作物直到农历五月初才能看出收成如何,秋季收获的作物到中秋节后才能看出收成如何,不同年份的收成变化较大。主要受每年的气候影响,即便在作物收割前夕,也有可能因为一场台风将即将收割的作物全部糟蹋。部分年份雨季特别长,会导致田地积水,作物根系长期泡在水里导致腐烂。

曹家土地收获的粮食属于全家人所有,曹永山和曹永新两位长工也有权食用曹家的粮食,收成由曹洪基统一管理和支配,每年收获的粮食自家留多少、卖多少全凭曹洪基一人决断。曹刘氏与曹洪基作为曹家的内、外当家,他们是家里最关心粮食收成的人,只有全家人吃饱穿暖,家长才算尽到自己的职责。相比之下,曹洪进每天拿着曹洪向单独寄给他的钱抽大烟,从不过问农业生产,更不关心粮食收成。王英庆等孩子们贪玩,也不会关心这些事情。

虽然曹家土地质量差,但规模较大,因此每年收获的粮食都能满足曹家人的生活需求,即便是灾荒年份,也没有出现粮食不够吃的现象。曹洪基生性节俭,经常将收获的小麦拿到集市换成高粱,能让曹家人多吃粮食。但实际上,以曹家的经济情况来看,并不需要省吃俭用,曹家没有因为自家产出的粮食不够吃,去集市购买的情况。在灾荒年份,曹洪基会把细粮兑换成粗粮,让家人都能吃上粮食。收成好的年份,曹洪基留下全家人的口粮后,将剩下的粮食卖掉换成钱,再加上曹洪向从烟台寄回家的钱,能在临近年关的时候购买土地。

2.家禽家畜既可出售也可自食

曹家每年饲养的牲口数量都差不多,即便是灾荒年份,由于曹家有鞋店生意做支撑,因此依旧有钱饲养牲畜。一般情况下,曹家每年都会饲养十只左右的母鸡,主要是为了下鸡蛋后留着当作亲朋好友走动时的礼物。再者就是饲养的3头公猪和2头母猪,母猪生产的小猪既可以留着养大,也可以直接卖掉,公猪主要是为了卖钱,也可以留到过年时杀掉,让家人吃肉。虽然曹家有充足的资金饲养家禽家畜,但这些家禽家畜并不是以自家食用为主,主要还是为了出售赚钱,而赚的钱是为了攒到过年买地。

3.鞋店收入全部寄给家长

曹洪向每年都会往家寄钱,用于满足家里的生产生活,但他并没有将钱寄给妻子曹刘氏,而是寄给曹洪基,由曹洪基全权掌管钱财。不过曹洪基尊重曹刘氏,将曹洪向寄给他的每笔钱的数额都告知曹刘氏。虽然曹洪基对生活资料的购买,如油盐酱醋等从不记账,但家里买地、盖房、买牲口、农具等大笔费用全部记账,即便曹洪基不识字,但他也能通过做记号的方式记录。每年冬天农闲时,曹洪基都会把过去一年数目较大的花费告知曹刘氏,但曹刘氏信任曹洪基,从不在乎曹家的财产情况。虽然曹洪向常年在烟台做买卖,但他也是生性节俭,只会挣钱不会花钱,每年挣的钱除了给工人们发酬劳外,剩下的全部寄回家,自己从不留下零花钱。曹洪向将钱寄回家后,这部分收入全部由曹洪基支配,曹洪向从不干涉。

三、家户消费

(一)力求节约

1.人口多导致费用大

曹家每年的费用情况不一,由于每年都需要大量购买土地,仅买地一项就占据了花费总

---

① 伏季:即夏季。

额的大部分,此外还有食物、医疗、教育、生产资料的维修、购买等费用。正是由于曹洪向每年往家寄钱,才能维持曹家庞大的费用支出。因此曹家很少向外人借钱,也从未因为自家粮食不够吃,花钱出去买。即便这样,曹家每年仍需要大量的生活支出,占据了全年收入的相当大的一部分。

2.粮食消费完全能够自给

曹家土地最多时总共有 38 亩,每年都会种植小麦、玉米、高粱、谷子等作物,因此每年收获的粮食都能满足曹家人的生活需求。即便在灾荒年份,曹洪基也从未因为粮食不足而发愁。曹家人食用的粮食全部是自家土地生产的,从来没有外购过,曹洪基和曹刘氏都十分节俭,曹洪基常将收获的小麦和玉米拿到集市上兑换,因为小麦和玉米作为一种细粮,不仅产量低,而且价格高,同等价值的小麦和玉米能兑换更多数量的高粱和谷子,能让曹家人吃更长时间的粮食。这样就可以将多余的粮食卖掉换成钱,攒到过年前再买土地。粮食收成的支配权掌握在曹洪基一人手中,即便其他家庭成员不喜欢吃粗粮,但他们都不敢向曹洪基提意见。曹刘氏也不会因为此事干涉曹洪基的决定,并不是因为曹刘氏不敢向他提意见,而是因为曹刘氏同样勤俭节约,十分赞同曹洪基的决定。

3.肉蛋菜类部分外购

曹家在种植农作物的同时,还在田间地头种植萝卜、芥菜、大白菜等蔬菜,种植这些蔬菜并不是为了对外出售,而是为了满足曹家人的饮食需求。因为相比去集市上购买现成的蔬菜,自家在地里种植蔬菜能节省不少钱。曹洪基将萝卜和"芥菜"[①]收获运回家后,曹刘氏每年都会腌制满满一缸的萝卜咸菜和芥菜咸菜供全家人吃。冬天收获大白菜后,曹家人能从冬天吃到来年春天,但仅靠自家种植的蔬菜根本不够曹家人吃,因此春天至冬天蔬菜未收获的这段时间内,曹刘氏会定期安排曹洪基去集市或村里的流动摊贩那里购买蔬菜。

曹刘氏一直要求过日子要勤俭节约,因此曹家每年的肉类消费很少,到了过年过节的时候,曹刘氏才会让曹洪基去集市买肉,给家人改善生活。农忙时,为了让劳动力有力气干活儿,曹刘氏会给下地干活儿的人开小灶,让他们吃鱼和肉。春节来临之际,曹洪基将饲养了一年的公猪卖掉两头,将剩下的一头屠宰后供全家人过年吃肉。虽然曹家家大业大,但仅饲养了十只左右的母鸡,且下的鸡蛋是作为与亲朋好友交往的礼物。只有曹家人生病的时候,曹刘氏才舍得将鸡蛋煮给病人吃。否则不论是长辈还是孩子,几乎都吃不到鸡蛋,即便春节期间也很少吃。

虽然在曹刘氏的管理下,曹家在饮食上节省了大量金钱,但曹家人口较多,因此每年的食物费用仍占据全年消费相当大的一部分。曹家的蔬菜、肉类和鸡蛋都能做到部分自给,但还是有相当一部分需要外购。肉蛋菜的消费由曹刘氏一人决定,虽然钱财不掌握在她手里,但只要曹刘氏要求曹洪基去买任何食物,曹洪基都会立马去做,不会提出任何反对意见。至于去哪里买,有时是曹洪基决定,有时由曹刘氏决定。只有曹洪基有权对家里的食物消费提出意见,尤其是给雇工管饭的时候,曹刘氏会充分尊重他的意见,而其他家庭成员则无权提出意见。

---

① 芥菜:当地一种以腌制为主的蔬菜,类似于萝卜。

4.家长购买布料后由妇女制衣

曹家虽然人口较多,但每年春节来临之前,曹刘氏都会让曹洪基去集市上买布匹,回家让王曹氏制作衣服。除了两位长工外,其他家庭成员每年都会在春节前穿上新的棉衣、棉裤和棉鞋。即便是生意不好的年头,曹洪向也会寄钱回家,让家人过个好年。曹洪基不懂得如何制衣、如何纳鞋底、做鞋垫,只能按照曹刘氏的要求去集市上买布匹。回家后,曹刘氏和王曹氏要从早到晚裁衣、缝补、纳鞋底、缝鞋面,给每人制作一身衣服和一双棉鞋。

曹刘氏身为内当家,能得到全家人的尊重和认可,并不仅是因为丈夫曹洪向每年往家寄钱,更是因为曹刘氏公平公正,从不偏向自己的孩子,有时宁肯让自己的孩子吃苦,也要将好的东西省给曹洪进和曹洪基的孩子。在制作衣物这一方面,曹刘氏尽力给全家人都置办新衣,因此其他家庭成员从未因为衣物问题对曹刘氏的管理表示质疑,也从来没有人干涉过曹刘氏的决定。

5.以土方治病为主

曹家人的身体都十分健康,没有人需要常年吃药治病,只是偶尔有家人头疼脑热的才需要治疗,但曹刘氏为了省钱,一般会让家人采用土方法治病。比如腰疼就用拔火罐的方法,再加上人工推拿来止疼,除非是风寒疾病到了特别严重的程度,才会去找医生。曹家村地理位置比较偏僻,附近没有任何医院,只有河包刘家村和杜家村各有一位郎中能治病,曹家每年去郎中那里抓药治病的次数有限,但由于药材昂贵,因此治病费用仍较高。

一般情况下,曹家人生病后,曹刘氏都会想办法用土方治病,这样不仅能治好病,还能省钱。需要山草药就安排曹洪基山上采摘,曹洪基常年下地干活儿,最清楚什么地方生长什么山草药,草药采回家后,曹刘氏熬药给病人喝。如果还是不见起色,那曹刘氏就会让曹洪基准备好大车,将病人放到大车上,用骡子拉着大车去邻村的郎中家看病。只要曹家有人生病,曹刘氏都会想办法给他治疗。家里母鸡下的鸡蛋,即便平日里长辈不舍得吃,也会省给病人吃,为了让他早日恢复健康。曹家人没有因为曹刘氏用土方治病,而不是去郎中那看病,便对曹刘氏不信任,曹洪基也听从她的安排,按照要求采草药或找郎中。

6.人情消费以实物相赠

曹家与亲朋好友及左邻右舍的关系都十分融洽,亲友们家里有红白喜事需要帮忙的时候,曹家都会尽力相助。曹家有红白喜事的时候,亲友们也都来帮忙。每次曹家与外人有人情交往的时候,曹刘氏都会记住,虽不会记录在案,但能做到心中有数。尤其是临到年关的时候,曹刘氏会将家里攒的鸡蛋当作礼物送给对方,也会让王曹氏做一些面食,如花卷、包子送给人家,但从来没有送过钱财。

曹家的人情交往一直以实物进行,即便曹家的儿女结婚,或长辈去世这类红白喜事,亲友来做客也是以实物相赠,没有任何人送钱。由于曹洪基从不操心家务事,他作为一个男性,对人情交往这类细心事务根本做不好,曹刘氏作为内当家,全权负责人情交往一事,给谁送礼、送多少礼物、送什么礼物都由她决定。需要花钱购买礼品时,只要告诉曹洪基,他就会尽快买回来,从来不会提出任何意见,其他家庭成员里只有王曹氏帮曹刘氏做面食,王曹氏也只是按照曹刘氏的规定去做,从不会提出自己的意见。

7.与外人合资请先生教私塾

在1947年以前,曹家村并没有学校,因此王英庆与曹学才和曹学通一起读私塾。私塾先生是曹家与村里其他几个大户人家一起请来的,各家平均分摊教书先生的费用。除了给教书先生酬劳外,还需要给王英庆等三人买书和纸笔。王英庆等人在私塾里学的是四书五经,最早是从《三字经》开始学起,这些书籍都需要花钱购买。曹刘氏为了省钱,不给他们买现成的本子,而是买一沓纸自己裁制。相比购买土地、农具这些大的花费,教育消费仅占全年支出的一小部分。虽然曹刘氏节俭,但十分重视孩子的学习,认为孩子不学习,就会整天在大街上玩耍,这样什么都学不到,反而可能会养成坏习惯,长大后不会做人。

(二)粮食自给乃重中之重

曹家众多的消费类型中,唯有粮食消费不可缺少,只有保证全家人吃喝不愁,才能干活儿挣钱,才能有钱治病、读书。相比之下,其他各类消费的重要程度远不及粮食消费。在曹洪基看来,粮食是曹家人生存的基础,曹家有充足的土地,才能产出足够多的粮食供全家人食用,才能有钱买肉蛋菜,才能进行人情交往,才能让孩子读书。但曹家的粮食消费是以曹洪向在烟台的买卖为基础的,有了曹洪向每年寄的钱,曹家才有足够的资金买地。曹家的内外当家都注重节俭,即便家里的经济条件十分宽裕,对于肉蛋菜这类食物消费也放在次要位置,在他们看来,只要能吃饱饭,其他消费都是可有可无的。

四、家户借贷

1947年以前,曹家很少向外人借钱,即便在灾荒年份也能做到自给自足,不过曾有家庭成员被绑匪绑过票。曹洪基的幼子曹永彬常年在烟台做买卖,除了从事鞋店生意之外,还在招远县里结交了一些开金矿的朋友,曹永彬听朋友说将招远的黄金卖到上海,能够挣得大量的差价,便从朋友那里买了一批黄金,运到上海出售,结果真的赚了大钱。曹永彬去上海的时候还带上了自己的媳妇,挣钱后夫妻二人在上海购买了很多物品,曹永彬的妻子还买了很多珠宝首饰戴在身上,回到曹家村后在村里炫耀。但是在曹永彬夫妇从上海回到曹家村的第二天下午,就有绑匪将正在街上闲聊的曹永彬的妻子绑走,并且托人带话给曹家人,要求拿出六百块钱来赎人,否则就撕票。

但曹家在短时间内无法拿出绑匪要求的赎金金额,为了尽快赎回人,曹洪基出面去本村的一户刘姓大户家里借钱赎回三儿媳妇。曹洪向寄钱回家后,曹洪基很快将借款还给对方,因为两家是世交,关系一直十分友好,在日常生产生活中,双方经常互帮互助,因此对方没有收取利息,没有要求曹洪基找中间人做担保,也没有打欠条。

村里也经常有人去曹家借钱,一般都是经济条件较差的小户人家,曹洪基一般都会把钱借给他们,同样不需要打欠条或找人担保。很多借钱的人都是曹氏家族的后裔,与曹家沾亲带故,曹洪基对曹氏后裔十分信任,不会收他们的利息。对于街坊邻里间能帮得上的忙,曹洪基会尽力帮助。曹家人不会占别人的便宜,只是希望借此机会,与他人搞好关系,提高曹家在村里的威望。有少数来曹家借钱的人,因为家里经济条件实在太差,以至于无力偿还,一直拖欠到曹洪基三兄弟分家也没有还清债务,曹洪基也没有向他们索要,就这样不了了之。

五、家户交换

(一)以全家为单位进行经济交换

曹家的经济交换完全由曹洪基负责,虽然曹刘氏负责内部事务,但她一生从未去过集市,即便给家人买布匹做衣服,也是让曹洪基去买。只要曹刘氏让曹洪基去集市购买物品,他一定会按照曹刘氏的要求去做。只有曹洪进手里有自己的钱,但他的钱并不计入曹家的家庭财产里,因为他的钱并不是自己挣来的,而是曹洪向单独寄给他,专门让他抽大烟用的,因此曹洪进从不参与曹家的农业生产,整天沉迷于抽大烟。曹家人除了曹洪基之外,只有曹洪进能单独进行经济交换,他购买的东西只有抽大烟用的烟枪、烟草。曹洪向单独寄给曹洪进钱是为了不让他糟蹋全家人的财产,曹洪向允许他不参与农业生产,只要他不搞破坏,曹家就不会因为他抽大烟而被拖累。曹洪基也很少干涉他抽大烟,其他家庭成员不会攀比曹洪进有私人钱财。

(二)家长出面购买所需物品

曹洪基身为家长,一生没有出过远门,去过最远的地方是烟台市,是在临近年关的时候,去烟台给曹洪向送年货,来回只有两三天。除此之外,曹洪基几乎所有时间都是在曹家村度过的。不论是农业生产工具的购买,还是家里油盐酱醋的置办都是曹洪基去买,如果是大型生产工具或牲口,他都会去集市上购买。如果是家庭生活使用的物品,则可以在村里的流动摊贩那里买。在曹家,农业生产工具的购买场所由曹洪基决定,家庭生活用品的购买一般听从曹刘氏。

(三)外当家决定经济交换对象

1.家长负责去集市采购

曹家购置物品的场所主要是周围村庄的集市,曹家村作为一个小村,并没有自己的集市,购买物品需要到附近的台上村或北截村的集市,具体去哪个集市由曹洪基决定。曹洪基根据自己的时间来安排,尤其对于家里着急使用的物品,他会优先选择到距离最近的集市去。台上村集市和北截村集市都有固定的交易日期,台上村集市时间是农历每个月的初一、初六、十一、十六、二十一和二十六,而北截村集市的时间则是农历每月的初二、初七、十二、十七、二十二和二十七。台上村集市距离曹家约三里地,而北截村集市距离曹家约四里地。曹洪基去赶集的时候,每天早晨吃完早饭出发,中午吃午饭之前就回家,来回路程花费约半小时左右。曹洪基每次去集市之前,都要带上足够多的钱,目的是为了防止带的钱不够,买不到自己需要的物品。因为各类物品的价格只有到了集市上打听后才能知道。少数情况下,曹洪基还会到距离曹家村十里地的辛庄村集市,因为台上村和北截村这两个村的集市规模有限,有可能买不到曹洪基想买的东西,因此只能舍近求远。

2.出售或兑换粮食由家长出面

曹家村附近的两个集市都有专门售卖各类粮食的粮食市,除了售卖粮食外,还可以实现以物换物,即不同粮食之间的等价值交换,曹家经常去粮食市兑换粮食。由于曹家每年的粮食收成总能满足全家人的生活需要,因此从未在粮食市买过粮食。曹洪基经常将小麦和玉米拿到粮食市换成高粱和谷子,一般情况下,十斤小麦能兑换十三斤高粱或谷子,十斤玉米能兑换十二至十三斤高粱或谷子。除此之外,曹洪基作为一家之主,等粮食收获后,在留足曹家人今后一年的必备口粮后,将剩下的粮食放在大车上,用骡子拉到粮食市出售。出售所得的钱攒着,等曹洪向从烟台寄钱回家后,在年末继续买地,扩大家业。曹洪基虽为一家之主,但卖粮食这种大事,他还是会主动和曹刘氏商量一下,曹刘氏在家做饭,最清楚家里每年粮食的消耗量,而且她更有远见,不仅要留足一家人吃饭的量,还要多预留一部分以防来年灾荒。

3.家长与"拉响的"打交道

曹家村没有自己的集市,曹洪基只能去邻村的集市买东西,曹家村也会有很多人推着独轮车去集市售卖物品,卖的东西也是五花八门,既有油盐酱醋,也有针头线脑,甚至还有人专门推着车子,载着木匠工具,到村里修理农具,这类流动摊贩在曹家村被称为"拉响的"。因为流动摊贩进村售卖时,手里都会拿着一根木头棒子,一边售卖,一边敲打、吆喝。曹洪基只要不下地干活儿,就经常在村头坐着与他人聊天,家里需要买油盐酱醋或针头线脑时,曹刘氏就会告诉曹洪基,让他直接在流动摊贩那里买。家里的农具损坏后,正好碰见有流动摊贩在村里做木匠活儿,曹洪基也会在流动摊贩那里修理,不用非得找木匠修。除了曹洪基之外,其他家庭成员都没有和流动摊贩打过交道。

4.家长做主雇佣劳动力

曹家每年农忙的时候都会雇用短工干活儿,曹家村的邻村台上村有一个劳动力市场,当地人称之为"工夫市",曹家人去"工夫市"找雇工这种行为被称为"寻工夫",短工们在"工夫市"等着找机会给别人家干活儿则被称为"逮工夫"。每年麦收和秋收时节是"工夫市"最兴盛的时候,曹洪基会根据自家作物的生长状况及土地数量,去"工夫市"找短工,在"工夫市"事先与对方商量好干什么农活儿、干多长时间、工钱是按劳动量算还是按天数算,不同的农活儿工价也不一样,主雇双方在开始干活儿前先把价钱商量好,才开始干活儿。

按照当地雇短工的惯例,短工干活儿需要自己带农具,曹家需要给短工一天管三顿饭,但不用管住。曹洪基在每次雇短工之后,都会和曹刘氏说一声,告诉她雇工的数量,目的是为了让曹刘氏提前准备饭菜。短工干完活儿后,与曹洪基结算工钱,曹洪基与对方根据事先商量好的价格支付酬劳后,对方带着自己的农具即可离开。

(四)经济交换过程由家长做主
1.家长在购物过程中货比三家

曹洪基每次去集市买东西时,都会比一比、看一看,不会随便乱花钱,争取用最少的钱买到最好的东西,经常货比三家,质量不好的不买,价格太高的不买,只会买质优价廉的物品。曹洪基去集市买东西,从不去熟人那里买,因为在熟人那里买东西抹不开面子讲价,只能按原价购买,有的熟人为了自己的利益并不会给曹洪基优惠,反而价格比外人的更贵,物品质量却不好。如果熟人称量的物品不够分量,即便曹洪基发现了也不好意思找对方说理,只能吃哑巴亏。反而到外人那里买东西,可以随便讲价,如果出现分量不足的情况,也可以回去与对方理论,不用顾忌脸面。

2.买牲口要寻求经纪帮忙

在当地的经济交换活动中,只有购买牲口时才会有经纪出现。集市上有专门的牲口市用于牲口交易,有很多经纪从事沟通买卖双方的交易。曹洪基去牲口市买骡子时,由于自己对牲口并不了解,便会找曹家村的一位经纪陪同自己去牲口市买骡子。同村的经纪通过看牲口的牙齿,摸牲口的骨头来判断牲口的年纪大小、身体状况如何、买回家还能干几年农活儿。曹洪基在同村经纪的帮助下,确定了要买的骡子后,经纪的另一个重要任务就是为买卖双方协调价格,他们通过数手指的方法来讲价。经纪作为买卖双方的中间人,把衣服袖子伸长将双手遮住,经纪在买卖双方中间互相数手指,给卖方抬价,给买方降价。直到买卖双方达成一个都能接受的价格。经纪也并不是一无所得,通过衣袖将手指遮住,因此买卖双方都不知道真正的价格是多少,经纪可以暗中操作,通过挣差价来赚取酬劳。

曹洪基去集市买东西时,凡是需要称量的东西,除了粮食外都要用"称"作为计量工具,只有粮食市里买卖粮食时才能用"升"。在当地,一升等于八斤,而且曹洪基去粮食市卖粮食时,都是自己带着"升"去卖,不过他去集市买肉买菜都是用卖方的"称",不需要自己带计量工具。

第三章　家户社会制度

曹刘氏身为内当家,全权负责为子女们选择婚配对象。曹家人思想观念保守,严格禁止自由恋爱和未婚先育,希望子女婚后能多生育孩子,为曹家传宗接代、延续香火。虽然 1947 年初曹洪基兄弟三人分家,但曹家人的关系一直十分融洽,分家前家庭内部关系比较和谐,即便有点矛盾也会很快解决, 分家后曹洪基兄弟间还是互相帮助。曹家作为村里的大户人家,不仅家庭内部关系和睦,在外部交往过程中也是和谐相处,很少与外界产生冲突。

一、家户婚配

(一)结婚讲求门当户对

曹家的大部分青壮年都在烟台做买卖,长期不回家。曹洪基的 8 个子侄在 1947 年以前都已结婚,在烟台定居。曹洪向的 5 个女儿中,除小女儿未婚外,其他 4 个女儿全部结婚,王曹氏因为丈夫常年在东北务工,因此带着王英庆在曹家居住,曹洪进的女儿也已结婚。曹家村主要有曹氏和刘氏两大姓氏,曹刘氏就是同村刘氏家族的女儿,曹家十分排斥同姓结婚,尤其是同村的同姓结婚。因为结婚对象很有可能是自己本家族的亲戚,这样做会违反祖制。即便是同姓结婚,必须在五服之外,这样几乎与曹家没有血缘关系,也就不会违反祖制。曹家子孙后代都会找外村的人结婚,没有找本村的,更不会找同姓人结婚。

曹家作为村里数一数二的大户人家,在给孩子找婚配对象时十分讲究门当户对。曹洪向四女儿的婆家就是辛庄镇大涝洼村唯一的大户人家,家长名叫李振兴。李家在大涝洼村是一个拥地近百亩,长工、丫鬟近十人的大家庭,李家的家业规模大,完全配得上曹家的地位和身份。曹刘氏在给晚辈选择婚配对象时,不仅要考虑对方家庭的经济条件,还要考虑对方家庭的道德品质,不会因为对方家里经济条件好,便立即同意,更不会因为对方家里人口多便同意婚事。人口规模的多少对婚姻没有任何影响,曹家更看重整个家庭的道德品质,曹刘氏认为,即便是人口多的家庭,如果道德素质差,那曹家也不能与对方结亲,即便人口再少,只要家风纯正,教育出的孩子肯定优秀,曹家也会考虑与对方结亲。

(二)婚前风俗颇多
1.曹刘氏为曹家子女婚事做主

曹家所有子女的婚事都是曹刘氏负责,子女们到了结婚的年纪,根本不需要父母主动提出,作为内当家,给后代做主找婚配对象是她的责任,就连曹洪基三个儿子结婚娶妻也是曹刘氏找的对象,曹洪基作为男性,对于这方面事情并不擅长。曹洪基的长子曹永成并非曹金氏亲生,她对曹永成的婚事不管不问,就连亲生儿子曹永奎和曹永彬的婚事也不上心,每天就知道吃饱喝足,去各家串门。而曹洪基整天忙于农业生产,无暇顾及曹永成的婚姻大事,他对曹刘氏十分信任，索性将三个儿子的婚姻大事全部交给曹刘氏决定。曹洪进整天拿着曹洪向寄给他的钱抽大烟，曹李氏也是好吃懒做，只希望自己的两个儿子娶的媳妇比曹家更有钱，这样自己以后更不用干活儿，整天享福即可。鉴于这种情况，曹刘氏不仅决定自己三个儿子的婚姻大事，连曹洪进和曹洪基的儿子们的婚事也是她做主，没有人提出任何反对意见，曹洪向常年在外挣钱，只要曹刘氏决定的事情，他从不插手。

2.婚配标准高且复杂

不仅曹家适龄儿子结婚由曹刘氏决定，就连曹刘氏的四个女儿和曹洪进的女儿结婚，婆家也是曹刘氏做主找的。曹刘氏在给曹家女儿们物色婆家时，不仅要看两家是否门当户对，还要打听对方的家庭氛围如何，要求对方家庭的道德品质一定要好，在村里要有好的人缘。只有这样的家庭，教育出的男孩儿才能吃苦耐劳、脾气温和，否则曹家的女儿嫁给对方会受气，即便对方家里再有钱也没用。不论男方家里经济条件多好，男孩儿一定要有正当职业，即便在家下地干活儿，也能熟悉农业生产技能，将来不用依靠长辈，仍然能养活老婆和孩子。如果对方男孩儿什么都不会做，即便对方家里再有钱，将来也会被败光，曹家女儿将来会跟着受苦。

曹刘氏在给曹家子侄们娶妻时，首先要看对方家庭是否懂礼貌、明道德，只有这种家庭教育的女儿才能知书达理。此外还需要看的一点是女方是否缠足，如果没有缠足，那曹刘氏绝对不会同意曹家子侄娶对方为妻。曹家要求女方的脚必须缠足，而且脚越小越好，只有这样才能说明女方的家庭教育严格。虽然县政府倡导放足，但曹刘氏的思想仍旧保守，要求女方一定要缠足，否则就认为女方家庭对女孩的教育不严格，甚至是放纵，曹家人不敢娶这种女孩。害怕将来女孩在娘家教育不严，到了婆家依然会行为放纵，影响曹家的声誉，为此曹家一定要找小脚女人。

3.个人幸福不如家庭幸福重要

结婚对曹家人来说，最重要的不是个人幸福，而是结婚后与妻子好好过日子，将整个家庭发扬光大，首要的是生儿育女，为曹家传宗接代，开枝散叶。曹洪基这一代有兄弟三人，曹洪基的子侄一代有兄弟八人，但曹家为了让后代能扩散得更多，希望能多生男孩儿。曹刘氏要求曹家儿女结婚一定要门当户对，不仅是为了体现曹家大户人家的身份，更是因为大户人家联姻更有好处。通过血缘关系将两个大户人家连在一起，两家人将具有更广泛的人际关系和势力范围，曹家也会借助亲家的关系扩大自家影响。曹洪向的四女儿嫁到大涝洼村的李振兴家，由于李家是村里的大户人家，在村里有相当大的名望，自那以后，每年都会有不少大涝洼村的村民去曹家卖地。李家在北京也有规模不小的买卖，曹洪向的制鞋生意也跟着沾了不少光。

4.自由恋爱伤风败俗

曹家所有子女结婚全是通过他人介绍的，没有一个人是自由恋爱，曹刘氏严格禁止家庭成员自由恋爱。在曹刘氏看来，自由恋爱是家庭教育不严格的表现，没有严格管教好自家孩子，才会自由恋爱。家规严格的家庭，懂规矩、明事理，一定会禁止子女自由恋爱。曹刘氏一方面托媒婆联系合适的对象，另一方面也会根据媒婆找的对象，自己托别人再去核对一下，看媒婆所说是否真实，以防媒婆收了对方好处，故意在曹家人面前说好话。

5.重男轻女导致聘礼多于嫁妆

曹家作为村里的大户人家，给儿女结婚准备的嫁妆和聘礼比中小户人家要多得多，曹家女儿结婚时的嫁妆一般是一个木制立式柜子、一百斤小麦、两套衣服、数量不等的洗脸盆和毛巾、1个圆桌外加4个凳子、2把太师椅。由于曹家重男轻女，因此儿子结婚时的聘礼比女儿的嫁妆要多，不过给女方的聘礼大多数还会被儿媳妇带到曹家。曹家的聘礼一般包括200斤小麦、3尺红布、60块钱、数量不等的金银首饰、两套红色衣裤。聘礼一般会在订婚当天送给女方，曹家人与女方家长见面后订婚，双方即可称对方为亲家，此后便在逢年过节带一些礼物互相走动。曹家儿子在订婚时是曹洪基、曹刘氏及孩子父母出面参加宴席，男女双方在订婚后仍旧不见面，直到结婚当天才见第一面。

(三)内外当家商议操办婚礼

曹家所有子女的婚姻大事都由曹刘氏一个人定夺，主要托媒婆来介绍对象。不过结婚的时候，具体的操作流程需要按照当地的结婚习俗进行，比如结婚的日期及新娘下花轿的时间需要曹刘氏找"阴阳先生"[1]测算，而吹拉弹唱等乐手的雇佣、花轿的雇佣及摆酒席等事项需要曹洪基操办。因为他是家长，这种抛头露面的事情需要他代表曹家出面，而且结婚准备的所有事项都需要花钱，曹洪基掌管曹家财产，由他决定各项花费。但曹洪基尊重曹刘氏，经常与她商议结婚过程中的各类消费情况，双方达成一致意见后，曹洪基才着手操办。曹家儿女们的婚姻大事，除了曹刘氏和曹洪基两人外，其他家庭成员几乎不插手，即便是曹洪基的儿女结婚，他和曹金氏也从不操心，曹家的儿女们更是无权决定自己的婚姻大事。

(四)男女结婚费用相异

曹家人结婚全都是按照年龄的先后顺序进行，不论男女都是年龄大的先结婚，年龄小的后结婚。曹家子女们结婚时，举办婚礼的花费并不一样，女儿结婚的花费远低于男子结婚的费用。曹家女儿出嫁时，只需要简单地宴请近亲好友和左邻右舍即可，不需要大肆铺张。相比之下，曹家男性结婚时花费的项目更多更复杂。首先，结婚娶新娘要雇佣两乘花轿，外加吹拉弹唱、敲锣打鼓的乐手、做菜厨师、抬轿子的人、扛大旗的人、购买各类鞭炮、食材原料等，都需要大量花费。而且男性婚礼的规模更大，邀请的亲朋好友更多。新娘下轿后，要给新娘铺红地毯，直通到家里的炕上。因为当地结婚的风俗，要求新娘下轿后脚不沾灰，证明新娘子是清清白白进婆家门的。

虽然曹洪基与曹刘氏素来节俭，但结婚是曹家的大事，并且曹家有烟台的生意做支撑，因此有足够的资金来筹办婚礼，从未出现过因为家里钱不够而缩简婚礼规模的情况。举办婚礼的花费全部从曹家的家庭财产里出，由于筹备婚礼的所有具体事项都是曹洪基实施，只要他和曹刘氏商量好后，曹洪基便出钱筹办，不需要经过其他家庭成员同意，曹洪进的两个儿子曹永宽和曹永清结婚，也是曹洪基和曹刘氏操办婚礼。

二、家户生育

(一)子女枝繁叶茂

曹洪基这一代共有兄弟3人，即曹洪进、曹洪向和曹洪基，还有1个姐姐。曹洪基的子侄一代有8个男孩儿、6个女孩儿，其中曹洪进有儿子2人，即曹永宽和曹永清，还有1个女儿。曹洪向有三个儿子，即曹永勤、曹永炎、曹永舵，还有5个女儿。曹洪基有3个儿子，即曹永

---

[1] 阴阳先生：即风水先生。

成、曹永奎和曹永彬,曹洪基的孙辈有兄弟 13 人,只有曹学才和曹学通两人在家,其他的全部在烟台,还有外孙王英庆。曹家历来家教森严,即便家中孩子订婚后,曹刘氏也严格禁止男女双方见面,因此没有出现过未结婚就生育的情况。

(二)传宗接代乃生育之根本

在曹家人看来,生育是结婚后最重要的一件事情,生育最重要的目的是延续香火、传宗接代。而且生孩子最好是生男孩儿,只有生男孩儿才算有后代,即便生了孩子,但不是男孩儿,也不能算是有后代。只有家里的孩子,尤其是男孩儿子越多才越好,这样家里就有更多的劳动力挣钱。男孩儿结婚后再生男孩儿,能让曹家开枝散叶。当地有句俗语叫做"家门旺、看子相,家门不旺,看模样",意思是只要家里男孩儿多,家庭就能兴旺发达,如果家里没有男孩儿,家庭就很难兴旺发达。

生孩子也需要一个前提,即必须结婚后才能生育,凡是未婚先育的都会被认为是"野孩子",不仅孩子的母亲丢人,甚至全家人都跟着丢人。外人会嘲笑女孩儿行为不检点,指责家庭教育不严。曹家对后代的家庭教育十分重视,尤其是十分注重女孩儿的品行修养,从来不做出格的事情。在当地,男性满 18 周岁、女性满 16 周岁便可结婚成家,曹家子女大多都是20 岁左右结婚,而且都是结婚后立马生孩子。曹家子女结婚的年龄在当地来讲不算早,只能算是正常的结婚年龄。结婚后必须尽快生孩子,这样才能繁衍更多的后代,甚至出现四世同堂的局面,曹家长辈就能享受天伦之乐。

由于曹家在当地属于大户人家,经济条件较好,因此更倾向家人多生育后代,至少不会因为经济负担而养不起孩子。越是大户人家,越希望多生孩子,尤其是多生男孩儿,这样才能显示出家庭的幸福美满。如果家里没有孩子或没有男孩儿,即便家庭经济条件再好,无人继承财产,以后还是会没落。曹家这种大户人家,只要有男孩儿传宗接代,就能将家业延续下去而不会衰败。男孩儿也并非越多越好,如果生了一大堆男孩儿而没有女孩儿,也显得美中不足。曹家人希望能儿女双全,但还是更倾向生男孩儿,在有了多个男孩儿的前提下生一两个女孩儿更好。男孩儿能继承家业,虽然女孩儿结婚后成了婆家的人,但女孩儿回娘家能照顾父母,儿女双全在当地被认为是一种有福气的表现。

(三)妇女生产受特殊照顾

虽然曹家的长辈希望多生孩子,尤其是多生男孩儿,但实际的生育情况并不是长辈所能控制的,夫妻双方会按照长辈的要求尽量多生孩子,最终是男孩儿还是女孩儿,无法由长辈决定。曹家妇女怀孕后每天的任务就是休养身体,原本负责的家务活由其他妇女承担,一般是曹刘氏和王曹氏承担家务活。妇女怀孕期间的饮食也和其他家庭成员的大锅饭不一样,鸡蛋会省给孕妇吃,让她补充营养。怀孕期间妇女只要不干活儿,大多能自己照顾自己,不需要专人照顾,直到怀孕八九个月的时候,不方便洗衣服,才让曹刘氏代替。

曹家妇女都是在自家房屋里生产,曹家村附近没有医生能接生孩子,只有村里上了岁数的接生婆会接生。妇女快要生产的时候,曹刘氏会安排曹洪基去村里找接生婆,用骡子拉着大车将她尽快接到曹家来。生产结束后要给产婆一些酬劳,但曹家一般不会给现金,而是给一定数量的粮食。除此之外,妇女生产的时候没有其他花费。

曹刘氏是曹家媳妇中生孩子最多的一个,一共有 5 个女儿和 3 个儿子,在结婚后的几年时间内连续坐月子,虽然坐月子期间不需要做家务,但家里的事情仍旧需要她操心。由于当地妇女坐月子要求在炕上休养一个月,这一个月期间不能下炕,不能洗澡,不能开窗通风,因此曹刘氏坐月子期间,一直在炕上安排其他家庭成员做家务。曹刘氏为了不让两个妯娌说闲话,安排女儿王曹氏看孩子、做饭、洗衣服,曹李氏和曹金氏在这种情况下也会帮忙做点家务。

曹刘氏坐月子期间,原本可以吃一些鸡蛋、鲜鱼等有营养的食物,曹洪向还特地从烟台往家里寄了一些糕点。曹洪基知道曹刘氏的不易,给她在养羊的村民家里买羊奶给曹刘氏喝,让她恢复身体,但曹刘氏把这些有营养的食物都省给家里的孩子吃,她自己稍微尝一口便可。曹刘氏婚后生第一个孩子,即生王曹氏的时候,曹洪基的母亲仍旧在世,因此一开始是婆婆伺候月子,婆婆去世后,随着王曹氏长大,能够帮忙做家务,加上曹李氏和曹金氏帮忙,完全能伺候曹刘氏坐月子。

(四)“吃面”贺新生

1.“吃面”庆祝婴儿降生

曹家的孩子出生后都会举办生育仪式,这在当地被称为“吃面”。“吃面”并不是吃面条的意思,而是孩子出生后,曹家人邀请亲朋好友来做客,摆酒席宴请大家。不论生男孩儿还是生女孩儿,都需要“吃面”,但男女孩儿仪式的规模不同,男孩儿出生后酒席的规模更大,邀请的亲朋好友更多,女孩儿出生后虽然也摆酒席,但酒席的规模明显不如男孩儿的大,邀请的客人也少,最多就是本家族的近亲和关系很好的街坊邻居,酒席的质量也不如男孩儿的好。男孩儿出生后摆酒席,曹家的亲朋好友都会来贺喜,甚至部分平日里不怎么联系的远亲也会主动来贺喜,酒席上酒和菜的质量也更高,显示曹家对男孩儿的出生更加重视。

曹家的孩子出生后,曹洪基作为家长,会带着孩子的父亲上门邀请客人,尤其是本家族的近亲,孩子的叔伯舅姨是必须要请的客人,左邻右舍和关系好的朋友都在邀请范围内。一些远亲,尤其是居住距离比较远的亲戚,平日里联系并不密切便不会邀请,但仍会有部分远亲听说消息后,在没有接到邀请的情况下主动来曹家贺喜,曹家人也会热情接待。对方来参加孩子出生仪式的主要目的不是贺喜,而是希望借生育仪式拉近与曹家人的关系。因为曹家作为大户人家,尤其是在烟台的鞋店买卖不断做大,与曹家搞好关系,可以在日常生产生活中帮衬自己。

邀请客人的时候曹洪基都是亲自上门去请,不需要带请柬,也不需要带任何见面礼,只需要告诉客人仪式举办的时间和地点,客人们来吃宴席的当天会带着礼物,没有人会空着手去做客。由于曹家一直讲究门当户对,因此曹家的亲戚经济条件大多都不差。不过带来的礼物都是实物,有的客人会带一些自家做的面食,有的会带小孩子穿的衣服、手镯,甚至会带一些十二生肖模样的金银首饰。“吃面”当天,曹家人将亲戚送的首饰挂在孩子身上,让亲朋好友参观一下。曹家人为了让亲朋好友吃好喝好,会准备足够多的酒菜供大家吃喝。每次举办宴席都会剩下很多饭菜,为了不浪费,曹刘氏会让客人临走之前带一些饭菜回家,一是作为回礼送给对方,二是防止大量剩菜留在曹家,曹家人吃不完造成浪费。

2.通过“吃面”增进亲友联系

曹家在十里八乡享有较高的声望,曹家人在新生婴儿降临时举办“吃面”仪式,款待亲朋好友,大家在受到曹家的热情款待后,也会将曹家的热情好客在十里八乡传开,会提高曹家的声誉。曹洪向在烟台做买卖也结交了很多好朋友,借着家里孩子举办生育仪式的机会,也可答谢生意上的伙伴,为以后的进一步交往打下基础。不论是谁家的孩子出生,举办生育仪式的费用全部从曹洪基掌管的全家钱财中出,即便是在烟台做买卖的子侄们有了后代,也是回曹家村举办生育仪式。虽然烟台有他们的很多生意伙伴,但生育仪式以亲戚间庆祝为主,因此曹家会将朋友们请回老家做客。

(五)长辈按辈分给晚辈起名

曹家孩子的名字是长辈起的,一般都是爷爷给孙辈起名字,曹学才、曹学通两兄弟的学名就是曹洪基起的。曹家人除了经常用的学名外,还有小时候家人称呼用的乳名,即小名,也是长辈给晚辈起。长辈给晚辈起名字完全是按照祖制来,曹家祖先在定居曹家村后,确定了曹家每一辈后代的字号。例如曹洪基兄弟3人都属于曹家"洪"字辈,曹永宽、曹永清等人都属于曹家"永"字辈后代,曹学才、曹学通则属于"学"字辈。曹家的长工曹永山、曹永新也属于曹氏家族"永"字辈的后代,但他们与曹家不属于同一支,血缘关系超出了五服范围。

三、家户分家与继承

(一)分家析产各自过日子

1.内外当家管理方式出现分歧

曹家村当地有俗语"家口小、好凑合,家口大,难调和",意思是人口少的家庭,即便有点矛盾也能凑合过日子,但人口多的家庭即便没矛盾,由于每人的想法不一样,众口难调,因此很容易分家。曹家在1947年初分家是因为一件小事引起矛盾,最终曹洪基和曹刘氏商量后,决定兄弟三人分家,各过各的日子。曹家分家的原因并不是家庭成员不服家长管理,而是一点鸡毛蒜皮的小事引发内外当家对家庭管理上的分歧,最终导致分家。

当地农历二月二有炒黄豆的习俗,有"炒黄豆,不生痘"的说法。但曹洪基生性节俭,不舍得让家人炒黄豆吃,王英庆、曹学才和曹学通曾去玩伴家吃黄豆,被曹洪基发现后一顿毒打。曹刘氏虽然注重节俭,但她并不是任何东西都省,在二月二这种传统节日里,炒黄豆是必备的,不能因为家里节俭,便丢弃祖上传下来的习俗。因此她决定让家人炒黄豆吃,但曹洪基回家后发现家人在炒黄豆,一怒之下将骡子拉的粪便倒进正在炒黄豆的锅里,让曹刘氏颜面扫地。之后曹洪基对曹刘氏表示歉意,认为自己做事太莽撞,未尊重嫂子,曹刘氏也原谅他。但曹刘氏与曹洪基治家理念不同,在曹刘氏看来,不能因为节俭而不尊重习俗,更不能一生气就把牲口粪便倒进锅里。

其他村民都不知道曹家分家的具体原因,只知道曹家家业大、人口多,再不分家就很难管理,都认为分家是正确的决定。实际上曹洪基与曹刘氏都注重节俭,但两人的不同之处在于曹洪基除了买地时不吝惜钱财外,在其他方面都尽量节省,不在乎风俗习惯和祖制传统。相比之下,曹刘氏虽然也节俭,但她是该省的省,不该省的不省,过年过节时就应该让家人吃吃喝喝,不能一年到头一直省吃俭用,过日子不能太紧,适当时候可以铺张一些。

2.兄弟三人平分家产

曹家分家的时候,曹洪向没有回家,是曹刘氏代表曹洪向分的家。曹洪基这一代有兄弟三人,因此将所有土地、房产、生产资料、生活资料平均分成三份,每人一份,土地方面根据地质好坏,在三份家产里适当调配,不可能都是好地,也不可能都是坏地。房产是东西两座房子,无法分成三份,虽然曹洪向抽到没有房子的那份家产,但曹洪进和曹洪基两兄弟需要每人支付给曹洪向一定数额的钱,让曹洪向在他处另盖新房。曹家分家的过程中,家产力争做到平均分配,既不因为曹洪向常年往家寄钱,为曹家发展付出很多,就多分给他家产,也不会因为曹洪进常年抽大烟,对曹家的任何事情都不管不问,就少分给他家产。

3.邀请家族长辈担任"分析人"

根据当地的分家传统,分家时必须找"分析人",否则外人会对曹家分家说三道四,只有找人做证,这样的分家才算光明正大。因此曹家在分家时并不是自家人关起门来由自家人决定,为了保障分家的公平公正,也为了曹洪基兄弟三人不因分家问题起矛盾,曹刘氏特地在村里找了三位德高望重的老人来给曹家分家当见证人,当地称之为"分析人"。这三位中间人中的两位是曹氏家族的长辈,另一位是刘氏家族其中一支的族长。曹洪基希望曹洪向从烟台赶回家,但曹洪向忙着买卖无法回家,让曹刘氏代表自己。分家的过程中,三个中间人的首要作用是对曹家的所有家产进行公平划分,中间人将分成三份的家产分别写在三张相同的纸上,由曹洪基等人抽签,抽到的家产就是自己分家后得到的那份。其中一人充当执笔人,撰写分家单,三位中间人都要在分家单上签字,三人签完字后还要曹洪基兄弟三人签字。由于曹洪基和曹洪进两兄弟都不会写字,因此让曹家的一位长辈代签,曹刘氏从小未读过书,她本应该代表曹洪向签字,结果也是由曹家的长辈代签。签字之前要确认曹家的所有应分家产全部在分家单的列举范围内。

4.签订分家单作为分家见证

曹家在分家的时候,其他家庭成员没有提出任何意见,服从内外当家的决定。曹洪向将分家的权利委托给曹刘氏,让她代替自己抽签分家产,在分家单上签字。按照当地的习惯,分家的时候应该单独找一位执笔人写分家单,但曹刘氏十分信任曹家和刘家的三位长辈,他们都读过私塾,懂规矩、明事理,因此直接让一位曹家长辈执笔写分家单。

分家时的三个见证人被称为"分析人",即分家析产的意思,因此分家单在当地又被称为"分析单"。执笔人在分家单上清楚地写着曹家分家的年月日,曹家所有家产概况都列举在上面,写着参与分家的曹洪基兄弟三人的名字,分家单确认无误后,曹氏三兄弟和三位见证人都在分家单上签字。因为是曹氏三兄弟分家,因此分家单是一式三份,分家后每家保留一份。

(二)男性后代均分家庭财产

曹家分家时,家产均分为三份,包括土地、房产、锅碗瓢盆、牲口农具、粮食肥料,甚至被褥床单都在分家范围内。虽然曹洪向和曹洪基有3个儿子,而曹洪进只有2个儿子,但均分家产的权利只在曹洪基三兄弟手中,曹洪基的8个子侄虽然也都已经成家立业,但是他们并不享有分家的权利。不论曹洪基三兄弟各自有多少个儿子,他们这一代人分家,只有兄弟三人有权平分,家产只会平分三份。8个子侄只能在三兄弟分家之后,在各自的小家庭内才有权继续分家,或者是长辈去世后继承家产。曹洪基这一代除兄弟三人外,还有一位姐姐,但曹洪基的姐姐早已嫁为人妇,成为婆家的人,因此不享有家产的继承权,不能参与分家。分家的当天,曹氏家族和刘氏家族共三位长辈担任分家的见证人和分家单的执笔人,曹洪向远在烟台没有回家,让曹刘氏代替他做主分家。

四、家户赡养

(一)全家赡养长辈

赡养老人作为曹家的家内事务,自曹洪基当家以来一直被他挂在心上。按理说,家庭内部事务应该由曹刘氏负责,但曹洪基十分孝敬长辈,农闲时经常关心母亲的生活,抽空就照看母亲。曹洪基的母亲在世时,本应由曹洪基三兄弟负责赡养母亲,但曹洪向已经去烟台做买卖多年,赡养老人的责任全部托付给妻子曹刘氏。曹洪进常年抽大烟,不仅对农业生产不管不问,母亲的赡养问题也从不过问。因此曹家赡养母亲的责任就落在曹洪基身上,但曹洪基经常下地干活儿,母亲的日常生活起居全由曹刘氏负责,曹李氏和曹金氏不善待婆婆。

(二)多以生活照料为主

曹洪基的母亲在世时,兄弟三人还没有分家,其母亲与曹家人吃住在一起,鉴于在当地"以东为尊",因此曹洪基的母亲在世时,作为家里的长辈,住在房子最东边的那间屋子里。她与曹家人一起吃大锅饭,吃喝全由曹洪基花钱解决,不需要单独给她钱粮。曹刘氏孝敬婆婆,将家里好吃的、好喝的优先给婆婆,尤其是家里的鸡蛋和曹洪向寄回家的"桃酥"①都给她吃,其他人只能等她吃完才能吃。每当她生病后需要花钱吃药时,曹刘氏就会告诉曹洪基,曹洪基会立马去买药,赡养母亲所需的花费全部从曹家的家庭财产里出。

曹洪基整天忙于农业生产,只有农闲时才会对母亲嘘寒问暖。曹洪向常年在外做买卖,即便过年时,为了让工人们回家,他也要在鞋店看门。只有曹洪进什么都不付出,也没有承担赡养责任,反而花着曹洪向的钱抽大烟。曹洪进这种行为在当地被认为是不孝,在村里经常受到村民的指责。但也有村民认为曹洪进有福气,既不用干活儿挣钱,曹洪向还特地给他寄钱,让他抽大烟,可以不受约束。像曹洪进这种不赡养长辈的情况,曹洪基可以将他送到曹氏家族的族长手里,由族长决定他的下场。但曹洪向心肠软,不想让曹洪进受苦,便单独给他寄一份钱,让他抽大烟,只要他不糟蹋家里的钱,不在外惹是生非就行。

(三)晚辈负责治病送终

曹洪基经常下地干活儿,没有太多时间照顾母亲,母亲生病后,由于他只懂得农业生产,并不擅长照顾人,因此能帮上的忙较少。大嫂曹李氏不孝敬长辈,对母亲不管不问,妻子曹金氏亦然,因此母亲的饮食起居,尤其是生病照顾一直是曹刘氏承担。母亲生病后,曹洪基不会用偏方给母亲治病,而是直接用骡子驮着她去杜家村一位姓郝的郎中那里看病抓药,所花的钱从全家财产中扣除。虽然曹洪基有一位大姐,但女儿对父母并不承担赡养责任,只需要在春节回娘家时,给母亲送点礼品孝敬母亲即可。母亲的饮食起居全由曹刘氏负责,王曹氏也会帮助母亲洗衣做饭。

曹洪基的母亲去世后,曹洪向从烟台赶回家奔丧,自己掏钱给母亲买了很多纸人、纸桌椅、纸柜桌等,还买了很多的香火和烧纸祭奠母亲。按照曹家村当地的习俗,曹洪基母亲去世后,曹洪向回家奔丧即可,不必自己花钱给母亲置办丧事活动。但他出于对母亲的孝心,常年不在家照顾母亲,只能委托曹刘氏和曹洪基照顾,因此他自掏腰包,以表孝心。曹家有了白喜事,亲朋好友和左邻右舍自发来曹家帮忙出力,有的去挖坟,有的去立碑,干完活后,曹家为

---

① 桃酥:招远县的一种油炸面食。

了答谢亲友的帮助,特地摆了几桌宴席请大家吃饭,摆酒席的钱是从家庭财产中出的。

(四)曹家的赡养情况外人可鉴

曹氏家族对家规家风要求严格,最重要的一项就是曹氏家族后代一定要对长辈孝顺,曹洪基和曹洪向兄弟二人赡养母亲的行为深得族长的认可,甚至在曹家分家时还提及此事。虽然曹洪向常年不在家照顾母亲,但经常寄钱回家也算是赡养母亲,母亲去世后及时回家奔丧。曹洪基常年在家更是热心照顾母亲,只有曹洪进一人不仅不照顾母亲,而且还不参加劳动,整天抽大烟败坏门风。由于曹洪向给他寄钱,让他不糟蹋全家财产,他才没有惹出大祸,否则曹氏家族的长辈会按照族规处罚他。除了曹氏家族与曹家村的村民会对曹家的赡养情况做出评判外,曹家村的村会不会掺和各家的家务事,即便曹家出现不孝子,村会也不会出面解决,只有曹氏家族的族长有权处理。

五、家户内部交往

(一)父子关系

1.抚养与教育同等重要

对于曹家人来说,父亲最重要的任务是把儿子抚养长大,因为父亲对儿子最主要的就是抚养责任,除了抚养责任外,还有对儿子的成长教育责任。以曹洪基为例,他的三个儿子曹永成、曹永奎和曹永彬都是曹洪基将他们抚养长大的。由于曹洪进不干活儿,曹洪向在外做买卖,曹家除了两个长工外,只有曹洪基一个劳动力,如果没有他下地干活儿,曹家就没有粮食收成,就不可能将三个儿子抚养长大,因此抚养责任是第一位的。除此之外,父亲还要承担对儿子的家庭教育责任,最重要的是让儿子学会生活技能,让儿子有一技之长,将来能养家糊口,直到成家立业后,父亲的责任才算结束。受家庭情况影响,曹洪基没有让三个儿子读书,他们十五六岁时就离家去烟台找曹洪向,在鞋店当学徒,学习做鞋的手艺,给曹家挣钱。因此曹洪基只是教育他们好好做人,做好人而不能做坏人,没有教给儿子们生活技能。曹洪基的三个儿子在外做买卖,也不需要曹洪基教给他们下地干活儿的本领。

作为父亲,曹洪基有权利要求三个儿子去做他要求做的事情,但曹洪基只会要求儿子去干一些活儿,只不过三个儿子自从出门做买卖后很少回家,结婚后便在外安家。按照当地的习惯,儿子结婚之前,父亲应该给儿子盖好新房,让儿子能娶到媳妇。但曹洪基的三个儿子都在烟台安家,因此不需要曹洪基给他们盖房子。虽然三个儿子经常在外做买卖,但逢年过节回家时,对曹洪基说的话还是言听计从,不会因为在外待的时间长,回家就不听父亲管教。

随着父亲对儿子抚养责任的结束,儿子就要承担起对父亲的赡养责任,尤其是父亲年老失去劳动能力时,儿子要回报父亲的养育之恩。曹永成、曹永奎、曹永彬三兄弟虽然常年在外做买卖,但逢年过节回家时,都会在烟台买一些礼物回家孝敬曹洪基。他们兄弟三人知道父亲喜欢抽烟,便把在烟台买好的烟卷拿回家给曹洪基。不仅如此,三个儿子在家也十分听曹洪基的话,尤其是长子曹永成,从不与曹洪基顶嘴,更不会反抗,曹洪基要求他做的事情他都会尽快去做。因为曹永成是曹洪基前妻生的儿子,前妻去世后留下曹永成,曹洪基一直严格管教他,因此做儿子的只要做到像曹永成兄弟三人这样,就算是好儿子。

2.常年在外减少冲突机会

曹洪基的三个儿子去烟台做买卖后,一年回家的次数有限,每次回家后,曹永成、曹永奎和曹永彬对曹洪基都十分孝顺,父子从来没有吵过架,关系一直十分融洽,还会一起抽烟、喝酒、聊聊家常。曹永成兄弟三人会和曹洪基谈及在烟台做买卖时发生的事情,因为曹洪基很少出远门,只去过几次烟台,曹永成兄弟们跟他说在外面发生的事情,让曹洪基开开眼界。曹洪基会把家里发生的事情告诉儿子们,尤其是家里发生的变化,家里又在哪里买了几块地,又添置了多少牲口和农具,家里的房屋又翻新了一遍等。

曹永奎和曹永彬二人成年后根本不害怕曹洪基,即便他们小的时候也不是很害怕曹洪基。他们两个自幼调皮经常闯祸,但曹洪基夫妇管教不严,因此兄弟两人不害怕父母,但曹刘氏作为曹家的内当家,一直家教森严,即便不是自己生的孩子也会严格管教,其他家庭成员不敢提出反对意见,因此他们兄弟二人更害怕曹刘氏。曹永成因为自幼失去生母,继母曹金氏待他十分不好,经常打骂他,吃不好穿不暖,内当家曹刘氏特地要求其他家庭成员不得随意打骂他,曹永成的衣服鞋帽和饮食起居全由曹刘氏亲自负责。曹洪基父子没有发生过任何冲突。因为曹家作为大户人家,十分注重家庭关系的和睦,害怕曹家父子关系不和的话传出去后影响曹家人的声誉。曹永成兄弟三人常年在外做买卖,只有过年过节时才会回家,减少了起冲突的机会,即便他们回家后与曹洪基有分歧,曹洪基考虑到他们不经常回家,也尽量不与他们计较。

(二)婆媳关系

1.婆婆对媳妇的责任多且杂

曹刘氏生了三个儿子,因此三个新媳妇结婚进门后,她有责任带着儿媳妇们认识左邻右舍和本家族的亲戚,以免因为不认识而不与人打招呼,让对方误认为曹家家教不好。曹刘氏的二儿媳妇进门后,由于娘家也是大户人家,从小衣来伸手饭来张口,对于做家务不是很擅长。但曹刘氏要求曹家妇女必须会做家务,即便家里有钱雇佣丫鬟,也不会花钱去雇,而是要锻炼她们的能力,不能让外界嘲笑曹家的妇女无能,因此曹刘氏亲手教二儿媳妇做家务。儿媳妇坐月子期间,曹刘氏作为婆婆要给儿媳妇洗衣做饭,伺候她们坐月子,儿媳妇们忙着做家务时,曹刘氏应该帮忙看孩子。曹刘氏作为长辈,有权利使唤媳妇做家务,如果媳妇不听话,可以打骂她们,但曹刘氏从未对她们打骂过,甚至没有严厉斥责过她们,儿媳妇们也都十分听话,没有出现过顶嘴情况。

曹刘氏对儿媳妇的管教比较严格,要求她们不要多说话,男人说话时女人不能乱插嘴,不能随便出门。虽然曹刘氏也会对做错事的媳妇进行教育,但不会打骂,不会过分批评儿媳妇们的错误,只会适当指出她们哪里做的不好,告诉她们应该怎么做即可。曹刘氏秉持就事论事的原则,从来不会翻旧账,她指出儿媳妇们做的不好的地方,媳妇改正后,她便再也不会提及此事,因此像曹刘氏这样的婆婆就算是好婆婆。三个儿媳妇每次回家时,都会在烟台买一些酱油、布料等生活用品带回家给曹刘氏用,回家后积极帮曹刘氏做家务,从来不与曹刘氏顶嘴反驳。曹刘氏指出的错误认真改正,认真照顾丈夫,能做到这样的儿媳妇就算是好媳妇。

2.婆媳间几乎不起冲突

由于曹刘氏的三个儿媳妇都不经常在家,便减少了起冲突的机会,因此婆媳间的关系一直十分融洽,曹刘氏会在与儿媳妇们做家务的过程中聊家常。曹刘氏会告诉她们村里发生了哪些事情,说说张家长李家短的事情。儿媳妇们在刚进门的时候,因为曹刘氏很严肃,所以对曹刘氏比较害怕,但她们去了烟台后,每次回家,曹刘氏都不严肃对待她们,而是笑脸相迎。因此儿媳妇们也不再害怕曹刘氏,因为婆媳间的矛盾很少,媳妇们也会趁着回家的机会与曹刘氏聊自己的心里事。

(三)夫妻关系

1.丈夫通过劳动养活妻子

丈夫娶妻后应该养家糊口,照顾自己的妻子,因为妻子在家做家务,照顾家人,不需要下地干活儿,因此不能挣钱,养家的任务全部落在丈夫身上。妻子生病后应该想办法给妻子治病,但丈夫不需要照顾妻子,婆婆可以适当照顾儿媳。在曹家,丈夫的地位明显高于妻子,丈夫有权力指使妻子做他要求做的事,如果丈夫不高兴或妻子顶嘴,可以打骂妻子,但曹家夫妻间很少出现打骂现象。曹刘氏为曹洪向生了3个儿子和5个女儿,为曹家传宗接代做出贡献,曹洪向在烟台做买卖,一直是曹刘氏承担起管理家庭琐事的责任。曹洪向每年都往家寄钱,但都是寄给家长曹洪基,即便这样,曹刘氏也从未有过怨言。正是因为曹刘氏识大体,曹洪向才十分信任曹刘氏,对曹刘氏十分认可。曹刘氏深知曹洪向在外做买卖不容易,从最初背着八斤高粱饼独自去烟台打拼,发展到后期有一百多号工人,过年都不常回家,因此曹刘氏让曹洪基将家里置办的年货送一些给曹洪向。

曹洪向做买卖是为了养家糊口,一辈子只知道挣钱不知道花钱,他挣的钱除了用于发工钱和买制鞋原料外,其它的全都攒着寄回家,一心想让家人过上好日子,不让家人跟着吃苦受累。因此,凡是能做到像曹洪向这样就算是好丈夫。曹刘氏不仅为曹家生儿育女、传宗接代,还积极承担内当家的责任,将曹家内部事务管理得井井有条,曹家村的其他村民经常称赞曹刘氏能干。虽然曹洪向将钱寄给了曹洪基,而没有给曹刘氏,但曹刘氏根本不计较这些,使得曹家减少了很多矛盾,曹刘氏与曹洪向也从未因为钱的问题起过纠纷。因此,曹刘氏在当地也算是好妻子的代表。但家长曹洪基夫妇关系素来一般,因为妻子曹金氏生性好吃懒做,经常不参与家务劳动,只对自己生的曹永彬和曹永奎认真抚养,经常在背地里打骂曹永成,因此曹洪基经常对曹金氏冷眼相待。

2.夫妻关系相敬如宾

曹洪向与曹刘氏的夫妻感情一直十分好,即便是曹洪向没有出门做买卖时,两人也没有起过矛盾,曹洪向去烟台后,夫妻间见面的机会变少,更不会起冲突。曹刘氏思想比较保守,很少与曹洪向说话,最多只会谈一些日常生活的事情。除此之外不会谈别的,更不会开玩笑,也没有机会聊家常。但曹刘氏从不会害怕曹洪向,曹洪向也不是严厉的丈夫,做人办事都十分随和,从未对曹刘氏发过火。

(四)兄弟关系

1.家长与二哥挣钱扩大家业

曹洪基兄弟三人中,曹洪基与曹洪向的关系十分好,由于曹洪进常年抽大烟,对曹家事情不管不顾,因此曹洪基也从不过问他的事情,两兄弟的关系不是很好。曹洪向为了不让曹洪进糟蹋家庭财产,单独给他寄钱让他抽大烟,只要他不败坏家产即可。曹家近四十亩的土地及12间房子都是曹洪基与曹洪向两兄弟挣的,曹洪向在外做买卖,曹洪基在家下地干活儿。尤其是曹洪向做的贡献最大,他独自一人去烟台做买卖,之后不断发展,才有了曹家不断壮大的家业。如果仅靠曹洪基在家种地,不可能发展如此迅速,因此曹洪基身为兄弟,体谅兄长曹洪向的不易，在家十分尊重曹刘氏，曹洪向寄回家的钱从不敢乱花一分，除了用于全家人的吃穿外，全都攒着在年关将近的时候买地。

曹洪基十分信任曹刘氏，让她管理家内事务，对曹刘氏十分尊敬，大事都与曹刘氏商量，而不是自己一人做主。曹洪基这样做，不会引起家庭矛盾，正因为这样，曹家才能保持长时间不分家，曹洪基做到了一个好弟弟应该做的。曹洪向也是好哥哥的典型代表，曹洪向常年往家寄钱，本应把钱寄给曹刘氏，但曹洪基是家长，因此曹洪向不护短，便把钱寄给曹洪基，让他掌管钱财，这也非常符合当地的规矩。此外，曹洪向考虑事情周全，虽然曹洪进不成器，但仍没有忘记他，自己挣钱后还不忘单独寄一份钱给曹洪进，使得他不至于败坏家产。

2.兄弟常年不见但关系融洽

曹洪向与曹洪基兄弟间的关系十分融洽，自从曹洪向去烟台后，兄弟二人并不常见面，但临到过年时，只要曹洪向不回家过年，曹洪基一定会及时送年货去烟台。到烟台后，曹洪向会带曹洪基去饭店吃饭，带他到自己的鞋店转转，留曹洪基多住几天。兄弟间还会喝点酒，聊聊各自的事情，曹洪基告诉兄长家里一年以来发生的事情，曹洪向在兄弟临走之前，会给他买一些烟卷、白酒让他带回家过年用。曹洪基一直看不惯曹洪进的行为，认为曹洪进花着曹洪向寄给他的钱抽大烟，什么活儿都不干，给曹家丢人。因此与曹洪进冲突的次数较多，冲突一旦发生后，大嫂曹李氏不敢插嘴。因为她自己整天好吃懒做，只有曹刘氏会出面制止，让曹洪基不与曹洪进争执，冲突都是在曹刘氏的劝导下化解。

（五）妯娌关系

1.没有责任义务一说

在曹家，妯娌间没有严格的责任和义务，虽然曹李氏是长嫂，但她不仅不做家务，甚至还在外惹是生非，背着曹洪进在外面偷汉子，让曹家人蒙羞。曹金氏虽然能帮助做一点家务，但因为曹永成不是她亲生的，因此对曹永成非常差，不仅吃不好穿不好，还经常打骂他。曹刘氏因为这件事情多次训斥过曹金氏。按照曹家人的观点，嫂子与弟媳都属于同辈人，双方没有权利要求对方，但作为一家人，妯娌间应该和睦相处，不能因为一点小事起争执，因此要大度能忍让，不能因为一点小事就发火。即便弟媳做错事，嫂子也应心平气和地告诉弟媳哪里做错了，而不是仗着自己进门早，对弟妹大呼小叫。只有做到以上几点才算是好嫂子。同样，弟媳也有自己的责任，首先要做的就是多干活儿、少说话，在娘家学好做家务活儿的本领，到了婆家能多干活儿，多向嫂子学习，做错事后及时改正，即便嫂子批评几句也应忍受一下，不能因为一点小事就和嫂子起争执。

2.妯娌关系比较紧张

虽然曹李氏和曹金氏对曹家的事情不上心，全由曹刘氏一个人承担，但曹刘氏从未因为这种事情朝妯娌们发火。曹李氏在外给曹家丢人一事，曹刘氏作为内当家严肃训斥了曹李氏，曹刘氏也曾因为曹金氏待曹永成不好，多次找过曹金氏，但曹金氏背地里还是经常对曹永成打骂，曹刘氏便严厉批评曹金氏，还让曹洪基管教曹金氏。因此曹家妯娌们间的关系并不是很融洽，曹李氏和曹金氏比较惧怕曹刘氏，不敢和她对抗，她们妯娌间从未开过玩笑，更没有聊过家常。

3.明面冲突并不多见

曹刘氏为了管理家庭内部事务，与两个妯娌发生过冲突，冲突原因就是两位妯娌做的事情太差,以至于让内当家曹刘氏无法忍受。发生冲突时,只有曹洪基敢介入其中,曹洪基也不会偏袒自己的妻子曹金氏,而是就事论事,谁错了训斥谁。虽然妯娌之间会发生冲突,但冲突的次数并不多,因为曹刘氏不愿意与她们起冲突,如果传出去被外人知道后,外人会认为曹家家庭不和睦,影响曹家在村里的声誉。虽然曹金氏是自己的妻子,但曹刘氏生气肯定是曹金氏做错事,因此曹洪基会站在曹刘氏一方,严厉训斥曹金氏。

(六)叔嫂关系

1.关系和谐但保持距离

曹刘氏和曹洪基不仅是叔嫂,也是内外当家,叔嫂间配合得很好,在他们的管理下,曹家的各项事情很有条理。作为嫂子的曹刘氏几乎没有对曹洪基生过气,曹洪基对曹刘氏也十分尊敬,家里买地、盖房这些大事都主动与曹刘氏商量,征求曹刘氏的意见。虽然曹洪向把钱寄给了曹洪基,由他掌管曹家财产,但曹洪基为了保证财产的公开公正,除了购买油盐酱醋花的小钱外,办大事花的所有费用他全部都记账。到了每年年关将近的时候,他都会把一年以来数目较大的花费告知曹刘氏,但曹刘氏深知曹洪基办事稳妥,更信任他不会私吞钱财。虽然曹洪基掌管钱财,但曹刘氏要求他去买的任何生活资料他都会买来,曹刘氏不用出家门,只要告诉曹洪基买什么东西、买多少即可。曹家的家庭环境十分保守,叔嫂间只是在家庭事务处理上的交际比较多,除此之外很少一起聊天,更不可能开玩笑。

2.二嫂辅助小叔当家

曹洪基作为一家之主,是曹家对外活动的代表,但实际上很多事情都是曹洪基与曹刘氏商量后由曹洪基具体实施。以曹家子女结婚为例,曹洪基没有时间顾及结婚对象的选择、结婚习俗、婚庆准备等事项,需要听从曹刘氏的安排,很多事情是曹刘氏建议曹洪基去做。但曹洪基从未认为自己受人摆布,而是十分感谢曹刘氏,认为没有曹刘氏辅助他,仅凭自己无法管理这么大的家庭。曹刘氏也体谅曹洪基不易,不仅要下地干活儿,还操心其它事情,因此会尽力帮曹洪基分担压力。

(七)主雇关系

曹永山和曹永新是曹洪基在本村雇佣的两个长工,他们常年吃住在曹家,专门为曹家干活儿。到了冬天不下地的时候,曹洪基给二人结算工钱,让他们回家准备过年。临走之前,曹刘氏还会与曹洪基商量,多给二人一些粮食和蔬菜,让他们带回家过年吃。二人十分感激曹家对他们的真诚相待,从未拿他们当外人看待。曹永山和曹永新不仅是曹家的长工,同样也是曹氏家族的后裔,只不过与曹家的血缘关系较远,不属于同一分支,超过了五服范围。实际上,曹洪基是二人的叔伯辈,二人与曹洪基的子侄们同辈,都属于曹氏家族"永"字辈后人。二人在曹家干活儿时,曹学才和曹学通称呼二人为"叔叔",王英庆称呼二人为"舅舅"。同理,二人称呼曹洪基为"三叔",称呼曹刘氏为"二婶子"。

六、家户外部交往

(一)对外多为情义互助

1.街坊邻居间白喜事方面互相帮助

曹家与街坊邻里的关系一直十分融洽,不论谁家需要帮忙,曹家都会尽力帮助。街坊邻里需要借用农具或牲口时,只要曹家不着急用,曹洪基都会借给他们,而且不需要任何酬劳。

尤其是白喜事方面,当地有一个特殊的习俗要求街坊邻居间互相帮助,那就是不论村里谁家老人去世后,家里都会找一位懂丧葬习俗的老人写一张单子贴在房门上,单子上写的是街坊邻居各自承担的任务。有的需要挖坟,有的需要立碑,有的需要烧纸,有的需要抬棺材,这些任务后面都写着街坊邻居的名字。有白喜事的这家人在列举这张单子之前不能通知街坊邻里,当地习俗要求做这件事情得靠自觉。听说村里有人去世后,曹洪基就让曹学才去那家门前,看看贴的单子上有没有他的名字,如果有他的名字,他就要帮忙,即便没有他的名字,他也可以主动去帮忙。如果单子上有曹洪基的名字,但他确实有急事没法去帮忙,可以找其他人来代替自己,但门上的单子写好后绝不能再改,只要事出有因,对方不会介意。

2.曹家与地邻互帮互助

曹家38亩土地遍布曹家村的东南西北,因此周围的地邻也十分多,但地邻的土地都远不如曹家的多,因此家里的农具都不是很齐备,每当地邻缺少农具使用时,都会向曹洪基借用,曹洪基一般都会答应。曹洪基与地邻在田地里相遇后,曹洪基会直接在地里把农具借给地邻,有时根本不用到曹家去借,曹洪基从不要对方的酬劳,免费借给地邻。但时间一长,地邻们觉得过意不去,便会在麦收和秋收时,地邻们收割完自家的庄稼后就去曹家的地里帮忙收割作物,免费干一两天农活儿,当作对曹家的一种报答。不过曹刘氏知道这种事情后,也不会让对方白干,每天都会管三顿饭,而且吃的都是细粮,比曹家人吃的要好很多。

3.亲友间经常施以援手

曹家与亲戚间主要是过年过节及红白喜事时来往,尤其是曹家有红白喜事的时候,亲戚一定要来庆祝,近亲还会帮忙。街坊邻居来帮忙是因为与曹家的关系好,但这不是他们的义务,即便街坊邻居不主动帮忙也是可以的,但亲戚必须要帮忙,因为曹家与亲戚间是靠血缘关系维系的。曹家的朋友们主要是曹洪向在烟台做买卖时结交的,还有一些是曹洪基在村里交往的。在生意上,朋友间都互相帮助照顾生意。朋友也知道曹家想要扩大家业,有合适的机会就把外村想卖地的人介绍给曹洪基,各自通过自己的方式来帮助曹家。同样,曹家也没有亏待朋友们,朋友家需要借钱借粮时,曹家都会全力帮助,朋友家有红白喜事时,曹家不仅会送礼,还会去帮忙干活儿。

4.教书先生严格施教

在曹刘氏的支持下,王英庆与曹学才、曹学通进入私塾读书,学的都是《千字文》《三字经》等内容。教书先生对学生十分严格,不允许学生有半点逃学情况,一经发现,轻则叱骂、重则杖打,还会将学生读书期间的表现告知各家家长,如果曹家孩子表现不好,被先生批评,回家后会被曹刘氏训斥。尤其是王英庆,不仅要挨曹刘氏的训斥,还会被王曹氏打骂,因此曹家的三个孩子十分惧怕先生。教书先生要求学生必须在课堂上认真学习,因为他每天都会提问前一天讲授过的知识,回答的不好也会被体罚。相比去私塾读书,曹家的三个孩子更愿意下地干活儿,不用受教书先生的打骂。

(二)对外交往关系融洽

曹家平日里与街坊邻里的关系都十分融洽,只要有时间就经常来往,不论是小孩子还是成年人,都会在农闲时串门聊天,或者出门坐着晒太阳。虽然曹家是村里的大户人家,街坊邻居的条件大多不如曹家,但曹家从来没有欺负过任何人,而是平等对待街坊邻里,他们需要帮助的时候,曹家更是尽心尽力。

曹洪基下地干活儿时，经常会在田间地头休息，休息期间，曹洪基与地邻在一起抽烟聊天，讨论收成如何、预计能收获多少粮食。曹洪基从来没有因为自家地多，是大户就瞧不起地邻，聊天时都是平等相待，地邻也毫不拘束，从不因为曹家是大户人家，便故意奉承曹洪基。曹家除了与本家族的一位亲戚因一点小事起过冲突外，与其他亲戚的关系一直十分融洽，而且曹家的亲戚大多经济条件不差，更不会产生不平等现象。曹家村的人通常将亲朋好友连在一起称呼，因为在当地人看来，朋友间关系处理得当，有可能比亲戚间的关系更密切，曹家的朋友更是平等相待，而且曹家人结交朋友有一条同婚配一样的原则，即门当户对，朋友间只有经济条件差不多，才能有共同语言，关系才有进一步发展的空间。

（三）内当家强硬处理外人挑衅

1.内当家强势应对外界欺负

曹家一直以来都与外界保持和谐的人际关系，很少与他人发生冲突，但曹家也不会随便被他人欺负。如果有外人无故欺负曹家人，曹家人一定会奋起反抗。这种对外冲突类的事情，本应由家长曹洪基出面处理，但曹洪基为人十分老实，遇事总希望忍忍就过去。曹刘氏虽为女性，但性情刚烈，绝不允许曹家人被外人欺负，因此曹家对外冲突是曹刘氏出面解决，而非家长曹洪基。

2.家族亲戚无故欺负曹家终受惩罚

曹氏家族作为曹家村仅有的两大家族之一，家族内部亲戚间关系十分好，曹氏家族后代遇事十分团结。虽有部分曹氏后代家庭经济条件不是很好，但曹家从来没有歧视他们，而是热情帮助。少数亲戚羡慕曹家不仅房子多、土地多，在烟台的买卖更是越做越大，对此十分嫉妒，希望找机会发泄不满。1943年秋收时节，王曹氏在晒场与曹刘氏掰玉米的时候，曹洪基的一位堂侄，借此机会找王曹氏的麻烦，将王曹氏扇了两个耳光。曹洪基认为对方只是一时气盛，让他们道歉即可。但对方拒不道歉，甚至还说打得对，曹刘氏认为这件事情绝对不能这么忍让，一定要让对方认错。为此曹刘氏特地托人捎信，把这件事情告诉曹洪向，曹洪向知道后也认为这件事不能轻易忍让，因此找到他在南截村的一位孙姓朋友，一纸诉状将曹洪基叔叔家的大哥告到县里，县官考虑到两家为本家族的亲戚，希望通过协商，让对方道歉，小事化了即可。但对方拒不道歉，县官将曹洪基叔叔家的大哥关在牢里整整半个月，半个月后他带着打人的儿子去曹家登门赔罪，并表示可以赔偿医疗费。但曹刘氏只接受了道歉，认为对方没有将王曹氏打伤，不需要医药费。如果按照曹洪基忍让的做法，曹家以后还会被欺负，但曹刘氏将对方告到县里，让对方以后不敢再欺负曹家人。

第四章 家户文化制度

　　曹家人大多都没有读过书,不是下地干活儿,就是在外做买卖,因此曹刘氏支持家里的三个孩子读私塾,不仅能学习文化知识,还能受到严格管教。曹家每到重大节日都会按照当地的习俗庆祝,尤其是春节的时候,潜移默化中将这些习俗教给孩子们。曹家不仅过年过节时会祭拜祖先、家神,日常生活中也会祭拜。曹家也并不是全都忙于农业生产,在农忙和农闲的时间安排完全不同,农忙时,时间几乎都用于农业生产,农闲时便可以找朋友玩耍、打牌或串门聊天。

一、家户教育

(一)受教育的人少且程度低

1.三个晚辈接受私塾教育

　　曹家在村里被称为"当辈发",意思是曹洪基兄弟三人成年后才发家的,不是靠继承祖上家业得来的。在他们父辈时,曹家仅靠4分茔盘地维持生活。父辈经济条件差,导致曹洪基兄弟几人都没有读过书,曹洪基和曹洪进只能认识自己的名字。曹洪向虽然在外做买卖,但也是不识字,不会算数,因此只能请管账先生管理财务。曹洪基的子侄们和侄女们大多都没有念过书,子侄们十几岁就去烟台跟着曹洪向做买卖。王英庆虽然是外孙,但由于常年住在曹家,因此他跟着曹学才和曹学通一起念私塾。王英庆6岁就开始念书,是曹家人里读书时年纪最小的,曹学才和曹学通分别是10岁和8岁才开始读书,他们三个人都只读过私塾。前三年,每年都有半年的时间读书,但后三年,由于社会时局动荡,加上曹学才和曹学通学习下地干活儿,只有王英庆在冬天去私塾读两三个月的书,直到过年为止。

2.学习知识同时约束淘气行为

　　曹家的三个孩子都能在私塾读书,但后期全部回家,一方面是因为曹学才和曹学通逐渐长大,需要下地劳动,跟着曹洪基学习农业生产技术。另一方面是因为战争的影响,曹家村当地时局动荡不安,有的年头甚至很难请到教书先生,有军队经过邻村时,教书先生就回家,因此很难继续安稳念书。曹学才和曹学通的年纪分别比王英庆大4岁和2岁,尤其是曹学才,13岁就跟着曹洪基下地干农活儿,因此荒废了学业。曹家的青壮年全在烟台做买卖,曹洪基为了减少雇工干活儿,决定让曹学才和曹学通尽早干农活儿。由于王英庆年纪小,不能干活儿,因此继续在私塾念书,直到社会动荡,无法念书的时候才回家。

　　曹洪基从小没读过书,只知道在家干活儿,能挣钱买地是他最大的心愿。他对子孙读书这件事情认识不深刻,并不是特别支持子孙们读书,但内当家曹刘氏虽是一位女性,却认为读书十分重要,即便将来只会识字算数也行,这样在外做买卖的亲人写信回家后,家人就能看懂。孩子如果不去读书,就得在外玩耍,这样不但荒废时间,还到处闯祸。加之曹家并不缺少给孩子读书的钱,因此在曹刘氏的支持下,经过与曹洪基商议后,家里的三个孩子全去读私塾。

虽然曹刘氏希望孩子们读书,但并没有期望他们能通过读书有所作为。因为王英庆幼时十分顽皮,如果不去读书,他只能在村里到处疯闹闯祸,给曹家人丢脸。将他们送去读书,不仅可以让他们学知识,懂得更多的道理,不像长辈一样不识字,而且读书识字能给曹家人增光。曹家的三个男孩全部读过私塾,却不会让女孩子读书,因为在曹家人看来,女孩子读书无用。

(二)男孩儿接受私塾教育

1.与外人合资请先生授课

曹家的十一口人中只有曹学才、曹学通和王英庆读过书。王英庆自6岁就去私塾读书,按照当地的读书年龄,6岁年纪太小,本不该去读书。但曹刘氏为了不让王英庆整天在外闯祸,便让他跟着曹学才和曹学通一起读书,因此他读私塾的时间最长,长达六年。曹家虽然经济条件较好,但家里只有三个孩子,不值得单独请教书先生,因此曹家就与村里的其他几户大户人家商量,几家合伙请一个先生,费用各家均摊。

2.教书授课在本村

私塾距离曹家不远,依旧在曹家村里,一个刘姓的大户人家有空房子,因此刘家将空房子收拾干净后,让教书先生和孩子一起读书。曹家不用接送孩子上学、放学,王英庆可以自己去学堂。教书先生也是刘家托外村的亲戚在邻镇请的一位张姓先生,刘家为教书先生提供住宿,先生教书期间不回家,吃住一直都在曹家村。张先生从最基本的汉字教起,学生识字多了后,再教《三字经》《千字文》《明贤集》等,张先生每天都有一定的授课内容,要求学生熟记于心,第二天上课时会检查背诵,如果学得不好会受到先生的体罚。曹家和其他几个大户人家都十分支持体罚,请求先生严格管教孩子,大家都认为严师出高徒。

曹家的三个孩子在读私塾的前三年里一直都是开春开始读书,直到冬天腊月快过年的时候才结束,一般是在腊月初八放假。不过会留几个学习较好的学生帮先生的忙,因为先生在临走前,会帮村里很多人写春联,需要找几个学生帮他铺纸、研磨。先生临走之前,曹家和其他几个大户人家,会按照之前与先生商定好的价格支付给先生教书费用,给先生一些粮食让他带回家,先生临走前会向各家家长反映学生的学业情况。

(三)家庭教育更为重要

曹家的三个孩子除了去学堂读书外,更重要的是接受家庭教育,长辈会教给他们很多的道理和知识。曹洪基和曹刘氏会教给他们做人办事的方法,让他们要懂规矩、明道理,在外要做好人,不能干坏事。王曹氏也经常教育王英庆好好读书,不能浪费家里的钱,要尊重先生,还要与同学搞好关系,不能在外打架闹事。

由于王英庆的父亲常年在东北,他几乎没有受过父亲的教导。在曹家,父亲只能对儿子教育,而不能教育女儿。儿子可以由夫妻双方一起教育,但女儿只能由母亲教育,不过奶奶也可以教育女孩儿。曹家女孩儿成家后要做饭、洗衣服、缝补衣服,这些技能都是母亲教的。父亲除了教给儿子在外做人办事的道理和方法外,还会教给他一些劳动技能,如农业生产工具的使用。

曹家不同辈分的人对孩子的教育也有所不同,爷爷奶奶这辈人,虽然会对孩子进行教育,但他们更多的是对孩子进行思想教育。曹刘氏认为王英庆调皮闯祸,就经常教育他不能打架闹事,要正经做人,善待同学和朋友,而父母教给孩子更多的是实用技能。教给男孩儿的主要是劳动生产技能,而教给女孩儿的更多的是家务劳作技能。教育孩子主要是父母和爷爷奶奶的责任,只不过王英庆的家庭情况比较特殊,父亲常年不在家,因此经常受到姥姥和母亲的教育。当曹家的孩子不再需要长辈对他们经常叮嘱时,就是他们长大的时候,一般是在十七八岁左右。因为到那时,他们已经知道自己该做什么,不该做什么,不再需要长辈时刻关照。

(四)家教培养优良人格

1.家庭环境对孩子影响重大

在曹家人看来,家庭教育对孩子至关重要,而家庭环境对孩子的成长也影响深远,尤其是能深刻影响到孩子的性格和思维方式。父母做人办事的方法对孩子的影响最为深刻,和谐温暖的家庭环境能教孩子做事心平气和,办事不冲动,说话不伤人。父母是孩子最初的老师,教会孩子明事理。父母的言行举止都深刻影响着孩子,如果父母做坏事、错事,孩子也会跟着效仿,这样会影响孩子的一生。

曹刘氏对曹家孩子一直严格要求,在她看来,父母虽然不能教给孩子文化知识,但父母可以将自己平时总结的做人做事的道理教给孩子,让孩子少走弯路。孩子犯错的时候,家长不应该护短,而是应该指出孩子错在哪里,让孩子尽快改正。父母为了给孩子良好的成长环境,不一定非要打骂他们,但一定要教育孩子,告诉他们错在哪里,只有这样,才能防止他们下次再犯错。王英庆自幼十分顽皮,经常在村里和玩伴打闹,回家便受到曹刘氏的训斥,严厉的时候甚至被扇耳光,故此曹家一直以家教森严出名。

2.传统习俗教育靠家长

曹家对孩子的教育不仅限于做人做事的教育,这仅是家庭教育的一个方面,也是最重要的一方面。曹学才和曹学通自幼在家成长,而不是像其他兄弟一样在烟台生活,因此他们有更多的机会跟着长辈学习传统习俗,尤其是春节、元宵节、清明节、中秋节等传统节日的习俗,都是他们要学的内容。什么节日应该干什么、有什么传统,他们只有学会这些,长大成家后才能独立主持这些习俗仪式。不过曹学才和曹学通也不是像在学堂上课那样学习,而是在曹洪基主持家庭节日仪式的时候,在旁边看着就可以学会。他们作为孩子,有强烈的好奇心,一直想自己尝试去做。每年春节的时候,曹洪基会允许他们放鞭炮、烧香、烧纸等,逐渐锻炼他们。

(五)家人传授劳动技能

1.劳动技能乃成人之必备

在曹学才和曹学通十几岁的时候,当家人曹洪基就开始教他们下地干活儿的本领,只能在冬天农闲时去学堂,只有王英庆年纪稍小,还留在学堂全年读书。曹学才和曹学通一般都是从力所能及的小活儿开始,比如牵牲口、割牲口草、拾麦穗等。随着年龄逐渐增大,学习的农活儿逐渐增多,劳动强度也逐渐增大。耕地、耧地、收割、拔草等农活儿全部需要干,各种农具也需要熟练使用,能根据季节和节气种地,因此他们就不去学堂读书,而是专心下地干活儿。曹刘氏也经常教女儿们做家务活儿的能力,包括做饭、洗衣服、做鞋、喂牲口等。曹家人为了让自家后代不被外界嘲笑,要求他们必须学会自己应学的本领。如果因为淘气不想学习,一定会受到曹刘氏的严厉批评。曹家长辈的各种生产生活技能也是从自己的上一代那里学到的，一代代人流传下来，被视为曹家家产的重要组成部分之一。

曹家虽然十分重视对后代的劳动技能教育，但曹家人没有时间单独教他们，曹洪基下地时，将曹学才和曹学通带到地里，让他们在旁边看着自己怎么干活儿，曹学才和曹学通只需要在旁边看看就能学会。曹洪基会让他们两人跟着自己慢慢干点活儿，一开始不要求他们干的太多，但要干好，农具运用熟练后，才正式带他们下地。曹家女孩儿的教育则落在曹刘氏的肩上，她会教女孩儿磨面、赶牲口、揉面、腌咸菜等，由于女孩儿做家务的劳动强度不如下地干活儿的大，因此女孩子一般在六七岁左右就能帮长辈做家务，从最基本的生火烧饭开始做起。但男孩子只能等到 10 岁以上才能学习下地干活儿，否则年纪太小，不仅干不了太多农活儿，反而会影响孩子的身体。

2.女子无能连累娘家

曹刘氏生育了五个女儿和三个儿子，其中王曹氏是长女，因此在曹刘氏忙着做其他事情时，王曹氏会帮曹刘氏照看弟弟妹妹们，还要帮忙做家务，减轻曹刘氏的劳动负担。王曹氏是长女，承担的责任比其他子女更多。不仅要帮曹刘氏照看弟弟妹妹，还要教妹妹做家务，因在曹家对长女的教育十分重要，甚至会影响对其他孩子的教育。如果曹家的孩子不学习相应的劳动技能，成家后什么事情都不会做，一定会被外人嘲笑，男孩儿结婚后不能养活妻子儿女。女儿嫁到婆家后不会做家务，会被婆家嫌弃，认为娘家没有将女儿教育好。因此女儿不会做家务，结婚后会牵连到娘家的声誉。

二、家户意识

(一)血缘限定自家人范围
1.除长工外均属于自家人

曹家直到 1947 年初才分家，在分家之前，曹家在家共有 11 口人，在外还有十几口人，曹家人口最多时达到了 28 口人，除了曹永山和曹永新 2 位长工外，曹家的二十多口人都属于自家人。虽然王曹氏和王英庆属于外姓人，但他们母子常年住在曹家，同曹家人有血缘关系，因此也在自家人范围内。曹家的子侄们常年在烟台做买卖，很少回家，但他们仍属于自家人，而 2 位长工虽然常年吃住在曹家，直到过年才回家，而且他们还都姓曹，但他们与曹家人的血缘关系太远，只能算是本家族的远亲，不属于自家人。相比之下，除曹家自家人之外，其他人都属于外人，即便是曹氏家族五服以内的后裔，也只能被称为亲戚，而不是自家人。在曹家人看来，自家人的血缘关系比亲戚间的血缘关系更近。曹家的女儿们出嫁后，成了婆家的人，只能算亲戚，而不是自家人，她们只在过年过节时才回曹家，只有王曹氏例外。曹家人理解的自家人属于亲戚这一范围，判断亲戚是否属于自家人，不仅要看两家血缘关系的远近，还要看两家居住距离的远近。但居住距离只是一个参考标准，亲戚是本家姓还是外姓也是重要的衡量标准。

2.自家人与外人区别对待

自家人对曹家人来说，是生活中最重要的一群人，是曹家最亲近的人。自家人能在自己受到挫折或伤害时帮助自己，自家人给予的帮助是最多，也是最无私的，得到自家人帮助后可以不需要偿还，但如果是外人，则需要报答对方。除了自家人以外还有亲戚，如果连亲戚都算不上,就是外人,只要与曹家人没有任何血缘关系的都算外人,不过外人也包括很多关系好的街坊邻居和朋友。但部分关系好的外人如街坊邻居或朋友对曹家人的帮助不比某些亲戚少,甚至两家的亲密程度超过了部分远亲。曹家的街坊邻居和朋友会在曹家需要帮助时给予支持,但部分亲戚不仅不会帮忙,还会欺负曹家人。曹洪基叔叔家大哥的儿子就曾在晒场上打过王曹氏,最初还拒不道歉。

曹家人对待外人也是有区别的,对于左邻右舍和朋友,曹家人会像对待亲戚一样对待他们,但对于那些关系不熟的外人,曹家人既不欺负人家,也不会允许外人欺负自己。曹家与自家人之间出现问题是能忍则忍,不会轻易起冲突。曹洪基生性老实,甚至有点懦弱,从来不敢参与外人的家事,生怕对方嫌自己多管闲事,即便是本家族的亲戚。曹刘氏则不同,虽然她也不会多管闲事,但对于左邻右舍能帮上忙的事情,还是会主动伸出援手。

(二)全家上下团结一致

1.兄弟相互配合壮大家业

曹家在分家前一直是有钱一起花、同吃大锅饭,曹洪向与曹洪基两兄弟相互配合,将家业不断壮大,虽然曹刘氏与妯娌间的关系并不是很和睦,但她尽量维系曹家内部关系的和谐与团结。王曹氏被亲戚欺负后,按照曹洪基的想法是忍一忍就过去了,但曹刘氏和曹洪向托人找关系,让对方受到惩罚。1947年初,曹洪基兄弟三人分家后,曹洪向依旧在烟台做买卖,家里留下曹刘氏当家,但她作为一位女性,处理外部事务并不擅长,因此曹洪基经常帮忙处理。虽然分家时,三兄弟将家产平分,但分家后,三家的经济条件还是发生了变化,尤其是曹洪进一家。分家后,曹洪向不再给曹洪进寄钱,曹洪进不务正业,只会败坏家产,经济条件日渐不行,而曹洪向一直在做买卖,所以家里的经济条件一直很好。曹洪基一直下地干活儿,加上三个儿子也在烟台做买卖,因此经济条件不差。

2.发家致富是曹家的共同目标

曹家虽有土地近四十亩,但地质都很差,因此在曹家人看来,要想发家致富,仅靠种地是实现不了的。正是因为曹家在烟台有买卖,家里才有钱买地盖房,只有做买卖才能挣到大钱。虽然种地能收获粮食、养家糊口,但发家是不可能的。曹家能实现村民口中所说的"当辈发",主要是靠烟台的鞋店买卖。曹洪基将从祖上传下来的两间半茅草房和4分茔盘地,发展成为12间瓦房、38亩土地。曹家内外当家,虽是叔嫂关系,但仍能齐心协力,本着发家致富的共同目标,将曹家发展壮大。

(三)家庭重于个人

曹洪向最初独自一人去烟台做买卖,目的是为了全家人的生活,家里只有4分茔盘地,根本没法养活全家人。他一开始给别人当伙计,干活儿学习,学会如何制鞋后,通过自己攒的钱开了一家鞋店,雇用工人干活儿,逐渐扩大规模。也正是得益于曹洪向每年往家寄的钱,曹家的家业才不断壮大。曹洪向为全家人的生产生活贡献颇多,他认为只有把整个家庭照顾好,家人才能过上好日子,个人吃苦受累相比全家人生活根本算不得什么。曹学才和曹学通下地干活儿时,从未因为无法上学而感到遗憾。相反,他们更喜欢下地干活儿,因为在学堂受到教书先生的管教,经常挨打,而下地干活儿可以不用受管教,也不用挨打。

(四)积德行善能造福全家

曹家一直以来乐于助人,街坊邻居和亲朋好友有需要帮忙的,一定会尽力帮助。因为曹家祖上一直传承着行善积德的传统,曹洪向虽常年不在家,但他在外做买卖正是靠着行善、诚信等品德,才将买卖不断做大。平日里,曹家人并没有特地做过善事,只在别人需要帮助时伸出援手。曹刘氏认为曹家能子孙满堂、发家致富,主要原因就是靠曹家人平日里乐于助人积攒的结果,得到老天爷的回报。

曹刘氏一直认为善有善报、恶有恶报,老天爷会回报做好事的人,也会惩罚做坏事的人。不仅如此,当涉及孩子的教育问题时,曹家的长辈,尤其是孩子父母的言行举止对孩子的教育至关重要,长辈做善事,孩子就会跟着长辈一起做好事,但如果长辈做坏事,那也会把孩子教坏,孩子长大后会学着长辈做坏事,正所谓"上梁不正下梁歪"。也印证了另外一句话"老人积德造福子孙,老人缺德一家遭殃"。因此老人的言行举止对一家人来说十分重要,尤其是家长的行为。曹刘氏经常嘱咐曹洪基,但凡有人来借用农具,一定要借给人家,不要不舍得。只有积德才能被村里人认可,曹家有难需要帮助时,别人才会帮助,如果曹家不积德,等曹家有难时,别人也不会理睬。

三、家户观念

(一)时间节奏依农业生产而定

1.农业生产按节气进行

曹洪基在农业生产过程中严格按照二十四节气种地,尤其是注重季节变化带来的差异,当地人常说"春争日、夏争时",意思就是春天的农业生产不是很忙,部分农活儿耽误一天两天不会影响作物生长。但夏天气温高、雨水多,适合作物生长,因此夏季的农业生产必须争分夺秒,否则有可能因为天热导致作物旱死,也有可能因为下雨积水,导致作物涝死。

农历五月份和六月份是曹家农业生产最忙的时候,不仅要收割小麦和春玉米,还要栽种高粱和谷子。农历八、九月份的时候,曹洪基不仅要收割秋玉米、高粱和谷子,还要栽种新作物,比如他在田间地头等犄角旮旯栽种大白菜、芥菜。农忙时,早晨天不亮曹洪基就得下地干活儿,一般是在两三点钟的时候打着灯笼下地,尤其是夏季,早晨地里的露水很多,太阳升起的时候,曹洪基身上的衣服都被露水全部浸湿。晚上也得干到天黑才能回家,回家吃完晚饭后就立刻睡觉,准备第二天早起干活儿。夏季即便天气再热,中午也不会午休,曹洪基在割麦子的时候,甚至会困得在地里睡着。曹家只有在村东北坡上的4亩土地附近有水井能灌溉,除此之外的其他34亩土地都没有灌溉水源,只能靠天吃饭。为了让庄稼在栽种后能得到及时灌溉,曹洪基根据天上云彩和风力大小判断是否有雨,赶在下雨前,带着曹永山和曹永新去地里抢种庄稼。

虽然曹洪基目不识丁,但他常年下地干活儿,对二十四节气能够熟记于心,每年都根据节气种地,但二十四节气也并不是完全准确,尤其是有闰月之年,需要曹洪基根据实际情况做出改变。虽然曹洪向在烟台做买卖挣钱多,但也十分辛苦,做买卖的人一年到头都得干活儿,没有休息的日子。而曹洪基在家干活儿虽然很累,尤其是农忙时节没日没夜地干活儿,但到了农闲时,曹洪基除了到地里进行日常管理外,有很多空闲时间可以休息。农闲时,曹洪基经常在街上与邻居聊天。如果该耕种的时候不去耕种,或者不按照规定的节气耕种,种的早或晚都不可以。需要施肥时却在犁地,即便全年都在地里干活儿,也不会有好的收成。因此,并不是说劳动时间越长越好,只要在规定的时节内把该干的农活全部干完即可,农忙时就应该起早贪黑干活儿,农闲时就不需要天天下地。

2.农忙与农闲的时间节奏相异

农闲的时候,曹洪基除了下地进行日常管理外,就是在家吃完饭去街上找人聊天,尤其到了冬天,经常说在家闲着没意思。曹洪基经常重复的一句话就是"动着吃比坐着吃好",意思是通过劳动获得收成,吃饭也心安理得,但如果不劳动只吃饭,日子过得就没有意义。春节期间走亲访友结束后,他便开始计划家里的土地都种哪些作物、哪些土地需要轮休等。

农忙时,早晨天不亮,曹洪基就带着长工去干活儿,王曹氏把饭送到地里,他们吃完早饭接着干活。中午和晚上,曹洪基和长工就回家吃饭,尤其是雇佣短工的时候,曹家还要管饭。中午饭一般是在十二点左右吃,而晚上则是天黑以后才吃饭。农闲时,曹家一天三顿饭的时间都很正常,早晨天亮起床吃饭,中午太阳当头时吃饭,晚上天黑就吃晚饭。

（二）家人大多常年在家

曹家的房屋同当地的房屋一样坐北朝南,12间房屋分为东、西2房,曹家在家里的11口人,除了2位长工住在西房的西间外,曹刘氏和王英庆住在东房的最东间,曹洪基夫妇住在东房的西间、曹洪进夫妇住在西房的东间。曹家11口人居住的位置都是固定的,只有长工过年时回家,西房的西间才会腾出。虽然曹刘氏和曹洪基是内外当家,但曹家人可以随意进出两位当家的房间,甚至不需要敲门。但曹洪基从来不进曹刘氏的房间,而曹刘氏也不会主动去曹洪基的房间,两人商量事情都是在吃饭时。

曹家的房屋位于曹家村的东北部,曹家村周围有台上村、岭上村、杜家村、东沟李家村等,距离镇上大约八公里,曹洪基去辛庄镇赶集,一般要走两个多小时才能到。曹家人一般很少出村,只有曹洪基的外出机会较多,快过春节时,他还会去烟台给曹洪向送年货。曹刘氏等妇女出门的次数较少,大多数情况下整天待在家里,最多就是串门聊天,内当家曹刘氏从未去过集市。王英庆在曹家居住时也很少出村,只有快过年的时候,王曹氏才会带着他回辛庄老家过年,过完年后再回曹家,再未去过其他地方。

（三）日常生活节俭质朴

曹家家业的不断扩大是靠全家人的努力才实现的,虽然曹洪进夫妇整天不务正业,但曹家大多数人还是为整个家庭做出贡献。曹洪基管理好农业生产,曹刘氏负责家庭事务,使得曹家的事情一直都按部就班进行。曹洪基掌管曹家的所有钱财,但他从来没有乱花一分钱,所有钱都省着过日子,攒到年关买地。曹洪基一直被村民认为"下力""能干",就是指曹洪基每年辛勤劳动,能吃苦耐劳。除了卖力干活儿外,曹洪基一直要求家人勤俭节约,不能浪费钱财和粮食。即便吃完一个地瓜后,曹洪基也要求家人将地瓜的蒂部分嚼烂再扔掉,而不是直接扔掉。

曹家的土地很多,因此每年农忙时,曹洪基要雇佣很多短工来曹家干活儿,鉴于平日里曹家经常帮助自己,很多地邻都会自发去曹家地里干活儿,帮助曹家收割粮食并运输回家,而且不需要任何酬劳,只当作对曹家的一种报答。曹家为了保持与亲朋好友的关系,经常在重大节日给他们送礼物,增进双方的感情。曹刘氏会记得曹家在需要帮助的时候,都有哪些亲朋好友和左邻右舍帮助过曹家,她也会把面食或鸡蛋送给对方。因为曹家即便家业再大,也需要他人帮助,通过人情交往维系双方的关系,方便下次还能互帮互助。

为了更好地生活,曹洪基在生产生活中十分注重忍让,不希望因为一点小事闹翻,对待家庭内部关系如此,对待家庭外部关系也是如此。曹洪基在外与他人有点磕磕碰碰或拌嘴的时候,都会首先让步,不会与对方起争执。即便王曹氏被自家亲戚扇了耳光,他还是希望忍一忍就过去,但对方拒不道歉,最终在曹刘氏和曹洪向采取措施下让对方认错。在曹刘氏看来,有些小事可以忍,如果故意欺负人则不能忍让,因为忍让第一次,对方就会欺负第二次,甚至第三次,只有反抗才能让对方知道曹家不会受欺负。

四、家户习俗

(一)节庆习俗概况

1.春节习俗

曹家村当地过春节都是从正月初一开始,腊月三十晚上的前半夜是前一年,后半夜就是新一年。春节来临前,尤其是腊月二十之后的日子里,曹刘氏会把家里过年需要准备的东西告诉曹洪基,让他去集市买回来。除了鸡鸭鱼肉、大白菜、萝卜等各种食物,还有香火、烧纸等祭祀用品。腊月二十九下午,曹洪基会带着曹学才和曹学通在家门口贴对联。曹洪向为了让工人回家过年,在春节期间他在烟台看管店铺,因此不回家。曹洪基在春节前,将家里准备的年货,如馒头、炸鱼、酱肉都送一些给曹洪向。腊月三十下午,曹洪基带领曹家的男性一起去祭祖,曹氏祖先的坟墓没有集中在一起,而是分散在曹家村周围的土地,因此下午出门祭祖,直到天黑才能回家。回家后,曹刘氏安排家人准备好年夜饭,曹家人在晚上聚在一起吃年夜饭,吃完饭后,要求家人尤其是小孩子不能乱说话。因为祭祖就是将祖先的魂魄领回曹家,如果乱说话触怒祖先就会受到惩罚。曹家人在春节吃年夜饭的时候,除了两位长工回家外,王曹氏和王英庆会回辛庄老家过年,他们母子在正月初三那天返回曹家。此外,曹家子侄们也有可能回家过年,但每年的情况不一。从大年初一开始,曹洪基带着曹家男性出门拜年,最先去曹氏家族的长辈家里,之后再去左邻右舍和街坊家。下午,曹家人就会分散开,去邻居家串门聊天。

大年初二开始,曹家人开始出村拜年,拜年的对象主要是外村的亲戚,如孩子的姥姥、姥爷或舅舅、舅妈等。初三是女儿回娘家拜年的时间,正月初三,曹刘氏的女儿们都会回家拜年,王曹氏也带着王英庆回到曹家。春节期间,除了拜年外,曹家村和其他几个邻村的村会还会组织娱乐活动,当地称之为"扮耍"。曹家村出人演京剧,台上村出人踩高跷,岭上村出人敲锣打鼓,每年都会举办类似的娱乐活动,而且每年举办活动的时间不一,活动的具体时长每年都会变化。

2.其他节日习俗

除了春节外,清明节、端午节、中秋节也是曹家重视的节日,只要家里不忙于农业生产,都会在节日当天买肉买菜给家人改善生活。在曹家村,清明节当天早晨需要吃韭菜馅饺子,吃完饺子后,曹洪基便带领曹家男性同家族的其他族人一起给曹氏祖先祭拜。清明节早晨吃的饺子是内当家曹刘氏和王曹氏在过节的前一天晚上提前包好的,第二天早晨直接下锅煮熟即可。端午节的时候,当地没有特别的仪式活动,曹刘氏会带着曹家妇女在端午节提前三天左右开始包粽子。端午节当天早晨,还会用煮粽子的水煮鸡蛋,煮好的粽子和鸡蛋不仅供曹家人吃,还会分一些给街坊邻里,当作人情交往的礼物相赠。一般情况下,中秋节大多与秋收时间赶在一起,曹家人经常忙着收玉米,因此没有时间过节,而且当地的中秋节没有特别的习俗,只是常年在外的家人尽量回家吃一顿团圆饭。但曹家在烟台做买卖的亲人大多在春节期间回家,中秋节很少回家。即便曹洪基不忙于农业生产,他也仅仅会去集市上买两只烧鸡,用来给全家人改善生活,除此之外,没有其他特殊习俗。

3.红白喜事习俗

曹家的男性在娶媳妇前都会选一个好日子订婚,订婚的当天需要下礼,就是给女方聘礼。结婚当天,花轿将新娘子抬到曹家新房的大门后,曹刘氏会事先安排两个曹氏家族的未婚女孩搀扶新娘下轿。当地习俗要求新娘下轿后,鞋不能沾地,不能落灰,为此曹洪基特地去集市上买了五尺长的红布,能从花轿一直铺到东房的炕上,这样新娘就可以脚不沾地到家。新娘到曹家以后,七天之内可以不用干活儿,当地俗称"坐七日",这七天之内,曹刘氏会带着新娘到左邻右舍串门拜访,方便以后来往。还会去曹氏家族的亲戚家拜访,亲戚家还会摆宴席请客。

老年人去世后,曹家人需要在老人去世的当天晚上"送魂",将逝者的魂魄送到当地的土地庙里,老人的尸体要在家停留三天,孝子和孝女要在家里守孝,外人来祭拜老人时,儿女应大声痛哭,否则会被外人嘲笑子女不孝。老人的棺材下葬时,女儿和儿媳都应该趴在坟头痛哭,当地俗称"哭坟",如果有16岁以下的孩子去世,他的棺材应该钻一个孔。

(二)自家人团圆过年

曹家过年一直是自家人一起过,只有在烟台做买卖的曹洪向,因为需要看门所以不经常回家过年。自从曹洪向去烟台做买卖后,很少回家过年,在家的曹家人都会聚在一起吃年夜饭。王曹氏虽然常年住在曹家,但当地有规矩,出嫁的女儿过年期间不能在娘家住,尤其是正月初一和初二这两天。因为腊月三十傍晚祭祖结束后,曹氏祖先的魂魄就回到曹家,曹洪基需要将小麦秸秆铺在院子里,上面撒上锅底灰,这在当地被称为"撒尘",直到初二晚上送走祖先后,才能把"撒尘"清理干净。王曹氏作为曹家出嫁的女儿,不能看到娘家的"撒尘",因此只有初三才能回娘家。

正月初一,曹家人主要在村里拜年,从正月初二开始,曹家人开始出村拜年,先去一些近亲家拜年,如孩子的舅舅或姑姑家。初三是女儿回娘家拜年的日子,除亲戚间拜年外,还要去朋友家拜年,还会在对方家吃饭,吃完午饭才回家。不仅曹家人去亲朋好友家拜年,也有很多亲朋好友到曹家拜年,曹家人也会热情招待对方,曹洪基年前购买的年货不仅给自家人食用,也是为了伺候客人。客人来了后,曹洪基还会给对方端水、递烟、抓花生给客人吃。

五、家户信仰

(一)重大节日供奉家神

曹家每年供奉祖先的宗谱时,会在宗谱两旁挂上财神爷爷和家堂奶奶的画像,同曹氏祖先一起享受供奉。除此之外,灶台上还贴着灶王爷爷的画像。财神爷爷和家堂奶奶一个保佑曹家发家致富,另一个保佑曹家人身体健康,这两个神灵只有在春节和元宵节时才需要供奉。灶王爷爷被认为是一家之主,画像的两旁写着"上天言好事,下界保平安",因此灶王爷爷可以保佑曹家人平平安安。虽然灶王爷爷在春节和元宵节也享受贡品祭祀,但灶王爷爷在平日里也会不定时享受供奉,尤其是曹家改善生活或遇到急事的时候,都会首先想到灶王爷爷。

一般情况下,这些神灵只能由家里的男性成员磕头祭祀,家里的女性,即使是曹刘氏也没有资格磕头。春节供奉时,不仅要摆放贡品,还要烧香、烧纸、放鞭炮,曹洪基也会趁这个机会教曹学才和曹学通如何主持祭祀活动。遇到急事时,曹刘氏作为内当家,也会亲自祭拜灶王爷爷。1946 年秋季,中国人民解放军在曹家村征用村里的牲口往前线运送弹药,曹洪基不放心自家的牲口,希望自己跟着一起去,但他忙着秋收脱不开身,最后让曹学才牵着牲口去给解放军运送弹药。走之前说好半个月即可回家,但两个月后还没有消息,为此曹刘氏曾在晚上给灶王爷爷烧香磕头,因为在曹刘氏看来,灶王爷爷才是真正的一家之主,曹家的孩子也是灶王爷爷的孩子,希望灶王爷爷保佑曹学才早日平安回家,最终曹学才在离家两个月后平安归来。

(二)每逢节庆祭祀祖先

1.祭拜祖先是孝顺的表现

曹家每年不论丰收与否,都会在春节、元宵节等节日祭拜祖先,因为这不仅是对祖先的一种尊重,更能体现出曹家人的孝道。在曹家人看来,"孝顺"为"孝"和"顺"的结合,"孝"就是孝敬长辈,"顺"就是听话。"孝"不仅是对在世长辈的孝敬,还要对逝去的祖先孝敬,祖先传宗接代才有自己,因此祭祀祖先是对祖先的一种感恩和孝顺的表现。如果不供奉祖先,会被外人嘲笑"生分崽子",会被村里人戳脊梁骨。

2.通过祭拜来感恩祖先

对曹家人来说,祭祀祖先除了是孝敬祖先的表现外,还是对祖先的感恩,因为生命都是祖先给的,没有祖先就没有自己。但祭拜祖先更多的是对祖先的一种怀念,尤其像曹家,这种村里人称之为"当辈发"的家庭,相比祖先时代的家业要大很多。如果祖先在世一定会很高兴,因此通过祭拜来怀念祖先,与祖先分享曹家的发展成果。

曹家在祭拜祖先时都会准备贡品,包括鸡鸭鱼肉、大白菜、小白菜、萝卜等,贡品都是曹刘氏等妇女准备,但烧香、烧纸得由曹洪基完成,只有男性才有资格祭拜祖先。曹洪基在祭拜时,虽然嘴上不说话,但心里会祈求祖先保佑曹家,从老到小健康平安,当地俗称"旺旺兴兴",保佑曹家能年年丰收、年年挣钱。曹洪基在祭拜时,顺便教曹学才和曹学通祭祀仪式需要注意的事项,需要做什么、怎么做。他们两个年纪小,对祭拜活动十分好奇,因此十分喜欢学习这些内容。

(三)曹家人很少去庙宇祭拜

1947 年以前,曹家村的庙堂比较少,除了一个土地庙外,只有两个关公庙,都集中在曹家村的东北角,距离曹家很近。土地庙主要是在逝者去世第一天晚上,家人给他"送魂"就是送到土地庙里。曹家长辈去世后,曹家人才会去土地庙送魂。此外,每年农历二月二,当地有个撒豆的习俗,即将自家炒的豆子撒到土地庙里。关公庙是为了祭奠三国时期的关羽,因为关羽同刘备、张飞桃园结义,其忠义之事被当地人广为流传,因此曹家村的异姓朋友结拜为义兄弟的时候,都需要到关公庙烧香、烧纸、磕头祭拜,去的时候不需要带任何贡品,但要带着香火和烧纸,到了关公庙后异姓兄弟互相起誓,在关公的见证下结义为兄弟。不过,曹家没有人与外人结为异姓兄弟,只有王英庆等人去关公庙玩耍过,但没有人祭拜过。

六、家户娱乐

(一)家人都有交友权利

曹家从老到小都有自己的朋友,即便曹刘氏等女性也有交友的权利,不过大部分人交往的朋友都是村里的，只有曹洪基有一些外村的朋友，大多都是在家种地的人。曹洪向和他的子侄们也结交很多朋友，不过他们的朋友都是在外做买卖认识的，有的甚至是同乡。虽然曹家在某些问题上思想比较保守，但曹家女性也有权利结交朋友，只不过结交的朋友都是本村的街坊邻居，曹洪基等男性结交的朋友也是本村或邻村的男性村民，绝不允许男女之间结交朋友。曹学才、王英庆等孩子结交的朋友是一起去学堂读书的玩伴，一起上学一起玩耍。夏天的时候，王英庆曾把本村的朋友留在家里一起睡觉，小孩子留朋友在曹家过夜不需要非得经过曹洪基的同意，只要对方家人知道即可，曹刘氏也会同意。

曹家人结交朋友后，如果双方关系特别亲密可以结义为兄弟，结拜可以是当事人与朋友间决定，也可以是两家的长辈关系很好，替孩子做主结拜。王曹氏曾经给王英庆在老家辛庄村结拜了一个义兄弟，但王英庆对此并不知晓。而王英庆自己在曹家村与同村的玩伴关系十分要好，私底下未经过长辈同意，与玩伴结为义兄弟。王曹氏知道这件事后，并没有训斥王英庆，因为王英庆年纪虽小，但他有自己结交朋友的权利，也能判断出对方的是非善恶，长辈不会过多干涉。

曹家人结交朋友的原则同婚姻原则一致，就是要门当户对，因此曹家人朋友家的经济条件与曹家的相差不大，都是曹家村或附近村里条件较好的大户人家，要不就是同在烟台做买卖的人。曹洪基结交的朋友都是本村和邻村种地的大户，曹洪向结交的是一起做买卖的人。在曹家需要帮助时，朋友都尽力帮助，王曹氏被本家族的亲戚打后，正是曹洪向在县里做过官的朋友将对方一纸诉状告到县里，对方才不敢再欺负曹家人。同样，在操办红白喜事时，朋友们只要有时间也会来送礼道贺或帮忙料理丧事，不会袖手旁观。

（二）成年男性偶尔打牌娱乐

每到农闲时，曹洪基吃完饭就到街上找人聊天，消磨时间，虽然村里有人打麻将，但他对这些娱乐活动不感兴趣，不舍得花钱搞娱乐。曹刘氏也严格禁止家人打牌，只有在过年时，曹刘氏才会允许妇女玩纸牌。不过过年时，曹洪基的侄子曹永勤会从烟台回家过年，他过年期间经常同本村的朋友打麻将，这些朋友同样都是本村的曹姓或刘姓的大户人家，也都在外做买卖，几个朋友过年聚到一起打麻将娱乐一下。虽然曹永勤打麻将会赢钱，也可能输钱，但打麻将的钱是他自己做买卖挣的，与曹家的家庭财产无关，不需要向曹洪基要钱。曹永勤打麻将也很有分寸，不会下很大的赌注，即便输钱也不会输很多，也不指望赢多少钱，仅当作朋友间的消遣娱乐，因此曹洪基从来没有干涉曹永勤打麻将。

曹永勤打麻将都是在春节期间拜年结束后，他们在朋友家或在曹家摆上一张桌子，四个人就可以打麻将。曹家村没有固定的打麻将的地方，曹永勤等人对麻将也不是很上瘾，虽然可能白天和晚上都会打，但到了吃饭时间还是会回家吃饭，不会通宵达旦打麻将。曹永勤将朋友带到曹家打麻将时，王英庆在旁边都能学会，但曹刘氏严格禁止王英庆打麻将，后期甚至不允许他观看打麻将。曹刘氏认为小孩子学坏容易学好难，如果王英庆长期学打麻将，将来很有可能深陷其中。在曹家村当地，类似赌博、吸毒这类事情会被其他村民嘲笑，被认为家庭教育不好。

（三）农闲便与邻里串门聊天

农闲时，曹家人除了在门外坐着与邻居聊天外，还会主动去街坊邻居家串门。夏天天气炎热时，曹家人晚上会与邻居坐在大街上乘凉、聊天，但到了冬天农闲时，因为街上天气冷，所以要到对方家里串门。曹洪基冬天去邻居家串门的次数比较多,因为冬天不需要下地干活儿,曹洪基在家闲着没事,就会到邻居家闲聊天,而且聊天的内容也是家长里短的话题。他在夏天也会去街坊邻居家串门,但由于夏天正是农忙的时候,因此串门次数较少,而且串门的目的不是为了聊天消遣,而是找邻居商量农业生产上的事情,因此时间不会太长。相比之下,冬天串门的时间则很长,一般都是一上午或一下午,到了吃饭时间,对方也会主动留曹洪基在家吃饭,但曹洪基大多都会谢绝。

在曹家,不仅曹洪基可以串门聊天,妇女同样可以在空闲时间串门,尤其是冬天,曹刘氏等人要给全家人制作过冬的棉衣、棉裤和棉鞋,由于曹家人口较多,因此工作量很大,需要妇女们从早到晚一直干活儿,甚至在晚上需要点着油灯纳鞋底,因此白天很有可能犯困。为了缓解疲劳,曹刘氏会带着针线活去邻居家找人一边聊天,一边做针线活儿,聊天的内容也是张家长李家短的事情,比如邻居家会关心曹家在烟台的买卖如何,曹刘氏会关心对方儿女何时结婚等。曹刘氏都是早晨吃完早饭去串门,快到午饭的时间再回家做饭,中午一般不休息,吃完午饭再去邻居家边干活儿边聊天。曹刘氏等妇女串门时,直接在邻居家脱掉鞋上炕,盘着腿坐着。曹洪基等男性去邻居家串门时不会上炕,而是坐在邻居家的太师椅上,邻居会给曹洪基递烟、倒水。

曹家人经常去邻居家串门,也有很多邻居去曹家串门,曹家人也会热情相待。给客人倒水,曹洪基会把曹永成从烟台捎回家的好烟、好茶给客人品尝,到了饭点会主动留客人吃饭。不过一般都是男性来曹家串门时,曹家人会留对方吃饭,如果是女性来串门,曹家人一般不会留她吃饭,因为妇女需要回家给家人做饭才行。即便是春节出门拜年,曹家的长辈也会在家留守,比如曹刘氏年老以后很少出门拜年,只是在家等着晚辈给她拜年。

(四)一年一次庙会活动

曹家村是当地的一个规模较小的村庄,没有自己的集市,也没有庙会。附近的杜家村每年农历的四月二十八会举办一次庙会,一年只会举办一次。当地的庙会就是一次大规模的集市,不仅卖的东西比平日多,还会增加很多高价值商品的销售,尤其是牲口和农具出售的规模非常大。除此之外,杜家村的村会还会搭台子唱戏,唱戏所有的戏曲服装、吹拉弹唱的乐器和乐手全由村会提供。

曹洪基到了每年庙会的日子,都会去集市的牲口市选牲口,家里的骡子年老不能干活儿的时候,会把骡子拉到集市上卖掉,自己再加一些钱买一头新的。曹刘氏在曹洪基出门前会告诉他,家里缺少哪些生活用品,让他从集市上买回家。曹洪基去庙会时,会带上曹学才、曹学通和王英庆,给他们买一些"面鱼"①、包子、糖果等小零食,他们经常舍不得一口气吃完,还要带回家给长辈尝尝。曹家的妇女如曹刘氏就从未去过庙会,虽然杜家村的庙会距曹家村只有两公里左右,但曹刘氏一直在家,甚至很少出村。王曹氏也会带着王英庆去庙会,但她们去庙会不是为了买东西,而是为了看京剧。因为曹家的娱乐活动较少,因此曹刘氏允许王曹氏带着孩子看京剧,但一定要在天黑前回家吃饭,王曹氏一大早吃完饭便带着板凳,领着王英庆走到杜家村。看京剧时还会把男女分隔开,台下钉了两个木头桩子,中间拉上一道横线将男女观众分为两部分,王英庆作为一个小孩子和王曹氏坐在一起看,看到傍晚回家吃饭。

---

① 面鱼:招远县的一种特产面食,属于一种油炸类的发面食物。

第五章　家户治理制度

曹洪基正是得到全家人的认可后,才成为曹家的家长,行使管理家庭事务的权力。根据叔嫂分工原则,曹刘氏负责家庭内部事务处理,在一些重大问题上主要是曹洪基做主,不过他经常主动找曹刘氏商量意见。曹家从祖上还继承了许多规矩,虽然没有明文的家规家法,但在日常的生活中有严格的规矩制度,以此约束全家人的行为。曹家人一向不愿参加与自家无关的事务,因此很少参与村里或家族的公共事务,专心从事自家的生产发展。

一、家长当家

(一)特殊家庭情况导致小叔掌家

曹洪基兄弟们的父亲去世后,曹家的家长应该在兄弟三人中产生,按照当地的规矩,应该是长兄曹洪进当家,但曹洪进整天抽大烟,对曹家的事情不管不问,如果让他当家,他一定会败坏家产。二哥曹洪向婚后便去烟台做买卖,常年不回家,因此只能让曹洪基当家。他虽然比较老实,不会做买卖,但不像曹洪进那样败坏门风,并且能勤劳干活儿,还会过日子,因此曹洪基便成为曹家的家长。

曹洪基是三个兄弟中年龄最小的,没有经历太多锻炼,因此让他一个人管理曹家里里外外的所有事务十分困难。妻子曹金氏小肚鸡肠,只对自己生的儿子关心,经常打骂曹洪基前妻生的儿子曹永成,因此曹洪基对曹金氏管理家务事并不放心。曹洪向去烟台做买卖后,每年都会往家寄钱,随着买卖越做越大,寄的钱也越来越多,为曹家做出了巨大贡献,因此曹洪基让二嫂曹刘氏管理曹家的内部事务。曹刘氏虽为女性,但为人公平正直,做事从不偏向,只有这样,才能得到家庭成员的认可。虽然曹李氏为长嫂,但她整天好吃懒做,同曹洪进一样对家庭事务漠不关心。不仅如此,因为她手里没有钱,所以经常把曹家的农具、粮食偷出去卖掉,自己赚钱花。曹洪基不方便训斥嫂子,曹刘氏看到后便会训斥她,但她还是不改。

(二)内外当家各尽其职

1.家庭成员赋予家长权力

父亲去世后,本应该是长兄当家的,由于特殊的家庭情况曹洪基当了家,可以说曹洪基作为家长的权力并不是上天赋予的,也不是祖先赋予的,而是家庭成员赋予的。如果没有得到其他家庭成员的认可,曹洪基不可能成为家长,也就无法行使家长的权力。受曹洪基性格和能力的限制,他无法一个人管理曹家方方面面的事务,因此让曹刘氏成为内当家,叔嫂共同管理曹家事务。

2.内外当家的权力分工

曹洪基是曹家对外活动的代表,农业生产和外部关系处理等事务全部由曹洪基负责,而曹刘氏则负责处理曹家的内部事务,负责曹家11口人的吃喝睡用,维持家庭内部关系和谐。曹洪基深知曹洪向在外挣钱不易,虽然每次寄钱都是直接寄给曹洪基,但他会把收到的每笔钱都告诉曹刘氏,年底也会把一年以来曹家大事花费的数目告诉曹刘氏,保证曹家财产运作公开。虽然曹洪基是家长,不过曹家买地、盖房这些大事他会主动和曹刘氏商量,一是尊重曹刘氏,二是因为曹刘氏思考问题全面、主意多,能让曹刘氏帮忙参谋一下。除了曹刘氏之外,其他家庭成员对曹家的任何事务都没有发言权,全都听从内外当家的安排。

3.家长掌管全家财产

曹洪基身为家长,掌管曹家所有家庭财产,包括一些固定财产即房约、地约等,所有财产都被曹洪基锁在一个木头匣子里,当地称之为"伴匣"。这种匣子是女方结婚后带到婆家用来盛放珠宝首饰的,曹洪基用曹金氏的伴匣盛放财产,伴匣的外面上锁,平日里伴匣放在曹洪基住的那间屋子里,伴匣的钥匙一直放在曹洪基身上,其他家庭成员没有权力擅自动用伴匣。

随着曹家土地规模不断扩大, 每年收获的粮食不断增多, 逐渐超出了曹家人的饮食需求,因此曹洪基每年收获粮食后,会根据曹家每年粮食消耗情况,留下足够的口粮和一定量的预备粮,将多余的粮食运到集市的粮食市卖掉,赚到的钱拿回家攒着。等快过年的时候,曹洪向从烟台往家寄钱,到时候再买土地扩大家产。长嫂曹李氏曾为了自己花钱,偷偷将家里的粮食拿出去卖掉一些,被曹洪基发现,曹洪基不好意思训斥她,便由曹刘氏找她谈话,把她训斥了一番。不仅如此,曹洪基为了节省粮食,将自家收获的小麦和玉米拿到粮食市换成更多的高粱和谷子,这样曹家人能吃更多的粮食,还能节省细粮。曹家每顿饭吃什么由曹刘氏决定,尤其是农忙时,曹洪基带着雇工在地里干活儿,他们干完活儿后直接回家吃饭。曹刘氏为了让他们有力气干活儿,分成两种饭来做,下地干活儿的吃细粮和鱼肉,不下地干活儿的吃粗粮和咸菜,即便这样,其他家庭成员也没有人敢提出任何意见。

4.内当家负责为家人制衣

每年冬天不能下地干农活儿后,曹刘氏会让曹洪基去集市买布、针线和棉花,告诉曹洪基应该买什么样的、买多少。买回家后,曹刘氏、王曹氏等妇女会为全家人准备过年用的衣物。曹家每年都会在过年前给全家人从头到脚换一身行头,从棉帽、棉衣、棉裤到棉鞋,全部是曹家妇女制作。由于曹家人口多,曹刘氏等人经常从白天干到黑夜,要在过年前把所有人的衣物全部制作完成。为了缓解做针线活的烦闷,曹家妇女们会带着针线活儿去街坊邻居家边聊天边干活儿,到了做饭时间再回家做饭。曹家人制作衣物的原料全部是统一购买,买回家统一制作,没有区分谁给谁做衣服。

5.家长全权安排农业生产

随着曹家土地不断增多,农业劳动强度不断增大,曹家的劳动力本来就不多,因此曹洪基每年都会在农忙时,从工夫市雇佣一定数量的短工来解决劳动力不足的问题。这一切全由曹洪基决定,甚至不用与曹刘氏商量。曹刘氏主内、曹洪基主外是两人的明确分工,曹刘氏很少下地干活儿,对农业生产根本不了解,也从不干涉曹洪基的决定。夏天收割小麦和秋天收割玉米时,曹洪基需要曹刘氏和曹李氏、王曹氏去晒场晾晒麦子、掰玉米,但也只是从事一些简单的农活儿,因为妇女全部缠足,无法从事体力劳动。曹洪基去地里进行日常管理的时候,会顺便带上曹学才、曹学通,带着他们提早学习农业生产技术,因此随着两个孩子年纪逐渐增大,去学堂读书的时间逐渐减少,下地的时间逐渐增多。

6.内当家为子女结婚做主

曹家后代在结婚这件事情上没有半点自主权利,要完全听从长辈安排,而且主要是听从曹刘氏的安排。曹洪基虽是家长,但他对这些婚姻大事思考不周密,在选对象这类事情上全是曹刘氏做主挑选,等婚配对象选定后,曹洪基会带着孩子与对方家长订婚、下彩礼,双方便结为亲家,而且不能再悔婚。结婚时,曹洪基具体操办各项花费,一些大项目要与曹刘氏商量,比如雇几个人抬花轿、雇几个乐手、鞭炮买多少、新娘下轿测算的良辰吉日、宴请对象及宴请规模等。曹洪基为了尊重曹刘氏,也为了把事情办得全面一点,都会与曹刘氏商量,双方达成一致意见后,他才会出资操办。

7.家长是对外活动的代表

曹洪基作为家长,是曹家对外一切事物的代表,经常有一些街坊邻居来借用农具、牲口,甚至是借钱借粮,都需要与曹洪基商量,只有经过他的同意才能生效。不过曹洪基生性节俭,怕把农具、牲口借给外人,万一外人不珍惜,会对曹家造成损失,还担心对方借钱借粮无力归还。曹刘氏一直告诫曹洪基,不要因为一点蝇头小利而影响左邻右舍的关系,因此曹洪基才会借给外人东西。曹家村每年纳税交粮都是曹洪基出面去交,村会的花名册上写的是曹洪基的名字,收粮首先找曹洪基,他是曹家纳税的主要负责人。

(三)家长身兼多项重责

曹洪基身为家长,肩负的一项最基本也是最重要的责任就是让家人能吃饱穿暖。除此之外,要维护家庭内部关系的和谐和家庭外部关系的平等。曹洪基还负有教育家庭后代的义务,不仅要抚养他们长大,还要对他们进行正确的价值观教育。最起码应该教会他们什么是对的,什么是错的,这就要求曹洪基以身作则。只有曹洪基与外界和睦相处,在家不吵不闹,在外不偷不抢,才能成为晚辈的榜样,曹学才等人有了自己是非判断的标准,才能健康成长。曹刘氏虽为女性,但她管理家务的能力不比曹洪基差,甚至在一些大是大非问题上有更好的判断能力,也正是出于这一原因,曹洪基在一些大事上都会主动找曹刘氏商量。但曹刘氏作为女性,只能在背后出谋划策,最终的决定还是要曹洪基做出。叔嫂合作过程中从未因为家事闹过矛盾,即便出现意见不合,曹刘氏也能说服曹洪基,曹洪基也会听从曹刘氏。

二、家户保护

(一)家人保护受伤害的成员

曹家很少与外人在生产、生活上发生矛盾,只有曹家本家族的亲戚曾将王曹氏扇了耳光这件事。事发后由于对方拒不道歉,本应由曹洪基出面找对方理论,可曹洪基生性懦弱,希望家人忍一忍就过去。但曹刘氏咽不下这口气,便自己做主让曹洪向托人把对方告到县里,县官将对方关在牢里整整半个月,对方才服软低头认错。曹刘氏只接受道歉,却没接受对方赔偿的医疗费,因为曹刘氏打官司不是为了争医疗费,而是为了给曹家人争气。如果一直像曹洪基这样忍让下去,对方会以为曹家人好欺负,以后还会继续欺负。此事本应由曹洪基做主,但曹刘氏越过曹洪基,自己做主处理这件事情,属于越界办事。即便如此,曹洪基从未因为这件事生曹刘氏的气,叔嫂关系依旧很和谐。

曹家的成年人与外人发生矛盾的情况较少,但王英庆、曹学才、曹学通等小孩儿除了去学堂读书外,经常与玩伴在村里疯闹玩耍,经常会起争执。尤其是王英庆,自幼调皮,无奈之下,曹刘氏将年仅6岁的王英庆提早送入私塾读书,让教书先生管教他,但他还是会与同学起冲突。王英庆放学回家后,经常会有其他村民带着自家孩子去曹家找曹刘氏说理,如果是王英庆欺负对方,曹刘氏会严厉训斥他,甚至当着对方家长和孩子的面将他打一顿。但王英庆不总是欺负别人,他也有被同学欺负的时候,但即便是被同学欺负,他回家后也只敢告诉曹刘氏,而不敢告诉王曹氏。因为曹刘氏只会在王英庆欺负别人的时候打他,如果王英庆被别人欺负时,她就会维护自家孩子,带着王英庆去对方家找打人的孩子评理,让对方家长赔礼道歉。但王曹氏坚决不允许王英庆在外打架,不论王英庆欺负别人,还是被别人欺负,只要王英庆在外打架,就一定会对王英庆拳脚相加,王曹氏曾在曹家村的大街上追着王英庆打,曹洪基一般不参与处理曹家孩子与外界的矛盾。

曹刘氏深知曹洪进身为长兄却不思上进,整天在家抽大烟,她也知道曹李氏经常将家里的东西偷出去卖掉,或是无偿送给别人家,甚至还与外人私通。但曹刘氏一直隐忍不发,除非她亲眼看见曹李氏监守自盗,才会上前制止她,并严厉训斥她。曹刘氏一直不主动找曹李氏的麻烦,是考虑到左邻右舍只隔着一道墙,只要曹家出现吵闹声,左邻右舍都会听得一清二楚,正所谓"家丑不可外扬",曹刘氏为了不让丑事传出去,不想让外人嘲笑曹家,便很少与妯娌起冲突。

(二)家庭给予家人情感支持

曹洪向常年在外做买卖,甚至在过年时都不回家。每年过年前,曹洪基都要去一趟烟台,给曹洪向送年货,让他在烟台过年不孤单。曹洪基的子侄们也从小跟着曹洪向在烟台做买卖,有时他们过年会回家,回家后就不用像在烟台那样难过,因为做买卖的过程中会遇到许多困难,遇到挫折就容易想家。曹洪基不想让他们下地干活儿,因为他知道在外做买卖比在家下地有出息,他希望子侄们能在外做买卖,不用在家下地,这样曹家就会挣更多钱,家产也会更大更多。子侄们过年过节回家时,曹刘氏会让曹洪基去集市上买鸡鸭鱼肉招待他们,虽然都是自家人,但他们长时间不回家,肯定会想家,在曹家人看来,家是心灵的港湾。

(三)借钱赎回被绑家人

曹家村所处的招远县盛产黄金,曹洪进的长子曹永宽曾用做买卖赚的钱在本县购买了大量黄金,然后去上海贩卖,从中赚取了大笔差价。他在去上海的时候还带上了自己的妻子,从上海回到曹家村后,曹永宽的妻子全身珠光宝气,被当地的绑匪注意到,结果当天晚上就被绑票。第二天早晨,绑匪捎信给曹家人,要求出五百元来赎人,但曹家刚买完地,剩下的钱不足五百元,曹洪基为了尽快赎人,便去本村一户刘姓大户人家借钱交给绑匪,绑匪收到钱后把人放回家。曹永宽挣钱的事一定是被曹家村里的坏人知道后才告诉绑匪,因此刘姓人家在借给曹家钱时,在自家的钱上做了记号,绑匪和曹家村的坏人在事成后会瓜分赎金,因此村里的坏人在花钱时一定会暴露自己。结果曹家村一位名叫蒲解康的人在花赃款时被人抓住把柄,但这个坏人最终逃出曹家村,再也没有返回曹家村。

(四)从不轻视穷苦人群

曹家作为村里经济条件非常不错的大户人家,经常会有一些乞丐到曹家门前乞讨,起初曹洪基对此十分反感,给他们一些高粱饼子,将他们赶紧打发走。曹刘氏经常告诫曹洪基,不要瞧不起穷人,穷人不可能一直穷下去,毕竟曹洪基三兄弟年幼时家里也贫穷。曹洪基十分听从曹刘氏说的话，凡是乞丐来曹家讨饭，他不仅让乞丐吃饱，临走前还会给他们一些高粱饼子让他们带走。同样，曹家村里的贫穷人家来曹家借钱借粮时，曹洪基也会尽力帮助，对方在归还时也不要求对方还利息，只要把本金还回即可。甚至有少数人家，由于家境实在贫困，到曹家分家时还没有归还借用的钱粮，曹家也没有催促对方，就当送给对方。

（五）未曾直接遭受战乱

虽然曹家村没有直接遭受战火侵袭，但也曾有国民党军队在周围村庄驻扎过夜，弄得当地人心惶惶，以至于曹家找不到新的教书先生，因此王英庆的私塾教育也就此告终。曹家人没有直接参与过战争，解放军曾在曹家村征用牲口，曹学才代替曹洪基去前线给解放军运送弹药，原本约定半个月左右便可回家，但足足两个多月才平安归来。即便如此，曹家没有人因为战乱受到伤害，也没有为了躲避战乱而逃难。

三、家规家法

（一）默认家庭规矩多

1.做饭及吃饭规矩

平日里，曹家都是曹刘氏与王曹氏烧锅做饭，一般不需要曹李氏、曹金氏帮忙，她们只需要坐等吃饭即可。家里改善生活时，比如包饺子或蒸馒头、包包子，曹李氏、曹金氏要帮曹刘氏一起做。除了每年的重大节日需要按当地习俗做特殊的饭之外，曹家平日里每天吃什么饭都是曹刘氏决定，曹洪基也从未要求曹刘氏做任何特殊的饭菜。曹家需要买肉买菜，或油盐酱醋不足时，曹刘氏就告诉曹洪基去集市买回家。曹洪基在农忙时雇用短工需要曹家人管饭，曹洪基回家后会告诉曹刘氏雇了多少人，让曹刘氏准备相应数量的饭食。

曹家在东房的正间有一张四方桌子用于家人吃饭，由于桌子比较小，容纳不下所有人，因此王英庆、曹学才、曹学通这些小孩儿很少能到桌子上吃饭，一般都是在灶台旁或炕头吃饭。尤其到了农忙时，曹洪基带着雇工先吃饭，他们吃完饭后，不下地的人再接着吃。两批人吃的饭不一样，曹洪基等人吃的是细粮，还有鱼和肉，目的是让他们吃饱饭有力气干活儿。而家里人因为不干活儿消耗少，所以吃的是粗粮，只能配咸菜、咸鱼酱。平日里曹家不会吃大鱼大肉，饭菜以高粱饼子、地瓜、咸菜和咸鱼酱为主，因此主食不要求全部吃完，能吃饱即可，配菜更不可能一顿就吃完。

曹家吃饭的时候，盛饭或递干粮不需要专人伺候，而是谁方便谁盛饭。不过曹家吃饭的规矩比较严格。曹洪基作为家长，虽然是兄弟三人中年龄最小的，但其他家庭成员应该尊重他，尤其是曹学才等小孩子一定要等曹洪基动筷子后，他们才能吃。夹菜时，一定要从自己的一旁夹，不能拿着筷子在整个碗或盘子里乱夹，更不能挑肥拣瘦。农忙时，曹洪基天不亮就带着雇工下地干活，因此早饭不会回家吃，而是需要曹家人送到地里，曹刘氏做完早饭后，会让王曹氏挑着扁担送去。即便农忙干活儿再累，曹家也是一天三顿饭，尤其是午饭和晚饭一定要等曹洪基等人回家吃完后，其他人才吃。曹洪基也从未因为劳动消耗大，要求曹刘氏加餐。吃完饭后，王曹氏负责刷碗洗筷子。

2.座位规矩

曹家在东房的东间，即曹刘氏住的那间房里放置了两把太师椅，目的是为了来客后，让客人坐在太师椅上，不过一般只有男性客人才会坐在太师椅上，女性客人都坐在炕头或脱掉鞋直接上炕。曹洪基的子侄们结婚时,曹家需要宴请很多亲朋好友和左邻右舍,每到宴请的时候,曹洪基需要事先到曹氏家族的族长家里,麻烦族长根据曹家要宴请的客人,列一个坐席单子,方便来客找准自己的位置,族长会根据曹家庆典的来客是否重要来安排座次。曹刘氏的三个儿子曹永勤、曹永炎、曹永舵结婚时,他们的舅舅就是贵客,需要安排到上座。曹家扩建新房时,有一道重要的工序即上梁,上梁后,曹洪基要宴请亲朋好友和邻居们。在这类庆典中,给曹家干活儿的泥瓦匠是贵客,尤其是总体负责房屋建造的泥瓦匠一定要上座。

3.分工规矩

根据曹家生产生活上的分工,农业生产上的一切事务全部由曹洪基负责,包括各块土地的作物种植结构、农具修缮、牲口购买、短工雇佣等。即便是曹刘氏也从不干涉曹洪基的决定,曹洪基需要她帮忙晒小麦或掰玉米的时候,她也会听从安排去干活儿。曹洪基雇佣劳动力干活的时候,曹刘氏需要根据雇工数量的多少,给他们准备饭食。

在家庭生活方面,曹刘氏享有绝对的话语权,每日每餐吃什么、买什么全是曹刘氏决定。虽然她不管钱,但曹家需要任何生活用品全由曹洪基出去购买。在购买土地这件事情上,本应由曹洪基自己做主即可,但他为了尊重曹刘氏,通常会事先和曹刘氏商量一下,告知要购买土地的位置、地质和价格。曹洪基一直钟情于买地,对于曹家孩子的知识教育问题并不是特别看重,曹刘氏虽然没读过书,但认识到知识教育对曹家孩子十分重要,在学堂还能受到教书先生的严格管教,不会在外到处闯祸,因此在曹刘氏的坚持下,王英庆陪同曹学才和曹学通一起读私塾。

4.请客规矩

每年农历八月十五,曹家不仅要吃团圆饭,曹洪基还要在当天摆一桌宴席特地宴请曹永山和曹永新两位长工。每年年末,曹家买地后,曹洪基要宴请卖方和中间人。这都是一些小型的宴请,像曹永成、曹永奎、曹永彬等兄弟八人结婚时,需要大规模宴请亲朋好友和街坊邻居。曹洪基的子侄们结婚前,曹洪基会亲自去客人家里发出宴会邀请,告诉对方宴会的时间,到了结婚那天,曹家的客人们会带着各种礼物来曹家贺喜。曹家会将自家的十二间房屋打扫干净,当作宴席的场所,曹洪基还需要事先和左邻右舍商量好,结婚当天借用邻居家的房屋摆酒席。

因为曹家一直是在自己家里举办宴席,不仅曹家房屋的空间不足,就连锅碗瓢盆等餐具也不足,需要曹刘氏出面去邻居家借用。还要麻烦邻居家出人端菜、上酒,帮曹家人伺候客人。曹洪基还会从曹家村请来专门做酒席的大厨,因为是男性结婚,因此饭菜质量是当地最好的"十三碗",即鸡鸭鱼肉、扣肉、蒸丸,大白菜、萝卜、芹菜等,凑够十三道菜。曹洪基会请求曹氏家族的族长来安排座次,族长会将亲戚安排在一桌,朋友安排在一桌,街坊邻居在一桌。曹家会在每桌客人里找出一个陪客,专门给桌上的客人添酒夹菜,为了将客人陪好、陪高兴,曹家会安排几个懂规矩、酒量好的本家族亲戚到各桌陪客。尤其是对于那些爱喝酒的客人,一定要让他们喝得高兴,但也不至于喝醉。主客和普通客人的菜是一样的,但主食却不同,主客的主食是大米饭,而普通客人的主食则是高粱米饭。

5.制衣洗衣的规矩

曹刘氏、曹金氏和王曹氏在冬天的主要任务是为全家人制作一整套新衣物,不过平日里洗衣服一般是王曹氏和曹金氏洗。曹家村有两口水井,王曹氏每次洗衣服前,都会用扁担挑着水桶去井里打水,回家将水倒进铁盆里洗。曹洪基还从集市上购买了"洋皂"①用于洗衣服,王曹氏每次洗衣服时都会小心翼翼,尤其是对待那些旧衣服,因为一旦用力搓洗,有可能将衣服洗破,还需要缝补。不过很多旧衣服常年穿,洗破也很正常,因此不会挨骂,如果将新衣服洗破,那曹刘氏一定会严厉批评。曹家在东西两房的院子里各有一条铁丝,专门用于晾晒衣服,洗完衣服的脏水通过大门旁边的排水沟排放到大街上。衣服晒干后,王曹氏统一回收,是谁的衣服放到谁的房间里,由他们自己叠放。

(二)家庭禁忌要严守

曹家在新媳妇娶进家门时,要从曹氏家族的女孩中找两个未婚女孩儿负责搀扶新媳妇,这两个未婚女孩儿的属相有严格的要求,必须要与新媳妇的属相相合,绝对不能是冲突的属相。如果媳妇属兔,曹家就不能找属蛇的未婚女孩儿搀扶新娘,因为这样犯忌讳,对新婚不吉利。曹洪基的母亲去世后,为了表示自己的孝心,曹洪基曾在母亲去世后的三天内,在灵堂守孝整整三天,并且又戴孝三个月,这三个月期间曹洪基没有理发,当地习俗要求孝子在长辈去世后一百日内不得理发,否则就是对逝者的不孝。

四、奖励惩罚

即便家人做了让全家受益的事情,曹洪基也只是口头表扬,从来没有任何物质奖励。不过家人犯错,尤其是孩子犯错时,曹洪基虽不会管教,但王曹氏和曹刘氏会严格惩罚犯错的孩子。尤其是王英庆从小调皮捣蛋,经常与村里的孩子打架,一旦让王曹氏知道是王英庆欺负对方,曹刘氏轻则训斥,重则打骂,甚至为了让受欺负的一方消气,会直接扇王英庆的耳光。对方家长也会阻拦,认为没必要下手太重。王曹氏不仅不允许王英庆在外打架,甚至不允许他在外与玩伴打闹,一旦被王曹氏知道,即便王英庆是受欺负的一方,王曹氏也会教训他。

五、村庄公共事务

(一)组织节庆娱乐活动

曹家村每年春节期间都会组织村里的文艺爱好者唱戏、踩高跷,还有一些人敲锣打鼓。举办娱乐活动所需的服装、乐器全由村会提供,但村会没有经济来源,因此每年村会都会在年末去各家收取一些村费,目的就是为了春节期间能有钱买戏曲服装和道具。交村费属于村民自愿的事情,村会不会强制要求各户村民必须交,对于经济条件差的家庭,连温饱都无法满足,村会不会要求他们交村费。大多数村民家里,只要经济条件不是太差的多少都会交一点村费,曹家每年也会主动交一些村费。

(二)安排村民看管庄稼

在每年麦收和秋收之前半个月左右的时间里,曹家村的村会安排村里的一些青壮年劳力到田地里看管作物,防止不法之徒趁人不备去偷盗作物,这在当地俗称"看坡"。村会先组织几个壮劳力在田地里用秸秆扎几个稻草人安放在地里,给人一种田地里有人看管的感觉。在曹家村周围的地里都安放上数量不等的草人之后,由村会出两个人,在作物收割之前,每天都待在地里看管庄稼,而且是流动放哨,每块田地都会巡查,保障作物在收割之前不被偷

---

① 洋皂:即肥皂。

盗。"看坡"的两个人在为他人看管庄稼的时候会影响到自家粮食的收割,因此轮到这二人收割庄稼时,地邻们都会主动前去帮忙,事后村会还会给他们一些金钱作为酬劳。

六、国家事务

(一)征粮纳税乃是义务

曹家村每年都要接受县里安排的征税任务,由村会到各家各户征收粮食税,其征税数额根据各家土地数量多少决定,曹家作为村里数一数二的大户人家,土地共计 38 亩,因此每年征收的税赋就多。但曹家村的粮食税不是征收粮食,而是征收现金,村会根据各家土地数量的多少,换算出各家应该收缴的粮食税金额。由村长带着花名册到各家收税,曹家在花名册上写的是曹洪基的名字,因此村长每年秋收后去曹家收税时,都是直接找曹洪基。虽然曹家的土地质量差,但由于地多,因此每年都能收获足够多的粮食,曹洪基将余粮卖掉就能按时交税。曹家村每年只征收一次粮食税,村民将交粮食税称为"兑银子",当地人常说"兑上银子不怕官",意思是只要各家按时交上赋税,村会和县官都不会把村民们怎么样,各家就能安安稳稳过日子。

(二)贡献牲口运弹药

曹家在 1947 年以前没有被摊派过劳役,只是共产党在曹家村征集过牲口,去鲁西北地区给解放军运送弹药,没有牲口的家庭,便鼓励各家自愿出一个劳力,去帮解放军抬担架。曹家因为有牲口,便只出牲口不用出人力,但曹洪基一直把牲口当作自己的命根子,害怕枪炮不长眼,对自家牲口造成伤害,想自己牵着牲口去,但他又忙于地里的农活儿,脱不开身,便让三个孙辈中最年长的曹学才代替他去。

调查小记

在结束了紧张的英语考试之后,我踏上了回家的火车,在路上便开始为此次寒假调研提前做出规划,要想在短短一个月的时间内完成百村问卷和两个小家户调研,说实话,任务还是挺艰巨的。培训当天下午,我在了解了此次家户制度调查的受访者条件后,便提前给家人打电话,让家人帮忙找合适的受访者。可能这也是我做访谈类调查的优势之一吧,毕竟我是农村人,我的长辈们在村里打下了良好的人际关系基础,再加上此次寒假的小家户调研,其受访条件适当放宽,使得此次调研的受访者比较容易找。在回家之前,家人已经告诉我,说帮我联系好了两位合适的老人,回家后可以随时找他们。这让我在为能否按时完成调研任务而忧愁的同时,感到一丝欣慰。从2017年寒假调研以来,我每次调研找老人,都离不开家人的支持与帮助,在他们的协助下,我少走了很多弯路,省了很多事。

回家的当天,由于已经是下午了,考虑到时间原因,没有直接去找老人,而是吃过晚饭后,去邻居家做了几份百村问卷,等到第二天,才正式开始家户调研之旅。我的第一位小家户受访者是邻村的一位老人,与我同属于王氏家族,按照家族的辈分排行来算,虽然他已经八十多岁,但我与他同辈,因此称呼他一声"老哥哥"。并且我与这位老人并不陌生,因为在2017年寒假调研时,我找这位老人做过合作化口述史,记得老人耳聪目明、口齿清晰、表述流利,给我留下了深刻印象,当时想,如果有机会的话,我还会再回来找老人,进行其他方面的调研。没想到,当时的想法在一年以后成为现实。

起初,老人还以为我找他继续问一些农业合作化方面的内容,但在我说明此次访谈的主题后,老人仍旧表示会全力配合我。虽然不是第一次找这位老人访谈了,但由于去年的合作化口述史访谈时间要求短,我对这位老人在新中国成立前的家庭情况并不是十分了解,以为只是普通的小家户而已。但在问到第一章家户基本情况时我发现,原来老人在新中国成立前的家庭情况极具特色,非常符合理想型的家户调研对象,因此,我对这位老人的家户调查充满信心。我这么想不是没有原因的,毕竟家户制度调查的提纲内容多、涉及面广,必然会导致访谈时间的大幅度增加。而且受访者都是80岁以上的老人,因此我最担心的是老人的身体能不能经受住长时间的访谈,即便身体可以,万一老人中途不耐烦、不配合调研了怎么办,但此次调研中,我完全没有这种顾虑。

毕竟我与老人之前有过一次接触,他为人十分豪爽、乐于助人,但凡答应别人的事情一定会帮到底,绝不会出现中途不耐烦、不配合的现象。在访谈过程中我还了解到,老人的女儿因为要照顾孙子不在家,平日里被女儿照顾习惯了的老夫妇一下子失去了生活依靠,访谈时已经接近腊月二十,老两口的年货还没有置办,但老人仍旧耐心地配合我调研,这让我很感动。

第一个家户的访谈大约经历了四天左右,第四天下午出门前,我与家人商量好,为了表达对老人的谢意,我买了一些营养品当作礼物送给老人,但为了防止老人不收,让家人在傍晚五点左右也去老人家,帮我一起劝老人留下礼物,可老人还是不收,我们为此争执了半小时。最后老人还是收下并说,以后有关新中国成立之前的事情,有不明白的可以继续找他问,他一定知无不言、言无不尽,他一直认为自己八十多岁的人了,竟然还有研究生找他问问题,脸上很有面子。但他同时也强调,下次来的时候如果还是带着礼物,那他绝对不会理我。非常有原则的老人,热情、好客、正直,关键是身体好,虽然以后不会再找他做家户调查了,但他曾是我求学路上帮助过我的人,即便我以后走上工作岗位,也不会忘记这些帮助过我的老人们。

第六篇

以农为本:医学世家的延续之道
——川东北元宝滩伍氏家户调查

报告撰写:闫　利*

受访对象:伍云珍

* 闫利(1995—),女,四川渠县人,华中师范大学中国农村研究院 2017 级硕士研究生。

导　语

伍家祖居于湖北省红安县城关镇一带,于康熙年间移居四川,其中有一支后代落业于渠县[①]元宝村。1949 年以前,元宝村的前身叫作元宝滩,因元宝河流经后留下一片肥沃的滩涂而得名,元宝滩位于四川省达州市渠县有庆镇[②]西南部,农户多以种地为生。村里住着一户姓伍的人家,从伍家在元宝村定居至今,已绵延八代人。

伍家于 1949 年分家,在分家之前,伍家是一个三代同堂的家庭,共有 9 口人生活在一起。其中第一代是伍庆开和妻子李祥芳,第二代是伍玉光和梅家碧,第三代是伍成修、王会羽、伍伦修、伍云珍和伍林珍。伍玉光因有一定文化所以担任了甲长,在当地有一定的声望和地位。伍家在家长伍玉光的带领下过着自给自足而安定的生活。伍家的生活来源有两方面,一方面,来自农业生产,伍家的田地是继承祖上而来,耕种了 15 亩,这也是伍家最主要的收入;另一方面,伍玉光作为当地的医生,经常外出给别人看病,赚取副业收入。由于家中的青壮劳动力十分缺乏,因此伍家雇有一个长工帮忙耕种农田。

伍家算村里的中户,家里完全自给自足,有稳定的收入来源,祖祖辈辈都是医生,村里的人都会尊称伍家家长为"先生"。伍家人共同享有家中土地、房屋以及生产生活资料的使用权与所有权,在家长伍玉光的安排下进行分配与消费。代代相传,生生不息,伍家以大家庭为单元,为家里成员的嫁娶、生育、分家和继承都提供了保障。在文化活动方面,伍家作为书香门户,每个成员都接受了一定程度的教育,家庭的教育、娱乐等都由家长统一安排。在外部事务方面,伍玉光每年都参加家族的清明会,并积极配合村里的筹资筹劳,按时纳税。

伍玉光作为伍家的顶梁柱,无论对内还是对外的事务,他都具有绝对的权威,内当家起辅助作用,这样有序的管理方式一直持续到伍家分家之后。

---

① 渠县:又名宕渠,隶属于四川省达州市,位于达州市西南部。周赧王元年(公元前 314 年)设置宕渠县。明洪武九年(1376 年)撤渠州,改流江县置渠县。1949 年 12 月 12 日,渠县解放。

② 有庆镇:四川省达州市渠县辖镇,原名吴家场,清朝康熙年间兴市建街,1950 年设有庆乡。

第一章　家户的由来与特性

　　伍家祖籍原是湖北省麻城县孝感乡高阶堰①，在湖广填四川的大背景下移入四川，之后定居于有庆镇元宝村。1949年以前，伍家算是村里的中户，体现在以下方面：第一，从人口来看，伍家三代同堂，共有10人生活在一起；第二，伍家的土地数量有15亩，种出来的粮食完全够吃，每年还会有剩余；第三，伍家是众所周知的医学世家，很受村里人尊敬，加之伍玉光当选了甲长，在村里有一定的地位。伍玉光作为伍家家长，其决策具有专断性，家中大小事务均由他统筹安排。

一、家户迁徙与定居

（一）迁入四川的伍氏分支

　　关于伍姓的来源，都是从老一辈口口相传，因此伍家也是听闻。传说黄帝为部落首领时，其下有大臣名伍胥，其后代以祖名为姓，形成伍氏，伍胥是后来楚国望族伍姓的始祖。据《伍氏宗谱》记载，渠县有庆镇伍姓一脉，始迁祖伍泰信，字国玉，生于1721年6月初八子时。于清康熙年间（1622—1722年），在湖广填四川的大背景下，奉旨从湖北省麻城县孝感乡高阶堰移居四川省绥定府②。达州伍氏从入川以来，人才辈出，得到朝廷的许多封赐，庄园遍布达州。此后伍氏人丁兴旺，为开辟更多的田地，其族人于1900年迁入渠县附近插占为业，当时还建有一座高四层③石木结构的"伍家碉楼"，而使本支伍姓远近闻名。现伍家后人主要分布在有庆镇龙头桥、冷家湾、平滩桥、军营坝、观音岩、元宝村，渠南乡长生桥、大山沟，中滩乡倒流坝及广安县肖水河、月耳湾、灵王庙、太平观等地。

（二）金碗留人，定居元宝村

　　迁徙到四川的伍氏中，有一支便落户于达州市渠县有庆镇元宝村。伍家祖上曾有一位医生，四处为人看病，一路向东途经渠县元宝村的时候，由于口渴便取出自己的金碗喝水，之后将金碗放在井里，由于心中挂念着病人急于赶路而忘记拿走，行二十里才记起金碗未拿，返回取时发现碗仍在。他认为是"金碗留人"，便考虑在有庆镇元宝村落户。另一方面，元宝村地理环境好，地势较平坦，还有大河流经，十分利于农业耕种，于是决定在此定居，并着手买田产，修房屋。由于时间久远，定居在元宝村的具体年份，伍家无人知晓。当时在元宝村落户，不需要经过保甲长的同意，只要恰好有人愿意卖地即可。买田地的时候，要征得田地主人的同

---

　　① 高阶堰：今湖北省红安县城关镇一带。

　　② 绥定府：现四川达州。

　　③ 高四层：现只剩两层。

意,因为只有在村内拥有一块属于自己的土地,才能算作在本村立足,更容易被当地人所接纳。自此以后,伍家便在元宝村落户。

(三)家谱祠堂已无迹可寻

从伍家在元宝村定居到现在,已延续八代人,具体繁衍的人口无法计算。伍家曾有一部1925年由伍光隆等人倡修、伍期彬等人监修的《伍氏联宗族谱》。该谱书详细记载上述各支伍姓的来源、迁徙、字辈、世系、祠堂建修及族规家法等内容。家谱一直是由专人保管,每逢家族中有新的成员诞生,伍家家长会按照家谱上所写的辈分来取名字。伍家流传字辈为30字,"泽厚忠贞显,德高孝裔昌,瑞长共春辑,星云兆庆玉,修齐尊谟烈,安汉保安邦"。

元宝村有一座名为麻头岭的山,当年此处并无人烟,因山上生长一颗大麻柳树而得名。伍家祠堂修建在这座麻头岭上,位于麻柳树附近。祠堂的面积很大,仅是院子便可一次容纳二十桌人。每年清明节时,村里的伍氏家族有专门的人办宴席,在当地称作"吃清明会",凡是伍姓的族人们都能去吃饭。但只有男性成员能参加,女性成员不能参与,伍庆开、伍玉光、伍成修以及伍伦修都可以去祠堂吃饭祭祖。1949年之后伍家祠堂被烧毁,同时那本家谱也消失不见。

(四)伍家发展由盛转衰

伍家没有发生过大的变故,1949年以前,伍家在当地是比较有声望的家族。伍家祖上都会医术,祖祖辈辈都是医生,算是医生世家。村里的人都会尊称伍庆开和伍玉光一声"先生",伍家在村里有一定地位。伍家的医术是代代相传,同时每代都需要钻研以及记忆医书。伍家最兴盛的是在伍玉光一代,伍玉光为人稳重,并且处事能力很强,所以被选为元宝村的甲长。伍玉光作为伍家家长,担负着养家的责任,不仅忙于耕种农田,农闲时还要为人看病,获取副业收入。伍玉光把伍家经营得很好,全家都能吃饱穿暖,无人吃苦受饿。伍家请了一个长工,帮忙耕种农田,长工吃和住都在伍家,工钱一年一结。农忙时还会请短工协助农业生产,例如栽秧和打谷。家中每个成员都会参与劳动,自力更生,这是伍家比较繁荣的时候。

伍家的经济条件在村里是中等水平,因为家里完全能够自给自足,有一定的收入来源,每年还会有剩余的粮食和钱财。家中最多有过35亩土地,其中15亩为继承所有,另外20亩是伍玉光购买而来,不过购买那年碰上村里的土地改革运动,家里被评为富农成分,多余的土地便被收走。1949年,伍家分家,伍玉光带着未出嫁的女儿伍云珍和伍林珍一起生活,大儿子伍成修与各自的小家庭一起生活。家中的田地和财物都被分出去,小家庭居住很分散,各在一方,家中女儿长大后也相继出嫁到外村。只留下伍家的老一辈待在元宝村,时间一长伍家便衰落了。

二、家户基本情况

(一)三代同堂的十口之家

1949年以前,伍家家中三代同堂,共有十口人生活在一起。其中第一代的庆字辈是伍玉光之父伍庆开,其妻子为李祥芳;第二代玉字辈的老大是伍玉华,由于年少体弱得了怪病,无药医治而亡,老二是伍玉光,其妻子为梅家碧,老三伍玉红则出嫁至杨家,因老大去世较早以及老三出嫁,故伍玉华和伍玉红均不计入伍家人口数;第三代修字辈有兄妹4人,均是伍玉光的子女,分别是长子伍成修,娶妻王会羽,次子伍伦修,三女儿伍云珍,四女儿伍林珍,另有一个小女儿因病去世,故也不纳入考虑。除此之外,伍家曾有过继情况,伍玉光将其幼子伍贵修过继到亲戚家里。第一代的伍庆开及其妻子算是家中的两个老年人。第二代的伍玉光和妻子梅家碧、第三代的伍成修和妻子王会羽算是家中的劳动主力。由于青壮劳动力十分缺乏,家中田地不能完全被耕种,伍家雇有一个长工雷自居,为伍家的非亲属成员。

表 6-1　1949 年伍家的家庭情况表

家庭基本情况	数据
家庭人口数	10
劳动力数	6
男性劳动力	3
家庭代际数	3
家内夫妻数	3
老人数量	2
童数量	1
其他非亲属成员数	1

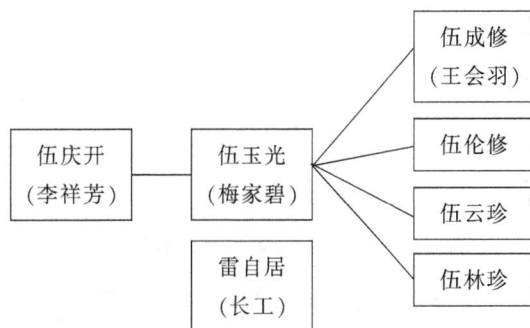

图 6-1　1949 年以前伍家的家户结构图

(二)书香门户,世代学医

1.成员年龄有跨度

在 1949 年以前,伍家年龄最大的是伍庆开及妻子李祥芳,伍庆开生于 1895 年,李祥芳的年龄不详。以 1949 年为标准衡量,伍家第一代有五十多岁。两人是童养媳婚姻,李祥芳在很小的时候被送到伍家。中间的一代是伍玉光及妻子梅家碧,伍玉光生于 1913 年,梅家碧生于 1915 年,同样也是童养媳婚姻,成年之后才办酒席正式成亲,两人在 1949 年以前都是三十多岁。家中的第三代,伍成修生于 1931 年,妻子王会羽生于 1932 年,两人是成人婚姻,由父母包办。伍伦修生于 1933 年,伍云珍生于 1935 年,伍林珍生于 1945 年。从不同代际来看,最老的伍庆开一代有五十六岁,最小的伍林珍一代才几岁,年龄划分非常明显。从同代来看,第三代中的四兄妹,年龄最大的有十八岁,最小的四岁,同代兄妹之间的年龄跨度也很明显。

2.后代均接受教育

伍家在村里是书香门户,家里每个家庭成员都接受了教育,除年龄太小还没能力识字的伍林珍。伍家的经济条件还可以,不仅能让全家吃饱穿暖,还有剩余可作为家庭成员的教育经费。伍庆开是村里的医生,被称作"伍先生",自己看了很多书,还学习了医术。村里会医术的人不多,所以给别人看病是一个很好的收入渠道。这些书后来传承给了伍玉光,伍庆开还将医术传给伍玉光,因为他是家中唯一的儿子。伍玉光不仅读了父亲伍庆开留下的书,还买了其他方面的医书来自己研读。伍玉光将自己的医术又传给了大儿子伍成修,二儿子伍伦修对医术不感兴趣,因此没有学医,只去私塾读了两年。家里女儿伍云珍和伍林珍没有资格学医,伍玉光认为读书识字很重要,所以专门买了《女儿经》《三字经》给女儿看,这在当地被称为"读私书"[①],意思是指自己在家中读书,家长亲自教育。

3.成员身体状况各异

伍家成员的身体状况总体上良好,除个别特殊例子。首先是老一辈的伍庆开和妻子李祥芳,伍庆开身体没有大毛病,只是不能干重活儿,李祥芳则是腿脚不利索,一般情况下很少下床。其次是伍玉光和妻子梅家碧,二人身体比较健康,伍玉光是家中主要劳动力,内外兼顾,什么农活儿都能干。由于梅家碧的脚被缠过,两只脚都非常小,都说"小脚女人"不能下水田,否则容易陷在泥巴里,因此梅家碧主要是管家里的事情。另外,家中年轻一代的伍成修和妻子王会羽身体状况较好,也是主要劳动力。后代中伍伦修、伍云珍、伍林珍的身体也比较健康,特例诸如伍玉华,年少时得了怪病,伍庆开也没法治。还有伍玉光的一个小女儿,还没来得及给她取名字便已去世,都是因病身亡。

4.只一人信佛教

伍家的伍庆开信仰佛教,家中有一间房供奉了大菩萨,房间里长年都摆放着香和蜡烛。伍庆开每天早晚饭之前都会去祭拜,每逢节日,祭拜会更正式。其他人不能进那个房间,特别是小孩子,一旦进去会被惩罚。伍家只有伍庆开一人信教,其他家庭成员都未信教。

表6-2　1949年伍家家庭成员情况表

成员序号	姓名	家庭身份	性别	年龄	职业	婚姻状况	宗教信仰	健康状况
1	伍庆开	父亲	男	50多	农民	已婚(童养媳婚姻)	佛教	良
2	李祥芳	母亲	女	50多	农民	已婚(童养媳婚姻)	无	良
3	伍玉光	家长	男	30多	甲长、医生	已婚(童养媳婚姻)	无	优
4	梅家碧	妻子	女	30多	农民	已婚(童养媳婚姻)	无	优
5	伍成修	大儿子	男	18岁	农民	已婚	无	优
6	王会羽	大儿媳	女	17岁	农民	已婚	无	优
7	伍伦修	二儿子	男	16岁	农民	未婚	无	良
8	伍云珍	长女儿	女	14岁	农民	未婚	无	良
9	伍林珍	二女儿	女	4岁	无	未婚	无	良
10	雷自居	长工	男	32岁	农民	已婚	无	优

(三)伍家的空间结构

1.麻头岭下修草房

在1949年以前,伍家的房屋由伍玉光请人修建,位置选在当地麻头岭下。麻头岭因山上

---

① 读私书:1949年以前,女孩子不能去学校,不允许离开家太远。家长就自己买书来教孩子。

有一棵大麻柳树而得名,这棵麻柳树被当地人视作吉祥之物,可以招来好运。修房屋时请"阴阳先生"来看,所以伍玉光选了风水较好的地方。麻头岭位于元宝村的东北部,与邻村相接,出行很方便,特别是去赶集。这座山可以给伍家的草房遮风,有一定的庇护作用。山上有自然的泉水,比较清凉干净,便于修井蓄水,伍玉光在草房后面修了一个小水井,方便提水来用。房屋前面是平地,平地上有很多柏树、柑子树,都是伍玉光亲手所种。草房附近有伍家的部分田地,每次要走三至四分钟的路程。伍家房屋周围没有大路,全部都是一些泥巴小路,只有两人宽,路边全是杂草。元宝河距离伍家不远,中间隔了几户人家。伍家邻里之间的空间结构如图所示。

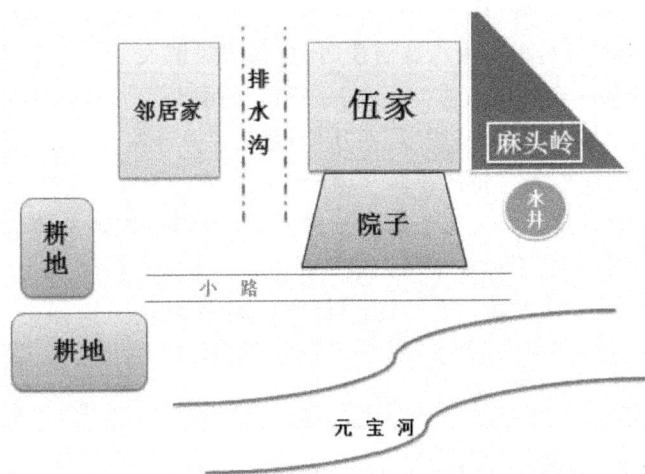

图6-2　1949年伍家与邻里之间的空间结构图

2.设有八间房屋

伍家草房的大门坐北朝南,伍玉光认为这样修建运势好。伍家的草房大概有8间,其中包括4间卧室、1间"堂屋"①、1间"灶屋"②、1间猪圈和1间专门供奉菩萨的小黑屋。小黑屋面积不大,放置一尊大菩萨之后,其余空间只能容纳3个人,家中成员除伍庆开之外均不得入内。4间卧室并列相邻,彼此隔开独立。茅厕修得非常简陋,位于猪圈旁,只是一个简单的坑,年龄很小的孩子不会去茅厕,家长担心孩子掉入粪坑中。厨房修在客厅的右边,猪圈修在客厅的左边,卧室在客厅的后面。各个房间虽然没有明确界限,但都相互独立。伍家没有修建门楼和院墙,这是大户人家才有的设施。草房外围有一条排水沟,以水沟为界,和邻居家相区分。在当地,一个院子即为一户人家的标志,村里每户人家都有一个专属的院子。伍家草房外也有小院子,这个院子只属于伍家人,专门用来晒谷子、玉米、豆子等等,夏季时伍家人还可在院子里乘凉。

(四)农业与副业同发展

1949年以前伍家有四十多挑③谷子,换算下来大概有十五亩田地。伍家没有租佃的情

① 堂屋:是指客厅的意思。
② 灶屋:是指厨房的意思。
③ 挑:1949年以前以挑为单位,一挑等于一百斤,算下来,三挑为一亩。

况,田地全都属于自己家,一部分是继承而来,另一部分是在村里购买而来。伍家家长伍玉光是家中主要劳力,他会安排农业生产。伍家有6个劳动力,分别是伍玉光、梅家碧、伍成修、王会羽、伍伦修、伍云珍,男女各占半数,其中4个大人干活儿较多,另外两个劳动力是未成年,只能做一些轻巧活儿。家里劳动力根本不够用,所以伍玉光请了一个劳力好的青年长工在家帮忙,农忙时还会请五至六个短工一起栽秧打谷。长工是本村人,平时吃饭住宿都在伍家,工钱按年结,过年时还会发一套新衣裳。短工只支付当天的工钱,并且留在伍家吃一顿饭。伍家有一头牛、十只鸡、十只鸭、两头猪,是伍家花钱购买而来。喂养的鸡鸭,一部分是自家人吃,一部分拿到市场上卖。喂养的猪,其中一只自己吃,另一只卖给村里的"屠子"①。

伍家除最基本的务农之外,还靠给别人看病获取收入。伍家祖上好几代都会医术,伍庆开将医术传给了伍玉光。村里有人需要看病时,会到伍家请人,"伍先生,到我家看一下病人哦。"看完病之后,伍玉光会给病人对症下药,一般是开两服草药,病人家里需要拿几毛钱,如果没有现钱,也可以拿粮食,例如一袋米、一升②小麦或者一升豌豆。每逢赶集的当天上午,伍玉光必定会去市场,看病的人会排成长队。因此伍家每年都有一定的收入,既包括农业方面也包括看病方面的收入,这些收入无法具体核算。除开食物、衣物、教育、人情消费以及赋税支出之后,每年仍然有盈余,不存在生活困难的情况。

表6-3 1949年以前伍家计状况表

土地占有与经营情况	土地自有面积	15亩	租入土地面积	0亩
	土地耕作面积	15亩	租出土地面积	0亩
生产资料情况	大型农具	拌桶1个,犁1个,耙1个		
	牲畜情况	牛1头,猪2头,鸡10只,鸭10只		
雇工情况	雇工类型	长工	短工	其他( )
	雇工人数	1个	5个	无

	农作物收入					其他收入	
收入	农作物名称	耕作面积	产量/亩	单价	收入金额(折算)	收入来源	收入金额
	水稻	10	300斤	0.01元	30元	当医生	—
	红薯	3	3000斤	0.005元	45元	卖猪	—
	小麦	1	150斤	0.03元	4.5元	卖蛋	—
	玉米	1	100斤	—	—	收入共计	
	土豆	1	700斤	—	—	—	

(五)家长为官而受人拥戴

伍玉光平时待人很热心,做事可靠,加上比较年轻,所以被元宝村的人选为村里的甲长。当选甲长,一方面需要人有能力,可以处理好村里的各种大小事务,能统筹好多方;另一方面还需要在当地有威望,说话有信服力,才更容易被人接受。伍玉光担任甲长,主要负责收税、清查户口、招募劳力、警戒等,保长派下来的各种税,也由伍玉光具体分配到每一户人家中,

---

① 屠子:当地的土话,指屠户的意思,专门卖猪肉。
② 升:一升为五斤。

前期分发交税的通知单和后期的实际收税,都需要伍玉光具体安排负责。关于户口问题,每户人家都有登记,门口上的木牌写明家长姓名、家庭男丁情况,伍玉光每年会更新登记户口的册子。伍玉光读过书能识字,这是担任甲长的有利之处。

从伍庆开到伍玉光,伍家在村里的名声一直都不错,伍家给别人看病后从来不会乱收钱,有时候看病人家里实在困难拿不出药费,伍玉光还会免费送人家两包草药,十分乐于助人。伍家的农具以及生活必需品都比较齐全,经常会有村里人到伍家来借东西的情况,伍家都会借给别人。有外村人来乞讨时,伍玉光也会盛一碗饭给他们,走的时候还送一小袋粮食。在1949年以前,真正精通医术的人不多,而伍家是众所周知的医学世家,在村里有一定的地位,加之伍玉光为人和善,很受村里人尊敬。

(六)元宝村老户

1949年以前伍家是三代人共同生活,伍玉光是家中的外当家,妻子梅家碧则是内当家,家里没有请管家。家长的更换主要是跟随家庭的主力而更换,伍玉光未成年之前都是其父亲伍庆开当家,成年之后便结婚,轮到伍玉光当家。一般情况下,所有需要出面的事务,诸如到别人家吃酒、请工人、村上开会等等,均是外当家伍玉光负责。家内的事务则由外当家伍玉光和内当家梅家碧共同管理,父亲伍庆开能给一定意见。关于农业生产,例如打谷子,伍玉光是主要劳力,会亲自下田割稻谷,梅家碧则在家中晒谷子,而父亲伍庆开只能做很轻巧的活儿,母亲李祥芳腿脚有问题,帮不了太多忙。煮饭、洗衣服这类小事则由梅家碧安排,女儿伍云珍也能协助。

伍家算是村里的中户,土地数量有15亩,种出来的粮食不仅够吃,每年还会有剩余。元宝村有大户、中户、小户的说法,当地是根据田地的数量来判断,没有具体的土地数量作为标准,家里大概有几十亩土地便算作大户。元宝村里大部分农户都只有几亩田地,拥有几十亩甚至几百亩的都是极少数。元宝村有一个杨氏老板,家里有两百亩田地,一部分田地租给佃户,每年收取大量的地租。另一部分田地会请很多长工来耕种,收获的粮食拿到市场上卖。凡是被称作大户的人,家里肯定有很多土地。从人口数量来看,伍家的十口人是一般数量,不多也不少。村里的大户家里人口也不一定多,也有部分小户家里生育多的情况,人口的数量对于家户在村里的地位没有太大影响,只是对于家庭发展有一定影响,如果人口较多,劳动力便有保障,这是农业生产的前提。

伍家的经济水平在村里算是中等,既没有"富得流油",不像大老板家一样存了很多钱,但也不像贫苦人家"揭不开锅""吃了上顿没下顿",伍家的条件不高不低,所以算是中等水平。财产的多少对于家户在村里的地位有影响,如果家里太穷,在村里干什么事都抬不起头,因为凡事都得麻烦其他人,说话也没有底气。伍家在村里的地位比较好,不存在乞求别人的情况。由于年代久远,伍家落户之后的具体年数无法进行计算。伍家迁至元宝村之后已繁衍八代人,从年份上看,伍家是村里的老户。

第二章　家户经济制度

在 1949 年之前,伍家耕种有 15 亩田地,全是继承而来。伍玉光请人修建 8 间草房,全家十口人同住一个屋檐下。家中锄犁铁耙等农具基本齐全,能够满足自家需要,还喂养 1 头牛、10 只鸡、10 只鸭、2 头猪等牲畜。土地、房屋以及生活生产资料归全家所有,主要由家长伍玉光进行统一支配。凡有劳动能力的成员都要出力,由于田地多而青壮劳力少,所以家里请了长工和短工帮忙。除农业收成之外,伍家靠祖传医术给别人看病来获取一定收入。在分配时,伍家以家庭为主体,伍玉光主导分配过程,根据成员需要和家庭收入进行统筹分配。伍家的消费涉及食物、衣物、教育、人情等各个方面,外当家伍玉光掌握消费的决定权,内当家梅家碧起协助作用。伍家作为经济的基本单元,生产经营及分配消费等活动均以家庭为统一单位进行,家长伍玉光是第一责任人。

一、家户产权

(一)家户土地产权

1."一碗泥巴一碗米"

1949 年以前,伍家有 15 亩田地,包括 10 亩水田和 5 亩旱地。土地大部分是黄壤,还有少部分是棕壤和紫色土,这种土壤的土质十分肥沃,种出来的粮食收成很高。元宝村当地有个说法,"一碗泥巴一碗米",村里的水田都是黄泥巴地,每栽下三把小秧苗,成熟之后那一处可以长出一碗米。伍家所有田地的土质都很好,其中有 5 亩田临近元宝河,地势较低,灌溉条件良好,每次栽秧之前田里需要收水,水收满之后将田地泡软才有办法栽秧,伍家每次都最先收齐水。山脚下还有 2 亩地,每次可以利用山泉水或者水井里的深水来灌溉,大概有三块左右,分布较集中,主要是用来种菜和豆子。另外 8 亩土地离伍家的草房子有一段距离,地势相对来说稍微陡一点,但是不影响耕种。伍家土地没有被村庄或者宗族收回,也没有被重新分配。伍家土地数量发生过改变,伍玉光曾买过 20 亩田地,不过当时恰好遇上土地改革运动,结果伍家被划为富农成分,家中多余的田地被收走。

2.继承老本[①]土地

伍家所耕种的 15 亩田地,算作伍家的老本土地,是伍庆开留给伍玉光的家产。伍玉光的大哥伍玉华在十多岁时因得怪病而去世,伍玉光的妹妹伍玉红出嫁到杨家,出嫁的女儿没有资格继承家产,所以伍庆开将自己的田地全部都传给了二儿子伍玉光。全部土质都比较好,粮食的产量很可观。伍玉光会告诉自己的子女,家里的土地都是宝贝,让他们要好好劳动,关

---

① 老本:当地土话,是指上一代人留下的资产、资本。

注田地里的收成情况,珍惜粮食,因为是"天老爷"①出的粮食。另外,伍玉光在1949年买过六十挑谷子,一挑一百斤,三挑为一亩,算下来大概是二十亩田地。当时家里人口增加,加之收入有所增长,因此伍玉光拿着积蓄在隔壁村买土地,田地的原主人因家中无劳力耕种,所以将其卖出来。不过没有拥有太久,还未种出一季粮食便被收走。本村没有多余的田地可供耕种,即使有荒地,也是土质不好的沙地,只能种红薯,不能种菜,没办法开荒。

3.土地为家户共同耕种

伍家在分家之前共有15亩田地,伍家认为这些土地属于全家共同所有。伍家是以农为本,主要生活来源是农业生产,全家人的粮食消费来源于田地,所以土地是伍家生存发展的保障。伍家的15亩田地足以维持全家的基本生活,经营好的情况下还会有许多剩余的粮食。伍家认为土地不是仅仅属于家长,家长是家庭农业生产的经营者和安排者,土地也不属于某一个具体的家庭成员,而是属于全家人,家庭成员同灶共食,一起劳动一起吃饭。伍家没有和别人家共同拥有田地的情况。元宝村都不存在有私房地和养老地的情况,所以伍家的成员也没有私房地和养老地。

对于拥有所有权的家户成员范围,伍家的田地部分仅成员有份。伍玉光和梅家碧是内当家和外当家,是家中的两大主力军,肯定有份。大儿子伍成修有份,嫁进来的大儿媳王会羽也有份,二儿子伍伦修有份,女儿伍云珍和伍林珍都没有份,因为她们终究要嫁出去,是别人家的人。家中不同类型的土地,家庭成员的产权权利没有什么不同。伍家的长工是本村的雷自居,雷自居只是为伍家打工,不算伍家成员,所以雷自居没有份。

伍家认为不用把田地具体分到每个人,因为在1949年之前伍家家里还未分家,伍玉光和成亲的大儿子伍成修以及未成亲的子女住在一个屋檐下。在土地产权上,家长伍玉光并不会比其他成员拥有更多,伍玉光作为家长,只是更有发言权,因为他需要安排家中的农业生产。如果把土地分到每个人,相对于家庭来说不好,不利于家庭的团结,也不利于集中劳动力耕种。

4.田坎界石明确

(1)土地边界:田坎与界石

村里的每一块土地都有明确的边界,无论是水田还是旱地,大家都会设置明显的标志。伍家的水田也设有边界,最基本的是田坎。田坎主要是用来分界,还可以为田里蓄水。为将其与隔壁的田地区分更明显,伍玉光弄了很多泥巴在两块田的交界处,也方便地邻行走。伍玉光还在田坎上种植那些植株相对矮小、直立生长的草本作物。田坎因为一般常在沟渠旁,十分有利于各种野菜的生长,也便于种子传播,并且由于是野生的,所以一般是见者有份、不分你我,伍云珍经常被安排去田边挖野菜。伍家的旱地设有界石,即使是小块旱地也要分清楚界限,每块土地的四个角上都有石头,将石头作为边界。这些边界在田地产生之后便会出现。

(2)仅家庭内部成员有使用权

伍家的15亩田地,只有伍家的家庭成员可以耕种使用。在没有经过伍家家长同意的情况下,外人不可以耕种伍家的田地,如果随意耕种,算是侵权的行为,伍家家长会找他们算账②。田

---

① 天老爷:土话,带有信仰色彩,是指上天。

② 算账:在方言里,是指吃亏过后,找人较量、讲道理。

地的继承权,只有伍家的家庭成员才可以享有,外人无法获得。家里的大儿子伍成修、儿媳王会羽和二儿子伍伦修均有继承权,女儿伍云珍和伍林珍无继承权。分家之后,由伍成修和伍伦修各自的小家庭分开耕种。对于自家和别家的田地,伍家家庭成员都能分得清楚,都把自家田地看得很重,不会与别的相混淆。地邻家也能明确区分,因为都有界石作为区分的标志,石头与石头之间拉根直线比划,根据线可以判断是否越界。伍家成员不能容忍自家田地被侵犯,伍玉光一旦发现边界被破坏,会立即找来地邻的家长,在界石之间拉一根直线来验证。越界的情况很少发生,伍家在村里是有声望的家庭,加之伍玉光是甲长,很受人敬重,地邻不会故意侵犯。

（3）经营管理权归家庭所有

伍家的所有田地里,耕种方式以及种植的种类数量都由外当家伍玉光决定,土地的经营权完全掌握在伍玉光手中,不需要同别人商量,除非是自己没法做决定的,可以和妻子梅家碧商量,除此之外,还可以征求父亲伍庆开的意见,因为伍庆开经验更丰富一点,有主见且看得长远。七、八月份是农忙时节,需要请五至六个短工到家里帮忙一起收割,收割之后的粮食也由伍玉光统一分配,土地产出自然是归家户所有。宗族以及外人都无权干涉。对于土地的经营权、收益权,分家后的父母不能干涉。

5.家长支配土地所有权

伍家的田地都是继承而来,不存在租种的情况。虽然在1949年买了20亩田地,但由于拥有时间太过短暂,还没来得及长出一季粮食被收走,所以可以不计入伍家所有土地之内。伍家不存在土地典当、土地置换的情况。买土地时会讲究一定顺序,首先会寻求离家位置近的田地,由于伍玉光在本村没有找到可以买的田地,所以去隔壁村买田地。买田地时,买卖双方需要同时到场,伍玉光需要亲自测量土地,然后确定是否为20亩。会请中间的介绍人到场见证,为买卖两方做好沟通协商。测量完毕之后,中间人需要写契约,写明买卖双方、买卖东西的数量、交易数额,然后双方按下手指印即可,契约一式两份,买方与卖方各保留一份。最后,买卖双方根据契约的内容,实行交换,伍玉光当时给的是现金,用一个小箱子装好。所有程序结束之后,买家伍玉光需要请中间的介绍人吃一顿好酒好菜,再支付一定的报酬作为感谢金。1949年以前,买土地需要慎重考虑,因为土地非常值钱,所以价格很贵,一般的小户家庭无力支付。而伍家有充足的收入,加之家中人口增加,所以决定买田地。

在此次买土地的活动中,伍玉光是实际支配者,不用请示四邻、族长,买田地是自家的私事,伍玉光事先和父亲伍庆开商量过,征得伍庆开的同意,伍玉光认为这个决定是正确的。买土地时,伍玉光和妻子梅家碧商量过,但是决定权还是在伍玉光手中,女性也没有太多发言权,伍玉光完全可以根据自己的想法来确定是否听取家人意见。父亲伍庆开年轻时非常能干,将家里的田地经营得很好,即使在伍玉光成年之后他不再当家,但是伍玉光遇到很多事情还是会请教父亲。伍家也有家长不在家的时候,伍玉光外出给别人看病的期间,家里的外部事务由父亲伍庆开出面解决,内部事务则由内当家梅家碧处理安排,买土地算作大事,必须得外当家伍玉光自己回来后决定,其他人不可以擅做主张。其他家庭成员例如伍成修、伍伦修、伍云珍都不会有反对意见,偶尔可以提自己的想法,但即使发言也不起任何作用。

6.偶有侵占情况

伍家所在的村庄,每户人家对自家所耕种的田地都有强烈的保护意识。一方面体现在实物标志上,田地与田地之间都设有划分的标志,诸如田坎和界石,这些是对田地产权属于自己家庭的宣告,只要一经确定,任何人都不得越界,否则会被当作是一种侵犯。伍玉光家里有15亩田地,他在每一块土地上都设好了明确的边界。另一方面体现在实际行动上,大家对自己田地的界限情况十分关心。每年栽秧之前,大家都会每天关注水田的田坎是否正常,既要防止别人挖多田越界,又要防止田坎被挖垮而漏水,栽秧时会再三检查确认田坎的泥土。

每户人家都有自己专属的田地,即使没有田地的农户也会去想办法租种大老板家的庄稼。一般大家都是在自己的田地上耕种,不会刻意侵占别人的田地。其他人出现侵占越界的情况,也不会请伍玉光这个甲长帮忙说理,大家都是私下处理。一个村的村民彼此都了解,对于哪一块田地是谁家的,大家都心知肚明。1949年以前,土匪和小偷比较猖獗,伍家被小偷盗窃过一次。小偷一般会在晚上出没,白天主要用来摸清不同人家的经济情况,了解清楚后才会行窃。村里的大户和中户人家更容易被盗,因为家中田地多、房子面积大,家里会有存粮,田地里也会有作物可以盗取。虽然伍家喂养了一条狗,但是晚上被拴在猪圈外面,并不能监看远处田地的情况。小偷手里会有枪,即使遇到也不敢与其正面冲突。伍家在靠近元宝河的土地里,种了一亩的土豆,当时恰好土豆全都成熟,晚上疏于戒备,伍玉光也没有派人去守着。结果伍云珍和梅家碧一大早去地里挖土豆的时候,发现那块土地被翻得很烂,一亩土豆全都不翼而飞。这之后只得重新撒种子在土地里,并且加强了看管,每晚睡之前请家里长工雷自居跑到田地边看一下。有时候半夜睡醒,伍玉光也会自己去田里查看。伍玉光当上村里的甲长之后,无人敢惹,便再也没有出现过被侵占的情况,因为甲长有一定权力,他们平时还得受甲长管制。

(二)家户房屋产权

1.低矮草屋功能俱全

在1949年以前,除了个别很有钱的人家住的是瓦房,其他农户都是住草房。伍家的草房宅基地面积在两百平方米左右,自家居住房屋的建筑面积大概有一百平方米。房屋是比较方正的,中规中矩。伍家的房屋结构比较普通,但修得牢固,面积一般大,基本上也够住,不像贫苦人家住得很拥挤,也不像大户用好的原材料。村里大户人家的房屋,是用青瓦盖的房顶,像四合院的形式,东、西、南、北四面都会有房间围起来,各个房间是彼此独立的,有墙壁隔开,两边修有走廊,便于在屋内穿行,房屋的中间会有一个内部庭院,可以在里面种树、喂鸡喂鸭。最差的房屋,既没有办法遮大雨,没大门也没有窗户,这种也是少数情况。房间内属于伍家的专有空间,外部人员未经同意不能进入。"扬尘灰灰满天飞",每年过春节之前要大扫除,全家女性成员都得打扫卫生,其中一个环节是扫扬尘。草房子里的灰尘很厚,打扫完之后,身上都会沾满灰,当地夸张的说法是"在草房里扫完扬尘之后,全身只剩两个眼睛能认出来"。

伍家的房屋布局分明,不同房间的功用不同,大概一共有八间,分别包括一间"堂屋"、一间"灶屋"、一间猪圈、一间专门供奉菩萨的小黑屋、四间卧室。厨房修在客厅的右边,猪圈修在客厅的左边,小黑屋挨着猪圈,卧室在客厅的后面,四个卧室并列一排。有三间分给家中的三对夫妻,其中一间卧室给伍庆开和李祥芳用,一间卧室给伍玉光和梅家碧,另一间卧室给伍成修和王会羽,最后剩下的一间由伍伦修、伍云珍和伍林珍三兄妹共同使用。由于房间不够用,所以伍玉光安排长工睡在猪圈上方,在猪圈上搭一个木板和竹条编织的床板,可以睡下一个人,不足之处是和猪待在一间房里,味道比较臭。如果家里来客人,会把三兄妹用的那间房屋挪给客人,不能亏待客人,三兄妹在粮仓上搭两块木板睡觉。

2.定时翻修的伍家老房

伍家的房屋是继承老一辈而来的,伍家祖上一直在元宝村居住,后来伍庆开在麻头岭山下修建这间草房,大概修于一九零几年。从伍庆开到伍玉光再到伍云珍,草房连续居住三代人。这座草房不是祖屋,伍家的祖屋很破烂,没法住人。伍庆开修建草房的时候,伍玉光还未出世,家里人口不多,当时只修了4间,请了工人来帮忙,也花了不少钱。伍玉光成年娶妻之后,家里人口逐渐增加,4间已经不能满足居住的需要,所以又新修建了4间房。请木匠、石匠、几个短工和村里的亲戚来帮忙,亲戚和短工负责砍树、搬树、搬枯草、找泥巴等杂活儿,木匠自己带了工具,他负责将树弄成合适的木板,石匠则负责打地基。

伍家草房的门是"篾条"①门,伍玉光用竹条编好之后,再在"篾条"门上敷一层厚厚的泥巴,泥巴干了之后既可以起到固定竹条的作用,还可以挡风,因为竹条本身比较稀疏,十分简单。再用小树枝撑着窗口,留一个小洞,当作窗子。草房子里很黑,以前没有电灯,加上窗子太小,屋内没有足够透光的空间,家里全靠点桐油灯和煤油灯照亮,桐油是用桐子树上结的果实即桐子来出油。墙壁是用泥巴筑上去,中间需要两个木板隔开。草房修得很低,大人需要弯着腰进去,也得弯着腰出来。之所以修得不高,一方面是因为修得越高,所需的材料越多,而家里的竹子和其他树都比较紧缺,家里也没有太多钱。另一方面是因为房子根基不稳,地基不牢固,如果修太高,吹大风的时候容易将草房掀倒。房顶盖得很简单,先是用绑在一起的木块和树枝,将房顶铺平,然后在上方放置枯草和麦梗。伍玉光会隔三年翻修一次伍家的草房,如果不翻修,房子住着会漏雨。家里的地面是泥巴地,淋湿之后走路容易滑倒,而室内潮湿之后也不利于粮食的储存。

3. 全家同住草房下

伍家在分家之前,全家都住在一个屋檐下,同吃同住。伍家认为房屋属于全家人,不属于单独的某一个人,也不属于伍家家长。伍家房屋没有和别人家共用的情况。八间房屋中,有三间卧室住了三对夫妻,归小家庭使用,是小家庭专属,其他家庭成员不可以使用和居住。有一间卧室由伍云珍、伍林珍和伍伦修共同使用。厨房、客厅、茅坑、猪圈都是全家共同使用。供奉了大菩萨的那间小黑屋,只有信佛的伍庆开一人可以使用。除了小家庭的那三间卧室,其余房间在使用次序上和使用权利方面,没有固定的顺序差别。

伍家的房屋只有部分成员有份,不是全部人都有份。伍家的家长伍庆开和李祥芳有份,伍家儿子伍成修与伍伦修也有份,未出嫁的女儿伍云珍则没有份,因为女儿终究要嫁出去,是别人家的人。未成年的儿童伍林珍也同样没有份,嫁进来的大儿媳妇王会羽有份。伍家认为相对于个人,在没有分家之前,房屋应该属于全家人所有,不应该把房屋的所有权分配到每个人。因为未分家时,全家人都生活在一起,对于房屋更有保护和团结的意识。而分家之

---

① 篾条:土话,是指"竹条",把竹子劈成一条一条的,然后用来编织。

后,应当把房子划分到个人,划分明确更有利于小家庭内部的和谐。

4."阳沟"清晰,无边界之争

伍家的草房子修在麻头岭下,由于此处风水好,所以伍家附近居住了很多农户,不是单家独户。周围有邻居,伍家草房与邻居的房屋以"阳沟"①为界。"阳沟"也叫"明沟",是指露出地面的排水沟,专门用来排家里的废水,以及下大雨时多余的雨水。每户人家的房屋外面都有一条"阳沟",修建房屋之初需要挖好,有一定深度,明显可见,这条排水沟成为与邻居的分界。四邻不能越过房屋的边界修建房屋。

伍家草房归伍家家庭成员使用,外人未经同意不得随便使用。进入伍家房子,需要提前和伍家成员商量好或者打声招呼。关于房屋的继承权,只有部分成员才享有,伍云珍和伍林珍均没有份。分家之后,各自的小家庭,会居住在所继承的房屋里,像伍玉光和梅家碧住在一起。伍家对自家所居住的房屋有清晰的心理认同,能够明确区分自家和别人家的房屋产权,不会容忍别人侵占自家房屋。元宝村没有出现过侵占房屋的情况。

伍家的房屋由外当家伍玉光负责修建和维护。由于家里人口增多,房屋不够住,所以家长伍玉光决定扩建草房,需要和父亲伍庆开商量,外人不能干涉。修建所造成的花费,全部由家长伍玉光支付。修建之后,家长还要负责维护房屋。房顶上的枯草一年就会烂掉,麦梗则可以维持两三年。枯草烂了之后,只要一下雨房子便漏水,会出现"外面下大雨,屋内下小雨"的情况。伍玉光每年都需要检查房顶,把需要维修的地方重新盖好。父亲伍庆开不会过多干预,最多提一点建议。

5.家长实际支配房屋所有权

伍家的房屋是从伍庆开那一辈开始修建的,伍玉光继承下来并居住。家里的房间只够自己家的成员居住,不会把多余的房屋出租或者典当给他人。村里也不存在买卖房子的现象,土地比较空旷,人少地多,村里有一定荒地,谁家需要建房可以选择在合适的空地上修建。祖屋不可以卖,否则会被当作对祖先不尊敬,即使伍家的祖屋后来没有人居住,伍家人也绝不会卖它。对于专属于小家庭所有的房间,家长伍玉光拥有决定权,家长可以任意支配小家庭居住在哪一个房间。伍玉光安排伍成修和王会羽单独住一间房。

伍家在修建房屋的时候,家长自主决定,不需要告知四邻和保甲长,这算是家里的私事。伍庆开修建草房之后,请了村里的亲戚朋友来家中吃饭。一是想庆祝,新房子热热闹闹的,意味着在此扎根,二是想通过请吃饭,让大家知道伍家已经落户于此,串门也更方便。其他家庭成员在修建房屋的活动中,不能发挥支配作用。伍庆开作为家中长辈,只能提意见,有足够的话语权,但是不能做主,毕竟家中的经济大权掌握在伍玉光手中。

6.房屋产权不容侵占

伍家祖上在元宝村定居已有八代,算是村里的老户,与村里其他人相处融洽。伍玉光乐善好施,经常看完病之后不收药费,作为甲长也不曾剥削村民,加上伍家是医学世家,外人对他们都很尊敬,所以外界对于伍家的房屋产权是认可态度。村里小户人家的房屋更容易被侵占,特别是佃户,由于租种了大老板家很多田地,拿不出适当的租金,房屋便作为抵押被大老板收走。无论是宗族族长还是政府,都不存在强行买卖、租用、置换的情况。

---

① 阳沟:土话,在当地是指排水沟。

(三)生产资料产权

1.农具和牲畜基本配备齐全

在1949年以前,伍家耕种了15亩田地,而生产农具和牲口的数量都会影响农业耕种,为了生产更方便,伍家的各类农具基本上都置办齐全。伍家的大型农具有一个耙、一个犁、一个拌桶,还有一头牛。元宝村的农作物是以水稻为主,当地大部分土地都是水田,收水的时候要用"泆水斗"①,伍家有两个"泆水斗"。之所以不用水车,是因为当地没有人会制作水车,所以只能用人力来手动收水。耙是用来挖碎土的,形状是长方形,耙架上装几把铁刀片,刀片滚动会将泥土切碎。伍家小型农具有:锄头、镰刀、铁耙等。镰刀又称为割刀,呈月牙状,刀口有斜细锯齿,尾端装木柄,用以收割稻麦。分大镰刀和小镰刀两类,家里小孩子和女性一般是用小镰刀割草。锄头属于万用农具,锄头可以用来除草、翻土,不管要种哪一种农作物,都一定要先用锄头来松土、翻土,才能种植农作物,所以锄头对农人来讲尤其重要,没有锄头翻土,不能种植农作物。锄头也可以除草,每个季节都会生长一些野草,每过一个季节要除草整理一次,尤其是春季,小草会长得特别旺,所以清理的频率比较高,总之,锄头是对农人最重要的工具。锄犁铁耙这一套农具,每家每户都需要置办齐全,否则做农活儿不方便。

伍家没有交通工具,村里也不存在使用马、驴、骡的情况。犁田的时候需要用牛和犁,犁和牛一起配套,有牛便有犁,都算是大型农具,一般人买不起。伍家还喂养了十多只鸡、十多只鸭和两头猪。一般都是早上和晚上喂,鸡和鸭都是散养的,早上丢几把谷子,然后在水盆里面放满水之后便不用管,鸡吃了之后自己会再去找吃的,晚上再丢谷子在笼子里让鸡回笼。以前的笼子也很简陋,用编制过的竹条围一圈便算一个笼子。鸡和鸭生的蛋一部分伍家人吃,一部分拿到市场上去卖。养猪期间专门修了一间猪圈,每年喂两头猪,能遮雨、保暖,梅家碧每天割一背篓红薯叶子,还有各种野菜,煮熟之后放两把糠②在里面,混合均匀之后喂给猪吃,有时候喂两顿,有时候喂三顿。具体的喂养事宜由内当家梅家碧安排,伍云珍长大之后也会帮着喂鸡鸭和猪。

2.小型农具请人制作,大型靠购买

伍家的小型农具诸如锄头、镰刀、铁耙和"泆水斗"都是请人到家中制作,伍家家长不会制作这些农具。伍玉光会事先砍好树,因为很多农具都需要用到木材。诸如犁,犁是以牛在前方牵引,用于翻土,其中的犁铧、犁壁为铁制,其他的都是用木制。锄头是找木匠制作,它刀身平薄而横装,用于耕种、除草、疏松作物周围的土壤。在收获、挖穴、作垄、耕垦、盖土、筑除草、碎土、培土的活动中皆可使用。锄头是一种长柄农具,伍玉光请人制作,镰刀则需要找铁匠打,伍家有七把镰刀、五个锄头。制作一个犁要一整天,一个锄头需要三个小时,一把镰刀需要两个小时。大型农具诸如耙、拌桶,由于体积大,所用材料多,制作耗时较长,一两天都置办不好。而农忙时节抢时间,越快越好,不可能专门耗时等待,所以大型农具一般都是在匠人那里提前买好,伍家是由家长伍玉光赶场的时候去买这些农具。耕牛是伍玉光是在村里的伍开华那里购买,伍开华家里喂了好几头牛,专门拿来卖钱。除这些常用的农具,其他使用频率稍小的农具诸如风车,可以用来转稻谷的外壳,一般是三户或者四户合用一台风车。因为经常

---

① 泆水斗:当地一种容器,用来盛田里的水。

② 糠:谷子的外壳,磨碎了之后就是糠。

都要用农具,如果总借别人的不方便,凡是有能力购买的东西,伍家都会购买齐全。

3.全家共同使用

伍家认为家里的农具属于家庭所拥有,家中每个人都有使用的权利。伍家不存在和别人共有生产资料的情况,自家没有的生产工具,伍玉光会花钱置办好,尽量让农具齐全。这些生产资料不单独属于家长,因为它们是由全家共同使用。家里的牲畜也是只归伍家所有,其他人不能随便借用。农忙时需要用牛,邻居会跑来伍家借牛,必须要提前一天和伍玉光商量好,避免和伍家以及其他人家重合。如果牛没办法借给别人,伍玉光会说清楚,邻居不会在未经得同意的情况下把牛牵走,大家彼此之间还是会讲情面的。还牛的时候,借方需要割一背篓草到伍家。需要借农具的时候邻居也要提前说,有时会帮伍家干点农活儿。伍玉光认为都是乡亲,不用计算太清楚,借农具不会收钱。

伍家的生产资料和牲畜只有部分成员才有份。虽然这些生产资料属于全家所有,但是只有儿子伍成修与伍伦修有继承权。未出嫁的女儿伍云珍和伍林珍都没有份,嫁进来的媳妇王会羽有份。常住在家里的其他非家庭成员,即长工雷自居没有份,只是在家中帮忙,他毕竟不是自家人,没有资格享有。伍家认为在未分家之前,生产资料相对于个人来说,应该属于全家人所有,不应该将生产资料分配到具体的个人。因为大家住在一起,需要一起劳动一起使用,属于全家人所有会促进大家团结的想法。如果分配到个人,会造成生资料的分散,而集中在一起的时候更好利用和分配。家长伍玉光比其他家庭成员在生产资料的所有权上更有权力,因为伍玉光需要管理好家中的农具,发现缺少的他会尽快买回来,有人来借农具时,他也是出面者。

4.家长为主导者,其他人服从

伍家在生产资料的购买、维修、借用等活动中,实际支配者一直是伍家的外当家伍玉光。购买生产资料时,伍玉光会根据家中的实际情况来进行挑选,伍家的大型农具,诸如犁、耙,专门选在农村赶集的日子去购买,有时候大型农具太重搬不动,伍玉光会叫上大儿子伍成修和二儿子伍伦修一起帮忙。如果家长伍玉光不在家,出门到外村去给别人看病,这期间对于是否购买生产资料则由内当家梅家碧决定;如果梅家碧无法做主,可以找父亲伍庆开商量,伍庆开经验足,所说的话、所提的意见也能起作用。买牛的时候,伍玉光和内当家梅家碧商量过,因为买牛所花费的不是小数目,需要梅家碧提前准备好相应数量的钱。

在维修生产资料活动中,家中每逢有生产农具用坏,都是伍玉光来安排。例如锄头生锈,需要去铁匠铺子里或者铁匠家里,重新加一块铁,否则生锈的锄头根本挖不动地。如果是锄头用断,便需要找木匠,重新给锄头换一根木手柄。平时都是伍玉光负责保管各类农具,他知道哪些农具需要维修,哪些农具需要更换。维修生产资料所产生的费用也由伍家承担。在生产资料的借用活动中,一般都是其他人家来伍家借农具,因为伍家农具比较齐全,而且伍家跟村民关系比较亲近,邻居都愿意来借。如果伍玉光在家,便由伍玉光出面交接,如果伍玉光不在家,家中的其他成年人诸如梅家碧或者伍庆开决定,小孩子不可以决定。借给别人家的时候,需要讲清楚借用的时间以及还农具的期限。在生产资料的共用活动中,伍家与周围的三户人家一起用一辆风车,风车是专门用于转稻谷的外壳,将稻谷变成米。他们这几户人是在商量之后买的风车,不需要请示宗族族长、四邻等外人,自己决定即可,风车是大家轮流用。

无论是在生产资料的购买、维修还是借用活动中，外当家伍玉光都有绝对的权威，他说话算数，掌握着完全的决定权。伍家其他成员无需干涉，除非在伍玉光无法做判断的时候，内当家梅家碧可以协助解决，父亲伍庆开也可以一起出主意。母亲李祥芳基本上不管家中的事务，从不插手伍家的任何决定，她也没有能力管。家中子女伍成修、伍伦修以及伍云珍也只能听从安排，不可以擅做主张。在维修和购买生产资料时，如果伍玉光一个人拿不走，会找家里子女一起帮忙搬。

5.有借有还，无人侵占

在元宝村，大家都坚持"有借有还、再借不难"的说法。每家每户都知道自己家里农具和牲畜的数量，外人不可以随意侵占，不能强行买卖和借用。伍家的生产资料没有出现被人侵占的情况，邻居家来借伍家生活资料的时候居多，邻居和伍家关系较好，彼此之间有人情在，不存在借了不还的情况。伍玉光把家中的农具都放在房内的固定位置，每次有人来借农具，伍玉光便去取出来。别人家也不会知道伍家存放农具的位置，不可能自作主张拿走，未经同意的情况下是不能借的。假如邻居想要借的农具，刚好伍家这几天也想要用，那便先满足伍家自己需要，并与邻居家商量好，过几日再来拿。有一次，邻居借了一把锄头和一个铁耙，结果用坏了，归还锄头和铁耙的时候，伍玉光虽然发现了却并没有让他们赔钱。伍家认为借给别人用是在做善事，算是积德，东西用久有磨损也很正常。借牛便不一样，牛需要喂饱才有力气犁田，邻居把牛借过去之后，需要负责割草把牛喂饱，还牛的时候还得一背篓草倒在伍家养牛处。

（四）生活资料产权
1.生活用品基本齐全

（1）晒场

1949年以前，伍家有专门的晒场，位于草房的大门前方，也被称作院子，面积不算大，全都是土泥巴地，用锄头挖平之后可以用来晒各种农作物。平时可以种点青菜，在院子边上栽几棵橘子树和柚子树，晒场边缘还种了两排甘蔗，主要是冬季产。夏天七、八月份，晒场用来晒稻谷，需要把那块院子碾平。必须要在太阳下晒干，才能将稻谷送进粮仓，否则会发霉。晒完所有稻谷之后，可以把这块小泥巴地挖开，重新种点小菜。

（2）水井

古者穿地取水，以瓶引汲，谓之为井。地下水往往从井中自行流出，这种井便是"自流井"。伍家的长工雷自居每天都会去水井里打水，挑几桶倒在伍家的水缸里。水缸是用石头做的，方方正正的，下周四方都有石壁堆起，上方敞开方便舀水用。另外一种水井是"田边井"，伍玉光在田边打一个洞，打洞之后涌出来的水可以用，"田干井就干"。秧田里的水也可以吃，没有那么讲究。

（3）石磨

伍家的石磨是请村里的石匠打出来的，可以用来磨面、小麦、高粱、米。石磨用两个圆石盘做成，是可以把粮食弄碎的工具。将米粒、麦粒等放入上半截磨孔内，然后牵动着磨盘，经过盘片中间的石缝碾磨，粉从下片边沿流出，落入下面的容器之中。把米磨碎之后的粉末，可以和水搅拌煮熟吃，也是"面糊糊"，伍家人经常吃面糊糊，这是比较节约粮食的吃法。还能将米的粉末裹在肉上，煮"粉蒸肉"，逢年过节才可以吃上。与石磨配套使用的还有擂子,用来擂谷子,伍云珍从小便会磨面和擂谷子。围着石台转着圈圈推,擂出来之后一半为谷壳,一半为米。碾子也是石头做的,磨后用碾子转着圈碾,碾完之后米便脱落,谷壳全在另一处。

(4)桌子板凳

桌子板凳是每个人家中都有的,无论是大户人家还是平民百姓,几乎家家户户都可以看到八仙桌的影子,它甚至成为很多家庭中唯一的大型家具,都必须具备。伍家的桌子板凳都比较齐全,全家人吃饭都是在桌子上。伍家的桌子是典型的"八仙桌",是四边长度相等、桌面较宽的方桌,每边可以坐两个人,四边围坐八人(犹如八仙),所以大家都将其称为八仙桌,是传统的家具之一。八仙桌结构简单,用料经济,一件家具仅腿、边、牙板三个部件。八仙桌使用方便,形态方正,结体牢固。

(5)柴米油盐酱

伍家煮饭所烧的柴火,是家长伍玉光和梅家碧一起去找的,家中伍成修与伍伦修也要帮忙搬运。一般是干的高粱棒子、玉米秆、枯草、野树枝等,厨房里长年都备有各种柴。生活必需品也都是具备的,每隔一段时间伍玉光会从粮仓里匀出几十斤稻谷,用磨子、风车等工具将外壳去掉,伍家的米全部装在米缸里。关于炒菜用的油,伍家有时候吃菜籽油,有时候吃猪油。有专门的人家里卖菜油,用油菜籽榨出来,价格卖得比较贵。猪油则需要自家制作,伍玉光负责去买猪身上的边油,梅家碧将猪边油放在干的热锅上,炒一会儿便会榨出油,将这些油盛出来装在碗里或者罐子里,冷却之后会变成白色的固体状。每次炒菜之前放一小团猪油在锅里即可。关于用盐,1949年以前盐资源紧缺,市场上卖盐的比较少,价格也卖得高,冬腊月间,伍家会腌猪肉,需要用盐量很大,不可能一次性买到一定数量的盐,所以伍玉光会拜托父亲伍庆开提前半个月便去买盐,每次赶场都买一点儿回家存起来。关于酱油,市场上买不到酱油,都是自己做。把小麦做成大饼,封存好之后让其发酵,最后拿出来混合着盐,搅拌均匀,再拿出去晒一晒,存放在罐子里便成了酱油。

2.少量物品需购买

伍家的生活资料基本上全部都有,完全能够自给自足。晒场是伍玉光用锄头将院子的泥巴土地进行修整而成的,门前可以用来晒谷子。水井是伍玉光找人打洞之后形成的,有丰富的地下水,伍家和隔壁的两三户人家一起使用这个水井。石磨是找石匠来制作的,邻居偶尔也借用伍家的磨子和碾子。桌子板凳部分是找木匠制作,部分是在集市上买的。柴全靠平时积累,小麦梗、苞谷梗、稻草这些燃料晒干之后都可以用来烧火。油盐全靠购买。家里的生活资料中,只有门前的晒场是继承而来,那是伍庆开修建草房时开辟出来的一块地,其余的均是伍玉光购买。

3.生活资料由家户共享

伍家的生活资料由家庭成员共同享有,因为全家人同住一个屋檐下,每天一起生活,都需要享用到这些基本的生活必需品。伍家认为家中的生活资料属于全家人,不能只属于某个个别的成员,例如柴米油盐酱等生活用品,家里每个人都要使用。伍家大儿媳妇王会羽嫁过来时,所带的嫁妆里有两个箱子,其中一个她主动拿给婆婆梅家碧用,另一个留着自己使用,王会羽留下来的这个箱子便专属于伍成修的小家庭所有。伍家的"自流井"修在麻头岭下,虽说是伍玉光所出资出力挖开,但是附近的邻居也都在此打水,和伍家共用一个水井。共用的时候是按照家庭来说明共有关系,不是按照个人来说明共有关系,大家会说有几户人在井里打水,而不是说有几个人在那里打水。

家里的生活资料不是每个人都有份,只有部分家庭成员才有份。伍家认为凡是居住在一个家中的每个成员都有使用权,因为大家一起生活,需要共同使用。但是不是每个人都有继承权,未成年的女儿伍云珍和伍林珍没有份,她们都要嫁到别人家。只有儿子伍成修与伍伦修有继承权,嫁进来的大儿媳妇王会羽也有份。长年住在家中的长工雷自居也没份。那些专属于小家庭的生活资料,其他家庭成员没有所有权,只有在征得同意之后才能使用。

4.购买维修均需家长出面

在生活资料的购买活动中,伍家是由伍玉光出面。每逢赶场时,伍玉光都会去摆个小摊子,作为看病的地点,给市场上的人看完病之后,伍玉光才会去买东西。赶场的前一天晚上,内当家梅家碧会提前告知伍玉光,家中需要购买的东西,特别是油盐一类。有时伍玉光外出看病,走得比较远,梅家碧会拜托父亲伍庆开去赶集。购买生活资料属于自家的私事,无需告知四邻以及家族,他们也无权干涉。

在生活资料的维修活动中,也是由家长伍玉光安排,他需要和内当家梅家碧商量,因为维修这些东西需要花钱。梅家碧会提前准备好大概的维修经费,维修所产生的费用均由伍家承担,不会由个别成员支付。也不需要告知四邻和族长,完全由自家处理。伍玉光出诊时,可交由父亲伍庆开安排。有一次,家里的板凳坏掉,伍玉光不在家,伍庆开便亲自去请木匠到家中,等伍玉光回家时发现板凳都已经被修好。

在生产资料的借用活动中,伍家很少会向别人家借用。因为伍玉光经常给别人看病,可以赚取一些额外的收入,家里缺什么,伍玉光都会花钱置办好。一般都是村里其他人到伍家来借生活资料,如果是借盐,借方会拿一只勺,用他家的勺盛满即可,归还的时候也需要拿一勺的盐。除非是家里办酒席,请亲戚朋友到家中来吃饭,桌子板凳以及碗筷都不够用,伍玉光会去邻居家借。家长出面借更好,还须当面清点好数量,用完之后清洗一下再归还。

5.外界认可保护

元宝村村内其他村民承认伍家对生活资料的产权,如果需要借用或者是买卖伍家的,应提前与伍家当家人伍玉光商量,同意后即可使用。伍家的生活资料经常外借给邻居以及村里其他农户,但是村内的人都不会随意侵占,借了也会及时归还。伍家所在家族也不会随意侵占伍家的生活资料,家族内其他成员不会在当家人未同意的情况下买卖、借用伍家的生活资料。如果被外人侵占,可以向家族寻求保护,族长也会出面解决。没有出现过县乡政府随意侵占伍家生活资料的情况。即使被外人侵占,县乡政府也没法管,因为距离较远,也不发生直接接触。

二、家户经营

(一)生产资料
1.半数劳力不够用,家有长工和短工
(1)劳动力无法自给

在家庭生产的过程中,劳动力对于家庭的发展起着至关重要的作用,离开了劳动力,不可能创造任何东西。1949年以前,伍家有6个劳动力,将有劳动能力且参与家庭生产的成

员,都算作是伍家的劳动力。分别包括伍玉光、梅家碧、伍成修、王会羽、伍伦修和伍云珍。伍庆开和李祥芳算是家中的老人,李祥芳腿脚不便,很少下床,自然没法参与家庭生产。伍庆开身体状况也一般,做不了太多农活儿。其中梅家碧、王会羽和伍云珍是女性劳动力,她们平时必须参加家庭生产活动,如果不参加,会被家长伍玉光批评。梅家碧作为内当家,会给王会羽和伍云珍都安排活儿干,王会羽会帮着择菜、做饭、烧柴火、喂猪喂鸡、晒谷子等等,伍云珍在很小的时候便开始出去扯草、捡蘑菇、捡"地见皮"①、喂牛等等。除非是女性成员怀孕,可以减轻劳动量,生孩子之后的四十天坐月子,也不用参加劳动。或者家庭成员生病身体不舒服,生病休养期间也不用做农活儿。伍玉光、伍成修则是主要劳力,像耕田和犁地这类重活儿,他们都要参与。家里的伍林珍由于年纪太小,还没有劳动能力,所以不参加劳动。

(2)农闲时请长工

1949 年之前,伍家有 15 亩田地,自家劳动力完全不够用。一方面是因为自家缺乏主要劳力,虽然家里有六个劳动力,但是其中三个都是女性劳力,还有一个男性成员还未成年。算下来只有两个青壮年可以下田下地做重活儿。另一方面,伍玉光并不是仅仅务农,还有副业在身,每次赶集的时候都要去集市上给别人摆个小摊看病。加之本村和外村都有人,不定时地来找"伍先生"去给他们家人看病,不能全心全意照看庄稼,所以伍玉光请了一个长工在家里,长工是本村的雷自居。

平时农闲,一个长工便足矣,雷自居比较年轻,体力不错。雷自居的父亲和伍玉光之父伍庆开曾经一起学过医,后来雷自居的父亲半途而废,之后继续务农。雷自居家中田地太少,不能养家糊口,所以出来帮别人家干活儿,解决温饱的同时还能挣一点工钱。伍玉光在知道雷自居家长与自家是熟人之后,决定请雷自居。长工一日三餐都在伍家吃,和伍家家人吃的差不多,雷自居住在较远的山上,所以住宿也在伍家,方便给伍家干活儿。每年干完之后,会给长工结工钱,一年一结,内当家梅家碧会给长工做一套新衣裳,伍玉光还会多送一块肉给雷自居。伍玉光请长工不需要和其他人商量,大家都希望有人到家里帮忙干农活儿。

(3)农忙时请短工,兼有换工

农忙时候一般是指四月间的栽秧和八月间的打谷子。四月需要抓紧时间栽秧,伍家拥有一定数量的田地,需要在好的时机全部栽完,会请几个短工来帮忙。打谷子的时候也需要抓紧,等到稻谷变黄,得赶快打谷子,趁着好天气把谷子晒干。短工一般也是本村的人,隔得较近,方便连续几天都在伍家做事。

有时村里每家每户都在抢收抢种,很缺劳力,一个短工都雇不到,伍玉光会到隔壁村去请人帮忙,或者在赶集当天去请一个"班子"。这个"班子"里有五到六个人,都是劳动力较好的年轻人,专门给别人家打谷子,农具也齐全,效率很高,但是收价也很高,所以一般只有大户人家才请,伍家实在请不到劳力的时候才会去请班子来帮忙。因为打谷子需要一套流程,劳力越多越好,人少了便不行。除了请长工和短工之外,伍家也会与邻居家里换工,当地称为"换活路"②。伍家给邻居家帮忙几天,邻居家也会相应给伍家帮忙几天,双方会提前商量好帮忙的天数和具体日期。无论是长工、短工、班子还是邻居,在伍家帮忙,帮忙的当天都会在伍

---

① 地见皮:是一种野草,比较肥沃,扯来之后丢在田里,可以适当增肥。

② 换活路:就是换工的意思,活路为土话,指农活儿。

家吃饭,伍玉光提前告知梅家碧需要准备几个人的饭菜,需要把别人招待好,一般是吃四顿,早饭、"过午"①、中午饭和晚饭。

2.伍家自有 15 亩田地

1949 年以前,伍家自有土地面积为 15 亩,均是继承父辈而来。伍玉光成年结婚之后,伍庆开将这 15 亩田地全部分给了儿子伍玉光。这些田地完全够自家耕种,伍家从未租种过别人家的田地。伍家的 15 亩田地超过了自家耕种能力,因为家里劳力不够用,缺乏能做重活儿的主要劳动力。但是人口较多,粮食需求也大,家里的田地够吃,所以没有出租给别人,而是选择请一个长工在家帮忙做农活儿。当时如果要出租土地,佃户是很好找的,村里还有隔壁村很多人家都是"写田户"②,每年到处租种田地。本村一个杨氏家的家长,由于家里土地不够耕种,靠租种大老板家的土地为生,不过生活实在艰难,曾来问过伍玉光,是否愿意将自家田地租出来,还表明自己对租金的态度。当时伍玉光表示了拒绝,因为家中田地自给自足,还刚好会有剩余粮食,将其储存下来便于应对天灾人祸,不想租给其他人家。

3.耕牛靠购买,邻居常讨用③

在 1949 年以前,伍家喂养了牛、猪、鸡、鸭等牲畜。其中只有一头牛,是伍玉光去集市上购买而来,牛的数量比较少,价格卖得很高。伍家每年喂养两头猪,一头卖给村里的屠户,另一头自家留着吃。屠户会挨家挨户询问,如果要卖,直接根据称的重量算价钱,伍家交猪之后便能收到。另外一头猪,梅家碧会把他们分成块状,用很多盐腌制熏成腊肉,因为以前新鲜的肉不方便保存,而腊肉可以存放一年之久。这些牲畜平时都是梅家碧和女儿伍云珍一起喂养,大儿媳妇王会羽嫁进伍家之后,也需要负责喂养牲畜。

关于耕牛,伍家经济条件还不错,所以有能力购买,邻居家买不起,每次都要来"讨用"伍家的耕牛。伍玉光为人和善,也很注重与村民间的情谊,只要有人来借,伍玉光基本上都会同意借出去。邻居家离得很近,并且邻居家的田地和伍家的也是挨着的,所以邻居来借用的情况更多。每次都必须同伍玉光商量,伍玉光作为外当家更有话语权。一般借牛借两三天,农忙时大家都要耕,只能借一天,邻居家借去之后晚上都会熬夜犁田。借牛不需要拿钱,也不用人力来换,借方只需要负责割草把牛喂饱,吃饱草才会有力气耕田犁地,还牛的时候还要割一背篓草倒在牛旁边,每年快到耕作的时节伍家都会给牛加餐。邻居来借牛时,要和伍家家长伍玉光商量好借用的期限,如果伍家正好要用,便让伍家先用完再去借。

4.农具自给自足

伍家农具基本都齐全,完全能够满足家庭生产需要。小型农具诸如锄头、镰刀、铁耙、"洑水斗"等,这些是每家每户都会有的,因为小型农具的使用频率较高,总是借用会很不方便,加上小型农具所需的原材料也易于准备,成本较低,所以置办的难度不大。伍家有七把镰刀、五个锄头以及两个"洑水斗",伍玉光自己没有时间,加上不会制作,都是请木匠到家中来做这些小农具。制作一个犁要一整天,一个锄头需要三个小时,一把镰刀需要两个小时。伍家的大型农具有耙、拌桶、犁等,由于这些农具体积很大,所用材料多,置办所需成本高,制作耗时

---

① 过午:早饭之后,午饭之前的一顿,一般是吃一碗醪糟糟蛋。农忙的时候劳动强度大,吃点东西垫肚子。

② 写田户:靠租种别人家田地为生的农户。

③ 讨用:土话,是指借用的意思,但不会给钱,为免费借用,所以称为"讨"。

也较长。农忙时都是急用，伍玉光直接到手艺人家中去买现成的农具更方便。伍家的农具能够满足自家需要，不存在去借用别人家农具的情况，只是邻居家会来伍家借农具。大型农具比较重，不好搬，所以元宝村的人都会在本村借，伍家的大型农具被借用的次数也较多。伍玉光都会同意借出去，只要邻居能够及时归还，不影响伍家的生产安排。

(二)生产过程

1.全员参与农业耕作

(1)家长安排生产环节

1949年以前，伍家从事农业耕作，伍家的15亩田地所收获的作物是全家生活的主要来源。梅家碧喂养了两头猪、一头牛、十多只鸡和十多只鸭，伍玉光则从事副业，每逢赶集便去集市上摆个小摊，给人家看完病之后收点药费钱。不同的生产活动在家庭经济中的比重是不一样的，农业生产所占比重最大，其次是副业，伍家没有人从事手工业。在伍家，无论年龄大小，只要有劳动能力都会参与到生产过程中。男性劳力承担的生产责任更大，干的农活儿更重，女性干的农活儿则相对轻松一些。在不同的生产环节中，例如犁地、耙地、锄草、灌溉等农活，家里不同的成员，伍玉光会给其分配不同的任务。全家一年种植水稻、小麦、胡豆、红薯、豌豆、玉米、油菜等作物，水稻的种植面积最大，因为当地的主食是大米，完粮时也要交谷子。伍家的生产安排全部由家长伍玉光决定，不需要与家人商量，除父亲伍庆开与内当家梅家碧之外，其他成员不能提意见。伍玉光非常能干，思路清楚，有明确的种植安排。

(2)犁地

为庄稼能长好，每年在播种之前都需要进行翻土，这叫犁地或耕地。村里农户并不富裕，全村只有少数人家里有耕牛，耕牛严重缺乏。伍家在没有买牛之前都是用人力犁地，这是费力的活儿，人力一天只能犁一亩地。有耕牛之后，牛节省了大部分的劳动力，用根绳子一头系在牛鼻子上，另一头牵牛人拿着，与牛头并排前行，配合犁地的人指使牛的动作。驯牛耕地一般要一两个月，一两个月之后不用人牵，它自己听使牛人的口令，配合犁地。伍家一开始是伍玉光负责牵牛，请了长工之后，是雷自居负责牵牛犁地。犁过的土地要用木耙耙平磨细，之后的收成更好。耙地是用长长的耙齿把松软的土坷垃划烂，从地头一角开耙，沿地边顺行一周后，再顺地长来回一耙挨一耙地耙完。耙地时平放地上，牲畜在前面牵引，人在耙后面进行指挥。伍家是伍成修和雷自居两人合作一起耙地。

(3)栽秧

每年栽秧大约在公历四月上中旬，老人们常说："春抢日头秋抢时"，栽秧需要抓紧好时机，不然收成会减少很多。家中主要是伍玉光和伍成修负责挑秧苗，先要把水稻秧苗从秧田移植到稻田里，这一步骤是由家中男性成员完成，因为成年女性梅家碧是小脚女人，不能下田，否则会被陷在田里，其他女性成员还未成年。伍伦修虽然未成年，但是也需要帮着栽秧。伍玉光和雷自居栽得比较多，伍伦修和伍成修只能是当助手，栽少部分。栽秧需要看技巧和速度，不能栽得太密集。家中的梅家碧会帮忙抱秧苗、端茶水、送午饭。

(4)锄草

锄草的目的不仅仅是除掉草，大部分时候是为了用锄头疏松土壤。和除草相区别，锄草是为了作物能够更好地生长，以此除掉不相干的杂草，不一定非要用锄头，用手一样可以。梅家碧和儿子伍成修、伍伦修都会帮着伍玉光一起锄草，未成年的女儿伍云珍可以帮着除草，秧苗成熟之前都需要到田里扯杂草。灌溉一般是在春季,将河里的水收到田里去,让田里的土壤边松软,全靠人力,需要大量的水灌溉,但灌溉的水的利用率却非常低。

（5）打谷子

八月间,稻谷成熟的时机是农村里最忙的时候。稻子要抢着收进来,抢在雷阵雨之前割谷,趁着好天气将稻谷晒干然后进仓。割谷、捆草头(把割下的稻谷在稻田里晒干后,扎成一捆)、挑草头、打谷等等,这都是家里男性成员干的活儿,挑着草头的男人走在田埂上,都是连走带跑;属于女性成员干的活儿有扯秧、抱把子①、做饭;属于小孩儿干的活儿有抱把子、割草、放牛。全家男女各有分工,一起配合。农村里说:"人多好种田,人少好过年。"一大家人分工配合,干起活儿来也轻松一点。

2.女劳力负责饲养牲畜

1949 年以前,伍家喂养了一定数量的牲畜,主要是由家中的女劳力负责。伍家每年都会喂两头猪,给猪喂的都是苕藤、野菜,把这些野菜煮熟之后再放些糠搅拌均匀,一桶接一桶地倒给猪吃。猪的胃口比较大,每次都要煮很大一锅才够。大儿媳妇王会羽嫁进来之后,是王会羽和伍云珍一起负责喂猪,一个人烧火,一个人搅拌,之后两个人一起抬着去喂。喂养的两只,其中一只自家留着吃,另一只卖给屠户可以挣点钱。伍玉光出面负责卖猪,他知道价格的大概行情。如果病死,伍家人把它们抬出去扔掉,害怕吃了也得病。伍家还喂了十多只鸡和十多只鸭,一般是喂晒干的谷子和玉米粒,早晚各喂一次,白天的时间属于放养状态,让鸡鸭出去觅食。伍家的鸡鸭也是女成员梅家碧、王会羽和伍云珍轮流喂。鸡蛋鸭蛋以及鸡鸭肉主要是自家吃,很少拿来卖钱,假如遇上瘟疫,伍家人不敢吃牲口肉。喂牛也是一样的情况,均由家中女劳力负责,相比于其他农活儿而言,饲养牲畜算轻松一点的,适合女性劳力。伍家的牛安放在猪圈旁,有一个简陋的小牛棚。家中小孩平时有空便去山上扯草,然后回家放在牛棚边,隔一段时间还会牵出去放牛。

3.采草药为人看病

伍家没有太多祖传手艺,梅家碧会织布,她也没有传给家中女儿。梅家碧嫁到伍家之后便不再织布,伍家也没有置办织布机。平时都用钱买棉花,拿到别人家里去加工成布,自己再做衣服。伍家是医学世家,祖上很多代都是医生,伍玉光的医术是伍庆开传给他的,还熟读了很多本医书。伍玉光每到赶集那天便会去集市上,摆一个属于自己的小摊,其实只是在空旷一点的地方放两条长凳子和一个桌子,桌子和凳子主要是坐着给病人看病,平时存放在一间茶馆里,需要交一点租金给茶馆老板。伍玉光不会临时改变地点,因为大家都熟知在茶馆旁边,有一位医术还很好的伍先生给人看病。伍玉光不是专职,算兼职,因为平时没病人的时候,还是会下田下地种庄稼。每次去山上挖草药时,伍玉光会带上儿子伍成修和伍伦修,一方面是让他们帮忙挖草药,提高效率;另一方面是希望教会他们一些医术,伍玉光会边挖边介绍这些草药的名字以及功效。拿回家之后在晒场晒干,梅家碧帮忙用小绳子把草药捆起来。看病之后给病人拿的草药,需要收取一定药费,伍玉光收费都不高,这些额外的收入平时拿来补贴家用。

---

① 把子:把割下来的稻谷晒好后,先整齐地扎成一束,这一束稻谷就称为"把子"。

(三)生产结果

1.靠天吃饭,农业收成满足需要

1949年以前,伍家每年收获两季粮食,一季是小麦,一季是水稻。除此之外,伍家还种植了玉米、黄豆、豌豆、绿豆、花生、红薯、土豆等作物。不同作物的收成是不一样的,水稻大概亩产三挑,一挑为一百斤,所以一亩水稻有三百斤左右。小麦一亩产量有一百五十斤左右,红薯产量最高,一亩可以产一千多斤,土豆一亩产量七百斤,玉米亩产一百斤,豆子主要是种在田边地角,比较分散,收成有八十多斤。由于年代久远,其他的作物大概产量无法回忆。每年也会受天气因素和人为因素而产生不一样的收成。不同的年份收成变动比较大,特别是天干年导致收成很少。农作物的产量受雨水的影响较大,农村常说"靠天老爷吃饭,谷子都是天老爷出的"。元宝村的土质很好,在一般年份收成都很乐观,除家庭开销之外,还会有剩余的粮食存进粮仓。等到丰收的秋季,能看出当年收成如何。有一年,遇上天干,七、八月份的雨水很少,稻田里迟迟不能长出谷粒,水田都干得开裂,田边的水井干枯。等到雨水来临之后,谷子才慢慢长出来,那一年整个元宝村的水稻产量都很低,一亩大概只有两百斤。

伍家全家人都关心农业的收成,因为收成好才能吃得更好。伍家的内当家梅家碧也关心收成,每隔一段时间会去田里看一下。所有田地的生产活动都由伍玉光负责,作为家里的家长,他需要掌握安排全家的生活。1949年之前,家里的收成能够满足家庭的需要,即使收成不多,全家也能安然度过,梅家碧会根据收成安排生活。如果是在天干年,伍家吃得很节约,如果是收获多的年份,梅家碧把家中的生活安排得更丰富,多余的粮食一部分会被存起来,另一部分拿去卖钱。伍家认为取得的收益属于全家共同所有。

2.家畜饲养的收益

伍家每年在一般情况下会饲养两头猪,每年过完新年之后去市场上买小猪崽,买回家由梅家碧和女儿伍云珍一起喂养。伍家每年都会饲养十多只鸡鸭,能够满足家庭的需要,部分鸡鸭蛋会拿来家里吃,多出来的蛋会被伍玉光拿到市场上卖,卖的钱用来买油和盐这些生活必需品。饲养的其中一头猪卖给屠户,能卖一定钱,往往是在过年前夕,伍玉光会把钱拿来置办家里所需的年货,诸如酒、零食等。伍家每年饲养的牲畜数量在慢慢增多,伍玉光根据家里人口的情况来判断小鸡崽、小猪崽的购买数量。家中由内当家梅家碧负责喂养,女儿伍云珍长大之后,因为多了可以饲养的人力,也多了一张吃饭的嘴,逐渐增加了鸡鸭的数量。1948年的年末、1949年的年初,家中喂养的牲畜最多,那年大哥伍成修娶大嫂王会羽,家里多喂了一头猪,加起来一共是三头猪,为了在成亲前备好聘礼,伍家专门多喂养了几只鸡鸭,算下来一共有三十只左右。假如遇上瘟疫,家中牲畜容易犯病,伍玉光会将其扔掉,不敢吃肉,算作是家里的一笔损失,然后重新买少量的鸡崽来喂。

3.祖传医术可赚取收入

伍家没有人从事手工业,一方面是因为伍家没有祖传的手艺,每次家里的小型农具、制衣服所需要的布料,均是通过购买而来,伍家人自己都不会做。另一方面是因为没有时间学手艺,伍玉光自从成年之后,一直忙着农业上的活儿,并且总是给别人看病,总是出诊,自由时间很少。凡是家里需要而自己又没法生产的东西,伍玉光都可以花钱去买。四处给人看病,每次只收取草药钱作为药费,这些钱可作为其他收入,补贴整个家庭的需用。有时候病人家里拿不出钱,拿一小袋粮食,诸如一袋米、一袋豆子也都可以。伍家认为副业收入属于全家所有,伍玉光给别人看病获得的收入,都是为全家的生活而赚取,拿回来也是全家一起用。

三、家户分配

(一)分配主体

1.以家庭为单位进行分配

伍家在分配时,是以家庭为分配主体,不会以宗族或者村庄为单位。分配范围是伍家的全家亲属成员,一般是根据人头进行分配。在 1949 年以前,元宝村有一个伍家大祠堂,每年都要办"清明会"。清明会邀请所有伍氏后人去挂坟,然后聚在一起吃饭,参与的人均不用出钱,清明会有专门的田地,有人在负责耕种,每年所办酒席的经济来源是那部分田地种出来的粮食。一部分用来吃,一部分卖了换成钱之后,买一些肉、菜等其他吃的以及烧香用的纸、蜡烛和鞭炮。去吃清明会也是以家庭为单位,一家派一个代表去便可以。分配过程中,已经分家的兄弟以及单独吃住的父母不可以参与家户内部分配。在伍家内部进行分配,伍玉光之父和伍玉光没有分家,一直生活在一起,无论是吃的食物方面,还是在穿的衣物方面,同样也要享受分配。家里的长工雷自居也可以享受分配,但并不是所有部分都和伍家成员一样。

2.家长主导分配过程

伍家在进行分配时,完全由家长伍玉光主导,内当家梅家碧可以起到协助作用。在吃饭的方面,平时由梅家碧负责安排,但是需要外当家征求伍玉光的意见,伍玉光所说的必须听取。例如农忙时以及过节时,伍玉光会吩咐梅家碧煮好吃的,家里要是有客人来,伍玉光也会提前告诉梅家碧,必须好酒好菜备着。在穿衣方面,所需布料完全由伍玉光出面去购买,梅家碧负责缝制。伍玉光出诊期间,伍家在吃穿方面都由梅家碧做决定,梅家碧没法确定的时候可以请教伍庆开,全家也只有伍庆开有资格提意见,他有一定的当家经验,说的话比较起作用。除此之外,其他家庭成员在分配时都处于服从地位,即使提意见也没有用,例如二儿子伍伦修喜欢吃肉,总是要求母亲梅家碧多煮点肉,但是梅家碧不会因为一个小孩子的要求而随意安排,伍家并不会每顿都吃肉。以前肉是很珍贵的,需要等到过年过节或是家里来客人,才会多煮肉。在 1949 年之前,伍家并未分家,所以在大家庭分配之余,不存在小家庭的分配情况。家户内部的吃穿住用的分配情况,也不需要同四邻、家族请示,这些都是伍家的私事,想怎么吃穿便怎么吃穿,外人无权介入。

(二)自家成员享有分配资格

伍家在分配时,家庭里的所有成员都是分配的对象,只有本家户内的人才有资格享有分配。只限于在同一口锅里吃饭、在同一个屋檐下生活的成员,其他亲戚不能享受分配,朋友、邻居以及其他家户之外的人在一般情况下也是不可以的。除非是在外人家中办红白喜事的时候,如果请伍家去吃酒,伍玉光便需要准备一份礼物或者现钱。也曾有逃荒者到伍家门外乞讨食物,伍家都会发善心,要么是给一点粮食,要么会给家里的饭。伍家的家庭成员都能享受到家庭内部的分配,既包括家里的老年人,也包括成家的年轻人和未成家的儿童,无论是男性成员还是女性成员均能享受分配权。伍家在分配时,分配物的来源是家里的农业和副业所得,家里的农业也是伍玉光主要安排,全家人齐出力共同耕种,副业是靠伍玉光外出给别人看病,获得一点草药费,以此来补贴家用。家户之外不能作为收入的来源。伍玉光常说"红糖甜,白糖甜,不如劳动果实甜""别人给的饭能饱一天,自己劳动得来的能饱一年",意思是伍家的收入都是靠劳动所得。

(三)农副业收入分配

1.庄稼收成交税后部分自留

在1949年之前,伍家耕种了15亩田地。伍家的农业收成一般包括这15亩田地所收获的全部粮食,包括水稻、玉米、红薯、小麦等等。伍家的田地全部都是继承而来,没有租种大户人家的土地,所以不需要缴纳地租,不了解村里租种田地的具体情况,只是听说地租很高,一般人家交地租只剩下少部分自有粮食。伍家的农业收入中,有部分需要拿来交税,当地称为"完粮"。每年所交的数额都不一样,主要是根据当年家里所种植的数量来算,以家庭为单位进行征收。伍玉光作为甲长,每年秋后都要配合保长完成收税的任务,给每家每户派发一张税单,上面写明需要交的税粮以及上交日期。当时都是交稻谷,伍家认为完粮的数量不算多,一亩算下来也交二十斤左右。有句土话说"天干地起裂,国家的少不得",意思是遇上灾荒,天气干旱田地开裂,即使没有什么收成,如果上面派任务下来,该交的还是必须要交。即使交不出粮食,交钱也可以,实在拿不出钱的情况下便借钱交,不能少交。没有按时交纳的农户,伍玉光会派人跟着一起去催,并询问情况,实在交不出来的,伍玉光会帮忙一起想办法。如果传到保长的耳朵里,他的方式比较粗暴,会直接将家长关起来,等家里其他人交齐之后再把家长放出去。伍家每次完粮时都需要用两个口袋才能装下,用担子挑着去交。交税时,伍玉光不需要同谁商量,他掌握着家里所需交的数额,会安排好这件事。

2.副业收入用于补贴家用

伍家的家长伍玉光通过给人家看病可以获得一定副业收入。每到赶集那天,伍玉光会一大早起床,带着一个装了基本工具的小箱子,带上很多包草药去集市上。伍玉光将看病用的桌子凳子暂时放在一个茶馆里,每次去自己直接搬出来即可。赶集当天上午,伍玉光看病的那个摊前,会排很长的队,大家都知道伍先生医术好,并且收费不高,不会乱收病人的钱。伍玉光给病人看完病之后,会去赶集买东西,家里缺什么东西,赶集的前一天晚上会和内当家梅家碧商量一下,第二天带着钱去买。除了赶集当天去固定的地方给别人看病,平时其他人家如果有突发疾病,也会到伍家请伍玉光过去看,所以伍玉光有时候总是在外出诊。由于年代久远,伍家每年的副业收入无法具体核算,可以确定的是收入够家庭用。伍玉光所赚取的副业收入归伍家家庭所有,不是单独属于某个个别成员,统一由当家人伍玉光和内当家梅家碧保管。

(四)内当家起协助作用

1.家长禁止存有私房钱地

在1949年之前,伍家在所有分配活动中,家长伍玉光都是实际支配者。如果当家人伍玉光外出给别人看病不在,内当家梅家碧能做主,除非是不知如何处理的情况,还可以和伍玉光的父亲伍庆开商量,伍庆开说话也起作用。伍家不允许任何家庭成员存私房钱或者私房地,因为家里的钱或者田地都属于全家共同所有,家长统一安排。其他家庭成员绝对不可能会有私房钱,每顿做的饭都够吃,不会亏待谁,他们不需要再留私房钱。另一方面,因为那时经济条件限制,伍玉光挣钱也很辛苦,他希望把挣的钱都能用到最需要的地方,所以不能有私房钱。而小家庭伍成修和王会羽在未分家之前,不可以有私房地和私房钱,除非是王会羽嫁过来时带的嫁妆,嫁妆属于他们小家庭。伍家认为如果未分家之前小家庭有私房钱,会处处为自己考虑,家庭不容易团结。

2.外当家买布料,内当家亲自缝制

伍家的衣物分配一般都是伍玉光的妻子梅家碧安排。梅家碧会和伍玉光商量,每年的年末,家里每个成员都可以有新衣服,无论是大人还是小孩子,甚至在家里干活儿的长工雷自居也可以得到一套新衣服。做衣服首先需要棉花,然后将棉花纺成线,再把线织成布,梅家碧从小便会纺线织布,这是娘家人教的。但是被送到伍家之后,由于伍家没有纺线机也没有织布机,平时全靠买,所以梅家碧再也不织布,女儿伍云珍和伍林珍也不会。每次做衣服之前,直接由伍玉光去市场上买布料,梅家碧会告诉他需要买几尺布。买回家之后梅家碧便用布料缝制衣服,做什么颜色、什么样式的衣服,梅家碧都提前有打算。以前一套衣服要穿很久,穿烂后则进行缝补,大部分人的衣服都是"补疤衣服",也很少做鞋子,大人会有草鞋和布鞋,小孩子只有粗布鞋。

3.外当家可牵制食物分配

在食物分配方面,伍家每个成员都有份,一般是梅家碧亲自安排,外当家伍玉光可以提意见。由于伍家三代同堂,人口较多,所以每顿饭都是做一大锅,炒菜或者煮汤也是一大锅。梅家碧有空时便会下厨,她没空时,会安排女儿伍云珍或者大儿媳王会羽煮饭。伍玉光、雷自居和伍成修是家里的主劳力,吃得稍微多一些,用大碗盛饭,其他人都差不多,用小碗盛饭。除了吃的数量不同,所吃的种类都是一样。每个人都可以上桌子,长工雷自居也可以。平时农闲,由梅家碧随便安排,一日三顿饭,其中有一顿是稀饭,一顿是干饭,还有一顿面条,粮食紧张的时候三顿都吃稀饭。农忙时伍玉光会提意见,诸如三顿饭至少需要两顿是干饭,饭里多混合一些红薯,吃了比较耐饿,干起活儿来也更有劲儿。家里吃剩下的,可以用来喂猪,如果没煮够,先满足男性成员吃,因为男性要干重活儿,女性成员可以少吃一点儿。全家人一起吃饭时,长辈入座上席,表示对他的尊敬,分配时先满足长辈,只有长辈吃了之后,晚辈才能开始动筷子。家里所有吃的菜,都是梅家碧和伍云珍去伍家地里摘的,梅家碧做什么,其他家庭成员则吃什么,只能服从安排。

4.没有零花钱分配

对于家中子女包括伍伦修、伍云珍和伍林珍,过春节时,家长伍玉光会给他们发一点压岁钱,象征岁岁平安,这些钱不多,但是也需要上交。如果是拜访其他人家,打发给小孩子的压岁钱,子女回家之后必须交出来给伍玉光,不能私自留着。伍家的所有家庭成员都没有零用钱,其他成员不能提意见,也不能擅自决定。即使是伍家的儿子伍成修,也不会给他零用钱,大家都住在一起,生活有保障,不需要存钱去干其他事。家里未成家的小孩子也不会有零用钱,一方面是因为平时伍玉光把吃的都买回家,偶尔也会买零食让家里孩子尝尝鲜,另外一方面,挣钱不容易,小孩子不知道节约,担心他们会乱用钱,所以伍玉光不会给子女任何零用钱。

(五)根据需要灵活分配,部分成员有别

伍家在进行分配时,会考虑到全家所有家庭成员的需要,再根据家里的实际情况进行分配。每个人都会被考虑,无论是老年人还是小孩子,无论是男性成员还是女性成员,都是家户分配的对象。但是不是每个人都均等,传统的"重男轻女"思想一直存在,伍家也是一样。伍玉光更喜欢儿子伍成修和伍伦修,所以存在明显的偏心情况,分配给伍成修和伍伦修的更多一

些。其他家庭成员也不能有意见,伍云珍和伍林珍即使心有不满,但也不敢和伍玉光说明。

伍家在分配自家产品的时候,首先是满足全家吃的需求,再考虑缴纳的税粮。因为伍家15亩田地种出来的粮食完全够吃,每年缴纳的粮食加起来大概有两百斤,无论收成如何都能交上税,不存在自家吃了没有余粮的情况。排第一位的是食物分配,"人是铁,饭是钢,一顿不吃饿得慌",伍家认为只有吃饱才有力气干活儿。其次是衣物分配,以前的棉花很少,所以布料也不好买,价格比较高,每个人一年只有一套新衣服,梅家碧做衣服时,只能保证家里人穿得暖和,不讲究样式和颜色。

伍家在分配的过程中,并没有按照固定的规则,而是按照家庭成员的需要。需要多少则给大家分配多少,这个量由外当家伍玉光和内当家梅家碧控制。不可能保证平均分配,因为不同成员所需要的不一样,例如大人吃得更多、小孩吃得更少。在分配时,老人和孕妇有特权,小孩子没有特权。伍庆开是家里最年长的成员,作为伍玉光的父亲,其他家庭成员对其也是格外敬重。家长伍玉光也有一定特权,因为他是家里的主要劳力,吃得比其他成员都要多一些,农忙时还能吃四顿,一顿作为加餐补充体力。由于伍玉光是外当家,经常需要出面处理外部事务,穿得比家里其他人稍微要好一点,衣服看着很正经。

(六)分配结果偶尔有调整

在伍家的实际分配结果当中,没有用于缴纳地租的部分,大概有二分之一用于食物分配,剩下的用于衣服分配、纳税分配等等,具体的比例无法计算。家里的分配全部都是自给自足,15亩田地够多,不仅够全家吃,还会有剩余的粮食。对于已有的分配结果,伍家的家庭成员都不能提出不同意见,家长有绝对的权威。在年景不好的时候,家庭分配都会有一定调整,伍玉光建议,梅家碧实际执行,例如在食物分配的时候,相比平时需要更节约,经常吃稀饭和面糊糊,少吃干饭和面条。如果是副业收入变得更少,伍家的分配结果也会跟着变化。

四、家户消费

(一)家户消费及自足程度

1.消费水平中等

在1949年之前,伍家每年的消费没有办法具体核算,可以确定的是,由于人口较多,所以全家的花销不是小数目。伍家的消费在村里算是中等水平,收入完全能够维持消费。伍家既不像富豪家里那样消费挥霍,也不像贫苦人家那样到处借钱借粮,伍家算是能够自己满足,偶尔节衣缩食,还会有部分余粮存储,基本上不存在向别人家借粮食的情况。伍家每年都能维持,一方面是自己田地足够多,种出来的粮食能满足全家需要,另一方面是因为伍玉光经常外出给别人看病,可以获得一些收入,这些收入能补家里的空缺。即使伍家处于中等水平,伍玉光还是强调要节约,家庭消费中要勤俭节约。家里所有成员凡是有劳动能力的都得参与劳动,还会教育家中子女爱护衣服,吃多少盛多少,不能浪费粮食。

2.粮食全部为自产

伍家拥有15亩田地,这些田地所生产的全部粮食都用来自家消费。伍家不会在外购买粮食,自家种的完全足够,种类也比较齐全,包括小麦、玉米、水稻、红薯等等。红薯成熟的时候,一亩可以产一千斤,挖完红薯那段时间,梅家碧会把一部分红薯作为主食,用来混合着煮饭,基本上是少部分饭、大部分红薯。另一部分红薯被切碎晒干,弄成淀粉,既可以吃也可以拿到市场上去卖。其余时候是吃大米,把稻谷外壳去掉之后,煮成干饭或者稀饭,自家所吃的面食也是把种出来的小麦磨成面粉之后所做。即使是在灾荒年,伍家通过节约消费也勉强可以维持生活。假如遇到秋季干旱,田地里收不了水,本该丰收的水稻可能收成会大大减少。那么这一年会过得比较紧张,伍玉光和梅家碧会计划着安排当年的生活,尽量保证全家最基本的粮食需要,如果实在没法维持,伍玉光用自己给别人看病所挣的钱来购买粮食,这种情况极少发生,一般情况下伍家都不会借钱借粮。

3.部分食物需购买

伍家在食物消费中,部分可以自家生产,而部分食物则需要购买。蔬菜这一类食物,全部由自家土地生产,每天梅家碧和伍云珍都要去菜园子或者地里摘菜,诸如青菜、白菜、土豆、豌豆苗等等,不需要购买。伍家饲养了十多只鸡和十多只鸭,蛋是自家喂养的鸡鸭所生,大部分拿来吃,一部分伍玉光拿到市场上卖。伍家需要外购的是油、盐、肉。伍家虽然喂养了两头猪,其中一头猪卖钱,另一头自家吃,但是由于不能储存太久,所以全部会被熏成腊肉,一大家人也不足以吃一年,平时偶尔需要购买新鲜的猪肉。伍家所用的油既有猪油,也有菜油,全靠购买。菜油都是用油菜籽榨出的油,猪油是用买来的边油炼制而成,每次炒菜放一些,用得很节约,炼油之后剩下的边油残渣都得留着炒菜用。伍家的食物消费能够维持,一般都不存在缺口,家里无论缺什么,伍玉光都可以用积蓄去购买。

4.衣服为简单缝制而成

在1949年以前,伍家的家庭成员每年都可以得到一套新衣裳。家里的衣服全是由内当家梅家碧用针线缝制而成,由于家中没有纺纱机和织布机,所以需要的布料全靠伍玉光外出购买。梅家碧将这些布料进行大概的计划之后,依次为家庭成员缝制衣裳。做衣服时会按照先长辈后晚辈、先男后女的顺序进行。梅家碧先给伍庆开做,然后给外当家伍玉光、大儿子伍成修、二儿子伍伦修依次做衣裳,再是李祥芳、梅家碧自己、女儿伍云珍和伍林珍,最后才是长工雷自居。伍家的衣服消费能够满足自家的需要,不存在向别人借衣服穿的情况。即使家里钱不够,伍玉光也会想办法,如去山上挖草药,赶集给别人看病之后,用看病的收入去购买布料。伍家认为衣物消费也需要节约,即使穿烂,只要还能继续穿,也会让梅家碧缝补一番,有句老话说"新三年,旧三年,缝缝补补又三年",每个人穿的都是粗布衣裳。每年梅家碧要做新衣服,每个人平时都是将新衣服和旧衣服换着穿。夏天大家穿的衣服都很简陋,冬天的衣服稍微厚一些,以前的布料十分缺乏,样式简单,颜色也很单一,基本上是黑色、灰色、蓝色。如果伍玉光要出门去吃酒,或者带家里的儿子去上香,都要换上一套干净且没有太多补丁的衣服。

5.住房靠自家修建

伍家所住的草房子是伍庆开请人修建的,后来分给了儿子伍玉光。成亲生子之后由于人口增加,不能满足自家的居住需要,伍玉光将房子进行扩建,修了大概有八间草房,全家十口人一起挤着居住。伍家的房子曾经被火烧过,起火的原因归结到伍成修的女儿伍昆身上,当时她年龄还很小。伍成修的厨房里搭了一张床,伍昆烧柴火的时候打瞌睡,一不小心把柴火掉了出来,火苗烧了厨房里的柴火,顺便把床也烧起来,演变成大火,把挨在一起的两个草房都烧光。后来伍家人都搬到另一处房子里。在搬家之前,伍家全家人都住在草房子里,没有借住过别人家里,也没有把房子租给别人居住的情况。偶尔邻居家有客人睡不下,邻居家来借宿,伍家也会同意,不收取任何费用。伍庆开和李祥芳住一间,伍玉光和梅家碧住一间,伍成修和王会羽住一间,剩下一间卧室由未成年的孩子一起居住,长工雷自居住环境最差,在猪圈上方搭一张木板床睡觉。每次家里来客人过夜,伍云珍和伍林珍用的那间卧室都得让出来给客人睡,她们则去粮仓上睡觉。

6.家有先生,自备草药

伍家祖上都是医生,医术一代传一代,到伍玉光这一辈,也是靠给别人看病为副业,挣的钱则可以补贴家用。伍家自己的医疗消费不多,收入能够维持消费,伍玉光出诊给别人看完病之后会对症下药,他只收取草药的钱。伍玉光读医书能认识草药,每隔一段时间会去山上挖草药,还会带上家里的儿子伍成修和伍伦修,伍玉光会教儿子认识草药的种类。伍家每次有人生病,直接告知伍玉光,伍玉光根据家人的病情来判断用哪一种草药。只要是伍玉光能治的小病,确定之后,将所需草药直接进行熬制半小时即可,药到病除。有一个特例,伍玉光的大哥伍玉华得过一种怪病,连续发三天高烧都未退,伍庆开没能治好他,最后因病身亡,去世时才二十来岁。伍家一直都会备着草药,既是为了外出给别人看病时方便携带,也是考虑自家有人生病时可派上用场。

7.吃酒需送钱送礼

伍家每年的人情消费比较多,既有伍家亲戚方面,也有村里关系好的村民家。遇到走亲戚、随礼、请吃饭这些情况,伍家都需要送礼物或者送钱。伍家的家庭成员都认为这部分消费不可避免,大家之间都有情谊,这属于"礼尚往来"。伍家的收入可以维持人情消费,不存在借钱去送礼的情况。

过年的时候会走亲戚,初二一般是伍家媳妇回娘家,其他日子是给家里的近亲拜年,除了大年初一,因为初一是给祖先上坟的日子,需要去山上烧香。所以一般是从初三开始拜年,需要带一个熏了的腊猪蹄或者两把面作为礼物。平常时间如果亲戚家里有红白喜事,也会请伍家去吃酒,当地称为"坐席"①,伍家一般是家长伍玉光和父亲伍庆开去吃酒,女性成员很少参与"坐席"。"坐席"时需要送钱,伍玉光会根据该亲戚与自家的亲近程度来决定送钱的数量,如果是近亲,送的稍多一些,远亲则送得少一些。假如是别人家嫁女儿,家里的女性成员也可以参加,一起帮忙"唱花园"②。假如是丧葬,伍玉光便准备一捆纸、蜡烛、香以及鞭炮,送礼物之后可以少送点钱。

8.红白喜事需办酒席

伍家举办红白喜事的时候,也会办酒席,请家里的亲戚朋友聚在一起来吃酒。伍玉光的大哥伍玉华去世的时候才二十多岁,伍家人当时沉浸在失去亲人的悲痛中,加上去世时太年轻,所以没有打算大办丧礼,只是进行了简单的埋葬,也没有办酒席。大儿子伍成修迎娶王会羽,算是红喜事,那天家里客人很多。伍家的人手不够,周围邻居都来帮忙摆桌子筷子、做饭洗碗等,这些人从帮忙那天开始便可以在伍家吃饭,直到事情忙完。伍家需要雇佣几个人专门抬聘礼,当地称为"抬盒"③,还要用轿子把儿媳妇接到家里来,这些出劳力的人,伍玉光都

---

① 坐席:土话,是指去别人家"吃酒"的意思。
② 唱花园:唱"花园歌",姑娘出嫁前一夜要"唱花园",娘家的姐妹们会去送行,互相赛歌。
③ 抬盒:结婚时男方给女方的聘礼,是用大盒子装,需要两个人抬,因此称为"抬盒"。

会给他们拿钱,还请他们专门坐在一桌吃饭。办这些红白喜事所产生的花销,均由伍家承担,伍家也有能力维持这些消费。

9.有能力支付教育消费

虽然当时村里上过学的人不多,但伍家有能力支付后代的教育消费。伍家作为村里的书香门户,每个子女都接受教育,除了年龄太小还没能力识字的伍林珍。伍玉光被村里的人称作"伍先生",他自己从小读了一些书,医术是伍玉光传承下来的。家里有很多本医书,伍庆开将自己的医术教给伍玉光,伍玉光是家中唯一的儿子。伍成修读书是在私塾里,每学期给老师交一元钱,自己准备笔墨纸砚,伍玉光没有请过老师吃饭。伍家经济条件还不错,可以维持教育消费,还会有剩余的收入作为家庭成员的教育经费。伍玉光将自己的医术传给大儿子伍成修,二儿子伍伦修对医术不感兴趣,因此没有学医,只在私塾读了两年。伍玉光认为读书很重要,虽然家里的女儿伍云珍和伍林珍没有资格学医,但是他专门买《女儿经》《三字经》给女儿看,所以伍云珍和伍林珍是在家中读书,伍玉光亲自教她们识字。

(二)家户消费由本家户承担

伍家在各项消费活动中,全部都是由本家户承担,不存在由村庄或者是宗族负担的情况,所有开销都是以家庭为单位进行支付,外人无权干涉。伍家认为全家消费最多的属于粮食消费,其中一部分会用来纳税,即完粮两百斤谷子。余下的粮食够全家人吃一年,如果收成不好,伍家人会想办法省吃俭用,如果收成一般或者很好,粮食都会有剩余,伍玉光会储存部分在粮仓,卖一部分,处理的方式外人都管不了,伍家粮食消费所产生的费用也不需要外人负担。其次是食物消费,油盐肉都需要家长伍玉光去集市上购买,产生的费用也由伍玉光支付。再次是衣物消费,每年过年,梅家碧都会给家里的每个成员置办一套新衣服,先由伍玉光去集市上买布料,再由梅家碧统一缝制。

关于住房消费:在1949年以前,伍家所有成员一直都住在自修的草房里,是由伍庆开和伍玉光共同修建完成的,修房子所产生的所有费用对于伍家来说,能够承担。关于教育消费,伍家所有的子女均接受了不同程度的教育,基本上都能识字。学费是一元钱,由伍家家长伍玉光负责交钱,完全由家户承担,不存在家族或者村庄帮扶的情况。关于人情消费,伍家基本上都是由家长伍玉光和父亲伍庆开去吃酒,他们作为伍家的代表去送礼或钱。如果自家要办红白喜事,会花钱置办酒席,伍家的亲戚朋友都要请过来,其中所花费的酒席本身的钱以及请劳力帮忙的费用均由伍家自行承担。关于医疗消费,伍家成员都不用花任何钱,没有花销,因为伍玉光作为医生,可以根据病症熬制中草药。

(三)其他成员听从家长安排

在伍家,家长伍玉光是所有消费活动的安排者,支配着全家的消费。在粮食消费活动中,伍玉光会根据全家的需要以及当年粮食收成的好坏来进行安排,可以和内当家梅家碧商量,不需要告知四邻、保甲长和宗族。每年都需要完粮,交完税之后的粮食是自家的。具体如何消费余粮,完全由伍玉光决定,他会关注家里粮食的消费情况,不会去别人家借粮食。在食物消费中,主要是由内当家梅家碧来计划,她会负责煮饭烧菜,伍云珍长大之后也和梅家碧一起煮饭。每顿所需的蔬菜,都来于伍家地里所种,完全自给。鸡蛋和鸭蛋也是自家饲养的鸡鸭所下,家里所需的油、盐、肉也全由伍玉光购买。实际消费中,大家都是一样地吃,不存在有的成员先消费、有的成员后消费的说法。

伍家在衣物消费的活动中,由外当家伍玉光和内当家梅家碧共同安排。一年只有一套新衣服,每个成员都应得到满足。伍玉光根据家里的人口来决定买布料的数量,梅家碧则根据家里不同成员的情况来缝制不同的衣服,例如男性成员和女性成员的衣服不一样,大人和小孩子的衣服也不一样。如果有成员的衣服不小心被划烂,梅家碧可以为其修补。如果别人家嫁女儿、接媳妇、满月酒或是丧葬,伍玉光都会送礼物或是送钱。置办礼物花费的钱,都是伍家自家所有的。伍家办红白喜事时,也会请家里的亲戚朋友来吃酒,还需要请厨子、请帮工,买菜、肉、酒等等都是一笔花销,一般是由伍玉光亲自出马和外人交涉。请客人时,伍家男方的亲戚由伍玉光去请,梅家碧娘家的亲戚则由她自己出面请。还需要记录来吃酒的人分别送了多少钱和多少礼,以后别人家请客方便还礼。家中子女是否读书,伍玉光会和梅家碧商量,最终还是由伍玉光说了算,他会让家里的儿子都上学,学费由家庭承担,其余成员不能做决定。

五、家户借贷

(一)自力更生,借贷情况少见

在1949年之前,伍家很少找别人借贷,只有极少数的情况。有一次借钱是买油,当时伍家刚把所有的积蓄都拿去买了小猪崽和小鸡崽,伍玉光那段时间忙着犁田犁地,没有去给别人看病,所以也没有额外收入。家里的菜油已经吃光,伍玉光便向熟人借了一块钱,用于打菜籽油。在粮食方面,自己家里田地有15亩,种出来的粮食满足家庭需要,还经常会有剩余的粮食供储存,一般都是邻居来借伍家的。农民都是看天吃饭,有一年遇上旱灾,粮食产量大大减少,元宝村每家每户的情况都差不多,只能勉强维持自家生活,也没办法借,伍家全家节衣缩食,好好计划着度过接下来的日子。伍家借钱的时候是以家庭为基本单位,会说"我家要借点钱,拿去办些事情",而不是以个人为单位,因为借钱所买的东西也是拿来全家一起用。小家庭也不可以借贷,伍家不存在共同借贷的情况。

(二)家长为借贷第一责任人

在1949年以前,伍家在借贷中,当家人伍玉光为实际支配者。有一次伍家借钱,是内当家梅家碧发现家里没油之后及时告知伍玉光,伍玉光便决定立即去借钱。他亲自出面,当家人比较有信用,所以亲自借更容易借到。没有家长委托家庭成员借贷的情况,如果未经家长委托,家庭成员不能去借贷。除家长之外的其他家庭成员只能服从安排,没有借贷的资格。谁借的由谁去还,还贷时虽是伍玉光独自出面,但也是以家户的名义。

(三)小额借贷无利息

伍玉光只是向邻居家借一点钱,拿去买菜籽油,并不是大数额的借贷。这种小额借贷,不需要用东西抵押,也不需要写借条,只需向借出方的家长打个招呼,邻居一下便答应。因为伍家平时对他们帮助很多,经常借农具、粮食给他们,所以不用太多程序。伍玉光去向邻居借钱时没有利息,邻居不可能收利息,大家都是乡亲,邻居对伍家也怀有感激之心。伍玉光去外村给别人看病之后,拿了药钱便立即还邻居。还钱时由伍玉光亲自去,中间仅隔几天。

六、家户交换

(一)以家庭为交换单位

伍家在进行经济交换时,是由伍玉光安排,只有伍玉光可以决定。一般是由伍玉光和父亲伍庆开去赶集,其他成员不可以去市场,女性成员不能出远门,梅家碧负责在家里洗衣煮饭,伍云珍则需要和梅家碧一起,伍林珍太小,也不能赶集。男性成员诸如伍成修和伍伦修要留在家里干活儿,伍成修可以协助暂时管理外部的事务。所以伍玉光和伍庆开作为家里的代表去集市上进行经济交换活动。

(二)家长出面进行交换

伍家的交换活动中,外当家伍玉光是实际支配者,所有的活动都由伍玉光着手安排。伍玉光会在赶集那天,去给村里的人看病,然后收取一点草药费。这些赚得的钱,作为家里的额外收入,用来购买家中所需的生活资料。出现过伍玉光委托家里其他成员去进行经济交换的情况,伍玉光会把钱的一部分给伍庆开,拜托伍庆开去购买部分东西。除此之外,其他人均没有赶集过。

(三)赶场当天共聚集市

1.家长需和集市打交道

购置物品的时候,基本上都是在集市上进行,每逢二五八①是在有庆赶场,一四七是在元宝或者鲜渡赶场。有庆的集市是距离伍家所在村最近的集市,大概要步行五十分钟左右,鲜渡的场则较远,要步行一个半小时。以前没有交通工具,均是靠走路。每逢赶集那天,伍玉光一大早便起床,出发时天都还没亮。到集市上之后,把自己的小摊子摆好,病人隔一会儿便聚集过来。伍玉光差不多是五点左右起床,当天病人较多的情况,可能会下午两三点才回家,如果病人不多,伍玉光在中午十二点可以回家。这两个地方的集市,东西的价格都差不多,伍玉光看病收药费也是一样,不会乱收高价。伍玉光每次买油盐肉等需要的东西,都是在集市上进行购买,有人摆小摊卖这些。伍家缺什么农具,便由伍玉光去市场上购买。

2.摆摊需交"地皮费"

每次赶集,伍玉光都是尽早过去,担心自己的摊位被别人占用。伍家去集市摆小摊看病的时候,需要交一部分给外人,当地有专门的经纪负责收钱,凡是在集市上摆摊的人都需要交,这笔钱在当地叫作"地皮费"。由于伍玉光把桌子和凳子存放在茶馆里,所以每次赶集时还需要给茶馆老板拿一些钱作为存放费,地皮费和存放费都不高,只占副业收入的百分之四至百分之五。这些不可以减免,也不能不交,如果不给存放费,茶馆老板不会允许伍玉光继续存放,那么这些桌子板凳放在外面容易被别人偷。如果不交地皮费,会被经纪人赶走,经纪人会让其他能交齐费用但是没找到位置的人过来摆摊。

3.流动商贩卖杂货

当地有流动商贩,伍家与流动商贩打交道也比较多。流动商贩会挑着商品在各个村子里到处跑,一般卖盐、茶叶、皮夹子(小女孩子夹头发用的夹子)、麻花、绳子等等,都是些杂货。一般挑东西卖的商人不会在赶集当天到处挑着卖,因为村里的主要当家人都会去赶场,家里

---

① 二五八:每个月的后面日期是2、5、8的日子。

留的人很少，大家自己家里有什么需要的会选择在集市上购买。商贩们会选在非赶集的日子，挑着担子里的杂货挨家挨户问，边走边吆喝"卖杂货了哦，卖杂货了哦"。伍家只有伍玉光和梅家碧可以购买，他们两个都掌握着家里的钱，其他成员没有私房钱也没有零用钱，想买也没有办法。梅家碧给家里的女儿伍云珍和伍林珍买过扎头发的皮绳和糖果。

第三章 家户社会制度

伍家有婚姻规矩,一是不允许同姓结亲,二是长幼有序,结婚顺序必须根据年龄大小,伍家的婚姻遵循门户登对的原则。伍庆开和李祥芳、伍玉光和梅家碧都是童养媳婚姻。家长伍玉光负责家庭成员的嫁娶事项,其他成员听从安排。伍家认为多子多福,生育目的是延续香火、养儿防老。大儿子伍成修娶妻王会羽之后,家长伍玉光提出分家,因此伍家于1949年和平分家,既没有吃分家饭也无契约。伍家可继承的内容为家产和医术,伍家只有儿子伍成修和伍伦修有继承资格。伍家存在过继的情况,曾将小儿子伍贵修出继到刘家,过继的形式由伍玉光决定,出继者没有任何选择的权利。除伍家婆媳之间偶尔发生冲突之外,父子、夫妻以及兄弟之间的关系都较和谐,总体说来成员之间互相照顾;在外部交往方面,伍家与亲朋好友相处融洽,礼尚往来。

一、家户婚配

(一)家户婚姻情况

1.大部分成员已婚

在1949年之前,伍家一共有10人,其中包括三对夫妻,分别是第一代的伍庆开,妻子李祥芳;第二代的伍玉光,妻子梅家碧;第三代的伍成修,妻子为王会羽。已婚的有6个人,占到大部分。伍家没有人守寡,也没有人离过婚。除此之外,伍家其他成员包括伍伦修、伍云珍和伍林珍均未成年,没有到结婚年龄,所以都是未婚。伍玉光和梅家碧这对夫妻都是童养媳婚姻,梅家碧在未成年的时候被送去伍家。梅家碧的家里只有几亩田地,在村里算是很穷的人家,兄弟姐妹太多以至于父母亲养不活,将梅家碧送出来。梅家和伍家在一个村,有中间人介绍,伍玉光的父亲伍庆开觉得梅家碧还不错,她来伍家还可以帮忙洗衣做饭喂养牲口。

2.同姓不结亲,门户登对最适宜

元宝村内有一个规矩,不准同姓结婚。伍家也是这样,不允许自家和其他伍氏结婚,认为一个姓的便算作"自家人",自家人和自家人结婚是犯大忌,要遭天谴,会被雷公劈。本村内的可以结婚,通婚范围不限制,外村的也可以考虑。

伍家在安排婚事时,也会考虑到对方的家庭。如果是儿子娶媳妇,女方的家庭条件可以略微差一点,因为毕竟是嫁进来的,只要会洗衣做饭就好。但如果是给女儿选亲家,会对男方的家庭条件有更多要求,避免女儿嫁到男方家里受苦。伍家在村里算是中等水平的家庭,所以认为能门当户对是最好。村里的大户和大户通婚也比较多。大儿媳妇王会羽家里算是小户,伍玉光认为王会羽很勤快,家庭条件不是最重要的,伍家和王家是中户和小户通婚。家庭人口规模对婚姻有一定影响,子女多的家庭,必须按照年龄顺序来,老大结婚之后,其余兄弟

才可以结婚,否则没人能看上老大。

(二)婚前所做准备

1.父母之命,媒妁之言

伍家在1949年之前,伍成修娶王会羽进门的时候,均是由家长伍玉光做主。伍玉光和内当家梅家碧商量过,毕竟是自己的儿子娶媳妇,嫁进家门之后还得朝夕相处,所以需要好好考虑。伍家虽是三代同堂,伍庆开作为家长伍玉光的父亲,也不能起决定作用,伍庆开也常说"自己的子女自己管",伍成修的婚事完全由父亲伍玉光安排。不需要告知或者请示四邻、家族族长,这是家里的私事。家里儿子不能提意见,伍成修要听从父母之命,他知道父母会为其寻找好人家。待到伍成修成年之后,应该娶亲的年龄,伍玉光和梅家碧拜托家里的各路亲戚为其说媒,以前结婚都需要说媒,全靠媒人在男女双方之间奔波,为其做介绍,起到牵线的作用。伍成修便是他的一个表姑当媒人,亲戚说媒更可靠。

2.条件和能力作为婚配标准

一般情况下,男女双方都有标准,如果经过媒人介绍之后,双方家长都同意这门婚事,才算婚配成功。无论是男方还是女方,最主要的婚配标准有两个,一个是家庭经济条件,另一个是个人干活儿处事的能力。除此之外,其他标准因家庭而各有不同。在1949年之前,伍家对于女方的要求,首先是要有劳动能力,能够洗衣做饭、缝补衣服、照料家里。其次要看年龄,年龄宁可小,不能大,一般是要比男方小两三岁为最合适。如果年龄太大,会以为是女方有问题所以才一直没嫁出去。对于长相,没有太多要求,只要看得过去就行。对于性格方面,要求最好是听话的,要懂得贤惠。这些对女方的要求由家长伍玉光提出来,伍玉光是家里读书较多的,提的要求也都比较合理,媒人会根据要求进行选择。两人确定之后,还需要"合八字",媒人将女方王会羽的八字拿到之后,给伍玉光看,伍玉光找专门的先生来给伍成修和王会羽合八字。两人八字中只要能合上六个字,即算是非常合适。

3.结婚只为传宗接代

在1949年以前,伍家认为结婚的目的主要是为能够传宗接代,养育下一代,为自家长辈养老,也即养儿防老。在伍成修和王会羽结婚之前,男女双方都见不到本人,只能听家长和媒人说。男女双方结婚只是为延续香火,也是为整个家庭,家里增添人口,相当于给家里增加劳动力,更多人干活儿。

伍家不存在为追求个人的爱情和幸福而选择结婚对象的情况,结婚不是自己能够做主的,在伍家都是由家长直接安排好,一手包办。伍玉光不允许伍成修自由恋爱,也不允许女儿伍云珍自由恋爱,都会提前安排好媒人为其介绍合适的婚配对象。伍成修在结婚之前,不能主动和女方见面,不能靠近女方家附近,即使过路,也得绕着走。女性成员结婚前也是如此,平时不能和除家庭成员之外的男性有太多接触,否则会被父母亲教育,说成是没教养。

4.男方需准备"抬盒"

在1949年之前,结婚时男方都需要提前准备好聘礼,在当地将聘礼称之为"抬盒"。家里儿子结婚时,都需要准备"抬盒",如果家庭条件好一点,可以多准备几箱子,如果家里经济条件差,可以少准备一点。关于聘礼的要求,女方自己会提出来,为避免尴尬,不会当面与伍家进行交涉,而是以媒人作为中介,先由王家家长主动告知媒人后,媒人再通知伍家需要准备的聘礼数量。伍成修结婚当天,伍玉光请很多人帮忙,把几箱子聘礼抬到王会羽家里去。"抬盒"包括的东西种类很多,基本的生活用品有被子、床罩、两套新衣服、桌子、凳子、柜子等,还有一些吃的,诸如面、鸡鸭、鱼、猪肉等等。所有这些东西都需要准备双数,双数寓意更吉祥。结婚之前需要订婚,这是必须经过的流程,伍玉光和王家的家长约一个好日子,在家中办酒席,请家里比较熟悉的亲戚朋友来吃饭。订婚的目的是宣告家里子女快要结婚,这之后不会再有媒人上门来介绍亲事。订婚之后,男女双方不再走动。伍家和王家都没有毁婚的情况,双方都很满意,假如要毁婚,是要赔钱的,一般人家也赔不起。

(三)家长处理婚配事务

伍家在婚配的过程中,儿子伍成修的结婚方案均由当家人伍玉光决定。伍家的媒人也是伍玉光亲自安排,他拜托伍家亲戚留意合适的女子,后来伍成修的表姑成为合适的媒人。说好之后,伍玉光的妻子梅家碧,亲自去女方家里看过王会羽,了解情况之后才决定婚事。有个关于结婚的规矩,结婚前公公不能看儿媳,即使遇上也得绕路走,也不可以交谈,只有婆婆才能见。订婚成功过后,会给媒人一笔钱,作为介绍感谢费,伍家和王家都需要给。结婚当天,需要请烧菜的厨子以及帮工,主要是帮忙摆桌子筷子、洗碗等等,这些都由伍玉光出面处理,请帮工需要付工钱,找的都是村里的熟人,乡亲更乐意帮忙。

一般人家结婚请客,都不用写婚帖,直接由当家人挨家挨户去请即可。村里大户人家一般都会写请帖,署名是当家人的名字。伍玉光是村里的甲长,需要请的对象是全村的人,一家一户去请太麻烦,耗时耗力,所以在村里比较显眼的位置张贴一张大布,写明自己家里要办喜事,以及请客的日期,邀请村里的人都去吃酒。具体的婚配过程也都是当家人说了算。伍家虽然是三代同堂,儿子的婚事是由父亲伍玉光决定,而不是爷爷伍庆开决定,各管一代人。婚礼过程中,伍家除家长之外的家庭成员,都不能做主,只能听从家长伍玉光的安排。请客办酒,需要去别人家里借桌子板凳,其他家庭成员都要帮忙去搬。三代同堂的家庭里,婚礼的各种事情主要是由家长伍玉光来安排,其他人可以帮忙,但是不能擅自决定,结婚者伍成修的爷爷奶奶伍庆开和李祥芳都能提意见。

(四)婚配原则,长幼有序

在1949年之前,伍家有结婚的规矩,家中子女结婚必须按照年龄顺序来,这是祖上一直传下来的老规矩。家中最大的孩子一直不结婚的话,那么其余的弟弟妹妹们便都不能结婚。如果先让年龄小的结婚,别人会说不好听的话,会以为老大有很多缺陷,所以一直娶不到老婆,之后不会再有媒人上门给老大说媒。不按顺序来便破坏规矩,怎样都说不清。伍家是大儿子伍成修最早结婚,其次是二儿子伍伦修,三女儿伍云珍和四女儿伍林珍则依次靠后。

结婚的花费是比较多的,主要花费都是集中在置办聘礼以及办酒席请客这两方面。伍家认为结婚是一笔大花销,准备"抬盒"时,请了一路人抬。办酒席花钱更多,之前需要抬着轿子去迎娶新娘,伍玉光还请了很多人敲锣打鼓,显得尤其热闹。伍玉光作为村里的甲长,会请全村的人来吃酒,由于人数太多,需要准备的桌子、凳子、碗筷以及饭菜都是很大量的。伍成修结婚的时候,置办聘礼也是由伍玉光进行安排,请人抬到王会羽家里去。办酒席当天中午,分三拨人才吃完午饭,由于场地和桌子凳子有限,伍玉光还借用邻居的两个院子以及其他碗筷等东西。

(五)"送干女儿"

在1949年以前,童养媳在村里是很常见的。伍家有三对夫妻,其中有两对都是童养媳婚姻,童养媳在当地又被称为"送干女儿"。伍庆开和李祥芳、伍玉光和梅家碧都是童养媳婚姻。以梅家碧为例,梅家碧是被家里的父亲送到伍玉光家里去的,梅家兄弟姐妹太多,家里算是贫穷家庭,经济条件太差,生活很艰难。梅家碧是家里的小女儿,经过中间人介绍,发现伍玉光家里条件还可以,是个医生世家,梅家父亲便决定送去伍家。女孩子迟早都要出嫁,不过是时间问题,"嫁出去的女儿泼出去的水",将女儿送给别人家,还可以减轻自家负担。当时伍庆开给梅家父亲一袋粮食作为交换,大概有五十斤谷子。

童养媳没有年龄规定,只要是未成年就被送到男方家里去,都叫"送干女儿"。未成年之前,梅家碧由伍家家里提供吃的和住的,不算一家人。从被送到伍玉光家里的那天起,便需要做各种家务活儿,洗衣煮饭、饲养牲畜等等,婆家人也会使唤她。梅家碧在伍玉光家里长到十八岁成年之后,才能圆房,圆房后才算真正结婚。"送干女儿"无需写契约,一般是由中间人介绍,两个家庭双方提前要说好,然后直接由女方的家长将其送到男方家里去即可。结婚当天需要办酒席,家里的亲戚朋友都会来吃饭,"送干女儿"没有聘礼,所有办酒席的花费由男方家里全部承担。

二、家户生育

(一)三代人丁亦不多

伍家在 1949 年之前,为三代同堂,家里一共有 10 人,算是中等水平。伍家的爷爷辈有两兄妹,为一男一女,大哥是伍庆开,留在元宝村,二妹出嫁到外村。伍家叔伯辈的有两男三女,为玉字辈的,分别是伍玉华、伍玉光、伍玉红,其中伍玉华由于年少体弱得了怪病,无药医治而亡,伍玉光娶妻梅家碧,伍玉红则出嫁至杨家,因伍玉华去世较早以及伍玉红出嫁,故伍玉红和伍玉华均不计入伍家人口数。伍家兄弟辈为修字辈,两男两女,有兄妹 4 人,均是伍玉光的子女,分别是长子伍成修,娶妻王会羽,次子伍伦修,三女儿伍云珍,四女儿伍林珍,另有一个小女儿因病去世,故也不纳入考虑。除此之外,伍家有过继情况,伍玉光将其幼子伍贵修过继到亲戚家。伍成修和王会羽生的孩子是在 1949 以后出生的,故不计入生育数量。

伍家对于子女的家庭教育很严格,凡事都需要守规矩。伍家没有出现过未婚生育的情况,在结婚之前,男女双方根本无法见面。女性一般不会离家太远,如果去其他地方都需要同家长伍玉光商量,只有经得同意才能外出。伍云珍擅自溜出去玩儿后,回家会被伍玉光批评惩罚。

(二)延续香火,多子多福

伍家认为生育的最重要的目的是传宗接代,延续香火。生儿育女是一个家庭最基本的过程,是每个家庭都会经历的。子女意味着长辈的希望,子女长大成人之后是家中的劳力,可以帮忙一起做农活儿,之后又可以为长辈养老。如果一个家庭没有孩子,一般人家会选择在别人家里抱养一个,也可以去外面捡孩子。

在子女生育上,村民都倾向于男孩子,大家都有"重男轻女"的观念。伍家也是更喜欢儿子,伍玉光总说"嫁出去的女儿像泼出去的水一样",女儿嫁走之后是别人家的人,吃住都在别人家,也不能帮娘家的忙,认为女儿靠不住。而儿子是家里最喜欢的,儿子长大之后成为主劳力,可以帮助家里的农业生产,而儿子娶媳妇也是娶进家门,都是自家的人,以后有个依托。一般家里没有男孩儿的家庭,会想办法抱养或者买男孩子。

伍家认为没有结婚就生育是一件很丢脸的事情,外人也会在背后议论。伍家子女一般是在成年之后结婚,即使是之前的童养媳婚姻,也是需要等到成年之后才办婚礼,正式结婚后才能算一家人。伍成修是十八岁那年娶的王会羽,伍云珍也是等到十八岁之后才出嫁。

当时村里普遍认为多生多育更好,因为多子多福,儿子长大后可以成为家里的顶梁柱。而对于女孩儿,大家认为有和没有都无所谓,如果女儿数量太多反而会成为一种负担。伍家有两个儿子和两个女儿,伍成修、伍伦修、伍云珍和伍林珍,伍玉光认为这样刚刚好,自家能养活,生活在一起也很好。

(三)妇幼保护功能

1.孕期可受到照顾

在生育的安排上,伍家家长不会进行过多干涉,这是由夫妻自己商量,一般是怀上就生育。每个小家庭的生育数量根据具体情况决定,父母和当家人都不会做要求。农业生产是一个家庭很重要的支撑,所以在生产过程中,家里的每个成员都要出力,男女分工各有不同,即使是孕妇也需要参加劳动。在怀孕的前四个月,妇女所干的活儿和平时没有任何差别,除洗衣做饭、饲养牲畜,还要下地摘菜、扯草割草,农忙时也要在田边递稻谷把子。在怀孕七个月的时候,一般孕妇会容易感到累,休息的时间会比之前稍微多一些。伍家的经济条件算中等水平,比较保护孕妇,孕妇怀孕超过六个月,会请一个短工在家里帮忙,一般请两至三个月。短工既要帮着干田地里的农活儿,也要帮忙割草扯草,饲养牲畜。梅家碧怀孕期间,都是伍玉光负责请短工,安排内外的活儿。煮饭一直都是梅家碧负责,除非她快要生育的那几天,以及坐月子的四十天无需进厨房,平时都由她安排家里的饮食。

2.产后坐月子不可少

伍家没有请产婆,村里的产婆比较少,很难请到,都是自己家人来接生。伍玉光自己是医生,知道需要注意的事项,伍玉光请梅家碧娘家的一个亲戚来帮忙,全程都陪着梅家碧,之后还为梅家碧烧开水。梅家碧的生育过程都比较顺利。其中产生的所有生育费用均由家户承担。

梅家碧生产完之后需要坐月子,一般说来坐满四十天比较好。但是梅家碧坐月子的时间只有三十天,刚好一个月。坐月子期间,婆婆李祥芳是主要照顾者,李祥芳经验比较丰富,对梅家碧也很好,会根据家里的条件来为梅家碧安排生活。有时候会专门为梅家碧煮些特别好的食物,诸如炖鸡汤,下午还会吃醪糟蛋。因为刚生完孩子,梅家碧身体比较虚弱,所以要吃点营养的东西补身体,伍家这个经济条件还是能够支付得起。才开始坐月子那二十天,梅家碧的大部分时间都待在床上,主要照顾孩子,给孩子喂奶,家里的家务活儿都由李祥芳承担。之后的十天,梅家碧会下床慢慢干点活儿,会烧火煮饭,但是不能出门,都说月子里的女性出门不吉利。需要出门干的其他事情,诸如割草、下地摘菜等,都由李祥芳帮忙。

(四)生育后办酒席报喜

伍家在女性生完孩子后会有一定仪式,首先是办酒席。伍成修和王会羽的孩子,在出生的第三天,伍玉光便办酒席,伍家会请自家和梅家的亲戚朋友来吃酒,一般是内亲,很熟悉的亲戚,所以也可以看作"吃喜酒"。生男孩儿和生女孩儿都要办席,没有什么差别。伍家经济条件算中等的,有能力办酒席。孩子满月的时候,也会请客,这叫"吃满月酒"。这一次办酒席就不同于之前的喜酒,请的客人范围更广,不仅有近亲,也有外亲,凡是有接触的熟人均会请来吃酒。请满月酒的时候,前来参加的人需要送钱或者送礼物,一般是送小孩子的衣服、鞋子。客人走的时候不需要回礼。

伍家第三天办酒席的目的是为报喜,庆祝自己家里添加新成员。办满月酒的目的是祝愿家里孩子健康成长,亲人们也都会来纷纷祝贺。办酒席所产生的费用全部由伍家这个大家庭承担,所收的份子钱也归大家庭所有,因为伍玉光和梅家碧掌管着家里的经济大权。其他人家里办酒席请客的时候,伍家去参加的时候也要送钱或者送礼物,这些都由伍玉光安排,一般是别人给自家送多少,自家便给别人回礼多少。

(五)孩子起名由父亲决定

伍家孩子的名字都是由家长所起,家长会根据辈分来起名,从名字中能看出是属于哪个辈分。伍玉光的名字是父亲伍庆开起的,他是玉字辈的。伍成修、伍伦修、伍云珍、伍林珍、伍贵修的名字是父亲伍庆开所起,他们均是修字辈。伍贵修在起完名字之后就被过继出去。家里男孩儿的名字里就有修字,而两个女孩子没有按辈分来,因为伍玉光知道女孩子不能被写进家谱,怎么起都无所谓,加修字不好听,所以就起比较好听的名字。每个孩子都有小名,小名是随便起,原则是叫来顺口。伍玉光读过很多书,有一定文化,给孩子起名字的时候,没有什么特别的程序,只是希望孩子可以健康长大,之后能有出息,为家里争气。

三、家户分家与继承

(一)分家

1.成亲之后即分家

伍家分家是在 1949 年,伍成修当年娶王会羽,成亲半年之后即分家,是由伍玉光所提。分家的原因是婆媳矛盾,大儿媳妇王会羽才嫁进伍家时,还比较勤快,只要是自己会干的活儿,都会主动积极地干,诸如煮饭、烧柴火、割猪草、洗衣服等等。过两个月之后,有时候梅家碧会买零食给二儿子和三女儿吃,她认为大儿子伍成修已经成年,所以不给大儿子买。王会羽认为梅家碧偏心二儿子伍伦修以及自己的女儿伍云珍,心怀不满,每次洗衣服时不洗婆婆梅家碧的衣服。盛饭时,也先给其他人盛再顾及梅家碧。梅家碧对此甚是不满意,总是批评王会羽,引发口角争论也是常事。伍玉光看儿媳妇王会羽和妻子梅家碧之间的冲突太多,决定提出分家,自己过自己的生活。和梅家碧商量之后,梅家碧完全同意分家,儿子伍成修和儿媳王会羽也赞同。伍玉光认为子女结婚之后该分家,否则人口太多,容易引起矛盾。

2.儿子享有分家资格

伍家只有大儿子伍成修和二儿子伍伦修有资格分家产, 家庭外部成员不可能有资格分家产。一般是在儿子成亲之后,父亲伍玉光会开始考虑分家的事情。小家庭总是有自己的想法,不一定会时刻服从家长的安排,所以伍玉光认为分开过更适合。女儿伍云珍和伍林珍都没有资格得到家产,她们毕竟要出嫁,以后不会留在家中,所以不会分给她们。

3.不吃分家饭

伍玉光和伍成修分家的时候,没有请见证人。分家是很常见的事情,这都是家庭内部事务,自家处理即可,无需外部人员参与。伍家经济条件一般,分家时不存在分家产的纠葛,也不用找人帮忙见证。伍家分家时也没有写分家单,分家单在当地叫"分家书",是一张纸,上面写明日期、分家人、分得的家产等等,还需要当事人签字,一式两份,这种一般只有大户人家才会有,因为涉及的财产太多,不好区分,只有写出来方便作为凭证。伍家分家时,伍玉光直接决定,其他成员也没有提议写分家书。

4.和平分家无争端

伍家在分家时,直接是由家庭里的当家人伍玉光提出,完全由他来做主,具体需要划分家中的家产,包括田地、房屋、农具、牲口等等。分家的过程很简单,也很和平。所分家产的种类以及分的数量,都由伍玉光决定,其他家庭成员只能服从。伍玉光分六亩田地给大儿子伍成修,当时大儿媳妇王会羽还不满,吵闹着说伍玉光不公平,结果并没有任何作用,还是只分给他家6亩田地。一般情况下,家里的女性成员都是分不到家产的,只有男性成员能够分到家产。家庭的外部成员不可以参与家庭分家,伍家有伍玉光安排,大家必须听从,伍庆开也无法提意见,因为他是跟着伍玉光生活,需要听伍玉光的指挥。家族对于伍家的分家是认可的,在召开宗族会议时不会提到,但是家谱上会看出变化。伍玉光作为村里的甲长,是认可这次分家的,分家之后需对小家庭的人口信息进行调整,在家里木制门牌上可以体现出来。

(二)继承

1.仅儿子享有继承资格

只有家庭的内部成员才有资格继承家产,家庭的外部成员不算是自家人,所以没有资格继承家产。伍家的财产都分给儿子,女儿没有继承家产的资格。伍庆开将自己的家产都留给伍玉光,他只有伍玉光这一个儿子,之后也一直与儿子生活在一起。伍家的伍成修和伍伦修都有资格继承家产,但是伍云珍和伍林珍不可以。抱养给别人的伍贵修没有资格,因为过继出去之后是别人家的儿子,不再算作自家人。一般是在儿子成婚之后,决定分家的时候,会将家产继承给儿子。在伍家,不同的继承人,分得的东西大致相同,但是会有略微的差异,因为伍成修和伍伦修分家的时间不一样。大儿子先分家,有优先的次序。继承的条件由家长伍玉光决定,他把家产划为三部分,一部分给大儿子伍成修,另外两部分都留着,二儿子还一直和伍玉光生活在一起。

2.家产和医术均可继承

伍家继承的主要是家里的家产,具体包括有田地、房屋、牲口、农具、家具等。除家产之外,家里有祖传多年的医术,这也算作继承的内容之一。虽然伍玉光将医术都给儿子们看,但是大儿子和二儿子都对医术不太感兴趣,所以到伍成修这一代,医术也没人继承。村里保甲长的职务是不可以继承的,伍玉光作为甲长,是因为能力够强,加上医生的身份,很受人尊敬。但是伍成修不喜欢医术,学得并不精通,甲长也是需要选的,伍成修不太出众,村里没有人选伍成修。伍家由家庭里的家长伍玉光确定家中财产的继承权,根据已有的财产,依照大致均分的原则进行,家庭成员都需要遵从,不需要写字据和契约。

四、伍家幼子被抱养

抱养这种情况在当地非常普遍,一般情况下是一方子女太多,另一方家里没有儿子,双方经过协商之后,会把儿子抱养给无子家庭。伍玉光的小儿子伍贵修被抱养给刘家,刘家是伍家的远方亲戚,而刘家的妻子没有生育,所以很想要一个儿子,目的是为自家延续香火。当时伍家已有4个子女,不愿意再继续生育,所以便将儿子抱养给别人。抱养的对象都是男孩子,女孩子是不用抱养的,一般直接送到男方家里当媳妇,称为"送干女儿"。伍玉光认为家里子女已经足够,恰好有亲戚来询问,便将小儿子伍贵修抱养出去。伍家和刘家平时关系还不错,常有走动,所以会优先考虑熟人,血缘关系越近越好,比较可信。

刘家的经济条件一般,比伍家稍微差一点,但是能够维持生活,完全自给自足,所以伍玉光也很放心将儿子伍贵修抱养出去。伍玉光考虑到伍贵修是家里最小的儿子,当时还不会走路,对家里人没有印象,如果是换作老大伍成修,应该不会同意。刘家给伍玉光一大袋粮食作为感谢,没有拿钱。伍贵修被抱养出去之后,和伍家完全脱离关系,不再算伍家的家庭成员。在刘家算是自家人,享有继承权,也被刘家当作自家人对待。

抱养也需要介绍人在中间帮忙介绍,否则双方不容易联系,也不方便获取信息。当时伍贵修被抱养出去,是通过刘家的邻居介绍,熟人介绍更加可靠。抱养时,由家长伍玉光决定,不用征求孩子意见,因为当时伍贵修还小,不知世事。其他家庭成员不能擅做主张,梅家碧也同意伍玉光的做法,不用请示家族族长。以前抱养孩子的情况很常见,不存在会被惩罚的情况。

五、家户赡养

(一)以小家庭为单位

伍家认为赡养老人是家户的内部事情,家户之外的人一般情况下是不会干涉的。除非家里子女对老人不孝顺,不想赡养老人甚至打骂长辈,这样就会被外人议论,村里人也会对那户人家进行责备。除此之外,假如传到家族族长耳朵里,族长会召开一次家族会议,在会议上对不孝顺的人进行批评惩罚,所有人都在场,那会让不孝顺的子女很丢脸。伍庆开和伍玉光没有分家,因为他只有伍玉光这一个儿子,其他儿子年轻时因病去世,女儿则嫁出去,只有伍玉光可以赡养他。伍玉光成家之后,和妻子梅家碧一起尽孝,赡养老人伍庆开和李祥芳。

(二)儿子负责赡养

伍庆开只有伍玉光这一个儿子,因此唯一的儿子要承担起赡养家中老人的责任。伍庆开把家里所有的田地和房屋都留给伍玉光,因为他自己年纪已大也无力耕种,伍庆开和伍玉光的小家庭住在一起。伍玉光作为家里的儿子,知道赡养父亲的责任,也没有想过分开住,因为母亲年纪大了之后腿脚不方便,也需要人照顾,伍庆开又不会煮饭,住在一起能够更好地照料他们两位老人家。

(三)赡养形式为同吃同住

伍家没有留养老地,也没有留养老钱粮,这是由当家人决定,他把15亩田地都分给儿子伍玉光,还有5间草房也留给伍玉光。伍玉光为能起到赡养作用,让父亲伍庆开和母亲李祥芳与自己住在一起。伍玉光娶妻梅家碧之后,家里人口增加,房屋不够住,伍玉光又新修四间房屋,其中一间专门留给父母亲居住,伍玉光和梅家碧住在隔壁的一间房。平时主要是梅家碧负责做饭,包括两位老人的饭菜,和伍玉光这个小家庭吃的完全是一样的,坐在一张桌子上吃饭。在伍庆开和李祥芳去世之前,一直和儿子伍玉光生活在一起,没有挨过饿。两位老人的衣服,也是由梅家碧一起洗,每年缝制新衣服时,也会考虑到伍庆开和李祥芳。

(四)治病与送终

伍家老人很少生病,平时身体比较健康,李祥芳只是腿脚不太方便,大部分时间会在床上休息。伍庆开也会医术,自己身体有不舒服的地方,会根据症状想办法解决。没办法医治的时候,则是伍玉光出面,伍玉光经常给别人看病,医术比较精通,无论伍庆开有什么问题,伍玉光都能给他治好,所花的钱均由伍玉光承担。嫁出去的女儿没有义务照顾父亲,伍玉华自从嫁出去之后基本上和父亲伍庆开没有什么联系。

伍庆开在一九五几年去世,当时大饥荒,家里没有什么吃的东西,就饿死了。之后的丧葬事宜均是伍玉光一手操办,包括准备棺材、衣服、请客等等,花费全由伍家支付。

六、家户内部交往

(一)父子关系

1.儿子不教难成材

家中父亲对儿子的影响很大,当地一直有"有其父必有其子"的说法,村里人会根据儿子的行为去判断其父亲。父亲对儿子有一定的责任,首先是父亲要把孩子抚养长大,让他吃饱穿暖,不饿着不冻着。其次,一直伴随着的是父亲对儿子的教育。伍玉光对儿子伍成修和伍伦修一直都有教育,既包括劳动技能,如何管理家中的农业生产,训练儿子的劳动能力。还包括对其道德伦理方面的教育,伍家认为"树杈不修要长歪,儿子不教难成材",假如不进行教育,以后难以有出息。伍玉光让儿子都去读书,接受私塾教育,另外也有家庭教育,家长教导孩子们保持一颗善心,懂得尊敬别人。另外,父亲要为成年后的儿子寻一个好儿媳,儿子长大后需要成家立业。这是最基本的职责,不能让儿子当光棍。伍家由伍玉光负责包办家中孩子的婚娶事宜,并且儿子伍成修不能反抗,必须听从伍玉光的决定,因为父母之命不可违抗。

2.言教不如身教

伍玉光平时话不多,除给儿子伍成修和伍伦修讲一些比较重要的事情之外,很少会有唠叨。偶尔伍玉光也和伍成修和伍伦修聊天,聊的大多是田地的农业生产情况,还有兄弟俩在私塾里读书的情况。伍玉光一直认为言教不如身教的效果好,所以在农业上的事情,伍玉光会将兄弟俩带到田地里,让他们看着自己实际劳动,了解其中的来龙去脉。对于做人方面的道理,伍玉光也是用自己的实际行动教育儿子,他对村里人很和善,每次有人来乞讨,也会热心对待。平时伍玉光和儿子间没有什么冲突,儿子都必须听伍玉光的话。

(二)婆媳之间冲突不断

在伍家,大儿媳妇王会羽刚刚嫁进来的时候,对于婆婆梅家碧是言听计从,王会羽基本上是完全服从婆婆。梅家碧也通情达理,不会刻意为难王会羽,家里的事情都是婆媳两人一起干。梅家碧煮饭时,王会羽也会在旁边帮忙打杂,烧烧柴火、切一下菜。梅家碧去割草时,王会羽也会跟着一起帮梅家碧背一背篓草,喂猪时,也是婆媳两人一起抬去,前期两人的婆媳关系很和谐。后来梅家碧有一次买零食,只给未成年的子女买,没有给成年的儿子和儿媳买,王会羽认为梅家碧偏心,对自己的小家庭有成见,自此便心怀不满。对梅家碧的话也不太听从,洗衣服时故意不洗梅家碧的衣服,不帮梅家碧干家里的事情,越来越懒,也总会曲解梅家碧的意思,容易和梅家碧争论,婆媳间的冲突不断。

(三)夫妇吵嘴不记仇

在伍家,妻子需要服从丈夫的安排。在梅家碧和伍玉光这一对夫妻中可以看出,丈夫和妻子是起着互相扶持的作用。伍玉光是家里的外当家,负责处理外部事务,梅家碧是内当家,负责处理家内事务,主要是煮饭、制衣洗衣、饲养牲畜等,照料丈夫的生活。家中事情,无论大小,丈夫都可以做决定,妻子梅家碧起着协助的作用。平时夫妻俩相处起来总体比较和谐,各有分工,平时相敬如宾。伍玉光从来不会打人,也不会骂人,生气时最多说话声音比较大,彼此之间若是有什么心事,都会互相倾诉。伍玉光和梅家碧偶尔会有小吵小闹,这些是在所难免的,但是冲突不多,过一会儿便相安无事,正如当地的俗话说"公鸡打架头对头,夫妇吵嘴不记仇"。

(四)兄妹无矛盾

家里兄长需要承担起照顾妹妹的责任,伍成修是家里的大哥,对自己的妹妹伍云珍和伍林珍尤其爱护。如果父亲伍玉光不在家,伍成修会帮妹妹伍云珍一起干农活儿,在田地里扯草的时候,都是兄妹一起去。哥哥对妹妹不可以随意役使,也不可以随意打骂。伍云珍平时很听哥哥伍成修的话,哥哥让妹妹做什么,妹妹只需听话。平时兄妹间关系也十分融洽,不会乱和妹妹开玩笑。大哥如果有时候说的不正确,妹妹伍云珍也可以提出自己的意见,但不能顶撞兄长,家长平时教育伍云珍要学会尊重兄长。爱护妹妹、事事照顾妹妹的兄长是好兄长,听兄长话、不给哥哥添乱的妹妹是好妹妹。伍玉光有时赶集,会带小玩意儿、小零食回家给子女,伍成修作为家里的老大,会把自己的那部分留一些给妹妹。伍成修和妹妹之间没有发生过冲突,他从不会欺负伍云珍。

(五)主雇之间各尽其能

伍家的年轻劳动力比较缺乏,只有伍玉光和大儿子伍成修两个人,完全不够用。家中自有15亩田地,自家劳力耕种不过来,所以请了一个长工在家帮忙。长工叫雷自居,雷自居的父亲与伍庆开是老熟人,所以和伍家关系还可以。雷自居平时要负责帮伍家耕田、犁地、栽秧、打谷子、除草等,凡是需要全劳力的农活儿,雷自居都会参与。伍玉光认为雷自居干活儿主动积极,非常踏实。对雷自居平时还很客气,不会用命令式的语气吩咐,因为雷自居长年干农活儿有经验,知道什么时候会需要劳力。雷自居每天三顿饭都在伍家吃,和伍家所有人是吃一样的饭菜,每年过年时,梅家碧还会为雷自居缝制一套新衣服。雷自居家里条件很差,没有什么钱,所以雷自居除了可以拿到工钱和衣服,还会收到伍玉光多给的粮食。雷自居平时不爱多说话,也不和别人惹事,在伍家都是默默地干活儿,不曾和别人产生过冲突。

七、家户外部交往

(一)抬头不见低头见

伍家和周围邻里之间的关系相处都不错,平时接触比较多。一方面伍家和邻居会经常串门,伍玉光无聊时会到隔壁院子去找邻居聊天。梅家碧也和邻居熟悉,也可以找隔壁女主妇一起聊天。另一方面邻居之间互帮互助,伍家农具比较齐全,邻居需要的时候会找伍家借用,在不和自家冲突的情况下,伍玉光都会同意借出去,耕牛也经常借给邻居用。邻居需要借钱、借粮食的时候,伍玉光也会借。伍家则是比较缺劳力,如果伍家办红白喜事,家中人手忙不过来的时候,可以提前跟旁边的邻居打声招呼,邻居会来伍家帮忙。农忙的时候,大家会一起换工,伍家替邻居家里做两天活儿,邻居也帮伍家做两天活儿,换工的时候不需要给钱,只是在对方家里吃三顿饭即可。伍家和邻居的房屋之间仅以一条排水沟作为界限,相隔很近,平时都是"抬头不见低头见",交往频繁。伍玉光一向待人和善,对邻居也是很热心肠,伍家世代都是学医,邻居对伍家也很尊敬,双方没有发生过冲突。

（二）亲戚朋友遇事则走动

伍家和亲戚以及朋友之间联系一般，只有在遇到家里有红白喜事的时候，才会有接触。无论是贺寿、儿子结婚、小孩子满月还是老人的丧葬，伍玉光都会请亲戚来家中吃酒，比较熟悉的亲戚还会来伍家帮忙打杂。近亲一般不仅要送钱，还要送礼物，远亲则送得少一些。由于距离原因，在农业生产上，伍家与亲戚和朋友之间没有过多联系。过年时，伍家也会去走亲戚，提着礼物去拜年，平时的交往则不多。

第四章　家户文化制度

伍家作为书香门户,后代成员均接受一定程度的教育,儿子在私塾里上学,女儿则在家读私书。伍玉光和梅家碧都会对子女进行家庭教育,包括做人方面的道理和基本的劳动技能,也传达一定的家户观念,让成员意识到全家是一个整体,任何事都以家庭利益为主。每逢过年过节,伍家都会以家庭为单位来庆祝节日,并遵照当地的传统习俗,例如春节贴对联放鞭炮、端午节吃粽子和看龙舟比赛、清明节烧香祭祖等仪式,不同节日有其专门的规矩。伍家供奉土地公、门神和灶神等家神,会在特定的日子进行祭拜,目的是保全家平安、万事顺利。伍家的娱乐活动丰富,可逛庙会、看节目和串门聊天,家庭成员参与任何活动都需征得家长伍玉光的同意,伍玉光具有绝对的权威。

一、家户教育

(一)伍家后代皆识字

伍家的后代基本上都接受教育,从伍庆开到伍玉光,都看过很多书。伍玉光的四个子女,其中大儿子伍成修和二儿子伍伦修都是在私塾里上学,每学期需要交一元钱给老师,自己准备笔墨纸砚,二儿子伍伦修对医术不感兴趣,因此没有学医,只去私塾读了两年。读书的年龄没有规定,这是看当家人的安排,伍成修和伍伦修都是从8岁开始读书,伍玉光认为8岁以前读书还太早,儿子还未懂事,而8岁正好。伍玉光不会因为家里缺劳力,而要求儿子辍学到家里帮忙种庄稼。以前读过书的人很少,伍玉光认为有文化的人会更有出息,可以有更多机会找副业赚钱。以前不允许女孩子出远门,抛头露面会在村里引起议论,所以伍云珍和伍林珍没有资格去私塾里上学,伍玉光认为读书识字很重要,所以专门买《女儿经》《三字经》给女儿看,伍玉光一个字、一个字地教女儿认。

(二)私塾教育更自由

伍家的伍成修和伍伦修都是在私塾里上学,是伍玉光决定送去私塾。因为私塾里的老师和伍玉光是熟人,伍玉光认为比较可信,在私塾里上学的时间比较自由,可以根据自己的时间来安排。每学期要交一元的学费,没有钱的时候,也可以拿一袋粮食给老师。私塾是刘家办的,离自己家距离不算太远,需要走半个小时的路程。第一天上学的时候,伍玉光会亲自接送,之后是伍成修和伍伦修自己去。学费每次是伍玉光带去交,读书需要用到的纸笔,由自己准备,平时老师会教四书五经上的内容。伍伦修仅上了两年学,便再也不想去读书,伍玉光拿他没办法,只得让他留在家里帮着干农活儿。

(三)家庭熏陶,言传身教

小时候孩子的主要教育均来自于家庭,家庭教育对于孩子的成长有很大的影响。家里爷爷奶奶即伍庆开和李祥芳,他们对孙子管得不多,偶尔会教他们关于做人的道理,诸如尊敬父母、爱护兄弟姐妹之类的。在伍成修、伍伦修以及伍云珍还没有长大的时候,家长对于子女的教育在性别上的差异比较小,都是伍玉光和梅家碧一起管教。家庭教育主要包括孩子做人方面以及基本的劳动技能,伍玉光会教育子女要保持善良和勤劳以及诚实的优秀品质。在子女长到一定年龄之后,家庭教育开始会有一定分化,父亲会着重教育儿子,母亲会着重教育女儿。伍玉光教伍成修和伍伦修如何进行农业生产,诸如如何栽秧、打谷、耕田、犁地等,教会儿子掌握田间耕作的技能。梅家碧会教伍云珍和伍林珍煮饭、洗衣以及饲养牲畜等,女孩子从小要学会做家务活儿,越贤惠的越招人喜欢。对子女的教育是家庭内部的事情,外人不会进行干涉,不会教其他人家里的孩子知识。

(四)家教方面

1.人格形成受家庭影响

伍玉光接受过教育,自己读了很多书,比较通情达理,对于子女的教育比较有利。父母亲以及家人的思维方式会对孩子的成长产生重要的影响,伍家也是如此。伍玉光给子女灌输一种思想,是关于读书的,他认为读书很有用,无论以后从事什么职业,都必须能够识字,也希望子女多读书。所以伍成修和伍云珍都特别爱学习。另外,伍玉光和梅家碧的相处模式比较和谐,平时从来没有在子女面前吵过架,所以兄弟姐妹之间都知道要互相爱护,和平相处。伍玉光也教育子女要有善心,每逢有乞丐来伍家乞讨,伍玉光会给他们施舍粮食或者钱,认为做善事有好报。伍云珍犯错误的时候,伍玉光和梅家碧也会同她讲道理,无论大错还是小错,家长都会及时教育孩子。后代从小学到的风俗习惯也是从家长口中所知,过年过节时伍玉光会给子女介绍村里的习俗。

2.从小学习劳动技能

伍家认为劳动技能对于每个家庭来说都至关重要,只有学会一定的劳动技能,才能进行相应的农业生产。伍玉光以身作则,教给子女勤劳的品行,只有勤劳的人才能过好日子。伍家孩子从小开始,不分年龄,一旦有劳动能力,便必须参与劳动。小男孩儿要帮忙一起栽秧、抱稻谷把子、捡树叶、放牛等等,小女孩儿则要帮忙割猪草以及其他家务活儿等等。一般是父亲教男孩儿,母亲教女孩儿,各有不同的任务,因为男女分工不相同。男孩儿9岁左右便可以跟着父亲下田下地,女孩儿则是没有年龄要求,从小便开始学。梅家碧没空时,伍云珍还帮忙带过妹妹伍林珍。伍云珍在出嫁之前,梅家碧教会她缝制衣服、绣花等等,否则会被认为不贤惠,不利于找到好婆家。

二、家户意识

(一)自家人以血缘为纽带

伍家认为自家人有一定范围,与外人相区分,和姓氏有关系。首先自家人是有血缘关系的,只有同姓伍的近亲才算作自家人。没有血缘关系的、和伍家不同姓的人算是外人。自己这个小家庭的肯定属于自家人,平时同吃同住,叔叔伯伯也算自家人,因为走动也很多,交往较频繁。出嫁的姑姑和姑父不算是自家人,因为嫁出去的女儿是别人家的。伍家周围的邻居,虽然不是亲戚,但是平时能够相互帮助,非常靠得住,大家平时相互帮忙。伍家的长工雷自居也是接触较多的,但是也不能算作自家人,毕竟和伍家没有任何血缘关系。长年在外的家人也是自家人，大家有血缘关系，无论离开家再远，最后还是会归根的。伍家在分家之后，伍成修和伍玉光分开居住，但是这两个家庭也仍旧算是自家人。伍家认为自家人是最重要的人。

（二）家庭是一个整体

伍家在没有分家之前，伍成修和伍伦修两兄弟之间在生产生活上会相互帮助。有一次栽秧，伍玉光将一块面积比较小的田地分给兄弟俩，伍成修是老大，本来栽得比弟弟伍伦修多，后来直接让伍伦修在一旁休息，他自己栽了很大部分。家里的任何一个家庭成员被外人欺负，全家都会联合起来为被欺负的人讨公道。伍家认为"发家致富"是家庭的共同目标，家中每个人都在为此奋斗。伍玉光一方面希望庄稼收成好，让全家吃饱，另一方面希望更多的人找他看病，为家里多挣一点额外收入。全家人都在一起劳动，为提升家里的经济条件而努力。伍玉光对家里的儿子寄托希望，认为"光耀门楣"是一件很好的事情，所以伍家家里的孩子们或多或少都会接受教育。他希望子女都能有收获，通过自己努力，成为一个有出息的人。伍家每次逢年过节会烧香，伍玉光都会祈祷保佑家里其他所有成员平安健康，也会祈祷全家幸福、和睦、富强，这也是伍家全家共同的生活目标。

（三）做善事可积德

伍家也一直信奉"做好事是积德"的观念，认为"善有善报，恶有恶报"。伍家老人伍庆开信仰佛教，一向都喜欢做善事，平时喜欢帮助别人。伍庆开在年轻时也是医生，经常为村里的人看病，有时候太过贫穷的小户人家，根本拿不出一分钱，伍庆开不会收人家钱，免费送人家草药。平时也会积极参加宗族内的公共事务，例如吃清明会，也会积极参加村庄组织的公共事务。

伍庆开喜欢帮助别人协调矛盾，在别人看来不算是"爱管闲事"的人。在农村，因为田地的边界而起争议的情况很多，有些人甚至会因地邻越过一点点边界，大吵大闹，甚至打架。伍庆开读了很多书，是村里出名的文化人，很受人尊敬，都称他为"伍先生"，出现这种自家无法调节的情况，会来请伍先生去帮忙说理。伍庆开也乐于助人，公平地给别人讲道理，既能帮助人又不得罪别人。

三、家户观念

（一）生产生活遵循时节规律

伍家也听说了很多关于农业生产的谚语，诸如"春雨贵似油，多下农民愁"，意思是一场春雨一场暖，春雨下了之后意味着作物可以开始播种，但是下多了也有副作用。伍家也有"不栽五一秧"的说法，意思是如果到了五一劳动节，还没有栽秧的话，相当于错过最好的时机，收成要打折扣。人家一亩田收五百斤，栽秧栽迟的田一亩只能收三百斤，差别很大。伍玉光会趁着五月份到来之前，请几个短工到家里一起栽秧。"清明早，小满迟，谷雨种棉正适时"，这是和二十四节气有关的，是指种植棉花应该选在谷雨时节最合适。伍家认为季节变化对农事活动有很大的影响，长辈们也都向后代教二十四节气歌。一年之中有农忙和农闲之分，农忙是指四月栽秧和九月打谷子的时候，冬季月份算是农闲。

夏季伍家人起床比较早，伍玉光一般五点会起床，梅家碧和伍云珍则需要提前半个小时起来煮早饭，伍玉光和长工雷自居吃完早饭去田地里干活儿。夏季中午太阳太晒人，十二点到下午三点之间都不会出工。伍家喜欢清闲一点的生活，全家人生活时间大部分都花在劳动上。伍家一般是中午十二点到一点之间吃午饭,夏季的晚上吃得比较晚,经常都是过八点才吃饭,冬季天黑得早,六点要吃饭。晚上吃过饭之后,伍家人喜欢和邻居之间串门聊天,这也是伍家成员的基本娱乐方式。

(二)不同房屋功能各异

伍家的草房在修建的时候请阴阳先生看风水,每个房屋都是坐南朝北。院子里种了果树,包括柚子树和柑橘树,院子面积不大,没有篱笆。伍家大概有八间草房,有"灶屋""堂屋"、猪圈、放菩萨的小房间,包括有四间卧室。"灶屋"的功能是煮饭,里面放了很多木柴以及锅碗瓢盆等生活用品。"堂屋"是主屋,面积最大,摆放了桌子和板凳,中央还有祖先的牌位。猪圈主要是用来养猪,茅厕修得非常简陋,修在猪圈旁。其中四间卧室的安排如下:老人伍庆开夫妇一间、伍玉光夫妇一间、伍成修夫妇一间,未成年的三个子女共用一间。不同的房间各自有不同的功能,不能随意改变。小房间面积不大,放置一尊大菩萨之后,其余空间只能容纳三个人,家中成员除信仰佛教的伍庆开之外均不得入内,伍庆开会担心惊扰神灵。"灶屋""堂屋"、猪圈属于公共空间,大家都可以随意进出。卧室和小黑屋不属于私人空间,进出有规矩。每个房间虽然没有明确界限,但都是相互独立的。未成年的子女不可进入其他大人的卧室,假如要进去,必须经得家长同意。一般起床没有什么规矩,都是第一个起床的人把大门打开,有时候是梅家碧,有时候是伍玉光。

四、家户习俗

(一)节庆习俗概况

1.过年规矩多

春节从大年初一开始算,那一天意味着新的一年的开始。春节前的准备工作有很多,从腊月二十三开始算进入过年的前期准备阶段。腊月二十三是当地的小年,小年需要大扫除,称作"打扬尘"。每家每户都会找一根长竿,在竿上绑一把扫帚或是一大把带竹叶的竹枝,用它来打扫房屋顶部的蜘蛛网、灰尘等。那天梅家碧和伍云珍要把草房子的边边角角都打扫干净,一年的灰尘在这一天全部清除干净,也寓意着将一年的霉运全部扫走。伍家在过年前半个月开始准备置办年货,首先是杀猪,伍家每年喂养两头猪,其中一头猪会杀来自家吃。杀猪之后用来装香肠、腌腊肉,农村各家各户都有肥猪的嘶叫声。梅家碧还会提前制作好豆腐干、炸胡豆等小吃。大年三十那天,伍玉光会带着儿子们一起去贴春联,春联寓意喜气连连。

在大年三十那天,吃团圆饭之前,伍家都会进行祭祖。把煮熟的整只公鸡、一方猪肉或者猪胯肉放在家里的祖先台上,那个台子上供奉伍家祖先,也可以叫作"家香"。由家长伍玉光主持,女性成员不能参加,需要避嫌。三十那天晚上伍家会吃团圆饭,只有家庭内部的成员,外人不能一同食用,晚饭一般都有鱼,表示年年有余,还会准备扣肉。大年初一那天,需要上山烧香,只有伍玉光、伍成修和伍伦修可以去祭祖,伍玉光带着酒、香蜡钱纸及鞭炮,边烧纸边说几句祝福语。

伍家过春节时也要走亲戚,一般只有伍玉光和儿子伍成修、伍伦修可以走亲戚。女性成员不会去给别人拜年,除初二那天可以回娘家,梅家碧会带着女儿伍云珍和伍林珍一起去拜年。无论是走亲戚还是拜年,都需要带着礼物去别人家里,有时带一块肉,也可以是鸡蛋或者面。离开的时候,别人会给伍家的小孩子打发一点"卦卦钱"[①]。

2.五月端阳吃粽子

端午节在每年的五月初五,当地人都很看重这个节日,被称作"端阳节"。每年的端午节,伍家都会吃粽子。粽子由梅家碧负责包裹,端午节前一天会准备好所需原料,包括糯米、红枣、花生等。每边三片苇叶,折成斗形,包好之后和拳头差不多大。煮粽子时先加冷水,大火烧滚之后,再用小火焖,让粽子留在里面自然冷却之后算做好。一般是家里每个成员吃一个,梅家碧会根据人口数量进行准备。除在端午节当天中午一起吃粽子,梅家碧还会置办好酒好菜,比平时吃得更丰盛,伍玉光在当天喝的便是雄黄酒。午饭过后,梅家碧在大门两旁挂上艾草,并且给家里的子女都擦上雄黄酒,寓意为杀虫灭菌、驱邪保平安。下午村里会举办划龙舟比赛,伍家的男性成员都可以去看,女性成员不能去看热闹。一般是在元宝河上进行,观看的人尤其多,伍玉光会带着伍成修和伍伦修提前去河边占位置。

3.清明节烧香祭祖

清明节是一个纪念祖先的节日,伍家也很看重这个节日。关于吃的方面,在伍家,清明节主要是吃油炸的食物。这一天梅家碧一定会做一些油炸的饼,如果能找到清明草,用清明草混合着面粉炸,一般会炸一大盆,可以连着吃几天。如果找不到清明草,用其他食物代替也可以,梅家碧也会炸麻花。另外,这一天中午,伍玉光和伍成修会去吃清明会,他们要给祖先烧香,凡是伍家家族的所有男性成员都可以参加。

(二)红白喜事习俗

1.办喜事有讲究

在 1949 年之前,当地人对于办喜事比较讲究,会按照传统的习俗和规矩来。伍成修和王会羽的亲事也全靠媒人介绍,说媒成功之后便可进行定亲仪式,伍家的近亲都来吃饭表示庆祝。结婚前几天,王会羽在娘家需要"哭嫁",时间没有明确要求,只要日子为双数即可。结婚前一天晚上,王会羽娘家请亲戚吃嫁女酒。在结婚当天,伍家需要送聘礼到王会羽娘家,由于是两个人合抬一个箱子,当地称为送"抬盒"。伍玉光根据女方的要求,准备相应数量的"抬盒",包括桌子、箱子、衣服、鸡鸭、鱼肉、猪肉等等。

伍玉光请很多人来帮忙,在迎娶新娘子的路上,还有专门的人敲锣打鼓,大概有四至五人。伍家用轿子把新娘接过来,一路上会有娘家的一个亲戚陪同着。到伍家之后,立即有人放鞭炮,表示欢迎。伍成修将新娘子扶下花轿,一路引到房屋外。进屋之前,兄妹俩伍云珍和伍伦修分别奉上两个洗手盆,新郎和新娘洗干净之后用红色毛巾擦手。拜堂的形式很简单,只需要磕头三下即可。伍成修和王会羽进到新房内,会有人送两碗醪糟蛋去,吃完即表示圆圆满满。

结婚当天,伍玉光请伍家和梅家的所有亲戚朋友前来吃喜酒。新娘子王会羽进到新房之后不得出门,当天晚上也不能吃饭,需待到第二天才能走动。新郎伍成修则出来向宾客们敬酒。来吃酒的客人由伍玉光安排入座,一般是相互熟悉的人坐在一桌,负责帮忙的人也专门坐一起。

---

① 卦卦钱:过年期间专门拿给小孩子的钱,数量不多,表示吉祥如意。

2.依照当地丧葬习俗

在 1949 年之前,当地家里有人去世之后,都是采用土葬的形式。伍庆开去世的时候,家里已经子孙满堂,所以算是正常死亡,丧葬仪式办得比较隆重。家里会提前把老人的棺材和寿衣准备好,老人对棺材都非常重视,棺材是拜托村里木匠制作的,一般会在生前准备好,寿衣也需要找专门的人缝制。老人去世后,首先是向亲友报丧,在农村,由家中的人分头去亲友家报丧,由此家再通知其他人,这种方式比较方便。埋葬之前,伍玉光请了一个专门的"阴阳先生"来家里,一方面是超度魂灵,另一方面是为老人看一块埋葬地。这之前,老人会在家里停几天,冬天停的时间会长一点儿,夏天会短一点儿。在此期间,会请亲朋好友以及周围的邻居过来唱歌聊天,场面越热闹,说明这家人越兴旺、越有人缘,也能更好地为老年人送终。根据当地的习俗,家里有丧事期间,亲人不能剪发和剃胡须。一般人认为这是为表示极度哀伤悲痛,以至于无法顾及打理自己。而另外的意思是为了避邪,用不修边幅的模样,使自己跟平常看起来不一样,让亡灵鬼魂认不出来,以免受到侵扰。

(三)逢年过节,阖家团圆

伍家在过年过节的时候都是以家庭为单位,全家人聚在一起过。在伍家没有分家之前,全家生活在一起,一个家是一个单位,大家庭是一起过年过节,而不是分开过。分家之后,小家庭各自过年过节。嫁出去的女儿也不能回娘家过,必须在婆家过年。亲戚们也在自己家过年,伍家人不会到别人家里去过年。大年三十的晚上,全家人要一起吃团圆饭,意味着团团圆圆,即使平时出远门工作的人在过年的时候也得赶回家过年,那么这一年才算圆满。在过年的那几天,伍家会和亲戚们互相拜年,初二是陪梅家碧回娘家,初三之后安排走亲戚,今天在你家吃,明天在我家吃。亲戚之间互相串门,表示联络感情,一年到头只有这几天接触较多,另一方面也是通过这样的形式让过年更有氛围。家里的大人和小孩子都盼着过年,那段时间大家会过得比较轻松。

五、家户信仰

(一)家中只一人信教

伍家在 1949 年之前,只有伍庆开一个人信仰佛教,其余家庭成员均不信教。伍庆开一直都比较信奉佛教,所以在麻头岭修建草房子的时候,专门修了一个小房屋,用来供奉一座菩萨。伍庆开每天都会拜菩萨两次,分别是在吃早饭之前和吃晚饭之前,需要提前把手洗干净,一边烧香一边默默祈祷。那间小房屋只有伍庆开一个人能进去,其余家庭成员不可以进去,伍庆开担心别人惊动菩萨,里面非常黑,所以被伍云珍称作是"小黑屋"。伍庆开信教,不需要经过家里其他人的同意,这个是无人干涉的,家族和邻居都不会管。伍庆开经常吃斋,也就是吃素,每个月的初一和十五那两天不会吃饭,这是他的老规矩。伍庆开经常会在和别人聊天的时候,给别人讲"圣语",也就是他自己看的有关佛教的书。伍庆开并没有鼓动家里人和他一起信教,这是他的精神寄托,他只是用自己的方式对待身边的人。

(二)屋内供奉有家神

1.土地公土地婆

在当地,土地公和土地婆被视作是福神,因为"有土就有福"。伍家也供奉土地公和土地婆,被家里当作守护神,据说能起到驱赶邪物、使五谷丰收的作用。土地公土地婆的形象都是慈眉善目、白须白发的老人家。家中没有供奉土地公的,会在每月的初二、十六,在家门前设香案、烛台、供品祭拜。伍玉光是每个月的初一和十五进行祭拜,只有家里的男性家庭成员可以进行祭拜,由伍玉光主持,一般需要磕头作揖三下,并且心怀诚意,才能起到祈福的作用。

2.门神和灶神

门神的画像会被贴在大门上,伍家是将文财神和武财神分别贴在左、右门上,这一类也算作门神,意为"左招财""右进宝"。主要是用于驱邪避鬼,保佑全家成员平安健康,并且祈祷来年家里收入更多。每年的正月十五那天进行祭拜,由伍玉光负责主持。

灶神又称为"灶王爷",主要是负责每家每户的饮食,伍家把灶神贴在厨房的灶台上,每年的腊月二十三进行祭拜,那天为小年,家里的饭菜都会准备得十分丰富。祭拜时,首先需要敬一杯酒,再端一碗肉作为贡品,嘴里还要念叨"灶王爷,祈祷你保佑我们全家来年更加顺利,吃得更加丰盛,我们会好好孝敬你的"。在伍家看来,祭拜灶神是为了来年粮食可以被更好地利用,全家都能节约食物,同时也能起到降福免灾的作用。

(三)祖先信仰及祭祀

1.家谱祠堂,寻根问祖

伍家后代对于祖先是谁以及从哪里来,都比较清楚,伍家长辈都会向后代讲述祖先的故事。祖先对于伍家来说是一个家庭的起源,伍家祖先也是医生,因此伍家一直以此为荣。伍家每年都会祭拜祖先,祖先在伍家后人心中是很有地位、受人敬重的。伍家后人凡是男性成员均会祭拜祖先,伍家的"堂屋"中央设有祖先的牌位,是木制的,上面刻了字。元宝村里有一个伍家祠堂,为四合院院落式建筑,比较大,大门上方一整块儿石板上竖刻"伍家祠堂"四个字,由于年代久远,具体是由谁组织修建的,伍家后人已记不清。对于伍家成员来说,祠堂是神圣不可侵犯的,以前有专门的人负责管理祠堂。伍家也有祖坟,大部分都位于村里的一座山上,当时由家族里的人共同筹钱修建。伍家也有家谱,上面写明了不同辈分的具体成员,在1949年之前,只有男性成员有资格被写进家谱,女性不能入家谱,也有专门的人负责保管家谱,伍家只有在取名字不知道辈分的时候才会去翻看一下。

2.祭拜祖先,有所寄托

祭拜祖先对于伍家来说是必不可少的,也是一种很神圣的仪式。清明节那天,伍家家族会举办清明会,给祖先烧香,伍玉光和伍成修作为伍家代表要去参加清明会。主要是祈求祖先保佑全家健康平安,同时也表达对于逝去之人的怀念。他们是很多人一起,有人拿纸,有人拿蜡烛,也有人拿着鞭炮,还有人敲锣打鼓,一路上都很热闹。祭拜的时候要烧纸、点蜡烛,嘴里还要念叨"祖人先人些,给你们烧纸,送钱来了,要保佑我们全家哦"。祭拜完祖先之后,所有人去伍家祠堂那里吃午饭,当天所吃的均是清明会上的粮食,自家不用交钱。

(四)庙宇信仰及祭祀

元宝村里有一座庙叫"孙家庙",那座庙最开始是由孙家的人修建的,故此得名。庙里主要是供奉土地公,所以也有人称它为"土地庙"。伍家每年都会去参加土地庙会,当时流传一个与土地庙有关的故事。传说土地公希望世上每个人都变得有钱。土地婆却坚决反对,认为世间的人应该有富有贫,才能分工合作发挥功能。也正因为土地婆的反对,人间才有了今天的贫富差别。所以有的人觉得土地婆自私自利,是一个"恶婆",因而不肯供奉她,但却对土地公很推崇。但也有人认为土地婆的观点是有道理的，所以土地庙里有一副对联为："公做事公平，婆苦口婆心"。每年的五月初一，是元宝村的土地庙会，当天也像是赶集一样热闹，很多人闲逛，也有很多人摆摊卖东西。伍家的所有家庭成员都可以参加，梅家碧也会带着女儿伍云珍去逛庙会，去祈祷的同时还可以顺便赶集。一般都是以家庭为单位，一户人至少准备一小袋粮食，可以装米也可以装豆子。

六、家户娱乐

(一)打牌

在 1949 年之前，当地称打牌又叫"打小牌"。伍家的娱乐方式是比较单一的，打牌是其中的一种休闲方式。伍玉光平时要么忙于农业生产上的耕种，要么四处奔波别人看病，打牌的时间不多。只有在每个月的一四七赶集那天，伍玉光给别人看完病、赶完集之后会去茶馆里打牌。茶馆里大部分都是本村的人，少部分是外村人，伍玉光一般倾向于和本村人打牌，因为彼此更熟悉。打牌时不会考虑经济条件，那时赌钱小，不会输钱太多。伍家只有伍玉光和伍庆开两个人可以去打牌，除此之外，其他成员不允许打牌。农忙时，伍玉光很少打牌，忙于家里的农活。打牌结束之后，伍玉光会回家里吃饭，他没有出现因打牌而欠账或者发生纠纷的情况。

(二)串门聊天

伍家人都比较爱串门，一般是和周围的邻居相互串门。伍家与邻居只有一条排水沟作为界限，"抬头不见低头见"，平时接触很多。伍家所有成员都和邻居打过交道。夏天晚上夜比较长，吃过晚饭之后，伍家经常到隔壁的院子里和邻居一起聊天。伍玉光一般和邻居的家长聊天，关于农业上的还有村里的事情，梅家碧会和邻居的内当家一起聊天，关于生活上的琐事，还有家里孩子的情况，小男孩儿和男孩儿一起玩儿，女孩儿和女孩儿一起玩儿。除了去邻居家串门，过年期间，还会去亲戚家串门拜年。过年期间的串门需要带礼物，不能空手去，否则会被认作不礼貌的表现。穿衣方面也要干净整洁，不能说不吉利的话。伍家会留人在家里看门，一般留梅家碧和女儿伍云珍看家，不会带太多小孩子去别人家。

第五章　家户治理制度

一家之主在一个家庭中必不可少,在1949年之前,伍家一直都是伍玉光当家,妻子梅家碧作为内当家起协助作用,家长的权力由全家赋予。家永远是成员的情感归宿,发生自然灾害的时候,伍家会留有存粮来应对,全家人也会节衣缩食、共渡难关。在发展过程中,伍家形成了很多默认规矩,涉及生活的方方面面,例如女性成员负责煮饭、长辈先动筷、尊者入上座等等,制约引导着内部成员的言行。伍家也会参与公共事务,包括村里的征税会议以及修桥修路等活动,不仅配合筹资和筹劳,也能按时按量纳税。伍家为了避免儿子被拉壮丁拉走,曾向别人买兵,以此来替代自家儿子。

一、家长当家

(一)有能力者方可主事

在1949年之前,伍玉光成年之后,一直是他当家。当选为家长,也是需要一定条件,首先最重要是有能力,当家人要负责管理家庭方方面面的事情,处理外部事务时,说话要能让人信服。其次是学识方面,读过书的人在当家方面更有优势。年龄不是最重要的,辈分也不重要,只要能够作为家里的主心骨,承担起养活全家的义务便可以成为家长。伍庆开只有伍玉光这一个儿子,伍玉光成亲之后有了自己的小家庭,而伍庆开也力不从心,因此让伍玉光当家。伍玉光不是很愿意,因为家长最心累,大事小事均要管,当地有句说法"当家三年狗都恨",意思是说当家人管得太宽,容易有矛盾。一个家的家长和家中具体管事的人是同一个人,女性不能当家。伍全家人对伍玉光很信任,伍玉光做事也会为全家考虑,家里人也会尊重他。伍玉光确定成为家长之后,家里的木制门牌也需要跟着变化,第一栏家长的名字改为伍玉光。

(二)全家赋予家长权力

1.外当家掌控财产分配

伍玉光作为伍家的主心骨,他的权利是全家所赋予的,会被整个家庭所承认和尊重。"家必有主,无主必乱",家长作为家里的重要负责人,任何一个家庭里都必须要有。伍玉光要负责管理家中大大小小的事情,家庭成员所作出的行为也是要经得伍玉光的同意之后才可以执行。

伍家的收入主要有两方面,一是来自于农业收成,主要是自家的15亩田地。给国家完粮之后,剩下的粮食全都归伍家所有。另一方面来自于伍玉光外出给别人看病所赚取的额外收入。伍家的财产是归全家人所有,平时由伍玉光和梅家碧负责保管,伍玉光掌控着绝对的经济大权。家庭成员都不可以有私房钱。伍家的地契、现金等贵重物品专门放在一个箱子里。上锁之后的钥匙在伍玉光和梅家碧那里。家里孩子基本上没有什么零用钱,除了大年三十那天晚上给的压岁钱。聘礼彩礼也由家长伍玉光决定准备多少,儿媳妇王会羽嫁进家门时所带来的嫁妆归伍成修和王会羽的小家庭所有,分家不可以分嫁妆,当家人不可以支配。在土地买卖等重大事情上,伍玉光会和妻子梅家碧以及父亲伍庆开商量,除此之外的其他成员不可以干涉,家里没有开过家庭会议。

2.内当家负责制衣分配

伍家每个人在过年时,都可以得到一套新衣服。衣物分配一般都是由内当家,也即伍玉光的妻子梅家碧进行安排。伍家没有纺纱机,所以没有买过棉花,也没有织布机,也没有织过布。每次需要做衣服的时候,都是由伍玉光去集市上买布料,一般不是白布,而是已经染好颜色的布料,例如蓝布、灰布等。伍玉光把布料买回家之后,由梅家碧进行缝制。梅家碧会根据家庭每个成员的性别、身高以及年龄做相应的衣服。除了给自家人做衣服,还需要给长工雷自居做一套新衣服。伍成修和伍伦修去私塾上学的时候,梅家碧也会提前为兄弟俩准备一套新衣服,希望给老师留个好印象。买布料所花的钱,均是伍玉光外出给别人看病所挣得的。

3.家长安排成员劳动

伍家的家庭成员在做农活时都有一定分工,不同性别、不同年龄段的成员进行的劳动都有差别。家里的小孩子做的活儿相对简单轻松,女儿伍云珍会被安排去扯草喂牛、摘菜、捡柴火等等,儿子伍成修则被安排去栽秧、抱稻谷把子、放牛等等,家里的老人伍庆开可以帮着晒草药、晒谷子等。年纪较小的孩子也要开始做农活儿,伍玉光认为锻炼孩子的劳动技能很重要。伍玉光都会进行安排,家庭成员会听从家长的安排。

(三)家长为主要负责人

家长作为一个家庭的主要负责人,需要掌管全家里里外外、大大小小的事情。在吃的方面,当家人要保证一个家庭里的所有成员都能温饱。伍家都是由伍玉光来统一安排,伍家自有十五亩田地,种出来的粮食完全够吃,剩下的粮食会存进粮仓,留着来年吃,也是为灾荒年做预防。除了管理全家的吃穿住行,也要注意保持家庭收支平衡,每次的消费都会计算着来,不会乱用钱。伍玉光算是伍家的好家长,凡事都为家庭考虑,家里被打理得井井有条;勤劳踏实,努力挣钱让家里生活过得更好;孝顺父母,承担起了赡养伍庆开和李祥芳的责任;尊重妻子梅家碧,遇事会与她商量;爱护子女。在家里,伍玉光也是以身作则,他认为言教不如身教,凡事争取身体力行、也有善心,这对家里子女带来一定影响。家里的当家人存在内外当家之分,外当家是伍玉光,内当家是梅家碧,不过在决定事情有冲突的时候,内当家必须听从外当家。

(四)独子成亲后即更替为新家长

在1949年之前,伍家进行家长的更替,从之前的伍庆开更替为伍玉光。伍庆开年纪大了,伍玉光成年之后娶了妻子梅家碧,成立自己的小家庭,加上伍庆开没有兄弟,也没有其他亲近的亲戚,只有伍玉光这一个儿子,女儿嫁出去了,所以直接由伍玉光代替家长的位置。更替时,当家人需要转交的权力包括家里的财产管理权、制衣分配权、婚丧嫁娶管理权以及对外交往权等。家里的门钥匙、锁贵重物品的箱子钥匙也全部交由伍玉光,家里的地契、房契也需要进行转交。当家人更替之后,村里人对于伍庆开的称呼会变成"老当家的",或者"老伍"。伍玉光在处理家里的事情,遇上不确定的情况时,也会同伍庆开商量。家里的木制门牌上第一栏本是填的伍庆开,更替当家人之后,门牌上的那栏需要改为伍玉光。

二、家户保护

(一)社会庇护和情感支持

伍家有人和邻居发生矛盾后,伍玉光会出面进行调解。伍家的成年人没有和别人发生过争执,一般只有小孩子调皮的时候才会和别人闹矛盾。家里有成员犯错,家长不会进行刻意隐瞒。伍伦修在很小的时候和邻居家的小孩子不小心把另一户人家里的小鸡仔踩死,这件事后来被传到伍玉光的耳朵里,伍玉光则带着伍伦修去给人家道歉,还赔了小鸡仔的钱。回到家之后,伍伦修被父亲狠狠地教训一番。家庭也是所有成员的支撑,如果在外受了委屈,首先想到自己的父母与家人。如果被欺负了,也会回家诉说,所有成员在家里都可以找到情感归宿。伍玉光对儿子伍成修和伍伦修都抱有很高的期待,一直培养儿子读书,希望他们可以成为文化人,做一个有出息的人,为家里争光。

(二)以存粮来防备天灾

在 1949 年之前,伍家每年种出来的粮食都完全够全家人吃,剩下的粮食,伍家会存进粮仓,很少选择卖给别人,其中一个重要的原因是预防来年的灾害。作为以农业为本的家庭,伍家人都期盼能够风调雨顺。但是天灾没法预测,有一年村里发生了大旱灾,到了八月份一直不下雨,田地里没有一点水,连土地都干得开裂。一直不下雨,稻谷便不会开花,也产不出太多谷粒。在这之前,全家人都很担心,因为那是来年的口粮,关系着一大家人的生活问题。后来产量果然很低,全村人都受到很大的损害,伍家也不例外。尽管如此,伍家并没有家庭成员挨过饿,因为伍家的粮仓里存储着一定的粮食,刚好可以弥补不够吃的空缺。那一年,伍家的生活都过得很拮据,梅家碧在安排生活时,会比往常更加节约。

(三)田地周围修竹矮篱笆

在 1949 年之前,伍家所在的村子有较多的小偷和土匪,稍不注意便容易被盗。土匪倾向于抢劫大户人家和中户人家,一般是本村人,会对自己村的农户情况很了解。伍家被小偷光顾过一次,是偷的土地里的土豆。那段时间土豆刚好成熟,伍玉光晚上在睡觉之前没有察看,也没有安排长工雷自居去守着。结果第二天天一亮,梅家碧去地里挖土豆时发现那块地被翻得稀烂,所有的土豆都被偷走。这种情况下没有办法找出小偷,也没有办法找回土豆,只能认倒霉。伍玉光庆幸土豆损失不大,还能弥补,这之后伍玉光立即找好新的土豆种子,并安排长工尽快栽好。全家也加强了警惕心,每到作物特别是水稻即将成熟之际,伍玉光让长工雷自居在田地附近搭棚,晚上便睡在木板上,一旦发现异常情况便直接吆喝,伍玉光也会在晚上去查看田地里的情况。伍家还在田地外围插上了较低矮的竹篱笆,竹篱笆由伍玉光请匠人制作,原材料为竹条,将其用麻绳按照一定的架构捆绑在一起,以此预防小偷盗窃土地里的作物。在黑灯瞎火的情况下,小偷想要行窃时,竹篱笆对他们的行动有一定阻碍作用。

(四)善心对待"讨口子"[①]

伍家的经济条件在村里算是中等的水平,自家能吃饱穿暖,丰收年还能有剩余的粮食。以前外村逃荒到当地的人很多,衣服脏兮兮的,看着很可怜的那种人,当地都称为"讨口子"。伍玉光非常善良,每次有"讨口子"到伍家门外乞讨时,伍玉光都会让梅家碧赶紧舀一小袋粮

[①] 讨口子:是指乞丐的意思。

食给他,要么是一袋米,要么是豆子或者小麦。有些"讨口子"还会拖家带口,带着妻子和未长大的小孩子一起乞讨,伍家除了给粮食,还会给这种家庭拿一点钱。也有很穷的人家来借用伍家的农具或者粮食之类的,有次一户人把伍玉光的铁耙弄断,伍玉光看人家太可怜,也没忍心向他们索赔,便不了了之。

三、家规家法

(一)默认家规及主要内容

1.吃饭需遵循规矩

伍家没有成文的家规,但是在日常的生产、生活中也形成许多默认的家规家训。以做饭为例,伍家主要是由女性成员负责,一般是内当家梅家碧和女儿伍云珍一起完成。在1949年之前,女儿伍林珍还太小,帮不了什么忙。伍玉光认为梅家碧厨艺更好,所以大部分时候都是梅家碧做饭。梅家碧忙着煮饭炒菜,伍云珍负责打杂,切菜、洗菜、烧柴火等。决定吃什么大部分时候是由梅家碧决定,但是伍玉光也经常会提意见,因为他掌握着全家人的口粮,会根据剩余的粮食进行合理安排。平时所吃的菜是伍家自己所种,来客人时需要吃得比平时更丰盛,需要伍玉光去集市上买肉。

在家里没有客人的时候,伍家所有人吃饭时都可以上桌子,即使是女性成员和小孩子也可以。吃饭时不准浪费粮食,伍玉光经常强调粮食是老天爷所产,浪费粮食要遭天谴,一般家里成员很少剩下饭菜。如果有剩下的也可以倒去喂狗或者喂猪,家里人都把粮食看得很重要。伍家成员所有人吃的饭都一样,不存在差别对待,长工雷自居每顿和伍家人吃的饭菜也相同。梅家碧在怀孕期间可以吃得稍微好一些,因为肚子里的孩子也需要补充营养,经常会多喝一碗加了蛋的醪糟水,只有在特定时期内才会吃得和其他人不一样。农忙时吃的饭会丰盛一些,多为干饭,农闲时吃的会简单一些,多为稀饭。

吃饭的时候,一般是伍云珍负责盛饭,需要按照年龄顺序来,先给爷爷奶奶盛,再是父母亲,然后是兄长及自己。平时炒的菜,会直接用一个或者两个比碗大的盆子装好,放在桌子中间,自己夹着吃即可。农忙时,家里雇的短工以及请的邻居,都会在伍家吃饭,由梅家碧负责煮饭,需要用好酒好菜招待帮忙的人。如果是在地里吃,梅家碧会安排伍伦修和伍云珍去送饭。

2.尊者入上座

伍家有一张很大的八仙桌,伍家本来有九口人,加上长工雷自居也在一起吃饭,那个大桌子可以容纳十个人。伍庆开和李祥芳一般是坐上座,伍玉光和梅家碧则对应着坐下座,两边是子女和长工一起坐。但是长工雷自居经常是端着自己的饭菜在一边吃饭。有客人的时候,如果客人是年长的,家里的上座留给客人,如果是年轻人便坐在下座。梅家碧和女儿伍云珍把座位让出来,不会上桌子吃饭。宴请客人来吃饭,会根据年龄辈分以及身份地位来安排座位。保长、近亲以及大户这些人,都可以坐在主桌,其余邻居等人随便坐。

3.凡事需向家长请示

在生产活动方面,对于土地的经营管理,伍家都是由家长伍玉光说了算。农业生产的具体环节,伍玉光会根据家里的劳动力情况进行合理分工。田地里种植什么需要伍玉光拿主意,他负责留种子。生产工具的使用也是他经管,如果有农具坏了,或者是不够用,他需要作为出面人去集市买或者找邻居家借用。家里田地较多,自家青壮劳力太少,劳动力完全不够用,所以伍玉光负责请雇工,长工雷自居是伍玉光安排的,农忙时家里栽秧和打谷子所请的短工,也由伍玉光决定雇佣数量。在家庭生活方面,从吃的一日三餐,到穿的衣服,这些都由梅家碧着手进行分配,伍玉光需要起协调作用。家里缺什么生活用品,直接请示家长伍玉光,他负责购买。家中子女读书的事情不需要请示,伍玉光直接安排,提前给伍成修和伍伦修准备好报名费。每年的土地庙会,伍家全家人都要去,包括梅家碧和女儿伍云珍,也是要家长伍玉光点头同意才可以出门,因为以往家里都需要留人看屋,只有土地会那天可以不用留人。

4.请客安排应提前

在生产活动中的请客方面,家里请了长工的第一天,需要请雷自居吃饭,伍玉光会招呼梅家碧准备好酒好菜。每次农忙时,伍家会请四至五个短工,还会和邻居换工,忙完之后,除了给予相应的报酬,伍家也会请所有帮忙的人一起吃酒,算作额外的感谢。伍玉光扩修草房子之后,也请家里的石匠和木匠一起吃饭。请客的规矩是需要家长伍玉光亲自去请,提前一天给他们说。

家里遇上定亲、结婚、生孩子、孩子满月、老人祝寿等事情时,都需要进行宴请。定亲与生孩子这类事,请的对象是伍家的内亲,除此之外其他诸如结婚、孩子满月、白事,伍家所有亲戚都会前来,也包括村里的熟人们。家里的喜事,也会请村里的大户人家、乡贤绅士与本家族族长来参加。满月酒那天可以请奶奶的娘家以及母亲的娘家,由伍玉光出面去请,一般人家不需要下请帖,需要当面通知。在宴请活动中,存在一定的主桌,但是主桌和其他桌的人吃的饭菜都是一样的,只是说主桌坐的人更重要,一般位于室内。红白喜事时,家里请的客人多,必须要请专门的厨子来烧菜。厨子经验丰富,会根据宴请的数量进行安排。

5.洗衣晾衣有讲究

做衣服是家里每个妇女都会的技能,伍家的衣服都是内当家梅家碧负责缝制。无论是老人家的,或是子女的,还有长工雷自居的新衣服,均是梅家碧做。在女儿还没长大的时候,家里的衣服由梅家碧一个人洗,伍云珍12岁以后,家里的衣服经常是伍云珍在洗。长工的衣服是他自己洗。一般是把衣服用背篓背到元宝河的河边去洗。家里没有洗衣粉,都是用"碱坨"来洗衣服,这是自己做的。洗完衣服晾在院子的边角上,不能影响行人过路,贴身衣物是往角落里晾,裤子也不能晾在显眼的地方。

(二)生产上的禁忌多

伍家在农业生产时有一定的禁忌,很多顺口溜也是听老一辈说的。伍玉光对于节气十分看重,他会将这些节气的注意事项教给儿子伍成修和伍伦修,诸如"小满前后,种瓜种豆""过了小满十日种,十日不种一场空",意思是说如果过了小满这个节气十天之后还没开始种瓜类和豆类作物,之后的收成便不好,伍家播种时都会严格按照这个时间。伍玉光还常说:"春抢日头秋抢时",又有"不栽五一秧"的说法,意思是说,到了五一劳动节那天,家里如果还在栽秧的话,就算作错过了好节令,收成会大打折扣。人家一亩田收500斤,自家一亩田可能只收300斤,到了收获的时候便会有差别。伍家15亩田地栽秧的任务量比较多,所以每年栽秧的时候,伍玉光不仅自己亲自下田,也安排儿子伍成修和伍伦修下田栽秧,长工雷自居知道抓紧时节的重要性,除此之外,伍家还会请邻居一起来帮忙换工。"秋分谷子割不得,寒露谷子养不得",在九月的秋分过后天气才会慢慢转凉,秋分时还不能割谷子,寒露是在十月上旬,这时候谷子已经不能再继续留在水田里。伍家收割谷子时也会抓好时节,不会随意安排。

四、奖励与惩罚

(一)表现优异可获实物奖励

伍家家长对成员进行奖励的情况时有发生,不过也有一定条件,一般对子女进行奖励比较多。以做农活儿为例,家里每个成员需要干什么,家长伍玉光都会提前安排好。如果家里的子女都按照家长的吩咐,把自己手里的活儿干完,并且完成得很好,伍玉光会奖励他们。伍玉光赶集的时候,会给伍成修、伍伦修以及伍云珍捎带一些小零食。家长只会奖励自己家的孩子,别人家的孩子所取得的成就和伍家没有什么关系。另外在上学读书方面,伍玉光也很看重子女的表现,如果子女在学校里受到老师的夸奖,或者是回家之后能够主动背出课上所学内容,便算作是学习有好成绩,伍玉光也会奖励他们,一般是让梅家碧给孩子煮两个蛋,或者做一套新衣服。

(二)犯错误需接受批评

在一个家庭中,只有一家之主有权力惩罚别人。伍家只有伍玉光可以惩罚子女,内当家梅家碧也有这个权力,但不像伍玉光有威信。伍成修和伍伦修在外面玩耍,和邻居家的孩子闹矛盾,或者把别人的庄稼踩死,别人会告上门来。伍玉光知道后,首先会想办法赔偿,然后拉着儿子去道歉。最后才会关上门来教育儿子,家丑不可外扬,不能让别人知道自己家里的孩子做了错事。伍成修和伍伦修犯错误那两天,伍玉光会给他们安排更多的农活儿,让兄弟俩长点记性,不会去惩罚别人家的孩子。伍玉光很少打人,一般都是言语批评,子女对家长也不得不服从。

五、家族组织清明活动

每年的清明节在四月五日,是祭祖的日子。伍家的家族也会在清明节那天去上坟,族长会在祠堂举办清明会。清明节那天一大早,元宝村里伍氏家族的人,都会相约在祠堂,族长进行简单的宣告仪式之后,给大家讲一下当天的流程。之后,族长作为带头人,安排一些人背纸、一些人背蜡烛,还有人放鞭炮。沿着去祖坟的山路走,一路边走边放鞭炮。给所有的祖坟都烧香完之后,伍家后人全部又原路返回,祠堂大院子里摆好酒席在等着他们。伍家是家长伍玉光和大儿子伍成修作为代表去参加,他们跟在队伍后面去烧香,然后在祠堂吃一顿午饭。伍家的女性成员和女儿都不能去祭祖。

六、村庄公共事务

(一)家庭为代表,积极参与

1.仅召开征税会议

在1949年以前,当时的元宝村并不叫元宝村,而是元宝滩。村里没有召开过村务会议,只有在1949年之后才开过,也是家里的当家人去开会,女性成员开会比较少。村里召开过征税会议,伍玉光作为村里的甲长,需要通知各家各户去开会。凡是家里自己有田地的,无论田地数量多少,都需要去参加征税会议,租别人家田地的"写田户"不用参加。主要是通知到家长,伍玉光每次都是会议的负责人,也是伍家开会的代表,伍家其他人不用去开会。除了征税会议,村里也没有开过其他会议。

2.修桥修路

村里修桥修路以及修庙时,都会找各家的家长。每次有这些公共事务时,伍玉光会到每家每户去通知,主要是通知到家长那里,具体安排家中哪个成员再由家长负责分配,可以家长自己去,也可以派家里其他成员去。都是以家庭为单位提供人力,所以一个家庭只需要出一个劳力即可。家里没有壮实的男性青年,要么交钱,要么派家里的女性成员去打杂也可以。伍家都是轮流着来,有时候是伍玉光自己去,但是他很大一部分时间会用来监管和督促,有时是派大儿子伍成修去修桥修路。

3.打井淘井

村里组织过一次集体打井活动,发生在旱灾那一年。当时村里很多农户家的水井都没有水,有人来找伍玉光提意见,希望可以组织大家挖井,每户人家都离不开水。伍玉光号召村民一起去挖井,选在地势比较低切田地较多的地方。打井时也是以家庭为单位,一户人家只需要出一个劳力就可以。当时村里人都很配合,毕竟用水关系着大家的日常生活,每家都派一个劳动力来参加打井。伍家的伍玉光和伍成修都参与了打井活动。

(二)筹资筹劳不可少

村里组织修桥修路以及修庙活动的时候,不仅需要筹钱也需要筹集劳动力。伍玉光会直接通知到每户人家的家长,具体的安排由家长做决定。钱财和劳力都是一家一份,伍家有时候不仅是伍玉光在帮忙,伍成修也会被派去帮忙。交不出钱的,自己想办法借钱或者把家里的粮食拿去卖了交钱。伍玉光每次都会提前一段时间通知下去,会给村里人都留够准备的时间。伍玉光组织打井时,还请专门的工人来教如何操作,所产生的费用由全村平摊,按照户数来。在这些公共活动中,太穷的人家实在交不出来的时候,也可以选择多出两个劳力来代替。在没有分家之前,即使一个大家庭下有好几个小家庭,出钱和出工都按照大家庭的户数来算。分家之后,伍玉光和伍成修算作是两个家庭的家长,安排劳力时是各自决定。

七、国家事务

(一)按时纳税

伍家纳税都是以家庭为单位,没分家之前,是一个大家庭算作一个单位,分家之后,是各自的小家庭为单位。纳税时需要按照家里的田地面积和产量来算,不是根据家户人口来算。按照土地面积算下来,伍家要交两百斤谷子。每年的十月下旬,打完谷子,将谷子晒干入粮仓之后,差不多可以开始准备完粮的部分。除了完粮,还收过鞋子,据说是收去部队里当兵的穿,保长直接会给甲长分配需要上交的鞋子数量。甲长伍玉光再根据村里的户数,给每家每户安排任务。一般是贫苦一点的小户人家只做一只,条件稍微好一点的做一双,伍家是做一双,梅家碧和伍云珍都参与了做鞋的过程。实在交不起税费的,在之前伍玉光会考虑好,不给他家分配任务,如果是家里有条件,却不交的农户,伍玉光会派人把那户人家的家长抓起来,关进村里的一个黑房间里,等着家里其他成员拿钱来赎人。伍家每次都会按时纳税,需要交的钱或者东西数量,也会提前准备好,先满足完税,再满足自家的需求。

(二)买壮丁

伍家没有自愿参军的情况,也没有被国民党或者中国共产党征兵。村里有人为了不被拉去当兵,把自己的眼睛戳瞎,还有砍掉一截手指,没办法抠枪,也不会强制拉兵。伍玉光作为甲长,要负责去村里每户人家拉兵,按照"三抽一、五抽二"的原则。家庭里的家长自己选择派谁去当兵,伍玉光花钱买了一个兵代替自家儿子。自己儿子既能留在家里做农活儿,又可以保平安。当时花了很多钱,那户人家有三个儿子,其中一个大儿子被拉走,还剩两个儿子,那户人家生活非常困难,即使儿子留在家中也养不活。刚好二儿子和大儿子感情最好,两兄弟可以做个伴,把二儿子卖给伍玉光。伍家虽然有两个儿子伍成修和伍伦修,但是伍玉光舍不得他们出去当兵,将当兵看作是危险的差事,认为出去的人很难再回家。

(三)积极参与选举

伍家在元宝村的地位很高,一直都是医学世家,大家对伍玉光印象很好,加上伍玉光待人和善,不像那些大户人家财大气粗,很受人尊敬。所以伍玉光被村里人选举为甲长,进行选举的时候需要开会把大家召集在一起,每次村里有事情都是在"孙家庙"旁边的那个院坝里开会,每家每户都要参加,一个家庭出一个代表即可。女性不可以参加任何会议,自然也无法参加投票。每次保长分配下来的任务,伍玉光也不得不完成,虽然经常要去别人家里催着纳税,但是大家态度都很亲近,没有和任何人产生过矛盾。有时了解到个别贫苦人家交不出来的情况,尽量不给他们派税。1949年以后,伍玉光便没有再当选甲长。

附　录

当地方言

嘎嘎:指外祖母的意思。	老人公:指丈夫的父亲。
老人婆:指丈夫的母亲。	老挑(儿):妻姐妹之夫。
接婆娘:娶老婆。	儿娃子:指男孩儿。
打发女儿:嫁女儿。	白嘴:只会说好话但不会付诸实际行动的人。
哈板儿:做事不考虑后果的人。	二杆子:说话做事粗野莽撞的人。
夹舌子:口吃的人。	闷猪:做事不动脑筋、不合心意的人。
犟拐拐:脾气很偏强的人。	几爷子:父亲和几个子女在一起的总称;也用来泛指几个常待在一起的人。
烂心肺:坏心眼的人。	咬卵犟:固执己见、不肯接受正确意见的人。
天棒:鲁莽、不怕惹事的人。	屁巴虫:不讲交情、不讲信用、两面三刀的人。
挂耳胡:络腮胡子。	三脚猫:坐不住,爱到处乱跑的人。
脸盘子:指脸面的全部。	耳巴子:用手巴掌打人的面部。
磕膝头:膝盖。	马马肩:小孩骑在大人肩上。
撑花儿:雨伞。	吹吹儿:吹哨子。
热和:暖和的意思。	斗碗:大碗的意思。
花篓儿:指背篼。	开山儿:斧头的意思。
铺盖:指被子。	把把[pa pa]:工具的柄(锅铲把把)。
夹袄:厚棉袄的意思。	瓢瓦:指做事不干脆、不痛快的意思。
板板车:人拉的两轮木板车。	外后天:当日算起未来的第四天。
过午:吃午点(早午餐之间)。	上前天:当日算起过去了的第四天。

调查小记

目前我们可以了解到,农村的本体制度可分为部落制、村社制和庄园制,希望能够通过我们中农院对于家户制度的调查,为世界贡献与这三大制度相提并论的中国农村本体制度。于是我们院的研究生都开启了浩浩荡荡的家户制度调查,从 2017 年便开始了试调查,而我今年已经是第二次参与家户调查。

相逢即是缘分,每到一个调研点,便会与它结下一段缘。每访谈一位老人,便要多一位想要真心感谢的前辈。2018 年的寒假需要访谈两位年龄在 80 岁以上的老人,首先访谈的便是伍云珍奶奶,是新中国成立前家中的女性成员,由于在伍家祖上是医学世家,伍家家长也常外出给别人看病,可以赚钱,副业收入作为家中补贴。在以农业生产为基础的农村里,那时伍家算是村里的中户,经济条件比较好,所以伍家在村里是书香门户,家里每个家庭成员都接受了教育,伍云珍当时也不例外接受了教育,在当时是不多见的。1949 年以前,伍家三代同堂,共有 9 口人生活在一起。家里劳动力根本不够用,所以伍玉光请了一个劳力较好的青年长工在家帮忙,农忙时还会请五六个短工一起栽秧打谷。以前村里会医术的人不多,识字的也不多,所以给别人看病是一个很好的收入渠道。伍玉光不仅读了父亲伍庆开留下的书,还买了其他方面的医书,自己研读。通过访谈还了解到,无论是对外还是对内的事务,作为主心骨的家长在家中总是拥有绝对的权威。1949 年以前家庭里的规矩禁忌很多,既有关于日常生活的,也有关于节庆习俗的,若是违反了规矩,家长有权力惩罚家庭成员。奶奶心态也特别好,每次讲到比较有趣的地方,我们都会一起哈哈地笑。

每一次调研对于我来说都算是一种挑战,比如说寻找老人的艰难,比如说不成功的访谈带来的沉重感。但付出便一定会有收获。通过实地调研,我们能更加了解当地的风土人情,以及在当地的背景下所呈现出来的各种观念。通过家户制度调研,能回顾解放以前的历史,深挖家户故事,讲述出来别有风味,比看书更加直观、更加有深度。

第七篇

务本安内:凝人聚财以固农耕小户之本
——晋中大横沟村郑氏家户调查

报告撰写:韩　帅[*]

受访对象:郑克申

---

[*] 韩帅(1992—　),男,山西盂县人,华中师范大学中国农村研究院 2016 级硕士研究生。

导　语

　　山西省盂县秀水镇大横沟村位于县城西南,距离县城两千米,1949 年之前有八百余人,全村以石、郑二姓为主。郑家人在 1949 年之前,是一个 11 口人、四代未分家的农耕小户,其老宅位于大横沟村中心位置。郑家人所居住的连二院,前院是平房,后院是高房,院落及房屋属于家户所有,与四邻有着清晰的边界,互不侵占,郑家家长可以在成员之间调配房屋使用。郑家世代务农,全家人依靠八亩祖传地以及伴种同村万婆家的 10 亩土地为生,八亩祖传地属于全家人所有,郑家家长对土地拥有支配权,同时在租地中家长也作为唯一的家庭代表出面协商。郑家家人还在农闲时间外出打零工补贴家用,所得收入绝大部分归家户所有,由家长统一支配。此外,每年家中都会喂养家禽家畜来增加家庭收入。

　　郑家人深知农耕小户生存的艰难,因此在 1949 年之前一直未分家,为的就是集合大家庭的财产和人力,保证郑家每一代的延续,虽然日子不富裕,但全家同心,勤劳务实,生活充满活力。当家人郑永茂为了家户的发展壮大,一直将几代人紧紧凝聚在一起,依靠大家庭的经济收入来供养家庭成员,经过苦心经营,郑家人丁兴旺,不依靠任何人,完全能够自给自足,逐渐置办了牲畜和大型农具。同时,郑家人对大家庭充满奉献精神,作为长孙的郑克申为了照顾众多兄妹,甘愿放弃自身发展机会,协助大家庭为兄妹们解决人生大事及教育问题,帮助兄弟娶妻生子、成就学业,分担家长的重担。在郑家的文化教育中,家长郑永茂对家庭成员精心的引导和教育,对郑家家风及后代的发展产生深远影响,使郑家能在相当长的一段时间内凝聚力不减。家人始终以家庭利益为重,为家庭的发展尽心尽责,在家中尊敬长辈,对晚辈负责,在家庭之外不卑不亢,努力奋斗。家长郑永茂在 1949 年之前一直是郑家的代表人,对家庭秩序的维持,对家人的保护和支持,对家庭经营和发展都做出了贡献,作为家长,郑永茂的精神深深影响了后辈人。

第一章　家户的由来与特性

郑氏一族自明洪武十三年(1380年)从河南迁至山西盂县,至20世纪50年代已经繁衍20代人。1949年之前,郑家有11口人,以郑永茂和石福桃为核心的四代同堂家庭,其中包括两位老人、三对夫妻,劳动力充足。郑家房产位于村中心,后院是村里少有的高房结构,房屋数量充足,满足家庭四代人居住需求,后因为经济问题卖掉高房二楼。郑家的经济条件在大横沟村属于普通家庭,家庭成员全部要为生存出力,每年收入略有结余,基本实现自给自足。郑永茂及其妻石福桃是家里的当家人,在传统"男主外,女主内"管理模式下,郑家举全家之力,内勤俭持家,外勤劳团结,家庭成员分工明确。

一、家户迁徙与定居

(一)躲避战乱由豫入晋

郑氏始祖,乃河南荥阳人也。据族谱记载,郑氏一族是为躲避战乱,一路向北迁徙,自明洪武年间定居山西盂县。而大横沟郑系,何年何月何地因何迁徙此处,已没有确切的证据可考。从历次族谱的小引中,略知在明洪武十三年,就有担任过本村领导的郑的恩、郑的才、郑的友等多人,虽在族谱中没有找到关于他们的详细记载,大概他们就是郑氏的先祖。当时大横沟村以党姓和王姓为大姓,占据村里绝大多数,郑氏一族迁至此地后,一直以务农为主,后因参与科举并中武状元,郑氏一族人口便跨入仕途,此后秀才、举人辈出,在大横沟村扬眉吐气,逐步成为大横沟村的大姓。

(二)韬光养晦终成大姓

郑永茂从小就向儿孙后代讲述家族的故事,时刻提醒他们不能忘祖。从那时起,至今已六百多年了,郑氏在大横沟这个古老的村落里,繁衍生息,已成旺族。在众多的姓氏中,排名前列,在本村世称"石、郑二姓"。郑氏家族是一个团结和睦、勤劳善良的家族,是一个人口多、人气旺、人品好的家族,是一个人才辈出、奔腾向前的家族。虽非名门望族,但也属书香门第。追溯明、清年间,曾有多位秀才、举人,梓里扬名,遐迩颂德。及至近代更是兰桂腾芳、人才济济。

郑克申,1929年出生于山西省盂县秀水镇大横沟村的一个穷苦家庭,1949年之前家中四代同堂,爷爷郑永茂和奶奶石福桃是一家之长,父亲郑学世育有三子,郑克申为家中长子,郑克明为次子,郑克胜为幼子,另有郑爱萍、郑爱莲两位妹妹,以及郑克明长子郑昌军。郑克申克字辈,郑氏一族已经在大横沟村繁衍20代人,跨越六百多年。

二、家户基本情况

(一)四代十一口人同住

1949年之前,郑家家中四代十一口人共同居住。郑永茂是当家人,曾有一个兄弟和一个妹妹,但都因意外早夭,只剩永茂一人,与其妻石福桃1949年之前都已60多岁。郑永茂育有独子郑学世,因此郑永茂和石福桃两位老人的赡养以及送终全部由郑学世负责。独子郑学世四十有余,正值壮年,其妻杨慧娥长郑学世三岁,俗语说:"女大三,抱金砖",杨慧娥勤俭持家,相夫教子,在与公婆共同生活四十多年中,公婆对其评价很高。长孙名为郑克申,兄妹5人,克申为长子,因为家中人口多,生活拮据及其他原因,克申60岁之前一直未成家。次孙克明,其妻为石本鱼,育有一子郑昌军,小孙子克胜及两位孙女尚年幼,均未成家。家庭成员中没有收养、过继情况。

表7-1　1949年前郑家代际人口情况表

家庭基本情况	数据
家庭人口数	11
劳动力数	5
男性劳动力	3
家庭代际数	4
家内夫妻数	3
老人数量	2
儿童数量	4
其他非亲属成员数	0

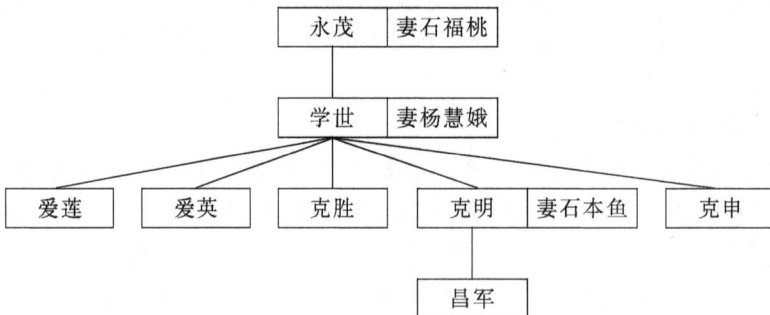

图7-1　1949年前郑家人物关系图

(二)两代单传劳动力足

郑永茂,1884年生,年幼时因为意外,哥哥和妹妹早夭,只剩郑永茂一人。年少在学堂读过2年书,后因家庭贫困退学协助家中做农活儿,16岁成婚,育独子郑学世。妻石福桃长永茂一岁,约1883年人,没有文化,是传统时期"三从四德"下的标准女性,夫妻二人身体状况良好。

郑学世 1911 年人,是家中独子,未曾读书,16 岁成婚,其妻杨慧娥,长郑学世三岁,夫妻二人育有三男二女,身体状况较好,农闲时在外打工。

郑克申,乳名良和之,生于 1929 年 12 月 6 日,21 岁丧父,在贫困年代只身帮母将幼小弟妹养大成人成才成家,以致自己的终身大事一拖再拖,1949 年之前一直未成婚。

郑克明,乳名黑牛,生于 1931 年 12 月 6 日,在私塾读过 5 年,1949 年后高中毕业,于 16 岁成婚,于婚后一年育有一子郑昌军,1948 年出生。配偶石本鱼,生于 1931 年 5 月 1 日,大横沟村人石延俊长女,1949 后育有一女丽华。

郑克胜,乳名小牛毛,生于 1938 年 2 月 1 日,初中文化,爱英、爱莲分别于 1939 年、1940年出生,都是家中幼子。

表 7-2 家庭成员基本情况表

成员序号	姓名	家庭身份	性别	年龄	婚姻状况	健康状况	受教育情况(年)
1	郑永茂	家长	男	65	已婚	良好	2
2	石福桃	内当家	女	66	已婚	良好	0
3	郑学世	长子	男	38	已婚	良好	0
4	杨慧娥	长媳	女	41	已婚	良好	0
5	郑克申	长孙	男	20	未婚	优	0
6	郑克明	次孙	男	18	已婚	优	5
7	石本鱼	次孙媳	女	18	已婚	优	0
8	郑克胜	孙子	男	11	未婚	优	5
9	郑爱英	长孙女	女	10	未婚	优	0
10	郑爱莲	次孙女	女	9	未婚	优	0
11	郑昌军	重孙	男	1	未婚	优	0

注:该表为 1949 年郑家家庭成员关系。

(三)郑家空间结构

1.交通便利风水好

郑家老宅风水极好,聚财聚福。郑氏榆树底南院,房屋坐落在大横沟村中央十字路,大门坐东朝西,比较简陋。庭院是连二院,房屋有高房、洞子,前院是窑洞,后院是高房。房屋西面和北面是交叉的十字路口,属于村中交通十分便利的地方。房屋东面是邻居郑和财,南面是邻居石玉斌,大门对着的是一条宽约 5 米的巷子,巷子属于公共道路,北面是宽约 8 米的大道,属于大横沟村的主干道,房屋周围人口密集,道路上人来人往,十分繁华。老宅东北约 20米处是村戏台,恰逢大小节日、赶集等天气,会不定时有戏班来唱戏。戏台往东 30 米是老爷庙,属于村内香火旺的几个寺庙之一。

2.两进院落房间多

郑家有前院和后院共计 11 间房子。前院两间房子坐北朝南,是郑学世、杨慧娥夫妻两人居住,郑克明成家后,前院便腾出由郑克明和石本鱼夫妻居住,郑学世、杨慧娥夫妇搬到后院居住。后院是高房,即二层建筑,这种建筑在当时是属于最好的房屋。高房一层是窑洞,坐北朝南 5 间,可以最大限度利用太阳光,保证房间内充足的日照。窑洞冬暖夏凉,十分宜居。西面两间里外屋是郑学世、杨慧娥夫妻两人居住,中间两间里外屋是老人郑永茂、石福桃两人居住,东侧一间是厨房,房屋南面搭建牲畜棚和旱厕。高房的二层同样是 5 间房,二层无人居住,起初用于存放粮食和杂物,后因家中拮据,将二楼租给村里其他人居住。通往高房二楼的楼梯起初在后院,后卖掉高房二楼,将院内的楼梯暂时封住,从老宅的北墙朝大街方向开出楼梯通往二层。

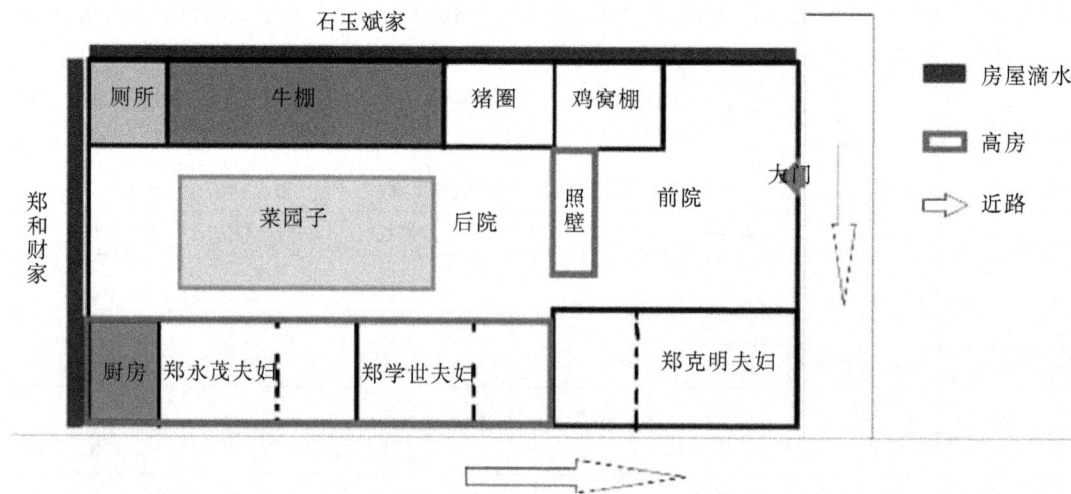

图 7-2　宅基地(房屋)建筑布局图

(四)世代务农解决温饱

1949 年之前郑家有 8 亩自有旱地,此外还伴种①了东头"万婆"家 10 亩地,万婆是村里人对她的称呼,真实姓名已经没有人知道了。伴种地都是主家说了算,主家让种什么郑家就种什么,收成之后对半分。因郑学世在外打工,土地主要是郑永茂、杨慧娥以及郑克申、郑克明两兄弟耕种。家里喂了一头牛,该有的农具都有,牛是家里攒了很多年粮食后卖掉换来的,属于郑家所有。耕地的时候需要两家一起,因为一头牛拉不动。辛勤耕作 8 亩土地,伴种 10 亩土地,基本可以解决一家人的温饱,除此之外没有伴种其他人的土地。农忙的时候,郑家需要和邻居变工,也称搁聚,通过劳动力和生产工具的互相补充,完成日常土地生产工作。此外,家里有副业,父母喂了家禽和猪,鸡蛋主要拿来卖钱以补贴家用,猪长成后请人宰杀,绝大部分也是卖掉补贴家用,只有在过年时留一小块吃,家里的餐食,很大一部分是糠和野菜。除此之外,父亲在农闲时要外出干体力活挣钱,主要是在矿上当挑煤工人,管一顿饭,一天可以赚一块钱。

每年家庭收入勉强维持家用,因为收入少所以花销也相对少,家庭支出能省则省,房顶漏了也没有多余的钱修,家里该办的事情也办不了。全家基本不敢举借外债,借了还不上,除了满足基本生活之外,不敢想其他的事情。

土地经营基本由郑永茂和石福桃两位当家人说了算,但也会咨询郑学世的意见。每年一半以上的土地用来种植玉米,一部分种谷子、粟子、高粱和一些瓜果蔬菜,农作物的种植以满足日常需求为主。

---

① 伴种:土地收成对半分。

表 7-3　郑家经济状况表

土地占有与经营情况	土地自有面积		8		租入土地面积	0
	土地耕作面积		8		租出土地面积	0
生产资料情况	小型农具		锄头、耙子			
	牲畜情况		牛 1 头			

	农作物收入					其他收入	
收入	农作物名称	耕作面积	产量	单价	收入金额(折算)	收入来源	收入金额
	玉米	4 亩	11 斗①/亩	1 毛/斤	120 元	鸡	10 元
	谷子	2 亩	11 斗/亩	5 分/斤	30 元	猪	20 元
	粟子	1 亩	10 斗	2 分/斤	4 元	做工	100 元
	高粱	1 亩	7 斗/亩	3 分/斤	4.5 元	收入共计	
	伴种	10 亩	100 斗	作物不确定	70 元	358.5 元	

	食物消费	衣服鞋帽	燃料	肥料	租金		
支出	200 元	80 元	10 元	0	——		
	赋税	雇工支出	医疗	其他	支出共计		
	——	0	20		310 元		

结余情况	结余　48.5　元	资金借贷	借入金额	0
			借出金额	0

(五)小农小户苦心经营

郑家的两位家长也是当家人,外当家郑永茂和内当家石福桃,当地有言"男主外,女主内",家庭之外的事情,如参与村庄公共事务等是郑永茂出面,家庭内的日常开销,都必须过问石福桃。两位当家人将生活安排的紧凑,家里人不至于挨饿受冻。1949之前家中一直都是年龄最大的郑永茂和石福桃两位当家人,中间没有发生过任何变动。

解放前郑家的人口及财产情况,在村里属于中下等水平。村里的大户人家,土地基本都在 100 亩以上,人口在 30 人左右,要住三进院。盖的房子中要有"砌位",这是过去房屋结构最好、造价最高的房子,一般是有钱人家的长辈才有资格居住,家中一般都有人经商,并且经商收入占了家庭收入的绝大部分。"镜一样的玻璃,庙一样的家,燕一样的孩子炕上爬",这样的人家才能算大户人家。中等人家需要基本满足全家温饱问题,人口在 10 到 20 人,住砖结构的平房,土地需要在几十亩左右,用方言讲述:"一年下来不欠人家的,也余不下多少",这样的人家够得上中等户。小户即穷人,家庭人口一般不超过 10 人,土地一般不足 10 亩,难以维持日常生计,需要半种大户人家的土地。这类人很多都是外来人,比如受灾逃难至此,或者好吃懒做败光家产的人。用方言讲:"勤快人家没有揭不开锅的,穷的叮当响的都是好吃懒做的。"

---

① 斗:计量单位,一斗大约 21 斤。

第二章　家户经济制度

1949 年之前,郑家自有土地一直是祖上传下来的 8 亩坡梁地,土地改革期间不增不减,除此之外没有买卖过土地。郑家祖屋在家长郑永茂年轻时基本建成,两进院落共 11 间房,至 1949 年之前没有过大的修建,后代一直居住,后因为经济困难,卖掉了高房二楼。家里常用小型农具齐全,耕牛和大车是郑永茂置办的。郑家所有财产属于大家庭所有,由家长统一支配,其他家庭成员服从家长的安排。郑家农业和副业也是由家长安排,所得收入要上交家长。虽然生产所得收入不多,但郑家家长郑永茂将家户分配、消费以及交换等权力掌握在自己手中,始终以家户为单位照顾大家庭的利益,其他家庭成员要服从家长的安排。家长将家户的经济控制权掌握在自己手中,很好的维护了郑家的整体利益,有利于郑家的团结,同时增强了郑家面对生活变数的能力。

一、家户产权

(一)郑家土地产权

1.祖传八亩坡梁地

1949 年之前,郑家有 8 亩旱地,土地都是祖上传下来的。大横沟地处黄土高原,土地多为黄土地。当地人将土地划分为三等,一等地称河湾地,有多年沉积的淤泥,土壤肥力高,水分充足;其次为坡梁地,这类土地占绝大多数,属于开垦多年的熟地,土壤状况良好;最末为开荒地,属于新开垦的荒地,地理位置偏远,多为红土,土壤黏性大,肥力低。郑家的 8 亩土地属于坡梁地,产量中等,分别是赦江、后子沟和红崖头 3 块土地,其中赦江的 2 亩土地,地势低平,土壤相对肥沃,产量稍高。

郑家的土地是祖上慢慢积攒下来,到郑永茂这一辈的,由于生活条件一般,没有多余钱财购置新的土地,因此,土地数量一直保持不变。郑家的土地属于郑家所有,村庄或其他组织无权使用或收回。

2.全家所有家长支配

郑家土地属于全家所有,并不属于个人,也不划分到个人,只要是家庭成员,都可以说是我家的土地。土地产权以家庭为单位,有着明确的边界,是家庭最重要的财产,郑家土地不存在与其他家庭共有的情况。

按照传统,郑家土地属于家庭中的男性及其配偶,女儿不论做闺女[①]还是做媳妇[②],自家

---

① 做闺女:方言,表示女孩未出嫁之前。
② 做媳妇:方言,表述女儿出嫁之后。

土地都不属于她。因此,当家人郑永茂及其妻石福桃,以及儿子郑学世及其妻杨慧娥,孙辈郑克申、郑克明及其妻石本鱼,未成年的郑克胜以及重孙郑昌军是这 8 亩土地的所有者,郑永茂的两个孙女郑爱英和郑爱莲不是土地所有者,她们在出嫁后会在婆家拥有自己的一份土地。

土地虽然郑家人人有份,但是这种权利不是平等的。作为家长的郑永茂及其妻石福桃,对土地有着最终的支配权,如郑家在 1949 年之前与同村人交换过一次土地,就是郑永茂的决定,郑永茂请了村里一位长者当中间人,待对方同意后,郑永茂与同村人家交换了地契,儿女拥有土地,但在未分家之前,主要听从家长的决定。郑家有三兄弟,虽然也组建了新家庭,但一直未分家,土地一直属于全家人所有,这是为了保证家庭的延续,不至于家庭财产和资源的分割。郑家对分家十分谨慎,当地也将分家看成是家道中落的开始,因此,土地属于全家所有可以保障大家庭的生存,有利于财产的积累。

3.界石为边家户经营

郑家土地与四邻的土地有着明确的边界,当地以界石作为土地边界的标志,界石下面埋有石灰,在界石周边会形成清晰的界限,各家各户以石为界,自觉遵守,绝不允许别人越界耕作,郑家土地主要由郑永茂、儿媳妇杨慧娥及孙子郑克申、郑克明及其妻石本鱼耕种,郑克明虽然已成家,但没有提出分家的要求,因为自家土地很少,分家之后作为小家庭得到的土地更少,再没有权利去耕种大家庭的土地,吃大家庭的饭,因此,郑家 1949 年之前一直未分家。此外,郑家对自家土地有着清晰的心理认同,界石是祖祖辈辈使用的界限,郑家已对自家土地的位置、边界熟记于心,一心耕作自家土地,也不会去无故侵占他人土地。

郑家在土地的经营上,郑永茂及其妻石福桃是实际支配者,每年土地种什么、比例分配由当家人决定,具体的耕作工作由儿子郑学世带着孙子郑克申和郑克明开展,郑永茂也会时常下地查看庄稼长势,农忙时全家男女老少都要下地干活。到每年的 10 月份,进入粮食收割季节。最先收割的是粟子,郑家只种了一亩粟子,郑学世一大早带着郑克申、郑克明两兄弟,拿着爪镰子①下地收割,一天便可完成收割,扎捆后,全家人用牛车拉回家等待脱粒。其次收割谷子,两亩地的谷子需要整株割倒运回,工作量较大,郑永茂、儿子郑学世以及两个孙子郑克申、郑克明都会参加收割工作,割倒后同样运回家里等待脱粒。接下来收玉米,郑家种植最多的是玉米,掰玉米的工作较为简单,石福桃和孙媳妇石本鱼留在家里做饭,照看孩子,剩下家庭成员都要下地收玉米,抢在下霜之前完成工作。4 亩玉米地全家人两天就可以收完,掰完玉米后割玉米秆的工作女性不参与。最后收割的是谷子,收割过程类似收谷子。收割谷子、粟子、高粱等需要将苗子整株砍下,运送回家后脱粒,村里有专门的空地供村民放置粮食,空地属于公共产权,大家轮流使用,不会发生争执。先用铡刀将谷子、高粱和秆分离、脱粒时,需要平铺在地面上,用拉戈②敲打谷穗,整体脱粒,最后仍用脚踩几遍,完成脱粒工作,装袋储藏。玉米脱粒时先将玉米装袋,用木棍敲打,待部分脱粒后,用手搓掉玉面秆剩余的玉米粒即可。

---

① 爪镰子:农具,跟镰刀类似,刀头较长且有弧度。

② 拉戈:打谷用具,一节是长约半米的木棍,另一节是用芦苇等植物根茎编制的长约 70 厘米,宽约 20 厘米,中间用钉子固定,可转动。使用时握住木棍,上下摆动即可带动另一端转动打谷。

郑家在土地所有权的支配中,家长郑永茂及其妻石福桃是实际支配者。在任何财产的买卖、置换中,涉及家之"根本"的土地,全部是由家长做主,家事都不容家庭成员之外的"外人"参与。俗语有言:"有父不显子,有兄不显弟",郑永茂在1949年之前位于后子沟的土地离家较远,耕作不方便,便四处打听,物色了另一处土地,请了中间人,几天之后便交换了地契,子女们对此事只能提意见,但不能拍板做决定。当郑永茂不在家时,大小事情都要询问石福桃,如果石福桃拿不定主意,还是要等郑永茂回来再做决定,尤其涉及土地处理的问题,必须当家人郑永茂在场。

4.产权清晰互不侵占

郑家的8亩土地是祖祖辈辈积累、耕种的,全家人对土地产权有着清晰的认识,没有出现过别人侵占自家土地的现象。大横沟村的土地,每家每户都有地契为证,以界石为边,郑家对自己土地边界有着清晰的认识,四邻对郑家土地产权也有着较高的认同,历来村里没有出现过侵占别人土地的现象。

家族对于郑家土地有着很高的认可,郑姓是大横沟村的大姓,村里绝大部分人都是石姓和郑姓,几百年来,这两家在村里已经有着千丝万缕的联系,出门都是以兄弟、叔叔舅舅称呼,沾亲带故,因此,家族对郑家土地产权有着清晰的认识,不会出现侵占郑家土地的现象。

村里的保甲长也都十分尊重和认可每一户村民包括郑家的土地产权,郑家虽然土地数量不多,但都在村里做了登记,有着官方认可,村庄也不能随意侵占郑家土地,作为村庄公共权力,一旦出现侵占私人财产的现象,将失去村民的信任。一旦自家土地被侵占,郑家人一定会挺身而出,据理力争,如果纠缠不清,会请来村里有名望的人做评判,自己的家族也会站出来给与支持,绝对不允许别人侵占自家一分土地。

同理,盂县县政府对农民的土地也登记在册,并颁发文书证明,对郑家土地产权有着高度认可。如果因为公共事务需要征用土地,也必须跟保甲长及土地所有者协商,在征得郑家当家人同意后,达成协议即可与郑家进行土地的买卖、租用、置换等。当发生土地纠纷时,郑家首先会自主协商,如果协商不妥,会请村里保甲长做决定,保甲长无法主持的,可以到县里申请公证。

(二)郑家房屋产权

1.两进院落房屋充足

1949年之前,村里的房屋主要有连二院、回卷洞①、高房②、砖房、土坯房等。郑家住着连二院,属于当时较好的院落,同时后院盖着高房,是当时很有面子的建筑类型。郑家宅基地成长方形,面积400平方米,前院150平方米,后院250平方米,主屋都是坐北朝南,南面是牲畜棚和厕所,东西两端没有房屋。前院包含主屋三间,是儿子儿媳郑学世和杨慧娥夫妇两人居住的地方,一般客人来了也在前院接待。孙子郑克明成家后,前院便腾出给他们夫妇居住,郑学世夫妇搬到后院居住。后院是高房,上下五间房,一层窑洞是郑永茂、石福桃夫妇和儿子儿媳郑学世、杨慧娥夫妇居住,占据四间,剩余一间用作厨房。二层起初放粮食和其他物品,1949后因为经济条件差,为补贴家用将二层卖给别人居住。

---

① 回卷洞:方言,即窑洞。
② 高房:下层窑洞,上层木结构房屋的二层房屋。

2.世代居住的老宅

郑家的老宅由郑永茂的父亲建成形的，郑永茂当时25岁左右即1909年左右建成，他作为家中独子继承下来，到郑克申这一辈已经居住了4代人。郑家起初老宅只有一件茅草屋，经过一代人的发展先盖起了前院，后院一直作为菜园使用，几代人种地、辛勤劳作、做苦力积累了一定财富，到郑永茂一辈，决定修建后院，并且老宅已经成型，至1949年之前房屋没有增减。

3.产权归家长支配

郑家的院落属于除女儿之外全家所有，郑家家庭成员都是房屋的所有者，包括郑家男性及其配偶，女儿在出嫁前后都不是房屋的所有者。郑家对房屋有着独立的产权所有，不与家庭之外的人共有。房屋可以在家庭内部调剂，但并不属于家庭中的某人，正如郑家在郑克明成家后，他的父母郑学世夫妇将前院腾出，给新成立的家庭居住，郑家家庭都拥有房屋的所有权和使用权。郑家房屋一般情况下不允许外人居住，家庭外的成员如有特殊需要，需要与郑家家长达成协议后方可借助，或者郑家自愿将房屋的产权转让给家庭外的其他人，正如郑家在1949年之前后因为经济问题将高房的二楼卖给其他人居住。

郑家在1949年之前一直未分家，很注重家户团结和世代同堂，可以保障家庭的生存和延续。虽然家庭成员都是房屋的所有者，但是家长在房屋的产权上更有地位，郑家当家人郑永茂和石福桃作为一家之长，是家户延续和精神的象征，房屋产权的集中对于家户的凝聚有着重要作用。另一方面，当时的经济条件也不允许将房屋产权划分到个人，这将分割家庭的一大部分财产，作为一家之长的郑永茂和石福桃是不允许这种事情发生的。

4.滴水为界不能跨越

郑家房屋与四邻有着清晰的边界，以房屋滴水为界，滴水属于郑家宅基地，四邻互不侵占。郑家在建房时，必须为邻居房屋留出滴水，也有权要求邻居留出滴水，利于房屋的排水，防止屋顶或外墙因雨水浸泡腐烂漏水，滴水一般宽约30厘米。在郑家房屋的南侧和东侧，都有滴水作为房屋边界，在征得郑家同意下，两家可以公用滴水，但是不能越过滴水建造房屋。

郑家房屋属于家户所有，外人不经同意不能使用。家庭内的男性及其配偶享有房屋继承权，女儿在出嫁前后都不得继承郑家房屋。郑家在1949年之前一直未分家，但分家的小家庭不再拥有大家庭房屋的所有权。

郑家家庭成员对房屋边界有着清晰的认同，郑家老宅居住过祖辈四代人，房屋的一砖一瓦都是祖辈的积累，同时，郑家家庭成员都十分认同房屋产权属于全家人的好处。不允许其他人侵占房屋宅基地。

郑家房屋主要是郑永茂和石福桃两位家长管理，房屋的买卖、拆除、重建都需要家长做决定，其他家庭成员可以提出参考意见，但不具有决定性。两位家长中以郑永茂的意见为主。房屋的修缮工作当家人可以不参与，其他家庭成员都有维护房屋的职责。

5.家人服从家长安排

郑家房屋产权支配者归家长所有，其他家庭成员在进行房屋买卖等事宜时必须征得家长的同意。1949年之前郑永茂还是家里的顶梁柱，家庭收入的一大部分都来自郑永茂和郑学世外出干苦力，家长的经济地位一定程度上决定了对房屋的支配权。如郑家在1949年之前，由郑永茂做决定卖掉了高房二楼以补贴家用。如果郑永茂外出不在家，房屋的出租、修缮等工作需要经过石福桃的同意,涉及房屋建造、拆除、买卖等工作,需要等郑永茂回家后商量做决定。房屋拆除、修建等工作涉及黄历、风水等,家中只有郑永茂懂得,也必须由郑永茂出面请人看好风水,其他家庭成员无权决定此事,外人也不会认可除郑永茂本人之外的人做出的决定,别人会说:"这回事得把你家当家的请过来商量,你做不了主"。

郑家家长对房屋产权享有支配权,这种支配权不能"共享",家长之外的家庭成员可以给家长提出意见,包括郑家的儿子、媳妇,女儿不参与房屋事项的决策。如果当家人郑永茂不在,需要等郑永茂回来才能做决定。

郑永茂当家期间,郑家老宅没有典当过,房屋修补过但是没有大规模修建,在1949年之前卖掉了高房二楼。郑家在房屋买卖中,家长占据主导地位。在卖掉高房二楼的决策中,是先由当家人郑永茂和石福桃二人商量决定的,之后再通知儿女们卖房的决定,郑学世虽然也提出了老宅不能卖的意见,但当家人郑永茂和石福桃还是说服了儿女。房屋买卖是家里的大事,除家长郑永茂和石福桃可以做决定外,家长不在场的情况下,其他家庭成员都不能做决定。

6.产权明晰不容侵占

郑家老宅没有出现过被侵占的现象,郑家与邻里一直保持着良好的关系,郑家和四邻都不会越界侵占他人宅基地。郑家人也绝不允许别人侵占自家房屋,郑永茂会跟家人讲:"我家老宅子当时住着11口人,虽不是名门望族,但也是人丁兴旺,这么多大后生,谁也不敢欺负咱",因此,郑家人凭借人数优势,都能为自家"做主",一旦不能协商解决,郑永茂会请来村里老者,辨明是非,此外,保长甲长也会出面协调。

村民对郑家房屋产权有着高度认可,当地人称宅基地为"地基子",郑家地基子是经过村里审批并在县里备案的,由县里颁发的地契上,清楚注明了"以滴水为界"或"以后墙为界",四邻的地基子同样如此。此外,郑家房屋东面是邻居郑和财,南面是邻居石玉斌,都是住了十几年的老邻居,郑和财和石玉斌对郑永茂家房屋产权有着清晰的认识。因此,不论在法律上还是人情上,郑家对自己房屋产权都有着可靠的证明。

村庄和政府对郑家房屋有着高度认可,保护郑家对老宅产权的占有。如果处于公共需求,需要租用或占据郑家宅基地,必须要和郑家当家人郑永茂商量,达成协议后才能征用郑家房屋,出现不公正待遇,村庄和政府都会为郑家主持公道,更不会强行侵占郑家房屋。

(三)生产资料

郑家1949年之前,家里买了一头牛,置办了车、犁常用农具。这些生产资料一部分是从市场上购置的,一部分要请村里木匠做,基本保障了每年生产工作的完成。郑家生产资料归全家人所有,当家人郑永茂享有对生产资料的支配权。

1.逐步购置齐全

1949年之前,郑家大型农具有车和犁,家中喂了一头牛。车和牛是从市场上买的,郑永茂的表兄弟专门做牲口买卖,当地人将做牲口买卖的人称为"早伢子",郑永茂十分信任他的表兄弟,牛是直接从表兄那里买的,车也是表兄弟介绍卖家给郑永茂,郑永茂觉得自家人不会坑自己,表兄弟手里拿回来的东西放心。买牲口的时候,要和早伢子谈价格,并不是口头谈价,要在袖口里比划手势,价格谈拢后交钱牵走牲口。犁分为铁犁和木犁,郑家的犁是木犁,是郑永茂出面请村里木匠做的,铁犁不容易坏但是造价很高,木犁造价便宜,1949年之前,一般人家用的都是木犁,打对①点用还是能用几年的,坏了就再做。机地②的时候就怕遇上石头,一下就把犁打了③。做犁的木材是郑永茂砍了自家地旁边的一棵核桃树,核桃木木制坚硬,耐磨耐腐蚀,有很好的韧性,有一定耐弯曲度,比较适合做犁。做一把犁花费了一斗粮食,请木匠不需要管饭,自己做一把犁比在市场上买要划算一些。

其余大型农具,如耙、磨等,郑家没有能力置办,需要向邻居借用。借用不需要给钱,当时称为变工。由郑永茂出面借用农具,跟主家商量好借用几天,主家便提出条件借用郑家的牛,如郑家要借用邻居两天耙,邻居就可以使用一天郑家的牛,或者郑克申、郑克明帮助邻居劳动几天,都是可以的。借用农具的时候要看好质量,一旦用坏了要给邻居赔偿。

2.不与外人共有

郑家生产资料归全家所有。郑家家庭成员包括男性、媳妇和未出嫁的女儿都可以自由使用农具、牲口,不需要家长的同意,但女儿出嫁之后便不能再使用生产资料。郑家生产资料属于郑家家庭财产,不存在与家庭之外的人共有,但在农忙时,需要与邻居搭伙种地,这时邻居可以在征得郑永茂同意的情况下,使用郑家的牛和其他生产工具,不需要给予报酬,只需要将牛喂饱送回来即可。郑家人口较多但是土地较少,因此为了最大限度发挥土地和农具的作用,郑家生产资料一直是全家有份,且未分家。

郑家生产资料属于全家人,这是郑家人的共识,这是为了保障土地的收成,关乎全家人的生存。郑家生产工具的购置、请木匠、挑选木材等都是郑永茂说了算,家长对生产工具的占有、分配和使用等更有权威。生产工具一旦划分到个人,将不利于家庭生产,那时候不像现在机械化,也没有化肥,产量全靠人受④了,全家人在地里受累还打不下多少粮食,单干根本不行。

3.家长支配共同维护

郑家离集市不远,缺少农具会直接去集市上买,小型农具郑永茂会交代给儿子郑学世,郑学世在做完工回家后买回来,大型农具则需要郑永茂亲自挑选他才放心。郑家的大型农具车以及耕牛都是郑永茂在集市上买的,犁是郑永茂出面请村里木匠制作,这类较为重要的生产资料必须由一家之长郑永茂决定是否购买,如果郑永茂不在,想置办农具,需要请示郑学世,经郑学世同意,小型农具可以添置,涉及大型农具的挑选和制作,郑学世则会等郑永茂回来再做决定,其他家庭成员"不当家,不做主"。这些生产资料都是郑家私产,购置完全处于郑家需求,不需要告知郑家之外的人。

在劳动中农具损坏了,小毛病都是儿子郑学世维修,郑学世不在家就由郑克申和郑克明两兄弟修,维修不好的两兄弟拿到木匠家里修好即可,家中女性一般不参与这些事情。对于自己修不好的农具,维修时郑永茂也会打听村里谁家会修这些农具,并不一定直接去找木匠,因为请木匠维修费用稍高一些,如果郑永茂觉得费用太高不值得维修,会直接购买或请木匠制作新的农具。郑家是家长石福桃管钱,家庭所有的财产包括买卖粮食、郑学世做工的钱都会上交到石福桃这里,石福桃对于儿子儿媳、孙子孙媳的钱,管的不是很严,他们自己偶尔做工攒下的钱,不会要求全部上交,维修农具的钱都是问石福桃要,如果儿子郑学世去修

---

① 打对:方言,意思是小心些。

② 机地:翻土。

③ 打了:方言,意思是损坏。

④ 受:方言,努力劳动。

农具,经过一番讨价还价后,多余的钱不需要上交给母亲。

在缺少农具时,需要找邻居借用,借农具不需要当家人出面,一般都是郑学世去借。借用时要说好借几天,什么时候还,并且不能损坏农具,否则需要赔偿,正所谓好借好还,借用别人农具后一定要遵守承诺,不损坏农具并且按时归还,如果不按时归还农具,则会失去信用,下次就不好借了。借用农具一般不需要支付费用,借完后归还即可,但如果主家有要求,郑家就需要付出一定的劳动作为借用农具的"费用",1949年之前,耕地需要两头牛,种地需要搭伙,搭伙种地要找关系好的邻居,农具可以互相补充,用的时候牵走就行了,另一家用的时候再用你家的牛,这基本持平了,不需要给费用。要是家里什么也没有,借了人家的牛,就得帮人家在地里干几天活儿才行,这是人情。郑家的农具都是自家购买的,不存在与别的家庭公用的情况。

4.家人享有使用权

郑家所有家庭成员都可以使用农具,因此,每个人都可以检查农具的好坏和维护农具,但一般情况下主要是男性负责这些工作,女性不参与。在购买、维修和借用农具时,除当家人郑永茂能做决定,其他家庭成员都要向郑永茂和石福桃请示,尤其在大型农具的购买和制作时,只能由郑永茂做决定,并且由郑永茂亲自置办,其他家庭成员可以提出意见,但做不了主。家里置办小型生产资料,郑学世也需要告知郑永茂,征得郑永茂同意后,郑学世可挑选购买。如果当家人不在,郑学世自己也不能擅自置办农具,需要等郑永茂回来商量后做决定。

对于大型农具的维修,需要郑永茂衡量维修成本,决定是否维修或直接购买新的,小型农具的维修其他家庭成员可以做决定,一般不需要向郑永茂请示。当缺少农具时,其他家庭成员会告知郑永茂,郑永茂会告诉他们找谁家去借,借多少天,借用农具一般不需要支付费用。

5.不允许外人侵占

郑家对自家生产资料有着很强的保护意识,没有出现过被别人侵占的情况。郑家与邻里的关系都很好,邻居也很尊重郑家对其生产资料的所有权,即使在借用时,也会说明借用期限,一般不会过期不还或损坏不赔。如果出现这样的情况,郑永茂会带着郑学世和郑克申、郑克明两兄弟去邻居家说理,要求邻居归还或赔偿。如果协商不通,郑永茂会请保甲长出面协调。郑家和邻居一般不无缘无故占别人家的东西,房前房后的都在脸上挂不住,你觉得占上便宜了,村里可没人想和你共事了。

郑家生产资料都是郑家购置或请人制作,费用也是郑家承担,因此,村民都承认郑家对其生产资料的产权,不会随意侵占。郑家的农具,只要与郑永茂打过招呼,邻居都可以使用,如果郑家有用,可以等郑家不用时再借用,如果几家邻居同时借用,这几家邻居可以自行协商,谁家急用谁先用。如果郑永茂不同意借出,其他村民就不能借用,更不可以强行拿走,郑家人、村里以及保甲长等都不会允许这样的事情发生。

郑家家族对郑家生产资料有着高度的认可,不会随意侵占,因为一个村的人大部分都是本家,平时都很"客气",在借用农具时也都是"客客气气的",不会提出强人所难的要求,如果十分急用,郑家也会谅解,但是绝不会损害自身利益。村庄和政府同样认可郑家对其生产资料的产权,并保护郑家对生产资料的占有,不会侵占郑家的生产资料,如果出于公共需求需要借用郑家的牛和大车,在征得郑永茂同意后,可以使用,不能强行借用或买卖。

(四)生活资料产权

1.自家逐步购置

郑家没有晒场,因为自己家里只有 8 亩土地,所以没有修晒场,村里土地多的人都有自己的晒场, 郑家一般都是借用别人家的晒场。郑家没有水井,1949 年之前全村共有 5 口水井,没有公共的,全部是私人打的井,但是能供人饮用的只有两口井,其余三口只能用来浇地,家庭用水必须挑回来存到水缸里,用水极不方便。郑家有兑臼子①,平时用来捣米用的,是祖上传下来的,用了几十年。郑家人口多,家里桌椅板凳、锅碗瓢盆数量较多,桌椅板凳都是请木匠做的,郑家家里用的桌椅板凳都是用了几十年的,这些东西小心些很耐用,损坏之后郑学世自己就可以修修补补,基本不需要置办新的桌椅板凳。家里一旦添了新的人口,就需要置办锅碗瓢盆,这些东西比较容易损坏,所以也需要及时更新,磕了边的碗郑家家人就不给家人吃饭用了,因为磕边碗是乞丐用的,会给家里招来穷气,村里人看到了也会笑话说这家人光景过不下去了。

郑家一直未分家,郑永茂的儿子、孙子都一起住在老宅子里,在一个火上吃饭,油盐酱醋都是一起置办,这些东西由郑永茂拿鸡蛋或粮食从集市上带回来,11 口人吃饭消耗很大,因此郑学世每次去集市都带不少东西回来,够家里吃一段时间。食用油的消耗很少,只在过年时用麻子换一点油回来,平时很难吃到油。家里穿戴用的布匹,也是郑学世从集市上带回来的,女人做一身衣服用丈二布,男人做一身衣服用丈四布。一人一年做的新衣服不会超过两件,基本是夏天做一件,冬天穿打补丁的旧衣服,过年做一身新衣服。

郑家的兑臼子是郑永茂小时候家里就有,一直用到现在,兑臼子是最常用的物品之一,几乎每家每户都有。郑家做饭用的炭火需要购买,快入冬时,郑学世就会赶着牛车去 30 里地外的清城换炭,拉着粮食、鸡蛋、柿子等物品去交换煤炭,冬天大约要烧掉一吨的煤炭,一斤煤炭约合 1 分钱,再用煤泥搅和上黏土做成泥膏,添一些柴火就足够烧一冬天了。家里取暖烧火用的柴火主要是秋收后玉米等农作物的秸秆, 以及郑克申和郑克明两兄弟外出捡回来的柴火,秸秆除去牲口饲料,其余都堆放在柴火棚里,冬天屋子里取暖主要靠烧火炕,"一个火炕暖三间",柴火基本不需要另外开支。

2.全家共有家长分配

郑家生活资料属于全家人所有,1949 年之前郑家四代人同吃同住, 购买的所有生活资料郑家家人均可以使用,郑家一家的饭都是孙媳妇石本鱼做,吃什么由石福桃安排,农忙时需要孙媳妇石本鱼下地干活儿,家里的饭由石福桃做。郑家生产资料不存在与家庭之外的人共有的情况。

郑家的生产资料属于郑家所有男性及其配偶,女儿出嫁后不能享有。在外打工的郑学世也享有家庭生产资料,房间里所有的桌椅板凳,都是在全家范围内调剂,主要供家长郑永茂和石福桃的屋子使用,如果缺少,立刻置办新的。郑家 11 口人在一个锅里吃饭,厨房用的锅碗瓢盆以及油盐酱醋,全家统一购买,人人都有份。烧火以及取暖用的柴火煤炭,郑克申和郑克明两兄弟会负责捡柴火,郑学世购买炭火,全家人口多,柴火大家可以自由使用。

---

① 兑臼子:加工粮食的工具,过去做糕用来倒米用。

全家的生活资料由郑永茂来安排调剂,如家里的桌椅板凳、燃料等,需要时由郑学世排购置,虽然属于全家人,但绝不允许过度使用。郑永茂和石福桃夫妇掌管着家里的收入和支出流水,什么时候该买什么都有合理的安排,如果冬天比较冷,郑永茂会让郑学世多买一些炭火回来,但如果家庭成员为了暖自己的屋子耗费太多柴火,石福桃也会提醒,限制使用。其他家庭成员吃穿用度都要按照郑永茂和石福桃的安排来。

家里用的晒场需要借用其他人家的,秋收后轧谷子、脱粒等工作,需要郑永茂出面,提前跟有晒场的人家打好招呼,什么时候可以借用,如果有其他邻居也要借用晒场,郑永茂也需要跟下一家商量好,如果对方急用,也可以调换次序,但不允许不打招呼就私自占用。郑家没有石磨,也需要借用别人的,一般不需要支付费用。如果郑永茂不在家,需要郑学世去找邻居协调。生产资料的借用只需要告知主家即可,不需要通知保甲长。

3.外人认可不曾侵占

郑家四邻对郑家生产资料有着高度的认可,没有出现过被别人侵占的情况。郑家与邻居的关系都很好,郑永茂经常教育家人:"过光景这些零碎细小的东西,谈不住[1]哪天就缺个甚,你借别人,别人也有借你的时候,什么时候也有人情来往。"郑家不允许别人侵占自家生产资料,也不会侵占别人的生产资料。

村庄和政府保护并认可郑家的生产资料,承认郑家对其生产资料的产权。保甲长不会无故侵占郑家生产资料,如果村庄和政府处于公共服务需求,需要借用或买卖郑家生产资料,必须与郑家当家人郑永茂沟通并征得郑永茂的同意,否则村庄和政府不能随意侵占。一旦郑家的生产资料被无辜侵占,郑永茂会出面沟通,私下无法解决,郑永茂可以请保甲长主持公道,村里无法协调的,郑家人可以向政府申请帮助。

二、家户经营

(一)生产资料

1.劳力充足缺少土地

(1)地少人多

郑家在1949年之前,主要劳动力有5个,分别是郑永茂、郑学世及其妻杨慧娥以及郑克申、郑克明两兄弟。郑克申的爷爷郑永茂是一家之长,主要负责安排农事生产,只在农忙时下地干活儿,儿童不参与劳动。儿子郑学世在农闲时会外出打零工,赚钱补贴家用,如果没有活儿做,就要在家带领郑克申和郑克明两兄弟下地干活儿。儿媳妇杨慧娥和孙媳妇石本鱼主要负责做饭,看孩子,给地里劳动的男人们送吃喝。除非在农忙时,一般情况下女人不下地干活儿,而是留在家里缝补衣服、纳鞋底、看孩子以及做家务。郑家的劳动力较多,但是自有土地较少,靠8亩土地无法养活全家人,因此郑家还伴种了村东头"万婆"家的10亩土地,按照"万婆"的要求种植农作物,收成之后对半分。

(2)人手不足可变工补充

1949年之前,郑家劳动力充足,并且有牛和车,因此伴种了万婆家10亩土地,万婆家土地较多,孩子们全部在外地居住或做生意,因此将一部分土地租给郑家耕种。种万婆家的土

---

① 谈不住:方言,说不定的意思。

地是郑永茂上门联系的,租地不需要给万婆租金,万婆也不给郑家工钱,只分粮食。如果万婆家想吃点杂粮,郑家就将10亩土地分配好,种植玉米、谷子、粟子、小豆等,所有收成对半分。上交的一半粮食要加工好,需要先将粮食铺在炕上,将炕烧热,几天后可以脱干粮食里的水分,再用石碾将粮食脱壳,将加工好的粮食送到万婆家。要是遇上荒年,下冰雹什么的,郑家没有多打下粮食,郑永茂会跟万婆商量少给一些。郑家到土地改革前一直半种着万婆家的土地。

1949年之前郑家土地不多,全家劳动力绰绰有余,没有请工、帮工,也没有雇工。郑家通过变工的形式实现劳动力和生产资料的调剂。1949年之前郑永茂出面与邻居组成变工组,郑家劳动力充足,但农具相对缺乏,郑永茂就与劳动力不足但生产资料充足的邻居变工。如石玉斌家大型农具、石磨等生产资料都是郑家缺少的,郑家就给石玉斌家提供种地的劳动力,石玉斌家的农具、石磨等郑永茂就可以自由使用。郑永茂挑选变工的对象,主要看两家的关系怎样,在变工中付出的劳动和换来的不一定成正比,在郑永茂看来,吃点亏没什么关系,人情最重要,遇到什么也没有的人家,邻居也会帮着做一些活儿,不能眼看着邻居饿死。变工不需要支付报酬,两家通过劳动力和生产资料的互补,基本都不会吃亏。

2.半种土地维持生计

1949年之前郑家有8亩土地,但郑家人口多,劳动力充足,拥有车、牛等生产资料,8亩地不够全家人耕种。为了解决自家土地粮食不够吃的问题,郑永茂伴种了同村万婆家10亩土地。万婆是村里的多地农户,老伴去世的早,给她留下不少土地,家中缺乏劳动力,土地基本都依靠邻居帮助耕种。伴种万婆家的土地不需要请中间人,是郑永茂直接找到万婆商量的,郑永茂告诉万婆家里的劳动力和生产资料情况,万婆就指给郑永茂一块土地耕种,万婆给多少就种多少,只要中间不出现大的矛盾,万婆不收回土地,郑家就可以一直伴种万婆的土地。

伴种土地时,全部由当家人郑永茂来安排,由郑永茂出面寻找主家,这中间郑永茂会带着儿子郑学世,儿子的意见郑永茂也会考虑。租地不需要告知保甲长,只要和主家商量好即可。挑选主家时,要优先选关系好,最好是本家人,这样租地可以得到一些照顾,如果不是本家人,要挑选好说话的主家。万婆是郑家的邻居,离郑家不远,万婆是一个十分好说话的老人,通情达理。土地的租金就是粮食,每年收获粮食郑家和万婆对半分,除此之外不需要再支付其他报酬。

伴种地必须由当家人郑永茂出面,当家人之外的其他家庭成员只能提出意见,不能做决定。因为租地一般需要请保人作保,保人必须是村里有头有脸的并且关系亲近的人才肯愿意作保,保人的职责是牵线搭桥,并且在租地人付不起地租的情况下垫付租金,因此,家庭条件必须在村里属于中上等水平才能做保人。到收租时,主家会催保人,保人替主家收租金。请保人必须家长出面,否则无人愿意作保,郑家因为和万婆家关系好,所以没有请保人,而是由郑永茂出面直接跟万婆谈好租地条件。如果当家人郑永茂不在家,租地的事情必须等他回家才能谈成,因为在村里人看来,郑家其他人"不当家不做主",说的话不算数。

郑家只伴种了万婆家的十亩土地,村里人很少到外村去租地,郑家在租地期间,一直都按时按量给万婆家交粮食,因此万婆家与郑家一直保持着良好的租佃关系。万婆家因为劳动力少,郑家在平时会主动承担一些种地之外的工作,万婆也会主动找郑家干活,如每年拉煤炭或维修房子等,请郑家做种地以外的事情万婆都会支付给郑家报酬,大部分时候给粮食作为工钱。除此之外郑家不需要为万婆无偿劳动,也不需要专门拜年、送礼等。郑家可以根据自己需要,随时退租或更换主家。

3.搭伙种地资源互补

1949年之前,郑家自己养了一头牛,犁地需要两头牛一起,需要借用牲口,称为聚头。郑家犁地时把邻居的牛牵过来,邻居用的时候再把郑家的牛牵过去, 谁先用都是两家商量着来。牛的犁地效率不高,因为走的慢,隔一段时间要让牛休息一会儿,一天最多可以犁2亩地。聚头时当家人郑永茂出面找关系亲近的人,郑永茂是跟邻居石玉斌聚头,两家是多年邻居,关系很好,住的很近,借还东西都很方便。

4.缺少农具可借用

郑家的小型农具,如耙子、锄头等农具都是自制的,大车是郑永茂在集市上购买的。日常用的小型农具大都是木制,制作简单的农具都自己制作,郑家会把节约下来的钱购买其他更需要的用品。磨、耙等大型农具制作复杂,购买价格也高,这类农具不是家家户户都有,只有土地较多的人家才会置办。郑家这些农具都需要借用邻居的,郑永茂的邻居石玉斌家土地较多,农具置办的很齐全,郑家牵着自家的牛给石玉斌家劳动一天,就可以借用磨、耙等大型农具两天,只有等石玉斌家不用的时候才能将农具借出来,有时几家农户同时问石玉斌家借用农具,这几家需要自行协商,错开时间使用,如果有人家急用,可以优先使用。

借用农具儿子郑学世出面即可,不需要当家人亲自出面。郑学世商量好借用几天,什么时候归还,一般不会过期不还,如果需要延长使用时间,则需要跟石玉斌家打招呼,征得石玉斌家同意后可以继续使用。借农具不需要支付实物报酬,只需要拿劳动换取即可。借用农具时两家都要检查农具的好坏,因为在使用过程中损坏,是需要赔偿的,所以借用时一定要检查好。一旦损坏,需要修好之后归还,修不好的跟石玉斌家商量,支付石玉斌家的损失。

(二)生产过程

1.听从家长劳动安排

1949年之前,郑家家庭主要收入是种地获得,占到全部家庭收入的百分之八十以上,在农闲时,郑学世会在村外打零工赚钱补贴家用。此外,郑家养了五只鸡,一头猪,平时下的鸡蛋会攒下来换油盐酱醋等用品,猪在过年时请人杀掉,自己留一部分过年吃,其余卖给邻居。

1949年之前,郑家的男性和女性都要下地干活儿,农业生产中的所有环节基本不分男女,男性可以做的活儿女性都能做。郑家的农事主要是郑永茂决定,不需要告知郑家之外的其他人, 较为耗费体力的主要是郑永茂和郑学世做, 其他农活有郑克申和郑克明两兄弟完成,郑家女性平时主要在家做饭,只在农忙时下地干活儿。在犁地时,主要时郑永茂带着郑学世做,郑永茂在前面牵着两头牛,郑学世在后面握着犁。犁完地后用磨把土地磨平整,这也是郑永茂带着郑学世做,磨需要人站在磨上,两手拿着绳子两端,比较耗费力气。土地平整之后就可以下种子了,下种子主要是杨慧娥、郑克申、郑克明及其妻石本鱼来做,郑克申和郑克明用锄头在土地上刨一个小坑,杨慧娥和石本鱼把种子和粪撒到坑里,用脚埋上土即可,这时撒的粪是种子的底肥,等到锄苗时会再施一次肥。播种完后还要用磨平整一次土地,可以将种子埋实,土地不透风,有利于种子发芽。

等到播种完后,农活儿就比较少了,郑学世这时会外出打零工。作物苗长出来后,郑永茂带着郑克申和郑克明兄弟到地里拔苗,根据幼苗的长势,将长势好的幼苗留下,长势差的幼苗拔掉,有空缺的地方移栽过去。锄草等工作主要是郑永茂带着郑克申、郑克明两兄弟做。锄完草之后开始镂玉米,目的是给长大后的玉米培土,使根部有足够的土固定好苗株,防止大风大雨时倒下。郑家的女性主要在家做夏天要穿的衣服、纳鞋底等工作。等到秋收时节,郑学世就会回家,这时郑家男女老少都会帮着抢收,一旦开始刮风下雨,粮食颗粒就会撒到地里腐烂掉。掰玉米、割谷子、粟子、高粱郑家男女都会参与,将谷子、粟子运到厂里用铡刀将谷子、粟子和秆分离,并平铺在晒场,这项工作主要是杨慧娥和石本鱼完成。接下来的打场工作主要是郑学世带着郑克申、郑克明两兄弟完成,打场要先用拉戈拍打平铺在地上的谷穗,敲打一天后,完成整体脱粒,再用脚踩一遍,最后装袋运回家储藏。

地里完成收割后,郑学世带着郑克申和郑克明两兄弟再将土地犁一次,村里人认为,秋天犁地比春天犁地要好,因为秋天光照充足,将下层泥土翻出晒太阳,有利于增加土壤肥力。犁完土地后再用磨平整一边土地,地里的活儿就算干完了。

郑家所有的农事活动都是郑永茂来安排,全家人都会听从郑永茂的安排,农事活动不需要告知郑家之外的其他人,也不需要通知保甲长,只在借用农具时跟邻居协调好借用的时间即可。

2.农闲外出补贴家用

郑学世在农闲时,会去村外的煤场当挑煤工,这是郑永茂的本家人介绍给郑学世的,调一担煤两分钱,郑学世一天可以赚1块钱左右。此外,郑家的牛在空闲时,郑克申会找活儿帮村里人干,也可以赚一些粮食回来。所有的副业安排都是家庭成员自己寻找,与当家人郑永茂商量,征得郑永茂同意后可以做,也可以由郑永茂来安排。郑学世外出打零工,有时中午会来吃一顿饭,有时候早上带着一天的干粮,直到晚上才回家。郑家全家没有外出长期务工的情况。

(三)生产结果

1.年年防旱夜夜防贼

郑家所在的大横沟村,一年只能种一季粮食,郑家8亩地中,4亩地种了玉米,玉米每亩地产量在250斤左右,其余4亩地分别种植了谷子、粟子和高粱。山西主要是靠天吃饭,土地不需要灌溉,完全依靠天气下雨,如果遇上旱灾或雨水过多引发涝灾,都会影响粮食收成。郑永茂会告诉种地的晚辈:"在搂玉米的时候就可看出庄稼长势怎么样,收成好不好,庄稼长的好的在地里分布均匀,秆子就粗壮,又黄又细肯定是不好了"

郑家的收成属于全家所有,因此全家人都关心每年的收成,如果收成不好,会发愁能不能接上第二年。1949年之前,郑家一直伴种万婆家的土地,加上自家的8亩地,基本可以满足全家人的需要,但是仍然要出去挖野菜,配着糠等一起吃,才能维持11口人的生计。

"年年防旱,夜夜防贼",1949年之前都是靠天吃饭,大丰收的年景很少,也没发生过大的灾荒。大约在1940年入夏,伴着大风冰雹下了一夜,第二天地里的谷子连苗子都没有了,全部被大风刮跑,郑家种植的4亩谷子颗粒无收。农民为了预防自然灾害,每年都会在家里存下部分余粮,防止来年遭灾。存粮只能够吃一年,最怕的是连续的荒年,一旦发生荒年,只能找没有遭灾地区的亲戚接济一些,村里的大户人家也会把存粮拿出来给活不下去的村民。

2.家禽收益要补贴家用

郑家1949年之前每年都会养猪和鸡等家禽，所得的收入全部由内当家石福桃存起来，为家庭花销做准备。郑家基本每年会养5到8只鸡，养一头猪，不会有太大变化，因为太多了养活不起。家畜饲养主要是为了卖钱补贴家用，鸡每次下的鸡蛋都会储存起来，存够一定数量到集市上换油盐酱醋，全家11口人的消耗非常大，鸡蛋很少能自己吃一个。猪最大能喂四五十斤，家里的泔水没有油水，一头猪也是勉强喂，到过年时杀掉，绝大部分肉会卖给村里人，得到的钱用来置办年货，扯新的布给全家人做过年的新衣服，如果家里经济紧张，过年也不会有新衣服穿。

3.务工收入大都上交家长

郑家主要副业收入来源于郑学世外出做零工。郑学世在农闲时外出做工，一天可以赚一块钱，但是收入不是稳定的，做挑煤活儿的人很多，有时候能分到的活儿很少，甚至没有活儿做都是可能的。郑学世每天劳动的收入都会上交给石福桃，石福桃也会留一部分给郑学世和杨慧娥夫妇，因为他们正是家里的顶梁柱，郑永茂也允许他们有自己的经济以备不时之需。

三、家户分配

(一)分配主体
1.听从家长安排

郑家务农和副业等收入全部归郑家所有，不会在村庄和宗族内进行分配，只会在郑家内部调剂。郑家的收入原则上要全部上交给当家人郑永茂和石福桃，防止财富的分散流失，郑永茂允许郑学世和杨慧娥有自己的财产，但是不允许孙子孙媳妇有自己的私房钱。

2.家人可参与

收入的分配主要由家长郑永茂和石福桃做主，家里缺少什么，家长看到的会给钱或粮食让家人去集市上换，郑学世及其妻杨慧娥也会告知家长缺少什么以及需要购置哪些东西，征得郑永茂和石福桃同意后可以拿到钱，如果家长不允许，就不能购买。如果郑永茂不在家，大小事情都要问石福桃，如果石福桃觉得自己也做不了主，就会等郑永茂回来后再做决定。财产权是郑家最重要的权利，其他家庭成员没有权利分配家庭收入，所有的财产分配权掌握在郑永茂和石福桃手中，其他家庭成员可以提出意见，但不能擅自做决定。

郑家在1949年之前一直没有分家，所以在大家庭之外没有分配，全部是在大家庭内部调剂，不需要告知四邻或保甲长等家庭之外的人，家庭之外的人不会介入郑家财产的分配，这是郑家的家事，不允许别人参与。

(二)儿子儿媳可分配

郑家家庭收入分配的对象包括郑家男性及其配偶，包括郑永茂及其妻石福桃、儿子郑学世及其妻杨慧娥、孙辈郑克申、郑克明及其妻石本鱼，女儿不享有获得分配的权利，小孩儿也不享有获得分配的权利。郑家分配对象不包括家庭之外的人，郑学世是家中独子，因此郑克申没有叔伯长辈。郑家家庭分配的来源主要是全家种地收入和郑学世外出打零工的收入。

(三)分配类型
1.粮食大家一起吃

郑家农业收成包括自家8亩地的收入、伴种10亩地的收入以及帮助别人种地的收入，租地是定额租,收成的一半都用于缴纳地租,地租全部是实物地租,以粮食为主,因为租来的土地产量不高,因此上交的粮食占全家收入的比重不高。

郑家伴种土地的万婆,是十分开明的人,对半分的地租在全村内不算高,"这村里有几家土地多的人,种人家的地都是四六分,最高的有三七分,我们这家主家人很好",遇到荒年减产,不可以免租,还是按照土地收成的一半上交粮食。每年秋天收上粮食,郑家要提前炕粮食、磨好,将加工好的粮食运到万婆家。郑家一年只交一次地租,除了商量好的一半粮食外,郑家不需要再向万婆缴纳其他租金。郑家即使自己家很缺粮,也必须把地租交上,如果粮食交不足,就会影响与万婆家的关系,导致第二年租不到地种,因此要优先保障租金能及时、足量上交,其次再考虑家庭需要。每年不会出现交不上粮食的情况,因为上交粮食是固定的,不管是丰收还是歉收,只需要将产量一半上交即可,郑家留的少,给万婆上交的也少。

2.副业收益共同享有

郑家副业收入主要是儿子郑学世在外打零工,这份工作是郑永茂的本家给郑学世介绍的,每年收入大约100元左右,郑学世的这些工钱每天按照劳动量结算,多劳多得,没有活儿就没有工钱,工钱也不需要交给其他人,全部归郑学世本人。郑学世隔几天就会将做工赚的钱交给母亲石福桃,其中百分之七十要上交,郑学世和杨慧娥夫妇可以留百分之三十,这是石福桃允许的,除此之外不允许有私房钱。因为工作是郑永茂本家介绍的,工作的收入情况郑永茂很清楚,郑学世不敢隐瞒收入,一旦被发现,不仅会被要求全部上交,还会遭到全家人的责骂,引发家庭矛盾。

副业收入分配权属于当家人郑永茂和石福桃,郑学世上交和留存的比例决定权也在家长,不需要告知郑家之外的人,也不需要告知保甲长。郑学世自己留存的部分可以自由分配,购置一些生活用品,或者在集市上买一些孩子用的小物件,零食等给郑克明的孩子。当家庭遇到大事需要钱时,郑学世也会拿出攒下的钱帮助家庭度过难关。

3.粮食分配占大头

根据折算,郑家务农收入大约为260元,做工收入大约为100元,家庭年收入大约在350元。郑家一年食物消耗大约为200元,穿戴消费大约为80元,其余消费大约为30元,家庭总支出为310元左右,结余为40元。除此之外,郑克申和郑克明两兄弟在农闲时会在村里帮助做活儿,赚一些粮食,这部分收入很不固定。可见,郑家食物消费比重最大,占到家庭总收入的近百分之六十,其次为穿戴消费,占到家庭总收入的百分之二十,此外如购置生活用品、农具、医疗等收入占到家庭总收入的百分之十左右。因此,郑家收入绝大部分分配给衣食住行。郑家没有私房地,不允许有私房钱。

(四)家长支配家庭收入

郑家所有家庭收入全部由家长郑永茂和石福桃分配,但家长的分配权不是绝对的,郑家家长不会事无巨细的包揽,日常事务只需交给儿子儿媳即可,不需要事事躬亲。家长留给郑学世和杨慧娥夫妇自留的钱可以自由分配,其余家庭成员没有支配家庭收入的权利。当郑永茂不在家中,家庭收入的分配石福桃说了算,除了巨额花销,石福桃都可以做决定,遇到家庭大事,石福桃会等郑永茂回家后再做决定。

石福桃决定全家的衣物分配,杨慧娥也可以向母亲石福桃建议为家中某位家庭成员赶制新衣服,其他家庭成员不会主动要求新衣服。在郑家衣物分配中,不需要告知四邻,也不需要请示保甲长。家中的衣物,优先给在外劳动的郑永茂、郑学世做,他们劳动强度大,衣服损耗也快,缝补和做新衣服的频率要高于其他家庭成员,其次是郑克申、郑克明,两兄弟正处在长身体的时候,两兄弟的衣服可以互相穿,但也需要不断做新衣服,最后是家里的女人,一方面女人劳动强度不大,衣服不容易磨损,另一方面女性很少出门,不需要太多的新衣服,所以郑家妇女基本做一件衣服就可以穿好几年。

全家的衣服、鞋子等都是由石本鱼和杨慧娥赶制,基本不在集市上买衣服穿。隔段时间,石福桃会让郑学世从集市上买布匹、称棉花回家,钱也是石福桃给的,做衣服的料子买回来之后,给谁做衣服基本都是杨慧娥做决定了,这些事情不需要再请示家长。每年晚春和刚入冬,以及家中小孩做满月、过生日等日子,石福桃会买新的布做衣服,一般情况下家里每人每年可以做两件新衣服,分别是夏装和冬装,如果衣服不是很旧,就不再做新衣服。婆婆石福桃的衣服由儿媳妇杨慧娥做,石福桃的衣服旧了,或者石福桃过寿,都会做新衣服。其余时间不做新衣服,基本都是杨慧娥和石本鱼缝补旧衣服凑合着穿。

郑家全家人的食物分配,基本按照"谁掌勺,谁决定"的规矩,因为儿媳妇杨慧娥主要负责给全家人做饭,对家里粮食消耗等事情最为清楚,食物分配由杨慧娥说了算,杨慧娥也会告知石福桃家中食物的消耗情况,每当一袋米吃完要磨新的米,杨慧娥都会告诉石福桃,石福桃一点头,杨慧娥就带着石本鱼,去借用石磨加工粮食。郑家日常生活中的食物分配,首先要让家长和家里的主要劳动力吃饱,其次孩子不能饿着,最后才是杨慧娥和石本鱼。

郑家零花钱分配,主要由内当家石福桃调剂,郑学世务工的钱百分之七十上交,剩余的百分之三十郑学世和杨慧娥夫妇可以自由分配,除此之外石福桃不给其他家庭成员零花钱,如郑克申、郑克明和石本鱼夫妇是没有大家庭分配的零花钱的,郑永茂会给家里的小孩儿买零食,小孩儿自己实在馋的不行了,也可以出去干点啥拣择①下点,买上点解解馋。零花钱的分配由郑家家长说了算,不需要告知四邻,也不需要请示族长和保甲长。

(五)成员服从家长支配

郑家除家长外的其他家庭成员,都不允许有私房钱,一旦发现有私房钱,必须全部上交。在衣物分配中,家长不会直接支配,石福桃会定期让郑学世购买布料、棉花等,具体的分配事情都由杨慧娥来安排,其他家庭成员不会主动要求做新衣服。食物分配家长也不会直接支配,主要是杨慧娥负责分配,杨慧娥定期向石福桃汇报食物的消费情况,石福桃觉得开销太大,会提出意见,一般不会发表其他意见。郑家除了郑学世和杨慧娥夫妇外,其他人均没有家长分配的零花钱,因为家里没有多余的资金作为零花钱分配,其他家庭成员有需求可以跟郑永茂和石福桃申请,征得家长同意后石福桃会给钱,一般情况下,除了家庭必要的开支,其他家庭成员不能支配收入。

(六)统筹分配

1.分配要公平

郑家当家人郑永茂和石福桃,需要统筹全家人的需求。要满足郑家 11 口人的全部需求,以郑家的经济条件是不可能的,郑家每个人都要以整个家庭的生存和发展为根本。在 1949 年之前,郑克申为了弟弟郑克明能上学,主动提出退学,回家帮助做农活儿,以减轻家庭经济

---

① 拣择:方言,形容零碎且数额很小的收入。

压力,杨慧娥省吃俭用,每次做饭总是让家人先吃饱,自己就和①着吃。郑永茂和石福桃不会偏心任何一人,郑克申作为长孙,吃穿用度和弟弟妹妹都是一样的,有时会自己省下东西让给弟弟妹妹,郑学世和杨慧娥对子女也是平等看待,不会亏待任何一个孩子。

2.食物分配为先

郑家食物、穿戴等的分配,首先要照顾家中长辈,郑家每次"第一碗饭"总是由杨慧娥端给郑永茂和石福桃两位当家人,其次,要给家里的劳动力吃饱,他们是家庭经济的来源,"不能让饿着肚子出去动弹②",再次会照顾家中的幼子,最后才是妇女。家中消费要首先保证吃饱,如果吃不饱的情况下,不会再买衣服,优先保障生存。

郑家在分配统筹时,会尽量照顾到每个家庭成员,但在不同时期会有特殊照顾对象。首先是孕妇会受到特殊照顾,郑家郑永茂和郑学世都是家中独子,因此郑家视子孙延续为头等大事,一旦家中有孕妇,全家都会集中优势资源,为孕妇顺利生产做好准备。其次为家中长者,郑家当家人郑永茂和石福桃在家中辈分最高,最受尊敬,因此两位长者在分配中会受到照顾。除此之外,其他家人一视同仁。

年景不好时,主要维持食物,在穿戴、教育等方面的花销会减少很多,食物不够时,会优先给家里孩子吃,大人会想办法,如挖野菜等解决饥饿。

(七)满足大家庭生存为前提

郑家在分配时,百分之六十以上的收入用于食物,穿戴消费占到百分之二十,这是郑家一年中家庭消费的大头。所有家庭消费都是自给自足,主要来源于郑家种地收入和郑学世外出打临工的工钱。

郑家全部收支都是当家人郑永茂和石福桃说了算,会保障家庭整体的发展,其他家庭成员都认同当家人的分配结果,在日常生活中每一个家庭成员都可以对家庭分配提出意见,只要是合理意见,当家人都会同意。郑家家庭成员都清楚生活的不易,不会提出过分的要求。遇到灾年或家中重大变故,郑家当家人会对家庭分配进行调整,减少家庭开销,以平稳度过特殊时期,例如在1949年之前,郑家因为经济困难,卖出了高房的二楼以补贴家用,就是家长郑永茂和石福桃为了家庭生存做出的决定。

四、家户消费

(一)家户消费及自给程度

1.按需消费不借外债

1949年之前,郑家一年消费大约310元,约合120斗粮食,占家庭总收入的百分之九十,因此每年结余很少,郑家的生活属于村里中下等水平,在不发生重大变故的情况下,只能基本维持生存。如果无法维持家庭消费,郑永茂会出面请求本家人帮忙,借粮食或借钱来度过家庭难关。郑家在1949年之前只因为粮食歉收,借过一次粮食,没有借过钱,粮食借多少还多少,只有在办红白喜事或修建房屋时才会借钱,其余年份基本都可以维持家用。如果经济有困难,石福桃就会缩减家用,减少不必要的开销。

---

① 就和:方言,凑和。
② 动弹:方言,表示劳动。

2.食物消费为主

郑家一年食物消费为 200 元左右,在家庭消费中比重最大,占到家庭总收入的近百分之六十。家常便饭的食物全部来自种地粮食,可以实现自给自足,郑家食物消费主要用于购买油盐酱醋、肉类以及地里没有种植和无法种植的粮食,如白面、大米、肉类等。逢年过节或者家中有人过生日,可以吃鸡蛋或者包饺子,吃一顿河捞或者白面。

3.新三年,旧三年,缝缝补补又三年

郑家每年穿戴消费大约为 80 元,占到家庭总收入的百分之二十,仅次于食物消费。制作衣服用的布料、棉花等完全依靠购买,买回家后由杨慧娥和石本鱼两人为家里制作衣服,女人做一身衣服用丈二布,男人做一身衣服用丈四布,郑家一年总共要购买约 15 丈布匹。日常穿的衣服主要靠缝缝补补,男人的衣服能互相穿的就不再做新的,郑克申穿着小的衣服就可以留给郑克明穿,姐姐郑爱英的衣服鞋帽就可以留给妹妹郑爱莲穿,这样家庭内互相调剂才能勉强满足日常消耗。

4.富余房屋卖出换钱

1949 年之前,郑家四代人住在老宅子里,一直未分家。老宅十三间房子完全可以满足家庭居住需要。郑永茂孙子孙媳妇郑克明及其妻石本鱼住前院,后院高房自西向东分别是儿子儿媳郑学世及其妻杨慧娥,家长郑永茂及其妻石福桃,几个孩子跟着父母和爷爷奶奶睡。每间屋子都有大火炕,可以睡下 5 个人。高房二楼的房屋没人居住,起初二楼空地可以晒粮食,房间腾出来存放粮食和杂物。后来因为家庭经济困难,将高房二楼卖出还钱,补贴家用。

5.人情消费不可断

郑家人情消费主要有走亲戚、回娘家、红白喜事礼金三种。因为郑永茂和郑学世都是家中独子,因此亲戚数量不是很多,亲戚主要是郑永茂的表兄妹、石福桃娘家人以及儿媳、孙媳的娘家人。郑家人情消费会根据家庭条件适当调节,不会因为人情消费而影响家庭日常消费。郑家 1949 年之前会维持基本的人情来往,在过节时会做好当地小吃给亲戚和关系好的邻居送去,家庭宽裕就多送一些,经济紧张就少送一些,但不会耽误人情,不会断绝与别人的来往。

1949 年之前郑家自己没有红白喜事,村里人红白喜事的消费,郑家也会根据家庭经济情况灵活调整上礼额度。1949 年之前一般都是自家蒸馒头或者自己做一些小孩子的衣服鞋帽等互相赠送,礼品简单实用,上礼基本不涉及钱,一般都是家里有什么,就地取材,不会因为红白喜事消费影响家庭日常消费。

6.严格控制其他开销

1949 年之前,郑家家人生病,主要依靠土方法自己医治,得了感冒等基本不需要找大夫。家人生病时,石福桃会用食物熬制不同的汤药给家人服下,基本都可以痊愈,除非发生重大疾病或久治不愈的情况,才会请村里的大夫医治,这部分消费只占家庭收入的很小一部分。

1949 年之前,郑家只有孙子郑克明一人坚持上学,学校是村里几家有钱人共同出钱请的老师,其他家庭的孩子想上学只需要交少量粮食给老师即可,但是也是一般人家承受不起的。郑家比较重视孩子的教育,但供应两个孩子上学会给家庭带来很大的压力,郑克申清楚家里的经济条件,也知道自己作为家中长子应该承担的家庭责任,主动提出辍学回家,帮助大人干活,减少开支,支持弟弟上学。郑克明上学一年大约给老师一斗半的粮食,1949 后郑克明高中毕业,在家乡担任公职。

(二)日常消费灵活调整

郑家日常消费,主要由郑家自己承担,村庄、宗族和家庭之外的人都不会负担。只有郑家遇上困难,郑家家长请求别人的帮助时,才会获得家庭之外的资助。对于家中有红白喜事,一旦死了人,家里打发不了,村里也会管,从集体里面拿出一点来也要埋了的,因此村庄对村民有救济,但是郑家在1949年前没有申请过村庄的救济,也没有得到村庄的救济。

郑家的粮食消费、衣物消费、住房消费、人情消费以及医疗教育消费都是郑家自给自足,村庄和宗族不会主动负担,除非郑家遇到困难。郑永茂和石福桃会根据家庭经济现状调节消费,如果经济拮据,就会减少人情方面的支出。

(三)家户消费及其控制权

1.谁掌勺谁控制

郑家食物消费中,主要是石福桃安排,但实际主要是杨慧娥负责,杨慧娥向石福桃交代近期的食物消费情况。家长一般不会参与食物消费的安排,谁掌勺谁控制。食物消费只在郑家内部调整,不需要告知四邻,也不需要请示族长、保甲长。如果当家人不在,主要是杨慧娥负责,只要没有太大出入,郑永茂和石福桃都会认同儿媳妇的安排。

2.买布回来自己缝制

郑家衣物消费,主要是家长石福桃安排,不需要告知四邻,也不需要请示族长、保甲长。每年到春天和秋天换季时,石福桃会安排郑学世买布匹回来,让杨慧娥和石本鱼赶制衣服。石福桃严格控制衣服消费,只要有能穿的衣服,基本就不会制作新的,以节省支出。石福桃是做针线活儿的好手,经常教儿媳妇和孙媳妇做,如何做更省布料,怎么缝补最为结实。如果当家人不在,杨慧娥决定全家衣物消费,杨慧娥经过婆婆石福桃的教导,勤俭持家,其他家庭成员服从杨慧娥的安排。

3.住房由家长调剂

郑家住房安排是家长郑永茂和石福桃做决定。郑家11口人,在1949年之前算是村里中等规模的家庭,四代人住在一个院子里,高房完全可以满足郑家全家人的住宿需求。郑家在1949年之前一直未新建房屋,现有房屋的大的修缮工作都是郑永茂说了算,其他家庭成员自己住的屋子可以自己修补,不需要通知家长。如果当家人不在家,其他家庭成员不能决定房屋消费事宜,尤其涉及房屋的买卖、出租等,需要等当家人回家商量,除此之外不需要告知四邻,也不需要请示郑家家长之外的其他人。

4.人情消费依条件

1949年之前,郑家自己没有红白喜事。人情消费诸如走亲戚、上礼金等都是郑家家长做主。郑家非常注重邻里关系,在大横沟村里有着很好的名声,村里人办红白喜事等,只要通知郑家人,郑家人就不会拒绝。1949年之前,郑家人情消费是家长石福桃安排,上礼金时其他家人会征求石福桃的意见,石福桃决定礼金的额度、种类等,多为粮食、生活用品等家庭常用的物件,不会涉及金钱来往。郑家人情消费会与邻居交流,互相作参考,不需要请示保甲长。

五、家户借贷

郑家在1949年之前,没有过债务,也没有债权。郑家家庭消费主要靠自给自足,首先,郑学世虽然有两个儿子,但大儿子郑克申一直未成家,二儿子成家后未分家,所以没有新建房屋的需求,不需要借钱。其次,郑家在1949年之前没有办红白喜事,郑永茂和石福桃都是在1949后去世,郑家在这方面没有大的花销,不需要借钱。此外,郑家当家人郑永茂和石福桃严格控制家庭支出,一直教导家人勤俭节约,避免不必要的开销。

六、家户交换

(一)交换单位

1.邻里交换

1949年之前,郑家与外部交换都是以家户为单位进行的,不允许小家庭单独交换。在与其他家户如邻里交换时,大都是交换日常用品,由杨慧娥做主即可。大横沟村里有家户开着手工作坊,石黑蛋家开着鱼皮面[①],村东头有做豆腐的,郑家在需要时会用家里粮食与村里人直接交换。邻里间主要以食物交换为主,都是杨慧娥做主,因为杨慧娥给全家做饭,需要的食材全部由杨慧娥安排,当需要交换时,杨慧娥只需跟当家人石福桃说一声即可。

2.集市交换

集市交换主要是家长郑永茂安排。1949年之前,郑家喂的鸡和猪,除了自己吃一小部分,大部分都是去集市上卖掉。郑永茂请村里杀猪的宰杀,送两斤肉作为宰杀的报酬,其余大部分都由郑永茂和郑学世两人用牛车拉到集市上去卖。郑家在1949年之前买了一头牛,是郑永茂找本家人购买的,缺少生活用品时,也是由郑永茂和郑学世拉着粮食去集市上换回需要的物资。

郑家在1949年之前没有分家,没有小家庭间的交换,也没有发生个人交换。

(二)交换主体

1.当家人交换

郑家在交换活动中,以家长决策为主,遵循"大事请当家,小事需过问"的原则。在郑家日常交换中,除与集市的交换需要当家人郑永茂做主外,村庄内的交换,其他家庭成员可以自由交换。石福桃将生活用品的交换权委托给儿媳妇杨慧娥,生活用品的交换基本用粮食即可,如果需要钱,杨慧娥要告知石福桃,征得同意领到钱就可以去交换。日常用品的交换郑家都不记账,也没有记账的习惯,当家人心里都有"算盘"。郑永茂和石福桃不在家时,郑学世和杨慧娥当家,但大事仍然要等郑永茂和石福桃回家才能做决定。其他家庭成员可以提出交换意见和交换需求,但不能擅自交换。

2.其他成员可与"货郎子"交换

1949年之前,外村人会挑着日常用品到村里售卖,一般以妇女做针线活的用品为主,如针、线、顶针等。郑家杨慧娥与货郎子打交道最多,杨慧娥和石本鱼要负责为全家人裁制和缝补衣物,1949年之前衣服缝补十分频繁,纳鞋底也是十分费力的活儿,当缺少针线时都是杨慧娥直接找货郎子购买。

(三)交换客体

1.家长是市场交换主体

郑家缺少生活物品时,都是当家人郑永茂安排去市场上换购。大横沟村距离县城仅2公

---

① 鱼皮面:一种黏性很大的面粉,做河捞时在玉面里撒一些,增加面条韧性。

里,交通方便,走路四十分钟就可以到,郑家一般都是赶着牛车去,大约半小时路程,可以随时去购买所需的物品。此外,距离大横沟村4公里的水深头村,每个月遇五就会有庙会,如农历每月的初五、十五、二十五。水深头的庙会物品价格较县城的市场价格稍低,但郑永茂在采购物品时,都选择去县城的市场,县城里的集市物品齐全,质量较高,商家众多,可以货比三家,挑选最物美价廉的商品。

郑永茂会提前计算好需要购置物品的大致价格,从家里带着粮食,鸡蛋等物品,和郑学世一起去市场交换。在购置普通的生活用品时,郑永茂都是直接去市场上,亲自挑选,如果是大件物品,如购买牲畜、大型农具时,郑永茂会先找熟人,提前联系好熟悉的卖家,经过比较后再做决定。郑永茂不在家时,除大型农具外,郑永茂会让郑学世负责生活物品的购置。没有家长的指示,郑学世也不能在市场上随意购置物品,郑学世做工的钱都要如数告知郑永茂和石福桃,不能擅自和集市打交道。

2.家长很少与粮食行交往

郑家距离县城的粮食行很近,但基本不来往,村里只有土地多的人才会卖粮食,等新一年的粮食丰收,大户人家会把囤积的旧粮卖掉。郑家粮食勉强够全家人吃,郑家每年都会留存救急粮,以防遇到灾年颗粒无收,不到万不得已不会卖掉。另外,1949年之前的粮食可以作为一般等价物在市场上交换,日常结余的粮食用来换购油盐酱醋,不会在市场上售卖。

第三章　家户社会制度

郑家在 1949 年之前有三对夫妻，无论是婚前准备还是婚配过程中，成员婚配全部由家长做主，婚配过程按照祖辈的习俗而定，讲求门当户对。郑家三辈人都是一夫一妻，都有子女，没有出现过继的情况。郑永茂深知单传的不容易，因此十分注重后代的延续，到郑永茂一代儿孙满堂，生育全部是家里的事情，家长做主。郑家在 1949 年之前一直没有分家，几代人共同享有家庭财产，家长会给小家分配小部分私产，继承权也只能由郑家男性及其配偶享有。在交往方面，郑家内部家庭和睦，团结向上，长辈晚辈以及同辈、夫妻之间很少发生争吵，遇到事情尊重彼此意见，而在对外交往中，主要是从事的活动决定交往的对象，基本是本村人，家长是对外交往的代表。

一、家户婚配

（一）家户婚姻情况

1.同姓不成婚

郑家在 1949 年之前，共有三对已婚，分别是家长郑永茂，配偶石福桃；第二代独子郑学世，配偶杨慧娥；第三代孙子郑克明，配偶石本鱼。未婚的有长孙郑克申、孙子郑克胜以及孙女郑爱英和郑爱莲。长孙郑克申已到适婚年龄，但为了照顾弟弟妹妹，一直未婚，打了光棍，直到 1990 年才成家，其余未婚子孙均未到适婚年龄。

郑家子女成婚时，都是当家人郑永茂做决定，大横沟村里有媒婆，家里有适婚儿女，自然会有媒婆上门说亲。大横沟村以"石"姓和"郑"姓为主，同一姓基本都是本家，结婚必须在血缘上错开，所以不允许同姓之间成婚，条件不是很差的人家一般都要在村外找人家。媒婆主要在郑家和准亲家之间"穿针引线，铺路搭桥"，在正式成亲之前两家之间不会有直接接触，包括家长之间。

2.门当户对最重要

媒人在两家之间提亲引荐后，郑永茂和石福桃作为家长，要做的事情很多，郑家说亲讲究"门当户对"，首先要"打问门头"，向媒人咨询准亲家的家庭背景，包括家族背景、经济条件、为人处世以及说亲对象的个人状况等。准亲家都是与郑家条件差不多的人家，比郑家高出太多或差很多，郑永茂都不会同意。郑家属于小户人家，如果对方条件比郑家高出太多，会让郑家"低人一等"，孩子们在亲家家里会受气。郑克申的母亲杨慧娥家里条件很差，嫁给父亲的时候是"黑推"①过来的。其次，郑永茂要请算卦先生，看两人是否相克，婚配后对谁家不吉利等情况，当地称为"合婚"，决定两家能不能结亲。

---

① 黑推：穷人家的女孩子，没有钱大操大办，就在小年夜摸黑推进男方屋子里，就算结婚了，称为"黑推"。

(二)婚前准备

1.父母之命需遵从

1949年之前,郑永茂的儿子、孙子娶媳妇,都是家长郑永茂和石福桃请媒人介绍。到了成家的年龄,郑永茂都会给说亲,郑学世的婚事完全听父母的安排,郑学世对婚事较为满意,没有拒绝。一般说亲对象都在一个县范围内,郑学世妻子杨慧娥是孙家庄乡的,距离大横沟40里地。孙子郑克明的妻子石本鱼是在两人结婚前就见过面的,是郑克明跟随郑学世参加20里地外路家村乡一位远方亲戚的红事上认识的,郑克明向郑学世表示了对石本鱼的好感,郑学世回家后便与当家人郑永茂商量。之后由郑永茂出面找人打听石本鱼家的情况,并请媒婆登门说和,两家十分愿意,很快成了婚,郑学世和杨慧娥也认同了郑克明的选择。除了家长和当事人外,郑家不需要通知四邻,也不需要请示保甲长。

2.婚配对象看人品

1949年之前认为,媳妇是"娶"回家的,因此要听话能干,讲究"找个老婆踏踏实实过日子",而女儿出嫁,父母则希望找比自家条件好一些的人家,所谓"嫁个好人家"。郑家对媳妇的要求,主要在品质方面,其次为家庭经济条件。总体来看,女方不能有疾病,要会做针线活,有好的家教,父亲母亲有正当的生计,家里不能有坑蒙拐骗、坐牢的人。在长相方面,不会有太高要求,脸上没有疤痕,五官长得有福气即可,郑永茂也不会要长的十分好看的媳妇回家,过去认为娶太好看的媳妇回家是"招祸害"。如果娶回来的媳妇很漂亮,丈夫长相不行,洞房夜就会有人在窗外说"一丑一克细[1],两口子都长命,两口子都克细,赶明儿死个光光净",以此来吓唬新娘,让新娘安分守己。

在年龄方面,比男方年龄小为宜,比男方年龄大不能超过三岁,娶了"大老婆"回家会被同村人笑话。另外,年龄涉及到属相问题,郑家在找媳妇时属相是"大头",绝对不能犯冲,民间讲究:"鼠羊不到头,白马怕金牛,猪猴一世仇,龙虎永相斗,金鸡啄恶狗。"以及"鸡见猴,泪长流"等。郑永茂1884年人,属相为猴,石福桃1883年人,属相为羊;郑学世1911年人,属相为猪,妻杨慧娥1908年人,属相为猴;郑克明1931年人,属相为羊,妻石本鱼同年生,属相为羊,可见郑家在年龄和属相方面都遵照传统,避免"犯冲"。在家庭条件方面,一般人家即可,郑永茂给儿子郑学世找的媳妇杨家,虽然条件不如郑家,但杨家家风好,杨慧娥又贤惠能干,深得郑永茂和石福桃的喜欢。

郑家第一代"永"字辈和第二代"学"字辈都是独子,没有兄弟姐妹,第三代"爱"字辈女儿1949年之前年龄尚小,都是在1949后定亲成亲,选女婿的标准在此不讨论。

3.绵延子嗣为目的

1949年之前结婚的目的主要是为了家庭的延续,"不孝有三,无后为大"的观念深深烙印在人们心中。解放前,很多人都娶不起老婆,很多人就那么咯牵[2],能过光景就行了,传宗接代成为每个人的任务。如果家里只有一个儿子,基本都有童养媳,找穷人家的女孩儿,从小就接到男方家里,等到适婚年龄成亲即可。郑永茂和郑学世都是家中独子,因此家里都十分重视娶媳妇的事情,虽然石福桃和杨慧娥都不是童养媳,但成婚年龄都很早,为的就是香火延续。

---

① 克细:方言,好看的意思。

② 咯牵:方言,勉强的意思。

4.当事人没有选择权

1949 年之前没有听说过有人自由恋爱。首先,男女交往被严格的控制,女孩儿在长到一定年龄,就不让随便出门玩耍,男女接触机会很少。其次,郑家在挑选儿媳和女婿时,更注重知根知底,倾向于"世交"的家庭联姻,子女的选择权较少。但郑家也会参考晚辈的意见,正如郑克明在表达了对石本鱼好感后,郑永茂便立马为郑克明张罗,郑家晚辈对自己婚事有一定自主权,但最终决定权在家长。

5.大户讲排场小户重节约

郑家 1949 年之前的经济条件一般,郑大横沟村里的大户人家成婚,聘礼都是几个人抬着进女方家的,十分的排场。郑永茂和郑学世都是家中独子,因此比较注重聘礼,郑永茂结婚时,聘礼是一个戒指和一对耳环,这在当时算不错的聘礼,但相较大户人家,要相差很多。不同的儿子在聘礼数目上都是一致的,不会偏重。1949 年之前,同一家女儿的嫁妆都是一致的,视家庭条件而定。

男女两方家长谈妥后即可订婚,约定好婚期。一般成亲之前两家都不会走动,等到正式成亲之后才会来往,成亲之前的沟通主要靠媒人给传话。订婚之后如无特殊原因,如疾病、死亡、结仇等,都不会退婚。女方一旦定亲,就是男方家的人了,不能改变,男方一旦与女方订婚,即使找到更合适的,在伦理和道德上也不允许退婚,女方也绝不会同意,如果强行退婚,会受到指责,背负骂名。

(三)婚配过程

1.家长做主子女婚姻

郑家的婚事都由当家人郑永茂和石福桃张罗,结婚大事少不了"媒妁之言"。定亲时需要媒人在两家之间走动说和,男女方的家庭条件、要求、交换生辰八字等全部要靠媒人传达,两家人也可以私下打听,两家亲事能否说成很大程度上取决于媒人的撮合。郑学世结婚时,郑永茂请的是专职的媒人,各家情况不一,也有亲戚朋友充当媒人的。郑永茂请专职媒人,事成之后要请媒人吃饭,并给一定的报酬,如果是亲戚朋友充当媒人的,要在家好好招待一下,表示对朋友帮忙的感谢之情,不需要给予报酬。

经媒人说和同意后,男方父母要上门跟女方父母订婚,男方父母到女方家里查看实际情况,订婚时要送钱,准媳妇出来见面磕头,男方父母给见面礼,见面礼不需要太多。订婚之后,就要娶亲了,娶亲时男方父亲和儿子带着聘礼和租赁的婚礼服装到女方家里,接女方到男方家里。女方会派出送亲人,一般都由哥哥嫂嫂和其他亲朋好友,送到男方家里,拜堂成亲。第二天儿子和媳妇去女方家里吃早饭,吃完早饭立刻返回男方家里,这时送亲的队伍也就从男方家里撤走了。

请人帮忙也需要郑永茂出面,郑永茂会请关系亲近的本家和好朋友来,帮助记账、照席[①]、做饭等工作。一天的流程完成后,郑家会请帮忙的朋友吃顿饭,并且切一块枣介糕[②]送给帮忙的人,表示犒劳。

婚配中的所有环节当家人郑永茂必须在场,如果郑永茂生病或者其他缘故不能参加,则

---

① 照席:方言,表示招呼客人。

② 枣介糕:在办喜事时才特有的小吃,用红枣和黄米面作证,象征早生贵子、步步高升、生活红红火火等。

要委托本家长辈代替，如郑永茂同辈的兄弟姐妹等。其他家庭成员在婚礼中要全部动员起来，兄弟姐妹嫂嫂等要跟着接亲、送亲，其他家庭成员要帮助婚宴的正常进行。

（四）婚配原则

1.长幼无序适婚即可

郑家婚配没有严格的顺序，一般先给年长的孩子介绍成婚，但只要到了合适的年龄，有合适的对象就可以成亲，晚辈和年幼的可以先于长辈和年长的成家，哥哥没成家，妹妹有合适的人家也可以先出嫁。郑克申作为家中长孙，为了照顾家中弟弟妹妹，先让弟弟妹妹成家，1949后郑永茂和郑学世先后病逝，郑克申肩负起家长的职责，抚养弟弟妹妹长大，自己直到1990年才成婚。

2.婚配花销长幼无差别

郑家十分注重结婚，讲究聘礼嫁妆不能少，婚宴摆席花销大。在婚礼上的花费主要是聘礼、嫁妆和酒席。郑家家庭条件一般，所以相较大户人家，郑家聘礼、嫁妆、婚宴规模较小。

郑永茂的孙子郑克明在订婚时，郑永茂用1块大洋打了一对耳环和一个戒指，送给女方作为见面礼，与女方父母及孙媳妇见面后，郑永茂表示很满意，便开始谈聘礼的事情。郑永茂与女方家长定下3块大洋作为聘礼，3块大洋的聘礼基本是小户人家都能出的起的，这在当时算是中等偏下水平。等到结婚当天，郑家抬着轿子和5块大洋作为聘礼送给女方父母，迎娶石本鱼回家。之后在家里摆设宴席，请亲朋好友来家里热闹，郑家摆了5桌宴席，是小规模的团聚和欢庆，宴席的花费大约为7块大洋。郑克明整个婚礼总花费大约11块大洋。郑家的两个孙女都是在1949年后出嫁，1949年之前也没有定亲，这里不做讨论。

（五）其他婚配形式

纳妾一般在有经济实力的人家出现，平常人家很少纳妾。纳妾一般有几种情况，首先是正房没有儿子或不能生育，为了生儿育女绵延香火而纳妾。其次是有钱人家借出外债，借债人无力偿还债务，会把自己的女儿卖给债主抵债。最后一种情况是有钱人家单纯为了炫耀财力和势力，会娶回多房媳妇伺候，以显示自己身份。

童养媳也成为小媳妇，是穷人家孩子多养活不起，把年幼的女孩子送到有钱人家当丫鬟，等女孩儿长大后，有钱人家的当家人决定女孩长相和干活儿能力都可以，便可以过门作为儿媳妇。童养媳如果作为正房，婆家会跟正常娶亲一样大操大办，如过作为妾，一般只是小规模操办即可。童养媳的经历都很苦，除非是走投无路的人家，一般不会送自己家女儿去做童养媳。

改嫁分为几种情况，首先是丈夫去世，留下年轻的妻子守寡时，妻子可以决定是否改嫁。有条件的婆家，在儿媳妇改嫁时会给带一些嫁妆，如果是穷人家，没有嫁妆的情况也很普遍，改嫁时如果有子女，不论男女，婆家都不会让改嫁的儿媳带走。第二种是被丈夫休掉后再嫁，过去被丈夫休掉是十分严重的事情，会对本人和女方家里产生极大的负面影响，因此被休掉的女人都被称为"破鞋"，很难再找到合适的人家。

入赘被称为"倒插门"，如果一户人家只有女儿没有儿子，为了继承家业绵延香火，会招上门女婿，既当女婿又当儿子，生育的孩子全部依女方家姓。入赘的女婿要写好契约，必须为女方父母养老送终，而且不能再回到原父母家庭，继承的家产只能在女方姓氏内继承，防止女婿反悔造成财产外流。

(六)婚姻终止权归男性

1949年之前，女性没有权利终止自己的婚姻，只有等丈夫去世或被休之后，才能改嫁。休妻一般有几种情况，首先是女方不能生育，无法给男方绵延子嗣，男方可以休妻再娶。其次是女方无德，存在不孝敬公婆，不伺候丈夫，不养育儿女，不守妇道等违背女性道德的情况，男方可以休妻。休妻要写休书，由丈夫写好休书送到女方家中，给女方家长解释清楚后，便可休妻，如果女方家觉得女儿并没有过错时，便要和男方家评理，并将当时介绍亲事的媒人喊过来一起评理，说清楚之后才能休妻，否则没法休妻。

二、家户生育

(一)第三代人丁兴旺

郑家两代单传，郑永茂"永"字辈仅有郑永茂一人，"学"字辈也只有郑学世一人，郑永茂本来有儿女三人，女儿在三岁时得了风寒早夭，大儿子10岁时在蟒河①边玩耍，被水里的蟒蛇拖下水吃掉了，因此"学"字辈只剩郑学世一人。到"克"字辈一带，兄妹共五人，郑克申是老大，有两个弟弟、两个妹妹，人口数在村里算是比较普遍的。1949年之前，重男轻女现象很严重，如果没有男孩儿，就会一直生育，直到有男孩儿为止。大户人家讲究"五男二女七子团圆"，这是最好的，因此大户人家人口普遍较多。中户人家只要有男有女即可，人数也不宜过多，要在家庭可以承受的范围之内。小户穷人，同样要求生育男孩儿，如果生育女孩儿过多，养活不起，在女孩儿年幼时会被送到大户人家当"蛮妮子"②，等女孩儿长大，男方觉得相貌可以，就会迎娶当老婆，否则一辈子当丫鬟。穷人家的妇女如果怀上孩子，担心养不起，就会用裤带勒肚子，或者干重活儿让孩子流产。

(二)生育目的与态度

1.人丁兴旺血脉延续

村里人认为，结婚生子在所有人看来都是一辈子的大事，生儿育女可以使家庭延续，这样才能对得起祖先。妇女生育了男孩儿，会说："立到红尘盖上庙了"，意思是生了男孩儿就立了大功，就能在婆家"站得住脚"。1949年之前，没有孩子的人家被骂"绝后"，会被人认为是做了缺德的事情，受到惩罚，同时对家人的打击也很大，再大的家业也会逐渐凋敝，没有儿子也会被人瞧不起，在家族和村里都"低人一等"，村里很多"独女户"，后代因为受欺负都远离了村庄，父母受不了冷眼也会跟着女儿搬离。

祖辈都能生儿子，多被认为是"人丁旺"，家庭也充满希望，所以，生了儿子之后还得有孙子，"养儿不得孙，也是一场空，养儿又得孙，祖辈留根根"，因此，生儿子成为祖祖辈辈的心愿。

2.多生男丁人多"势"重

村里人认为："儿大有一发"，意思是等儿子长大了家里必定有发达的时候。儿子是家里的顶梁柱，办大事都得靠儿子，因此儿子多了村里没有人敢欺负这家。郑家"永"字辈和"学"字辈都是单传，因此十分看重传宗接代，也很珍视每一个孩子，因此在家庭内部没有重男轻

---

① 蟒河：常年积水的大水坑，很多人在此丧命，村里人说水里有大蟒把人吸走了，实则是淤泥。
② 蛮妮子：方言，指女孩儿年幼时被送到大户人家，地位如同丫鬟。

女的现象,只要家里养活的起,郑永茂就支持儿子儿媳生育,男孩儿女孩儿都是家里疼爱的对象。郑永茂十分喜欢孩子,希望家里热热闹闹,就是图个让人"瞧得起"。

(三)妇幼保护功能

1.由夫妻当事人决定

郑永茂深知家里人口少带来的不便之处,因此十分希望儿子、孙子可以开枝散叶。郑家的夫妻是否生育,决定权在夫妻,但是作为家长的郑永茂和石福桃,会干预和影响儿孙的生育意愿。儿子郑学世在有了三个男孩子之后,郑永茂还建议郑学世再生一个闺女,虽然郑学世和杨慧娥夫妇觉得三个儿子已经够多了,但是为了满足家长的心愿,又生育了两个女儿。孙辈郑克明的婚事郑永茂也操办的很积极,对于家庭成员成婚,在家长看来都是天大的喜事。郑克明与石本鱼结婚之后,作为爷爷的郑永茂不便出面谈生育的事情,便让石福桃每天去关心孙子郑克明的孙媳妇石本鱼,为的就是能尽早抱到重孙。

郑家妇女在怀孕后,会受到全家人的照顾。尤其在孙媳妇石本鱼怀孕后,作为家长的石福桃十分看重,叮嘱杨慧娥一定要照顾好石本鱼饮食起居,也告诫郑克明不能让孙媳妇干重活儿,要多替媳妇承担家务。

在劳动方面,郑永茂的孙媳妇石本鱼在怀上孩子后,就不让她下地干活儿了,只在家里做一般的家务活儿,挑水砍柴的事也交给其他家人做。大约在怀孕7个月左右,石本鱼就进入"待产"期,不再做任何农活儿和家务,全部由家人照顾,饮食起居都是杨慧娥照顾。饮食方面也会优待,保证孕妇能够吃饱,家里的鸡下蛋后,也会给石本鱼吃一个,郑学世做工回来,隔几天会带猪蹄回来,猪蹄要脚掌上有七个点的,这样的猪蹄营养价值最高。石本鱼平时有些不舒服,小病石福桃和杨慧娥会先做判断,如果情况较为严重,则立刻请大夫来医治。

孕妇到临产时,全家妇女都要在旁边帮忙接生,石福桃和杨慧娥都有丰富的接生经验,但为了保险,当家人郑永茂还是让杨慧娥请来了接生婆,能够体现出当家人对孙媳妇生育的重视。等孩子生下来,石本鱼就要"坐月子",一个月左右都不能下地干活儿,其间调养身体。此外,孕妇坐月子的房间窗户不能开,手不能沾水,洗漱全部时婆婆杨慧娥给擦身体,其他营生都交给公婆以及郑克申等人。一般男孩子长到40天或者女孩儿满月,舅舅就要来接孩子回老娘①家住,住到100天再回婆家,称为"挪窝","挪窝"时舅舅要给外甥、外甥女剃头,两边都剃掉,只留中间一撮,称为"舅舅"毛。过去认为,如果母亲的奶水不足,"挪窝"会极大的改善奶水状况。并且,"挪窝"也是为了将夫妻分隔开,杜绝同房,有助于女性恢复健康,称为女性的"复养"期。石本鱼在生完孩子100天的"复养"期内,复养不做任何农活儿和家务,前一个月在婆婆家,由婆婆杨慧娥照顾饮食起居,后六十几天在娘家修养,由嫂嫂和母亲照顾饮食起居。

2.生育费用大家庭承担

妇女在生育期间,是身体最脆弱的时期,如果调理不好,将会烙下一辈子的病根,所以,每家每户都会重视对孕妇的照顾。郑家媳妇在生育期间所有的费用绝大部分是男方家庭承担,少部分是女方家庭承担。郑家在石本鱼怀孕后的七个月起,就开始改善石本鱼的饮食条件。石本鱼在娘家复养的后两个多月里,也要滋补,如果生育后身体状况不好,还需要请大夫开药调理,这期间婆家人经常派人来探望石本鱼,丈夫郑克明每次必定陪同前往,带来给小

---

① 老娘:方言,对外婆的称呼。

孩子新做的衣服鞋子,以及粮食等。

3.重视生育期的女性

大户人家在生育过程中,会请专门的老妈子照顾孕妇的起居,直到复养期结束,保证孕妇身体完全恢复。小户人家请不起接生婆,一般由婆婆给接生,中间也给孕妇营养滋补,但与大户人家有很大差距。生育对于妇女都是天大的事,当地称生孩子是"在鬼门关走了一遭",运气好的可以平安度过,运气不好的轻则受罪,重则母子不保。因此不管妇女生男生女,家庭有钱没钱,都会对孕妇照顾有加。

(四)添丁要办酒席拜祖宗

孙媳妇石本鱼第一胎生的是男孩儿,全家都很喜庆,因此郑永茂决定摆筵席请亲朋好友来庆祝,总共摆了5桌,关系亲近的本家都过来祝贺郑永茂四代同堂,当上"姥姥"①了。一般生完男孩儿,首先,各家根据家庭条件都要举行不同规模的满月仪式,女孩儿都不做满月仪式。条件可以的会请关系好的本家、亲朋好友做客,条件差的也要买许多黄米面,炸好油糕送给左邻右舍。来吃饭的客人会带礼物表示祝贺,一般是小孩儿用的物品,必须旧的衣帽鞋子等,小孩子忌讳穿新衣服,越穿旧的衣服孩子越健康,家里人也会给孩子做百家衣。

其次,等孙子满月后,郑永茂还要抱着孩子跪拜祖宗,意为家里有后人了,给祖宗有了交代。这时要在家里摆上供品,由家长郑永茂抱着孩子领头,其他家人依次排开,祭拜祖宗灵位。

此外,人们认为孩子在12岁之前,魂魄都不齐全,容易被不干净的东西带走,所以都要"拉锁",用蓝线穿着铜钱,戴在孩子手腕上,锁住孩子的魂魄。"拉锁"需要去庙里请,但孩子在12岁之前不能进庙,一般都由父母从庙里请回来,或者请年纪非常大的制作"拉锁",最好是请村里岁数最大的人。"拉锁"每过一个生日加一根,直到孩子长到12岁,魂魄齐全了,就去庙里"解锁"。

孩子生育仪式也会因家庭财力而有所不同,大户人家不管生男生女,在孩子出生和满月以及周岁都会为孩子举办筵席,送油糕也不限定在亲朋好友范围内,全村人都会收到大户人家送来的油糕。小户穷人没有条件举办酒席,就在自家范围内,割几斤肉庆祝一下,只给亲近的人送炸油糕即可。

(五)起名要算卦

孩子起名前需要请人算卦,之后请有学问的人或者爷爷奶奶起名。孩子的名字分为乳名和大名,乳名根据算卦先生算出孩子命里缺什么,就要在乳名里带什么,如孩子命里缺水,乳名必须是和水相关的。大名需要爷爷奶奶查阅家谱,按照辈分排"字"。如受访者是"克"字辈,大名郑克申,乳名良和之,二弟大名郑克明,乳名黑牛,三弟郑克胜,乳名小牛毛,名字都是郑永茂起的。

给孩子起名时,大户人家都十分注重孩子的生辰八字以及辈分等,会遵照严格的起名顺序,但小户人家情况不一,因为家庭经济情况或者家谱丢失等,随便起名的很多,比如孩子刚生下来最先看到什么动物,就将此动物作为孩子的乳名,动物的生命力强,寓意孩子身体健康,好养活。

---

① 姥姥:方言,比自己高三辈的人都可以称呼为姥姥。

三、家户分家与继承

(一)诸子均分家产

郑家因为两代单传,并且在 1949 年之前一直未分家,所以继承由父亲直接传给儿子,郑家只要是男孩儿,就有财产继承权,女儿没有继承财产的权利。同时,儿媳妇凭借丈夫给的身份,也拥有财产的继承权。郑家两代单传,包括郑永茂和郑学世,一直都是儿子一人继承全部家产。郑家家庭成员之外的人都没有资格继承郑家财产。

郑家不同的继承人,在继承家产时,长幼之间的继承权利是平等的,但会考虑对家庭的贡献。如 1949 后郑家分家,郑克申作为长子,为家庭付出很多,因此两个弟弟同意将老宅全部继承给郑克申,他们只拿走郑学世留下的一部分钱,外出另起门户。

如果家里有儿子,即优先儿子继承,诸子均分财产,村人说:"一根草圪节也得截成几段子",意思是任何财产都必须平分。其次,如果没有儿子,继承人要分情况。如果一直受到侄子的照顾,这个侄子就拥有继承权;如果一直是女儿在身边照顾,女儿就有继承权。再次,如果无子女,且自己本家没有亲近的人,外甥可以继承舅舅的财产。最后,家长有权利指定儿女以外,家庭外部的人作为继承人,这种情况一般是儿女全都不孝顺,不履行赡养老人的义务,老人可以不给其分财产。

(二)遵循传统家长决定

郑家继承按照传统规则来,儿子优先,但也有例外。前文已经提到,如果儿子不履行赡养老人的义务,老人就可以不给儿子分财产。被驱逐出家门,断绝父子关系的"儿子"也不可以继承。家长在世,别人无权干涉继承权的分配,但如果父母在生前没有安排好后事,会请叔伯辈的人来主持继承,如果叔伯辈无法解决,则要请家族中最有权威的人来主持,清理出财产,儿子平分。家庭外部的人不可以干涉继承条件,即使是保甲长也不可以。

(三)社会身份不可继承

郑家在继承时主要是家产,包括房、地、农具、牲口等可见的生活和生产资料,以及积攒的财物,而家长的社会身份如官职、名号、族长等不能继承,因为这些社会身份都有其运作规律,如族长,需要在家族中论资排辈,辈分最高且能服众人才可以,儿子不一定担当的起。

(四)继承基本是父母之命

郑家继承权的确立,由家长决定,一般情况下会遵照传统,按照继承顺序。如果父母有特殊安排,子女都要听父母的,如家里有几个儿子的家庭,在分家时会照顾年龄较小的儿子,或者能力较差、有先天缺陷的儿子,在分财产时多给他们一部分。此外,如果父母突然生病,未来得及分家,或者在生前定下遗嘱,则父母的遗嘱具有最高效力,儿女不能反抗父母的安排。一旦发生纠纷,则会请来家族中最有名望的人来调解,家族之外的人没有权利参与进来。

四、家户赡养

(一)赡养责任儿孙承担

郑家在 1949 年之前一直未分家,四代人居住在老宅子里,家里的老人由全家人赡养。郑永茂只有郑学世一个儿子,财产由郑学世继承,赡养的义务也由郑学世一人承担,郑永茂的儿子成年之后,也承担赡养郑永茂和石福桃的责任。郑家家庭成员之外的人不能决定郑家的养老情况,也不负有给郑家养老的责任。

(二)治病送终

郑家老人生病,儿子和儿媳负主要责任照顾老人,孙子协助。看病的钱从家庭支出中扣除,是否要请医生是家长自己说了算,如果家长不想花钱请医生,子女是不能强迫郑永茂和石福桃看病的。郑家家庭成员之外的人不能决定病人的治病照顾。已经出嫁的女儿,如果经济条件可以,也会帮助老人看病,即使经济上不能支持,也会回家照顾老人起居。1949后没过几年,郑永茂因为伤寒去世,丧葬的费用是全家负担的。

(三)外界对赡养不负责任

1949年之前,郑家的赡养事务在郑家内部协调和解决,郑家家族、所在村庄和政府都不会过多干预。只有在郑家出现儿女不孝顺时,本家的长辈会出面调解,在道德上谴责,给予后代压力,郑家后代赡养父母。除此之外,在郑家家庭之外没有任何赡养老人的措施。郑永茂的儿子、孙子都十分孝顺。

五、家户内部交往

(一)父子关系

1.父不怜子不孝

郑家1949年之前四代同堂,父子之间有着明确的权力和义务关系。郑学世与郑克明父子,作为父亲的郑学世权威是不容侵犯的。首先,郑学世有责任将郑克申抚养成人。郑克申在成年之前,郑克申的吃穿用度、劳动时间、教育问题等都是郑学世来安排,郑克申要全部服从父亲的决定。郑克申成年之后,有了一定的自由,他考虑到家庭经济条件,主动放弃了上学的机会,让弟弟继续读书,并且为了照顾家人,在适龄阶段一直未成婚。其次,郑学世要帮助郑克申成家。郑克申在1949年之前虽未成家,但父亲也给郑克申介绍了几户人家,如果郑克申提出分家,郑学世还需分给郑克申财产帮助成家。在择业方面,郑学世没有责任,也不需要为郑克申指定谋生出路。

郑学世和郑克申父子关系融洽,父亲有事情安排给郑克申,郑克申会照做,有意见的话也会提出来与父亲商量,并不是无条件服从,父亲安排不妥的地方郑克申要委婉的指出来,但不能顶撞和批评父亲。郑克申认为,一个好父亲要顾家,不让老婆孩子挨饿受冻,勤勤恳恳,不吃喝嫖赌,教会孩子处事礼节。好儿子首先要孝敬,其次要听父亲的话,不能让父母操心,时刻考虑家庭的利益,和父亲一起为家庭的发展出力。

郑家在1949年之前属于小家庭,大横沟村的大户家庭人口较多,因此,父亲和子女的关系更为复杂多样。除父亲的一般责任外,好父亲要有本事撑起家业,为每一个儿女的发展考虑。中户人家的父亲必须为家庭的发展谋出路,扩大家业。小户人家的父亲要为改善生活条件努力,提高妻儿的生活水平,不能让村里人看不起。

2.父子相处关系融洽

郑家的家庭关系融洽,父子之前没有过冲突。作为家中长孙,郑克申清楚自己的责任和义务,会主动帮父亲承担力所能及的事情,农活、家务等都会帮忙,对家长十分孝敬,也会管教弟弟妹妹,因此郑学世对郑克申比较满意。郑学世从小都不打骂老婆孩子,因此郑克申不惧怕父亲,但很尊敬父亲。父子两人平时交流不多,在干农活儿时父亲会教郑克申一些窍门,生活中安排一些事情,除此之外交流不多。郑克申对父亲评价很高,认为父亲平易近人,虽然没有文化,但是为人品质高,懂得处世之道,只要邻居有请求,在郑学世力所能及的范围内都会出手相助,对外友善但不可欺,对内和蔼但不可侵。

(二)"媳妇是苗菜,全凭婆子遮盖"

内当家石福桃和儿媳妇杨慧娥都有"婆婆"身份,基本上符合1949年之前"好婆婆"的标准,婆媳之间基本没有发生过冲突。人们常说"一婆出三妇,照着婆子娶媳妇",意思是媳妇的好坏,婆婆不能跟外人讨论,而是要包容,耐心教导儿媳妇,这样儿媳妇的脾气会跟婆婆越来越相似。郑克明的妻子石本鱼十五岁嫁到郑家,杨慧娥作为婆婆,没有过分苛刻①石本鱼,在吃喝穿戴上跟自家人一样平等对待,不能将石本鱼作为外人而另眼相看,杨慧娥十分照顾石本鱼,很少打骂石本鱼,帮助石本鱼尽快融入郑家。其次,石本鱼到郑家时年龄还小,不会持家,杨慧娥作为婆婆,要领料②石本鱼如何安排家里的日常开销,石本鱼很多家务不会做,杨慧娥平时都很耐心的教石本鱼做家务,如做饭、针线活、加工粮食等,让年轻的媳妇逐渐成为家庭的一分子。此外,杨慧娥作为婆婆,要及时关注儿媳妇传宗接代的情况,结婚后要尽早生子,如果儿媳妇长时间不怀孩子,杨慧娥就要提醒年轻夫妻。在石本鱼怀孕后,杨慧娥就要关照石本鱼的生活起居,不能干重活儿,在怀孕7个月后就不能管家务了,杨慧娥要一人承担起所有家务,并且负责照顾石本鱼衣食住行,在石本鱼坐月子期间,不能让儿媳妇下地干活儿。

杨慧娥对于管理家务有着丰富的经验,十分注重对儿媳妇石本鱼的教育,杨慧娥说的话石本鱼基本都得听,儿媳妇有不懂的事情可以问,但不能顶撞和反抗婆婆,人们常说:"乖③婆婆不打哑媳妇",意思是只要媳妇不说婆婆的闲言碎语,婆婆就不会难为儿媳妇。如果石本鱼不听话,杨慧娥也会责骂,但不会过度打骂儿媳。小户人家,人口不算多,家也好管理,大户人家的婆婆难当。大户人家往往不止一个儿媳妇,所以婆婆要管理的事情更多,所以大户人家的婆婆都比较严厉,对儿媳妇也没有小户人家客气,这样才能镇住儿媳妇,防止儿媳妇无理取闹。

(三)夫妻融洽夫唱妇随

郑学世与妻子杨慧娥关系较为融洽,两个人脾气都很好,妻子对丈夫非常依赖,村里人常说:"想你想得哭,挖米挖上谷",意思是妻子对丈夫十分想念,做饭都弄错了。杨慧娥对郑学世不是绝对服从,作为妻子杨慧娥会给丈夫提意见,丈夫有做的不对的地方也会提出来,杨慧娥高兴了会给郑学世端洗脚水,帮助丈夫洗漱,如果杨慧娥不高兴了,或许是郑学世给媳妇端洗脚水了,郑学世和杨慧娥夫妻之间并没有一方压制另一方。郑学世作为丈夫,首先要让妻子吃饱穿暖,不能让妻子为生计操心,郑学世十分勤劳,农忙时早出晚归,农闲时不在家里歇着,而是外出找临工挣钱,补贴家用。其次要爱护妻子,郑学世在家时,会帮助杨慧娥做家务,不会让杨慧娥一人承担所有的家务活儿,家里有事情也会和杨慧娥商量,不会打骂杨慧娥。此外,夫妻之间要互相照顾,杨慧娥生病时,郑学世会在旁边照顾妻子,农活儿家务

---

① 苛刻:方言,专门难为的意思。

② 领料:方言,领导、教育的意思。

③ 乖:方言,厉害的意思。

活儿自己会承担一部分，不让杨慧娥受累。

妻子对丈夫也必须负责，不能懒惰，村里人常说："丈夫跟前走，带着妻子的手"，意思是丈夫出门在外，穿着仪表就能体现出妻子是否关心丈夫，是否是个负责任的妻子。母亲杨慧娥并不惧怕丈夫，只要心里有事情就会和丈夫说，家里的事情都会商量着来，郑学世脾气也很好，不会在生活中苛责杨慧娥。1949 年之前，穷人家说则①少，越是大户人家亏程②越多，大户人家人口多，丈夫作为顶梁柱要树立起威信，所以对家人都会严格，对妻子的管教也会多一些。

（四）有兄不显弟

郑克申作为长子，为弟弟妹妹付出很多。人们常说"长兄为父"，郑克申要负责照看弟弟妹妹，为他们的安全负责，并且要帮助家里解决温饱问题，不能让弟弟妹妹饿着。1949 后不久，郑学世因为伤寒去世，郑克申作为长子承担起了"父亲"的责任，同母亲一起担负起抚养弟弟妹妹的重担，帮助弟弟郑克胜成家，给两位妹妹郑爱英、郑爱莲找到合适的人家出嫁。父亲去世，郑克明提出分家要求，郑克申考虑到家中还有年幼的弟弟妹妹，没有同意郑克明的分家要求，而是等郑克胜成家后才分家。

郑克申作为兄长，有管教弟弟妹妹的责任，父亲不在家时，郑克申要帮助母亲看管好弟弟妹妹，不听话时可以打骂，但不很严重。弟弟要听哥哥的话，但不是无条件服从，郑克明如果受欺负了，可以向父母告状，哥哥做错事，弟弟也可以指正哥哥。成年后，兄长的地位更加突出，郑克明要尊重哥哥，不能顶撞哥哥。

郑克申和两位弟弟的关系都很融洽，哥哥作为兄长为弟弟们付出了很多，因此弟弟非常尊敬郑克申，郑克申有事情也会听取弟弟的意见，弟弟也会全力支持哥哥的决定。郑克申家的邻居，分家之后，弟弟家和哥哥家隔了一道墙，哥哥和嫂嫂家里只有他们两人，但非常有钱，在大年夜里吃饭，炕桌下面垫的都是元宝，吃饭时想去看隔壁穷弟弟家吃的什么，顺便寒碜一下弟弟，但走到墙边，听到弟弟家里孩子笑得很高兴，这时弟弟对着窗外说："有酒无菜就咸盐，当掉布裙过大年，娃子大了中状元"，过几年后，弟弟的儿子考中了状元，而哥哥一家仍然无子，积蓄花光，逐渐败落，这时哥哥才想到要弟弟帮一把，教育人们兄弟之间要团结，不能因为贫穷而不顾感情。如果家里没有人情味，再有钱也不行。郑克申说："爹死的早，你这弟兄要是不团结，这家就要差③了"，因此郑家兄弟之间都很团结，在父亲去世后家庭还保持了兴旺的状态。

（五）兄妹关系

郑家两位妹妹，都是在 1949 后成婚，成婚时父亲已经去世多年，妹妹的婚事都是兄长郑克申操办的。郑克申和妹妹之间的关系，除了类似兄弟之间的关系外，更多体现在妹妹出嫁之后，郑克申作为妹妹的娘家人，能否为妹妹做主对妹妹在婆家的地位有很大影响，因为妹妹出嫁时没有父亲，因此郑克申十分关心妹妹的婚事，妹妹在婆家的情况也会经常和哥哥说，妹妹在婆家受欺负，娘家兄弟要去给妹妹做主出气。如果外甥不孝顺妹妹，作为舅舅的郑

---

① 说则：方言，意思是规矩。
② 亏程：方言，意思是规矩。
③ 要差：方言，形容散架，败落，变坏的意思。

克申,有权力处置外甥,舅舅的权力是非常大的。

六、家户外部交往

(一)家户与外界互帮互助

俗语说"远亲不如近邻",郑家与邻里之间,主要是互相帮助。郑家与邻居石玉斌家是几十年的老邻居,石玉斌家较郑家富裕,每次郑家缺农具,都是去石玉斌家借用,石玉斌家农忙人手不够,也会请郑家的人来帮忙,每天早上下地干活儿也会互相搭伴。石玉斌家娶媳妇办事时,郑学世和郑克申两人帮助石玉斌家照席,两家关系十分融洽。此外,石家和郑家的媳妇之间关系也很好,经常串门走动,杨慧娥在做针线活时经常叫着石家的媳妇,互相交流学习。

郑家与同村人的关系,基本都是同宗同族,见面都以叔伯、舅舅、兄弟相称,村里人只要家里办事缺人,郑永茂和郑学世总会热心帮忙。每到过年过节,郑家都会把自家做的节日食物送给村里人,过年时郑学世会带着儿孙去给村里人拜年。

郑家与亲戚之间经常走动,杨慧娥的娘家、石本鱼的娘家等过年过节都会去拜访。遇到灾荒年景,郑家与亲戚之间也会互相接济。前文已提到,郑家所在大横杆村1946年前后遭遇了冰雹大风天气,谷子颗粒无收,郑家正是在亲戚们的接济下没有挨饿。郑家与朋友之间,也是很讲义气,郑学世在外打工认识的朋友,有外地过来避难的,郑学世也从不会排挤外地人,经常在生活上给予帮助。

(二)对外交往有底气

郑家邻里关系融洽,关系平等。平时借用农具、红白喜事请人帮忙时都是当家人郑永茂出面,平时串门聊天、过年组织红火等娱乐活动郑家都会和邻居搭伴。郑家与邻居交往,都是处于平等的地位,石玉斌家有钱,但是并不会欺压郑家,郑家也不觉得低石玉斌家一等,郑家也不会看不起村里的穷人。

同村人、亲戚朋友也都是平等来往,郑家人丁兴旺,"有儿不算穷,无儿穷断根",不会因为穷富而造成地位上的不平等。如果受到欺负,郑家人不会忍气吞声,不惧怕任何人,对外不卑不亢,乐于帮助亲戚朋友。

(三)家长处理对外冲突

郑家与其他人发生冲突时,一般由当事人协调解决,如果发生较大的利益冲突,其他家庭成员不能私自解决,需要通知家长郑永茂出面解决。如果两家协商不好,则需要以当家人郑永茂为代表请保甲长来解决。

郑家所在的地区,会在田间修筑排水沟渠,防止下大雨淹没庄稼。郑家的四亩谷子地地势较低,容易积水,地邻在没有跟郑家商量的情况下修改了水渠,导致郑家谷子地里进水。郑永茂得知后去地邻家理论,地邻以水渠在自家土地上,有修改水渠的权利为由,拒绝给郑家赔偿,因此郑永茂作为家长,带着郑学世请来了保长做评判。保长带着郑家人和地邻到地里查看情况,最后,鉴于郑家谷子地积水不严重,不会影响到谷子收成,决定地邻修改水渠绕开郑家谷子地,并赔偿郑家半斗谷子。

第四章　家户文化制度

郑家是小户人家,但为了家庭的延续,当家人作为家庭精神的象征,起到了凝聚家庭力量、传承家户文化的重要作用。在家庭教育方面,郑永茂和石福桃作为当家人,对晚辈的教育负主要责任,郑家 11 人中郑永茂读过两年书,郑克明一直读书,其余人全部没有读过书。在家人意识方面,郑永茂一直给家人强调团结的重要性,郑家人时刻以郑家集体利益为重,会为家庭利益牺牲个人利益。在家户信仰方面,郑家人对神灵和祖先的信奉,主要是依据传统和为寻求心理支持,没有特殊的仪式,对祖宗的祭拜则是时刻提醒家庭成员凝聚团结的重要活动。在日常习俗方面,郑家十分注重传统节日,将节日视为家庭团聚的时间,会举办和参加不同规模的庆祝活动。

一、家户教育

(一)经济条件限制读书机会

郑永茂年少在学堂读过两年书,后因家庭贫困退学协助家中做农活儿,妻子石福桃没有文化,是传统时期"三从四德"标准下的女性。儿子郑学世和儿媳杨慧娥都未曾读书,长孙郑克申为了减轻家长压力,主动放弃上学机会,让郑克明读书,郑克明在私塾读过 5 年,1949后高中毕业。1949 年之前郑克胜、爱英、爱莲年幼,都未曾上学。

郑永茂常说:"惜孩坏孩,惜苗坏苗",郑家家人虽然文化程度很低,但十分重视对孩子的教育,郑永茂尤其看重读书人,因此,只要家庭有能力就会送孩子上学读书。1949 年之前,村里有大户人家共同雇佣的教书先生,其他人家孩子想上学,每年要给老师交一斗半粮食,但郑家人口较多,富余的粮食很少,因此只能供应一人上学。郑永茂作为当家人,安排长孙郑克申上学读书,但郑克申说自己年龄大了,正是干活儿的时候,弟弟年幼,是上学的年龄,说服了爷爷让弟弟读书。郑永茂让后代读书,是希望后代能识字长本事,可以挣大钱或者当官光宗耀祖,郑永茂认为只有读书才能改变郑家世代种地的面貌。

(二)重视家庭教育

郑家孩子的教育主要是郑永茂和儿媳杨慧娥。郑永茂小时候读过两年学堂,可以背诵《三字经》和《百家姓》的片段,每当闲暇时间,郑永茂都会把孙子叫到跟前,跟着他读《三字经》和《百家姓》。另外,儿媳杨慧娥主要管教孩子日常生活禁忌和礼仪,比如小孩子应该帮大人做家务,不应该淘气,以及见到长辈要有礼貌等。郑学世平时和孩子交流不多,去市场买东西时带着孩子看热闹,有喜事吃宴席时也会带着孩子在宴席上认识亲戚和朋友。此外,孙子郑克申和郑克明两兄弟会从他们的父亲身上学到许多为人处世的道理。

邻居不会帮助郑家教育孩子,只在孩子玩儿的时候或者家长有急事外出时帮助照看一下。1949年之前成家年龄普遍偏小，大横沟村里有那人，他还在街上跑着耍，儿子就跟在他屁股后面了，他自己都羞得不行。因此，即使孩子成家，父母也不会认为长大了，会和媳妇一起管着孩子，防止跑出去跟其他人吃喝嫖赌。只有长到20多岁时，才会管的松一些。

（三）门里出生，自带三风

村里人常说："门里出生，自带三风"，意思是在谁家出生的孩子，为人处世就带着自家的家风。他的为人处世和性格与家人的言传身教有着很大的关系。郑永茂在郑克申小时候经常教他背诵《三字经》，告诉他许多做人做事的道理。为人父母的郑学世和杨慧娥经常教育郑克申作为长子的职责，要照顾好家庭和弟弟妹妹。郑克申兄妹从小在和睦的环境中长大，父亲脾气很好，不吃喝嫖赌，也不随意打骂母亲和孩子，因此，郑克申兄妹从小受到良好的照顾，父亲为郑克申和郑克明兄弟树立了很好的榜样，让郑克申兄妹明白家庭和睦的重要性。郑永茂也会给孙子孙女讲郑家的历史，郑氏家族是何时到达大横沟村，如何在村里立足的，老宅是如何一步步建立起来的，郑永茂经常跟孙子郑克申说："不读书，不种田，怎么能挣那三间房"，这些让郑克申兄妹明白了勤劳对家庭兴旺的重要性。

郑家在白事时一般不带孩子参加，村里有喜事时，郑学世会带着孩子去看热闹。此外，每次县城里有庙会或赶集，郑永茂都会带着孙子孙女去看热闹，并且会给孙子孙女讲庙会的来源。逢年过节，郑学世都会带着郑克申和郑克明兄弟拜年、走亲访友，因此，郑克申兄妹对家乡的风土人情都有较为深入的了解。

（四）劳动技能代代相传

郑家全家人都会负责教育孩子，教育孩子帮助家长做力所能及的事情。郑学世会让郑克申和郑克明两兄弟扫院子、捡柴火、掰玉米等营生，杨慧娥会教女孩绣花、缝补衣服等。"养妮像娘，栽花傍墙，若要不像，问她老娘"，意思是姥姥对母亲的教育，会通过母亲传给女儿，如果女儿不像母亲，责任就在姥姥了，说明了家庭传承教育的重要性，郑家农耕和持家的技能都是长辈言传身教，逐步教给后代的。

郑家男孩大约15岁就要跟着大人下地干活儿，如锄草时，郑永茂会让郑克申拿一把锄头，告诉郑克申怎么辨别玉米苗和杂草，如何锄草而不伤害玉米苗，这些农耕技能都是父亲在旁边一点点教给郑克申的。郑家不论男孩女孩，都要学习怎么做农活儿，等到农忙时全家都要下地劳动，这也是为他们日后成家做准备。女孩子的家务活儿，是母亲杨慧娥带着做，奶奶石福桃也会教孙女做，女孩子十岁左右就要学做针线活、纺线、做饭等，这些都是女孩儿出嫁前必须学会的技能，如果不会做，到了婆婆家会被嘲笑。

（五）国家教化功能弱

1949年之前，保甲长会组织宣传古代圣贤的一些思想，主要集中在礼教方面，会鼓励人们读《三字经》。公立的学校里也会传授日常规矩、做人的品德，再通过学生传播到家庭中。教化功能主要是家庭承担，郑永茂会将老人传下来的道理、谚语、格言讲给后代听，将"仁义礼智信"告诉后代，后代犯了错误，郑永茂作为家长会批评责骂，并要求改正。

二、家户意识

（一）父系血缘五代为准

郑家对自家人的认识，主要是以父系血缘划分的，父系家族五代以内的男性及其配偶和孩子，都是自家人。叔伯以及侄子算自家人，姑姑出嫁后和姑父不算自家人，是亲戚，舅舅、姨姨等都是亲戚，分家的兄弟也是自家人。能靠得住的朋友不是自家人，不会因为常年在外打工或距离远而不认一家人，如郑永茂在购买牲畜时，找的是表哥的儿子，虽然住的远平时联系不多，但在买牲畜时也找的是"自家人"。郑家在1949年之前没有分家，几个小家庭一直住在老宅子里，都算是一家人。维系自家人的关系对于郑家非常重要，只要家人有难，自家人都会出手帮忙，前文提到在1946年，郑永茂一家人就是在自家人的接济下挺过难关的。

郑家人将没有血缘关系的人称为外人，如邻居朋友。家里亲戚不是外人。自家人和亲戚五代之外的人，因为血缘相隔太远，郑家就不认为是自家人了。郑家不会允许外人介入自己的家事，如果家里发生矛盾，需要家长郑永茂来协调，郑永茂协调不好的，请家族中最有威望的人来，所谓"家丑不能外扬"，家里的事情无论如何都不能跟外人谈论，村里的一个本家，因为无子女要了一个孩子，有一天因为孩子淘气，父母出手太重把孩子打死了，保甲长知道后，因为是别人的家事而没有给本家处罚，同样郑家的家事全部由郑永茂来协调，不会让别人介入，也不会介入别人的家事。

在日常交往中，自家人都是最值得信赖的，家里有事也是和自家人商量，不会和外人说。郑家全家虽然住在一个院子里，但是都互相尊重隐私，家长郑永茂和石福桃夫妇不会对儿子和儿媳事事追问，小家庭的事情可以自己解决的，家长都不过问。郑学世和杨慧娥夫妇也不是事无巨细都告知家长，在遇到涉及全家利益的事情或者自己无法定夺的事情时，会向父母请示。郑家十分注重"家传教育"，一家人相处，十分注重长幼尊卑，即使在家中，也要注意礼节。郑永茂作为家长，受到全家的尊重，不能顶撞长辈，晚辈见到长辈必须站立回应，长辈的要求晚辈必须立刻回应，否则会受到长辈责骂。在与外人交往时，郑家人也能体现出良好的家教，村里一姓的都是本家，外出碰面都会依据辈分相称。郑家在1949年之前没有借过钱，只借过一次粮食，就是向外村的亲戚借的，借粮食首先找本家人，其次找亲戚，再找找邻居朋友借，如果借不到粮，只能自己挖野菜吃。

（二）家人有共同目标

郑家在1949年之前一直未分家，目的就是全家团结，互相照应，有粮同食有难同当。如果郑家人在外面受到欺负，郑永茂会带着家人去找人说理，不会让家人吃亏。即使在1949年之前后分了家，郑家兄弟也互相帮助，尤其是哥哥未成家，弟弟妹妹们一直对哥哥都很照顾。

"发家致富"是郑家共同的目标，家长郑永茂在世时一直未分家，就是为了把几辈人凝聚起来，将家庭财产凝聚起来，共同发展，避免分家后家庭资源分散，不利于郑家财富的积累。郑家的财产一直是家长管理，每一个人都在为积累家庭财富努力，为了增加粮食产量，全家人都会从事农业生产。在农闲时，儿子郑学世会外出打零工，所得收入绝大部分都上交大家庭，大家庭富裕了，家庭整体生活水平都会提高。

"光耀门楣"是郑永茂一直以来的心愿，郑永茂小时候因为家庭条件困难没有读完书，因此十分注重对孙子孙女的教育，闲暇时间会教孙子孙女背诵《三字经》和《百家姓》等，并且将孙子郑克明送到学堂读书，1949后郑克明在县里担任公职，成为郑家第一个从政的人。

（三）家户利益至上

郑家每个家庭成员都以家庭的利益为重，可以为了家庭利益牺牲个人利益，为了家庭的发展放弃个人发展机会。当时郑永茂准备将孙子郑克申和郑克明两兄弟送入学堂读书,但郑克申考虑到家庭经济情况,为了减轻家庭压力,主动放弃上学机会,留给弟弟郑克明。

1949后不久,郑永茂和郑学世先后去世,家里剩下母亲杨慧娥和郑克申兄妹五人以及弟妹和年幼的侄子,郑学世作为家庭主要劳动力,他的去世给家庭带来巨大的打击,养活家庭的重担落到了母亲杨慧娥和郑克申、郑克明兄弟身上。郑克申作为长孙,爷爷郑永茂从小就教育他要为全家利益着想,要帮助弟弟妹妹,因此郑克申为了照顾弟弟妹妹,耽误了自己的终身大事,将弟弟妹妹全部安排好之后,依然没有成家。郑克申以家庭为重,也赢得了兄弟姐妹和村里人的尊重。

(四)家户积德意识

郑永茂一直给家庭强调做人的品德,不管在家庭内部还是对外交往,郑永茂都教育家人:"忍一忍,饶一饶,忍字又比饶字高",尽量不与他人发生冲突。郑家还经常帮助村里有困难的人,郑家有一户街坊,家里男人和孩子得病去世了,只剩老婆婆一人在家,郑永茂看着可怜,经常让家人去照料老人,在秋天收粮食时,也会帮助老婆婆秋收。村里只要有人找郑家帮忙,郑家力所能及的事情都会出手相助。但郑家从来不是爱管闲事的人,只有当别人向郑家求助时,郑永茂才会考虑是否给予帮助,如果是别人的家事,郑永茂一般不会让自家人参与。

郑家人认为,人不能坏了心,没有能力做好事也不能到处算计别人。作为家长的郑永茂,从小就教育孙辈积德行善的重要性,相信因果报应,所以郑家一直都善待外人,从不占别人便宜,只有这样一辈辈才能延续和繁荣。

三、家户观念

(一)家户时间观

1.农业生产依节气

1949年之前,郑家主要根据二十四节气来安排农业生产。人们常说"九九交一九,搂犁遍地走",即在九九过了之后,再过九天就可以耕地了,这时天气已经转暖,土地开始解冻、松软,能到地里翻土地了。"清明前后,种瓜点豆",在清明节前后种瓜果是最好的。再如"小满前后应时谷",即在小满时就可以种植谷子了。此外,郑家还会根据天气情况来估计今年的收成情况,如"春旱不算旱,秋旱折一半",意思是春天天气旱一些没关系,秋天天气干旱,来年的收成就要减少一半。"九里没风,伏里没雨",意思是数九的时候没有刮大风,伏天就不会下雨,预示今年会大旱。此外,还有"有钱难买五月旱,六月里连阴吃饱饭",意思是五月里正是锄草的时候,天气干旱可以将锄掉的杂草晒死,对农作物的生长好,到六月时植物进入需水阶段,要是雨水充足,农作物就能充分生长。还有"头伏里搂谷满罐油,二伏里搂谷半罐油,三伏里搂谷没来由",意思是头伏天气是搂谷最好的季节,这时搂谷谷子可以丰收,到二伏才搂谷,这时谷子产量就要减半,等到三伏天气再搂谷,就完全没有作用了。

一般农历三月进入农忙时节,犁地、下种、锄草、施肥等,直到农历九月初秋收完成,农忙时节才算结束,这期间全家人都会投入农业生产,具体由家长郑永茂安排,每天一大早五更天里麻雀开始叫时,郑永茂就醒来了,吃饭准备下地干活儿,等到锄头在太阳下影子最短的时候才回家吃饭,吃完饭休息一会儿,再去地里面劳动,等到太阳离山一竿子高时,就收拾回家了。秋收完之后相对清闲一些,农历的十一月、腊月和正月可以稍事休息,但入冬后要积肥,郑永茂和郑学世赶着牛车,到县城里用大的罐子拉回别人家的粪便存起来,用茅粪和着灰渣、土,搅拌后堆放到一起,让其充分发酵,第二年才能放到地里施肥,春天时就担着去地里撒开。

郑永茂经常教育郑学世和郑克申,种地是"有法儿"的,虽然是"靠天吃饭",但也能依靠经验来增加产量,达到事半功倍的效果,并不是每天起早贪黑待在地里就一定有好的收成。首先要按时安排农业生产,比如前文提到的根据二十四节气安排,同时要知道老人留下来的谚语,根据天气形势判断该做哪些准备,如数九天里没有风,说明伏天要旱,这时就要做好给地里庄稼浇水的准备。此外,还要根据庄稼的长势来判断,需要做哪些工作,这些都是郑永茂一点点教给郑学世,再由郑学世传给郑克申和郑克明的。

在农忙时节,郑家劳动力不足时,郑永茂会出面与邻居协商,组成变工组,与邻居搭伴种地,以集中农具、牲畜和劳动力快速完成农业生产,这样可以提高效率。变工都是人们自发组织的,都是和关系好的人搭伴。

2.生活时间依习惯

郑家在郑永茂的安排下,一年之中有忙有闲,该忙的时候,全家人都要尽心尽力完成任务,郑永茂也会提醒家人不能懒惰,等忙完活儿,家人就可以自由安排时间。郑家一年中大部分时间都是在忙农活儿,三月到九月期间,地里每天都有活儿,入冬后郑家就要修整农具,积肥,为来年的生产做准备。

郑家在夏天起床很早,基本在5点左右就吃完早饭下地干活儿了,正午十分回家吃午饭,下午再去干农活儿,晚上7点左右回家吃晚饭,晚上休息的很早,一方面节约灯油,另一方面准备第二天干活。等到重大节日时,全家人都会休息,庆祝节日,赶集的时候家人也会带着孩子出去看热闹。跟邻居约好的事情,郑家都会遵守承诺,邻居之间的"人情"交往很多,俗语说"远亲不如近邻",与邻居保持良好的关系对郑家的生产生活有很大帮助,因此郑家十分重视与邻居的承诺。

(二)家户空间观

1.前后院只建正房

郑家前后院共13间房屋,全部都是坐北朝南的正房,窗户的开向朝南,以便充分利用阳光,有利于房屋采光和取暖。郑家的前院三间是郑克明、石本鱼夫妇居住,后院是家长郑永茂、石福桃夫妇以及郑学世、杨慧娥夫妇居住,郑克申以及妹妹也住在后院。家里有客人时,一般是在前院的客厅接待,如果是非常重要的亲戚,才会引到后院。郑家后院有一棵核桃树,是郑永茂栽种的,接的核桃用于每年八月十五做月饼,核桃树很高大,夏天全家人在树下乘凉、吃饭。郑家房屋以及大门朝向,都是郑永茂的父亲请风水先生算好的,如大门朝向是根据中国古代八卦图的方位确定,可以辟邪聚财。

在房屋分配上,郑家没有严格的要求,因为房屋数量充足,都是坐北朝南的"正房",房屋结构也都相似,没有太大差别,郑永茂会根据家庭人口的变动调节。如在孙子郑克明成家之前,前院是儿子郑学世和儿媳杨慧娥夫妇居住,为了给新婚的孙子腾出私人空间,郑永茂让儿子和儿媳搬回后院居住,将前院腾出。

郑家房屋没有完全的私人空间,但长辈一般不会经常进出晚辈的房间。郑永茂和郑学世一般都不会进入郑克明的房间,有事情都是杨慧娥去前院屋里找。晚辈进入长辈房间时要提前告知长辈,如果长辈休息就不能进去。后院窑洞都是里外间,外间吃饭、聊天、干活儿都可以,里间较为私密,有火炕是晚间休息的。后院南边是厕所、柴火房和牲口棚,鸡窝棚搭在前院南墙。

2.边界清晰位置极佳

郑家的房屋四周以院墙为界,有着清晰的边界,其他人进入时必须走大门,敲门确认家里是否有人,如果大门开着院子里没有人,外人是不能进入的。邻居只在有事的时候进屋坐坐,一般的事情在院子商量就可以,平时农活儿都很忙,很少到家户里串门聊天,傍晚吃饭的时候大家会端着碗到大门口,遇到邻居就凑到一起聊天。村庄有公共的晒场,使用时不需要跟别人商量,都是先到先得,公共的晒场没有空间,郑家就会借用邻居的晒场。

郑家所在的大横沟村位于县城的西北方向约 2 千米,交通方便,东北方向是南屏村,东面是郝家沟村,南面是下南庄村,西面是上曹村。村子四周都有命名的道路,就以道路为界,如果是连片的农田,则埋下界石为界。大横沟村位于县城边界,进出县城都很方便,来回一趟只需要半天时间。县城往东 80 千米就出了山西省,进入河北省省会石家庄。1949 年之前郑家人全家都没有离开过县城。

(三)家户生活观

1.当家人担负全家生存责任

1949 年之前,郑家生活勉强能维持,对郑家全家人来说,不愁吃不愁穿有钱花,就是1949 年之前理想的生活,"镜一样的玻璃庙一样的家,燕一样的孩子炕上爬",这是人们对理想生活的描述。村里人常说:"和人比光景永远也没有足尽①,比咱好的多的是。每天动弹②完出上一身汗,回去躺倒炕上才踏实",因此郑家人觉得还是劳动来的踏实。郑家每个家庭成员都有自己的责任,分工合作。郑永茂、郑学世和郑克申是家里的主要劳动力,负责种地的大部分活。石福桃主要在家里带领媳妇杨慧娥和孙媳妇石本鱼做饭、做衣服、纳鞋底以及看孩子等,农忙时也要下地干活儿,1949 年之前郑克明在学堂上学。每一个家庭成员都有自己的事情,长辈带领晚辈,完成家庭内外的生产和生活。

郑永茂作为家长,要为全家人的生存和发展负责。首先,家长要保障家庭农业生产,郑家的农活主要是郑永茂带领晚辈一起做,农事活动的安排都要听郑永茂的,对于土地增产以及灾害防治郑永茂更有经验。其次,家长是家庭内外的代表,郑家家庭内部的大事都需要郑永茂来定夺,是家庭决策的第一责任人,在对外交往中,郑永茂是郑家的代表,如参与村庄公共事务、借用农具等,要维护郑家全家人的利益。此外,郑家每一个人都承担着光宗耀祖的责任,家长要承担对晚辈的教育,郑永茂作为家长,对晚辈的文化教育、人格教育以及传授农活儿经验等都负主要责任。

2.劳动不偷懒,生活要节约

"勤紧③勤紧,衣饭足准",意思是生活只要勤劳肯做,并且勒紧裤腰带勤俭节约,总不会

---

① 足尽:方言,尽头、满足的意思。
② 动弹:方言,劳动的意思。
③ 勤紧:方言,勤即勤劳,紧即缩减开支,意思是勤劳并且节俭。

饿着冻着。石福桃作为内当家，主要负责安排家里的日常开销，家里的花销都要告知石福桃，石福桃虽然不记账，但能清楚记得家里的基本支出。石福桃经常告知杨慧娥"不要吃了算，应该算了吃"，意思是生活开支不能没有计划的花销，要提前做好支出的打算，这样才能勤俭持家。郑家 11 口人的开销不小，不能浪费，石福桃十分善于勤俭持家。虽然家庭不富裕，但家庭该有的都有，很少有揭不开锅的时候。儿媳妇杨慧娥嫁过来后，石福桃负责教授儿媳妇做家务和当家的技巧，杨慧娥也学习到了婆婆的经验，将家里安排的井井有条。

郑永茂经常教育郑学世和郑克申："你哄地皮，地皮哄你的肚皮"，地里面的农活儿落下了影响的是全家人的生存，因此郑家人都十分重视农业生产。每天郑永茂都带着儿子孙子按时到地里面劳动，并且，郑永茂会教给儿子和孙子如何更有效率的种地，这些经验都是长辈传授给郑永茂以及他自己在劳动中得出的。如果家里人懒惰，不想劳动，会受到家长的批评，"不读书就只能种地，手驭不动笔杆子就扛脚铅子①"，家人也都听从郑永茂的安排，不会因为不想劳动与家长发生冲突。

1949 年之前，郑家生活物资不是很充足，因此需要和邻居互惠才能维持生活和顺利完成农业生产，称为"变工"。变工都是与村里相好的搭伴，形式多种多样，主要是通过劳动力和生活资料、生产资料的调剂和互补实现邻居之间的互惠。1949 年之前郑家养了牲口，但是没有给牲口准备饲料的铡刀，郑永茂会问邻居郑和财借用，借用一天需要杨慧娥帮郑和财家做一天针线活儿。又如郑永茂使用了石玉斌家一天牲口，就需要还石家两个工，或者打下谷子了，石家牲口草不够吃，就用郑永茂家的草，顶了工也算。变工都是按照劳动量来算，我用你一天的农具还你几天的工。如果差一天人家就要说，差半天就不说了，互相就抵销了，那会儿人们就指着这活呢，不能差太多了。

3.注重人情有来有往

郑家在日常生活中很注重人情来往，郑永茂经常和家人说："关住门子吃了，开开门子拉了"，意思是家里的事情要关上门来解决，不能让外人参与，除了家事外，还要打开门和外人去交往。郑家的人情来往主要是过年过节时的走亲访友以及村里人有事时互相搭把手，郑学世在外做工，认识了一位外地逃难过来的小伙儿，虽然生活困难，但是小伙儿没有沿街乞讨，而是找活儿做养活自己，郑学世很欣赏小伙儿的为人，经常在生活上给予帮助，小伙儿知恩图报，在郑家需要人手时总是来帮忙，如秋收、修房子等。郑永茂也会教导家人不能欠别人人情，常言道："朋友惜交，一替一交"，意思是朋友之间人情来往，总是一来一往，不能只知道用别人而不知道回报。在日常交换中，郑永茂愿意找熟人，如郑永茂买耕牛时，就是找的本家人，但是熟人之间郑永茂也不会想占便宜，"舅舅是舅舅，黄猴儿②两毛五"，意思是即使是跟舅舅买黄猴儿，也是两毛五一斤的价格，不能少一分，郑永茂与熟人之间的买卖交往，主要是图个安心，价格不需要优惠，但是可以保证东西质量。

4.家庭教育不能少

在家庭内部，郑永茂和石福桃作为家长，经常教育家人要安分过日子。石福桃经常跟儿媳和孙媳妇说："少来夫妻老来伴"，教育儿媳和孙媳要和丈夫安稳过日子，年轻时是夫妻，等

---

① 脚铅子：方言，之锄头。
② 黄猴儿：方言，指杏。

老了就是互相照顾的伴儿，不要每天吵架不过日子，并且女人不要嘴上给家里惹是非，"家有贤妻，不惹是非"，女人不要在外面说一些闲言碎语，这样家里会少很多是非。在与家庭外部交往时，郑永茂也告诫家人不要惹事生非，"劝人的双有益，挑人的两头空"，意思是劝解人家的对别人和自己都好，挑拨人家的对自己和别人都有害处。如果家人不好好过日子，在外吃喝嫖赌，惹事生非，郑永茂作为家长会严厉惩罚，也会受到全家人的责骂。郑家人在家长的教导下，很懂人情事理，一直过着安稳的日子。

郑永茂也经常教导家人要学会忍耐，"忍一忍，饶一饶，忍字又比饶字高"，就是说凡事不要斤斤计较，不管大事小事都要与人争辩出个是与非，对于一些爱惹是非的人，可以不去管他，别人做了对不起自己的事情，要学会宽恕别人，不要得理不饶人。但郑家人的忍耐不是无能，如果超过郑家人的底线，郑家人会团结起来讨回公道，不会让家人吃哑巴亏。

四、家户习俗

（一）节庆习俗概况

1.春节习俗花样多

当地春节是从腊月三十开始，春节俗称"过年"，也称"大年"，一般从腊月初八就开始准备过年，直到元宵节过完，年才结束。腊月三十当天要写春联、贴春联，春联需要郑永茂请村里会写书法的人写，给人写春联是积福积德的事情，人们很乐意做，不需要报酬，农村在大门框、照壁、树上、大车、炕头等地方都会贴不同寓意的对联。腊月二十三到腊月三十的这几天，是置办年货，准备过年食物的日子。因为腊月二十三晚上要送灶王爷上天汇报家里一年的情况，所以在腊月二十三之前，全家里里外外都要大扫除一次，好让灶王爷在与玉皇大帝面前留下好印象，但是打扫屋子必须在六九之前完成，俗话说"春打六九头"，打春意为着新的开始，所以全家必须以崭新的面貌迎接打春，衣服、床单等可以不在打春之前洗漱。春节期间，郑家所有人都停下手中的活儿，回家准备过年，过年是一家人团聚的日子，外面有再大的事情也会回来。春节不会和外人一起过，外人也不会无缘无故来过年。

如果家里有人去世，三年之内都不贴春联，也不能举办大的喜事。腊月三十晚上要拜神、祭祖，每一户人家都有"案子^①"，专门用来放置供奉神仙的牌位，也有祖先的牌位，夜里九点左右，全家都会点着烛火，摆上供品和香炉，焚香、烧纸以及燃放鞭炮来"迎祖接神"。祭拜神仙和祖宗时，要按照先长辈后晚辈，先男后女的顺序，首先是家长郑永茂拜，其次是石福桃，之后依次按照辈分和男女，家庭每一个成员都要祭拜神仙和祖宗，祈求来年平安健康，粮食丰收。

北方的年夜饭就是饺子，除夕当晚，郑家全家人都不睡觉，俗称"熬年"，坐下来一边聊天，一边包饺子，还会在饺子里放入铜钱，吃到铜钱的人新年会交好运。包好之后下锅煮熟，全家人围坐一起吃饺子，互相祝福。吃完饺子稍事休息，第二天一大早天未亮就要打着灯笼给一姓的长辈去拜年，拜年要先去坟地里给"死人"拜年，再给活着的长辈拜年，1949年之前村里还有祠堂，大年初一早上，每家每户都会去祠堂祭拜祖先。给长辈拜年，要磕头，磕完头祝长辈长寿，长辈会给孩子压岁钱。拜完长辈后依次向邻里拜年，每家都要将拜年的人请到

---

① 案子：长约2米，宽约半米的长条形桌子，桌子两端向上翘起。

屋子里,用瓜子花生水果等招待。一般不会专门给保甲长拜年,除非是亲戚或关系好的邻居。大年初一儿子儿媳都在父母家里,嫁出去的女儿要在婆婆家里,等到大年初二回娘家,儿媳妇要带着孩子们去姥姥家里拜年。初三直到初五之间都在家里,不外出走动,人们讲究初五之前家里的东西都不能往外拿,垃圾也不能往外倒,等到初五当天"破五",家里的东西才能往外送,人们才开始走亲戚,"破五"当天燃放烟花爆竹,意为把"省、老、病、死、苦"送走。初六开始陆续走亲访友,带着礼品看望舅舅舅妈、姨姨姨夫、姑姑姑父等。

2.元宵放烟花看灯会溜百病

1949 年之前的元宵节,郑家家里要捏糕,做糕人,当地人认为每年的第一个十五是"添人"的时候,正月十五捏好糕人,二月二吃。捏好的糕人必须让站立着保存,不能躺着,为的是让人们在新的一年能勤快。此外,会在正月十四、正月十五和正月十六三天,在磨子、碾子和兑臼旁边放油灯,燃烧三天后,将灯芯扔到很远的地方,寓意将家里的晦气全部抽离。正月十五当天,县城里会举办灯会和烟花展,县城周边的村庄都会赶到县城里观看灯展,离县城远的村庄也会在镇上举办灯盏。郑家人元宵节当晚吃完饺子,郑永茂会带着家人出门看灯会,俗称"溜百病",这一晚出门走动可以把半身上的伤病全部带走。家里有条件的,会在大门口悬挂灯笼。

3.正月二十小填仓,二十五大填仓

郑家会在正月二十和正月二十五两天举行填仓节,供奉仓神,寓意今年粮食丰收,填满粮仓。这两天,郑家会叫上邻居上街买东西,不管东西的种类,必须为家里添置一些物品,寓意家里今年满满当当。此外,家家都会蒸"角子①"吃。

4.二月二,龙抬头,虫虫蚂蚁都露头

二月二当天,村里所有人都要剪头发,称为"剃龙头",郑家人也不例外,寓意龙苏醒,除旧迎新,剔除烦恼的意思。这一天,郑家要捏面人儿,郑爱英和郑爱莲未出嫁,需要给两位未出嫁的闺女捏面属相,其余家人吃面人儿,寓意家里人丁兴旺,未出嫁的女孩吃面属相,寓意为一辈子兴旺发达。也为庆祝龙王苏醒,龙王掌管云雨,祭奠雨神龙王,祈求今年风调雨顺。同时,二月二过了之后,恰逢惊蛰前后,是万物复苏的季节,人们就要下地劳动,开始新一年的农业劳作。

5.清明扫坟祭祖

每年的清明节,按照传统,郑家男性都要去祖坟扫墓祭拜,并且家家都要捏面人儿食用。郑永茂带着郑学世、郑克申和郑克明两兄弟,准备好馒头和水果以及纸钱、纸元宝等到坟地去祭拜。家里的女性不能去坟地,只有每年的七月十五女性才能去祭拜祖坟。到坟地之后,首先要摆好供品,点上香炉,跪拜祖先,给去世的祖先烧纸钱、烧衣服等。烧完东西之后,要清理一下坟墓周围的杂草,给坟堆上添一些土。

6.端午祈福

当地人称端午节为"五月单五",当天,郑家要将事先准备好的艾草插在门上,将邪灵鬼怪挡在门外,在院内燃烧艾草,用以辟邪。石福桃会准备好红色的彩带,端午节当天给小孩

---

① 角子:又叫烫面角子,形似饺子。用开水和面,用南瓜和肉当馅儿,包好蒸熟,蘸着辣椒食用。

子系在胳膊上，祈求孩子健康长寿。另外，最重要的一件事就是包粽子，1949年之前买不到糯米，都是用黄米和红枣包起来，煮熟食用。此外，端午节当天大人和小孩儿都不能出远门，按照村里人说法，端午节是狼崽子满月出窝的时候，为了安全起见，村里人都不会在这天外出劳动。

7.七月十五鬼时节

七月十五是女性上坟祭祖的时节，女儿们会做好长串的"地头钱"挂在坟头，并且做好面食吃。人们忌讳在七月十五期间出远门，以免撞上孤魂野鬼。

8.八月十五全家团圆

中秋节俗称团圆节，郑家会用黄米面包着核桃和红糖做月饼。月饼有大和小两种，大的月饼叫望月月饼。在八月十五晚上，郑家人在院子里摆好望月月饼和供品，祭拜月亮，祭拜完后，将望月月饼切成几份，全家人都要吃一块儿。小的就是普通的月饼，除了自己食用外，郑家会给邻居和亲戚送，交换月饼。

9. 十月初一送棉衣

十月初一当地人称为"十撵爷"，这天郑家的女人要在家里做好棉衣，让郑永茂和郑学世带着棉衣到坟里给祖宗烧掉，意思是天气凉了，给祖先们准备好过冬的棉衣。

10.腊月初八吃红稠饭

腊月初八人们简称腊八，腊八早上郑家人要吃红稠饭，即用小米、红豆配碱，熬制成红色的米饭。老人们常说："腊八不吃(mei音译，指红稠饭)，死了没人埋(方言读mei)"。除了吃稠饭，郑家还在当天用醋泡腊八蒜，腊八蒜和蒜醋是当地人日常生活中十分喜欢的调味品。另外，腊八当天要祭拜树神，郑永茂家里种植的一棵核桃树，家里就要祭拜，并且给树上浇上红稠饭，寓意把树神喂饱，期盼来年能多结果实，但一般是种植规模比较大的人家才会正式祭拜，没有种树的人家就不祭拜了。此外，腊八当天要用红纸包住煤炭，在大门的四个角都放一颗，也是辟邪的意思。

11.腊月二十三灶王爷送上天

俗语常说："腊月二十三，灶王爷上了天，待上七天下来就过年"，郑家在这一天晚上会燃放鞭炮，祭拜灶王爷，送灶王爷上天。除了一般的贡品外，郑家人还会准备一种特殊的糖，当地人称为"吸蛋子"，吸蛋子是一种黏性非常大的糖，小孩儿吃都有可能把牙黏下来，灶王爷要是给玉皇大帝说好话，吸蛋子会让灶王爷的嘴特别甜，灶王爷要是说坏话，吸蛋子就会黏住灶王爷的嘴。

12.红白喜事遵照当地习俗

(1)娶媳妇的习俗

郑家在完婚时，会派出接亲队伍，女方有送亲队伍，新娘子在从娘家出来时，脚不能着地，一般需要弟弟背着出门，但如果弟弟和姐姐属相犯冲，就得请别人背着。接亲和送亲队伍一般都是男女双方的父母的哥哥嫂嫂妹妹以及一个晚辈负责接亲送亲，说法是"姑不娶，姨不送，妹妹送了姐姐的命""嫂嫂送了金疙瘩来银疙瘩"，规定了接亲和送亲的队伍里不能出现哪些人，并且嫂嫂送亲是最好的。此外，负责接送亲的成员不能有父母过世不到一年的，也不能有身体残疾的，这些人最好有上下三代人在世，寓意新人十全十美。郑克明在结婚时，是由哥哥嫂嫂以及父亲一起去接亲的。新娘在来婆家的路上，要过马鞍桥，马鞍桥是从别处租来的,寓意为新娘正式离开娘家,走进婆家。石本鱼到达郑克明家里后,郑家家里从门口至房间都铺好红布,石本鱼全程要踩着红布进门。石本鱼下轿时,属相不合的必须回避。

新娘进门,路过土地爷必须磕头跪拜,起身后摸一下放置在旁边的粮食斗,寓意新娘的到来能为郑家带来吃不完的粮食。之后石本鱼被搀扶着拜堂成亲,拜堂仪式结束后,石本鱼要坐在算卦先生预先算好的房间,寓意"敦敦实实",可以踏踏实实过日子。石本鱼盖的被子,脚底下都是留着一个口子的,新媳妇都会从娘家带着针线过来,婆家人用娘家人的针线缝好口子,称为"做翻口"。

婚礼办完后,娘家大部分人都回去了,但会留下一个"大挈人①",一般是嫂嫂会住一夜,婚礼后第一天早上,郑克明和石本鱼作为新婚夫妇,会回娘家吃午饭,称为"回三日",吃完中午饭后,不过夜,由娘家人派车或者轿子将郑克明和石本鱼夫妻送回婆家,顺便将"大挈人"接回来了。婚后第二天,是新媳妇"认大小"的日子,郑永茂将本家及郑克明的姨姨舅舅叫到家里一起吃饭,在饭桌上,郑永茂给新媳妇一一介绍,新娘会一一喊长辈,长辈给新媳妇钱作为见面礼。认完大小之后,石本鱼的娘家人就要看天气,在九天之内接女婿和闺女回家住一日,称为"住九日",可以根据天气情况自由调整。住九日过后的第二天,石本鱼的母亲给女儿带上腰布②,等待亲家来接新婚夫妇回去。等回到婆家,婆婆就要让新媳妇石本鱼带着腰布,到厨房摸一下火阁老③,帮助媳妇熟悉家庭环境。在这之后结婚的全部习俗基本完成,新媳妇正式成为了家庭的一员。

(2)丧葬习俗

村里人称老人去世为"老驾",郑家在1949后才办的葬礼,但是葬礼习俗与1949年之前没有太大差别,下面以郑永茂去世时为例。

出殡前准备,"穿装裹衣"。家人看到郑永茂气息奄奄的时候,就要帮郑永茂洗脸、剪头发、清洗身体。整理完容颜后,要换上提前准备好的衣服,从单衣到棉衣,一般是五件套,不能穿毛皮和皮鞋,避免郑永茂下一世转生为畜生。等郑永茂去世后,由郑学世烧"断气纸"。"停铺"即郑永茂老驾后,子女都要守在旁边,并告知族里亲近的人,到齐之后要一一给亡人敬酒,之后给亡人放"打狗饼""含口钱",并将郑永茂的手脚捆绑起来。

之后放"起身炮",只放一声,意为告知村里人家里有人过世。之后郑家人要在门前贴白对联,门框中间贴"白门吊",郑永茂去世时70岁,家人用白纸剪70根白条挂在大门上,称为"朝天纸"或"岁数纸",挂"朝天纸"讲究男左女右。由儿子郑学世请阴阳先生来,丧事期间要用五色纸把家里的神仙和祖先的灵位罩起来,寓意丧事期间不再麻烦他们。郑永茂的脸也要罩起来。之后在阴阳先生的安排下将家里布置好,择吉日打发亡人。

报丧。报丧按理需要侄儿前往,但郑永茂没有亲侄儿,所有由郑学世代替。郑学世报丧时,到家门口把孝棒立在门外,进门后磕头告诉家里亡人的情况以及出殡时间,去每家报丧都要吃东西或者喝一口水,意为最后送郑永茂一程。郑学世报完丧大哭着回家门,跪在灵前磕头,算是完成报丧。

---

① 挈人:方言,指客人。

② 腰布:方言,指围裙。

③ 火阁老:方言,指北方用砖头和泥砌的灶台。

入殓。在郑永茂去世的第五天，在太阳落山时，将郑永茂的遗体放入棺材，入殓时不能喊任何人的名字，由一个人指挥大家，此时也不能哭泣，眼泪不能滴在郑永茂身上，防止将在世的人带走。入殓之后放鞭炮大哭。

烧夜纸。入殓当天晚上，孝子及郑永茂的近亲去五道庙烧纸，包括郑永茂的儿子、女儿、表兄弟等，未成年的人不参加，去五道庙的路上要说笑着去。烧完纸后返回，最小辈的走最前面，依次按大小排开，郑学世作为长孝子排在队伍最后，不能回头，一路哭着回来，到家后要好好吃一顿。

请帮忙的人需要家中长者，或者由长者委托长子、长孙等出门去请。郑家请帮工是郑学世出面，包括"土工""灶上"和孝子。土工即抬棺材的，灶上即做饭的。这些人一般都是请相好的，如果没有，就要花钱请其他人来。请孝子需要郑家长者出面，根据丧事的大小决定请多少人来，大事需要请同族远股，小事只需要请同族的进股即可。孝子只要进门磕了头，这家人不管多忙，也得出人过来帮忙。

出殡。1949年之前，郑永茂和郑学世先后去世，郑家在拖灵时，男性的地位要高于女性，要在灵柩前挂很长的白布，男子在前，女子在后拖拽。一路经过挂包头、邀祭等，等到灵柩在村外停下，孝子磕头，收起白布，算是出殡结束。

出殡后。首先是服三，服三时，只能由郑家男子抱着孝棒，孝女跟在后面一路哭着到坟墓，将孝棒放在四周。做七，按照郑永茂去世的日子，七天为"一七"，做七是孝子孝女沿着出殡的道路一路哭到坟墓，第七个七天即"七七"，叫"尽七"，在尽七当天，孝子孝女把孝帽脱了烧掉。守孝一般是三年，三年之间不能办喜事，过年不能贴对联，不能穿大红大绿的衣服。直到三周年一过，人们对郑永茂的思念也逐渐淡化，生活全部归为正常。

(3) 几种特殊的丧葬

第一是寄埋，一般是因为特殊原因去世的小辈，不会大操大办，需要找一处单独的地方简单埋葬。第二是在外乡去世的人，棺材不能进村，要在村外的公墓举行丧葬仪式。第三，"妮儿骨"是女儿未出嫁即死在娘家，出殡时棺材不能走正门，要找一块儿荒地埋葬。第四，"坎死孩"，1949年之前很多因为疾病等各种原因早夭的孩子，用草席裹着背到"天道"，天道是村子四周荒凉的地方。第五，配阴婚，一般是年轻的未成婚的男性去世，买"妮儿骨"回来合葬，在阴间做夫妻。

(二) 庆祝习俗以家庭为单位

郑家在过节时，都是自家人在一起过，每逢重大的节日，郑家人不管离家多远，都会赶回来团聚，跟家人一起过节。郑家在1949年之前一直未分家，每次过节都是大家庭聚在一起过。郑家人过节时都在自己家里，不会去别人家，嫁出去的女儿过节都可以回娘家看望母亲，如大年初二时回娘家看母亲，但只是探望不能过夜，女儿在娘家过夜对儿子不吉利。来探望的亲戚一般不会在郑家过夜，只有少数距离很远的亲戚会留宿在郑家。没有家的人郑永茂也不会让到自己家过节，郑学世在打零工时认识的小伙儿，虽然跟郑家关系很好，但也只是在生活上照顾一些，不会在过节时邀请到家里。

每当过节，郑家都会准备节日里必备的食物，如端午节的粽子、中秋节的月饼、春节的饺子等，都是全家人坐在一桌共同食用。郑家除了郑学世在县城打工，其余均未在外打工，但过节时郑学世都会早早回家与家人团聚。过年的几天，有条件的人都会请亲戚来家里吃饭，虽然郑家条件不允许请客吃饭,但郑家都会去走亲戚,带着礼品看望亲戚。

五、家户信仰

(一)无固定信仰

郑家全家人都没有宗教信仰,但会在过节时依据传统祭拜神仙、菩萨等,为的是保佑家庭成员平安。郑家人还会祭祀祖先,1949年之前大横沟村里还保存着祠堂,逢年过节郑永茂都会带着家人去祠堂祭祀,祈求祖先保佑家人平安。此外,村里还有神婆,但是郑家人都不信神婆,认为神婆都是糊弄人的。

(二)家神祭祀依传统

1949年之前,郑家供奉了门神、土地爷、财神爷、灶王爷、观世音菩萨和佛祖等神明。门神是一幅画像,贴在大门两边,土地爷供奉在进门后靠近大门处,大约离地半米处凿一个放置牌位的地方。财神爷、观音菩萨、佛祖等供奉在室内显眼的地方,如果地方小,可以并排放在一起。灶王爷也是一幅画像,供奉在灶台处。

祭拜神灵和祖先时,有十分讲究的人家会依照"男不祭灶女不拜月"的传统,但是郑家没有这些约束,家里所有的神仙和祖先,家里人都可以祭拜。平时拜神和过年拜神没有太大差别,过年拜神时供品会更丰富一些。拜神时都要放置供品,点上香炉。

郑家信奉神灵和祖先,为的是祈求全家平安,家庭人丁兴旺。祭拜门神是为了防止不干净的东西进到院子里,保护庭院的平安;祭拜土地爷也是为了保护庭院的平安,辟邪驱鬼;祭拜财神爷则是为了保佑家里财源广进,家人能够飞黄腾达;祭拜观音菩萨、佛祖等,是为了祈求全家人平安、无灾无病,不遭受磨难。此外,大横沟村里还有很多庙宇,郑家人会在相应的节日进庙里祭拜。郑家人祭拜神灵的时间非常灵活,逢年过节时是必须要祭拜的,另外,当郑家人有需求时,随时可以祭拜。小孩子在12岁之前是不能进入祠堂祭拜的,也不能去祖坟祭拜,等到12岁之后就可以参与在祠堂和祖坟举行的祭拜活动。

郑家在祭拜神仙时,由家长郑永茂带着祭拜,尤其是逢年过节祭拜祖先和神灵,必须是当家人郑永茂和石福桃先祭拜,之后晚辈才能祭拜。此外,平时的祭拜没有严格要求,家里人都可以祈求神灵和祖先保佑平安。

(三)祖先信仰及祭祀

郑家修订家谱的工作一直没有断过,每隔几年都会修订一次,家谱对于郑家家族的变迁记录的非常清楚。作为家长,郑永茂也会给家人介绍家族的历史,因此,郑家人对祖先是谁、从哪里来等事情都比较清楚。祖先对郑家人来说,是家族精神的象征,是家族凝聚的精神源泉,只要想到祖先,郑家就会想起家人,想起割舍不断的血缘关系。想到祖先的光辉历史和奋斗史,郑家人的家族荣誉感会油然而生,也会激励郑家人踏实奋斗,积极进取。

1.牌位和祠堂

大横沟村虽然有郑氏祠堂,但祭拜祖先都是一家一户为单位,或者在家祭拜,没有以家族名义举行的祭拜活动。在家长郑永茂的外屋一进门正对面靠墙处,摆放着一张八仙桌,八仙桌上依次摆放着郑家祖宗的牌位。郑家摆放的牌位,不会超过三代,即家中最长者往上三代人。1949年之前,郑家摆放的祖宗牌位是郑永茂的爷爷奶奶以及父母,郑家人每天早上都会给祖宗"上香",逢年过节以及祖先的忌日,都会祭拜祖先,每次赶集或去市场上买回好吃的,都必须供奉过祖先之后家人才能食用,一方面表达对祖先的孝敬,另一方面供奉过祖先的食物,被认为是有灵气的,吃了之后会保佑郑家人健康长寿。

村里在1949年之前还保存着郑氏祠堂,是大横沟村所有郑氏家族必须要祭拜的,祭拜祠堂都是以家户为单位,村里没有集体祭拜祠堂的传统。郑家祭拜祠堂时,由家长郑永茂带着家人去,进祠堂的一般都是郑家的男性,重大节日儿媳妇也会跟着去,但女儿不论是否出嫁,都是不能进娘家的祠堂的。郑氏宗祠在郑永茂小时候就有了,应该有上百年的历史,每当祭祀时节,每一个郑氏家族的子孙都会去祠堂,祠堂的大小足够容下全村的郑氏后代。

供奉祖先是大横沟村每一个郑氏后代的职责,郑永茂一家人也经常祭拜祖先。在郑家人眼中,祖先的尊严同家人的尊严一样重要,侮辱祖先就相当于侮辱家人,因此,郑永茂一家绝不允许他人侮辱郑氏祖先。如果有人破坏郑氏宗祠,全村的郑氏后代都会责骂搞破坏的人,要求其对祠堂修复。

2.家谱

郑家家谱的修订工作一直没有断过,从郑氏祖先搬到大横沟村起,已经过去六百多年,这六百多年间,一直由家族的长者主持修订家谱。郑家的家谱都是由当家人郑永茂保管,郑永茂之外的家庭成员不能随意翻阅,除非家族中有大事,郑家是不会把家谱拿出来的。郑家只有男性才能写进家谱,郑永茂、郑学世以及郑克申三兄弟都能进家谱,但女儿无论出嫁与否都不能上家谱,郑家的媳妇石福桃、杨慧娥、石本鱼也可以上家谱。家谱对家庭成员来说,是家族凝聚力的象征,家谱也是神圣不可侵犯的,如果有人侵犯和亵渎郑氏家谱,郑永茂全家人都会找他们追究责任。郑家家谱在1949年之前修订过一次,是在郑永茂的父亲在世时,由郑永茂父亲主持,召集了各个支系的长者共同修订的,其间,家谱修订的所有费用也是在世的郑家家族成员共同支付。

郑家十分重视对子孙孝道的教育,从小郑克申听爷爷郑永茂讲《三字经》,爷爷都会给郑克申强调孝敬长辈的重要性,郑家的子孙也将孝敬长辈作为家风,一直延续下来。如作为家长的郑永茂和石福桃,以及家中其他年长的人,孙辈郑克申等人必须要承担起赡养的责任,当长辈有要求时,孙辈郑克申等必须立刻回应,此外,家里吃饭必须先给长辈端到手里。作为晚辈,不能让长辈过度操心,不能惹长辈生气等。郑家晚辈从来都不会顶撞长辈,如果晚辈对长辈不尊敬,会受到长辈的责罚,全家人也会教育对长辈不敬的人。郑家对祖先的尊敬和对在世长辈的尊敬是一样的,这体现出郑家家风的延续,不会因为长辈的在世和过世而影响对长辈的尊敬之情。

3.祭拜祖先为求家庭平安

郑家每次祭拜祖先都是在家长郑永茂的带领下进行,其他家庭成员都是在家长的带领下祭拜祖先,每天早上下地干活儿之前,郑永茂都带着郑学世、郑克申给祖宗牌位上香,祈求出门平安。每逢重要的祭祖时节,郑氏祠堂也会聚集很多郑氏的后代,郑家由郑永茂带着家人去祠堂拜祖。郑家的女儿,祠堂、坟地都是不能随便去的,女儿只有在七月十五当天可以去祭拜父母的坟地,其他时间均不可以。郑家人祭拜祖先,主要是祈求祖先保佑家人平安。

(四)庙宇信仰及祭祀

郑家所在的大横沟村,有文昌庙、阁庙、娘娘庙、老爷庙、将军庙和五个五道庙。文昌庙在小南沟,即现在村里五组。文昌里供奉的是文曲星。每年的二月初三,全村人都会去文昌庙供奉,祈求文曲星保佑家文人辈出,读书的可以考中状元。阁庙就是观音庙,供奉的是观世音菩萨,每年的二月十九是供奉阁庙的时间,祈求全家平安,无灾无病。娘娘庙供奉的是送子观音,每年的四月初四,全村妇女都会去供奉娘娘庙,祈求家中人丁兴旺。老爷庙是大横沟村里最大的庙,供奉的是关公关老爷,离郑家很近,求官求财求平安的人都会来老爷庙祭拜,所以老爷庙在平常日子香火也很旺。将军庙里供奉的将军是管理村里五个五道庙的,一般家里有人去世时才会供奉,五个五道庙分别坐落在大横沟村东、西、南、北、中五个方位,镇守大横沟村各个方位的安全,防止鬼怪侵袭,保佑村民平安。

大横沟村的庙宇都是公共的,没有私人修建,祭拜庙宇都是以家庭为单位自发组织。每家每户都有土地爷,不会去拜别人家里的土地爷。如果同一时间祭拜的太多,则按照先来后到的顺序依次祭拜,不会发生冲突。去庙里祭拜一般都是郑家的男性,女性一般不去庙里祭拜,小孩子也必须等到 12 岁之后才能去庙里祭拜,由家长郑永茂带着家人去。

六、家户娱乐

(一)结交朋友

郑家男性一般都可以外出交朋友,女性不能外出交朋友,只能跟邻居街坊的妇女交往。郑家禁止家人交"狐朋狗友",郑永茂经常告诫外出打工的儿子和两个孙子,不能和村里整日无所事事、抽大烟、打牌丢索尔[①]的人接触。当家人郑永茂和儿子郑学世主要负责家庭外部交往,所以接触的人很多,处得来的就结交上朋友,郑永茂结交的朋友都是在种地或者集市上认识的,除了平时娱乐交往外,在置办农具、买卖牲口时都会与朋友打交道。郑学世在村里和打工时交往的朋友,基本只在工作时聊聊天、打打牌,下工之后基本不来往,农闲时郑学世也会找村里从小的玩伴儿一起喝酒叙旧,村里的老朋友为人都可靠,郑家人也都认识。孙子郑克申和郑克明在村里玩耍结交的"朋友"只能算是玩伴儿,郑克明在学堂里认识的同学可以算是郑克明的朋友。一般郑家成年男性结交的朋友,交往时间长、为人可靠的,会介绍给家里人,如郑学世在外打工认识的工友,懂得为人处世,并且经常帮郑家的忙,是郑家全家人的朋友。

家里的妇女是不允许在外结交朋友的, 石福桃一天中大部分时间都在家里做一些针线活儿,偶尔到大门口晒晒太阳,村里有庙会时看看戏,平时不出门。儿媳杨慧娥和孙媳石本鱼都忙于家务,做针线活儿的时候会找挨的近的邻居妇女一起,边做活儿边唠家常,基本不和男性单独交往。

郑家的朋友没有来郑家留宿过,只要不是不正经的人,郑家人都可以正常交往,不需要特殊的仪式,村里的朋友只需称呼乳名即可,在外结交的朋友一般以大名相称呼。郑家的普通朋友都不会请到家里来,如果有需要,朋友之间都是在外面吃饭,凡是朋友帮过郑家忙的,郑家都会还人情,帮过大忙的则要请到家里做客,好好招待一番。红白喜事也会找关系亲近的朋友来帮忙,不会不请自来,上礼也是根据朋友的家庭条件来,喜事一般都是上钱,条件一般的会上脸盆、肥皂等生活用品。白事也是上钱,或者大小馒头、莛麻贡献[②]等。

郑家的朋友,主要是家长郑永茂和郑学世交往的多。郑永茂除了种地外,要负责家里所

---

① 丢索尔:类似丢骰子,赌博的一种形式,经常因为丢索尔家破人亡。

② 莛麻贡献:方言,参加葬礼时特有的一种食物,可以代替钱上礼。

有生活用品的置换,所以经常在集市上来往,交换物品时也会打听哪些店铺物美价廉,时间长了会认识一些店铺伙计、摊铺的卖家等。此外就是地邻、同村人等。郑学世交往的朋友,大部分是在外出打零工时认识的。郑家与这些朋友交往时,一般不会问及对方家庭情况,这属于别人的隐私,但交往的人基本是和郑家家庭情况差不多的,有钱人不会和穷人来往。

(二)串门聊天

1949 年之前,郑家在农忙时不串门,因为怕地里的活儿做不完,别人家也忙的很。农闲时,男性基本都会串门,去关系好的街坊邻居家里聊天,或者在大街上与朋友下棋。女性串门就在家附近,不会离家太远,与邻居妇女交流做针线活儿的技巧,唠唠家常。小孩子可以出门去玩儿。郑家女性串门的频率明显低于男性,男性吃过早饭,家里没有活儿的话就出门了,到吃饭时才回家,女性待在家里时间很长,有"做不完的营生",洗衣做饭,缝补衣服,纳鞋底做鞋垫、看孩子,都是郑家女性负责。串门时不会吃饭,邻居会客气的说留下吃饭,但郑永茂和郑学世都会拒绝,到该吃饭时提前回家。

郑家人出去串门时,如果邻居家里男人不在,郑永茂和郑学世就不能进人家家门,需要先敲门喊一声:"有人没",如果家里只有女人在,就会回答:"家里没人"。1949 年之前妇女地位较低,一般只回答男人是否在家,所以只有女人在家也会回答家里没有人。敲门时也有讲究,平时没事串门,敲门应该先敲一下,再敲两下,如果急促的敲门属于报丧。郑家串门不会去有钱人家,遇到有钱人家就"猫着腰快速走过",因为有钱人家说辞多,还喂着恶狗,在门前晃悠会被认为是做贼。别人来郑家串门时,一般都是来找郑永茂和郑学世的,也有小孩子来院子里玩的。郑家接待串门的都在前院,不会引到后院来,进门后让邻居坐下,儿媳杨慧娥负责给端上水就离开了,留下男人们聊天。如果是邻居女人来,一般是来找杨慧娥的,也是在前院坐下一起做针线活儿,唠唠家常。家里人不会都出去串门,石福桃基本待在家里不出去,石本鱼是年轻媳妇儿,忌讳经常抛头露面的,所以也时常待在家里。郑永茂和郑学世出去时,会让郑克申、郑克明两兄弟留在家里。

(三)逛庙会

大横沟村每年二月初三举办文昌庙会,庙会是村里最热闹的时候。庙会基本有三个职能,首先是祭拜职能,二月初三是文昌帝君诞辰日,大横沟村村民以及周围四邻八乡都会来文昌庙上供,是大横沟村最为盛大的传统民俗活动,相传今天祭拜许愿很灵验。其次是商品交换职能。庙会上会聚集周围村里做买卖的人过来,包括粮食、农具、生活用品、玩具小吃都有,人们会在庙会上购买和交换生活上需要的物品。最后是娱乐职能。庙会当天,村里会请来戏班子唱一整天的戏,全村男女老少以及周围临近村子的人都会跑来看戏。大横沟戏台搭在离郑家不远的地方,郑家这一天会停下手中的活儿,拿着板凳到戏台前看戏,有时也有卖杂耍的、耍猴的过来,非常热闹。

郑家除了参加本村的庙会,还会去村外参加距离较近的庙会,如每年二月初二在清城的老爷庙会,四月初四在水神山举办的水神山庙会,四月十八在南娄村举办的天齐庙会、五月二十七在县城举办的城隍庙会、六月二十三县城举办的火神庙会以及七月二十七在牛村举办的大王庙会等。其中,五月二十七在县城举办的城隍庙会是一年中全县规模最大的庙会,庙会持续 5 天,会吸引周围县市的人来做买卖,第二、三、四天是最热闹的,这几天郑永茂会带着大人小孩儿,赶着牛车去县城赶集,购置一些生活用品,给孩子买些玩具,陪着家人逛逛看热闹。晚上县里也会搭起舞台,会有唱戏小品等各种节目。庙会郑家人想参加就参加,想待在家里的可以不去,小孩子是一定会去的,一般郑永茂会让大家一起去。

(四)其他娱乐活动

大横沟村在每年过年都会在村里组织闹红火,秧歌队,在元宵节期间也会举办小型灯会,猜灯谜。过年期间,大家都很清闲,每家每户都会有人参与进来,郑家主要是郑克申和郑克明两兄弟参与。村里大户人家娶媳妇时,会请锣鼓队热闹一整天,逗新媳妇的时候,公公和婆婆会被装扮成搞笑的样子,村里人爱凑热闹的都会去逗新媳妇,让婆婆骑着扫把,脖子带上串驴①满院子跑,娶媳妇时"三天没大小",谁都可以去逗新媳妇和公公婆婆。

---

① 串驴:方言,指驴脖子上戴的铃铛。

第五章　家户治理制度

郑家当家人一直作为家庭的核心,处理家庭内部和外部事务,其他家庭成员都要服从并且十分依赖当家人,当家人是郑家全家的"主心骨"。当家人方面,郑家在 1949 年前一直没有分家,当家人也一直是郑永茂和石福桃,当家人都是由家中长者担任,郑永茂是郑家在家庭外部的代表,负责家庭对外事务,石福桃是内当家,管理家庭琐事,1949 年之前一直没有变化。在家庭决策方面,家庭大小事当家人都有过问的权利,郑家家长将主要权力握在手中,将生活小事的决定权分配给郑学世和杨慧娥。郑家的家法家规,都是郑家一辈辈人言传身教下来的,家长对维持家庭秩序有着主要责任。在参与公共事务方面,1949 年前的村庄很少让农户参与公共事务,修筑道路、水渠、参军等都是由保甲长直接安排,村民服从。

一、家长当家

(一)长辈当家

1949 年之前郑家的家长是郑永茂和石福桃,也是当家人,直到 1949 年后 1954 年郑永茂去世,郑家一直没有换过当家人,两位家长作为家中年纪最大的人,自动成为当家人,一般都是由年纪最大的人当家。郑永茂和石福桃有着丰富的生活经验,家庭成员生活中遇到解决不了的问题都会请教家长。

郑家当家人有着明确分工,按照"男主外,女主内",郑永茂在外代表郑家,石福桃是内当家,掌管家务。郑永茂负责家庭生产的安排、对外交往事宜,村里人认为郑永茂就是郑家的代表,凡大事都是找郑永茂商量,晚辈们跟外人许的承诺在郑永茂这里都"不作数",遇到大事外人也会说:"把你当家的叫过来",村里有事情需要家户参与,也必须是郑永茂出面。石福桃负责管理家庭日常开销、家务活、管教儿媳孙媳以及教育孩子等。郑永茂也是郑家人身份的"标识",平时邻居都称呼石福桃为"永茂嫂",如果提起石福桃村里人不一定知道,村里提起郑家,都是说:"永茂子①家怎么怎么样……"。晚辈在介绍自己时,都会说:"我是永茂子啊,我叫郑学世",家里人出去办事,只要提起当家人是谁,办事就非常方便,如果不提自己是哪一家的,无法取得人们的信任。

人们常说,"当家三天狗也嫌",意思是当家是非常不容易的,因此绝大部分家庭都是由男性当家,如果家中男性长者去世,女性就相当于"把虎皮没了",在外人面前没有做主的了。女性也可以当家,对于女性当家,人们常说:"女人当家,当哈坷拉②",女人当家时间长了,家

---

① 永茂子:当地习惯在男性名字后面加"子"字作为称呼。
② 坷拉:方言,指地里土块儿,形容杂乱无章。

里就会空虚,变得杂乱无章。郑家家庭成员对郑永茂非常信任和依赖,家里大小事情都会过问郑永茂,如果郑永茂不在家,家里大事都要等郑永茂回来才能做决定。当家人没有特殊的象征物,外人从名字就可以判断谁是当家人,也会从年龄和外表判断谁是这家的当家人。

(二)家长的权力

1.家长管理家庭大事

作为当家人,郑永茂有权力过问家里一切大小事并做出决定,如果家庭成员做出了错误的决定,郑永茂也有权力纠正,但家庭柴米油盐的小事郑永茂一般不过问,都由石福桃来决定,小家庭内的事情,郑永茂也一般不过问,只有小家庭的决定影响到大家庭利益或者小家庭找到郑永茂时,他才会插手管理。对于分配给小家庭的金钱,小家庭有权利自由分配,如果小家庭挥霍,郑永茂可以去管,郑永茂没有决定权。对于小家庭内的家具等用品,依然是属于大家庭的,郑永茂有权管理,小家庭不能随意损坏或变卖。此外,对于子女的婚事,郑永茂有权力决定子女的婚配对象,但子女享有离婚的权利,如果婚后夫妻不和,郑永茂没有权力要求子女不能离婚。

郑永茂当家不是专断的,在做决定之前会听取家人的意见,会照顾到家庭成员的想法,如1949年之前卖掉一部分房屋,郑永茂在决定之后告知了家庭成员,虽然家庭成员有反对的,但是郑永茂耐心说服了家人。

2.家长掌握财产管理权

郑家的家庭收入主要来源是种地,其次是儿子郑学世在外做工的收入,粮食收入全部归大家庭,家庭成员都在一个锅里吃饭,郑学世在外打零工的钱绝大部分也要上交给当家人石福桃。郑家基本上是男人们在外面挣钱,家庭收入全部归石福桃管理,大小支出由石福桃来管理,遇到大的开支时,石福桃会和郑永茂商量。

郑家不允许家庭成员有私房钱,所有收入都要告知家长,上交给石福桃,如果发现有私房钱,会要求全部上交。只有当人家分配出来的钱,家庭成员才能自由花销,如果不上交被家长发现,会受到家长的责备。郑家的地契、房契等,都是由家长来统一保管,郑永茂房间有专门锁贵重物品的柜子,位于墙角距离土炕半米高的地方,一把锁一把钥匙,由石福桃保管,其他家庭成员不能随意接近柜子。其他生活用品有衣柜、床头柜等存放。聘礼、彩礼都是由双方当家人商量决定,孙媳妇石本鱼嫁过来时,带了一个箱子、衣服和几枚铜子儿①过来,除了箱子和衣服石本鱼自己留着,其他东西全部上交给石福桃,由当家人支配,不需要和别人商量,全凭家长做主,自己一分钱也不能留。

1949年之前诸如涉及房子、土地等交换,必须由当家人出面,因为土地和房子等财产是属于当家人的,房契、地契等证明上也清楚注明了产权归属,只有当事人才能进行交易、交换。郑家1949年之前一直伴种着同村万婆家的土地,是郑永茂直接找到万婆商量的,郑家只有郑永茂才能决定是否租地、租谁家的地,其他家庭成员听从郑永茂的安排。郑家在1949年之前还与人交换过一次土地,也是郑永茂出面协商的,没有与家人商量,因为原本的土地距离郑家较远,不方便耕种,回来之后告知家人,家人也支持郑永茂的决定。因为郑永茂是家里的当家人,其他家人即使去找人办事,别人也不会与当家人之外的人商量。

---

① 铜子儿:方言,指铜钱。

3.劳动分配服从家长安排

郑家的农业劳动基本由男性负责,女性只在农忙的时候下地帮忙。郑永茂负责农事活动安排,决定八亩地种什么、种多少,每天带着郑学世、郑克申下地干活儿,全家人都听从郑永茂的安排。干农活儿不分男女,小孩子做的活儿轻一些,大人农忙时没有区别,杨慧娥和石本鱼所有的农活儿都要干,石福桃留在家里看孩子,给外出干活儿的人做饭。农闲时,男性在家里主要负责喂牲口、劈柴、挑水、扫院子、修理家具等重活儿,杨慧娥做饭、洗衣服打扫屋子,石本鱼给杨慧娥打下手。

当家人郑永茂和石福桃在1949年之前60岁出头,年纪不算太大,身体也没有大毛病,家务活儿和农活儿都会参与。两位当家人不愿意过早歇着,只要力所能及,都会帮晚辈做一些,石福桃会教儿媳妇和孙媳妇针线活儿怎么做,也会给重孙做衣服裤子,老人到七十岁左右才歇着。

4.婚丧嫁娶服从家长安排

"父母之命,媒妁之言",郑家晚辈的婚姻全部由家长来安排。孙子郑克明在与郑学世外出参加喜宴时,看上了一个女孩儿,郑学世回家后便告知家长郑永茂,郑永茂找了媒人给说和,婚后两家人也非常满意。郑家在1949年之前没有人离婚,但离婚时要告知家长,离婚的决定在夫妻当事人,家长没有权力做决定。如果家长对媳妇不满意,但是夫妻两人关系好,家长也没有权力要求两人离婚,只要进了家门,小两口生活上的事情基本都是自己做主。

郑家在对外交往中,全部以郑永茂为代表,郑家在1949年之前没有借给人钱,但家长是有权力决定金钱的使用,可以借给别人钱。在村庄会议中,也是郑永茂代表郑家人参加。郑学世做零工也是郑永茂给安排的,挣的钱也绝大部分交给家长,自己留很少一部分用。

5.家长权力约束小

1949年之前,郑家没有更换过当家人。村里有女性家长,如果家中长者在世,很少有让晚辈当家的,如果家长"不诚信",就要让出家长位置,让家中有能力的人担任,如果家长"不失德",即家长没有严重的过失,不会失去家人对家长的信任,一般就不会更换家长。如果家里用钱,郑永茂会先与家人商量后,再做决定,如果可以不借钱则尽量不借外债,郑永茂是不会为了个人私事举借外债的,否则会引发家庭矛盾。如郑家在1946年因为遭受灾害,不得不借粮食维持生计,就是郑永茂与家人商量后做的决定。郑家的家教也非常好,郑永茂作为家长,吃喝嫖赌都不沾,为后辈做了很好的榜样,郑家后代也没有因为吸鸦片、赌博等给家里惹事生非。郑家没有请过外人代理当家,如果郑永茂外出或身体不便,由石福桃当家。家里的小事,郑永茂也会交给郑学世和杨慧娥去安排,不会事事都过问。

二、家户决策

(一)决策的主体

郑家大小事情都是家长郑永茂说了算,因为郑家由家长当家,当家人郑永茂在家户内部有着至高无上的权力,其他家庭成员要服从郑永茂的安排。当家人作为决策的主体,是依据传统,家长的权力也是天生的,晚辈已经习惯听从长辈的安排,郑家家庭成员完全认可郑永茂和石福桃当家人的权力和地位。如果当家人郑永茂不在家,要服从内当家石福桃的安排,如果石福桃做不了决定,就会等郑永茂回家商量,家庭大事如购置大型农具、房屋和土地买卖等不能不经过郑永茂就做决定。

(二)其他家庭成员权力

郑家衣服分配决定权在石福桃,但石福桃将具体操作权委托给了儿媳杨慧娥,因为缝制衣服的活主要是杨慧娥和石本鱼,她们最清楚家庭成员衣物的需求。当需要购买布料和棉花时,杨慧娥会告知石福桃,石福桃就会安排郑学世从市场上买回来。买回来之后教给杨慧娥缝制。郑家的衣服分配都是在大家庭范围内进行,不分配到小家庭,如前文所述,正常情况下每人每年夏、冬各缝制一件衣服,衣服能打补丁就不做新的。全家上下包括家长的衣服由杨慧娥和石本鱼制作,家长自己基本不动手做。

(三)决策的事务

1.决定家庭的开支

郑永茂和石福桃作为当家人,要负责安排家庭收支,该节省的地方不会多花一分钱,需要钱的时候才能拿出来,家庭所有用钱的地方都要找石福桃拿钱,石福桃会判断是否值得花钱。此外,要考虑到家庭所有突发情况的应对,郑家所在的大横沟村,1949 年之前没有发生过大规模的自然灾害,但郑家会未雨绸缪,每年收获粮食后,都会留一部分存粮,以备来年遭受灾害时地里颗粒无收,除非特别严重的事情,存粮是不会动的。

2.对外事务决定权

郑家 1949 年之前一直都有两个家长,郑永茂是家庭的代表,负责家庭以外的事情,石福桃是内当家,家庭财产、家务以及子女的家庭教育等都由她来安排,两个家长将家务和对外交往安排的井井有条,没有发生过大的动荡。

三、家户保护

1949 年之前,郑家与外人发生大的矛盾,需要家长出面解决,可以自己解决的就不会告知家长。儿媳妇杨慧娥在使用石磨加工谷子时与王家发生争吵,王家刚使用过石磨加工玉米,王家媳妇说碾完玉米把糠留在磨盘上了,以为杨慧娥把她家的糠收起来了,但是杨慧娥没有看到糠,于是两人发生争吵,这时石磨的主人出来,才告知是他收走了糠,王家媳妇才停止了争吵,给杨慧娥说了好话。1949 年之前,使用了别人的石磨后,石磨家的主人是有权力收走糠作为报酬的,王家媳妇也再没有说什么。而较大的矛盾则需要家长出面,儿子郑学世在下地劳动时,与地邻发生过一次矛盾,是由郑永茂出面找保长解决的。小孩子在外面打架的事情,一般由杨慧娥出面说和就行,不会告知家长。

郑家的所有家务事,都不会和外人说,如果家里发生大的喜事,郑永茂会安排家人告知亲戚和四邻,如果发生不愉快的事情,吵翻天是关起门来解决,正所谓"家丑不能外扬"。

家人在外受了委屈,会告知家长,郑永茂觉得是自家人的过错,就会把道理给家人讲明白,不生气即可。如果是外人理亏,个人小事郑永茂不会计较,凡涉及家庭利益,郑永茂会带着家人去评理,不会让家人受欺负。

四、家规家法

(一)言传身教

郑家没有成文的家规,只有大户人家才有成文的家规,郑家家庭教育全部依靠家长的言传身教。默认的家规有老祖宗传下来的,也有郑永茂和石福桃制定的,家长定下的规矩郑家人时刻都必须遵守,即使不在家,也要时刻谨记规矩,因为"门里出生,自带三风",在外面的一举一动都代表家庭。女儿在出嫁之后,如果不懂规矩,婆婆就会笑话郑家没有家教,会看不起郑家人。

1.饭桌规矩

在饭桌上,郑家人都是全家围坐用餐,家长不动筷子晚辈就不能动。饭桌的座次安排也有讲究,郑永茂和石福桃要坐在饭桌正中间,其他家庭成员依次入座,一般来说夫妻要挨着坐。郑永茂非常宠爱最小的孙子郑克胜,吃饭时可以都挨着家长坐,但郑克胜的座椅不能高于家长。吃饭入座后就不能换位置了,因为郑永茂教育孩子端着碗到处跑是要饭的。吃饭时要用手扶着碗,绝不允许一只手在饭桌下。筷子不许插在碗中间,因为样子像香炉,不能用筷子敲碗边,这是乞丐才会做的事,喝汤的时候不能吸溜,吃饭不能发出声响,要闭上嘴嚼食物。另外,家里有客人,给客人添饭时不能说:"还要饭吗?

2.日常规范

郑家人不管是敲自家的门还是敲外人的门,都要先敲一下,再敲两下,不能急冲冲的快速敲门,郑家人认为急促的拍门是报丧事。郑永茂还教育孩子"站有站相,坐有坐相",坐下时不能跷二郎腿,不能抖腿,两腿应该并拢,不能叉腿待着。在做针线活儿时,其他人需要剪刀,递剪子的时候要用手攥着剪子尖儿,把剪刀柄给对方。

3.请示规矩

郑家包括家长在内的成员,做决定时涉及大家庭利益,都要向郑永茂和石福桃请示,需要花费金钱、田产置换等事情,则要召开家庭会议,日常生活中的事情,家庭成员只要口头向家长说明即可。

郑家在农业生产中,农作物的安排都要请示郑永茂,郑永茂决定种什么、怎么种,以及今天哪些人要下地干活儿,要借用那些农具,都是郑永茂提前跟邻居打好招呼,当天让儿子郑学世去借回来。如果郑永茂身体不舒服,就告诉儿子郑学世怎么做,具体由儿子来安排农业生产。

日常生活中,儿媳杨慧娥每餐都要请示石福桃吃什么,石福桃决定后杨慧娥再去菜园子摘菜,没有的菜要马上去买回来。洗衣、制衣婆婆都交给杨慧娥安排,杨慧娥不要向石福桃请示。缺少生活用品时,郑永茂会交代给郑学世,儿子做完工就会从市场上带回来,郑学世小家庭需要添置的物件,不需要向郑永茂请示,用分配给小家的钱购买。凡涉及田产的交易交换,必须是当家人郑永茂拿主意,其他家庭成员不能不请示家长就私自决定。

郑家人外出时,要告知家长去哪里、做什么、什么时候回来,如果要赶集买东西,石福桃会拿一部分钱给家人。吃饭情况家长会详细询问请客的对象,如果家长不同意,就不能去。

(二)家庭禁忌

郑家伴种了万婆的土地,在加工完粮食归仓的时候,不能直接把粮食归入仓库,要把"七碟子"都供奉一遍,"七碟子"就是归仓要用到的所有农具,包括铁钎、簸箕、扫把等。

郑家对媳妇干活儿的禁忌很多,"溻地①不湿巾,走路不看人",媳妇在溻水时,要弯下腰

---

① 溻地:过去屋子里都是黄土地面,扫地时为了防止扬尘,要先洒水。

轻轻泼水，不能把自己衣服湿了，走在路上要快速通过，不能抬头东张西望。"笑潮不笑破"是说杨慧娥和石本鱼必须勤快，家人穿戴出去，别人不会笑话衣服补丁，但是会笑话衣服脏。

过年期间，"正月二十三，搓麻捻线贼惜攀"就是说腊月二十三当天不能做针线活儿。此外，腊月三十、正月初一、十五这几天都是供奉菩萨的日子，不能洗衣泼脏水、拿针线，在正月初一到正月初五期间，家里不能洗漱衣服、不能碰剪刀，不能说不吉利的话。

五、村庄公共事务

（一）不开会，少参与

1949 年之前，在郑克申记忆中村里很少召开过会议。村里有事情，都是保甲长开会，从来不会组织村民开会。甲长给保长开会后，保长再安排村里跑腿的一家一户的告知家长，郑永茂作为郑家的家长，跑腿的来一定要找到郑永茂本人才行，进门后会说"当家的在呀不在"如果郑永茂不在家，家里人会说"当家的不在，等干完营生回来你再来吧！"跑腿的就等郑永茂回来再来通知一次，不能由家里人转告家长，必须由跑腿的告知各位当家人，保甲长的会议村民都不参与。此外，郑家家里也没有担任公职的人，对公共事务知晓很少，村里要召集全村的事情几乎没有，老百姓"低倒骷髅受奏行了"[①]，都是自家过自家的日子，家庭之外的事情什么也不管。

到 1947 年土地改革开始时，村里才开始陆续开会，召集村民给村民宣传土地改革的政策，发动村民参与土地改革，这些会议都是由家长郑永茂参与，到开会现场还要点名签到，谁家没来人就会派人去拉过来。在会上，人们大都是拿着小板凳或者直接蹲在地上，关系好的聚成一团，在下面窃窃私语。会上郑永茂基本不发言，都是听别人说，当时只要让老百姓有地种，不管哪个党当家，不管什么政策，有饭吃就行。

（二）修路、修水渠、修城墙

1949 年之前，村里组织过修路、修水渠，村里各家各户都是有钱出钱，有力出力，并且都是去外村修，大横沟村里没有组织过修路等公共事务。1944 年左右，村里通知各家各户出劳力去外村修水库，修水库的事宜都是由甲长分配给保长，各村里要出多少劳力，之后保长在村里规定好那些人家要出。轮到哪一家出劳动力，这家就要出劳力，如果不想出劳力，可以出钱抵销一次劳力。劳力必须是青壮年，不好的劳力去不了，坏劳力不让去，如果不出劳力就得出钱。郑学世参与修筑白水村的水库，叫五耀水库。那年村里和郑学世一起去了 50 个劳力，走的时候把铺盖背着，提供吃住，修完才能回家。此外，1937 年日本人侵略中国时，在全县范围召集劳动力到县城周边修筑城墙，修筑城墙的劳动力是按照家户为单位出，每家只需出一个劳动力，除非家里只剩老弱病残，其他家庭必须出。修筑城墙是在那一年的冬天，很多人都因为修城墙冻死在外面。

（三）灾害及治安

1949 年之前，大横沟村没有发生过大规模的自然灾害，由于天气原因，大横沟村在夏季午后经常出现大暴雨甚至冰雹等极端的天气。在 1946 年 6 月份，大横沟午饭后，天气突变，大风便随着暴雨下了一下午，一直下到下午 4 点半左右，持续了近三个小时。大雨过

---

① 低倒骷髅受奏行了：方言，埋头干活儿就可以了。骷髅是 1949 年之前老百姓对自己身份低下的一种戏称。

后,郑永茂去自家地里查看情况,有一半的庄稼苗被雨水冲倒,但还能挽救,就让全家人带着农具下地扶正苗株。村里人都去地里面查看庄稼情况,很多低洼的土地都被水淹了,村里有几户人家的玉米、谷子全部被水泡了。当时村里没有共同应对自然灾害的组织,村庄也没有组织集体营救,都是各家各户自发组织救灾,尽力挽回损失。保甲长也不会管村民的救灾情况。

村里的治安问题不大,没有专门的治安队伍,一旦发生治安问题,都是村民全体行动。每天晚上村里都有打更的人,打更的人是村里雇的几个人轮流值夜,工资是村里给。打更的人主要职责晚上报时,几更天就敲几次锣。此外,打更人还负责报警作用,一旦夜间打更过程中发现盗贼、火灾等情况,要负责惊动村里人,村里人集体抵御盗贼或者灾害等情况。

(四)积极参与集体活动

过年时,县城里会举办红火表演,每一个村都会派出锣鼓队、秧歌队、娃娃队、高跷队和挠阁①队。每到这时候,村里会通知到各家各户,家家户户自愿参与,不需要每一家都出人,有时间的都会参与进来,大横沟村每次都会组织秧歌队和锣鼓队参加红火表演,郑家会派出郑学世和杨慧娥夫妇参与。1949年之前,大横沟村在村北边修过一个小型的水库,家家户户轮流出劳力去修,郑家是派郑学世去修大横沟水库的,这是郑学世自己请示家长郑永茂的,郑永茂也同意了。水库大概修了半年多,但是由于工程十分简陋,用了三年水库就淤积了太多淤泥,因此水库就废弃了。

(五)打井淘井

1949年之前,大横沟村里有5口水井,村的水井也都是有钱家户自己打的,全部是私人的井,村里不会打公共的井。这5口井也都是很久之前打好的,在郑永茂之后,村里没有打过新的井。打井是一件费时费力的事情,村里一家人准备打井时,会通知同族的各户家长,各户轮流出劳动力和粮食,打井用的工具,也是各家各户自己带过来。打井时,用铁钎、铁镐往下打通,大横沟村的地下水位比较高,所有井不用打太深就可以出水,打井整个过程全部依靠人力。修好的水井虽然是大户人家组织的,也并不是每一户人家都参与到修井的工作中,但村里的人都可以使用,不需要给钱。1949年之前,大横沟村总共800口人,大约一百50户人家,一口井要供30户人家食用。洗衣服用的水都是直接去河里,不会用井水。

(六)筹劳

大横沟村筹劳时,都是平均分配劳动力的。如果需要的人手不多,就由全村各家各户轮着出劳动力,轮到谁家谁家就派人,哪家在什么时候出过什么劳动力,保长那里都有记录,等到要再次筹劳时,保长就换一批没有出过劳动力的人家。如果需要的劳动力比较多,那就全村每家每户都要出人参与,基本都是一家出一个人即可,不会要求出太多的劳动力。

1949年之前,大横沟村筹劳轮到郑家,都是派郑学世去参加。一次,大横沟村修一个小型水库,水库虽然不大,但需要筹劳数量较多,保长派跑腿的下来通知各家各户。此次轮到郑家出劳动力,保长派人来通知家长郑永茂,因为郑永茂的年纪大,并且要负责家里的大小事情,所以不能参加。孙子郑克申兄弟年纪还小,只能派郑学世参加。

---

① 挠阁:民间艺术,一人身上固定支架,支架上站立一人,下面的人拖着上面的人,一般是家长拖着自家小孩儿。

六、国家事务

(一)交税由家长安排

1949 年之前,郑家是按照每家每户耕作的土地数量交税的,由郑永茂拉着粮食去交。税收大约是每亩地收入的十分之一,郑家一亩地大约可以收十斗粮食,一亩地就交一斗粮食,八亩地下来约合十斗。伴种万婆家的土地,郑家不需要承担粮食税,地是谁家的税就让谁家交。交粮食税时,需要先把粮食脱粒并且炕干,湿的粮食交过去会被退回来,由郑永茂赶着牛车拉到县城里,先检查粮食质量是否合格,之后称斤登记,就算交完了。

每年交粮食税的时间都是在秋收完成后,保甲长开完会后,保长就会安排村里跑腿的人挨家挨户告知交税的时间和地点。通知交税的事情必须要告知郑家家长,如果郑永茂不在家,跑腿的就得等郑永茂回家后再来通知一次。交公粮是有时间限制的,必须在秋收后的一周之内交足粮食,否则上面就会派人下来强行征收粮食税。

郑家没有逃过交粮食税,因为在当时来看,每亩地上交十分之一的收成,对郑家来说不是十分繁重的赋税,对于村里有土地的人家来说,也基本能承担的起,因此大横沟村里也很少出现拖欠粮食税的情况。如果家里有特殊情况不能按时上交粮食税,可以告知保甲长做好登记,并规定一个时间内补齐粮食税,补交粮食税不需要支付额外的利息,只需要按量交足即可。如果交不起粮食税,县里就要派人下来催收,如果还是交不起,县里就会带走这家的家长,如果家长不在,就抓走在家里的男人作为人质,直到交齐粮食才能放人。这时候只能找亲戚朋友借粮食,村里人如果觉得这家诚信,就会出手相助,如果这家人不诚信,经常赌博或者不务正业,没有人会帮助他们。

(二)孤子不当兵

1949 年之前,征兵称为"扩军"。当时郑永茂在外面跟村里人聊天,接到通知说每家每户都要出一个人当兵,郑永茂就将儿子郑学世报上去了。回家后郑永茂告知了家里人,石福桃听后号啕大哭,并且昏厥了过去,醒来之后说孩子千万不能去。这时村里派人到家户里来查看情况,劝说石福桃:"当兵就两年的事情,是给您办好事呢!"石福桃的情绪才慢慢安定下来。郑学世到村里集合后,负责登记的人是郑家的亲戚,这位亲戚给上面派下来的人说,郑学世是家中独子,上面的人询问情况后得知郑学世情况属实,就让郑学世回家了。

扩军时,只要不是绝后户或者独子户,身体健全的人家都要出人当兵,大横沟村里很多家庭因为扩军闹得家里鸡犬不宁,很多人在当兵之后杳无音讯。也有一部分人当兵之后逃跑回来的,但是刚逃跑之后不能回家,也不敢给家里捎信,要在外面躲一两年才敢悄悄回村。村里人遇到逃跑回来的人,也不会举报,因为都知道当兵不容易。大户人家都不出人,而是交钱免掉兵役,县里再用大户人家上交的钱雇人当兵。

(三)抓壮丁

村里有抓壮丁的情况,但没有到郑家抓过壮丁。村里抓壮丁都是抓 20 岁以上 50 岁以下的青壮年,身体素质要好,被抓壮丁的人家也是家里人口比较多的人家,家庭劳动情况差的人家不会被抓壮丁。被抓壮丁后,都是去给做苦力,有的被分派到县城,有的被分派到其他乡里,有的甚至派到外省去,派到外省的人很少能活着回来。村里的大户人家都不会被抓壮丁,因为抓壮丁没有报酬,保长派人下来也是挑选没什么本事的人家,遇到有钱有势的人不敢强求抓壮丁。

(四)摊派劳役

1949年之前,大横沟村称摊派劳役为"摊派",是以家户为单位,每家每户都要承担摊派,摊派家家户户都有份,轮到谁家就谁家去,必须参加并且不能拒绝。村里人会说:"轮到谁家就谁家,跑不了"。

1944年前后,盂县政府在县城内大修水库,需要大量的劳动力,盂县政府摊派给大横沟村在白水村修筑水库,给甲长安排了摊派的任务,之后就由保长在各个村子里通知村民出壮劳力。这次正好轮到郑家出人摊派,郑学世代表郑家参与了摊派,郑学世参加摊派是由家长郑永茂决定的,因为郑永茂作为家长,要管理家里的事情,"家中不能一日无主",而且当时郑克申兄弟年龄还小,郑永茂是最为合适的人选。郑家人遇到摊派的事情,一方面,是当家人做主,另一方面,任何一个家庭成员都会主动承担起摊派的责任,不会因为不想受苦受累而推脱责任。

摊派必须是家里的壮劳力,不管是谁,总要出一人,如果家里劳动力少,即使是家长,也得抛下妻儿和农活儿去参加摊派,否则会被强行带走,如果家里人多,就由家里人自己商量,尽量不让当家人出去参加摊派。大横沟村总共去了50个人,包括郑永茂,摊派过程中,没有工资,管吃管住,但铺盖要自己带着。村里的大户人家,也要参与摊派,但只是名义上参与,一方面,不想参与摊派的人家可以出钱抵销摊派,县政府再用这部分钱雇佣劳动力做工,所以村里许多有条件的人家都出钱免了受苦受累。另一方面,摊派是以家户为单位,很多大户人家都让家里的长工、伙计代替家人去参加摊派。

(五)组织民兵自卫

在1937年日本人侵略中国时,大横沟村里有两位村长,一位是中国共产党代表的村长,另一位是中国国民党代表的村长,两位村长都在村子里组织了自卫民兵,各家各户都出人参加了民兵。当时村里人还不清楚中国共产党和中国国民党的复杂关系,因此对于村民来说,参加哪一边的民兵都一样,都是为了保卫大横沟村。郑家派郑学世参加了民兵组织,当时郑家参与的是中国共产党组织的民兵,郑学世参加民兵是自己要求的,并且请示了家长郑永茂,因为是在自己村里当兵,而且民兵组织里都是村里人,所以也不受苦不受累,因此郑学世自告奋勇参加了民兵,郑永茂也同意了。郑学世参加民兵组织期间,白天要巡逻、训练,晚上回家休息,轮到郑学世晚上巡夜就要在外面过夜。在这期间,郑学世不参与家里的农业劳动,所有家务和农活儿都是家里人分担。

附　录

1.报告中出现的亲属称谓,普通话与盂县话的对比

词语	盂县话
奶奶	娘娘
姥姥	老娘
舅妈	妗子
堂兄弟	俗别弟兄
隔三代以上的长辈	老老(男女通用)
妻子	恩外人
当家人	当家的

2.出现的一些地方性俗语和谚语

盂县话	释义	盂县话	释义
日常生活类			
伴种	土地收成对半分	回卷洞	窑洞
做闺女	女孩未出嫁之前	高房	上木房下窑洞
做媳妇	女儿出嫁之后	打对	小心些
拣择	数额很小的收入	谈不住	说不定
克细	好看	咯牵	勉强
说则	规矩	亏程	规矩
耍差	玩脱了	火阁老	灶台
农业生产类			
爪镰子	农具,类似镰刀	拉戈	打谷用具
脚铅子	锄头	低倒骷髅受奏行了	埋头干活儿

调查小记

2018 年是我进入中农院的第三年,三年时间里,笔者先后调研了河南、陕西、江苏、安徽、新疆等地,从内地到边疆,从汉族到少数民族,调研经历越多越能感受到田野作为我院学生第二课堂的重要性。2018 年寒假是我第一次参与我院家户制度调查,相对于我院大部分同学,我是初次接触家户制度调查,拿到厚实的调研提纲,如何能在初次家户调研中达到学院家户调查的高标准,心理压力很大。

我调研的第一位家户对象居住在大横沟村,是我外婆家,大横沟村位于县城西南,距离县城两千米,1949 年前有八百余人,全村以石、郑二姓为主。我的访谈对象是郑克申,访谈历时 6 天,共 25 个小时的录音,力求深入还原郑家在 1949 年之前的家户治理情况。作为调研员受访者的郑家后人郑克申,长期担任大横沟村重要职务,对村中基本情况非常熟悉,1958 年任大横沟村村主任,在村务工作中,尽心尽责,勤勤恳恳,无私奉献,任劳任怨,之后历任村书记等职务。其妻王秀莲,山东省即墨人,生于 1935 年,卒于 2001 年,享年 76 岁。作为目前家族中年纪和辈分最高的人,对家族历史也最为清楚。为了更好的回顾家族历史,郑克申的弟弟郑克明也一同讲述了家族的过去,郑克明有着良好的教育背景,对村庄历史和乡土人情非常熟悉。通过调研员的引导和追问,两位老者将时间带回了 1949 年之前,重新走过家族繁衍和发展的道路,还原了 1949 年前一个普通家庭的治理过程。通过此次访谈,我了解到了"微不足道"的小户人家是如何在当时艰难的环境中维持。

在此次家户走访中,我发现在去年访谈过的一些老人,有的已经去世,有一位老人现在因脑溢血不能说话,生活无法自理,得知这些消息我心里十分难受,并特意去看望了每一位能找到的接受过我访谈的老人。老人的衰老速度是我们无法预知的,我深深感觉到我院所做的口述史工作是在与时间赛跑,切切实实是在抢救历史。在此,我要忠心感谢愿意接受晚辈韩帅采访的各位老人,感谢他们的配合,感谢他们为还原这段历史做出的贡献。致敬历史,致敬老人!

韩 帅

2018 年 3 月 27 日于华中师范大学

第八篇

聚内敛外:媳妇当家下的妥协与发展

——赣南长庆村王氏家户调查

报告撰写:杨　琪[*]

受访对象:王罗敷

* 杨琪(1994—　),女,江西赣州人,华中师范大学中国农村研究院2016级硕士研究生。

导　语

　　江西省赣州市崇义县长庆村位于县城东北面二十公里处,为典型的库区村庄。村庄内的杨、张、王三姓村民形成小聚居区,王赵志家因兄弟矛盾搬离到头渡水居住。

　　王家人三世同堂,家庭结构较为复杂。王宪元和钟氏生育三子二女,儿子分别是王赵志、王赵林、王赵池,其中二子早夭,女儿们早已出嫁;王赵志娶新妇麦氏生育了二女二子,其子女在 1949 年之前尚幼;王赵池于 1946 年娶新妇张氏,1949 年之前未有生育。其中王宪元、王赵志分别在 46 岁、31 岁时染病去世,新妇麦氏便成了王家的代理家长。

　　王家经济条件优越,以务农为主业,经商为副业,以商养农。王家长期雇佣了长工、帮工、牛头①,与本家的四个劳动力共同耕种 22.6 亩水田,其中水稻为主要粮食作物。王家以木头生意为副业,故而每三年都要雇人将木材运到唐江镇贩卖,水路经商每年可以给王家带来千元以上的收入。麦氏当家时,这些收入大多数换成银元或者金条存了起来,小部分则用以农业再生产。

　　麦氏对家庭成员的婚姻、教育、社会活动进行统筹安排。在其主导下,小叔子王赵池娶了新妇张氏;男子按照规矩读书,女儿在家中做农活儿、干家务;一家人团结和睦,但是娱乐活动甚少。王家人不热衷于社会交往,为了减少与王赵鹏家的冲突,王家人尽量不去老屋场;除了必须参加的红白喜事,不频繁与同姓子叔接触。

　　麦氏是王家治理的一把手,婆婆钟氏辅助麦氏做决策,王赵池成年②后也学着管理家庭事务。家庭成员对王家都有极深的感情,嫁出去的女儿时常会回家看望,出去读书的儿子也总想着要回家,王家虽然没有成文的家规家法,但口耳相传下,男女皆有一套行为规范。因为家庭中女性成员太多,王家人便较少参与到王姓人、长庆村以及与国家相关的公共事务中。

　　麦氏当家的主要特点是对内注重团结,对外力求收敛。送小叔子读书,与婆婆和姑娌相亲相爱,善待家中帮工等都是为了加强家庭的内部团结;对外的经济活动、社会交往行为则尽量收敛,如暂停许多大型生意,减少与子叔、村民们之间的接触,又因为王家男子少,不服兵役,王家与保长、衙役的关系便仅仅限于上税。

---

　　① 牛头:十岁出头的放牛少年,村庄里面的一种雇佣形式。
　　② 成年:男子娶老婆便是成年。

第一章　家户的由来与特征

王家的祖屋在老屋场附近,公公王宪元由于兄弟矛盾搬至头渡水安家后,王家人便很少再回祖屋,后王宪元、王赵志先后病亡,王家由新妇麦氏暂时代理家长责任。王家在经济上是个大户,田土、林木、茶油众多;虽然王家在人口上是个小户,但有七个主要劳动力,分别是钟氏、麦氏、王赵池夫妇和请来的三个帮工,除了长工阿坤,另外两个帮工都不在王家居住。王家人勤恳能干,十分珍惜名声,麦氏当家之后更是注重王家声誉的维护,因而王家人在长庆村名声一直较好。

一、家户的迁徙与定居

(一)先祖从吉安迁入崇义

王氏的最早渊源可以追溯到轩辕黄帝的四十二世孙周灵王太子晋,据说这位王子聪敏好学,得到王的重用,也得到百姓的认可,但是由于其直言上谏,惹恼了王,被贬责为庶人,此后人称王家,以为王氏。王氏子孙从晋代开始不断繁衍生息,子孙繁茂。

崇犹[1]王氏为王氏的支房,据王氏族谱记载,先居崇犹的王氏各个支族祖先,多是在明清时期从临川、吉安等地逐渐迁入。上犹县是崇犹王氏的最早迁入地,王氏先祖逢春公携带兄弟、妻子从吉安市到新地拓荒,从此便在崇犹地区繁衍生息。与此同时,王氏的各支先祖纷纷从粤、闽等地迁入,有的到大余县,有的到南康县,也有不少人到了崇义县,由此崇犹地区的王氏子息逐渐壮大。[2]

(二)王家受气搬到头渡水

长庆村一共分为三段,从上游往下游计算,五土岭到金鱼塅为上段,金鱼塅到蛇形岗为中段,蛇形岗到老屋场为下段。崇义长庆村的王姓人大多集中居住在村庄下半段的老屋场内,老屋场紧挨着水库,农田全部在水库边缘,水库的裸露滩涂为长庆村的公共放牛空间。王姓子孙在老屋场附近迅速繁衍,人口很快就增长起来,但是老屋场的土地十分有限,承载不了那么多的人口。

因为先辈勤俭持家,开源节流,到王芳水的这一辈,王家已经积累了很大家业。王芳水有两个儿子,分别是王宪华和王宪元,王宪华性格要强且好斗,王宪元性格稳重,比较沉默寡言。王宪元娶老婆之后,王宪华逼迫其搬出老屋场居住。王芳水心疼小儿子,便将家产一分为二,把五土岭附近所有的土地都给了王宪元,并且立下字据,以防自己死后兄弟俩发生财产

---

① 崇犹:崇义县与上犹县的合称。
② 出自《王家新修族谱》之崇犹卷。

纠纷。此后王宪元便在五土岭定居下来。

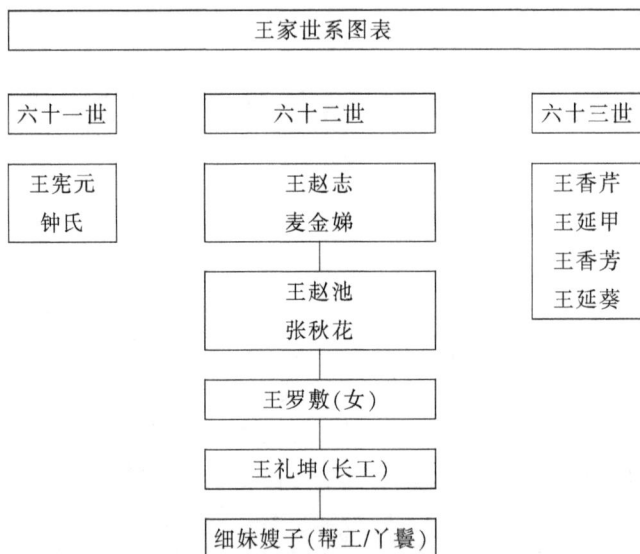

图 8-1　1949 年以前王家的家户结构图

二、家户基本情况

(一)王家阴盛阳衰

在 1949 年之前,王家三代同堂,分别是婆婆钟氏;新妇麦氏,小叔子王赵池,弟媳妇张氏,小姑子王罗敷;子辈的王香芹、王延甲、王香芳和王延葵。公公王宪元患痨病死于 41 岁,当时麦氏嫁入王家不足三年,刚刚生下大女儿王香芹,王宪元临终前叮嘱麦氏,一定要诞下男丁,否则死不瞑目。

王家有七个半劳动力,其中四个半是王家家庭成员,另外 3 个是雇工。麦氏的婆婆钟氏 17 岁嫁入王家,为王家生育了 3 个儿子,3 个女儿,其中 1 个儿子病亡,3 个女儿都嫁出了长庆村,钟氏在 1949 年之前身体十分健康硬朗,虽然年过四轮①,但是没有丝毫疲态,肩能挑能扛,干活儿不打马虎。麦氏 16 岁嫁入王家,与王家大儿子王赵志结为夫妻,生育下两儿两女之后,王赵志病亡,麦氏从此终身守寡。麦氏勤劳隐忍,是王家的当家人,也是主要劳动力。小叔子王赵池,是王赵志的亲生弟弟,在 1946 年已经结婚,年过两轮,娶妻张氏,在 1949 年以后才生下孩子,夫妇俩也是王家的主要劳动力。小姑子王罗敷年龄稍小,十几岁出头,在家算半个劳动力。麦氏的几个孩子在 1949 年前都没有长大成人,不需要做辛苦的劳动。王家长年雇工 3 个,1 个是长工王礼坤,可以在王家吃住;1 个是牛头工,这个工种每两年还要换一个人;最后一个是帮工细妹嫂子,其主要是做家务活儿,不在王家吃住。

婆婆钟氏是思顺钟门人,嫁入王家之前没有文化,只知道自己的姓氏如何书写,与王宪元成亲后,时常要帮助王宪元管理仓库,便认识了一些简单字,也学会了简易计算。王赵志的文化水平很高,在长庆村、崇义县读过书,结婚之后还会去赣州城做生意,见识多广,能写能

---

① 四轮:四个生肖年,即大于 48 岁。

诵。麦氏出生于铁木里,其娘家不让读书认字,麦氏在嫁人之前便目不识丁。后王赵志常教麦氏算写,王赵志过世时候,麦氏已经能够掌家。小叔子王赵池与麦氏相差十来岁,王赵志去世之后,麦氏承担了小叔子读书的费用,还送小叔子去了崇义县求学。

表 8-1　王家家庭基本情况数据表

家庭基本情况	数据
家庭人口数	11
劳动力数	7
男性劳动力数	2
家庭代际数	3
家内夫妻数	1
老人数量	1
儿童数量	4
其他非亲属人员数	0

表 8-2　1949 年王家家庭成员基本信息表

序号	家庭关系	姓名	性别	当时年龄	婚姻状况	健康状况	备注
1	公公	王宪元	男	43	已婚	良好	病亡于 1935 年
2	婆婆	钟氏	女	55	丧偶	优	
3	大儿子	王赵志	男	31	已婚	良好	病亡于 1943 年
4	大媳妇	麦氏	女	34	丧偶	优	
5	小叔子	王赵池	男	23	已婚	优	
6	弟媳妇	张氏	女	20	已婚	优	
7	小姑子	王罗敷	女	14	未婚	优	在家中准备招婿
8	大女	王香芹	女	12	未婚	优	
9	大子	王延甲	男	10	未婚	优	
10	二女	王香芳	女	8	未婚	优	
11	二子	王延癸	男	6	未婚	优	
12	长工	王礼坤	男	37	已婚	优	从 6 岁开始便在王家干活儿
13	丫鬟	细妹	女	41	已婚	优	主要帮助王家做家务
14	牛头	不详	男	12—14	未婚	优	两年一换,因此名字不详

(二)富户大院讲究多

王家的主屋坐落在五土岭山下的头渡水,十分难找。朱家人、张家人、王家人混合居住在此处,沿着五土岭左边的山路北上,会遇到一座小山,从小山的背后绕过,走上半刻钟,便能看到一条丈宽的小河,踏吊桥而过便能隐约看到田土正面的王家。

王家三面环山,正面是小片稻田和菜地。主屋的建筑面积较大,正厅上有两个小天井,是设计为采光用,王宪元在世的时候,天井里面一边养了一只乌龟,王宪元死后,乌龟随之死亡,天井便空置。正厅上有神台,神台上供奉了神像,还有王芳水和廖氏的排位。正厅的后面是中厅,有一个大天井,天井中养了些许鲤鱼,天井的左右两侧都有阁楼,供客人休息使用。

后院有一块大空地,孩子们在上面玩耍,妇女们在上面洗衣服、晒菜干、搓麻绳,空地上还有一口浅水井,作洗衣、喂猪、喂牛用。

后坪两侧是厢房,左边三个厢房,分别是王赵池夫妇,王延甲、王延癸兄弟,王香芹、王香芳姐妹的卧房;右边两个厢房,上厢房是钟氏住,下厢房是麦氏带着小姑子王罗敷一起住。后坪的后面是柴房,柴房最左边还用木板隔离开一个小院,用来晒衣服,柴房的最右边是洗身间,水流可以直接流进排水沟中。

厨房在主屋的右边,向北面开门,新妇上菜时候可以向左边进入后厅,送菜到正厅中。厨房的正面有一条排水沟,两面挨着墙摆放着劈好的柴火。厨房的右边是一块小菜地,主要种植香料,如葱、蒜、藠头、水芹菜。菜园前面是王家的仓库,仓库最南面是粮仓,中间是木材仓,最北面是较为狭小简陋长工房,王家的长工每旬要回家住一天,长工房里面便只有铺盖。

主屋的左边是牲畜饲养区,最北面为猪棚和厕所,猪养在厕所之中,和人都在里面便溺,粪水集中用来肥田、肥菜。王家每年会养十几只鸡,十几只鸭和五六只鹅,晚上禽类要圈进鸡棚里面,鸡棚搭建十分简陋,只能防风防雨。鸡棚的南面是一块大菜地,上面种植着王家人日常食用的蔬菜。距离主屋最远的是牛棚,王家土地多,便养了两头牛专门用来耕田。

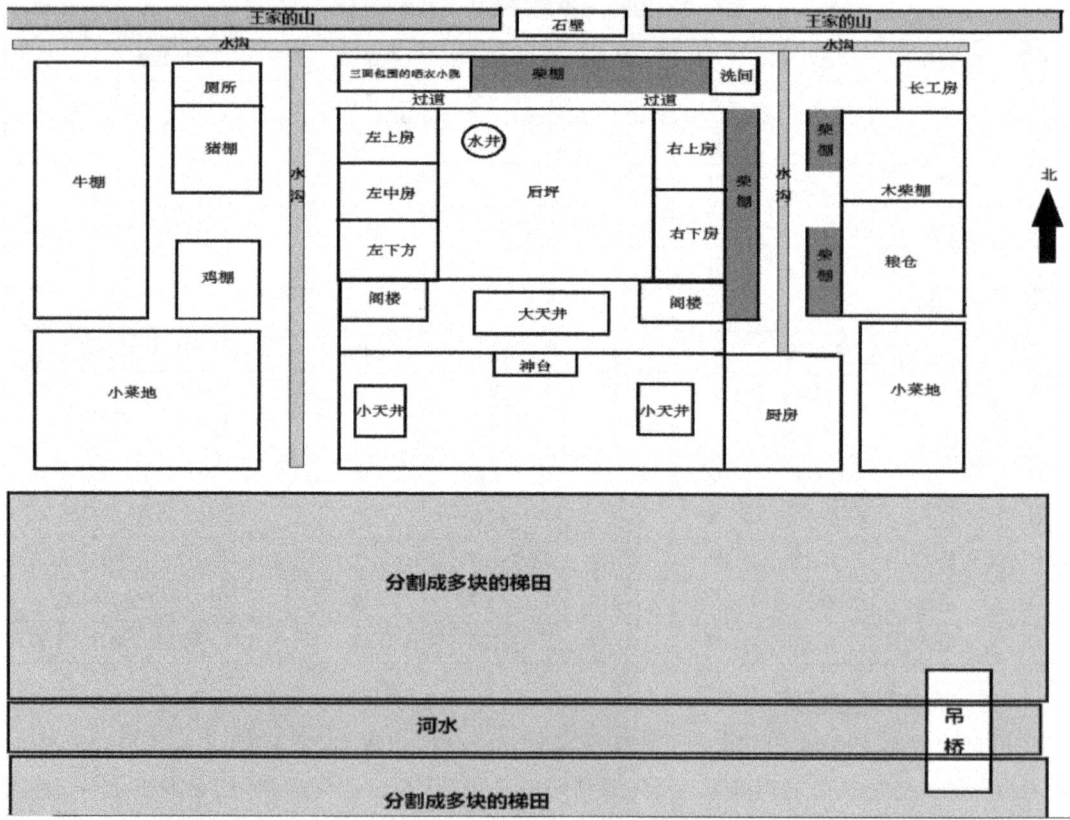

图 8-2 1949 年王家宅基地分布图

(三)粮油银元堆满缸

王家分家之时,王芳水呵斥王宪华不顾及兄弟情谊,做事太绝,所以给王宪元分了不少财产。王芳水给了王宪元五土岭的所有山林和田地,包括田土 12 亩,山头一座,约 200 亩。等到麦氏当家时候,王家已经有田土 22.6 亩,山地三百五十余亩,可以说是五土岭附近最富有的人家,但是和王赵鹏[①]家相比,还有一些差距。

王家的土地无出租,全部自己或者请人耕种。麦氏节俭又勤恳,生怕租种出去的土地收成不好,也怕别人把田土种坏,便不再外租土地。王家的长工是王礼坤,为老屋场王姓人,阿坤在王家的主要任务为种地,有时候也要劈柴。王家每年都要请牛头,一个牛头使用两年,所以每过两年就换一次牛头工。王家农活儿太多,家里的女人忙不过来,就请了五土岭朱家的新妇张细妹过来帮忙,王家人喊其细妹嫂子。

王家每年的粮食、茶油、木材有大量结余。王家二十多亩土地中,有十几亩土地种植双季水稻,余下七八亩土地只适合种植一季水稻,每年晒谷之后,都可以获得 14000 斤左右的水稻。这些粮食大部分卖出崇义县,年留 5000 斤在粮仓,以备不时之需。茶籽油每年至少收获400 斤,王家一年实际用量不足 50 斤,余下的油便送到圩市上进行交换。王家的木头砍下后晾晒干,就要走水路运送到唐江,卖到赣州城甚至广州省。王家强盛时期,一年的收入可以达到 2000 元,平时也是在 1000 元上下。

表 8-3　1949 年以前本户家计状况表

土地占有与经营情况		土地自有面积	22.6 亩	租入土地面积	0
		土地耕作面积	22.6 亩	租出土地面积	0
生产资料情况		大型农具		风车、犁耙	
		牲畜情况		黄牛、猪	
雇工情况		雇工类型	长工	短工	其他( )
		雇工人数	1	2	0
收入	农作物收入				其他收入
	农作物名称	耕作面积	产量	单价	收入金额(折算)	收入来源	收入金额
	水稻	22.6 亩	400—500 斤/亩	4—5 元/担	400—500 元	出售	400—500 元
	杉树	360 亩山地	—	0.6—0.8 元/根	—	出售	0
						收入共计	
						2000	
支出	食物消费	衣服鞋帽	燃料	肥料	租金		
	—	—	—	—	—		
	赋税	雇工支出	医疗	其他	支出共计		
	1200-1400 斤稻谷	—	—	—	—		
结余情况	结余 1500 元		资金借贷	借入金额	—		
				借出金额	—		

(四)王家人勤恳低调声望较高

长庆村最有名的大户人家是杨集成,其家业丰厚,村里都传说"杨集成的银元用扁担装,杨集成的木头点不过数[②],杨集成的心肠似菩萨好"。杨集成的名声太响亮,导致很多人都以为长庆村只有杨集成最有钱,杨集成不怎么在杨屋居住后,王屋的王赵洋和张屋的张慈飞就

---

① 王赵鹏:王宪华的儿子。
② 不过数:形容数量十分多,数不清。

成了长庆村最有钱的人。

头渡水王家和王赵洋家本为一家。王宪元刚刚到头渡水住,有王家人便取笑王芳水家心不齐,两个兄弟都要闹得这么僵硬,都说王芳水家要败。结果王宪华和王宪元都把家庭经营得很不错,就是兄弟俩来往少。王宪元很有文化,敢于和外面的人打交道,通过卖木头积累了很多财富,长庆村人便逐渐注意到了头渡水的王家。

王家从人口上来说在长庆村只能算个小户,王家赵字辈只养活了两个兄弟,他们之间相差十几岁。麦氏在丧夫之后,王家便没有成年男子,王赵池那时候不足十五岁,根本无法当家。婆婆钟氏和麦氏怕家里的财产被大伯王宪华拿走,便撑起了王家的生产生计,两个人比男人还要卖力,在家又要带孩子,在外又要干活儿,还得做生意,后来王家也的确没有衰败,五土岭的人便也说,王家的妇人真是不得了。麦氏对王家的付出得到王家人的尊重,也得到了村民们的认可。

第二章　家户经济制度

麦氏当家之时,王家的生产安排较之前变化不大,经济活动趋于保守。王家有 22.6 亩的田土,还有三百余亩的山林,长庆村的村民都说王家山多、田多,吃喝不用愁,麦氏虽然代理家长之位,却没有家产的所有权,王家的土地、房屋、农具、钱财最后都是属于王家的儿子们,每位家庭成员都可以参与到分配的过程中。王家每年能有一千多银元的收入,皆来自粮食、茶油和木材的贩卖,麦氏和钟氏把王家的生产收入兑换成银元,藏在缸里,并未用以扩大生产;婆媳俩从来不对外租土地,若是有村民来王家借贷,麦氏则按照长庆村的规矩走程序,三箩①以下不写契约,三箩以上则要按下手印并收三成租金;王家的粮食主要在过埠圩市上交换,杉树和茶油则要走水路送到唐江镇贩卖,麦氏不方便出面,总是雇人干活儿。

一、家户产权

(一)家户土地产权

1.田土众多分布散

麦氏当家的时候,王家有 22.6 亩土地,这些土地分布在九处,比较零散。最集中的土地在王家的主屋前面,主屋到河流边缘目之所及的所有田土都归王家所有,这 8.3 亩的土地呈梯田状态分布,但是坡度十分平缓,且土质较为肥沃;河对面也有 3.9 亩土地,那里高差大一些,一般肥沃;五土岭的土地也比较集中,大约有两亩,这两亩土地被分割成为两块,与朱屋人的土地相接壤,肥沃程度一般。

王家人不敢去老屋场买地,因为王宪华住在老屋场,如果王家人过去买地,就是拂了王宪华的面子。过埠镇附近洛姓小官人家的儿子赌钱赌光了家底,洛姓人家便要卖掉天子上②的土地。王家当时是王赵志当家,赵志便拿了家中的积蓄,还卖了 3000 斤稻谷和 200 斤油,买下了天子上中等肥沃的 4.1 亩土地。

其他土地比较零散、贫瘠,一处是在王家后山坳中,面积大约为 4 分;一处在西坑口,约莫有 6 分,那处山地崎岖只有王家人在耕种;一处靠近元田村,与元田王姓人的土地接壤;还有一处在野鸡陇,要先蹚水才能过去,周围环境较为复杂。

2.麦氏没有土地所有权

王家河岸两边的土地都是继承而来,王芳水将买土地时候签订的契约用一个木头盒子装好,交给了王宪元,之后还写了一张过继的证明,请王家的子叔们做了见证。王家后来买入

---

① 箩:计量单位,一箩为十分之一担,大约为 10 斤。
② 天子上:地名。

新的土地时候,也都写了契约,被婆婆钟氏收好,后由婆媳俩共同保存。

麦氏成为王家当家人后,只是起到暂时的管理作用,因为王赵志过世之时,王赵池年龄小,不能当家,又不能让大伯王宪华当家,就由麦氏暂时担任家长,婆婆钟氏协助麦氏处理很多事情。因此王家的众多田土,不属于暂时当家人麦氏,而是属于王家的男子,以后会由王赵池和麦氏的儿子们共同继承。王家的新妇们不拥有土地所有权,只是有暂时的管理经营权;王罗敷和麦氏的两个女儿,也不能继承土地;王家的长工根本就没份。

3.土地产权由契约规定

土地虽然多,但是王家人从来不会闲置土地,也从来不出租土地,因为王家人认为自己耕种的产量要更高。王家主屋前面土地面积较大,王家的劳动力耕种不过来,在农忙的时候,王家人和长工全要上阵,还要雇佣部分村民,才能在农忙季节干完农活儿。

王赵志过世的时候,强调了不能卖土地,同时要求钟氏和麦氏要自己耕种土地,不租给外人种。婆媳俩便牢记这两个要求,麦氏当家之时也根本没有出租过土地。后王赵池娶老婆,新妇张氏也帮忙管理王家的田土,钟氏和麦氏妯娌俩一条心,都知道土地不能出卖也不能出租。

王家的田土都有契约,产权十分明晰,村民们不会嚼舌根。王家每年都是按照契约上登记的土地上粮,保长张慈飞十分清楚村民的土地概况,粮食送到圩市上的时候,官府的会计也都会按照一本册子来对照,看看村民上粮是否够数。

(二)家户房屋产权

1.王家主屋的来源

搬到头渡水之前,王芳水请人修建过一座简单茅屋,那所房子里面有粮仓还有一个卧房,主要是看水稻[1]用。王宪华要求分家之后,王宪元就开始在头渡水修建新房屋,王宪元和钟氏带着长工王礼坤,阿坤又找了自己的几个兄弟,一起去做泥房,王宪元给打泥桩的帮工每人每天3升米的报酬。泥坯三个月就建好了,王宪元又请过埠街的瓦匠来盖瓦堆砖头,还请了木匠师傅来做力柱和横梁。这个简易版的王家主屋不到五个月便能入住,房子较为简陋,但王宪华催促得急,王宪元便只好住进去。

王宪元在那处定居之后,还雇过一个田心村老丫鬟,老丫鬟曾经在过埠街上帮大户人家干活,到了适婚年龄便回到了田心村嫁人生子。王家承诺一个月给30斤稻谷还包吃住,老丫鬟便住在了王家。王赵志出生之后,王宪元夫妇和长工、老丫鬟,加上请来的几个泥瓦匠再次把房屋扩建修缮一遍,便是和现在大致一样了。至于几个仓库和牲畜棚子,都是后来根据需要新加的。

2.目之所及皆为王家所有

从过河开始,头渡水区域的田地、山头都属于王家,王家人的房屋就修建在了自己的山头脚下。这座山头的最外延是河水,山背也还是属于王家人,一直延伸到有泥巴小道的地方才是五土岭的公共区域。因此,王家人只要喜欢,再给自己修建十几间房屋也是可以的。

王家人的心理边界为河与五土岭的泥巴路,河上的吊桥其实也是王家人请人修建的,村

---

① 看水稻:农忙时期,村民要起夜看水稻,密切注意水稻田的状况。

民一般只在来王家说事情时,才会上那座桥。桥的另一面,王家、朱家、张家都有份,因为大家都有田土在河对面。五土岭的泥巴路那边王家管得比较松,平时村民上王家山上砍伐几根杂树,数量不多的,王家人都不会怪罪,只要不砍杉树即可。

3.麦氏认为房屋所有权属于王家男子

麦氏将近三十岁时,将家庭经营得很好,还帮助王赵池娶了老婆。钟氏和麦氏说过,王赵池生育了孩子之后,就开始让赵池逐渐掌管家中的事务。结果王赵池在1949年之前,都没有生育孩子,麦氏也只好让王赵池给自己打下手。

麦氏认为王家的主屋是属于王家的,自己是王家的新妇,责任就是帮王家守好房屋,以后王家的儿子们长大了就可以继承到王家的财产,自己死了之后,下地也可以问心无愧地去见丈夫和公公。

麦氏对房屋的控制很弱,基本上都是与钟氏和赵池一起商量房屋的分配。王家有五个厢房,本来在王赵志死后,麦氏的两个女儿都到麦氏的房间睡,钟氏、王赵池、王罗敷三人一人一间房,麦氏的两个儿子一间房,家中的两个阁楼一年到头难得有客人住。王罗敷说时常梦到大哥王赵志,自己不敢一个人睡,便要与麦氏同一间房屋睡,最后钟氏和麦氏协商,安排王罗敷和麦氏睡,麦氏的两个女儿到罗敷原来的房间睡。

王家还有一间专门给王礼坤准备的长工房,王礼坤娶老婆后,不回王家长住,长工房便闲置了出来。王家的帮工细妹嫂子住在五土岭朱家,从来不在王家过夜,因而不必为其准备房间。

4.外界不介入王家房屋产权

钟氏、麦氏婆媳俩对王家的付出,王姓子叔都看在眼里,大部分子叔对婆媳俩的行为都是表示认可的。赵志去世之时与在场的王姓子叔交待,王家交给麦氏和钟氏打理便不会败,足以见得王赵志对婆媳俩的高度信任。但是王宪华十分不以为然,其认为王宪元家里的新妇管家是在倒架子,还说要把王家的财产都给自己管,麦氏、钟氏万万不答应。

村民对于王家的事情不置可否,大多数抱着看热闹的心理。张慈飞是长庆村的保长,但是也不打王家人的主意,毕竟隔了一个姓,过渡干预会引起王姓人的反感,再就是王家有钱财势力大,王家人懂得到埠圩或者崇义县去打官司维护自家利益。

如此,村民们便都默认了王家对房屋、田土的处置方法,毕竟迟早有一天,麦氏不当家,这些东西便又回到了王家子孙的手里面,麦氏只是代为管理一段时间。

(三)生产资料产权

1.农具一应俱全

王家的大型生产工具一应俱全,有两套犁耙、两个风车,可同时使用;有五把锄头、五把禾刀、三把镰刀,家中每个劳动力都能拿到劳动工具,雇来的人工则要自己携带生产工具。为了耕地,王家饲养了两头黄牛,在村里雇男娃子做工,牛头子负责每日赶着黄牛去吃草。

王家主屋的木材仓库里面放着两条竹排,用以把木头通过河道送到金鱼墩的水库上。出了五土岭,有专门雇来的短工用板车将木头人力拖到蛇形岗水库口,之后王家人会在王屋子叔家借竹排,将木头送到过埠镇或者唐江镇贩卖。

这些生产资料中,两套犁耙和一个风车是太公王芳水送的,第二个风车是王宪元在世的时候为了提高车谷子①的速度再购置的。王家其他的农具则是王家人自己置办,只要王家不分家,这些东西就会一直留着。

> 王子郎,王子郎,
> 犁耙露锄亮堂堂。
> 竹排竖竖指天边,
> 风车霍霍车得响。

五土岭附近的细伢子唱歌,专门指王家的农具丰富。王家人听到这些歌谣基本是一笑了之,有的细伢子不懂事,就跑到了王家来说:"王子郎,下次出排子②带我去耍③!"

2.生产资料的管理

麦氏当家之时,王家的生产工具基本都已经齐全,不需要购置新农具。农具的管理主要为使用、清洗、存放和维修,王家人的习惯很好,每次干完活儿都要在河里洗干净农具,放在屋檐下靠着墙壁晾干,之后才会放进屋内。农具损坏后,麦氏会让长工阿坤去维修,修不好的,就让阿坤去过埠圩上买一把新的。

如果五土岭有人家想要借用王家的农具,一般要经过麦氏或钟氏的允许,待王赵池娶了老婆,借农具就要问王赵池。无论是谁把农具借出去的,饭桌上一家人都要言明此事,使大家心里有数。

耕牛由牛头子负责喂养,牛头子借用耕牛有优先权,普通人借牛一天需要支付两升米,而牛头子借一头牛一天只需要一升米。牛头子借用王家的耕牛需要提前一天打招呼,即牛头子来放牛的时候,看到王家有大人在家,便可说一声,次日早上即来王家牵牛。

3.子嫂④上门问王家借农具

在农村,每家每户的生产资料都分的很清楚,王家的耕牛由牛头子管理,牛头子认识每一头牛的特征,不会和别家牛混淆。王家的生产工具上要么用毛笔写着宪元,要么写着赵志,即使后来麦氏代为当家,王家新购置的生产资料都写着赵志的名字,以便与外人的资料区别开。

王家的主要亲戚在老屋场居住,在王赵志死后,王姓子叔很少来王家串门或者借用东西,其原因主要是为避嫌,因为麦氏婆媳皆为女流,王家的子叔经常过去便不合情理。王姓人也少管王家的家务事,如果非要说点什么,子叔们都是让新妇去找王家人。

(四)生活资料产权

1.晒场与自流井

后坪是王家的小晒场,平时上面晒制一些干菜,也有柿子干、杨梅干等水果干。后坪的小晒场由家里的女人负责,麦氏和钟氏把要晒的菜、果子切好,摆放在篮子里,便可由小姑子王

---

① 车谷子:使用风车给稻米去壳。
② 排子:竹排。
③ 耍:有小孩想乘坐王家的竹排去外面玩耍。
④ 子嫂:王家是女性当家,因而村民们多让自己的新妇出面到王家借农具。

罗敷看着晾晒。张秋花进门之后，这些杂菜干便由其全面负责，罗敷偶尔帮忙看一会儿。王家的晒谷大坪在房子的最东面，那里有一大块砂石的空地，本来上面都是黄泥土，麦氏请了两个村民到河里挑沙子填平了空地，以后王家便在砂石上面放着垫搭①晒谷。

泉水强强②，
流水潺潺。
鸡脚鸭脚，
冲得凉凉③。

王家的后坪上面有一口自流井，王芳水在该处建小房子的时候，便是贪图该处有小泉水。小泉水出自一块石缝，夏天冒水多一些，冬天冒水少一些，王家人在那处修了水沟，那处的水日夜流淌进入河里。王家人要洗衣服，就把水沟用两块石头堵起来，以便把水舀进木盆里。王家喂养牲畜使用自流井里面的水，浇菜也一样。

饮用水则是从最北面的柴棚后面来，那处有山石壁，多股泉水流淌进入王家的水沟中。长工阿坤在那处一起搭建了一个简陋的矮木盆，围起来的面积不到 1.5 个平方，王家人在里面放了两个水缸，专门装水。新妇要负责把水提到厨房里面，王家的这些活主要是张氏和细妹嫂子在干。

2.生活资料属于王赵池

每个家庭成员都可以使用王家的生活资料。譬如厨房烧水，烧好之后装成两壶，一壶放在客厅，一壶放在厨房外面，正厅的水一般只供王家人喝，王家的帮工也可以喝，但按照规矩，帮工不会从正厅进入。厨房外面的水每个人都可以喝，细妹嫂子和阿坤主要是喝厨房外面的水。

如果非要理清所有权，在 1949 年之前，王家的生活资料应该是属于王赵池的，王赵池从结婚那一刻，就标志着已经成年，应该承担管家的责任。但是王赵池年纪确实不大，还是个愣头青，王赵池便对麦氏和钟氏说，自己还要跟着阿妈和嫂子做事，要阿妈和嫂子帮衬自己，于是家中生活资料名义上的处置权还是在婆媳俩手中。

二、家户经营

(一)生产资料

1.王家需要大量帮工

王家的成年劳动力中三个半是女性，一个是男性，分别为钟氏、麦氏、王赵池夫妇，小姑子王罗敷年纪较小，不太会做田里的活儿，只算是半个劳动力。在农闲季节，长工阿坤和细妹嫂子可以每三天来做一次事，牛头子倒是每天都要来，王家的劳动力够用。

立春过后王家人便开始忙碌起来，其中麦氏和钟氏要给水稻制种。王家稻田多，制种量

---

① 垫搭：竹片编织的垫子。

② 强强：音，形容流水潺潺。

③ 凉凉：此为王罗敷所念短句，表现自流泉的特点。

也多,院子后坪便成了水稻的育苗基地。细妹嫂子和张氏负责全家人饭菜,还负责把王家厨房边上的小菜地清出来作秧田。这时候麦氏就让王赵池去五土岭或者到张屋、杨屋、王屋请人打田、犁田。王家每次会请四个打田的男人,每天两个轮流干活儿,干一天支付两升半米的报酬,还要留雇工在家中吃饭。到了插秧的时间,就要请五个短工,男女不限,每个人每天支付报酬是两升米,包饭。

麦氏在每年的农忙季节,都要组织请工的活动,具体到请多少个人工,每个人工请几天,人来了到何处干活儿。王家的请工费在长庆村行情算是比较好的了,主要是王家人的活比较累,王屋人、张屋人走上头渡水来比较远,做事的人经常感觉很辛苦。好处就是,王家人在插秧和收割的时候都会优先使用曾经帮助打田的人家的劳动力,而且干活儿期间,王家的饭管够管饱。

2.麦氏将土地进行分配管理

麦氏不让出租土地,王家土地全部都是自己耕种或者请人耕种,除了在打田、插秧、收割季节需要请大量劳动力之外,王家人的田地管理基本都是自家人和帮工做的。最好管理的土地是主屋前面,那处地势平坦,站在主屋门口就可以看到田里面的情况。

天子上的土地距离王家主屋有三刻钟的路程,平日里阿坤和麦氏会轮流去天子上管理田土,阿坤是男子汉,王家就在天子上搭建了一个很小的茅屋,庄稼成熟的时候,阿坤就要去庄稼地里守夜。其他的土地距离近一点,王家的人便要定期去管理。

麦氏把王家的零散土地进行分配管理。山坳里面的土地,一般是钟氏负责,这段路程距离较近,不算辛苦;西坑口的土地由张氏负责,张氏一般在鸡叫就出发,看完田之后还回家与细妹嫂子一起煮清早①;头渡水野鸡陇的田地和靠近元田村的土地主要由王赵池负责,因为王赵池年轻、身体素质好,耐折腾。

(二)生产过程

1.农忙季节需要雇人

春日不种稻,

一年难存膘。

人洽稻谷鸡洽糠,

一日不食饿得慌。

新妇新官来出力,

肚皮鼓鼓粮满仓。

王家的粮食每年足够吃,还能拿到过埠镇上去贩卖,但每个家庭成员依然要在农业生产中花费绝大多数的时间。在农忙季节,家里的主要劳动力钟氏、麦氏、王赵池夫妇全部要上阵,长工阿坤也去做田②,小姑子罗敷在家里跟着细妹嫂子一起做饭。因为王家请了许多短工来帮忙做田,厨房就要比平时做更多的饭菜,用农村的话来说就是要"管够",宁可有剩余也

---

① 清早:早饭。

② 做田:水田上的所有劳作都可称之为"做田"。

不能少了,否则帮工吃不饱也不会直言,但以后就不愿意来王家干活儿。

农忙雇工的人员比较固定,其中有三户王姓子叔,还有一户张姓子叔,如果这几家人没有空,他们会帮忙找到可靠、勤恳的帮工来代替干活儿。王家人几乎没有请过杨家人干活儿,因为杨家人主要在杨屋附近的农户家里帮忙干活儿。

2.犁田与买猪粪肥田

王家人的田土多,春耕时候肥力完全不够,便要到杨屋杨官胜的家中买猪粪。杨家每年都养着八九头猪,一年下来能够积累猪粪数吨,杨家自己的田土用不了那么多猪粪,便卖给大户人家肥田,猪粪是抢手货,想买的人家在春天的时候就要提前预定好。猪粪按照簊①卖,两簊簊猪粪能换到三升稻米,杨家每年能给王家提供起码二十簊簊的猪粪。

王家也养了两头猪、两头牛,这些牲畜粪便皆为良好的肥料。家里人把搜集来的猪粪全部倒在主屋的大坪风干以便保存,到要犁田的时候,王家雇来的工人们会轮流到田土上洒猪粪。田土上每年都放过猪粪或者牛粪,所以新耕耘时候,每丘田只要用上一簊簊,不需要多用。其实往田上倒粪做肥料并不是必需,有的农户家里没有牲畜,他们将人的便溺倒在田上,水稻一样能够成长。只是王家人希望田土能够得到更精心的管理,产量越高越好。

3.收割、晒谷为一年大事

王家河边的田土种植两季稻谷,第一季在农历二月下旬下田,五月底即小暑与大暑之间就要收割;第二季在第一季收割之后的一旬之内就要下种,在农历十月中旬左右收割。王家还有部分土地只种植一季,一季稻于农历三月底下种,在农历八月初即收割,此处的稻田在两季稻插秧之后便开始犁田。王家从农历三月要一直忙碌到农历的十月底,过了这段时间,一年的主要农活儿便结束了。

收割水稻大约需要五天,这五天除了家里的长工,还要请上四个劳动力日日来干活儿。王家的规矩是给来干活儿的雇工提供早饭,干活儿第一天会给每人发一个蒸熟的鸡蛋,可以在王家吃掉,也可以晚上带回去。早点吃完大家便要下田,每两个人割一丘②田,一人一头同时进行。麦氏和钟氏割稻子特别厉害,来王家干活儿的人都会感叹——可惜婆媳俩不是男子。王赵志在世的时候还开玩笑说:

> 妹子你手指勾勾,
> 一天饲田几百兜③。
> 妹子你手指洽洽④,
> 一捺两捺四平平⑤。

水稻收割好之后便进行晾晒。王家的稻子多,主屋附近晒不下,有的稻谷就要晒到田上。割稻子时候天气很热,王家人便把一捆一捆的禾堆在大坪、稻田上,一直到禾叶脱水发白,才

---

① 簊:簊箕,猪粪购买以簊箕为计量单位。
② 丘:计量单位,一块田土即为一丘田,面积不固定。
③ 兜:株。
④ 洽洽:音,表示饲田的动作。
⑤ 平平:比喻插秧很整齐。

轮流搬运回大坪上脱粒。脱粒不用请人,王赵池和阿坤负责摇风车,两台风车轮流运转,脱粒下来就被钟氏、麦氏、张氏装进箩筐。

谷子晒在大坪上、后院里,还有很多晒在田里,下面用垫子垫着。王家共有二十个垫子,一次可以晒至少3000斤的稻谷,有时候太阳很好,王家人就把垫子铺得很厚,每个垫子晒上将近两百斤的稻谷。晒谷的时候,王罗敷就要坐在田里面,一边打鞋垫、一边赶鸟,麦氏的几个孩子也要轮流守着谷子,防止被鸟吃。如果天气阴了,全家人都要出动收谷;如果谷子淋雨了,王家人就要在粮仓外面烧炭,烘干粮仓的空气。

4.养牛和养猪

牛棚里面养了两头母黄牛,待牛老了,王家人就会拉着老牛去配种,生下公牛就卖掉,母牛便留下来。两头牛很难伺候,钟氏和麦氏每天都忙不过来照顾小牛,王赵池夫妇也有很多事情要做,便只能请牛头子照顾小牛。

牛头子一般只有十一二岁,皆为村里的男伢子,牛头子放牛按月结账,本来一头牛一个月只给12斤大米,但是王家有两头牛,便要给牛头子25斤的大米。牛头子每天下午的时候过来牵牛,经过主屋和王家人说一声,便去牛棚拿牛。王家的牛头一般会带着牛在头渡水附近吃草,有时候也在山上吃,牛虽然体型庞大,但是上山路却十分灵活。等到太阳快要下山,牛头子就会把牛放回来,关进牛棚,还在牛棚下面铺上干草。牛头子除了要喂牛,还要带牛去洗澡,帮牛打掉牛虻,关注牛的健康情况。

麦氏把养猪的活儿分配给了张氏,张氏会带着王香芹、王香芳一起剁猪菜。王家的两头猪每天要吃整整三个簸箕的猪菜,张氏每天需花费一个钟头的时间去山上打猪菜,香芹和香芳就跟着一起去干活儿。张氏回到家中剁好猪菜便到了烧火吃饭的时间,细妹嫂子过来帮忙,两人先要做饭,煮熟猪菜之后细妹嫂子便离开,张氏就要伺候王家人吃饭,然后去喂猪。

5.木材生意做到唐江

南安地区①的木头生意被杨屋的杨集成带了起来,杨集成依靠木材生意发了家,很多有山、有树木的大户人家就开始跟着贩卖木头,不少村民都会一首歌谣:

> 集成仙,集成仙,
> 下唐江,挣大钱。
> 竹排一撑一丈远,
> 银元一堆比人长。

王家人跟着杨集成一起贩卖木头,因而木材生意是王家重要的经济来源。王家在五土岭附近有300来亩的山林,山上本来有杂树、琼树、杉树,祖父王芳水在年轻时候雇人下了很多杉树苗,到了王宪元长成的时候,杉树苗都已经成材。

麦氏根据先辈们的规定,三年组织伐木一次,且只能砍伐一寸直径以上的木头,因为砍小杉树伤天害理,会遭雷劈。寸径的杉树砍下来从中间截成两段,摆放在一起,每七根完整的杉树便可以装满一根竹排。王家人在秋收之后会请工人伐木,通常会招十个强壮的劳动力,

---

① 南安地区:崇义县、大余县、上犹县、南康城的统称。

六个伐木、四个撑船，伐木、撑船的报酬很高，每日三升稻米，干完之后王家人还给包红包。

(三)生产结果

在麦氏的生产统筹下，王家的水稻种植、牲畜饲养、木材砍伐都能够创造收益。王家年底可以收获14000斤以上的粮食，年成好的时候15000斤也不是问题。王家每年留下5000斤粮食存在粮仓，其余的部分上税和贩卖，其中每年上粮要装十几担，在1300斤上下。王家人都是自己去过埠圩上粮，长工阿坤每日可以挑300斤粮食上圩，加上麦氏和王赵池，王家两日可以完成上粮工作。杨集成在过埠圩市上有米店，这个米店是个中转站，里面的粮食卖到崇义县城，或者走水路卖到上犹县、南康城。王家通常都会在杨集成处卖米，若杨集成家的价钱不高，王家人就去金坑乡乃至营前片卖米。

王家的牛老了之后，一般会选择卖给过埠圩上的屠夫，屠夫亲自上家门来牵牛，看一看牛的健康状况，和主人商量牛的价钱。一般一头老牛的价格在七八块钱左右，如果牛很壮实，也可能卖到九块钱。王家的男人会吃牛肉，王家的女人不吃牛肉，所以王家偶尔才会买牛肉吃。

王家每年都卖猪到杨屋的杨官胜家里，杨家专门有人来牵猪。杨家买猪不给钱，都是给谷子，一头猪给两百斤至三百斤谷子。杨家人把猪牵走后，有人会专门把谷子送到王家，王家人也可以自己去拉谷子。村民们大多在冬天卖猪，屠夫帮忙宰杀后卖家还可以选块肉做腊肉过年，王家通常要留半扇猪肉和一个猪头，所以一头猪只能有一半是卖给杨家的。

卖木材给王家带来了大量的收入，七根杉木随船送到唐江镇，可以获得五块二毛钱，行情好的时候，能够卖到六块钱甚至六块五毛钱。王家每年可以通过卖木材挣好几百元钱，有时候买家会直接给金条，但金条价值高，只发生在大宗交易里面。

三、家户分配

(一)分配主体

钟氏和麦氏负责王家所有家庭成员、雇工的分配，家庭成员同吃同住，长工阿坤也和王家人吃一样的饭菜，但是阿坤不上桌，而是坐在厨房屋檐门口的墩子上吃饭。细妹嫂子和牛头子都不在家里吃饭，王家在每个月初一都要给帮工发一次工钱，不可拖欠。

麦氏的四个孩子中两个女子、两个男子，在1948年大女为11岁半，大子为9岁、二女7岁、二子5岁。几个子女的年龄较小，大女儿还未学会种田，只会协助做饭、洗衣、种菜之类的基础农活。麦氏的儿女们在家庭分配中没有支配权，只能够被动接受长辈们的安排。

王赵池在1948年为22岁，其未生孩子便不能作当家人，直到1950年小叔子才逐渐当家。赵池在家庭分配中有一定的话语权，麦氏在分配的时候，经常会和王赵池商量，平时家里面请工，都是由王赵池、麦氏、钟氏商量好，然后由王赵池去找人。

(二)分配对象

1.麦氏太过节省遭人嘲笑

王家的内部家庭成员数量为九人，其中成年劳动力有四个，其余的五位成员分别是小姑子王罗敷和麦氏的四个儿女。王家人共同享有王家的财产，包括王家的田土、粮食、房屋、山林、钱财，罗敷、香芹、香芳出嫁后，就不算是王家人，即不能享有这些财产。王家通常会给出嫁的女儿，分配一些财产当嫁妆，算是对女儿的情谊。王家人十分体恤自家成员，家庭成员的合理诉求都能得到满足。

王家财产的来源有很多，经济三大支柱为木材、米粮、茶油，以木材为最，王家的每个成员都为王家的生产付出大量的劳动力和心血，但日子却过得十分节省。因此五土岭有村民嘲笑王家人：

> 一天到晚做到烂，
> 抱着瓶瓶罐罐！
> 木头成山米成缸，
> 吃饭也没香。

2.王家对雇工情深义重

阿坤和细妹嫂子都是在王家干了十几年活老熟人，阿坤家的祖上与王家祖辈上同属一脉，但是阿坤家境贫寒。阿坤的父亲在王芳水的家里忙做事、当长工，后来阿坤的父亲年纪大了，阿坤便补上。王家分家的时候，阿坤跟着王宪元走，王宪元很感动，也在头渡水的主屋里面给阿坤修了房间。

王家给阿坤包饭，除此之外，每个月给阿坤50斤稻谷带回家，过小年的时候，还要送阿坤新衣服和一些年节物，诸如饼子、猪肉。细妹嫂子是五土岭人介绍过来的，到王家干了一段时间之后，王家人很满意，从此便留下细妹嫂子帮助做家务活动。细妹嫂子每个月领30斤稻谷，因为细妹嫂子只是在家中帮忙煮饭和晒菜干，顺便帮王家管孩子，活儿比较轻松简单，所以报酬少一些。

（三）分配类型

1.上粮后仍有大量余粮出售

王家种植的二十多亩土地每年都要交税，这些土地记录在过埠圩市的衙门里面，衙门的师爷有一个很大的本子，上面写着村庄的土地情况，还记录了每个家户的当家人是谁。王赵志去世之后，麦氏成为王家的家长，但对外报名号的时候，还是要报上王赵志的名字，每次王家人去衙门的师爷那里上粮，都得说是头渡水王赵志家上粮。

衙门不够人手到每家每户去收粮，便规定农户要自己上粮。王家每年上粮的数量超过千斤，上粮的时间在每年的农历十一月，王家人上粮前会和保长张慈飞说一声，言明自己家要去交粮，之后麦氏、王赵池、阿坤，便担着粮食来回从过埠圩走到头渡水。上粮之后剩下的粮食都是由自己处理，王家留5000斤粮食自己吃，再余下的都会卖掉。王家平日里很节省，每年其实吃不到2500斤粮食，还有2500斤粮食便作为家里的存粮，以备不时之需。

2.王家人爱存银元

1949年之前王家在崇义有家照相馆，照相馆本是县城一户郭姓人家所有，后郭姓人家缺钱便将照相馆卖与王家。照相馆还是让郭家人经营，每年交一定的钱币给王家。麦氏当家时，从未去过县城看照相馆的生意，但是郭家人每年依然来王家做客，顺便把照相馆的钱带来，平均每年能有十块银元。

木材生意很挣钱，就是长庆村普通的农户也十分乐意到大户人家帮工锯木头，这活儿收人很可观,唯一缺点是比较累。王家卖木头挣了不少钱,王家鼎盛时期,有整整两箱的银元,婆婆钟氏将这些银元藏在王宪元生前用过的大皮箱里面,用很多纸钱①掩好,只有麦氏知道这个秘密,但麦氏从来不去翻动。

王家的大部分钱财都是麦氏婆媳俩在管理,银钱放在婆婆钟氏的房间,钟氏不喜他人随意进出自己的房间,房间门外虽然没有上锁,但钟氏精明得很,其离开房之后都将房间的门栓留下一点缝隙,如果有人开门进去过,钟氏就能够发现。王家的家教严格,大家不会随意进出房间,也没有其他人知道银元放在何处。王赵池未成亲之前不管钱,成亲之后,麦氏就经常和王赵池说家里的钱财问题,但是王赵池不和张氏说。

(四)家长在分配中的地位

妇女不便过于在外人面前抛头露面,虽然钟氏和麦氏统筹着家庭资源的分配,但很多事情都不便于直接去做,得请家中的男子代理,比如让长工阿坤出去喊人做工,或者派王赵池到王屋找子叔说事。

麦氏每年都会给全家人制作新衣,不仅王家的家庭成员,而且长工阿坤和细妹嫂子都有新衣服。王家一般委托细妹嫂子去找裁缝,因为细妹嫂子的老公与过埠圩市上的裁缝是老根②。裁缝来王家都会带一个小徒弟,这个小徒弟年龄十来岁出头,裁缝和裁缝的徒弟都是男子,为了避嫌,裁缝总是和细妹嫂子说话。裁缝大清早就会来,在王家上桌吃了中饭之后才离开,走的时候王家人把讲好的报酬给裁缝师傅,还会给小徒弟包一个红包,里面一般为一毛钱,通常这个红包由麦氏给。衣服制作好之后,王家会让长工阿坤去街上取衣服回来,等到了小年,王家人就把新衣服用油纸包好送给家里的帮工。

麦氏认为赵池是王家赵字辈唯一的男丁,是王家的希望,因而对其十分看重。王家的家庭成员中,只有钟氏、王赵池、王罗敷有零花钱。王赵池读书放假之时,王家会派阿坤去崇义城接人,每次王赵池去上学,麦氏都会给其两块钱作为零花钱,叮嘱王赵池要节省,但不能过得太苦。王赵池讨老婆之后,麦氏每个月还给一块钱零花钱,要王赵池过得体体面面。

(五)家庭成员在分配中的地位

王家正厅的神台之前是一张八角饭桌,平时打下角就变成一张四方桌子。王赵志去世之后,主桌上吃饭的人便是钟氏、麦氏、赵池、张氏和罗敷,日常吃的饭菜比较简单,由张氏和细妹嫂子在负责,基本上不用过问其他的家庭成员。

制衣活动中,衣物的颜色、花纹由麦氏和钟氏讨论决定。裁缝会带一个本子,上面粘贴着一些碎布的小样,总体风格较为简朴。麦氏会把本子拿到张氏的房间,问张氏喜欢哪一种,张氏往往会挑一个很普通的款式;麦氏再把本子拿到小姑子那里,小姑子穿着稍显鲜亮,比如穿有蓝色、黑色花纹的布料;麦氏的女儿们的衣服由麦氏决定,儿子们的衣服要和钟氏一起商量。

麦氏、钟氏婆媳俩除了在农忙时候,一般都不会同时出门,而是会留一个在家里做事。1949年之前,农村里面对女性的品行管理十分严格,钟氏已经年过五十,其娘家父母均已经不在,便不能在外面留宿;麦氏年纪轻轻即守寡,除了回娘家,万万不能在外面过夜,因而王家的婆媳基本上日日都会在家中。

---

① 纸钱:烧给亡人的纸钱,在农村意为晦气。

② 老根:表兄弟。

四、家户消费

(一)家户消费的自足程度

1.吃食与普通村民无异

王家粮仓里面存放着大量的白番薯,上面有一层很厚的泥土,这样可以防止番薯霉变。每日吃完晚饭,罗敷就在院子里架一块案板切番薯丝,她先把白番薯的泥巴洗干净,然后切片切丝装入篮子里,次日早上,就用来煮饭。王家每日早上都会洗 6 斤白米,张氏未进门的时候,麦氏先起床淘米,然后开始烧火煮水;张氏进门之后,这件事情多由麦氏和张氏一起做,午饭和晚饭就是细妹嫂子帮着干。

家里吃食节省,一年下来也就消费 2000 来斤大米,加上请工的时候村民来家中吃饭,一年也不会超过 2500 斤。王家的稻谷每年有大量的结余,但王家人十分节约,如果细伢子装了一碗饭吃不完,就会被家中的长辈教训,麦氏会让自己的子女把饭放到下一餐吃,绝对不能倒掉。

小菜地里面都是日常菜,与普通农民家里无异,如萝卜、芫荽、蕹菜、荠菜、树椒①、辣椒,还有各种时令性的冬瓜、南瓜、结瓜,偶尔也有豆荚等鲜菜。王家除了日常菜,饮食里面偶尔也有肉,荤腥以河鲜为主,比如鲤鱼子、虾子、鳡鱼。王赵池尤其喜欢吃煎鳡鱼,鳡鱼体型巨大且无刺,一块肉可以下一碗饭。每年七月份的时候,钟氏都会叮嘱阿坤上圩市去看看有没有鳡鱼,要剁一块回来给王赵池补身体。

2.王家人怕得病

虽然家中的经济条件可以承担得起医药费,但自从王赵志去世之后,王家人便谈病色变。王赵志在世时候身体不好也不坏,没有得过大病,经常都能跟着木材船去唐江、赣州等地。王赵志去世那年,其身体突然变得十分不好,就连爬阁楼都会晕眩,还有一次从楼梯上跌了下来。王家人去过埠圩市上请了郎中来看,但也没有好转,反而病得更重,待王赵志被送到崇义去看病时候,已经只能插管呼吸。医师就让王家人准备棺材,王赵志没几天便死了。

王赵志的去世让整个王家沉浸在伤痛之中,王家人都认为是发现太晚,没有及时治疗才导致了王赵志的死亡。此后王家人便十分怕生病,钟氏喜欢求神拜佛,经常饮用一些香灰水,其听说能够消除百病。家庭成员一旦不好②的,麦氏马上就会叫阿坤去圩市上请郎中到家看病,因为麦氏说,只要王家少一个人,自己死了都不敢见王赵志。

3.婆媳俩大办丧事

麦氏嫁入王家后,家里办过两场大丧事,一场是公公王宪元的丧事,还有一场是王赵志的丧事。王宪元去世时已过 40 岁,但还没有看到孙子出世,当时王赵志十分愧疚,给王宪元的丧事办的十分隆重。赵志给王宪元穿了新绉衣,里面两层外面三层,还在棺材里面另准备了四套衣服,说是宪元春夏秋冬都要穿一套。王家请来专门的唢呐队开路,在王家从入夜吹到下葬时间,唢呐队一路跟着上山,请来的"仙人"③便从山脚下一路撒纸钱,把后山的路都撒白了。

---

① 树椒:秋葵。
② 不好:有生病征兆。
③ 仙人:行道者。

婆媳俩请高辈分子叔王朝亿主持王赵志的丧事。王朝亿从为王赵志守灵开始，便带着子叔们唱丧，那时候只要经过头渡水就能听到王家的哭丧，十分令人痛心。婆媳俩还请了六个子叔扶着棺材上山，一群人边哭边走，十分有仗势。王赵志的棺材里面铺了整整一层的白米和纸钱，里面还有给阎王进贡的礼物，据说这能让赵志到了地府之后衣食无忧。王赵志丧事的排场和王宪元的相差不大，钟氏还说，不要说花钱，要是可以送命，她都想去替王赵志死。

在长庆村只有高辈分的男子才懂得丧葬的礼仪，麦氏为女子，在丧葬事宜中便处于比较被动的地位。因此麦氏在王家办白事的时候，只能退居二线，备好钱财、购买物品，为来帮忙的亲戚准备吃食，尽量要把白事办得妥帖。

(二)家户消费主体与单元

老屋场的王姓人在长庆村几姓中人心最不齐，王姓人内部经常发生矛盾，家族对成员甚少管顾。王家的消费活动全部由自己负担，王家的吃食、住房、衣物够用，于王家而言，这些负担都不算重。

王家的男孩子到了 8 岁就要上私塾，先在村里面上两年，等到村里面的私塾上完了，就可以过埠镇或者崇义读书。王赵池在崇义上学的时候，有一次写信回来，说自己要 12 块钱零用钱去旅游。当时麦氏连"旅游"两个字是什么意思都不知道，后来让阿坤去问了私塾里面的先生才明白，大意就是去玩儿。麦氏又生气又煎熬，生气是因为王赵池去玩就要用 12 块钱，怪小叔子不知珍惜家里的钱财，煎熬是麦氏担心崇义的学子都有钱去玩儿，自己的小叔子赵池不去会被人看不起，麦氏便打算和钟氏商量去拿钱。结果王赵池马上写了第二封信，上面说的是自己不要旅游的钱了，先生弄了一条免费的船，麦氏才松了一口气。

(三)麦氏和钟氏主导王家消费

王家的消费形态以麦氏、钟氏为主导，其他的家庭成员可以补充建议。日常的吃饭比较轻松，不用费神太多，主要是卖粮食需要一定的精力。麦氏当家时，王家的粮食最远只会卖到过埠圩市上杨集成的粮仓店里面。麦氏安排阿坤找几个短工去运送粮食，等到所有的粮食送过去，杨集成会专门安排一个店里的伙计来王家送钱，此举就是杨集成在照顾王家男人太少。王赵池成年后，便可以跟着去送粮食，算账时候直接把钱财带回来。

王家的衣物消费在 1949 年之前都是麦氏做主，主要有两个原因，一是麦氏做事干脆，很快就能问到家里人选衣服的意见；二是家里除了麦氏，其他人都不方便管理这件事，钟氏辈分大，小辈在钟氏面前拘束，王赵池是个男子，不方便问家里女眷的意见。因此制衣这件事基本都是由麦氏做主，其他的家庭成员只是表达自己的意见。

住房安排在 1949 年之前发生多次变化，张氏嫁入王家之后，王家的住房安排基本开始固定下来，此后就一直延续到张氏生下儿子，这便是七八年之后的事情了。

五、家户借贷

(一)王家人不喜借贷

保守统计，王家在 1949 年前，积蓄有两小缸银元①，当时四块银元就可以买一头老牛。但王家在长庆村不是最富的，长庆村第一富是杨屋的杨集成，传说此人也是南安片排的上号的

_____

① 此处并不知具体数量，据受访者王罗敷的回忆，银元总共超过两万块。

大富,家里的银元用水缸装,放在屋子里面晚上都不用点火①。其次便是保长张慈飞和王家的血亲王赵洋家,王赵洋的父亲和王宪元是亲生兄弟,但分家后两人老死不相往来,关系极差。

麦氏代管王家的时候,王家从未向外人借钱过。麦氏和钟氏都认为,王家的管事们死了,外人都巴不得王家衰败,如果王家开始问别人家里借钱,村里面一定会传话,说王家人死绝了,留下两个女子败光了家。麦氏十分切心②外人叫衰王家,恨不得自己是个男子,可以出去用镰铲打架,但麦氏身为女流之辈,便只能日日在田间、家中劳作,以此证明王家还有人在。

(二)借贷的情况

1.麦氏带小叔子处理借贷

王家不问外人借钱借物,但外人有时候会上王家借东西,尤其是距离较近的五土岭村民。麦氏当家的时候,王家不外借大财,村民可以来借米、油、农具,生死大事急用才让借银元。

村民到王家借粮,麦氏会带着王赵池一起处理。村民借小于四箩的稻谷,麦氏会记录在簿,等到还了就划掉;累计借四箩以上的稻谷,就要写一张借条并且按上手印表示借了粮食,这个过程麦氏不便出面,通常要由王赵池执行。借粮食的村民家里会派出一个成年男子,还要带上一个识字的子叔,这个子叔会看着王家的人称粮食,监督东家和借家写契约的过程。王家一次最多借出一担粮食,一担粮够吃一个月,因为煮好的米饭中还要掺入番薯丝。如果一担不够吃,村民还可以来挑第二担,三担便是极限。

2.细妹嫂子借钱看病

有一次细妹嫂子的大哥发了槭疮,浑身长满了包,因为脓疮极痒,大哥便把身上都抓烂了。朱家人请了郎中看病,郎中说治病要用到价格昂贵的猴骨粉,细妹嫂子无奈便问王家借钱。

麦氏接到细妹嫂子的请求,将此事在饭桌上告知了王家人。王家人平日里都十分喜欢细妹嫂子,认为其做事勤快、认真,为人也十分诚恳,大家都赞同借钱给细妹嫂子家里。王赵池与细妹嫂子家的儿子们是从小的玩伴,因而对其家十分有亲近之情,麦氏便让王赵池把七块钱包好,借给了细妹嫂子家。

(三)还贷规矩

借谷子的期限是一年,一般都是今年借、来年还,一年的利息是三成,即借一担谷子,来年还十三箩,来年还不上的,如果是第三年的上半年还,连本带利是十四箩,下半年连本带利是十六箩。第三年下半年还不上谷的,王家人就会按照契约上的约定,抓人来做工,按照每日两升半米,连本带利偿还。王家没有遇到过做工抵债的状况,王家人心善,也不忍心看到别人家如此造孽③。

欠钱的期限也是一年,来年还钱利息为三成,王家极少借钱出去,王家人认为钱财债务容易引发矛盾,遇到借钱的,王家人都说已经没钱,或者说把钱投到别的地方去了。

朱家大哥的病后来治好后,朱家人没有把借来的7块钱用完,后来省吃俭用连本带利把钱凑齐了,让细妹嫂子拿着钱去还东家。王赵池与麦氏说情,言明细妹嫂子在王家尽心尽力,

---

① 夸张说法,表示银元堆满了房间,银元反射出的光亮可以照亮夜晚。

② 切心:憎恨。

③ 造孽:形容家里很艰苦。

应该多多体恤。麦氏听了便悄悄把利息退还了细妹嫂子，并让其不要将事情告诉别家，否则王家难做人。朱家人知道了十分感动，叫细妹嫂子提了九个蛋给王家人补身体，说王家人是真好人。

六、家户交换

（一）交换单位和主体

王家的经济交换集中体现在粮食交换、茶油交换、木材交换、钱币交换几个方面。王赵志在世的时候王家便有记账的传统，账本做得十分细致，很小的事件也记录在簿子上，清算的时候从来没有出过差错。王赵志写账本用的是一支沾水笔，笔杆子是铁的，但是拿起来轻飘飘，那支水笔和毛笔用法一样，蘸墨水就可以写字能把字写得很小，很节省本子。麦氏当家后承担了王家的记账任务，其每日在吃晚饭之前，都会把家里的开支记好，还会用算盘打上几遍检查，确保账本的准确。

王家的经济交换活动主要由婆媳俩主持，但是婆媳俩很少亲自出面，往往需要通过王赵池来做事。王家的经济活动比较有规律，基本上都是按时做事，什么时候该干什么都是定下来的，等到王赵池渐渐成熟以后，王赵池也按照这个规矩做事，不会的就问麦氏。

（二）交换客体

麦氏极少上街交换物品，在 1949 年之前，女性上街抛头露面被视为"嗲"[①]或者"好摆"，尤其是麦氏这种寡妇，更不能到处倒架子。麦氏婆媳俩不能亲自去集市上，但是可以让王赵池或者阿坤过去，王赵池去读书的那段时间，阿坤就要帮助王家做很多事情。麦氏便和钟氏说，等到王赵池不读书回家主事了，就送阿坤钱和粮食去自己谋生，不能让阿坤干一辈子长工。阿坤是在 1948 年正月的时候离开王家的，王家送了阿坤大量的米、油，给阿坤包了六块钱的红包，还说阿坤以后入土的时候，丧事的钱王家会全包。

集市距离五土岭要一个钟头的路程，这段路程全是山路，但是如果走蛇形岗撑排子过去，就只要两刻钟不到。王家去埠圩市赶早集，吃了早点就会出发，事情做完就会回来，如果没有什么重要的事情，上街的人回来之后还可以做好一丘田的农活儿才吃中饭。

王家人没在过埠圩市上面摆摊或者开店，都是通过杨集成的店子卖东西出去。王家人在县城的照相馆是郭姓人在经营，麦氏当家的时候不懂经营的门道，便让郭家人不用再送钱或者送物品到王家。但郭家人十分懂规矩也知恩图报，每年都会来王家送礼送钱。

（三）交换过程

麦氏虽然不上街，但是可以指挥家庭剩余产品的交换过程。过埠圩市上最大的粮食行是杨集成家里开的，村民们有多余的粮食都是卖给杨集成家里，杨集成雇佣了十几个帮工，有两个会计专门算账付钱，几个帮工装卸粮食，还有的是撑船运送。王家的粮食晒干之后，麦氏会让王家人单独铲出 5000 斤粮食放在仓库的一侧，5000 斤粮食就是 50 担，全家上阵，一天就可以铲完。剩下的粮食麦氏就要请人送到过埠圩市上去，要运送的粮食大约有 8000 斤，为 80 担，由王赵池、阿坤、细妹嫂子的老公还有王家常用的两个短工轮流挑到蛇形岗[②]。到了蛇

---

① 嗲：在此处为贬义，即女性的某些行为想要吸引男性的注意力。

② 蛇形岗距离头渡水很近，挑一个来回约为五刻钟。

形岗之后,麦氏让阿坤带着王赵池在王屋请两个撑排子的,到王家来把排子撑下水,然后运送粮食去过埠圩。

一个竹排可以放两担粮食,两个竹排一次运送 4 担,竹排走水路,送到圩市上来回不到三刻钟,十分有效率。竹排上刻着王宪元的名字,圩市上的米店一看就知道来的是谁家的粮食。王家一个上午能走四趟竹排,运送十六担的稻谷到圩市上面。中午的时候王家人要请帮工吃好饭好菜,会炒萝卜丝小鱼花,算是给帮工开荤,这样大家下午才会尽力干活儿。

中午休息过后,下午还要走五次竹排,这种速度下,王家人用三天就能把所有的粮食运送到圩市上面,走最后一趟的时候,王赵池和阿坤要跟着竹排一起到店里把卖粮食的报酬拿回来。完工的那一餐会吃很好,王家人把酒温热,还会炒鸡蛋,每个帮工都能吃到。王家在主厅里面搭起台子,大家一边吃一边敬酒,吃到天黑以后帮工们便会谢过东家,结对离开。王家人在最后一天结账,担着扁担的人每日拿三升米,撑竹排的每人每日四升米。

第三章　家户社会制度

　　麦氏当家时,王家的社会交往活动总体趋于收敛。在1946年,麦氏在长工和子叔王赵渠[①]的协助下帮赵池娶妻张氏,但张氏在1949年之前并未生育子嗣;麦氏的小姑子王罗敷按照王赵志的遗言,在家中等待招婿。钟氏身体硬朗,可以劳动,因而王家并没有赡养的压力,加之麦氏本身的娘家只需要过年探望,王家的赡养压力很小。王家成员内部关系融洽,婆婆钟氏、小姑子罗敷都十分信任麦氏,小叔子王赵池夫妇也十分尊敬麦氏,王家人之间极少发生矛盾。钟氏和麦氏皆不喜欢在外抛头露面,对外交往的事情中,如果是小事就让长工阿坤出面;如果是大事,就请一个高辈分王姓子叔带着王赵池一起出面。

一、家户婚配

(一)家户婚姻状况

　　麦氏16岁从铁木里嫁入头渡水王家,18岁的时候公公王宪元过世,26岁的时候丈夫王赵志过世,30岁的时候帮助小叔子王赵志娶了老婆张氏。自此王家有两个寡妇、一对夫妻、四个细伢子,还有一个已婚长工,一个已婚女帮工,一个未婚的放牛工。

　　嫁入王家的女性,娘家的经济水平在当地都处于中上等水平。麦氏的婆婆钟氏是田园村人,家里面有土有田,还有三个哥哥,其娘家够吃够用还有经济剩余。麦氏自己是铁木里人,本家就有七八亩土地加一座小山,家庭条件是富裕水平。麦氏在给小叔子娶老婆的时候,不要求亲家有多少田地,只求新妇要长得端庄、勤恳能干、在家里风评好,家里经济中等水平就好。

(二)婚前准备

1.钟氏主张给王赵池讨老婆

　　王赵志去世的那年王赵池为14岁,还在崇义求学,王赵志病情加重后赵池与阿坤一起在病床前服侍。王赵志过世之后,赵池在家里守孝了半年,帮着打点一些家务事,次年的四月份,又去了崇义上学。在县城再读了一年半,赵池的学业才得以完成,此后安心在王家。

　　小叔子王赵池读书回来,人也长高了,就是少言寡语,不爱讲话。麦氏当时管着家里的大小事务,就让王赵池经常跟着自己做事,和王赵池说家里到底有些什么东西。过了两年,钟氏就对麦氏说,王赵池不开朗,要给阿池娶一个老婆,以后赵池有心事就可以和老婆说。

　　王赵池的婚事由钟氏提出,由麦氏和钟氏一起商量准备。麦氏主动与王赵池说了要找新

---

　　① 王赵渠的太公王芳田和王赵志的太公王芳水是亲兄弟,在1949年之前,王家血缘最近的亲戚便是王赵洋和王赵渠。

妇的事情,王赵池没有表示出反对意见,麦氏便默认王赵池愿意成亲,便开始张罗起来。

2.选中张氏新妇

麦氏委托细妹嫂子帮忙看妹子,细妹嫂子以前在元田村做过工,认识不少人家,其丈夫老朱也经常会到大户人家里打短工,人脉很广。麦氏婆媳提出物色新妇的要求,首先就是看风评,风评不好的一律不要;其次新妇要勤劳能吃苦,王家虽然有粮,但和普通人家一样要干活儿,有时候还劳累一些,如果新妇是想嫁进来享福,王家便不欢迎。

张氏是田园村张家女儿,家中有两个兄弟和三个姊妹,在家排行老三。张氏从八岁开始,就会主动搬着墩子到厨房的灶台面前捞米,拿着一把比自己人还长的大锅铲,和其母亲一起干活儿。张氏年幼时候,一边带小弟一边帮家里剁猪菜;其长大之后依然十分优秀,种田、砍柴、做饭、洗衣,样样都干的很好。

细妹嫂子给王家人介绍了张氏,王家人便请了老屋场王赵渠的老婆做媒,上门到张家说亲。张家人一开始听说王家连个当家的男人都没有,便不想来,朱嫂子就解释说王家人的勤恳,张家人这才松口。

因为王家女流太多不方便,王赵渠夫妇便陪同麦氏和王赵池一起去田园村拉人家[1]。回来之后钟氏、麦氏婆媳、赵渠夫妇都觉得张氏家里很讲规矩,一方面张氏本人很不错,另一方面王赵池也比较认可,这门亲事就这样说定了。

张氏嫁入王家,王家人给了张家例行的彩礼之外,还送了十二块银元,并给张氏制了四身新衣,春夏秋冬各一套。娶新妇需要婆家打柜子,王家便打了高低柜子两套,还送一个表面有雕花的低凳子,张家人都说此凳十分漂亮、有面子。张氏的娘家也比较看重张氏,在嫁妆里面送了三块银元,还给了粮食、油、糖。

(三)婚配过程

1.麦氏请王家老表[2]帮忙

麦氏在王赵池的婚姻安排中起到了主导作用,麦氏在赵池到了适婚年龄后,首先请细妹嫂子帮忙物色了新妇的人选,再请王赵渠老表帮忙顺通了规矩,使得婚配活动顺利进行。

王家并未与选中的人提前见面,而是让王家老表的老婆帮忙去了解张家的具体情况。两家人都相互了解后,才是王家人和张家人进行正式的见面。这一次见面之后,双方没有反对意见,这门亲事便成了。

王家人商量聘礼,张家人也会商量嫁妆,两家人按理来说是不能私下讨论谁家出多少东西,这样会被视为不讲规矩。麦氏会喊王家老表帮忙商量聘礼的问题,老表还帮王家请了杨家的杨政平算好日子,这样麦氏和钟氏在婚前准备过程中便不用出面。

王赵池和张氏在阴历十一月份的时候办的酒席,老表帮忙通知王姓人来喝酒。酒席摆在王家的前坪上,共搭了八桌,王家老屋场的子叔人家都过来了,就连一向不合的王赵洋也来了吃酒,子叔中辈分最高的老敏阿叔坐在上座,负责开席。

2.家庭成员共同操持

婆媳俩是女子不便上席,就一直在厨房内外张罗着温酒、上菜。麦氏认为赵池的喜酒要

---

① 拉人家:类似于定亲。

② 老表:麦氏夫家的亲戚。

做得像样,每桌都给准备了大盘扣肉,平均每个子叔都能吃到一块。酒水是麦氏前一年冬季酿造的,用的是没有甜味的酒曲,这种酒曲酿造的酒水很清,但是味道很醇,麦氏酿了三大缸,用了足足有100斤糯米。

小姑子在赵池娶老婆的时候为9岁,只比麦氏的大妹①大3岁。小姑子不能帮忙做事,那天就穿了一件红色的夹袄坐在王家主屋的门槛上,帮忙喊人。麦氏赶紧把小姑子带到后院去,让小姑子帮细妹嫂子洗菜,麦氏的大女儿阿芹也跟着一同前去,两个儿子则在后院里面追着玩闹。

王家办酒席,全家人上阵。钟氏、麦氏主要负责后勤,家里的细伢子也做一些力所能及的小事。老表请了兄弟,还叫上了自己的儿子和王赵池一起去接亲,王家的长工阿坤留在王家帮忙。办宴席的时候太忙,王家还叫上了细妹嫂子的丈夫和儿子来做事,全家人忙内忙外,但是都井然有序。

(四)婚配原则

1.麦氏嫁入王家

麦氏的父亲和王家的爹爹是熟人,这也是两家婚事的缘由。王家和麦家一起走过船送木头,王宪元便记住了麦家有一个适婚的女儿,想到自己的大儿子王赵志也快要讨老婆,便回家和钟氏说了此事。之后两家人见面很顺利,婚姻之事便这样定了下来。

麦氏嫁过来的时候,王家人去接亲,麦氏的父亲亲自来送亲,还带着王氏的两个哥哥一起来扛东西。麦氏的嫁妆沉甸甸,有几百斤的稻谷,还有整整两个缸子的油。麦家制的箱子是好木头,很沉,王家来接亲的人就说,麦氏的嫁妆里面有金山②。麦氏嫁进王家,次日早晨便起来伺候公公婆婆,钟氏便十分喜欢麦氏,觉得麦氏很可靠。

小叔子那时候年龄小,经常偷偷地去看麦氏,其并非是喜欢麦氏,而是对家里面来了新人不习惯。钟氏知道了就去问赵池,说赵池是不是也想讨一个老婆,赵池就说要讨一个老婆来给自己洗衣服,王家人便哈哈大笑。钟氏便对赵池说,要等到赵池成年了王家才会给你讨老婆,要不然你会被老婆踢下床。

2.成亲花销不成问题

王家人会给结婚的儿子们准备彩礼,也要给外嫁出的女儿们准备嫁妆。给儿子的彩礼没有定数,要根据新妇家里的具体情况而定。王家讨钟氏入门的时候,给钟氏的彩礼是四季新衣,300担大米,100斤糯米,50斤油,一个腊猪头,两块腊肉,还有两只宪鸡,一套高低柜子。麦氏入门的时候在钟氏彩礼的基础上还加了8块银元,等到张氏进门的时候就给了12块银元,因为王家那时候男子少,张氏进来会很吃苦,彩礼便给得多些。

在1949年之前,王家只出嫁过一个女儿,名叫王罗美,王罗美在王宪元的子女中年龄最大,麦氏还未进门前其便出嫁。王罗美嫁得远,直接从过埠水库坐船嫁到了上犹县陡水湖附近的刘家,刘家人与王家人因生意往来相识,后来亲上加亲就成了亲家。王罗美出嫁之时,钟氏十分痛心,觉得以后四五年才能一见,但又不敢忤逆王宪元的意思,便只好答应。王家给了

---

① 大妹:大女儿。
② 金山:玩笑话,说明麦氏的嫁妆很有面子。

王罗美很多嫁妆,米、油、糖不用说,王家还送了四船的杉树木头到陡水湖,还交待王罗美,虽嫁走了但随时可以回王家做客,此后王罗美在刘家很少受气。

(五)其他婚配形式与婚配终止

1.童养媳当成亲女儿

麦氏的娘家在过埠铁木里,那处地方虽山①,但也有不少人靠着山发了财,麦氏的太公就是靠杉树木头生意发家的。麦氏娘家人十分多,其母亲生了5个女儿和4个儿子,儿女中最大的和最小的相差有十多岁,麦氏在家排行老六,从小由大姐带大,后来大姐出嫁了,麦家不得已请了个嫂子来照顾孩子。

麦氏家的老八是个女儿,老八出生之时,麦氏的奶奶腹痛如绞,一直到老八落地才缓解。麦氏的奶奶便十分讨厌老八,说老八是来要账的,有老八便没有自己。麦氏的父亲是个孝子,不敢忤逆,便只好把老八送到了过埠镇边上的一户骆姓人家,那户人家本就想抚养个女儿,以后给自己家的儿子做老婆,便把老八留下来。

老八在骆家长大,骆家人便像带女儿一样带着,小时候也给打米甘②。麦氏的父亲时常偷偷派人去探看,然后给骆家人送一点粮食,也会送糖。到老八和骆家的儿子成亲之时,麦氏父亲不敢前去,便派了家里的一个长工送礼,其中一个糖罐子里面藏了整整一筒的银元。

2.钟氏跪求麦氏守住王家

钟氏17岁嫁入王家,此后在王家生活了61年,其中为王家守寡了32年,钟氏死的时候说,在王家这些年自己对得起天、对得起地,就是王赵志和王赵林早死,没有帮助王家开枝散叶,自己心中有愧。

麦氏16岁嫁入王家,25岁便开始守寡,一直活到81岁病亡。麦氏守新寡的那几年,回了两次娘家,第二次去了三天才回来,村里面有风言风语说麦氏就不会再回来了。结果麦氏是因为服侍其生病的母亲才耽搁了两夜,回到王家,钟氏便跪在麦氏面前,说如果麦氏走了,王家真的就没人了,王赵洋家会把王家的东西全部收走,自己便不如死了算了。

> 你从十七入王家,
> 家婆对你好心肠!
> 新妇你啊狠心肝,
> 回了娘家忘了郎!

钟氏说要死在麦氏面前,一辈子都要化成鬼跟着麦氏,让麦氏永远不能做人!麦氏便抱着钟氏哭,说自己生死都要在王家,婆媳俩便一起坐在后院哭。

> 好家婆,好家官!
> 我亲嬷③得病卧在床,

---

① 山:形容地方偏僻,山林多。
② 米甘:米粉。
③ 亲嬷:妈妈。

王家待我心纯纯，

一生一世消得忘?!

那时候王罗敷虽然不懂事,但大概知道麦氏和钟氏在说什么,于是就跑到后院去和麦氏和钟氏一起哭。麦氏便说,王家不会绝[①],自己有一条命就要争一口气,以后王赵池成年了,王家就可以再兴旺起来。

二、家户生育

(一)生育的基本情况

麦氏生育了四个孩子,两男两女,年龄相差都只有一两岁。王赵志去世的时候,麦氏的小儿子才满周岁,刚刚学会叫爹。几个孩子都养得很好,从小到大没有得过大病,长得也比较标志,麦氏认为是其丈夫王赵志地下有灵,保佑着王家的孩子健康成长。

小叔子王赵池在1946年在麦氏的张罗下娶了老婆,婚后两三年都没有生育孩子。后来麦氏才知道张氏是"四贵身",一年只会来四次例假,因此很难怀孕,那时候的女性对于这些事情难以启齿,连张氏自己都是懵懵懂懂。张氏一直到1950年才顺利生下一个儿子,最后为王家生育了两个儿子和一个女儿。王家的其他家庭成员大多未成年,小姑子王罗敷也并没有成亲,因而王家人丁总体来说不算兴旺。

(二)生育的目的和态度

于王家人而言,生育的最大目的就是开枝散叶、传宗接代,王家人希望人口多多益善。王家的儿子17岁就可以讨老婆,麦氏的伯公[②]王芳田11岁的时候就讨了老婆,老婆比其大5岁,且读过一年书,便作了打油诗:

一撇撇我离家娘,

嫁给你个十岁郎。

一撇撇我离娘家,

搬个凳子给你上床!

王家人对于打油诗没有说什么,还让这对小夫妇要相互扶持。王芳田和其新妇后来的关系倒是很好,两人还生育了两个儿子和三个女儿。

麦氏当家之后,不敢忘记亡夫的叮嘱,要把王家的家业传下去。帮助小叔子娶了张氏进门之后,麦氏便对张氏说,王家人丁不旺,就盼望着张氏能够为王家开枝散叶,还说王家家业大,生下来都可以养活,以后孩子多,张氏自己也会有福气。张氏刚进门,脸皮也比较薄,就说自己是一心一意在王家,隐晦地答应了麦氏的嘱托。尽管张氏在1949年之前,并未生育,麦氏也并未对其多加指责,反而还给张氏抓中药调理身体。

---

① 绝:衰败。
② 伯公:公公的哥哥。

(三)妇幼保护功能

1.王家请人服侍临盆孕妇

王家搬到头渡水以后,开始请细妹嫂子到家里来干活儿。细妹嫂子生育了六个孩子,很有生产的经验,在王家可以照顾产妇,也可以帮忙带孩子,钟氏生育的几个孩子都由细妹嫂子服侍。

麦氏嫁入王家,刚刚怀孕的时候并不懂相关知识,因为没有害喜反应,便以为自己是劳累过度才导致停经。后来细妹嫂子和麦氏聊天的时候偶然说到了这几个问题,麦氏才发现自己怀孕了,但是并没有立即告诉王家人。麦氏肚子渐渐大起来,夏天时候有点显怀,王家人这才知道麦氏怀上了孩子。

麦氏头胎的肚子长得很大,细妹嫂子说要么是双胎,要么是女儿,麦氏心里面也认为怀了个女子。待其怀孕八个月,钟氏嘱咐麦氏不用下田下水,九个月的时候,钟氏让细妹嫂子熬一种草药水给麦氏洗澡用,据说这种草药水对孕妇身体很好。

2.细妹嫂子照顾麦氏

麦氏头胎在春天的时候临盆,时值惊蛰,村庄阴雨天气不断,钟氏说生孩子需要准备很多白布洗干、晒干,但是那段时间没太阳。细妹嫂子便只好在后厅里面架了一个炭火的盆子,把洗干净的白布架在棍子上晾干。临盆期间麦氏干的农活儿很轻松,只需要整理菜地、煮饭和洗衣服,细妹嫂子也会帮着一起干。闲暇之余,麦氏会进房间给细伢子缝被子、鞋子和小衣服。

麦氏头胎生产在下午,王家人吃完中饭,钟氏正要去房间睡午觉,麦氏便说自己肚子不舒服,可能要生了。钟氏便让麦氏先去房间坐着、打着鞋底,等到真的要生了就请人来,麦氏便进屋了。这段时间细妹嫂子白天都会在王家服侍,睡在王家的阁楼里面。那日下午,麦氏果然要生产,细妹嫂子便赶紧去王屋喊了姑婆过来帮助生产。

孩子出生之后,是个女儿。公公王宪元不高兴,但没有发作,钟氏就安慰说以后再生个儿子。麦氏在家里坐了七天的月子,钟氏让细妹嫂子给麦氏擦身体,扶其去厕所,让细妹嫂子每日都用艾草煎蛋后煮黄酒给麦氏吃,还允许其在房间吃饭,可谓对麦氏十分照顾。

(四)孩子起名

婆婆钟氏所生育孩子都是王宪元起名,大女儿叫王罗美,没有特殊含义;大儿子叫王赵志,是希望此子能够有志气;二儿子叫赵林,期望其能够守住王家的山林;三儿子叫赵池,其命中缺水,因此需要一个带有水的名字。小女儿出生时候,王宪元特别高兴,看到小女儿生得好看,更是喜欢,王宪元在崇义县上学时,听教书的先生说过,古代有一个勤劳善良美女叫作罗敷,于是就对小女儿寄托了这样的希望,给小女儿取名为罗敷。

麦氏的孩子由王赵志起名,因为麦氏的第一胎是女儿,王宪元不愿意起名字。后来还没等麦氏生下儿子,王宪元便去世了,这便成了麦氏的一个心结,认为自己对不起公公。

王赵志给两个女儿起的名字较为常见,因为王赵志希望妹子能够安稳生活,两个名字"香芹""香芳"好叫又好听。两个儿子起名字也是有讲究的,儿子们是延字辈的,因此名字里面都带有"延"字。大儿子取名为"甲",即第一;小儿子名字为癸,是王赵志在天干地支的书上看,连看三次都是"癸",小儿子便得了此名。

三、家户分家与继承

（一）分家

1.王宪华处处针对王宪元

麦氏当家之时王家没有产生过分家矛盾，倒是王家的祖辈上，闹过严重的分家。太公王芳水一生只生育了两个儿子，分别是王宪华和王宪元，王宪华比王宪元大九岁。因王宪元性格柔弱，年龄小，王芳水的妻子肖氏便从小偏爱王宪元，这便引起了王宪华的不满。肖氏去世时，肖氏让王宪元进房间说了足足有一刻钟的话，而和王宪华说的话却是要带着弟弟，此后宪华便十分憎恶王宪元。

王宪华的妻子经常吹耳边风，说王家人偏爱王宪元，以后家里的财产可能很多是留给王宪元的，王宪华便就闹着要分家。王芳水骂过王宪华，这也导致王宪华更加仇恨王宪元，后来芳水就说，分家也行，等到王宪元成家了，王家的家产就一分为二，自己留一点养老就行了。

果然在王宪元娶钟氏过门，钟氏生下大女儿之后，王宪华便闹着说分家。钟氏尚未恢复劳动能力，肖氏便丢给钟氏一把柴刀，说王家没有柴了，要到山上去砍。钟氏让阿坤去砍，肖氏便骂："你是什么金贵，了不得，嫁到婆家来还想着不做事！"钟氏处处受到肖氏的刁难，敢怒不敢言，又怕外人笑话，便只能在家中忍气吞声。

2.以金鱼埫为界兄弟断绝往来

家庭矛盾给王家带来了很多坏的影响，这些妯娌、兄弟之间的矛盾成为附近村民的谈资，大家笑话王家空有钱财，内部却是一团糟糕。王芳水虽然是家中的长辈，但却看得很开，知道老大的性格和老二的性格完全不对头，一起生活下去会闹个你死我活，便答应了王宪华分家的要求。

王芳水抽王宪华夫妇出去干活儿的空隙，偷偷找到王宪元，叫王宪元先去头渡水修好房子才能分家，不然王宪华逼得紧根本没有地方住。王宪元便对王宪华说，分家可以，房子得要一起修，修好了才搬出去。这样王家人分家的第一步便是去头渡水修房子，王宪华放不下面子，不愿意过去，松口说修房子可以先用家里的钱，不用分开算，还说这是自己的兄弟情谊。

王家分家之时，大部分财产按照地理分界，王芳水以金鱼埫的观音庙为界，从观音庙往上游走的山林、田土全部都属于王宪元家；从观音庙往下游走，所有的财产属于王宪华家。王宪华的财产要明显多于王宪元，所以王芳水以后要在王家养老，自己死的时候，两个儿子都要送终。

王家有一个长工和一个丫鬟，长工为阿坤，丫鬟叫阿秋，两个帮工都已经成亲了，但家里田土少，便继续到王家来谋事以补充家用。长工阿坤和王宪元一起长大，王宪元就要了阿坤走；恰好王宪华家里更喜欢阿秋，因为阿秋女工做得好，加之王芳水需要人服侍，王家分帮工便很顺利。

3.分家写下契约和文书

王芳水将祖上积累的财产不断扩大，到兄弟分家的时候，王家的产业在长庆村已然十分可观。王芳水从小生到大都没有吃苦过，当家的期间家产也发展很好，儿子们长大后便开始研究一些法术①,虽然是家长,但管得很松。等到儿子们要分家的时候,王芳水也没有指天骂地、捶胸顿足,似乎早都已经心中了然。

王芳水房间有一个箱子,里面全是用黄纸大张小张写的契约,有的是田契,有的是山契,王芳水把这些契约分好,一边是要给王宪元的,一边是给王宪华。兄弟俩吃分家饭的时候,王芳水就给兄弟俩一人一个小的木箱,说从此王宪元就要分出去住,但两兄弟还是一家人。

此外王芳水还专门写了一张文书,上面列明了王家财产分家之后的归属,亲自送给保长张慈飞看,张慈飞还说了一些客套话让王芳水要省心。这个文书最后送到了过埠衙门的师爷那里,从此兄弟俩就要分开上粮食。

(二)继承

一般情况下来说,只有家中的儿子才有资格继承财产,王宪华兄弟俩分家时候,王家的女儿业已出嫁,她们都没有回来分财产。王宪元在头渡水定居下来,生了三个儿子两个女儿,最后活了两个儿子和两个女儿,大女儿出嫁时间早,王宪元给了大量嫁妆。等到小女儿出生的时候,王宪元便松口说要招婿,即表示小女儿罗敷可以继承家中的财产,但是并未等到小女儿成亲,王宪元便过世了。

王赵志作为王家的当家人,当时是管理着家中所有的财产,其弟弟王赵池年龄尚幼,没有管理的能力。后王赵志去世,王家的赵字辈中只剩下了王赵池,王赵池便是王家家产的继承人。但这并不意味麦氏的两个儿子没有分享财产的权利,麦氏的两个儿子如果要分家,还是可以分王家接近一半的财产。

如果王家为王罗敷招婿,那么王罗敷便作为王家的继承人之一,可以和两个哥哥家平分家里的财产。长庆村当时已有女儿分到家产的先例,过埠镇也有数例,但女儿分到的财产总是会比儿子们少一些,因为村民们普遍认为女儿对家庭的贡献小,没有资格与兄弟们平分财产。

四、家户过继与抱养

(一)抱养

麦氏的娘家生育了九个孩子,老八因为不受太婆的喜爱,而被麦氏的父亲送出麦家。幸好过埠镇的有户姓骆的家刚好在找童养媳,麦氏家的老八便被抱养过去了做童养媳。

麦氏家里的女子生得比较漂亮,抱子安②也是见过麦家的其他女儿,看到都长得端正漂亮,又麦家本身经济情况较为优秀,以后可以看在孩子的面子上帮扶自己,便把老八抱走了。麦氏父亲看着老八被抱走,偷偷站在树下抹眼泪,麦氏的母亲更是吃不下饭,又不敢给太婆看到,怕太婆责骂。

老八到抱子安的家中,受到了很多的爱护,抱子安家境一般,没有生育女儿,就想要自己带大一个女儿,顺便给自己家的老三当老婆。抱子安接着老八回家,家婆没有奶水,就带着白米去圩市上打粉,然后冲成甜甘③给老八吃。老八从小就性格好,也很少哭闹,更是得到抱子

---

① 法术:此位受访者的语言,王芳水应该是在研究佛学。

② 抱子安:抱孩子的人家。

③ 甜甘:甜味的米粉。

安家中人的喜欢。

抱子安家在老八16岁的时候,才让其与自家的老三成亲,算是很对得起老八。成亲的时候还通知了麦氏的父亲,麦氏父亲便偷偷送了粮食和钱币过来,但却不敢与老八见面,因为怕自己会舍不得老八出嫁。抱子安家一直待老八不错,成亲后也是和正常的新妇一样对待,还反而因为是从小抱养的,更加有亲近感。

(二)买卖孩子

王家的长工阿坤是老屋场王家人的儿子,阿坤的祖父因赌博败光了家中的田土,等到阿坤出世的时候,家里的经济状况依然捉襟见肘。阿坤的是家里的老三,年龄不过6岁,当牛头子年龄太小,过继给别人家又太大,阿坤的祖父便说要把阿坤卖给大户人家当陪读,这样起码换得了两分田土。

阿坤的祖父便领着阿坤去王家,阿坤知道自己要被卖掉,就扒着门框不肯走,祖父打骂道:"你不走,我们家就没你吃的饭!看你会不会死在外面!"阿坤的父亲也求情说阿坤的年龄小,等到家里的细伢子们长大了,大家就没有这么跌苦[①],祖父根本就听不进去,阿坤就被半托着半提着扯进了王芳水家。

王芳水心地良善,看到阿坤年龄这么小,整个人瘦的和板鸭没有什么两样,就说不用卖给王家。以后让阿坤跟着王宪元一起玩儿,帮王宪元提读书的东西,等到了九岁就带出去放牛,以后可以在王家做工。阿坤便不用被卖掉,每旬都有一天假可以回家,王芳水包吃包住,还给10升米的外粮。

后来阿坤便在王家做了长工,等到王家分家的时候,阿坤跟着王家去了头渡水。王家人后来还给阿坤讨了老婆,阿坤在王家包吃包住,一直到1948年正月才离家王家。

五、家户赡养

(一)赡养单位与主体

人会生子、养子,也有生老病死,老了之后,就要儿子们来赡养自己。赡养都是以家庭为单位,通常都是儿子们赡养老去的父母,女儿们不用承担娘家的赡养责任,而是作为新妇去赡养夫家的公婆。

婆婆钟氏的赡养责任,理论上是在王赵志和王赵池兄弟身上,他们的新妇也要一起承担。但是王赵志早早去世,王赵池没有当家,家里的小辈无力赡养,这赡养负担主要落在了麦氏的身上。

总体来说,王家的赡养负担很轻,钟氏在1949年之前,身体康健,不仅不需要小辈们照顾,自己还能够下田干活儿、上山伐树。麦氏和张氏作为王家的新妇,并不需要像其他的大户人家一样,每日到婆婆房间门口去喊起床,伺候婆婆穿衣并倒好洗脸水和洗脚水。钟氏在这些琐事上会亲力亲为,自己动手,家里的新妇便轻松很多。

(二)赡养形式

钟氏的赡养由麦氏和王赵池进行主导,全家人共同协助。钟氏平日里和王家人同吃同

---

① 跌苦:形容十分贫困。

住,生活方面几无区别,因着钟氏年龄略大,王家人做饭的时候,便不会煮得太干,以免其咽不下去。钟氏爱吃动物的内脏,诸如鸡杂、鸭杂还有牲畜的下水①,麦氏就会让阿坤到圩市上去买,或者到杨屋的宰猪人家预定。

王家财产很多,给钟氏养老根本不是问题。钟氏在1946年之前,还算是王家的二把手,根本无人将其当成是老人。钟氏大多数时候和王家人一起下地干活儿,到农忙的时候,便留在家里和细妹嫂子在厨房烧水做饭,帮助家庭成员减轻负担。钟氏没有架子,不会倚老卖老,也不会拿自己的身份欺压其他的家庭成员,因而很得到家庭成员的尊重,大家都十分支持对其进行赡养。

(三)养老钱粮

钟氏的养老银钱有三个来源,其一是钟氏娘家给的嫁妆;其二是公公王宪元留的私房钱;其三便是麦氏、王赵池给的年节红包和零钱。钟氏嫁入王家之时,其娘家人给了不少银钱作为嫁妆,有银造的长命锁、头钗、耳环、手镯,这些嫁妆由钟氏自己处理,王家人不会干涉。再者,王宪元死前,给钟氏留下了不少的银元,让钟氏单独放好,这样钟氏老了之后便不用求人,有私房钱便有了底气,在家地位也会更高。

麦氏每个月都会给钟氏一块银元作为零花钱,但是钟氏很少有机会去圩市上面,这些钱大多数便都存下来了。过年时候,麦氏和赵池要用自己的私房钱给钟氏包红包,年夜饭一开席,麦氏和赵池分别给钟氏拜年,把红包递上。钟氏作为回礼,也给家庭的每一个小辈发红包,数额往往要小很多。

总体来说,钟氏存有不少的私房钱。王家平日里吃饭、制衣、看病都是由麦氏统筹,钟氏不需要额外掏钱。麦氏和王赵池也从来不会惦记着钟氏的私房钱,任由钟氏自己管理。

六、家户内部交往

(一)父子关系

麦氏育有两个儿子和两个女儿,两个儿子中最大的不到10岁。王赵志生前时常要跟着船去上犹、南康城做生意,一半的时间不在家。其在崇义县开了照相馆的那几年,经常都会去崇义做事,看照相馆的时候顺便看一看在读书的王赵池。

麦氏的大儿子王延甲虽然不是经常见到王赵志,但是和王赵志十分亲热。王赵志要求王家的儿子们8岁就要开始读书,王延甲满了8岁便被送到长庆村蛇形岗附近的私塾去上学,蛇形岗距离头渡水有一刻半钟的脚程,如果是细伢子就要走上两刻半钟。王赵志有的时候早上去做工夫,王延甲就要跟着一起去,到了先生要讲课的时候就打飞脚②去学堂。

王赵志作为父亲,有送儿子读书、教会儿子干活儿和帮助儿子讨老婆三个重要义务,做儿子的则有孝敬父亲,给父亲养老送终的义务。但是王赵志在幺儿③王延癸还未满两周岁时候便去世了。

---

① 下水:内脏。
② 飞脚:跑步。
③ 幺儿:最小的儿子。

(二)婆媳关系

1.钟氏安慰麦氏

麦氏刚刚嫁入王家之时,王宪元还在世,宪元穿长裤长衫,一看就是大户人家的家长。麦氏嫁进来第二日便不敢睡懒觉,听到鸡叫就起来烧火,捞饭的时候钟氏便来了厨房夸麦氏勤恳,还和麦氏说自己以后也会帮忙一起做饭,果然第二天早上钟氏来了厨房。

麦氏在王家生下的第一胎是女儿,王宪元当时看了不是很高兴,因为王宪华家已经有了三个男丁,王宪元气不过,就想要自己家也生男丁。王赵志问王宪元大妹①叫什么名字的时候,王宪元便说,你们取吧,我就不管了。麦氏知道公公不高兴,十分害怕,钟氏就劝麦氏说,自己第一胎生的也是女儿,麦氏这一胎是女的也怪罪不得,第二胎就一定要生个男丁。

2.婆媳俩相互扶持

王赵志死的时候麦氏还不到 30 岁,麦氏年纪轻轻,本身娘家也十分不错,硬是要改嫁的话,也是能够嫁出去的。婆婆钟氏不知道麦氏的真心,便让细妹嫂子偷偷去问话,问麦氏的想法,麦氏知道后便主动对钟氏说,自己嫁给了王赵志,以后就是王家人了,以后钟氏想要自己走自己都不走。

婆婆钟氏听了十分感动,便说自己知道丈夫死了的苦处,王宪元也死得早,本来那时候自己都想一头撞死在棺材上,就可以跟着王宪元一起下地。但是王宪元又说过,要让钟氏帮助儿子一起管好王家,现在儿子也去了,自己想死却不敢,自己一死,怕是无脸再见王宪元。

婆媳俩尽心尽力操持王家,按照王赵志生前的大多数安排对王家的生产进行管理,等到王赵池成人便算熬出头了。王赵池取了老婆之后,婆媳俩都感觉松了一口气,麦氏和钟氏还要带着赵池做几年事情,等到赵池熟悉之后,王家的事情便可以全权交予负责。

(三)夫妻关系

1.王赵志体贴麦氏

麦氏与其丈夫王赵志的关系十分亲密,在长庆村,夫妻过度亲密本来并不是好事,容易招人闲话,但麦氏把这种关系控制得张弛有度,得了夫妻相敬如宾的好名声。

麦氏嫁给王赵志之后,要在王家做农活、做家务、服侍公婆、生儿育女。麦氏在分内的事情都做得很好,麦氏在王赵志在世的时候是王家唯一的新妇,一年三百六五天,麦氏天天早起,从未睡过懒床,就是在细妹嫂子开始在王家做事之后,也没有偷懒过。麦氏在成亲的七年内,为王赵志生了四个儿女,即使在怀孕六七个月的时候都是坚持下田干活儿,不会偷懒。

麦氏在哺乳期也要干农活儿。麦氏生大儿子那年王家人手不够,七月份大家都在收割,细妹嫂子家也在赶工,只能在做饭的时候来王家帮忙。麦氏就一边背着孩子,一边在家里砍柴、洗衣,细伢子背在背上乱抓乱哭,把麦氏的衣服都扯烂了,麦氏就只好穿着两件单衣,在家里干活儿,十分辛苦。

王赵志曾经在县城求学过,在经营王家生意的时候见过很多世面,对麦氏十分包容。王赵志在世的时候,从来没有说过麦氏一句重话,即使麦氏做事不妥,王赵志也不会责备,只是要麦氏下次不要犯错。王赵志常常对麦氏说,王家人少、事情多,自己常常不在家,麦氏不要怕事,有什么做不好就和钟氏商量,或者婆媳俩等着自己回来做。

---

① 大妹:第一个女儿。

2.王赵志教麦氏算写

王赵志最远去过广东城,其见识十分广阔,有一次王赵志对麦氏说唐江镇有女的教书先生,还是短发的,麦氏听得完全不信。后来罗敷知道王赵志开了照相馆,就说要见短头发的女先生,王赵志还真的带了个照片回来,曾氏看了之后喊了声"老天牙"①,隔天早上就把照片在灶缝里烧了。

王赵志成亲之后,只要在家便会教麦氏算写,麦氏就说自己是女子,学不会要被人取笑,王赵志便送了麦氏一个算盘,说男的女的都能学会。等到麦氏真的学会了算写,王赵志便有时候会叫麦氏对账,把自己写下的账算一遍,看一看有没有错误,麦氏白日里要干农活儿,就只能晚上在月光下插着篾片看。那时候王家已经有蜡烛,但是蜡烛昂贵,一般都是供奉在神台上,麦氏舍不得用。王赵志还为麦氏念书,自己也写过打油诗:

> 黄蜂点火一寸光,
> 飞来飞去两相关。
> 盘藤绕树拗不断,
> 鸡公鸡麻笑笑欢。②

王赵志和麦氏十分恩爱,麦氏说自己这一辈子最值得的事情就是嫁给了王赵志,虽然为此一个人过了五十多年。王赵志死后,麦氏娘家的人曾经想问麦氏是否愿意改嫁,麦氏就对父亲说,王赵志对自己掏出了心肝,自己要是改嫁,就是没心肺!麦氏娘家人对此事便不再过问。

(四)兄弟关系

王赵志和王赵池兄弟俩岁数差距较大,兄弟俩父亲去世早,王赵志便肩负起了王赵池的教育、劳动技能培养、婚配的责任。赵志要赵池读完先生的课业便要回家做事,赵池也答应了下来。

赵池在崇义县读书,学校为学生提供的铺间③,赵池不愿意和其他的学生同住,就和思顺乡的陈良谷住在伙店里面。王赵志每次去县城的时候,都会从家里带菜给赵池,麦氏做很辣的鱼干蒸杂菜带过去,那种菜一罐可以下好几天的饭,赵池特别喜欢吃。王赵志每次去崇义都叮嘱赵池要和陈良谷好好相处,还请陈良谷多多担待王赵池。

赵池放假回家,王赵志只要有时间,都会去过埠圩上接送。有时候还会带着赵池在水库边上玩一会儿水再回去,王赵志和赵池在河边比赛游水,经常玩耍到虚脱。王赵志还要亲自帮助赵池选一个新妇,但没有等到那一天,王赵志便去世了。

(五)妯娌关系

麦氏把妯娌之间的关系处理得很好,其从不以大欺小,对张氏十分包容,张氏便对麦氏更加尊重。张氏进门之时麦氏已 30 岁,妯娌之间年龄差足足有 13 岁,加上张氏眉毛浅,脸庞大,长得十分显小,与麦氏看上去关系更似母女。张氏初入王家的时候和麦氏一样,第二天一

---

① 老天牙:老天爷。
② 大致的意思是形容夫妻同心协力,家庭就会很团结。
③ 铺间:几个学生同住的房间。

大早就起床去烧火做饭,王家那几年的事情很多,钟氏便很少进厨房,煮饭、烧火的事情便交给麦氏和张氏一起做了。

张氏要叫麦氏为大嫂,麦氏让张氏承担的家务活儿主要是做饭、洗衣、喂猪,砍柴的活儿由长工阿坤干,种菜的活儿由细妹嫂子干,放牛的活儿还有请来的牛头子干,张氏在王家的家务活儿便比较轻松。但除了做家务活儿,张氏还要干农活儿,西坑口的六分田地除了犁田,上面的全部农活儿要由张氏打理,附近种植的番薯,也是张氏包种植和收获,总体来说还是有一定劳动强度的。

张氏胆子小,刚进王家时候很怕钟氏和麦氏婆媳俩,一是钟氏和麦氏的年龄比张氏大许多,张氏习惯把她们当成长辈;二是张氏的丈夫王赵池与张氏说过,钟氏和麦氏对王家的贡献很大,一定要尊重,在她们面前要有规矩,王赵池自己也以身作则。等到张氏在王家住了两三年,张氏便也开朗了许多,经常愿意和钟氏与麦氏俩聊天、讲话,一家人一起商量生产活动。

七、家户外部交往关系

(一)对外权利与义务关系

1.麦氏当家后社会交往范围缩小

麦氏当家期间较之以前,王家与村民之间的联系有所减少。一方面,头渡水附近本就只有王家一户人家,那处的田土、山林都属于王家,没有别的村民在那处安家。王家人最近的邻居住在五土岭,那一处主要是朱姓、张姓和少量王姓人在居住,王家人不会去五土岭串门做客,五土岭部分农民会在王家做工。另一方面,麦氏与王姓子叔之间的交往也减弱了,麦氏一位女流之辈,不能登堂入室,想要找王姓的亲戚帮忙,只能让长工阿坤去喊人。后来王赵池讨了老婆,王赵池在老屋场的走动稍微多了一些,但每次都要忌讳碰到王赵洋,因为两家关系很差。

2.麦氏对帮工很重视

王家常年雇用着两位帮工,麦氏对帮工十分重情义,除了支付帮工的劳动报酬,还会关心帮工的日常生活,与帮工的关系很好。

长工阿坤从6岁开始就进了王家,刚开始是陪着王宪元读书玩耍,大一点帮助王家放牛,再大一些就要下地、种田、打水,帮助王家做工和跑腿。王家分家的时候,阿坤跟着王宪元一起到了头渡水,帮助王家修房子、种田、种地,送王家的儿子们去过埠圩市、崇义县读书。等到麦氏当家的时候,阿坤更是十分劳累,麦氏很多事情不方便出面,都要阿坤去传话。

麦氏交给阿坤的活儿很多,对阿坤也十分有人情。阿坤在王家包吃包住,每年跟着王家人一起制新衣,王家人的节货都会分一部分给阿坤拿回家,过年的时候阿坤还可以收到红包。阿坤讨老婆的时候,王家人送了阿坤两担米、两块银元,还送了两套新衣,就连王屋人都说王家人够人情。

王家还有一位帮工是细妹嫂子,细妹嫂子是请来帮助王家做饭和带孩子的,不用在王家下地种田,只需要伺弄菜园。细妹嫂子早就已经嫁人生子,她家中的田土不多,便到王家来做事补贴家用。细妹嫂子和麦氏之间感情很好,麦氏生孩子多亏了细妹嫂子的服侍,后来细妹嫂子家里的男人生病,王家人也帮了不少忙。

(二)对外冲突以及调试

麦氏当家之时,王家人极少与外人发生冲突,王家人每日都在勤恳干活儿做事,不愿与人议论是非长短,虽然这样牺牲了与外人的交往活动,但是这也是减少冲突的好办法。王家人在家教上很严,麦氏婆媳俩不喜见到家人聚集在一起说闲事、惹是非。

尽管王家避免冲突,小矛盾难免也会发生。张氏嫁入王家之后,偶尔会帮麦氏去天子上看田,到该处田地要经过王赵洋家。张氏某次从王赵洋的小老婆面前走过,张氏没有叫①,小老婆就在路上骂张氏,说头渡水的人家就是没规没矩! 张氏便回小老婆说,小老婆就这么缺人喊,怕是在家里没人喊! 小老婆便被气走了。张氏回到王家对王赵池和麦氏说了此事,大家都说张氏制到了王家人的瘾②。

---

① 叫:喊赵洋小老婆的名字。
② 瘾:张氏制服了王家人的嚣张气焰。

第四章　家户文化制度

麦氏重视教育,王家的男子全要上私塾,王赵池在崇义县学成归来之后才成亲;王家的女儿们不去私塾,但是可以在家里学习简单的算写。王家人没有什么手艺,平时主要干农活儿和做生意,每天休闲的时间不多,日出而作日落而息,男人女人皆很少出去串门。头渡水是王家天然的地理屏障,把周围的村民隔绝开,王家人的内部认同很高,成员相互扶持,十分亲密。麦氏注重年节,大型节日都会准备好酒好肉,过年的时候家庭成员边吃边玩,除了必要的王姓子叔之间的串门,王家人很少出去做客。长庆村每年都有少量的公共娱乐活动,麦氏自身从不参加,但会出钱,请王姓子叔们看戏。

一、家户教育

(一)家户教育概况

1.男子教育水平较高

王家人十分注重读书。麦氏的丈夫王赵志穿着长衣长衫,脚蹬一双高跟皮鞋,把袜子塞进皮筒里面,头上还戴着一顶帽子,一看就是大户人家的读书人。王赵志不仅会读书,对王家的历史也研究得很透彻,能说清楚十几代人的事情,王赵志常被请到老屋场去做事,和王赵洋分桌①坐在一个厅里面,但是两兄弟不讲话。

麦氏当家后,十分支持小叔子王赵池读书。王赵池在崇义县读了两年半的书,麦氏每个季度都会让阿坤去县城给王赵池送生活费,还会顺便捎上家里的饼子和新做的衣物。王赵池到了17岁便被麦氏叫回家里做事,麦氏说王家不比以前,一定要有男子在家。麦氏的两个男儿在1949年之前在长庆村的私塾里面读书,基本上不用干农活儿。

2.女子允许学会算写

钟氏和麦氏能做简单的四则运算,婆媳俩皆会打算盘。婆婆钟氏珠算打了几十年,速度飞快,但如果不用算盘,钟氏算数便要一番工夫。钟氏的珠算是王宪元教的,因为王宪元事情多,经常不在家,需要钟氏帮忙管理,钟氏便必须要学会算数。钟氏识字不多,常写白字,但是应付日常的生产就够用了。

麦氏学算写,一方面是受到王赵志的鼓励,另一方面钟氏也劝麦氏,学会算写是帮助夫家做事,不会倒架子。麦氏就说自己十分愚笨,学不会,结果麦氏学起来非但不愚笨,还被王家人夸奖是女状元。

---

① 分桌:与王赵洋不共用一张桌子。

(二)私塾教育

长庆村在蛇形岗附近有个私塾,是张姓人所开。张先生在蛇形岗有一部分土地,之前在那处做了矮棚子专门看田,后来便把这些矮棚子改造成了学堂,开设国文和算数两门课程。

王家的儿子们满6岁,便可以去上私塾,先到张先生家里拜师,入了师门方可入学堂。麦氏的大儿子5岁之时便被王赵志带去拜师,王延甲年龄太小,只敢在张先生家里站着,张先生本来不想收,王赵志便保证王家的儿子不听话,可以随意打骂。王赵志还带了拜师用的三十斤稻谷还有两封纸饼过去,顺带送了一簸箕的柴火,表示希望张先生多多担待王家人。

私塾距离王家主屋有一定的距离,王延甲去学堂要走上两刻钟的路,有时候边走边玩儿,整整一个钟头才能到学堂。王延甲从来不赖床,家里的长辈醒了,王延甲差不多就要醒来。麦氏当家的时候也没有为儿子们上学操心太多,因为王延甲和王延癸都很懂事,知道体贴麦氏。

(三)学校教育

王家人到崇义县读书都是长辈安排的,王家人认为读书可以让儿子变聪明,还能结交外面的朋友,因此十分支持儿子们读书。

王赵池在崇义县读过两年半的学校,崇义县的学校和长庆村的私塾不同,私塾里面只有一个先生,只教两门课;县城的学校里面,有七八个先生,还给学生分开上课,先生也不会打骂不上课的学生。

(四)家教与人格的形成

麦氏十分注意王家人的家教,但男女之间的家教有一定的区别,所以麦氏只能统筹女性成员的家教,男子的品性得靠私塾教。细伢子们很容易有样学样,比如王赵池小时候看到王赵志在后院里坐着抽烟袋,就闹着让王赵志给自己也抽一口,王赵志给赵池抽,赵池眼泪都流出来,但还是说很好抽。以后看到王赵志抽烟袋,王赵池就要上前吧[①]一口。

儿子们的学前教育主要由王家的男人们负责,王赵志教过王赵池、王延甲,二儿子王延癸刚刚会说话,王赵志便过世了。当时王赵池快要成年,已经基本定型,不再需要麦氏纠正言行。王延甲和王延癸之后的教育工作便主要依赖于私塾,钟氏和麦氏只能教一些为人处世的道理。

王家的女儿不上学,教育工作由麦氏婆媳俩承担。麦氏很少专门放下时间来对罗敷或者阿芹、阿芳说什么事情该做、不该做,更多时间是直接领着她们做事。她们做错了的,麦氏就会指出,但是只会说一两次,改不过来就要骂。麦氏还问过小姑子要不要学打算盘,小姑子就说自己不想管事,太苦了。

(五)家教与劳动技能

麦氏掌握的劳动技能有限,其本身比较擅长家务活儿与田土里面的简单活计,比较有技术含量的犁田、耙土都要男子才能掌握。因而小叔子王赵池的劳动技能只能让长工阿坤代为教授,家中女子的劳动技能麦氏倒可包揽。

长工、帮工、牛头子帮助王家承担了许多的劳动,但是王家的家庭成员依然还有大量的活儿要干。王家人请帮工的主要原因是家里的农活儿实在太多,自己家的人干不过来。王家的儿子们虽然都是有文化的人,但也必须要学会耕田种地。

---

① 吧:抽。

小叔子王赵池日常喜欢穿皮鞋、戴手表、戴帽子,到了要种田的时候,也得穿上烂衣服,打赤脚从家里托着锄头去田里面,和家里的帮工一样,干得要死要活。王赵池刚刚成亲的时候有一次去做犁耙,做累了站在田里面偷气①,王家的牛突然踢了王赵池一脚,王赵池一下撞在铁犁上面,眉毛都被掀掉了一块。钟氏说王赵池好了之后那处会破相,王赵池就说种田的人谁会看那么细致。后来王赵池新长出的那块肉上便不长眉毛,不过在农村也没什么影响。

王赵池的犁耙是阿坤教的,王家人十分看得起阿坤,并未因身份而看轻他,王赵池读书回来之后,就让其教王赵池犁田。王赵池外出读书两年,干活儿太少,身体单薄瘦弱,拉着牛走一个上午就腰酸背痛,麦氏便说:

> 读书人两手纤纤,
> 拉牛过坎一仰铲。
> 种田人手指握握,
> 一担两担走得乐。

王家的女儿和普通农民家里的女儿干的活儿一样,都是做饭、洗衣、种地、砍柴,王罗敷在家中很少种菜,大多数时候细妹嫂子都会把菜园的农活儿收拾好。王罗敷每日得例行做女工,大户人家把女工针线作为评价女性的重要指标,罗敷持针线在后院一边绣花,一边与麦氏、张氏聊天,探讨女德和针线的技巧。

二、家户意识

(一)自家人意识

儿子、新妇都是王家的自家人,比较特殊的是,麦氏的小姑子王罗敷,也是王家的自家人,因为王宪元在世的时候交待,要给王罗敷招婿,以后王罗敷生下的儿子姓王,可以继承王家的财产。王赵志在世的时候,也承认王罗敷在王家的地位,所以等到麦氏当家之时,麦氏听从王赵志生前的安排,把王罗敷当成内家人对待。

王家的帮工属于外家人,但是相较于外人,帮工又显得十分亲密。长工阿坤讨老婆的时候,王家给了阿坤两担粮食,让其娶老婆用,而普通的农民家里,一般只需交三四担粮食给亲家,王家此举便显得十分大方。对待细妹嫂子,王家也显出真心,王家人从不会随意责备帮工,细妹嫂子有一次来王家做饭,心中有事便放了两道盐,导致饭菜过咸。王家人吃饭的时候开玩笑对其说,最近的盐不要钱了,细妹大嫂放得好大方!

(二)家户至上意识

麦氏认为,先有家、再有人,王家人要把王家的家庭利益摆放在首要的位置,王家人在内团结一致,在外要努力维护王家人的名声,当自己的利益与王家的整体利益发生冲突之时,要把王家总体的利益摆放在前面。在小叔子王赵池的道路选择上,麦氏就施加干预,要求赵池收心守住王家。

王赵池十分喜欢读书,曾经想以后当个私塾先生,在五土岭这边开一个学堂当先生。王

---

① 偷气:比喻十分疲劳。

赵池去了崇义县读书后,听先生说在赣州有西洋乐器表演,先生说得十分生动,王赵池便心生神往,希望自己以后再去赣州读书,就能有机会接触到这些新鲜的东西。王赵池在崇义县求学两年半,时间算是比较短的了,王赵志在世的时候说过,王赵池以后还可以去赣州读书。王赵志病亡之后,麦氏就对王赵池说要早点回王家当家,不能只顾着自己潇洒。王赵池便再在崇义求学了一年,便回到家中学习耕田,成家讨老婆。

王赵池追求时髦,在县城求学的时候学了官话,这种比过埠口音要洋气很多的口音叫作崇义声,王赵池回家之后,口音里还是有崇义声,麦氏就要王赵池转回过埠话,要不然会被村里人嘲笑"洋不洋、土不土"。

三、家户观念

(一)家户时间观念

1.生产依照节气歌

二十四节气是农村生产的农事日历,长庆村的大多数生产活动都可以对照着节气表进行安排。农历二月便是一年生产活动的开始,王家人炒菜爱放辣椒干,因此每年都会种植许多辣椒。王家人于二月初在菜地下辣椒秧,辣椒对温度很敏感,稍微暖一点就会发芽,辣椒秧长到可以移植的时候,王家人就要开始下白菜秧,这些小菜的种子都是自己留的。

进入农历三月,王家开始忙碌起来,部分田地种植两季水稻,两季稻中的上季水稻要在立春之前制种,清明左右便可以移入秧田,长到两寸高便能准备插秧。上季的水稻在农历七月份可以收割,收割之后王家一边晒谷,一边要打田,开始种植第二季水稻。下季的水稻在十月中旬之前会集中收割,收割之后王家的水田暂时进入休耕期,不再种植作物上去。

夏天的时候王家人在四更左右起身,那时候天色还未亮,但可以凭借着晨光到稻田里面去看水,做一些简单农活儿。夏季的中午、下午基本上都不用干活儿,因为地面晒得滚烫,无论是翻地还是种植活动都无法进行,作物会脱水而死,因此等到太阳阴下来了,王家人才会拿着锄头去干活儿,一直到太阳落山才会回家。冬日时候王家人也习惯早起,但一般都会等到天将将亮堂的时候出房门。王家人冬季的农事活动较少,但是冬日有时候要上山伐杉树,中午便不太休息,干活儿干到太阳阴下来便可以回家。

2.西洋钟使用麻烦

王家早年看时间是听钟,王家人做生意带回去过一面摆钟,那摆钟有十二个时辰,每过六个小时就会响三下。钟刚开始挂在王家的时候,子时会敲响三下,钟氏便吓得睡不着觉,说像敲魂的一样,过了好一段时间才习惯。摆钟每三天要推一次发条,王赵志便教会了王赵池上发条,王赵池去崇义县读书后,家里便没有人推钟,那钟便停了,钟氏便把钟放到了阁楼上的箱子里面。

王家不看钟之后,成员们也没有不习惯,而是听鸡叫和看天色判断时间。吃饭的时间基本上是固定的,早饭在天亮的时候吃,午饭在日头最高的时候吃,晚饭就在天黑的时候吃。王家人睡觉时间很早,夏日吃完晚饭,女子们洗完衣服,聊一会儿天就会进房间,男子们也是聊天一会儿,抽几筒烟便睡觉。冬日时候睡觉时间早一些,家里的细伢子洗完脚就会上床,大人干完活儿就睡觉。

(二)家户空间观念

王家人的房屋是东北-西南朝向,因为王家的房子背靠着一座山,房屋便以山为背修建。王家的厢房有五间,阁楼有两间,长工房有一间,王家的家庭成员都住在厢房里面,其中钟氏和麦氏住在右边的两间厢房内,钟氏一人一间,麦氏和小姑子王罗敷睡在一间房;王赵池夫妇和细伢子住在右边三间厢房,王赵池夫妇住一间,男伢子住在一间,女伢子住在一间。厢房之间不能随意进出,尤其是钟氏和麦氏的厢房,都是要先打招呼才能进入,男细伢子的房间随便一点,但是女伢子的房间只能由女子进入。

家中的前坪、后坪属于公共空间,家庭成员都可以在上面休闲,但是王家晒衣服的小院只能由女性出入。晒衣小院里面有两个晾衣服的晾杆,高的一根用来晾晒男子的衣服,矮的一根用来晒女子的衣服,女子的内衣则晒在裤子的里面。晒衣服的小院子平时被围起,里面野生了很多相思①和红皮菜,王家人会择来做菜。

长庆村主要有三处村民聚居地,一处是在蛇形岗,一处是在杨屋,还有一处是五土岭,王家的位置在长庆村的五土岭西北角落里面,再往西北角落走也没有住户了。通往王家的路况比较复杂,先要走到五土岭的主道上面,顺着西北方向的小路绕过一座小山,再过一条河,才到王家的主屋前。村外人往往都不能找到王家的具体位置,而是要问路才能到达。

(三)家户生活观

"懒汉吃得空,勤恳米进箩",长庆村村民都坚信,勤劳的人才能得到生产的回报,懒惰的人坐吃山空。王家特别讨厌懒人,王家即使是农闲的时候,也不准家里人起懒床。麦氏每日四更天会睁眼,看到天色蒙蒙亮,就要起床,有时候会去劈柴,有时候会去看水。

麦氏要求家庭成员都要秉持勤恳的美德,麦氏以身作则的同时,也不会让王家人偷懒。为了治王赵池的懒惰,麦氏早上就让阿坤拿着一面锣,在王赵池的床头敲,骗王赵池说五声锣不醒,第二天晚上五更就会有鬼专门找王赵池,王赵池吓得起飞。有一次麦氏凌晨去看水,回来后王赵池还不起床,等王赵池醒了便偷偷对其说当日已经敲了五声锣鼓,只是王赵池没有听到,晚上就会有鬼来等他。王赵池当夜上床便不敢睡觉,在口中小声默念阿弥陀佛,求鬼大人放过,最后王赵池一夜未睡,第二日还不敢与家人讲。此后王赵池便不敢睡懒觉,早上听到劈柴烧火的声音差不多就会起身帮家里做事。

王家的新妇们也十分勤恳耐劳,麦氏刚刚嫁入王家的时候用过粮食的大秤秤一下是110斤,嫁入王家之后劳动十分拼命,第二年收割粮食时候过称便只有九十几斤,整个人清减②不少。王家每次到插秧收割的时候,都忙得天昏地暗,家中劳动力、帮工,还有请来的短工全部在田里忙到腰都直不起来,只能请人做饭。王家人一人一年穿得烂十双草鞋,小姑子罗敷就抱怨说,打草鞋都打不过来。

---

① 相思:紫苏。
② 清减:变瘦。

四、家户习俗

(一)节庆习俗概况

1.热热闹闹过大年

农历十一月中旬,钟氏便和麦氏一起张罗着准备年货。王家人会请杨家人帮忙宰猪,卖一头半给杨家人,留半头猪在家里。钟氏十分会做腊猪头,把猪头切成两片,用粗盐抓一层,腌制一个晚上,第二天就把猪头用竹棍子拉起来在菜园里面晾晒。麦氏把剩下猪肉的排子骨全部取下,拿两块带皮的去菜园里面吊腊猪肉,将猪五花切出来做香肠,再烧上六块扣肉,这才算是像样。

王家除了腊猪肉,还会腊鸭子和腊鸡子,腊鸭子主要由细妹嫂子操刀。细妹嫂子在厨房烧水拔鸭毛、鸡毛,然后全部提到河水里面宰杀,用盐巴把所有禽类的内脏抓好,因为钟氏和王赵池喜欢吃禽类内脏炒酸萝卜。细妹嫂子要用两天的时间才能处理好鸭子,之后也把鸭子挂在菜园中,等到风干做成板鸭。王家的腊鸡子是在张氏入门之后才有的,张氏娘家人晓得用柴火做烟熏鸡子,烟熏好之后拿去腊,王家人都十分喜欢吃。

王家的年货要提早准备,因为农村里面做腊味需要一个月以上的时间,等到进入了农历的十二月,王家的年味便更加浓厚了。王家每年都可以做新衣,埠圩上制衣的高师傅会和徒弟一起过来,因为按照农村的习俗,制衣的人带着徒弟上大户人家,大户人家就要给红包。王家每年都比较慷慨,愿意给一毛钱、两毛钱的小红包,因此高师傅很愿意来做事。

过年时候要写春联。王赵志在世之时一直会负责写春联,王赵志过世之后,麦氏有两年都是请长庆村私塾的张先生写的春联,因为张先生教过王赵志、王赵池读书认字,算得上是王家的长辈,可以写春联。等到王赵池结婚之后,便也可以写春联。

麦氏当家期间,王家的女人在正月里也很少串门走王家的亲戚,因为王家的嫡亲王赵洋家与王家的关系不和,两家从一见面吵架变成了见面也不讲话。为了避免两家人不自在,钟氏、麦氏便不去王赵洋家里拜年,也尽量少去王家的老屋,以免见到不快。但是麦氏还是会让长工阿坤帮忙去给比较重要的子叔家里送礼,表示王家人还是王姓之人,不会脱离王姓。这种状况在王赵池当家之后好了很多,王赵池可以主动去拜访王家的子叔。

2.红白喜事排场大

王罗美出嫁到上犹县的陡水湖附近,有水路与过埠镇连通。王宪元、王赵志、阿坤亲自前去送嫁,不仅将嫁妆放满了亲家接亲的排子,自家还派出了两个排子送东西。

王罗美出嫁时候穿着的是蓝红花色的衣衫,那时候在过埠镇上几乎买不到这种花纹,裁缝都是托人上崇义才带回此种花布,王罗美穿上嫁衣的时候,村民都说美得和仙姑一样,王家人便自觉很有面子。王宪元为王罗美打了银手镯一对,还打了银耳环,银梳子,银梳子插在王罗美的头上沉甸甸,十分漂亮。王家还给王罗美送了几船的好杉树,就是要王罗美在婆家受到爱护,不让婆家人欺负。王罗美第一胎生育的是儿子,王宪元收到信件之后,就回信说希望姑爷来家里做客。王罗美夫妇坐船过来,王宪元便亲自去接,还为自己的外孙打了银长命锁,手镯和脚镯,十分喜爱!

与此同时,王家人也重视丧事。王宪元、王赵志父子相继去世,两人都埋在了王家的后山坳里面,那处山坳据杨屋的风水师杨政平推算,是长庆村数一数二的宝地,该处有细水潺潺流出,杨政平就说"流淌不息,子孙就会绵延不绝"。钟氏的二儿子王赵林是早亡,本来早亡的细伢子应该葬在野山或者随着水冲走,但是王家人不舍,还是把王赵林葬在了后山里面,只是没有办丧事。

(二)家户习俗单元

王家年节时候有很多传统规矩,麦氏当家把这些规矩都实践得很好,过年过节之时,王家人都会齐聚一堂、共同庆祝。长庆村的习惯是农历十二月二十四号过小年,过了小年村民们便正式准备过年,补充一些年货,一般不再出远门。王家进入腊月便不再送木头出去贩卖,第一是腊月较为干燥,长庆村的雨水少,蛇形岗附近的河床会逐渐露出来,不便走船;第二是腊月很寒冷,很难请到村民上山伐木,撑船的也不多,于是这些活动便全面暂停下来。

王家人每年都是在王家的主屋过年,除夕那天,王家人把中厅天池里面养的鲤鱼捞出,挑选一条红色在年夜饭时候吃。年夜饭全家人坐在一起,把那条红色的鲤鱼剁成块,只能用一个碗装,以示吉利;鸡子一般会分好几个碗装起来,但是大年夜的时候只吃两碗。王家年夜饭规格为九菜一汤,其中九菜之中要有五个荤腥盘,所以王家还会烧一碗扣肉蒸杂菜干,还蒸一碗腊肉、香肠、猪肝的拼盘;素菜比较随意,萝卜丝、冬瓜、白菜都可以。还得准备一大碗肉丸汤,肉丸是宰猪的时候就炸干的,因此可以放很长的时间。

王家吃年夜饭的时候大家要集中在正厅,钟氏、麦氏、王赵池、张氏、王罗敷都在桌上吃饭,麦氏的大女儿阿芹带着其余三个兄弟姐妹坐在下桌吃饭,王家人会专门准备好一个小饭桌,让细伢子正月里坐在下面吃,过了元宵节,细伢子又要回到厨房吃饭。

五、家户信仰

(一)宗教信仰概况

王家人信奉南海观音菩萨,王家的儿子们满百天之后脖子上就会佩戴一个从观音庙里面求来的红色三角布包,这种布在观音的神像前面供奉过,因此有神力,可以保佑家中的男丁。王家的女儿们手上也会佩戴一枚铜钱,这枚铜钱一般要去"仙人"那里求,钟氏拿着五斤米去和"仙人"换,然后用"仙人"给的红色绳子把铜钱系在女儿们的手上。

过埠镇的观音大神既有道教色彩,又有佛教色彩,村里的观音大神供奉在观音庙里面,村民拜观音的时候口中又要念"阿弥陀佛",因此很难界定是信奉道教还是佛教。王家的神台上摆放着一尊陶瓷的观音神像,神像通体洁白,面容生动,观音手中还托着一只玉净瓶,过年拜神的时候玉净瓶中还出现过水,于是王家人都相信观音是真的住在了神像里面。

王家人在正厅做事的时候都要恭恭敬敬,比如不能大声喧哗,不能在正厅吵架骂人,也不能随意进出正厅,因为观音的神像在此,神灵会注视着王家人的一举一动。张氏每日早上在厨房等水烧滚的那段时间,都要到客厅打扫卫生,还要用鸡毛掸子把观音神像上面的灰尘扫干净。观音生日的时候,还得把观音像摆放到室外,在前坪上点香供奉。

(二)家庭成员的宗教信仰

1.钟氏与猫

婆婆钟氏有一次去王家后山的山坳里面放水,远远看见田埂上站着一个黑色的影子,走过去的时候那东西也不动。钟氏便小步跑上前,发现是一只身体黑亮,前腿、后腿都是白毛的黑猫。那只猫看到钟氏靠近,便不住地发出呜咽声,十分像在喊"娘啊……娘啊……",钟氏心中害怕,便要走,那猫便跑到钟氏的簸箕里面。钟氏一直回到家中,才发现那黑猫已经跟着回王家了,钟氏便用锄头把猫赶走。

第二日的早上,钟氏起身出门,便又看到了那只黑色的猫蹲在自己的门口,钟氏便说"猫啊猫,你是不是我的儿子!"从此钟氏便把那只猫养了起来,对王家人说这只猫身上有灵,是神仙附体了的。钟氏养猫的时候,有神仙晚上托梦对钟氏说自己要到人间来一趟,没有房子住,得借住在王家,吃王家的香火,以后会保佑王家的人平安。

黑猫非常灵验,冬日的时候天气冷,便会进厨房里面躲着取暖,夏日的时候会到天井里面抓鲤鱼,但是不会捞上来吃掉。平时吃饭的时候,钟氏专门放一个碗头在厨房门口,王家人吃饭,那猫也吃饭。如果王家有什么荤腥,猫的吃食里面也会打一点,那猫十分精明,有时候会叼着荤腥躲在门后面吃,让人看不见。黑猫住在王家之后,王家从来没有来过老鼠。

2.王赵志托梦给麦氏

王家人晚上睡觉的时间一般都比较早,每个房间内放置着一个尿桶,这样晚上如果起夜就不用到室外去解手。晚上房门关好之后,里面的人都很少出来,一直到第二日早上才会开门。麦氏与小姑子睡在一起,晚上经常都会说一点闲话,麦氏与小姑子说一些王赵志生前的事情,小姑子性格好,也喜欢听。有一次麦氏正和小姑子讲话,两个人突然都听到有人在叫对方的名字,安静下来之后又没有声音,这样两次之后,两子嫂①有些害怕,便早早睡了。

晚上麦氏便做了一个梦,梦到早上起床去厨房,看到张氏没有烧火,找了很久也没有见到张氏在哪里。麦氏以为张氏出去干活儿还没有回来,便自己烧火,煮水的时候到后坪去劈柴,突然看到自己房间的门正在打开。麦氏走前去一看,居然是王赵志推门出来,还问钟氏今日会不会落雨,钟氏好奇怪,心中也怕,便赶紧去了厨房。等到吃早点的时候,王赵志也坐在桌子上,一家人一起吃饭,没有一个人觉得奇怪。待到再次碰到王赵志的时候,麦氏正要说话,王赵志又开口问,今日会不会落雨,麦氏准备回答,梦便醒了。

麦氏起身时候听到了鸡叫,便穿好衣衫出去,到了厨房,果然张氏不在,麦氏又去后坪,发现张氏在劈柴。张氏对麦氏说,晚上梦到自己走夜路,掉进了一个洞里面,一个晚上都没有爬出来,等到天亮了才找到上来的办法,回到王家都已经吃饭了。麦氏心中大惊,便说了自己晚上做的梦,发现两个人的梦居然有一部分相通之处。麦氏便把这件事情和钟氏和王赵池说了,母子俩就说,可能是王赵志在托梦。

当日上午王赵池便去了一趟王家的墓地,发现王赵志墓碑附近了生长出一截笋子,把水沟上的青砖撑爆了,那处破损的地方有积水。王赵池将笋子挖了出来,把水沟重新整好,还在王赵志的墓前面磕了三个响头,这才离开。回到王家说了此事,大家便了然,知道了王赵志托梦的目的。

(三)家神信仰及祭祀

王家摆放在神台的观音像本来颜色是白色偏蓝色的,在王家供奉久了之后,观音神像的

---

① 两子嫂:小姑子与嫂子。

颜色就变成了瓷白色。观音手里拿着一个玉净瓶,冬天、春天的时候瓶子里面会自动冒水①,钟氏用一个很小的瓶子,把里面的水储存起来,据说那水叫作无根水,可以治疗很多病痛。王家的人要是生疮或者烂嘴巴,就要把无根水涂抹在有问题的地方,然后再以生木油②覆盖,百试百灵。

王家厨房墙壁上挖了一个洞,里面供奉着灶王爷,据说灶王爷可以保佑五谷丰登。王家不仅每日要给灶王爷供奉吃食,在庄稼收获之后,还要进行祭拜。收割稻谷之后,王家人将灶王爷请出来,放在粮仓中,给灶王爷供奉新谷。等到农历十二月来了,就在灶王爷面前取新谷,打成白米,磨成米浆,制作九层皮③,供奉给灶王爷吃。

麦氏本身十分信奉鬼神之说,当家之后,家里发生的一些不能用已知常理解释的事件,麦氏都认为是神灵在显迹。加之王家一直都有祭拜神鬼的传统,婆婆钟氏也经常说到神迹,王家人对此更是笃信无疑。

(四)祖先信仰及祭祀

长庆村的王姓人隶属于王氏临川直系,因人口压力大,导致部分居民外迁。王家的神台上供奉着祖上逢春公的排位,再就是王芳水的神牌,后来增添了王宪元和王赵志的牌位,王赵林因为在未婚前死亡,不能摆放牌位。

老屋场的王姓聚居区没有建王氏宗祠,王家人要祭祖都要回南康城太窝乡的王村,王村建立了规模庞大的王氏宗祠,里面的王家血缘关系梳理得十分清晰。王宪元和王赵志生前都去过王村祭祖,逢春公的神牌便是王宪元从太窝乡里迎回来的。王宪元去太窝乡接神牌的时候,还有两个王姓的高辈分子叔跟着一同前往,他们也都是要去迎牌位以便在家中供奉。

王家祖坟由王宪华打理,王宪华把王宪元赶到头渡水,不允许王宪元家里的人来祖坟上香祭拜,王宪华指责王宪元是不孝之子,没有资格再到王家面对先祖。王家便自己建了一座王芳水的排位,算命的先生说,王宪元把手指上的血洒在牌位上,王芳水的魂灵闻得到,偶尔就能来头渡水做客,王家在清明节前后会对着牌位祭拜。

麦氏从血缘上不是王家人,因而当家之后,并不能带头祭拜王家的先祖。这个祭拜的任务便落在了小叔子王赵池的身上,王赵池年龄虽小,但是耳濡目染也知道祭拜祖先的规矩,每到三节④的时候,都要带头上香拜祖。

(五)庙宇信仰及祭祀

长庆村在五土岭附近有一座公共的观音庙,村庄各个姓氏的村民都可以前去祭拜,主要由王、张、杨三姓的人进行管理维护,三姓人每年一轮。轮到哪一姓的管理,就要负责观音庙的卫生打扫和设施维护的工作。村庄的每一个村民都可以自主去观音庙拜神,无需经过任何人同意。

轮到王姓人守观音庙的时候,王姓的高辈分长辈会一起商量,专门指定由哪两家人去守庙,两家人可以自己商量时间,一般情况下是一家半年。守庙的人每年可以拿到50斤的稻谷

---

① 自动冒水:估计是南风天导致的。

② 生木油:茶籽油。

③ 九层皮:一种糕点。

④ 三节:清明节、七月半、过年三个节日。

作为报酬。如果观音庙需要维修,则是整个姓氏的人一起进行维护,共同筹资,但往往王赵洋家和头渡水的王家会均摊掉修庙的费用,其他的王姓子叔不用出钱,只需要出力。

王家的人都有拜神的习惯,除了在家中的正厅祭拜,王家人也会拿着果品①去观音庙祭拜。钟氏会定期嘱咐麦氏、张氏准备一些杨梅干和米饼,带到观音庙里面去拜神,这些拜神用的果品可以留在神庙,也可以拿回去自己食用,但不能动他人敬奉给神明的东西,否则会遭到报应。

五、家户娱乐

(一)结交朋友

1.王宪元好结交朋友

王宪元擅长在扇面上画兰草,不仅王家人,就连村里人都夸其画技十分生动,为此王宪元也结交了不少外村志同道合的好友。王宪元做生意的唐江镇在1949年之前是赣南重镇,十分发达,唐江镇不仅有酒楼,还有歌舞厅,生活丰富多元。王宪元去唐江镇的时候,会穿上皮鞋、戴帽子,顺便拿着自己的扇子,曾经还有东家想要用两块银元买王宪元手上的扇子,王宪元便送予那人。

王宪元行船路过上犹江,刚好有一队刘姓人的船也去南康做生意,王家人到唐江贩木材,刘家人往唐江贩糖,两家人便一起行船。王宪元自此便和刘家人成了好友,每每路过上犹江,都到刘家做客,刘家人每次都热情欢迎。后来刘家人说自己的儿子要讨老婆,恰好王宪元的大女儿王罗美已经成年,两家人一拍即合。儿女们见面之后,都表示听家里的安排,这门亲事便敲定了下来。

王罗美嫁到刘家之后,因水路遥远,一年才会回家一次,刘姓人家每次都会和罗美夫妇一同到长庆村,一是体恤水路劳累,多人多照应;二是刘家管事和王宪元是好友,顺便到王家来叙叙旧。王宪元死后,刘家管家便不常来王家做客,每年都是美罗与姑爷一起来。

2.麦氏不好交际

麦氏本身的性格比较活络,但身为女子,便不能到处走动。尤其麦氏还是一位寡妇,经常抛头露面,村里人便会说此女子太风流。

在生产中,麦氏仍然和众多妇女一样,可以到田里、土里干活,凌晨出门,日落便回到家中;生活中,麦氏则不便找各家的新妇串门,以免村民们说麦氏不甘寂寞。因此,麦氏除了在劳动、讨论生产计划,或者在年节拜访之时,很少能够有对外交往的机会。平日里麦氏手中有各种生产工作,因而也过得十分充实。

麦氏在王家人的日常交往活动中,不会施加太多限制。家里的女眷都十分懂事,和麦氏一样,闲暇时间多待在家中做事;家里的男人中,王赵池也不热衷出去交往,和村庄三姓的子叔维持少量交集,麦氏对此不置可否。长工阿坤的交往活动很自由,在不影响生产活动的情况下,麦氏鲜少干涉。

(二)串门聊天

王家人多是女流之辈,家中成年男子只王赵池一个,王赵池言语不多,晚上一般不会出

---

① 果品:既可以是水果,也可以是干货、炒货。

门聊天,多数时候都是坐在家中看书。王家的女人则出门不便,不好意思晚上去别人家中串门,因此王家人偏好待在家中。

细妹嫂子知道王家人的情况,其夫家距王家较近,偶尔洗完衣服便会来王家耍一会儿,和钟氏、麦氏、张氏坐在后坪上聊天谈心。其中张氏话少,多数时候是听大家讲话,细妹嫂子话最多,会和王家的女人们谈论村里各姓子叔家里的趣事,有时候也会说一说过埠圩市上的事情,这些都是细妹嫂子在朱家听来的,细妹嘴巴不严,便喜欢到处说。

偶尔也会有王姓人家的嫂子们上来聊天,但是老屋场距离头渡水足足有三刻钟的距离,来回十分耗费时间,故此嫂子们不大愿意上王家来讲话。一般都是要来王家借东西或者传话的时候才顺便聊会儿天,讲一讲王屋的事情,天色稍微暗下来便要回去。

(三)其他活动

1.捡山货

王家家业大有许多好处,常有能为日常生活增添些许有趣的活动,麦氏很鼓励王家人参与这些活动,认为这些活动能够增进王家人内部的感情。

王家的后山上曾经种植过椴木,椴木生长得十分高大,夏天时候容易被雷劈中,被雷火劈断的椴木上面便会生长香菇,每年的惊蛰前后就是捡香菇的好季节。钟氏会带着罗敷、阿芹、阿芳一起到后山捡香菇,香菇每年基本上都生长在固定的区域内,钟氏能够记得住那些地方。

长庆村的山林中长着多种香菇,王家山里比较多的品种为平菇。麦氏会用野生藠头炒平菇,味道十分鲜美可口。平菇不耐放,一两天就会变质腐坏,所以都是要趁着新鲜赶紧炒好。王家人也爱吃红菌子,这种菌子在长庆村也算是十分稀有的山野美味,如果拿到圩市上,就会有大户人家的厨师买去炒腊肉吃,有的人家也会煲汤,红菇被认为是很补身体的食材。王家人每次捡到红菇的时候,都会带回好好犒劳大家。

王家女伢子十分喜欢跟着上山一起捡菌子,菌子和蕨类生长的时间一致,菌类长出来的时候,蕨类也恰逢鲜嫩的时期。王家人掐上一把野蕨菜,带回家里面炒熟了吃,也是一道美味。山货里面还有"竹姑娘"①,煮猪肉汤很鲜美。后山还有很多的苦笋,那种笋子味道十分浓烈苦涩,王家只有王赵池爱吃,煮饭时候细妹嫂子便偶尔炒一小盘,给王赵池下饭。有时候山货捡多了,钟氏便会趁着日头好,将这些山货都晒干,如是到了秋冬季节,王家人还可以吃到春季的鲜甜美味。

2.冬夜捕鱼

长庆村的村民有冬季之末、春季之初捕鱼的习惯,村庄在过埠水库的入口上,渔业资源十分丰富。王赵志当家的时候,每年冬天都会带着王赵池撑着排子去过埠水库捕鱼。捕鱼的时机多在夜晚,王家人吃了夜饭,休息片刻,麦氏就会准备好洋火和篾片,让长工阿坤带上渔网一起过去。

王赵志为了捕鱼还专门制作一些鱼食引子,一般是用米糠兑淘米水,放一段时间后便会生一种黄虫,此后用淘米水浇灌几日虫子便会多起来。王赵志把虫子和米糠揉在一起,晚上去捕鱼之时,把鱼食倒一点入水,马上就会有鱼闻到腥味上前吃饵,王家人就在排子上等鱼。

---

① 竹姑娘:竹荪。

到了下半夜,王赵志会拉渔网,感受一下渔网里面的重量,通常每次都能收获一小斗鱼。

有一次例行捕鱼,王赵池眼尖,看到了鳡鱼的尾巴从水里面划过。阿坤便赶紧撑竹排往鳡鱼方向赶,将鳡鱼追进了一个弯道中。几人下水用网罩住鳡鱼,王赵池就在一旁拿着篾片打火,三人最后把鳡鱼抓了上来,废了好一番力气。那条鱼有一人长,半个人宽,浑身白鳞。鳡鱼的力气很大,进了渔网四处乱撞,王赵志就拿起随身携带的锄头,将那条鱼敲晕了。

三人把鳡鱼拉上岸,王赵志和阿坤轮流将鱼扛在肩膀上,一路走回了王家,王赵志的衣服上都贴了半身①鱼鳞。那条鳡鱼运送回家中之时还未死亡,王赵志便再用锄头敲了几下,弄了好大一滩的血水,这才和阿坤把鱼带到河里面去宰杀。该条鳡鱼因为过于巨大,一个鱼头便供王家人吃了三顿有余,王家人把剩下的鱼肉用盐巴腌制晾晒起来,还各分了一大块给阿坤和细妹嫂子带回家。

---

① 半身:形容一半的身体上都是鱼鳞。

第五章　家户治理制度

　　1943年到1949年之间,麦氏一直为王家的代理当家人,婆婆钟氏作为家中的二把手扶持麦氏,待王赵池娶新妇张氏后,婆媳俩逐渐对其进行培养。麦氏看重家庭内部团结,其充分尊重家庭成员的意见,把家里的种稻、伐树、饮食、住房、制衣等活动都安排得十分妥帖,得到了王家人的爱护与尊重。王家人外部交往行为呈现出收敛特点,家户与外界打交道的代表是王赵池和长工阿坤,麦氏和钟氏为女流之辈不便出门交际,一般都在家里进行决策。长庆村的王姓子叔之间关系不亲密,王家人单独住在头渡水,更是减少了与子叔们的交流。王家人不用服兵役,除去纳税,与国家事务便无甚交集。

一、家长当家

(一)家长的选择

　　王赵志去世后,王家大小事宜由麦氏代理,麦氏负责安排王家人的生产和经济活动。当时王家没有成年的男丁,王赵志的亲弟弟王赵池不满14岁,其多年在外读书,不谙农事,对王家的生产安排十分不熟悉。麦氏的两个儿子,最大的还不到10岁,更是无从当家。

　　王赵志的亲伯伯王宪华当时在世,表示可以帮忙管理王家,其打算将王家的财产归于其名下,但允许王家人在老屋场同吃同住。王家人哪里受得了这样地看轻,钟氏说宁可饿死,也不会去王宪华家里要饭,王宪华就说,自己要等着王家人死绝了,到时候帮忙买棺材。老屋场其他的王姓子叔一方面劝架,让王宪华家的人要重兄弟情义,手下留情;一方面又不敢太掺和王家的事务,以免落人口实。钟氏便和麦氏商量着,干脆就先空着管事的位置,反正麦氏能够记账,也晓得王家很多经济活动的操作程序,等到赵池成亲了,可以管事了,再将家长的权力交付于他。

(二)家长的权力

1.麦氏对财产管理比较保守

　　王家的田契、山契都放在钟氏的房间里,很少拿出。麦氏当家时,王家不卖田、不卖山,麦氏认为祖宗传下来的东西只能自家用,故而王家从来不将自己的田土、山林租给外家人耕种。

　　麦氏较少给家庭成员分配零花钱用,因为王家人的衣食住行都是全家人一起统筹,平日里需要用到零花钱的机会少之又少。每到过年的时候,麦氏才会给家庭成员发一点零花钱,通常只是一毛两毛的小钱,可以买瓜子吃,有时候可以去买炒货。

　　麦氏除了例行给小姑子罗敷过年零花钱,平日里也还会给其一些小钱,让其存好购买一点花绳打鞋底。王芳水在世之时,王家人每年正月初二都要去拜年,顺便给王芳水送些零花钱用,如果去拜年的人中有细伢子,王芳水也会发一点零花钱。

王家粮仓的钥匙麦氏和钟氏各有一把,那时候的妇女穿着的是一种腰身肥大的"大便裤",上面系一根腰带绑住裤头,麦氏便将钥匙挂在腰上的带子上,既方便取用,又能防止裤子掉下来。王家的粮仓建在厨房边上,是一间略大的房子,里面不仅存放粮食,还放着风车和石磨这些生产工具,有人要借用的时候,就要钟氏或者麦氏拿着钥匙去开门,借东西的人不会进入粮仓。

2.劳动分配比较灵活

麦氏把王家零散分布的二十亩水田,划分给家庭成员负责,这样比较能提高管理效率。从上游往下游算,野鸡陇和田园村的土地由王赵池负责管理,王家山坳的土地由钟氏负责,西坑口的土地由张氏负责,天子上的土地由麦氏和阿坤轮流负责。王家门口面积最大的土地,则是全家人共同负责管理。但是在犁田、插秧、收割三个时间段,王家田土上的农活是大家一起做,不仅王家人全部出动,还需要请短工帮忙。

旱地上的农活儿由钟氏、麦氏、张氏三位女性负责,家中的男人不用管理,在西坑口的旱地专门由张氏去负责,因为那一处田土和旱地的距离很近,比较方便打理。王家的菜地全部由细妹嫂子打理,细妹嫂子会负责种菜、铲土、培肥料。

除去这些每个农户家里都有的农活儿之外,王家因为山林多,每年到了深秋就要摘茶籽和锯木头。王家每年可以产至少300斤的茶籽油,这就起码得摘1000斤以上的木子①回到王家,王家摘木子一般都不愿意请人,因为请来的人干活儿可能不够仔细,会造成许多浪费,还有的人会把木子装在衣袖里面带回家,给王家造成损失。到了摘木子的时候,钟氏和王延葵留在家中做饭,其余家庭成员全部上山,早上出门,中午带饭吃,一直要到晚上才回来。锯木头则需要大量的劳动力,有在山上伐木的,还要有撑船送木头的,锯木头要持续一旬左右的时间。

3.女性不便抛头露面

麦氏吃苦耐劳,头脑也十分聪明,但在对外交往上却比较拘束。在长庆村,妇女常常在外面抛头露面是十分没有规矩的行为,麦氏是寡妇,就更应该在家中好好劳动,不能经常出来晃荡。但是王家的情况很特殊,王家只有一个成年男性王赵池,另一个是王家的长工阿坤,只是在王家做事,在大事上并不能代表王家。赵池不在家的时候,很多事情就要麦氏统筹,麦氏便只能在家里安排好,然后让长工阿坤去传达自己的意思。王赵池去读书的那一年半,王家要请工做事,麦氏自然不好意思去村里面叫人做事,便喊了阿坤去喊人帮忙,幸好王家每年请的劳动力都是相对固定的,因而节约了很多时间。

钟氏、麦氏都很少出去找人聊天,王家主屋在长庆村比较偏僻的位置,到了晚上路上不仅有蛇虫蜈蚣,偶尔还会出现黄鼠狼、狐狸,王家人便更加不愿夜间出门。偶尔有来借农具、借谷子的嫂子们会来王家坐坐,便会和麦氏聊一会儿,但一般早早就走。

4.麦氏当家的几个优势

王赵志过世的时候,王家陷入了没有当家人的困境,按照农村的做法,如果家里没有人可以当家,就得让兄弟或者叔叔伯伯当家。但是王家的情况十分特殊,首先王家在王宪华和

---

① 木子:茶籽。

王宪元那一代的时候便分家,宪元和宪华老死不相往来,等到了赵字辈这代,两家兄弟也是相互敌对,若让王赵洋过来当家,就等同于把王家的财产拱手送人。其次王家的家产十分庞大,王家高辈分的子叔不方便参与王家的家务事,要不然别人会说是贪图王家的财产,因此王家这件事就没什么人管了。

麦氏能够当家有几个条件,首先,麦氏的娘家是铁木里的大户人家,家里的经济条件好,见多识广;其次,王赵志在世的时候,教会了麦氏打算盘与书写,麦氏可以处理家里的经济活动;最后,也是十分重要的一点,麦氏发誓说自己永远都不会离开王家,且承诺王赵池成家了就要把王赵池培养成家里的管事。综上所述,麦氏代理当家是王家的必然选择,而事实上,麦氏当家的那几年,王家经营得很好,没有任何衰败的迹象,王家人生活得也十分团结和谐。

(三)家长的责任

麦氏要负责家中的衣食住行,还要保证家庭成员能够和谐相处。家里的新妇要孝顺、勤劳;家里的儿子们要勤恳、会算写、能够参加劳动;家里的女儿们要勤劳、顾家、矜持、会做事。麦氏统筹着家庭成员生活与生产,在保障家庭成员吃饱穿暖的同时,也还要关注家庭成员的心理状况,让整个家庭健康发展。

家里的细伢子犯错的时候,不需要家长教训,父亲和母亲会主动批评教训细伢子,父母可以对其进行体罚,比如让细伢子干活儿,但是不能不给细伢子饭吃,也不能把细伢子打死或者打残废,家长会介入惩罚的过程,以此保障惩罚程度的可控性。成年人犯了大错便会遭至家长批评,成年人要面子,都怕被骂。

家长自己也要注意言行举止,麦氏婆媳是王家生产中和生活中的楷模。麦氏不睡懒觉,不喜抽鸦片烟,不出门的时候跟着王家人一起在田里干活儿,出门的时候也是为王家挣钱。麦氏和他人聊天的时候从不吹牛,不仅受到王家人的尊敬,连外人也是高度肯定。钟氏作为婆婆,做事做人都十分妥帖,因此在村里面也是好评居多。

(四)家长的更替

王家每一代人都有不同的字辈,因此只要看字辈,便知道他人与自己的关系。王宪元生育了三个儿子,分别是王赵志、王赵林和王赵池,如果三个儿子成年之后要分家,那么三个人都可以作为新家的家长。如果三兄弟一起生活,那么大儿子王赵志便是家长,王赵志死后便改王赵林当家,依次推下去。

在农村里,有的人家生的儿子很多,或者儿子之间的岁数差别比较大,比如老大比老幺大了二十余岁,那么很有可能老大的儿子和老幺儿的年龄相仿,但在不分家的情况下,也只能是老幺继承家长的位置。等到上一个字辈的人全部去世,才可以由下一个字辈的人继承家长之位。

麦氏受王赵志之委托,缴①着王赵池读书费用,在赵池未成年之时先在王家管事。麦氏秉持和钟氏一条心,婆媳俩相互包容,处理好家庭成员之间的关系,这样王家才能够存续下去。麦氏一直记得罗敷招婿的这回事,但是那时候罗敷还未成人,麦氏也只能是偶尔注意一下是否有合适的对象,并未提上议程。

---

① 缴:帮助出钱之意。

二、家长不当家

(一)家长不当家:长子当家

麦氏的大伯①王宪华生育了王赵洋、王赵庆、王赵鹏三个兄弟,其中王赵洋是三兄弟中的老大。王宪华家一直在 1949 年之前都没有分家,王宪华年龄大了之后,喜欢卧在床上抽鸦片烟,不上山也不下田,后来也就不管家事。王赵洋便成了王宪华家的家长,王赵洋虽然能力很强但是为人有一些刻薄,不是很好相处,家中的兄弟都比较怕他。

王宪华把家里的钥匙给了王赵洋,王赵洋便可以管理家中粮食、茶油和木材,但是王宪华是个很精明的人,他担心自己不当家之后,家里的人就不看重他,便把家里的田契、地契全部都锁在了自己的房间了。王赵洋不敢进入王宪华的房间,在家里当家的时候便时刻被吊着尾巴②,也不敢对王宪华怎么样。

王家的生产生活都要由王赵洋安排,赵洋十分活跃,积极做事,也喜欢吩咐别人,有时候赵庆和赵鹏要和王赵洋顶嘴,说王赵洋安排不妥当,王赵洋便十分生气,大骂:"这个家就一个鸡公头③!"于是王赵洋的两个兄弟明面上是听安排,暗地里面却是不服气。王家的长工十分畏惧王赵洋,但是王赵洋从未拖欠过帮工的钱财,年节时候还会给红包,因此帮工对王赵洋是既爱又惧。

(二)家长不当家:妻子当家

麦氏在王家领头做事,是因为在王赵志去世之后,麦氏为王家综合素质最高的劳动力。钟氏能读会写,但是年龄上来了,做事难免力不从心;王赵池刚刚读书回来,虽然已经学会了种田,文化素质也很高,但王赵池在家里待着的时间短,对家事不熟悉,需要有人带着干;小姑子王罗敷还有麦氏的几个儿女的年龄太小,不能做当家人。于是正值壮年,精力充沛的麦氏就成了管家当家人最好的人选,麦氏本身对王家也十分忠诚,不可能出现出卖王家的现象。

王家人都十分喜爱麦氏,钟氏喊麦氏为阿娣,因为麦氏的本名为麦金娣,钟氏时常感叹,麦氏是女子中的头子④,到哪里都可以做事,学东西又好又快。王赵池对麦氏十分感恩,说麦氏就像自己的嬷嬷⑤一样,从小就对自己很好;张氏喊麦氏为嫂子,经常有事没事都愿意与麦氏聊天,妯娌之间的关系很好;小姑子罗敷更是喜欢麦氏,小姑子原本一人睡一间房,后来搬去与麦氏同住;家里的长工阿坤和帮工细妹嫂子都说麦氏的为人和能力是有口碑的,因此麦氏在王家比较受尊重。

麦氏并非独立承担王家所有的活动。如果说麦氏是当家的一把手,那么钟氏就是当家二把手,一直到王赵池成亲,王赵池才接替钟氏成为王家的二把手,遇到重要的事大家会一起商量。麦氏嫁入王家十数年,十分清楚王家的生产活动与生产过程,王家的生产活动主要依照经验展开,因此麦氏的经验对王家的生产安排十分重要,赵池也需要跟着学习,以便日后

---

① 大伯:王赵志的大伯王宪华,因为麦氏嫁入王家,便和王赵志一起称呼王宪华为大伯。

② 尾巴:王赵洋不能完全掌握家产。

③ 鸡公头:领头人。

④ 头子:夸奖的话,形容很优秀。

⑤ 嬷嬷:干妈。

掌家。

三、家户决策

1.婆媳俩常年在家

麦氏从未出过远门,其娘家在过埠铁木里,距离长庆村大概有四个钟头的路程,麦氏当家之后,只在正月里才回娘家看一看。麦氏当家第二年正月,其母亲生病,麦氏便在娘家住了两晚服侍母亲,回到王家之后,婆婆钟氏就抱着麦氏大哭,说以为麦氏不回来了。从此麦氏便不敢在娘家久留,由此王家当家人不在家的情况十分罕见。

麦氏当家的时间中,有两个年头王赵池是在外面读书的,麦氏既然不方便出远门,自然也就不能请人伐木去唐江做生意。正好王家的木头是三年砍伐一次,麦氏便等到王赵池讨老婆之后才砍,这样王赵池便能赶着船到唐江镇去卖木头。麦氏一介女流之辈暗地里也吃了很多苦,村里面有些多嘴多舌之人会认为麦氏爱出风头,握着王家的钱财不放,麦氏性格矜持,不会出去辩驳,便只能默默忍受。

2.麦氏得到大家支持

麦氏对田土上劳动的分配,王家人都认为十分合理,再想不出更合适的分配方法。麦氏雇人干活儿的时候,为了符合规矩,都是让阿坤或者赵池去传达自己的意思,帮工上来干活儿,王家的食物和报酬都十分妥帖,因而也就不会说王家人的坏话。

麦氏做决断之前,往往会和王家人一起讨论,先问婆婆的意见,然后再到饭桌上提出与王赵池、张氏一起商量。在讨论王赵池的婚事之时,麦氏到老屋场请来了高辈分的子叔帮助说亲、组织婚礼的仪式,把定亲、迎亲、娶亲的流程走得十分漂亮,给足了亲家面子,也在长庆村好好热闹了一把,由此,麦氏的个人能力十分受到肯定。麦氏对家里的帮工也十分贴心,不会随意指责,也不会无故看轻,因此帮工在家也比较支持麦氏。

四、家户保护

(一)社会庇护

1.王家人一个鼻孔出气

王家的人口少,劳动力也少,但王家的家业大,这便用财力补充了在人口上的劣势。王家人十分护内,在王家人与外家人发生矛盾的时候,王家人在有理的情况下会团结一致保护家人。

王赵池幼年时常跟着家中长辈一起去捕鱼,王赵志没有时间,就由阿坤带着去水边。阿坤有很多工作要做,一般放好渔网之后,就会离开,让王赵池守着网子。有一次赵池看到渔网浮浮沉沉,便浮到水里面拉网一看,原来网里进了两条风鳊①,风鳊在过埠镇算是名鱼,在圩市上的价钱还不错,王赵池非常高兴,就用一根稻草把风鳊串了起来。

结果有张家人也在上游网鱼,张家的两个后生远远地看到王赵池提着两条大风鳊,便开始扯谎。张家后生跑到王赵池那里说,风鳊是他们赶下来的,刚好就进了王赵池的网,要把两条风鳊拿走,王赵池不愿意,张家后生就说头渡水的王家欺负人,偷别人的东西,王家人抓不

---

① 风鳊:鳊鱼。

671

到鱼,拿了别人的还不敢承认!王赵池脸皮薄,禁不起说,便丢下风鳊逃跑了,回到王家就关门进屋,别人说话也不答。

王家人知道事情的缘由之后,第二日便叫阿坤带着王赵池去找张家的两个后生,果然那两个后生还在那一处捕鱼。阿坤就说了风鳊的事情,两个后生知道诓[①]不过,只好说了实话,阿坤便说王家人这一次不计较,以后再欺负王家的人,让你们张家吃多少吐多少!

2.王延甲犯错受到惩罚

王家人在自家有理的时候会据理力争,但是自己有错的时候,便不会强势,反而会马上息事宁人,以此留下讲理的好名声。王家平时的家教十分严格,王赵志说过王家的男子要读书,只有读书了才能讲规矩,还说王家绝对不能出流浪汉,若是出了流浪的人,死了也不能下土来见他,不要丢了王家人在阴间的脸面。

王家人认为家丑不可外扬,如果家里人犯错,在家里教训就好,不会拿到外面去丢人现眼。麦氏的儿子王延甲叫王赵洋为大伯,虽然两家的关系闹得很僵,但是基本礼数还是要懂,王延甲见到了王赵洋家里的人还是要叫的,回应不回应会就是王赵洋家里人的事情。王赵志正月里面要带着王延甲去王赵洋家拜年,说是拜年其实就是送点东西,算是兄弟之间最后的一点情谊。王延甲小时候不懂事,居然问王赵洋的小老婆要红包,王赵洋的大老婆也在场,王延甲没有分清楚谁是正妻,结果王赵洋的大老婆便跑到后屋大哭,说自己被人看轻,自己在王家待不下去。王赵志便和王赵洋人赔了个礼,饭也没有吃就带着王延甲走了。

回到王家之后,王赵志便用藤条打了王延甲手脚,说王延甲没点样子,一是不知矜持开口就要红包;二是不知看眼色,得罪了王赵洋的两个老婆。王延甲不敢回话,麦氏和钟氏也不好劝王赵志熄火,便也只能由着王延甲被罚。后来王延甲还被罚切了两天的猪菜,手上都切出了两个水泡,麦氏就帮助王延甲把水泡挑掉,告诫王延甲说话要先过脑子。

(二)情感支持

1.王罗美返家探亲

王罗美嫁在上犹县的陡水湖,夫家在上犹县城里面开了米粮铺子,但是家庭成员还是要干农活儿。王罗美的公公与王罗美的父亲王宪元是好友,王罗美夫妇回家探亲的时候,公公便也会一起过来。

罗美每次回到王家之后,都十分安逸轻松,钟氏不让王罗美下田,也不用罗美砍柴做饭,只要罗美坐在家里面玩儿,王罗美便说自己回到夫家都会不知道做事了。罗美每次从夫家过来,都会带上食糖做礼物,那时候农村里自己用甘蔗压汁熬出来的土糖都是灰褐色的,而且家里的土糖只能装在罐子里面,为浓稠的半液体状糖。罗美带来的是从唐江镇买入的洋糖,此糖是成块的,颜色和食盐一样,压铸成一个个方块,十分精细,王家人拿到都舍不得吃,一次就含一块到嘴里。罗美见王家人喜欢吃,便每回都带。

在王赵志去世之后,罗美两三年才会回王家一次,一方面是罗美生育了好几个孩子,要在家里带孩子,事情比较多。再就是罗美的父亲和大哥去世,每次回到家里和母亲钟氏、嫂子、小姑子讲话时候都会十分难过伤心,一家人正月里要哭好几次,罗美便来得少了。

---

① 诓:骗。

2.王赵池想家

王赵池刚刚被送到崇义城读书的时候,时常都会想家。刚开始王赵池在学堂的宿舍里面住,学校里面是星期制,王赵池去了大半年才习惯。到了周末,老师、学生都会放假,住的近的学生就会回家,王赵池只有在过年过节的时候才能回家。其年龄小,有时候想家了就躲在被子里面哭,把臭汗和鼻涕全部都涂抹在被子上,后来王赵池的被子就被抹黑了。阿坤帮其带被子回家的时候,麦氏问王赵池是不是不洗脸就睡觉,赵池不好意思回答。

后来每到过节的时候,王家人就会让阿坤到崇义把王赵池接回来,崇义到过埠圩市走路需要五个小时,阿坤便凌晨出发,走到渔梁镇的时候用王家给的钱买五个小饼,自己吃三个,然后带两个去找王赵池,帮助王赵池一起提东西回家。等再次到买饼的地方,王赵池就会买三斤大饼,一路提着回到家里,分给王家里人吃。王赵池说自己最喜欢吃的就是渔梁三叉路口上的饼,麦氏就说王赵池想回家,吃到哪里的饼都觉得好吃。

(三)防备天灾

1.鼠患

1949 年之前,长庆村基本上算是风调雨顺,没有出现过大的自然灾害,所以农民们的农业生产一直比较稳定,农产品也保存得较好。赣南山区最大的劣势是山多水多,交通不便,但是这也带给村民们不少好处,就是农产品种植的成功率比较高。王家晾晒衣服的后院便生长了许多的红皮菜和相思叶,有的人家很喜欢吃红皮菜,但是王家人认为红皮菜很凉,吃了容易腰痛,便不大食用。

王家的粮仓里面余粮较多,粮仓的墙壁用厚实的泥土制成,老鼠不容易打洞。但是王家的成员每次进出粮仓的时候,都得注意防老鼠窜入,老鼠一旦进去便很难出来。有一次粮仓里面进了一对老鼠,老鼠很精明,躲在粮食最里面,没人发现,后来繁殖了一窝小老鼠。细妹嫂子在厨房生火做饭的时候听到粮仓有老鼠的唧唧声,王家人赶紧开仓看,发现老鼠在里面住了已有月余,在粮仓的一辆风车里面挖了个洞做窝,还爬墙从粮仓的房顶上打了一个小通道,引了好多批老鼠进来。那些老鼠偷偷吃粮食,将谷壳藏在风车后面,等到王家人发现,已经吃了起码有两担谷子,老鼠在谷子上拉尿,骚臭无比,那些沾了尿的谷子便也不能再吃,附带又造成了半担谷子的损失。王家人赶紧把老鼠打死打走,在粮仓周围撒了很多老鼠药,好一段时间才把老鼠治走。

2.山火

山火多发生在春季和秋季,春季的时候气温回升,但是春雨都很绵软,如果山上的杉树被雷劈中,很容易就会起火,春雨没有办法浇灭火苗,便蔓延成为山火;秋末冬初也是山火频发期,那时气温还没有降下来,空气十分干燥,有时候村民从山上过,一口老烟的屑子,不多久便会蔓延成为熊熊大火。

王家的杉木林发生过小面积的火灾,当时是春天,一阵白光之后雷电打在了西坑口的山里,王家人当时没有注意这个问题。后来有村民告诉王家人西坑口的山上在冒烟,王家人赶紧拿着锄头去打火,在山上找到火源之后,发现还处在可控的范围内,只是有几根高大的杉树被雷劈焦了。那些火星掉在地上,引燃了几颗杂树,幸好风不大,并未爆燃,王家人把杂树都砍了,用锄头大力敲,用脚使劲踩,没过多久就灭了火。王家人都认为十分庆幸,发现的时间早,要是烧起来了,山火便很难扑灭,烧掉一片山林都是有可能的。王家人事后还给报信的村民送了五升米,加上四个鸡蛋放在米上面表示感谢。

(四)防备盗患

1.匪患引起官府重视

1949 年之前,大盗张南洋在赣南地区十分猖獗,村民们都谈其色变。张南洋为人跋扈,见衙门老是抓不到自己便到处作案,还留下"张南洋"的大名公开挑衅,放话出来说官府拿自己没办法。张南洋的行为激怒了官府,赣南地区便联合起来,成立一个"讨伐张南洋大会",在赣州城里面公开悬赏,抓到张南洋的人,可拿 200 块银元,这在当时可以说是巨额奖金,所有衙门都跃跃欲试。虽然过埠衙门的人都已经装上了火铳,衙役们也受到过训练,但是面对亡命天涯的盗匪还是会露怯。

张南洋便是在这时候感受到了压力,开始往偏僻的山区走,这样衙门的衙役就难以一起行动将其抓获。张南洋进入渔梁镇的时候,过埠衙门的人接到了风声,消息也被逢圩①的人带回了长庆村。

2.麦氏砍桥应对盗贼

王家当时是麦氏当家,麦氏一介女流之辈,根本没有办法与张南洋抗衡,最后王家人便想出了个好主意,把王家附近河边的吊桥给锯断在水里,时值冬日,河里的水位虽然下降,但是张南洋的人万万不可能蹚水过河,要不然岸上的人用火铳打他们,他们根本就防不住。

后来张南洋果然进入了长庆村,其首先到杨屋去要东西。长兴村的人都知道杨屋人不好惹,张南洋过去也无异于鸡蛋碰石头,杨屋人大门一关,张南洋连进门的机会都没有,更别说是要粮要肉。张南洋在杨屋附近耗费了两三日的时间,过埠圩的衙役已经拿着枪来围堵,张南洋便只好从五土岭方向逃窜,并没有经过头渡水的王家便直接出了长庆村。

王家并未受到张南洋的骚扰,但是自己损失了一座桥,王家人却认为很值得。因为张南洋要是到了头渡水,过了桥,王家人都会被张南洋的手下折磨致死,别说一座桥的财产,王家所有财产都会被掏光,王家的女人也会被掳掠去给张南洋的土匪窝做饭,生孩子。

五、家规家法

(一)成文家规及主要内容

私塾的张先生会教读书的细伢子背诵《三字经》,王家人便以《三字经》上面的内容作为家规的基础。王家有一本手写的《三字经》,放在王家的神台上面,平日里很少诵读,只有在家里的细伢子犯错之后,长辈们才会罚细伢子抄写《三字经》。那时候的纸张十分昂贵,王家的草纸得去圩市上购买,毛笔写字很大一个,十分浪费纸张,王家便有个规矩,罚抄写的时候,不写在本子上,用毛笔蘸水写在地上。王家的细伢子十分老实,并不会因为写在地上就少些几遍,而是会拿着一根木棍,每抄写一遍,就用洋刀在木棍上面划一道杠,这样长辈来检查,看一下木棍就好了。

王家的女儿们要听妇女经,据说妇女经有成文本,但是大多数妇女都不识字,听到的便是由奶奶、母亲或者婆婆口中说的妇女经。妇女经对女人的行为举止都有规定,上面要求在家要孝顺父母,嫁出去要孝顺公婆、体贴丈夫,还要处理好与小叔子、小姑子,嫂子、弟媳妇等

---

① 逢圩:上圩市交易。

等关系。

(二)默认家规及主要内容

1.煮饭规矩

王家的新妇听到鸡叫便可起身,起身第一件事便到山壁那处把水提进厨房烧水。普通人家的新妇在烧水的时候顺便劈柴,王家有一点不同,因为王家有长工,劈柴便是长工的事情。烧水的时候,新妇可以去把鸡、鸭、鹅放出笼,将家里的卫生打扫一遍。水烧好之后,新妇便可以开始做饭。

王家为了提高做饭的效率,请了细妹嫂子做帮工,细妹嫂子来了帮忙,王家就只要一个新妇去厨房做饭。细妹嫂子会和新妇一起去菜园里面择菜,到河里洗菜,两个女人还可以说说话。因为有细妹嫂子帮忙,平时做饭便是一件比较轻松的活儿,一旦进入农忙季节,王家请了很多帮工,做饭就会变得十分辛苦,有时候一锅饭不够吃,还要做出两锅。

2.吃饭规矩

麦氏不会过分强调吃饭规矩,进餐之时钟氏、麦氏、王赵池夫妇还有罗敷全部坐一张八仙桌上,五个人坐不满,每次便有三个空位置。王家人把主位空出来,给王宪元摆上碗筷,再把副主位空出来摆上王赵志的碗筷,其余的家庭成员依次坐下去。麦氏的细伢子便是阿芹带着在厨房里面吃,过年时候可以在客厅的小桌子上进餐。

进餐之时,王家人会等着钟氏最先夹菜,因为钟氏的年龄最大,辈分最高,钟氏动筷子之后,王家的其他人便也开始吃。王家每餐吃饭为两三个菜,但是一家人往往都在吃最不好那个菜,好菜很少动筷子,等到好菜上桌好多天,已经不新鲜了,王家人这才会多吃几筷子。日常的饮食里面基本是没有荤腥的,如果有也以鱼虾之类的小荤腥居多,厨房炒一个菜干腌河虾,便要吃上三天。王赵池爱吃鳜鱼,家里买了鳜鱼,会油煎好,每次吃饭时候端上一大块。

在没有客人,又非年节时候,王家一餐饭在一刻钟左右便会结束。王家人吃完了碗中的米饭,便不能再夹菜吃,要把筷子放在桌子上。碗底不能剩饭,如果剩饭粘在碗上,王家人就要在碗里倒上开水,把油花都喝掉才能走。

来家里帮忙的细妹嫂子在王家做好饭之后,不会留下吃饭,而是回到朱家去做饭。洗碗的任务便落在了张氏的身上,所有的家庭成员吃完了饭,把碗筷留在桌子上,麦氏的大女儿阿芹帮助端菜、端碗,之后张氏便提篮子去河边洗碗,再带回家厨房用清水冲洗一遍,才可以把碗倒扣在桌子上。

3.座位规矩

日常生活中座位规矩不是很严,到酒席时候规矩就要理清楚。麦氏对这些规矩只能说是懂得七八分,因此在做大事的时候,还是要请王姓的高辈分子叔来主持。

王赵池讨老婆的时候,王家的大坪上摆了宴席,正厅里面还摆了两桌高辈分子叔的席位。其中坐在最上座的,是当时长庆村年龄和辈分最大的王姓子叔老汉阿公,老汉阿公年愈80,长了两条长寿眉,弯弯地垂到眼角上,十分像年画里面的人物。老汉阿公年龄大,都是由王屋的子叔们扶着上了头渡水,其坐在上席,说了几句套词便开席了。吃宴席的时候,王赵池要向每一桌的子叔敬酒,然后大家会说几句客套话,等到王赵池敬酒之后,大家才可以开始装饭吃。

王赵洋作为王家最亲的兄弟,也要来王家吃酒席,王赵洋当日便坐在老汉阿公下面的两个位置。王赵池走过来敬酒的时候,王赵洋也喝酒了,但是没有说恭喜的话。有的宴席上,客人从开席就喝酒,一直到宴席结束都不吃饭,这时候想要吃饭的子叔也不能装饭,而是要陪着桌上的人一起喝酒。这样的人在宴席结束后就会被子叔们说闲话,下次再去喝酒,同桌的子叔便会提前说好,到了差不多的时候就要吃饭。

宴席中客人们可以主动离席,到正厅和主人家里打一声招呼即可以回家。但是坐在正厅的客人,不能随时离开,正厅的客人在新郎官敬酒结束之后,和新郎官一起吃饭,等到所有的宾客都走了,这一桌才可以离席。

4.请示规矩

麦氏对家庭成员总体比较温和,对内不会太强调规矩,遇到对外交往时候才会比较严格,因为麦氏认为自己是代理家长,并不是真正的管事人。生产活动过程中,王家人都认领了自己管理的土地,到了适宜的时间,麦氏就会提醒家里的成员要去田里面看看情况。

张氏管理的土地在西坑口,如果稻子生长得不好,张氏判断需要施肥,就会和麦氏说明情况。麦氏便跟着张氏一起去西坑口,如情况属实,麦氏会让阿池和张氏一起去水田施肥。干农活儿之时,如果有家庭成员身体不适去不了,则要和钟氏或者麦氏说一声,才方便做安排,王家人很老实,不会故意偷懒。

麦氏当家的时候,王家没有购置过新的田地,也没有购置新的山林,都还是王赵志传下来的家产。王家人爱惜自己的财产,人人都十分尽心尽力在干活儿。王家虽然大部分情况下能够自给自足,但有些生产工具还是要去圩市上面购买,通常这些活动都由麦氏安排。

王家的家庭成员出去干活儿,都是口头上说一声即可。王家对男子管理比较宽松,男子要是想去圩市上买东西,只要和麦氏、钟氏说明是去买何种物品即可。麦氏通常不会让女子直接去圩市上买东西,而是让长工阿坤去帮忙带回来。

新妇做客都要与婆婆钟氏请示,钟氏在娘家是老幺,父母早已经去世,兄弟们排行大的也走了,因而钟氏甚少做客出门。麦氏的娘家稍微远一些,麦氏只会在正月里回娘家做客,每次做客都要提前好几天和钟氏说好时间,钟氏才好安排家里的劳动。张氏的娘家十分近,路程两个钟头都不到,张氏每年便回家两次,正月里一次,平时过节一次,都要提前和钟氏说好。

5.洗衣规矩

张氏没有进门之前,麦氏要负责浣洗王家所有成员的衣物。麦氏每日吃了晚饭,就和小姑子罗敷一起坐在后院洗衣服,洗衣服要男女分开,王家刚好有两个脚盆,麦氏就把男子的衣服放在大的脚盆里面,女子的衣服放在小的脚盆里面。男子的衣服要先洗,洗了之后把头次的水倒掉再洗第二次,第二次洗衣服的水就倒进放女子衣服的水盆里面。衣服可以一起提到后院去晾晒。王家的后院专门围了晾衣间,因为晾衣服是很丢脸的事情,不能给外面的人看到,所以女性都要躲着男人晾晒衣物。

张氏进门之后,王家的衣服就由张氏进行浣洗。农忙的时候,王家人的衣服上全是泥巴,在家里洗衣服会导致后院中积累十分多淤泥,所以王家人把衣服换下来挂在洗身间中,张氏可以第二日清晨去河边洗衣服。张氏每每一大早就起身,先到河边把衣服上的泥巴捶打干净,然后才会回到家里生火做饭。

王家晒衣服的后院里面有两条竹杠,高的竹杠用来晾晒男子的衣服,矮一些的竹杠用来晾晒女子的衣服,细伢子的衣服也晾晒到女子晾衣竹竿上面。王家的男子从来不进入晾晒衣服的后院,男伢子从懂事时候开始,便不让跟着去晾衣服,长大后也是从来不看。如果晾晒衣服的时候突然下雨,家里的男子亦不能去帮忙收衣服,只能等着家里的女人来做事。

(三)家规家法的执行者

家里的人要是触犯了家规,就会挨骂,如果错得很严重,就要受罚。王赵志当家的时候管得很严,跟王赵志同一桌吃饭,王家的人基本上都是不讲话的,吃菜也是夹几筷子便赶紧吃完。王赵志会让不听话的细伢子罚抄三字经,但是很少打骂,气极也就是打手打脚,王赵志认为不能打家庭成员的耳光,因为打耳光就会打坏脸面,以后更加难以管理。

麦氏当家的时候,很愿意奖励表现很好的家庭成员,而且对话语上的鼓励也不吝啬。麦氏的这些行为主要受到王赵志的影响,其宽容与体贴得到家庭成员的尊重服从。王家夏天收割的时候十分劳累,每个人早出晚归,大家脸上都是疲惫的神色,这时候麦氏不会强行要求家庭成员还和平时一样矜持,叮嘱让细妹嫂子多做荤腥,家庭成员吃饭时候也不用看脸色,每个人都可以吃饱吃好。

麦氏做事情愿意和家中的成员商量,大家说好之后才统一行动。要是有人没有按照原来的安排做事,麦氏就要听一个解释,如果是合理的解释,麦氏只是简单口头上说一下,如果麦氏觉得无理,也不会体罚,会进行比较严厉的批评。

(四)家庭禁忌

1.屋内不打雨具

在1949年之前,王家用来外出躲雨的工具有蓑衣、斗笠、油纸伞,其中蓑衣和斗笠的使用频率比较高,因为蓑衣穿在身上的时候,可以进行劳动,斗笠戴在头上也可以低头锄地,两种雨具都不影响生产。但是这两个工具的缺点是太重,穿在身上不能撑太久的时间,而且雨下得大的时候,还是会漏水。王家人偶尔出门也会打伞,那时候的伞只在过埠圩市上才有售卖,有的是油纸制的,有的是棕树叶子制的,花样繁多,很是好看。

农村有个规矩就是屋内不能打雨具,用蓑衣和斗笠时,进门之后要赶紧脱下,摆放在天井边上,等到上面的水晾晒干了,才放到后厅去。用油纸伞时,一进门就要关伞,然后把伞放在后院晾晒着,干了也挂起来。农村里面迷信的说法,屋里面打雨具会见鬼,鬼魂躲在雨具下,随着人一起走动,如果使用雨具的人有阴阳眼,就可以看见长发鬼倒挂在雨具下流口水,十分可怕。因此王家人一进门就会收起雨具,防止有鬼魂进入房间。

2.早上出门看病人

如果要去探望生病的亲戚,王家人通常会选择一大早出发。风水师傅说,早晨是天地阴阳转换之时间,雄鸡主阳,鸡叫起床时刻阳气最旺,因此每日早晨,病人的身体最康健,神思最清爽。赶早去看望病人,就不容易把路上的浊气、阴气带给生病之人,反而还能够补充病人的一些阳气,因此对病人的康复十分有好处。

但是郎中不一样,他们可以随时看望病人。郎中专门治病救人,其身上传说有神灵保佑,因此郎中即使走夜路也不会遇到鬼,反而因为身上阳气重,可以把鬼怪吓走。因此村民生病了,随时都可以去请郎中,不用忌讳是不是早上。

3.孕妇只能在家中生产

怀孕的人身上阴气很重,容易被恶鬼附体,长庆村人认为,孕妇如果生产不顺利,就是有恶鬼在捣乱,因此孕妇在生产过程中要格外注意家中的风水状况,以保证胎儿能顺利产下。麦氏怀孕之时,王家人专门去了观音庙烧香,然后把香灰带回来给麦氏服下,据说这种香灰有辟邪的功效。

孕妇一般在九个多月的时候就会有生产的迹象,时间要依照个人而定,所以孕妇在怀孕七八月以后,便不再出门做客,也不会去别人家里久坐,防止随时可能生产。孕妇生产过程中会流血,农村人认为这些血十分晦气,千万不能流在别人家,不然孕妇夫家的坏运气都会传递过来。王家的新妇一定要在王家生产,假如临产的时候在田里面干活儿,也一定要坚持往回走,把孩子生育在王家。

4.鸟粪落头为大忌

长庆村有许多的山林和杂树,一年四季鸟类众多,麻雀更是满天飞。王赵池做后生①的时候,爱用弹弓打鸟,每次都能打上好几只带回家炖鸟汤喝。王家人站在树下时会格外注意,若感觉头顶上一凉,马上就会问别人,是不是有鸟粪掉在头上了。

鸟粪掉头上很晦气,其说法有二。第一,鸟粪有毒,掉在头上,那一块地方会变成瘌痢头,长不出头发;第二种说法是会倒霉运,因为鸟粪盖住了头顶的阳气,阴邪的东西就会缠上身。遇到此种状况,更不能用手去擦,因为擦不干净,还会把手弄臭,王家人的做法是马上到厨房抓一把柴灰,倒在头顶,用树叶把沾灰的鸟粪搓下来,之后还要烧水洗头,冲干净头上的晦气。

六、奖励惩罚

(一)麦氏奖励家庭成员以维护团结

麦氏认为,生产生活中的良好表现是正常的现象,但是为了激励家庭成员的积极性,麦氏时不时会对家庭成员进行奖励。麦氏的奖励一般不单独针对某人,而是对全家人进行犒劳,因为家庭某一个成员的成功,都是全家人相互配合的结果,所以奖励要全家人共享,这也是维护家庭团结的重要手段。

每次做好一件大事,麦氏都会好好犒劳家庭成员。麦氏给王赵志讨老婆就是王家的一件大事,吃喜酒宴请宾客,都是为了庆祝这件大事。王家人在酒席上忙来忙去十分劳累,酒席过后的两三天,麦氏都不会再安排重活,而是让大家休养,这几天就算是给家庭成员的一个休息奖励。麦氏还会允许吃比较好的饭菜,每餐都可以有酒水、肉菜②,但吃的时候也不能打马虎,要维持一贯的矜持。

每次砍伐木头、排子送完,就是一年的生产活动逐渐停止的时候。王赵池送木头去唐江的第一年,回到家中,麦氏就让细妹嫂子宰了一只鸭,犒劳王家人的辛勤劳动。细妹嫂子宰杀的是一只老鸭婆,用了三根大柴文煮③了一个上午才煮烂。中午上菜的时候,在后院都能闻到老鸭婆的香味,麦氏给每个家庭成员都舀了一勺老鸭子汤。那日的饭食也很好,里面只有少量的番薯丝,王赵池就笑说,还以为今日是过年,才有这样的好菜!

---

① 后生:少年至青年的一段时期。

② 酒席之后剩下的。

③ 文煮:炖煮。

（二）对家庭成员的惩罚

王家人的脸皮很薄，挨骂被看作是一件很严重的事情。麦氏如果只是不满意，大多数时间会忍着不说；如果是比较有意见，可能也只是没有什么好脸色；一直要到十分生气，麦氏才会训斥晚辈；犯了不可饶恕的大错误，麦氏便动手打人。由此可见，其实教训是一个程度严重的惩罚，农村人畏惧流言，爱惜名声，听不得外人说自己一点儿的不好。

麦氏的伯伯王宪华十分受不得骂，也受不得别人说其坏话，王宪华是个后生的时候，在田里面干活儿，听到有人说其"身体单薄，不是种田人"，便和别人大打出手。打架的事情结束之后，王宪华下田只要看到那人，便要与其暗暗比赛，非要在做农活儿上超过那人才罢休。王宪华这种性格在农村实在很常见，长辈们并不认为此种行为小气，而对这种争强好胜的性格十分赞许，认为是男子汉的作风。

七、家族公共事务

长庆村最团结的是杨姓人家，其次是小姓朱姓，张姓和王姓人家不太团结，本姓的子叔之间会相互侵占土地。王家在村内的大片土地中，有的是王姓子叔的，有的是张姓人家的。王姓人家中，高辈分子叔、大户人家子叔、有文化的子叔说话比较有影响力，也有人听，普通人就只管好自己，不太爱参与姓氏内的事务，但是相比于外姓人，本姓人之间还是稍微亲热一些。

老屋场本来有一座黄土制的王姓宗祠，房子比较简陋，某一年长庆村发大水①淹了祠堂，王姓子叔没有及时清理，等到晴天的时候，房子底下便爆了一条裂缝，久而久之这座祠堂便崩塌了。祠堂崩塌之后，里面的牌位被高辈分的子叔们分走，拿到家里供奉了起来，其他的子叔就去南康市的太窝乡迎了牌位到家里供奉。也有子叔说过要整修一下祠堂，但是回应的人太少，大家不想出钱也不想出力，这件事便不了了之了。

由此，其他姓的子叔也经常嘲笑王姓人，连宗祠都做不起来，王姓人也由得别人去说，因为愿意修宗祠和不愿意修的人意见达不成一致。王姓人的家庭内部也经常出现矛盾，兄弟吵架、打架都有发生过，其他姓的村民都当成笑话看，王姓人自己也觉得丢人。头渡水的王家和老屋场王家之间的矛盾与分裂，就是村民茶余饭后的谈资。麦氏当家的时候，也曾经被很多闲言碎语困扰，后来钟氏就开导麦氏说，大家也就是闲得无聊，拿王家来说事，叫麦氏不要多想，别人是说不坏王家的。

八、家户纵向关系

（一）家户与保甲

1.王家不需要充丁

头渡水隶属于长庆村，村里的保长为张慈飞。张慈飞是个很厉害、很精明的人物，其侵占张姓人家的土地，排挤自己的亲生兄弟，为人十分傲气。张家发家的重要原因是张慈飞很会写状词，长庆村附近几个村的村民想要到官府告状，都要先到张慈飞家里求着写状子。张慈飞当了长庆村的保长之后，官府还给张家配了两把鸟铳，专门管制那些不听话的人。

---

① 发大水：涨水。

张慈飞在长庆村做保长主要干三件事：第一是催村民交粮；第二是帮助官府抓壮丁；第三是给官府告密村里面的刺头①。如果村民之间发生了流血冲突，有时候也可以请张慈飞评理，但是张慈飞大多数时候是认钱不认理。交粮的时候，村民多会主动上交，基本上不用保长来催促，但是抓壮丁之时，经常会遭到村民的反抗，张慈飞就要向官府打报告，请衙役进村一起来抓人，到时候反抗的村民家不仅要交人，还要请衙役们在家里大吃大喝，并奉上银钱，要不然衙役就在家里砸东西。

王家人倒是不担心抓壮丁的事情，王宪元当家之时，家里的男子都没有成年，不用冲丁；王赵志当家的时候，王家除了王赵志也没有成年男丁，依然是不用冲丁；等到麦氏当家了，王家除了王赵池依旧没有成年男丁。张慈飞有的时候遇到了王家人便说"王家没有个男子老②也是蛮苦，但不用花钱去冲丁了。"张慈飞的说法是针对大户人家，因为大户人家可以通过出钱，来免除当壮丁的义务，王家人没有成年男子，便省下了这笔钱。

2.保长十分狡猾

村里偶尔也会有人家交不上粮食，张慈飞便要负责催促交粮，若遇到实在穷困的人家，张慈飞就喝道："你个短命鬼，好吃又懒做"，大骂一顿之后，便也不催了，而是帮忙把粮食交上去。这样这个穷苦的人家便就欠下了张慈飞的人情，到时候张慈飞不仅要人家还粮食，还要人家还人情，比如免费帮自己做工一天。这一天张慈飞可不是派点简单农活儿，而是要别人家去山上砍柴或者去下水捞鱼，大力压榨上门的劳动力。

张慈飞的小儿子是个斜眼，在村里面常常遭人取笑，张慈飞便对村里面的细伢子说，谁要是敢再喊"对眼"，就要把这人的嘴巴用针线缝起来，以后用鼻孔吃饭，然而这样的恐吓并没有起到实质性的作用，细伢子们依然在暗地里面喊，只是不给张慈飞听到。张慈飞怕自己的小儿子以后讨不到老婆，就抱养了别人家的女儿，养在家中，表面上是当亲生女儿养，实质上就是给自己的儿子养老婆。

张慈飞为保长，需负责村里面的安保活动，如果有强盗进了村，就要和村民们知会一声，叫大家做好防范工作。大盗张南洋进入渔梁镇，张慈飞刚好去圩市上面买猪肝，听到消息之后，便广泛通知了村里面的居民，叫大家做好防范工作。等到张南洋走了之后，张慈飞就和过埠官府汇报，说张南洋毁坏了很多农田，第二年长庆村收不上那么多的税，官府就答应了少收税，那一年的税是一成，以往是一成二或者一成三，这算是张慈飞做的唯一一件有口皆碑的好事。

（二）家户与县乡

王家几乎不与乡里或者县里打交道，麦氏在当家之后，每年最多去过埠圩一次。王家在崇义县有一个照相馆，管理照相馆的郭家人十分有情义，每年正月的时候都会主动来王家拜年，顺带拿着十几块银元送到王家。照相馆在崇义县是要交税的，这些税款由郭家人自己去交，王家人只是看一下账本。

过埠圩上的官差有时候会进到长庆村，基本任务为抓壮丁。官差们有名的一次大范围进村是"赣南片剿匪"，那一次剿匪声势浩大，思顺乡和过埠镇的官差们都端着枪跑进长庆村，

---

① 刺头：与官府对着干的人。
② 男子老：成年男子。

排成两个队伍,每个队伍还有穿制服拿枪的头领开路。张慈飞在家里接待了官差们吃饭,饭毕他们便匆匆往金坑乡的方向赶路。那一次行动,损了思顺乡的官差①,复命途中官差们还抬着两床席子,据说里面是死者的尸身。当时长庆村的村民都被禁止去路上围观,王家人只在家里听风声,并未出来过。

九、村庄公共事务

(一)筹资

1.王家请王姓人看戏

每年中秋节前后,崇义县的戏班子会下乡唱戏,这些戏班子由一个师傅带着,如果需要请去唱戏,就要给师傅商量价钱。长庆村有时候也会请戏班子进村里热闹一下,就在张慈飞家门口的一块田里面搭建简单的台子唱戏。

戏班子一般会表演采茶戏,这些戏都是用土话唱的,戏曲的内容多为有趣的家庭故事,也会表演皇宫里面的奇闻异事,因此很受村民的欢迎。请人唱戏之前,张慈飞都会先和各个姓的高辈分子叔说一声,然后就要村民们开始筹钱,筹钱的行为多数是自愿的,一毛、两毛钱都是可以的,不出钱的人也不大好意思去看戏。

杨家每次看戏的钱,都是杨集成一个人全包,杨集成在过埠圩上就和张慈飞说,以后杨屋的人听戏,就是来杨集成的管家这里报数,报了就会给钱。张慈飞每次就直接问杨集成的管家要看戏支出三分之一的钱,这样就不去问杨屋人要钱了。

头渡水的王家每次看戏都很大方,因为看戏这些公共活动可以积累家里的口碑,王家人每次都会出大头,王赵洋看到头渡水出这么多钱,自己还会出得更多,这样王姓的其他子叔便不用再出钱。于是乎,长庆村里面的看戏,就变成了大户人家请村民们看戏的娱乐活动,麦氏也把这个传统延续下来。

(二)筹劳

1.王家人派长工修路

村庄里面筹劳无非是修路或修桥,长庆村出过埠圩的路上,有一个弯道经常塌方,因为那处山体刚好伸展出一块,上面没有杂树,下大雨便崩塌了。村民看到了便会到张慈飞家里去说事,张慈飞就要和各个姓的子叔们说一声,每个姓都要出劳动力清路。

刚开始修路是一次去好几个人,每个姓都出一两个劳动力,后来大家发现这样十分不方便,有的人先去,有的人后去,大家的劳动量不一样。后来就变成杨、张、王、朱姓轮流派人修路,因为朱姓的人最少,朱家人就每两轮去一次,这样修路的效率大大提高。王姓人修路,轮到了王家,麦氏便会派阿坤出去做事,如果阿坤忙不过来,王家就只能给钱,请其他的子叔去做事。

2.王家人派长工修桥

长庆村的村民多数住在河岸的左边,但是大多数人家的山林都在河岸的右边。长庆村的河上便架了一座吊桥,这座吊桥每个村民都可以使用,由张、杨、王三姓人轮流维修管理,朱姓人家不需要修桥,因为朱家在河对面没有地,而且朱家人少,便没有必要修缮吊桥了。

---

① 有两个官差在剿匪过程中被张南洋残忍杀害。

修桥会由每姓的高辈分子叔组织，子叔们会在姓氏里面安排修桥的人选，一次修桥最多去两家人，去多了容易闹矛盾，这一次去了的人家下几次便可不用再去，子叔们会记录下来。修桥使用的木头要在本家的山上砍，因为吊桥每年都有人管理，因此不需要大修。王家修桥也是让长工阿坤去做，这些事情都会另外给阿坤加钱，不算在阿坤的日常工作内。

十、国家事务

(一)麦氏安排家庭成员上税

长庆村村民以户为单位进行纳税，纳税的比例在一成到一成半之间波动，多数时间是一成二，以每亩水田产量500斤计算，一亩水田上税就是60斤稻谷。王家有二十几亩土地，每年交税一千余斤，王家人要亲自把晒干的稻谷担到圩市上。

衙门里面修建有粮仓，送粮的时候，衙门的师爷就坐在太师椅上，看着送粮的农户过地秤。师爷的手里有一个本子，上面可以看到某村某户本年是否有交粮，交粮的人头后面会画上一个红勾。头渡水的王家写的管事人是王赵志，麦氏当家的时候，王家人去交粮，也要报王赵志的名字，方便师爷记录。

王家上粮时，主要由麦氏、王赵池和长工阿坤负责运送。麦氏不会进入衙门，担粮食到衙门附近的小路上，便折返王家，挑上新的稻谷，这样要花费两天的时间，才能够把所有的稻谷送到衙门。王赵池成婚之后，逐渐管理家事，便向麦氏建议以后划竹排去上粮，此后麦氏便不管上粮的事情，都让王赵池去处理。

(二)王家男丁少不用出兵[①]

长庆村一直都有征兵的传统，农户家里有三个儿子的，就要抽一个儿子去当兵，当兵之前要经过身体检查，合格的便得去。当兵的人家可以收到官府给的500斤粮食补贴，当一年就补贴一年，刚开始有一些贫困的农民去当兵，当兵满两年就可以回来。后来外面打战很激烈，当兵的人出去了便没有音信，大家都开始十分反抗当兵。

张慈飞虽然知道长庆村每个人家的人口情况，但是也不敢亲自入户抓人当兵，衙役们倒是会进农户家中抓丁。村民们听到消息，家里有三个男丁的便想方设法躲避衙役。细妹嫂子家有三个兄弟，每次听到衙役们来，就让男子躲在山上，自己则留在家里做饭，衙役们来的时候会问，你们家的男子去哪里了，细妹嫂子便答去干活儿了。衙役们便在细妹嫂子家等到太阳落山，说第二日还来，看看细妹家里到底有几个男子。其实衙役根本没有走，只是在张慈飞家里住一个晚上，第二日清早就要来扑人。细妹嫂子早已预测到，让家里的男子在山上躲了五天，衙役没有办法，就把细妹嫂子家里的大门取了下来，丢在地上便走了。

头渡水的王家人倒是不担心征兵的问题，王家自从把屋子做起来，头渡水这里就没有同时出现过三个成年男性，麦氏当家的时候，王家只有赵池一个成年男子，是不可能被抓去当兵的。再者，官府里面有规定，如果家里实在不想当兵，可以出钱资助军队，一个人头每年算18块银元，当兵最少要两年，就收36块银元，一次筹集，当家人自己交到衙门里面去。王家自然是不缺钱的，因此压根不用担心征兵的事情。

---

① 出兵:被征兵。

(三)选举

保长张慈飞是由过埠衙门指认的,村民们没有经过投票。张慈飞的父亲是长庆村的上一个保长,张父当保长之时,张家在长庆村的经济条件为中上等水平,张父通过给本村和邻村的村民放粮食,每轮收三成利息,利滚利叠加,很快成为了长庆村的大户。

张慈飞是张家兄弟里面的大哥,继承了张家的家长位置,也得到衙门的认可成为了长庆村的保长。张慈飞当后生的时候,去崇义县读书过,还得了个"拼命三郎"的称号,传说其为了读书,经常可以中午、晚上只吃个米饼配菜汤。张慈飞读书出来之后,变得更加精明,家里的大小事务都被其管理得井井有条,其毛笔字写得十分漂亮,会作诗和写状词,在过埠镇也算是小有名气。张慈飞讨的老婆也十分精明能干,相比于张慈飞却要善良很多,村民们便说张慈飞算是有福气之人。

衙门的衙役带着鸟铳过来,每次都是在张慈飞家里落脚,张慈飞的老婆就会准备酒水饭菜,服侍衙役们吃好喝好,还会送着出门。村民们都认可张慈飞的保长地位,张慈飞喊的话,村民们也能听进去。头渡水的王家人,与张保长打交道的机会不多,不会经常接触。麦氏认为与保长、衙役的接触多,容易引发事端,因而并不热衷这样的交往,能少便少。

调查小记

　　与王罗敷老人第一次见面是在 2016 年的寒假，那几天长庆村正飘着雪，我穿着一件麂皮的大衣从杨屋走到了五土岭。在我幼年的印象中，五土岭是个遥远的地方，与我所熟知的杨屋仿佛是另一个世界，而那天，我只走了不到两刻钟，便踏上了王屋门前的小河。原来以前觉得困难的东西，现在都如此简单，心中所畏惧的调研，也在踏实地展开。

　　借着今年寒假做家户调查的契机，让我再次接触到了这位老人，当我问起 1949 年之前的事情时，老人突然给我讲述了一个唯美的爱情故事。王罗敷在 1949 年刚刚满 15 岁，正是及笄之年。那年九月份，红军从圩市上扛枪而过，宣布了过埠镇的解放，十月份过埠镇便举办了盛大的庆祝灯会。王罗敷穿着麦氏准备的新衣衫，和家里的妇女一起逛街，便遇到了此生的另一半。经由媒婆介绍，两家人在次年便说定了亲事，男方入赘，从此在王家生活。如今老人已经年愈 90，谈起年轻时候的爱情眼神依旧清澈而明亮，着实令人向往。

　　七十多年前的故事就这样展开，老人的记忆力着实惊人，从对王宪元的记忆开始讲起，到麦氏生育孩子，王宪元、王赵志去世，麦氏当家，王赵池结婚，一直到长工阿坤离开王家。老人的回忆仿佛是分段进行，一层层推进，一点点剖析，一幅时代的画卷似乎就此展开，1949 年之前长庆村的生活情形历历在目。

　　这让我不禁想起我的伯公，我在 17 年的寒假对他进行了长久的访问。伯公那时候做了白内障的手术，心脏里面也放了个支架，我们就在院子里晒着太阳聊天，我的表叔阿力在一边劈木头，一边和我们搭话，还嘲笑伯公的记忆力衰退。一转眼伯公已去世多年了，伯婆晚上也不敢住在那个房间，总是要换一个地方睡觉。

　　伯公那时十分详细和我介绍了 1949 年之前杨屋的状况，这让我惊叹于老人的思维能力，半个世纪之前的图像竟然能够如此鲜活清晰地向我表述出来。信息经过整理之后，我可以准确说出每一户子叔家在何处，家庭成员有何人，毕竟，我的童年时代，也是在围屋中度过的，这是关于这个家族的记忆。

　　王罗敷老人的讲述和我对伯公的回忆穿插在一起，一个丰满的 1949 年之前的长庆村便跃然纸上。我们可以想想，除了老房子的记忆和老人们头脑中的回忆，这半个多世纪以来长庆村的变化还能由谁去诉说？这让我不禁对口述历史产生了一种敬畏之情，这里蕴含着一种崇高的情怀，更是对现实的一种反思。只有铭记历史，我们才能保护历史、学习历史，我们心怀当下，才能够走得更远！

　　王罗敷老人生育了两个儿子和一个女儿，女儿现在崇义县城养老，两个儿子中，老大夫妇已经去世，老二夫妇留在村里照顾老人。老人有三个孙子，皆已结婚，只有一个留在长庆村种植脐橙，其余的都在外地发展。儿孙们对老人十分孝顺，给老人买了按摩座椅，生活起居照顾无微不至。老人身体健康，腿脚略微不便，平时喜欢和朱家老人聊天，平日生活较为充实。

附　录　调查图片

第一篇　罗氏

受访人罗本才

受访人居所

第二篇　王氏

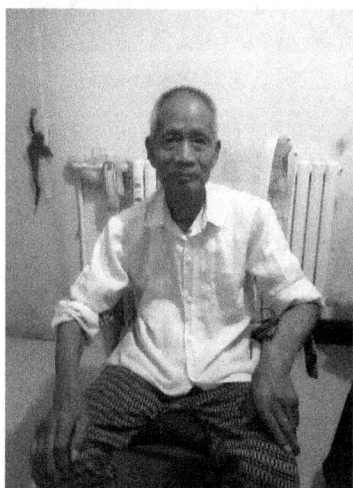
受访人王进礼

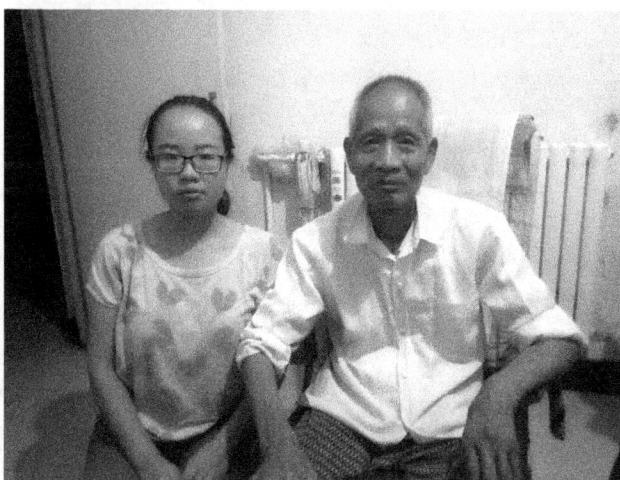
调研员王玉莹与王进礼合照

第三篇　陈氏

受访人陈万卷

第四篇　杨氏

调研员田僚泰与受访人杨兴禄

杨兴禄现居房屋

杨氏家族修建的堰塘

杨氏家族义谱

当地现存最老的堂屋

"一杆儿"房子建筑风格

第五篇　曹氏

受访人王英庆

王英庆现居房屋

第六篇　伍氏

受访人伍云珍

伍云珍现居房屋

第七篇　郑氏

受访人郑克申

郑克申现居房屋

第八篇　王氏

受访人王罗敷与调研员杨琪合照

王罗敷现居房屋

后　记

　　2016 年末,在徐勇教授和邓大才教授的主持下,作为华中师范大学中国农村研究院的"世纪工程"之一,"家户制度调查"顺利启动。"家户制度调查"以家户制度为核心,以家户关系为重点,对 1949 年以前的传统典型家户进行全面深入的调查,其内容涵盖家户的由来与特性、家户经济制度、家户社会制度、家户文化制度、家户治理制度等诸多方面。调查者通过对传统时期典型家户的当事人进行系统访谈,搜集了大量详实、第一手的文献资料、访谈资料、录音资料和图片资料,并在此基础上完成家户制度调查报告。本卷从调查员所撰写的家户调查报告中择优选择八篇编辑而成,力求以平实客观的文风、原汁原味的笔触还原传统时期典型家户的运行与变迁。

　　2017 年 1 月,"家户制度调查"开始试调查,同年 7 月,"家户制度调查"项目全面启动。两批共二百余位调查员分赴全国各地,实地采访仍然健在的传统典型家户的亲历者;大量搜集有关典型家户的各类家谱、族谱、账本等文字文本材料;走进乡镇、县市政府档案部门搜集查找典型家户相关资料;整理和撰写家户调查报告……正是调查员们前期深入的调查,中期不厌其烦的整理,后期认真仔细的写作,使本卷能收录到质量极高的调查报告。在此,感谢各位调查员们认真负责的态度、吃苦耐劳的精神以及对学术孜孜不倦的追求。

　　本卷的问世首先要感谢接受调查员访谈的罗本才、王进礼、陈万卷、杨兴禄、王英庆、伍云珍、郑克申、王罗敷八位老人。

　　同时还要感谢为家户制度调查员提供帮助和便利的达州市、殷都区、荥阳市、剑阁县、招远市、渠县、盂县、崇义县八个市县朋友们。

　　特别感谢达州市龙咀村黄超、陈明碧对调研员刘海萍在调研对象选取上的帮助,感谢罗本才老人在高温酷暑下耐心地接受调研员的访谈;特别感谢殷都区花园庄村村民王进礼、赵有英两位老人及其家人对调研员王玉莹在选取调研地点和调研对象的帮助和支持;感谢荥阳市高村乡官峪村村民陈万卷老人及其家人对调研员陈慧在调研过程中给予的帮助及支持,感谢陈万卷老人的讲述;特别感谢广元市剑阁县马灯村杨兴禄老人对调研员田僚泰在调研过程中所给予的帮助与支持;感谢招远市辛庄东北村王英庆老人及其家人对调研员王顺平在家户制度访谈过程中的热情帮助与大力支持;感谢雍朝霞女士对调研员闫利在寻找调研对象与调研过程的关心与帮助,感谢伍云珍老人的配合与支持;感谢阳泉市盂县大横沟村郑克申老人及其家人对调研员韩帅在选择调研对象和调研中给予的热情帮助;感谢过埠镇长庆村的王罗敷奶奶及其家人对调研员杨琪在选择调研对象及调研过程中的帮助,感谢杨人心老人帮助调研员整理村庄基本资料。这些提供支持和帮助者有各市、县的领导干部,也有调查员的亲友,正是在他们的支持和帮助下,我们的调查员才得以顺利完成调查并撰写出高质量的调查报告。

　　本卷得以顺利付梓，最为重要也是最要感谢的是徐勇教授和邓大才教授的倾力贡献。他们前瞻性、创造性的提出了"家户制度调查"这一重大调查领域，并持续推动着家户调查工作的进展。为了打造这一"学术三峡工程"，徐勇教授和邓大才教授不辞辛苦、孜孜以求，为本卷内容的构思、写作、编排、出版倾注了极大的心血。从调查前的理论指导到调查提纲的设计修改，从调查培训到调研指导，从报告撰写再到报告定稿出版，两位老师全力支持、全程参与、全心投入。正是两位老师的心血倾注，才能使得本卷得以保质保量迅速完成。

　　本卷是《中国农村调查（总第 40 卷·家户类第 9 卷·中等家户第 6 卷）》，分别收录了 8 位调查员的家户调查报告：一是刘海萍的《内聚外和：中户家庭的自立延续》计 11.7 万字；二是王玉莹的《女性当家：副业辅农的贫户生存》计 13.0 万字；三是陈慧的《中户自强：书香之户的兴衰传承》计 12.2 万字；四是田僚泰的《中户自营：耕读传家的家户》计 12.1 万字；五是王顺平的《叔嫂分治：以工辅农的经济大户治理》计 7.4 万字；六是闫利的《以农为本：医学世家的延续之道》计 7.4 万字；七是韩帅的《务本安内：凝人聚财以固农耕小户之本》计 7.6 万字；八是杨琪的《聚内敛外：媳妇当家下的妥协与发展》计 9.1 万字。感谢华中师范大学中国农村研究院黄振华老师对家户报告出版的指导和协助，同时感谢黄老师及张航、朱露、何婷、王美娜、刘娜、郭皎皎对家户报告审核的倾力付出，正是他们卓有成效的工作，保证了调查报告的前期质量和水准。此外，还要感谢天津人民出版社王玚、佐拉老师等对著作出版的大力支持与辛勤劳动。本卷的统稿、编辑与校对工作由何婷负责，内容核实与修改工作由各位报告的撰写者负责，在此表示感谢。

　　由于编者的水平有限，错漏之处难以避免，敬请专家、学者及读者批评指正，我们将在今后的编辑中不断改进和完善。

编者谨记

2020 年 10 月